Christus –
Gottes schöpferisches Wort

»Christus – Gottes schöpferisches Wort«

Festschrift für
Christoph Kardinal Schönborn
zum 65. Geburtstag

Herausgegeben von
George Augustin, Maria Brun,
Erwin Keller, Markus Schulze

FREIBURG · BASEL · WIEN

© Verlag Herder GmbH, Freiburg im Breisgau 2010
Alle Rechte vorbehalten.
www.herder.de

Satz: SatzWeise, Föhren
Herstellung: fgb · freiburger graphische betriebe
www.fgb.de

Gedruckt auf umweltfreundlichem, chlorfrei gebleichtem Papier
Printed in Germany

ISBN 978-3-451-30310-4

Inhaltsverzeichnis

Einleitung

Egon Kapellari
Geleitwort 13

Vorwort der Herausgeber 16

Schöpfungslehre

I. Schöpfungslehre und Evolutionstheorie

Evandro Agazzi
Betrachtungen zum Thema »Intelligent Design« 25

Barbara Hallensleben, Dieter Hattrup, Guido Vergauwen
Durch Zufall geworden?
Oder wie die Theologie von Design reden kann 41   54-57

Georges Cardinal Cottier
Sur la doctrine thomiste de la création 58

Bertram Stubenrauch
Widerlegt Wissenschaft den Glauben?
Ein kleiner Schlagabtausch mit Szientisten 70   82-83

II. Schöpfungslehre und Anthropologie

Angelo Cardinale Scola
Anima e neuroscienze 87

Inhaltsverzeichnis

Thomas Meurer
Im Bilde.
Gewagte Überlegungen zur Gottesebenbildlichkeitsnotiz in Gen 1, 26 f.   98

Rudolf Prokschi
Menschenrechte auf dem Prüfstand?
Zum Dokument der Russischen Orthodoxen Kirche über Würde,
Freiheit und Rechte des Menschen   106

Gerhard Ludwig Müller
Die menschliche Entwicklung zwischen Schöpfung und Vollendung.
Anmerkungen zur Enzyklika Sollicitudo rei socialis von
Johannes Paul II.   123

Markus Schulze
Das Bittgebet als Beitrag des Menschen zur Vollendung der
Schöpfung.
Wie Blondels und Thomas von Aquins Ansatz sich ergänzen   132

George Augustin
Der christliche Schöpfungsglaube als Ermutigung zum Leben   149

Johannes B. Brantschen
Ist der Tod heute noch der »letzte Feind« *(1 Kor 15, 26)?*   168

Christologie

I. Christologie und Gottesoffenbarung

Carlos A. Azpiroz Costa
Il *Verbum* divino e le Sacre Scritture.
Alcuni spunti di una dialettica   185

Bernhard Körner
Christus – das einzige Wort der Heiligen Schrift.
Der vierfache Schriftsinn im *Katechismus der Katholischen Kirche*   197

Józef Niewiadomski
»... dein allmächtiges Wort vom Himmel ...«
Gottes Wort und die Frage der Gewalt   215

Hubert Philipp Weber
Das Kriterium des Christlichen 236

Karl Josef Wallner
»Er hat uns Gott gebracht!«.
Plädoyer für das trinitarische Gottesbekenntnis 255

Ernst Christoph Suttner
Das Bekenntnis der Kirche für den Glauben an den dreifaltigen Gott 274

II. Christologie und Schöpfungslehre

Walter Kardinal Kasper
Jesus Christus – das Licht der Welt.
Die Weisheitschristologie als Auslegungsschlüssel der Weltweisheit 293

Dorothea Sattler
»Ohne das Wort wurde nichts, was geworden ist« (Joh 1, 3).
Sprachphilosophisch erschlossene Zugänge zur Schöpfungs-
Christologie 300

Michael Schneider
»Christus – Gottes schöpferisches Wort« nach orthodoxer Theologie 317

III. Christologie und Erlösungslehre

Gilles Emery
Le Christ médiateur: l'unicité et l'universalité de la médiation
salvifique du Christ Jésus suivant Thomas d'Aquin 337

Markus Walser
Christus und die Gnade in der Theologie Kardinal Charles Journets 356

Kurt Koch
In Liebe erlöste Freiheit.
Besinnung auf das anthropologische Geheimnis des Christusglaubens 371

Inhaltsverzeichnis

Richard Schenk
Factus in agonia.
Zur Todesangst Christi und der Christen 403

Erwin Keller
Der Priester als Ikone Christi.
Betrachtung zur sakramentalen Christus-Repräsentanz
des apostolischen Amtes 431

Libero Gerosa
Die Sakramentalität der christlichen Ehe zwischen Ekklesiologie,
Naturrecht und Kirchenrecht 453

IV. Christologie und Spiritualität

Michaela Hohmann
»Unsere Frömmigkeit muss vor allem dogmatisch richtig sein.«
Spiritualität und Christologie bei Maximus Confessor 481

Maria Brun
Geist und Seele der Orthodoxie 505

Peter Henrici
Ein Überblick über die Christologie Hans Urs von Balthasars mit
einem Seitenblick auf die ignatianische Spiritualität 522

V. Christologie und Geistesgeschichte

Karl-Heinz Menke
Marcion redivivus?
Marcionitische Christologie und ihre Folgen in der Geistesgeschichte
des 20. Jahrhunderts 537

Alois Haas
›Freudige‹ Sprünge des göttlichen Logos 568

Jan-Heiner Tück
Beispiel, Vorbild, Lehrer?
Zu Kants moralphilosophischer Transformation der Christologie . . 601

Paul-Werner Scheele
Das Christuszeugnis Johann Adam Möhlers 622

Autorenregister 636

Einleitung

Egon Kapellari

Geleitwort

Viele Wege sind durch den bisherigen Lebensweg des nun 65jährigen Erzbischofs von Wien, Kardinal Christoph Schönborn, miteinander verbunden. Es sind Reisewege, Denkwege und Glaubenswege. Das am 22. Jänner 1945 im nordböhmischen Schloss Skalken geborene und einer sehr alten aristokratischen Familie entstammende Kind Christoph wurde schon im ersten Jahr seines Lebens mit seiner Familie von den neuen politischen Machthabern aus der Heimat vertrieben. Die Familie kam zunächst in die Steiermark und schließlich nach Schruns in Vorarlberg, wo die kluge und tapfere Mutter Eleonore ihrer Familie eine neue, auch ökonomisch gesicherte Heimat schaffen musste. Der jüngste Sohn Christoph machte 1963 hier am Gymnasium sein Abitur, trat dann im westfälischen Warburg in den Dominikanerorden ein und studierte hernach Theologie, Philosophie und Psychologie in Walberberg bei Bonn, in Wien und Paris. Der erste Aufenthalt in Paris fiel in die Zeit der Studentenrevolte von 1968, von welcher auch der junge Schönborn erfasst wurde. Über ein wendendes Erlebnis in einem Pariser Hörsaal hat er seither oft erzählt: Als ein Kommilitone die revoltierenden Studenten auf die Herzkrankheit eines von ihnen bekämpften Professors hinwies und sagte, die studentische Aggression könnte ihn töten, wurde zynisch geantwortet, dass dies kein Schaden wäre. Diese Inhumanität hat den jungen Dominikaner von den Pariser Barrikaden zurückgeholt in Kirche und Orden und ihn dort bleibend tief verwurzelt. Nach der Priesterweihe durch Kardinal Franz König am 27. Dezember 1970 in Wien absolvierte Christoph Schönborn ein Doktoratsstudium am *Institut Catholique* in Paris, unterbrochen durch ein Jahr in Regensburg, wo Joseph Ratzinger sein Lehrer war. 1974 wurde er in Paris zum Doktor der Theologie promoviert. Das Thema der Dissertation war »L'Icone du Christ«. Nachher übersiedelte er für drei Semester in den Dominikanerkonvent in Graz zur Mitarbeit in der hiesigen Universitätsseelsorge. 1975 folgte er einem Ruf auf eine Professur für Dogmatik an der katholischen Universität im schweizerischen Fribourg. In der Schweiz intensivierten sich die Kontakte mit Hans Urs von Balthasar. Von hier aus wurde der junge Professor 1980 auch in die Internationale Theologenkommission des Heiligen Stuhls und 1987 zum Redaktionssekretär des Weltkatechismus unter der Leitung von Kardinal Joseph Ratzinger berufen. 1991 ernannte ihn Papst Johannes Paul II. zum Weihbischof für die Erzdiözese Wien, am 13. April 1995 zu deren Erzbischof-Koadjutor und am 14. September desselben Jahres zum Erzbischof der österreichischen Bundeshauptstadt. Am 21. Februar 1998 wurde er in das Kardinalskollegium berufen und übernahm in diesem Jahr auch den Vorsitz in der österreichischen Bischofskonferenz. Sein bischöflicher Wahl- und Wappenspruch lautet »Vos autem dixi amicos – Ich aber nenne euch Freunde«.

Katholisch sein heißt auch synthetisch sein. Die Wahrheit dieses Wortes zeigt sich besonders im Wirken des Wiener Kardinals. Dies sowohl als Hirte einer Weltstadt, die zumindest kirchlich immer mehr eine Drehscheibe im nicht nur europäischen, sondern im globalen Horizont geworden ist und wo der Anteil der Katholiken in starkem Gegensatz zum übrigen Österreich sich auf cirka 50 % reduziert hat. Der Wille zur Synthese und die Kraft dazu erwachsen dem Kardinal besonders aus seinem bisherigen Lebensweg, der ihn geographisch jeweils für längere Zeit in den deutschen, französischen und italienischen Sprachraum geführt hat. Hinzu kamen zahlreiche Reisen zu Konferenzen, Vorträgen und liturgischen Feiern in allen Kontinenten unserer Erde. Den größten Anteil daran hatten wahrscheinlich die Aufgaben als Redaktionssekretär des Weltkatechismus.

Das synthetische Wirken in dieser Biographie zeigt sich besonders auch in der Befassung mit mehreren wissenschaftlichen Disziplinen; dies schon während der Zeit der Universitätsstudien und weiter bis in die Gegenwart. Ein starkes Interesse für Naturwissenschaften war bereits dem Gymnasiasten Schönborn eigen und hat vielleicht auch seine spätere Zuwendung zum Thema Evolution mitverursacht, die in den letzten Jahren zu weltweit beachteten Kontroversen geführt und so dem Disput zwischen christlichem Glauben und Naturwissenschaft fällige Impulse gegeben hat.

Die ererbte große europäische Kultur mit ihrer Literatur, ihrer Musik und ihrer bildenden Kunst ist dem Sohn der alten aristokratischen Familie Schönborn mit ihrer auch diesbezüglich herausragenden Tradition besonders vertraut. Untrennbar von der Theologie war für Christoph Schönborn stets die Seelsorge. Für sie hat er als Studentenseelsorger und als Professor alle verfügbare Zeit und Kraft aufgewendet. Beides verband sich mehr und mehr zur Gestalt eines geistlichen Meisters im Dienst einer großen Zahl von Menschen aus verschiedenen sozialen und kulturellen Verhältnissen.

Das Thema Armut bewegt in seiner sozialen und spirituellen Dimension den aus dem Bettelorden der Dominikaner kommenden Bischof in besonderer Intensität. Hier ereignet sich die Nagelprobe des Leitwortes »cor ad cor loquitur« des Kardinals John Henry Newman, der einer der prägenden Gestalten für Christoph Schönborns Theologie und Spiritualität geworden und geblieben ist. Das erklärt auch seine Verbindung mit vielen neuen spirituellen Bewegungen im weiten Bogen von Sant'Egidio in Rom über »Comunione e Liberazione« und die Johannesbrüder bis zur Gemeinschaft vom Lamm. Ein starker Sinn für das Praktische auch im Umgang mit Politik und Ökonomie ist dem Wiener Erzbischof ebenfalls gegeben. Dies kommt vielleicht aus dem mütterlichen Erbe, während der Bezug zur Kunst und hier mit einem stärkeren Gewicht auf dem Wort als auf dem Bild wohl besonders dem väterlichen Erbe aus dem alten Haus Schönborn zu verdanken ist.

Katholisch sein bedeutet freilich nicht synthetisch zu sein ohne ein auch kritisches Potential und seine Aktualisierung, sei dies gelegen oder nicht. Der Kardinal kann auch sperrig sein und Kanten zeigen, auch wenn dies nicht ein dominanter Wesenszug zu sein scheint.

In all dem und darüber hinaus ist der profunde Kenner der Kirchenväter aus Ost und West dem Vorbild der großen betenden Bischofstheologen der alten Kirche besonders verbunden und er ist auch in die Schule vieler Heiliger gegangen und in ihr verblieben. Besonders gilt dies für die kleine heilige Therese, deren Bild im Inneren des Wiener Stephansdomes nahe dem Hauptportal allen Besuchern vor Augen steht.

65 Jahre sind auch heute gewiss mehr als die Hälfte des Lebens. Sie ergeben aber eine Wegmarke, die noch auf viel Zeit für die Arbeit im Weinberg Jesu Christi hoffen lässt. Als Weggefährte Christoph Schönborns schon vor unserer Berufung in das Bischofsamt und seither ohne Unterbrechung wünsche ich ihm viele weitere reich gesegnete Jahre.

+ Egon Kapellari
Diözesanbischof von Graz-Seckau
Stellvertretender Vorsitzender der Österreichischen Bischofskonferenz

Vorwort der Herausgeber

Ein 65. Geburtstag ist Anlass und Grund, zu danken. Mit Kardinal Schönborn zusammen, der die Vollendung seines 65. Lebensjahres am 22. Jänner 2010 feiert, danken wir seinem Schöpfer für die vielen Jahre und ihren Reichtum an Erfahrung und Reflexion.

Kardinal Schönborn selbst danken wir, seine Schüler und Mitstreiter in Sachen Glaubenslehre und katholische Weltanschauung, für seinen Einsatz und sein Lebenswerk. Als Zeichen der Wertschätzung möchten wir ihm zum 65. Geburtstag diese Festschrift überreichen. Dass unser Jubilar den Katheder des Professors mit der Kathedra des Bischofs vertauscht und den Weg aus der Welt der Universität in die des Oberhirten von Wien und des weltweiten Bischofskollegiums beschritten hat, sehen wir nicht als Abbruch, sondern als Fortschreibung seiner Verantwortung als Lehrer der Theologie.

Wie soll man einem Gottesgelehrten danken, wenn nicht mit der Bemühung des Denkens? In dieser Sinnperspektive wurden hier im vorliegenden Band Früchte theologischer Arbeit gepflückt und zusammengetragen, die aus der Feder von Mitbrüdern, Schülern, Kollegen und Freunden des Kardinals stammen.

In noch jugendlichem Alter trat Christoph Schönborn in den Dominikanerorden ein. Auch als Erzbischof von Wien pflegt er die Beziehung zu diesem Orden, der für ihn die bleibende geistliche Heimat bedeutet. Dafür spricht auch, dass unter den Mitautoren dieser Festschrift der Orden durch einige namhafte Mitbrüder (J. B. Brantschen OP, C. A. Costa OP, G. Cottier OP, G. Emery OP, R. Schenk OP und G. Vergauwen OP) vertreten ist.

Ein erstes Einsatzfeld des jungen promovierten Dogmatikers war die Studentenseelsorge an der Universität Graz, die er zusammen mit seinem Freund Dr. Egon Kapellari wahrgenommen hat. Zwei der Mitautoren (E. Kapellari, B. Körner) stehen für die bleibende Beziehung des Kardinals zur Diözese und Universität von Graz.

Mit 30 Jahren wurde Christoph Schönborn auf den Lehrstuhl für spezielle Dogmatik an die Universität Fribourg (Schweiz) berufen. Während der folgenden 16 Jahre lehrte er daselbst Christologie und Dogmatische Sakramentenlehre in der für ihn typischen Verbindung von Tradition und Innovation, von Glaubensüberlieferung und neuzeitlichem Problembewusstsein. Unter den Mitautoren sind ehemalige Kollegen aus jener Zeit (E. Agazzi, J. B. Brantschen OP, der jetzige Rektor der Universität G. Vergauwen OP), ehemalige Schüler (M. Brun, M. Hohmann OSB, E. Keller, M. Schulze SAC, M. Walser) und auch seine Nachfolgerin auf dem Lehrstuhl (B. Hallensleben).

Der damalige Professor Schönborn lehrte auch Theologie des christlichen Ostens in Form eines kleinen Lehrauftrages. So wurde die Beziehung zur Orthodoxie, die er mit seiner Dissertation über Sophronius grundgelegt hatte, weiter vertieft. Auch dieses Feld theologischer Reflexion ist repräsentiert durch Mitarbeiter an unserem Projekt (M. Brun, M. Schneider SJ, R. Prokschi, E. C. Suttner).

Ebenfalls von Fribourg aus hat sich Christoph Schönborn für die Schulungsgemeinschaft (SG) und die Akademische Arbeitsgemeinschaft Hans Urs von Balthasars (AAG) und für die Balthasarsch inspirierte Internationale Katholische Zeitschrift *Communio* als Referent, Autor und geistlicher Betreuer vielfach eingesetzt. Der Einfluss Balthasars ist in Schönborns Werk auf verschiedenen Ebenen zu spüren; ebenso besitzt Schönborns Engagement für Balthasars Erbe in der Schweiz und darüber hinaus nachhaltige Wirkung. Es ist sinnreich und fügt sich gut, dass Theologen, die in verschiedener Weise dem Ansatz Balthasars verbunden sind und ihn für unsere Tage weiterführen (A. Haas, P. Henrici, J.-H. Tück), durch ihre Abhandlungen dieser Seite des Schönbornschen Einsatzes dankende Anerkennung zukommen lassen.

Mit 46 Jahren wurde Christoph Schönborn ins Bischofsamt berufen. In diesem Zusammenhang begrüßen wir es, dass bedeutende bischöfliche Mitbrüder, die sich durch Arbeiten in systematischer Theologie ausgezeichnet haben (P. Henrici, E. Kapellari, K. Koch, G. L. Müller, P. W. Scheele), Artikel zu diesem Werk der Ehrung beigetragen haben.

1995 wurde unserem Jubilar die Hauptverantwortung für die Erzdiözese Wien übertragen. Auch aus Wien und Umgebung haben sich Autoren eingefunden (R. Prokschi, E. C. Suttner, K. Wallner OCist, H. P. Weber), um ihren Oberhirten mit einer Gabe zu erfreuen.

Schon zwei Jahre nach seiner Einsetzung als Erzbischof von Wien übernahm er den Vorsitz der österreichischen Bischofskonferenz. Auch für die österreichische Denkkultur in der Theologie über den Wiener Raum hinaus stehen zwei Mitautoren unseres Bandes (B. Körner, J. Niewiadomski SJ).

Im selben Jahr wurde er mit dem Kardinalspurpur bekleidet. Vertreter des Kardinalskollegiums haben sich dankenswerterweise unter die Verfasser dieser Festschrift eingereiht (G. Cottier OP, W. Kasper, A. Scola).

Vorwort der Herausgeber

Der Kreis derer, die Artikel zu unserem Buch beigesteuert haben, wird abgerundet und vervollständigt durch in anderen Zusammenhängen hier noch nicht genannte Gottesgelehrte, die mit unserem Jubilaren verbunden sind durch die Erfahrung des Lehramtes und den bleibenden Auftrag zur rationalen Verantwortung des Glaubens (G. Augustin SAC, D. Hattrup, K. H. Menke, T. Meurer, D. Sattler, B. Stubenrauch).

Katholischer Bischof sein heißt auch: Der internationalen Vernetzung theologischer Kräfte in der Kirche verpflichtet zu sein. Im Licht dieser Überlegung erscheint es uns stimmig, dass aus sieben Ländern (Deutschland, Fürstentum Liechtenstein, Italien, Österreich, Schweiz, USA, Vatikan) Brüder und Schwestern im Glauben zur Entstehung dieser Ehrengabe beigetragen haben.

Christoph Schönborn hat als Theologe vor allem in zwei Bereichen Hervorragendes und Bleibendes geleistet, in Christologie und Schöpfungslehre. Um diesen doppelten Schwerpunkt seiner Arbeit zu würdigen, haben wir als Titel über unsere Festschrift »Christus – Gottes schöpferisches Wort« gesetzt. Wer Schönborn als dogmatischen Lehrer in Fribourg erlebt hat, ist bleibend geprägt durch seine Beschäftigung mit den biblischen Grundlagen des Christusglaubens in Auseinandersetzung mit der historisch-kritischen Exegese bei gleichzeitiger Transzendierung derselben im Sinn des Balthasarschen Ansatzes einer Interpretation der Schrift durch die Schrift und die Lehrtradition der Kirche. Dieser Strang seines Denkens wird lebendig und zeitgenössisch fortgesetzt in den Artikeln zum Thema »Christologie und Gottesoffenbarung«. Auch die Soteriologie wird in Beiträgen abgehandelt, die den Stand moderner Diskussionen (etwa zum Thema der Einzigkeit Christi) wiedergeben und verschiedene Aspekte der Konsequenzen aus einer katholischen Erlösungslehre einer näheren Betrachtung unterziehen. Als besonderes Signum der christologischen Abteilung dieses Bandes darf es wohl gelten, dass sowohl der Bedeutsamkeit Christi für die abendländische Geistesgeschichte wie auch dem spirituellen Leben des Glaubens breiter Raum eröffnet ist. Die inhaltliche Brücke zum schöpfungstheologischen Teil unseres Werks schlägt der Abschnitt »Christologie und Schöpfungslehre«.

Die Schöpfungslehre, für die Kardinal Schönborn auf vielen Ebenen (Predigten, Katechesen, Vorträge, Zeitschriftenbeiträge, wissenschaftliche Foren, etc.) Klärendes und Weiterführendes beigesteuert hat, wird durch Arbeiten vertreten, die die aktuelle Auseinandersetzung mit verschiedenen Herausforderungen durch die Evolutionstheorie spiegeln und leisten und die Schlussfolgerungen für Anthropologie und Leben beziehungsweise Handeln des Menschen in existentieller Perspektive ziehen.

Vorwort der Herausgeber

Diese Denkfrüchte, die hier zu Ehren unseres Kardinals gesammelt vorliegen, wären nicht möglich gewesen ohne die Bereitschaft und den schöpferischen Einsatz der Theologen und Theologinnen, die die Ergebnisse ihrer reflexiven Bemühungen schriftlich niedergelegt haben. Dafür gebührt ihnen von Seiten der Editoren der Ausdruck herzlichen Dankes.

Den nun der Öffentlichkeit überreichten Band in dieser Ausstattung und zu den gegebenen wirtschaftlichen Konditionen haben auch mit ihren großzügigen finanziellen Beiträgen Sponsoren tatkräftig unterstützt, denen an dieser Stelle herzlicher Dank gesagt sein soll: Herrn Diözesanbischof Dr. Egon Kapellari (Graz/Österreich), Herrn P. Provinzial Adrian Willi SAC (Gossau(SG)/Schweiz), der Akademischen Arbeitsgemeinschaft Hans Urs von Balthasars (AAG) und besonders ihrem Vorsitzenden Herrn Dr. Robert Huber (Luzern/Schweiz), Herrn und Frau Dr^{es}. Peter und Margareta Lipp (Zürich/Schweiz) und Frau Gertrud Müller (Wil (AG)/Schweiz).

Wir wünschen diesem Band offene Leser, die sich von der Reflexion auf das Christusgeheimnis und vom Glauben an den Schöpfergeist auch heute bewegen lassen. Unser Dank gilt ganz besonders auch Herrn Lukas Trabert und Frau Eva Düker (Verlag Herder) für die hilfreiche und engagierte verlegerische Betreuung und Herrn Dipl.-theol. Stefan Ley, Mitarbeiter des Kardinal Walter Kasper Instituts in Vallendar, der mit Präzision und Hingabe die editorische Feinarbeit geleistet hat.

Vermittels dieser Ehrengabe und mit dankbaren und ehrfürchtigen Freundesgrüßen sagen wir unserem Jubilar: Ad multos annos!

Im Jänner 2010
Die Herausgeber

Schöpfungslehre

I. Schöpfungslehre und Evolutionstheorie

Evandro Agazzi

Betrachtungen zum Thema »Intelligent Design«

Es ist gewiss nicht einfach, über ein so umstrittenes Thema wie das des »Intelligent Design« das Wort zu ergreifen, insbesondere deshalb, weil diese Debatte sehr oft eher im Ton der Polemik als in dem einer objektiven Diskussion geführt wurde. Wie es im Falle einer Polemik normalerweise geschieht, machen die entgegengesetzten Parteien von verschiedenartigen Argumenten Gebrauch, die zu oft vermischt werden und deswegen Konfusion hervorrufen. *Citius emergit veritas ex errore quam ex confusione,* sagte Francis Bacon, und die Absicht dieses Beitrags ist es, gewisse Sinnunterschiede des Ausdrucks »Intelligent Design« zu klären; diese ermöglichen es, die verschiedenen *Ebenen* der Diskussion zu unterscheiden, und damit auch die Kontexte des »legitimen« Gebrauchs dieses Ausdrucks zu umreißen. Die erwähnten Konfusionen führen oft zu Missverständnissen, die scheinbar semantischer Natur sind (das heißt, sie betreffen den *begrifflichen Sinn* der Worte), die aber fast immer vom *historischen Gebrauch* dieser Worte abhängig sind.

Kreation und Schöpfung

Ein Musterbeispiel dafür ist das Wort »Kreation«, aus dem das Stichwort »Kreationismus« entstanden ist. Während der langen Geschichte der abendländischen Kultur wurde der Sinn von *creatio* eindeutig als *göttliche Schöpfung* verstanden (und ab und zu auch analog auf die Produktion von Kunstwerken angewendet). Zu Beginn des 19. Jahrhunderts wurden jedoch die modernen Übersetzungen des lateinischen Wortes manchmal im Kontext naturwissenschaftlicher Auseinandersetzungen verwendet, insbesondere als einer der Grundbegriffe des sogenannten »Katastrophismus«. Als die Idee einer Geschichte der Erde am Ende des 18. Jahrhunderts fest eingeführt war und die Fossilien als versteinerte Überreste verschwundener Lebensformen verstanden wurden, versuchten die Wissenschaftler, die Abfolge der Lebewesen durch entsprechende Theorien zu erklären. Der Katastrophismus ist eine solche Theorie; ihr berühmtester Vertreter war der Franzose George Cuvier: Er vermutete, dass am Ende einzelner geologischer Epochen alle Tiere und Pflanzen in einem bestimmten Gebiet durch riesige Naturkatastrophen (›Revolutionen‹) vernichtet wurden und stellte, um die überall zu beobachtenden Veränderungen im Fossilbestand der Gesteine zu erklären, die Hypothese auf, die vernichteten Lebewesen seien nach jeder Katastrophe von anderen, neu zugewanderten oder *neu erschaffenen* Arten *ersetzt* worden. Es handelt sich offensichtlich um eine *naturwissenschaftliche Hypothese*, die Cuvier durch zahlreiche empirische und theoretische Argumente aus der Paläontologie und der Vergleichenden Anatomie zu verteidigen versuchte, besonders gegen zwei unterschiedliche Gegentheorien. Die eine war der »Gradualismus« (die These von Charles Lyell, nach welcher die geologischen Änderungen sehr langsam, schrittweise und kumulativ stattgefunden haben); die andere war der »Evolutionismus«, dessen erster Vertreter Jean-Baptiste Lamarck war, nach dem die neuen Lebensformen aus wenigen früheren Lebensformen »genealogisch« entstehen, das heißt, durch die allmählichen kumulativen Transformationen, welche die Organismen als Anpassung an ihre Umwelt realisieren. Von den zahlreichen Naturforschern, welche die Idee des *getrennten und unabhängigen Ursprungs* der verschiedenen Arten annahmen, wurde diese Idee *création* oder *creation* genannt, aber in einem bloß naturmäßigen Sinne. Die Legende, Cuvier habe nach jeder Katastrophe eine Neuschöpfung *durch Gott* postuliert, wurde von seinem Gegner Charles Lyell verbreitet; diese Behauptung lässt sich aber mit keiner der vielen Veröffentlichungen Cuviers belegen. Aber die Terminologie hat Fuß gefasst und schon im 19. Jahrhundert wurden die Gegner des Evolutionismus »Kreationisten« genannt und hier waren die Missverständnisse schon vorhanden. Obwohl Darwin selbst sehr oft in seinem Werk betont hat, dass seine Theorie die Idee überwinden wollte, dass die einzelnen Arten getrennt und unabhängig voneinander »geschaffen« wurden, wollte er doch eine *rein biologische These* verteidigen, die mit dem philosophischen und theologischen Begriff der Schöpfung nichts zu tun hat. Im Gegenteil, am Ende seines Werks *The Origin of Species* erwähnt er explizit den Schöpfer und behauptet, dass die Perspektive der Evolution besser im Einklang steht mit dessen Weisheit: »Authors of the highest eminence seem to be fully satisfied with the view that each species has been independently created. To my mind it accords better with what we know of the laws impressed on matter by the Creator, that the production and extinction of the past and present inhabitants of the world should have been due to secondary causes, like those determining the birth and death of the individual.« Dieser Unterschied zwischen einer naturwissenschaftlichen und einer philosophisch-theologischen Bedeutung des Begriffs *Schöpfung* war schwer zu bewahren, und es wurde immer schwieriger, im allgemeinen kulturellen Bereich seine implizite Zweideutigkeit darzustellen. Auf diese Weise hat sich die Überzeugung verallgemeinert, dass Schöpfung (ihrem philosophisch-theologischen Sinne nach) und Evolution inkompatibel seien. Die Atheisten haben dieses Missverständnis sehr oft gegen die Religion gebraucht, und als Reaktion darauf haben manche Gläubige gemeint, die Religion durch einen Kampf gegen den Evolutionismus verteidigen zu müssen. Trotz der Klarstellungen, die seit langem zu dieser Frage entwickelt wurden, sind solche Missverständnisse auch heutzutage immer noch weit verbreitet; dies ist uns, wie gesagt, Grund genug, zu versuchen, diese Konfusionen auszuräumen.

Unglücklicherweise wurde das, was im Laufe des 19. Jahrhunderts eine unrichtige Anschuldigung war (d.h., dass die damaligen »Kreationisten« der biblischen Erzählung der Schöpfung den Status und den Wert einer wissenschaftlichen Darstellung der Entstehung und Geschichte der Lebewesen zuschreiben wollten), im Laufe des 20. Jahrhunderts zu einer richtigen Anklage gegen die »Neokreationisten«. Diese Geschichte ist wohlbekannt und kann hier nur skizzenhaft zusammengefasst werden: Entscheidend war eine Reihe von Zivilprozessen, die 1925 in den Vereinigten Staaten begann und mehr als sechzig Jahre gedauert hat. Am Anfang wurde das (in gewissen Staaten geltende) Verbot bestritten, im Schulunterricht die darwinsche Evolutionstheorie vorzustellen; dann wurde die Vorschrift etabliert, innerhalb des Biologieunterrichts die biblische Schöpfungserzählung neben der darwinschen Theorie als mögliche wissenschaftliche Alternative darzustellen, besonders nachdem die Kreationisten die Fassung eines »wissenschaftlichen Kreationismus« ohne explizite Hinweise auf die Bibel ausgearbeitet hatten; aber auch diese Fassung wurde schließlich als eine pseudowissenschaftliche Verkleidung einer religiösen Indoktrination verurteilt und ihr Unterricht wurde in den öffentlichen Schulen als verfassungswidrig verboten. Hinter diesen Ereignissen stand am Anfang die Initiative von fundamentalistischen und evangelikalen Richtungen des Christentums, doch im Laufe der Jahre hat sie sich in vielen Institutionen, Gruppen und Vereinen entfaltet. Wir hätten diese Geschichte nicht erwähnt, wäre sie nicht mit dem Thema des *Intelligent Design* verbunden. In der Tat wurde dieser Ausdruck von einer Gruppe von amerikanischen Neokreationisten eingeführt und dann als Ersatz für *Kreation* und *Kreationismus* in die Lehrbücher der Kreationisten gesetzt, um die gerichtlichen Entscheidungen zu umgehen, die es in den USA verbieten, den Kreationismus als wissenschaftliches Schulfach zu unterrichten. Man muss gestehen, dass dieser Zug nicht besonders klug war, denn er erleichterte die Anklage, das Programm des »Intelligent Design« habe dieselbe pseudowissenschaftliche und konfessionelle Prägung wie das Programm des wissenschaftlichen Kreationismus. In der Tat: Trotz der beträchtlichen Menge von wissenschaftlichen Arbeiten, welche die Anhänger dieser Strömung veröffentlicht haben, werden sie kaum je als eine wissenschaftliche »Schule« vorgestellt, sondern (bestenfalls) als Vertreter der Auffassung, dass sich bestimmte Eigenschaften des Universums und des Lebens auf der Erde am besten durch eine intelligente Ursache erklären lassen und nicht durch einen Vorgang ohne solche Leitung (zum Beispiel durch die natürliche Selektion); diese intelligente Ursache wird dann (implizit, manchmal aber auch explizit) mit Gott identifiziert. Aus diesem Grund hat die internationale wissenschaftliche Gemeinschaft diese Strömung nicht legitimiert und ihre Publikationen, Institute und Initiativen nicht als wissenschaftlich anerkannt, weil sie offensichtlich *übernatürliche Faktoren* in die Erklärung *natürlicher Phänomene* einführt, und dies ist (auch ohne ausdrückliche religiöse Bezüge) gegen die wissenschaftliche Methode.

Wir sind nicht daran interessiert zu eruieren, welches die Intentionen, Absichten, Interessen, politischen und ideologischen Programme und Kräfte sind, die hinter *beiden* Parteien dieses Streites stehen. Die außerordentlichen Dimensionen und die Virulenz dieser Kontroverse weisen deutlich auf, dass die wissenschaftstheoretischen Aspekte nur eine sehr marginale Rolle spielen. Deswegen denken wir, dass es unmöglich wäre, sich zugunsten der einen oder der anderen Seite *in toto* auszusprechen, weil beide gewisse richtige und gewisse unrichtige Behauptungen verteidigen. Unsere Absicht ist es, in Analogie zum Begriff der Schöpfung auch im Falle des Begriffs des Intelligent Design einen philosophisch-theologischen Sinn und einen bloß wissenschaftstheoretischen Sinn zu unterscheiden. Während der Gebrauch des ersten Sinns normalerweise zugegeben (oder mindestens toleriert) wird, wird der zweite Sinn als unzutreffend abgelehnt, weil seine Bedeutung als eine unzulässige Einmischung der Religion oder Theologie in die Wissenschaft verstanden wird. Unsere Diskussion wird sich in drei Etappen artikulieren. Erstens werden wir sehen, wie das Thema des Intelligent Design mit dem Thema des Finalismus oder der Teleologie in Beziehung steht, und dies wird erklären, warum die verallgemeinerte Verstoßung der Finalität aus dem Bereich der wissenschaftlichen Begriffe auch die Ausschließung des Intelligent Design impliziert. Zweitens werden wir versuchen, eine kritische Legitimierung der Finalität und des Intelligent Design als *wissenschaftliche* Kategorien *ohne übernatürliche Hintergedanken* zu rechtfertigen. Schließlich werden wir sehen, wie die ursprüngliche Idee einer *Ordnung* der Natur zur Idee einer »ordnenden« Entität geführt hat, die dann innerhalb der christlichen Tradition mit Gott identifiziert wurde. Nach dieser Analyse könnte man vielleicht sagen, dass die Idee eines Intelligent Design eher einen Einfluss der Philosophie und der Naturwissenschaft auf die Theologie mit sich gebracht hat als umgekehrt. Ein solches Phänomen ist nicht pathologisch, sondern weist auf, wie das Studium der Beziehungen zwischen *verschiedenen aber nicht getrennten* Dimensionen der Realität fruchtbar sein kann.

Die Verstoßung der Finalität aus der Wissenschaft

Unglücklicherweise wird der Begriff »Finalität« sehr selten gebraucht und sehr oft durch sein Synonym »Teleologie« ersetzt. »Teleologie« klingt jedoch sehr ähnlich wie »Theologie«, und dies kann den Eindruck einer engen Verwandtschaft erwecken, die nicht selten als eine Identifizierung genommen und als solche mit Argwohn betrachtet wird. In gewissen Darstellungen des Intelligent Design kann man beispielsweise lesen, dass es sich um eine moderne Fassung des traditionellen teleologischen Arguments für die Existenz Gottes handelt, mit welcher versucht wird, sich Aussagen über das Wesen oder die Identität des Designers vollständig zu enthalten. Aber auch der Begriff »Finalität« befindet sich in einer schwierigen Lage wegen seiner direkten etymologischen Verwandtschaft mit *causa finalis* oder *Finalursache*, die eine der vier aristotelischen »Ursachen« ist, welche die Begründer der modernen Naturwissenschaft explizit ausschließen wollten. Auch wenn wir statt »Finalursache« die äquivalenten Ausdrücke »Zielursache« oder »Zweckursache« einführen, fühlen wir eine gewisse Schwierigkeit: Wie kann etwas, das noch nicht existiert, wie ein Ziel oder Zweck, etwas Konkretes »verursachen«? Diese Frage zeigt, dass für uns die Beziehung Ursache-Wirkung den Sinn des Begriffs Ursache bestimmt: Die Ursache ist etwas, das die Wirkung »produziert« (und dies ist die aristotelische *causa efficiens* oder *Wirkursache*). Die Scholastiker waren sich dieser Schwierigkeiten wohl bewusst und hatten z. B. betont, dass diese Ursache (der Zweck) nicht als etwas *Reales* (d.h. Konkretes), sondern als etwas *cognitum* (d.h. Erkanntes) operiert; dies aber könnte nur als *Grund* für die Erklärung bewusster menschlicher Handlungen gelten. Um die Präsenz dieser Ursache auch im Bereich der Naturphänomene zu rechtfertigen, sollte man diese als eine Art Plan, Entwurf oder Projekt verstehen, welches in der spezifischen *Natur* oder dem *Wesen* einer bestimmten Entität enthalten ist und ihre Entfaltung leitet: Das *Werden* jeder Substanz (d.h. des konkreten Individuums) ist ein Übergang von der *Potenz* zum *Akt*, und jeder Akt ist die »Aktualisierung« von etwas, das im Wesen dieser Substanz schon enthalten war. In der scholastischen Terminologie sagte man, dass jeder *motus* (d.h. jedes Werden, jeder Wechsel, jede Änderung – und nicht nur die räumliche Bewegung) von einer *Ursache* abhängt. Im Falle der *künstlichen* Ereignisse ist diese die *Wirkursache*, welche *von außen* auf die Substanzen wirkt. Im Falle der *natürlichen* Substanzen ist die Ursache *innerlich*, sie ist in ihrem *Wesen* oder in ihrer *Form* eingeschrieben und heißt daher *causa formalis,* welche auch als *causa finalis* gilt. In diesem Sinne ist jeder spontane *motus* einer natürlichen Substanz etwas wie ein *Streben* nach einem Ziel, das in ihrer Form oder ihrem Wesen *vorbestimmt* ist. Von daher kann man die klassische Definition des echten Wissens *(epistéme* oder *scientia)* verstehen: *scientia* ist *scire per causas,* d. h., ein Wissen, in dem auch die »Ursachen« oder die *Gründe* der Behauptungen dargestellt werden. Anderseits haben wir gesehen, dass die Formalursache und die Finalursache die wichtigste Rolle im Verständnis und in der Erklärung der Naturphänomene spielten, und daher die *Suche nach dem Wesen* die Hauptaufgabe der Naturphilosophie war, welche mit der Naturwissenschaft identisch war.

Ein Grund dafür, dass Galileo zu Recht als der wichtigste unter den Begründern der modernen Naturwissenschaft gilt, ist die Tatsache, dass er *explizit* deklariert hat (in seinem dritten Brief an Markus Welser über die Sonnenflecken) dass er »im Falle der natürlichen Substanzen« (d.h. der physikalischen Körper) den Versuch, »durch Spekulationen das Wesen zu ergreifen« für ein hoffnungsloses Unterfangen hält. Dagegen glaubt er, dass man eine genügende Erkenntnis erreichen kann, wenn man sich mit der Kenntnis einiger »Affektionen«, d. h. beschränkter Eigenschaften, begnügt. Mit dieser *epistemologischen Entscheidung* wurde eine neue Art des »Wissens« vorgeschlagen, d. h. ein Naturwissen, das die Bedingungen der Naturphilosophie nicht mehr erfüllt und das wir seitdem als Naturwissenschaft bezeichnen. Den Galileischen Behauptungen entnehmen wir, dass die »innerliche« Konstitution des Wesens als undurchdringlich, als »verborgen« gedacht war. Hier finden auch wir schon die analoge Vorschrift Newtons, in der Physik die »verborgenen Qualitäten« außer Betracht zu lassen und sich nur mit »offensichtlichen« Qualitäten zu beschäftigen.

Das Gesagte reicht schon, um eine einfache und unmittelbare Folgerung zu ziehen: Mit der Ausschließung der Wesensuntersuchung aus der Naturwissenschaft waren auch die Formalursache und die Zweckursache ausgeschlossen. Darüber hinaus war auch der klassische *motus* zu seiner beschränkten Bedeutung von »lokaler Bewegung« reduziert, d. h. die Bewegung materieller Körper im Raum. Diese Bewegung ist als solche eine der »offensichtlichen« Qualitäten der Natur und weist, ohne selbst Substanz zu sein, eines der Grundmerkmale der Substanz auf, die Permanenz: Nicht die Bewegung, sondern die Variation der Bewegung muss durch eine Ursache erklärt werden (Prinzip der Trägheit) und diese Ursache ist die *Kraft.* Diese ist tatsächlich die »wissenschaftliche« Verkleidung der Wirkursache, welche auf die materiellen Körper *von außen* wirkt. Das ist die begriffliche Gestalt der *Mechanik.* Die Bestrebung, dieses einfache Schema für das Verständnis aller Naturphänomene zu benützen, wurde durch die

Annahme einer atomistischen Weltauffassung erleichtert, die wir bei Galileo, Newton und vielen anderen Wissenschaftlern finden. Das war eine *metaphysische These*: die These, dass die innerste Struktur aller materieller Körper aus einer großen Anzahl von unbeobachtbaren Atomen besteht, deren Bewegungen durch mechanische Kräfte verursacht sind. Das ist die *mechanistische Weltauffassung*, die explizit von ihren Verteidigern *mechanical philosophy* genannt wurde und die auch nicht-atomistische Formen erhalten hat. In der Tat ist der Atomismus nur eine Unterart des *Mechanizismus*, der in seinen extremen *metaphysischen* Versionen eine Form des *Materialismus* ist, also der philosophischen Lehre, dass nur Materielles existiert und z. B. der menschliche Geist oder Wille nicht durch Bezug auf Immaterielles erklärbar ist. Aber zahlreiche Vertreter des Mechanizismus (wie z. B. Galileo, Newton und Descartes) beschränkten diese Auffassung auf das Studium der Natur und nahmen die Existenz des menschlichen Geistes oder Gottes an. Nach dieser beschränkten Fassung des Atomismus besteht die gesamte *Natur* aus kleinsten materiellen Objekten, die sich im *leeren Raum* bewegen; nach einer anderen Sicht jedoch (deren berühmtester Vertreter Descartes war) besteht die *Natur* aus einer *kontinuierlichen Materie* deren Bewegungen nur durch Aneinanderstoßen und nur in geschlossener Form (Wirbel) geschehen. Hinzu kommt üblicherweise ein *Determinismus*, d. h. die These, dass die gesamte Wirklichkeit durch strikte *Naturgesetze* regiert wird, so dass prinzipiell bei deren exakter Kenntnis sowie einer exakten Kenntnis des Weltzustands zu einem einzigen Zeitpunkt alle Zustände zu allen Zeitpunkten errechenbar sind. Wenn dies innerhalb der *metaphysischen* materialistischen These behauptet wird, schließt diese exakte Vorbestimmung offensichtlich auch die Zustände des menschlichen Geistes und Willens ein. Diesen beiden metaphysischen Thesen, dem Materialismus und dem Determinismus, entspricht eine *wissenschaftstheoretische Methodologie*, nach welcher die *Natur* quantitativ und *kausal* (im Sinne der Wirkungskausalität) durch Bezug auf strikte Gesetze erklärt werden soll und kann. Dies betrifft insbesondere auch biologische Prozesse, stellt sich also gegen den sogenannten *Vitalismus*, der ein eigenes Lebensprinzip angenommen hatte. Man muss aber betonen, dass der umgekehrte Schluss nicht korrekt ist: Aus der Tatsache, dass eine gewisse Methode im Studium der *Natur* (oder eines bestimmten Bereichs der Natur) fruchtbar ist, kann man nicht schließen, dass *die Realität als Ganzes* durch diese Methode völlig erkennbar ist.

Wir werden zu diesen Überlegungen später zurückkommen, um jetzt etwas über den entscheidenden Einfluss der *Mathematisierung* auf die *deterministische Weltauffassung* zu sagen. Diese wurde explizit durch Galileo eingeführt: Von den verschiedenen »Affektionen« oder Akzidenzien, auf welche sich, seiner Meinung nach, die Naturwissenschaft beschränken sollte, erachtete er nicht alle als brauchbar, sondern nur die, die quantifizierbar und mathematisierbar waren. Warum gerade diese Affektionen privilegiert sein sollten, können wir außer Betracht lassen, um kurz die Wichtigkeit der Mathematisierung für die Entstehung des deterministischen Bilds der modernen Naturwissenschaft zu betonen.

Determinismus gegen Finalismus

In der Entstehung des modernen Mechanizismus hat die Philosophie eine wichtige Rolle gespielt, nicht nur, wie wir oben gezeigt haben, durch den Vorschlag einer bloß materialistischen Auffassung der *Natur*, sondern auch durch den Vorschlag neuer *Modelle* der Erkenntnis. Von diesem Standpunkt aus müssen wir die Wichtigkeit des Kartesischen Ideals einschätzen, auf alle Fragen eine dem mathematischen Schließen nachgebildete Beweisführung anzuwenden. Dieses hat jeder rationalen Untersuchung eine streng deduktive Gestalt auferlegt. Wie man einfach sehen kann, befindet sich schon hier das erste Paradigma des Determinismus, d.h. einer vollständigen, lückenlosen und »notwendigen« Deduktion jedes einzelnen Aspekts der Wirklichkeit. In der Tat ist der mathematische Determinismus der direkte Vorvater des physikalischen Determinismus und dies ist kein Zufall. Wie wohlbekannt ist, hat Descartes das Wesen der materiellen Körper mit der Ausdehnung identifiziert und demzufolge wurde die Lehre der Ausdehnung (die Geometrie) mit der Lehre der materiellen Wirklichkeit *(res extensa)*, d.h. mit der Physik, identifiziert (»meine ganze Physik« – so sagte er – »ist nichts anders als Geometrie«). Auf diese Weise wurde ein »metaphysischer Mechanizismus« eingeführt, der sowohl die Überzeugungskraft als auch den Apriorismus einer mathematischen Theorie enthielt. Dies erlaubt es, auch die analoge Stellungnahme Spinozas zu verstehen, welche in einem gewissen Sinne eine noch strengere Anwendung des Kartesischen Vorbildes einer Beweisführung *more geometrico* war. Genau bei Spinoza finden wir den radikalsten Widerstand gegen die Finalursachen. Im Anhang zum ersten Buch seiner *Ethik* befindet sich der deutlichste und vielleicht gewaltigste Angriff gegen die Finalursachen in der philosophischen Literatur. Es ist zwar wahr, dass mit dem hier widerlegten Finalismus die Neigung gemeint ist, Gottes Willen dafür einzusetzen, zufällige physische Ereignisse zu erklären, während selbst Descartes und Spinoza unter dem Namen *conatus* oder *inclinatio* eine gewisse Art der innerlichen Finalität in den Dingen annehmen. Trotzdem ist ebenso wahr, dass diese Polemiken den Weg zur vollständigen Eliminierung der Finalursachen in den Werken der Philosophen und Wissenschaftler der Aufklärung vorbereitet haben.

Wir sind nicht daran interessiert, die historischen Gründe des Misskredits zu untersuchen, in welchen die finalistische Denkweise geraten ist. Dennoch denken wir, dass diese philosophische Tradition in Betracht gezogen werden sollte, wenn man die Geschichte der »deterministischen« Weltauffassung schreiben will (und mit ähnlicher Aufmerksamkeit sollte man, aus entgegengesetzten Gründen, die strenge Verteidigung der Finalursachen betrachten, die man bei einem so tiefen und wissenschaftlich kompetenten Denker wie Leibniz findet). Was wir von einem rein philosophischen Standpunkt aus bemerken wollen, ist nur, dass all dies eine beträchtliche Verarmung des Begriffs »Ursache« bedeutete, wie er im Laufe der Geschichte der Philosophie verstanden worden war, zumindest seit den Analysen des Aristoteles. Der ursprüngliche Sinn von Ursache war tatsächlich sehr umfangreich und konnte in einer gewissen Weise das Ganze der Zustände umfassen, welche die Anforderungen des Verstehens und Erklärens befriedigen, oder, wenn man das anders ausdrücken will, die Anforderungen des *Logos*, sofern sie verschieden sind von den Anforderungen des rein empirischen Feststellens der Tatsachen. In diesem Sinn bedeutete eine Ursache zu finden »den Grund anzugeben« *(logon didonai)*, und das erklärt, warum Aristoteles und andere Denker von verschiedenen Arten von Ursachen sprechen konnten. Die Finalursache war genaugenommen eine unter anderen. Wie wir oben schon gesagt haben, war das deterministische Dogma eine Reduktion dieser semantischen Komplexität auf einen beschränkten Sinn der aristotelischen Wirkursache, d. h. der Ursache, welche die Wirkung sozusagen *a tergo* hervorbringt. Hier stellt sich spontan folgende Frage: War eine solche Ausschaltung der anderen Sinne des Begriffs Ursache gerechtfertigt? Die einfachste Antwort kann darin bestehen, dass man gewisse Aspekte der Realität aufweist, die ohne Bezug auf die anderen, ausgeschalteten Ursachen nicht ausreichend erklärt werden können.

Von diesem Standpunkt aus ergibt sich, dass die Beseitigung der Finalursache zweifellos eine Verstümmelung von etwas impliziert, das innerhalb unserer *erkennenden* Erfahrung tatsächlich *anwesend* ist. Zweifellos gibt es viel »absichtliches Verhalten« in unserer Umgebung: Das ist wahr zumindest im Falle der menschlichen Gemeinschaft, der wir angehören und in deren Rahmen das Aufweisen von Zwecken, Absichten und Zielen als eine notwendige Bedingung dafür betrachtet wird, eine rationale Erklärung von Handlungen vorzulegen. In diesem Sinn können wir sagen, dass wir *wissen*, dass gewisse Handlungen oder Ereignisse *wegen* gewisser Vorhaben vorgekommen sind, die wir in unserer Erklärung anzugeben versuchen; und dieses »wegen« hat die Bedeutung einer *Kausalerklärung*. Es sollte also klar sein, dass zumindest einige Bereiche existieren, in denen das Modell der teleologischen Schlussfolgerung in einem *erkennenden Sinne* angewendet wird. Aber sobald festgestellt ist, dass das Finalitätsprinzip *als solches* im Rahmen des menschlichen Schließens allgemein angewendet wird, gibt es keinen Grund, seine Anwendung außerhalb des Gebiets des »absichtlichen Verhaltens« zu verbieten.

In der ganzen Polemik gegen den Finalismus kann man keine explizite oder gute Begründung finden; sie gründet auf dem aprioristischen Dogma, nach dem »vorausgesetzt« wird, dass jedes Ereignis in der Welt, die sogenannten freien Entscheidungen inbegriffen, das Erzeugnis einer möglicherweise sehr langen und komplizierten Kette von streng deterministischen Bedingungen ist. Die metaphysische Prägung dieser Behauptung kann sogar durch das Poppersche Kriterium der Nicht-Falsifizierbarkeit aufgewiesen werden: Diejenigen, die nicht imstande sind, eine solche behauptete deterministische Kette wirklich vorzuweisen, führen als Entschuldigung an, dass dies von der Komplexität ihrer zahlreichen Glieder abhänge. Von diesem Standpunkt aus kann man gegen die Antifinalisten dasselbe Argument brauchen, das Spinoza gegen den Finalismus an der schon erwähnten Stelle seiner *Ethik* brauchte. An jener Stelle sagt er, dass ein göttlicher Plan üblicherweise deshalb angerufen wird, weil man nicht imstande ist, der langen Kette der vorausbestimmenden Bedingungen einer zufälligen Tatsache bis zu ihren echten Uranfängen stromaufwärts zu folgen; das Göttliche erscheint als eine Art Ersatz unserer Unkenntnis. Ein ähnliches Argument könnten wir hier anwenden: Das apriorische »Prinzip«, nach dem nur deterministische Erklärungen gesucht werden müssen, verdeckt unsere tatsächliche Unkenntnis der behaupteten »Anfangsbedingungen« und führt uns zur Behauptung, dass sie irgendwo existieren müssen, auch wenn es keinerlei praktische Möglichkeit gibt, sie zu entdecken. Diese Behauptung jedoch hat die Natur eines Glaubens – nicht weniger als jene andere Behauptung, welche den Willen Gottes für die Erklärung zufälliger Ereignisse ins Spiel bringt.

Der Anwendungsbereich der Teleologie

Nachdem die Ablehnung der Teleologie als solche als ungerechtfertigt nachgewiesen ist, kann man zu untersuchen beginnen, wie und wo die Teleologie ihre bedeutendste Anwendung finden könnte. Man muss dabei nicht von einem Extrem ins andere fallen: Man muss mit der finalistischen Perspektive nicht dieselbe Art der Übertreibung praktizieren, wie dies die deterministische Auffassung getan hat. Ferner darf man nicht vergessen, dass in der Geschichte der westlichen Kultur vieles im Misstrauen gegen die finalistischen Betrachtungen auch eine Folge des oberflächlichen Gebrauchs teleologischer Erklärungen war, die oft als bequeme Auswege erschienen, um komplexe Probleme auszuräumen ohne etwas wirklich zu erklären. Die Idee der Teleologie, in ihrem »neutralsten« Sinn, kann als eine passende Art der »Kategorisierung« verstanden werden für Tatsachen und Ereignisse, die eine Koordination oder Zusammenarbeit deterministischer Ketten voraussetzen, welche (a) von diesen Ketten nicht notwendig gemacht ist und (b) ein Resultat ergibt, das durch die Dynamik der einzelnen mitwirkenden Ketten nicht erklärbar ist, sondern nur durch die Betrachtung der speziellen Koordination und des speziellen »Entwurfs«, der sie verbindet.

Das menschliche – und gewissermaßen auch das tierische – absichtliche Verhalten weist genau diese Merkmale auf. Die teleologische Erklärung wird in solchen Fällen oft nicht bestritten, denn die Anwesenheit irgendeines »Entwurfs« oder einer Orientierung auf ein Ziel hin wird durch die offensichtliche Anwesenheit eines menschlichen oder tierischen »Entwerfers« einfach erklärt.

Das Misstrauen beginnt da, wo dieselbe Denkweise beispielsweise im Falle physiologischer »Funktionen« angewendet wird. Hier ist die Koordination von auf ein gewisses Ziel gerichteten Prozessen ziemlich offensichtlich, aber es scheint, man fürchte, gezwungen zu sein, einen »Entwerfer« anzunehmen, wenn man einen Entwurf annimmt. Diese Furcht aber ist naiv, denn aus demselben Grunde sollte man auch befürchten, einen »*Gesetz*geber« zu postulieren, wenn wir die Anwesenheit von »*Naturgesetzen*« annehmen. Die Wahrscheinlichkeit einer anthropomorphen Prägung ist nicht größer im Falle der finalistischen als der deterministischen Denkweise: Dieselbe methodologische Vorsicht sollte reichen, um die Neigung zu einer solchen Prägung in beiden Fällen zu vermeiden.

Dasselbe kann gesagt werden, wenn man von der Betrachtung des Funktionierens von Lebewesen zu viel komplexeren Perspektiven übergeht, zum Beispiel zum Verständnis der biologischen Evolution. Der tiefe Sinn dieser Deutung war die Absicht, die Idee einer dynamischen Entwicklung (die fähig ist, einen komplexen Entwurf zu vollziehen), welche bislang auf die einzelnen Lebewesen angewendet wurde, auf das ganze System der Lebewesen auszudehnen. In diesem Sinne kann man behaupten, dass der wichtigste begriffliche Bestandteil der Evolutionstheorie die Rechtfertigung der Teleologie gegenüber der Idolatrie des mechanizistischen Determinismus ist, welche die Physik beherrschte. Deswegen waren all die Bemühungen, die man aufgewendet hat, um die Kompatibilität der Evolution mit der deterministischen Kausalität zu beweisen und eine nicht finalistische Deutung der Evolution zu verteidigen, teilweise überflüssig und teilweise irreführend. Sie waren und bleiben überflüssig, weil die Teleologie keinen Finalismus *gegen* die deterministischen Ketten der Ereignisse ausdrückt, sondern die Finalität *ebendieser* Ketten, das ist die Tatsache, dass diese Ketten innerhalb eines Entwurfs erscheinen, welcher an und für sich von keiner von ihnen ableitbar ist. Sie sind irreführend, da mit der Absicht, die Idee der Teleologie aus der Evolution auszuräumen, tatsächlich versucht wurde, die Evolution ihrer intellektuell stimulierendsten Neuheit zu berauben.

Eine Bestätigung der intellektuellen Armut solcher Bemühungen kommt aus der Tatsache, dass sie dazu zwingen, den »Zufall« an jenen Stellen ins Spiel zu bringen, an denen sich die schwierigsten Fragen stellen. Auf diese Weise erhält man jene Mischung von »Zufall und Notwendigkeit« (um sie mit den Worten eines berühmten Bestsellers auszudrücken), welche, als solche, ein gewisses Zugeständnis des Scheiterns ist. Die rationale Erklärung läuft reibungslos, solange das Problem darin besteht, zu beschreiben, wie einige Mechanismen wirken, wenn bestimmte außerordentliche Umstände hypothetisch realisiert sind; es wird jedoch keine Erklärung der Entstehung dieser Umstände gegeben. Es wird einfach postuliert, dass sie »zufällig« stattfinden, und dies bedeutet tatsächlich »ohne irgendwelchen erscheinenden Grund«. Keinen Grund angeben zu können bedeutet aber, »unfähig sein, zu erklären«. So werden Dinge erklärt, die keiner Erklärung bedürfen, nämlich Vorgänge, bei denen die Ketten und mechanischen Routinen ihrem gewöhnlichen Lauf folgen, während genau jene Punkte ohne Erklärung gelassen werden, welche die angebliche mechanizistische Erklärung herausfordern. Es wäre viel vernünftiger, von einem »Entwurf« zu sprechen, nach welchem sich die deterministischen Ketten an gewissen strategischen Punkten zusammenschließen, statt diese als »schwarze Schachteln« unerklärt zu lassen mit dem einzigen Zweck, die teleologische Idee zu vermeiden.

Ferner muss man auch bemerken, dass alle Bemühungen im Versuch, Evolution und Veränderung durch den mechanizistischen Determinismus statistisch zu beherrschen, mit ernsten Schwierigkeiten belastet sind. Man betrachte z. B. die Beweise, durch welche man versucht, in der Thermodynamik eine gewisse Art des Determinismus durch den Bezug auf Gleichgewichtszustände zu retten. Um dies zu erreichen, muss man den Preis bezahlen, dass der ganze Prozess als nach vollständiger Unordnung strebend gedacht wird, und das impliziert das »Vergessen« der Anfangsbedingungen, das eines der Haupterfordernisse jeder mechanistischen Erklärung ist (man denke an die Boltzmannsche Verteilungsfunktion, die nach der Maxwellschen Kurve strebt). Darüber hinaus sind Gleichgewichtszustände ziemlich selten und das echte Problem besteht eher darin, die Stabilität außerhalb solcher Zustände zu rechtfertigen. Auch bei dieser Frage scheitern die traditionellen Werkzeuge, welche die Veränderung auf eine Invarianz zu reduzieren versuchen.

Ohne diese ziemlich technischen Überlegungen weiter zu entwickeln, möchten wir bemerken, dass im Falle der Evolution, wie auch in zahlreichen anderen Fällen, bei denen die Idee eines »besseren« Niveaus oder Fortschritts, das heißt einer »positiven« Veränderung implizit ist, das teleologische Modell schon gegenwärtig ist, weil nämlich ein Werturteil stillschweigend wirksam ist. Da dieses Werturteil gewiss nicht »moralischer« Art ist, muss es eine gewisse Eignung oder Anpassung bezüglich eines gewissen Zwecks, Entwurfs oder Modells ausdrücken. Alle möglichen deterministischen Erklärungen können höchstens erklären, *wie* dieser Zweck erreicht wird, nicht aber *warum* er da ist.

Wir wiederholen noch einmal, dass die hier diskutierte Frage bloß »kategorial« ist. Als solche impliziert sie keinen metaphysischen Bezug; sie kann durch gewisse wissenschaftliche Werkzeuge behandelt werden, und zwar in einer formalen und mathematischen Weise, wie es die allgemeine Systemtheorie und die mathematischen Theorien der Strukturen und ihrer Evolutionen schon aufgewiesen haben.

Begriffliche Angemessenheit und logische Einfachheit

Ein letzter Einwand gegen die Annahme eines finalistischen Standpunkts in der Wissenschaft ist der folgende: Die Einführung von »Entwürfen« oder gleichbedeutenden Begriffen widerspricht dem methodologischen Imperativ der Einfachheit, dem Kriterium des »Ockhamschen Rasiermessers«, nach dem verlangt wird, dass die Anzahl der theoretischen Entitäten, die eine wissenschaftliche Theorie postuliert, auf ein Minimum beschränkt wird. Wir nehmen diese methodologische Regel gerne an, aber sie wirft die Frage auf, wie Einfachheit einzuschätzen sei. Wenn man die große Anzahl von Hypothesen und *ad hoc*-Vermutungen betrachtet, die üblicherweise vorgeschlagen werden, um beispielsweise biologische Ereignisse nicht-teleologisch zu erklären und ihre hohe Komplexität und Unwahrscheinlichkeit in Betracht zu ziehen, müssen wir ohne Weiteres zugeben, dass sie weit davon entfernt sind, »einfach« zu sein. Sie sind tatsächlich so kompliziert, dass es uns nur die Tatsache, dass sie innerlich widerspruchsfrei sind, erlaubt, ihnen eine von Null verschiedene Wahrscheinlichkeit zuzuschreiben, wahr zu sein und daher auch die Möglichkeit, ab und zu »zufällig« sich zu verwirklichen. Mit anderen Worten, während die Annahme teleologischer Modelle die semantische Grundlage einer Wissenschaft komplexer macht (da sie mehr unabhängige Begriffe enthält), aber die theoretischen Konstrukte vereinfacht, bewirkt die Annahme eines streng mechanizistischen Standpunkts gerade das Gegenteil. Eine Komplikation innerhalb eines Bereichs anzunehmen, kann manchmal eine Vereinfachung des Ganzen ermöglichen. Als Beispiel gilt die Relativitätstheorie, der am Anfang keine klare experimentelle Grundlage zur Verfügung stand, die aber von Einstein vorgeschlagen und von vielen Wissenschaftlern angenommen wurde, weil sie eine bedeutsame »Vereinfachung« in die Mechanik einführte. Dies war tatsächlich so, wurde aber auch erst durch eine drastische »Komplikation« der Geometrie und der vierdimensionalen Metrik ermöglicht, welche für die Beschreibung des Universums gebraucht wird.

Intelligent Design?

Auf den vorhergehenden Seiten haben wir nicht selten von »Entwurf« oder »Plan« gesprochen, da diese Begriffe ein spontaner und natürlicher Bestandteil des semantischen Spielraums der teleologischen Auffassung sind. Man könnte zwar sagen, dass sie die *empirische Evidenz* der teleologischen Perspektive bilden, weil Entwürfe, Modelle und Entwicklungspläne, besonders im Bereich der Biologie, empirisch erkennbar und beschreibbar sind, und die wissenschaftliche Forschung sehr oft darin besteht, neue Funktionen, Koordinationen, Mitwirkungen und zielgerichtete Beziehungen zu entdecken und zu beschreiben. Das ist so wahr, dass ein Gegner der Teleologie wie Monod eine Umbenennung eingeführt und das Wort »Teleonomie« geprägt hat, um diese unbestreitbare Evidenz zu bezeichnen. Es ist seltsam, dass gerade die Gegner des Designs viel Energie aufwenden, um zu beweisen, dass all dies bloßer Schein ist, und in diesem Sinne ist ihre Haltung nicht im Einklang mit der wissenschaftlichen Methode, welche darin besteht, die empirische Evidenz zu »retten« und zu erklären, und gerade nicht darin, sie wegzuräumen.

  Man kann aber bemerken, dass man die teleologische Denkweise vielleicht tolerieren könnte und damit auch die Annahme verschiedener Arten von »Design« in der Natur, dass aber der Begriff eines *intelligenten* Designs gewiss unwissenschaftlich ist. Man muss gestehen, dass dieser Ausdruck nicht besonders glücklich ist, weil das Prädikat »intelligent« nicht zu den Prädikaten der Naturwissenschaft gehört. Trotzdem kann man vielleicht ein wenig tolerant sein und ihm eine deskriptive Rolle zuschreiben, das heißt: Wir nennen Entwürfe oder Modelle dann »intelligent«, wenn sie die Eigenschaften aufweisen, die wir normalerweise in den von Menschen realisierten Entwürfen finden. Es handelt sich dabei nicht um eine Form des Anthropomorphismus, denn alle qualitativen Eigenschaften, die wir den Objekten in der Welt zuschreiben, sind notwendigerweise mit unseren Erkenntnismitteln verbunden, seien sie nun sinnlicher oder intellektueller Natur. Es ist aber klar, dass eine solche beschreibende Terminologie nicht voraussetzen kann, dass ein intelligentes Design das Erzeugnis eines intelligenten Designers ist. Oder besser gesagt:

Eine solche Ableitung ist mit den konstitutiven Methoden der modernen Naturwissenschaft inkompatibel. Die Verfechter des »Intelligent Design« dagegen versuchen, den Begriff der Wissenschaft grundlegend umzudefinieren, so dass er auch übernatürliche Erklärungen zulässt. Es ist wichtig, diesen Punkt zu betonen: Der richtige Grund, aus welchem die wissenschaftliche Gemeinschaft die Theorien des »Intelligent Design« nicht anerkennt, besteht nicht so sehr in der Tatsache, dass hier eine Einmischung der Religion in die Wissenschaft stattfinden würde, sondern eher in der Tatsache, dass hier ein radikaler Umsturz des Begriffs der modernen Wissenschaft betrieben wird.

Man kann natürlich die Frage stellen, warum eine solche radikale Revision nicht legitim wäre, und hier ist die Antwort verhältnismäßig einfach: weil das Vorhaben des »Intelligent Design« den ihm zukommenden Ort schon besitzt, und dieser ist die Naturphilosophie oder die Metaphysik der Natur, in welcher der »Gesichtspunkt des Ganzen« eingenommen wird und Arten von Argumenten gebraucht werden, welche die Grenzen der wissenschaftlichen Methoden in legitimer und korrekter Weise überschreiten.

Es sollte nunmehr klar sein, dass von einem naturwissenschaftlichen Standpunkt aus kein ernster Einwand gegen die Teleologie (und gegen den *beschränkten* Begriff des »Intelligent Design«) erhoben werden kann. Auch wenn die Einwände dagegen als rein wissenschaftlich dargestellt werden, sind sie in der Tat Ausdruck einer *metaphysischen* Voraussetzung. Überdies: diejenigen, die die Existenz eines Schöpfers der Welt nicht annehmen und einer streng materialistischen Kosmologie anhängen, versuchen, in der Wissenschaft keine intellektuellen Konstruktionen zuzulassen, welche irgendwie an eine kreationistische Auffassung erinnern könnten. Dies bedeutet aber auch, dass diejenigen, die solche metaphysische Abneigungen nicht teilen, sich keine solche methodologische Verstümmlung aufzwingen müssen. Gewiss, wenn man die metaphysische Lehre eines Schöpfers der Welt und des Menschen annimmt, gibt es viele Gründe, die teleologische Denkweise nicht abzulehnen, da diese, neben der Tatsache, dass sie wissenschaftlich einwandfrei ist, auch keine psychologischen Schwierigkeiten bereitet. Dennoch, wiederholen wir es noch einmal, ist eine solche wissenschaftliche Denkweise weder eine Folge noch eine Unterstützung einer theistischen oder kreationistischen Weltauffassung, deren Begründung auf einer expliziten und soliden metaphysischen Ebene zu untersuchen ist, denn auch eine streng deterministische Denkweise ist mit einer kreationistischen Weltauffassung kompatibel. Aber gerade weil dies alles wahr ist, gibt es keinen Grund dafür, dass man auf ein theoretisches Werkzeug wie das teleologische Modell verzichten sollte. Diese Denkweise kann unsere Perspektiven sowohl in der Wissenschaft als auch in der Philosophie und Religion bereichern und nähren, und das würde uns helfen, jene Einheit unserer intellektuellen Bemühungen zu erreichen, welche eines der wichtigsten Ziele unserer zeitgenössischen Zivilisation ist.

Barbara Hallensleben, Dieter Hattrup, Guido Vergauwen[1]

Durch Zufall geworden?
Oder wie die Theologie von Design reden kann

»Durch Zufall sind wir geworden, und danach werden wir sein, als wären wir nie gewesen. Der Atem in unserer Nase ist Rauch, und das Denken ist ein Funke, der vom Schlag des Herzens entfacht wird. Verlöscht er, dann zerfällt der Leib zu Asche, und der Geist verweht wie dünne Luft.« Es ist die Bibel, die hier den Takt schlägt. Den Frevlern werden im Alten Testament diese Sätze in den Mund gelegt (Weish 2, 2). Scheint nicht die neuere Naturforschung die Frevler zu bestätigen und die Gläubigen ins Unrecht zu setzen? Ist es Gott, der alles weise geschaffen und im Menschen sein Ebenbild hervorgebracht hat? Oder hat die Natur die Lebewesen in einem brutalen Ausleseprozess und eher zufällig auf die Erde geworfen? Die von Kardinal Schönborn im Juli 2005 in der New York Times angestoßene Debatte um Schöpfungslehre und Evolution, auch sein Buch »Ziel oder Zufall?« zeigen deutlich, wie sehr wir von einer allseits annehmbaren Lösung in der Herkunft des Lebens entfernt sind, wie sehr hier eine Wunde im geistigen Haushalt unserer Kultur klafft.[1] Das Darwinjahr 2009 gibt Gelegenheit, das Gespräch mit einem Forscher zu suchen, der vor 200 Jahren geboren wurde und vor 150 Jahren sein Werk veröffentlicht hat, das Geschichte geschrieben hat: »On the origin of species by Means of Natural Selection, or the Preservation of Favoured Races in the Struggle of Life.« Dankbar für seine Anregungen und in bleibender Verbundenheit widmen wir unsere Überlegungen dem ehemaligen Kollegen der Theologischen Fakultät Fribourg, Schweiz, und heutigen Erzbischof und Kardinal von Wien zum 65. Geburtstag im Jahre 2010.

Das Ziel ist bescheiden: Jedem das Seine zu belassen und doch ins Gespräch zu kommen. Auf welche Grundlage sollen sich die beteiligten Wissenschaften der Evolutionslehre und der Theologie stellen? Worauf müssen sie sich einigen können, um nicht wortreich aneinander vorbei zu reden?

---

[1] Modifizierte Ansprache des Rektors Guido Vergauwen zum Dies academicus am 15. November 2008 an der Universität Fribourg.
[1] Christoph Kardinal Schönborn: *Ziel oder Zufall? Schöpfung und Evolution aus der Sicht eines vernünftigen Glaubens.* Freiburg: Herder, 2007. – 189 S.

Barbara Hallensleben, Dieter Hattrup, Guido Vergauwen

1. Das Gespräch Darwin – Conway Morris

Zu Anfang hören wir ein Gespräch, das sich zwischen Charles Darwin, der seine Ruhe neben Sir Isaac Newton in der Londoner Westminster Abbey für einen Augenblick unterbrochen hat, und Simon Conway Morris, Professor für Evolutionäre Paläobiologie am Department an der University of Cambridge in England, ereignen könnte:[2]

Darwin: Ihr Besuch, Herr Conway Morris, zu Anfang des 21. Jahrhundert weckt in mir die Frage, warum im ganzen 20. Jahrhundert niemand von all den Biologen, Paläontologen, Geologen, Botanikern, Chemikern, alles was in mein Gebiet gefallen ist, mich besucht hat? Können Sie mir vielleicht Auskunft geben, Herr Kollege?
Conway Morris: Sie bringen mich in Verlegenheit. Höchstens könnte ich es so erklären: Es war nicht böse Absicht. Keiner der Wissenschaftler hat einen solchen Besuch im 20. Jahrhundert für möglich gehalten. Ich meine, so ein lebendiges Gespräch mit einem Toten geht nur, wenn Gott nicht nur ein Naturgesetz meint oder einfach die Natur, er muss ein Gesicht haben und eine Person sein, sonst ist ein solches Gespräch nicht möglich. Kurz gesagt, es muss Freiheit in der Natur realisiert sein, und da haben Sie mit der Evolutionslehre ...
Darwin: ... selbst den Ast abgesägt, auf dem ich gesessen habe. Ja, mit der Gottesfrage bin ich nie fertig geworden. Obwohl, Atheist bin ich nie gewesen. In späteren Jahren habe ich am Sonntagmorgen zwar Spaziergänge gemacht, während meine Familie den Gottesdienst besucht hat, doch habe ich das Leben der Pfarrgemeinde immer tatkräftig unterstützt, nicht nur finanziell. Meine religiösen Überzeugungen waren anfangs tief und echt. Als ich 1831 die Reise mit der Beagle begann, wollte ich anglikanischer Geistlicher werden, ganz gegen mein freisinniges Elternhaus. Als ich 1836 nach England zurückkehrte, war keine Rede mehr davon. Meine Wissenschaft hat mir den Boden des Glaubens unter den Füßen weggezogen.
Und wie halten Sie es mit der Religion, Sie als Wissenschaftler des 21. Jahrhunderts?
Conway Morris: Ich neige zur Religion, weil ich den Glauben an Gott für eine Bewegung des Geistes gegen die Grausamkeit der Evolution halte, erklärbar aus der Evolution und doch weit darüber hinausgehend. Im Menschen erkennt sich die unendliche Freiheit Gottes als endliche wieder.
Darwin: Junger Mann, ich habe mal Logik gelernt, und wenn aus A

---

[2] Vgl. Dieter Hattrup: *Freiheit als Schattenspiel von Zufall und Notwendigkeit.* Freiburg: Herder, 2009. – 176 S.

heute B folgt, dann folgt auch morgen und übermorgen und für alle Zukunft, auch 150 Jahre nach meinem Buch, aus A wieder B.

Conway Morris: Ja, jetzt ist mir klargeworden, warum ich Sie besuchen wollte, Mr. Darwin. Es ist dieser logische Schluss von A auf B, von der Evolutionslehre auf den Agnostizismus oder gar auf den Atheismus ...

Darwin: War ich unlogisch? Wollen Sie mir den Schluss von damals bestreiten? Oder wollen Sie mir erzählen, damals war der Schluss von A auf B zwar richtig, doch heute nicht mehr?

Conway Morris: Ich will von beidem etwas sagen. Wir müssen die Frage ruhiger angehen. Also, ich verstehe Ihren Schluss von A auf B sehr gut. Wenn Mutation und Selektion die Vielfalt der Arten hervorgebracht hat, dann wird es schwer, an die erste Seite der Bibel zu glauben, wo Gott die verschiedenen Arten von Pflanzen und Tieren eine nach der anderen schafft.

Darwin: Das muss nicht unbedingt die Kernaussage der Bibel sein, das war mir damals auch klar. Die Konstanz der Arten ist die überwältigende Erfahrung aller Zeiten bis ins 19. Jahrhundert, sie ist es bis heute. Das ist kein biblisches Sondergut. Bakterien bringen Bakterien hervor, Eichen bringen Eichen, Hunde dann Hunde, und Menschen bringen Menschen hervor. Das Prinzip hat Aristoteles in klassische Worte gefasst: »Was entsteht, das hat seine bestimmte Natur, wie diese Pflanze oder jenes Tier da. Die Ursache ist die Gattung, insofern dem neuen Exemplar ein anderes Exemplar vorausgeht. So ist es ein Mensch, der einen Menschen erzeugt.« Das schreibt er im siebten Buch seiner »Metaphysik«, das hat mit Religion zunächst nichts zu tun. Was habe ich denn gemacht? Bis in das 19. Jahrhundert hinein hatte die Menschheit nur Standbilder der Geschichte gekannt, weil sie einfach nicht mehr vom Leben gewusst hat. Ich habe die Bilder zum Laufen gebracht, das verhält sich wie der Film zur Photographie. Unser Wissen ist im 18. und 19. Jahrhundert durch die Kenntnis des Insellebens und durch die ausgegrabenen Fossilien einfach explodiert. Da wurde der ganz, ganz langsame Wandel der Arten erst plausibel und dann unausweichlich.

Was mir viel mehr zugesetzt hat, war unsere wachsende Kenntnis der festen Gravitationsgesetze, der *fixed laws of gravity*, die alles Geschehen in der Natur lenken, wie ich 1859 im letzten Satz der »Origins« geschrieben habe. Je mehr wir von ihnen wissen, von diesen festen Gesetzen, ›the more we know of the fixed laws of nature, the more incredible do miracles become‹, wie ich dann immer wiederholt habe.[3] Was meinen Sie, ist meine Einschätzung heute noch gültig?

---

[3] Charles Darwin: *The Autobiography of Charles Darwin 1809–1882. With the original omissions restored. Edited by his granddaughter Nora Barlow.* London: Collins, 1958; 86.

2. Die extremen Positionen

Ja, das ist die Frage, die Darwin aus dem 19. Jahrhundert an das 21. Jahrhundert richtet: Wie schätzen wir seine Einschätzung von damals heute ein? Wie werden wir mit seiner Entdeckung der Verwandtschaft allen Lebens fertig? Und zwar mit der harten Verwandtschaft eines unerbittlichen Ausleseprozesses in der Natur, in der fast alle Lebewesen zum Aussterben verurteilt sind, bis auf ein paar wenige glückliche Überlebende, die selbst nur glücklich sind für kurze Zeit?

Wie kann die Theologie damit fertig werden? Der Fehdehandschuh liegt vor unseren Füßen: Ist der Kampf ums Überleben mit den alten Traditionen von Aristoteles und Bibel vereinbar? Mit Aristoteles wohl weniger, denn dieser lehrte den ewigen Erhalt aller Arten, ohne jede Entwicklung. Bei der Bibel müssen wir sehen, was wir als ihre zentrale Lehre ansehen wollen. Sind es die sieben Tage der Schöpfung? Die kurze Chronologie von nur vier oder fünf Jahrtausenden für das Erdalter? Die getrennte Erschaffung aller Lebewesen? Oder sollen wir im Buche Genesis besser einen Schöpfergott am Werk sehen, der sich in Freiheit ein freies Gegenüber schafft?

Die Theologie könnte auch einen großen Bogen um die Evolutionslehre machen und so reagieren, wie es der Frau des Bischofs von Worcester nachgesagt wird: »My dear, descended from the apes?« So soll sie entsetzt gerufen haben, als ihr die Theorie bekannt wurde. Dann entfuhr ihr ein Wort tiefer seelischer Not: »Let us hope it is not true, but if it is, let us pray that it will not become generally known.« Das ist die eine Weise, die Augen fest zuzumachen, um keine Enttäuschung zu erleben. Viele Kritiker der Evolutionslehre reagieren auf diese Weise und machen die Augen zu, wenn sie den Namen Darwin hören, weil sie Angst haben vor dem, was sie zu sehen bekämen.

Auf der anderen Seite, bei bekennenden Naturalisten und Atheisten, werden auch die Augen geschlossen, etwa wenn der Soziobiologe Edward O. Wilson schreibt: »If humankind evolved by Darwinian natural selection – genetic chance and environmental necessity, not God, made the species.« Warum sollte Gott nicht in Zufall und Notwendigkeit handeln? Keine Antwort. Seiner theoretischen Erkenntnis lässt Wilson gleich eine praktische Maßnahme folgen: »Theology is not likely to survive as an independent intellectual discipline.«[4] In der Tat stünde es schlecht um die Theologie, wenn genetischer Zufall und Umgebungsnotwendigkeit alles Leben erklären würden. Dann bliebe für die Theologie und die Philosophie

---

[4] Edward O. Wilson: *On Human Nature*. Cambridge: Harvard University Press, 1978. – 260 p.; 1; 192.

nicht mehr viel zu tun übrig, ehrlicherweise nur noch ihre Selbstabschaffung: Weil sie ihre Zweitrangigkeit als Epiphänomen eingesehen hat, überlässt sie der Wissenschaft die Beschreibung der Wirklichkeit voll und ganz.

3. Anfang des mechanischen Zeitalters

Hier hat sich allerdings im 20. Jahrhundert etwas ereignet, was erst wenigen Zeitgenossen zu Bewusstsein gekommen ist: Wir begegnen Rückzugsgefechten jetzt auch in der Wissenschaft, die wir früher nur in der Theologie gesehen haben. »Ja! Die Physik hat aufgegeben. Wir wissen nicht, wie man vorhersagen könnte, was unter vorgegebenen Umständen passieren würde.«[5] So der große Physiker Richard Feynman. Oder noch dramatischer bei dem bekannten bisherigen Verkünder einer Theorie aller Dinge. Stephen Hawking beschreibt seinen Sinneswandel so: »Ich habe meine Meinung geändert. Wir sind keine Engel, die das Universum von außen anschauen. Wir und unsere Modelle, sie bleiben Teile des Universums, das wir beschreiben.«[6]

Wie konnte es zu diesem Ende des Traumes von einer alles erklärenden Weltformel kommen? Beginnen wir mit dem Anfang, mit der Entdeckung von Isaac Newton im Jahr 1686. Darwin hatte das Gravitationsgesetz seines englischen Landsmannes, die größte Entdeckung, genannt, »die je einem Menschen gelungen ist«.[7] Newtons Modell der mechanischen Naturinterpretation war deterministisch und wurde von den meisten Anhängern Newtons als vollständige Welterklärung verstanden, nur von Newton persönlich nicht, denn er fürchtete die atheistischen Folgen. Einen Nachhall der totalen mechanischen Naturerklärung finden wir in der Autobiographie Darwins, in welcher der Leser immer wieder auf den Satz stößt: »Everything in nature is the result of fixed laws.«[8] Darwins Sohn Francis hatte nach dessen Tod 1882 die Autobiographie seines Vaters nur gekürzt veröffentlicht. Weggelassen hatte er alle Stellen, die sich gegen Gott und das Christentum richteten. Dazu zählte er auch die Stellen über die totale Determination der Natur durch die Naturgesetze.

Die im 19. Jahrhundert übliche mechanische Sicht der Natur hatte sich Charles Darwin ganz zu eigen gemacht. Vor allem meinte er, die Mechanik von der unbelebten auf die belebte Natur übertragen zu können. »Während sich die Erde nach den Gesetzen der Schwerkraft im Kreise

---

[5] Richard P. Feynman u.a.: *Vorlesungen über Physik*. Bd. III (1965). München u.a.: Oldenbourg, ²1992. – 503 S.; 30.
[6] In: www.damtp.cam.ac.uk/strtst/dirac/hawking (19. Oktober 2005). (Eigene Übersetzung)
[7] Charles Darwin: *Die Entstehung der Arten*. 15. Kapitel.
[8] Vgl. Darwin (s. Anm. 4), 87.

dreht, entstand aus einem so schlichten Anfang eine unendliche Zahl der schönsten und wunderbarsten Formen, und sie entstehen noch heute.« So der letzte Satz aus den ›Origins‹. Die Erde dreht sich also nach den festen Gesetzen Newtons um die Sonne, und die wunderbaren Lebensformen entwickeln sich nach den festen Gesetzen der Evolutionslehre, deren Entdeckung Darwin sich zu Recht zugute hielt. Die Frage ist nur: Was sind diese *fixed laws*? Sind sie wirklich *fixed* im deterministischen Sinne?

Nicht nur die Theologie geriet in Bedrängnis, weil aus der determinierten Natur der lebendige Gott vertrieben schien, auch um die Freiheit des menschlichen Geistes war es schlecht bestellt. Leibniz, der Zeitgenosse Newtons, sah sich durch dessen Theorie äußerst bedrängt, ohne sie ablehnen zu können. Er nahm sie zähneknirschend an und erweiterte sie zu der merkwürdigen Theorie von der prästabilierten Harmonie, womit er die Freiheit in einer vollkommen mechanischen Natur retten wollte. Die Theologie hatte es da nur vermeintlich einfacher. Sie konnte sich auf den Uranfang einerseits und auf das Jenseits des Himmels andererseits zurückziehen, allerdings um einen hohen Preis: Die Interpretation für Welt und Geschichte musste sie den anderen Wissenschaften abtreten. Welche Bedeutung soll der Glaube haben, wenn er mit Welt und Geschichte nichts zu tun hat? Theologie für den Himmel, die übrigen Wissenschaften für die Erde? Das konnte auf Dauer nicht gut gehen.

Wir sollten den Anfang des mechanischen Zeitalters noch etwas vorverlegen und nicht bei Newton, sondern bei Kepler und Galilei, oder auch schon bei Kopernikus die Mechanik beginnen lassen. Dieser hatte 1543 seinen Willen zum Überblick über die Natur in seinem Werk »De Revolutionibus Orbium Coelestium« bekundet, als er sich in Gedanken auf den Platz der Sonne stellte und alle Planeten um dieses neue Zentrum laufen ließ.

Galilei hat wenig später diesem Willen zum Überblick einen schönen Ausdruck verliehen. Er schreibt 1632: »Freilich erkennt der göttliche Geist unendlich viel mehr mathematische Wahrheiten, denn er erkennt sie alle. Die Erkenntnis der wenigen aber, welche der menschliche Geist begriffen, kommt meiner Meinung an objektiver Gewißheit der göttlichen Erkenntnis gleich; denn sie gelangt bis zur Einsicht ihrer Notwendigkeit, und eine höhere Stufe der Gewißheit kann es wohl nicht geben.«[9] Galilei möchte noch nicht Gott durch die Natur ersetzen, wie es später zur Leidenschaft vieler Wissenschaftler wurde, doch auch er möchte hinter Gott nicht zurückstehen. So leitet der Erfolg der Mechanik langsam den Platztausch zwischen Gott und Natur ein. Der Mensch braucht ein Hilfsmittel, um sich den Überblick zu verschaffen, und da ist die mechanische Physik das beste

---

[9] Galileo Galilei: *Dialog über die beiden hauptsächlichsten Weltsysteme. 1. Tag.*

Werkzeug. Wir können Galilei das Kompliment machen, das Wesen der Mechanik sehr gut verstanden zu haben.

Einige Jahre später, beflügelt vom Geist der Geometrie, der Mechanik und des Überblicks, kann Spinoza seine berühmte Formel bringen: »Deus sive natura«.[10] Sie hat ihre Anhänger gefunden bis ins 20. Jahrhundert, etwa in Albert Einstein, der sich gerne auf Spinoza berief, so 1934: »Jene mit tiefem Gefühl verbundene Überzeugung von einer überlegenen Vernunft, die sich in der erfahrbaren Welt offenbart, bildet meinen Gottesbegriff; man kann ihn also in der üblichen Ausdrucksweise als ›pantheistisch‹ (Spinoza) bezeichnen.«[11]

Der Zufall war der geborene Feind des mechanischen Zeitalters von 1543 bis 1900, als Max Planck die Quanten entdeckte und damit so etwas wie einen Sprung in der Natur annehmen musste, ganz gegen seinen Willen. Descartes hatte schon zu Anfang der Neuzeit seine ganze Abneigung gegen diesen Störenfried des Überblicks ausgedrückt. »Und schließlich wird es keine Ausnahme geben. Wir werden, bitte schön, voraussetzen, Gott werde in unserer neuen Welt niemals ein Wunder vollbringen, auch keine Engel oder menschliche Seelen … sie werden in keiner Weise den ordentlichen Weg der Natur stören.«[12] Der ordentliche Weg ist der deterministische, der Weg ohne Sprünge, der es erlaubt, vollkommene Voraussagen über die Zukunft zu machen. Der metaphysische Grundsatz »Natura non facit saltus« hatte sich in einen physikalischen Grundsatz verwandelt, der in seiner mathematischen Gestalt als Naturgesetz strengste Geltung beanspruchte und die Weltbilder der Neuzeit geprägt hat.

Einen berühmten Höhepunkt erreichte der mechanische Geist im frühen 19. Jahrhundert, als Laplace, der Lehrer Napoleons im Artillerieschießen, verkündete: »Alle Ereignisse, selbst jene, welche wegen ihrer Geringfügigkeit scheinbar nichts mit den großen Naturgesetzen zu tun haben, folgen aus diesen mit derselben Notwendigkeit wie die Umläufe der Sonne.«[13] Dieses Bild von der Natur machte sich auch Darwin, wie wir gehört haben. Die Umläufe der Planeten um die Sonne kennen keinen Zufall, weshalb die Zukunft im Prinzip schon jetzt vollständig festliegt, wie eben die Planetenpositionen auf tausend und mehr Jahre im voraus festliegen. Laplace sofort und Darwin nach langem Zögern schlossen daher auf die Unmöglichkeit eines handelnden Schöpfergottes. »Ich habe diese Hy-

---

[10] Benedictus de Spinoza: *Ethica – ordine geometrico demonstrata* (1677). Hrsg. von Konrad Blumenstock. Darmstadt: Wiss. Buchges., ³1980: ›Aeternum namque illud, et infinitum Ens, quod Deum, seu Naturam appellamus, eadem, qua existit, necessitate agit.‹ (4. Teil, Einleitung)
[11] Albert Einstein: *Mein Weltbild* (1934). Hrsg. von Carl Seelig. Frankfurt u. a.: Ullstein, 1970. – 201 S.; 171.
[12] René Descartes: *Traité du Monde* (1633). Veröffentlicht 1664; Kap. 7.
[13] Pierre Simon Marquis de Laplace: *Essai philosophique sur les probabilités* (1814); 1. Kap.

pothese nicht nötig gehabt«, konnte Laplace siegesgewiss auf eine entsprechende Frage Napoleons antworten. Und Darwin endete mit dem Satz: »The old argument of design in nature, as given by Paley, which formerly seemed to me so conclusive, fails, now that the law of natural selection had been discovered.«[14] Wenn die Gesetze der natürlichen Selektion tatsächlich so fest sind, wie Darwin meinte, ist nichts mehr zu machen. Außer, mit dem Gesetz stimmt etwas nicht, außer, das Gesetz ist gar nicht so fixiert, wie Darwin damals meinen musste.

4. Lob auf den Zufall?

Sollte die Theologie hier anknüpfen? Man könnte gut die Meinung vertreten, in der Neuzeit sei die Mechanik die wesentliche, gar die einzige Quelle des Atheismus gewesen. Und die Mechanik gibt es nur dann, wenn es den Zufall in der Natur nicht gibt. Deshalb ist es auf den ersten Blick zwar verständlich, doch auf den zweiten Blick auch verwunderlich, wenn der Zufall, das Gegenstück der mechanischen Notwendigkeit, in den Äußerungen des Lehramtes für den Atheismus verantwortlich gemacht wird. In einer Ansprache vom 9. November 2005 tritt Papst Benedikt XVI. in diese Logik ein und klagt über die vielen, die vom Atheismus getäuscht sind, weil sie meinen, alles in der Welt »sei ohne Führung und ohne Ordnung, gleichsam dem Zufall überlassen«. Der Papst setzt dem Zufall die Heilige Schrift entgegen, die der Vernunft zuruft: Am Anfang ist das schöpferische Wort, das alles geschaffen hat, es schafft nach einem intelligenten Plan den Kosmos. Die englische Übersetzung bringt das Signalwort: »that created this intelligent design which is the cosmos«. Das schöpferische und freiheitliche Handeln Gottes scheint also durch den Zufall in der Natur gefährdet zu sein, meint der Papst, was zweifellos eine richtige Überlegung ist. Der Zufall, wenn er allein in der Natur anzutreffen wäre, würde alle Freiheit und damit alle schöpferische Kraft und Liebe zunichte machen. Der Zufall, wenn er allein wirken würde, könnte nur Fratzenspiele zustande bringen, mögen sie sich auch manchmal mit der Maske der Schönheit oder der Wahrheit verkleiden. Allerdings, die Notwendigkeit allein, also das strenge Gegenteil des Zufalls, bringt ebenfalls nur Fratzenspiele hervor. Entsprechend beruft sich der Atheismus der Neuzeit fast immer auf die Notwendigkeit in der Natur. Nur in einem einzigen wichtigen Ausnahmefall, wie wir gleich sehen werden, auch einmal auf den Zufall.

Ein schönes Beispiel liefert Albert Einstein, das prominenteste Opfer dieser Geistesrichtung im 20. Jahrhundert. Seine bekannte Formel ›Gott

---

[14] Vgl. Darwin (s. Anm. 4), 87.

würfelt nicht‹, ist der Versuch, den Zufall aus der Natur zu verbannen. In seiner Naturfrömmigkeit will er religiös und atheistisch zugleich sein, sieht aber für seine kosmische Religion ein paar Schwierigkeiten kommen, so etwa 1927: »Ich kann mir keinen persönlichen Gott denken, der die Handlungen der einzelnen Geschöpfe direkt beeinflußte oder über seine Kreaturen direkt zu Gericht säße. Ich kann es nicht, trotzdem die mechanistische Kausalität von der modernen Wissenschaft bis zu einem gewissen Grade in Zweifel gestellt wird.«[15] Die Kausalität wäre der vom Zufall frei gedachte Naturdeterminismus, den es nach Einsteins richtiger Einschätzung leider nur im Modell und nicht in der Wirklichkeit gibt. Die Quantentheorie hat seine Sicht der Natur in Bedrängnis gebracht und ihn selbst in große Verzweiflung gestürzt. Die Kausalität sollte der Garant seines Atheismus sein, ganz auf der Linie der Neuzeit, die eben über die mechanische Physik atheistisch geworden war. Und da fürchtet Einstein einen Umschwung, weil der Zufall dabei ist, seinen Platz wieder einzunehmen. Wie wir jetzt hinzufügen müssen: Ohne ihn je verlassen zu haben. Der Atheismus hat keine Grundlage mehr, das sieht Einstein deutlich.

Sollten also die Theologen nicht etwas freundlicher vom Zufall reden? Man kann die Bedrohung auch von der anderen Seite fühlen, von der gesetzmäßigen Naturnotwendigkeit. Auch dafür liefert der Papst ein Beispiel. In der Enzyklika *Spe salvi* vom Ende des Jahres 2007 will er den Menschen nicht auf die bloße Natur reduziert wissen. »Und wenn wir diese Person kennen, sie uns kennt, dann ist wirklich die unerbittliche Macht der materiellen Ordnungen nicht mehr das Letzte; dann sind wir nicht Sklaven des Alls und seiner Gesetze, dann sind wir frei.«[16] Hier scheint die Unfreiheit in den Gesetzen zu stecken, was unmittelbar verständlich ist. Wenn die Gesetze alles regieren, wie Laplace im 19. Jahrhundert gemeint oder wie Einstein noch im 20. Jahrhundert gewünscht hatte, dann ist es mit aller Personalität zu Ende. Dann könnte Gott höchstens ein Naturgesetz sein, der Mensch wäre ein dressierter Affe und die Freiheit eine Illusion. Eben diesen mechanischen Geist hat sich Einstein immer gewünscht. Kurz vor dem Ende seines Lebens zieht er das Fazit: »Ich bin fasziniert von Ihrem Vergil und wehre mich beständig gegen ihn. Es zeigt mir das Buch deutlich, vor was ich geflohen bin, als ich mich mit Haut und Haar der Wissenschaft verschrieb: Flucht vom Ich und vom Wir in das Es.«[17] In der Analyse der Wirkung, die von der neuzeitlichen Wissenschaft ausgeht, stimmen Papst

---

[15] Albert Einstein: *Briefe* (1979). Zürich: Diogenes, 1981. – 109 S.; 63.
[16] Nr. 5.
[17] Albert Einstein zitiert nach Banesh Hoffmann: *Albert Einstein. Schöpfer und Rebell* (1972). Zürich: Belser, 1976. – 312 S.; 298.

und Einstein vollständig überein. Nur in dem Urteil, was wünschenswert ist, gehen sie getrennte Wege.

Was sollen wir wünschen? Wo sollen wir das Gewünschte suchen? Der Papst gibt uns einen Hinweis, der aus dem Dilemma herausführen kann. An der gleichen Stelle in der Enzyklika schreibt er: »Das Leben ist nicht bloßes Produkt der Gesetze und des Zufalls der Materie, sondern in allem und zugleich über allem steht ein persönlicher Wille, steht Geist, der sich in Jesus als Liebe gezeigt hat.« Bloßer Zufall tötet die Person, wie wir gesehen haben, und bloße Gesetzmäßigkeit tötet auch. Doch wir sehen nie etwas anderes, wenn wir mit der Naturwissenschaft in die Natur hinausblicken, als immer nur Zufall und Notwendigkeit. Dieses hartnäckige Paar beherrscht den Urknall in der Kosmologie, den Quantensprung in der Physik, die Mutation in der Evolution und die Neuronen in den Gehirnen.

Trotzdem reicht es nicht zu sagen, die Natur, das Leben oder der Mensch sei ein bloßes Produkt dieser beiden Naturkräfte. Um diese Unmöglichkeit zu sehen, ist ein neuer Gedanke erforderlich, der das Verhältnis von Zufall und Notwendigkeit tiefer bestimmt.

Im Jahr 2006 hat in Rom der Wiener Biochemiker Peter Schuster vor dem Papst und seinem Schülerkreis ausgeführt: »Wir erkennen sie [die biologische Evolution] als einen Prozess, der nach den Naturgesetzen abläuft und der keiner Intervention von außen bedarf.«[18] Dieses Verständnis der Evolution schien allen Teilnehmern der Tagung eingeleuchtet zu haben. Wir, so scheint Schuster zu sagen, wir Naturwissenschaftler brauchen keinen Eingriff von außen, um den Lebensprozess zu erklären. Nur Wissenschaftsgegner wie früher die Vitalisten und heute die Kreationisten setzen ihren hilflosen Protest dagegen. Damit scheint die Erklärung, Gott habe als Schöpfer alles in sechs Tagen gemacht, durch die wissenschaftliche Theorie von ›Variation und Selektion‹ oder ›Mutation und Selektion‹ ersetzt zu sein. Hier müssen wir rufen: Vorsicht! Nicht aus theologischen, sondern aus wissenschaftlichen Gründen. Jedes ernsthafte Gespräch lebt von interner Kritik, nicht von externer, die nur an den unangenehmen Folgen fremder Meinungen nagt, ohne in das Innere der Argumente zu steigen. Solche interne Kritik soll hier versucht werden. Ist der Satz des Wiener Chemikers haltbar? Die Abwehr gegen eine Wirklichkeit außerhalb der Natur, die dann in die Naturabläufe eingreift, ist gut verständlich. Auf diese Abwehr einer Außenwirkung achtet jeder, der den Satz hört. Verdeckt jedoch und unbesehen wird die andere Meinung transportiert,

---

[18] Peter Schuster: *Im Gespräch mit Papst Benedikt XVI.*, in: Stephan O. Horn u.a. (Hrsg.): *Schöpfung und Evolution: Eine Tagung mit Papst Benedikt XVI. in Castelgandolfo*. Augsburg: Ulrich, 2007. – 192 S.; 55.

die Naturgesetze würden den Naturablauf vollständig bestimmen. Stimmt das wirklich?

Hier setzt der neue Gedanke ein: In dem biologischen Begriffspaar Mutation und Selektion steckt begrifflich das physikalische Paar von Zufall und Notwendigkeit. Der große Evolutionsbiologe Ernst Mayr formuliert es so: »Mutation is largely governed by chance.«[19] Der Zufall spielt in der belebten und in der unbelebten Natur eine überragende Rolle, er schafft die Gestalten, die von der Notwendigkeit aufbewahrt werden. Edward Wilson, wie wir oben gesehen haben, schrieb auch alle Schaffenskraft dem Zufall und der Notwendigkeit zu.

Die Selektion präsentiert die physikalische Notwendigkeit, die in hohem Maße die Natur bestimmt. ›The survival of the fittest‹ ist durch die jeweiligen Umweltbedingungen determiniert. Weitaus die meisten, ja fast alle Mutationen verschwinden nach ihrem Auftreten, weil sie einen Nachteil darstellen. Doch wenn sie im richtigen Moment, bei der richtigen Art, in der richtigen Umgebung auftreten, dann kommt eine neue Lebenstüchtigkeit zustande. ›Survival of the fittest‹ bedeutet ja nicht absolute Stärke, sondern eine relative Tüchtigkeit im Hinblick auf die gerade gegenwärtige Umwelt.

5. Ende des mechanischen Zeitalters

Nun redet Darwin recht häufig selbst vom Zufall, er spricht von *chance, incidental, coincidence* und *hazard,* insgesamt 82 Mal, wenn wir den elektronischen Suchprogrammen trauen dürfen. Doch wie passt das mit seiner Rede von den *fixed laws* zusammen?

Zunächst sollten wir den Begriff definieren. Notwendigkeit liegt vor, wenn in einem System von Dingen aus der gleichen Ursache *immer* die gleiche Wirkung folgt. Zufall herrscht in diesem System, wenn aus der gleichen Ursache *nicht immer* die gleiche Wirkung folgt. Hier ist Darwin wohl einfach der Meinung seines Landmannes Hume gefolgt, der die Meinung eines ganzen Zeitalters formuliert: »Though there be no such thing as *Chance* in the world; our ignorance of the real cause of any event has the same influence on the understanding, and begets a like species of belief or opinion.«[20]

Hier hat die Quantentheorie im 20. Jahrhundert zu einer überraschenden und überragenden Entdeckung angesetzt. Sie führt den Zufall in die Natur ein, den echten Zufall, von dem wir nicht mehr meinen kön-

---

[19] Ernst Mayr: *Animal Species and evolution.* Mass./Cambridge: Belknap, 1963. – 797 p.; 203.
[20] David Hume: *An Enquiry concerning Human Understanding* (1748); VI.

nen, er bestehe nur vorläufig. Die physikalische Wirkursache beschreibt danach nicht vollständig die Bewegung der Dinge. Davon konnte Darwin vor dem Jahr 1900 nichts wissen, und entsprechend redete er im Gefolge von Newton, Hume und Laplace vom *fixed law*, selbst wenn er vom Zufall sprach.

Gäbe es in der Natur nur Notwendigkeit, dann wäre alles Geschehen determiniert und prinzipiell eindeutig erklärbar. Wenn der Zufall jedoch echt ist, dann wird die Wirklichkeit deutungsbedürftig, weil Zufall und Notwendigkeit kein vollständiges Wissen einer objektiven Natur liefern. Eine nur objektive Natur gibt es gar nicht. Was wir Wissenschaft nennen, ist in allen Disziplinen ein Gemisch von Wissen und Nichtwissen. Die Notwendigkeit regiert die Natur offenbar zusammen mit ihrem Gegenspieler, dem Zufall, der sich nicht ausschalten lässt. Eine vollständige Erklärung der Welt ist nicht möglich und nicht nötig. Wir müssen den Traum des Descartes aus den Anfangstagen der Mechanik, »maîtres et possesseurs de la nature«[21] zu werden, aus Gründen der Wissenschaft verabschieden.

Man sollte nicht länger Freiheit und Notwendigkeit entgegensetzen, denn jede Freiheit in Raum und Zeit ist auf ein hohes Maß an Notwendigkeit angewiesen. So brauchen wir zum Beispiel die verlässliche Technik des Mikrophons und die konstante Erdanziehungskraft, damit von einem Pult eine Rede gehalten werden kann, welche die Zuhörer auf ihren Plätzen in freier Entscheidung anhören können. Dies ist das wichtige Ergebnis, das wir Darwin verdanken: Er hat wesentlich dazu beigetragen, den Zufall in der neuzeitlichen Wissenschaft wieder heimisch werden zu lassen. Wenn in der Welt Freiheit, Vernunft und Personalität herrschen, dann sind diese nicht direkt anschaubar oder beweisbar, denn sonst handelte es sich ja wieder nur um ein Stück beherrschbarer Natur. Wir bekommen die Freiheit nur indirekt und in ihren Bruchstücken zu Gesicht. Das Minimum, das nachweisbar sein muss, um auf Freiheit, Vernunft und Personalität zu schließen, ist eben dies: Notwendigkeit als Ausdruck verlässlicher Strukturen – und Zufall als Ausdruck der nicht vollständigen Determiniertheit dieser Strukturen. In der Natur finden wir Zufall und Notwendigkeit, beides echt. Das kann als objektives Wissen gelten. Zufall und Notwendigkeit zeigen uns: Der Mensch ist nicht dazu verpflichtet, sich selbst als freie, vernünftige und verantwortliche Person abzuschaffen. Es steht uns frei, die Geschichte der Evolution als den Weg der schmerzlichen Geburt endlicher Freiheit zu interpretieren. Es steht uns sogar frei, mit der Freiheit Gottes zu rechnen.

Hier weitet sich der Dank auf die gesamte naturwissenschaftliche Forschung des 20. Jahrhunderts aus. Der Biologe Kenneth R. Miller kommt

---

[21] René Descartes: *Discours de la Méthode* (1637); VI, 2.

zu dem Ergebnis: »Sadly, few theologians appreciate the degree to which physics has rescued religion from the dangers of Newtonian predictability. I suspect that they do not know (at least not yet) who their true friends are!«[22]

6. Die alte Erfahrung der creatio ex nihilo

Als zum ersten Mal über die *creatio ex nihilo*, die Schöpfung aus dem Nichts gesprochen wurde, da geschah dies ebenfalls im Kontext des Lebens, des leidenden Lebens. Im zweiten Jahrhundert vor Christus werden die gesetzestreuen Juden durch den Seleukidenkönig Antiochus IV. verfolgt. Eine Mutter mit ihren sieben Söhnen wird in Anwesenheit des Königs vor die Wahl gestellt, entweder das Gesetz zu brechen und Schweinefleisch zu essen oder andernfalls gemartert und getötet zu werden. Sechs ihrer Söhne hat sie schon vor ihren Augen sterben sehen, nun ermutigt sie den jüngsten Sohn, dem Gesetz treu zu bleiben: »Ich bitte dich, mein Kind, schau dir den Himmel und die Erde an; sieh alles, was es da gibt, und erkenne: Gott hat das aus dem Nichts erschaffen, und so entstehen auch die Menschen. Hab keine Angst vor diesem Henker, sei deiner Brüder würdig und nimm den Tod an!« (2 Makk 7,28f.) Die Rede von der Schöpfung kommt nicht aus einem abstrakten Gottesbild, sie geht hervor aus der geschichtlichen Erfahrung der Freiheit! Sie wird zu einer politischen Erfahrung, weil keine irdische Macht dem Urheber und Vollender des Lebens widerstehen kann.

Hier ein Beispiel, wie sich der Mensch ganz und gar in einem System wie dem des Seleukiden Antiochus befinden kann. Ein Moskauer Museum für Naturkunde ist benannt nach Charles Darwin. Am Ende einer großen Sammlung zur Evolutionsgeschichte, die sich über mehrere Stockwerke erstreckt, steht der Besucher vor einer Vitrine, die den Höhepunkt der Evolution vor Augen stellt: Er sieht den Homo sapiens des 21. Jahrhunderts. Dieser trägt Jeanshosen und Pantoffeln an den Füßen, daneben stehen Kühlschrank und Fernseher, auch das Schoßhündchen ist nicht vergessen. Einsam sinniert dieser Homo vor sich hin. Spätestens an dieser Stelle des Rundgangs zeigt die Theorie des Lebens, wie leblos sie ist. Es fällt auf, dass ja auch alle ausgestellten Tiere tot und ausgestopft sind. Die Evolutionstheorie handelt noch gar nicht vom Leben, sie handelt von den Voraussetzungen, von den analysierbaren Aspekten des Lebens. Das Leben selbst lebt und empfängt sich je neu aus unverfügbarer Quelle.

---

[22] Kenneth R. Miller: *Finding Darwin's God*. New York: Harper Collins, 1999. – 338 S.; 204.

Barbara Hallensleben, Dieter Hattrup, Guido Vergauwen

7. Wie die Theologie von Design reden kann

Den Anstoß zur Antwort auf die Frage lassen wir uns von John Henry Newman geben. Er wendet sich wie Darwin von William Paley und dem Argument mit dem Uhrmacher ab: »I believe in design because I believe in God; not in a God because I see design. Design teaches me power, skill and goodness – not sanctity, not mercy, not a future judgment, which three are the essence of religion.«[23] Er tut es allerdings auf andere Weise, als Darwin es getan hat.

Was an dem Wort auffällt, ist die personale Wendung hin zu Heiligkeit, Barmherzigkeit und Gericht. Das bloße Design kann nur gesichtslose Kräfte zeigen wie Macht, Geschick und Tüchtigkeit. Wie kann diese Inspiration Newmans mit den Erkenntnissen Darwins verbunden werden? Im 19. Jahrhundert war das nicht möglich, deshalb konnte sich Newman von der Verführung nur frei halten, indem er die Evolutionslehre nicht zur Kenntnis nahm.

Im 21. Jahrhundert hat sich die Situation geändert, weil das 20. Jahrhundert den Zufall als echt in der Natur erwiesen hat. Damit bilden zwar weiterhin Zufall und Notwendigkeit oder Mutation und Selektion den Rahmen, in dem die Natur sich bewegt, darin hat sich seit Darwins Zeiten nichts geändert. Die Natur ist allerdings nicht mehr kausalmechanisch beschreibbar, genauer gesagt, die Natur ist nur zum Teil kausal und objektiv beschreibbar. Dadurch wird zum ersten Mal die Freiheit in der Natur denkbar. Damit sie denkbar ist, muss es kausale Notwendigkeit geben, sonst kann der Mensch nicht tun, was er will. Die Notwendigkeit ist das Handwerkszeug, um den Willen zu praktizieren, also eine Voraussetzung der Freiheit. Diese darf jedoch nicht vollkommen die Natur beherrschen, wie die Neuzeit annehmen wollte, sie muss eine Grenze haben. Und die Grenze der Notwendigkeit hat üblicherweise den Namen Zufall, dessen Echtheit zu Anfang des 21. Jahrhunderts wohl außer Zweifel steht. Die Natur ist voll von Systemen, in denen aus der gleichen Ursache *nicht immer* die gleiche Wirkung folgt.

Damit ist nicht die Wirklichkeit der Freiheit bewiesen, doch ihre Möglichkeit kann nicht mehr durch den Hinweis auf die Naturwissenschaft bestritten werden. Die Freiheit nimmt die Stelle ein, die in früheren Zeiten von der Teleologie besetzt war. Und sie füllt die Stelle so gut aus, wie die Teleologie es bei Aristoteles und Thomas niemals vermocht hat. In der älteren Metaphysik steht die Teleologie im Gegensatz zur Wirkursache und ist durch die Erfolge der kausalen Naturwissenschaft zunächst ganz

---

[23] John H. Newman: *The letters and diaries of John Henry Newman*. Oxford: Clarendon, 1973; 97.

verdrängt worden. Wenn das mechanische, also das Weltbild von Kopernikus bis Einstein die richtige Sicht auf die Natur wäre, hätte die Teleologie für alle Zeiten abgedankt. Doch die Unmöglichkeit, die Natur vollständig mit Kausalursachen zu beschreiben, erlaubt der Teleologie eine unerwartete Wiederkehr – allerdings in verwandelter Gestalt.

Zunächst einmal steht die neue Teleologie, wenn wir sie Freiheit nennen, nicht mehr im Gegensatz zur Wirkursache, sondern setzt diese in der Natur voraus. Freiheit kann es in der Natur nicht geben, wenn es dort nicht verlässliche Wirkursachen gibt. Das macht eine zweite kleine Korrektur in der Rede von der Teleologie nötig. Das Telos als Freiheit wird auch anders erkannt. Die Wirkursache wird messend oder logisch schließend erfasst, die Teleologie der Freiheit ist ein personales Geschehen, sie kann nur auf eigene Weise erkannt werden, auf die Weise der Freiheit.

Hier nehmen wir den klugen Hinweis von Newman auf. Um Gott als Person zu erkennen, um seine Freiheit anzuerkennen, muss ich meine eigene Freiheit einsetzen. Deshalb glaubt Newman zunächst an Gott, dann erst kann er dessen Handeln in der Natur erkennen. Die Natur allein zeigt Gott nicht, sie verstellt ihn aber auch nicht, wie der Materialismus der Neuzeit gemeint hatte. Ja, man kann sogar noch etwas mehr sagen: Die Natur zeigt Gottes Wirklichkeit, seine Freiheit, wie auch die Freiheit des Menschen im Schattenspiel: Denn sie zeigt Zufall und Notwendigkeit, die, unter Einsatz der eigenen Freiheit, als Elemente der Freiheit gedeutet werden können. Beweisen wie einen mathematischen Lehrsatz lässt sich diese Freiheit nicht, und damit lässt sich auch die Wirklichkeit Gottes und des Menschen nicht beweisen. Gerade der Beweis würde die Freiheit verderben, weil er eine Wirklichkeit des Subjekts objektiv ergreifen wollte. Die Naturwissenschaft des 20. Jahrhunderts kommt der Freiheit zu Hilfe: Die mathematischen Gesetze bestimmen nicht vollständig die Natur.

Hier kommt Jacques Monod ins Spiel, der französische Molekularbiologe, der 1970 sein berühmtes Buch »Zufall und Notwendigkeit« geschrieben hat.[24] Wir treffen in ihm den seltenen Fall eines Atheismus aus Gründen des Zufalls in der Natur. Logisch ist das möglich, weil der Zufall allein tödlich für die Freiheit wäre, wie auch die Notwendigkeit allein tödlich wäre, woran sich die Neuzeit meistens gehalten hat. Warum Monod anders gedacht hat? Schwer zu sagen. Vielleicht weil er ein sehr guter Molekularbiologe und ein sehr guter Rationalist cartesischer Schule war: »Grundpfeiler der wissenschaftlichen Methode ist das Postulat der Objektivität der Natur ... Galilei und Descartes haben mit der Formulierung des Trägheitsprinzips nicht nur die Mechanik, sondern auch die Erkenntnis der

---

[24] Jacques Monod: *Le Hasard et la Nécessité: Essai sur la philosophie naturelle de la biologie moderne*. Paris: Le Seuil, 1970.

modernen Wissenschaft begründet.«[25] Die Objektivität und die Echtheit des Zufalls passen nicht zusammen, und Monod hat es gemerkt. Da er keinen Ausweg aus dem Dilemma sehen konnte, hat er seinen Schmerz in tragischen Tönen ausgedrückt und den Menschen einen »Zigeuner am Rande des Universums«[26] genannt, vielleicht weil er ihn als vollkommen rationales Wesen gewünscht hatte. Mit dem Lob auf die rationale Objektivität beginnt er sein Buch, mit dem existentialistischen Bocksgesang schließt er ab.

Die Denkweise Monods ist zwar selten, doch sie lässt sich verstehen. Sie fügt sich gut ein in die vier Grundtypen der Natursicht, die im 20. Jahrhundert aufgetreten sind. Zwei scheinen nicht vertretbar zu sein, zwei können ehrlicherweise eingenommen werden, aber alle vier kommen vor. Nicht haltbar sind Atheismus und Kreationismus, wenn sie sich auf die Naturwissenschaft berufen. Sie sprechen der Natur eine vollständige Kausalität zu, entweder aus sich selbst oder ergänzt durch ein übernatürliches Wirken. Dieser Wille zur Kausalität, entweder mechanisch blind oder designhaft gewollt, verbindet die beiden Haltungen und macht sie zu geborenen Feinden. Noch etwas verbindet sie: Sie wollen nicht deuten, sondern beweisen. Sie wollen die Sicherheit des mechanischen Weltbildes nicht verlieren, die doch immer nur ein Anschein oder ein Programm war, nicht die Wirklichkeit der Natur. Mit der Wissenschaft des 20. Jahrhunderts ist das Urteil gefällt: Atheismus und Kreationismus lassen sich nicht aus der Natur demonstrieren. Was sich in der Natur zeigt, ist das Paar Zufall und Notwendigkeit. Deshalb ist die Deutung und der Einsatz der eigenen Freiheit unverzichtbar. Die Deutung geschieht auch immer, selbst wenn sie unter dem Mantel der Objektivität auftritt.

Möglich sind ein positiver und ein negativer Einsatz meiner Freiheit. Positiv kann ich Zufall und Notwendigkeit als Erscheinungsweisen zweier Prinzipien erkennen, die sich nicht zu einem Prinzip verbinden lassen. Denn Notwendigkeit ist ein Wissensprinzip, Zufall ein Nichtwissensprinzip. Trotzdem gehören die beiden zusammen und lassen eine Wirklichkeit anklingen, die mehr ist als Natur. Aber nur anklingen! Diese Wirklichkeit kann ich als Freiheit deuten, weil die Elemente für Freiheit in der Natur mir mit dem Zufall und der Notwendigkeit deutlich vor Augen liegen. Weiterführend ließe sich sogar ein Geschehen zwischen endlicher und unendlicher Freiheit erkennen, weil Zufall und Notwendigkeit überhaupt alles Geschehen in der Natur bestimmen und zugleich gesammelt in einzelnen Lebewesen hervortreten. Die Evolutionslehre kann hier mit wenigen

---

[25] Jacques Monod: *Zufall und Notwendigkeit. Philosophische Fragen der modernen Biologie* (1970). München: Piper, 1971. – 238 S.; 30.
[26] Ebd., 211.

Schritten zur Annahme eines personalen Schöpfergottes führen, der einen personalen Menschen anspricht.

Aber ich muss nicht. Ich kann meine Freiheit auch dazu gebrauchen, keine Freiheit zu erkennen. Ich könnte angesichts von Zufall und Notwendigkeit auch verzweifeln wie Jacques Monod, der sich vergeblich eine objektive Natur gewünscht hat. Weil sich die Natur nicht so zeigt, wie er sie gerne hätte, kündigt er ihr den Sinn auf. Doch warum sollte ich solche Wünsche an die Natur haben?

Georges Cardinal Cottier

Sur la doctrine thomiste de la création

I.

1. La place occupée par une question dans le plan de la *Summa theologiae* est déjà par elle-même porteuse de signification. Ainsi en est-il pour la question sur la création (I, q. 45). Elle appartient à la *Prima pars*, dans laquelle saint Thomas, après avoir traité de l'essence de Dieu, puis de la distinction des divines Personnes, considère les créatures en tant qu'elles procèdent de Lui (q. 44 et sv.).

En ce qui concerne l'essence, les questions sont distribuées dans l'ordre suivant. On se demande d'abord si Dieu est ou existe *(an sit)*, puis ensuite comment il est ou, est-il précisé, plutôt comment il n'est pas, *quomodo sit, vel potius quomodo non sit*, et enfin que sont ses opérations, sa science, sa volonté, sa puissance (cf. Prologue de la q. 2).

Nous n'avons pas de Dieu une connaissance directe et immédiate. C'est pourquoi la question qui se pose est de savoir si nous avons de Lui une connaissance indirecte, c'est-à-dire acquise au terme d'une démonstration.

Mais il y a deux formes de démonstration. La première, qui est la plus parfaite, va de la cause à l'effet (démonstration *propter quid*). Puisque nous n'avons pas une connaissance directe de Dieu et qu'en outre nous sommes au début de nos considérations sur Dieu, ce type de preuve est exclu. Il faut donc emprunter la seconde voie (démonstration *quid*), qui va de l'effet, qui nous est plus manifeste, à la cause.

Le premier type de démonstration part de ce qui est premier et manifeste en soi, le second de ce qui est premier et manifeste pour nous *(quoad nos)*. De tout effet, en tant que tel et qui nous est d'abord connu, on peut démontrer que sa cause existe, puisque l'effet dépend de sa cause. Ainsi il nous est possible de démontrer que Dieu est par ses effets, qui nous sont connus.

Dans une telle démonstration, le *medium*, est la définition nominale, et non pas la définition qui énonce ce qu'est la chose en elle-même, dont il s'agit précisément d'établir qu'elle existe: la question *an est* précède la question *quid est*.

Ajoutons que si l'effet, comme c'est le cas en l'occurrence, n'est pas proportionné à la cause, la connaissance de celle-ci à laquelle nous parviendrons, ne sera pas une connaissance parfaite. Ainsi la connaissance, qu'à partir de là nous pouvons avoir de l'essence, sera nécessairement une connaissance imparfaite (cf. a 2).

L'affirmation de l'existence de Dieu se présente ainsi comme la conclusion des 5 *viae*. Au terme de chacune, Dieu est désigné par sa définition nominale : *quod omnes intelligunt, dicunt, nominant ... Deum*.

Relevons qu'à ce stade initial il n'est pas question de création et de créateur.

2. Quant aux questions se rapportant à l'essence divine, elles sont réparties en trois sections. Nous avons dit un mot de la première qui établit l'existence de Dieu. La seconde considère, selon la formule déjà citée, comment *(quomodo)* Dieu est ou plutôt n'est pas. La troisième s'interroge sur ses opérations (science, volonté, puissance).

La seconde section concerne les questions 3 (question-clef sur la simplicité divine) à 11. Après avoir traité de l'infinité divine (q. 7), saint Thomas établit, en corollaire, l'existence de Dieu en toutes choses *(omnium)* ainsi que son ubiquité (q. 8).

Les principes énoncés dans le premier article éclairent l'intelligence de la création. C'est pourquoi, il faut nous y arrêter.

Tout agent est présent à la réalité sur laquelle porte son action. Quand cette action est immédiate, entendons sans la médiation d'autres causes (causes secondes), il lui est conjoint.

L'effet propre de Dieu est l'être *(esse)* créé ; Dieu étant par essence l'être même *(ipsum esse)*.

« Or, écrit saint Thomas, l'être *(esse)* est ce qui est le plus intime à chaque chose et ce qui en toute chose est le plus profond *(profundius omnibus inest)*, puisqu'il est ce qui est formel par rapport à tous les éléments qui sont dans la chose (...). C'est pourquoi il est nécessaire que Dieu soit en toutes les choses, et selon un mode intime *(intime)* », entendons dans ce qui en elles est le plus fondamental et constitue leur être.

Nous avons ici des éléments fondamentaux de la doctrine de la création.

Saint Thomas précisera que la présence de la causalité divine dans les choses ne concerne pas le seul moment où celles-ci commencent d'être, mais dure aussi longtemps qu'elles sont conservées.

Cette présence de Dieu s'entend de diverses manières. Elle est universelle. Cependant pour les créatures raisonnables, s'ajoute la présence de grâce, dont il sera traité plus loin (renvoi à I–II, q. 109, a 1, 3).

3. Après avoir traité de l'essence divine puis de la trinité des personnes, Thomas expose la procession des créatures à partir de Dieu, cause première de tous les êtres. La démarche va de la considération de la cause à celle de son effet, ce qui est le mouvement propre de la théologie.

On examinera donc d'abord la cause première en tant que telle (q. 44). La démonstration s'appuie sur ce qui a été établi dans l'ensemble des questions précédentes.

Dieu est l'être même subsistant, *Ipsum esse subsistens* (q. 3, a 4); il ne peut être qu'unique (q. 7, a 1, ad 3; 2). Lui seul *est* son être, alors que les autres sont par participation. Or ce qui, dans un être, est participé est nécessairement causé par l'être auquel cette perfection appartient par essence. Ainsi en est-il, en l'occurrence, de l'*esse*.

II.

C'est du point de vue métaphysique que se comprend la causalité de la cause première. Les êtres qu'elle produit sont saisis, non seulement selon qu'ils sont *tels* êtres, mais encore et d'abord selon qu'ils sont, selon qu'ils reçoivent l'être. Et c'est à tout ce qui ressortit de quelque manière à l'être des choses que s'étend la causalité de la cause première, qui porte donc également sur la matière première. C'est d'ailleurs selon les diverses formes de causalité que Dieu est cause première: cause efficiente, cause exemplaire, cause finale.

Alors que les causes secondes, à raison de leur imperfection et de leur potentialité, en exerçant leur causalité reçoivent pour elles-mêmes un complément de perfection, Dieu, à cause de son absolue perfection, qui est sa bonté, est pure générosité et libéralité. Quand les créatures agissent elles tendent à leur perfection, qui est une similitude de la perfection et de la bonté divines. Aussi bien la bonté divine est la fin de toutes les choses.

Toutes les choses désirent *(appetunt)* Dieu comme leur fin du fait qu'elles désirent leur bien, soit d'un appétit intellectuel, soit d'un appétit sensible soit encore d'un appétit naturel, lequel est sans connaissance. Car rien ne possède la raison de bien et de désirable *(appetibilis)*, si ce n'est selon qu'il participe une similitude de Dieu (cf. a 4, ad 3).

4. C'est à la lumière de cette vue de sagesse sur la causalité divine, vue métaphysique assumée par la théologie, que saint Thomas traite de la création, « mode d'émanation des choses à partir du premier principe » (q. 45).

8 articles examinent les divers aspects de la question: je ne retiens ici que les points susceptibles d'éclairer les débats actuels relatifs à l'évolution.

Il n'est pas facile de dégager le concept de création dans toute sa pureté. En effet, notre intelligence humaine est conditionnée, pour autant qu'elle doit abstraire les idées à partir de la connaissance sensible. Il y a là une dépendance qui détermine notre mode de connaître et, par conséquent, le langage par lequel nous exprimons ce que nous connaissons. De là, la difficulté que nous avons à saisir le concept d'origine en le dégageant d'une connotation temporelle. En effet, les réalités qui se présentent d'abord à nous sont les réalités matérielles et temporelles. Pour penser la création, il est donc nécessaire que nous distinguions, par une démarche réflexive, l'objet que nous connaissons *(quid cognoscitur)* de la manière dont nous le connaissons *(modus cognoscendi)*. Car notre tendance spontanée et préréflexive est de penser la création sur le mode de la mutation, du changement, qu'elle n'est pas. La définition elle-même semblerait à première vue nous y incliner : *facere aliquid ex nihilo*, à partir de rien. La création n'est pas une mutation, si ce n'est selon notre mode de concevoir. Dans une mutation, la même chose se présente autrement maintenant qu'avant, que ce soit dans l'ordre quantitatif, qualitatif ou substantiel. Dans la création, qui est la production de l'intégralité de la chose, on ne peut trouver quelque chose d'identique se présentant autrement maintenant qu'avant, si ce n'est quand spontanément nous nous représentons qu'une chose donnée, qui auparavant n'existait pas, maintenant existe, comme si le temps dans sa continuité embrassait le néant et l'être. Or là où il y a (!) néant, il n'y a pas non plus de temps.

Par un mouvement réflexif de l'intelligence consciente de son mode de connaître, il est donc nécessaire de retrancher de notre saisie spontanée de la création ce qui appartient à la mutation. Ce qui est ainsi dégagé, ce sont les rapports entre le créateur et le créé. Mais comme notre mode de signifier dépend de notre mode de connaître, nous signifions la création par mode de mutation : créer signifie faire quelque chose *à partir de rien (ex nihilo)*.

En pensant et exprimant ainsi la création selon notre mode de connaître, qui connote la mutation, qu'elle ne comporte pas, nous nous référons du même coup au temps. Le temps, en effet, est la mesure du mouvement, de la mutation, selon l'avant et l'après. Mais pour qu'il y ait mouvement, il faut qu'il y ait réalité mobile. C'est pourquoi pas plus que la mutation le temps n'intervient dans la définition de la création.

5. C'est vers l'être, comme vers son objet propre, que tend notre intelligence et c'est en référence à l'être que, pour penser adéquatement les choses, elle élabore des instruments logiques, à commencer par l'affirmation et la négation. De même, le concept de néant ou de rien signifie non-être. Quand nous pensons le néant, nous pensons l'absence radicale et absolue de l'être.

Si la question de la création se pose à notre intelligence c'est parce l'être contingent, qui est l'objet de son expérience immédiate, postule un fondement qu'il ne possède pas par lui-même. Elle saisit tout ensemble un être et l'absence du fondement dont il porte intrinsèquement l'exigence. La quête du fondement est quête métaphysique de la cause.

Or les causes particulières qui sont celles qui se présentent d'abord à nous, impliquent elles aussi la mutation, substantielle ou accidentelle, et le passage de la puissance à l'acte. Leur effet est lui aussi une propriété, un aspect ou un être déterminé. Elles apportent des modifications ou des transformations; elles portent donc sur un donné qui leur est antérieur.

Avec la création, la causalité de la cause première porte sur la totalité et l'intégralité de l'être, en l'absence de tout présupposé.

Pour saisir ce que l'action créatrice de la cause première pose dans l'être créé, il faut donc ôter ce qui appartient à la mutation par laquelle un être devient à partir de quelque chose de préexistant. Il reste que ce que la création pose dans la chose créée, est de l'ordre de la relation. La création dans la créature est donc la relation au créateur comme principe de son être.

Dieu est acte pur, infinie perfection. Il ne subit donc aucune modification, aucun accroissement en créant, ce qui supposerait en Lui potentialité et, partant, imperfection. La création est pur don.

A l'inverse la créature reçoit tout; par tout ce qu'elle est, elle est orientée à Dieu, dont elle dépend dans ce qu'elle est et dans son exister, portée vers Lui, tenant tout de Lui. Nous dirons donc que la relation de la créature au créateur est une relation réelle, alors que la relation du créateur à la créature est une relation de raison. En effet, à partir de toute relation donnée, notre esprit peut poser une corrélation. Que le corrélatif soit donné dans la réalité ou établi par notre réflexion, dépend de la nature des termes corrélés. Ici la distinction, qui est essentielle, exprime tout ensemble la dépendance radicale de la créature de la Cause de tout l'être, et la souveraine indépendance de cette cause, qui est Dieu.

Nous sommes ainsi parvenus à cette première conclusion, qui est déterminante. La création est la relation de la créature, dans tout ce qu'elle est, à son créateur. Ni le mouvement ni le devenir, ni le temps n'entrent comme constitutifs dans la définition de la création. C'est souvent abusivement qu'on a recours à ce concept dans les débats relatifs à l'évolution.

6. Il convient donc de distinguer entre création, laquelle est toujours présupposée, et émergence d'un nouvel être au terme d'un processus de génération (au sens large que les Anciens donnent à cette notion). Aussi bien, créer est une action propre de Dieu, qu'il ne peut communiquer à aucune cause seconde, même instrumentalement comme le tenaient Avicenne et aussi Pierre Lombard. La raison en est que plus un effet est universel, plus

universelle est sa cause. Or l'être *(ipsum esse)* est l'effet le plus universel; effet propre de la cause première et la plus universelle, qui est Dieu, *ipsum esse subsistens*. L'effet propre de Dieu, l'*esse* entendu absolument, est présupposé à l'action des causes secondes, au sens propre ou instrumental. Celles-ci exercent une action déterminée, leur effet est déterminé, qui présuppose l'être sur lequel porte cette action. Seule la création est sans présupposé.

Par la création, un être est produit au sens absolu, la causalité seconde produit en appliquant son action à une réalité préexistante; elle apporte une détermination à une matière. Ainsi dans la génération humaine, les géniteurs ne produisent pas la nature humaine, mais sont cause que la nature humaine soit dans *cet* homme singulier engendré. Comme *cet* homme participe la nature humaine, tout être créé participe, pour ainsi dire, la nature de l'être *(naturam essendi)*, car Dieu seul *est* son être. Aucun être créé ne produit un être au sens absolu : il produit en tant qu'il cause que l'être soit dans *cet* être singulier. A l'action par laquelle l'agent produit un être semblable à lui est présupposé ce par quoi un être est *cet* être (cf. a 5 c. et ad 1).

C'est le composé de matière et de forme que produit l'agent naturel, en actuant les potentialités de la matière. C'est pourquoi on ne peut pas dire que la création est mêlée aux œuvres de la nature. Elle leur est présupposée (cf. a 8).

Dans les discussions actuelles, on peut se demander si certains ne tiennent pas, faute d'avoir pleinement élucidé le concept de création, la thèse du Lombard sur la participation instrumentale de la création par les causes secondes ou la thèse du mélange de la création aux œuvres de ces causes.

7. Une objection sérieuse semble venir d'Aristote, qui affirme l'éternité du monde. Sa thèse est reprise par Avicenne et Averroès. Les théologiens chrétiens, parmi lesquels saint Albert et saint Bonaventure, s'efforcent d'y opposer des arguments prouvant que le monde a commencé. Car la thèse de l'éternité du monde semble ruiner l'idée de création.

Thomas aborde le problème pour lui-même (q. 46, a 1 et 2).

La création au sens actif du terme est un acte souverainement libre qui renvoie à la sagesse et à la volonté du créateur, qui est un Dieu personnel. Si Dieu n'avait pas créé, rien ne manquerait à sa perfection, de même que la création n'ajoute rien à cette perfection. Les grands penseurs de l'Antiquité n'ont pas atteint à des affirmations aussi claires, dues à la rencontre de la révélation biblique et de la philosophie. Elles sont présupposées à la doctrine de la création.

Puisque donc la cause des êtres est la volonté divine, pour qu'un être soit nécessairement, il est nécessaire que Dieu le veuille, la nécessité de l'effet dépendant de la nécessité de la cause. Or Dieu ne veut de nécessité que sa propre bonté, qui est perfection infinie. Il n'est donc pas nécessaire que Dieu ait voulu que le monde existât toujours. Le monde ne sera éternel que si Dieu veut qu'il le soit, l'être du monde dépendant de la volonté de Dieu, qui est sa cause.

La conclusion à laquelle on aboutit n'est pas la non-éternité du monde, mais la non-nécessité qu'il soit éternel (à supposer qu'il le soit). Cette éternité ne peut être prouvée par une démonstration au sens propre. Thomas examine attentivement l'argumentation d'Aristote et montre qu'il s'agit d'arguments probables, qui se situent au niveau de la « dialectique » et non de démonstrations,. C'est pourquoi Thomas n'entend pas démontrer la fausseté de la thèse de l'éternité du monde. Ce qu'il démontre c'est que les arguments de ceux qui soutiennent l'éternité du monde ne constituent pas de preuves apodictiques, ayant force contingente. Ils ne vont pas au-delà du plausible. C'est pourquoi le Docteur Angélique leur oppose un argument de convenance. Ce qui n'a pas toujours été, note-t-il, manifeste davantage avoir une cause que ce qui a toujours été.

Il reste que le temps n'entre pas dans la définition de la création. En effet, le temps apparaît avec la réalité créée : c'est par l'imagination que nous pensons un temps avant le temps. Quand on parle d'antériorité du créateur sur la création, il s'agit de l'antériorité de l'éternité divine sur le temps et non pas de l'antériorité d'un temps sur un temps (cf. a 1, ad 6, ad 8).

Cette analyse conduit saint Thomas à se séparer également des théologiens chrétiens dont nous avons parlé.

Que le monde n'ait pas toujours existé et donc ait eu un commencement ne peut pas faire l'objet d'une démonstration, car une démonstration ne peut porter sur un fait contingent. Son principe est l'essence *(quod quid est)* de la chose. Or le constitutif *(ratio)* de la chose fait abstraction du *hic* et *nunc*, il est universel (porte sur sa *species*). C'est pourquoi il est impossible, à considérer leur essence, de prouver que l'homme, le ciel ou la terre ne furent pas toujours. En considérant le monde lui-même, il est donc impossible de prouver qu'il a commencé.

L'argumentation de saint Thomas se situe dans le cadre de la *Physique* aristotélicienne, qui est en fait une philosophie de la nature. La physique moderne, elle, s'occupe de l'origine du temps de l'univers. La théorie du *Big Bang* en fixe le commencement. Mais l'événement du *Big Bang* ne signifie pas le surgissement de notre univers à partir du néant. Il présuppose existants les facteurs qui l'ont produit ou déclenché.

Thomas envisage encore la question d'un second point de vue, celui de la cause du monde, qui est la volonté divine. Or par elle-même notre raison ne peut connaître la volonté de Dieu qu'en ce qui concerne ce qu'elle veut d'absolue nécessité, c'est-à-dire sa propre bonté. Mais ce que Dieu veut en ce qui touche les créatures est hors de portée de notre investigation. Cette volonté nous est manifestée par la révélation, objet de la foi.

Que le monde ait commencé est objet de foi non de démonstration ou de savoir. Thomas adresse un avertissement sévère aux théologiens : à vouloir démontrer une vérité qui est objet de foi, à l'aide de raisons inévitablement non nécessitantes, on s'expose aux moqueries des incroyants qui penseront que nous adhérons à ces vérités à cause de telles raisons.

C'est par la foi que nous savons que le monde a commencé.

Quant à la thèse de l'éternité du monde, elle n'est pas contradictoire, mais elle ne s'impose pas avec nécessité. Si le monde avait été éternel il serait tout autant un monde créé, la création désignant la *relation de dépendance ontologique* radicale de l'être créé à la cause première créatrice.

Ajoutons que son « éternité » ne serait pas l'équivalent de l'éternité divine qui est selon la définition de Boèce *tota simul*. Un temps éternel comporterait la succession (cf. q. 45, a 2, ad 5).

De soi, la question de la création est antérieure à la question du devenir de l'univers. Le temps lui-même, mesure du mouvement et de la mutation, a été créé avec le monde.

Le *Big Bang* posé aujourd'hui à l'origine du monde et du temps ne contredit pas mais présuppose l'intervention créatrice de Dieu. Le théologien verra dans sa théorie un argument qui converge avec la doctrine de la foi, mais non une preuve au sens rigoureux du terme.

III.

8. Darwin a connu une douloureuse crise religieuse au terme de laquelle il s'est détaché de la foi de son enfance. Celle-ci lui paraissait inconciliable avec les conclusions auxquelles l'avait amené sa recherche scientifique. Le conflit en réalité reposait sur un tragique malentendu. Il pensait, en effet, que le dogme de la création comportait la création par Dieu des espèces telles qu'elles sont et indépendamment les unes des autres. Il fallait donc choisir entre l'enseignement biblique et le transformisme. En d'autres termes, la vérité religieuse de la création oblige à professer le fixisme[1]. Cette thèse créationniste fausse le débat.

L'intérêt principal de Darwin porte sur le mécanisme qui explique la survivance de certaines espèces avec, en concomitance, l'élimination des

---

[1] Cf. sur ce sujet l'ouvrage, très documenté d'Etienne Gilson, *D'Aristote à Darwin et retour*, Vrin, Paris, 1971, p. 100.

autres. On sait que c'est la lecture de Malthus qui lui suggèrera l'idée de sélection naturelle[2].

Revenons à la fausse alternative entre transformation des espèces et création. Elle a son origine dans une lecture incorrecte du texte biblique.

Les Pères de l'Eglise avaient rencontré un problème analogue au nôtre, celui de la compatibilité du récit de la *Genèse* avec les systèmes cosmologiques de la pensée grecque. Dans une Question Disputée *De potentia* (IV, a 2), saint Thomas compare deux interprétations, l'une qui remonte à saint Basile, l'autre à saint Augustin, et il aboutit à la conclusion qu'aucune des deux positions n'est en désaccord avec la vérité de la foi; le texte sacré est compatible avec l'une et l'autre. Cet accord étant acquis, les arguments doivent être examinés pour eux-mêmes, c'est-à-dire au niveau de la cosmologie. Si Thomas s'en tient, en théologien, à vérifier la compatibilité des théories différentes avec l'enseignement de la foi, c'est pour une raison épistémologique. En effet, ces représentations ne possèdent pas la force démonstrative nécessitante, au sens aristotélicien du terme. Elles sont des interprétations approximatives, qui ne dépassent pas le degré du vraisemblable.

On voudrait qu'une rigueur épistémologique semblable soit appliquée aujourd'hui dans les discussions sur l'évolution.

9. En effet, il n'est pas toujours facile discerner à quel type de savoir ressortit tel ou tel discours sur l'évolution,. Les extrapolations ne sont pas rares, sans qu'on prenne garde que des termes identiques peuvent changer de signification d'une discipline à l'autre.

Au premier niveau, l'évolution se présente comme une théorie scientifique permettant de coordonner un ensemble d'observations. A des disciplines comme la géologie et la paléontologie s'ajoutent maintenant des disciplines plus récentes comme la biologie et la génétique moléculaires. Une telle théorie, regroupant des faits de disciplines diverses, constitue un précieux instrument heuristique. Soulignons que la théorie ainsi conçue appartient à la méthode scientifique telle qu'elle est conçue après Galilée. La science ne se propose pas de pénétrer l'essence interne des choses; elle s'intéresse à celles de leurs propriétés qui sont quantifiables et mesurables, les faits observés par la méthode expérimentale venant vérifier l'hypothèse. Comme toute théorie scientifique, l'évolution doit encore répondre à un certain nombre de questions.

A un second niveau, nous rencontrons les doctrines de l'évolution, comme théories générales philosophiques de l'évolution. Une telle doctrine est défendue par un contemporain de Darwin, Herbert Spencer. Citons en-

---

[2] Cf. *Ibid.*, p. 236.

core *L'évolution créatrice* d'Henri Bergson (1907). Bergson, comme beaucoup avec lui, confond l'évolution et le progrès.[3]

Une approche philosophique de l'évolution – je ne dis pas une philosophie évolutionniste – est pleinement légitime. C'est à ce niveau qu'intervient la question de la finalité. La méthode expérimentale, comme telle, ne la nie pas, mais en fait abstraction. Du point de vue scientifique, on reconnaîtra la finalité propre de l'organisme vivant (téléonomie), mais on ne saurait exiger que la théorie scientifique comme telle inclue ou exclue la finalité. La discussion entre le mécanisme et la finalité doit être envisagée au niveau de la philosophie de la nature, certes en contact avec les apports des sciences. Par sa nature même, la méthode scientifique se réfère à un fondement transscientifique.

L'évolution et l'évolutionnisme se présentent encore sous une troisième forme. On évitera ici de parler de niveau, car il s'agit en fait d'une dérive. Je me rapporte aux grandes idéologies athées du XX° siècle, communisme marxiste et nazisme qui toutes deux ont vu dans Darwin un précurseur et un allié. Elles ont fortement contribué, au niveau de l'opinion, à divulguer l'évolutionnisme en tant que lecture matérialiste de l'évolution. Aujourd'hui un certain athéisme scientifique a pris le relais, s'appuyant sur la même confusion que les créationnistes qui opposent création et évolution. Nous avons vu que le temps et le devenir dans le temps ne sont pas impliqués dans le concept métaphysique de création.

Il appartient à la philosophie de la nature de procéder, à son propre niveau, à un examen des théories de l'évolution. Cet examen accompli et en fonction de ses conclusions, la théologie pourra à son tour aborder la question. L'interprétation des récits bibliques est évidemment présupposée.

La doctrine de la causalité et de la subordinations des causes secondes, qui sont de vraies causes, éclaire ici la réflexion. La similitude divine que portent les créatures, ne se vérifie pas seulement avec la forme qui les actue mais encore dans leur action. Celle-ci, en effet, donne aux créatures leur pleine actualité. Le propre de leur action est précisément de porter à l'acte ce qui est en puissance. A l'être ainsi produit, au terme de la génération, la cause seconde apporte une détermination qui porte sa similitude. Cela se vérifie dans la génération des espèces vivantes. Il importe de tenir compte d'une double précision. L'apport de la cause seconde ne survient pas pour ainsi dire de l'extérieur à l'action de la cause première, qui la porte, de sorte que l'effet est tout entier de la cause première et tout entier de la cause seconde.

En second lieu, quand il y a passage d'un degré d'être à un degré supérieur, la motion divine qui agit à l'intérieur du dynamisme de la créa-

---

[3] Cf. à ce sujet Etienne Gilson, *op. cit.*, pp. 149–169.

tion, est une motion surélevante, par rapport à laquelle la cause seconde agit comme cause dispositive.

Saint Thomas, comme personne à son époque, ne pensait évidemment pas à l'évolution, mais il avait un sens aigü de la hiérarchie des formes des êtres et de leur proximité relative à l'actualité de l'Acte pur qui est Dieu. Dans ses considérations, on peut trouver des amorces pour une doctrine thomiste de l'évolution.

Dans l'article du *De Potentia* (IV, a 2) que nous avons déjà cité, il note que l'interprétation par saint Basile de l'œuvre des six jours a l'avantage de mettre en évidence que le monde n'est pas parvenu aussitôt après le néant à sa perfection, mais graduellement (… *ut sic gradatim ex nihilo ed ultimam perfectionem mundus perveniat*).

L'argument porte sur la gradualité : dans les êtres de la nature, les espèces semblent être ordonnées graduellement. Secondairement, est mentionnée une action significative de la succession dans le temps.

Mais certaines considérations du Docteur Angélique peuvent plus directement apporter des fondements à la doctrine philosophique de l'évolution. Je pense ici à deux chapitres du *Contra Gentes* (II c. 68, III c. 22) qui sont complémentaires. Le premier établit que la substance intellectuelle qu'est l'âme humaine peut être la forme du corps. La question est de grande importance anthropologique et métaphysique. La réponse recourt à un principe énoncé par le pseudo-Denys (*De Div. Nom.*, c.VII) : la sagesse divine a conjoint l'ultime degré des êtres supérieurs aux êtres inférieurs les plus élevés. Ainsi le corps humain, qui et le plus haut en perfection dans l'ordre des corps, atteint le dernier degré des substances intellectuelles, occupé par l'âme humaine. Selon le *liber de causis* (§2, 8), l'âme humaine est comme un horizon aux confins entre les êtres corporels et les êtres incorporels.

Dans le second texte, il est question des diverses formes d'ordination des choses à leur fin. La matière aspire et tend à une actualité toujours plus parfaite, c'est-à-dire à l'information par une forme supérieure. Ainsi des êtres matériels, depuis le degré le plus élémentaire, sont soulevés par le désir *(appetit)* de l'actualisation la plus parfaite, c'est-à.-dire du plus haut degré des formes, qui est l'âme humain, de sorte que toutes les formes du cosmos tendent vers l'homme. Maritain a insisté sur l'importance de ce texte pour une doctrine thomiste de l'évolution.[4]

Il va de soi que nous sommes au plan de la réflexion philosophique. On ne saurait exiger de la science expérimentale comme telle, à cause des

---

[4] Cf. Jacques Maritain, *Vers une idée thomiste de l'évolution*, in *Approches sans entraves*, c. VI, in Jacques et Raïssa Maritain, Œuvres Complètes, XIII, Fribourg-Paris, Ed. St Paul, 1992, pp. 573–648.

limites que lui impose sa méthode, de développer de telles vues. L'important, du point de vue épistémologique, est que chaque discipline, reconnaissant ses propres limites, ne transforme pas ce qui est ouverture et suspens à l'égard d'un autre type de savoir, en négation.

La création de l'âme humaine suppose une intervention directe de Dieu. Cette âme ne peut pas émerger des potentialités de la matière par l'activation des causes secondes comme telles. Il y va de sa spiritualité et de l'humanité de l'homme. Sur ce point, comme l'on sait, le Magistère s'est prononcé.

A ce propos, Maritain, dans l'essai cité, insiste sur l'importance de la *causalité dispositive*. L'évolution des organismes peut parvenir jusqu'à un seuil, mais l'information par l'âme spirituelle comme forme propre de ce corps, dépend de la création directe de cette âme par Dieu. C'est céder au matérialisme et nier toute signification à *l'imago Dei* que de faire surgir l'humain des seules activations de la nature biologique.[5]

---

[5] C'est là un des points où la pensée de Teilhard de Chardin est lourde d'ambiguïté.

Bertram Stubenrauch

Widerlegt Wissenschaft den Glauben?
Ein kleiner Schlagabtausch mit Szientisten

Um das Jahr 180 nach Christus richtet der (vermutlich griechische) Denker Athenagoras an Kaiser Marc Aurel und dessen mitregierenden Sohn Commodus ein Schreiben, in dem er populäre Anklagen gegen das Christentum zurückweist. Die Vorwürfe von damals – Atheismus, Inzest und Kannibalismus – braucht heute kein Christ mehr zu fürchten. Aber von durchaus zeitlosem Interesse ist es, zu sehen, mit welchem Stolz der streitbare Mann gegenüber dem gebildeten Imperator auf die Vernünftigkeit des christlichen Bekenntnisses verweist, welche zum eigentlichen Thema seiner Denkschrift geworden war: »Wir haben als Zeugen dessen, was wir wissen und glauben, die Propheten, die im Heiligen Geist über Gott und göttliche Dinge sprachen«; deshalb sei es gänzlich »wider die Vernunft«, dem Geist Gottes »nicht zu glauben und sich menschlichen Meinungen anzuschließen«.[1] Das Vertrauen in Gott – durch die Nachfolge Jesu von Nazaret genährt – ist für Athenagoras deshalb ein Gebot der Vernunft, weil es mit *Geist* zu tun hat. Gewiss, es ist der *göttliche* Geist, dem Athenagoras Gehorsam zollt, aber als Intellektueller seiner Zeit weiß er: Gottes Geist ist das Urbild des menschlichen Geistes, der sich dank himmlischer Hilfe gerade dadurch auszeichnet, für *alles* Wirkliche und Wahre empfänglich zu sein.

Szientismus

Diese Einschätzung hat sich heute, gerade im abendländisch geprägten Kulturraum, gründlich geändert. Man denkt weithin – und ebenfalls nicht ohne Stolz – szientistisch: Dahinter steht die Überzeugung, dass die empirische Wissenschaftlichkeit das Paradigma für Rationalität und Wahrheit schlechthin sei. Erkenntnissen und Aussagen jenseits von ihr komme bestenfalls die Qualität des Meinens oder der Rang bloßer Vermutungen zu.[2]

---

[1] Athenagoras von Athen, Apologie 1,7.
[2] Vgl. J. P. Moreland, William Lane Craig: Philosophical Foundations for a Christian Worldview, Downers Grove 2003, 346 f.

Immerhin lassen sich zwei Formen des Szientismus voneinander unterscheiden. Die starke Form: Eine Behauptung ist nur dann rational und wirklichkeitsnah, wenn sie eine methodisch nachweisbare, empirische Basis hat. Außerhalb der auf diese Weise wissenschaftlich begründeten Einsicht gibt es überhaupt keine zutreffende Erkenntnis. Die schwache Form: Das Wirkliche ist womöglich auf verschiedenen Weisen zugänglich, doch geht die Empirie den Königsweg aller Erkenntnis, so dass es wünschenswert, wenn nicht moralisch geboten sei, auch bislang metaphysische Fragen unter ihre Lupe zu nehmen, etwa jene nach dem Bauplan und der Herkunft des menschlichen Bewusstseins.[3]

Schon ein erster Blick auf das szientistische Programm zeigt, wie brüchig es ist. Stichwort Reduktionismus: Dass die empirische Forschung nur dann vorwärts kommt, wenn sie eine ganze Reihe von Fragen und Perspektiven ausklammert, liegt auf der Hand. Wer nach biologischen oder physikalischen Zusammenhängen sucht, muss den Blick auf das Wirkliche notwendigerweise biologisch oder physikalisch fokussieren, und zwar so streng wie möglich. Aber es hängt alles daran, welche erkenntnistheoretischen Folgerungen daraus gezogen werden. Die Frage nach dem menschlichen Bewusstsein bietet sich als erstes Beispiel an: Natürlich lässt sich empirisch nachweisen, wie das Gehirn funktioniert und unter welchen Umständen es versagt, doch stößt man damit schon auf Geist? Der sei uninteressant, behauptet der Christentumsgegner Richard Dawkins, denn im Gehirn finde sich alles, was den Menschen ausmacht. Dawkins' Urteil ist ebenso forsch wie niederschmetternd: »Wir sind Überlebensmaschinen – Roboter, blind programmiert zur Erhaltung der selbstsüchtigen Moleküle, die Gene genannt werden. Dies ist eine Wahrheit, die mich immer noch mit Staunen erfüllt.«[4] Ich staune über die nonchalante Stirn von Dawkins. Denn von einer klaren Unterscheidung der Ebenen hält er offensichtlich wenig. Die methodische Reduktion, auf der seriöse Naturwissenschaft beruht und die ihren Erfolg garantiert, hat sich bei ihm zu einer ontologischen Reduktion verstiegen. Was die Empirie nicht sieht, sehen auch andere Augen nicht, behauptet Dawkins, folglich haben Nicht-Empiriker kein Recht, von Einsicht oder gar von Wahrheit zu sprechen. Im Hintergrund dieser großmundig hingeworfenen Auskunft steht die naturalistische Doktrin – sie ist ein metaphysischer Überzeugungspool reinsten Wassers, jedenfalls kein Sachverhalt, der sich seinerseits empirisch oder rational belegen ließe.[5] Rational (und fair) hingegen wäre das Eingeständnis, dass die methodische Reduktion zwar Aspekte der Wirklichkeit, aber nicht die gan-

---

[3] Vgl. ebd. 347.
[4] Richard Dawkins, Das egoistische Gen, Heidelberg 2007 (Jubiläumsausgabe), 30.
[5] Vgl. Mikael Stenmark: Scientism. Science, Ethics and Religion, Burlington u. a. 2001, 21 f.

ze Wirklichkeit zeigt. Wer bestreitet schon ernsthaft, dass der Mensch unabhängig von Molekülen und Genen leben, denken und handeln könne? Aber Moleküle und Gene sind nicht alles. Immerhin fragt der Mensch nach sich selbst. Warum sollte ein biologisches Konstrukt das tun? Und dann die selbstsüchtigen Gene: Sie sind also, nimmt man Dawkins beim Wort, intentional veranlagt, sie *wollen* etwas, sie haben Ziele, sie hegen gar ein ›Selbst‹. Gut. Doch wenn es wirklich so stünde, dann müsste man alles, was man bisher vom Menschen gesagt hat, den Genen zuschreiben. Und man müsste fragen, wer die Gene mit Selbstsucht belegt hat und warum und ob sie, wenn sie denn tatsächlich selbstsüchtig sind, einer moralischen Wertung unterliegen. Wer nähme sie vor? Dawkins offensichtlich, aber er ist ein Mensch, kein Gen.

Man muss es mit aller Klarheit sagen: Szientisten wie Dawkins vertreten unter der Tarnkappe des Naturwissenschaftlers eine genuin *weltanschauliche* Position und stehen deshalb, epistemologisch gesehen, auf der gleichen Stufe wie all jene, die bewusst für eine Weltanschauung werben und sich ihrer Überzeugung nicht schämen – mit einem gravierenden Unterschied: Bei Dawkins fällt der persönliche Standpunkt mit der angeblich unangreifbaren, empirisch-rationalen Beweisführung in eins, die klassische *petitio principii*. Seriöse Wissenschaft ist weniger und deshalb zugleich mehr. Sie erkennt Wirklichkeit, weil sie um ihre Grenzen weiß. Alternative Erkenntniswege bleiben respektiert.[6]

Sehr anschaulich zeigt der Philosoph und Dawkins-Kritiker Richard Schröder, warum der ontologische Reduktionismus in die Irre gehen *muss*: Als der amerikanische Neurochirurg Itzhak Fried das Gehirn einer epileptischen Frau mit Elektroden stimulierte, stieß er zufällig auf das dort situierte Lachzentrum. Jeder künstliche Reiz erheiterte die Frau sichtlich – für die Umstehenden scheinbar grundlos. Dawkins müsste behaupten, zu lachen, das sei ausschließlich eine Funktion der Biologie. Schröder sieht das anders: Die entsprechende Gehirnregion, meint er, sei die notwendige, nicht aber hinreichende Voraussetzung des Lachens. Zwar zeige das Experiment die neuronale Basis des Lachens, aber angesichts des *Phänomens*, dass jemand *lacht*, bleibe es bezeichnenderweise stumm. Natürlich, denn: »Was Lachen ist, wissen wir aus unserer lebensweltlichen Erfahrung. Hätten die Umstehenden nicht aus Selbsterfahrung gewusst, was Lachen ist und wo es angebracht ist, hätten sie ja gar nicht bemerkt, dass die Patientin deplaziert lacht, sie hätten gar nicht gestaunt und demnach auch nichts über das Lachen entdeckt. Wenn es sich also z. B. um Außerirdische gehandelt hätte, die nichts von Lachen wissen, da sie nicht lachen können, dann

---

[6] Vgl. ebd. 22 f.

hätten sie nur Ursache und Wirkung feststellen können, also dass jene Reizung gewisse Laute und gewisse Muskelzuckungen bei der Patientin auslöst. Das hätten sie alles exakt nach Parametern angegeben, das Wort Lachen wäre im Befund nicht vorgekommen. Sie hätten diese Daten zum Übrigen getan und nichts entdeckt.«[7]

Ist ausschließlich empirisches Wissen lebensrelevant?

Dawkins behauptet, alle nicht-empirischen Angaben über grundlegend existentielle Probleme seien inzwischen – eben dank der Empirie – unhaltbar geworden: »Können wir auch nur eine einzige Antwort nennen, die vor Darwin auf Fragen wie ›Was ist der Mensch?‹, ›Hat das Leben einen Sinn?‹, ›Wozu sind wir da?‹ gegeben wurde und die, sieht man von ihrem (beträchtlichen) historischen Interesse ab, heute nicht völlig wertlos ist? Aussagen können ganz einfach falsch sein, und das trifft, vor 1859, auf alle Antworten auf jene Fragen zu.«[8]

Ich sage es nicht gern (weil es überheblich ist), doch angesichts solcher Weisheiten hilft nur die Rückkehr auf die philosophische ABC-Schule. Dort lernt man zum Beispiel neu den einfachen Unterschied zwischen Beobachtungsdaten und wissenschaftlichen Daten kennen. Zum Beispiel die Aussage: »Ich sehe einen Baum.« Brächte dieser Satz eine wissenschaftliche Erkenntnis zum Ausdruck, dann wären alle, die ihn äußern, Wissenschaftler, und Wissenschaft hätte es von dem Moment an gegeben, als der Mensch anfing, seine Umgebung wahrzunehmen und über sie zu reden. Doch es gibt auch andere Sätze: »Gene sind Chromosomenabschnitte« oder »Die Energie der Sonne wird durch Kernschmelze verursacht«. Aussagen dieser Art sind tatsächlich wissenschaftlich begründet. Sie leben von einer rationalen Konklusion, die ihrerseits als gut begründetes Postulat auftritt. Oder anders gesagt: Der Wissenschaftler stellt eine Hypothese auf, die für angesammelte Daten die (momentan) beste Erklärung bietet. Hingegen bedarf die simple Beobachtung keiner Hypothese.[9] In szientistischen Kreisen weiß man das und modifiziert dementsprechend: Nur Beobachtung und Hypothese zusammen seien gültige Erkenntnisweisen. Doch auch damit ist nicht allzu viel gewonnen, da es zweifelsohne Wissensformen gibt, die weder wissenschaftlich sind noch auf Beobachtungen beruhen. Welche sind das?

---

[7] Richard Schröder: Abschaffung der Religion? Wissenschaftlicher Fanatismus und die Folgen, Freiburg – Basel – Wien 2008, 40.
[8] Dawkins, Das egoistische Gen, 432.
[9] Vgl. Stenmark, Scientism, 26 f.

Da ist zunächst einmal das introspektive Wissen, etwa die Feststellung: »Ich bin glücklich« oder »Ich bin an jemandem schuldig geworden«. Wissenschaft ist hier fehl am Platz; man kann von einer emotionalen Evidenz reden. Durch die empirische Messung in einem bestimmten Hirnareal ließe sich zwar nachweisen, *dass* ich denke, nicht aber, *was* ich denke und erst recht nicht, dass *ich* denke.[10]

Da ist weiter eine Art Gedächtniswissen, Erinnerungen etwa, die zu einem Persönlichkeitsbild gehören, oder Sachverhalte, die Individuen mental vor Augen stehen. Auch hier ist die empirische Probe fehl am Platz, was sollte sie ausrichten? Vielmehr schafft gerade das Erinnern die Voraussetzung für die Empirie. Der Forscher muss sich zumindest an die zu testende Hypothese, an bereits vorliegende Testresultate oder an das schlichte Faktum erinnern, dass er Wissenschaftler ist und überhaupt etwas wissen will.[11]

Es gibt zudem ein linguistisches Wissen, welches zum Beispiel dann aktiviert wird, wenn man mit Werbetexten zu tun bekommt: Ist die Bedeutung des Slogans »Trink Coca-Cola« auf einem Blechschild biologisch oder physikalisch zu erfassen? »The question is whether, for example, the biologist *qua* biologist or the physicist *qua* physicist can read these texts.«[12] Sicher lässt sich das Werbeschild auf Materialbeschaffenheit und Schriftfarbe hin überprüfen, doch um zu verstehen, was Blech und Farbe transportieren, muss der Rezipient zur »hermeneutic creature«[13] werden. Er ist gezwungen, Bedeutungsgehalte abzurufen, sozusagen in pures Verstehen einzutauchen, und das in einem Bruchteil von Sekunden. Hier kann Karl R. Poppers Drei-Welten-Theorie weiterhelfen. Sie unterscheidet ein Universum physikalischer (Welt 1), mentaler (Welt 2) und kultureller Art (Welt 3). Der Werbeslogan auf dem Blechschild gehört in jedem Fall der ersten Welt an, sonst träte er gar nicht in Erscheinung. Er ragt freilich zugleich in die Welten zwei und drei hinein. Es handelt sich um empirisch nicht nachweisbare, gleichwohl reale Welten, die Welt 1 erst sinnvoll machen. Diese empirisch nicht nachweisbaren Welten existieren mental und kulturell – mental, weil sie Geschmack und Wohlbefinden oder auch Abscheu hervorrufen; kulturell, weil ein bestimmter Name Lebensgefühle transportiert, die Ausdruck für eine bestimmte Zeit und eine bestimmte Kultur sind.

Oder ein anderes, noch simpleres Beispiel (aber wir sind ja in der ABC-Schule): das Kuchenbacken. Die Rezeptur, die verwendet wird, hat

---

[10] Vgl. ebd. 27.
[11] Vgl. ebd.
[12] Ebd. 29.
[13] Ebd. 30.

gewiss Einfluss auf das Produkt. Ob wirklich ein *Kuchen* aus dem Ofen kommt, entscheidet sich, nachdem man vom Erzeugnis gekostet hat. Und wonach richtet sich das Urteil? Es kommt zustande auf der Grundlage eines Konglomerats von Erwartungen, Erinnerungen und Übereinkünften – aufgrund kultureller Daten also. Lässt sich der Kuchen unters Mikroskop legen? Selbstverständlich, etwa wenn man wissen will, ob er Gift enthält. Der Kuchen selbst zeigt sich freilich nicht im Glas – das auch nichts von den Erwartungen, Erinnerungen und Übereinkünften preisgibt, welche das Gebäck als Kuchen ausweisen.[14] Ist also nur empirisches Wissen lebensrelevant? Dann müsste Dawkins, der große Empiriker, das Wort ›Kuchen‹ schleunigst aus seinem Wortschatz und aus seiner Wahrnehmung streichen. Wie wirklich, wie real wäre dann seine Weltsicht noch? Auch Dawkins kommt nicht daran vorbei: »Science takes hermeneutics for granted.«[15]

Ähnlich argumentiert wiederum Richard Schröder: An sich »besteht doch Bachs Kunst der Fuge aus Schallwellen! An sich heißt jetzt: physikalisch gesehen. Physikalisch unterscheidet sich aber dann die Kunst der Fuge nicht vom Geräusch eines Presslufthammers, der erzeugt auch Schallwellen. Bach hat jedenfalls nicht Schallwellen, sondern Noten aufs Papier gebracht und je nachdem, welches Instrument die Noten spielt, entstehen ganz verschiedene Bündel von Schallwellen. Wir verstehen offenbar nichts von Musik, wenn wir sie nur physikalisch betrachten und es ist eine Illusion, wenn jemand meint, die vollendete Physik würde uns dann auch Bachs Kunst der Fuge erschließen.«[16]

Man unterschätze im Übrigen nicht die Selbstwidersprüchlichkeit der Behauptung, nur empirisches Erkennen sei lebensrelevantes Erkennen. Wie weist man *diesen* Satz empirisch nach? Hier gilt einmal mehr: Der Satz drückt keine wissenschaftliche, sondern eine philosophische These aus. Folglich muss, wer ihn vertritt, geisteswissenschaftlich argumentieren. »The game is now to be played in the philosophical courtyard.«[17] Gerhard Vollmer, ein prominenter, weil nachdenklicher Szientist, gibt das unumwunden zu: »Wer wissen möchte, ob der Naturalismus vertretbar ist, begibt sich nicht ins Labor. Es handelt sich dabei nicht um eine empirisch entscheidbare Frage, auch wenn Erfahrungstatsachen in dieser Diskussion eine wichtige, vielleicht sogar ausschlaggebende Rolle spielen können.«[18]

---

[14] Vgl. ebd. 29f.; dazu Karl R. Popper, John C. Eccles: The Self and its Brain, London 1977, Kap. 2.
[15] Stenmark, Scientism, 30.
[16] Schröder, Abschaffung, 44.
[17] Stenmark, Scientism, 33.
[18] Gerhard Vollmer: Was ist Naturalismus?, in: ders.: Auf der Suche nach Ordnung. Beiträge zu einem naturalistischen Welt- und Menschenbild, Stuttgart 1995, 21–42, hier 23.

Bertram Stubenrauch

Ist empirisches Wissen jeder anderen Wissensform überlegen?

Wissenschaftliche Erkenntnis kommt durch wissenschaftliche Forschung zustande. Doch nicht alles von dem, was der Forschung in Bezug auf das Wirkliche Sicherheit verleiht, ist empirisch eruierbar. Es hat sich bereits gezeigt: Die Empirie setzt ein gehöriges Stück Philosophie voraus. Sie ist, um es einmal zugespitzt zu sagen, eine spezifische, sehr eigen geprägte *Erscheinung* philosophischen Denkens. Man könnte von einer *Geistes*wissenschaft mit *empirischen Mitteln* sprechen. Diese Formulierung, die auf den inneren Konnex von *logos* und *physis* abhebt, liegt schon insofern nahe, als Ergebnisse der Empirie nicht sicherer sein können als die Voraussetzungen, auf denen sie beruhen. Wer also glaubt, das empirische Forschen sei allen anderen Wissensformen überlegen, kappt die Wurzeln seiner Erkenntnisgewinnung. Denn es muss philosophisch begründet werden, weshalb und inwiefern die Empirie zu gültigem Wissen führt. Das geschieht im Minimalfall mit der stillen (und wohl auch uneingestandenen) Duldung nichtempirischer Grundannahmen.[19] Einige davon seien kurz aufgelistet:
(1) Die Existenz einer theorieunabhängigen, äußeren Welt
(2) Die Geordnetheit der äußeren Welt
(3) Die Erkennbarkeit der äußeren Welt
(4) Die Existenz von Wahrheit
(5) Die Gültigkeit der logischen Gesetze
(6) Die Verlässlichkeit kognitiver und sensorischer Fähigkeiten, die zu berechtigten Überzeugungen und Anschauungen führen
(7) Sprache als angemessenes Werkzeug der Weltbeschreibung
(8) Die Existenz von Werten (z. B.: »Fälsche Deine Ergebnisse nicht.«)
(9) Die Uniformität der Natur und das Induktionsprinzip
(10) Die Existenz von Zahlen.[20]
Man könnte freilich einwenden (und tut das auch gern): Reicht es nicht, wenn Wissenschaftler solche Prinzipien voraussetzen, ohne sie eigens zu thematisieren? Man zöge sich mit diesem Standpunkt auf die methodische Reduktion zurück und könnte auf jede Ontologie verzichten; die Wahrheitsfrage bliebe schlicht unerheblich. Vielen Forschern ist diese pragmatische Einstellung sympathisch. Man arbeitet jenseits der ontologischen Fra-

---

[19] Vgl. Moreland, Philosophical Foundations, 348.
[20] Vgl. ebd. Ähnlich Gerhard Vollmer, Die Bedingungen der Möglichkeit von Erfahrung – Apriorismus, hypothetischer Realismus und projektive Erkenntnistheorie, in: Ders., Auf der Suche nach Ordnung, 102–128, hier 116–120. Vollmer nennt folgende »Bedingungen an die Welt«, die gelten müssen, wenn Wissenschaft zu wahren Erkenntnissen führen soll: Quasi-Separabilität, Stabilität, Gleichheit und Wiederholbarkeit, relative Einfachheit, Projizierbarkeit.

ge, redet lieber von Stimmigkeit anstatt von Wahrheit. Das führt zu einem Burgfrieden zwischen den Wissenschaftszweigen, aber auch zu Sprachlosigkeit füreinander. Die einzelnen Forscherpersönlichkeiten braucht das in der täglichen Arbeit nicht zu verunsichern, und doch ist *dieser* Friede trügerisch. Denn auf wissenschaftstheoretischer Ebene lässt sich keine Disziplin aus dem Begründungszusammenhang von *physis* und *logos* heraushalten. Das hieße, entweder einzugestehen, dass man vorsätzlich, also ideologisch den Zusammenhang nicht sehen will, oder aber zuzugeben, dass er tatsächlich besteht, dass man sich aber nicht für kompetent genug hält, ihn philosophisch angemessen zur Sprache zu bringen. Ins Auge fällt jedenfalls, dass sich große Gestalten der empirischen Wissenschaften gegenüber den Anliegen von Philosophie und Religion keineswegs taub gestellt haben. Denkern wie Einstein oder Heisenberg war immer bewusst, dass nicht die Mikroskope und Fernrohre Forschung betreiben, sondern dass es der Mensch ist, der aktiv wird. Der *Geist* forscht. Doch was bedeutet Geist, auf das Wissen bezogen? Zumindest dies eine: Man lässt sich von der Wirklichkeit herausfordern, von ihr inspirieren und, nicht zuletzt, von ihr in Frage stellen.

Den von Philosophie unberührten Forscher gibt es nicht. Das liegt am erwähnten inneren Konnex von Geist und Physik. Dazu wieder einige Beispiele, zunächst die Induktion und die Annahme, Natur zeige sich uniform. Ein wesentliches Standbein der empirischen Forschung bilden induktive Schlüsse folgender Art: »1. Metall x_1 dehnte sich aus, als es zum Zeitpunkt t_1 erhitzt wurde. 2. Metall x_2 dehnte sich aus, als es zum Zeitpunkt t_2 erhitzt wurde. 3. Metall x_n dehnte sich aus, als es zum Zeitpunkt t_n erhitzt wurde. Konklusion: Alle Metalle dehnen sich aus, wenn sie erhitzt werden.«[21] Dieser Erkenntnisgang, der freilich behutsam unternommen und mit Hilfe der Falsifikation zusätzlich erhärtet werden muss, beruht auf dem Vertrauen, dass es in der Welt grundsätzlich »mit rechten Dingen« zugeht.[22] Ohne diese Annahme wäre es unmöglich, sich auf die Induktion zu verlassen. Das Vertrauen selbst aber bleibt induktiv unzugänglich, sonst müsste die Induktion ihrerseits die Induktion beweisen, und eine vom Forscher an den Tag gelegte existentielle Grundhaltung wäre wider alle Logik als empirisches Datum behauptet.[23]

Zum Thema Existenz und Erkennbarkeit einer theorieunabhängigen Außenwelt: »Man kann [...] der Meinung sein, dass die vorgefundene Ordnung gar nicht in der äußeren Welt, sondern letztlich im Subjekt selbst

---

[21] Alan F. Chalmers: Wege der Wissenschaft. Einführung in die Wissenschaftstheorie, Berlin ⁶2007, 38 (engl. Originalausgabe: What is this Thing Called Science? Maidenhead ³1999).
[22] Gerhard Vollmer, Naturalismus, 24, in Bezugnahme auf ein Zitat von Hubert Markl.
[23] Vgl. Chalmers, Wege der Wissenschaft, 42 f.

liegt bzw. von ihm (möglicherweise nur von ihm) erzeugt wird. Die Strukturen der Welt würden dann nicht gefunden, sondern erfunden. Und unsere vermeintlichen Rekonstruktionen wären in Wahrheit nur Konstruktionen, die keinen oder jedenfalls keinen erkennbaren Bezug zur Welt hätten.«[24] Man kann aber auch mit Aristoteles oder Thomas von Aquin davon ausgehen, dass Denken und Sein übereinstimmen und dass deshalb der forschende Verstand auf ein wirkliches Gegenüber stößt. Worauf ich hinaus will, zeigt die für die Empirie nicht unwichtige Frage nach dem Wert von Hypothesen: »Woran scheitern Hypothesen? Instrumentalisten und Positivisten, Relativisten und Konventionalisten, Transzendentalisten und radikale Konstruktivisten können diese Frage nicht überzeugend beantworten. Der Realist hat dagegen eine ganz einfache und deshalb auch einleuchtende Erklärung: Hypothesen scheitern, weil sie falsch sind, weil sie die Welt nicht korrekt beschreiben, weil die Strukturen, die sie postulieren, nicht die Strukturen der Welt sind.«[25] Dem Disput um die Realität kann sich ein weitblickender Wissenschaftler nicht verschließen. Doch ohne Philosophie, ohne erwägenden *Geist* also, lässt sich weder die eine noch die andere Position beziehen.

Vielleicht noch ein Wort zu den Werten: Menschenrechte. Richard Schröders Fingerzeig in diese Richtung spricht für sich:

»Ganz schlichte, naturwissenschaftlich völlig ungebildete Menschen haben, als sie von den Menschenexperimenten in den KZs erfuhren, gesagt: ›So etwas darf man doch mit Menschen nicht machen.‹ Sie meinten mit dem Wort ›Mensch‹ dabei sicher nicht ›Säugetier‹ oder ›Atomzusammenballung‹. Oder sie haben gesagt: ›Die sind ja vor nichts zurückgeschreckt. Denen war ja gar nichts heilig.‹ ›Heilig‹ ist zweifellos eine religiöse Kategorie und jedenfalls keine naturwissenschaftliche. Es gibt also eine Art von Wissen, das mindestens insofern höheren Ranges ist als das naturwissenschaftliche Wissen, als es der Anwendung naturwissenschaftlicher Methoden Grenzen setzt […] Es waren namentlich die Ungeheuerlichkeiten in den KZs, die die Verfasser des Grundgesetzes [in Deutschland – Anmerkung des Verfassers] veranlasst haben, Artikel 1 der Menschenwürde zu widmen. Die Menschenwürde ist keine mit naturwissenschaftlichen Methoden, etwa gar experimentell feststellbare Eigenschaft. Auch sie gehört in einen anderen Diskurs, nämlich in einen Diskurs interpersonaler Anerkennung. Auch Naturwissenschaftler werden sich gegebenenfalls auf ihre Menschenwürde berufen. Sie beweisen damit, was eigentlich keines Beweises bedarf, dass auch sie noch anderes Wissen beanspruchen als das naturwissenschaftliche.«[26]

---

[24] Gerhard Vollmer: Ordnung ins Chaos? Zur Weltbildfunktion wissenschaftlicher Erkenntnis, in: ders., Suche nach Ordnung, 1–20, hier 15.
[25] Ebd. 18.
[26] Schröder, Abschaffung der Religion, 46.

Religion – nur ein Überlebenstrick?

Faktisch gesehen können empirisch-wissenschaftliche Einsichten religiös motivierte Behauptungen schleifen oder stützen. Dass Blitze direkt von den Göttern auf die Erde geschleudert werden, wurde durch die Wissenschaft widerlegt. Dass Jesus von Nazaret tatsächlich existiert hat, wurde hingegen wissenschaftlich bestätigt, ebenso, dass unserem Universum (ob es auch noch andere und anders Geartete gibt, lasse ich einmal offen) ein zeitlicher Anfang zugrunde liegt und dass es einer inneren Ordnung gehorcht.[27] Wie steht es mit Argumenten, die darauf abzielen, auch *Glaubens*überzeugungen naturalistisch zu erklären, um sie so *ad absurdum* zu führen?

Im Kontext evolutionsbiologischer Debatten wurde und wird immer wieder die These laut, das religiöse Empfinden sei ein Trick der Natur, um den sozialen Charakter der Menschheit und damit ihre Überlebenschancen zu verbessern – durch das Gefühl, von einer höheren Instanz beobachtet zu sein oder den emotiven Impetus, der Kommunität, in der man lebt, Gutes zu tun.[28] Ich frage mich: Sind nicht auch Tricks Indizien von *Geist*? Wie kann aber Geist behauptet werden, wenn nur die Empirie zählt? Außerdem arbeitet die These mit einem Religionsbegriff, der unterstellt, es gäbe einen naturalen Zwang religiös zu sein, wie es einen Zwang gab, dass ein hochentwickelter Primat eines Tages anfing, aufrecht zu gehen. Obwohl die Kulturgeschichte immer *Religion* gekannt hat, hat sie keineswegs immer *Gläubige* gesehen. Zum Glauben gehört Freiheit, also auch die Freiheit, bewusst und entschieden *nicht* zu glauben. Hat dies der tricksende Geist der Evolution in Betracht gezogen? Und wie verhält er sich zu sehr spezifischen Botschaften der Religion, etwa zum Liebesgebot des Christentums, welches in der Feindesliebe kulminiert? Setzt sich nur der Stärkere durch? Stören also die Freiheit zu glauben und die Freiheit, den Feind zu lieben, oder die Freiheit, nicht zu glauben und den Feind nicht zu lieben den Evolutionsprozess? Wenn ja, woher diese Inkongruenz? Weil »Meme«, so Dawkins, planlos gegensteuern und eine kulturelle, kollektive Mimesis einleiten?[29] Dieser Hinweis ist interessant, doch lässt sich angesichts evolutiv unerklärbarer Phänomene im Bereich Religion und Glaube ernsthaft vom »fundamentalen Gesetz« des »Gen-Egoismus« sprechen, an das Dawkins so inbrünstig glaubt?[30] Mir kommt jedenfalls in diesem Zusammenhang das Innenleben eines Termitenstaates oder eines Bienenstocks in den

---

[27] Vgl. Stenmark, Scientism, 92.
[28] Vgl. Edward O. Wilson, Biologie als Schicksal. Die soziobiologischen Grundlagen menschlichen Verhaltens, Frankfurt M. 1980, 160–183, bes. 177.
[29] Dawkins, Das egoistische Gen, 316–334.
[30] Ebd. 38.

Sinn. Da herrscht, im Gegensatz zur menschlichen Gesellschaft, Zusammenhalt pur. Hier hat die Evolution in Sachen Arbeitsteilung und Fürsorge etwas zu Wege gebracht, was tatsächlich ›wie am Schnürchen‹ funktioniert – ganz ohne Religion, ganz ohne Glaube, ganz ohne Nächstenliebe, ganz ohne Trickserei.

Dass freilich Religion und Glaube das Leben auf dieser Welt erleichtern können, steht außer Frage und ist sehr wünschenswert. Warum sollte das gegen die Wahrheit religiöser Überzeugungen sprechen? Auch die Naturwissenschaft erleichtert – gottlob – unser Leben. Greift sie deswegen ins Leere? Das Gegenteil trifft zu: »Ability to survive may be taken, at least, as an indicator of truth.«[31] Wissenschaft und Religion stehen miteinander im Dienst eines Lebensglücks, das keineswegs selbstverständlich ist und im Grunde dem evolutiv angelegten Naturablauf Tag für Tag abgetrotzt werden muss. Allerdings haben Wissenschaft und Religion einen je eigenen Auftrag: Während der ganze Aufwand der Empirie die Welt aufgrund vertiefter Kenntnisse über biologische und physikalische Abläufe bewohnbar macht, geben Religion und Glaube an, warum es sinnvoll ist, darin überhaupt *als Mensch* leben zu wollen. Irdisches Wohlergehen hängt außerdem nicht nur von materiellen Gegebenheiten ab, sondern auch davon, wie man mit Leid, Tod und Schuld umgeht. Die Religionen sind diesbezüglich unverzichtbar.[32]

Religiöse Wurzeln des methodischen Szientismus?

Das Vertrauen in die Empirie verleiht den Wissenschaften Würde und Erfolg. Dass man sie gegen die Theologie ausspielt, führt zu nichts. Denn gerade im Raum biblisch-israelitischen Denkens, das sich in der Spätphase mit der Philosophie Griechenlands verband, wuchs den Wissenschaften hohe Bedeutung zu. Sie wurde zum einen dadurch ermöglicht, dass Juden und Christen die Welt als ›Schöpfung aus dem Nichts‹ verstanden und sie dadurch konsequent entdivinisierten. Da der Kosmos nicht als göttliche Erscheinung, wohl aber als göttliche Setzung galt, wurden Potenziale frei, den Dingen unbefangen auf den Grund zu gehen und die erkannten Zusammenhänge kulturell zu nutzen. Heute wird dieser utilitaristische Zugriff dem Christentum zum Vorwurf gemacht, übrigens sehr vehement von theologischer Seite, zum Beispiel bei Eugen Drewermann.[33] Gerade

---

[31] Stenmark, Scientism, 93 f.
[32] Vgl. ebd. 93.
[33] Vgl. E. Drewermann, Der tödliche Fortschritt. Von der Zerstörung der Erde und des Menschen im Erbe des Christentums, Freiburg 1991; dazu interpretierend Simone Rappel, ›Macht

der Protest jedoch belegt, dass (christlicher) Glaube und Empirie Geschwister sind, und wenn es auch nicht immer geschwisterliche Eintracht gab, so besteht kein Zweifel, dass der Konnex von semitisch bedingter Schöpfungsfrömmigkeit und griechisch bedingter Schöpfungsweisheit für die Entwicklung der Wissenschaften von heute ein Segen war.

Man muss deswegen die wissenschaftlichen oder vorwissenschaftlichen Leistungen anderer Kulturen und Religionen nicht klein reden. Man denke an die mathematischen, astronomischen und medizinischen Erkenntnisse im Alten Indien, bei den Babyloniern, bei den Chinesen und Ägyptern. Auch hier stand die Religion für die Anfänge der Naturwissenschaften Pate, und zwar insofern, als das Kosmische unmittelbar mit dem Göttlichen in Verbindung gebracht wurde. Nicht Setzung, sondern Erscheinung war hier die Devise, folglich mussten die Naturvorgänge treu beobachtet, dokumentiert und ausgewertet werden. Mit alledem ging tiefe Ehrfurcht einher, zugleich das Gefühl für Abhängigkeit, vor allem aber das Gespür für das Numinose, welches dann in den Kult und die sakrale Theoriebildung führte. Damit freilich wurden der Empirie wieder enge Grenzen gesetzt. Das Gefühl – nicht zuletzt die Angst – siegte über die Vernunft. Ich möchte nicht behaupten, dass das Christentum zu Gunsten einer weltfrohen Weisheit der dräuenden Urmacht des Numinosen immer widerstanden hätte. Sonst wäre es nicht zur Aufklärung des 18. Jahrhunderts gekommen, deren vernunftgläubige Protagonisten den biblischen Aufbruch in Richtung einer schöpfungsbewussten Säkularisierung zu Ende führten. Aber auch dieser Vorgang war christlich-theologisch bedingt. Er war es so sehr, dass sich die Romantiker die Redivinisierung der Welt sehnlich zurückwünschten und manche von ihnen einer neuen Art von Heidentum zuneigten, in dem statt Gott die Natur, statt des Evangeliums das Gefühl und statt Sakrament und Kirche die ins Unendliche vagabundierende Innerlichkeit der Seele das Sagen hatten.[34] Heute ist die Romantik Teil der Geschichte. Sie ist der Nüchternheit empirischen und rationalen Denkens gewichen. Für den Glauben sind das bessere Zeiten.

Gott als wissenschaftliche Hypothese?

Richard Dawkins hält es für denkbar, die Gottesidee hypothetisch zu begreifen, um so den argumentativen Wettstreit zu eröffnen. Dazu noch einmal das Beispiel Evolution: Für Dawkins ist die »Gegenwart oder Abwe-

---

euch die Erde untertan«. Die ökologische Krise als Folge des Christentums? (Abhandlungen zur Sozialethik; 39), Paderborn u. a. 1996, 15–17.

[34] Dazu Rüdiger Safranski, Romantik. Eine deutsche Affäre, München 2007, 133–137.

senheit einer schöpferischen Überintelligenz eindeutig eine wissenschaftliche Frage, auch wenn sie in der Praxis nicht – oder noch nicht – entschieden« sei.[35] Er zeigt sich aber überzeugt: »Historisch betrachtet, strebte die Religion danach, unser eigenes Dasein und das Wesen des Universums, in dem wir uns befinden, zu *erklären*. In dieser Rolle wurde sie mittlerweile vollständig von der Naturwissenschaft verdrängt.«[36] Gott und Religion also als wissenschaftliche Hypothesen, als vorempirische Erklärungen kosmologischer und biologischer Sachverhalte? Stenmark definiert die Hypothese als eine »Annahme, die aufgestellt wird, um ein Phänomen oder ein Ereignis erklärlich zu machen«.[37] Wenn sich beispielsweise Fußabdrücke vor einem Fenster zum Garten zeigen, lässt sich sagen, dass dort ein Mensch vorbeigegangen sein muss. Ist der Gottesglaube in *diesem* Sinn eine Hypothese? Wird er mit den Mitteln von Deduktion und Wahrscheinlichkeitsanalysen erörtert? Die Bibel weist in eine andere Richtung: Sie setzt beim Erlebnis an. Für sie ist Gott eine konkret erfahrbare Realität, die man zwar nicht durchschaut, die sich aber lange vor den rationalen Schlussverfahren durch das intersubjektive (innerkirchliche) und philosophische (dogmatische) Gespräch als Wirklichkeit erschlossen, wenn nicht aufgedrängt hat. »The primary aim of a traditional religion such as Christianity is, thus, not to explain and predict observable events, but to transform people's lives as a response to an encounter with a divine reality.«[38]

Das heißt freilich nicht, dass es unmöglich oder gar abwegig sei, den Glauben an Gott *auch* als Hypothese zu fassen. Man darf die Einladung von Dawkins zum Wettstreit der Hypothesen ruhig annehmen. Denn die Rationalität des Glaubens braucht den Vergleich nicht zu scheuen. Niemand kann *wissen*, ob es Gott gibt, und wenn ja, warum er sich der Menschheit zugewendet hat, aber für die prinzipielle Denkbarkeit, dass dem so sei, spricht vieles.[39] Die klassische Dogmatik weiß diesbezüglich von den *praeambula fidei* und hat dabei unter anderem die Plausibilität des Gottesbegriffes selbst sowie die Tragweite von Gewissen und Vernunft im Blick. Hier gilt es die Klingen zu kreuzen, und man wird gegenüber Dawkins zumindest zweierlei erfechten. Erstens: Der Glaube an Gott konkurriert nicht unmittelbar mit wissenschaftlichen Hypothesen, da er primär ein Ausdruck persönlicher Inanspruchnahme und erst sekundär eine rational zu erklärende Sachangelegenheit ist. Zweitens: Der Glaube an Gott ist keine wissenschaftliche Hypothese, wohl aber eine existentielle.

---

[35] Richard Dawkins: Der Gotteswahn. Berlin [6]2007, 85.
[36] Ebd. 480, Hervorhebung im Original.
[37] Stenmark, Scientism, 98.
[38] Ebd. 99.
[39] Vgl. ebd. 100 f.

Er muss *gelebt* werden und kann (und wird sich) auf diese Weise retrospektiv als tragfähig erweisen.

Indes werden auch in der Theologie Ergebnisse mithilfe von Erfahrungen, Theorien und Schlussfolgerungen erzielt. Durch die Reflexion und das rational geregelte Gespräch entwickeln die Gläubigen Begriffe und Modelle, die ihre Überzeugungen logisch-konsistent ineinander verfugen und damit kommunizierbar machen.[40] Gegründet sind diese Systeme auf einer Wirklichkeit, die zwar nur subjektiv und intersubjektiv zugänglich ist (wie die Bereiche Schuld und Vergebung), deren reale Tiefe aber der Physik in nichts nachsteht: »Personal beings, as unique, rational, affective agents, can test religious convictions only experientially, not experimentally; existentially, not operationally.«[41] Was die Zugänge unterscheidet, ist also ein jeweils anderes Interesse: Die Wissenschaft untersucht den Zusammenhang von Ursache und Wirkung. Der Glaube hingegen gibt zu erkennen, warum es mit dem Wissen um Ursache und Wirkung allein nicht getan ist.

Damit sei auf den eingangs zitierten, antiken Denker Athenagoras zurückgelenkt: Göttlicher Geist, so meinte er, lässt Göttliches wissen. Es hat sich gezeigt: Ohne Geist gibt es überhaupt kein Wissen. Und da sich jeder Forscher auf den Geist verlässt, aber keiner von ihnen sagen kann, wo Geist herrührt, ist es grober Unfug, der Religion jedwede Relevanz im Blick auf die Wirklichkeit abzusprechen. Wissenschaft widerlegt mitnichten den Glauben.

---

[40] Vgl. Holmes Rolston, Science and Religion. A Critical Survey, New York 1987, 6.
[41] Ebd. 7.

II. Schöpfungslehre und Anthropologie

Angelo Cardinale Scola

Anima e neuroscienze

1. Cervello e credenze

A proposito del cervello umano qualcuno ha acutamente osservato che «*esso è oggetto di litigio tra neurobiologi, sociologi interazionisti, psicologi clinici, filosofi della morale. In tal modo esso si presenta come ciò che non dovrebbe mai cessare di essere, ovvero un oggetto del quale non può esserci conoscenza «oggettiva» senza l'accettazione decisa di un approccio sempre dialettico, se non addirittura polemico*»[1]. La ricerca in questo campo, più che mai aperta, ha da essere pertanto interdisciplinare.

Se le cose stanno così si capisce allora perché gli organizzatori di questo Convegno – che ringrazio per l'invito – abbiano potuto pensare che un «laico» delle vostre discipline, credente e per giunta Cardinale, potesse prendere la parola in questa sede. Se però questa fosse l'unica ragione per starmi ad ascoltare sarebbe poca cosa. Non oltrepasserebbe infatti l'ambito di una indeterminata *cur-iositas*. Vi sono ragioni meno estrinseche che possono incrociare la mia riflessione con la vostra. Mi permetto di riassumerle, con una prima approssimazione, in un interrogativo che emerge esplicitamente dalle stesse neuroscienze ma che ovviamente interessa da vicino anche altri campi del sapere compresa la teologia: «*Come è possibile che parti di materia priva di coscienza producano coscienza?*»[2].

È una domanda che fiorisce, tra l'altro, con naturalezza dalla rilevazione dell'impossibilità di oggettivare compiutamente la conoscenza del cervello. Né può pretendere assolutezza la convinzione di molti evoluzionisti che, a partire dall'organismo monocellulare vivente fino all'uomo, si dia una continuità del *bios* lineare e scevra da salti qualitativi. Mi risulta – lo dico da «laico» e chiedo scusa per l'eventuale rozzezza della formulazio-

---

[1] P. H. CASTEL, *Le syndrome de Gilles de la Tourette au prisme du philosophe*, in J.-N. Nissa (ed), *Les maladies mentales*, Cahiers du Centre Georges Canguilhem, N. 2, Paris, PUF, 2008, 215–218, 217.
[2] E. GIUS, *L'approccio scientifico al tema della coscienza*, in L. RENNA (ed) «Neuroscienze e comportamento umano», Quaderni della Rivista di scienze religiose, Vivere in, Molfetta 2005, 21. L'affermazione fa riferimento a R. J. SEARLE, *Menti, cervelli e programmi. Un dibattito sull'Intelligenza Artificiale*, CLUP, Milano 1984.

ne – che non pochi biologi rilevino come alcune interpretazioni della teoria evolutiva – in particolar modo quelle che propongono una lettura strettamente «adattazionista» di tutta la realtà – siano tutt'altro che soddisfacenti, e non si accordino bene con i significativi aggiornamenti contemporanei della teoria classica dell'evoluzione[3]. Sia perché la rivoluzione delle conoscenze biologiche, ogni giorno riattizzata da una massa di nuove informazioni, rende praticamente impossibile una visione univocistica del meccanismo evolutivo; sia perché è del tutto ragionevole avanzare l'ipotesi della non falsificabilità dell'affermazione che la realtà celi un *disegno intelligibile*: «*La creazione si pone nella luce dell'evoluzione come un avvenimento che si estende nel tempo – come una creatio continua*»[4]. Superfluo notare che questa tesi ha in comune con i fautori dell'*intelligent design* soltanto il nome.

Qualunque sia il nesso cervello-coscienza la domanda posta introduce, come documentano ampiamente i vostri studi, anche il tema delle *credenze*[5]. Una volta aperto il campo della credenza, bisogna poi fare spazio a tutte le sue forme[6].

Non possiamo in questa sede articolare compiutamente ciò che è sotteso al concetto di credenza. È sufficiente dire che quando esso appare, come appare, nell'ambito della vostra ricerca, allora non vi si può escludere un nesso oggettivo con quello più preciso di fede, legato a qualunque autentica esperienza religiosa. Questa poi è esperienza elementare propria di ogni uomo quando affronta – più o meno esplicitamente – le inevitabili domande, espressioni del senso religioso, del «*da dove vengo? dove vado?*», ma ancor più quando si pone la questione esistenzialmente decisiva: «*Qualcuno mi assicura definitivamente?*». L'insopprimibile esigenza di durare oltre la morte può certo essere illusoria, ma, ancora una volta, l'ipotesi contraria – che postuli cioè l'immortalità – non è falsificabile scientificamente.

In buona filosofia si dice che le domande ultime, quelle che secondo Comte non dovevano essere poste (quanta strada hanno fatto i saperi se oggi queste domande si impongono con forza ogni giorno proprio a partire da ricerche come le vostre![7]) sono nello stesso tempo domande religiose.

---

[3] C. SOAVE, *È ormai tempo per una nuova sintesi? Riflessioni sullo stato delle teorie evoluzioniste*, in «Rivista Teologica di Lugano», XII (2/2007) 207–223.
[4] GIOVANNI PAOLO II, *Discorsi ai partecipanti al Simposio Internazionale su «Fede cristiane e teoria della evoluzione»*, 26 aprile 1985.
[5] M. S. GAZZANIGA, *La mente etica*, Codice edizioni, Torino 2006, 141–174. Ma il titolo originale parla di *ethical brain*. Si veda anche M. HAUSER, *Menti morali. Le origini naturali del bene e del male*, Il Saggiatore, Milano 2007.
[6] A. SIRONI (ed), *La casa dell'anima. La prospettiva delle nuove neuroscienze: oltre il problema mente-cervello?*, Graphis, Milano, 2009.
[7] Anche nel ricondurle alla biochimica del cervello, come sostiene Ramachandran, le neuro-

Quando si interroga sulle cose ultime la filosofia trapassa in religione e la ragione incontra, già all'interno del suo proprio orizzonte, la fede. Anche la fede cristiana, con il suo carattere gratuito e rivelato, non perde questo potente nesso con la ragione. Anzi si pone con la pretesa di essere, pur in tutta la sua discontinuità, in ragionevole armonia con essa. Parlare quindi, con rigore fenomenologico, di credenze deve fare spazio al discorso sulla fede nel suo inevitabile nesso con una religione. Né può esimersi dal considerare la fede cristiana nel suo peculiare rapporto con la religione che da essa scaturisce.

Con queste considerazioni ho inteso *de-limitare* l'ambito di questa mia riflessione e nel contempo suggerire l'idea che intrecciare fede e neuroscienze non sia affatto una scelta acritica, né puramente cosmetica.

2. Quale neuro-etica? Criteriologia

Le neuroscienze, considerando il fenomeno della credenza, giungono a parlare di etica. All'interno delle vostre discipline si è iniziato a parlare di neuroetica con Safire[8] pochi anni fa, estendendo significativamente in un primo tempo il campo della bioetica per poi autonomizzarsi. Più tardi, come nota Adina Roskies, la neuroetica ha per così dire compiuto un salto di qualità mediante lo studio di quelle caratteristiche che ci definiscono propriamente come esseri umani[9].

Nella presentazione di questo Convegno si parla pertanto di *etica delle neuroscienze* e di *neuroscienze dell'etica*. La neuroetica non si limita quindi a pronunciarsi sui problemi etici che sorgono dall'applicazione delle neurotecnologie, ma alimentandosi di fatto o esplicitamente ad un confronto sempre più serrato con l'etica, la filosofia e la teologia morale, la psicologia, la pedagogia, il diritto e l'economia vuole rispondere, partendo rigorosamente da sofisticate indagini scientifico-sperimentali, all'interrogativo cui prima facevamo riferimento: cosa significa realmente esistere come esseri pensanti (coscienti)[10]? È possibile ri-significare in termini puramente neuronali un simile interrogativo per cercare di rispondervi?

Pur avendo compiuto negli ultimi anni, da curioso, qualche lettura su queste tematiche, soprattutto su quelle attinenti alle neuroscienze dell'etica, non mi addentrerò, da profano, in campi specialistici. Cercherò di pren-

---

scienze dovrebbero comunque porle: cfr: V. S. RAMACHANDRAN, *Che cosa sappiamo della mente*, Mondadori, Milano 2004, 98.
[8] Z. HALL, *Welcome*, in. S. J. Marcus (ed), *Neuroethics: mapping the field*, Dana Press, New York 2002.
[9] A. ROSKIES, *Neuroethics for the new millennium*, in «Neuron» 35 (2002), 21–23.
[10] Cfr. N. LEVY, *Introducting Neuroethics*, in Neuroethics 1 (2008), 2.

dere sul serio, dal mio punto di vista che è quello della fede e della teologia – dimensione, lo ribadisco, che al di là della sua origine (nel caso cristiano è *soprannaturale*) sta tutta nell'ambito del ragionevole –, la questione che, come ho detto, mi sembra attraversare tutte le vostre ricerche: *Come è possibile che parti di materia priva di coscienza producano coscienza?*

La articolerò in un triplice interrogativo: *È il cervello a produrre la mente?* Ancor di più: *Partendo dal cervello e dal suo funzionamento si dà una spiegazione esauriente della natura dell'uomo?* In questi interrogativi ve n'è implicato un altro, per me decisivo. *Se fosse necessario, sulla base delle scoperte delle neuroscienze, superare la dualità mente-cervello, riconducendo la mente al cervello vi sarebbe ancora posto per l'anima* (o per ciò che una storia plurisecolare ha voluto indicare con questo termine, comunque lo si voglia denominare)[11]?

Per rispondere a queste domande prendo le mosse dalla formulazione di due criteri di metodo che introduco però con un'osservazione preliminare.

Va fatta, per la neuroeotica, la stessa notazione a suo tempo avanzata per la bioetica. Le vicende della breve storia della bioetica hanno ormai mostrato che l'urgenza di «*regolare (etica) una materia tanto delicata ha condotto a lasciare in secondo piano l'oggetto da regolare:* «*quale vita (bios)*»*?*»[12]. Analogamente che cosa sottende veramente quel *neuro* che fa riferimento agli strabilianti risultati derivanti dalle ricerche sul cervello che ora si vogliono regolare con l'etica? La domanda diventa: «*Quale neuroetica?*».

Non basta che si parli molto di neuroetica, nella sua duplice valenza, ma bisogna «*giustificarne la specifica necessità nel panorama delle discipline scientifiche e ricercarne i tratti distintivi e qualificanti quale nuova scienza*»[13]. In parole povere, se si vuol essere rigorosi non è sufficiente il *contra factum non valet illatio*. Occorre pensare lo statuto epistemologico di una tale disciplina per evitare aporie e contrapposizioni che talvolta hanno alle spalle presupposti non riflettuti e non chiariti dai quali sovente nascono ostacoli per un autentico dialogo interdisciplinare oggi più che mai necessario oltre che richiesto dall'istanza sempre più diffusa di una qualche «unità del sapere»[14].

La domanda di rigore si fa poi più stringente quando dalle neuro-

---

[11] Per un breve schizzo del dibattito sul tema si veda A. Lavazza (a cura di), *Neuroscienze, assalto all'anima?*, in «Vita e Pensiero» (2/2004) 8–21.

[12] A. Scola, *Quale vita. La bioetica in questione*, Mondadori, Milano 1998, 8.

[13] L. Melina, *Riconoscere la vita. Problematiche epistemologiche della bioetica*, in A. Scola (ed), *Quale vita,* cit., 75–115, 75.

[14] Cfr. A. Scola, *Ospitare il reale*, PUL-Mursia, Roma 1999.

scienze, e a partire dalla neureotica, si fanno discendere neuromatematica, neurofilosofia, neuroestetica, neuroeconomia, neuropolitica.

Veniamo al primo criterio.

Senza passare in rassegna, anche solo per titoli, gli affascinanti territori attraversati dalle neuroscienze credo si possa affermare, ligi agli statuti propri di ogni disciplina scientifica, che anch'esse debbano sempre rispettare quanto richiede la riflessione epistemologica contemporanea circa la natura di ogni teoria scientifica. L'epistemologia più accreditata mette in comunicazione la «*teoria scientifica*» con il «*mondo*» attraverso la mediazione del «*modello*» costruito su precise procedure. Queste garantiscono sia la *verità* della teoria rispetto al modello, sia la sua *problematicità* quanto alla *correttezza* e alla *completezza* delle corrispondenze strutturali del modello rispetto al mondo. Si può in tal modo operare sempre una *distinzione* tra ciò che mediante una teoria si è in grado di accertare e ciò che costituisce la struttura complessiva del mondo.

Se non si tiene conto del quadro qui frettolosamente richiamato, si cade in un doppio errore. Il primo, di carattere epistemologico, per il quale sono da considerare razionali solo le procedure di fondazione di tipo scientifico. In base a tale errore di natura metodologica l'istanza esplicativa propria della conoscenza scientifica non potrebbe mai essere *limitata* dall'introduzione di componenti esterne rispetto a quelle ammissibili dalle migliori teorie scientifiche odierne. Il secondo errore è di portata, per così dire, ontologica e giunge addirittura a pretendere che *non esistano* componenti esterne rispetto a quelle previste nei modelli corrispondenti alle migliori teorie scientifiche empiriche attualmente disponibili.

La principale conseguenza di simili posizioni è l'azzeramento di ogni dimensione di conoscenza che non muova da questo punto di vista. In conclusione, per una simile posizione è consentita solo una *scoperta di ulteriori stati di cose all'interno della ricerca scientifico-empirica*, ma non quella di *ulteriori stati di senso* rispetto ad essa. Questo duplice errore conduce a negare che esistano problemi non affrontabili secondo le procedure della ragione scientifica.

Ciò urta palesemente contro un dato. Si può affermare che tale razionalità scientifica è esclusiva solo sulla base di un discorso metascientifico. In altre parole una simile tesi non può essere sostenuta se non autocontraddittoriamente. Infatti questa stessa tesi inevitabilmente postula il ricorso ad un *discorso ulteriore* che prenda la scienza come oggetto. In altre parole lo scientismo non è una teoria scientifica.

Agevolmente si può ora passare al secondo criterio. L'orizzonte dell'umana ragione oltrepassa l'orizzonte della ragione scientifica perché, all'evidenza, la ragione si autointerpreta – non può fare diversamente – definendo così gli ambiti ed i modi della sua stessa esperienza. Ciò rivela con chiarezza che esiste una pluralità prospettica e metodologica di cui la ragione è capace. La ragione, senza perdere la sua unità, si esplica in forme differenziate corrispondenti alle molteplici strade per accedere alla verità[15]. Da Aristotile a Kant fino alle più recenti scienze cognitive, il pensiero rigoroso ha sempre fatto chiaro riferimento alle molteplici forme teoriche, pratiche ed espressive in cui si esprime il *logos* umano. Da quelle teorico-scientifiche a quelle teorico-speculative, da quelle pratico-tecniche a quelle pratico-morali, da quelle teorico-pratiche estetiche a quelle teorico-pratiche religiose[16]. Noi entriamo in rapporto con la realtà attraverso più organi che ci permettono di farci un'immagine unitaria della nostra esperienza del mondo. Analogamente abbiamo bisogno di più forme di pensiero per leggere la ricchezza di senso della realtà stessa[17]. Un inciso: una lezione importante che, secondo me, dovremmo cogliere in questo inizio del XXI° secolo è l'urgenza oggettiva di un sapere che valorizzi tutte le dimensioni fondamentali proprie della storia della cultura occidentale. È improcrastinabile tentare, con rigore anche se per piccoli passi, l'avventura di un *umanesimo che si fondi su una qualche «unità del sapere»*[18].

In ogni caso una neuroetica adeguata non potrà ignorare questi criteri obiettivi.

3. Correlazione non è causalità

Tenendo conto di questa elementare criteriologia possiamo tornare alla triplice domanda che giustifica la reciproca implicazione dei due termini del titolo della presente relazione: fede e neuroscienze. Per comodità la ripropongo: è il cervello a produrre la mente? Se sì, dal funzionamento del cervello si induce una spiegazione esauriente della natura dell'uomo? In tal caso che ne è di ciò che la tradizione, ma anche, in buona misura, il senso comune, chiama anima (spirito)?

Evidentemente non è questa la sede per affrontare analiticamente

---

[15] F. BOTTURI, *Ampiezza della ragione e verità della fede. Appunti sulla lectio di Papa Benedetto XVI a Regensburg*, in Linea Tempo, 15 (2007), 4–14.
[16] A. SCOLA, *Infrangere il tabù dell'anima per giovarci delle scienze*, in «Studi Cattolici» n. 562 (dic 2007), 836–841.
[17] Riflessioni ancora assai attuali in J. MARITAIN, *Distinguer pour unir ou les degrés du savoir*, Desclée de Brouwer, Parigi 1934 e B. J. F. LONERGAN, *Insight. A Study of Human Understanding*, University of Toronto Press, Toronto 1992. Per i cognitivisti si vedano gli ampi ed aggiornati riferimenti bibliografici in: A. N. TERRIN, *Religione e neuroscienze. Una sfida per l'antropologia culturale*, Morcelliana, Brescia 2004.
[18] È ancora accettabile che la formazione di un tecnico debba essere solamente tecnica, quella di uno scienziato solo scientifica, quella di un umanista solo umanistica? Non si debbono rivedere i percorsi formativi?

questi interrogativi partendo da una articolata critica interna relativa ai principali settori delle neuroscienze. Tuttavia fra voi, anche in Italia, non mancano autori che si sono assunti questo compito[19].

La mia risposta poggia su due piccoli passi.

A compiere il primo bastano poche righe. Per lasciare almeno aperti i tre interrogativi e così documentare la non falsificabilità delle teorie circa l'esistenza della mente, distinta dal cervello, e dell'anima basterebbe ribadire il noto principio che l'*hoc post hoc* non implica l'*ergo propter hoc*. *Correlazione e successione* non dicono *causalità*. La critica è applicabile a certe estremizzazioni contenute nella elaborazione del *cervello etico* formulate, per esempio, dal Gazzaniga[20], così come a certe letture riduzioniste degli strabilianti risultati dovuti alla risonanza magnetica funzionale per immagini, agli esperimenti sul senso morale, sul libero arbitrio e sui neuroni specchio! In tutti questi casi i dati sperimentali di cui si viene a disporre non sono riducibili al puro livello neuronale, ma implicano sempre un'operazione eseguita a discrezione dello scienziato. In ogni modo, a livello di pura rilevazione empirica, non è dimostrabile, in maniera incontrovertibile, un rapporto di causalità tra l'azione morale A e l'attivazione cerebrale localizzata X^{21}.

Con ciò, in linea di principio è data una risposta sufficiente ai quesiti di partenza.

4. «Morale prima della morale»

Mi interessa però assai di più aprire, col secondo passo, una pista di lavoro condivisibile in vista di quell'unità del sapere cui ho già fatto riferimento.

Esiste un terreno comune da cui partire, nel rigoroso rispetto di ciò che è fede e quindi teologia e di ciò che è oggetto del sapere delle neuroscienze, per verificare quanta strada si può fare insieme. Mi riferisco di nuovo al concetto di credenza introdotto all'inizio. Ribadisco che lo intendo

---

[19] Mi limito a citare quelli di cui ho potuto leggere qualcosa: M. DI FRANCESCO, *Neurofilosofia, naturalismo e statuto dei giudizi morali*, in «Etica & Politica/Ethics & Politics» IX (2/2007), 126–143; M. REICHLIN, *The challenges of neuroethics*, in «Functional Neurology» vol. 4 (2007), n. 22, 235–242; M. CERONI, *Cervello, intelligenza, coscienza*, in R. LIPPI (a cura di), *Natura e persona nell'epoca delle tecnoscienze*, Quaderni Diesse Lombardia 3, Editore Ikonos, Treviolo, Bergamo 2008, 13–18.
[20] Si vedano in proposito le riflessioni di Gazzaniga contenute in *La mente etica*, più precisamente nel Capitolo 9: *Le credenze nel cervello* (141–158) e nel Capitolo 10: *Verso un'etica universale* (159–174).
[21] Sulle aporie filosofiche cui è destinata una spiegazione puramente materialista dei fatti morali e spirituali cfr. H. JONAS, *Organismo e libertà. Verso una biologia filosofica*, Einaudi, Torino 1999, 170–178.

in senso pieno, non solo come *belief* ma come fede vera e propria, cioè *come dimensione critica della ragione*, carattere che non viene meno neppure nel caso della Rivelazione soprannaturale cristiana[22].

L'espressione «*morale prima della morale*»[23], coniata nel mondo della neuroetica, dice il peso delle credenze anche per i cultori di questa disciplina. Al limite, quand'anche si intendessero le credenze come pure rappresentazioni mentali, fisicamente determinate in base ad una riduzione della mente ad aspetti funzionali di proprietà cerebrali, si finirebbe sempre per riconoscere una qualche inclinazione etica nell'uomo.

Il fatto di scoprirci biologicamente provvisti di un sistema neuronale rivela come «*i meccanismi complessi e fortemente interconnessi che stanno alla base delle emozioni, dei valori e dei pensieri*»[24] ci urgono a rapporti intersoggettivi.

È importante notare che già San Tommaso parla di *inclinazioni naturali* e di una *voluntas ut natura* che, in qualche modo, precede la *voluntas ut ratio*[25]. Si intravvede così un possibile terreno su cui esercitare un confronto tra neuroscienze e filosofia/teologia morale. E la riflessione attuale dei cultori di filosofia e teologia, molto preoccupata, parlando di legge naturale, di evitare «biologismi», potrebbe trarre giovamento da un serrato paragone con i cultori delle neuroscienze. Se mettiamo in campo il prisma della ragione con la sua pluralità di forme di esercizio, è conveniente riconoscere che le credenze neuroetiche, almeno in quanto aprono alla dimensione sociale, lasciano di fatto spazio all'esistenza di un altro polo della «morale prima della morale». Sottolineo della morale *prima* della morale, che potremmo forse meglio definire con l'espressione *esperienza morale elementare*[26].

Potremmo sommariamente descrivere questo secondo polo dell'esperienza morale elementare con una pagina suggestiva del teologo svizzero von Balthasar. Il celebre pensatore, riflettendo sul carattere del gioco del

---

[22] G. COLOMBO, *La ragione teologica*, Glossa, Milano 1995, 7–8.
[23] L. BOELLA, *Neuroetica. La morale prima della morale*, Raffaello Cortina Editore. Milano 2008.
[24] J. ILLES e S. J. BIRD, *Neuroethics: a modern contest for ethics in neuroscience*, in Trends in Neurosciences 29 (2006), 514.
[25] La tesi di San Tommaso sulla *voluntas ut natura* e *voluntas ut ratio* è assai complessa. Ne parla in numerosi passi. Si veda per esempio TOMMASO D'AQUINO, *Summa Theologica*, III, q. 18, a. 3. Cfr. F. BOTTURI, *Tommaso: bene, fine, tendenza. Profilo dell'agatologia di Tommaso d'Aquino*, in C. Vigna (ed), *La libertà del bene*, Vita & Pensiero, Milano 1998, 189–210, qui 206–210. Sulle inclinazioni naturali cfr. A. SCOLA, La *fondazione teologica del diritto naturale nello* Scriptum super Sententiis *di San Tommaso d'Aquino*, Universitätsverlag Freiburg Schweiz, Friburgo 1982, 179–200.
[26] A. SCOLA, *La luce della «Moral Insight»*, in Studia Moralia, 46 (2008) 2, 413–432.

bambino[27], osserva che in esso si manifesta in modo paradigmatico l'esperienza dell'«*essere accolto*» nella vita. Nel gioco il bimbo dilata come fiducia verso il mondo (socialità) il sorriso ricevuto dalla madre, che costituisce per lui la relazione che lo custodisce e attiva la sua capacità di esperienza e quindi di emozioni, valori e pensieri.

Il gioco svela così il *desiderio* del bambino che il mondo sia per lui accogliente, armonioso, ricco di possibilità da scoprire e da utilizzare, ecc.; ma, insieme, dice che tale desiderio è sorretto da un *riconoscimento* che lo attiva, lo rassicura, lo sostiene. È in forza del riconoscimento ricevuto che il bambino intrattiene rapporti di fiducia con il mondo e gli altri soggetti, che è reso capace di rapporti positivi e stabili con gli altri e con la realtà tutta.

Emerge una struttura dell'esperienza morale originaria articolata sulla connessione di *desiderio-riconoscimento-relazione coinvolgente (comunione)*.

Riflettendo su questa triade è possibile pensare che il gioco infantile individui un archetipo della figura morale originaria. Se, infatti, guardiamo all'esperienza morale di ogni soggetto ci rendiamo conto che essa si radica proprio in un *desiderio* di compimento di sé. Esso prende forma nelle inclinazioni, negli affetti originari, nelle emozioni e nei pensieri, a partire dalle relazioni primarie di *riconoscimento*, in cui, circolarmente, il desiderio prende progressivamente coscienza pratica di se stesso e diventa capace di comunione con il mondo.

L'esperienza morale elementare (la morale prima della morale) possiede un carattere fortemente unitario, ma polare (duale).

È ragionevole poi pensare che, attraverso queste relazioni condivise di riconoscimento che aprono alla domanda di senso (religioso), si attiverà l'imperativo morale e il nucleo normativo della *Regola d'oro*[28].

Un altro esempio preclaro del valore delle credenze in vista di una ricerca interdisciplinare si trova nell'esperienza del rito in generale e del rito liturgico in modo particolare. Sono contenuti specifici della riflessione teologica sui quali le scienze cognitive e le neuroscienze si sono però già chinate[29]. Il rito eucaristico, ad esempio, è un'azione in cui natura e cultura si incrociano e si riconoscono. Il mangiare il corpo di Cristo si lega a gesti e

---

[27] Cfr. H. U. von Balthasar, *Gloria* V. *Nello spazio della metafisica. L'età moderna*, Jaca Book, Milano 1978, 549–550.
[28] In proposito cfr. C. Vigna, *Universalità umana, riconoscimento, reciprocità*, in F. Botturi – F. Totaro (a cura di), *Universalismo ed etica pubblica*, Annuario di etica/3, Vita e Pensiero, Milano 2006, 3–22.
[29] Uno sviluppo articolato e complesso di questo tema con speciale attenzione alle scienze cognitive ma in parte anche alle neuroscienze in senso stretto, arricchito da numerosi riferimenti bibliografici, si trova in A. N. Terrin, *Religione e neuroscienze. Una sfida per l'antropologia culturale*, op. cit.

parole, silenzio e canto di intensa emotività, che sgorgano dal memoriale di un fatto storico (la Pasqua del Signore), memoriale impregnato da un intrinseco carattere simbolico (intersoggettivo). Mediante la fede «patita» ed «agìta» eucaristicamente l'esperienza morale originaria si apre alla domanda di senso ultimo la cui traccia è anticipata dal dinamismo costitutivo del rito stesso. Questa domanda razionale è espressione del senso religioso. È qui che inesorabilmente sfocia l'esperienza morale elementare, la «morale prima della morale». Non fa alcuna difficoltà che il senso religioso adeguatamente inteso trovi, per così dire, «la sua casa» nei dinamismi neuronali del cervello.

5. Inevitabile apertura allo «spirituale»

La «morale prima della morale» o per meglio dire l'esperienza morale elementare può ben poggiare su credenze che hanno base neuronale empiricamente documentabili dalle neuroscienze (emozioni, valori, pensiero), ma essa, ad una ragione adeguata rivela di possedere un altro polo che, in senso lato, possiamo chiamare *spirituale*. Non si vede a questo punto come un discorso scientifico rigoroso possa escludere la necessità di una compiuta elaborazione di una teoria della libertà.

Il problema che sorge è piuttosto un altro. È forse possibile superare i due poli costitutivi dell'unità di questa esperienza morale elementare che inevitabilmente aprono al senso religioso, in una sintesi che chiuda, una volta per tutte, in un sapere oggettivo, questa stessa polarità?

Un'analisi rigorosa ci costringe a dire di no.

Dal punto di vista delle neuroscienze è impossibile un sapere compiutamente oggettivante del cervello capace di spiegare tutto l'uomo. Anche nel caso, del tutto ipotetico e almeno oggi non ancora dimostrabile, che la mente possa essere ridotta a cervello.

Così pure il senso religioso non è in grado, da sé solo, di afferrare la profondità ultima dell'uomo. Il paradosso dell'uomo consiste nella sua *ec–centricità*. Egli è capace di infinito ma essendo irrimediabilmente finito, non può *com–prendere* il mistero. Diceva già Anselmo d'Aosta: «*rationabiliter comprehendit incomprehensibile esse*»[30].

Il dono stesso della fede cristiana, ove il Mistero per pura grazia lascia intravvedere in Cristo Gesù il Suo volto di Padre misericordioso che ci custodisce mediante lo Spirito Paraclito (Colui che è *chiamato vicino*: av–

---

[30] Cfr. ANSELMO, *Monologion*, 64, ripreso in FR 42; AGOSTINO, identificato il mistero con Dio afferma: «*Si comprehendis non est Deus*», *De Trinitate*, XV, II, 2; cfr. TOMMASO D'AQUINO, *Summa Theologica* I, q. 12, a. 7.

vocato di misericordia), radicalizza questo paradosso perché conduce sì l'uomo all'incontro personale e definitivo con Dio, che si anticipa nell'Eucaristia-Chiesa, ma senza pre-decidere il dramma della sua esistenza sino all'atto finale del suo personale morire.

Nell'unità profonda del *Self* si dà quindi un'insuperabile polarità.

6. L'unità duale (anima-corpo) nell'uomo

Per giungere rapidamente alla conclusione, torniamo ancora una volta alla triplice domanda con cui abbiamo articolato la questione di partenza imposta sia dal senso comune che dal rigore scientifico: «*Come è possibile che parti di materia priva di coscienza producano coscienza*»? Quand'anche si desse prova inconfutabile che il cervello produce la mente, in nessun modo si potrà escludere che questa scoperta indichi di più del solo superamento di ogni dualismo mente-cervello. Essa non potrà annullare l'esperienza elementare del senso religioso, comunque lo si voglia intendere.

Ora, da un'accurata analisi del senso religioso si giunge ad inferire ciò che chiamiamo anima (spirito). A condizione di pensarla in termini di relazione sostanziale all'a/Altro, sia con la minuscola che con la maiuscola. L'anima, scriveva nel 1972 l'allora Cardinal Ratzinger, è «*la dinamica di una apertura infinita che significa contemporaneamente partecipazione all'infinito e all'eternità. Tale dinamica non è un succedersi di fatti senza nesso ... la dinamica è sostanza e la sostanza è dinamica*»[31].

L'unità-duale (non la dualità unificata) di anima-corpo è insuperabile. Osservava già il Guardini: «*Se noi ci osserviamo dentro e fuori, troviamo forme, membra, organi corporei, strutture e ordini psicologici; troviamo processi di natura interiore o esteriore, impulsi, atti, mutamenti di stati. Ma tutto ciò che là esiste e avviene noi lo vediamo come un'unità. E non solo ci appare come uno, ma è uno. Dovremmo diffidare d'ogni percezione, se volessimo dubitare che noi realmente siamo* un'unità corporeo-spirituale. *Lo siamo: e non possiamo non riferire a quest'unità ogni cosa singola che noi siamo e che ci avviene o che facciamo avvenire: o come elemento strutturale che la costituisca o come effetto che ne derivi*»[32].

Riconoscere questa prospettiva non giova forse anche alle neuroscienze?

---

[31] J. Ratzinger, *Al di là della morte*, in Communio (1972) 3, 9–18; ora in Id., Al di là della morte, in Communio, 208–210, 148–161, qui 258. Id, *Escatologia. Morte e vita eterna*, Cittadella, Assisi 2008, 7–12; 239–279.
[32] R. Guardini, *L'opposizione polare. Saggio per una filosofia del concreto vivente*, Morcelliana, Brescia 1997, 13.

Thomas Meurer

Im Bilde.
Gewagte Überlegungen zur
Gottesebenbildlichkeitsnotiz in Gen 1, 26 f.

Die unerhört provokante, nicht nur im Blick auf die eigene Person, sondern auch im Blick auf die Mitmenschen allzu oft anmaßend und nicht nachvollziehbar erscheinende Notiz in Gen 1, 26 f., wonach Gott den Menschen »nach seinem Bilde« (Gen 1, 27), wie die revidierte Fassung der Elberfelder Bibel übersetzt, erschafft, gehört zu einer der häufig diskutierten und in ihrer Deutung umstrittenen Stellen des Alten Testaments.[1] Dies wird schon bei einem flüchtigen Blick auf andere Übersetzungsvarianten erkennbar: so übersetzt die revidierte Version der Luther-Bibel von 1984, dass Gott den Menschen »zu seinem Bilde« erschafft, während die Einheitsübersetzung sogar das Wort »Abbild« wagt, zu dem Gott sich den Menschen erschafft, was dann bei der sogenannten »Gute Nachricht-Bibel« sogar zum »Ebenbild« gerät. Die Vielfalt der Übersetzungsbeispiele ließe sich fortführen und auf andere als nur die deutsche Sprache ausdehnen. Alle Beispiele zeigen jedoch vor allem eines: die Unfähigkeit, wiederzugeben, was der hebräische Text meint bzw. meinen könnte und damit die Tiefendimension der hier getroffenen Aussage über den Menschen und des sich damit verbindenden Anspruchs – Benno Jacob spricht vom »göttlichen Adel des Menschen«[2] – auszuloten.

1. Mensch und Heiligtum – gebaut nach »himmlischem« Plan?

Nun ist es zweifellos so, dass über diese alles andere als unerhebliche Textstelle innerhalb des priesterschriftlichen Schöpfungsberichts kaum wirklich Neues geschrieben werden kann, weil in den einschlägigen Kommentaren zum ersten Buch der Thora gerade der Menschenschöpfung erhöhte Aufmerksamkeit gewidmet wird, insofern hier Anknüpfungspunkte für das Gespräch der Exegese mit anderen theologischen Disziplinen aufschei-

---

[1] Zur Auslegungsgeschichte vgl. nur den Exkurs bei Claus Westermann: Genesis, 1. Teilband: Genesis 1–11, BKAT, Neukirchen-Vluyn ³1983, S. 203–214.
[2] Benno Jacob: Das erste Buch der Tora: Genesis, Berlin 1934 [The first book of the Torah: Genesis. Nachdruck, New York o. J.], S. 60.

Im Bilde. Gewagte Überlegungen zur Gottesebenbildlichkeitsnotiz in Gen 1,26 f.

nen. Ohne hier Bekanntes bloß wiederholen zu wollen, sei doch ein kurzer Blick auf den entscheidenden Vers getan. Nach der im Plural verfassten Absichtserklärung Gottes in Gen 1,26 (»Lasst uns Menschen fertigen ...«) lässt sich Gen 1,27 als chiastischer Parallelismus beschreiben, insofern der ersten Vershälfte die gewohnte Satzbaukonstruktion von flektiertem Verb mit nachgestelltem Subjekt und erweitertem Objekt zugrunde liegt, deren einzelne Elemente sodann in umgekehrter Reihenfolge in der zweiten Vershälfte wieder aufgenommen werden, wobei die Erweiterung $b^e z\ddot{a}l\ddot{a}m$ (also »im Bild«, »nach dem Bild«, »als Bild«, »zum Bild« oder wie auch immer) nun vorangestellt wird, worauf dann das gleiche Verbum wie in der ersten Vershälfte verwendet wird, während das Objekt aus der ersten Vershälfte nun durch ein Personalpronomen repräsentiert wird. Diese chiastische Struktur von Gen 1,27 zeigt schon den besonderen Willen des anzunehmenden Autors, diesen Vers mit einem spezifischen Akzent zu versehen. Unabhängig von kaum mehr zu eruierenden Hör- und Lesegewohnheiten der Entstehungszeit des priesterschriftlichen Textes wirkt der Vers doch auf heutige Leser fraglos so, als wolle der Erzähler den Aussagegehalt des ersten Versteils (»Und Gott schuf den Menschen in/nach/zu seinem Bilde«) gewissermaßen einschärfend wiederholen (»im/nach dem/zum Bilde Gottes schuf er ihn«). Man mag als heutige Leserin und heutiger Leser vermuten, dass damit gerade die Größe und der Anspruch der Aussage bestätigt werden soll. Die Wiederholung schafft die Festschreibung: So ist es und nicht anders.

Man kann – gerade in der historisch-kritischen Exegese – einen Text auch überproblematisieren und ihn damit unter einem Ascheberg der Zweifel und Einschränkungen zum Verglühen bringen. Damit dies hier nicht geschieht, möchte ich die Vielzahl der Übersetzungsvarianten dahingehend zusammenfassen, dass der Schöpfergott den Menschen ganz offensichtlich orientiert an einem Entwurf erschafft, der aus niemand anderem als ihm selbst besteht. Gott nimmt also sich selbst zum Vorbild, um den Menschen als sein Abbild zu kreieren. Unterschied hier zwar schon Irenäus zwischen »imago« und »similitudo«[3], so bleibt zunächst doch noch offen, ob dieser Akt der Schöpfung so zu verstehen ist, dass Gott eben an sich selbst Maß nimmt und damit den Menschen zu einem »Ebenbild«, also eine Art »Kopie« erschafft, oder ob der Mensch als ein »Abbild« Gottes anzusehen ist, was ja doch – zumindest im umgangssprachlichen Verständnis des Wortes – immer auch den Beiklang hat, dass hier eben keine zum Verwechseln ähnliche Kopie vorliegt, sondern ein dem Vorbild letztlich nicht gerecht werdendes Geschöpf.[4] Das in Gen 1,27 begegnende hebräi-

---

[3] Nähere Ausführungen dazu bei Claus Westermann: Genesis, a.a.O., S. 205.
[4] So ist fraglos auch die in Gen 1,26 zusätzlich begegnende Qualifizierung $kid^e mutenu$ zu

sche Wort *zäläm* lässt dieses letzte Verständnis insofern zu, als das Lexikon die Auskunft gibt, dass mit diesem Nomen auch eine Figur oder ein Standbild bezeichnet wird.[5] Damit würde aber das Verständnis nahelegen, dass Gott also ein Medium schafft, in dem er sich selbst wiederfindet. Gott setzt mit dem Menschen somit sein eigenes Abbild in die Welt. Wer dieses Verständnis ernst nimmt und sich dann im »Skulpturenpark« der Menschen umsieht, wird zugestehen, dass das göttliche Vorbild zumindest durch äußerste Vielgestaltigkeit gekennzeichnet sein muss, wenn man die als »Abbild« beschriebene Relation zwischen Gott und Menschen nicht auf die kleinsten gemeinsamen physiognomischen Nenner reduzieren will, die dem Menschen eigen sind.

Doch die Verständnisproblematik von Gen 1,27 liegt nicht allein am Wort *zäläm*, Schwierigkeiten bereitet auch die Präposition *beth*, die diesem Nomen vorgeschaltet ist.[6] Schon das erste Wort der Bibel wartet mit dieser Problematik auf, die sich hier gleichsam wiederholt. Ob es in Gen 1,1 eben heißt »im Anfang«, »als Anfang«, »für einen Anfang« oder noch ganz anders, hat unmittelbare Auswirkungen auf das Verständnis dessen, was Gott am Beginn des Alten Testaments und der ganzen Schöpfung tut. Ernst Jenni hat sich in einer umfangreichen Studie den vielfältigen Seiten dieser kleinen Präposition *beth* zugewandt.[7] In Gen 1,27 scheint mir das Verständnis vertretbar, dass der Mensch eben orientiert an der Matrix Gottes von ihm als Schöpfer erschaffen wird. Dabei ist unter medialem Blick zu beachten, dass der Mensch nach dem Verständnis von Gen 1,27 ja nicht als eine bloße Reproduktion Gottes angesehen wird, als eine Art Abdruck eines Vordrucks oder als Modell einer Form. Statt einer bipolaren Schöpfungsvorstellung legt der biblische Vorstellungsrahmen ja eher ein tripolares Bild nahe, in welchem Gott den Menschen orientiert an einem »Bild Gottes« erschafft.[8] Das wäre zumindest ein Verständnis von Gen 1,27, das nicht davon ausgeht, dass der Mensch da zu irgendetwas hin erschaffen

---

verstehen, wobei nach HALAT ³1967 mit *d^emut* eben eine Nachbildung bezeichnet ist, die gerade den Charakter des Unsicheren und Unähnlichen trägt. Die Unähnlichkeit des von Gott hergestellten Abbilds seiner selbst ist mithin größer als dessen Ähnlichkeit.

[5] Vgl. auch Claus Westermann: Genesis, a.a.O., S. 201f.: »Fest steht, daß das Wort in der Mehrzahl der Fälle ›Skulptur, plastisches Bild, Statue‹ bedeutet.«

[6] Die Diskussion, dass hier eine Verschreibung zu erwarten sei und statt der Präposition *be* ein vorangestelltes *ke* zu erwarten sei, das den Unterschied im Verständnis herbeiführe, wird in den meisten Kommentaren als erledigt und ergebnislos gewertet (vgl. nur Horst Seebass: Genesis I. Urgeschichte (1, 1–11, 26), Neukirchen-Vluyn 1996, S. 79).

[7] Ernst Jenni: Die hebräischen Präpositionen. Band 1: Die Präposition Beth. Stuttgart, Berlin, Köln 1992.

[8] Claus Westermann: Genesis, a.a.O., S. 215: »Sowohl der Entschluß wie die nähere Bestimmung weisen darauf hin, daß der Schöpfergott etwas zu schaffen sich entschließt, was mit ihm selbst zu tun hat.«

Im Bilde. Gewagte Überlegungen zur Gottesebenbildlichkeitsnotiz in Gen 1,26f.

wird (»zum Bild«, »als Bild«), sondern dass Gott sich bei der Erschaffung des Menschen eben an einem »Skript« orientiert (»nach dem Bild Gottes«). Schon Claus Westermann zog aus dieser Beobachtung die Konsequenz, dass es gar keine Frage sein könne, dass der Text »einen Akt« darstelle und nicht »ein Sein«.[9] Dies ist insofern von wegweisender Bedeutsamkeit, als damit die Notiz von der Gottebenbildlichkeit nicht oder nur äußerst behutsam zur Formulierung ontologischer Aussagen herangezogen werden kann.

Das zuletzt entfaltete Verständnis, dass Gott sich bei der Erschaffung des Menschen an einem »Skript« orientiert, das unweigerlich mit ihm selbst zu tun hat, ist insofern von Bedeutung, als die Vorstellung, die der Text zu entwerfen versucht – dass nämlich Gott sozusagen auf einen bestimmten »Bauplan« zurückgreift, um den Menschen »nach dem Bilde Gottes« zu erschaffen –, eine Beziehung zum zweiten Buch der Thora, dem Buch Exodus herstellt. Zumindest in den priesterschriftlichen Teilen des Buches Exodus gipfelt der Wüstenzug des Volkes Israel nämlich in der Errichtung des Heiligtums in Ex 25–34.[10] Diese Errichtung des Heiligtums soll aber, wie Ex 25,9 herausstellt, nach einem »Urbild der Wohnstätte« *(tab^{e}nit hammisch^{e}kon)* gefertigt werden – und zwar »genau so« *(w^{e}ken)*, wie der Erzähler Jahwe in seiner in Ex 25,1 beginnenden Rede an Mose in den Mund legt. Diese Fertigung des Heiligtums nach einem bestimmten »Skript« scheint dem priesterschriftlichen Autor derart wichtig zu sein, dass er am Ende des 25. Kapitels des Buches Exodus Jahwe noch einmal auf dieses Mose gezeigte Urbild zurückkommt: Mose soll zusehen, dass alles auch tatsächlich »nach dem Urbild« *(b^{e}tab^{e}nitom)* angefertigt wird (Ex 25,40). Sekundiert wird dieses Nomen zu Beginn wie am Ende des Kapitels jeweils vom Verbum *asah* (machen, tun, herstellen), was als Allerweltswort natürlich eher auf menschliches Herrichten und Verfertigen abzielt, als auf göttliches Schaffen und Erschaffen, wie dies mit dem dreimalig verwendeten Wort *barah* in Gen 1,27 anklingt.[11]

---

[9] Ebd., S. 214 – Etwas anders akzentuiert Horst Seebass: Genesis I., a.a.O., S. 83: »Das Ergebnis, nicht die Herstellung ist wichtig.«

[10] Dazu auch: Benno Jacob: Das Buch Exodus, hrsg. im Auftrag des Leo Baeck Instituts, Stuttgart 1997, S. 756–762. Schon Benno Jacob diagnostiziert den 13 Kapiteln, die sich im Buch Exodus mit dem Heiligtum beschäftigen: »Sie gehören dem sogenannten Priesterkodes (P) an.« (S. 756!) Eine Rekonstruktion der Grundschicht der Priesterschrift bietet – allerdings hoffnungslos leserunfreundlich – Peter Weimar: Struktur und Komposition der priesterschriftlichen Geschichtsdarstellung, BN 23 (1984) S. 81–134 auf S. 85, Anm. 18.

[11] Wobei nicht übersehen werden darf, dass in der Gott in Gen 1,26 in den Mund gelegten Selbstaufforderung (»Lasst uns ...«) ebenfalls *asah* verwendet wird, was möglicherweise vor dem Hintergrund des hier begegnenden Plurals gedeutet werden muss oder eben gerade damit zusammenhängt, dass hier Gott selber sein »Tun« ankündigt, dass eben ein menschlicher Erzähler nur als »Schaffen« anzusehen imstande ist.

Nun ist es innerhalb der historisch-kritischen Exegese alttestamentlicher Färbung ebenso unschicklich wie gewagt, eine Beziehung zwischen zwei Texten oder Textstellen zu behaupten, die nicht durch Stichwortentsprechungen, also den Gebrauch der gleichen Worte, oder durch deutliche Wiederaufnahmen von Formulierungen aufeinander bezogen sind.[12] Dies fällt vor allem angesichts der Differenz der Nomen *(tab^enit* anstelle von *zäläm)* sowie angesichts der unterschiedlichen Qualität der Tätigkeiten *(asah* statt *barah)*[13] bei einem Versuch, Gen 1,27 und Ex 25,8–9 in Beziehung zu setzen, als Gegenargument schwer ins Gewicht. Und dennoch wäre es dem Text gegenüber ignorant, hier keine Motivanalogie, kein Anspiel beider Texte aufeinander zu vermuten. Dies wird vor allem im Blick auf die Formulierung *b^etab^enitom* (Ex 25,40) zu einem dringenden Verdacht, da hier zumindest eine Art »Antäuschung« des in Gen 1,27 begegnenden *b^ezäläm* kaum von der Hand zu weisen ist. Die Unterschiedlichkeit der Formulierungen liegt hinsichtlich der unterschiedlichen Akteure ja auch nahe: handelt in Gen 1,27 Gott selbst, so wird in Ex 25 Mose und durch ihn das ganze Volk Israel als Handelnde(r) angesprochen. Es ist kaum zu erwarten, dass der ansonsten eher als übergenau und äußerst penibel zu kennzeichnende priesterschriftliche Autor hier die Ebenen verwischen wird. Ganz nebenbei ist der semantische Unterschied zwischen *tab^enit* und *zäläm* nicht so groß, wie man vermuten mag; in den Lexika taucht wenigstens als dritte oder vierte Bedeutung eben auch »Bild, Abbild« auf, wenngleich der Gedanke eines Modells, eines Bauplans fraglos im Rang der möglichen Wortbedeutungen Priorität genießt.

Die Parallelität zwischen Gen 1,27 und Ex 25 mag sich nicht zuletzt auch darin zeigen, dass in Ex 25,40 und auch noch einmal in Ex 26,30 von diesem »Modell« im Blick auf Mose passivisch behauptet wird: das *man Dir gezeigt hat.* »Gott hat also dem Mose das Bild durch andere gezeigt«, folgert Benno Jacob[14] und macht dafür Wesen aus der Umgebung des Gottesthrones als die »himmlischen Architekten« aus, die dem priesterschriftlichen Autor offenbar vorschweben. Die auch schon in Gen 1,27 beobachtete tripolare Anlage des Fertigungsgeschehens tritt hier ebenfalls hervor: Der Bundesgott des Sinai weist Mose auf ein außerhalb ihrer Beziehung

---

[12] Vgl. dazu grundsätzlich Paul Deselaers: Das Buch Tobit. Studien zu seiner Entstehung, Komposition und Theologie, OBO 43, Freiburg, Göttingen 1982, S. 344, aber auch Thomas Meurer: Die Simson-Erzählungen. Studien zu Komposition und Entstehung, Erzähltechnik und Theologie von Ri 13–16, BBB 130, Berlin 2001, S. 56 sowie den Gesamtüberblick bei Thomas Meurer: Einführung in die Methode alttestamentlicher Exegese, Theologische Arbeitsbücher Bd. 3, Münster 1999 (²2008).

[13] Ausgenommen freilich Gen 1,26 und die dort von Gott selber verwendete Qualifikation des Handelns als *asah*.

[14] Benno Jacob: Das Buch Exodus, a.a.O., S. 767.

existierendes »Modell« hin, nach dem Mose das Heiligtum herstellen soll. In Analogie dazu hat Gott den Menschen nach einem außerhalb der Beziehung zwischen Schöpfer und Geschöpf existierenden »Vorbild« geschaffen, nach einer »himmlischen Idee« also, könnte man etwas poetisch sagen.

2. Der priesterschriftliche Autor als Schöpfungstheologe

Das vieldiskutierte Gebilde der in der exegetischen Forschung aufgrund seines monotonen, umständlichen und formelhaften Stils, aber auch aufgrund seiner Gesetzesorientiertheit und seiner Gemeindeprägung bezeichneten »Priesterschrift«, deren Beginn in Gen 1,1 zu suchen ist, während über das Ende unterschiedliche Theorien aufgestellt worden sind, die – obwohl allesamt mit der Frage der Einlösung der Landverheißung zusammenhängend – doch von der Mehrzahl der Forscher immer noch mit dem Tod des Mose in Dtn 34 (und damit einer nicht eingelösten Landverheißung) in Verbindung gebracht werden, wird gern einer »esoterischen Sprache« bezichtigt, die kaum Hang zu großer Popularität entwickelt.[15] Das mag verschiedene Gründe haben, auf die hier nicht näher eingegangen werden kann. Allerdings ist völlig unstrittig, dass die Priesterschrift in der für Israel ganz und gar existentiellen Krisensituation des Babylonischen Exils (587–538 v.Chr.), dem die Zerstörung des Tempels und damit die Zerschlagung des identitätsstiftenden Herzstücks des Gottesglaubens voranging, zu einer theologischen Neubestimmung ansetzt, die einen Hoffnungsentwurf angesichts der durch die Krise in Frage gestellten Exoduserfahrung zu formulieren versucht. Zu diesem Zweck geht die Priesterschrift buchstäblich vor die Exoduserfahrung zurück und begründet ihren Hoffnungsentwurf damit schöpfungstheologisch. »Mit der Errichtung des Heiligtums am Sinai kommt definitiv auch der Prozeß der Schöpfung zur Vollendung«, schreibt Peter Weimar in seinem Artikel »Priesterschrift«.[16] Dem priesterschriftlichen Schriftsteller scheint damit aber eine ganz entscheidende Umdeutung der Welt vorzuschweben: Es geht ihm ganz offensichtlich darum, die Welt nicht mehr bloß als Schöpfung zu begreifen, damit gewissermaßen als »Natur«, sondern sie immer auch als Raum der erfahrbaren Gottesnähe, mithin also als eine Art »Übernatur« anzusehen.

Diese der intelligent designten Priesterschrift unterstellte Ambition kommt vor allem in der hier angesprochenen Parallelität von Menschenschöpfung und Heiligtumsfertigung zum Ausdruck, die beide nach einem

---

[15] Rudolf Smend: Die Entstehung des Alten Testaments, 4. durchgesehene und durch einen Literaturnachtrag ergänzte Auflage 1989, S. 49.
[16] NBL III, Düsseldorf und Zürich 2001, S. 168–171.

quasi »himmlischen Vorbild« realisiert werden (sollen). Indem die Priesterschrift aber diese beiden Fixpunkte in derartiger Deutlichkeit aufeinander bezieht, erhöht sie gleichsam der Anspruch, der sich ohnehin schon mit der Notiz von der Gottebenbildlichkeit des Menschen in Gen 1,26 f. verbindet: »Sowohl der Mensch als auch das Heiligtum vom Sinai [sind] als Erscheinungsweisen und Repräsentationsformen der Wirklichkeit Gottes [...] in der Welt zu verstehen, die als solche [...] eng aufeinander bezogen sind.«[17] In der anthropologischen Konzeption der Priesterschrift ist der Mensch damit also gleichsam das »mobile Heiligtum«, der Ort beständiger Gottesgegenwart und deshalb Gottesbegegnung. Sowohl das Heiligtum als auch der Mensch konvergieren dabei darin, dass sie eine Art transzendente »Vorlage« haben, deren jeweilige Realisation sie sind. In beiden Fällen gilt also, dass das Medium (Mensch bzw. Heiligtum) nicht an sich schon die Botschaft ist, sondern dass vielmehr der hinter der jeweiligen Repräsentationsfigur erkennbare Schöpfungsplan – in jüdischer Vorstellung also das Gesetz Gottes, die Thora – die entscheidende Referenzgröße ist, die einen achtsamen und würdevollen Umgang mit dem Medium fordert.[18] Insofern ist die von der Priesterschrift in Gen 1,27 und Ex 25,8–9 bzw. 40 formulierte Vorstellung einer Realsierung »nach dem Bilde« oder »im Bilde« eine Aussage von erheblicher theologischer Brisanz, wird doch dadurch geradezu der performative Charakter dessen betont, um das es dem biblischen Schriftsteller in seiner damaligen Denk- und Vorstellungswelt möglicherweise gegangen sein könnte: dass nämlich der Schöpfergott zugleich der Gott des Sinai ist und dass dieser in der Erschaffung des Menschen wie in der Errichtung des Heiligtums seinen Plan realisierende Gott eine Idee von Welt und Geschichte hat, die durch keine Krise erschüttert und verdunkelt werden kann. Gut möglich auch, dass der priesterschriftliche Autor gerade angesichts des Verlustes des zentralen Heiligtums in Jerusalem darauf abheben wollte, dass der Mensch selbst Ort der Gottesnähe und Gottesbegegnung ist; damit wäre dem biblischen Schriftsteller allerdings eine – aus den Entstehungsbedingungen der Priesterschrift nachvollziehbare – emanzipatorische Tendenz von kultischen Fixierungen und Ortsbindungen unterstellt, die auf einer breiteren Textbasis zu belegen wäre. Eines aber lässt sich in jedem Fall sagen: Wichtiger als kultische und heilsgeographische Fixierungen scheint in den Augen des priesterschriftlichen Schriftstellers zu sein, dass der Mensch »im Bilde« bleibt, damit also im göttlichen Rahmenplan.

---

[17] Peter Weimar: Sinai und Schöpfung. Komposition und Theologie der priesterschriftlichen Sinaigeschichte, in: Revue Biblique 95 (1988) S. 337–385 (hier S. 350).
[18] Vgl. dazu auch Thomas Meurer/Christian Uhrig: Die Einheit in der Zweiheit. Anmerkungen zur Bestimmung des Menschen im Alten Testament und in der Alten Kirche, Glauben leben 74 (1998), S. 74–78.

3. Neutestamentliche Entwürfe »im Bilde« der Priesterschrift

Es mag nicht völlig abwegig erscheinen, dass der Schriftgelehrte Paulus bei der von ihm in 1 Kor 3,16f. u. ö. verwendeten Rede vom Menschen bzw. vom Leib des Menschen als »Tempel des Herrn« eben auch jene priesterschriftliche Verknüpfung im Blick hatte, die trotz einer eher marginalen Stichwortverbindung doch motivisch unübersehbar ist. Noch näherliegender aber scheint es zu sein, dass Paulus in seinem christologisch gewendeten eschatologischen Entwurf in 1 Kor 15,47–49 eben genau mit dieser Denkfigur des »im Bilde«-Seins bzw. Geschaffenwerdens argumentiert. So betrachtet hat das von der Priesterschrift entwickelte Vorstellungsmodell eines »himmlischen« Entwurfs von Mensch und Heiligtum gut ein halbes Jahrtausend später literarisch Karriere gemacht, ja wurde selber zum Modell einer Rede von Christus, die »im Bilde« alttestamentlichen Denkens zu bleiben versuchte.

Erinnert werden kann ohne Zweifel hier aber auch an die Rede von Christus als dem »Ebenbild Gottes« *(eikon tou theou)* in 2 Kor 4,4, was zumindest die Frage nahelegt, ob nicht in einem kanonisch gelesenen Verständnis der Bibel hier Schöpfungstheologie und Christologie in einer Weise ineinandergreifen, dass die »Chiffre Gottes selbst [...] der Mensch [ist], d. h. der Menschensohn und die Menschen, die letztlich sind, weil es den Menschensohn geben sollte«, wie Karl Rahner in seinem »Grundkurs« formuliert.[19] Für Rahner ist der Mensch »die radikale Frage nach Gott, die als solche von Gott geschaffene auch eine Antwort haben kann, eine Antwort, die als geschichtlich erscheinende und radikal greifbare der Gottmensch ist und die in uns allen von Gott selbst beantwortet wird«.[20] Anders formuliert: Die Erschaffung des Menschen »im Bilde« Gottes (imago) findet ihre höchste Ähnlichkeit in der Menschwerdung des Gottessohnes (similitudo) und schafft damit ein neues »Vorbild«, demgemäß der Mensch Mensch werden und sein sollte. Insofern taucht, wer in die Schöpfungstheologie eintaucht, unweigerlich in der Christologie auf, wie dies im Denken und in der Verkündigung Christoph Kardinal Schönborns wie eine Bewegung zwischen zwei Brennpunkten seit Jahren erkennbar wird. Ihm, dem es als theologischer Lehrer wie als kirchlicher Amtsträger immer darum zu tun war und ist, »im Bilde Gottes« zu bleiben, gilt mit diesem Beitrag der herzliche akademische Gruß: ad multos annos![21]

---

[19] Karl Rahner: Grundkurs des Glaubens. Sämtliche Werke Bd. 26, Freiburg 1999, S. 216.
[20] Ebd., S. 216.
[21] Von Christoph Kardinal Schönborn liegen zur Thematik u. a. jüngst die Bände »Der Mensch als Abbild Gottes«, Augsburg 2008, und »Schöpfung und Evolution – zwei Paradigmen und ihr gegenseitiges Verhältnis«, Wiener Vorlesungen im Rathaus, Wien 2009, vor.

Rudolf Prokschi

Menschenrechte auf dem Prüfstand?
Zum Dokument der Russischen Orthodoxen Kirche über Würde, Freiheit und Rechte des Menschen[1]

Unter dem Titel »Was bestimmt die Menschenrechte?«[2] brachte die Zeitschrift »Christ in der Gegenwart« Ende Juli 2009 einen Beitrag, in dem ausgehend von dem Mord an der russisch-tschetschenischen Journalistin Natalja Estemirowa – sie galt als mutige Kämpferin für die Menschenrechte – die Frage gestellt wurde: »Und was unternimmt die russische orthodoxe Kirche im Einsatz für deren (gemeint sind die Menschenrechte) Beachtung?«[3] Wird ein mahnendes Wort der orthodoxen Kirche in Zusammenhang mit den Morden an Journalistinnen und Journalisten in den letzten Jahren hörbar? Während von außerhalb Russlands (Amnesty International; Bundeskanzlerin Angela Merkel) klare Worte zu diesen Morden kommen, wartet man vergeblich auf eine offizielle Stellungnahme aus den Reihen der offiziellen Kirche.

Bereits Ende Juni 2008 hatte das Bischofskonzil der Russischen Orthodoxen Kirche (ROK) in Moskau ein sozialethisches Dokument mit dem Titel »Grundlagen der Lehre der Russischen Orthodoxen Kirche über Würde, Freiheit und Rechte des Menschen« vorgelegt. Die Versammlung der Gemeinschaft Evangelischer Kirchen in Europa (GEKE) griff die am Ende des Grundlagentextes ausgesprochene Einladung zum ökumenischen Dialog auf und setzte sich intensiv mit dem Inhalt des Dokuments bei ihrer Frühjahrsversammlung 2009 auseinander. Das kritische Ergebnis dieses Diskussionsprozesses wurde unter dem Titel »Menschenrechte und christliche Moral« im Internet veröffentlicht.[4] Diese Stellungsnahme der GEKE wiederum veranlasste das Herausgeber-Trio (Barbara Hallensleben, Guido Vergauwen[5] und Klaus Wyrwoll[6]) des Sammelbandes »Kyrill – Patriarch von Moskau und der ganzes Rus'. Freiheit und Verantwortung im Ein-

---

[1] Vom Bischofskonzil der Russischen Orthodoxen Kirche, Moskau, 24.–29. Juni 2008, herausgegeben. Russischer Originaltext im Internet: http://www.mospat.ru/index.php?mid=463.
[2] Johannes Röser, Was bestimmt die Menschenrechte? In: Christ in der Gegenwart 61 (2009) Nr. 30, S. 331 f.
[3] Ebda., S. 331.
[4] Text im Internet: www.leuenberg.eu/daten/File/Upload/doc-9805–2.pdf.
[5] Beide lehren an der Katholisch-Theologischen Fakultät der Universität Freiburg/Schweiz.
[6] Stellvertretender Leiter des Ostkirchlichen Instituts in Regensburg.

klang«[7], in dem auch eine deutsche Übersetzung des Dokumentes[8] zu finden ist, zu einer öffentlichen »Klarstellung« unter dem Titel: »Zur Ambivalenz der Menschenrechte. Missverständnisse der ›Gemeinschaft Evangelischer Kirchen in Europa‹«[9].

Durch die im Frühjahr 2009 von der Konrad-Adenauer-Stiftung herausgegebene deutsche Übersetzung[10] gewann der Text im deutschsprachigen Raum eine größere Verbreitung. Das Dokument, das sich als Weiterentwicklung der »Grundlagen der Sozialkonzeption«[11] versteht, gilt verbindlich für alle kanonischen Einrichtungen der Russischen Orthodoxen Kirche und ist Bestandteil des Studiums an den Geistlichen Schulen des Moskauer Patriarchats. »Auch andere christliche Kirchen und Gemeinschaften, andere Religionsgemeinschaften, staatliche Organe und gesellschaftliche Kreise verschiedener Länder sowie internationale Organisationen sind zum Studium und zur Erörterung des Dokumentes eingeladen.«[12]

Der folgende Beitrag will einerseits an Hand des Dokuments versuchen, die Argumentation der Russischen Orthodoxen Kirche einem westlich geprägten Leserkreis näher zu bringen, andererseits aber klar die unterschiedlichen Denkansätze und auch die Ansatzpunkte für die m. E. berechtigten kritischen Anmerkungen aufzeigen, die sich in diesem Grundlagentext zweifelsohne finden lassen. Da das Dokument – wie auch schon die im Jahre 2000 veröffentlichte Sozialkonzeption – wesentlich von der Persönlichkeit des derzeitigen Patriarchen Kirill geprägt ist, der schon früher als Leiter des kirchlichen Außenamtes bei vielen Gelegenheiten pointiert zu Themenkreisen, wie z. B. Werteverlust in Europa, Säkularisierung der Gesellschaft, Kritik am Verständnis der Menschenrechte usw. Stellung bezogen hat, sollen die diesbezüglichen Aussagen des Patriarchen in diversen Ansprachen und Beiträgen[13] einbezogen werden. In diesem

---

[7] Barbara Hallensleben, Guido Vergauwen, Klaus Wyrwoll (Hg.), Kyrill – Patriarch von Moskau und der ganzen Rus', Freiheit und Verantwortung im Einklang. Zeugnisse für den Aufbruch zu einer neuen Weltgemeinschaft, übersetzt von Xenia Werner. Freiburg/Schweiz 2009. (Im Weiteren: Freiheit und Verantwortung).
[8] Würde, Freiheit und Rechte des Menschen, S. 220–238. Alle weiteren Zitate aus dem Dokument sind dieser deutschen Übersetzung entnommen.
[9] Text im Internet: http://www.unifr.ch/iso/downloads/antwort_an_geke.pdf.
[10] Rudolf Uertz / Lars Peter Schmidt (Hg.), Die Grundlagen der Lehre der Russischen Orthodoxen Kirche über die Würde, die Freiheit und die Menschenrechte, übersetzt von Nadja Simon, Auslandsbüro der Konrad-Adenauer-Stiftung in Moskau, 2009, S. 220–239.
[11] Die Grundlagen der Sozialdoktrin der Russisch-Orthodoxen Kirche. Deutsche Übersetzung mit Einführung und Kommentar, herausgegeben von Josef Thesing und Rudolf Uertz, Konrad-Adenauer Stiftung, Sankt Augustin 2001.
[12] Zit. nach der deutschen Übersetzung in: Kyrill – Patriarch von Moskau und der ganzen Rus', Freiheit und Verantwortung im Einklang, S. 239.
[13] Vgl. den schon in Fußnote 7 zitierten Sammelband »Freiheit und Verantwortung im Einklang«.

größeren Horizont werden sowohl die Einzelaussagen des Dokuments verständlicher als auch das Denken der russischen orthodoxen Theologen leichter nachvollziehbar.

Menschenrechte versus christliche Lehre?

Die christlichen Kirchen sind heute in vielen Ländern der Erde, besonders aber in den modernen westlichen Industriestaaten durch die aufgeklärte, postmoderne Wohlstandsgesellschaft vielfach herausgefordert, ihre bleibend gültigen Werte deutlich zu artikulieren und argumentativ zu begründen. Patriarch Kirill hat bei verschiedenen Gelegenheiten immer wieder beklagt, dass »zielstrebig die Auslöschung der christlichen Identität Europas betrieben wird«.[14] In der Einleitung betont das Dokument der russischen Orthodoxie, dass »ungeachtet der großen Unterschiede zwischen den einzelnen Zivilisationen und Kulturen ... sich doch in jeder von ihnen bestimmte Vorstellungen von den Rechten und Pflichten des Menschen (finden)«.[15] Programmatisch wird festgestellt, dass »unter Berufung auf den Schutz der Menschenrechte in der Praxis nicht selten Ansichten verwirklicht (werden), die sich von der christlichen Lehre von Grund auf unterscheiden«.[16] Ja, noch schärfer formuliert, dass »Christen ... sich in einer Situation wieder(finden), in der sie von den gesellschaftlichen und staatlichen Organen dazu gedrängt, zuweilen geradezu gezwungen werden, im Gegensatz zu den göttlichen Geboten zu denken und handeln«.[17]

Was ist dazu zu sagen? Ohne jetzt in eine ausführliche Menschenrechtsdebatte eingehen zu wollen, muss man wohl die Tatsache sehen, dass es eine Entwicklung in der Interpretation der Menschenrechte seit ihrer Deklaration von 1948 gab und auch weiterhin geben wird, die naturgemäß in einem gewissen Konnex mit den jeweils gesellschaftlich anerkannten aktuellen Normen steht. Wenn z. B. in manchen westlichen Ländern im Sinne des Rechts auf Selbstbestimmung des Menschen Personen grundsätzlich eingeräumt wird, »freiwillig« aus dem Leben scheiden zu können, und sich daraus ein Geschäftszweig entwickelt, der gut daran verdient, um diesen Personen – auf eigenen Wunsch – möglichst »angenehm« in den Tod zu verhelfen, dann ist das mit Sicherheit nicht mehr mit christlichen Überzeugungen zu vereinbaren.[18] Dabei gibt es heute viele Grenzbereiche

---

[14] Zitiert aus der Eröffnungsrede zur Konferenz »Europa eine Seele Geben. Sendung und Verantwortung in der Kirche, in: Kirill, Freiheit und Verantwortung, S. 110.
[15] Würde, Freiheit und Rechte des Menschen, S. 220.
[16] Ebda.
[17] Ebda.
[18] »Die Sterbebegleitungen durch private Organisationen wie Exit und Dignitas sind für die

(Forschung an Embryonen, Adoption von Kindern durch Homosexuelle etc.), die aktuell im öffentlichen Diskurs zu kippen drohen, d. h. dann in der Kurzformel: Brüssel hat in dieser Causa entschieden und deshalb ist es ab jetzt gesellschaftliche Norm.

Natürlich soll damit der unbestreitbare Wert der Menschenrechte weder geleugnet noch geschmälert werden. Doch ist die Kirche – nach Ansicht der Verfasser der Erklärung der Russischen Orthodoxen Kirche – »dazu aufgerufen, an die Grundsätze der christlichen Lehre über den Menschen zu erinnern und eine Einschätzung über die Theorie der Menschenrechte und ihre Verwirklichung im Leben abzugeben«.[19] Es geht also neben der Theorie vor allem um die praktische Umsetzung und Anwendung der Menschenrechte.

Differenz zwischen dem »Wert«[20] und der »Würde«[21] des Menschen

Der Schlüssel für das Verständnis des gesamten Dokumentes liegt in der Unterscheidung zwischen dem unzerstörbaren *Wert* (= die ontologische, unveräußerliche Würde) eines jeden Menschen, der ihm aufgrund seiner Gottebenbildlichkeit (imago Dei) geschenkt ist, einerseits, und der *Würde* des Menschen, die durch ein sittlich geprägtes Leben die Gottähnlichkeit (similitudo) schon in dieser Welt sichtbar macht, andererseits.[22] Tatsache ist, dass der Mensch durch ein sittlich unwürdiges Leben das Bild Gottes in ihm (= ontologische Würde) so verstellen und verzerren (nicht aber zerstören) kann, dass es »großer Willensanstrengung (braucht), um die natürliche Würde eines Schwerverbrechers oder Tyrannen zu erkennen oder gar anzuerkennen«.[23]

Nach den geistlichen Lehrern der Orthodoxie liegt das Lebensziel des Menschen in der so genannten Vergöttlichung (theosis)[24] des Menschen,

---

Zürcher Behörden zum Problem geworden.« (Online-Ausgabe der Neuen Zürcher Zeitung vom 29. Juni 2009 »Die Diskussion um die Sterbehilfe schlägt Wellen« http://www.nzz.ch/nachrichten/zuerich/die_diskussion_um_die_sterbehilfe_schlaegt_wellen_1.2842579.html).

[19] Würde, Freiheit und Rechte des Menschen, S. 220.
[20] russ.: cennost' (ценность).
[21] russ.: dostoinstvo (достоинство).
[22] Vgl. Gen 1, 26 »Faciamus hominem ad imaginem et similitudinem nostram.«
[23] Würde, Freiheit und Rechte des Menschen, S. 223.
[24] »Der typische russische Terminus (für ›Vergöttlichung‹; Anm. des Verfass.) ist *bogočelovečestvo* (Gottmenschheit). Dieses Wort drückt den christologischen Charakter dieses Geheimnisses besser aus und betont gleichzeitig dessen dynamischen Aspekt, die sogenannte *synergia*, ein Begriff, der auf das gott-menschliche Zusammenwirken hinweist. Das *bogočelovečestvo* ist der Schlüsselbegriff der theologischen Reflexion Solov'evs. Er besagt, daß das Christentum nicht nur den Glauben an Gott umfasse, sondern vielmehr auch den Glauben an den Men-

man könnte mit Johannes von Damaskus auch von einer »Verähnlichung mit Gott im Tun des Guten, soweit es dem Menschen möglich ist«[25] sprechen. Es geht darum, den unverlierbaren »Schatz« (= die ontologische Würde) im konkreten Leben zum Leuchten zu bringen. Um dieses Ziel erreichen zu können, bedarf es der göttlichen Gnade, denn die Überwindung von Sünde und das Erlangen der Tugenden kann nie Selbstverdienst sein. Trotzdem hat der Mensch eine sittliche Verantwortung für seine konkrete Lebensgestaltung, die zwar unterschiedlich ausgeprägt sein kann, sich aber als Stimme des Gewissens artikuliert, die gleichsam ins Herz eines jeden Menschen eingeschrieben ist.[26] »Würdig ist ein Leben in Übereinstimmung mit der ursprünglichen Berufung, die in der Natur des Menschen liegt, der zur Teilhabe am glückseligen Leben Gottes geschaffen ist.«[27]

Wenn der Mensch durch Sünde und Schuld die in ihm grundgelegte Würde verdunkelt hat, dann kann er durch Umkehr und ehrliche Reue im Sakrament der Buße einen neuen Anfang setzen. »Wenn der Mensch bereut, erkennt er an, dass seine Gedanken, Worte und Werke der von Gott verliehenen Würde nicht entsprechen, und bezeugt vor Gott und der Kirche seine Unwürdigkeit.«[28]

Zusammenfassend wird die »direkte Verbindung zwischen der Würde des Menschen und der Sittlichkeit«[29] festgehalten. »Darüber hinaus bedeutet die Anerkennung der Würde der Person die Bekräftigung ihrer sittlichen Verantwortung.«[30]

Dass in der Stellungnahme der GEKE das Fehlen einer soteriologischen Ausrichtung der Menschwürde und eine christologischen Fundierung[31] des russischen Papiers eingemahnt wird, ist nicht nachvollziehbar, wenn man versucht, den Text im Horizont einer Gesamtschau der sich im Osten entwickelten theologischen Anthropologie zu verstehen. Ebenso entspricht auch die Feststellung, dass »die russisch-orthodoxe Kirche Menschwürde nur als moralischen Maßstab entfaltet«[32] nicht dem Inhalt des Dokuments.

---

schen, nämlich den Glauben daran, daß Göttliches im Menschen Wirklichkeit werden kann.« (Tomáš Špidlík, Die russische Idee. Eine andere Sicht des Menschen, Würzburg 2002, S. 61 f.).
[25] Zit. nach Würde, Freiheit und Rechte des Menschen, S. 222.
[26] Vgl. Röm 2, 15.
[27] Würde, Freiheit und Rechte des Menschen, S. 222.
[28] Würde, Freiheit und Rechte des Menschen, S. 223.
[29] Ebda.
[30] Ebda.
[31] Menschenrechte und christliche Moral, S. 2, siehe Fußnote 4.
[32] Ebda.

Unterschied zwischen Freiheit der sittlichen Wahl und Freiheit vom Bösen

Eine weitere Differenz wird im zweiten Abschnitt (II.) des Dokuments im Zusammenhang mit der Freiheit des Menschen stark herausgestrichen. Nach der östlichen Tradition der Kirchenväter hat »Freiheit zwei ähnliche, zugleich aber auch unterschiedliche Bedeutungen. αὐτεξούσιον ist die Freiheit, die jedem geschenkt ist, unabhängig davon, ob er ihrer würdig ist oder nicht, während ἐλευθερία die Freiheit darstellt, die auf dem Weg der Synergie von Mensch und Gott erreicht wird.«[33] Die Wahlfreiheit ist »ein unabdingbarer Bestandteil der menschlichen Natur, der ihr einen besonderen Wert verleiht«.[34] Sie ist von Gott geschenkt und soll dem Menschen als Instrument dienen, eine sittliche Entscheidung zu treffen. Sie ist aber kein »absoluter und endgültiger Wert«[35], sondern zunächst offen je nachdem, wie sich der Mensch entscheidet. »Die Freiheit der Wahl muß ausgeübt werden, um frei zu werden von der Sünde.«[36] Paulus schreibt im Galaterbrief: »Zur Freiheit hat uns Christus befreit. Bleibt daher fest und lasst euch nicht von neuem das Joch der Knechtschaft auflegen!« (Gal 5,1) Im Johannesevangelium lesen wir: »Ihr werdet die Wahrheit erkennen und die Wahrheit wird euch frei machen ... Wer die Sünde tut, ist der Sünde Knecht« (Joh 8,32.24). Die Väter sprechen oft vom »geistlichen Kampf«, der sich im Inneren des Menschen abspielt. »Das östliche Freiheitsverständnis bezieht sich weniger auf äußere Umstände oder Möglichkeiten, über die der Mensch verfügt, als vielmehr auf die Freiheit von den Leidenschaften und vom Bösen.«[37]

Zusammenfassend wird am Ende des Abschnittes kritisch festgehalten, dass die Menschenrechte zwar die Freiheit der Wahl (αὐτεξούσιον) verteidigen, aber immer weniger die sittliche Dimension des Lebens und die Freiheit von der Sünde (ἐλευθερία) berücksichtigen. »Die gesellschaftliche Ordnung muß auf beide Freiheiten ausgerichtet sein und deren Verwirklichung im öffentlichen Bereich miteinander in Einklang bringen. ... Ein freies Festhalten am Guten und an der Wahrheit ist ohne Wahlfreiheit

---

[33] Orthodox-lutherische Konsultation. Aus dem Vortrag von Igumen Govorun bei den bilateralen theologischen Gesprächen zwischen der russischen orthodoxen Kirche und der Evangelischen Kirche in Deutschland, 22.–28. Februar 2008, in: Freiheit und Verantwortung, S. 179.
[34] Aus der Eröffnungsrede zur Konferenz: »Europa eine Seele geben«, in: Freiheit und Verantwortung, S. 112.
[35] Ebda, S. 224.
[36] Aus der Eröffnungsrede, a.a.O., S. 112.
[37] Orthodox-lutherische Konsultation, a.a.O., S. 179.

nicht möglich. Ebenso verliert auch die freie Wahl ihren Wert und ihren Sinn, wenn sie sich dem Bösen zuwendet.«[38]

Menschenrechte im christlichen Weltbild und im gesellschaftlichen Leben

In diesem Abschnitt der Menschenrechtskonzeption (III.) wird das Hauptanliegen des Dokuments, die Kritik am Umgang mit den Menschenrechten im öffentlichen Diskurs, deutlich sichtbar. Die Menschenrechte, die besonders in ihrer Auslegungsgeschichte einen geschichtlichen Prozess durchlaufen haben, dürfen keinesfalls absolut gesetzt werden. »Es ist notwendig, klar die christlichen Werte zu definieren, mit denen die Menschenrechte in Einklang gebracht werden müssen.«[39] Die Menschenrechte können nicht über den Werten der geistigen Welt stehen. Für gläubige Menschen sind die christlichen Werte höherrangig einzustufen und absolut bindend. »Es ist unzulässig, in den Bereich der Menschenrechte Normen einzuführen, die sowohl die Moral des Evangeliums als auch die natürliche Moral untergraben oder aufheben.«[40]

Das Dokument benennt den großen Einfluss der Massenmedien auf die Gesellschaft, in der Begriffe wie »Sünde« und »Schuld« auf weiten Strecken völlig ausgeblendet werden. In einer uns eher fremd anmutenden Weise wird in diesem Zusammenhang die Liebe zum Vaterland (Patriotismus) herausgestellt und mit der Liebe zum Nächsten gleichgestellt. Auch die angeführte biblische Begründung ist nicht leicht nachvollziehbar, da wir eine Lebenshingabe aus Liebe für die Freunde nicht unbedingt mit dem Patriotismus in Verbindung bringen: »Nicht umsonst führt die orthodoxe Tradition den Patriotismus auf das Wort des Erlösers Christus selbst zurück: *Es gibt keine größere Liebe, als wenn einer sein Leben für seine Freunde hingibt* (Joh 15, 13).«[41]

Das Papier plädiert für ein Gleichgewicht zwischen der Anerkennung der Rechte des Individuums und der notwendigen Verantwortung der Menschen füreinander in einem größeren Gemeinschaftsverband. »Extremer Individualismus und extremer Kollektivismus sind einem harmonischen Aufbau des gesellschaftlichen Lebens nicht förderlich.«[42] Entscheidend für den harmonischen Ausgleich dieser Kräfte ist die Liebe, denn »gerade die Liebe hebt alle Widersprüche zwischen Person und ihren Mit-

---

[38] Würde, Freiheit und Rechte des Menschen, S. 225.
[39] Ebda., S. 226.
[40] Ebda., S. 227.
[41] Ebda., S. 228.
[42] Ebda.

menschen auf, indem sie den Menschen dazu befähigt, seine Freiheit voll zu verwirklichen und sich gleichzeitig um die Nächsten und das Vaterland zu sorgen«.[43] Man muss sich an dieser Stelle in Erinnerung rufen, dass während der Sowjetdiktatur im real gelebten Sozialismus das Individuum dem Kollektiv bis zur Konsequenz der Selbstaufgabe untergeordnet wurde.

Die ökologische Dimension (Umweltschutz, gegen Ausbeutung der Bodenschätze), der sorgsame Umgang mit Gottes Schöpfung, kommt in einem eigenen Abschnitt zur Sprache und zeigt deutlich, dass gerade dieses relativ »neue« Thema in der Orthodoxie – und nicht nur im Ökumenischen Patriarchat – voll angekommen ist. Kritisch darf hier angefragt werden, ob das ökologische Umdenken auch bei den Gläubigen in Russland schon Eingang gefunden hat und im praktischen Handeln seinen Niederschlag findet.

In der Zusammenfassung wird noch einmal betont, dass »die politisch-rechtliche Einrichtung der Menschenrechte den guten Zielen des Schutzes der menschlichen Würde dienen und zur geistig-sittlichen Entwicklung der Person beitragen (kann)«[44]. Es ist aber darauf zu achten, dass »die Verwirklichung der Menschenrechte nicht zu den von Gott gesetzten sittlichen Normen und zu dem darauf beruhenden traditionsbezogenen Ethos in Widerspruch treten (darf)«[45].

Würde und Freiheit im System der Menschenrechte

In diesem Abschnitt (IV.) werden einige wichtige Rechte und Freiheiten des Menschen wie das Recht auf Leben, die Gewissensfreiheit, die Freiheit des Wortes, die Freiheit des Schaffens, das Recht auf Bildung, bürgerliche und politische Rechte, sozio-ökonomische Rechte, gemeinschaftsbezogene Rechte unter dem Gesichtspunkt der Vervollkommnung der Person auf ihrem Weg zur Erlösung näher erläutert, aber auch klar die Grenzen dieser Rechte und Freiheiten aufgezeigt.

Dabei lässt der Satz zur Todesstrafe, im Kernstück ein Zitat aus den Grundlagen der Sozialkonzeption, dass es »weder im Neuen Testament noch in der Überlieferung und im historischen Erbe der Orthodoxen Kirche« Hinweise auf die Notwendigkeit ihrer Abschaffung gibt, aufhorchen und reizt zum Widerspruch. Die Kirche habe in jedem Fall die Pflicht, fürbittend bei Gott für jeden Menschen, auch für den zu Tode verurteilten, einzutreten.

---

[43] Ebda., S. 229.
[44] Ebda., S. 230.
[45] Ebda.

In Bezug auf die Gewissensfreiheit tritt der Text entschieden gegen eine Forderung nach religiöser Neutralität oder Indifferenz von Staat und Gesellschaft, eine Relativierung aller Glaubensbekenntnisse, ein. Der Gesellschaft wird das Recht zugesprochen, »Inhalt und Umfang der Wechselbeziehungen des Staates mit den verschiedenen Religionsgemeinschaften frei zu bestimmen, je nach deren zahlenmäßiger Stärke, der Verankerung in der Tradition des Landes oder der Region, dem Beitrag zu Geschichte und Kultur und deren staatsbürgerlicher Position.«[46] Die Freiheit, seine Gedanken und Gefühle zum Ausdruck zu bringen, muss immer in Zusammenhang mit der persönlichen Verantwortung für das freie Wort gesehen werden. »Besonders gefährlich ist es, religiöse und nationale Gefühle zu verletzen, Informationen über das Leben verschiedener religiöser Gemeinschaften, Völker, sozialer Gruppen und Personen zu entstellen.«[47] Ebenso werden die schöpferischen Fähigkeiten des Menschen grundsätzlich positiv bewertet (sie sind »im Grunde Erscheinungsformen des göttlichen Ebenbildes im Menschen«[48]), dürfen aber »keine Formen annehmen, die beleidigend für Überzeugungen und Lebensformen anderer Glieder der Gesellschaft sind«.[49] Für ein friedliches Zusammenleben der Menschen ist der gegenseitige Respekt der verschiedenen weltanschaulichen Gruppen eine Grundvoraussetzung.

Im letzten Abschnitt (V.) werden Prinzipien und Ausrichtungen der Menschrechtstätigkeit der Russischen Orthodoxen Kirche aufgezeigt und dabei einige Bereiche, wie z. B. die Freiheit des Glaubensbekenntnisses, der Vollzug von Gebet und Gottesdienst, Wahrung der geistig-kulturellen Traditionen, besonders hervorgehoben. Dabei sind für einen »westlich« geprägten Leser einige Punkte auffällig, weil sie auch in der aktuellen medialen Diskussion in Russland immer wieder angesprochen werden, nämlich die Forderungen der orthodoxen Kirche nach »sachkundige(n) Stellungnahmen zu Rechtsakten, Gesetzesinitiativen und Aktivitäten der Staatsorgane, mit dem Ziel, schwerwiegende Schädigungen der Rechte und der Würde des Menschen und den Sittenverfall in der Gesellschaft abzuwenden« und »die Beteiligung an der gesellschaftlichen Kontrolle über die Ausführung der Gesetzesbestimmungen, insbesondere im Hinblick auf die Regelung der Beziehungen zwischen Kirche und Staat, wie auch über den Vollzug gerechter Gerichtsurteile«[50].

---

[46] Würde, Freiheit und Rechte des Menschen, S. 232.
[47] Ebda., S. 233.
[48] Ebda.
[49] Ebda.
[50] Ebda., S. 238.

Einige grundsätzliche Wahrnehmungen und Klarstellungen

Ohne auf die eingangs erwähnte Kontroverse zwischen der Stellungnahme der GEKE und der entsprechenden »katholischen« Antwort aus der Feder dreier Theologen, die sich seit Jahren intensiv mit der russischen Orthodoxie beschäftigen, im Detail eingehen zu wollen, möchte ich versuchen, eine eigenständige, vermittelnde Position frei von Polemik zu entwickeln. Als katholischer Theologe und Priester bin ich naturgemäß aufgrund meiner Herkunft und Ausbildung von meiner eigenen Kirche geformt und geprägt. Durch meine intensive Beschäftigung und innere Auseinandersetzung mit dem russischen Volk, insbesondere mit der Russischen Orthodoxen Kirche seit 1996 (ich habe einige Jahre in Moskau gelebt und nachher das Land mehrmals besucht), werde ich immer vorsichtiger und zurückhaltender im kritischen Aburteilen mancher ungewöhnlich anmutenden Aussagen und Positionen russischer orthodoxer Theologen. Leider – so mache ich oft die Erfahrung – ist das öffentliche Urteil über Russland im Allgemeinen und gegenüber der Russischen Orthodoxen Kirche im Besonderen in unseren Breiten durch entsprechend einseitige Medienberichte oft sehr negativ. Man könnte in diesem Zusammenhang eine Reihe von Fakten und sprechenden Beispielen[51] anführen, die aber den Rahmen dieser Ausführungen sprengen würden und auch nicht unmittelbar zum Thema gehören. Ich gebe gerne zu, dass es nicht immer leicht ist und auch mancher geistiger Anstrengung bedarf, um die eine oder andere zunächst völlig fremd und ungewohnt klingende Aussage zu verstehen. Es ist mir auch klar, dass ich mir mit meinem Versuch den Vorwurf der Subjektivität und Einseitigkeit gefallen lassen muss. Aber im Sinn der Einladung des Patriarchen Kirill zu einer offenen Diskussion und um der Sache willen, die mir für die Zukunft der Gestaltung unserer Gesellschaft äußerst wichtig erscheint, trete ich in einen offenen Dialog zu diesem wichtigen Thema ein.

Unbestrittene Wertschätzung der Menschenrechte

Aus den vielen Stellungnahmen des Patriarchen Kirill geht eindeutig hervor, dass er – und auch das oben ausführlich analysierte Dokument – die Menschenrechte nicht grundsätzlich in Frage stellt und ablehnt, sondern

---

[51] Joachim Willems, Russische Kirche in deutschsprachigen Medien, in: Glaube in der 2. Welt, 3/2008, S. 24–27. Im Internet abrufbar: http://www.bogoslov.ru/de/text/420538.html – Stand: 6.8.2009.

ihren großen Wert für den einzelnen Menschen voll anerkennt: »Gewiss sind die Menschenrechte eine wichtige Errungenschaft der gegenwärtigen Gesellschaftsordnung.«[52] »Heute ist die orthodoxe Öffentlichkeit bestrebt, sich aktiv am Einsatz zur Verteidigung der Menschrechte in allen Bereichen des gesellschaftlichen Lebens zu beteiligen.«[53] »Wir sind bereit, mit dem Staat und allen Kräften guten Willens zur Sicherung der Menschenrechte zusammenzuarbeiten.«[54] Und weiter spricht der Patriarch von Plänen »zur Schaffung eines Zentrums für den Schutz der Menschenrechte bei der Weltversammlung des Russischen Volkes«[55]. Es geht keineswegs um eine prinzipielle Ablehnung der Menschenrechte: »Wir gehen im Gegenteil davon aus, daß das Instrument der Menschrechte gestärkt und entwickelt werden muß, denn es hilft, die richtigen Beziehungen zwischen Staat und Gesellschaft sowie unter den Menschen aufzubauen.«[56]

Die Kritik der russischen Kirche richtet sich gegen den konkreten, oft einseitigen Umgang mit den Menschenrechten, die nicht selten dazu verwendet werden, christlich-ethische Grundsätze in Staat und Gesellschaft »auszuhebeln«, indem man überzogen auf die Freiheit und das Selbstbestimmungsrecht des Einzelnen pocht. Laut Patriarch Kirill braucht es unbedingt »Instrumente für einen Dialog zwischen den Staatsorganen und den Religionsgemeinschaften«, damit »die sittlichen Normen und der Wert der religiösen Tradition im öffentlichen Leben wirksam werden«.[57] Darüber hinaus regt er an, auch beim Europarat oder bei der Europäischen Union und bei den Vereinten Nationen beratende Organe zu entwickeln, die mit den religiösen Organisationen ins Gespräch kommen.

Die allgemeine Charta der Menschenrechte wird grundsätzlich positiv bewertet, muss sich aber in der konkreten Umsetzung je neu an den sittlichen Geboten messen und entsprechend akkordiert werden. Sie steht also im Dienst des Menschen, der aufgerufen ist, nicht seine von Gott ergangene Berufung zu verspielen und damit sein letztes Ziel zu verfehlen.

---

[52] Freiheit und Verantwortung, 141 (Statement bei der Podiumsdiskussion »Menschenrechte und interkultureller Dialog«, 7. Session des Menschrechtsrates der UNO, Genf, 18.03.2008: www.mospat.ru/index.php?page=40148).
[53] Freiheit und Verantwortung, S. 121.
[54] Ebda., S. 160 (Erklärung der 10. Weltversammlung des Russischen Volkes).
[55] Ebda. Die »Weltversammlung des russischen Volkes« (wörtliche Übersetzung) ist ein internationales Diskussionsforum für Russen, die regelmäßig Kongresse zu verschiedenen Themen veranstaltet.
[56] Ebda., S. 139.
[57] Ebda., 120.

Klare und unmissverständlich Artikulation der christlichen Position

In seiner Rede in Straßburg[58] vertrat Patriarch Kirill[59] nach eigenen Worten mit Genugtuung und Überzeugung die orthodoxe Sicht seiner Kirche vor der versammelten Zuhörerschaft, weil er darin eine Möglichkeit sieht, die europäische Kultur, die – bedingt durch die Herrschaft des totalitären kommunistischen Systems in Russland und in den Ländern des Ostblocks – bisher vorwiegend vom Westen geprägt wurde, mit zu gestalten. »In der sowjetischen Gesellschaft wurden die Menschenrechte nicht als ernsthafte Herausforderung betrachtet. Als die Sowjetunion die internationalen Vereinbarungen zum Schutz der Menschenrechte unterschrieb, hatte sie ihre eigenen Standards der Menschenrechte im Sinn, deren Unantastbarkeit durch die Macht der Staatsgewalt geschützt wurde.«[60] Er bekennt sich als orthodoxer Russe klar zu Europa und bringt seine christliche (orthodoxe) Position in Bezug auf das Menschenbild, auf seine Würde und Freiheit unmissverständlich zur Sprache. Ebenso – und das ist in unseren Breiten eher selten geworden – werden von ihm bei fast allen sich bietenden Gelegenheiten fragwürdige gesellschaftliche Entwicklungen der letzten Jahrzehnte ohne Umschweife und langwierige Erklärungsversuche aufgezeigt und dazu eindeutig – vielleicht manchmal zu plakativ und undifferenziert – Position bezogen. Dies fordert zweifelsohne Widerspruch und Kritik heraus, sollte aber nie zum Abbruch des ökumenischen Dialogs führen.

Verhältnis Kirche, Gesellschaft und Staat

Das russische Dokument geht von der tiefen Überzeugung aus, dass Religion und Kirche nicht Privatsache einer bestimmten religiös orientierten Gruppe sind, sondern dass ebenso Staat und Gesellschaft bei der Verwirklichung des christlichen Auftrags auf ihre Weise in die Pflicht genommen sind. Das hängt sicher auch damit zusammen, dass russische Denker, »nicht nur die einzelnen Menschen, sondern auch die Gesellschaft in ›personaler‹ Weise ... sehen, als ›allumfassenden Organismus‹«[61]. Entschieden wendet sich die russische Position gegen ein Hinausdrängen der Religion aus dem öffentlichen Raum mit der Begründung einer strikten Trennung von Staat (Gesellschaft) und Kirche (Religion). Natürlich weiß der Patriarch, dass

---

[58] Vortrag beim Seminar »Entwicklung der sittlichen Werte und der Menschenrecht in der multikultrellen Gesellschaft«, Straßburg, 30. Oktober 2006: www.mospat.ru/index.php?page=33669, in: Freiheit und Verantwortung, S. 114–121; hier S. 114.
[59] Damals noch Metropolit und Leiter des Außenamtes des Moskauer Patriarchats.
[60] Freiheit und Verantwortung, S. 115.
[61] Tomáš Špidlík, Die russische Idee, S. 167.

»heute praktisch jede Gesellschaft multikulturell verfasst ist« und daher »keine Religion Anspruch auf einen Sonderstatus erheben (kann)«[62]. Doch muss nach seiner Ansicht »das politische und soziale System ... so aufgebaut sein, dass die religiösen Organisationen mit ihren Anhängern im öffentlichen Bereich arbeiten können, unter anderem in der Bildung, in der Gesundheit, in der Sozialfürsorge usw.«.[63]

Begriffe wie Heimat, Vaterland, Volkszugehörigkeit, Patriotismus haben im russischen Denken einen ungleich hören Stellenwert als wir das im Normalfall bei uns im deutschsprachigen Raum wahrnehmen. Im zweiten und dritten Kapitel der »Grundlagen der Sozialkonzeption«[64] ringt der Text dieses insgesamt beachtenswerten Dokuments um das rechte Verhältnis zwischen Kirche und Nation bzw. Kirche und Staat. Einerseits wird betont, dass die Kirche ihrem Wesen nach universal ist und das neue Volk Gottes »hier keine Stadt (hat), die bestehen bleibt« (Hebr 13, 14), andererseits wird aber auf das »Recht auf nationale Eigenart und nationale Selbstverwirklichung« gepocht und eindringlich zum christlichen Patriotismus, der sich in der Liebe zum Vaterland äußert, aufgerufen. »Der Christ ist dazu aufgefordert, die nationale Kultur und das nationale Selbstbewusstsein zu wahren und weiterzuentwickeln.«[65] Vor aggressivem Nationalismus, Xenophobie, nationaler Auserwähltheit sowie interethnischer Feindschaft wird in der Sozialkonzeption klar gewarnt und sie werden entschieden abgelehnt. Wenn es auch in dem Text um ein ausgewogenes Verhältnis zwischen weltlicher und geistlicher Macht geht, so ist doch eine Tendenz zu spüren, die Staatsform der Monarchie höher einzuschätzen. Dieses Ringen um ein ausgewogenes Verhältnis zwischen Nähe und Distanz zur weltlichen Macht kann nur auf dem Hintergrund einer Jahrhunderte lang andauernden Tradition einer engen Verknüpfung zwischen dem weltlichen Thron (Kaiser, Zar) und der orthodoxen Kirche in Russland nach dem Vorbild des (ost-)römischen Reiches verstanden werden. Bei aller Wertschätzung der Idealform der »Symphonie« (harmonisches Zusammenwirken von weltlicher und geistlicher Autorität), wird in der Sozialkonzeption doch auch kritisch angemerkt, dass sie (die Symphonie) »auch in Byzanz nie in reinster Form bestanden habe«, sondern sich in der Praxis Verstöße gegen die Ordnung und ihre Verkehrung häuften.[66] Nach dem Fall des Kommunismus, der genau das Gegenteil des byzantinischen Systems vertrat, indem er die Kirche brutal verfolgte, gab und gibt es bis heute Stimmen in der russischen Orthodoxie, die sich nach einem gläubigen or-

---

[62] Freiheit und Verantwortung, S. 121.
[63] Ebda.
[64] Siehe Fußnote 11.
[65] Sozialdoktrin, S. 19.
[66] Ebda., S. 26.

thodoxen Zaren sehnen. Durch die Debatte um die Seligsprechung der letzten Zarenfamilie haben diese Kreise neuen Aufwind bekommen, auch wenn diese Gruppe nur eine kleine Minderheit darstellt. An diesem Punkt muss man kritisch anbringen, dass der viel beschworene Patriotismus ein geschichtlich gewordenes und zeitlich und räumlich bedingtes Phänomen darstellt und nicht als Norm für alle Christen aufgestellt werden kann. Dazu ein altkirchliches Zeugnis eines unbekannten Verfassers (vermutlich aus der zweiten Hälfte des 2. Jh.), das 5. Kapitel des sogenannten Briefes an Diognet:

»Die Christen nämlich sind weder durch Heimat noch durch Sprache noch durch Sitten von den übrigen Menschen unterschieden. Denn sie bewohnen weder irgendwo eigene Städte noch verwenden sie eine abweichende Sprache noch führen sie ein absonderliches Leben ... Sie bewohnen ihr jeweiliges Vaterland, aber nur wie fremde Ansässige; sie erfüllen alle Aufgaben eines Bürgers und erdulden alle Lasten wie Fremde; jede Fremde ist für sie Vaterland und jede Heimat ist für sie Fremde ... Auf Erden halten sie sich auf, aber im Himmel sind sie Bürger. Sie gehorchen den bestehenden Gesetzen und überbieten durch ihre eigene Lebensweise die Gesetze.«[67]

Gemeinsame Plattform im Verständnis der sittlichen Normen

In seinem Vortrag auf der ersten Plenarsitzung der Dritten Europäischen Ökumenischen Versammlung am 5. September 2007 in Hermannstadt/Sibiu plädierte Patriarch Kirill nicht nur für Solidarität aller Christen angesichts der gemeinsamen Herausforderungen in Europa, sondern darüber hinaus müssen Christen »bei ihrem Festhalten an einheitlichen sittlichen Normen ... nach Bündnispartnern unter Vertretern anderer Religionen suchen, die gleiche sittliche Positionen beziehen wie die Christen.«[68] Deshalb spricht er sich für die Entwicklung von interreligiösen Beziehungen in Europa und auf der ganzen Welt aus, weil er überzeugt ist, dass »bei allen Unterschieden ... die traditionellen Weltreligionen ein gemeinsames Verständnis der Priorität ewiger Werte vor den irdischen (haben)«[69]. Bei einem Gipfeltreffen religiöser Oberhäupter im Juli 2006 in Moskau habe sich gezeigt, »dass Vertreter der grundlegenden religiösen Traditionen der Welt ähnliche Anschauungen über das Ethos haben. Sie alle äußerten Be-

---

[67] Der Brief an Diognet, Übersetzung und Einführung von Bernd Lorenz (= Christliche Meister, Bd. 18), Einsiedeln 1982, S. 19 f.
[68] Das Licht Christi und die Kirche, in: Freiheit und Verantwortung im Einklang, S. 157.
[69] Ebda.

sorgnis über den sittlichen Relativismus, der heute nicht selten die Oberhand gewinnt.«[70] Trotz großer kultureller und auch religiöser Unterschiede zwischen den großen Weltreligionen gebe es doch eine gemeinsame Plattform im Verständnis der sittlichen Normen. Nach Ansicht des Patriarchen müssen Christen »mit allen Menschen guten Willens zusammenwirken, um in der Gesellschaft einen Konsens über die sittlichen Normen zu finden und zu wahren.«[71]

Postulat der Freiheit auf allen Gebieten

Patriarch Kirill sprach bei einer Begegnung in der Redaktion der »Literaturnaja Gazeta« [Literaturzeitung] zum Thema »Freiheit und sittliche Verantwortung«. Auch er ist überzeugt, »daß Rechte und Freiheiten des Menschen verteidigt werden müssen«[72]. Dabei ging er auch auf den manchmal geäußerten Vorwurf ein: »Ihr Orthodoxen seid einfach latent allergisch gegen das Thema der Rechte und Freiheiten.«[73] und versuchte klarzumachen, dass »die Idee der Rechte und Freiheiten auf dem christlichen Verständnis des Menschen als Ebenbild Gottes (beruht) – ein Menschbild, das auch die hohe Würde der Person ausmacht«[74]. Gerade in Russland, wo die Kirchen und Glaubensgemeinschaften während der sowjetischen Periode stark unter staatlicher Unterdrückung leiden mussten, ist man umso sensibler für die heutigen Errungenschaften der Glaubens- und Gewissensfreiheit, der Meinungsfreiheit und Freiheit der Kunst. »Wenn wir aber Achtung und Schutz der Menschenrechte von der sittlichen Verantwortung des Menschen vor Gott und den Mitmenschen trennen, dann verurteilen wir die Menschheit zur Entfesselung der Leidenschaften, zum Ausbruch der Instinkte, der eine Gesellschaft leicht in ein Wolfsrudel verwandeln kann.«[75]

Konkreter Einsatz für die Menschenrechte – Umgang mit Autorität und Macht

Auf Grund meiner persönlichen Erfahrungen, die ich in Russland vor Ort machen durfte, scheint mir derzeit eine der wichtigsten Herausforderun-

---

[70] Ebda.
[71] Ebda.
[72] Ebda., S. 82.
[73] Ebda., S. 83.
[74] Ebda.
[75] Ebda.

gen für die orthodoxe Kirche zu sein, die überall beschworenen »Werte der Sittlichkeit« in die russische Zivilgesellschaft hineinzutragen und das Land gleichsam mit christlichen Gedankengut zu durchsäuern. Zugegeben: Es gibt eine Reihe von orthodoxen Gemeinden und vor allem sogenannte orthodoxe Bruderschaften, die vorbildlich versuchen, das christliche Ideal im konkreten, oft schwierigen Lebensalltag zu verwirklichen und einander in allen Lebenslagen beizustehen. Aber bei aller berechtigter Kritik an manchen Entwicklungen im »Westen«, die zweifelsohne im Widerspruch zum Evangelium stehen, darf nicht übersehen werden, dass gerade in Russland nach rund 70 Jahren Sowjetherrschaft, die die Menschen umfassend geprägt hat, ein längerer Umwandlungsprozess in allen Bereichen notwendig ist, der 20 Jahre nach der Wende noch lange nicht abgeschlossen ist. Nach meiner Wahrnehmung findet die Kirchenleitung im eigenen Land oft nicht so deutlich klare Worte gegenüber der Staatsmacht und der Zivilgesellschaft, sondern ist eher zurückhaltend, um vermutlich das Wohlwollen der Öffentlichkeit nicht aufs Spiel zu setzen. Aus Statistiken ist bekannt, dass die Abtreibungs- und Scheidungsraten in Russland sehr hoch sind, ebenso der Alkohol- und Drogenkonsum. Korruption im öffentlich-politischen Leben ist weit verbreitet und macht auch vor der Kirche nicht halt. Es wäre wünschenswert, wenn die von der orthodoxen Kirche allseits eingemahnte Sittlichkeit und Moral in besonderer Weise gerade im eigenen Land immer stärker zum Durchbruch käme, um damit die Glaubwürdigkeit ihrer Aussagen zu untermauern.

Doch wie sieht es in der Verwirklichung der Menschenrechte innerhalb der eigenen Strukturen der Kirche aus? Gewiss, die Kirche hat nach orthodoxen (und auch nach katholischem) Verständnis keine demokratische, sondern eine hierarchische Struktur. Um so mehr muss im kirchlichen Kontext das Wort Jesu zum Thema »Macht« im Matthäus-Evangelium »bei euch soll es nicht so sein, sondern wer bei euch groß sein will, der soll euer Diener sein«, und »wer bei euch der Erste sein will, soll euer Sklave sein« (Mt 20, 26 f.) sehr ernst genommen werden. Eine starke Betonung der Autorität der Amtsträger einerseits und des Gehorsams der »Untergebenen« andererseits birgt große Gefahren in sich, die nüchtern erkannt werden müssen und gegen die es gilt, entschieden anzukämpfen, wenn Machtmissbrauch wahrgenommen wird. Denn die große Wertschätzung einer geistlichen Autorität liegt immer auf der geistlich-spirituellen Ebene, aufgrund eines persönlichen Strebens nach Vervollkommnung (»Vergöttlichung«), die sich gerade durch Bescheidenheit, Demut und Güte auszeichnet.

Schlussgedanken

Der ökumenische Dialog, der durch das russische orthodoxe Dokument über Würde, Freiheit und Rechte des Menschen angestoßen wurde, macht deutlich, dass Ökumene mehr ist als nur die Auseinandersetzung mit binnenkirchlichen Fragestellungen. Diese Ökumene greift über allseits bekannte theologische und ekklesiologische Fragestellungen hinaus auf das politisch-gesellschaftliche Zusammenleben der Menschen in Europa und weiter – im Sinne der Globalisierung – auf die Menschheit der ganzen Welt. Das Christentum hat in ökumenischer Zusammenarbeit seine Verantwortung für die zukünftige Gestaltung eines freien und gerechten Zusammenlebens aller Menschen dieser Erde wahrzunehmen und die ihm anvertrauten Grundwerte gemeinsam argumentativ zu verkünden und in den eigenen Reihen glaubwürdig zu leben. Das ist der Auftrag Christi und das sind wir der Welt schuldig.

Gerhard Ludwig Müller

Die menschliche Entwicklung zwischen Schöpfung und Vollendung.
Anmerkungen zur Enzyklika *Sollicitudo rei socialis* von Johannes Paul II.

Die Katholische Soziallehre – eine Annäherung

Das im Jahre 2004 veröffentlichte *Kompendium der Soziallehre der Kirche*[1] steht als jüngste Veröffentlichung zum weiten Themenkreis der Soziallehre der Kirche in der langen Tradition der Sorge der Kirche um die soziale und gesellschaftliche Entwicklung des Menschen, die seinem Sein und seinem Wesen gerecht werden möchte. Die Kirche hat dabei immer alle Dimensionen menschlicher Wirklichkeit mitberücksichtigt und sich in allen politischen Gegebenheiten und kulturellen Eigenheiten als bleibender Bezugspunkt einer am Menschen orientierten Soziallehre verstanden. Immer stand der einzelne Mensch, das Individuum, im Zentrum der Betrachtung, so wie der Mensch vor Gott steht und er von Gott gewollt und geliebt ist.

Die Notwendigkeit für ein breiteres Engagement im Bereich der Soziallehre hat sich in Europa bereits im 18. und 19. Jahrhundert abgezeichnet. Industrialisierung und fortschreitende Technisierung haben den Menschen selbst zu einer Maschine umfunktioniert, die bedingungslos im Dienst von Produktion, Leistung und Gewinn stand. Der Mensch trat in den Hintergrund.

In Papst Leo XIII. fanden die Arbeiter, die zu billigen Arbeitskräften degradiert wurden, einen Fürsprecher, der die soziale Sorge der Kirche fest im Bewusstsein der Menschen und der Welt verankerte. Die ökonomischen Ereignisse des 19. Jahrhunderts waren für den Umsturz der jahrhundertealten sozialen Ordnung verantwortlich und warfen schwerwiegende Probleme der Gerechtigkeit sowie die der ersten großen sozialen Fragen, etwa die Arbeiterfrage, auf, die aus dem Verhältnis von Arbeit und Kapital entstand. Die so neu entstandene Phase der Arbeitsprozesse war Anlass, auch über die sich in Folge verändernden pastoralen Herausforderungen nach-

---

[1] Päpstlicher Rat für Gerechtigkeit und Frieden, *Kompendium der Soziallehre der Kirche*, Freiburg 2006.

zudenken und mit den entsprechenden Mitteln die neu entstandenen Bedingungen zu bewältigen. Fortgesetzt wurden die lehramtlichen Aussagen mit *Quadrogesimo anno* (1931), *Mater et Magistra* (1961), *Pacem in terris* (1963), *Gaudium et spes* (1965) und den drei Enzykliken *Laborem exercens* (1981), *Sollicitudo rei socialis* (1987) und *Centesimus annus* (1991) von Johannes Paul II.

Entwicklung zu wahrer Humanität

Der Appell des Zweiten Vatikanischen Konzils »Freude und Hoffnung, Trauer und Angst der Menschen von heute, besonders der Armen und Bedrängten aller Art, sind auch Freude und Hoffnung, Trauer und Angst der Jünger Christi. Und es gibt nichts wahrhaft Menschliches, das nicht in ihren Herzen seinen Widerhall fände.« (*Gaudium et Spes* Nr. 1) ist besonders heute wieder von einer Aktualität, da die Entwicklung in weiten Teilen der Welt derart bedrohliche Ausmaße annimmt, so dass das soziale und caritative Handeln der Kirche dringend benötigt wird. Papst Benedikt XVI. hat wohl wissend um die Herausforderungen der Gegenwart und der Zukunft die einzigartige Rolle der Kirche für eine menschenwürdige Welt in das Gewissen der Menschen, der Staaten und Nationen sowie der Völker mit seiner Enzyklika *Deus Caritas est* (2005) geschrieben.

Trauer und Angst der Menschen von heute ist die Situation des Elends, der Unterdrückung, des Hungers und des Leids, der Verfolgung und der Ermordung von Millionen von Menschen auf der ganzen Welt.

Die Enzyklika *Sollicitudo rei socialis* greift in besonderer Weise den Begriff der »Entwicklung« auf und verbindet ihn mit dem Frieden. Sie erinnert dabei an die in *Populorum progressio* (1967) grundgelegte Hoffnung auf einen Übergang von weniger humanen Lebensbedingungen zu humaneren, deren Charakteristika nicht die rein wirtschaftliche und technische Dimension beinhaltet, sondern den Erwerb von Kultur und Bildung, den Respekt vor der Würde des Anderen sowie die Anerkennung letzter verbindlicher Werte, die in Gott ihren Ursprung und ihr Ziel zugleich haben. Im Lichte des Glaubens wird es zu einer weltweiten Gerechtigkeit kommen, die gemeinsam mit einem universalen Frieden zu einem universalen Humanismus im Vollsinn des Wortes führen wird, der von geistlichen Werten gelenkt wird.

In der Diskussion um die Entwicklung des Menschen hin zu einer neuen Welt ist Humanität, die dauerhaft und tiefgreifend dem Wesen des Menschen gerecht sein will, nur dann möglich, wenn sie sich aus dem Glauben heraus als Freilegung des Wesens menschlichen Zusammenlebens versteht. Durchdrungen vom Gebot »Liebe deinen Nächsten wie dich selbst« wird eine Humanität gesetzt, die die christliche Anthropologie am eindringlichsten formuliert. Den anderen zu lieben, weil er Geschöpf Gottes ist und Gott zu lieben, weil er sich uns als Schöpfer, Erlöser und Vollender geoffenbart hat.

Daraus nährt sich die Antwort darauf, wie unsere Welt gelingen kann. Wie sie zu Gott findet. Und: welchen Wert und welche Würde der Mensch hat.

Das Offenlegen der Geschöpflichkeit ist Dienst an der Würde des Menschen

Von den Enzykliken von Paul VI. und Johannes Paul II. ist ein Signal ausgegangen, das sich mit neuer Intensität auch mit dem Begriff des Fortschritts auseinandersetzt. Ist es dem Menschen eingeschrieben, das er im geschichtlichen Prozess zu einer immer perfekteren, ökonomisch ausgereifteren, technisch vollkommenen Welt voranschreitet? Liegt im Fortschritt in dieser mechanistischen Ausformung der letzte Sieg des Menschen über Unterdrückung und Leid, über Not und Tod? Oder kommt mit der wirtschaftlichen und gesellschaftlichen Veränderung zugleich ein falsches Menschenbild, das uns als Konsumenten oder als Teil des Marktes definieren möchte, um dem Faktor Wirtschaft zu neuen Möglichkeiten zu verhelfen? Dieser von der Enzyklika *Sollicitudo rei socialis* »Optimismus mechanistischer Art«[2] genannte Vorgang hat bisher die Situation in weiten Teilen der Erde nicht verändert. Wohlstand und Reichtum, aber auch politische Stabilität und gerechte Lebenssituationen sind unverändert nur einem Teil der Menschheit vorbehalten. Die materiellen und geistigen Güter der Erde sind aber für alle Menschen da.

So sind die Ergebnisse zwar für eine kleine Gruppe von Gewinn, deren Reichtum ins Unermessliche wächst, für Arme und Notleidende ist der viel beschworene Fortschritt oftmals nur ein weiterer Weg, der sie tiefer in das Elend und in die Unterdrückung führen kann.

Der menschliche Fortschritt, wie ihn die Kirche sieht, besteht in seinem Dienst an der Würde des Menschen, in der Entwicklung zu wahrer Menschlichkeit – wie sie die Enzyklika umfassend beschreibt.[3]

Wahrer menschlicher Fortschritt besteht im Einsatz für die Menschenwürde, die in einer sich neu strukturierenden Gesellschaft zum tra-

---

[2] Johannes Paul II., Enzyklika *Sollicitudo rei socialis* vom 30.12.1987 (= VApSt 82) Nr. 27.
[3] Ebd., Nr. 27–34.

genden Moment werden muss, um konkret umzusetzen, was mit der Entwicklung zum Menschsein verbunden sind.[4]

Der Maßstab für eine wahre Entwicklung muss dabei immer im Blick sein: Die besondere Natur des Menschen, der von Gott als sein Abbild, ihm ähnlich geschaffen wurde, in seiner geistigen und leiblichen Natur, symbolisiert mit den beiden Elementen der Erde, aus der die körperliche Dimension des Menschen erschaffen wurde und des Lebensatem, der ihn mit dem Geist erfüllt.

Wahre menschliche Entwicklung ist im Rahmen von Solidarität und Freiheit zu vollziehen. »Die Verpflichtung, sich für die Entwicklung der Völker einzusetzen, ist nicht nur von individueller und noch weniger von individualistischer Art, als ob es möglich wäre, sie mit den isolierten Anstrengungen der einzelnen zu erreichen. Es ist eine Pflicht für alle und jeden, für Mann und Frau, für Gesellschaften und Nationen, im besonderen aber für die katholische Kirche«[5] – so hebt Johannes Paul II. die Verantwortung vom Einzelnen hinein in die Formen der Gemeinschaft des Menschen. Der Staat, die Nation, Europa, die Vereinten Nationen – die ganze Welt und alle Menschen. Sie stehen im Dienst der Menschen, ihrer Entwicklung, ihrer Bildung, der Ernährung und des Eigentums.

Die Zusammenarbeit für die Entwicklung des ganzen Menschen und jedes Menschen ist eine Pflicht aller gegenüber allen und muss auf die Schultern der ganzen Welt verteilt werden.

Die Länder, die in Wohlstand leben, übernehmen dabei eine besondere Verantwortung. Sie dürfen sich aber nicht dazu verleiten lassen, nur finanzielle und technische Hilfen anzubieten, und den Ländern in Armut und Not dadurch signalisieren, dass sie als Konsumenten Objekte des Marktes und der Konzerne sind, die den Lebensstil des reinen und puren Konsums annehmen müssen. Menschliche Entwicklung ist aber unter dem Gesichtspunkt der Geschöpflichkeit v. a. ein moralischer Begriff, der im Einklang mit der individuellen und das Wesen fördernden Entwicklung des Einzelnen steht, der in seiner geschichtlichen, kulturellen, politischen und psychologischen Struktur erfasst werden muss. Der Gegensatz zu einer unkontrollierten »Vermarktung« der ärmeren Länder besteht in der Anerkenntnis ihrer ureigenen kulturellen und historisch gewachsenen Strukturen, die den Menschen von Anbeginn seines irdischen Daseins prägen und formen.

Das setzt die Bereitschaft und die Fähigkeit voraus, im Anderen den Mitmenschen zu sehen, der im Glauben zum Nächsten wird, dem ich hel-

---

[4] Ebd., Nr. 29.
[5] Ebd., Nr. 32.

fend zur Seite stehe, ihn aber nicht verdränge von seiner Eigenständigkeit, sondern ihn in seiner Eigentlichkeit bestärke.

»Lasst uns Menschen machen als unser Abbild, uns ähnlich« (Gen 1, 26)

Wahre menschliche Entwicklung unterliegt den moralischen Vorgaben, die wir als Geschöpfe gerade den Geboten Gottes entnehmen können. Ihnen eigen ist die umfassende Kenntnis des menschlichen Lebens, seiner Entscheidungen und seiner Schwächen. Im ersten Gebot wird die Basis errichtet für ein Leben aus dem Wissen heraus, dass Gott uns nicht fern ist, sondern er unseren Weg begleitet und unser Leben in seiner Wahrheit und in seiner Liebe führt. Die Trostlosigkeit einer Welt ohne Gott ist uns allgegenwärtig in den Berichten des Schreckens, des Terrors, des Krieges – Gott aber hat uns zu einer Gemeinschaft gerufen, die viel tiefer greift als staatlich-politische Systeme, weltliche Zusammenschlüsse oder gesellschaftliche Vergemeinschaftungen: Wir gehören zur Kirche, die sein Leib ist und dessen Haupt er selber ist. Diese Dimension des Menschseins ist in weiten Teilen der Welt abhanden gekommen. Die Dimension der Sakramentalität der Kirche, die als das aufgerichtete Zeichen in der Welt und für die Welt auf Gott verweisen kann und ihn gegenwärtig setzt, muss immer wieder betont werden. Sind wir Glieder der Kirche, so brechen in der Erfahrung der Transzendenz alle Barrieren, die der Mensch errichtet hat, auf.

Wenn wir von der Entwicklung des Menschen sprechen, so gehört die Bezogenheit des Menschen auf die Transzendenz hinzu. Als Geschöpf des Schöpfers ist seine Vollendung auch in Gott gegeben. Wer dem Menschen vorgaukelt, sein Leben spiele sich nur in der Enge der zeitlichen Begrenzung seiner irdischen Lebensdaten ab, der raubt ihm die Dimension der Hoffnung, der Vergebung, der Liebe und der Erlösung.

Zugleich wird dem Helfenden, den Schützenden der Grund seines Handelns genommen, weil sie im Mitmenschen nur den Konkurrenten, bloß »den Anderen« sehen oder sogar nur den Feind. In Gott, dem Schöpfer, aber, wird die Ebenbildlichkeit des Menschen zum Signum seiner Würde:

»Der Christ, der dazu angeleitet worden ist, im Menschen das Abbild Gottes zu sehen, das zur Teilnahme an der Wahrheit und am Guten berufen ist, die Gott selbst darstellt, versteht ferner den Einsatz für die Entwicklung und ihre Verwirklichung nicht unabhängig von der Beachtung und dem Respekt vor der einzigartigen Würde dieses ›Abbildes‹. Mit anderen Worten, die wahre Entwicklung muss sich auf die Liebe zu Gott und zum Nächsten gründen und dazu beitragen, die Beziehungen zwischen den einzelnen und der Gesellschaft zu fördern. Das ist die ›Zivilisation der Liebe‹, von der Papst Paul VI. so oft gesprochen hat.«[6]

Zur Liebe berufen

Johannes Paul II. hat in seiner Enzyklika *Centesimus Annus* bereits einem Appell gleich den Menschen einen »Katalog« vorgestellt, in dem er die grundlegende christliche Auffassung von der Natur des Menschen beschreibt:

»Unter den vorrangigsten Rechten sind zu erwähnen: das Recht auf Leben, zu dem wesentlich das Recht gehört, nach der Zeugung im Mutterschoß heranzuwachsen; das Recht, in einer geeinten Familie und in einem sittlichen Milieu zu leben, das für die Entwicklung und Entfaltung der eigenen Persönlichkeit geeignet ist; das Recht seinen Verstand und seine Freiheit in der Suche und Erkenntnis der Wahrheit zur Reife zu bringen; das Recht an der Arbeit zur Erschließung der Güter der Erde teilzunehmen und daraus den Lebensunterhalt für sich und die Seinen zu gewinnen; das Recht auf freie Gründung einer Familie und auf Empfang und Erziehung der Kinder«[7].

Mit dem Blick auf *Familiaris Consortio* führt Johannes Paul II. seine Gedanken weiter. Er entwickelt seine Anthropologie, die sein ganzes Pontifikat bestimmt hat: Gott hat den Menschen zur Liebe berufen. So steht im Mittelpunkt der christlichen Anthropologie die Familie. Sie muss geschützt werden als der Ort, an dem jeder Mensch liebevoll angenommen heranreift zu einem Menschen, der in der Hingabe, der Opferbereitschaft, des Sich-Einfügens sich entfalten kann und so reflexiv zu sich selbst findet. Die Familie ist der natürliche Ort der Menschwerdung. Christliche Anthropologie verliert sich nicht in eine vage Spekulation, sondern hat konkrete Ansatzpunkte und Erkenntnisse, derer wir uns oft erst dann gewahr werden, wenn sie ausgeblendet und geleugnet werden.

Wenn wir daher von der wahren Entwicklung des Menschen sprechen, dann ist die Familie als Keimzelle des Glaubens, als Hort sicherer Entfaltung und als Raum des liebenden Miteinanders die erste große Stufe wahren menschlichen »Fortschritts«.

---

[6] Ebd., Nr. 33.
[7] Johannes Paul II., Enzyklika *Centesimus annus* vom 1. Mai 1991 (= VApSt 101) Nr 47.

Geschöpf und Person – Eckdaten der Menschenrechte

Bereits Papst Johannes XXIII. hat in seiner Enzyklika *Pacem in terris* eine eigene Charta der Menschenrechte vorgelegt und übertrifft dabei die »Allgemeine Erklärung der Menschenrechte« durch den deutlichen Akzent, der mit der christlichen Durchdringung der Fragestellung gegeben ist: Der Mensch als Person ist Ausgangspunkt seiner Würde. Damit überwindet die Kirche gerade den horizontalen Begründungsrahmen, der sich jederzeit schnell ändern kann, und führt die Diskussion auf den eigentlichen Kern: Mit Vernunft und Willensfreiheit ausgestattet, hat die Person – seine Personalität – Rechte und Pflichten, die ihr von Natur aus eigen sind. Das respektierend soll von allen als gemeinsame Grundlage des Handelns akzeptiert werden. Dann gibt es eine echte Chance darauf, dass Ungleichheit und massive Differenzen bei der Partizipation an den Ressourcen der Erde verschwinden und die für alle Menschen gültige Freiheit zum tragenden Element aller sozialen Ordnungen wird:

»Jedem menschlichen Zusammenleben, das gut geordnet und fruchtbar sein soll, muss das Prinzip zugrunde liegen, dass jeder Mensch seinem Wesen nach Person ist. Er hat eine Natur, die mit Vernunft und Willensfreiheit ausgestattet ist; er hat daher aus sich Rechte und Pflichten, die unmittelbar und gleichzeitig aus seiner Natur hervorgehen. Wie sie allgemein gültig und unverletzlich sind, können sie auch in keiner Weise veräußert werden.«[8]

Die Grundidee der Menschenrechte entspricht nicht nur zutiefst dem biblisch-christlich Verständnis des Menschen, sondern ist die Wurzel, von der alle Initiativen für eine Wertschätzung des menschlichen Lebens ausgehen. Durch die Kirche werden diese Grundlagen hinein in die moderne Welt übersetzt. Unterschiede der ethnischen Herkunft, der politischen Zugehörigkeit oder der kulturellen Identität dürfen nicht zu einer Barriere zwischen den Menschen werden. Jede Form der Abgrenzung widerspricht dem von der Kirche klar formulierten Person-Begriff.

Die Kirche kann über diese religiösen, nationalen und ideologischen Grenzen hinweg zur Ausbildung eines vorrechtlichen Konsenses über die Würde und die Rechte des Menschen aktiv beitragen. Die christliche Verantwortung für die Menschenrechte wird deutlich in der Information und der öffentlichen Bewusstseinsbildung in allen Fragen, die das menschliche in seiner Unantastbarkeit betrifft – Einflussnahme auf gesetzliche Regelungen zum Lebensschutz, international agierende kirchliche Hilfsorganisationen, deren Beitrag in den Sofortmaßnahmen und den langfristigen

---

[8] Johannes XXIII., Enzyklika *Pacem in terris* vom 11. April 1963 (= AAS 55 [1963] 257–301) Nr. 9.

Prozessen nicht nur beschränkt bleibt in der materiellen Hilfe. Das Engagement der Kirche in Gebieten der Armut, wo die einfachsten Lebensgrundlagen nicht vorhanden sind, hilft den Betroffenen, ihren Wert als Menschen wieder oder vielleicht zum ersten mal wahrzunehmen.

Evangelium vitae und *Deus caritas est*

Papst Benedikt XVI. hat in seiner ersten Enzyklika *Deus Caritas est* das »Liebestun der Kirche« zum Programm der Kirche erhoben: »Die Karitativen Organisationen der Kirche stellen dagegen ihr opus proprium dar, eine ihr ureigenste Aufgabe, in der sie nicht mitwirkend zur Seite steht, sondern als unmittelbar verantwortliches Subjekt selbst handelt und das tut, was ihrem Wesen entspricht. Von der Übung der Liebestätigkeit als gemeinschaftlich geordneter Aktivität der Gläubigen kann die Kirche nie dispensiert werden.«[9]

Greifen wir den Gedanken von vorhin noch einmal auf, dann stellt es sich wirklich so da, dass der Mensch in der Liebe zu Gott und zu den Menschen zu seiner eigenen Bestimmung durchdringt.

Dann kommt die Freiheit in der Solidarität zur Verwirklichung, die Gleichheit – des Einzelnen und der Völker – mündet in den dauerhaften Frieden, der Schutz des Lebens gilt allen Stufen menschlich-individueller Entwicklung und die Gerechtigkeit basiert auf der Suche nach der Wahrheit. Erst dann ist die Würde des Menschen als Kriterium des Umgangs miteinander und zugleich der erste und unhinterfragbare Zugang zum Wesen des Menschen.

Aufgabe der Kirche ist es, dieses »Evangelium des Lebens«, wie Johannes Paul II. eine seiner Enzykliken überschrieben hat, der Kultur des Todes entgegenzustellen und die Bedrohungen des unvergleichlichen Wert der menschlichen Person, deren Größe und Kostbarkeit betonend, mit der Verkündigung der Frohen Botschaft zu bewältigen.

»Das Evangelium von der Liebe Gottes zum Menschen, das Evangelium von der Würde der Person und das Evangelium vom Leben sind ein einziges, unteilbares Evangelium. Der Mensch, der lebendige Mensch stellt den ersten und grundlegenden Weg der Kirche dar.«[10]

»Jeder Mensch« – und mit diesem Zitat von Johannes Paul II. möchte ich schließen – »ist auf Grund des Geheimnisses vom fleischgewordenen Wort Gottes der mütterlichen Sorge der Kirche anvertraut. Darum muss jede Bedrohung der Würde und des Lebens des Menschen eine Reaktion im

---

[9] BENEDIKT XVI., Enzyklika *Deus caritas est* vom 25. Dezember 2005 (= VApSt 171) Nr. 29.
[10] JOHANNES PAUL II., Enzyklika *Evangelium* vom 25. März 1995 (= VApSt 120) Nr. 2.

Herzen der Kirche auslösen, sie muss sie im Zentrum ihres Glaubens an die erlösende Menschwerdung des Gottessohnes treffen, sie muss sie miteinbeziehen in ihren Auftrag, in der ganzen Welt und allen Geschöpfen das Evangelium vom Leben zu verkünden.«[11]

---

[11] Ebd., Nr. 3.

Markus Schulze

Das Bittgebet als Beitrag des Menschen zur Vollendung der Schöpfung.
Wie Blondels und Thomas von Aquins Ansatz sich ergänzen

Tat und Gebet, oder: Tat als Gebet?

Gebet ist qualifizierter Gottesbezug. Was aber von all dem, was Menschen tun und leiden, hat – insbesondere seit dem Ereignis der Inkarnation, der Menschwerdung Gottes – keinen qualifizierten Bezug zu Gott, dem umfassenden und durchdringenden Geheimnis der Welt und unseres Lebens? Sind nicht alle Dimensionen humaner Erfahrung und Reflexion auf Gott bezogen, weil und insofern sich Gott im inkarnierten Logos auf sie bezieht und bezogen sein will?

So gesehen: Ist nicht alles, was als Werk von uns ausgeht, Kooperation mit dem Schöpfer und Erhalter – und somit Gebet? Ist nicht alles, was uns als Schmerz durchdringt, *compassio* mit dem Retter und Vollender – und somit Gebet?

Noch nicht allzu fern sind die Zeiten, wo vor allem dem menschlichen Einsatz im Sinn der Caritas, dem menschlichen Wirken im Sinn der Nächstenliebe als solchem die Qualität von Gebet[1] zuerkannt wurde. Man berief sich dabei gerne auf Karl Rahners epochalen Aufsatz über die Einheit von Gottes- und Nächstenliebe,[2] um dann in Deduktion davon zu zeigen, dass zwischen einer Tat für den Aufbau der Menschenwelt bzw. für die Abschaffung von Menschennot und der Ausrichtung des Willens auf Gott als unendliche Liebe kein spezifischer Unterschied bestehe, insofern nämlich jeder Akt der Hingabe im Dienst an den Brüdern und Schwestern den Verweis auf Gottes zuvorkommende und anerkennungswürdige Güte und umgekehrt jede Bezugnahme auf Gottes Liebes-Wirken und Liebe-Sein die notwendige Referenz auf den liebesbedürftigen Mitmenschen mitsetze.

In diese Überlegungen hinein spielte auch Maurice Blondels Intuition, dass jede Tat (action[3]) in ihrer Struktur gleichsam von ihrer Natur her

---

[1] Walter Kasper, Einführung in den Glauben, Mainz 1972, 81.
[2] Karl Rahner, Über die Einheit von Nächsten- und Gottesliebe, in: ders., Schriften zur Theologie, Band VI, Zürich/Einsiedeln/Köln ²1968, 277–298.
[3] Maurice Blondel, Die Aktion. Versuch einer Kritik des Lebens und einer Wissenschaft der Praktik, Freiburg/München 1965.

einen Bezug zum Übernatürlichen der göttlichen Souveränität und Gnadenverfügung enthält. Warum? Weil – so Blondel – in ihr zwei Dimensionen aufeinander treffen, die – wenn die Tat gelingen soll – sich sinnvoll ineinander fügen müssen, soll nicht die eine die andere behindern und so die Möglichkeit zur Tat aufheben: Es sind die Dimensionen der *Freiheit* des *Subjekts* und der *Vorgegebenheit und Undurchschaubarkeit der Handlungsfaktoren und des Umfelds,* worin sich Freiheit handelnd zu bewähren hat. Im Blick auf die Undurchschaubarkeit der Faktoren, die den Handelnden treiben und leiten, sagt Blondel: »Damit also ›das Handlungsmotiv‹ wirksam werde, existiere, die Sammlung der zerstreuten Energien bewirke und sie zum Angriff vorwärts stoße, muss es irgendeine neue Perspektive und die Verheißung eines zu erobernden Unbekannten hinzubringen ... Von einem undurchdringlichen Ursprung aus durchschreitet der ... Akt ... das erleuchtete Feld des Bewusstseins, um einem noch undurchdringlicheren Ziel zuzustreben. Man lebt, so sagt man, nur von der Hoffnung; man arbeitet nur im Blick auf das Bessere. Wir gehören, ob wir klar darum wissen oder nicht, einer höheren Welt an als der der sinnlichen Phänomene und der der Wissenschaft der Tatsachen ... Eine klare Idee ist tot; alles was mit mathematischer Gewissheit bewiesen und festgelegt ist, löst keinerlei selbstlose Hingabe aus. Man stirbt und man lebt nur für einen Glauben – nur wenn man im Erkannten mehr erhofft, als man weiß, wenn man sich selbst darin zum Einsatz gegeben hat.«[4]

Im Blick auf die Undurchschaubarkeit des Handlungsfeldes führt Blondel aus: »Es gibt keinen Akt, so intim er auch sein mag, der im steten Zwang, sich auszudrücken, außerhalb des Individuums nicht auf eine Art von Willfährigkeit und Mitarbeit rechnete. Eine Gebärde, ein Wort sind nur möglich durch die Umwelt, in der sie sich kundtun: das Phänomen stammt nie allein von uns, noch auch nie allein von der Umwelt; es stammt von beiden und sozusagen ungeteilt ... Nicht nur ist es uns unmöglich, nichts aus nichts zu schaffen oder zu machen, d.h., dass ein Stoffliches welcher Art auch immer zum Vollzug unserer Aktivität als vorgängige Voraussetzung unentbehrlich ist; sondern selbst noch unsere Tätigkeiten und unsere Intentionen bilden sich irgendwie nach dem Objekt, dem sie zustreben, damit sie dort ihre Form erhalten ... Um zu handeln muss man sich also in aller Wahrheit seiner Umwelt anpassen, und muss diese Umwelt zur Art des Seins und des Tuns, das sich in ihr entfaltet, beitragen ... Unsere Aktion ist somit niemals bloß unsere Aktion: nicht nur genug damit, dass sie dazu gedrängt wird, außerhalb des individuellen Bereiches hinauszugehen, muss sie auch noch auf Grund einer Art natürlichen Affinität und durch Ko-aktion uns fremde Kräfte auslösen, und ihr Werk oder

---

[4] Maurice Blondel, a.a.O., 135.

ihre Erscheinung muss aus einer Konvergenz und Synthese von Tätigkeiten sich ergeben, die aus ganz verschiedenen Ursprüngen hervorgegangen sind.«[5]

Diese Überlegungen Blondels bringen die – gelegentlich auch unheimlich anmutende – Einsicht mit sich, dass Erfolg bzw. Misserfolg meines Tuns in letzter Instanz nicht von meiner Tat abhängen, was bedeutet, dass meine für die *action* unerlässliche Selbstverfügung in einen unverfügbaren Raum hinein geschieht, von dem ich aus Eigenem nicht weiß, ob er mir freundlich oder feindlich gesonnen ist. Nun aber kann nach Blondel menschliche Selbstverfügung, wo sie lebendig und sinnvoll sein will, nicht davon ausgehen, dass die vorgefundene Lage eine dunkle Ansammlung sinnloser oder gar sinnwidriger Zufälle ist, weil sie sonst früher oder später an ihrer Vollendung und an ihrem Ziel verzweifeln müsste. Das bedeutet: Sie muss annehmen, dass das Entgegenkommen der Wirklichkeit, theologisch gesagt: Gnade, die Tat sie selbst sein lässt und so das Engagement des Menschen vollendet.

Nun aber kann der Mensch dieses Gnadengeschenk nicht einfach herrisch fordern, es nicht zwingen und auch nicht garantieren. Folglich sucht alles menschliche Tun, ausdrücklich oder insgeheim, im Eigenen das, was ihm nicht eigen ist, also gleichsam von Natur aus das Übernatürliche, die Souveränität der gegebenen Wirklichkeit und letztlich der allerersten Urgegebenheit: die Souveränität Gottes als ihm gütig und verständnisvoll zugeneigte und wohlwollende. In dieser Sicht Blondels wäre Gebet als Aussein auf das Nicht-Machbare mitten im Machen da als ein in der Tat gemeintes und gesetztes Sich-Ausstrecken nach der Vollendung der Tat, die das Tun in der Tat dieser selbst nicht zweifelsfrei gewähren bzw. gewährleisten kann.

Auch wenn nun weiterhin formal und ontologisch unterschieden werden musste zwischen der Sphäre des dem Menschen von seinem Wesen her Möglichen und dem allein Gott Möglichen, war doch in der konkreten Tat, die diesen Namen verdient, nach Blondel nicht mehr im Einzelnen zu trennen zwischen menschlichem Einfluss und göttlichem Einfluss, zwischen dem Natürlichen und dem Übernatürlichen. So wurde es dann möglich zu sagen, dass jede engagierte *action* potentiell Ruf an das Entgegenkommen der souveränen Gnade Gottes und damit in gewisser Weise Gebet sei.

Ohne Zwang zu theologischer Differenzierung formuliert dann Rainer Maria Rilke in der offenen Spiritualität seines Stundenbuches: »Es giebt im Grunde nur Gebete, so sind die Hände uns geweiht, dass sie nichts

---

[5] Maurice Blondel, a. a. O., 240.

schufen, was nicht flehte; ob einer malte oder mähte, schon aus dem Ringen der Geräte entfaltete sich Frömmigkeit.«[6] An dieser Stelle lässt sich in verstehendem Vorgriff erahnen, inwiefern Gebet ein Beitrag des Menschen zur Vollendung der Schöpfung ist: Gott weiht die Hände des Menschen so, dass diese in ihrer Verwiesenheit auf Gnade im Tun die Einheit dessen verkörpern, was zur Einheit kommen will, ohne je schon in der effektiven Einheit zu sein: Göttliche Souveränität und menschliche Freiheit.

Es gibt im Grunde nur Gebete, so sind die Hände uns geweiht: Wozu also noch ein religiöses Tun (Beten im engeren Sinn genannt) neben dem Tun des Alltags, wozu ein Beten in einem vom Wirken und Werken, Lieben und Leiden der Menschen abgesonderten Raum und in einem von allem anderen Zeitgebrauch getrennten Zeitabschnitt? Braucht das Gott, gleichsam als zeremoniöse Bestätigung seiner Hoheit vonseiten seiner Untertanen? Brauchen das die Menschen, gleichsam als neben »Ungewissheit und Wagnis«[7] humaner Existenz herlaufende beruhigend sein wollende Versicherung, dass doch durchaus im Himmel ein Vater wohne, auch wenn dies im erlebten Leben nicht ohne weiteres in die Augen springt? Zementiert so nicht gerade das Beten als »Tun neben dem Tun« die Zwei-Stockwerk-Theorie, die man nach den Korrekturen des Vaticanum II in der Theologie des Verhältnisses von Welt und Kirche bzw. Welt und Gottesreich abgeschafft zu haben glaubte?

Gebet als Ruf in nicht abschaffbarer Not

Rilkes großartige Intuition in Ehren, die besagt: »Es giebt im Grunde nur Gebete, so sind die Hände uns geweiht.« Was aber, wenn diese Hände würgen und morden, Leben hindern und zerschlagen? Was aber, wenn diese Hände sich weigern, Gebet zu sein – in Sünde und Verzweiflung, in Enttäuschung und Verbitterung, in Selbstabkapselung und Selbstverweigerung? Angesichts dieser Fragen kann man nicht ohne weiteres statuieren, dass Menschenhände immer schon und wie selbstverständlich betend seien. Das zu behaupten, wäre im Blick auf das Ganze menschlichen Daseinsvollzugs zynisch.

Andererseits erwächst oft in solchen Lagen, wie wir sie eben als Sünde und Verbitterung zu umreißen versuchten, überhaupt erst echtes, aus der Tiefe kommendes Beten (wie man in Karl Rahners Predigt »Die Öff-

---

[6] Rainer Maria Rilke, »Alle, die ihre Hände regen«, in: ders., Das Stunden-Buch, in: ders., Sämtliche Werke (hg. von Ernst Zinn), Band 1, Frankfurt am Main (Insel-Verlag) 1963, 280.
[7] Vgl. Peter Wust, Ungewissheit und Wagnis, München [7]1962.

nung des Herzens«[8] nachlesen kann). Warum? Weil Sünde und Not bedeuten, dass für den Menschen Sein und Sinn, Realität und Ideal auseinander brechen. Wenn das geschieht, kann der Mensch, dessen Leben davon lebt, auf die Einheit von Sein und Sinn zulaufen zu können, nicht darauf verzichten, Zuflucht zu nehmen zu dem, der die Einheit von Sein und Sinn, von Realität und Ideal *ist* – und darum imstande ist, den erlebten Bruch von Sinn und Sein zu heilen, zu Gott.

Jeder Mensch kennt diese reflexartige Bewegung des Herzens, in der Überforderung drohender Absurdität eine Instanz von Sinngewährung und Sinnwahrung anzurufen, aus der Kindheit. Wo wir uns als Unausgereifte nicht mehr auskannten vor lauter Not, haben wir doch noch Vater und Mutter gekannt oder geahnt und nach ihnen geschrien. Damit haben wir ihre Güte und Macht anerkannt und zugleich unsere Bedürftigkeit. In jenen Tagen waren die Brüste der Mutter und die Arme des Vaters eine Art Sakrament göttlicher Gegenwart, sichtbares Zeichen seines unsichtbaren Waltens und Daseins. Das ist ein derart grundlegender Vorgang, dass er untilgbar in die Tiefen unserer Seele und unserer Lebensvollzüge eingebrannt ist.

Gebet als »Tun neben dem Tun« ist im Licht des eben Ausgeführten gerechtfertigt und sinnvoll unter anderem dadurch, dass menschlichem Tun subjektiv-situativ derart einschneidend die Evidenz des Sinn-Seins-Zusammenhanges abgehen kann, dass es eine eigene Form des Handelns geben muss, worin einerseits dieses Fehlen der Möglichkeit, in einem bestimmten Kontext sinnvoll zu handeln, ausgedrückt und andererseits zugleich der berechtigte Wunsch ausgesprochen werden kann, es möge anders werden.

Gebet als Anerkennung der unendlichen und überragenden Personalität Gottes

Ein Wesen als Person achten heißt, sich ihm als eigenem Sinn und Zweck zuzuwenden – oder anders gesagt: es als Träger unbedingter Würde anzu-

---

[8] Karl Rahner, Die Öffnung des Herzens, in: ders., Von der Not und dem Segen des Gebetes, Freiburg im Breisgau 1991, v. a.: »Du wirst … erfahren, dass das versteinernde Antlitz der Hoffnungslosigkeit nur der Aufgang Gottes ist in deiner Seele, dass die Finsternis der Welt nichts ist als der Glanz Gottes, der keinen Schatten hat, dass die scheinbare Weglosigkeit nur die Unermesslichkeit Gottes ist, der keine Wege braucht, weil er schon da ist. Dann wirst Du merken, dass Er eigentlich nicht erst noch in dein verschüttetes Herz kommen muss, sondern du nur begreifen musst, dass du nicht versuchen sollst, aus diesem Herzen zu entfliehen, weil Er ja da ist … Und dann fängt es wie von selbst an, in unserem Herzen zu sprechen. Leise und ohne viel Worte. Und dann spricht es in unserem Herzen zu Gott, der in uns ist.« (a. a. O., 24 f.).

erkennen. Das geschieht, wenn ich jemanden nicht nur als Instrument für die Erfüllung meiner Wünsche und Zielvorstellungen gebrauche und einsetze, sondern ihn als ihn selber in seiner Einmaligkeit anspreche, »Du« bzw. »Sie« zu ihm sage und ihn damit als Wesen ehre, über das nicht nur verfügt wird, sondern das selber in Freiheit über sich verfügt, vor dem ich also zuerst einmal in Respekt zu warten habe, um zu sehen, ob es seinerseits, von sich aus, auf mich und meine Bedürfnisse einzugehen bereit ist – oder nicht.

Wenn Gott selbst personalen Charakters und nicht ein diffuses und anonymes Weltprinzip ist, wie christlicher Offenbarungsglaube grundlegend annimmt, dann kommt der Mensch früher oder später nicht um die Frage herum, wie er in angemessener, richtiger Weise mit diesem Träger absoluter Personalität und damit absoluter Würde umgehen solle. In dieser Perspektive legt sich der Dank nahe, worin die Gabe von Welt und Leben nicht nur schlicht genommen, sondern im Nehmen der Gabe zugleich deren Geber geehrt wird. Dank an Gott bedeutet, dass ein Mensch weiß und zum Ausdruck bringt, dass eine bestimmte Wirklichkeit (Leben, Gesundheit, Fähigkeiten, Talente, Vergebung, Gnadengaben) nicht nur zur Verfügung ist, sondern zur Verfügung gestellt, folglich gegeben ist. Wer dankt sieht mehr als der Nicht-Dankende: Er sieht in der Gabe zugleich den Geber. Wer dankt, gibt mehr als der Nicht-Dankende: Er gibt nicht nur seine Hand, um die Gabe zu ergreifen, er gibt auch etwas von seinem Herzen – als Antwort auf das Herz dessen, der ihn beschenkt hat, und zwar ausdrücklich in einem »Tun neben dem Tun«, in einem Akt neben all den Akten des Nehmens und Aneignens und Verbrauchens, weil auch der Geber neben der Gabe eine für sich bestehende Wirklichkeit, Person also eigenen Rechts und von eigener Würde ist, folglich nicht aufgeht in der Funktion, Ursache bestimmter Gaben zu sein.

Man kann unmittelbar einsehen, wie solcher Dank Vollendung der Schöpfung ist: In der Danksagung des Menschen führt dieser, des unsichtbaren Gottes Abbild in der sichtbaren Schöpfung, den Strom der Gaben von Natur und Gnade, der von Gott seinen Ausgang nimmt, zu Gott zurück. Dadurch gelangt durch den Einsatz kreatürlicher Freiheit im menschlichen Dank an Gott das Geschaffene und ins Eigene Entlassene zurück zu seinem Ursprung, zu Gott, ihn ehrend und in dieser Ehrung des ganz Anderen sich selbst vollendend.

Die Möglichkeit und Notwendigkeit des Bittgebetes

Aber kann – wie der Titel dieser Abhandlung es nahelegt – das Bittgebet ein Gleiches leisten wie die Danksagung? Kann das Bittgebet ein Beitrag zur Vollendung der Schöpfung sein? Ist einem heute wach und bewusst lebenden Menschen und Christen das Bitten, vor allem ein solches um bestimmte Güter, überhaupt noch im Ernste möglich? Kann man als aufgeklärter Zeitgenosse noch um Erfolg in Prüfungen und um Befreiung aus Schmerzen bitten angesichts der Sinn und Geist verwirrenden Tatsache, dass die Bitten ungezählter Opfer unserer blutigen Geschichte unerhört verhallt sind?

Vor allen anderen Formen des Betens steht für viele sensible Denker von heute das Bittgebet immer wieder quer zu allen Bemühungen, Glauben und Vertrauen verantwortlich und solidarisch zu leben, weil es für den kritischen Blick im Geruch des Egoismus, d. h. der Verkrümmung des Menschen in sich selbst, in den kleinen Horizont seiner kümmerlichen Gedanken und seiner selbstsüchtigen Wünsche steht. Sind nicht gerade die vielen Bitten, ihr Gewimmel und Geseufze, ein Gitter, das zwischen Gott und Mensch steht, weil es das Gitter kläglicher und armseliger Selbstbehauptung ist?

Hält man eine beliebige konkrete Bitte mit ihrem existentiellen und sozialen Kontext zusammen,[9] zeigt sich fast immer, wie sehr die Bitte als unmittelbarer Ausdruck unmittelbar empfundener Wünsche und Bedürfnisse ein schillerndes und unheimliches Gesicht zeigt – wie übrigens die Wünsche selbst auch. Wir wünschen uns so vieles, aber was brauchen wir wirklich? Wir verlangen nach unzähligen Dingen, aber welche sind ein authentischer Beitrag dazu, dass unserem Leben aufgeholfen und der Weg zum wahren und beständigen Glück geebnet wird? Gerade das zunehmende Alter lehrt Vorsicht; manch einer, der reiche Lebenserfahrung gesammelt hat, mag sich die Frage gestellt haben, ob es nicht besser wäre, überhaupt auf das Bitten vor Gott zu verzichten. Und damit wären wir wieder am Ausgangspunkt unserer Überlegungen: Ist Bittgebet heute im Ernst möglich? Kann in Tat und Wahrheit etwas derart Vieldeutiges und Ungeklärtes wie das Bittgebet ein Beitrag zur Vollendung der Schöpfung sein?

Wenn doch das Wollen in uns Quelle unserer Leiden und Demütigungen ist,[10] warum sollte da ausgerechnet das Wünschen (das als aus-

---

[9] Ob es sich um zwei Schüler handelt, die bei der Statue der Gottesmutter eine Kerze entzünden, der eine, um für die Verschiebung des Schulausflugs zu beten, weil er gerne eine weitere Folge seiner Lieblingsserie im Fernsehen anschauen möchte, was durch die Reise unmöglich würde, der andere, um für die Durchführung eben dieses Ausflugs zu flehen, weil er unbedingt die Sehenswürdigkeiten am Reiseziel kennen lernen möchte; ob man den Blick lenkt auf einen älteren Herrn, der bei der Statue der Gottesmutter eine Kerze ansteckt zum Dank dafür, dass die Bitte, die er an diesem Ort vor vielen Jahren ausgesprochen hat, nicht in Erfüllung ging, weil er Grund hat anzunehmen, dass die Gewährung des Erflehten ihm Unheil gebracht hätte: immer zeigt sich, dass die Sinnhaftigkeit des Inhalts einer konkreten Bitte nicht von vornherein feststeht.
[10] Vgl. Wolfgang Breidert, Arthur Schopenhauer, in: Otfried Höffe (Hg.), Klassiker der Phi-

gedrücktes ja Bitte ist) zum Ausgangspunkt des Intimsten gemacht werden, das es auf dieser Erde gibt, der individuellen Beziehung des Menschen zu seinem Gott? Wünschen bedeutet, dass dem Wünschenden etwas abgeht, was er gerne hätte: Dieser Mangel, dieses Fehlen ist Leiden. Wird der Wunsch erfüllt, empfängt der bislang Leidende kurzes Glück, welches aber rasch abklingt. Dieses Abklingen selbst ist wiederum Leiden. Auch wenn der Erfüllungszustand länger dauern sollte, stellen sich nur zu bald neue und andere Bedürfnisse ein: Und auch diese bedeuten Leiden. Wird jedoch ein Wunsch nicht erfüllt, bewirkt dies beim Betroffenen Frustration. Diese beinhaltet Leiden. Man kann es drehen und wenden, wie man mag: Wünschen ist stets mit Leiden verbunden. Also müsste, wenn schon, der Ausweg nicht heißen: Ausdrücken (und damit Festschreiben!) der Wünsche, der Ausweg müsste vielmehr gesucht werden im Verzicht auf Wollen und Wünschen, im Verzicht auf alles, was die Unruhebewegung des menschlichen Lebens unterhält und befeuert, also auch auf das Bitten, das ja nichts anderes ist als das Sprachrohr der vielfältigen Wunschregungen humaner Vitalität.

Die Zielvorstellung mag klug, ja sogar gut sein: Der *Weg dahin* ist die Schwierigkeit. Selbst wenn ich mich dafür entscheide, Verzicht auf Wollen und Begehren zu üben, so ist auch dies erst einmal ein Willensakt. Ich muss es wollen, nicht zu wollen. Ob mir das schließlich gelingt, ob ich diesen gewollten Zustand auch tatsächlich erreiche, wo die Willensregungen zur Ruhe und zur Ergebung gelangen, weiß ich nicht und ist – wir haben das im Zusammenhang mit Blondels Analyse der Tat bereits ins Auge gefasst – nicht nur von meinem Wollen abhängig. Also führt auch die programmatische Intuition vom Willensverzicht nicht je schon aus der gegebenen Willensstruktur und Willensdynamik der menschlichen Natur hinaus. Bei allem asketischen Training der Begehrensminderung werde ich grundlegend nach Brot verlangen und nach Vergebung.

Daran knüpft Christus an im Vaterunser. Von seinen Jüngern gebeten, sie das Beten zu lehren, legt ihnen der Erlöser eine Sammlung von sieben Bitten, sieben formulierten Wünschen ans Herz und in den Mund. Die Kirche ist diesem Ansatz des Herrn treu geblieben. Nebst Gloria, Halleluja, Te Deum und Magnifikat sind ihre Gebete, vom kleinsten schlichten Tagesgebete einer Messe bis zur ausladendsten Litanei zur Hauptsache Bitten, Bitten um die Gaben von Natur und Gnade, Bitten um Schutz vor Gefahren für Leib und Seele, um Rettung aus Not und Schmerz, um Beglückung und Befriedung unseres armen Daseins durch den Reichtum der Weisheit und das Licht des Friedens.

---

losophie, Band II, München ²1985, 124 f.; ebenso: Rüdiger Safranski, Schopenhauer und die wilden Jahre der Philosophie. Eine Biographie, München/Wien 1987, 337 f.

Aber noch einmal gefragt: Ist das Bitten, ja Betteln vor Gott, im Licht der kritischen Selbstbesinnung des Menschen auf Leben und Lebenserfahrung, nicht die kindischste und unreifste Form der Verständigung mit Gott? Kann eine Gebetsweise, die solchen Verdacht auf sich lädt, ein Beitrag des Menschen zur Vollendung der Schöpfung sein? Worin liegt *theologisch* und *anthropologisch* der Grund dafür, dass im Leben unseres Glaubens, unserer persönlichen und gesamtmenschlichen Gottesbeziehung, allen denkerischen Einwänden und allen existentiellen Enttäuschungen zum Trotz das Bittgebet nach dem erklärten Willen des Erlösers und seiner eindeutigen Anordnung seine zentrale Stellung behält und so die geistliche Mitwirkung des Menschen bei Gottes Wirken im Sinn der *creatio continua* und der *perfectio creaturae* anzeigt?

Die Anthropologie des Bittgebetes nach Thomas von Aquin

Um in diesen Fragenkomplex etwas Licht zu bringen, wenden wir uns an einen der maßgeblichen Glaubenszeugen unserer Tradition, den Heiligen Thomas von Aquin. Er entfaltet seine großangelegte Theologie der *oratio* im Kernbereich seines Traktates über die Gerechtigkeit, in der *Summa theologiae* II II q 83. Für die anthropologische Reflexion auf das Bittgebet beschäftigt uns hauptsächlich der erste Artikel.

Dieser Artikel stellt die Frage, ob Beten ein Akt unseres ganzheitlich verstandenen Appetits, also unseres menschlichen Begehrungsvermögens, oder nicht doch eher unseres Intellekts, also unseres Denk- und Orientierungsvermögens sei. Hat Beten mehr mit Appetit oder mit Reflexion und Sinnkonzeption zu tun? Nach allem, was wir bislang ausgeführt haben, dürfte doch – so scheint es – die Antwort nicht schwerfallen (zumal wir ja stillschweigend eine Definition von Bitte als ›ausgedrücktem *Wunsch*‹ stets vorausgesetzt haben!). Wer wollte danach noch bezweifeln, dass das Bitten das letzte Glied in der langen Kette darstellt, deren Vorderglieder sich aus Not, Bedürfnis, Begehren, Wünschen, Wollen, Erstreben – also aus lauter Formen des Appetits zusammensetzen?

Cassiodor, den Thomas an dieser Stelle ausdrücklich zitiert, leitet den Begriff *oratio* – in einer historisch-kritisch wohl kaum haltbaren Etymologie, aber darum inhaltlich nicht falsch – in seinem Psalmenkommentar ab von ›oris ratio‹. Gemäß den beiden Grundbedeutungen von *ratio* (einerseits Grund, andererseits Verstand) kann auch *oris ratio* zweierlei bedeuten: Verstand unseres Mundes oder Grund unseres Mundes. In relativ freier deutscher Wiedergabe könnte man den letzten Gedanken etwa so ausdrücken: Ein *Grund* unseres Mundes (›oris ratio‹), einer der Gründe, warum wir überhaupt einen Mund haben, ist (neben der Nahrungsaufnahme und der Kommunikation als Selbstmitteilung im weitesten Sinn) das Bitten bzw. das Bittgebet (›oratio‹). Einen Mund haben wir unter anderem und grundlegend dafür, dass uns die Möglichkeit gegeben ist, mit unseren Bedürfnissen und unserem Unbehagen nicht allein bleiben zu müssen, sondern sie äußern und mitteilen zu können.

Es liegt angesichts dieser Überlegung nahe, in biblischer Perspektive an Psalm 8 zu denken, wo wir lesen: »Aus dem Mund der Kinder und Säuglinge schaffst Du Dir Lob, o Herr.« Will nicht auch dieser Vers sagen, dass es vom Schöpfergott gut eingerichtet ist, dass er für unsere unbeholfene Not den Mund als Ventil geschaffen hat, durch den gerade die hilflosesten aller Menschen, die Säuglinge, den Druck ihres Hungers und das Unglück ihrer Schmerzen äußern, durch den wir unseren Mitmenschen und letztlich Gott alle Not eingestehen können, aus welcher wir uns nicht selbst zu befreien wissen? Ist folglich Bitten, Bittgebet nicht ein Akt des Verlangens und Wünschens, also ein Tun unseres auf Sein ausgerichteten und nach ihm verlangenden Appetits, dieser Appetit aufgefasst als »die ganze Energie der menschlichen Natur«, die sich als Hunger kund tut? Und wenn man weiter fragt »Hunger – wonach?«, heißt die Antwort: »Nach Sein, nach ungeschmälertem Wirklichsein, nach völliger Realisierung«[11].

Wird diese Ansicht vom Gebet als Tun des Appetits nicht durch Thomas selbst bestätigt, der Ps 9, 17 zitiert: »Du hast, o Herr, die Wünsche der Armen erhört.«? Folglich muss doch das Bittgebet in erster Linie eine Sache des Appetits und des Wollens, nicht des Denkens und der denkenden Vergewisserung sein.

Und doch ist Thomas von Aquin anderer Ansicht. Es käme ihm natürlich nicht in den Sinn zu leugnen, dass ohne Bedürfnisnot das Bitten und Flehen vor Gott keine *ratio vivendi* hätte. Man bittet, weil man etwas nötig hat, und darum ersehnt, was einem fehlt. Worauf Thomas aber unerbittlich insistiert, ist der Unterschied zwischen Wunsch und Bitte. Ein Wunsch, gleichsam nackt in seiner spontanen und unmittelbaren Begehrenskraft, ist nicht schon eine Bitte. Damit es von jenem zu dieser kommt, muss mit der Wunschdynamik und Wunschlogik des direkten Auslangens auf ein ersehntes Gut etwas geschehen. Und das, was da geschehen soll, hat mit unserem Intellekt, mit unserer Fähigkeit zum Nachdenken und zum Orientierung stiftenden Ordnen der Belange unseres Lebens zu tun. Und damit stehen wir vor der zweiten Bedeutung der etymologischen Herleitung von *oratio* durch Cassiodor: *oris ratio* als *Vernunft* unsers Mundes, welcher Thomas in S Th II II q 83 corp. besondere Beachtung schenkt. Wie zeigt sich nun der Einfluss der *ratio* in den Wünschen, die unter dem Druck des Verlangens als Bitten unseren Mund verlassen?

---

[11] Josef Pieper, Glück und Kontemplation, München 1957, 65 f.

In uns wirken und drängen zwei Dimensionen von Wünschen: ein Wünschen, das normalerweise Auftrag an die eigenen Kräfte unseres Wesens ist, das wir also mit unserer persönlichen Bemühung stillen sollen, und ein Wünschen, dessen Gewährung außerhalb unseres Vermögens liegt. Diese beiden Dimensionen unserer Wunschstruktur können ganz nahe beieinander liegen, ja sich ineinander verschränken: Wenn ich spazieren will, muss ich mich selber anhalten dazu, einen Fuß vor den anderen zu setzen; in diesem Willen zum Spaziergang findet sich aber auch (ausdrücklich oder nicht) der Wunsch, die Muskelkraft der Beine und die Koordinationsfähigkeit des motorischen Gehirns mögen mir erhalten bleiben: Das zu garantieren, übersteigt die Endlichkeit und Fragilität meiner Kräfte, es ist Gabe des Schöpfers und Erhalters aller Dinge, Gottes selbst, dessen Gabe an mich aber es eben auch ist, in menschlicher Selbstverfügung Schritte zu setzen und Akte zu vollziehen, die mir niemand abnimmt. Wir können als Eltern Gott bitten, er möge das Lotterielos unserer Kinder gewinnen lassen (was wir aus Eigenem in ehrlicher Weise nicht gewährleisten können); nichts aber dispensiert uns davon, das Lotterielos zu kaufen, wenn es auch nur die allerkleinste Chance geben soll, dass unser Wunsch zugunsten der Kinder in Erfüllung gehen soll.

Die Dimensionen und Inhalte unseres Verlangens, deren Erfüllung in unsere Macht gestellt ist, stillen wir – wie Thomas in S Th II II q 83 ad 3 sagt – »per modum imperii«, nach Art und Weise einer Anordnung, eines Befehls: Der gesunde Mensch, der ein paar Schritte an der frischen Luft machen möchte, gibt in der Kraft seines Selbstbewusstseins und seines Willens vermittels des motorischen Gehirns seinen Muskeln die Anweisung, sich in Gang zu setzen, und sie tun dies.

Vor Implikationen unseres Wünschens gestellt, die unsere menschlichen Kapazitäten übersteigen, stehen wir Menschen vor folgender Alternative: Entweder wir verzweifeln an der Möglichkeit ihrer Stillung oder wir finden eine andere Art, ihre Erfüllung anzubahnen, nämlich im Modus der Bitte (»per modum petitionis«, wie Thomas in S Th II II q 83 ad 3 sagt), d. h. dadurch, dass man sich mit seinem Begehren einem zuwendet, in dessen Möglichkeitsbereich die Gewährung des Ersehnten liegt, dessen Verfügungsgewalt im Blick auf die Wirklichkeit die unsere wesentlich übersteigt, und der uns (dennoch) gütig und wohlwollend zugeneigt ist. Auch hier kommt unser Intellekt zum Tragen: Nachdem er die Unterscheidung der Wünsche in menschenmögliche und menschliches Maß übersteigende getroffen hat, obliegt ihm nun die Aufgabe, ein Wesen ausfindig zu machen, dem er zutrauen kann, was sich selbst zuzutrauen ihm verwehrt ist: Gott.

Somit geschieht mit der unvermittelten Wucht unseres Wünschens durch unsere Denkkraft zweierlei: Erstens wird unser Wünschen *unter-*

teilt, und zweitens wird es *mitgeteilt*. So entsteht im Urwald unserer Begehrensdynamiken Orientierung und damit Erleichterung und in gewissem Maße auch Befreiung: Fernliegende Ziele werden von naheliegenden unterschieden, und die fernliegenden in eine lichtvolle Perspektive gestellt, die der göttlichen Macht und Güte nämlich. Nur die Sicht auf die Möglichkeiten göttlichen Seins und göttlicher Weisheit stellt den Menschen instand, einen für ihn selbst nicht direkt erfüllbaren Wunsch nicht einfach *aufzugeben*, sondern ihn sinn- und hoffnungsvoll *weiterzugeben*. Damit stehen wir an dem Punkt, von dem aus deutlich wird, warum oratio nicht eine Wirkung unseres Willens, sondern unseres Intellekts ist: weil eine Bitte ein umgedeuteter, umorientierter und umgewandelter Wunsch ist, Deutung und wandelnde Orientierung aber Angelegenheiten unserer Vernunft darstellen, insofern sie vom Licht des Glaubens und der Bewegung der Liebe angehalten wird, den umgreifenden Sinnhorizont ihres Lebens, Gott, ins Auge zu fassen.

Oft aber wehren sich unsere Wünsche, ihren herben und drängenden Anspruch auf unmittelbar erfolgende Erfüllung in eine *petitio* verwandeln zu lassen. Sie sind dann noch zu ungestüm und rücksichtslos und können es nicht annehmen, dass nicht jegliche ersehnte Wirklichkeit »per modum imperii« beschafft werden kann. Doch selbst der unbeherrschteste muss einsehen, dass er, falls er sich in seiner Ohnmacht an Gott wendet, vor diesen Gott als Instanz von Würde und Inhaber von Selbstbewusstsein und Freiheit nicht hintreten kann mit der Attitüde eines Gewaltherrschers, der befiehlt und wie selbstverständlich erwartet, dass seinem Begehren Folge geleistet wird. So würde Gott gar nicht in seiner Göttlichkeit, d. h. nicht als Gott zum Vorschein kommen – und so wäre jeder Ausblick auf eine Gewährung der Bitten vertan. In dem Augenblick, wo Gott als reines Mittel zum Zweck der Erfüllung eigener Wünsche behandelt würde, würde seine göttliche Dignität missachtet und damit der Grund und Boden für eine Erfüllung der Wünsche »per modum petitionis«.

In der Bitte, die Schwäche (als nicht direkt erfüllbarer Wunsch) und Stärke (als Akt des Orientierung spendenden gläubigen Geistes) zugleich ist, werden beide ernst genommen: der Drang des Menschen nach Erfüllung, indem er zur Sprache und zu Gehör gebracht wird; Gott in seiner souveränen Personalität und Freiheit, indem ihm nicht kommandiert, sondern bittend ein Anliegen vorgelegt und damit die letzte Entscheidung über Erfüllung oder Nichterfüllung überantwortet bzw. überlassen wird.

Hier wird deutlich, warum gegenüber allen anderen Arten des Betens gerade das Bittgebet derart ins Zentrum christlichen Gebetslebens eingefügt ist: weil Gott und Mensch je in ihrem Eigenen beachtet und geachtet werden. Lobgebet allein und für sich genommen gibt dem Menschen in seiner Bedürftigkeit nicht genügend Raum. Wunschschrei ohne erhellte Beziehung zur Göttlichkeit Gottes lässt Gott in seiner Freiheit und Souveränität nicht den ihm gemäßen Raum im Leben des Menschen.

Immer deutlicher wird dem reifenden Menschen, dass diese Umwandlung menschlicher Wünsche in Bitten, die letztlich in allen gemeinten Sehnsüchten Gott meinen, einen langwierigen und anspruchsvollen Prozess darstellt. Wer aber einmal wenigstens annäherungsweise wahrgenommen hat, worauf dieser Prozess aus und wohin er unterwegs ist (nämlich dazu, Gott selbst als höchstes, umfassendes und entscheidendes Gut zu erbitten und erlangen), dem kann aufgehen, dass das Bittgebet den Kernvorgang der Vollendung in der Nichtvollendung bedeutet. Denn im Bittgebet nimmt der Bittende seine eigene Not und seinen eigenen Hunger ernst (ohne heuchlerische Veruneigentlichung der eigenen Anliegen), aber ebenso die Tatsache, dass der Gebetene mehr ist als ein Medium der rücksichtslosen Durchsetzung der eigenen Wünsche, indem die Verwandlung der Wünsche in Bitten ja, wie wir weiter oben bereits ausführten, eine Anerkennung des eigenen Willens und der eigenen Würde des Gebetenen und damit die Übereignung persönlicher Wünsche an die Hoheit und Weisheit des Gebetenen und so auch die Ehrung desselben beinhaltet. Ist das Bittgebet aber so nicht auch ein Beitrag zur Vollendung der Schöpfung, insofern Schöpfung besagt, dass der Schaffende seine Ehre ins Geschaffene und das Geschaffene sein Sein und Ganzsein in die Ehre und Verherrlichung des Schöpfers legt? Wenn es wahr ist, dass Gott in seinem *Schaffen* sein Leben mit den Geschöpfen nach Maßgabe von deren Fassungskraft teilen will, sein *Schaffen* folglich *Mit-Teilung* des Eigenen ans Andere seiner selbst ist, ist es dann nicht ebenso wahr, dass *bittendes Beten Mit-Teilung* des Eigenen, des Geschöpfs, seiner Schwäche in Stärke und seiner Stärke in Schwäche, an den ganz Anderen, Gott, ist, sodass der Seinsmitteilung in der göttlichen Schöpfung die Selbstmitteilung des Geschöpfs im Bittgebet entspricht – und sich so gerade das *Bitt*gebet erweist als die Ant-Wort des armen und frei-selbstbewussten Geschöpfes, des Menschen, an das erschaffende Wort des Schöpfers und so als die Hin- und Heimführung der Schöpfung an den Schöpfer in der Kraft des führenden und inspirierenden Geistes?

Die Theologie des Bittgebetes nach Thomas von Aquin

So plausibel in anthropologischer Perspektive der Gedanke sein mag, das Bittgebet sei die dem Geschöpf gemäße Art, den Akt und das Wort der Schöpfung im Blick auf Gottes Ehre und das eigene Heil zu beantworten, so stellen sich gerade von der Annahme eines souveränen und liebevollen Gottes her Anfragen an das bisher Ausgeführte, die die These, das Bittgebet des Menschen sei einer seiner Beiträge zur Vollendung der Schöpfung, im Kern treffen und umstürzen können.

Die eine unvermeidliche Frage lautet: Warum, wenn doch durch Gottes Vorauswissen *(praescientia)* und Gottes Vorsorge *(providentia)* feststeht, was in Welt und Geschichte geschehen wird, kommen wir Menschen überhaupt noch auf den Gedanken, mit unserem Bitten etwas bewirken, ja gar etwas verändern zu wollen am Lauf der Dinge?

Die andere unvermeidliche Frage lautet: Warum, wenn Gott doch unendliche Liebe und Großzügigkeit ist, und es zudem unvergleichlich großzügiger ist, ungebeten zu geben, als sich erst lange bitten zu lassen, kommen wir Menschen überhaupt noch auf den Gedanken, Gott wolle gebeten werden, bevor er gibt, da er doch allem Anschein nach längst beschlossen hat zu geben, was wir brauchen, und weit darüber hinaus?

Mit diesen beiden Problemsträngen stoßen wir nicht nur in einen der unauslotbaren Fragekomplexe der Metaphysik des Verhältnisses des Absoluten und des Endlichen vor, sondern nähern uns auch einer schwierigen und belastenden existentiellen Grundhaltung, die bei vielen Menschen vorherrscht, vor allem bei solchen, denen das Bittgebet nicht Ort und Quelle von ruhigem Vertrauen, sondern Last und Leistung und vorab im Umfeld enttäuschender Erfahrung im Zusammenhang mit ausgebliebenen Gebetserhörungen Überforderung bedeutet, und die darum die Neigung verraten zu denken und zu sagen: »Was für einen Wert hat es denn zu beten? Kommt denn nicht doch alles, wie es kommen muss? Hat denn Gott nicht doch alles zukünftige Geschehen vorausgesehen und im Voraus bedacht? Darum verabschieden wir das Bittgebet aus unserem Leben.«

Theologische Argumente allein und für sich, mögen sie noch so erhellend sein, schaffen existentielle Nöte und seelische Blockierungen nicht aus der Welt. Aber geklärte und verantwortete Gedanken können, im Unterschied zu schiefen oder irreführenden, Räume von Möglichkeiten und Perspektiven der Entwicklung offenhalten, welche ohne Richtigstellung im Reflexiven verschlossen wären. Darum wenden wir uns den beiden eben gestellten Fragen zu, um sie kognitiv und argumentativ einer Lösung der in ihnen enthaltenen Schwierigkeit entgegenzuführen.

Warum, so haben wir uns gefragt, kommen Menschen überhaupt noch auf die Idee, mit ihren Bitten Einfluss auf den Lauf der Dinge nehmen zu wollen, wenn doch in Gottes Vorauswissen und Vorsorge von Ewigkeit her feststeht, was geschehen wird? Voraussetzung für diesen Einwand bzw. diese Frage ist offenkundig die Annahme, der Mensch mit seinen Bitten stehe einer völlig starren, im vornherein zu aller menschlichen Bemühung festgelegten Ordnung gegenüber, die er aber, aus der Enge und Kurzsichtigkeit seiner Bedürfnislage heraus, die immer nur das Nächste sieht, nicht akzeptieren, sondern mit seinem Rufen und Betteln ändern will –

ähnlich einem unreifen Kind, das genau weiß, dass es nach dem abendlichen Acht-Uhr-Läuten zu Bett zu gehen hat, und doch jeden Abend erneut versucht, mit seinem Quengeln an dieser Verfügung der Eltern zu rütteln.

Nach Thomas von Aquin[12] liegt im vorgetragenen Einwand ein Denkfehler. Denn, so der Doctor communis, warum sollen sich die ewigerfüllte Ruhe der göttlichen Vorsorge und die Unruhe menschlichen Wünschens und Bittens ausschließen? Was wäre denn, wenn Gott von Ewigkeit her zur Erreichung seiner Ziele dies berücksichtigt und in sein Planen mit einbezogen hätte, dass der Mensch gerade mit seinem Bitten und Flehen dazu beiträgt, dass Gottes Vorsehung sich erfüllt? Dann wäre das Bittgebet (gerade als Akt gläubigen Intellekts) kein infantiler Wunsch, Gott und seine Heilsordnung und deren Verfügungen zu ändern, sondern vielmehr ein Beitrag, ihr zum Durchbruch zu verhelfen.

Mit den Worten des Hl. Thomas lautet diese Überlegungen so: »Die göttliche Vorsehung bestimmt nicht nur, welche Wirkungen eintreffen, sondern auch, aus welchen Ursachen und in welcher Ordnung diese hervorgehen. Unter anderen Ursachen sind jedoch Ursachen für gewisse Vorkommnisse auch die menschlichen Akte. Daher müssen Menschen dies oder jenes tun, nicht um durch ihre Tätigkeit die göttliche Anordnung zu verändern, sondern um dadurch bestimmte, nach göttlicher Anordnung vorgesehene Wirkungen zur Erfüllung zu bringen. Wir beten nämlich nicht, um in die Anordnungen Gottes diese verkehrend einzugreifen, sondern um das zu erlangen, wovon Gott vorgesehen hat, dass es durch Gebete zu erreichen ist.«[13]

Das Bittgebet als Beitrag des Menschen zur Vollendung der Schöpfung – oder: Gebet als Tat

Es meldet sich noch ein weiterer Einwand, der die oben gegebene Antwort auf den ersten Einwand zur Voraussetzung hat. Diese Antwort hat uns gelehrt, dass unsere Bitte nicht Konkurrent zu Gottes Vorauswissen und Vorsorge, sondern deren Partner und somit von dieser gewollt ist. Das heißt: Fürbitte ist göttlich gewolltes und berücksichtigtes Tun des Menschen. Nun aber kommt ein Wesen kritischer Reflexion, wie es der Mensch nun einmal ist, nicht um die daraus sich ergebende Folgefrage herum: Was ist das für ein Gott, der auf Vorleistung vonseiten des Menschen hin geben

---

[12] S Th II II q 83 a 2 corp.
[13] Ebd.

will? Ist es nicht unendlich großzügiger und somit größer, ohne Vorleistung zu schenken[14]?

Die Erwiderung bzw. Klarstellung des Thomas von Aquin erfolgt in zwei Schritten. Zum Einen verweist er darauf, dass Gott uns unzählige natürliche und übernatürliche Geschenke zuteil werden lässt, um die wir nie gebeten haben, dass also seine Freigebigkeit und Großzügigkeit im Wirken begriffen ist, bevor wir uns dazu überhaupt Gedanken machen können. Damit bewirkt der mittelalterliche Denker in unseren durch Fixierung auf ein bestimmtes Willensgut verdunkelten Herzen die Ernüchterung, die ihm schon bei der Aufforderung, Wünsche in Bitten, *desideria* in *petitiones* zu verwandeln, ein Anliegen war. Diese Ernüchterung nämlich soll den Blick des begierigen und geängstigten Menschen klären und ihm die folgende Einsicht ermöglichen: Gott will uns gewisse Gaben nicht verleihen, ohne dass wir ihn darum bitten, nicht weil er die Großzügigkeit nicht kennen würde, sondern damit wir zu Gott, dem Urheber alles Guten, selbst Sehnsucht haben und immer neu Zuflucht nehmen zu ihm. Zuflucht: Es geht hier um mehr als um den Tausch von Bitte und Erhörung. Es geht um eine Urbewegung des Menschen hin zu seinem Gott, von welcher das Bittgebet wahrlich nur *eine* Form ist: das »recurrere ad Deum«[15], der als Gebetener letztlich wichtiger ist als das Erbetene. Und diese Existenzdynamik (die für jede *action* im Sinne Blondels genauso vorausgesetzt ist wie für den religiösen Akt des Bittgebetes) könnte verkümmern, wenn wir über den allzu selbstverständlich (d.h. ohne interpersonale Wahrnehmung) gewährten »dona« deren »donator« aus dem Blick verlören, was leichter geschieht, wenn das Bitten aufgegeben wird, als wenn es gepflegt wird (abgesehen selbstverständlich von jenen Gaben, die Gott sinnvollerweise nur gewähren *kann*, wenn zuvor darum gebeten wird: im Fall der Vergebung etwa: Wie kann Gott jemand Vergebung gewähren, der aus der Überzeugung heraus, nicht darauf angewiesen zu sein, davon absieht, darum zu bitten?).

Im Sinn dieser Ausführungen können wir unseren Gedankengang in folgender Weise zusammenfassen: Unsere Existenznot, die darin besteht, dass wir uns in vielen Dimensionen unserer Bedürftigkeit nicht aus Eigenem beschaffen können, was wir brauchen, führt uns im Bitten bzw. im Bittgebet zu jener überragenden und unendlichen Personalität, die wir Gott nennen, und in deren Anerkennung und Wahrnehmung unser höchstes Gut liegt, insofern wir radikal auf andere und letztlich auf den ganz Anderen angewiesene Personen sind und uns als solche erfahren. Insofern nun aber das Bitten von Gott selbst gewollt ist als einer der Wege, der die Pläne Gottes auf ihre Verwirklichung hin vermittelt, ist das Bittgebet ein

---

[14] S Th II II q 83 a 2 obi. 3.
[15] S Th II II q 83 a 2 ad 3.

Tun des Menschen, das als solches auch ein Grund dafür ist, dass etwas geschieht, von dem Gott gewollt hat, dass es so und nicht anders geschieht. Bittgebet also ist in der Kraft göttlichen Sehens und Wollens eine Mitursache mit der Ursächlichkeit zusammen, die Gott allein eignet – und somit ein Stück Vorbereitung jener Fülle, die Gott mit seinem Schöpferwirken intendiert hat, und folglich ein Beitrag des Menschen zur Vollendung der Schöpfung. Somit ist Bitten nicht infantile Unbelehrbarkeit, nicht beschämendes Echo unserer Armut und Schande, sondern Ausdruck menschlicher Würde, auch mit dem Ausdruck menschlicher Not Ursache der Vermehrung von Heil und Segen zu sein.

George Augustin

Der christliche Schöpfungsglaube als Ermutigung zum Leben

1. Die existentielle Bedeutung des Schöpfungsglaubens

Der Schöpfungsglaube wurde in den letzten Jahrzehnten vor allem im Kontext der ethischen Fragen eines angemessenen Umgangs mit der Natur und dem menschlichen Leben diskutiert. Heute scheint eher die Frage nach dem rechten Verständnis der Schöpfung am Anfang der Welt und ihrer Evolution und Entwicklung im Vordergrund der Diskussion zu stehen. Die gegenwärtige atheistische Bekämpfung des christlichen Schöpfungsglaubens scheint genauso fundamentalistisch zu sein wie die Irrwege des Kreationismus in seinen verschiedenen Varianten. In der gegenwärtigen Diskussion ist es Christoph Kardinal Schönborn gelungen, überzeugend darzustellen, dass der christliche Schöpfungsglaube mit fundamentalistischen Fehlinterpretationen der biblischen Botschaft nichts zu tun hat. Gleichzeitig wendet er sich gegen die Tendenz, aus der naturwissenschaftlichen Evolutionstheorie ein alles aufzeigendes Welterklärungsmodell zu machen, in der für Gott, den Schöpfer, für den vernünftigen Glauben an einen Sinn der Schöpfung und des menschlichen Lebens kein Raum mehr sein soll.[1] Denn »an Schöpfung glauben heißt, die von der Wissenschaft erschlossene Werdewelt im Glauben als eine sinnvolle, aus schöpferischem Sinn kommende Welt verstehen«[2].

Der Glaube an den Schöpfer und die naturwissenschaftlichen Fragen sollten gerade nicht als zwei unversöhnt nebeneinander stehende Pole verstanden werden, sondern komplementär, um die eine ganze Wirklichkeit angemessen zu deuten und zu verstehen. Denn Gott als die alles bestimmende Wirklichkeit umfasst alles in der sichtbaren und unsichtbaren Welt. Aus der Unterscheidung der Betrachtungsweise des Glaubens und der Naturwissenschaft muss also zwingend keine Trennung folgen. Weder muss der Schöpfungsglaube der recht verstandenen Evolutionstheorie, noch die

---

[1] Vgl. C. Kardinal Schönborn, Ziel oder Zufall?, Schöpfung und Evolution aus der Sicht eines vernünftigen Glaubens, Freiburg 2007; ders. Fides, Ratio, Scientia. Zur Evolutionismusdebatte, in: S. O. Horn, u. a. Schöpfung und Evolution, Augsburg 2007, 79–100.
[2] J. Ratzinger, Glaube und Dogma, München ³1977, 154.

Evolutionstheorie dem christlichen Schöpfungsglauben weichen. Denn nach dem christlichen Schöpfungsverständnis steht der Schöpfer nicht nur am Anfang der Schöpfung, sondern er ist in seiner Schöpfung wirkmächtig bleibend gegenwärtig bis zu ihrer Vollendung. Die Schöpfung ist nicht als ein statisches System abgeschlossen, sondern prozesshaft offen für ihre Entwicklung und Vollendung. Wenn wir den Sinn der ganzen Wirklichkeit verstehen wollen, müssen wir das ganze Schöpfungsgeschehen im Blick haben. Dazu gehört dann auch die Dimension der Befreiung, Erlösung, Erhaltung, Vorsehung und Vollendung. Der christliche Glaube versteht die Schöpfung als ein ganzheitliches Geschehen, das offen ist für eine Zukunft, die Gott selbst für den Menschen ist.

Schon die biblische Urgeschichte (Gen 1–11) erzählt aus radikal theozentrischer Sicht Wirklichkeiten, die immer und überall zu beobachten sind und setzt dabei ein der Entstehungszeit dieser Schrift entsprechendes Naturwissen und Beobachtungen der strukturierten Entwicklung in der Natur voraus. Der Schöpfer gibt den Geschöpfen Anteil an seiner schöpferischen Kreativität. Die Erde bringt hervor, die Gestirne regieren und die Menschen erhalten den Schöpfungsauftrag (vgl. Gen 1, 1–28). Eine Entgegensetzung von Schöpfung und Evolution wäre nach den Zeugnissen der Bibel fremd. Das eigentliche Interesse des christlichen Schöpfungsglaubens ist kein kosmologisches. Gottes Vorhaben mit der Schöpfung geht weit über die bloßen Prozesse hinaus. Der Dank für das gegenwärtige Wirken Gottes ist die im christlichen Glauben bei weitem dominante Form des Bekenntnisses zum Schöpfer. So wie das Werk des Künstlers den Künstler lobt, loben die Werke der Schöpfung ihren himmlischen Schöpfer. »Die Himmel erzählen die Ehre Gottes, und die Feste verkündigt seiner Hände Werk.« (Ps 19, 2) »Der Himmel freue sich und die Erde sei fröhlich, das Meer brause und was darinnen ist; das Feld sei fröhlich und alles, was darauf ist; es sollen jauchzen alle Bäume im Wald vor dem Herrn.« (Ps 96, 11 f.) Aber auch die Klage über die Endlichkeit, Sterblichkeit und Selbstgefährdung der Schöpfung und die Frage nach Gottes rettendem und die Schöpfung erhebendem Wirken gehören zum Schöpfungsbekenntnis. In der Blickrichtung des Glaubens an den Schöpfer zeigt sich die Wirklichkeit, in der wir leben, wie sie in der Tiefe ist.

Wenn das Bekenntnis zu Gott dem Schöpfer nicht zur Leerformel werden soll, dann müssen wir die existentielle Bedeutung dieses Bekenntnisses noch deutlicher zum Ausdruck bringen. Denn es handelt sich um ein Thema von zentraler Bedeutung für die Frage nach der Wahrheit des christlichen Glaubens. Nur wenn diese Welt als Schöpfung des biblischen Gottes und der trinitarische Gott selbst als Schöpfer dieser Welt zu verstehen ist, kann für den Glauben an seine alleinige Gottheit der begründetet Anspruch auf Wahrheit erhoben werden. Nur unter dieser Voraussetzung aber lässt sich die in Jesus Christus geschehene Erlösung als Tat des einen wahren Gottes auslegen, nur dann hat die Sendung der Kirche ein tragendes Fundament im wahren Gott selbst, und nur dann kann die christliche Zukunftshoffnung auf Gott gründen. »Die Theologie wird allerdings damit zu rechnen haben, dass über das Recht des christlichen Wahrheitsanspruchs gerade auch im Hinblick auf das Verständnis der Welt als Schöpfung Gottes bis zum jüngsten Tage keine allgemeine Übereinstimmung zu erzielen sein wird. Die theologischen Aussagen werden gerade auf diesem Felde strittig bleiben. Dennoch kann die Theologie nicht darauf verzichten, die Welt der Natur und der menschlichen Geschichte als Schöpfung Gottes zu beschreiben, und zwar mit dem Anspruch, dass erst so das eigentliche Wesen dieser Welt in den Blick kommt. Diesen Anspruch muss die Theologie auch im Dialog mit den Wissenschaften behaupten. Sie mag sich dabei als verwundbar erweisen und ihrer Aufgabe oft nur ungenügend gerecht werden. Doch das ist immer noch besser, als sie ganz zu vernachlässigen. Der Verzicht darauf, die von den Wissenschaften beschriebene Welt als die Welt Gottes in Anspruch zu nehmen, bedeutet den Ausfall der gedanklichen Rechenschaft für das Bekenntnis zur Gottheit des Gottes der Bibel.«[3]

Es bleibt deshalb die bleibende Aufgabe, die existentielle Bedeutung des Glaubensbekenntnisses zu »Gott dem Vater, dem Schöpfer des Himmels und der Erde« für das Menschsein des Menschen in dieser Welt deutlich herauszustellen. Es ist von zentraler Bedeutung, die Schöpfung im Licht des trinitarischen Gottesverständnisses zu deuten und es zum Paradigma einer christlichen Wirklichkeitsdeutung zu machen, um zu zeigen, dass die Liebe Gottes der Sinn der Schöpfung ist. Die Schöpfung ist nach dem christlichen Verständnis Werk der Trinität. Der Grund und das Ziel der Schöpfung ist die Liebe des trinitarischen Gottes, die im Heilshandeln Jesu Christi sichtbar und erfahrbar geworden ist. Es geht darum, die in der Schöpfung innewohnende Weisheit Gottes zu erkennen und von dieser göttlichen Weisheit her die Welt in ihrer tieferen Wirklichkeit zu sehen und auf diese Weise die Stimmigkeit, Überzeugungskraft und innere Schönheit des christlichen Schöpfungsglaubens darzustellen.

Vor diesem Hintergrund müssen wir das unterscheidend-christliche Bekenntnis zu Gott, dem Schöpfer, in den Mittelpunkt der theologischen Diskussion stellen und danach fragen, welche existentielle und spirituelle Bedeutung der christliche Schöpfungsglaube für das Verständnis des Lebens der Menschen und welche Kraftquelle er zur Bewältigung des Lebens der Menschen in der heutigen Welt bereit hält. Um diese lebensbefähigende Kraftquelle aus dem Schöpfungsglauben neu zu entdecken, ist es von

---

[3] W. Pannenberg, Systematische Theologie II, Göttingen 1991, 77 f.

außerordentlicher Bedeutung, dass der Mensch sich vor allem bewusst wird, dass er Gottes Geschöpf ist und dass er für das Geschenk seines Lebens dankbar wird.

2. Der Schöpfungsglaube und die Suche nach einer ganzheitlichen Spiritualität

Spiritualität ist ein Schlüsselwort unserer Zeit und bezeichnet die Sehnsucht der Menschen nach Heil und Ganzsein.[4] Diese Sehnsucht äußert sich vor allem in dem Bedürfnis, mehr vom Leben zu haben als der Alltag einem äußerlich bietet. Immer mehr Menschen begeben sich in kritische Distanz zu einer Weltsicht und einem Lebensgefühl, in denen das Äußere und Äußerliche, das Materielle die höchsten Werte geworden sind. Sie suchen geradezu verzweifelt nach einer inneren Sicht des Lebens.

Die Suche nach einer ganzheitlichen Spiritualität drückt ein immenses Bedürfnis unserer Zeit aus. Viele religiöse Gruppierungen und Hunderte von Sekten erleben eine nie gekannte Blütezeit. In einer Zeit des religiösen Synkretismus,[5] wo der Wahrheitsanspruch der Religionen verschwimmt, hat der moderne Mensch die Möglichkeit, seine eigene Spiritualität aus unterschiedlichen Religionen und Kulturen nach dem Gesichtspunkt des persönlichen Nutzens auszusuchen.[6] Jeder kann heute von dem »Supermarkt der Spiritualitäten« seinen individuellen »Spiritualitätsmix« zusammenstellen. Auch die gläubigen Christen suchen sich ihre Spiritualität nicht nur im Christentum, sondern auch in der sogenannten New-Age-Bewegung und Esoterik. Deshalb wird es immer wichtiger, die Möglichkeit einer ganzheitlichen Spiritualität aus den Quellen des christlichen Glaubens wieder neu aufzuzeichnen. Der christliche Schöpfungsglaube bietet dafür eine angemessene theologische Grundlage, denn dieser Glaube an den einen Schöpfergott thematisiert das Ganze der Wirklichkeit in ihrer Beziehung zu Gott.[7] Durch die Betrachtung der Schöpfung können wir dem Wirken Gottes auf die Spur kommen. Die Spiritualität wächst dann aus der erlebnishaften Begegnung mit Gott. Sie ist das antwortende Handeln des von der Gotteserfahrung bestimmten Menschen.

Spiritualität ist eine Einstellung und Haltung, mit der ein Mensch

---

[4] Vgl. C. Schütz, Spiritualität, in: ders. (Hg.), Praktische Lexikon der Spiritualität, Freiburg 1992, 1170–1180; J. Sudbrack, Gottes Geist ist konkret, Würzburg 1999.
[5] Vgl. G. Augustin, Gott eint – trennt Christus?, Paderborn 1993, 14–17.
[6] Vgl. E. Möde, Spiritualität der Weltkulturen, Graz 2000.
[7] Zum christlichen Schöpfungsverständnis, vgl. F. Courth, Gott – Mensch – Welt. Was sagt christlicher Schöpfungsglaube?, St. Ottilien 1996; A. Ganoczy, Schöpfungslehre, in: W. Beinert (Hg.), Glaubenszugänge, Paderborn 1995, Bd. 1, 365–495.

die Wirklichkeit um sich herum von ihrer Tiefendimension her wahrnimmt und entsprechend mit ihr umgeht. Sie bezeichnet einerseits die gelebte Grundhaltung der Hingabe des Menschen an Gott und andererseits die daraus entstehende Lebenseinstellung, die ihm hilft, sein Leben zu begreifen und seinen Alltag zu bewältigen. Spiritualität ist nichts anderes als die gelebte Beziehung zu Gott. Sie betrifft alle Lebensbereiche des Menschen. Spiritualität ist eine so vielgestaltige Größe wie das Leben selbst. Sie bringt mehr zum Ausdruck als Frömmigkeit oder Religiosität, denn Spiritualität ist die ganze Existenz, die vom Glauben bestimmt ist. Sie öffnet sich der Tiefe und integriert das gesamte Leben in einer Ganzheit. In der Spiritualität geht es darum, wie der Glaube in den konkreten Lebensbedingungen des Menschen verwirklicht werden kann. So erweist sich Spiritualität als eine lebendige Glaubenspraxis.

Der Glaube bestimmt die Lebenseinstellung der Menschen. Die Ahnung davon, dass es eine Art tiefere Wirklichkeit hinter der sichtbaren Wirklichkeit gibt, bietet uns die Möglichkeit, das Leben und die Dinge dieser Welt sinnvoll zu deuten. Diese Sinndeutung und diese innere Sicht der Dinge bestimmen unser Leben und unsere Lebenseinstellung.

3. Grundzüge des christlichen Schöpfungsglaubens

Der biblische Glaube bekennt sich zur Allmächtigkeit Gottes und thematisiert das Geheimnis der Schöpfung im Kontext der Soteriologie (vgl. Jes 40–45). Es bezieht sich sowohl auf die ergangene, anfängliche Erschaffung der Welt und des Volkes wie auf die gegenwärtige Geschichte und auf die kommende Vollendung der Welt. Diese Schöpfungsmacht Gottes umfasst noch scheinbare Gegensätze: »Ich erschaffe das Licht und mache das Dunkel, ich bewirke das Heil und erschaffe das Unheil« (Jes 45,7). Die Welt erscheint als Geheimnis des Schöpfers in ihrer Schönheit und Dunkelheit unter der eschatologischen Perspektive (vgl. Jes 56–66). Deshalb ist es eine grundlegende Voraussetzung für die richtige Auffassung des christlichen Schöpfungsverständnisses, dass es die Theodizeefrage, die Soteriologie und die Eschatologie nicht ausblendet.

Der christliche Schöpfungsglaube denkt den schöpferischen Anfang, die gegenwärtige prozesshafte Entwicklung der Welt und die Vollendung der Schöpfung am Ende in einer differenzierten Einheit zusammen: Die vom Schöpfer gewollte Schöpfung hat in Gott ihren absoluten Anfang und kann auf ein von Gott verheißenes eschatologisches Ende als Vollendung hoffen. Der christliche Schöpfungsglaube sieht die ganze Schöpfung in einer trinitarischen und heilsgeschichtlichen Perspektive. Die Schöpfung ist das Werk des Dreieinigen Gottes: Nicht nur der Erschaffungsakt am Anfang, sondern auch die Erlösung und die Vollendung gehören zum Schöpfungsgeschehen. Gott ist der Urgeber, Lenker und Vollender seiner Schöpfung.

Gott hat das gesamte Universum ins Dasein gerufen und er wirkt dauernd in der Welt als der universale Herr der Geschichte. Der christliche Schöpfungsglaube unterscheidet drei geschichtliche Dimensionen der Schöpfung Gottes: Das ursprüngliche Schaffen Gottes ist der in der Urzeit geschehene einmalige Anfangsakt der Erschaffung der Welt aus dem Nichts. Das fortwährende Schaffen Gottes ist das aktive Wirken Gottes in der jeweiligen Gegenwart der bereits vorhandenen Schöpfung. Das neue Schaffen Gottes bringt aus der vorhandenen Schöpfung immer wieder Neues hervor und wird die endgültige Zukunft der eschatologischen Vollendung herbeiführen.

Das Unterscheidende an dem christlichen Schöpfungsverständnis ist, dass der Schöpfer sich nach der Anfangszeit nicht von seiner Schöpfung zurückzieht. Er überlässt die Schöpfung nicht einem blinden Schicksal. Vielmehr wirkt Gott durch alle Zeit hindurch aktiv in der Schöpfung. Deshalb ist die Schöpfung kein abgeschlossenes, starres Faktum, sondern sie ist dauernde Aktivität. Schöpfung ist eine dynamische Wirklichkeit.

Gott hat alles in der Welt gut geschaffen und er kümmert sich in liebender Fürsorge um die Welt und insbesondere um die Menschen. Es gibt einen inneren Zusammenhang zwischen Schöpfung und Heilsgeschichte. Das Heilshandeln Gottes beginnt schon mit der Schöpfung. Der Anfang der Schöpfung ist zugleich auch der Anfang der Heilsgeschichte. Die Schöpfung selbst ist bereits Heilshandeln Gottes. Deshalb müssen wir den christlichen Glauben aus einer heilsgeschichtlichen Perspektive sehen. Gott hat in der Urzeit die gesamte Schöpfung als Anfang des Heils erschaffen. Gott schafft fortwährend in der Gegenwart als Erhaltung der Welt und als Verwirklichung des Heils im Jetzt. Gott ist gegenwärtig als dauernde Wirksamkeit und als Vollendung des Heils in einer neuen Schöpfung. Wie Gott die Schöpfung ohne jegliche Vorbedingung ins Dasein gerufen hat, so entschließt er sich, auch das Heil ohne irgendeine Vorbedingung anzubieten. Gott ist sowohl bei der Schöpfung als auch beim Heilswirken in der Geschichte völlig frei.

Der christliche Schöpfungsglaube ist davon überzeugt: Gott ist eine lebendige Wirklichkeit. Er wirkt konkret in der Geschichte zum Heil der ganzen Schöpfung und besonders zum Heil der Menschen. Seine Güte wirkt als fürsorgliche Kraft. Die planende Weisheit Gottes bestimmt die Ordnung in der Welt. Sie ordnet die Welt in ihrem Gesamtzusammenhang. Die dauernde Treue Gottes wirkt unaufhörlich, immerwährend als Erhaltung der Welt. Sie erhält die Welt in ihrem Sein und Wirken. Die verfügende Macht Gottes wirkt die Lenkung der Welt. Sie lenkt in der ganzen Geschichte. Die fürsorgliche Güte Gottes wirkt die Umsorgung der Welt. Sie umsorgt die Schöpfung in all ihren einzelnen Geschöpfen. Aus der Glaubensüberzeugung, dass Gott unser Schöpfer ist und wir seine Geschöpfe sind, entsteht eine Beziehung und daraus erwächst eine Lebenshaltung. Deshalb müssen wir die Bedeutung dieser Glaubensüberzeugung immer tiefer erfassen, um eine zeitgemäße ganzheitliche Spiritualität zu entwerfen.

Das christliche Bekenntnis zu Gott als Schöpfer aller Dinge hat eine tiefgreifende Bedeutung für die Sinndeutung des Lebens. Das Verständnis der Schöpfung ermöglicht und erfordert zugleich eine ganzheitliche Spiritualität. Denn die Schöpfung bezeichnet das Ganze, das sich in einer unermesslichen Fülle von verschiedenen Wirklichkeiten zeigt, die miteinander in Beziehung stehen. Dieses Ganze umfasst die materiellen und geistigen Wirklichkeiten, die sichtbaren und unsichtbaren Wirklichkeiten. Die unendlich vielen Wirklichkeiten der Schöpfung stehen in Beziehung zueinander. Diese Beziehung ist das durchgehende Prinzip, die alles durchwirkende Kraft der Welt. Somit ist die Schöpfung ein Beziehungsnetz, in dem alle Wirklichkeiten miteinander verbunden und voneinander unabhängig sind. So sind die einzelnen Wirklichkeiten immer Mitgeschöpf und die Welt ist der Ort der Glaubensverwirklichung.

Der christliche Schöpfungsglaube sieht eine innere Einheit und Ganzheit der Schöpfung, da Gott als der einzige Urheber der Gesamtschöpfung alles im Innersten zusammen hält. Materie und Geist, Natur und Mensch bilden komplementäre Größen in der einen Gesamtwirklichkeit. Als Lenker der ganzen Schöpfung bewirkt Gott ein sinnvolles und ganzheitliches Ineinander von kosmischen und personalen Geschehensabläufen. Da die Liebe Gottes die Ursache der Entstehung und Lenkung der Schöpfung ist, zielt die gesamte Geschichte auf das Heil der Schöpfung ab. So legt die Urschöpfung das Grundmotiv zur Heilsgeschichte, die über die Erlösung zum Heil und zur Ganzheit der Vollendung führt. Es gibt einen inneren Zusammenhang zwischen Schöpfung und Heil. Der Schöpfer setzt seine ganze Macht zum Heil der Menschen ein. Er wirkt in der Gegenwart und Zukunft heilsschaffend.

Gott offenbart sich selbst in dem Wirken seiner Schöpfung und so, dass alle Menschen Gott aus der Schöpfung erkennen können.[8] Die Basis der universalen Erkennbarkeit Gottes bildet die Naturerfahrung aller Menschen. Aus dieser Erfahrung lässt sich durch konsequentes Denken die Erkenntnis Gottes verwirklichen. Die Menschen erfahren die Schöpfung als Faszinosum und erleben sie als Tremendum: Sie sind »entzückt über ihre Schönheit« und geraten über ihre Macht und Kraft in Staunen.

---

[8] Vgl. W. Pannenberg, Systematische Theologie, Bd. 1, Göttingen 1988, 73–133.

So lässt sich »von der Größe und Schönheit der Geschöpfe auf ihren Schöpfer schließen« (vgl. Weish 13, 1–9). Es handelt sich hier um eine indirekte Selbstoffenbarung Gottes.

Die gesamte Natur ist Trägerin des Lobes Gottes und Vermittlerin der Offenbarung Gottes (vgl. Ps 19, 2–7). Diese universale Offenbarung Gottes in der Natur erreicht alle Menschen (vgl. Ps 19, 4 f.). Gott gibt sich selbst indirekt durch seine Werke kund; die Symbolsprache seiner Werke erreicht alle Menschen aller Orte und Zeiten. Entsprechend der persönlichen Offenheit ist Gott für alle Menschen erkennbar. Der tiefste Grund für die universale Erkennbarkeit Gottes liegt in seiner allgegenwärtigen Nähe: »Keinem von uns ist er fern.« (Apg 17, 27b) Schöpfung als Werk des trinitarischen Gottes trägt die Spuren der Dreieinigkeit[9].

4. Die Vorsehung Gottes als Kraftquelle des Lebens

Nach dem christlichen Schöpfungsverständnis wirkt Gott dauernd schöpferisch in der Geschichte. Die Heilsökonomie göttlichen Handelns zielt auf die Vollendung der Schöpfung. Gottes Weltschöpfung ist nicht eine in der Vergangenheit abgeschlossene Handlung, sondern ein in der Geschichte andauerndes schöpferisches Wirken. Die Freiheit des göttlichen Ursprungs der Welt einerseits und Gottes Festhalten an seiner Schöpfung andererseits gehören eng zusammen, denn Liebe und Freiheit Gottes sind untrennbar miteinander verbunden.

Das geschichtliche Wirken Gottes hat eine doppelte Sinnrichtung: Die Bewahrung der geschaffenen Welt und die Vorbereitung ihrer Vollendung: »Es bewahrt die anfängliche Schöpfung, indem es die Vollendung antizipiert und ihr den Weg bereitet«[10]. Gott kümmert sich bleibend um seine Schöpfung. Diese schöpferische Wirksamkeit Gottes erfahren wir als seine Vorsehung. Weil Gott vom Anfang bis zum Ende der Schöpfung aktiv zum Heil der Menschen fortwährend wirkt, sind wir weder einem blinden Schicksal noch einem sinnlosen Zufall ausgeliefert. Damit sind auch zwei entsprechende negative Lebenshaltungen ausgeschlossen: der Fatalismus als tatenlose Schicksalsergebenheit und der Pessimismus als hoffnungslose Niedergeschlagenheit.

Für ein befreites und gelingendes Leben ist Urvertrauen von großer Bedeutung. Der universale Schöpfer aller Dinge ist zugleich der universale Lenker unseres Lebens. Deshalb dürfen wir darauf vertrauen, dass sich der allmächtige Schöpfer um uns kümmert. Wir dürfen hoffen, dass der All-

---

[9] Vgl. Augustinus, Trin. XII, 5, 5; 6, 6–8; PL 42, 1000–1003.
[10] J. Moltmann, Gott in der Schöpfung, München 1985, 217.

Der christliche Schöpfungsglaube als Ermutigung zum Leben

mächtige unser Leben zum Guten wenden wird und uns das endgültige Heil schenken wird. Weil Gott die Allmacht hat, alles zu erschaffen, kann er uns auch erlösen: Diese Erlösung ist schon gegenwärtig erfahrbare Wirklichkeit. Wir dürfen auf die heilsschaffenden Schöpfermacht Gottes vertrauen und sie in allen Situation erfahren: Die schöpferische Macht Gottes schenkt uns neue Kraft in der Müdigkeit; sie schenkt Mut in der Angst; sie schenkt uns Rettung aus der Not; sie schenkt uns Befreiung aus den Zwängen des Lebens. Der Schöpfergott ist Garant für Hilfe und Halt in unserem Leben. Ein Blick auf die Mächtigkeit der Schöpfung gibt uns Vertrauen, dass Gott in Nöten ein machtvoller Helfer ist: »Der Gott ist der Fels meines Herzens ... Ich setze auf Gott, den Herrn, mein Vertrauen.« (Ps 73, 26.28)

Das Vertrauen auf die erlösende Macht des Schöpfers gibt neue Kraft und Mut zum Leben: »Die aber, die dem Herrn vertrauen, schöpfen neue Kraft, sie bekommen Flügel wie Adler.« (Jes 40, 31) Der Schöpfer stärkt sein Geschöpf in der Müdigkeit: »Der Herr ist ein ewiger Gott, der die weite Erde erschuf. Er wird nicht müde und matt ... Er gibt den Müden Kraft, dem Kraftlosen verleiht er große Stärke.« (Jes 40, 28 f.) Das Vertrauen auf die erlösende Macht nimmt uns die Angst des Lebens: »Fürchte dich nicht, denn ich bin mit dir; hab keine Angst, denn ich bin dein Gott. Ich helfe dir, ja ich mache dich stark, ja ich halte dich mit meiner hilfreichen Rechten.« (Jes 41, 10) Das Grundvertrauen, dass Gott in unserem Leben schöpferisch tätig ist, ist die Grundlage einer letzten Grundsicherheit, die Ängste und negative Lebenserfahrungen überwinden hilft. Aufgrund dieses Vertrauens können wir unser Leben mit all seinen Höhen und Tiefen annehmen. Mit diesem Vertrauen kann jeder von uns die Verantwortung für sein Leben übernehmen. Als Geschöpf Gottes kann der Mensch ganz Mensch sein und die Welt in seine Verantwortung nehmen. Die Kraftquelle des Lebens gründet in der Freiheit von verkrampfter Sorge um die letzte Sicherung der Existenz. Unsere Abhängigkeit von Gott, dem Schöpfer, gibt uns ungeahnte Möglichkeiten und sie entlastet uns. Der Schöpfer trägt uns und wir sind in seiner Hand geborgen.

Wenn wir an einen göttlichen Schöpfer glauben, der uns am Leben erhält und uns durch das Leben begleitet, dann erleben wir einen Sinn und eine letzte Geborgenheit im Leben. Dann ist unser Leben, trotz aller leidvollen Erfahrungen, ein Gutes. Wir dürfen als Kinder des Schöpfers durch das Leben gehen. Mit aufrechtem Gang, zum Teil weinend und zum Teil lachend. Durch unsere vertraute Beziehung zu dem Schöpfer werden wir Erben seiner Schöpfungskraft.

Der Glaube an den einen Schöpfer aller Menschen soll den Blick für die Gesamtheit der Menschen und für die gesamte Schöpfung erschließen. Zu dem einen Gott gehören die eine Schöpfung und die eine Menschheit, die ihm mit ihrem jeweiligen Dasein und Sosein die Ehre geben. In den Psalmen werden immer alle Völker und alle Länder zum Lobpreis des einen Herrn aufgerufen (vgl. Ps 117,1; Ps 100,1). Die ganze Erde ist von Gottes Herrlichkeit erfüllt (Jes 6,3). Alle Menschen, die sich an ihn wenden, wird seine Gegenwart und Nähe zugesagt (vgl. Ps 145,18).

Der Glaube an die universale Fürsorge Gottes gibt uns eine befreiende Kraft zum Leben. Dieser Glaube schenkt uns Befreiung von übertriebener Sorge und Lebensangst: »Werft alle eure Sorgen auf ihn, denn er kümmert sich um euch.« (1 Petr. 5,7) Dieser Glaube schenkt eine tiefe Geborgenheit in Gott, die im Leben auch durch schlimmste Situationen hindurch trägt. Selbst im Leiden, das auch den Glaubenden nicht erspart bleibt, gibt diese Glaubensüberzeugung immer wieder neuen Mut, innere Kraft und festen Halt. »Der Gott aller Gnade aber ... wird euch, die ihr kurze Zeit leiden müsst, wiederaufrichten, stärken, kräftigen und auf festen Grund stellen.« (1 Petr. 5,10).

Der Vorsehensglaube ermöglicht, dass trotz des Leides und trotz allen Unheilserfahrungen in dieser Welt der Glaubende das Vertrauen auf die Nähe und wirksame Hilfe Gottes erhoffen kann. Es ist die Gewissheit des Herzens: trotz aller Negativität in dieser Welt wirkt Gott positiv, als tiefster Grund in jedem Geschehen. Der Glaube an die Vorsehung Gottes ist das aller negativen Erfahrung trotzende Vertrauen des Herzens: Gott ist aktiv in der Schöpfung gegenwärtig. Er begleitet aktiv zum Leben motivierend meine Lebensgeschichte. Der Schöpfungsglaube hilft, das Gute in der Welt mehr zu beachten, denn Gott fördert alles Gute in der Welt. Als souveräner Lenker der Gesamtgeschichte wird Gott dem Guten zum Sieg verhelfen. Eine Fixierung auf das Schlechte führt nur zur Resignation und lähmt menschliche Aktivitäten zur positiven Veränderung.

Das Vertrauen, das aus dem Glauben an die creatio continua wächst, ist ein zutiefst dynamischer Weg, der Weg zur Ganzheit. Eines der erstaunlichsten Gesetze in der Schöpfung ist der unbeugsame Drang zur zielgerichteten Entwicklung. Alles, was geschaffen ist, wird getrieben von einem unaufhörlichen Drang zur Vervollkommnung. Dieses Gesetz gilt nicht nur für die unbelebte Natur, es gilt in besonderen Maß für den Menschen. Er ist bestimmt zur Vervollkommnung, in körperlichen, in geistigen und in religiösen Bereichen. Höchste Vollendung ist die Vereinigung mit Gott. »Ihr sollt also vollkommen sein, wie es auch euer himmlischer Vater ist.« (Mt 5,48)

Entwicklung und Entfaltung bis zur höchsten Vollendung heißt also der Auftrag an den Menschen. Vollkommen sein heißt: seine Anlagen, Fähigkeiten und Möglichkeiten entwickeln, die Fehlerquellen und Hindernisse ausschalten, in das Reich des Geistigen und Geistlichen des inneren Menschen eindringen. Das Bild, das Gott von jedem Menschen hat, stetig zu verwirklichen, sich der Liebe Gottes auszuliefern und Gott durch sich selbst in diese Welt hinein wirken zu lassen.

Gott ist dauernd in unserem Inneren als Kraftquelle kreativ wirksam: Die Verwirklichung des Lebens und Realisierung des personalen Heiles ist gleichzeitig eine Tat des Menschen und eine Tat Gottes. Dabei verleiht Gott als Initiator dem menschlichen Handeln von innen heraus die Wirkkraft, »denn Gott ist es, der in euch das Wollen und Vollbringen bewirkt« (Phil 2, 12). Gott wirkt in unserem Alltagsleben als unerschöpfliche Kraftquelle, wenn wir auf ihn vertrauen: »Weißt du es nicht, hörst du es nicht? Der Herr ist ein ewiger Gott, der die weite Erde erschuf. Er wird nicht müde und matt, unergründlich ist seine Einsicht. Er gibt den Müden Kraft, den Kraftlosen verleiht er große Stärke. Die Jungen werden müde und matt, junge Männer stolpern und stürzen. Die aber, die dem Herrn vertrauen, schöpfen neue Kraft, sie bekommen Flügel wie Adler.« (Jes 40, 28–31)

Gott lenkt schöpferisch die ganze Geschichte der Natur und das ganze Leben der Menschen nach seinem Heilsplan: »Mein Plan steht fest, und alles, was ich will, führe ich aus« (Jes 46, 10). Die feste Überzeugung, dass Gott das Leben einzelner Menschen persönlich lenkt, gibt Mut zum Leben. Die Josefsgeschichte (Gen 37–48) schildert sehr anschaulich, wie Gott das Schicksal eines Menschen durch sehr viel Schlimmes hindurch zum Guten wendet. Der Herr war mit Josef und »was er auch unternahm, der Herr ließ es ihm gelingen« (Gen 39, 23). Das Vertrauen auf Gottes Fürsorge für die einzelnen Menschen kann jedem Menschen bleibende Kraftquelle für sein Leben werden. »Der Herr ist mein Hirt, nichts wird mir fehlen. Er lässt mich lagern auf grünen Auen und führt mich zum Ruheplatz ans Wasser. Er stillt mein Verlangen, er leitet mich auf rechten Pfaden, treu seinem Namen. Muss ich auch wandern in finsterer Schlucht, ich fürchte kein Unheil; denn du bist bei mir, dein Stock und dein Stab geben mir Zuversicht.« (Ps 23, 1–4)

Bei dem Vorsehungsglauben erwarten wir selbstverständlich nicht, dass Gott in die Bedingungen der Endlichkeit eingreift, sondern wir vertrauen darauf, dass Gott uns inmitten der Ungesichertheit in Natur und Geschichte führt.[11] Das christliche Bekenntnis zu Gott als dem Schöpfer bedeutet die gläubige Annahme seiner universalen Herrschaft und seiner universalen Fürsorge. Das ist die vertrauende Akzeptanz seiner Freiheit und Annahme seines Willens in unserem Leben.

Der christliche Vorsehungsglaube gibt den berechtigten Grund, den weitverbreiteten Pessimismus in der Welt zu überwinden und einen realistischen Optimismus im Leben zu bewahren. Selbstverständlich wird die Existenz des Bösen in der Welt nicht geleugnet, aber die lebensbestimmen-

---

[11] Vgl. P. Tillich, Systematische Theologie 1, Stuttgart 1956, 307–309.

de Kraft wird die bleibende Zuversicht sein, dass das Gute sich durch Gottes Wirken immer wieder durchsetzen wird. Das Vertrauen auf die fortwährende Schöpfung Gottes schenkt eine zuversichtliche Gelassenheit gegenüber der Erfahrung des Unheils. Es trägt in schlimmer Situation die Hoffnung auf die Wende zum Guten. Aus der Glaubenshoffnung, dass Gott uns in der konkreten Verwirklichung des Guten durch sein schöpferisches Wirken stärkt, erwächst eine neue Motivation, alle erdenkliche Kraft zur Verwirklichung und zur Erhaltung des Guten einzusetzen.

Gott wirkt in unserem Herzen als schöpferische Erleuchtungskraft, die aus dem geistigen Dunkel zum Licht der Erkenntnis führt. Das Wort Gottes ist eine schöpferische Kraft, die in unserem Inneren wirkt. Die schöpferische Wirksamkeit des Wortes bezieht sich auf den ganzen Menschen, auf alle geistigen Anlagen im Menschen: Die schöpferische Kraft Gottes wirkt als Erleuchtung unseres Verstandes und als Stärkung unseres Willens, Gutes zu tun.

5. Die Gottebenbildlichkeit und die Verwirklichung des Menschseins

»Gott schuf den Menschen als sein Abbild; als Abbild Gottes schuf er ihn.« (Gen 1, 27) Diese Glaubensüberzeugung ist einmalig und einzigartig. Der Mensch ist somit die Krone der Schöpfung, indem er als einziges Geschöpf die Gottebenbildlichkeit geschenkt bekommt. Die Gottebenbildlichkeit bedeutet eine gewisse Ähnlichkeit mit Gott und darin ist die höchste Würde des Menschen begründet.[12]

Die einzigartige Grundauszeichnung des Menschen ist, dass er Abbild Gottes ist: »Ihm selbst ähnlich hat er sie mit Kraft bekleidet und sie nach seinem Abbild erschaffen.« (Sir 17, 3) Mit dem Abbildsein hat Gott den Menschen als einzigartige Gabe die Vernunft geschenkt, die sie zum Denken, zum Verstehen und zum Unterscheiden zwischen Gut und Böse befähigt: »Er gab ihnen ein Herz zum Denken. Mit kluger Einsicht erfüllt er sie, und lehrt sie, Gutes und Böses zu erkennen.« (Sir 17, 6) Durch diese Vernunftbegabtheit stehen die Menschen in einer einzigartigen Beziehung zu Gott. Sie können Gott aus der Schöpfung erkennen, sie können Ehrfurcht vor Gott empfinden und sie sind berufen, den Schöpfer zu lobpreisen: »Er zeigt ihnen die Größe seiner Werke, um die Furcht vor ihm in ihr Herz zu pflanzen. Sie sollten für immer seine Wunder rühmen und seinen heiligen Namen lobpreisen.« (Sir 17, 8–10)

Der Mensch hat sein Dasein von Gott. Der Mensch ist ein abhängiges

---

[12] Zur Frage der Gottebenbildlichkeit des Menschen vgl. K. Krämer, Imago Trinitatis. Die Gottebenbildlichkeit des Menschen in der Theologie des Thomas von Aquin, Freiburg 2000.

Geschöpf Gottes. Der Mensch ist eine innere Einheit von Materiellem und Geistigem, von Irdischem und Übernatürlichem: Der Mensch ist eine untrennbare Ganzheit. Der Mensch hat als irdisches Wesen durch das Geschenk des Geistes Anteil am göttlichen Leben. Der Mensch unterscheidet sich durch die Teilhabe am göttlichen Geist von allen anderen Geschöpfen. Gott ist Freund des Menschen. Das gesamte Schöpfungshandeln Gottes zielt auf das ganzheitliche Wohl der Menschen. Seine Menschenfreundlichkeit zeigt er in seiner Sorge um die Menschen. Er überlässt die ins Leben berufenen Menschen nicht ihrem Schicksal. Er begleitet vielmehr und umsorgt die Menschen in ihren einzelnen Lebensphasen. Gott kümmert sich in immer bleibender Fürsorge um die Menschen (vgl. Gen 2, 8–24). Gott Vater zu nennen ist schon ein vertrauendes Bekenntnis zur Fürsorge Gottes. Diese zeigt sich unüberbietbar in der Inkarnation, deren Ziel das Heil der ganzen Schöpfung ist und die sich in der Kreuzeshingabe vollendet. Der Mensch kommt in der Nachfolge Christi zur Vollgestalt seiner Gottebenbildlichkeit, deren Maß niemand anderer als der Gottmensch ist.

Jeder Mensch kann Zugang zu dem beglückenden Glaubenswissen finden, von Gott gewollt zu sein und über den Tod hinaus gewünscht zu bleiben. Dadurch kann er sein Leben bejahen, annehmen und all seine menschlichen Möglichkeiten entfalten. Das Wissen, dass er von Gott gewollt und bejaht wird, fördert wahre Selbstliebe, Annahme des eigenen Lebens und seine Entfaltung. Dadurch erfährt er positive Selbstverwirklichung, Erfahrung der Ganzheit und des Heiles. Der Glaube ermutigt uns, das Beste und Schönste in uns zu bejahen und anzunehmen. Nur wenn wir das Beste und Schönste in uns bejahen, können wir auch das Beste und Schönste in anderen Menschen und in der Schöpfung wahrnehmen und schätzen.

Die wahre Größe des Menschen besteht vor allem darin, dass Gott an die Menschen denkt: »Wer ist der Mensch, dass Du an ihn denkst?« (Ps 8, 5) Wenn wir unsere Größe vor Gott neu entdecken, schätzen und uns darüber freuen, wird das Leben unendlich schön und uns wachsen neue Flügel. Wenn jeder Mensch seine wahre Größe entdeckt, kann sein Mitmensch der Andere sein, und nicht ein Wunschmodell oder der Konkurrent. Staunend und ehrfurchtsvoll dürfen wir dann einander begegnen. So wächst eine neue Spiritualität des Umgangs miteinander. Dazu gehört, mit den eigenen Stärken nicht zu prahlen, nicht andere wegen besserer Begabungen und Chancen zu beneiden, sondern vor allem zu versuchen, das Beste und Schönste im eigenen Leben zum Vorschein zu bringen. Unser Leben ist ein Kunstwerk des göttlichen Schöpfers. Dafür sollten wir dankbar sein. Dies gibt unserem Leben einen letzten Wert.

Es ist von grundlegender Bedeutung für die Bestimmung der Situation des Menschen in der heutigen Welt, sowohl Wert, Sinn und Ziel der

Schöpfung christologisch-heilsgeschichtlich neu zu thematisieren als auch die Art und Weise, wie der Mensch die Schöpfung betrachten und gebrauchen darf. Nach dem christlichen Schöpfungsverständnis ist Jesus Christus die Mitte der Schöpfung und mit ihm steht und fällt der christliche Schöpfungsglaube. Der Sinn der Schöpfung wird uns von Jesus Christus her erschlossen. Erst durch ihn werden auch die dunklen Aspekte und die Rätsel der Weltwirklichkeit wie Leid und Sterben mit Sinn erhellt.[13] In der Schöpfungswirklichkeit können wir vorausweisende Spuren und Fragmente der Christuswirklichkeit entdecken und Jesus Christus als die Zusammenfassung und die Fülle von allem, »was im Himmel und auf Erden ist« (Eph 1, 10), verstehen. Denn Jesus Christus ist »das Ebenbild des unsichtbaren Gottes, der Erstgeborene der ganzen Schöpfung. Denn in ihm wurde alles erschaffen im Himmel und auf Erden, das Sichtbare und das Unsichtbare, Throne und Herrschaften, Mächte und Gewalten; alles ist durch ihn und auf ihn hin geschaffen. Er ist vor aller Schöpfung, in ihm hat alles Bestand.« (Kol 1, 15–17)

Im Lichte Christi, des Bildes des unsichtbaren Gottes, des Erstgeborenen vor aller Schöpfung, kann das Geheimnis des Menschen erhellt werden (vgl. Kol 1, 15). Der christliche Glaube ist fest überzeugt, dass das Menschsein des Menschen von Christus her verstanden werden kann. Wie Jesus auf Gott hin bezogen ist, so auch alle, die Menschenantlitz tragen. Mit dieser Perspektive greift das Zweite Vatikanische Konzil eine Anthropozentrik auf, die im Christus- und Gottesbezug gipfelt. »Ein besonderer Wesenszug der Würde des Menschen liegt in seiner Berufung zur Gemeinschaft mit Gott. Zum Dialog mit Gott ist der Mensch schon von seinem Ursprung her aufgerufen: er existiert nämlich nur, weil er, von Gott aus Liebe geschaffen, immer aus Liebe erhalten wird; und er lebt nicht voll gemäß der Wahrheit, wenn er diese Liebe nicht frei anerkennt und sich seinem Schöpfer anheimgibt.«[14] Danach ist das Auf-Gott-Bezogensein, das Sich-auf-ihn-Beziehen ein Wesenszug des Menschen, der seine Würde grundlegt und sie nicht unterdrückt.

Diese grundsätzliche Gottbezogenheit als Gottfähigkeit und Gottabbildlichkeit des Menschen befähigt ihn, seinen Schöpfer zu erkennen und zu lieben und die Schöpfung zur Verherrlichung Gottes zu beherrschen und zu nutzen[15]. Die dankbare Wahrnehmung der Geschöpflichkeit ermöglicht dem Menschen, zur Begründung und zugleich zur Begrenzung seines Lebens durch Gottes schöpferisches Geheimnis ja zu sagen.

---

[13] Gaudium et Spes 22.
[14] Gaudium et Spes 19.
[15] Vgl. Gaudium et spes 12.

6. Der Schöpfungsauftrag und verantwortliches Handeln

Der Mensch ist Teil der Schöpfung und hat zugleich hat eine Sonderstellung in der Welt. Grundsätzlich ist der Mensch als Geschöpf Gottes in seinem Sein von Gott abhängig und in seinem Verhalten Gott gegenüber verantwortlich. Der Mensch hat eine konkrete Aufgabe innerhalb der Schöpfung (vgl. Gen 2, 15). »Der Schöpfer schenkt den Geschöpfen nicht nur das Sein, sondern auch das Wirken. Er schenkt das Sein sozusagen ›voraussetzungslos‹, indem er aus dem Nichts schafft. Aber seine Geschöpfe werden Mitschöpfer, indem er ihnen die Gesetze, die Kräfte, die Fähigkeiten zum eigenen Wirken gibt. Wir Menschen können seine Mitschöpfer sein. Das ist zweifellos die Größe des biblisch-christlichen Schöpfungsgedankens.«[16]

Dieser Schöpfungsauftrag bedeutet: Die Menschen haben die Aufgabe, die Erde zu kultivieren. Im schöpferischen Umgang mit der Erde sollen Menschen Kultur schaffen. Gleichzeitig sollen sie im fürsorglichen Umgang die Schöpfung bewahren. Die Menschen dürfen gemäß dem Auftrag stellvertretend das schöpferische Handeln Gottes fortsetzen und zugleich sollen sie für das Wohlergehen aller Geschöpfe sorgen. Schöpfungsauftrag bedeutet nichts anderes, als alles Gute in der Welt in seiner Eigenart, Größe und Schönheit zu fördern und sich entfalten zu lassen: wie im Einzelnen, so im Ganzen. In all dem ist der Mensch an den Willen Gottes gebunden. Dies zeigt auch die geschöpfliche Grenzen der Menschen.

Alle Dinge der Schöpfung sind in sich gut, weil alles vom einzigen und guten Schöpfergott herkommt: »Wir haben nur einen Gott, den Vater. Von ihm stammt alles.« (1 Kor 8, 6) Es kommt auf den rechten Gebrauch der Dinge an. Die guten Dinge erfordern einen rechten Gebrauch. Der richtige Umgang ist in der Beziehung zu Gott und in der Beziehung zu den Menschen zu betrachten. Der rechte Gebrauch der Dinge in Bezug auf Gott besteht in der Dankbarkeit gegenüber dem Schöpfer und in der Verherrlichung des Schöpfers (vgl. 1 Kor 10, 30; Röm 14, 6). Das Ziel des Gebrauchs der guten Gaben der Schöpfung ist die Verherrlichung des guten Schöpfers: »Ob ihr also esst oder trinkt oder etwas anderes tut, tut alles zur Verherrlichung Gottes!« (1 Kor 10, 31) Der rechte Gebrauch der Dinge in Bezug auf die Mitmenschen setzt die persönliche Freiheit voraus, aber er muss konkret bestimmt sein, durch Rücksicht und Liebe.

Zum Schöpfungsauftrag gehört, die menschliche Kreativität nach Kräften zu ermöglichen und zu fördern, damit der Mensch in innerer Freiheit und ohne den Zwang der Verzweckung innovativ wirken und damit der menschlichen Gesellschaft dienlich sein kann. In seinem Forschen und

---

[16] C. Schönborn, a. a. O. 68.

Denken darf der Mensch den Schöpfungsgedanken Gottes nachspüren und nachdenken. An Gott den Schöpfer glauben heißt auch, an der Sinnhaftigkeit und Rationalität der Welt festzuhalten. Denn der christliche Schöpfungsglauben sieht in der gesamten Schöpfung Spur und Ausdruck der Herrlichkeit Gottes und ermutigt gerade zu Fortschritt und Entwicklung im Dienst der wahren Humanität. Entsprechend ist der Schöpfungsauftrag des Menschen »in der Verantwortung vor dem Gericht Gottes zu vollziehen«.[17] Es gilt, die Wahrheit des christlichen Schöpfungsglaubens ernst zu nehmen, dass der Mensch als Haupt der sichtbaren Schöpfung Verantwortung für diese Welt trägt. Nur unter bewusstem Einbezug der menschlichen Treuhänderschaft kann die Verantwortung vor Gott und für die gesamte Schöpfung wahrgenommen werden.

Das Bekenntnis zum christlichen Schöpfungsglauben beinhaltet auch die grundlegende Erkenntnis, dass die Welt als Lebensraum des Menschen nicht endlos machbar, sondern vorgegeben und geschenkt ist. Vorstellungen von beliebigem Wachstum und unbegrenzter Entfaltung erscheinen zunehmend illusionär. Sich dessen bewusst zu sein, bedeutet nicht Resignation. Es ist ein Realismus, der Selbstüberschätzung und Willkür zurückweist und dazu anhält, der Welt ihre Schönheit und Güte zu bewahren. Dies kann nur so geschehen, dass verstärkt die Schöpfungsverantwortung des Menschen erneut zu Bewusstsein kommt. Die seine Sonderstellung begründende Gottebenbildlichkeit des Menschen wehrt in ihrem authentischen Sinn jeder Ausbeutung der Natur. Sie will hinführen zu deren sachgemäßer Nutzung und zu verantwortungsbewusstem Gestalten in Technik, Zivilisation, Kunst und Kultur. Dies geschieht mit dem Ziel, Welt und Geschichte als einen Raum zu gestalten, in dem sich die Werte der Person, vor allem die sittliche Freiheit, entfalten können und so die menschliche Würde bewahrt und gefördert wird. Mehr noch: Weil sich der Mensch aus biblischer Sicht als Treuhänder Gottes zu verstehen hat, liegt der letzte Sinn christlicher Schöpfungsverantwortung darin, die Welt als Stätte anzunehmen und zu pflegen, wo Gott erkannt und gelobt werden kann.

7. Spirituelle Grundhaltung vor dem Schöpfer Gott

Der vollkommene Gott hat eine gute Schöpfung geschaffen: »Gott sah alles an, was er gemacht hatte. Es war sehr gut.« (Gen 1, 31) Das in dieser Billigungsformel ausgesprochene Gute der Schöpfung bedeutet für den Menschen und der Welt zugleich: Keinerlei Wirklichkeit in der Welt ist vom

---

[17] J. Ratzinger, Art. Schöpfung, in: LThK² 9, 460–466.465.

Ursprung her böse oder schlecht. Es gibt keine Abwertung des Lebens. Die Welt ist ein Geschenk an die Menschen. Die Welt ist Schöpfungsgnade für die Menschen: sie dient dem Heil der Menschen, sie ist schon Anfang des Heiles.

Aus dem christlichen Schöpfungsglauben erwächst eine Spiritualität im Blick auf die Schöpfung: Aus der Glaubensüberzeugung, dass Gott die Schöpfung gut geschaffen hat und in seiner ewigen Treue lenkt, ergibt sich grundsätzlich eine positive und optimistische Beziehung zur Welt sowie eine Freude an allem in der Schöpfung. Das Bewusstsein, dass Gott die Schöpfung als Einheit und Ganzheit geschaffen hat, prägt unsere Lebenshaltung grundsätzlich. Dies bewirkt eine Solidarität mit allen Geschöpfen. Aus dem christlichen Schöpfungsglauben können wir eine Spiritualität entwickeln, die alles Geschaffene in der Welt positiv integriert und schätzt. Weil die gesamte Schöpfung in sich gut ist, besteht keine Notwendigkeit einer dualistischen Weltverachtung und Leibfeindlichkeit. Aus dem Schöpfungsglauben entsteht Weltbejahung und Schöpfungsfreude. Der Gebrauch der Dinge in der Schöpfung steht nicht im Gegensatz zu Gott, sondern verbindet zutiefst mit Gott, wenn wir sie in Dankbarkeit und Freude gebrauchen. Aus dem Schöpfungsglauben können wir das Leben in seiner Ganzheit hoch schätzen.

Das Bekenntnis, dass Gott der Urheber und Lenker der ganzen Schöpfung ist, hat existentielle Bedeutung für das Leben und das Verhalten der Menschen. Der biblische Schöpfungsglaube begründet eine lebendige Beziehung zwischen Gott und der Schöpfung. In dem Schöpfungsgeschehen entsteht eine Beziehung zwischen Verbundenheit und Verschiedenheit von Gott und der Schöpfung: Als der Urheber und Lenker der Schöpfung hat Gott eine immanente Beziehung zur Schöpfung; als absolut souveräner und unendlich erhabener Schöpfer steht Gott in unaufhebbarer Transzendenz zu seiner Schöpfung. Für uns bedeutet diese Beziehung eine Spannung von totaler Abhängigkeit von Gott und zugleich eine schöpfungsmäßige Eigenständigkeit gegenüber Gott. Die gläubige Betrachtung der Schöpfung kann uns zu einer Begegnung mit Gott führen und bei uns ganz persönliche, existentielle und ganzheitliche Betroffenheit auslösen, die sich im Leben äußert, wie Staunen, Ehrfurcht, Vertrauen und Freude: die Ehrfurcht vor der Größe des Schöpfergottes und das Vertrauen auf seine Vorsehung (vgl. Ps 33).

Für den Glaubenden erwächst ein spezifisches Verhalten vor diesem Gott. Das bewusste Wahrnehmen der unfassbaren Größe und Vielfalt der Schöpfung führt zur Grundhaltung der Ehrfurcht gegenüber dem Schöpfer. Aus dem Gebrauch der vielfältigen Gaben der Schöpfung entsteht eine grundsätzliche Dankbarkeit gegenüber Gott, dem Geber aller guten Gaben. Aus unserer existentiellen Ergriffenheit von der Schöpfung Gottes entsteht ein lebendiges Gespräch mit Gott. Unsere existentielle Antwort auf die positiven Wahrnehmungen und Erlebnisse in und mit der Schöpfung äußert sich im Dankgebet und Lobpreis; ein begeisterter Lobpreis, der aus der Ehrfurcht vor dem machtvollen Schöpfer und aus der Freude an der Schöpfung hervorbricht (vgl. Ps 104, 31–33). Die Erfahrung der Macht und Weisheit Gottes begründet ein tiefes Vertrauen in Gott, das in der Not in Bittgebeten zum Ausdruck kommt.

Es gehört zur Bestimmung der Geschöpfe, Gott zu loben und zu preisen, seine Ehre zu rühmen (vgl. Ps 19, 2). Darin findet das Dasein der Geschöpfe und insbesondere das des Menschen seine Vollendung (Apk 19, 1 ff.); denn darin nehmen sie Teil an der Verherrlichung des Vaters durch den Sohn (vgl. Joh 17, 4). Insofern ist es die Bestimmung des Menschen, durch sein Leben Gott zu verherrlichen und die Sünde des Menschen besteht darin, Gott die ihm als Schöpfer geschuldete Ehre vorzuenthalten (Röm 1, 21).

Die Wohltaten der Schöpfung fördern die Freude an Gott. Der Schöpfergott ist eine Grundquelle der Freude am Leben. Der Blick auf die Schönheit der Schöpfung bereitet uns große Freude: »Groß sind die Werke des Herrn, kostbar allen, die sich an ihnen freuen.« (Ps 111, 2) Gott feiert seine Schöpfung und er hat Freude an seiner Schöpfung. Das Feiern und die Freude haben deshalb einen göttlichen Wert. Gott ist im Feiern und in der Freude gegenwärtig. Der Blick auf den Schöpfer selbst, der an eigenen Werken Freude hat, bereitet den Glaubenden Freude: »Der Herr freue sich an seinen Werken ... Ich will mich freuen am Herrn.« (Ps 104, 31.34) Erst aus dem Wissen, dass mein Leben in Gott gehalten ist, kann ich mich aus der Verlorenheit der Gegenwart befreien. Erst wenn ich mir der Vorläufigkeit der irdischen Güter bewusst werde, kann ich mich wirklich der herrlichen Schöpfung Gottes zuwenden. Dann kann ich wie ein Franz von Assisi die ganze Schönheit Gottes und die Schönheit der Schöpfung von Herzen preisen.

8. Schöpfungsglaube als Befähigung zum schöpferischen Leben

Der christliche Schöpfungsglaube bejaht den ganzen Menschen und seine Fähigkeiten und seine positive Lebenseinstellung, die sich in einer gesunden Nächsten- und Selbstliebe verwirklicht. Er sieht den Menschen zuerst als von Gott angesprochenen, ermächtigt und geliebt. Er sieht den Menschen in seiner Beziehung zu Gott und daher immer auch in Beziehung zu Mitmenschen und zur Welt.

Die Schöpfungsspiritualität befreit den Menschen von Ich-Bezogenheit, Leistungsgedanken, vom Zwang und Muss, die den Menschen zum

Produzent seiner Selbst und seines Glückes machen. Der Schöpfungsglaube sieht diese Einschränkung des Menschen auf sich selbst überwunden, und er versteht die Identität des in der Dimension des Dürfens lebenden Menschen als Identität des Dankbaren, der empfangen kann. Diese Spiritualität äußert sich dann in der konkreten Tat, mit der ich dem anderen antworte, seiner Not begegne, indem ich für ihn da bin.

Ein tiefes Begreifen der Schöpfung hat bestimmende und verwandelnde Kraft für das Leben. Denn unsere Lebenseinstellung hängt davon entscheidend ab, wie wir unsere Welt wahrnehmen, deuten und ihr Sinn geben. Eine Spiritualität, die aus der Wahrnehmung und Deutung der Schöpfung ausgeht, ist ganzheitlich. Grundlage einer solchen Spiritualität ist die Begegnung des gesamten Menschen mit Gott. Die Schöpfung ist der Ort dieser ganzheitlichen Begegnung.

Eine Spiritualität, die aus dem christlichen Schöpfungsverständnis ausgeht, ist auf das trinitarische Gottesverständnis begründet und gehört damit zum Zentrum des christlichen Glaubens. Sie verwirklicht sich als Teilhabe am Leben des dreieinigen Gottes.[18] Es ist ein Leben in inniger Verbundenheit mit Gott dem Schöpfer, Erhalter und Vollender der Welt. Eine Spiritualität, die am christlichen Schöpfungsglauben orientiert ist, kann eine Vielfalt entfalten und das spirituelle Leben kann einen lebendigen Charakter annehmen.

Solche ganzheitliche Spiritualität ist nichts anderes als das Streben, unsere Lebenswahrheit zu erkennen und die Liebe zu leben. Der Mensch kann nur in dem Maß ganz und heil sein, wie ihm diese Aufgabe gelingt. Wenn der Gläubige den ersten Schritt der Erkenntnis der Lebensrealität getan hat, muss er sich mit all seinen Kräften anstrengen, um so zu leben, dass er seine Fähigkeiten und die Liebe gegenüber allen Menschen entwickelt. Solche Spiritualität ermöglicht den Menschen, den eigenen Narzissmus zu überwinden und so offen, aufnahmefähig, empfindsam und wach zu werden. Sie hilft uns, gefühlsmäßig ganz auf den Menschen und die Natur bezogen zu sein, die Getrenntheit und Entfremdung zu überwinden. So ermöglicht solche Spiritualität, die Ganzheit und dadurch innere Gelassenheit im Leben zu erlangen. Nichts hat einen größeren praktischen Ertrag als eine schöpfungsmäßige Spiritualität. Diese Spiritualität befähigt uns, unsere Tatkraft zu stärken, unsere Herzen zu weiten, unseren Blick zu schärfen und Kraft zu schöpfen, um uns mit großer Hingabe den Aufgaben zu widmen, die Gott uns in dieser Welt zugewiesen hat.[19]

---

[18] Vgl. G. Augustin, Teilhabe am Leben Gottes, in: G. Augustin/K. Krämer, Gott denken und bezeugen (FS Walter Kasper), Freiburg ²2008, 418–436.
[19] Vgl. G. Augustin, Christliche Lebensführung unter dem Zuspruch Gottes, in: G. Augustin/ J. Reiter/M. Schulze, Christliches Ethos und Lebenskultur (FS Heribert Niederschlag), Paderborn 2009, 17–55.

Johannes B. Brantschen

Ist der Tod heute noch der »letzte Feind« (1 Kor 15, 26)?

Mit Jesu Auferweckung aus dem Reich der Toten hat Gott den Tod, diesen »letzten Feind« (wie Paulus ihn nennt), besiegt. Diesen Sieg über den Tod bekannten und bekennen Christen durch die Jahrhunderte im apostolischen (sonntäglichen) Glaubensbekenntnis: »Ich glaube an die Auferstehung der Toten und das ewige Leben.« Diese Hoffnung sprengt die Selbstverständlichkeiten dieser Welt und fordert zum Widerspruch heraus. Schon zur Zeit des Apostels Paulus gab es in der Gemeinde von Korinth Christen, die nicht an die Auferweckung der Toten glaubten. Paulus Reaktion war heftig: »Wenn wir unsere Hoffnung nur in diesem Leben auf Christus gesetzt haben, sind wir erbärmlicher dran als alle anderen Menschen ... Wenn Tote nicht auferweckt werden, dann lasst uns essen und trinken, denn morgen sind wir tot.« (1 Kor 15, 19.33)

Auch heute gibt es in unseren Gemeinden Christen, für die die Auferweckung der Toten keine Frohbotschaft mehr ist, sondern eher ein Alptraum. Sie sehnen sich nicht mehr nach einem ewigen Leben, sondern sie hoffen auf einen ewigen Schlaf oder – *sit venia verbo* – auf die »Gnade« der Verwesung!

So schreibt z. B. der alte, kranke, zur Schwermut neigende Reinhold Schneider in seinem letzten Buch »Winter in Wien«: »Fest überzeugt von der göttlichen Stiftung der Kirche und ihrer bis zum Ende der Geschichte währenden Dauer, ziehe ich mich doch am liebsten in die Krypta zurück; ich höre den fernen Gesang. Ich weiß, dass ER auferstanden ist, aber meine Lebenskraft ist so sehr gesunken, dass sie über das Grab nicht hinauszugreifen, sich über den Tod hinweg nicht zu sehnen und zu fürchten vermag. Ich kann mir einen Gott nicht denken, der so unbarmherzig wäre, einen todmüden Schläfer unter seinen Füßen, einen Kranken, der endlich eingeschlafen ist, aufzuwecken. Kein Arzt, keine Pflegerin würde das tun, wie viel weniger ER.«[1]

Bei allem Verständnis für diese in Trauer geschriebenen Sätze: Sie lassen etwas Entscheidendes außer Acht: Unsere Hoffnung auf »ewiges

---

[1] Reinhold Schneider: Winter in Wien. Aus meinen Notizbüchern 1957/58. Freiburg i. Br. 1958, S. 79.

Ist der Tod heute noch der »letzte Feind« (1 Kor 15,26)?

Leben« meint nicht eine ewige Fortsetzung dieses oft sehr armseligen und leidvollen Lebens – das wäre ein Alptraum –, sondern etwas radikal *Neues*: »Wir verkünden, was kein Auge gesehen und kein Ohr gehört hat, was keinem Menschen in den Sinn gekommen ist, das Grosse, das Gott denen bereitet hat, die ihn lieben.« (1 Kor 3,9)

Vor 50 Jahren war Reinhold Schneider mit seinem melancholischen Gedanken, der Tod möge uns in den ewigen Schlaf führen, noch ziemlich allein, jedenfalls unter praktizierenden Katholiken. Inzwischen gibt es in allen christlichen Konfessionen Gläubige, die sich entschieden und bewusst als Christen verstehen, ohne auf die Auferweckung der Toten zu hoffen. Stellvertretend für alle Namenlosen sei hier eine sehr engagierte Christin (die auch Theologin ist) zitiert: »Wir bringen Auferstehung mit Befreiung zusammen, weil unser tiefstes Bedürfnis nicht persönliche Unsterblichkeit ist, sondern ein Leben vor dem Tod für alle Menschen.«[2] Am Ende der Tage gelte es, ohne Groll und Ressentiment sich definitiv zu verabschieden und als Staub zur Erde zurückzukehren: »Denke ich an den Tod – und das heißt an meinen eigenen Tod –, dann empfinde ich mich als Teil dieses Planeten Erde. Auch wenn ich sterbe, werden Wind und Wasser, Erde und Luft, Fische, Vögel und alle anderen Lebewesen weiter bestehen. Warum also sollte ich den Tod fürchten? Weil alle geschaffenen Dinge miteinander in Verbindung stehen, konnte Franziskus von Assisi vom Tod als von unserer Schwester sprechen. Und wer so sprechen kann, sagt das größte Ja zur Schöpfung, das vorstellbar ist. So können wir unser kleines Dasein als Teil des großen Seins verstehen, in das wir zurückkehren werden: als Schwester zur Schwester Tod, als Kind zur Mutter Erde, als Bruder zum Bruder Sonne, als Tropfen zu den großen Wassern und als Flamme ins Licht.«[3]

Eine bewundernswerte Gelassenheit. Aber wird damit unser Gerechtigkeitsempfinden nicht überfordert? Denn weniger poetisch heißt das ja dies: Mörder und Opfer, Ausbeuter und Verhungernde – sie alle enden in der gleichen Grube und damit basta. Vor allem aber: Kann man die Briefe des Apostel Paulus noch verstehen, wenn man die Hoffnung auf die Auferweckung der Toten aufgibt? Hören wir zunächst diesen neuen Christen noch etwas genauer zu, denn es sind keine »Taufscheinchristen«, sondern oft sehr engagierte Christen: Sie leben bescheiden, teilen ihr Überflüssiges mit den Armen. Das Christentum hat für sie nur Sinn und Bedeutung in diesem Leben auf dieser Erde.

Der erste und entscheidende Einwand der »neuen Christen« gegen die »Auferweckung der Toten« lautet: Der Tod ist heute kein Feind des Lebens mehr, sondern die natürlichste Sache der Welt. Er ist die genetisch

---

[2] D. Sölle: Wählt das Leben. Stuttgart 1980, S. 124.
[3] D. Sölle: Lieben und arbeiten. Eine Theologie der Schöpfung. Stuttgart 1985, S. 209.

vorprogrammierte Vollendung des Lebensprozesses und gehört deshalb zum Leben wie der Schatten zum Licht. Deshalb kann es nicht Aufgabe des Christentums sein, den Tod zu überwinden. Wir müssen vielmehr lernen, mit dem Tod und vor allem mit der Angst vor dem Tod zu leben, ohne uns durch himmlische Illusionen ablenken zu lassen.

Während zweieinhalb Jahrtausenden – so die »neuen Christen« – galt der Tod im Abendland und im Mittleren Orient als ein Unglücksfall, der dem Leben unterläuft und sein Scheitern offenbart. Das ist nicht verwunderlich, denn zur Zeit des Apostels Paulus sind die Menschen jung gestorben: 50 % erreichten nicht das 15. Lebensjahr (viele starben schon im ersten Lebensjahr), und von den anderen 50 % erreichte wieder die Hälfte nicht das 35. Lebensjahr. Nur gerade 25 % wurden älter als 35 Jahre; einige wenige wurden sehr alt, und deshalb hatten alte Menschen – weil sie damals die Ausnahme waren – ein großes Ansehen. Weil der Tod so vieler junger Menschen unerträglich war, erstaunt es nicht, wenn Paulus den Tod als Feind des Lebens, gar als »letzten Feind« betrachten konnte und das Christentum mit seiner Auferstehungsbotschaft so viel Erfolg hatte; es konnte nämlich Trost spenden in der grausamen Welt der jungen Toten.

Heute aber, in einer Zeit, in der immer mehr Menschen – jedenfalls in den entwickelten Industrienationen – an natürlicher Altersschwäche sterben, hat die Auferstehungsbotschaft ihre Trostfunktion und ihre gesellschaftliche Plausibilität weitgehend eingebüßt. Wenn die Sinne schwächer werden, die Interessen und das Gedächtnis schwinden und der alte Mensch wieder zum hilflosen Kind wird, ist der Tod kein Feind mehr, sondern eher eine Wohltat.

Weil die Medizin, die Hygiene und die Ernährungswissenschaften weltweite Fortschritte machen, ist es nur eine Frage der Zeit, bis die Mehrzahl der Menschen eines natürlichen Altertodes sterben.

Dadurch beginnt sich in unserer Kultur die Beziehung zwischen Leben und Tod zu wandeln. Eine Revolution kündigt sich an, deren Wirkungen die gegenwärtige Kultur erst dunkel zu erahnen beginnt und die das christliche Bewusstsein noch kaum zur Kenntnis genommen hat: Der Tod ist kein Feind des Lebens mehr.

Wir sind in der Geschichte der Menschheit somit die erste Generation, die mit eigenen Augen den natürlichen Charakter des Todes, seine Notwendigkeit und – man muss den Mut haben, es zu sagen – seine *wohltätigen* Eigenschaften feststellen können. Das Christentum muss sich deshalb zur Einsicht durchringen, dass der Tod kein Problem darstellt, das es zu lösen, gar zu überwinden gilt. Sollte das Christentum diese neue Sicht zwischen Leben und Tod unannehmbar finden und weiterhin die »Auferweckung der Toten« verkünden, so dürften die Tage des Christentums gezählt sein; denn die Sicht vom »natürlichen Tod« wird sich allmählich weltweit durchsetzen.[4]

Soweit der erste Einwand der »neuen Christen«. Was kann man darauf antworten?

Richtig ist, dass die Rede vom »natürlichen Tod« eine gesellschaftskritische These ist, insofern sie die Forderung enthält, eine Gesellschaft zu gestalten, in der niemand mehr jung sterben muss. So gesehen ist die Rede vom »natürlichen Tod« ein Plädoyer für ein menschenwürdiges Leben und ein Protest gegen den vorzeitigen und gewaltsamen Tod: gegen den Tod von Kindern, die durch den Hunger und seine Folgen weggerafft werden; gegen den Tod von Erwachsenen, die in der Dritten und Vierten Welt von unmenschlichen Arbeitsbedingungen und Wohnverhältnissen erdrückt werden und an Krankheiten sterben müssen, die man heutzutage heilen könnte; gegen den Tod von alten Menschen, die *vor* der Zeit sterben müssen, nicht wegen ihres Alters, sondern wegen der Gleichgültigkeit der Gesellschaft, die sie aus dem Umkreis des Lebens verbannt, dessen sie sich noch hätten erfreuen können.

Christen werden sich also mit allen Menschen guten Willens dafür einsetzen, damit möglichst viele Menschen eines »natürlichen Altertodes« sterben dürfen. Dies vorausgeschickt, möchte ich den »neuen Christen« ein Dreifaches zu bedenken geben:

1. Ist denn die Rede vom »natürlichen Tod« die ganze Wahrheit über den Tod? Sicher: Der Zellenhaushalt eines jeden lebenden Organismus hat einen Anfang und ein Ende, und das genetische Programm hat für den Menschen nur ein begrenzte Anzahl von Herzschlägen vorgesehen. Doch ist das nur die eine Seite des Menschen. Der Mensch hat einen sterblichen Leib, gleichzeitig wird er aber von einem unendlichen Wunsch umgetrieben, der durch nichts in der Welt ganz gestillt werden kann, mag ein Mensch auch steinalt und steinreich werden. Wenn nun der ewige Gott rein aus Gnade unsere Sterblichkeit in einer unausdenkbaren Neuschöpfung auffangen will und unsere unendliche Sehnsucht in seine Unendlichkeit aufnehmen will (vgl. Joh 4,14), so ist das Gottes Sache – ein Wunder seiner Liebe und Freiheit – nicht unser Recht.

2. Was ist mit all jenen, die nicht das Glück haben, nach einem erfüllten Leben eines »natürlichen Todes« zu sterben? Was ist mit der unabsehbaren Zahl derer, denen von Anfang an, ohne eigene Schuld, das Minimum zum Leben – ein wenig Brot, Würde und Hoffnung – versagt geblieben ist? Setzt sich das Neue Testament über diese Opfer mit einem Achselzucken hinweg? Keineswegs. Denn der neutestamentliche Blick richtet sich nicht nur auf die eigene Person, sondern gilt ebenso sehr dem Bruder in Not, der

---

[4] Vgl. J. Pohier: Wenn ich Gott sage. Olten 1980, S. 34–47, 267–336.

Schwester in Trauer. Als Christ hoffe ich nicht nur für mich, sondern ich bin froh und dankbar, dass ich auch für die andern hoffen darf – für die Opfer von gestern und vorgestern.

Weil Gott jenen Jesus auferweckt hat, der sterben musste, weil er sich entschieden für die Hoffnungslosen und Verlorenen eingesetzt und damit die Kreise der religiösen »Meinungsführer« gestört hat, dürfen wir hoffen, dass Gott auch alle Nachfolger Jesu, alle unschuldigen Opfer, auferwecken wird.

3. Betrachtet die Rede vom »natürlichen Tod« den Tod nicht viel zu individualistisch als den je eigenen Tod? Was aber, wenn wir den Tod mit der Liebe zusammen denken? Öffnet sich da nicht eine ganz andere Perspektive? Dass Liebende auseinandergerissen werden, ist »unnatürlich«, mag es auch biologisch normal sein, dass wir sterben. Der Tod, dieser radikale Abschied, ist auch eine Beleidigung der Liebe.

Sicher: Der Tod hat mehr als ein Gesicht, je nachdem, ob er mitten im Leben zuschlägt oder ob er sich erst am Ende eines erfüllten Lebens meldet, ob er unvermittelt anklopft oder erst nach einer langen Krankheit gewinnt. Fast immer bleibt dies wahr: Für Liebende ist der Tod eine Beleidigung. Die Liebe, die glückt, die *starke Liebe mitten im Leben,* will Ewigkeit, um ein Anliegen Bonhoeffers aufzunehmen. Mag die Zeit des Eros eine flüchtige Zeit sein, trotz Nietzsches geheimnisvoll dunklen Wortes: »Doch alle Lust will Ewigkeit, will tiefe, tiefe Ewigkeit.«[5] Die Liebe – sie will Ewigkeit. Das ist ihre Tiefengrammatik. Der Tod zerreißt früher oder später diese Logik der Liebe. Die Lyrikerin Mascha Kaléko hat diese Erfahrung in ihrem Gedicht »Memento« so eingefangen:

Vor meinem eignen Tod ist mir nicht bang,
Nur vor dem Tode derer, die mir nah sind.
Wie soll ich leben, wenn sie nicht mehr da sind?

Allein im Nebel tast ich todentlang
Und lass mich willig in das Dunkel treiben.
Das Gehen schmerzt nicht halb so wie das Bleiben.

Der weiß es wohl, dem gleiches widerfuhr;
– Und die es trugen, mögen mir vergeben.
Bedenkt: den eigenen Tod, den stirbt man nur,
Doch mit dem Tod der andern muss man leben.[6]

Ist der Tod für uns Menschen nicht gerade deshalb ein so großes Problem, weil wir einander intensiver zu lieben vermögen als jede andere Spezies

---

[5] F. Nietzsche: Also sprach Zarathustra. WW II, hrsg. v. K. Schlechta, S. 558.
[6] M. Kaléko: Verse für Zeitgenossen (Rororo, 4659). Reinbek bei Hamburg 1980, S. 9.

dieser Erde? Das »Unnatürliche« des Todes besteht darin, dass er Liebende auseinanderreist, Freunde trennt.

Wer kennt nicht den Aufschrei von Augustinus nach dem Tod seines besten Freundes: »Durch diesen Schmerz kam eine tiefe Finsternis über mein Herz, und wo ich hinsah, war der Tod ... Ich war mir selbst zu einer einzigen großen Frage geworden ... Ich glaube, je mehr ich jenen geliebt hatte, um so mehr hasste und fürchtete ich den Tod, der ihn mir geraubt, wie den grimmigsten Feind«[7]. Der französische Philosoph Gabriel Marcel hat diese Erfahrung so formuliert: »Einen Menschen lieben, heißt sagen: Du wirst nicht sterben.«[8] Sigmund Freud wurde nach dem Tod seiner Tochter Sophie und kurz darauf seines vierjährigen Lieblingsenkels Heinele depressiv und bemerkte wiederholt, durch diese tragischen Ereignisse sei etwas in ihm zerbrochen, so dass er nicht mehr imstande sei, neue Beziehungen einzugehen. Von dieser Erfahrung gezeichnet, schreibt Freud: »Niemals sind wir ungeschützter gegen das Leiden, als wenn wir lieben, niemals hilfloser unglücklich, als wenn wir das geliebte Objekt oder seine Liebe verloren haben.«[9] So hat denn Freud große Bedenken, die Liebe als Weg zum Glück zu empfehlen, weil man sich in der Liebe verletzlich macht und – angesichts des Todes – sich stärksten Leiden aussetzt.[10] Freuds tragische Botschaft zu diesem Thema lautet überspitzt: Liebt euch nicht zu sehr, sonst werdet ihr früher oder später unglücklich.

Ganz anders die Botschaft des Neuen Testaments. Das Evangelium will nicht in erster Linie private Rettungsaktionen organisieren, sondern die Menschen aus den vier Enden der Welt zu einer neuen, unzerstörbaren Gemeinschaft zusammenrufen (vgl. Joh 11,52; Offb 7) und sie heißt Reich Gottes. Und dort gilt, was uns das Neue Testament aus seiner Mitte heraus zuruft: Die Liebe siegt, nicht der Tod, weil Gott Freude hat an der Liebe. Wenn aber Gott Freude hat an der Liebe, darf kein Einwand gegen die Liebe das letzte Wort behalten, auch nicht der Tod, sonst wäre der Tod der heimliche Gott.

Der Gott Jesu gewährt uns die Freiheit, angesichts des Todes, ja angesichts der Kindergräber, zu hoffen, dass die Liebe siegt, nicht der Tod. Ohne Gott ist das unmöglich, mit Gott ist es selbstverständlich. So hat Jesus gedacht und Paulus nicht anders. Mit diesem Wort der Hoffnung dürfen wir einander trösten – *leise* und *diskret!* Und wenn dann der Neu-

---

[7] Aurelius Augustinus: Bekenntnisse (übertragen von C. J. Perl). Paderborn 1963, 4. Buch, IV-VII.
[8] Gabriel Marcel: Geheimnis des Seins. Wien 1952, S. 472.
[9] S. Freud: Das Unbehagen in der Kultur. In: S. Freud: Studienausgabe, Bd. IX: Fragen der Gesellschaft – Ursprünge der Religion, hrsg. v. A. Mitscherlich, A. Richards, J. Strachey. Frankfurt a. M. 1974, S. 214.
[10] Vgl. ebd., S. 231 f.

schöpfer Gott dieses Wort der Hoffnung, das wir einander zur gegebenen Zeit *zuflüstern* dürfen, einlösen wird, dann werden wir sein wie Träumende, dann wird unser Mund voll Lachen und unsere Zunge voll Jubel sein. Das Bekenntnis zur Auferweckung der Toten ist nur dann echt, wenn es aus der Freude an der Liebe abgelegt wird. Dieser emotionale Faktor ist nicht auszuklammern. Wer ist also Gott? Gott ist der, dem allein wir *Hoffnung* schuldig sind, während wir einander die Liebe schulden – auch wenn sie scheitert durch den Tod.

Mehr noch als diese »Aporie der Liebe« für den Einzelmenschen empört uns das »Scheitern des Ethos« im Kampf für eine gerechtere Welt. Wer sich nämlich in der Praxis auf Recht und Gerechtigkeit einlässt, ohne zu mogeln, der kann immer noch sein blaues Wunder erleben. Wer sich kompromisslos einsetzt, dass seinem Bruder Recht und seiner Schwester Gerechtigkeit zuteil werden, der gerät angesichts der Widerstände der Welt sehr oft ins Leiden, gar ans Kreuz. Unsere Schwestern und Brüder in totalitären oder von korrupten Clans regierten Ländern zeigen uns besonders drastisch, was es heißt, praktisch und konkret die Ungerechtigkeit beim Namen zu nennen, gegen die Verletzung der Menschenrechte zu protestieren:

– Weil der bekennende Christ und große evangelische Theologe Dietrich Bonhoeffer sich gegen die Verbrechen des Tyrannen Hitler aufgelehnt hat, wurde er von den Nazischergen am Galgen aufgehängt. Weil der Bischof Alfons Romero in El Salvador sich für die Beleidigten und Getretenen eingesetzt hat, wurde er am Altar erschossen von den Herrschenden, deren Kreise er störte.
– Weil der Jesuit Ignacio Ellacuría und seine fünf Mitbrüder sich für mehr Menschenrechte in San Salvador eingesetzt haben, wurden sie zusammen mit ihrer Köchin und deren Tochter von gedungenen Schergen erschossen.[11]
– Weil der kolumbianische Priester Ivan Betancourt sich in Honduras für die Gerechtigkeit und Würde der ausgebeuteten Landarbeiter eingesetzt hat, wurde er von den Großgrundbesitzern verhaftet und verhört, wurden ihm bei lebendigem Leib die Nase, die Ohren, die Zunge abgeschnitten, wurde er kastriert, am Schluss erstochen und in einen Brunnenschacht geworfen.
– Weil der polnische Priester Jerzy Popieluszko und die russische Journalistin Anna Politkowskaja sich für mehr Freiheit ihrer Schwestern und Brüder eingesetzt haben, wurden sie ermordet.

Bonhoeffer, Romero, Ellacuría, Betancourt, Popieluszko, Politkowskaja –

---

[11] Vgl. J. Sobrino: Sterben muss, wer an Götzen rührt. Das Zeugnis der ermordeten Jesuiten in San Salvador: Fakten und Überlegungen. Fribourg i. Üe. 1990.

ihre Namen stehen hier stellvertretend für unzählige namenlose Christen (und Nichtchristen), die hinter den schalldichten Türen von Folterzellen schreien und hinter Stacheldrahtverhauen dahinvegetieren müssen, »nur« weil sie sich konkret und praktisch für eine größere Gerechtigkeit eingesetzt haben. »Die Welt ist voll geschlachteter Güte und voll reüssierender Verbrecher mit langem, friedlichem Lebensabend«, schreibt der jüdische Philosoph Ernst Bloch.[12]

Hat Sigmund Freud, der Kenner der menschlichen Psyche, recht, wenn er bemerkt, das großartige Gebot der Nächstenliebe sei unvernünftig und undurchführbar?[13] Und Heinrich Heine spottet: »Friedliche Gesinnung. Wünsche: bescheidene Hütte, Strohdach, aber gutes Bett, gutes Essen, Milch und Butter, sehr frisch, vor dem Fenster Blumen, vor der Türe einige schöne Bäume, und wenn der liebe Gott mich ganz glücklich machen will, lässt er mich die Freude erleben, dass an diesen Bäumen etwa sechs bis sieben meiner Feinde aufgehängt werden. Mit gerührtem Herzen werde ich ihnen vor ihrem Tode alle Unbill verzeihen, die sie mir im Leben zugefügt – ja, man muss seinen Feinden verzeihen, aber nicht früher, als sie gehenkt wurden.«[14] Das ist ehrlich und zeugt von Menschenkenntnis.

Sind wir überfordert? Ist die Bibel weltfremd und Jesus naiv, wenn sie Nächstenliebe und Gerechtigkeit als gottgemäße Lebensweise uns ans Herz legen? Keineswegs: Jesus weiß aus eigener Erfahrung, dass der Gerechte in der Welt viel leiden muss. Aber Jesus weiß auch, dass sein Vater noch andere Hände hat als wir und deshalb die von uns angefangene Gerechtigkeit in seinem Reich vollenden wird: Wenn Geduld, Liebe, Tapferkeit des Herzens am Boden liegen, dann gelten Jesu Seligpreisungen den *darüber* Leidtragenden, den *deshalb* nach Gerechtigkeit Hungernden, den *trotzdem* Barmherzigen: »Selig sind, die hungern und dürsten nach der Gerechtigkeit, denn sie werden gesättigt werden ... Selig sind, die um der Gerechtigkeit willen verfolgt werden; denn ihrer ist das Himmelreich.« (Mt 5,6.10) Jesus nahm Gott ein für allemal für alle diejenigen in Anspruch, die in der Gegenwart der Welt auf das Kommen der Gerechtigkeit *angewiesen* bleiben. Du hast Zukunft, Gott ist deine Zukunft, sagt Jesus zu allen, die um der Gerechtigkeit willen leiden müssen, denn sein Vater hat Freude an der Gerechtigkeit. Weil *Gott* Freude hat am Menschen, der das Gerechte tut, wird der treue Gott nicht der himmelschreienden Ungerechtigkeit das letzte Wort überlassen. Deshalb »erwarten wir, seiner Verheißung gemäß, einen neuen Himmel und eine neue Erde, in denen die Ge-

---

[12] E. Bloch: Das Prinzip Hoffnung, dritter Band. Frankfurt a. M. 1959, S. 1300.
[13] Vgl. S. Freud: Das Unbehagen (s. Anm. 9), S. 239, 258.
[14] H. Heine: Aufzeichnungen. In: Heine, Sämtliche Schriften, sechster Band, erster Teilband, hrsg. v. K. Briegleb, Darmstadt 1975, S. 653.

rechtigkeit wohnt.« (2 Petr 3, 13) Oder in der Sprache von J. B. Metz: Der Schrei nach Gott, ›wie lange noch?‹, wie ihn die Klagelieder und zahlreiche Psalmen des Ersten Testaments kennen – der Schrei nach Gott angesichts der abgründigen Leidensgeschichte der Menschheit – gehört zum mystischen Hintergrund des Christentums, bis aller Hunger und Durst nach Gerechtigkeit gestillt sein wird in jener Auferweckung der Toten, die uns im Glauben an die Auferweckung Jesu, des ermordeten Gerechten, des Christus verheißen ist.[15] Der treue Gott wird dafür sorgen, dass das Grab nicht der letzte Ort für Gerechte wie Ungerechte bleibt. Mit der Gerechtigkeit anfangen, das ist unsere Aufgabe, die Gerechtigkeit vollenden, das bleibt Gottes Sache.

Wer ist also Gott? Gott ist derjenige, dem allein wir Hoffnung schuldig sind, während wir einander Recht und Gerechtigkeit schulden, auch wenn uns dieser Einsatz für solidarische Beziehungen und gerechtere Strukturen ins Leiden führt. Billiger ist Gott (der Himmel) nicht zu »haben«; denn Gott will Gott bleiben.

Wenn die »neuen Christen« die Hoffnung auf die Auferweckung der Toten im Namen des »natürlichen Altertodes« aufgeben, so konnten unsere bisherigen Überlegungen dies zeigen: Es geht bei der Hoffnung auf die »Auferstehung der Toten« oder um den »Himmel« nicht um ein »Privat-Zückerchen« für Fromme und Selbstgerechte, die mit ihrer Sterblichkeit nicht zurecht kommen, sondern es geht um die Hoffnung auf die Wiederherstellung der beleidigten Liebe und der mit Füßen getretenen Gerechtigkeit. Mit Blick auf diese Welt mag man mit S. Freud realistisch und resignierend feststellen: »Die Absicht, dass der Mensch ›glücklich‹ sei, ist im Plan der ›Schöpfung‹ nicht enthalten.«[16] Der Christ aber glaubt, dass Gott größer ist als diese Welt.

Während der erste Einwand der »neuen Christen« im Namen des »natürlichen Todes« sich gegen jede todüberwindende Hoffnung richtet, hat ein zweiter Einwand speziell das »ewige Leben« im Visier. Der Einwand lautet: »Ewiges Leben« ist unvereinbar mit allem, was wir über das Menschsein des Menschen wissen und täglich erfahren. Nicht mehr dem Tod, nicht mehr der Schuldhaftigkeit, nicht mehr der Geschlechtszugehörigkeit unterworfen sein, heißt, kein Mensch mehr sein. Der Mensch ist wesentlich ein geschichtliches Wesen, das heißt, jeder Mensch lebt in einer Geschichte, besser in mehreren Geschichten gleichzeitig oder hintereinander, seien diese nun beglückend oder schrecklich oder beides zugleich. Geschichten aber haben immer einen Anfang und ein Ende, und das heißt:

---

[15] Vgl. J. B. Metz: Memoria passionis. Ein provozierendes Gedächtnis in pluralistischer Gesellschaft. Freiburg i. Br. 2006, S. 93–107; 135–142.
[16] S. Freud, das Unbehagen (s. Anm. 9), S. 208.

Der Mensch ist *wesentlich* ein zeitliches Wesen. Mensch und Zeit gehören so notwendig zusammen wie Gott und Ewigkeit. Die Rede von einem »ewigen Menschen« ist folglich ein Widerspruch in sich: ein hölzernes Eisen. Ein Mensch, enthoben der Geschichte und seiner Geschichten, ohne Veränderung, ohne Entwicklung und Zukunft, hört auf, Mensch zu sein.

Ein schwieriger Einwand, der drastisch zeigt, dass wir Sterblichen, die wir uns in einer dreidimensionalen (oder höchstens vierdimensionalen) Welt bewegen, uns ein ewiges Leben unmöglich vorstellen können. Jeder entsprechende Versuch muss scheitern, denn ewiges Leben spielt sich in der Dimension Gottes ab, das heißt in einer mindestens zehndimensionalen Welt, die uns in Raum und Zeit gefangenen Menschen gleichsam zu Nachtfaltern macht, die vom Licht der Sonne reden sollten. Nach dieser grundsätzlichen Warnung könnte man dem zweiten Einwand der »neuen Christen« mit dem Hinweis auf Gottes *bleibende* Unbegreiflichkeit begegnen und in menschlichen Worten (andere haben wir nicht) so sagen: Wir werden »im Himmel« gemeinsam in Gottes Geheimnis hineingehen, ja in Gottes unmittelbare Offenheit hineingerissen werden. In diesem ekstatisch beglückenden Gang gelangen wir an kein Ende, weil die bleibende Unbegreiflichkeit Gottes auch »in Ewigkeit« vom Geschöpf nicht ausgelotet werden kann. So geht auch der vollendete Mensch in eine Zukunft, aus der ihm die Macht des Lebens schlechthin gegenwärtig ist.[17]

Der zweite Einwand der »neuen Christen« läuft auf den Verdacht hinaus, der sterbliche Mensch werde unter dem Ewigkeitsaspekt unter der Hand zu einem Gott. Dem ist entgegenzuhalten: Unser Leben hier und heute ist nach christlichem Verständnis durch und durch Gabe und Geschenk Gottes, radikal verdanktes Sein. Das bekennen wir, wenn wir Gott als unseren Schöpfer loben. Wenn nun der ewige Gott in einer fortwährenden (Neu-) Schöpfung uns ewig Leben schenken will, bleiben wir ewig verdankte, endliche Menschen – und werden keine Götter. In diesem Sinn könnte man auch sagen: Die Toten leben im *schöpferischen* Gedächtnis Gottes, das die Toten nicht einfach als Gewesene erinnernd »aufbewahrt«, sondern sie in einer »creatio continua« ewig neu schafft, weil Gott immer schöpferisch wirkt.[18] Die »neuen Christen« meinen, die Toten lebten nur in unserem Gedächtnis. Aber, ganz abgesehen davon, dass in unserem Gedächtnis nur »Erinnerungen« leben und keine wirklichen Personen: Wenn die Toten nur in unserem sterblichen Gedächtnis leben, ist nach drei Generationen alles vorbei. Mein Urgroßvater lebt nicht mehr im Gedächtnis

---

[17] Vgl. G. Bachl: Über den Tod und das Leben danach. Graz 1980, S. 167–170.
[18] Eine etwas andere Perspektive wählt G. Bachl, dem der Ansatz beim Gedächtnis Gottes »nur halb gefallen [will]«. G. Bachl: Spuren im Gesicht der Zeit. Ein wenig Eschatologie. Salzburg 2008, S. 81.

seiner Nachfahren, weil diese ihn nicht mehr gekannt haben. Nur wenn wir im schöpferischen Gedächtnis des *ewigen* Gottes leben, ist es sinnvoll, von einem »ewigen Leben« zu reden.

Ein dritter Einwand der »neuen Christen« lautet: Der Himmel interessiert uns nicht, denn wir haben als Christen genug auf dieser Erde zu tun. Der christliche Glaube gibt uns genug Freude im Hier und Heute; er gibt uns genug Kraft für die notwendige Arbeit am unvollendeten Menschenhaus.

Für die »neuen Christen« ist das traditionelle Christentum so sehr vom »Jenseits« fasziniert, dass es diese Welt mit ihren kleinen Freuden und großen Leiden gar nicht mehr ernst nehmen könne. Diese Gefahr bestand zweifelsohne in einigen Epochen der Kirchengeschichte, ist aber heute weitgehend gebannt. Darum nochmals: Keine glaubwürdige Rede von einem Leben *nach* dem Tod, ohne radikalen Einsatz für ein menschenwürdiges Leben für alle *vor* dem Tod. Keine Rede von einem »neuen himmlischen Jerusalem«, ohne täglichen Einsatz für eine bewohnbare Stadt hier und jetzt. Keine Rede von ewiger Freiheit ohne mutige Unterstützung der Freiheits- und Emanzipationsbewegungen dieser Erde. Keine glaubwürdige Rede vom »engelgleichen« Leben in Gottes Ewigkeit, solange wir hier auf Erden den Eros und die Sexualität verdächtigen, gar verketzern.

Diese Evidenzen vorausgesetzt, würde ich einem Christen hierzulande, der mir sagt: »Ein Jenseits interessiert mich nicht, weil mir das Christentum genug Sinn auf dieser Erde gibt« antworten: Es kommt im Christentum nicht in erster Linie darauf an, was dich interessiert, sondern was Gott mit uns vorhat. Die Frage nach dem persönlichen Interesse ist vielleicht doch eine allzu *bourgeoise* Einstellung zu diesem Thema, zumal du auf der Schokoladenseite dieses Planeten leben darfst.

Ob wir an die Unsterblichkeit der Seele glauben und für die Botschaft von der Auferweckung der Toten nur Spott übrig haben, wie die Athener auf dem Areopag (vgl. Apg 17, 32); ob wir im Sinne der europäischen Moderne den »natürlichen Ganztod« des Menschen verteidigen und die Botschaft von der Totenerweckung als Mythologie von vorgestern abtun; ob wir, wie zahllose Zeitgenossen (auch Christen), an die Seelenwanderung glauben und für die Rede von der Auferweckung der Toten nur ein müdes Lächeln übrig haben – sicher ist: die christliche Botschaft vom Gott, der die Toten erweckt (Röm 4, 17), steht immer quer zu unseren jeweiligen Todestheorien und bleibt folglich für die Vernunft eine Zumutung und ein Skandal. Mögen wir den Tod als etwas »Natürliches« oder etwas »Widernatürliches« ansehen, darauf kommt es letztlich nicht an: Denn die Hoffnung auf die Auferweckung der Toten gründet nicht in unseren Theorien über den Tod, sondern einzig und allein in Gottes Freiheit.

Die traditionelle Theologie hat im Laufe der Jahrhunderte zweifelsohne immer wieder das Bilderverbot übertreten, indem sie allzu viel über Gott und Gottes Ewigkeit zu wissen vorgab. Man darf sich aber fragen, ob die »neuen Christen« sich ans Bilderverbot halten, wenn sie so genau und dezidiert zu wissen meinen: Mit dem Tod ist alles aus! Auch hier ehren wir Gott, indem wir ihn freilassen.

Es gibt nicht nur eine klerikal-dogmatische Gefangennahme Gottes, sondern auch eine sehr profane, sehr »vernünftige« Gefangennahme Gottes. Lassen wir doch Gott frei! Lassen wir uns doch überraschen!

Christologie

I. Christologie und Gottesoffenbarung

Carlos A. Azpiroz Costa

Il *Verbum* divino e le Sacre Scritture.
Alcuni spunti di una dialettica

Nell'incontro con Pilato, Gesù afferma con chiara lucidità il senso della sua vita terrena: «Per questo io sono nato e per questo sono venuto nel mondo per dare testimonianza alla verità» (*Gv* 18, 37).

Nella cultura ebraica è vero soprattutto ciò che «dà sicurezza all'esistenza», ciò che serve alla vita,[1] e la verità di cui parla Gesù, in ultima analisi, è la rivelazione/realizzazione della sovrabbondante volontà salvifica del Dio Vivente per tutta l'umanità.[2]

Per donare questa verità all'uomo, e portarla a compimento nella storia, liberando l'umanità dai legami del peccato[3] ed aprendole una via

---

[1] Per un approccio elementare a questo tema, ricco di sfumature ma determinante, cf LINK H.-G., *Verità*, in *Dizionario dei concetti biblici del Nuovo Testamento*, a cura di Coenen L., Beyreuther E., Bietenhard H., Edizioni Dehoniane Bologna, 1980², pp. 1961–1975; tit. org.: *Theologisches Begriffslexikon zum NT*, Theol. Verlag Rolf Brockhaus, Wuppertal, 1970.
Sorprende che l'Autore non tenga in alcun conto il determinante apporto di Aristotele e di Tommaso d'Aquino a proposito della *verità pratica*, ossia della verità morale.
Limitata alla verità teorica e logica, la presentazione della dottrina dei due grandi Pensatori non solo rischia di ridursi ad una caricatura, ma certamente non è in alcun modo utilizzabile per un accostamento alla concezione biblica della verità. Ben più ricco e vero sarebbe stato il confronto se l'Autore avesse preso in considerazione il secondo libro dell'*Etica a Nicomaco* di Aristotele, fondato nel II libro della sua *Metafisica*, il commento di Tommaso d'Aquino all'*Etica* e, soprattutto, l'insegnamento di Tommaso sull'inveramento dell'uomo nell'esercizio delle virtù e sul perfezionamento che la carità apporta alle virtù umane.
Può essere utile, come esempio, riportare un passo del commento di Tommaso: «(...) omnis sermo qui est de operabilibus, sicut est iste, debet tradi typo, idest exemplariter, vel similitudinarie, et non secundum certitudinem (...). Et hoc ideo, quia sermones sunt exquirendi secundum conditionem materiae (...) videmus autem, quod ea quae sunt in operationibus moralibus et illa quae sunt ad haec utilia, scilicet bona exteriora, non habent in seipsis aliquid stans per modum necessitatis, sed omnia sunt contingentia et variabilia. (...) Et cum sermo moralium etiam in universalibus sit incertus et variabilis, adhuc magis incertus est si quis velit ulterius descendere tradendo doctrinam de singulis in speciali. Hoc enim non cadit neque sub arte, neque sub aliqua narratione, quia casus singularium operabilium variantur infinitis modis. (...) Quamvis autem hic sermo sit talis, id est in universali incertus, in particulari autem inenarrabilis, tamen attentare debemus, ut aliquod auxilium super hoc hominibus conferamus, per quod scilicet dirigantur in suis operibus.» (*Sententia Libri Ethicorum*, II, lect. 2).
[2] Cf *1Tm* 2, 4; 4, 10.
[3] Cf *1Tm* 1, 15.

verso il Padre,[4] Gesù vive familiarmente tra gli uomini e le donne del suo tempo, si intrattiene con loro,[5] e così facilita l'insorgere di una confidenza che, superando ogni paura, rende ancor più possibile quella risposta di abbandono fiducioso a Dio, in cui consiste la salvezza perché non impedisce il dono della pienezza di vita. La paura nei confronti di Dio, che il peccato aveva messo nel cuore di Adamo ed Eva, fino al punto da indurli a scappare da lui e a lui nascondersi,[6] viene finalmente superata e vinta dal modo amicale, ed anche conviviale,[7] di vivere del Verbo incarnato nella storia, uomo tra gli uomini, che totalmente si affida loro fino alla morte.

Se la natura dell'umanità è una natura sociale e storica e se queste sono sue caratteristiche peculiari, dei *propria*, che si concretizzano nel *conversari* – in pratica nell'esistere e nello svilupparsi in un insieme di relazioni interpersonali e nel dialogo con gli altri –, il Verbo, per amore della sua creatura, assumendone la natura partecipa pienamente alla *conversatio hominum*.

Il fatto che il *Verbum* sia entrato anche come *vero uomo* nella nostra storia comporta ricchezze di significato insondabili[8] ed un arricchimento per la nostra realtà umana tale da indurre ad analisi ed approfondimenti che scorreranno lungo tutti i secoli della storia umana, per quanto sapremo cogliere il valore del dono ricevuto e, soprattutto, rimarremo imploranti davanti al suo Spirito, perché ci insegni ogni cosa e ci guidi a tutta la verità.[9]

L'esistenza, l'essere, la storia, la nostra vita umana in tutti i suoi risvolti – le diverse culture, come l'autorità ed il servizio, l'azione ed il linguaggio, la paternità/maternità ed il dolore e la morte, la ricchezza e l'*eunuchía per il regno dei Cieli* ... –, tutto è trasformato, tutto appare situato in una relazione nuova. Una nuova dialettica tutto trasfigura, se noi, «creati in Cristo Gesù» (*Ef* 2, 10), siamo *capax Dei* e se nel *crónos* è donato il *kairós*.

Gli *acta et passa Christi* non sono allora semplici azioni umane, nobilissime anche ma pur solo avvenimenti umani, essi costituiscono le mediazioni della sua volontà umana obbediente e della volontà divina salvifica per tutti gli uomini e tutte le donne di ogni tempo. Anzi, tra i suoi *acta* un posto del tutto particolare, oltre i *segni*, acquistano proprio le sue parole, perché sono le parole della Parola, del *Verbum* del Padre e la Bibbia, le Sacre

---

[4] Cf *Rm* 5, 2; *Ef* 2, 18.
[5] Tommaso d'Aquino, *Summa Theologiae*, III, 40, 1–2.
[6] Cf *Gn* 3, 8–10.
[7] Cf *Lc* 5, 29–32; 7, 36–50; 15, 2; 19, 1–10; *Mt* 9, 10–13 ...
[8] Cf Tommaso d'Aquino, *Summa Theologiae*, III, 1, 2.
[9] Cf *Gv* 14, 26; 16, 13.

Scritture, ci trasmette in parole umane quanto il *Verbum* ha detto e ha voluto che si scrivesse di lui. Non è un caso che, ancor oggi, gli esegeti sembrino ricercare con una acuta acribìa le *ipsissima verba Christi*.

Gesù risponde al nostro bisogno di vedere il volto di chi ci parla per meglio comprendere il senso delle sue parole e l'atteggiamento del suo cuore.

Già nella nostra esperienza umana, infatti, particolarmente nei momenti più vitali della nostra esistenza, desideriamo guardare bene in «viso» la persona che ci parla, per cogliere il suo «volto», per cogliere l'orientamento del suo cuore che traspare più schiettamente, all'occhio attento, dal volto di colui che parla, permettendo così di meglio comprendere il significato delle parole ascoltate.

Quando si parla ad una persona in modo schietto e semplice, cioè non doppio o timoroso, ci si offre al suo sguardo, ci si rivolge ad essa e ad essa si presenta il proprio volto, perché la comunicazione si realizzi in modo più pieno e più intenso.

Per chi ascolta, invece, si tratta quasi di riconoscere che sempre, ma soprattutto in alcune occasioni, ogni parola pronunciata ha un proprio significato più profondo, come un «volto» un po' nascosto, che solo traspare a chi appunto può, e sa, cogliere le diverse e particolari sfumature d'espressione del viso con cui la persona, che quelle parole pronuncia, è ad esso rivolta.

Le parole senza «volto» rischiano di essere delle povere parole, parole superficiali, che non nascono dal cuore della persona che le pronuncia e che, non essendo indirizzate, ma essendo solo parole «dette», e non anche «rivolte», non giungono al cuore della persona che pure le ascolta, perché ne era in ricerca e di esse aveva bisogno.

Le parole senza «volto» non sono parole vive e, quand'anche positive, non comunicano vita.

Con l'incarnazione però, lo si è appena accennato, tutto cambia. «Quello che era da principio (...) che abbiamo veduto con i nostri occhi, quello che contemplammo (...) del Verbo della vita – la vita infatti si manifestò, noi l'abbiamo veduta (...) – quello che abbiamo veduto (...) noi lo annunciamo anche a voi, perché anche voi siate in comunione con noi» (*1Gv* 1, 1–3).

Gesù Cristo infatti è la «Parola vivente» (Prefazio del Canone secondo): le parole che ha rivolto a noi «sono spirito e sono vita» (*Gv* 6, 63). Egli, per testimonianza di Simon Pietro, ha «parole di vita eterna» (*Gv* 6, 68).

Gesù, il Verbo eterno incarnato, «immagine del Dio invisibile, generato prima di ogni creatura» (*Col* 1, 15) dal seno del Padre ci rivela[10] il volto

---

[10] Cf *Gv* 1, 18.

stesso del Padre che lo ha mandato:[11] il volto di un Padre infinitamente misericordioso, il cui amore per noi da noi non può essere mai totalmente sperperato ed anzi in noi resta come principio di ogni nostro debole tentativo di ritorno a lui,[12] che sempre rimane in vigile attesa.[13]

Questa rivelazione del Padre però avvenne in deboli sembianze umane (cf *Gv* 1,14: il Verbo si fece carne), e Cristo Gesù si svuotò in umili «forme» (cf *Fil* 2,7), perché fossero a noi più comprensibili e le sue parole e le sue opere che manifestano la sua unità con il Padre (cf *Gv* 17,7; 10,38).

Pur in questa fragilità reale, Cristo rimane «il più bello tra i figli dell'uomo» sulle cui «labbra è diffusa la grazia» (*Sal* 44,3), perché anche nell'atto di morire diffonde spirito d'amore (cf *Gv* 19,30).

In tutta la sua vita egli ha sempre agito in modo misericordioso. Ha parlato sempre di perdono, fino a rivolgersi e fissare il suo sguardo su Pietro che lo aveva appena rinnegato tre volte (cf *Lc* 22,61) ed a pronunciare parole di perdono pur nel momento dell'«ora» suprema (*Lc* 23,34). Dalla sua bocca, infine, la sera stessa della risurrezione, quale *Verbum spirans amorem* (Parola che diffonde Amore), alitò sui discepoli, donando lo Spirito Santo (*Gv* 20,22) promesso: quello «Spirito di verità» (*Gv* 14,17) che, vivificando perennemente la «lettera» delle Sacre Scritture, guida i credenti, lungo la storia e le sue diverse complessità, «alla verità tutta intera» (*Gv* 16,13).

Volendo manifestarsi come *Emanuele*, il Dio con noi, assume per noi, per rendersi credibile a noi, i diversi volti dell'uomo, fino ad essere «disprezzato e reietto dagli uomini, uomo dei dolori che ben conosce il patire, come uno davanti al quale ci si copre la faccia» (*Is* 53,3).

Li assunse tutti però per trasfigurarli nello splendore della sua risurrezione e così offrire a tutti noi la gloria a lui donata dal Padre, condurre tutti all'unità dell'amore (cf *Gv* 17,22–23) e donare la gioia della diffusione della parola di Dio (*At* 13,48–49.52), nel predicare «Cristo Gesù Signore». Infatti, «Dio che disse: *Rifulga la luce dalle tenebre*, rifulse nei nostri cuori, per far risplendere la conoscenza della gloria divina che rifulge sul volto di Cristo» (*2 Cor* 4,5–6).

La parola di Gesù però è soprattutto una «parola donata» perché è la parola di colui che in se stesso è un dono assolutamente gratuito ed è strumento del dono per eccellenza, lo Spirito Santo. Possiamo qui cogliere un *circolo virtuoso* di insospettabile ed inimmaginabile fecondità. Il dono del *Verbum* è conosciuto e riconoscibile perché preparato, annunciato e spiega-

---

[11] Cf *Gv* 12,45.
[12] Cf *Lc* 15,14.17–18.
[13] Cf *Lc* 15,20.

to nelle e dalle Sacre Scritture, che in questo servizio manifestano il loro primato e la radice stessa del loro primato: la stessa vita intratrinitaria.

Le Sacre Scritture annunciano che Dio è il Santo, il Giusto, il Misericordioso, che ci invita a partecipare alla sua santità (cf *Lv* 19, 2), che manifesta e realizza nel nostro tempo la sua giustizia, giustificandoci in modo assolutamente gratuito, «indipendentemente dalla Legge», (*Rm* 3, 21.26) e che ci propone come modello di vita la sua stessa misericordia (cf *Lc* 6, 36).

Viene così svelato un particolare rapporto di Dio non solo con la creazione in genere, ma in modo del tutto particolare con l'umanità.

Il fondamento di questo rapporto è l'insondabile volontà, il misterioso disegno del Padre «di ricapitolare in Cristo tutte le cose», «a lode e gloria della sua grazia» (*Ef* 1, 6.10b), «rappacificando con il sangue della sua croce, cioè per mezzo di lui, le cose che stanno sulla terra e quelle nei cieli» (*Col* 1, 20).

La riflessione teologica medioevale (ad esempio: Sant'Alberto Magno, San Bonaventura, San Tommaso d'Aquino) ha compreso questa inimmaginabile solidarietà di Dio a tutta la creazione (*Gn* 9, 8–11) – in particolare a tutta l'umanità (cf *Is* 49, 15–16), ma anche, e soprattutto, all'umanità indebolita dal suo peccato (*Rm* 5, 6–11) –, ritenendo che la «processione delle persone all'interno dell'unità dell'essenza divina (…) [sia] la causa e la ragione esplicativa della processione delle stesse creature»:[14] «il Padre conoscendo sé, il Figlio e lo Spirito Santo e tutto ciò che la sua scienza contiene, concepisce il Verbo: così che nel Verbo è detta tutta la Trinità ed anche ogni creatura»[15] e parimenti il Padre e il Figlio amano nello Spirito Santo e Sé e noi.[16]

È il «*proprium*» del Figlio di Dio essere «*genitus Deus et genitus Creator*», perché nel Verbo è presente *(in Verbo importatur)* la *ratio factiva* di tutta la creazione[17] e per il grande amore che il Padre ha per il mondo (*Gv* 3, 16) il Verbo riceve *ab aeterno* dal Padre la volontà di incarnarsi e di patire

---

[14] J.-P. TORRELL, *Saint Thomas d'Aquin, maître spirituel*, Fribourg-Suisse Paris, 2002², p. 76; trad. it., *Tommaso d'Aquino maestro spirituale*, Città Nuova, 1998, p. 72.
[15] TOMMASO D'AQUINO, *Summa Theologiae*, I, 34, 1, 3m: «Pater enim, intelligendo Se et Filium et Spiritum Sanctum, et omnia alia quae eius scientia continentur, concipit Verbum, ut sic tota Trinitas Verbo dicatur, et etiam omnis creatura».
[16] TOMMASO D'AQUINO, *Summa Theologiae*, I, 37, 2: «Secundum vero quod notionaliter sumitur, sic diligere nihil est aliud quam spirare amorem […] ita dicitur Pater dicens Verbo vel Filio, Se et Creaturam, et Pater et Filius dicuntur diligentes Spiritu Sancto, vel Amore procedente, et Se et nos».
[17] TOMMASO D'AQUINO, *Summa Theologiae*, 34, 3, c: «in Verbo importatur ratio factiva eorum quae Deus facit»; e 1m: «sicut enim proprium est Filio quod sit Filius, ita proprium est ei quod sit genitus Deus, vel genitus Creator. Et per hunc modum importatur relatio ad creaturam in nomine Verbi»; cf *Sal* 32, 9; *Gv* 1, 3.

per la salvezza dell'umanità (cf *Col* 1, 15–20). In questo modo il Padre ha «dato» il suo Figlio al mondo.[18]

Per cui si può correttamente affermare che «il Figlio di Dio è predestinato all'incarnazione», o che «Cristo, come Figlio di Dio, è predestinato all'incarnazione». Poiché tuttavia la grazia è fatta alla natura umana e non al Figlio di Dio, più propriamente si può dire che Cristo, come uomo, è predestinato dall'eternità all'incarnazione.[19]

Cristo, il redentore, è il dono per eccellenza della Trinità, e per appropriazione del Padre, all'umanità bisognosa di salvezza e per questo è sempre bene ricordare che è la Trinità la causa prima della salvezza.[20]

È quindi di estrema importanza «ancorare» il Cristo alla vita intratrinitaria per aver meno inadeguatamente presente il fondamento della grandezza e della dignità della sua vita e delle sue parole, e quindi delle Sacre Scritture, perché sono le parole della «Verità» (*Gv* 14, 6), di colui che ben conosce quanto vi è nell'uomo (cf *Gv* 2, 25) di cui è creatore e salvatore e nello stesso tempo sono le parole di colui che è «presso Dio» (*Gv* 1, 1) e per questo lo può rivelare (cf *Gv* 1, 18).

Gesù Cristo ha assunto la nostra debolezza, la nostra umile forma umana fino alle ultime conseguenze (cf *Fil* 2, 5–11). Proprio in questo suo vivere tra noi e con noi, assumendo una delle nostre culture e rapportandosi a persone di altre culture, esprimendosi con parole e gesti umani ci ha svelato l'alta dignità della natura umana (è Gesù Cristo, uomo-Dio, il mediatore della creazione e della salvezza universale ed il suo fine penultimo), il valore e il senso della nostra storia, la capacità significante delle nostre culture, dei nostri linguaggi in tutti i diversi loro modi di espressione.

Il fatto che la Rivelazione ebraico-cristiana sia avvenuta *in modo umano*, nella e attraverso la storia umana, assumendone tutta la complessità e le contraddizioni (basti pensare alle genealogie di Gesù Cristo, riportate dai Vangeli di Matteo e di Luca), da una parte è per noi una ulteriore

---

[18] Tommaso d'Aquino, *Lectura super Joannem*, c. 3, l. 3: «Sed numquid ad hoc [Pater] dedit eum ut moreretur in cruce? Dedit quidem eum ad mortem crucis, inquantum dedit voluntatem patiendi in ea: et hoc dupliciter. Primo quia inquantum Filius Dei, ab aeterno habuit voluntatem assumendi carnem, et patiendi pro nobis, et hanc voluntatem habuit a Patre. Secundo vero quia animae Christi inspirata est a Deo voluntas patiendi».

[19] Tommaso d'Aquino, *Summa Theologiae*, III, 24, 2, 3m: «sicut Augustinus dicit, in libro *De praedest. Sanct.*, ipsa est illa ineffabiliter facta hominis a Deo Verbo susceptio singularis, ut Filius Hominis simul propter susceptum hominem, et Filius Dei propter suscipientem Unigenitum Deum, veraciter et proprie diceretur. Et ideo, quia illa susceptio sub praedestinatione cadit tanquam gratuita, utrumque potest dici, quod et Filius Dei praedestinatus sit esse homo, et Filius Hominis praedestinatus sit esse Filius Dei. Quia tamen gratia non est facta Filio Dei ut esset homo, sed potius humanae naturae ut Filio Dei uniretur, magis proprie potest dici quod Christus, secundum quod homo, est praedestinatus esse Filius Dei, quam quod Christus, secundum quod Filius Dei, sit praedestinatus esse homo».

[20] Tommaso d'Aquino, *Summa Theologiae*, III, 48, 5.

garanzia del valore della nostra natura, della storia e delle culture umane - con i loro differenti linguaggi e i loro diversi generi letterali- ma dall'altra ci pone complessi, e vivificanti, problemi di interpretazione e di trasmissione.

Il credente non può avvicinarsi che con un certo timore reverenziale alle Sacre Scritture, ma la scoperta della stratificazione storica e letteraria del suo testo ha aperto nuove e problematiche profondità di significato, non permesse, anzi impedite, da una lettura statica e astorica.

Da una parte, siamo sempre più coscienti delle pre-comprensioni antropologiche e filosofico-metafisiche con cui inevitabilmente ci avviciniamo ad un qualsiasi testo scritto, soprattutto se antico o espressione di una diversa cultura. Questo ovviamente vale anche per il testo delle Sacre Scritture. Nello stesso tempo però abbiamo compreso l'importanza di queste stesse pre-comprensioni, che permettono di interrogare il testo da diverse angolature culturali, e la necessità di una sempre più attenta loro esplicitazione.

Tutta la Chiesa, nel suo instancabile annuncio lungo i secoli, ha sempre affidato, e continua ad affidare, trasmettendola con speranza a tutte le culture, la «buona novella», perché essa sia accolta, compresa in maggior pienezza, vissuta e riannunciata con accenti nuovi.

Compito immane, una sfida continua per la Chiesa di tutti i secoli, che vuole essere fedele alla Tradizione e allo Spirito, senza rifiutare nulla di bene ..., disposta ad essere condotta alla verità tutta intera (cf *Gv* 16, 13).

A molti è chiaro che la ricchezza della rivelazione di una «creazione» motivata unicamente dall'amore divino, anzi dalla misericordia,[21] non è razionalmente comprensibile senza un adeguato fondamento filosofico metafisico, pena l'esclusione della innegabile esperienza umana della causalità e lo svuotamento di senso di tante pericopi delle Sacre Scritture, culminanti nell'affermazione di Paolo che noi siamo «creati in Cristo Gesù» (*Ef* 2, 10; cf *Rm* 1, 19–23).

Certamente questo testo paolino non può essere ridotto ad una semplice asserzione filosofica, la sua densità è prima di tutto teologica, implica una cristologia ed una visione trinitaria, ma è altrettanto certo che esso presuppone una dimensione metafisica. L'esplicitazione dell'*analogia entis*, quale teoria che spiega la relazione di causalità implicita nell'atto creativo, riconoscendo la trascendenza di Dio, nonostante alcune resistenze suscitate nel tempo, non può essere abbandonata, anche per non scivolare in forme, più o meno larvate, di fideismo.

Ma su un piano più specifico, è bene riconoscere che se Gesù ha usato *parole umane* e, vivendo tra di noi, ha compiuto *gesti umani* significativi

---

[21] TOMMASO D'AQUINO, *Summa Theologiae*, I, 21, 4 c; 4m.

anche del mistero,[22] queste parole e questi gesti non possono essere né interpretati in un mero senso materiale, ed in ultima analisi univoco, e neppure ritenute semplici metafore, tendenti all'equivocità. Le affermazioni di Gesù a proposito della sua intimità con il Padre e della sua unità con lui (cf *Gv* 17, 8–11), della nostra chiamata ad imitarne la misericordia (cf *Lc* 6, 36) o di amarci tra di noi come lui stesso ci ha amati (cf *Gv* 15, 12) -per indicare una limitata esemplificazione- e soprattutto i suoi gesti, le sue azioni, come il pregare il Padre, l'istituzione dell'Eucaristia, i miracoli da lui compiuti – veri segni (cf *Gv* 6, 26), l'accettazione della sua crocifissione, se fossero tutti ridotti ad espressioni o gesti univoci perderebbero la loro peculiarità divina ed il loro significato trascendente e salvifico, se invece fossero interpretati in termini meramente equivoci, o anche solo metaforici, sarebbero pure «figure» e non comunicherebbero, né tanto meno realizzerebbero, alcunché di reale.

Un linguaggio che si esprimesse sempre e solo in termini univoci, impedirebbe ogni interpretazione, rifiuterebbe ogni confronto culturale e porterebbe inevitabilmente al fondamentalismo, che è sempre riduttivo nei confronti della ricchezza della realtà e dell'esperienza umana. Infatti, in un modo del tutto particolare, misconoscerebbe la trascendenza del mistero di Dio[23] ed il valore di un mondo umano multiculturale e la peculiarità di «un'immagine del mondo elaborata in senso etico-personale [...] più complesso [...] strutturato policentricamente», non riuscendo a rielaborare, in ultima analisi, che «un'immagine ingenua del mondo – eticamente ‹ingenua›».[24]

Un linguaggio invece che si esprimesse, e quindi interpretasse ogni comunicazione, solo in termini equivoci, svuotando di senso reale ogni affermazione, perché basato solo su un «pensiero debole», fondato semplicemente sul consenso sociale o storico e non più, almeno nella sua radice, sulla intelligibilità del reale, non potrebbe non indurre a quel tipo negativo di relativismo, che avvia all'isolamento degli «individui» e all'incomunicabilità dei soggetti.

Proprio l'asserita dignità delle Sacre Scritture implica, nel mondo delle comunicazioni umane, il valore del senso letterale delle sue affermazioni, culturali e storiche, e quindi da una parte esige il riconoscimento dell'uso della *analogia dei termini*, rispettosa come essa è di una base di

---

[22] Cf. *Gv* 6, 26: «non perché avete visto dei segni, ma perché avete mangiato di quei pani ... La denuncia, da parte di Gesù, non poteva essere più radicale, il fatto nella sua materialità, pur significativo in sé stesso, non introduce al mistero. Solo il fatto compreso come *segno* arrende l'intelligenza ed il cuore al dono della verità divina.»
[23] Tommaso d'Aquino, *Summa theologiae*, I, 13, 5.
[24] R. Guardini, *Possibilità e limiti della comunione umana*, in Scritti filosofici, vol. I, Fratelli Fabbri Editori, 1964, p. 333.

significato reale e di una apertura a significati diversi ed anche trascendenti, ma dall'altra obbliga ad uno studio approfondito della composizione del testo, della sua complessità e della sua trasmissione, in una parola della sua dimensione storico-culturale e del suo contesto anche «vivente», della sua tradizione.

In ambito cattolico, l'intuizione della complessità del testo delle Sacre Scritture, delle sue fonti, della sua stratificazione redazionale, dei diversi generi letterali che lo compongono, è una «scoperta» relativamente recente, ne possiamo appena appena celebrare il primo centenario. Conosciamo però abbastanza bene la storia dello sviluppo di queste intuizioni e le fatiche che essa ha comportato.

Il domenicano fr. Marie-Joseph Lagrange (1855–1938), con grande acume, capacità organizzativa ed eroica umiltà, insieme ad altri insigni esperti, ha messo la sua vita al servizio dello studio delle Sacre Scritture e dello studio «scientifico», cioè «critico», del testo, ricorrendo anche alla scienza archeologica.

Studiò molto e molto soffrì per tensioni, incomprensioni ed emarginazioni subite. Seppe però tutto sopportare e comprendere, alla luce della croce, pregando e gemendo proprio nell'«orto degli ulivi» a Gerusalemme, senza mai venire meno al suo voto di obbedienza al Maestro dell'Ordine ed al Papa. Giunse anzi a scrivere: «Pio X, quel gran Papa, ha agito in certi casi come i capi che proclamano la legge marziale in circostanze che esigono misure eccezionali. Gli toccava di ristabilire una sicura tranquillità nella comunità ecclesiale, costasse quel che costasse ad alcuni singoli individui».

Egli sapeva bene che «chi non ha sofferto per la Chiesa, non sa che vuol dire amare la Chiesa» e spirò, abbandonato al Signore, con le parole «Gerusalemme, Gerusalemme» a fior di labbra.[25]

Lo stesso *modo* in cui Dio ha voluto che si realizzasse la rivelazione del suo piano salvifico e di qualche aspetto della sua vita intratrinitaria e la stessa storia della composizione del testo delle Sacre Scritture ci possono suggerire un'altra significativa considerazione.

Abbiamo già accennato alla pluralità delle culture coinvolte in questo processo più che millenario, ad una più matura visione del *mondo umano* e ad un futuro di gravi quanto stimolanti responsabilità, perché inviata a rispondere a «tutte le genti», ed impegnata a rielaborata la sua testimonianza ed il suo annuncio in un mondo che in termini etico-personali richiede di essere compreso come un mondo policentrato, come «un molteplice sistema di centri personali».

Come produrre una parola, una testimonianza ed un comportamento,

---

[25] M. RIVERO, *Vida y obra del padre Lagrange*, in Vida Nueva 2.610, Abril-Mayo 2008, pp. 23–30.

anche di governo, che corrispondano alla ricchezza ed alla complessità della Parola di Dio, di tutta la sua storia fino alla «pienezza dei tempi»,[26] della pedagogia divina in essa intravista e della sua «tollerante» e «paziente» provvidenza salvifica (cf *Rm* 2, 4; 3, 26)?

Questa ci appare una delle grandi sfide del momento presente, che è un momento storico fortemente segnato, soprattutto -anche se non esclusivamente- nel mondo europeo, da una recente tragica esperienza di totalitarismi, e, a livello mondiale, da un processo di standardizzazione operato dalla globalizzazione.

La comunicazione umana, come le Sacre Scritture ci ricordano, avviene anche attraverso il linguaggio non-verbale, anch'esso mediatore dell'azione provvidente di Dio.

Come purificare, alla luce delle Sacre Scritture, la recente esperienza dell'autorità e l'efficacia del suo esercizio? Come purificarla, alla luce dell'altissimo esempio di Gesù, purtroppo quasi mai seguito, che implora per i suoi crocifissori (cf *Lc* 23, 34) perché l'esercizio umano dell'autorità diventi, a tutti i livelli, una partecipazione al governo provvidente di Dio, evitando, anche all'interno del suo Popolo, ogni nuova forma di autoritarismo?

L'esercizio dell'autorità è infatti chiamata a diventare, a tutti i livelli, una partecipazione al governo provvidente di Dio,[27] che conduce a perfezione ogni creatura secondo la propria natura.[28] Come evitare, anche all'interno della Chiesa, ogni nuova forma di autoritarismo?

Come, alla luce della Parola, anzi nel rispetto del suo «primato» e della storia del suo testo, mantenere un costante atteggiamento di rispetto della molteplicità della realtà umana e creata, che unica ci può sempre meno imperfettamente rappresentare la grandezza della perfezione di Dio;[29] delle diversità culturali, da cui ci lasciamo arricchire; della gradualità dello sviluppo storico, che sa patire lo scandalo del limite e della frammentazione, ben sapendo dalla Parola stessa che l'armonia piena sarà solo un dono escatologico, che possiamo e dobbiamo sperare e per il quale anche possiamo e dobbiamo operare con tutte le nostre forze, ma che mai, con le nostre sole forze, potremo produrre e tantomeno portare a compimento «in questo tempo»?

La fede cristiana che, per quanto è «religione», deve essere considerata prima di tutto «religione dello Spirito», perché il Nuovo Testamento è principalmente lo stesso Spirito Santo che produce in noi la carità[30] e solo

---

[26] *Gal* 4, 4; cf. *Eb* 1, 1–3.
[27] Cf Tommaso d'Aquino, *Summa Theologiae*, I, 103, 6.
[28] Tommaso d'Aquino, *Summa Theologiae*, I, 103, 5, 2m.
[29] Tommaso d'Aquino, *Summa Theologiae*, I, 47, 1.
[30] Tommaso d'Aquino, *Super II ad Corinthios*, c. 3, l. 2: «novum testamentum est testamentum Spiritus Sancti, quo charitas Dei diffunditur in cordibus nostris, ut dicitur *Rom. V,* 5. Et sic

secondariamente, seppur essenzialmente, in quanto «lettera» «religione del Libro»,[31] ha come scopo più prossimo quello di aiutare ogni persona ed ogni istituzione ad entrare in comunione con lo Spirito donato, che rende nuovi i cuori delle persone (cf *Ez* 11, 19), «convincerà il mondo quanto al peccato, alla giustizia e al giustizio [...] e guiderà alla Verità tutta intera» (*Gv* 16, 8.13).

Questo processo, annunciato dalla Parola, è anche lo svelamento misericordioso della nostra *«veritas iustitiae»*,[32] della giustizia di Dio nei nostri confronti, del fondamento ultimo della verità del nostro essere e del nostro agire, ed anche del nostro parlare e del nostro predicare.

La giustizia di Dio nei nostri confronti, nei confronti dell'umanità peccatrice, ci rassicurano le Sacre Scritture, è prima di tutto «giustizia giustificante» ovvero salvifica (cf *Rm* 3, 26), fondata sulla misericordia del Padre, che è il presupposto permanente della divina giustizia, perché ne è la prima radice ed il suo pieno coronamento.[33]

Quanto è significativo per la comprensione della giustizia e del governo umani, in modo analogico può essere applicato a tutte le testimonianze di vita suscitate dallo Spirito, alla predicazione del cherigma ed alla trasmissione del *depositum fidei*.

Qui possiamo solo indicare quanto il *modo* di agire sia uno dei suoi aspetti più importanti, insieme all'*ordo*, che certamente è il più decisivo (cf. *1 Cor*, 13), ed il *contenuto*, che ne definisce il primo livello di moralità e quindi di umanizzazione. Molte volte se il *modo* non è adeguato al contenuto, rende lo stesso splendido e vero contenuto incomprensibile perché insignificante.

Mi piace ricordare, concludendo, un grande cambiamento avvenuto nella vita e nel modo di agire di *fra* Domenico di Guzmán.

Rileggendo la sua storia, veniamo a sapere che nel marzo del 1206 a Montpellier si erano incontrati i delegati convocati da Innocenzo III per predicare nel Sud della Francia contro la «eresia albigese» o «catara». Essi si erano riuniti in concilio con altri prelati e vescovi della regione. Avevano già iniziato a prendere delle decisioni quando accolsero Diego di Osma, vescovo di quella città castigliana in Spagna e Diego era accompagnato dal sottopriore del Capitolo della sua cattedrale, Domenico di Guzmán.

Conoscendo la fama del vescovo castigliano, gli inviati papali discussero con lui quale fosse il *modo* migliore di affrontare l'eresia. Di fronte e al

---

dum Spiritus Sanctus facit in nobis charitatem, quae est plenitudo legis, est testamentum novum, non littera, id est per litteram scribendum, sed Spiritu, id est per Spiritum qui vivificat. Rom. VIII, 2: lex Spiritus vitae, id est vivificantis».

[31] Cf *Instrumentum Laboris*, n. 10; Tommaso d'Aquino, *Summa Theologiae*, I–II, 106, 1.
[32] Tommaso d'Aquino, *Summa Theologiae*, I, 21, 2.
[33] Tommaso d'Aquino, *Summa Theologiae*, I, 21, 4.

di là di ogni ostentazione esterna, Diego propose *la forma di predicazione apostolica*, in povertà evangelica, con austerità di mezzi, accentuando piuttosto la forza dell'esempio. Diego e Domenico incominciarono a praticare questo modo di vita, rinunziando a qualsiasi segno di potere esterno. A partire da questo momento – ci riferisce Giordano di Sassonia – *Domenico cominciò a chiamarsi, non più sottopriore, ma fra Domenico.*[34]

In quel *cambiamento del modo* di rapportasi al mondo, allo stesso mondo dell'eresia, in quel cambiamento di vita e in quel *nuovo modo* di predicare, nella testimonianza, il contenuto delle Sacre Scritture, iniziò un processo vitalissimo che in un secondo momento, proprio per l'umile costanza di *fra* Domenico, non solo fiorì nella fondazione di un ordine religioso per molti versi nuovo, ma, inserendosi in un movimento evangelico molto più ampio, senza lasciarsi sradicare dalla tradizione, continuò, e continua, ad essere stimolo per un forte rinnovamento dell'annuncio della salvezza offerta in Cristo Gesù, per una autentica predicazione a più voci, in tutte le culture, delle parole delle Sacre Scritture.

---

[34] Cf. B. Jordanus, *Libellus de principiis Ordinis Prædicatorum* n. 21 [Ed. H. C. Scheeben, *MOPH* (1925) t. 16].

Bernhard Körner

Christus – das einzige Wort der Heiligen Schrift.
Der vierfache Schriftsinn im *Katechismus der Katholischen Kirche*

»Christus – das einzige Wort der Heiligen Schrift« – so lautet der erste Untertitel des Artikels im *Katechismus der Katholische Kirche*, der der Heiligen Schrift und ihrer Auslegung gewidmet ist. Dass Jesus Christus das einzige Wort der Heiligen Schrift ist, dieser Gedanke ist tief verwurzelt in der altkirchlichen und mittelalterlichen Lehre von der Schriftauslegung: Jesus Christus, das Mensch gewordene ewige Wort des Vaters, Gottes Selbstoffenbarung – darum geht es eigentlich in der ganzen Heiligen Schrift. Auf verborgene Weise bereits in den Schriften des Alten Testamentes, offenkundig im Neuen Testament.

Dieser Untertitel steht nicht allein für eine Methode der Schriftauslegung, sondern für eine umfassende Sicht der Offenbarung, ihrer Bezeugung und der Beziehung zwischen Altem und Neuem Testament. Zugleich ermöglicht es dieser Untertitel, ein Kapitel im *Katechismus der Katholischen Kirche* mit der Christologie zu verknüpfen – zwei gewichtige Arbeitsfelder von Christoph Schönborn, dem Theologieprofessor, dem Redaktionssekretär des Katechismus und dem Erzbischof von Wien, dem dieser Beitrag gewidmet sein soll.

Nicht wenigen Theologinnen und Theologen sind diese Ausführungen des Katechismus, in denen der vierfache Schriftsinn vorgestellt und die historisch-kritische Schriftauslegung eher in den Hintergrund gerückt wird, eher fremd geblieben. Lässt man alle Polemik, die sich um den Katechismus, die Art und Weise seiner Schriftverwendung und seine Ausführungen dazu ergeben hat, beiseite und widmet man sich der Sachfrage, dann kann sie wohl nur lauten: Was leistet eine geistlich-theologische Auslegung der Heiligen Schrift in der Tradition der Kirchenväter? Welche Bedeutung kann sie heute angesichts der modernen exegetischen Methoden haben? Gibt es eine Brücke zwischen dieser Form der Schriftauslegung und der historisch-kritischen Methode? Diesen Fragen soll in drei Schritten nachgegangen werden: Zuerst soll in Erinnerung gerufen werden, was der Katechismus über die Schriftauslegung sagt. Dann sollen einige Schlaglichter auf die Diskussion um den Katechismus und seine Position geworfen werden. Schließlich soll ein Resümee versucht werden: Wie weit trägt die Position, die der Katechismus bezieht?

Bernhard Körner

1. Schriftinterpretation im Katechismus der Katholischen Kirche

Der *Katechismus der Katholischen Kirche* ist klassisch entsprechend den sogenannten Hauptstücken aufgebaut: Nach einem Prolog wendet er sich zuerst dem Glaubensbekenntnis, dann den Sakramenten, in Folge den Zehn Geboten und schließlich dem Gebet bzw. dem Vaterunser zu. Der erste Teil befasst sich, bevor er die Glaubenslehre entlang des Glaubensbekenntnisses auslegt, mit dem Thema Offenbarung und Glaube. In diesem Kontext wendet sich der *Katechismus der Katholischen Kirche* auch der Heiligen Schrift und ihrer Auslegung zu.

Der Kontext der Ausführungen über die Schriftauslegung

Der Artikel 3 über die Heilige Schrift umfasst fünf Abschnitte: Im ersten wird Christus als »das einzige Wort der Heiligen Schrift« vorgestellt; im zweiten geht es um »Inspiration und Wahrheit der Heiligen Schrift«; darauf folgt der Abschnitt über die Auslegungen der Heiligen Schrift unter der Überschrift »Der Heilige Geist ist der Ausleger der Heiligen Schrift«; dann noch ein Abschnitt über den Schriftkanon und schließlich über »Die Heilige Schrift im Leben der Kirche«.

Schon dieser kleine Überblick macht deutlich, dass der Katechismus die Bibel ohne Umschweife und auch ohne didaktische Erschließungen[1] mit Verweis auf die Offenbarungskonstitution *Dei Verbum* des Zweiten Vatikanischen Konzils geradewegs in ihrer einzigartigen theologischen Dignität als Gotteswort im Menschenwort vorstellt. Nur so ist es möglich, Christus als »das einzige Wort der Heiligen Schrift« zu bezeichnen und das mit Worten von Augustinus zu untermauern: »Das eine gleiche Wort Gottes erstreckt sich durch alle Schriften; das eine gleiche Wort ertönt im Mund aller heiligen Schriftsteller. Da es im Anfang Gott bei Gott war, benötigt es keine Silben, denn es ist nicht zeitbedingt«[2]. In Übereinstimmung damit wird gesagt, dass das Christentum »nicht eine ›Buchreligion‹« sei, sondern »die Religion des ›Wortes‹ Gottes«[3].

---

[1] Wollte man das als einen Mangel sehen, dann muss man sich daran erinnern lassen, dass der *Katechismus der Katholischen Kirche* entgegen seiner weiten Verbreitung ursprünglich ein Buch zuhanden der Bischöfe konzipiert war, das als inhaltliche Grundlage bei der Erstellung regionaler Katechismen gedacht war – vgl. *Katechismus der Katholischen Kirche* (= KKK) 23 f.
[2] KKK 102; zit. Augustinus zu Psalm 103, 4, 1.
[3] KKK 108.

Schriftauslegung aus dem Glauben

Die Ausführungen über die Schriftauslegung schließen sich an das bisher Gesagte nahtlos an. Die Frage lautet: Wie kann in den Worten der Heiligen Schrift das Wort Gottes erkannt werden? Die Antwort des Katechismus: Christus ist es, der »durch den heiligen Geist unseren Geist ›für das Verständnis der Schrift‹ (Lk 24, 45) öffnen« muss, »damit sie nicht toter Buchstabe bleibe.«[4] Und so steht der Abschnitt über die Auslegung der Schrift unter der bereits genannten Überschrift »Der Heilige Geist ist der Ausleger der Schrift«. Diese Überschrift wird im Inhaltsverzeichnis nicht nur erläutert durch den Hinweis »Der mehrfache Schriftsinn«, sie stellt natürlich eine deutliche und in der Folge wirksame Option dar. Es geht im Katechismus um eine Auslegung der Bibel im Glauben – das ist die vorrangige Perspektive, die nicht zuletzt dazu führt, dass die historisch-kritische Auslegung in den Hintergrund gerückt wird.

In enger Anlehnung an das dritte Kapitel der Offenbarungskonstitution geht der Katechismus davon aus, dass zuerst die Aussageabsicht der Schriftautoren zu erfassen sei. Hier greift der Katechismus die Ausführungen des Konzils zu den modernen exegetischen Methoden auf – teils zusammengefasst, teils durch ein wörtliches Zitat.[5] Wie die Offenbarungskonstitution geht der Katechismus über diese Methoden aber hinaus und weist darauf hin, dass bei der Auslegung der Heiligen Schrift »sorgfältig ›auf den Inhalt und die Einheit der ganzen Schrift‹«[6] zu achten sei; dass sie »in der lebendigen Überlieferung der Gesamtkirche« zu lesen[7] und dass dabei die »Analogie des Glaubens«[8] zu berücksichtigen sei.

Der vierfache Schriftsinn

Überraschend[9] ist, dass und wie umstandslos der Katechismus an dieser Stelle auf die Lehre des mehrfachen Schriftsinns übergeht: »Nach einer alten Überlieferung ist der Sinn der Schrift ein doppelter: der wörtliche Sinn und der geistliche Sinn.«[10] Letzterer könne weiter ausdifferenziert

---

[4] KKK 108.
[5] KKK 110.
[6] KKK 112; zit. Zweites Vatikanisches Konzil, Dogmatische Konstitution über die göttliche Offenbarung *Dei Verbum* (= DV), 12.
[7] KKK 113; zit. DV 12.
[8] KKK 114; zit. DV 12.
[9] Die Überraschung versteht man besser, wenn man die Entwicklung der Lehre im 20. Jahrhundert kennt – vgl. dazu unten im dritten Abschnitt dieses Beitrages.
[10] KKK 115.

werden – der Katechismus verweist auf ein bekanntes »Distichon des Mittelalters«[11]:

»Littera gesta docet, quid credas allegoria, moralis quid agas, quo tendas anagogia. – Der Buchstabe lehrt die Ereignisse; was du zu glauben hast, die Allegorie; die Moral, was du zu tun hast; wohin du streben sollst, die Anagogie.«[12]

Damit werden nicht Aspekte ins Spiel gebracht, die nichts miteinander zu tun haben, sondern die »tiefe Übereinstimmung dieser vier Sinngehalte sichert der lebendigen Lesung der Schrift in der Kirche ihren ganzen Reichtum«[13]. Damit klingt gewissermaßen nebenbei ein wichtiges Argument an, das die Verfasser des Katechismus die Dominanz der historisch-kritischen Schriftauslegung zurückdrängen ließ. Es geht darum, der Schriftauslegung, wie sie in der geistlichen Lesung und in der Liturgie über die Jahrhunderte hinweg geübt worden ist, zu entsprechen[14].

Der Katechismus beginnt seine Darlegungen zum »mehrfachen Schriftsinn« mit dem Hinweis auf den wörtlichen Sinn der Schrift – es ist »der durch die Worte der Schrift bezeichnete und durch die Exegese, die sich an die Regeln der richtigen Textauslegung hält, erhobene Sinn«[15]. Der wörtliche Sinn bildet – der Katechismus zitiert Thomas von Aquin[16] – die Grundlage für die anderen Formen des Schriftsinns.

Der darauf aufbauende geistliche Schriftsinn habe sein Fundament darin, dass dank »der Einheit des Planes Gottes ... nicht nur der Schrifttext, sondern auch die Wirklichkeiten und Ereignisse von denen er spricht, Zeichen sein (können)«[17]. Deshalb verberge sich im wörtlichen auch ein geistlicher Sinn, den der Katechismus wie folgt entfaltet:

»1. Der *allegorische* Sinn. Wir können ein tieferes Verständnis der Ereignisse gewinnen, wenn wir die Bedeutung erkennen, die sie in Christus haben. So ist der Durchzug durch das Rote Meer ein Zeichen des Sieges Christi und damit der Taufe.

2. Der *moralische* Sinn. Die Geschehnisse, von denen in der Schrift die Rede ist, sollen uns zum richtigen Handeln veranlassen. Sie sind »uns als Beispiel ... uns zur Warnung ... aufgeschrieben« (1 Kor 10,11).

3. Der *anagogische* Sinn. Wir können Wirklichkeiten und Ereignisse

---

[11] KKK 118.
[12] KKK 118.
[13] KKK 115.
[14] Vgl. dazu KKK 11 und Schönborn, »Der Katechismus der Katholischen Kirche – Leitgedanken und Hauptthemen«, in: J. Ratzinger, C. Schönborn, Kleine Hinführung zum Katechismus der Katholischen Kirche. München: Neue Stadt 1993, 52.
[15] KKK 116.
[16] Thomas von Aquin, Summa Theologiae I.1.10 ad 1.
[17] KKK 117.

in ihrer ewigen Bedeutung sehen, die uns zur ewigen Heimat hinaufführt [griechisch: »anagogé«]. So ist die Kirche auf Erden Zeichen des himmlischen Jerusalem.«[18]

Der Katechismus beschließt den Abschnitt über die Schriftauslegung mit einem Hinweis auf die »Aufgabe des Exegeten«, die darin bestehe, »nach diesen Regeln auf ein tieferes Verstehen und Erklären des Sinnes der Heiligen Schrift hinzuarbeiten, damit so gleichsam auf Grund wissenschaftlicher Vorarbeit das Urteil der Kirche reife. Alles das nämlich, was die Art der Schrifterklärung betrifft, untersteht letztlich dem Urteil der Kirche, die den göttlichen Auftrag und Dienst verrichtet, das Wort Gottes zu bewahren und auszulegen« – ein wörtliches Zitat aus der Offenbarungskonstitution des Konzils.[19] Und so enden die Ausführungen zur Schriftauslegung mit einem Zitat von Augustinus: »Ich würde selbst dem Evangelium keinen Glauben schenken, wenn mich nicht die Autorität der katholischen Kirche dazu bewöge.«[20]

2. Kurzer Blick auf Kommentare und Diskussionsbeiträge

Überblickt man die Reaktionen auf den *Katechismus der Katholischen Kirche*, dann fällt auf, dass sich die Kritik mehr auf die Art und Weise richtet, wie die Heilige Schrift zitiert wird – weniger auf die Ausführungen über die Schriftauslegung. So zitiert Ulrich Ruh die Stellungnahme einer nicht näher bezeichneten amerikanischen Bischofskonferenz: »Die Verwendung der Heiligen Schrift im vorliegenden Text spiegelt nicht angemessen die positiven Einsichten der zeitgenössischen Bibelexegese wider ... Die Nebeneinanderstellung verschiedener ausgewählter kurzer Texte in einer einzigen Nummer als ›Belegtexte‹ zur Untermauerung bestimmter Aussagen entnimmt die Schriftstellen ihrem eigentlichen Kontext. Eine solche Vorgehensweise wäre für die katechetische und theologische Praxis in hohem Maße schädlich.«[21]

Auch der Präfekt der Glaubenskongregation, der für das Projekt des Katechismus verantwortlich war, weiß natürlich von den heftigen Angriffen. Er fasst sie mit eigenen Worten zusammen: »Der Katechismus habe ein ganzes Jahrhundert Exegese verschlafen; er wisse überhaupt nichts von

---

[18] KKK 117.
[19] KKK 119; zit. DV 12. Die Art und Weise, wie dieses Zitat aus der Offenbarungs-Konstitution eingefügt wird, lässt den Leser im Unklaren, welche Regeln damit gemeint sind. Im Konzilstext sind damit drei Regeln der theologisch-dogmatischen Auslegung gemeint, im Katechismus folgt das Zitat auf das Distichon über den vierfachen Schriftsinn.
[20] KKK 119; zit. Augustinus, Contra epistulam Manichaei 5, 6.
[21] U. Ruh, Ein Katechismus für die Welt. Freiburg 1996, 65 f.

literarischen Gattungen, von Form- und Reaktionsgeschichte usw.; er sei bei einer ›fundamentalistischen‹ Bibelauslegung stehengeblieben.«[22] Und auch der Redaktionssekretär Christoph Schönborn weiß, dass der Katechismus »zum Teil heftig kritisiert« werde, »weil der Schrift- und Traditionsgebrauch nicht wissenschaftlichen Kriterien entspräche«[23].

Der Streit um die historische Verlässlichkeit der Bibel

Die Kritik am *Katechismus der Katholischen Kirche* geht davon aus, dass es gesicherte historische Ergebnisse gebe, die man nicht ignorieren dürfe, weil es sonst zu einem Widerspruch zwischen der (wissenschaftlichen) Theologie und der Verkündigung der Kirche komme. Der Neutestamentler Hans-Josef Klauck nennt als Beispiele die Pastoralbriefe, die heute nicht mehr Paulus, sondern Paulusschülern zugeschrieben werden; das sogenannte hohepriesterliche Gebet Jesu (Joh 17), die Seligpreisungen und die Einsetzung der Sakramente durch Jesus – das alles werde entgegen den Ergebnissen der Forschung im Katechismus als historische Darstellung präsentiert[24].

Auch Hans-Jürgen Verweyen zeigt sich vor dem Hintergrund der lehramtlichen Äußerungen in der Enzyklika *Divino afflante spiritu* (1943) und in der Offenbarungskonstitution *Dei Verbum* verwundert.[25] Er stellt auf der einen Seite unverblümt fest, dass der Verzicht auf historisch-kritische Rekonstruktionen des irdischen Jesus »an sich in der Glaubensverkündigung und der systematischen Theologie kein Verlust«[26] sei. Anderseits kritisiert er aber die »Jesus-Inszenierung aus fragmentierten Evangelienpassagen ohne Rücksicht auf literarische Zusammenhänge und Aussageintentionen der Evangelisten«[27]. Und »geradezu skandalös« erscheine es, wenn von einer historisierenden Darstellung von Jesu Wahl der Zwölf auf die heutige hierarchische Ordnung übergegangen werde.[28]

Diesen und ähnlichen Stimmen tritt Joseph Ratzinger als Präfekt der Glaubenskongregation entgegen. Er fasst seine Kritik an der Kritik[29] zu-

---

[22] J. Ratzinger, Evangelium – Katechese – Katechismus. München: Neue Stadt 1995, 54.
[23] Schönborn, Der Katechismus (Anm. 14), 49.
[24] Vgl. H.-J. Klauck, »Der Katechismus der Katholischen Kirche. Rückfragen aus exegetischer Sicht«, in: E. Schulz (Hg.), Ein Katechismus für die Welt. Informationen und Anfragen. Düsseldorf: Patmos 1994, 71–82; hier: 73 ff.
[25] H. J. Verweyen, Der Weltkatechismus. Therapie oder Symptom einer kranken Kirche. Düsseldorf: Patmos 1993, 21.
[26] Ibid., 22.
[27] Ibid., 22 f.
[28] Vgl. ibid., 23.
[29] Vgl. Ratzinger, Evangelium (Anm. 22), 53–59.

sammen: »Der Katechismus vertraut dem biblischen Wort. Er hält den Christus der Evangelien für den wirklichen Jesus. Er ist auch überzeugt, dass alle Evangelien uns von diesem selben Jesus erzählen, dass sie alle zusammen, auf je ihre eigene Weise, uns helfen, den wahren Jesus der Geschichte zu erkennen, der kein anderer ist als der Christus des Glaubens.«[30] Dieser Überzeugung entsprechend vertrete der Katechismus in seiner Christus-Katechese einen ›biblischen Realismus‹[31]. Auch Christoph Schönborn greift dieses Stichwort auf und nennt als einen der Leitgedanken, die den Katechismus prägen, den »Realismus in der Darlegung der Glaubensinhalte«[32]. Damit mache sich der Katechismus dafür stark, dass der Glaube Antwort auf eine objektive Realität ist und dass daher über diese Realität nicht nur in subjektiver Brechung gesprochen werden dürfe.[33]

Führt die Lehre vom vierfachen Schriftsinn zur Zitatenkollage?

Die Art und Weise, wie der Katechismus aus der heiligen Schrift zitiert, hat ihren Grund. Und den sieht Verweyen in den Ausführungen des Katechismus zur Schriftauslegung. Der entscheidende Angelpunkt in der Analyse Verweyens ist die Beobachtung, dass im Katechismus merklich wenig zum Literarsinn gesagt und ihm daher wenig Bedeutung beigemessen werde. Außerdem stelle der Katechismus im Gegensatz zur Offenbarungskonstitution des Konzils die wörtliche und die geistliche Auslegung stärker einander gegenüber.[34] Und in den Ausführungen des Katechismus über den vierfachen Schriftsinn wird für Verweyen der »theologische Leitgedanke der gesamten Ausführungen zur Schriftauslegung« sichtbar: »Glaubensrelevant ist nicht die wörtliche Auslegung, sondern der von der kirchlichen Autorität (unter Rückgriff auf ›die Tradition‹) vorgelegte geistliche Sinn der Schrift.«[35]

Ulrich Ruh sieht in der Art und Weise, wie der Katechismus die Heilige Schrift zitiert, »Zitatmontagen«[36]. Aber er vermag darin durchaus ein positives Anliegen zu sehen – »möglichst wenig selber zu sprechen, son-

---

[30] Ibid., 54. – Dieser kurze Abschnitt enthält bereits in nuce – bis in den Wortlaut – die hermeneutischen Leitgedanken des Jesus-Buches, das Ratzinger als Papst Benedikt XVI. herausgegeben hat; man vergleiche vor allem das Vorwort dieses Buches – vgl. J. Ratzinger / Benedikt XVI., Jesus von Nazareth. Freiburg: Herder 2005, 10–23.
[31] Vgl. Ratzinger, Evangelium (Anm. 22), 53.
[32] Schönborn, Der Katechismus (Anm. 14), 55.
[33] Vgl. Ibid., 55 ff.
[34] Vgl. ibid., 49 f.
[35] Ibid., 51.
[36] Ruh, Der Weltkatechismus (Anm. 22), 62.

dern zu den einzelnen Lehrstücken und Einzelfragen die Schrift, die Kirchenväter, die Liturgie, große Theologen und Heilige und das kirchliche Lehramt im Originalton zu Wort kommen zu lassen«[37]. Auch Ruh verknüpft die vom Katechismus praktizierte Schriftauslegung mit seinen Ausführungen zur Schriftauslegung und fasst zusammen, dass der Katechismus den Akzent »deutlich auf die Einbindung der Schriftauslegung in das kirchliche Glaubensleben bzw. auf die Schriftauslegung als Gesamtprozess«[38] legt. Damit kommt Ruh zweifelsohne der Position nahe, die bei der Erstellung des Katechismus tatsächlich leitend gewesen ist.

Geistlich-theologische Schriftauslegung und/oder historisch-kritische Rekonstruktion

Das bestätigt sich in den »Leitgedanken und Hauptthemen« des *Katechismus der Katholischen Kirche,* die Christoph Schönborn in seinem Kommentar herausarbeitet. Darin nennt er als einen ersten Grundsatz für die Auslegung der Heiligen Schrift die »Einheit der Überlieferung, die Heilige Schrift inbegriffen«[39]: Schrift, Überlieferung und Lehramt sind nicht Gegensätze, sondern kommen aus der einen Quelle der göttlichen Offenbarung und führen in ihr zusammen. Was die Auslegung der Heiligen Schrift betrifft ermöglicht das, sie »innerhalb des Lebens der Kirche zu lesen«[40]. In diesen weiteren Rahmen der Auslegung sei auch die »wissenschaftliche Beschäftigung mit der Heiligen Schrift, die von der Kirche ausdrücklich begrüßt, ja als notwendig erachtet wird … hineinzustellen«[41]. Es gehe um beides: die menschliche Verfasserschaft und die göttliche Urheberschaft der Schrift. Und deshalb gelte: Die unvermischte und ungetrennte »Einheit der göttlichen und der menschlichen Natur in Christus ist der Schlüssel für den rechten Schriftgebrauch«[42].

Für Ratzinger und Schönborn geht aber die Frage der Schriftauslegung »weit über den unmittelbaren Anlaß hinaus.«[43] Es gehe um die Frage des Verhältnisses von lebendiger Weitergabe des Glaubens in der Kirche und historisch-kritischer Rekonstruktion der Vergangenheit. Deshalb sei

---

[37] Ibid., 63.
[38] Ibid., 66.
[39] Schönborn, Der Katechismus (Anm. 14), 49; er bezieht sich auf DV 9.
[40] Ibid., 54; vgl. auch ibid., 49 und 51.
[41] Ibid., 49. Schönborn weist darauf hin, dass der Katechismus auch ganz selbstverständlich gesicherte wissenschaftliche Erkenntnisse übernommen habe – vgl. ibid. 51; so auch Ratzinger, Evangelium (Anm. 22), 54.
[42] Schönborn, Der Katechismus (Anm. 14), 52.
[43] Ibid., 49.

es wichtig, das literarische Genus des Katechismus nicht zu übersehen: Als Katechismus trete »das Buch aus dem Bereich der Fachliteratur heraus; es bietet nicht Fachwissenschaft, sondern Verkündigung«[44].

Und im Kontext der Verkündigung erweise sich ein unreflektierter Rückgriff auf die historisch-kritische Schriftauslegung als Problem. In seiner Besprechung der Christus-Katechese des Katechismus kommt Ratzinger darauf zu sprechen[45] – an anderer Stelle hat er sich dazu umfassender geäußert.[46] So beklagt er, dass – inhaltlich betrachtet – die Rekonstruktionen, die ›hinter‹ dem Text den historischen Jesus finden wollen, »zu einer erschreckenden Verarmung des Jesusbildes geführt und die lebendige Beziehung zu seiner Gestalt fast unmöglich gemacht«[47] haben. Außerdem sei alles auf diesem wissenschaftlichen Weg Erreichbare immer nur Hypothese; und es führe nie zu der »Gleichzeitigkeit mit Jesus«[48], die für den Glauben möglich und notwendig ist. Es ist der Glaube, der zwar »alle wirklich historischen Erkenntnisse in sich aufnehmen«[49] kann und muss und der durch sie bereichert wird, der aber »mehr ist als Hypothese; er schenkt uns das Recht, dem offenbarten Wort als solchem zu trauen«[50]. Deutlich erkennbar: Ratzinger sieht die Notwendigkeit, den biblischen Text als solchen in Schutz zu nehmen – der vorliegende Text müsse ernst genommen werden. Und genau das ist die Grundoption des Katechismus: »Der Katechismus vertraut dem biblischen Wort.«[51]

Was diesen geistlich-theologischen Zugang betrifft, arbeitet Christoph Schönborn die Akzente heraus, die der Katechismus mit seinen Ausführungen zur Schriftauslegung setzen wollte: Besonderes Gewicht werde auf den »zentralen Satz von *Dei Verbum* 12 gelegt«[52], wonach die Heilige Schrift in dem Geist gelesen und ausgelegt werden müsse, in dem sie verfasst worden sei. Daraus ergebe sich, dass »zur kirchlichen Schriftauslegung nicht nur die genaue Beachtung der geschichtlichen Werdebedingungen des Textes gehört, sondern auch die Einbettung in das Ganze der Heiligen Schrift und der lebendigen Überlieferung«[53]. Und dazu sei nicht

---

[44] Ratzinger, »Hinführung zum Katechismus der katholischen Kirche«, in: Ratzinger, Schönborn, Kleine Hinführung (Anm. 14), 7–34; hier: 15.
[45] Vgl. Ratzinger, Evangelium (Anm. 22), 53–59.
[46] Vgl. vor allem J. Ratzinger, »Schriftauslegung im Widerstreit« in: J. Ratzinger (Hg.), Schriftauslegung im Widerstreit. QD 117. Freiburg: Herder 1989, 15–44.
[47] Ratzinger, Evangelium (Anm. 22), 56.
[48] Ibid., 56.
[49] Ibid.
[50] Ibid.
[51] Ibid., 54
[52] Schönborn, Kurze Einführung in die vier Teile des Katechismus, in: Ratzinger, Schönborn, Kleine Hinführung (Anm. 14), 66.
[53] Ibid.

zuletzt auf die ›Analogie des Glaubens‹ zu achten, »durch die die Heilsereignisse, von denen die Schrift berichtet, mit den Glaubenserfahrungen der Kirche, besonders der Heiligen, in Zusammenhang gebracht werden«[54].

Und so resümiert Ratzinger: »Mir scheint, daß es bisher nirgendwo in dieser Kürze eine ähnlich substanzielle und verständliche Einführung in die Grundelemente der Bibelkunde und der Bibelauslegung gibt.«[55] Und wohl als Antwort auf die Kritik, die in Theorie und Praxis eine zu weit gehende Außerachtlassung der wissenschaftlichen Exegese bemängelt, stellt er fest: »Die Bibellesung des Katechismus ist – von der katechetischen Aufgabe des Buches her – wesentlich geistliche Auslegung, nicht im Sinn einer Entwicklung oder fehlenden Achtsamkeit für die Geschichte, sondern in dem Sinn, daß die geistliche Tiefe des Geschehenen sichtbar gemacht wird.«[56]

3. Die Reichweite eines unerwarteten Vorstoßes

Wie unerwartet die selbstverständliche Rede vom vierfachen Schriftsinn im *Katechismus der Katholischen Kirche* gewesen ist, kann man wenigstens für den deutschen Sprachraum ermessen, wenn man ihr die Ausführungen des *Katholischen Erwachsenenkatechismus* (1985) zur Schriftauslegung an die Seite stellt[57]. Darin wird der vierfache Schriftsinn nicht einmal im kurzen historischen Durchgang erwähnt. Wohl aber wird festgestellt, dass neue Probleme »durch das Aufkommen der historisch-kritischen Bibelauslegung seit dem 18./19. Jahrhundert entstanden«[58] sind. Der Erwachsenenkatechismus grenzt sich von einer fundamentalistischen Sichtweise ebenso ab wie von einem Zugang, der die Bibel als rein mensch-

---

[54] Ibid.
[55] Ratzinger, Evangelium (Anm. 22), 61, Fn. 20 – Ratzinger bezieht sich auf KKK 101–141; bes. 109–119.
[56] Ratzinger, Evangelium (Anm. 22), 61, Fn. 20. Positive Hinweise auf die Lehre vom vierfachen Schriftsinn finden sich auch in Benedikt XVI. / J. Ratzinger, Unterwegs zu Jesus Christus. Augsburg: St. Ulrich 2003, 153: »Die Lehre vom mehrfachen Schriftsinn, die von den Vätern entwickelt und im Mittelalter systematisiert wurde, wird heute vom Wesen dieses eigentümlichen Textgebildes her wieder als wissenschaftlich angemessen erkannt. Der Katechismus erläutert daher kurz die traditionelle Auffassung von den vier Schriftsinnen – besser würde man wohl von vier Dimensionen des Textsinnes sprechen«. Aber es kann auch auf das Vorwort von J. Ratzinger / Benedikt XVI., *Jesus von Nazareth* (Anm. 30), 19 verwiesen werden: »Es gibt Dimensionen des Wortes, die die alte Lehre von den vier Schriftsinnen im Kern durchaus sachgemäß angedeutet hat. Die vier Schriftsinne sind nicht nebeneinanderstehende Einzelbedeutungen, sondern eben Dimensionen des einen Wortes, das über den Augenblick hinausreicht.«
[57] Vgl. KEK 49 f.
[58] KEK 49.

liches Buch sieht. In deutlicher Anlehnung an die Ausführungen in der Offenbarungskonstitution plädiert er dafür, die historisch-kritische Auslegung in den »Gesamtprozeß der Interpretation«, d. h. in den Prozess der kirchlichen Schriftauslegung zu integrieren. Zuversichtlich geht der deutsche Katechismus davon aus, dass sich die »kritischen Anfragen und neuen Problemstellungen« der historisch-kritischen Schriftauslegung »fruchtbar für das Glaubensverständnis der Kirche auswirken«[59] können.

Kurzer Blick in die unmittelbare Vergangenheit

Der Hintergrund der Ausführungen in den beiden Katechismen ist klar. Angefangen mit der Enzyklika *Divino afflante spiritu* (1943) und endgültig mit der Konzilskonstitution *Dei Verbum* (1965) hat die historisch-kritische Methode auch in der Katholischen Kirche und Theologie selbstverständliches Heimatrecht bekommen. Die Freiheit der Exegese war unzweifelhaft ein Gewinn, ihre Methoden und Ergebnisse mussten aber erst mit der herkömmlichen Schriftauslegung, der darauf aufbauenden Dogmatik und nicht zuletzt mit der Schriftverwendung in der Liturgie in ein konstruktives Verhältnis gebracht werden. Das umso mehr, als in einer ersten Phase auch Anzeichen einer Konfrontation festgestellt werden mussten. So stellt das allseits geschätzte Dokument *Die Interpretation der Bibel in der Kirche* (1993) im Rückblick fest, die historisch-kritische Exegese habe als Reaktion auf die Lehre vom mehrfachen Schriftsinn (und auf entsprechend problematische Konsequenzen) »mehr oder weniger offen die These eines einzigen Sinnes vertreten«[60], den man durch historisch-kritische Auslegung feststellen könne.

Der historisch-kritische Zugang zur Heiligen Schrift hat auch bei Fachvertretern der Dogmatik zu Irritationen und Desorientierung geführt, die den modernen Entwicklungen in der Exegese gegenüber durchaus offen waren. Hier sei nur an den frühen Band *Exegese und Dogmatik* erinnert, den Herbert Vorgrimler 1962 herausgegeben hat, und an den durchaus abwägenden gleichnamigen Beitrag von Karl Rahner in diesem Werk.[61]

Ein verbreiteter Versuch, die Diskrepanz zwischen Exegese und Dogmatik zu überbrücken bzw. auch zu umgehen, war die Lehre vom sogenannten Vollsinn *(sensus plenior)*. Dabei wird davon ausgegangen, dass es einen tieferen Sinn des biblischen Textes gebe, der dem Hagiographen ge-

---

[59] KEK 50.
[60] Päpstliche Bibelkommission, Die Interpretation der Bibel in der Kirche (1993), II.B.
[61] Vgl. H. Vorgrimler (Hg.), Exegese und Dogmatik. Mainz 1962; der Beitrag von Rahner ibid., 25–52.

gebenenfalls nicht einmal bewusst gewesen sein müsse.⁶² Wie Herbert Haag in seinem Beitrag im ersten Band von *Mysterium salutis* zeigt, wirft die Theorie vom *sensus plenior* nicht wenige Fragen auf⁶³. Das ist wohl der Grund, dass man sich im Zweiten Vatikanischen Konzil nicht darauf festgelegt hat.⁶⁴

In dieser kontrovers geführten Diskussion um die Schriftauslegung waren es nicht viele, die mit Hans Urs von Balthasar bereit waren, in dieser Situation die Vorsehung Gottes am Werk zu sehen. In seinem Geleitwort zur deutschen Ausgabe von Henri de Lubacs Werk *Der geistige Sinn der Schrift* schreibt der Schweizer Theologe 1952 über die Diskrepanz zwischen den historischen Fakten und ihrer Darstellung in den biblischen Texten: »Die stufenweise Hineinkleidung der geschichtlichen Ereignisse in die Gewänder der Schrift ist nicht nur ein unvermeidliches Übel (etwa weil die orientalischen Völker keine objektive Geschichtsschreibung im modernen Sinn kannten), sondern entspricht unbedingt auch einer positiven Absicht des Geistes.«⁶⁵ Und gegen Ende seines Geleitwortes stellt Balthasar fest: Es gehe bei der Frage der Schriftauslegung »um nichts weniger als um eine theologische Noetik in Ausrichtung auf die Schrift. Das erkenntnistheoretisch naive Mittelalter hat Grundlagen dazu hergegeben, die wesentlich tragender sind als die Kategorien der modernen Kritik: nur gilt es das, was damals auf naiver und unreflektierter Stufe vorhanden war, angesichts einer ganz anders exponierten Lage heute sich neu zu erwerben.«⁶⁶ Und gerade diese Grundlagen hat Henri de Lubac in seinen großen Studien zur Schriftauslegung des Origenes⁶⁷ und zur mittelalterlichen Exegese⁶⁸ zugänglich gemacht.

Das Zweite Vatikanische Konzil hat mit der Offenbarungskonstitution *Dei Verbum* auf einer prinzipiellen Ebene die Diskussion entschieden und die Grundzüge einer angemessenen Schriftauslegung vorgelegt, die die moderne Exegese ebenso berücksichtigt wie die unumgänglichen Glaubensvoraussetzungen einer kirchlichen Auslegung der Schrift.⁶⁹ Dabei hat

---

[62] Zit. nach H. Haag, »Die Buchwerdung des Wortes Gottes in der Heiligen Schrift« in J. Feiner – M. Löhrer (Hg.) Mysterium Salutis, Bd. 1. Einsiedeln: Benziger 1965, 289–462; hier: 412.
[63] Vgl. ibid., 420–424.
[64] Vgl. Grillmeier, Kommentar zur Konstitution über die göttliche Offenbarung, in: LThK² XIII, 528–557; hier: 540.
[65] Jetzt abgedruckt in Henri de Lubac, Typologie – Allegorie – geistiger Sinn. Einsiedeln: Johannes 1999, 395–400, hier: 397.
[66] Ibid., 399 f.
[67] H. de Lubac, Geist aus der Geschichte. Das Schriftverständnis des Origenes. Einsiedeln: Johannes 1968.
[68] H. de Lubac, Exégèse médiévale. Les quatre sense de l'Ecriture. Paris 1959–1964.
[69] Vgl. DV 12.

es – entsprechend guter konziliarer Tradition – die Detailfragen der weiteren theologischen Forschung überlassen. Deshalb tauchen die Stichworte ›vierfacher Schriftsinn‹ und ›sensus plenior‹ im Text der Konstitution nicht auf.

Was die Rezeption des Konzils betrifft, ist allerdings mit Henri de Lubac darauf hinzuweisen, dass die Rezeption der einschlägigen Konzilsaussagen einseitig gewesen ist. Dankbar hat man die grundsätzliche und zukunftsoffene Anerkennung der modernen exegetischen Methoden aufgegriffen;[70] die Regeln für die sogenannte theologisch-dogmatische Auslegung[71] wurden aber kaum gewürdigt.[72] So stellt Henri de Lubac im Rückblick fest, dass man sich »kaum Mühe« gebe, das vom Zweiten Vatikanum in der Offenbarungskonstitution »entworfene Programm auszuführen«[73]. Das Zusammenspiel zwischen der historisch-kritischen und einer theologisch-dogmatischen Schriftauslegung ist für de Lubac und auch heute immer noch eine Aufgabe.

Kleiner Hinweis zum status quaestionis

Im Grunde hat bereits Hans Urs von Balthasar mit seinem eben zitierten knappen Hinweisen die Richtung angegeben, in die gegangen werden muss. Bei der Beschäftigung mit der Lehre vom vierfachen Schriftsinn gehe es darum, das, was im Mittelalter »auf naiver und unreflektierter Stufe vorhanden war, angesichts einer ganz anders exponierten Lage heute sich neu zu erwerben«[74]. Dabei steht in Übereinstimmung mit Henri de Lubac außer Zweifel, dass das Rad der Geschichte nicht zurück gedreht werden soll und kann: »Niemand denkt auch nur im Traum daran«[75] – so de Lubac. Und er begründet seinen Standpunkt: »Die Lebenskraft dieser traditionellen Formel« vom vierfachen Schriftsinn »ist nach und nach geschwunden ... Je mehr sie zum System erstarrte, desto mehr geriet sie am Ende zur Absurdität ... Ihren Geist zu erhalten oder wiederzuerlangen, bedeutet

---

[70] Vgl. A. Grillmeier, Kommentar (Anm. 64), 554: »Es ist im Sinne der Konstitution, alle legitimen Methoden der historisch-kritischen Forschung zur Feststellung der geschichtlichen Bedingtheit der Aussageabsicht des Verfassers anzuerkennen«.
[71] Grillmeier unterscheidet in seinem Kommentar (Anm. 64), 553–556 zwischen »fachexegetischen« und »theologisch-dogmatischen Regeln«.
[72] Vgl. die ungedruckte Diplomarbeit von F. Wallner, Schrift und Schriftauslegung in der Offenbarungskonstitution »Dei verbum«, Artikel 11–13: die Aussagen des Konzils im Spiegel der Rezeption. Graz 2003.
[73] Vgl. H. de Lubac, Meine Schriften im Rückblick. Einsiedeln 1996, 313.
[74] Balthasar, Vorwort (Anm. 65), 397.
[75] De Lubac, Typologie (Anm. 65), 338.

nicht, sie ihrem Buchstaben nach wiederzubeleben.«⁷⁶ Es geht also nicht darum, die moderne Entwicklung einschließlich ihrer Skepsis gegenüber dem vierfachen Schriftsinn zu ignorieren. Aber die »Bedeutung des geistigen Sinnes in seiner dreifachen Dimension ist« auch angesichts der enormen Entwicklung in der neuzeitlichen Exegese »nicht geringer geworden«⁷⁷.

Wie gezeigt, hat das Zweite Vatikanische Konzil Stichworte wie ›typologische Auslegung‹, ›sensus plenior‹ oder ›vierfacher Schriftsinn‹ nicht aufgegriffen und so die damit verbundenen Theorien der weiteren Forschung überlassen. Es ist allerdings offensichtlich, dass es in diesem Punkt bis heute noch nicht zu einem breiter rezipierten Fortschritt gekommen ist. Aber es ist ebenso offenkundig, dass ein Katechismus nicht der Ort ist, die wissenschaftliche Diskussion voranzubringen. Wohl aber kann ein Katechismus Akzente setzen und eine Richtung angeben – und das hat er getan, wenngleich das in unseren Breiten nicht wirklich aufgegriffen worden ist.

Andererseits kann daran erinnert werden, dass die Lehre vom vierfachen Schriftsinn unabhängig vom *Katechismus der Katholischen Kirche* in der einschlägigen Diskussion schon längere Zeit wieder aufgegriffen worden ist. Das belegen natürlich die Arbeiten von de Lubac, der nicht nur als Historiker, sondern im Blick auf das aktuelle Anliegen arbeitet. Zu bedauern ist freilich, dass diese Arbeiten im deutschen Sprachraum zu wenig aufgegriffen wurden.⁷⁸ Man kann aber auch auf die philosophisch anspruchsvolle und sehr spezielle Arbeit von Michel van Esbroeck⁷⁹ verweisen, der versucht, Antinomien zwischen der Hermeneutik von P. Ricœur und dem Strukturalismus von C. Levi-Strauss durch den Rückgriff auf die Lehre vom vierfachen Schriftsinn zu lösen. Auch der reformierte Theologe Ulrich Körtner kann genannt werden. Er befasst sich mit dem vierfachen Schriftsinn und der geistlichen Exegese, die in einer rezeptionsästhetischen Perspektive die Aufgabe habe, »die jeder Interpretation gestellte Aufgabe der Applikation«, also der kreativen Anwendung dessen, was in der Heiligen Schrift erhoben wurde, »ausdrücklich in Erinnerung zu rufen«⁸⁰. Christoph Dohmen wieder geht von einer Vielzahl von Methoden und Zugangsweisen in der Exegese aus und sieht in der Lehre vom vierfachen Schriftsinn ein Plädoyer, einen vielfachen Schriftsinn zu akzeptieren und

---

[76] Ibid.
[77] Ibid., 339.
[78] Allerdings kann jetzt auf die informative Arbeit von R. Voderholzer (Die Einheit der Schrift und ihr geistiger Sinn. Der Beitrag von Henri de Lubac zur Erforschung von Geschichte und Systematik christlicher Bibelhermeneutik. Einsiedeln: Johannes 1998) verwiesen werden.
[79] Vgl. M. Esbroeck, Hermeneutik – Strukturalismus und Exegese. München: Kösel 1972.
[80] U. Körtner, Der inspirierte Leser. Göttingen: Vandenhoeck und Ruprecht 1994, 81.

zur Geltung zu bringen[81] – eine Position, die vermutlich viele heute teilen, die aber viele Fragen mehr stellt als beantwortet.

Was den Katechismus betrifft, kann davon ausgegangen werden, dass vor allem das Denken von Henri de Lubac bei den Ausführungen zum vierfachen Schriftsinn Pate gestanden ist – es ist kein Geheimnis, wie sehr der französische Jesuit sowohl von Joseph Ratzinger[82] wie auch von Christoph Schönborn[83] geschätzt wird. Wichtiger aber ist die Frage: Welche Option vertritt der Katechismus mit seinem deutlichen Verweis auf den vierfachen Schriftsinn?

Die Option des Katechismus der Katholischen Kirche

Grundlegend für eine angemessene Einschätzung des Katechismus ist die Einsicht, dass es sich um einen Katechismus und nicht um eine fachwissenschaftliche Monographie handelt. Das ist ebenso selbstverständlich, wie es immer wieder und nicht zuletzt im Blick auf den Schriftgebrauch übersehen worden ist. Mit dieser Unterscheidung sollte außer Streit stehen, dass das Sprachspiel der wissenschaftlichen Exegese nicht mit dem Sprachspiel der Katechese verwechselt werden darf. Mit dieser Feststellung sind nicht alle Probleme gelöst, wohl aber mahnt sie zu einem vorsichtigen Urteil.

Das vorausgesetzt erweisen sich die Ausführungen des Katechismus – erstens – als ein deutlicher Einspruch gegen eine Tendenz, bei der Schriftauslegung der historisch-kritischen Methode ein Monopol zuzusprechen, das manchmal mit dem Verweis auf ihre Wissenschaftlichkeit begründet wird. Die Ausführungen des Katechismus sind ein offensichtlich bewusst gesetzter Schritt, der eine einseitige Sicht und Praxis der Schriftauslegung ins Lot und das Konzil mit seiner umfassenden Sicht der Schriftauslegung zur Geltung bringen soll.

Die Ausführung im *Katechismus der Katholischen Kirche* markieren – zweitens – unübersehbar, dass der entscheidende Zugang zur Heiligen Schrift, der sie in ihrer theologischen Qualität wahrnimmt, ein Zugang ist, der auf dem Glauben gründet. Nur *im Glauben*, dass das Wort der Heiligen Schrift zwar ein menschliches Wort ist, in dem aber das Wort Gottes zur Sprache kommt, kann sie so gelesen und verstanden werden, wie sie in der

---

[81] Vgl. C. Dornen, »Vom vielfachen Schriftsinn – Möglichkeiten und Grenzen neuer Zugänge zu biblischen Texten« in: T. Sternberg (Hg.), Neue Formen der Schriftauslegung? QD 140. Freiburg: Herder 1992, 13–74, bes. 16–27.

[82] Vgl. z. B. die wertschätzenden Bemerkungen in J. Ratzinger, Aus meinem Leben. Erinnerungen. München 1997, 156 ff.

[83] Vgl. das Vorwort Schönborns zu de Lubac, Rückblick (Anm. 73), 9–14.

Tradition immer gelesen wurde – als ein Buch, das den Zugang zur göttlichen Offenbarung eröffnet. Oder mit den Worten des Zweiten Vatikanischen Konzils: Nur im Glauben kann die Heilige Schrift »in dem Geist gelesen und ausgelegt werden ... in dem sie geschrieben wurde«[84].

Der Hinweis des Katechismus auf den allegorischen, den moralischen und den anagogischen Sinn der Schrift[85] erinnert – drittens – an drei wichtige Dimensionen, um die es im Wort Gottes geht. Um das zu verdeutlichen, kann man mit der Feststellung der Offenbarungskonstitution beginnen, dass die Bücher der Heiligen Schrift »die Wahrheit lehren, die Gott um unseres Heiles willen in heiligen Schriften aufgezeichnet haben wollte«[86]. Und diese Wahrheit ist wesentlich Wahrheit über Jesus Christus (allegorischer Sinn), sie bezieht sich auf ein christliches Leben (moralischer Sinn) und öffnet den Horizont auf das ewige Leben (anagogischer Sinn).

Der Hinweis auf den vierfachen Schriftsinn ist aber – viertens – paradoxerweise auch ein Anwalt des Literarsinnes und damit auch der historisch-kritischen Schriftauslegung. Das gilt zumal dann, wenn man seine Geschichte und die einschlägigen Ausführungen z.B. bei Thomas von Aquin ernst nimmt.[87] Denn es ist ein unbestrittenes Ergebnis der Jahrhunderte langen Diskussionen, dass die Lehre vom geistigen bzw. vom vierfachen Schriftsinn kein Freibrief für willkürliche Exegese werden darf. Und die erste Maßnahme dagegen ist allemal, dass der Literarsinn sorgfältig erhoben und als unverzichtbare Grundlage für die geistliche Auslegung ernst genommen werden muss.[88] Ähnlich wie bei der zur Zeit aktuellen Diskussion um die kanonische Exegese geht es auch beim vierfachen Schriftsinn nicht um eine Alternative zur historisch-kritischen Auslegung, sondern um einen größere Zusammenhang.

Auch ein Katechismus kann nicht alle Fragen beantworten

Die bisherige Würdigung des *Katechismus der Katholischen Kirche* geht davon aus, dass geistliche Schriftauslegung und historisch-kritische Methode nicht gegeneinander ausgespielt werden müssen bzw. sollen. Damit stellen sich Fragen, die zwar nicht alle im Katechismus hätten aufgegriffen werden können, die aber in einer systematischen Diskussion des Themas nicht umgangen werden dürfen.

---

[84] Zweites Vatikanisches Konzil, Dogmatische Konstitution *Dei Verbum*, Nr. 12.
[85] Vgl. KKK 117.
[86] Zweites Vatikanisches Konzil, Dogmatische Konstitution *Dei Verbum*, Nr. 11.
[87] Vgl. ST I.1.10, dazu Maximino Arias Reyero, Thomas von Aquin als Exeget. Einsiedeln: Johannes 1971.
[88] Vgl. de Lubac, Typologie (Anm. 65), 338.

Die erste Frage: Was ist im Konfliktfall zu tun, wenn z. B. ein (gesichertes) Ergebnis der historisch-kritischen Forschung der herkömmlichen Schriftauslegung zu widersprechen scheint bzw. widerspricht? Gefragt sind Lösungsstrategien, die sowohl dem Glauben wie auch der historischen Redlichkeit entsprechen. Dabei sollte von Skeptikern gegenüber der modernen Exegese nicht vergessen werden, dass die historisch-kritische Auslegung z. B. in der Interpretation der Schöpfungsberichte (Gen 1–3) durchaus geholfen hat, den christlichen Glauben im Kontext des modernen wissenschaftlichen Weltbildes glaubwürdig vorzulegen.

Zweitens: Sollte nicht den Ausführungen über die historisch-kritische Forschung mehr Platz eingeräumt werden – auch in einem Katechismus? Dabei muss zwischen der grundsätzlichen Berechtigung dieser Methode und den einzelnen Ergebnissen durchaus unterschieden werden. Das vorausgesetzt muss gefragt werden, ob nicht gerade auch Erkenntnisse der historisch-kritischen Exegese dazu geführt haben, dass unnötige Glaubenschwierigkeiten vermieden werden können – man denke nur das Verständnis der Schöpfungserzählungen. Dazu kommt aber auch, dass mit der Zulassung der historisch-kritischen Methode ein unübersehbares Signal gesetzt wird, dass in der Mitte des christlichen Glaubens das Bekenntnis zu einem Gott steht, der nicht einfach über der Geschichte geblieben ist, sondern sich durch Jesus Christus auf und in sie eingelassen hat.

Hier kann gleich eine dritte Frage anschließen: Ist eine größere Wertschätzung der historisch-kritischen Methode nicht auch deshalb gefordert, weil sie innerhalb einer zeitgemäßen Glaubensverantwortung (Apologetik) unverzichtbar ist? Es besteht ja kein Zweifel, dass das historische Denken zu einer unumgehbaren Denkform geworden ist. Wo immer die Frage ›Wie war es damals wirklich?‹ mit Aussicht auf Erfolg historisch beantwortet werden kann, wird man eine Antwort nicht ignorieren können. Nicht zuletzt wenn man religionskritischen Argumenten entgegentreten will, wird man sich auf diese Ebene begeben müssen. Freilich – und da ist den Skeptikern Recht zu geben: Wer sich auf den Weg der Wissenschaft einlässt, lässt sich auf Hypothesen ein, die sich auch ändern können und damit einen Unsicherheitsfaktor einbringen. Wie das mit einem festen Glauben vereinbar ist, muss noch theologisch geklärt werden.

Viertens: Der Katechismus setzt ›kirchliche Schriftauslegung‹ und ›geistgewirkte Schriftauslegung‹ gleich. Dazu stellen sich zwei Fragen: Wann ist die Schriftauslegung ›kirchlich‹? Kann man z. B. ohne weiteres davon ausgehen, dass jede offizielle lehramtliche Form der Schriftinterpretation immer schon die rechte Auslegung ist, für die man in Anspruch nehmen kann, dass sie mit Gottes Geist übereinstimmt? Nicht zuletzt die Geschichte der Bibelkommission und ihrer folgenschweren Entscheidungen im 20. Jahrhundert, die mit großem lehramtlichem Gewicht vorgelegt worden sind, legt eine differenzierte Antwort nahe. Dass der vielstimmigen Auslegung der Bibel im Leben der Kirche durch die Jahrhunderte eine größere Autorität zukommt als einer einzelnen historisch-kritischen Hypothese, daran sollte in der Theologie kein Zweifel bestehen. Aber die Formulierung eines solchen Prinzips lässt noch offen, wie es im Einzelfall zu einem solchen Konsens kommen und wie er festgestellt werden kann.

›Christus das einzige Wort der Heiligen Schrift‹[89] – unter diese Überschrift stellt der *Katechismus der Katholischen Kirche* die Ausführungen über die Schriftauslegung. Weil aber nach dem Glauben der Kirche Christus in Jesus von Nazareth ganz und gar Mensch war, deshalb hat die historisch-kritische Methode ihr prinzipielles Recht – vermutlich mehr, als die Ausführungen des Katechismus auf den ersten Blick ahnen lassen. Die Option des Katechismus für den vierfachen Schriftsinn, die den historischen Zugang relativiert, ist allerdings alles andere als ein anti-aufklärerisches Plädoyer. Das sollte nach allem Gesagten klar geworden sein. Eher schon muss sie als Versuch gewürdigt werden, den Abstand zwischen einer bestimmten Weise der modernen Exegese und der klassischen Tradition der Schriftauslegung, wie sie durch die Jahrhunderte für Glaube und Liturgie bestimmend war und ist, zu überwinden. Eine Schlüsselstelle kommt dabei der Einsicht zu, dass es in der historischen Forschung weltanschauliche Neutralität nicht gibt. Und das nicht erst und allein in der Interpretation der Fakten, sondern bereits im methodisch reflektierten Suchen nach den Fakten. Die Gleichsetzung von Fakten mit *empirisch erfassbaren* Fakten ist für den Bereich der Religion und des Glaubens ein problematisches Vorurteil. Wo man es mit guten Gründen vermeidet, da wird auch die Option des *Katechismus der Katholischen Kirche*, dass Christus das einzige Wort der Heiligen Schrift ist, als Möglichkeit denkbar, und das umso mehr, als sie uns mit dem Glauben derer verbindet, denen wir die Heilige Schrift verdanken.

---

[89] Vgl. KKK 101.

Józef Niewiadomski

»... dein allmächtiges Wort vom Himmel ...«
Gottes Wort und die Frage der Gewalt

Der Eröffnungsvers der Eucharistiefeier zum 2. Sonntag nach Weihnachten[1] besingt das Geheimnis der Menschwerdung des göttlichen Wortes durch den Rückgriff auf das Buch der Weisheit. »Als tiefes Schweigen das All umfing und die Nacht bis zur Mitte gelangt war, da stieg dein allmächtiges Wort, o Herr, vom Himmel herab, vom königlichen Thron« (Weish 18,14–15). Gibt es einen tieferen Grund für diesen Rückgriff? In seinen »Meditationen zur Menschwerdung« erschließt Christoph Kardinal Schönborn den Symbolgehalt der Jungfrauengeburt, indem er auf die Verwurzelung des Themas im Alten Testament verweist. Im Bekenntnis verdichten sich zwei Verheißungen: »die Verheißung, dass Gott selber kommen, herabsteigen wird wie damals bei der Rettung aus Ägypten, nein, in ganz neuer Weise, großartig und endgültig; und die Verheißung, dass Gott dem David einen Spross erwecken wird, der sein Volk retten und ›der selber Friede sein wird‹ (Micha 5,4a).«[2] Der Text des Weisheitsbuches steht nun eindeutig in Verbindung mit der erst genannten Verheißung. Tröstend und mahnend wandte sich der Autor dieses spätesten alttestamentlichen Buches an seine verfolgten Glaubensgeschwister in der jüdischen Diaspora in

---

[1] Der Ansatz dieser Überlegungen bei der Liturgie rechtfertigt sich durch die Grundüberzeugungen des geehrten Jubilars, dass die Liturgie »der ideale Ort« sei, an dem die Menschen in die biblische Symbolik, aber auch in die Symbolik der dogmatischen Sprache eingeführt werden. Anstatt das göttliche Wort von dem menschlichen zu isolieren, dieses in der von jedem Fundamentalisten erhoffter aseptischen Klarheit zu präsentieren, verbindet das liturgische Geschehen beides miteinander, und dies nicht nur deswegen, weil ein lebendiger Mensch dem Buchstaben der Schrift seine Stimme leiht. Das biblische Wort wird dem Menschen zum Wort Gottes, gerade weil es sich auf seine konkrete menschliche, und das heißt endliche und zweideutige Geschichte bezieht, diese deutet, ein Stück vorwärts bringt und gerade dadurch seine Macht erweist. Gerade durch diese Verbindung wird der Glaube an das Handeln Gottes in der jeweiligen Gegenwart zum Ausdruck gebracht. Mit dem Vertrauen in die Richtigkeit solcher liturgischer Identifizierungen hic et nunc bleibt die Kirche jenem großen Schritt verpflichtet, bei dem (wiederum in einem langen vielschichtigen Prozess) aus den vielen Schriften *eine* »Heilige Schrift« wurde, wurzelt doch der Kanon der Bibel in deren gottesdienstlichem Gebrauch.
[2] Christoph Kardinal Schönborn, Weihnacht – Mythos und Wirklichkeit. Meditationen zur Menschwerdung. Innsbruck 2006, 59. Vgl. ders., Gott sandte seinen Sohn. Christologie. Unter Mitarbeit von Michael Konrad und Hubert Philipp Weber. Paderborn 2002, 114 f.

Ägypten und rief unter anderem auch das Rettungsereignis par excellence, den Exodus, in Erinnerung. Die Vorfahren im Glauben an den einen, allmächtigen Gott haben doch damals eindrucksvoll die Kraft seines Wortes erfahren. Das Wort wirkte heilend; es kann ja besser heilen als alle medizinische Kunst: »Weder Kraut noch Wundpflaster machte sie gesund, sondern dein Wort, Herr, das alles heilt« (Weish 16,12). Es wirkte aber auch vernichtend; die verstockten Ägypter mussten ja die Gewalt göttlicher Allmacht in ihrer ganzen Härte erfahren: »Da sprang dein allmächtiges Wort vom Himmel, vom königlichen Thron herab als harter Krieger mitten in das dem Verderben geweihte Land. Es trug das scharfe Schwert deines unerbittlichen Befehls, trat hin und erfüllte alles mit Tod; es berührte den Himmel und stand auf der Erde. Plötzlich schreckten sie furchtbare Traumgesichte auf, und ungeahnte Ängste überfielen sie.« (Weish 18,15–17).[3] Mit der liturgischen Vergegenwärtigung des Szenarios der Rettung aus Ägypten einerseits und mit der gezielten Unterbrechung des zitierten Textes im Kontext der Aussagen von der vernichtenden Gewalt des Wortes andererseits bezieht die Weihnachtsliturgie auch Stellung zum Problem »Gott und Gewalt«: Die Menschwerdung Gottes stellt auch den Inbegriff der Transformation der Gewalt dar. Deswegen ist ja die Weihnachtsbotschaft mit der Friedenbotschaft aufs Engste verknüpft, deswegen schweigen auch im »christlichen Zivilisationskreis« die Waffen zu Weihnachten. Die Aussage von der Transformation der Gewalt durch die Menschwerdung des Wortes Gottes stellt für unsere kulturelle Öffentlichkeit durchaus eine Herausforderung dar. Und warum dies?

1. Das Gift der Religion?

Das Paradigma »Religion erzeugt Gewalt« ist für die Zeitgenossen so selbstverständlich geworden wie die Luft, die sie atmen. Nicht nur in den Medien wird das Thema endlos ausgebreitet, auch die wissenschaftliche Forschung liefert ihre Beiträge zur Begründung der einseitigen These. Alte Vorurteile mischen sich dabei mit den neuesten – »empirisch begründeten« – Erkenntnissen. Die Bilder des »rachsüchtigen Gottes der Juden«, »Krimi-

---

[3] Die widersprüchliche Fülle von Beschreibungen der Macht des göttlichen Wortes war dem gläubigen Menschen immer schon Chance und Stolperstein zugleich. Aus dem Glauben heraus, dass Gott bei der Verkündigung oder aber auch bei der Lektüre der biblischen Schriften zu ihnen spricht, haben Menschen ihre Mitmenschen umgebracht und gefoltert, aus demselben Glauben wandten sich Unzählige den Bedürftigen und Leidenden zu. Und dies wohl deswegen, weil sie sich durch dieses Wort herausgefordert und bestätigt fühlten! Damit haben sie aber nichts anderes getan als die unzähligen namentlich genannten und auch die namenlosen Personen im heilsgeschichtlichen Drama der biblischen Tradition.

nalgeschichten« des Christentums, »heilige Kriege« der Moslems fungieren dabei als Versatzstücke ein und derselben Einstellung; aktuelle Berichte über Sekten, Satanismus und rechtsgerichtete neuheidnische Gewaltrituale fügen sich problemlos in die vorgegebenen Parameter ein. Der öffentlichkeitsrelevante kulturelle Diskurs über Religionen entdifferenziert diese, und er verwandelt sie alle zuerst zu ein und demselben »gewaltsamen göttlichen Eintopf«.

Die Botschaft an den »aufgeklärten Mann« auf der Straße lautet: Hinter jeder religiösen Schwelle lauert die Bereitschaft zur Gewalt, die Depotenzierung oder gar Abschaffung von Religionen sei daher ein aufklärender friedenstiftender Akt. Wird aber damit das Problem der Gewalt gelöst? Der kulturpolitische Umgang mit der Thematik der religiös motivierten Gewalt ist nämlich alles andere als harmlos, und er ist von der Sündenbockmentalität keineswegs frei. Als »Gift« der aufgeklärten Öffentlichkeit wird die Religion auch dort »zur Kasse« gebeten, wo sich andere (inkl. der »aufgeklärten Vernunft«) verantworten müssten. Zu dieser Folgerung kommt man, wenn man sich die Zunahme der Gewalttätigkeit in den säkularisierten Milieus der modernen Industriestädte vor Augen führt oder aber jene weltpolitischen Konflikte nüchtern analysiert, bei denen Religionen instrumentalisiert werden. Deswegen ist auch die Infragestellung des einseitigen Paradigmas »Religion erzeugt Gewalt« ein Gebot der Stunde.[4] Nur wenn es gelingt, das vielschichtige Verhältnis zwischen Religion und Gewalt im kulturellen Bewusstsein neu zu erwecken, wird man für das gewalttransformierende Potential des religiösen Glaubens sensibel. Die Gewalt scheint ja weniger das Problem Gottes zu sein, als das des Menschen. Auf diese anthropologische Weichenverschiebung macht René Girard[5] aufmerksam. Im Unterschied zu den gängigen Denkschemata sieht Girard in der religiösen Gewalt nicht die Ursache des »Übels« und das Gift des menschlichen Zusammenlebens, sondern ein ritualisiertes Mittel zur Bändigung der diffusen Aggressivität – ein Gegengift – ein Pharmakon – sozusagen. Wo ist aber dann das eigentliche »Übel« zu suchen? Die Theorie nimmt die Erkenntnis ernst, dass der Mensch das konflikträchtigste Wesen der Schöpfung ist, lehnt aber einen Aggressionstrieb ab. Die eigentliche Triebfeder des menschlichen Verhaltens wird von Girard in der mimetischen Struktur des Begehrens geortet. Der Mensch ist

---

[4] Vgl. R. Schwager, J. Niewiadomski (Hg.), Religion erzeugt Gewalt – Einspruch!, Münster 2003. Der Band dokumentiert auch die jahrelange Beschäftigung der Innsbrucker Dogmatiker mit den Fragen nach den Zusammenhängen von Religion und Gewalt und der Bedeutung dieser Zusammenhänge für die Dogmatik.
[5] Zu dem fundamentalanthropologischen Teil der mimetischen Theorie vgl. neuerdings: René Girard, Das Ende der Gewalt. Analyse des Menschheitsverhängnisses. Freiburg i. Br. 2009, 25–188.

– noch bevor er zum rationalen Wesen wird – ein begehrendes Wesen. Er begehrt – doch was? Viele Katholiken, die unter der repressiven Moral ihrer Kirche litten, und auch die Freudianer werden das Begehren mit Sexualität identifizieren, andere werden schlicht auf Objekte des Begehrens hinweisen. Welche Art von Objekten kann dies sein? Objekte ökonomischer oder sexueller Art? Marx und Freud erkannten die Eigenart des Begehrens nur zum Teil. Ein Blick auf die allgegenwärtige Kultur der Werbung und ihre Botschaften legt eine andere Antwort nahe. Der Mensch begehrt zuerst das, was andere begehren; er begehrt, weil andere begehren. Er ahmt also das Begehren anderer nach: Er will dasselbe haben, dasselbe sein, an die Stelle von anderen treten. Kurz und bündig: Das menschliche Begehren bleibt – im Unterschied zum tierischen – mimetisch strukturiert. Und es ist auch unbegrenzt. Nur der Mensch zeichnet sich durch die *profundior et universalior appetitio* (vgl. Gaudium et spes 9) aus. Weil der begehrende Mensch zuerst das Begehren des anderen nachahmt, dasselbe haben will, derselbe sein und an die Stelle des anderen treten will, führt die aneignende Mimesis ständig zur Entdifferenzierung unter den Menschen. Der Kollaps von Ordnungen stellt die extremste Folge der Entfesselung des mimetischen Begehrens dar; die alltägliche Konsequenz der aneignenden Mimesis ist in den Rivalitäten, dem Neid und der diffusen Aggressivität zu sehen. Die Aneignungsmimesis verwandelt sich ja allzu leicht in die konfliktuelle Mimesis. Die Folgen davon sind also ambivalent; neben der positiven Entwicklung der Lernprozesse ist auch die diffuse Gewalt mit der mimetischen Struktur des Begehrens quasi osmotisch verbunden. Die Kanalisierung dieser diffusen Gewalttätigkeit – die Neutralisierung des Gifts durch Gegengifte – stellt die entscheidende Aufgabe menschlicher Kulturen dar, und sie bleibt ein niemals abgeschlossener Prozess. Dieser anthropologische Hintergrund macht das spezifisch neuzeitliche Paradox der emanzipatorisch ausgerichteten Freiheitsgeschichte verständlich. Trotz aller Bemühungen um die Aufhebung der diskriminierenden Unterschiede zwischen Menschen und Kulturen und trotz aller Befreiungsbewegungen ist das Gewaltpotenzial in unserer Welt nicht geringer geworden. Im Gegenteil: Rivalität, diffuse Aggressivität und mimetische Konflikthaftigkeit nehmen systematisch zu. Die mimetische Theorie macht uns auf unser »blindes Auge« aufmerksam. Wir sehen nämlich nur in der Ungleichheit von Menschen die Ursache der Gewalt. Die Ungleichheit kann auch zur Quelle von Konflikten werden, die Gleichheit wird es auf jeden Fall. »Global village« steht demnach nicht nur für die Vision eines harmonischen Kommunikationsszenarios und auch nicht nur für die Realität der erschreckenden Unterschiede zwischen Arm und Reich, sondern vor allem für einen fundamentalen mimetischen Konflikt von gleichwertigen Partnern auf planetarischer Ebene. Die weltweite Entfesselung des mimetischen Begehrens, die Freisetzung des Neides und der Rivalität auf allen Ebenen stellt demnach das eigentliche Gift unserer Zeit und die radikalste Bedrohung für das 21. Jahrhundert dar. Gibt es aber Auswege aus den Sackgassen des mimetischen Begehrens? Welche Art »Gegengifte« hat die menschliche Kultur entwickelt, um das Gift der allgegenwärtigen Rivalität und diffusen Gewalttätigkeit zu kanalisieren und zu neutralisieren? Das mimetische Begehren entdifferenziert die Menschen, es kann sie aber auch zusammenbringen – und dies auf klare und eindeutige Art und Weise. Aus dem Prozess, in dem jeder gegen jeden zu agieren scheint, kann eine Dynamik entstehen, in der sich alle gegen einen wenden. Das ist die Dynamik des Zusammenschlusses auf Kosten des Dritten: der uns allen allzu gut bekannte Sündenbockmechanismus. Auch diese Dynamik beherrscht ja unsere Globalkultur. Das »global village« ist demnach durch eine Doppelbewegung gekennzeichnet: Wir entfesseln unser Begehren »auf Teufel komm raus« und finden zusammen auf Kosten der Sündenböcke, die wir gleich dämonisieren. Was haben aber diese anthropologischen und sozialpsychologischen Grundannahmen mit der Religiosität des Menschen und mit unserer Eingangsfrage nach dem Verhältnis des göttlichen Wortes zur Gewalt zu tun?

In seinem 1972 erschienenen Werk »La violente et le sacré«[6] entwarf Girard zum ersten Mal die Theorie über den Wert der rituellen Opfer in den archaischen Gesellschaften. Diese hatten die Funktion jenes Gegengifts, das durch das Minimum an rituell kontrollierbarer Gewalt die in der archaischen Gesellschaft allgegenwärtige Rivalität und diffuse Gewalt zu kanalisieren vermochte. In einer Welt, die das Gewaltmonopol noch nicht kannte, wurden die rituellen Opfer zum Pharmakon gegen das Gift der alltäglichen Gewalt. Warum opferten aber die Menschen weltweit – und dies jahrtausendelang – auf eine relativ konstante Art und Weise? Die Antwort von Girard ist verblüffend klar: weil sie sich auch in diesem Kontext mimetisch verhielten und bloß nachahmten. Angesichts von Bedrohung ahmten sie die glückliche Lösung eines Krisenszenarios nach, eines Szenarios, das sie überlebt hatten. Und welche Szenarien waren das? In einer Welt, in der bei den Primaten das instinktgebundene Verhalten immer mehr dem mimetisch strukturierten Begehren Platz machte, in der aber die gesellschaftlichen Institutionen noch nicht existierten, mussten die diffuse Rivalität und die Gewalttätigkeit aller gegen alle immer wieder neu in die Gewalt aller gegen ein zufälliges Opfer – gegen den Sündenbock – umschlagen. Schlug sie nicht um, so zerstörte sich die Gruppe durch das entfesselte mimetische Begehren. Schlug sie um, so befriedete sich die Gruppe: Sie überlebte. Aber sie überlebte auf Kosten des im blinden Zorn

---

[6] Deutsch: René Girard, Das Heilige und die Gewalt. Zürich 1987.

ausgestoßenen und getöteten Opfers. Das Opfer selbst, das zur Projektionsfläche sondergleichen wurde, blieb in der Wahrnehmung der Gruppe durch gewaltsame Projektionen zugedeckt. Es wäre an allem Schuld gewesen: sowohl an der Krise als auch an deren Lösung. Als auszuschließendes und dem Tod geweihtes Opfer stellt das Opfer den Inbegriff des mysterium tremendum dar, als ausgeschlossenes und getötetes mutiert es zum mysterium fascinosum. Das Leben wird aber damit als Kehrseite des Todes erlebt. »Die Völker erfinden nicht ihre Götter, sondern sie divinisieren ihre Opfer.«[7] Die mythologischen Gottheiten verdanken buchstäblich alles – vor allem aber ihren Status – der Gewalt. Die Entstehung des Religiösen ist in diesem Theoriekonzept identisch mit dem Gründungsvorgang einer archaischen Gesellschaft. Die Wende vom Chaos zur Ordnung, damit auch die »Geburt« der primären Wahrnehmungskategorien von Raum und Zeit, ja die Schöpfung selbst fallen für die betroffene Meute mit dem ersten Viktimisierungsvorgang zusammen. Die spontan erlebte Vergesellschaftung wird rituell durch die Nachahmung dessen, was einmal geschah, mittels ritueller Opfer stabilisiert. Was soll das bedeuten? Wenn das Chaos die labile Ordnung bedroht, »zürnen« die mythischen, aus der Gewalt geborenen Gottheiten, verlangen nach neuen Opfern und sichern so das Überleben der Gemeinschaft. Weil sie nun das Gift des alltäglichen gesellschaftlichen Lebens kanalisieren, stellen diese rituellen Opfer das Pharmakon, das rettende Antibiotikum für die Betroffenen dar.[8] Die Erinnerung an die Krise und deren Lösung generiert Mythen. Die Überlebenden erzählen über das Geschehene. Aber sie erzählen es aus der verfälschenden Perspektive des lynchenden Mobs. Damit verschleiern sie die kollektive Gewalt,

---

[7] René Girard, Ich sah den Satan vom Himmel fallen wie einen Blitz. München 2002, 94.
[8] Die Ausbildung des zentralen Justizsystems – seinerseits auch ein religiöses Phänomen, das alle Züge des Pharmakons und damit auch des Sündenbockmechanismus in sich birgt – verbannte die Praxis auf den zweiten Platz und machte sie scheinbar überflüssig. Die blutigen religiösen Opfer haben auch nach und nach ihre gewaltkanalisierende und damit auch gesellschaftskonstituierende Kraft verloren. Der neue Weg der Justiz, wie ein Minimum an (immer noch sakralisierter) Gewalt die Gewalt unschädlich machen kann, ist ja auch bei weitem erfolgreicher. Bis heute hat sich an der grundsätzlichen Frontstellung nichts verändert. Obwohl sich die Gewaltmonopolisierung zur modernen Gewaltenteilung ausdifferenziert (und damit stückweise säkularisiert) hat, obwohl der Markt seinerseits zum Gewaltmonopol sui generis (mit neuen sakralen Zügen) wurde, ist die Logik des Pharmakons immer noch dieselbe. Will man diese Logik theologisch kodieren, wird man – analog zur archaischen Religiosität – sagen, dass in Gott selber, gerade um ihrer Eindämmung willen, Gewalt enthalten sein muss. Die Verdrängung der Religionen auf den zweiten Platz im gesellschaftlichen Geschehen hat die Sensibilität auf diese Fragekonstellation geschwächt. Die oberflächliche Empörung unserer liberalen Öffentlichkeit über die gewaltsamen Gottesbilder zeigt, dass sie das fundamentale Problem der diffusen Gewalttätigkeit unter den Menschen verdrängt. Eine solche Verdrängung war auch problemlos möglich, weil der gewalteindämmenden Logik des Pharmakons durch unsere Institutionen Genüge getan wurde.

entschuldigen die Gemeinschaft und beschuldigen das Opfer. Indem das Wort des Mythos auf derart lügnerische Art und Weise die allgegenwärtige Gewalt überlistet, schafft es seine Wahrheit selbst und ordnet den Kosmos des zwischenmenschlichen Zusammenlebens auf fundamentale Art und Weise neu, und dies bis in die archaischen Urzeiten, bis hin zur Erschaffung der Welt. Auf diesem Hintergrund wird verständlich, warum die Schöpfungsmythen meistens auch die Form eines Opfermythos haben, und die daraus abgeleitete Rationalität nur eine Opferrationalität sein kann. Mit solchen Weichenstellungen gewinnt Girard Anschluss an die traditionelle Einschätzung des Mythos, die in diesem das Element der Täuschung und der Lüge nicht unterschlug, im Mythos also beides zugleich sah: Lüge und Wahrheit.[9] Anderseits ist er mit seiner Typologisierung in der Tradition Nietzsches beheimatet, auch wenn er die Wertung des Philosophen auf den Kopf stellt. Dieser ergriff ja bekanntlich Partei für den Mythos und dessen entschuldigende Rolle im Kontext der Viktimisierung von Menschen. Girard stellt sich auf die Seite der Opfer, entmythologisiert den Mythos und sucht mit Hilfe biblischer Schriften, den Weg aus der Gewalt zu finden.[10]

---

[9] In seinen Meditationen zur Menschwerdung geht Kardinal Schönborn vielen traditionellen Topoi der christlichen Auseinandersetzung mit dem mythischen Denken nach (Christoph Kardinal Schönborn, Weihnacht – Mythos und Wirklichkeit. Meditationen zur Menschwerdung. Innsbruck 2006, 15–20). Er erinnert daran, dass »zwischen der christlichen Glaubensrede vom Sohn Gottes, der, um Mensch zu werden, vom Himmel herabstieg und der dorthin, nach vollbrachter Tat, zurückkehrt, und den Mythen anderer Religionen, die vom Herabsteigen, Tod und Auferstehen von Göttern reden, Ähnlichkeiten bestehen«. Haben die frühchristlichen Autoren solche Ähnlichkeiten als »Ahnung« oder aber als »Nachäffung« der christlichen Wahrheit bei den und durch die heidnischen Autoren gewertet, so drehte die historische Kritik unserer Zeit den Spieß um und depotenzierte die Aussagekraft christlicher Offenbarung. »Alles Mögliche im Christentum aus allen möglichen oder unmöglichen Parallelen in anderen Religionen abzuleiten« wurde zur Mode und zum prägenden kulturellen Trend intellektueller Debatten. So wichtig die historisch-kritische Debatte über Abhängigkeiten sein mag, sie gibt »keine Antwort auf die Mythosfrage selbst«. »Die genetische Frage führt zur Sachfrage, die Frage der historischen Herkunft zur Wahrheitsfrage. Es geht nicht darum, ob die Rede von der Menschwerdung Gottes historisch gesehen aus mythischen Quellen entsprungen ist, sondern vor allem darum, ob und wie mythische Rede wahr ist.« Dasselbe Anliegen beflügelt auch René Girard. Auch er sieht klar die Unfruchtbarkeit der historisch-kritischen Debatte und deren Unvermögen, die Wahrheitsfrage zu stellen; auch er ist von der Überzeugung getragen, dass christliche Offenbarung Entscheidendes zur Frage der Wahrheit des Mythos zu sagen hat; auch bei ihm wird sich die Thematik des Symbolgehalts der mythologischen Rede bei der Analyse der Aussage der Geburt Jesu zuspitzen.

[10] Was sagt diese Rekonstruktion des Sündenbockmechanismus über die Wahrheit der Religion aus? Die Religion wird auf dreifache Weise bewertet. Das Sakrale ist eine kollektive Täuschung und das Ergebnis von gewaltsamen Projektionen. Insofern hat auch die moderne Religionskritik Recht. Doch damit ist seine »Wahrheit« bzw. sein gesellschaftlicher Wert noch nicht ausgeschöpft. Insofern ist die Religionskritik zu hinterfragen bzw. weiterzuführen. Die sakrale Religiosität ist bei den archaischen Gesellschaften praktisch zur Erhaltung des Friedens

2. Offenbarung eines gewaltfreien Gottes

Das Verhältnis der Offenbarungsimpulse zur geschlossenen mythischen Welt hat Girard mit der Inversion des Pelzmantels verglichen.[11] Die glatte Oberfläche des Pelzmantels wird durch die Offenbarungsimpulse »umgedreht«. Die Spuren eines gehäuteten Tieres – der Preis für die Schönheit und Geborgenheit – werden sichtbar. Warum kommt es zu dieser Umdrehung? Kann sie nicht aus den Mechanismen des mimetischen Begehrens selbst erklärt werden? Stellt sie nicht das Ergebnis der Transformation des rituellen Verhaltens dar? Die mythische Welt bleibt in ihrer Struktur der klaren Differenzierung auf Kosten des Opfers in sich geschlossen. Für diese Art von Rationalität ist es von entscheidender Bedeutung, dass auch das Opfer sich der ritualisierten Anschuldigung anschließt. Die entscheidende kulturproduzierende Kraft des Mythos besteht ja gerade darin, eine solche Einmütigkeit herzustellen. ›Ich bin ein Inzestuöser und Vatermörder‹, bekennt das Paradeopfer Ödipus freimütig, fügt sich in das Anschuldigungsszenario ein und erlangt durch diese Strategie den Status der »Unsterblichkeit« im abendländischen Kulturkontext. Die Anschuldigung stellt aber bloß eine nachträgliche Rechtfertigung der Verfolgung eines Individuums durch die Meute dar. In dieser Hinsicht lügt ja der Mythos[12]. ›Gestehe ..., dass auch du ein Ungeheuer bist‹ – drängt die turba den in der Logik des Aufstiegs und des Falls gefangenen Ijob[13]. Doch im Unterschied zu Ödipus gesteht Ijob nicht. Mehr noch: Er ruft nach einem Anwalt, der nicht identisch ist mit den anschuldigenden Stimmen seiner »Freunde«. Indem Gott dem leidenden und verfolgten Ijob letztendlich Recht gibt, dekonstruiert er auf eine radikale Art und Weise den mythischen Diskurs der Anschuldigung und der Hand in Hand mit ihr gehenden Selbstbeschuldigung des Opfers. Angesichts der offenbarenden Kraft des göttlichen Wortes müssen die mythomanischen Freunde kapitulieren. Der deutliche Einbruch einer derart dekonstruierenden Transzendenz in die geschlossene Welt der mythischen Immanenz mit ihren sakralisierten Gottheiten wird von Girard nämlich dort geortet, wo ein mit dem Opfer nicht identischer Gott durch sein Wort die Partei des Opfers ergreift. Auf diese Art und Weise wird die

---

und zur Vermeidung von Selbstvernichtung notwendig. Schlussendlich gehört auch der Prozess der Aufdeckung der Täuschung durch das Sakrale und die Offenbarung des »wahren Gottes« durch die biblischen Schriften zur religiösen Tradition.

[11] Girard, Ich sah den Satan vom Himmel fallen wie einen Blitz. München 2002, 151.
[12] Zu den Analogien zwischen der archaischen mythischen Kultur und der modernen Anschuldigungskultur vgl. Józef Niewiadomski, Die Lust am Scheitern. Vom gnadenlosen Umgang mit dem menschlichen Versagen. In: ThPQ 153 (2005) 358–366.
[13] Zu dieser Deutung des Ijobbuches vgl. Józef Niewiadomski, Herbergsuche. Auf dem Weg zu einer christlichen Identität in der modernen Kultur. Münster 1999, 31–46.

geschlossene Einheit des mysterium tremendum et fascinosum gebrochen. In der sakralisierenden Maske werden Lücken und Risse sichtbar; das Gesicht des Opfers schimmert durch die Maske hindurch.[14] Der Topos des sich gegen die Verfolgung wehrenden Opfers wird damit zum privilegierten Ort der Offenbarung. Und warum dies? Weil das Opfer zum privilegierten Adressaten des göttlichen Wortes wird. Deswegen bewertet Girard die Psalmen als die ersten Texte der Menschheitsgeschichte, die den in der Mythologie zum Schweigen gebrachten Opfern das Wort geben. Diese Opfer schweigen nicht. Sie verfluchen ihre Verfolger, machen durch ihr Wort zuerst die kollektive Gewalt sichtbar. Natürlich bleibt diese Offenbarung ambivalent. Dies schon deswegen, weil die Verbindung Gottes zum einsamen, isolierten Opfer nicht verhindern kann, dass das Opfer nun seinerseits der mimetischen Versuchung der Spiegelbildlichkeit verfällt. Anstatt sein Begehren allein auf die rettende Zuwendung Gottes und den Glauben daran, dass allein Gott retten und urteilen kann, zu richten, verfallen auch diese Opfer der mimetischen Rivalität mit den Tätern. Sie werden selbst zu Gewalttätern – wenn auch nur im Bereich ihrer Psyche –, genauso wie ihnen Gott selber zur Projektionsfläche ihrer Racheträume wird.[15] Aus diesem Grund bleibt auch die Offenbarung Gottes an sein zum Status des Opfers reduziertes Volk in Ägypten ambivalent. Deswegen muss die Offenbarungsgeschichte als ein dramatischer Vorgang gesehen werden, in dem das Pharmakon der Gewalt zuerst sichtbar gemacht und dadurch dem

---

[14] »In der hebräischen Bibel macht die Gleichsetzung von Opferlogik und Göttlichen einer absoluten Trennung Platz. Die Jüdische Religion ... entgöttlicht die Opfer und entviktimisiert das Göttliche. Der Monotheismus ist Ursache und Folge dieser Revolution zugleich.« René Girard, Ich sah den Satan vom Himmel fallen wie einen Blitz, München 2002, 156.

[15] Der sprichwörtliche Durchschnittszeitgenosse schüttelt genauso entrüstet den Kopf wie die Gläubigen über das biblische Gebet: »Wohl dem, der deine Kinder packt und sie am Felsen zerschmettert!« (Ps 137,9). Sie alle fragen: »Wie kann man nur so beten?« Die skandalisierte Reaktion auf den bekannten Psalm 137: »An den Strömen von Babel, da saßen wir und weinten« übersieht allzu gerne, dass die moderne Zeit, die zwar Gott abgeschafft, oder ihn auf das Regal mit den Vitaminpräparaten und Wellnessartikeln in den Supermarkt der Freizeitangebote verbannt hat, am Problem der ambivalenten Faszination der Gewalt wenig geändert hat. Fragen wir uns, was die Kultur ohne Gott an jenem Skandal, der sich an diesem biblischen Text entfacht, zu verändern vermochte. Blicken wir zuerst auf Menschen, die in radikale Krisensituationen geraten sind und den extremen Hasserfahrungen ausgesetzt bleiben. Sowohl die Bürgerkriege im ehemaligen Jugoslawien als auch der Völkermord in Ruanda haben uns in den letzten Jahren genügend Beispiele geliefert, was passiert, wenn Völker, die Jahrzehnte, gar Jahrhunderte friedlich nebeneinander gelebt haben, sich so im Schlamassel der Gewalt verlieren, dass Menschen einander zu totalen Feinden werden. Wie oft schmettern die Feinde einander den Wunsch an den Kopf: »Es soll jemand deine Kinder zerschlagen!« Wie oft zerschlagen auch tatsächlich die Nachbarn die Kinder ihres Feindes am Felsen? Und dies ganz ohne Gott, mit sadistischer Lust und Freude und diabolischer Spontaneität. Das Problem der Gewalt ist ja nur oberflächlich ein Problem Gottes, tiefer betrachtet ist es ein Problem der Menschen. Nur die Masken Gottes und die des Menschen sind allzu oft austauschbar.

Menschen auch nach und nach entzogen wird: »Mein und nicht euer ist der Krieg!« (2 Chr 20, 15). Gott selbst wird zum Gewalttäter par excellence, in seinem Erscheinungsbild scheint er gar im Blut zu waten, ruft den Menschen aber zu: »Ihr sollt damit aufhören! Denn: Mein und nicht euer ist die Rache!« Doch weil dieser eine Gott letztendlich nicht gewalttätig ist, kann er die Menschen, die auf seine Stimme nicht hören und weiterhin Blut vergießen, nicht erschlagen, um sie so vor ihrer eigenen Gewalt durch seine Gewalt zu schützen. Nein. Er lässt die Gewalt zu. Er lässt auch das Missverständnis zu, dass Menschen ihre eigenen Untaten ihm in die Schuhe schieben. Auf diese Weise wird er selber zum Sündenbock der Menschen. Dies aber auf eine andere Art und Weise als dies die archaischen Gottheiten, deren Ursprung im Gewaltszenario zu suchen ist, sind.

Der transzendente Gott setzt nämlich einen Schritt tiefer an, als es die sozialanthropologischen Mechanismen erfassen können: im Bereich der Fundamentalanthropologie. Dem auf seinen Opferstatus reduzierten Menschen offenbart sich Gott als das eigentliche Ziel seines Begehrens, ein Ziel, das die Entfesselung des mimetischen Begehrens »auf Teufel komm raus« unterläuft. Seine Logik setzt demnach nicht auf die Pharmaka, sondern auf die Prophylaxe. Diese soll zur Erfüllung der *profundior et universalior appetitio* beitragen. Deswegen soll der Mensch – gemäß dem göttlichen Wort – neben ihm – auf dieser Grundsatzebene – keine Götter haben; das Gebot animiert nicht zur Intoleranz und Gewalt, sondern es schützt vor den Sackgassen des mimetischen Begehrens: »Der Mensch glaubt ja an Gott, oder an einen Götzen. Kein Drittes«.[16] Ausgerichtet auf den transzendenten Gott kann das menschliche Begehren kultiviert und auch der fruitio zugeführt werden. »Du sollst also nicht begehren deines Nächsten ...!«[17] Das Gebot kann als jene goldene Regel betrachtet werden, die der diffusen Aggressivität einen Riegel vorschiebt. Deswegen verlagert auch die prophetische Opferkritik den Schwerpunkt des mimetisch strukturierten Verhaltens auf sittliches Bewusstsein. Anstatt der rituellen Opfer fordert der wahre Gott durch sein offenbarendes Wort Recht und Gerechtigkeit. Gerade im Leben der Propheten verdichtet sich die aus der Stimmung der mimetisch strukturierten und gewalttätigen Menge nicht ableit-

---

[16] So jene Kurzformel von Max Scheler, die René Girard zum Motto des Werkes: Figuren des Begehrens. Münster 1999, machte.

[17] Vgl. Ex 20,17; »Das zehnte und letzte Gebot unterscheidet sich von den vorausgehenden durch seine Ausführlichkeit und seinen Gegenstand: Es untersagt nicht eine Handlung, sondern ein Begehren ... Was geschähe, wenn genau dieses am weitesten verbreitete Begehren nicht verboten wäre, sondern toleriert, ja geradezu propagiert würde? Dann herrschte ewiger Kampf innerhalb jeder menschlichen Gemeinschaft, innerhalb jeder Gruppe und Familie: dann wäre dem berühmt-berüchtigten Alptraum des Thomas Hobbes Tür und Tor geöffnet: dem Kampf aller gegen alle.« René Girard, Ich sah den Satan vom Himmel fallen wie einen Blitz. München 2002, 20 f.

bare Gotteserfahrung. Der Gott der prophetischen Offenbarung stellt auch nicht ein von der Meute vergöttlichtes Opfer dar, das seinerseits nur neue Opfer zur Erhaltung des gesellschaftlichen Konsenses fordert. Sein bevorzugtes Medium ist das schöpferische Wort. Durch dieses Wort erschafft er die Welt, durch dieses Wort beruft er auch die Propheten, durch dieses Wort erwählt er sich sein Volk und versichert es seiner Treue. Trotz des prophetischen Engagements im Dienste des göttlichen Offenbarungswortes findet aber keine qualitative Veränderung im Verhalten des Volkes statt; mehr noch: Gerade die Propheten fallen allzu oft ihren Zeitgenossen zum Opfer und werden auch im Namen Gottes gewaltsam verfolgt.[18] Und auch in diesem Zusammenhang wiederholt sich dasselbe Paradox: Weil dieser eine Gott nicht gewalttätig ist, kann er die Menschen, die auf die Stimme der Propheten nicht hören, mehr noch: diese auch verfolgen und gewaltsam umbringen, nicht erschlagen, um sie durch seine Gewalt vor ihrer Gewalt zu schützen. Er lässt auch in diesem Zusammenhang die Gewalt zu, verhilft den Menschen aber in demselben dramatischen Prozess zu einem Durchbruch in der Erkenntnis der transformierenden Kraft des religiösen Glaubens. Dieser wahrhaft revolutionäre Schritt ist im Geschick des Gottesknechtes greifbar. Die Erkenntnis der Meute im Kontext der Verfolgung des Gottesknechtes, dass nicht Gott, sondern sie selber den Knecht in den Tod getrieben haben, stellt nämlich den »Höhepunkt« der Falsifizierung gewaltsamer Gottesbilder im Kontext der hebräischen Bibel dar (vgl. Jes 53, 4 f.). Die Täter haben die Unschuld des Verfolgten erkannt, vor allem aber auch seine Identität jenseits seines Opferdaseins, und sie haben auch seine aktive Haltung im Sterben wahrgenommen. Er ließ sich nicht nur töten, er gab sein Leben hin. An wen? Und für wen? An einen Gott, der identisch sein könnte mit dem Inbegriff der Projektionen, an das mysterium tremendum et fascinosum? Oder an jene ihn verfolgende Gemeinschaft, eine Gemeinschaft, die im Kontext der Viktimisierungsvorgänge doch fundamental verwirrt wird? Entscheidend für diese Lektüre der Gottesknechtslieder ist die Wahrnehmung der Differenzen im Prozess selbst. Der Gott, dem sich der Knecht in seinem Sterben hingab, ist wohl derselbe Gott, der diesem Knecht durch sein schöpferisches Wort sein Ohr jeden

---

[18] Dieser allzu oft verdrängte Zusammenhang dokumentiert im Grunde die »Katastrophe der Ethik« im Kontext der menschlichen Versuche, Gerechtigkeit herzustellen und durch menschliches Tun Gewalt zu überwinden. Die Tatsache, dass die Rolle der Propheten von demselben Volk im Nachhinein völlig anders eingeschätzt wird, dass sie als Sündenböcke sichtbar gemacht werden und das Volk eigene Schuld einsehen kann, sensibilisiert die Offenbarungstradition noch mehr auf das heilende Wirken Gottes: Gott heilt nicht, indem er diffuse Aggressivität und Gewalt auf Dritte fokussiert und »nach außen« ableitet, Menschen also letztendlich verfeindet und so zur Versöhnung auf Kosten der Sündenböcke beiträgt. Diese Strategie beherrschen ja die Menschen selber bestens. Gott heilt, indem er auch Versöhnung durch die aus solchen Strategien entstehenden Sackgassen hindurch möglich macht.

Morgen weckt (vgl. Jes 50, 4), nicht aber jene sakrale Größe, die im Kontext der Zusammenrottung als Bindeglied zwischen Opfer und Täter entsteht. Dass diese Größe von der verfolgenden Meute deutlich wahrgenommen wurde, dafür bürgt das Bekenntnis: »Wir glaubten, Gott habe ihn verfolgt. Doch wir haben geirrt.« Rückblickend erkennen die Täter, dass es im ganzen Prozess wohl ein Bindeglied gab, doch war dieses nicht die Frucht der Gewalterfahrung, des Blutvergießens und der gewaltsamen Projektionen.[19] Vielmehr dürfte das Bindeglied aus der Haltung der Hingabe, aus dem sacrificium kommen, aus einer Hingabe, die alles andere war als bloß die Kehrseite der Viktimisierung durch die Täter. Der Gott, von dem sich der Knecht getragen weiß, ist zwar nicht identisch mit dem »Gott« der Meute; die gewaltfreie Haltung des Knechtes während der erlittenen Verfolgung ermöglicht aber der Meute den Weg der Umkehr und den Zugang zum selben Gott. Der Logik dieses »Höhepunktes« ist auch die Offenbarung Gottes in der Menschwerdung seines Sohnes verpflichtet.

3. Die erlittene Gewalt

Das Wort des gewaltfreien Gottes wird ja in Jesus Christus Mensch. Er durchlebt all die Varianten des möglichen Umgangs mit Gewalt. Er flieht vor der tödlichen Gewalt eines korrupten Herrschers, der sein Gewaltmonopol missbraucht, genauso wie er sich der schnaufenden Menge entzieht, die ihn vom Berghang stürzen möchte. Er weist aber auch deutlich auf den Wert des Pharmakons hin, auf den Wert des menschlichen Gewaltmonopols, das die Gewalt zu mindern hilft, weil dieses ein Minimum an Gewalt zur Regulierung der Gewalt einsetzt: »Gebt dem Kaiser, was dem Kaiser gehört« (Mt 22, 21). Er achtet die politischen und juridischen Institutionen, achtet die Exekutive, lernt aber zu unterscheiden zwischen dem Pharmakon menschlicher Bemühungen und dem gewaltfreien Gott der reinen Liebe. Auf diese Art und Weise wird die archaische Einheit von Religion, Staat und Justiz gesprengt. Jesus sprengt diese Einheit, macht dadurch aber weder den Staat noch die Justiz überflüssig. Er nützt aber jede Gelegenheit, um die Andersartigkeit des Umgangs mit diffuser Aggressivität und Gewalt zu zeigen, mit jenem Gift, das die Beziehungen zwischen

---

[19] »Als Erstes ist festzustellen, dass der Knecht im Kontext der prophetischen Krise und ihrer Auflösung auftritt. Gott selbst macht ihn zum Gefäß aller Gewalt; er tritt an die Stelle sämtlicher Mitglieder der Gemeinschaft. ... Durch alle dem Gottesknecht verliehenen Attribute ist er für die Rolle des wahren menschlichen Sündenbocks geradezu prädestiniert. ... Zahlreiche Textstellen schreiben den Menschen die Hauptverantwortung für seinen erlösenden Tod zu. ... Nicht Gott schlug ihn; Gottes Verantwortung wird impliziert verneint.« René Girard, Das Ende der Gewalt. Analyse des Menschheitsverhängnisses. Freiburg i. Br. 2009, 206 f.

Menschen vergiftet, mit Rivalität und dem Begehren, sich an die Stelle anderer zu setzen, mit Frustrationen, die den Alltag prägen und erst zu jenen Gewalttaten führen, die in der Ausgrenzung anderer und der entfesselten Sündenbockjagd münden. Diese andere Art steht in der Kontinuität zum alttestamentlichen Wort der Gebote, radikalisiert aber dasselbe in der Bergpredigt und deren Antithesen. Diese lösen ja das Problem der diffusen Aggressivität an der Wurzel, stellen also auch so etwas wie den Weg radikaler Prophylaxe dar. »Meint ihr, dass nur dieser da ein Ehebrecher sei? Nein! Schon ein lüsterner Blick kann zur gleichen Katastrophe führen. Meint ihr, dass nur der da ein Mörder sei? Schon ein böses Wort ...« (Vgl. Mt 5, 27 f.; 5, 21 f.). Die Bergpredigt legt die Dynamik des entfesselten mimetischen Begehrens frei. Gerade weil es begehrt, was andere begehren, stürzt es Menschen in Rivalitäten und tödliche Konflikte. Jesus selber lebt die Bergpredigt, die das Problem der diffusen Aggressivität im Keim erstickt und auf diese Weise der Giftkatastrophe vorbeugt. Er lebt aber auch die Kunst der Regenerierung, nachdem die Katastrophe, die nicht verhindert werden konnte, eingetreten ist. Sein Wort von der bedingslosen Vergebung Gottes dem Sünder gegenüber stellt den Inbegriff dieses Neuanfangs dar.[20] »Liebt eure Feinde und betet für die, die euch verfolgen, damit ihr Söhne eures Vaters im Himmel werdet; denn er lässt seine Sonne aufgehen über Bösen und Guten, und er lässt regnen über Gerechte und Ungerechte ... Ihr sollt also vollkommen sein, wie es auch euer himmlischer Vater ist.« (Mt 5, 44–48) Das jesuanische Wort entscheidet über die inhaltlichen Konturen eines radikal gewaltfreien Gottesbildes, durch dieses Wort wird die Beziehung Gottes zum Sünder – als bedingungslose Feindesliebe Gottes, die dem schwachen, verlorenen und ausgegrenzten Menschen nachgeht und ihn zu integrieren sucht – radikal zum Ausdruck gebracht, mit diesem Wort wird auch das Bild des »erlösten« Lebens in einer Gemeinschaft, in der das Böse und die Gewalt radikal überwunden wurden, gezeichnet.[21] Hat Jesus aber mit seinem Wort Erfolg gehabt? Haben sich die Menschen auf das werbende Wort eingelassen? Für die im thematischen Kontext der mimetischen Theorie durch Raymund Schwager entwickelte »Dramatische Theologie« spielt gerade die Ablehnung, die Jesus erfahren hat, eine fundamentale Rolle. Und dies deswegen, weil durch das Nachdenken über die Situation der Ablehnung jenes Verständnis der Erlösungshoffnung gebrochen wird, das die Erlösung im ethischen, oft gar moralisierenden Kontext situiert und die Soteriologie zu dem immer wie-

---

[20] Christoph Kardinal Schönborn, Jesus als Christus erkennen. Impulse zur Vertiefung des Glaubens. Freiburg 2002, 21 f.
[21] Vgl. Raymund Schwager, Jesus im Heilsdrama. Entwurf einer biblischen Erlösungslehre. Innsbruck 1990, 43–75.

der neu erzählten Mythos von den »guten« Nachfolgern verwandelt, oder sie gar auf den theologischen Moralismus reduziert. Wer waren und sind nun die Ablehnenden? In diesem Zusammenhang ist weder an einzelne Gestalten des Volkes Israel noch an die Juden als solche zu denken. Unter den die Botschaft Ablehnenden muss vielmehr die gesamte Menschheit subsumiert, die Zusammenrottung gegen den diese Botschaft verkörpernden Jesus universal gedacht werden. Für eine rationale Durchbuchstabierung dieser Annahme ist der von Girard durchdachte Sündenbockmechanismus durchaus hilfreich. Die geschichtstheoretischen Auffassungen, die Hinweise auf die in der Menschheitsgeschichte sich konstant durchhaltenden Aggressions- und Projektionsmechanismen haben für die theologische Reflexion nicht nur eine sekundäre Bedeutung. Dem neuzeitlichen Pathos des (trotz aller Einschränkungen doch) als autonom beschriebenen Subjekts, das als Täter der Geschichte Heil und Unheil zu verantworten hat, darf längst die Sicht einer letztlich »gehandelten« Menschheit entgegenstehen. Die Verantwortung des Individuums für seine Taten ist zwar nicht aufgehoben, sie bleibt aber eingebunden in die globale Sicht dessen, was sich ereignet: Die Menschen sind zuerst »Darsteller« und »von fremden Mächten« beherrscht. Außerdem weisen die heilsgeschichtliche Rolle der Zuhörer Jesu und die Bedeutung ihrer Entscheidungen als »Rollenträger« auf die definitive Dimension der Verwerfung Jesu hin: »Definitive Ablehnung heißt in diesem Fall: es hat sich definitiv gezeigt, daß die Mächte und Kräfte, von denen die menschliche Geschichte beherrscht wird, in einem grundsätzlichen Gegensatz zu jener Botschaft und jenem Leben stehen, das Jesus gebracht hat.«[22] Die allerletzte Begründung muss aber über das von Girard gedachte kulturtheoretische Begründungspotential radikal hinausgehen; sie ist der Tradition der christlichen Erlösungslehre verpflichtet und gibt die Identifikation als den allerletzten Grund für Universalität an: »Die konkrete historische Verwerfung Jesu erreichte dadurch eine universale Dimension ... daß der Ausgestoßene alle Menschen einschloß«[23], sich also mit ihnen, den Gewalttätern, den ihn Ausstoßenden, identifizierte. Fasst man die Verwerfung auf diese Weise, so kann die Tatsache der historischen Kreuzigung Jesu nicht mehr als etwas, was nur von außen her kommt, begriffen werden. Sie kann nicht mehr ein von außen her kommendes Hindernis sein für die Basileia-Botschaft, an dem sich der Retter zu bewähren habe; sie bringt inhaltlich neue – für die Botschaft selbst relevante – Aspekte mit sich. Was hat das zu bedeuten? Die Ablehnung zeigt den grundsätzlichen Gegensatz zwischen der Gottesherrschaft und dem Teu-

---

[22] Raymund Schwager, Jesus im Heilsdrama. Entwurf einer biblischen Erlösungslehre. Innsbruck 1990, 145.
[23] Ebd., 243 f.

felskreis von Lüge und Gewalt, der durch das Wort allein eben nicht überwunden werden konnte. Wie reagiert nun Jesus selber auf die Ablehnung? Mit seinen Gerichtsworten! Oberflächlich betrachtet scheinen die Worte von der bedingungslosen Liebe Gottes dem Sünder gegenüber in einem harten Gegensatz zu jenen Worten zu stehen, in denen Jesus das Gericht Gottes ankündigt. Das Dilemma der Ambivalenz des Wortes Gottes, das wir am Anfang des Beitrags im Weisheitsbuch gesehen haben, scheint sich also auch in der Predigt Jesu zu wiederholen. Die in die Tiefe gehende Betrachtung knüpft an das bereits im Alten Testament vorhandene Verständnis des Gerichtes als Selbstgericht an. Mit dieser Sicht wird das Bild des gewaltfreien Gottes eigentlich noch einmal bestätigt. Das Wort vom Selbstgericht legt ja bloß die Verstrickung des Menschen im Teufelskreis von Lüge und Gewalt offen, stellt so etwas wie den Akt der Konfrontation mit den eigenen Abgründen dar. Die Mächte, die diesen Abgrund strukturieren, die durch die Gerichtspredigt aufgedeckt werden, schlagen aber auf den Aufklärer zurück. Jesus diagnostizierte Lüge und Gewalt bei den Gegnern und prophezeite ihnen, dass sie diesen erliegen werden, wurde aber selber lügnerisch verurteilt und gewaltsam hingerichtet. Und wie reagiert Gott auf jene Feinde, die sich durch seine Feindesliebe nicht gewinnen lassen, sondern unumkehrbare Tatsachen schaffen? Er transformiert die jesuanische Botschaft vom Gericht! Die immanenten Folgen der Ablehnung erleiden nicht die Ablehnenden, sondern derjenige, der sich mit dem Wort von der Feindesliebe Gottes identifiziert hat. Ein solcher Befund verändert das Bild Gottes radikal – gerade im Kontext der Frage nach dem Teufelskreis von Lüge und Gewalt. Gemäß der Offenbarung der Gerichtsperspektive würde der einzig theologisch relevante Punkt unserer Problematik in der Feststellung liegen, dass der Teufelskreis von Lüge und Gewalt nicht auf das aktive Tun Gottes zurückzuführen, sondern einzig und allein als menschliche Angelegenheit zu betrachten sei. Eine radikale Zuspitzung dieser Sicht bietet die Wahrheit des Selbstgerichtes: Gott überlässt die Menschheit der von ihr selber gewählten Situation. Dies bedeutet unter Umständen unwiderruflich den Untergang in der konfliktiven und gegenseitigen Gewalttätigkeit. Nun – und dies ist die Wendung – richteten sich dich Menschen nicht gegenseitig, vielmehr wurde er, der »Richter«, gerichtet. Dieser Rollentausch ist nun für das Erlösungsverständnis konstitutiv. Die dem Selbstgericht preisgegebenen Menschen lassen sich nicht von den Folgen ihrer Taten treffen, sondern sie leiten ihre Lüge und Gewalt noch einmal nach außen: Sie rotten sich gegen Jesus zusammen. Jesus aber? Er lässt sich treffen, mehr noch: Er identifiziert sich mit ihnen. Was bedeutet dies? Was bedeutet die Identifikation mit den Gewalt gegen ihn ausübenden Menschen? Hat sich Jesus mit jenen Taten seiner Gegner identifiziert, durch die sie ihn verurteilt und getötet haben? Dies würde bedeuten, dass er im Grunde der Logik des Teufelkreises von Lüge und Gewalt zugestimmt hat. Wie konnte er dann diesen überwinden? Gilt es hier nicht zu unterscheiden? Indem Jesus, der radikal Gewaltfreie und Sündenreine, zum Opfer der Gewalt gemacht wurde, legte er die bisher unentwirrbare Verflechtung zwischen dem Opfer der Gewalt – dies wäre er selber – und dem Täter der Gewalt – dies sind seine Gegner – bloß. Mündet aber diese Logik nicht in die heute so populäre Verwischung der Differenz zwischen Opfer und Täter? Bevor man über die Verwischung redet, muss man zuerst den Unterschied zwischen beiden feststellen. Die Beziehung zwischen Opfer und Täter, die auf der Ebene der Phänomenologie eindeutig zu sein scheint, ist in Wirklichkeit eine viel komplexere; auch sie bleibt der mimetischen Gesetzmäßigkeit unterworfen. Wenn Jesus sich mit den ihn verurteilenden und tötenden Menschen identifizierte, dann nur insofern diese selber Opfer des Teufelskreises von Lüge und Gewalt waren, nicht aber insofern sie Täter derselben sind. Eine apokalyptische Klarheit der beiden Lager, die eindeutig zwischen den Tätern und den Opfern der Gewalt unterscheidet, und auf diese Weise die Wahrheit, dass Opfer spiegelbildlich die Täter nachahmen können, verdrängt, den Teufelskreis von Lüge und Gewalt perpetuiert, weil sie immer wieder neu den Mythos von den guten Opfern und schlechten Tätern zu schreiben erlaubt, wird im Kreuzesgeschehen unterlaufen: Nicht zwei verschiedene Menschengruppen stehen im Kreuzesgeschehen, diesem theologischen Höhepunkt von Lüge und Gewalt, einander gegenüber. Als Täter, als verwerfende und tötende Menschen bilden wir das Lager der Gegner Christi und machen ihn zum Opfer unserer Gewalt, insofern wir aber in unserem verwerfenden Tun und unserer Gewalttat auch Opfer des Teufelskreises sind, sind wir diejenigen, mit denen sich Christus, nun selber das Opfer der Gewalt, identifiziert. Christus identifiziert sich mit den Opfern, nicht nur um die täuschende apokalyptische Klarheit zu unterlaufen, sondern auch um aus dieser Position die spiegelbildliche Mechanik des Opfers, das seinen Täter nachahmt, zu durchbrechen und zu verwandeln. Wie kann diese Logik der Verwandlung beschrieben werden? Sein radikales Ausgeliefertsein an die Gewalt der Menschen, sein Opfersein, das unter den Bedingungen des Teufelskreises der Gewalt nur zu neuer Gewalt führt, wird von Jesus schon dadurch verwandelt, dass er, getragen vom Vertrauen auf den Gott der gewaltlosen und grenzenlosen Feindesliebe, die Gewalt nicht weitergibt, sondern sie durchleidet – »Er wurde geschmäht; schmähte aber nicht; er litt, drohte aber nicht, ...« (1 Petr 2,23). Schon auf diese Weise unterbricht er das tödliche Geflecht des Gewaltmechanismus. Er unterbricht diesen aber nicht nur, er transformiert ihn radikal. Diese Transformation besteht nun darin, dass er »das radikale Ausgeliefertsein gegenüber seinen Feinden, wie er es im Getötetwerden erfuhr, zum radikalen Ausgeliefertsein gegenüber seinem Vater (der im ganzen Kreuzesgeschehen die reine Liebe ist) gemacht« hat.[24] Aus der Kraft dieser Hingabe konnte er, das verurteilte und sich mit den anderen solidarisierende Opfer, auf eine radikal neue Art und Weise als Täter in die menschliche Gewaltgeschichte eintreten; eben nicht als einer, der nur noch verstummt, psychisch aber zum Täter wird, weil er in seinem Herzen auf Rache und Vergeltung hofft wie die Apokalyptiker, auch nicht als Täter, der auf Gewalt mit Gegengewalt antwortet. Er tritt in die menschliche Geschichte als Täter, aber als einer, der das Wort der Vergebung spricht.[25] Dort, wo er nur noch geschmäht, verurteilt, getötet, also nur »gehandelt« wurde, dort, wo er sein Opfersein nur noch erleiden konnte, dort handelte er als Opfer, und er handelte neu und anders als die Opfer es normalerweise tun. Er gab sich an seinen Vater hin, entzog sich seinen ihn verurteilenden Tätern, unterbrach den Teufelskreis von Lüge und Gewalt und transformierte ihn: »Vater, vergib ihnen, denn sie wissen nicht, was sie tun!« Er stirbt, wird damit auch zum Opfer des Todes, doch hier stirbt er in der Haltung der Hingabe an den Vater, den lebendigen Gott. So ist auch diese Hingabe im Tod alles andere als die Kehrseite der Tötung. Deswegen ist sie stärker als alle Gewalt und auch als der Tod. Deswegen kann sie das Leben durch den Tod hindurch bewahren. Die jesuanische Hingabe sprengt also all die Projektionsmechanismen, die wir aus den Strategien der Überlistung der Gewalt kennen. Sein *sacrificium*, seine Hingabe zeigt den radikalen Vorrang des Lebens und dessen Transformationskraft. Es ist eine Kraft, die die größten tremenda der Viktimisierungsvorgänge zu wandeln vermag: Es ist letztlich die Hingabe des Vaters an den Sohn und die Hingabe des Sohnes an den Vater im Geist, das letzte Geheimnis göttlicher Wirklichkeit. Deswegen können die Christen sagen: »Das Kreuz ist die knappste Zusammenfassung des Glaubensbekenntnisses ... Das Kreuz ist ein grauenhaftes Folterwerkzeug, als solches schon Ausgeburt menschlicher Verderbtheit. Und doch ist es das Zeichen, das wir im Hymnus feiern: Ave crux, spes unica! (Sei gegrüßt, o Kreuz, einzige Hoffnung!). Die am Kreuz qualvoll ausgestreckten, ausgerenkten Arme sind ein schrecklicher Anblick. Und doch sind es diese weit ausgebreiteten Arme, die symbolisieren, eben real bezeichnen, was Jesus verheißen hat: ›Wenn ich über die Erde erhöht bin, werde ich alle zu mir ziehen‹ (Joh 12, 32). So ist das Kreuz Schandpfahl und Thron, Fluchholz und Baum der Erlösung.«[26]

---

[24] Raymund Schwager, Jesus im Heilsdrama. Entwurf einer biblischen Erlösungslehre. Innsbruck 1990, 240.
[25] Ansatzweise bereits im Sterben – »Vater, vergib ihnen, denn sie wissen nicht, was sie tun« (Lk 23, 34) – und radikal als Auferweckter – »Der Friede sei mit euch« (Lk 24, 36).
[26] Christoph Kardinal Schönborn, Gott sandte seinen Sohn. Christologie. Unter Mitarbeit von Michael Konrad und Hubert Philipp Weber. Paderborn 2002, 279.

4. Die jungfräuliche Empfängnis des gewaltfreien göttlichen Wortes

Warum vermag Christus die Hingabe auf derart extreme Art und Weise zu leben? Weil die Hingabe der Inbegriff des Geheimnisses seiner Person ist. Er ist ja nicht – wie dies die mythischen Gottheiten sind – deswegen Gottessohn, weil er am Kreuz gestorben ist und weil er zum Opfer wurde. Eine solche Logik würde bloß die Projektionsschemata der archaischen Religionen bestätigen, die das fascinosum der Gottheit als Kehrseite des erfahrenen tremendum erklären und das Leben bloß als Kehrseite des Todes anschauen. Das christliche Gottesbild ist der genau entgegengesetzten Logik verpflichtet: In Jesus Christus ist der göttliche Sohn selber Mensch geworden, hat sich den Sackgassen menschlicher Aggressivität ausgeliefert und diese durch die Kraft göttlicher Liebe auf gewaltfreie Art und Weise transformiert. In seinem Sterben am Kreuz, das er in der Haltung der Gewaltlosigkeit erlitten hat, wird nicht nur der scheinbar ungebrochene Teufelskreis von Lüge und Gewalt transzendiert, es wird dort etwas von jenem Geheimnis sichtbar, das von Anfang an diese Person konstituiert. Es ist das Geheimnis der jungfräulichen Empfängnis des gewaltfreien Gottessohnes. Auch Kardinal Schönborn stellt beide Aussagen nebeneinander, wenn er daran erinnert, dass beide Aussagen zuerst auf Unverständnis, ja auf Spott und Ablehnung im kulturellen Umfeld der frühen Kirche gestoßen sind. Trotz des massiven Spotts und der Missverständnisse hielt die Kirche an den Aussagen über die Jungfrauengeburt fest, genauso wie sie am Glauben an die Erlösung durch den Kreuzestod festhielt, auch wenn dieser Tod »für alle Beteiligten, für Juden wie Heiden, aber auch für die Christen selber« anstößig blieb.[27] So wie das Kreuz nicht aus jüdischen oder hellenistischen Deutungsmustern erschlossen werden kann, so auch die Menschwerdung. »Das Faktum geht der Deutung voraus ... Die Tatsache einer soliden, urkirchlichen Tradition von der geistgewirkten Empfängnis Jesu ist der Ausgangspunkt aller Versuche, dieses so schwer zu begreifende, ja anstößige Faktum zu verstehen, zu deuten und schließlich sogar zu verkünden.«[28] Wie kann also der Symbolgehalt der Jungfrauengeburt erschlossen werden? Unter Rückgriff auf die klassische Studie von H. Gese[29] zeigt Schönborn die Verwurzelung des Themas im Alten Testament. Wie schon zu Beginn dieses Beitrags festgestellt wurde, verdichten sich im Bekenntnis zur Jungfrauengeburt zwei Verheißungen: »die Verheißung, dass Gott selber kommen, herabsteigen wird wie damals bei der Rettung aus

---

[27] Christoph Kardinal Schönborn, Weihnacht – Mythos und Wirklichkeit. Meditationen zur Menschwerdung. Innsbruck 2006, 51.
[28] Ebd., 51 f. Vgl. ders. Gott sandte seinen Sohn 113.
[29] Vgl. H. Gese, Natus ex Virgine. In: Ders., Vom Sinai zum Zion. München 1990, 130–146.

Ägypten, nein, in ganz neuer Weise, großartig und endgültig; und die Verheißung, dass Gott dem David einen Spross erwecken wird, der sein Volk retten und ›der selber Friede sein wird‹ (Micha 5, 4a).«[30] Eine derart gezielte Fokussierung der Problematik führt uns aber zur Frage der Gewalt zurück. Wenn Gott durch die Menschwerdung seines Sohnes die Rettung aus Ägypten in eine ganz neue Weise im Modus der Endgültigkeit Wirklichkeit werden lässt und wenn der Retter selber »der Friede« sein wird, so muss auch der menschliche Ursprung dieses Retters diesen Frieden anzeigen und verkünden. Die Art und Weise, wie das göttliche Wort Mensch wird, muss so beschaffen sein, dass in diesem Geschehen »Symbol und Realität, Mythos und Wirklichkeit zusammentreffen«.[31] Kann der Rückgriff auf die Deutung der Mythen durch René Girard etwas Substantielles zur dieser fundamentalen These beitragen? »In zahlreichen mythischen Geburten vereinigt sich der Gott mit einer Sterblichen, um einen Helden zu zeugen. Diese Erzählungen sind immer gewaltgeprägt. Wie ein Raubtier auf seine Beute stürzt sich Zeus auf Semele, die Mutter des Dionysos, und tatsächlich verbrennt er sie mit seinem Blitzstrahl. Die göttliche Empfängnis gleicht stets einer Vergewaltigung ... Diese monströsen Paarungen von Göttern, Menschen und Tieren entsprechen dem Höhepunkt der reziproken Gewalt und ihrer Auflösung. Der den Gott besänftigende Orgasmus ist eine Metapher kollektiver Gewalt.«[32] Girard macht darauf aufmerksam, dass die mythischen Überlieferungen von den Göttergeburten und die biblische Überlieferung zwar dieselben »Codes« gebrauchen, dass die Botschaft jedoch eine radikal andere ist. Verdanken die mythischen Gottheiten buchstäblich alles der Gewalt, so ist die Menschwerdung des göttlichen Wortes, der Abstieg des »allmächtigen Wortes von seinem Himmelsthron« ein radikal gewaltfreies Geschehen. »Zwischen denjenigen, die in die jungfräuliche Empfängnis impliziert sind – Engel, Jungfrau Maria, Allmächtiger –, bildet sich keine Machtkonstellation. Hier ist niemand der Andere im Sinne der feindlichen Brüder, niemand das faszinierende Hindernis, das durch Gewalt beiseite zu schieben oder zu zerbrechen man stets versucht ist. Die Abwesenheit jeglichen sexuellen Elements hat nicht zu tun mit dem Puritanismus oder mit der vom ausgehenden 19. Jahrhundert phantasierten Verdrängung ... Die Abwesenheit jeglicher Sexualität ist die Abwesenheit jener gewalttätigen Mimesis, von der uns in den Mythen das Begehren und die Vergewaltigung durch die Gottheit berichten ... Alle Themen und alle Worte der jungfräulichen Empfängnis bezeichnen uns

---

[30] Christoph Kardinal Schönborn, Weihnacht – Mythos und Wirklichkeit. Meditationen zur Menschwerdung. Innsbruck 2006, 59. Vgl. ders., Gott sandte seinen Sohn 114 f.
[31] Ebd., 28 f.
[32] René Girard, Das Ende der Gewalt. Analyse des Menschheitsverhängnisses. Freiburg i. Br. 2009, 275.

die vollkommene Unterwerfung unter den gewaltlosen Willen des Gottes des Evangeliums, Präfiguration der Unterwerfung Christi selbst.«[33] Die jungfräuliche Empfängnis des göttlichen Wortes verdichtet demnach jene Logik der Hingabe, die der Logik des mimetischen Begehrens entgegengesetzt ist.

»Christus als Gott anzuerkennen bedeutet, in ihm das einzige Wesen zu erkennen, das fähig ist, jene Gewalt zu transzendieren, die den Menschen bisher absolut transzendiert hat. Wenn die Gewalt Subjekt jeder mythischen und kulturellen Struktur ist, dann ist Christus das einzige Subjekt, das dieser Struktur entgeht, um uns von deren Einfluss zu befreien.«[34] Weil Christus der Gewalt nichts verdankt, kann er sein Leben lang dem Teufelskreis von Lüge und Gewalt entrinnen. Und dies im umfassenden Sinn des Wortes. Er entrinnt ihr, indem er ihr immer wieder entflieht. Er entrinnt ihr aber auch, weil er nicht in Versuchung geführt wird, sich ihr gewaltsam zu widersetzen. Der gewaltsame Versuch, Gewalt zu beenden, arbeitet ja auf einer tieferen Ebene unabsichtlich der Gewalt in die Hände. Er entrinnt ihr schlussendlich, weil er durch seinen gewaltfrei erlittenen Tod die Existenz des gewaltfreien Gottes kundtut. »Eine gewaltlose Gottheit, so es sie denn gibt, kann ihre Existenz den Menschen nur dadurch signalisieren, dass sie sich durch Gewalt verjagen lässt und so den Menschen beweist, dass sie nicht im Reich der Gewalt verbleiben kann.«[35] Durch die Sackgasse des Todes hindurch kommt der gewaltfreie Gott der reinen Liebe auf die Gewalttäter zu und ermöglicht einen neuen Anfang. Wie neu dieser Anfang ist, zeigt ein Vergleich zum Gleichnis von den bösen Winzern (Mk 12, 1–12). Gemäß dem Gleichnis reagiert der Vater auf die Ermordung seines Sohnes mit einer klaren Abrechnung. Er lässt die Mörder niedermetzeln und verpachtet den Weinberg an andere. Nicht so reagierte Gott auf die Ermordung seines menschgewordenen Sohnes[36]: Er weckt den Gekreuzigten auf, und dieser erscheint denjenigen, die im entscheidenden Moment versagt haben, mit der Botschaft des Friedens und der Vergebung. »Friede sei mit euch!« – sagt der Auferweckte (Lk 24, 36; Joh 20, 19–23). Die Botschaft wirkt erst recht revolutionär, wenn sie in den apokalyptischen Deutungszusammenhang hineingestellt wird. Der Glaube an die Auferwe-

---

[33] Ebd., 276.
[34] Ebd., 274. Vgl. Schönborn, Gott sandte seinen Sohn 116: »Hier ist ein Mensch, dessen Existenz von ihrer Wurzel her ganz neu ist. Mitten in einer Welt, in der alles Neue nur Altes ablöst, um selber wieder zu veralten, gibt es ein neues Menschsein, ein menschliches Leben, dessen Empfängnis nicht schon den Keim des Todes in sich trägt, sondern das ganz aus der Neuheit Gottes stammt.«
[35] Ebd., 275.
[36] Vgl. Christoph Schönborn, Gott sandte seinen Sohn. Christologie. Unter Mitarbeit von Michael Konrad und Hubert Philipp Weber, Paderborn 2002, 280.

ckung stellt einen fundamentalen Bestandteil apokalyptischer Deutungsmuster dar. Normalerweise fügt sich aber dieser Glaube in das Klima des apokalyptischen Ressentiments oder gar in das Schema der Rache der Opfer an den Henkern ein. Das apokalyptische Wort der Gerechtigkeit gibt sich zwar als Anwalt der Hoffnung, dass der Mörder nicht über sein Opfer triumphiert, aus; in vielen apokryphen apokalyptischen Schriften ist das Wort bis zur Unkenntlichkeit entstellt. »Auferweckung zur ewigen Schmach« wird als Inbegriff der Täuschung und Lüge zur Projektionsfläche eigener Selbstgerechtigkeit und einer Aggressivität gegen die Feinde, die stärker ist als der Tod. Die Auferweckung Jesu greift zwar das apokalyptische Motiv auf, transformiert es aber radikal. Es wird jener Mensch auferweckt, der den Gott der Feindesliebe lebte. Und dies nur deswegen, weil in ihm das ewige Wort des gewaltlosen Gottes Mensch geworden ist. Mit seiner Auferweckung wird die vermeintliche Stärke des Hasses gegen Gottlose radikal in Frage gestellt. Mehr noch: Dem Gläubigen wird ein klares Verifikationskriterium bei der Entscheidung für Liebe oder Hass, für Gewalt oder Gewaltverzicht vor Augen geführt. Weil diese Auferweckung bereits mitten in dieser Geschichte stattfindet, werden Liebe und Gewaltverzicht als Gottesprädikate verifiziert, Hass und Gewalt dagegen endgültig falsifiziert. Das sacrificium Christi zeigt also den radikalen Vorrang des Lebens und der Liebe gegenüber dem Tod. Das wird durch die Szene vom Letzten Abendmahl noch einmal unterstrichen. Durch die Deuteworte Jesu: »Das ist mein Leib, für euch hingegeben. Das ist mein Blut, für euch vergossen«, durch die Metapher von Brot und Wein wird der ganze Weg Jesu noch vor dem gewaltsamen Tod zum Inbegriff der Hingabe umgedeutet.

Mit dem Hinweis auf die liturgische Identifizierung des göttlichen Wortes habe ich angefangen, mit demselben Hinweis schließe ich ab. Es ist nicht eine beliebige Liturgieform, in der die Texte der Bibel als Wort Gottes identifiziert werden. Prinzipiell erfolgt dies im Rahmen der Eucharistiefeier. Diese vergegenwärtigt ja die dramatische Situation des Todes und der Auferweckung Christi, und damit auch unsere Erfahrungen und auch den Streit darüber, ob und auf welche Art und Weise das göttliche Wort in die Teufelskreise der Lüge und Gewalt in unserer Gegenwart involviert ist. Die im eucharistischen Geschehen wahrgenommene Verdichtung der Erfahrung der Hingabe des menschgewordenen göttlichen Wortes, unseres Scheiterns und der Wandlung durch das vom Himmel gekommene Wort, kann nicht zum mimetisch strukturierten Nachahmungsmodell für unser Begehren werden. Deswegen verinnerlichen wir die Hingabe Christi primär nicht durch Nachahmung, durch Politik und Ethik, sondern durch die sakramentale Teilhabe. Er nimmt uns mit in das heilsgeschichtliche Drama, das auch ein Drama der Transformation der Gewalt bleibt.

Hubert Philipp Weber

Das Kriterium des Christlichen

Religionskritik ist heute wieder hoch im Kurs. Aber auch ohne Zurufe aus dem »Neuen Atheismus« wird eine Glaubenskrise deutlich spürbar. Sogar innerhalb der Glaubensgemeinschaft wird die Frage nach dem Glauben heftig diskutiert, vor allem in Gestalt der Frage nach dessen »rechter« katholischer Gestalt, nach dem »wahren« Christentum. Dafür werden verschiedenste Merkmale benannt, wonach sich bemessen lassen soll, welcher Glaube authentisch und kirchentreu sei. Auch wenn manches, das dabei genannt wird, auch vom Glauben wegführen kann, ist diese Frage grundsätzlich unverzichtbar. Eine Kriteriologie des christlichen Glaubens, die nicht an der Oberfläche verbleibt, trägt selbst zur Vertiefung des Glaubens und zur Stärkung der Gemeinschaft bei.

Eine solche Kriteriologie antwortet auf die Fragen: Stehe ich selbst mit meinem Glauben in der Kirche Jesu Christi? Wie kann ich in meinem Glauben wachsen und Christus näher kommen? Welche Gestalt des Glaubens trägt zum Aufbau der Gemeinde bei? Welche Gestalt zerstört? Wie kann ich Glaubensfragen und -zweifel ehrlich beantworten? Wie lässt sich die Rede über den Glauben authentisch in verschiedene Kontexte übertragen? Und wie kann der Glaubensinhalt, von dem hier die Rede ist (fides quae), adäquat im Leben, im Glaubensakt (fides qua) verwirklicht werden? Im Folgenden wird eine Spurensuche unternommen, die Aspekte einer Kriteriologie aufdecken soll. Zwei verschiedene Kriterien für das Christsein werden in verschiedenen Ausprägungen untersucht und auf ihre Tragfähigkeit hin befragt.

Im ersten Abschnitt geht es um die Auslegung der Heiligen Schrift. Schon in der frühen Kirche zeigt sich, dass der gemeinsame Schrifttext noch kein Garant für eine Glaubenseinheit ist. Vielmehr legen die »Häretiker« dieselbe Heilige Schrift anders aus als die Gläubigen innerhalb der Kirche. Daher gilt es, einen Maßstab für die Exegese zu finden, der bei den frühen Kirchenvätern »Kanon« heißt. Der zweite Abschnitt stellt ein Kriterium in den Mittelpunkt, das vom Evangelium als für das Heil entscheidend vorgestellt wird: das Verhalten den Armen und Notleidenden gegenüber. In ihnen begegne ich Christus selbst (vgl. Mt 25, 31–46). Die rechte

Übersetzung des Evangeliums in mein Leben kann an diesem entscheidenden Punkt nicht vorübergehen.

Dieser Beitrag ehrt Kardinal Christoph Schönborn, den Erzbischof von Wien, als Theologen. Die beiden Aspekte der Fragestellung finden sich auch in seinem theologischen Werk, davon ist die Auswahl hier bestimmt. Damit soll der Blick auf die Glaubensmitte hin gelenkt werden, auf jene Mitte, um die sich der Dominikaner, der Theologe, der Bischof und der Kardinal in seinem Wirken bemüht, ganz im Sinne der Kirche und Jesu Christi.

Kanon als Kriterium der Schriftauslegung

Eine Bewegung in der Bibelwissenschaft nennt sich »kanonische Exegese« und setzt sich zum Ziel, Schrifttexte in ihrer Endgestalt, das heißt im Kontext der ganzen Bibel auszulegen. Der Gedanke, dass die Schriftauslegung einen »Maßstab«, einen »Kanon« als Grundprinzip braucht, ist freilich viel älter. Er wird im zweiten Jahrhundert nach Christus in der christlichen Theologie ausformuliert, um in Auseinandersetzung mit häretischen Strömungen ein Kriterium für die Unterscheidung von Häresie und Wahrheit an die Hand zu geben. Wie ist aber dieser Kanon zu verstehen und wie verhalten sich die beiden Vorstellungen in der Vätertheologie und in der modernen biblischen Theologie zu einander?

Kanonische Schriftauslegung

Der »canocial approach«[1] setzt sich von einem solchen Zugang zu biblischen Texten ab, die sie ausschließlich von der Entstehung und der Intention des Autors her interpretieren wollen. Gegen einen produktionsästhetischen Ansatz wird der »Kanon« als hermeneutische Vorgabe für die biblische Theologie gesetzt. Damit kommt die Bibel nicht mehr so sehr in ihrer historischen Entstehung, sondern als literarisches Ganzes in den Blick. Diese Art der Auslegung hängt mit der Rezeption der Texte in der Glaubensgemeinschaft zusammen, trägt also rezeptionsästhetische Züge.

Kanon bedeutet in diesem Zusammenhang eine literarische Sammlung von Texten, denen von der Glaubensgemeinschaft Autorität, ein normativer Rang zugesprochen wird.[2] Die Kanonisierung als ekklesialer Pro-

---

[1] Zum Folgenden vgl. Bernhard BÖHLER, Catholica et apostolica – die Kirche in der Hl. Schrift. Über die aktuelle Methodendiskussion in der Bibelwissenschaft. In: Theologie und Philosophie 77 (2002) 161–178.
[2] Zu diesem Verständnis vgl. Meinrad LIMBECK, Die Heilige Schrift. In: Walter KERN/Her-

zess schafft den hermeneutischen Rahmen für das Schriftverständnis durch die Zusammenstellung und Anordnung der heiligen Schriften zu einem Ganzen. Die kanonische Auslegung interpretiert die einzelnen Texte als Teil eines Gesamtzusammenhangs, der im Kanon eine hierarchische Anordnung hat. Diese Ordnung ist zugleich hermeneutische Vorgabe. So sind im Alten Testament die Propheten der Tora nachgeordnet, im Neuen Testament das Briefcorpus den vier Evangelien. Die Bibel als ganze, als normative Schrift der Glaubensgemeinschaft, ist jener Kontext für die Interpretation einzelner Texte, in und an dem sich die Auslegung zu orientieren hat.

Eine kanonische Exegese geht also von einem Kanon biblischer Schriften aus, von der Sammlung jener Texte, die den Glauben, der sich selbst offenbart, im Wort repräsentieren. Der Schriftkanon ist das hermeneutische Kriterium für eine theologische Auslegung der Schrift. Dieses Kriterium stammt aus dem ekklesialen Rezeptionsprozess, ist aber der Schrift nicht grundsätzlich äußerlich. Die Kanonbildung umfasst nicht jede Rezeption, sondern ist ein abgeschlossener Prozess, daher ist dieses Kriterium geeignet, eine willkürliche Auslegung der Schrifttexte zu verhindern.

Der Kanon der Wahrheit bei Irenäus von Lyon

Philo von Alexandrien bezeichnet mit dem Begriff »κανών« das Kriterium, an dem gemessen werden kann, ob eine allegorische Interpretation den Inhalt der Schrift adäquat wiedergibt oder an ihr vorbei geht.[3] Die Kirchenväter brauchten einen Maßstab, um ihre Schriftauslegung daran zu messen und vor allem rechtgläubige von häretischen Ansichten zu unterscheiden. In der Alten Kirche findet sich dafür der griechische Ausdruck »κανών« oder lateinisch »regula«. Im Folgenden soll nun gefragt werden, ob dieses Verständnis mit dem Kriterium einer kanonischen Exegese vergleichbar ist und was überhaupt hier das Kriterium der Auslegung ist.

In Henri de Lubacs Buch »Credo«, dessen Erstauflage aus dem Jahr 1970 stammt, findet sich ein Zitat, das Irenäus von Lyon zugeschrieben wird: »Hätten die Apostel nichts Schriftliches hinterlassen, so müsste man die Glaubensregel befolgen, die sie den Leitern der Kirche überliefert haben.«[4] Zwar wird das Werk an dieser Stelle nicht zitiert, doch findet sich

---

mann J. POTTMEYER/Max SECKLER (Hg.), Handbuch der Fundamentaltheologie 4, Tübingen ²2000, 37–64, hier: 53–58.

[3] Vgl. Heinz OHME, Kanon ekklesiastikos. Die Bedeutung des altkirchlichen Kanonbegriffs, Berlin 1998, 31.

[4] Henri DE LUBAC, Credo. Gestalt und Lebendigkeit unseres Glaubensbekenntnisses, Einsiedeln 1975, 10.

eine Parallele bei John N. D. Kelly, der als für die Zeit des Irenäus typische Feststellung anführt, »dass, wenn uns die Apostel nichts Schriftliches hinterlassen hätten, wir ›der Glaubensregel, welche sie den Führern der Kirche übergaben‹, hätten folgen müssen«[5]. Die Erstfassung dieses Buches unter dem englischen Titel »Early Christian Creeds« geht auf das Jahr 1950 zurück. Das beeindruckende Zitat könnte so gedeutet werden, dass die »Glaubensregel« gewissermaßen für sich alleine stehen und die ganze Heilige Schrift vertreten könnte. Die »Glaubensregel« trägt die Vollgestalt des christlichen Glaubens verdichtet in sich, wird in der Kirche tradiert und garantiert auf diese Weise ganz und gar für sich, dass die Kirche in Kontinuität zum Glauben der Urgemeinde steht. Macht man einen einfachen Schluss und setzt etwa das Apostolische Glaubensbekenntnis mit der Glaubensregel in eins, dann genügt dieser Text, um den ganzen Glauben zu kennen. Schlägt man dieses Zitat jedoch nach, dann findet man in der Übersetzung von Norbert Brox an dieser Stelle:

»Man stelle sich vor, die Apostel hätten uns nichts Schriftliches hinterlassen. Müsste man dann nicht der *Ordnung der Tradition* folgen, die sie denen übergeben haben, denen sie die Kirchen anvertrauten?«[6]

Statt von Kanon oder Regel ist hier von der »Ordnung der Tradition« die Rede, welche die Schrift vertreten könnte, wenn es sie nicht gäbe. Diese Tradition ist aber ein Ganzes und wird besonders in den Kirchen bewahrt, die sich unmittelbar auf die Apostel zurückführen können, und sie kann nicht einfach mit dem Kanon ineins gesetzt werden. Was aber bedeutet »Kanon« in diesem Zusammenhang?

Irenäus spricht (fast) immer von »το κανών τῆς ἀληθείας« lateinisch von der »regula veritatis«, von der Wahrheitsregel. Sie stammt von den Aposteln und Evangelisten und ist damit ein innerer Bestandteil der Überlieferung und der Schrift selbst.[7] Jede und jeder Gläubige hat sie bei der Taufe bekommen und vermag damit, ganz einfach und ohne besondere Belehrung mit dem biblischen Wissen in rechter Weise umzugehen.[8] Diese Regel ist beständig und bewirkt, dass »wir über dieselben Worte [der

---

[5] John N. D. KELLY, Altchristliche Glaubensbekenntnisse. Geschichte und Theologie, Göttingen ²1993, 10; die Fußnote verweist auf IRENÄUS VON LYON, Adversus Haereses III,4,1.
[6] »Quid autem si nec apostoli quidem scripturas reliquissent nobis, nonne oportebat ordinem sequi traditionis quam tradiderunt his quibus comittebant ecclesias?« IRENÄUS VON LYON, Adversus Haereses III,4,1 (FChr 8/3, 38–39), Hervorhebung hpw.
[7] Vgl. IRENÄUS VON LYON, Adversus Haereses III,11,1 (FChr 8/3, 96–99); 15,1 (FChr 8/3, 178–181). Der lateinische Text gibt außer »κανών« auch ὑπόθεσις mit regula wieder, was mit Lehre zu übersetzen ist. Diese Stellen sind hier freilich nicht von Belang. Adversus Haereses II,27,1–2 (FChr 8/2, 220–221). Zum Wortgebrauch ausführlicher vgl. OHME, Kanon ekklesiastikos 61–62.
[8] Vgl. IRENÄUS VON LYON, Adversus Haereses I,9,4 (FChr 8/1, 194–197).

Schrift] immer dasselbe sagen«.⁹ Sie ist offensichtlich und einfach, doch gehen die Häretiker an ihr vorbei, wenn sie die Schrift auslegen, daher verdrehen sie die Gleichnisse ganz gegen deren Sinn.¹⁰ Sie predigen nicht die Überlieferung, nicht die Wahrheit, nicht Jesus Christus, sondern sich selbst, das, was sie sich von der Wahrheit ausgesucht haben, weil sie die Regel der Wahrheit entstellen.¹¹

Inhalt der Wahrheitsregel ist der Glaube an den einen und dreieinen Gott: »Nach ihr [der Wahrheitsregel] gibt es (nur) einen einzigen Gott, der allmächtig ist und alles durch sein Wort geschaffen, ausgestattet und aus dem Nichtsein ins Dasein gerufen hat, wie die Schrift sagt ... Er ist der Vater unseres Herrn Jesus Christus.«¹² Christus als Sohn Gottes, der Vater als Schöpfer stehen dabei im Mittelpunkt. Dabei zeigt sich deutlich, gegen welche Meinungen Irenäus die Regel formuliert. Die deutlichste und ausführlichste Formulierung mit dreigliedriger Struktur und einem Abriss der ganzen Heilsgeschichte findet sich, verbunden mit der Taufe, in der Epideixis:

»Gott, Vater, ungeworden, unfassbar, unsichtbar, ein Gott, der Schöpfer von allem, das ist der allererste Punkt unseres Glaubens. Der zweite Punkt aber ist das Wort Gottes, der Sohn Gottes, Christus Jesus, unser Herr, der den Propheten erschienen ist gemäß der Form ihrer Prophezeiung und gemäß der Tragweite der Ratschlüsse des Vaters, durch den alles geworden ist; der auch am Ende der Zeiten, um alles zur Vollendung zu bringen und zusammenzufassen, Mensch unter Menschen, sichtbar und tastbar geworden ist, um den Tod zu vernichten und das Leben aufzuzeigen und Gemeinschaft zwischen Gott und Menschen zu bewirken. Und der dritte Punkt ist der Heilige Geist, durch den die Propheten prophezeit und die Väter die göttlichen Dinge gelernt haben und die Gerechten auf den Weg der Gerechtigkeit geführt wurden und der sich am Ende der Zeiten auf eine neue Weise auf die Menschheit über die ganze Erde ergoss, indem er den Menschen für Gott erneuerte.«¹³

Kanon und Schrift gehörten bei Irenäus eng zusammen, sind aber nicht identisch, sondern die Wahrheitsregel ist auf die Schrift hingeordnet.¹⁴ Sie garantiert, dass die Schrift einfach und ohne Geheimwissen ausgelegt werden kann, anders als die Gnostiker es behaupten. Sie ist für alle zugänglich, zugleich ist sie als Gnadengeschehen gekennzeichnet. Um nicht in die Häresie abzugleiten ist es wichtig, sich beständig an die Regel zu halten. Es geht nicht nur darum, die Geheimnisse zu erforschen, auch wenn das gut und wichtig ist, sondern »man muss dabei in der Liebe zu ihm [Gott] wach-

---

[9] Irenäus von Lyon, Adversus Haereses IV,35, 4 (FChr 8/4, 294–295).
[10] Vgl. Irenäus von Lyon, Adversus Haereses II,27, 1 (FChr 8/2, 218–221).
[11] Vgl. Irenäus von Lyon, Adversus Haereses III,2, 1 (FChr 8/3, 24–27); 12, 6 (FChr 8/3, 132–135).
[12] Irenäus von Lyon, Adversus Haereses I,22, 1 (Fchr 8/1, 284–287).
[13] Irenäus von Lyon, Epideixis 6 (FChr 8/1, 36).
[14] Vgl. Ohme, Kanon ekklesiastikos 67–70.

sen, der so Großes unseretwegen tat und tut«.¹⁵ Der Glaube braucht immer die Pflege, damit die Einzelnen und die ganze Gemeinde treu bleiben. Diese Pflege umfasst zweierlei, den »Kanon des Glaubens« zu halten und die Gebote Gottes zu erfüllen, nur auf diesem Weg gelangen die Gläubigen zur wahren Einsicht.¹⁶ So ist der Kanon, die Wahrheitsregel ein Kriterium, das Glaubensakt und -inhalt umgreift.

Die Glaubensregel nach Tertullian

Bedeutung und Verwendung des Begriffs »regula« bei Tertullian ist gut erforscht. Er verwendet den Begriff anders als Irenäus in einem weiteren Begriffsfeld. Er spricht meist von der Glaubensregel (regula fidei) oder einfach nur von der Regel (regula), gelegentlich auch von der Wahrheitsregel (regula veritatis).¹⁷ Die Regel ist der Maßstab, an dem Häresie und Wahrheit unterschieden werden können, weil sie »älter ist als irgendwelche Häretiker« und in die erste Zeit der Verkündigung des Evangeliums, auf die Kirche der Apostel zurückweist.¹⁸ Die apostolische Tradition ist jene Regel, nach welcher Gott richtig zu verstehen ist, die Regel Gottes (regula Dei). Der Begriff in einem allgemeinen Sinn verwendet macht den normativen Anspruch der Regel an sich deutlich, der im spezifischen Sinn noch deutlicher zu Tage tritt.¹⁹ Der eine Glaube an den einen Gott und den einen Christus garantiert auch die Einheit der Kirche.²⁰ Während die Gegner das Evangelium willkürlich und selektiv für ihre Argumente benützen, haben sich die Glaubenstreuen an die »regula« gehalten, und darin besteht die Glaubenstreue eigentlich.²¹ Dabei eröffnet die Glaubensregel einen Bereich, in dem verschiedene Auslegungen Platz haben, der aber nicht überschritten werden kann, ohne damit den Raum des Glaubens zu verlassen. Ja, schon die Regel in Frage zu stellen, heißt für Tertullian, in die Häresie zu fallen.²²

---

¹⁵ IRENÄUS VON LYON, Adversus Haereses II,28,1 (FChr 8/2,224–225).
¹⁶ IRENÄUS VON LYON, Epideixis 3 (FChr 8/1,34).
¹⁷ Zum Forschungsstand und zur Wortverwendung vgl. OHME, Kanon ekklesiastikos 78–83.
¹⁸ TERTULLIAN, Adversus Praxean 2,2 (FChr 34,104–105); vgl. De praescriptione haereticorum 37,1 (FChr 42, 306–307).
¹⁹ Vgl. TERTULLIAN, Adversus Marcionem 1,21–23 (CChr.SL 1,462–466). OHME, Kanon ekklesiastikos 101–102, geht hier m. E. nicht weit genug.
²⁰ Vgl. Tertullian, De virginibus velandis II,2 (CChr.SL 2,1210).
²¹ Vgl. TERTULLIAN, Adversus Praxean 20,1 (FChr 34,194–195); De praescriptione haereticorum 3,5 (FChr 42, 234–235); De pudicitia 8,12 (CChr.SL 2,1296); zur Interpretation vgl. OHME, Kanon ekklesiastikos 92–93.
²² TERTULLIAN, De praescriptione haereticorum 12,5 (FChr 42, 254–255); 13,6 (FChr 42,256–257).

Was aber ist der Inhalt der Glaubensregel? Es ist der Glaube an den einen und einzigen Gott, den wahren, der sich als Dreifaltiger in der Heilsordnung (»oikonomia«, »dispositio«) in der Welt offenbart, wie gegen die Monarchianisten festgehalten wird.[23] Vater, Sohn und Geist sind »voneinander ungetrennt«, auch wenn sie drei verschiedene (»alius«) sind.[24] Die Regel kann auch in einem ausführlicheren Text zusammengefasst sein:

> »Die ›Glaubensregel‹ aber ist natürlich jene, auf deren Grundlage man glaubt, um schon hier von unserer Seite offen auszusprechen, was wir verteidigen: Dass es überhaupt nur einen Gott gibt und keinen anderen außer dem Schöpfer der Welt, der das All aus Nichts hervorgebracht hat durch sein am Uranfang ausgesandtes Wort. Dass dieses Wort, das sein Sohn genannt wird, im Namen Gottes auf mannigfaltige Weise von den Patriarchen geschaut, in den Propheten immer gehört wurde und zuletzt aus dem Geist und der Kraft Gottes des Vaters auf die Jungfrau Maria übertragen, Fleisch geworden in ihrem Schoß und aus ihr geboren, Jesus Christus war. Dass er dann ein neues Gesetz und eine neue Verheißung des Himmelreiches verkündete, Wunder tat, gekreuzigt wurde, am dritten Tage wieder auferstand und in den Himmel entrückt, sich zur Rechten des Vaters gesetzt hat. Dass er als seinen Stellvertreter die Kraft des Heiligen Geistes sandte, der die Gläubigen führen soll. Dass er kommen wird in Herrlichkeit, um die Heiligen aufzunehmen zum Lohn des ewigen Lebens und der himmlischen Verheißungen und um die Unheiligen zu richten mit dem ewigen Feuer nach der mit der Wiederherstellung des Fleisches verbundenen Auferstehung der beiden Parteien.«[25]

Inhalt der Regel ist der Glaube an den Dreifaltigen, der sich in Jesus Christus offenbart hat und in der Heilsgeschichte dreifaltig wirksam erfahrbar ist. Dieser Glaube ist es, der das ganze christliche Dasein bewegt und die Existenz im Glauben begründet, die »fides qua creditur«, wie Tertullian wörtlich festhält. Deshalb muss auch der Glaubenshinhalt für ihn rein bewahrt werden, das geschieht von dieser Mitte her. Die konkrete Ausformung orientiert sich dabei am jeweils aktuellen Kontext. Dabei darf nicht

---

[23] TERTULLIAN, Adversus Praxean 2, 1 (FChr 34, 102–105); 3, 1 (FChr 34, 108–109).
[24] TERTULLIAN, Adversus Praxean 9, 1 (FChr 34, 134–135).
[25] »Regula est autem fidei ut iam hinc, quid defendamus profiteamur, illa scilicet qua creditur. Unum omnino Deum esse nec alium praeter mundi conditorem qui universa de nihilo produxerit per verbum suum primo omnium emissum. Id verbum filium eius appellatum in nomine Dei varie visum a patriarchis, in prophetis semper auditum, postremo delatum ex spiritu patris Dei et virtute in virginem Mariam, carnem factum in utero eius et ex ea natum egisse Iesum Christum. Exinde praedicasse novam legem et novam promissionem regni caelorum, virtutes fecisse, cruci fixum, tertia die resurrexisse, in caelos ereptum sedisse ad dexteram patris, misisse vicariam vim spiritus sancti qui credentes agat, venturum cum claritate ad sumendos sanctos in vitae aeternae et promissorum caelestium fructum et ad profanos iudicandos igni perpetuo, facta urtriusque partis resuscitatione cum carnis resurrectione.« TERTULLIAN, De praescriptione haereticorum 13, 1–5 (FChr 42, 256–257). Ein kürzerer Bekenntnistext, der auf Einheit und Dreifaltigkeit abhebt, findet sich in De virginibus velandis 1, 3 (CChr.SL 2, 1209).

unerwähnt bleiben, dass Tertullian dasselbe Kriterium, das er zur Verteidigung des katholischen Glaubens einsetzt, in seiner späteren, montanistischen Phase zur Argumentation gegen den Glauben der (Groß-)Kirche benutzt.[26] Die Wahrheitsregel ist dann streng zu unterscheiden von der »Gewohnheit« (consuetudo), die veränderlich ist und sich stets der unveränderlichen Regel unterzuordnen hat.[27] Ohne die entsprechende ekklesiale Verankerung kann sich dieses Kriterium, wenn es zur rein denkerischen Richtschnur wird, verselbständigen. Die Glaubensregel hat die doppelte Aufgabe, dem eigenen, subjektiven Glauben als Maßstab zu dienen und anderseits repräsentiert sie den objektiven Glauben und damit auch die gemeinsame Glaubensbasis.[28]

Der Glaube als hermeneutisches Kriterium nach Augustinus

Augustinus benützt »canon« und »regula« nicht in der bisher besprochenen Weise. Bei ihm lässt sich schon der Übergang zum modernen Begriff beobachten.[29] Die Sache kennt er freilich schon. Im Gottesstaat stellt er sich die Frage, ob denn verschiedene Auslegungen der Schrift erlaubt seien. Selbstverständlich, antwortet er, der Wortlaut müsse nicht derselbe sein, »aber er muss mit dem katholischen Glauben übereinstimmen«.[30] Bereits in früheren Jahren, als er sich um eine erste Auslegung der Schöpfungstexte aus dem Buch Genesis nach dem buchstäblichen Sinn bemüht, stellt er der Arbeit als hermeneutischen Maßstab, der davor bewahren soll den Text im Sinne von Häretikern auszulegen, folgende Zusammenfassung des Glaubens voran:

»Gott, der allmächtige Vater, hat die ganze Schöpfung geschaffen und errichtet durch seinen eingeborenen Sohn, das heißt durch seine Weisheit und Kraft, die ihm wesensgleich und gleichewig ist, in der Einheit des Heiligen Geistes, der selbst auch wesensgleich und gleichewig ist. Diese Dreifaltigkeit wird der Eine Gott genannt. Er hat alles gemacht und geschaffen, was ist, inwieweit es ist. Das lässt die Katholische Lehre glauben in der Art, dass die ganze Schöpfung, sei es die geistige oder die körperliche

---

[26] OHME, Kanon ekklesiastkos 83–96, untersucht den Wortgebrauch bei Tertullian jeweils im historischen Kontext.
[27] Das macht Tertullian an der Frage der Verschleierung von Jungfrauen deutlich. Wäre sie eine bloße Gewohnheit, könnte es sich um Häresie handeln, weil es aber der unveränderlichen »regula fidei« entspricht, möchte er es zum Gesetz erheben. Vgl. TERTULLIAN, De virginibus velandis 1, 1–3 (CChr.SL 2, 1208–1209); OHME, Kanon ekklesiastikos 83–84.
[28] Vgl. Dietrich SCHLEYER, Einleitung zu TERTULLIAN, De praescriptione haereticorum (FChr 42, 167).
[29] Vgl. OHME, Kanon ekklesiastikos 481–482.
[30] »... ad unam tamen catholicae fidei concordiam reuocanda sunt«. AUGUSTINUS, De civitate Dei XV,26 (CChr.SL 47, 494).

oder, wie man nach den Worten der heiligen Schrift kürzer sagen kann, sei es die unsichtbare oder die sichtbare (vgl. Kol 1,16), nicht von Gott geboren, sondern von Gott aus dem Nichts geschaffen wurde. Nichts gibt es in ihr, was zur Dreifaltigkeit hinreicht, außer dass die Dreifaltigkeit sie begründet hat, diese aber begründet wurde. Deshalb darf man zurecht sagen und glauben, dass die gesamte Schöpfung weder Gott wesensgleich noch ihm gleichewig ist.«[31]

Dieses Glaubensbekenntnis schließt deutlich an das Bekenntnis von Nicaea an, nicht aber in der Form, wie es wenige Jahre zuvor vom Konzil von Konstantinopel vorgelegt wurde. Der Begriff »consubstantialis«, die lateinische Übersetzung des »homousios«, wird hier breit und dabei auch auf den Geist angewendet. Besonders hervorgehoben sind, der Fragestellung des ganzen Buches entsprechend, alle Schöpfungsthemen ausgearbeitet. Und doch ist dabei das immer wiederkehrende Thema der Dreifaltige Gott, der die Welt aus nichts geschaffen und sich selbst gegenüber gesetzt hat. Die Schöpfung wiederum ist ganz anders als Gott, das heißt nicht »consubstantialis« und nicht »coaeterna«. Augustinus benützt den Begriff »regula« in diesem Zusammenhang nicht, aber die Sache ist ihm vertraut. Es gibt ein inhaltliches Kriterium, das die Mitte des christlichen Glaubens ausmacht. Es ist der Glaube, den das Konzil von Nicaea bekannt hat. In De trinitate geht der Bischof von Hippo denselben Weg vom bekannten Glauben der Kirche zum tieferen Verständnis.

Der Glaube als Kriterium der Schriftauslegung

Der Kanon, die regula, so wie Irenäus und Tertullian sie verstehen, ist nicht ein bestimmter Text, sondern ein systematisch-sachliches Kriterium, eine innere Norm, die vor jeder sprachlichen Form zu suchen ist. Es geht hier um das Heil, das Gott den Menschen in Jesus Christus zugesprochen hat.[32]

---

[31] »Est autem haec: deum omnipotentem patrem uniuersam creaturam fecisse atque constituisse per filium suum unigenitum, id est sapientiam et uirtutem suam consubstantialem sibi et coaeternam, in unitate spiritus sancti et ipsius consubstantialis et coaeterni. hanc ergo trinitatem dici unum deum eumque fecisse et creasse omnia, quae sunt, in quantum sunt, disciplina catholica credi iubet, ita ut creatura omnis siue intellectualis siue corporalis, uel quod breuius dici potest secundum uerba scripturarum diuinarum, siue inuisibilis siue uisibilis, non de deo nata, sed ex deo sit facta de nihilo: nihilque in ea esse quod ad trinitatem pertineat, nisi quod trinitas condidit, ista condita est. quapropter creaturam uniuersam neque consubstantialem deo neque coaeternam fas est dicere aut credere.« AUGUSTINUS, De Genesi ad litteram inperfectus liber 2, CSEL 28/1 (Ed. ZYCHA), 459–460, mit Korrekturen nach Michael M. GORMAN, The Text of Saint Augustine's »De Genesi ad litteram imperfectus liber«. In: Revue Augustinienne 20 (1985) 65–86; Üs. Franz Joseph GROBAUER/Hubert Philipp WEBER.

[32] Christoph SCHÖNBORN, Einheit im Glauben, Einsiedeln 1984, 55–56, hebt mit Bezug auf Bengt HÄGGLUND, Die Bedeutung der »regula fidei« als Grundlage theologischer Aussagen. In:

Dieses Kriterium kann die Schrift keinesfalls ersetzen, weil es ja gerade in der Schriftlektüre und -auslegung seinen spezifischen Ort hat. Der Kanon ist für Irenäus und Tertullian der Maßstab, an dem die Schriftauslegung zu messen ist. Schriftauslegung nach dem Kanon bedeutet also für die Kirchenväter, eine Auslegung, die immer unter der Voraussetzung des Glaubens an den dreifaltigen Gott, der in Jesus Christus die Menschheit erlöst hat, erfolgt.

Der Schriftkanon ist kein äußerliches Kriterium, weil der ganze Prozess der Schriftentstehung zu berücksichtigen ist. Intention und Verschriftlichung als Elemente der Produktion gehören mit der Sammlung und Kanonbildung als Elementen der Rezeption untrennbar zusammen. Ist der Glaubenskanon der Schrift äußerlich? Von einem christlich-theologischen Standpunkt aus kann diese Frage verneint werden. Wenn die Schrift als Ausdruck, als Niederschlag der Selbstoffenbarung Gottes in Jesus Christus gelesen wird, dann ist umgekehrt gerade diese Selbstoffenbarung des Sohnes das entscheidende Kriterium, um Gott in der Schrift zu finden.

Die Gegenwart Christi in der Eucharistie und in den Armen

Zeigt die Auslegung der Schrift nach dem Kanon ein Kriterium für das rechte Bibelverständnis, so ist weiter nach Kriterien des rechten Christseins zu fragen. Auch ist in diesem Zusammenhang zu überlegen, ob ein solches Kriterium rein praktische Bedeutung hat, oder ob es auch für die Authentizität des Glaubens sowie der Theologie und damit für das Bibelverständnis entscheidend ist. Konkret wird im Folgenden nach den Armen als Kriterium des Christlichen gefragt.

Gott als Anwalt der Armen

Bereits bei der Offenbarung des Namens Gottes am Berg Horeb erweist Gott sich selbst als Gott *für* sein Volk, weil es ein leidendes Volk ist: »Ich habe das Elend meines Volkes in Ägypten gesehen, und ihre laute Klage über ihre Antreiber habe ich gehört. Ich kenne ihr Leid.« (Ex 3, 7) Gott gibt dem Mose seinen Namen kund, um durch Mose in diesem Namen das Volk aus der Sklaverei in die Freiheit zu führen. Die Offenbarung des Namens

---

Studia Theologica 12 (1958) 1–44, bes. 9–10, hervor, dass nicht bestimmte Sätze, sondern die Wahrheit des Glaubens selbst die »normierende Norm« der Schriftauslegung ist.

ist zugleich die Zusage der Befreiung. Gott schenkt seinem Volk Israel das Leben in Fülle, deshalb sollte es eigentlich keine Armen im Lande geben, weil der Segen des Herrn alle reich macht (vgl. Dtn 15,4). Dass es im Land Arme gibt, widerspricht der von Gott durch die Tora eingesetzten Ordnung. Freilich kennt die Schrift die Realität, und so heißt es: »Die Armen werden niemals ganz aus deinem Land verschwinden. Darum mache ich dir zur Pflicht: Du sollst deinem notleidenden und armen Bruder, der in deinem Land lebt, deine Hand öffnen« (Dtn 15,11). Alle sind aufgerufen, die Armut zu beseitigen, indem sie die Armen tatkräftig unterstützen. Auf diese Weise sollen alle dazu beitragen, dass sich Gottes Gesellschaftsordnung durchsetzt. Ohne Zweifel liebt Gott die Armen und Notleidenden besonders und ergreift selbst für sie Partei. Er hört auf ihr Gebet, ihr Schreien und sieht ihre Not (vgl. Ps 22,25; 69,34; Ijob 34,28; Sir 21,5). Das Buch Deuteronomium konkretisiert Armut, indem es oftmals von den Fremden, Waisen und Witwen spricht. Zahlreich sind im Alten Testament die Anklagen gegen jene, die sich gegen diese Armen vergehen und ihren Wohlstand nicht mit ihnen teilen. Dem Armen die Hilfe vorzuenthalten, ist ein Vergehen, das kaum deutlich genug gebrandmarkt werden kann. Umgekehrt sagt Gott: Dem Schwachen und Armen zum Recht zu verhelfen bedeutet, Gott erkennen (vgl. Jer 22,16). Gott selbst sorgt für sie, indem er bei Gericht Partei für sie ergreift und jene verurteilt, die ihnen ihr Recht verweigert haben (vgl. Jes 3,14; 11,4). Insbesondere den »Waisen und Witwen« verschafft Gott ihr Recht und nimmt sich der Fremden im Land an (vgl. Dtn 10,18; Ps 146,9). Judit preist den Herrn als »Gott der Schwachen«, als den »Helfer der Geringen« und »Beistand der Armen«, den »Beschützer der Verachteten« und »Retter der Hoffnungslosen« (Jdt 9,11). Hanna besingt Gott als den, der den Schwachen aus dem Staub erhebt und den Armen aus dem Schmutz erhöht. Darin wird ihr Maria in ihrem Lobgesang, dem Magnifikat, folgen (vgl. 1 Sam 2,8; Lk 1,52). Gott ist, wie es im Psalm heißt, »Vater der Waisen« und »Anwalt der Witwen« (Ps 68,6). Er identifiziert sich mit der Not der Armen: »Wer den Armen verspottet, schmäht dessen Schöpfer« (Spr 17,5).

Gott selbst behütet die Schwachen und Armen wie ein Hirte die Schafe, indem er sie auf seiner »Wiese« grasen lässt (vgl. Jes 14,30) und ihnen Wohnung gibt (vgl. Ps 68,11). Der Berg Zion ist die Zuflucht der Armen, die Gott dort gegründet hat (vgl. Jes 14,32). »Der Herr hat sein Volk getröstet und sich seiner Armen erbarmt« (Jes 49,13), steht als Parallelismus für das Heilshandeln Gottes an Israel: der Trost Gottes für sein Volk besteht im Erbarmen für die Armen. Gott selbst »rettet das Leben des Armen aus der Hand der Übeltäter« (Jer 20,13). Viele Psalmen haben Not und Klage zum Inhalt. Das Unheil, das die Beter erfahren mussten, legen sie vor Gott hin und bitten ihn zuversichtlich um das Heil. Denn der Gebeugte kann sicher sein: »Der Herr führt die Sache des Armen.« (Ps 140,13) »Der Arme ist nicht auf ewig vergessen.« (Ps 9,19) Der »Gesalbte des Herrn« hat die Aufgabe, den Armen und Notleidenden eine frohe Botschaft zu bringen, eine Stelle, die Jesus in der Synagoge von Kapharnaum auf sich selbst und seine Sendung deuten wird (vgl. Jes 61,1; Lk 4,18–19).

Jesus beschreibt sein eigenes Handeln dem Täufer gegenüber so: »Blinde sehen wieder, und Lahme gehen; Aussätzige werden rein, und Taube hören; Tote stehen auf, und den Armen wird das Evangelium verkündet.« (Mt 11,5; Lk 7,22) Den Armen gehört nämlich das Reich Gottes (Lk 6,20). Jesu Zuwendung gilt ganz den Kranken, Aussätzigen, Besessenen, Notleidenden, Hungernden, Ausgestoßenen. Vor allem wendet er sich denen zu, die unter der Not der Sünde leiden. Und er weist seine Jünger an, sich auch in besonderer Weise um die Armen zu kümmern. Einen reichen Gastgeber fordert er auf, seinem Beispiel folgend mit ihnen Mahl zu halten: »Wenn du ein Essen gibst, dann lade Arme, Krüppel, Lahme und Blinde ein. Du wirst selig sein, denn sie können es dir nicht vergelten; es wird dir vergolten werden bei der Auferstehung der Gerechten.« (Lk 14,13–14)

Deutlich und radikal ist das Gleichnis vom Weltgericht (Mt 25,31–46). Das einzige Kriterium, das dort über Heil oder Unheil entscheidet, ist die Zuwendung zu den Hungrigen, Durstenden, Fremden, Obdachlosen, Nackten, Kranken und Gefangenen. »Was ihr für einen meiner geringsten Brüder getan habt, das habt ihr mir getan.« (Mt 25,41) Die Begegnung mit Christus in den Notleidenden ist für das Gelingen des Lebens das entscheidende Kriterium.

Diese kleine Sammlung biblischer Stellen zeigt, ohne Anspruch auf Vollständigkeit, wie Gott für die Armen Partei ergreift, ja sich mit ihnen solidarisiert und identifiziert. Im neuen Testament ist das einmal mehr ein Zeichen dafür, wie Christus beansprucht, göttlich zu handeln, nicht nur in Vollmacht, sondern auch in der Niedrigkeit der Armen. Der Gott Abrahams, Isaaks und Jakobs, der Gott Jesu Christi wird uns von Jesus unmissverständlich als Gott der Armen vor Augen gestellt. Welche Folgen aber hat das für die Theologie und insbesondere für die Christologie?

Die Armen in ihrer Armut sind allen Christen aufgegeben. Wer etwas hat, soll es mit denen teilen, die nichts haben, weil kein Christ friedlich leben kann, solange die Brüder und Schwestern, ja solange überhaupt noch Menschen hungern. Die Zuwendung zu allen Notleidenden, unabhängig von ihrer Nationalität oder Religion, ist ohne Zweifel eine wesentlich praktische Forderung, die zum Glauben gehört. Das Zweite Vatikanische Konzil spricht von den »Zeichen der Zeit«. Es sind die »Hauptzüge der Welt von heute« (Gaudium et Spes 4), denen die Pastoral der Kirche entsprechen soll. Nach Gaudium et spes 11 geht es darüber hinaus auch darum, die

Hubert Philipp Weber

Theologie in ihrer systematischen Arbeit von diesen Kriterien prägen zu lassen.[33]

Die Armen als theologischer Ort

Eine konkrete Gestalt, die diese Aufgabe zu verwirklichen sucht, ist die »Theologie der Befreiung«. Exemplarisch dazu soll im Folgenden der Ansatz von Jon Sobrino untersucht werden.[34] Die beiden Bände seiner in El Salvador geschriebenen Christologie haben ihren Ausgangspunkt in der Erfahrung von Armut. Im zweiten Band verwendet Sobrino statt dem Wort »Arme« den Begriff »Opfer« oder »gekreuzigte Völker«, um zu verhindern, dass die bedrohte Realität von Menschen und Völkern durch einen inflationären Gebrauch des Wortes »Arme« in Vergessenheit gerät.[35] Diese menschliche Lebenserfahrung bietet einen »Ort der Theologie«, jenen Ort, von dem aus die Befreiungstheologie die Schrift, zusammen mit der Tradition und dem Lehramt, als Offenbarungsquelle theologisch interpretiert. Der konkrete gelebte Glaube, die konkrete aktuelle Christusbeziehung soll so zum Ausgangspunkt für die Christologie werden. »Alles Leid und alle Hoffnung, alle Sünde und alle Gnade eröffnen einen weiten hermeneutischen Horizont, um Christus zu verstehen. Und sie bewirken, dass das Evangelium den Geschmack der Wirklichkeit bekommt.«[36] Entscheidend ist Jesu Verkündigung des Reiches Gottes, der Königsherrschaft, der $\beta\alpha\sigma\iota\lambda\varepsilon\iota\alpha\ \tau o\tilde{v}\ \theta\varepsilon o\tilde{v}$. Das Reich ist die Vermittlung des Heils, die für Sobrino ganz in der Mitte der Christologie steht, ja noch Priorität gegenüber der Person Christi hat, auch wenn er selbst »der definitive Mittler« des Heils und das Reich Gottes in Person ist.[37] Die Botschaft vom Reich richtet sich an die Armen. Gemeint sind damit sowohl die ökonomisch Armen als auch die sozial Ausgegrenzten. Sie sind die bevorzugten Adressaten.[38] Wie aber

---

[33] Papst Johannes XXIII. hatte schon im Vorfeld des Konzils von den Zeichen der Zeit gesprochen und damit unter anderem auf die Situation von Mangel, Ausbeutung und Unterdrückung angespielt. Vgl. Knut WENZEL, Kleine Geschichte des Zweiten Vatikanischen Konzils, Freiburg/Br. 2005, 179.

[34] Vgl. Jon SOBRINO, Christologie der Befreiung. Band 1, Mainz 1998 (original: Jesucristo liberador. Lectura histórico-teológica de Jesús de Nazaret, Petropolis-Madrid 1991); Ders., Der Glaube an Jesus Christus. Eine Christologie aus der Perspektive der Opfer. Hg. v. Knut WENZEL, Ostfildern 2008 (Original: La fe en Jesucristo, Madrid 2007). Zur Auseinandersetzung um Sobrino vgl. die Dokumentation Knut WENZEL (Hg.), Die Freiheit der Theologie. Die Debatte um die Notifikation von Jon Sobrino, Ostfildern 2008.

[35] Vgl. SOBRINO, Der Glaube an Jesus Christus 29–31.

[36] SOBRINO, Christologie der Befreiung 23; vgl. 44–51.

[37] SOBRINO, Christologie der Befreiung 156. Das Reich Gottes selbst ist für Sobrino »ein Wahrheitskriterium«. Ebd. 175.

[38] Vgl. SOBRINO, Christologie der Befreiung 118–122.

verträgt sich die Parteilichkeit mit der Universalität des Reiches Gottes? Sind nicht alle Menschen in das Reich Gottes gerufen, weil Jesus Christus ein für alle Mal in die Welt gekommen ist, um alle zu erlösen? Sobrino antwortet hier, dass das Reich als »eschatologische Wirklichkeit« universal ist.[39] Umgekehrt bedeutet es, dass alle, die das Evangelium vom Reich Gottes hören und sich in die Nachfolge gerufen erfahren, selbst in gewisser Weise arm werden müssen, um in das Reich gelangen zu können: »Das Reich ist für die Armen, weil sie arm sind. Für die Nicht-Armen ist das Reich, insoweit sie sich den Armen zuwenden, sie verteidigen und den Geist der Armut wirken lassen.«[40]

Die Christologie der Befreiung wird in einem konkreten Kontext entwickelt, unter den Bedingungen von Armut und Unterdrückung. Was aber bedeutet das für den kirchlichen Ort der Theologie? Sobrino spricht von der »Kirche der Armen« und greift damit ein Wort von Johannes XXIII. und Kardinal Giacomo Lercaro auf, die die ganze Kirche als die »Kirche der Armen« proklamierten.[41] Das Zweite Vatikanische Konzil selbst hat freilich diese Terminologie nicht übernommen. Der erste Artikel der Pastoralkonstitution über die Kirche in der Welt von heute Gaudium et spes handelt von der Ausgangssituation und benennt das Hauptthema für die ganze Konstitution: Am Beginn stehen die »Menschen von heute, besonders die Armen und Bedrängten«, mit ihnen identifizieren sich die die »Jünger Christi« (Christi discipuli). Der Begriff »ecclesia« wird in diesem Artikel umschrieben, aber nicht genannt. So ist die Rede von der »Gemeinschaft, aus Menschen gebildet«, deren Auftrag es ist, das Heil allen Menschen zu verkünden. Mit diesem Auftrag ist sie in die Welt gesetzt und mit ihr verbunden. Hier könnte die Kirche als eine Gemeinschaft in der Gemeinschaft, die der übrigen Welt in gewisser Weise gegenübersteht, erscheinen. Doch genau das wollten die Väter vermeiden, weshalb alle Begriffe, die Kirche näher bestimmen, wie »populus dei« aber auch »ecclesia« selbst, im Laufe der Diskussionen aus dem Text genommen wurden (Gaudium et Spes 1).[42] Noch einmal mehr ist es wichtig, wenn von der »Kirche

---

[39] SOBRINO, Christologie der Befreiung 123.
[40] Ebd. 181.
[41] Vgl. Jon SOBRINO, Brief an den Generaloberen des Jesuitenordens. Dezember 2006. In: WENZEL (Hg.), Die Freiheit der Theologie 26–35, hier: 35. Papst Johannes XXIII. spricht in der Radioansprache vom 11. September 1962 von der Kirche von allen, besonders von den Armen. Kardinal Lercaro fordert dann in diplomatischem Ton aber deutlich, dass die Kirchenkonstitution besonders »das Geheimnis Christi in den Armen und die Evangelisierung der Armen« in die Mitte stelle. Acta Synodalia I/4, 327–330; vgl. Bernhard BLEYER, Die Armen als Sakrament Christi. Die Predigt Pauls VI. in San Jose de Mosquera (1968). In: Stimmen der Zeit 226 (2008) 734–746, hier: 734–735.
[42] Vgl. Charles MOELLER, Kommentar zu Gaudium et spes 1. In: Lexikon für Theologie und Kirche. 2. Auflage. Ergänzungsband 3, Freiburg 1968, 285.

der Armen« die Rede ist, diese nicht als eine eigene Wirklichkeit einer anderen »Kirche« gegenüberzustellen, sondern sie als jene Gegebenheit zu begreifen, in der sich die Kirche realisiert, indem der Glaube an Jesus Christus, den menschgewordenen Sohn Gottes, gelebt wird.[43] Dann erscheint die Erfahrung von Armut als ein hermeneutisches Kriterium, um das Evangelium Christi für und an die Armen im Sinne des Glaubens zu verstehen. Dieses Kriterium steht im Dienst der Quelle des Glaubens, im Dienst des Evangeliums Jesu Christi, keinesfalls aber auf einer Ebene mit dem Evangelium oder mit der Glaubensverkündigung der Konzilien.

Zunächst geht es Sobrino darum, dass die Theologie die Perspektive der Opfer einnimmt. Dadurch wird sie unweigerlich parteilich, so wie Gott selbst parteilich ist. Daraus gewinnt sie den hermeneutischen Schlüssel für die Auslegung des Evangeliums:

> »Die Perspektive der Opfer hilft bei der Lektüre der christologischen Texte und beim besseren Kennenlernen Jesu Christi. Auf der anderen Seite hilft dieser besser erkannte Jesus Christus, die Opfer besser zu sehen und, vor allen Dingen, im Sinne ihrer Verteidigung zu arbeiten. Ein parteilicher Gott und Christus an ihrer Seite führen dahin, Theologie ›in Verteidigung der Opfer‹ zu treiben. Für die Christologie steht dabei ihre *Relevanz* in einer heutigen Welt auf dem Spiel. Die Armen und die Opfer werden in den Bereich theo-logaler – und eben nicht nur ethischer – Realität hineingenommen, und damit steht die *Identität* der Theologie auf dem Spiel.«[44]

Mit den Begriffen »Kirche der Armen«, »Welt der Armen« und »Perspektive der Opfer« stellt Sobrino einerseits ein Auslegungskriterium für die Theologie vor. Wenn Gott selbst parteilich für die Armen, Notleidenden, für die Opfer von Gewalt und Unterdrückung ist, dann muss auch die Theologie diese parteiliche Sichtweise einnehmen. Formal fordert hier die Befreiungstheologie ähnliches ein wie die Apologeten mit dem Kriterium des Kanons: Die Schriftauslegung soll mit einem bestimmten hermeneutischen Schlüssel geschehen. Inhaltlich wird dieser Schlüssel von der konkreten Situation der Kirche in Lateinamerika her bestimmt, gleichzeitig aber auch von Gottes Fürsorge und Parteinahme für die Armen, wie die Heilige Schrift eindrucksvoll belegt.

Dass Gott parteilich ist, hat zunächst vor allem praktische Folgen.

---

[43] Sobrinos Christologie wurde von der Glaubenskongregation untersucht. Am 26. November 2006 wurden in einer Notificatio einige Aussagen kritisiert. Für unseren Zusammenhang ist nur die Frage erheblich, ob die »Kirche der Armen« »*der* grundlegende theologische Ort« für die Christologie sein könne. Da die Theologie Glaubenswissenschaft ist, kann der »ekklesiale Ort« der Theologie immer nur der Glaube der Kirche sein. »Andere Ausgangspunkte der theologischen Arbeit laufen Gefahr, willkürlich zu werden und letztlich ihre Inhalte zu entstellen.« Kongregation für die Glaubenslehre, Notifikation zu den Werken von P. Jon Sobrino SJ. In: Wenzel, Die Freiheit der Theologie 10–21, hier: 11 (Hervorhebung des Verfassers).

[44] Sobrino, Der Glaube an Jesus Christus 35.

Eine Theologie aus der Perspektive der Opfer oder vom Ort der Armen ausgehend betrieben fordert die Gläubigen heraus, selbst Partei für die Armen zu ergreifen, indem sie sich ihnen fürsorglich zuwenden, aber sie auch in der Welt gegen die Unterdrücker verteidigen. Auf diesen Aspekt zielt Christoph Schönborn im ersten Teil seiner Christologie ab, wo er unter dem Titel »Praeambula Christologiae« nach dem Ausgangspunkt und den theologischen Voraussetzungen der Christologie fragt. Den Armen das Evangelium zu bringen, das ist demnach die Grundgestalt der Verkündigung Jesu. Christologisch durchbuchstabiert zeigt sich hier, wer Jesus Christus wirklich ist, weil seine Praxis nach der Tora genau dem Handeln Gottes selbst entspricht. So ist auch mit der Zuwendung zu den Armen, den Sündern und den Kleinen der Anspruch verbunden, »an Gottes statt und mit göttlicher Vollmacht zu handeln«. Letztlich führt gerade dieses Handeln Christus ans Kreuz.[45]

Christologie und christliche Praxis

Christologie fordert von Anfang an praktische Konsequenzen. Die Frage nach Jesus Christus für mich ist immer mit der Forderung der Nachfolge verbunden. »Die christliche Existenz der frühchristlichen Gemeinde war eine christologische Existenz, die Theorie und Praxis miteinander verband.«[46]

Für Sobrino sind die Armen vor allem ein theologaler Ort, ein Ort, der den christlichen Glauben und die Theologie entscheidend bestimmen soll. Ohne Zweifel kann eine Christologie unter gewissen Gesichtspunkten betrieben werden, Schwerpunkte setzen und dabei bis zu einem gewissen Grad sogar Einseitigkeiten in Kauf nehmen. Bernard Sesboüé versucht, Sobrinos Christologie zu rechtfertigen und gegen Vorwürfe in Schutz zu nehmen, indem er nach der Legitimität dieses bestimmten Zugangs fragt, »der nicht beansprucht, das Geheimnis Christi und des Heils erschöpfend zu behandeln«.[47] Unsere Frage ist grundsätzlicher. Es geht nicht um die Legitimität partikulärer Zugänge zur Christologie, sondern um die Frage des Kriteriums. Hier lautet die Frage: Kann eine Christologie durchgeführt werden, die das Kriterium der Parteilichkeit Gottes für die Armen ignoriert? Ist also das Kriterium für jede Christologie bindend? Hier sind So-

---

[45] Vgl. Christoph Schönborn, Gott sandte seinen Sohn. Christologie. Unter Mitarbeit von Michael Konrad und Hubert Philipp Weber, Paderborn 2002 (AMATECA 7), 51–55, Zitat: 55; siehe auch 157–157.
[46] Bernard Sesboüé, Jesus Christus aus der Sicht der Opfer. Zur Christologie von Jon Sobrino. In: Wenzel (Hg.), Die Freiheit der Theologie 68–81, hier: 75.
[47] Sesboüé, Jesus Christus aus der Sicht der Opfer, 79.

brinos Aussagen eindeutig. Wenn die Armen nicht nur ein beliebiger Ort der Bewährung des Christen, sondern theologal ein Ort der Bewährung des Glaubens sind, dann ist eine Christologie, die diesen Ort negiert schlechterdings nicht denkbar, sie kann nicht zur Begegnung mit Christus gelangen.

Christus begegnen in den Armen

Wenn von der Gegenwart Christi die Rede ist, dann erinnert das Konzil im siebten Artikel der Liturgiekonstitution daran, dass Christus auf vielfältige Weise in der Liturgie gegenwärtig ist, in der feiernden Gemeinde, im Diener, in der Wortverkündigung, in den Sakramenten und besonders in den eucharistischen Gestalten. Diese Formen der Gegenwart vergleicht Kardinal Schönborn unter Berufung auf die Perikope vom Weltgericht (Mt 25,31–46) mit der Gegenwart Christi in den Armen, die damit selbst gottesdienstlichen Charakter bekommt.[48] In ähnlicher Weise parallelisiert Sobrino diese Formen der Gegenwart mit Rückbezug auf die dritte Generalversammlung des CELAM, des Rats der lateinamerikanischen Bischöfe, in Puebla 1979.[49]

Papst Johannes Paul II. hebt in seiner Eucharistieenzyklika hervor, dass Eucharistie und Fürsorge für die Armen in einer Linie stehen müssen.[50] Noch deutlicher drückt das Paul VI. am 23. August 1968 bei seiner Predigt in San José de Mosquera bei der Eucharistie mit 200.000 Campesinos aus. Er bezieht sich ebenfalls auf das Gleichnis vom Weltgericht und ruft den armen Landarbeitern zu:

»Ihr seid ein Zeichen, ein Abbild, ein Mysterium der Präsenz Christ. Das Sakrament der Eucharistie bietet uns seine verborgene Gegenwart an, lebendig und real; Ihr seid auch ein Sakrament d. h. ein heiliges Abbild des Herrn in der Welt, eine Widerspiegelung, die eine Vertretung ist und die nicht sein humanes und göttliches Gesicht verbirgt.«[51]

---

[48] Vgl. Christoph Kard. SCHÖNBORN, Wovon wir leben können. Das Geheimnis der Eucharistie. Hg. v. Hubert Philipp WEBER, Freiburg/Br. 2006, 103; SCHÖNBORN, Gott sandte seinen Sohn 51–52.
[49] SOBRINO, Christologie der Befreiung 41.
[50] Vgl. JOHANNES PAUL II., Enzyklika Ecclesia de Eucharistia. 17. April 2003, n. 20 (Verlautbarungen des Apostolischen Stuhls 159, 19–20). In Anm. 34 bezieht sich der Papst auf JOHANNES CHRSYSOSTOMUS, In Evangelium S. Matthaei homiliae 50,34 (PG 58,509), wo es am Schluss heißt: »Beginne damit, den Hungrigen zu sättigen, dann verziere den Altar mit dem, was übrigbleibt.«
[51] PAUL VI., zitiert nach BLEYER, Die Armen als Sakrament Christi 740–741.

In den Armen ist Christus sakramental erfahrbar. Sie realisieren das, was Lumen gentium 1 als Wesen und Auftrag der Kirche bezeichnet. Wie in der Eucharistie Christus gegenwärtig ist und für die Gläubigen leibhaft erfahrbar, ist auch die Begegnung mit den Armen eine echte leibhafte Erfahrung Christi, ohne dass hier eine Konkurrenz zwischen diesen beiden Formen erkannt werden müsste. Die Eucharistie ist ein Kriterium für das Kirchesein. Wo sie gefeiert wird, da ist Christus seiner Kirche gegenwärtig, da ist Kirche wirklich. Sind auch die Armen ein solches Kriterium? Wo Menschen den Armen liebend begegnen und ihre Not lindern, begegnen sie Christus. Folgt man dem Gleichnis vom Weltgericht, ist die liebende Begegnung mit den Armen ein entscheidendes Kriterium für das Heil. Daher sind die Armen Kriterium des Christlichen, weil sie selbst die bevorzugt von Christus Angesprochenen sind, und weil sie die Nichtarmen herausfordern, in der Begegnung mit ihnen Christus zu begegnen. Eine Theologie und eine Praxis, die sich diesem Anliegen verschließen, vernachlässigen daher ein entscheidendes Element des Evangeliums.

Das Kriterium der Unterscheidung

Letztlich kann das Kriterium für die Unterscheidung des Christlichen nur Jesus Christus, der offenbare Sohn Gottes selbst und meine eigene Haltung zu ihm sein. Ob sich dieser Glaube als die persönliche Überantwortung meines eigenen Lebens so entfaltet, wie es der Offenbarung entspricht, und woran die Verwirklichung wie auch der Inhalt dieses Glaubens dann konkret gemessen werden, dafür gibt es Merkmale. Zwei davon wurden hier beispielhaft aufgezeigt, dass es noch weitere gibt, ist dabei vorausgesetzt. Freilich kann keines dieser Kriterien absolut gegen andere ausgespielt werden.

Die Theologie braucht ein hermeneutisches Kriterium für eine adäquate Auslegung der Schrift, die den Fall in die Häresie vermeidet. Gibt es aber eine Kritik des Kriteriums selbst? Sie kann sich nur daraus ergeben, dass das Kriterium sich an der Auslegung der Schrift bewährt und so zum Aufbau der Glaubensgemeinschaft beiträgt. Wenn das Kriterium alleine über alles gestellt wird, kann der Ansatz selbst wieder ins Extrem abgleiten und so aus dem Raum des kirchlichen Glaubens herausfallen, wie Tertullian zeigt.

Die Zuwendung zu den Armen steht hier als höchst prominentes Beispiel für die Glaubenspraxis insgesamt. Eine Theologie, die zwar den Glaubensinhalt durch hermeneutische Arbeit an den Texten der Tradition korrekt wiedergibt, dabei aber keinerlei Bezug auf »Zeichen der Zeit« nimmt, vernachlässigt einen wesentlichen Aspekt der Glaubenswirklichkeit und droht, die Heilsrelevanz zu verlieren. Umgekehrt kann ein Kriterium, das aus der Praxis kommt, für eine lebendige Entfaltung der Glaubensrede höchst fruchtbar sein.

Karl Josef Wallner

»Er hat uns Gott gebracht!«.
Plädoyer für das trinitarische Gottesbekenntnis

1. Christus offenbart das »Wie« Gottes

Es ist für viele überraschend, dass gerade der »Theologenpapst« Benedikt XVI. den christlichen Glauben keineswegs als einen Elfenbeinturm zurückgezogener theologischer Spekulation und Gelehrsamkeit versteht. Schon die programmatische Zweiteilung der Antrittsenzyklika »Deus Caritas est« sollte klarstellen, dass der Glaube eine weltgestaltende Kraft ist, dass ihm ein gesellschaftsveränderndes humanitäres und soziales Engagement entspringt. Noch stärker wird das humanitäre und soziale Potential des Christentums in der im Juli 2009 veröffentlichten Sozialenzyklika »Caritas in Veritate« thematisiert: Christlicher Glaube ist kein privates Wolkenkuckucksheim subjektiver religiöser Erbauung, sondern eine öffentlich relevante Größe. Diese Relevanz nach außen, in die Welt von heute, entspringt aber einer zutiefst theologischen Quelle; man hat das Gefühl, dass es Joseph Ratzinger / Benedikt XVI. gleichsam als seine von Gott zugedachte Sendung betrachtet, diese Quelle freizulegen und mit argumentativer Brillanz zu fassen. Unablässig thematisiert er als das Zentrale des christlichen Glaubens, dass uns Jesus Christus das Innerste Gottes, das Wesen Gottes geoffenbart hat: die Einsicht in die Göttlichkeit Gottes als »die Liebe«. Besonders eindrucksvoll findet sich die Rückbindung des Christlichen an die durch Jesus ermöglichte Wesensschau Gottes in einer Passage des Buches »Jesus von Nazareth« von 2007. In dieser mittlerweile häufig zitierten Passage wirft Joseph Ratzinger / Benedikt XVI. die Frage auf: »Aber was hat Jesus dann eigentlich gebracht, wenn er nicht den Weltfrieden, nicht den Wohlstand für alle, nicht die bessere Welt gebracht hat? Was hat er gebracht?« Und er setzt prägnant fort: »Die Antwort lautet ganz einfach: Gott. Er hat Gott gebracht. Er hat ... Gott ... diesen Gott Abrahams, Isaaks und Jakobs, den wahren Gott, hat er zu den Völkern der Erde gebracht. Er hat Gott gebracht: Nun kennen wir sein Antlitz, nun können wir ihn anrufen ...«[1]

---

[1] J. Ratzinger / BENEDIKT XVI., Jesus von Nazareth. Erster Teil: Von der Taufe im Jordan bis zur Verklärung, Freiburg i. Br. 2007, 73.

Dieser Beitrag möchte das Kernthema Benedikt XVI. mit einer Vertiefung und einem Plädoyer fortsetzen: Alles, was den christlichen Glauben – und auch die ihm entsprungene säkulare Humanität – ausmacht, entspringt der Einsicht in das Wesen Gottes, die uns Jesus Christus eröffnet hat. Die Vertiefung muss nun dahin gehen, dass dieses eröffnete Mysterium des göttlichen Wesens seine trinitarische Bestimmtheit ist. Christus ist das »Sacramentum Trinitatis«[2], wie Hans Urs von Balthasar es pointiert formuliert hat. Es wäre also zu wenig, bloß bei Christus stehen zu bleiben, sondern vom »eingeborenen Sohn« weg müssen wir unser genuines Gottesbild theologisch intensiver bedenken und in der Verkündigung die Rede über Gott intensivieren, und zwar über Gott den Dreifaltigen. Als Plädoyer verstehe ich diese Überlegungen deshalb, weil ich fürchte, dass *Samuel P. Huntington* im Kern Recht behalten wird und der »Clash of Civilizations«, in dem wir uns partiell bereits befinden und der vermutlich noch stärker werden wird, auch ein »Clash of Religions« sein wird. Oder anders gesagt: Wir stehen jetzt schon in einem postmodernen und leider auch postchristlichen Wettbewerb von religiösen Vorstellungen. Bei uns im Westen dominiert zwar noch die saturierte Lauheit einer materialistischen Weltsicht, an dessen Rändern sich gerade einmal ein bequemer Eklektizismus von New Age und Esoterik ereignet. Doch wird es so bleiben? Sind wir nicht mit Gottesbildern konfrontiert, die diesen Dornröschenschlaf der Religiosität bald beenden werden?! Zudem hat die Wirtschaftskrise mit ihren platzenden »Bubbles« rein innerweltlicher Glücksvorstellungen die Menschen auch zusehends sensibler für die Frage nach Gott gemacht. Doch an welchen Gott glauben wir? Papst Benedikt XVI. antwortet: An den von Christus geoffenbarten Gott, der die Liebe ist, weil er in sich dreifaltig ist.

Die heftigen Streitigkeiten der ersten Jahrhunderte um das Zueinander von Jesus, dem Christus, zu Gott, seinem Vater, zeigen deutlich, dass es im christlichen Bekenntnis um eine Revolution des monotheistischen Gottesbildes geht. Die primäre Aufgabe einer Religion ist es nicht, zu verkünden, dass es Gott gibt, sondern zu bekennen, wie er ist. Denn nach unserem Verständnis hat schon unser Verstand, unsere »Ratio« von Natur aus Zugang zur Erkenntnis der Existenz Gottes. Diese Vernunft ist – das ist ja das große Thema von Benedikt XVI. – der große gemeinsame Nenner, aufgrund dessen alle Religionen miteinander sich verständigen können sollten. Denn das Denken ist ein Geschenk des Schöpfers an alle Menschen, egal welchen Glaubens. Dass es Gott gibt, sagt uns das Denken an sich. Der Inhalt der Religion aber ist die Bestimmung dieses »Etwas« namens »Gott«. Wir Christen glauben einzigartig, dass Gott sich in der Geschichte so offenbart hat, dass er selbst ein Teil dieser Geschichte geworden ist.

---

[2] H. U. v. Balthasar, Spiritus Creator. Skizzen zur Theologie III, Einsiedeln 1967, 138.

Ho Logos sarx egeneto. Das Wort ist Fleisch geworden. An der Frage, ob dieser Mensch mit dem Namen Jesus von Nazaret in seiner konkreten, zeitlich und räumlich verorteten Partikularität wirklich Gott war, entscheidet sich auch die Frage, ob das »Dahinter«, aus dem Christus kommt, wirklich ein in sich strukturiertes göttliches Wesen ist. Ob es wirklich den zeugenden Vater von Ewigkeit, den gezeugten Logos von Ewigkeit, den gehauchten Geist von Ewigkeit im einen Wesen absoluter Liebe gibt. Ist Christus nur ein Mensch, dann hätte Judentum oder Islam recht, denn dann wäre Gott »nur« draußen und es gäbe keine Communio in ihm, nicht in den irdischen Sakramenten, nicht in der ewigen Gottschau. Das Paradies des Islam ist übrigens voll mit schönen Frauen, aber völlig leer von Gott, es ist im übertragenen Sinn tatsächlich »gott-los«. Aus anderer Perspektive gesagt: Wenn Christus nur ein Mensch wäre, dann hätte die östliche Weisheit – die eine der genialsten ist, die der religiöse Instinkt hervorgebracht hat – recht: Dann gibt es keinen Weg, der zu Gott führt, keinen Weg, der an ein Ziel kommt. Dann gilt der östliche Satz: »Der Weg ist das Ziel«, der in sich traurig ist, wenn man ihn mit der christlichen Frohbotschaft kontrastiert, die da lautet: »Der Weg hat ein Ziel«. Denn wenn Christus nicht der ewige Sohn des Vaters ist, dann kommen wir nie im Leben Gottes an, sondern müssen uns im bloßen Suchen beheimaten.

Darum ist es für uns keine Nebensächlichkeit, wenn es derzeit unter katholischen Theologen eine regelrechte Renaissance des Arianismus gibt. Von Theologen wie *Hans Küng, Edward Schillebeeckx* und *Piet Schoonenberg* (†1999), von *Eugen Drewermann*, in jüngster Zeit von *Karl-Heinz Ohlig*[3] und dem Würzburger Dogmatiker *Walter Simonis*[4] (geb. 1940) und noch stärker von dem holländischen Dogmatiker *H. M. Kuitert*[5] geht eine heftige Ablehnung des Bekenntnisses zur Gottheit Christi aus, ja sie verbreiten geradezu eine neo-arianische Aversion gegen den Trinitätsglauben. Ihre Auffassung ist eine allzu späte katholische Nachblüte dessen, was um 1900 die liberale protestantische Theologie vertreten hat. Adolf von Harnack etwa brachte seine Ablehnung des Trinitätsglaubens in dem Satz zum Ausdruck: »Nicht der Sohn, sondern nur der Vater gehören in das Evangelium«. Das heißt: Jesus ist nur Künder, nicht aber Inhalt des Glaubens[6]. Der gegenwärtige Eifer in einer neuen »Enthellenisierung« des

---

[3] K.-H. OHLIG, Ein Gott in drei Personen? Vom Vater Jesu zum Mysterium der Trinität, Mainz 1999.
[4] W. SIMONIS, Jesus Christus, wahrer Mensch und unser Herr. Christologie, Düsseldorf 2004. Man beachte bereits den Titel des Buches!
[5] H. M. KUITERT, Kein zweiter Gott. Jesus und das Ende des kirchlichen Dogmas, aus dem Niederländischen übersetzt von Klaus Blömer, Düsseldorf 2004.
[6] Adolf von HARNACK, Das Wesen des Christentums, hrsg. und kommentiert von Trutz Rendtorff, Gütersloh 1999, 43.56.

Christus- und Gottesbekenntnisses erfolgt freilich aus einer neuen Motivation heraus: Man meint mit den anderen Gottesbildern, die uns im religionspluralistischen Milieu einer globalisierten Welt so nahe gekommen sind, leichter in Dialog treten zu können, wenn man sich von der Gottwesensgleichheit Christi verabschiedet und ihn, ganz in liberaler Manier, als bloßen Künder einer Botschaft herausstreicht[7]. Franz Dünzl formuliert hingegen prägnant das Anliegen der altkirchlichen Entwicklungen, wie sie auf den Konzilien von Nizäa 325 und Konstantinopel 381 normativ geworden sind: »Dass sich dieser *eine* Gott indes heilsgeschichtlich als Vater, Sohn und Geist offenbart hat, bedeutet kein Spiel mit bloßen Namen ... sondern zeigt eine reale Wirklichkeit an – eben darauf insistiert die östliche Theologie der *drei* Hypostasen. Der eine Gott maskiert sich nicht in der Heilsgeschichte, sondern erschließt, wie *er selber* ist – nämlich Vater, Sohn und Geist. Die Heilsgeschichte ist in Wahrheit die *Selbst*-Offenbarung Gottes und nicht nur eine pädagogische Maßnahme, um die Menschen über irgendetwas anderes zu belehren.«[8]

Küng, Schoonenberg, Simonis und *Ohlig* meinen, den Christusglauben um eines »kompatibleren« Gottesbildes willen depotenzieren zu müssen: Für sie ist Jesus menschlicher Künder einer freilich herausfordernden Lehre; seine Göttlichkeit besteht nur darin, dass er seine Menschlichkeit auf radikalste Weise gelebt hat. Nicht der sich von oben hinabneigende Gott, der – nach einem Wort von *Karl Barth* – »senkrecht von oben« in unsere Endlichkeitskategorien einbricht, ist hier das Subjekt religiöser Offenbarung, sondern das Humanum, das sich zur Göttlichkeit übersteigt. Hier gibt es keinen ewigen dreifaltigen Gott mehr, der sich von sich aus – »von oben«, »selbstinitiativ« – auf die Welt hin öffnet und in die Welt in Gestalt eines einzigartigen Mittlers eintritt. Für *Küng* ist es anmaßende griechische Metaphysik, die dem modernen Menschen ohnehin nichts bedeutet. Man müsse sich auch von dem Gottessohnglauben im Sinn der alten Kirche verabschieden, weil er Jesus zu etwas Absolutem vergöttlicht, und das erschwert den Dialog mit den anderen Religionen und das »Projekt Weltethos«. Bedrückend ist vor allem *Kuitert*, der eine regelrechte Hassschrift verfasst mit dem Titel »Kein zweiter Gott!« Jesus als Gott ist eine Schöpfung der christlichen Kirche; der kirchliche Christus hat mit dem Jesus des Evangeliums nichts zu tun. Im letzten Kapitel plädiert der niederländische Dogmatiker für ein »Weg von Jesus« und »Zurück zu Gott!«

---

[7] Komprimierte Gegendarstellungen bei: C. SCHÖNBORN, Gott sandte seinen Sohn. Christologie, Paderborn 2002, 79 ff.; A. GRILLMEIER, Hellenisierung – Judaisierung des Christentums als Deuteprinzipien der Geschichte des kirchlichen Dogmas, in: Ders., Mit ihm und in ihm. Christologische Forschungen und Perspektiven, Freiburg i. Br. 1975, 423–488.

[8] F. DÜNZL, Kleine Geschichte des trinitarischen Dogmas in der Alten Kirche, Freiburg – Basel – Wien 2006, 150 f.

»Er hat uns Gott gebracht!«

Diese Auffassungen sind nicht mehr christliches Bekenntnis, sondern religionspluralistische Ideologie; was bleibt, ist nicht mehr Christentum, sondern christentümliches Sprachspiel.

Papst Benedikt XVI. ist mit seinem Buch »Jesus von Nazareth« vor allem angetreten, um mit dieser bibeltheologischen Summe der neoarianischen Ausdünnung des Gottesbekenntnisses entgegenzutreten. Im Leugnen der Göttlichkeit Christi verblasst mit dem Bild des dreifaltigen Gottes zugleich der übernatürliche trinitarische Urgrund, auf dem Kirche gründet und in den alles christliche Leben eingeborgen ist.

2. Die Dreifaltigkeit Gottes als die Pointe der christlichen Offenbarung

Mein Plädoyer geht dahin, dass gerade vor dem heutigen Hintergrund einer Globalisierung des religiösen Denkens die Thematisierung des spezifischen trinitarischen Gottesbildes nicht von Nachteil, sondern von Vorteil ist. Freilich: wenn ein Zisterzienser über Trinität spricht, dann ist eine Warnung an den Leser angebracht: Unser 1098 gegründeter Mönchsorden hat in seiner langen Geschichte zwar nur einen einzigen lehramtlich verurteilten »Häretiker« hervorgebracht, aber den ausgerechnet im Zusammenhang mit der Trinitätslehre: Ich meine den berühmten Abt *Joachim von Fiore* in Kalabrien. Joachim hielt die mittelalterliche Kirche unter dem großen Papst *Innozenz III.* und auch noch später »in Atem«, denn dieser fromme Spekulant lehrte, dass die Trinität sich in drei Stufen der Geschichte offenbare: der Vater im Alten Testament, der Sohn im Neuen Testament, – vor allem aber werde da eine Zeit des Heiligen Geistes kommen. Diese setzte Joachim mit der mysteriösen 1000-jährigen Herrschaft Christi auf Erden aus der Apokalypse (Offb 20, 2–6) gleich. Joachim starb fromm 1202; 1215 verurteilte ihn das 4. Laterankonzil unter dem großen Innozenz III., – eigentlich wegen eines anderen Grundes[9]. Joachim war ein frommer Phantast, aber er hatte mit seiner Erwartung eines irdischen 1000-jährigen Friedensreiches eine Erwartung geweckt, die eine politische Wirkung entfaltete: zunächst in den Fraticellen, dann aber bis hin zum Marxismus und zum Nationalsozialismus. So unterstellt es jedenfalls der geniale Kardinal *Henri de Lubac* in seinem Riesenwerk *La Posterité spirituelle de Joachim*.

Tatsache ist jedenfalls: Wo die Trinität zu einem bloßen Strukturprinzip verkommt, da wird dieses geradezu dämonisch. Der beste Beweis

---

[9] DH 803: Die Verurteilung erfolgte freilich nicht direkt wegen der triadischen Geschichtstheologie Joachims, sondern wegen seiner Fehlinterpretation der Trinitätslehre des Petrus Lombardus.

dafür ist Hegel, denn *Gottfried Wilhelm Friedrich Hegel* hat ja auch das Mysterium der innertrinitarischen Hervorgänge gleichsam »durchschaut«: der Vater zeugt den Sohn in der Gegenübersetzung seiner Selbst *(Genitor)*, der Sohn ist das Gegenüber, das sich seinem Ursprung verdankt *(Genitus)*, der Geist ist die gemeinsame Selbstlosigkeit von Vater und Sohn im Gegenübersein *(Procedens ab utroque)*. Hegel missbraucht die »Logik« der trinitarischen Hervorgänge und erklärt sie zum Strukturprinzip der gesamten Wirklichkeit: These – Antithese – Synthese. Welch dämonische Wirkung das entfaltet, ist bekannt, denn über den Umweg von *Ludwig Feuerbach* kommt der Dreischritt schließlich auf *Karl Marx*. Marx macht den hegelschen Dreischritt, also das trinitarische Grundmuster, zu einem gesellschaftlichen Entwicklungsprinzip. Die ungerechten sozialen Verhältnisse (These) müssen mittels einer Antithese, das ist die Revolution, in einen höheren Zustand der sozialen Gerechtigkeit (Synthese) umgewandelt werden. Dieses marxistische-säkularisierte Reich des Heiligen Geistes ist nie gekommen und wird nie kommen.

Man staunt, was dieser arme Zisterzienser *Joachim von Fiore* da angerichtet hat, als er Ende des 12. Jahrhundert völlig ahnungslos und viel zu fromm über die Trinität spekulierte. *Thomas von Aquin* hat 50 Jahre später über ihn gesagt, dass er so rein gar nichts von der Dreifaltigkeit verstanden habe. Wir Zisterzienser verdanken der gefährlichen Einfalt des Joachim immerhin das Privileg, dass wir am Dreifaltigkeitssonntag nicht predigen mussten (oder »durften«?) – *propter complexam materiam* – wegen der schwierigen Materie. Lassen Sie mich als Zisterzienser des 21. Jahrhunderts trotzdem versuchen, einige Impulse zu geben.

Die erste Beobachtung besteht darin, dass es in der 2. Hälfte des 20. Jahrhunderts in der katholischen Theologie zu einer überraschenden Renaissance der Trinitätstheologie gekommen war, diese aber so gut wie keine Auswirkungen in den Raum der Kirche hinein hat.

Der heilige *Thomas von Aquin* hatte formuliert: »Fides christiana principaliter consistit in confessione sanctae Trinitatis.«[10] Der christliche Glaube ist zutiefst das Bekenntnis zur Dreifaltigkeit. Ja, die Glaubensformeln haben wir schon noch. Aber das, worum man sich leidenschaftlich in den ersten Jahrhunderten stritt, war im Laufe der Jahrhunderte zu einer welt- und heilsfernen Spekulation verkommen.

Karl Rahner zog 1967 in seinen berühmten »Bemerkungen zum dogmatischen Traktat ›De Trinitate‹«[11] eine traurige Bilanz: Er stellt fest,

---

[10] Thomas von Aquin, Opusculum: De rationibus fidei contra Saracenos, Graecos et Armenos, proem. (949); zitiert nach G. Greshake, a.a.O., 14.
[11] K. Rahner, Bemerkungen zum dogmatischen Traktat »De Trinitate«, in: Schriften zur Theologie 4, 103–133.

dass es seit 1439[12] keine Lehrentscheidung mehr über die Trinität gab, dass der Glaube an einen trinitarischen Gott weder auf dem Konzil von Trient, noch auf dem 1. Vatikanum und schon gar nicht auf dem 2. Vatikanum eine Rolle spielte.[13] In der Neuscholastik galt sie als eine weltlose Spekulation, eine quasi-mathematische Spielerei mit Begriffen wie Relationen, Hypostasen, Appropriationen, Hervorgänge, Missiones, Perichorese usw., wo schon das Fachvokabular zeigte, dass es sich um nichts handelte, das auch nur irgendwie in die Frömmigkeit der Menschen eindrang. Und tatsächlich: Die letzte große Dreifaltigkeitsmystik gab es im 14./15. Jahrhundert bei einigen Vertretern der Via Moderna: *Meister Eckehart, Mechthild von Hackeborn, Nikolaus von der Flüe*. Parallel zu dieser Klage Rahners folgte aber ab den 60er-Jahren ein beachtenswerter Boom des Trinitätsdenkens in der Theologie: Begonnen hat die evangelische Seite mit *Karl Barth, Eberhard Jüngel* und *Jürgen Moltmann*. Die katholische Theologie hat dann kräftig nachgezogen: Einzigartig und unglaublich befruchtend ist das monumentale Werk des 1988 verstorbenen *Hans Urs von Balthasar*; Balthasar ist meines Erachtens »der Theologe« der Trinität. Zu nennen sind aber auch *Klaus Hemmerle*, dessen Erbe in der Fokolar-Bewegung fortlebt. Zu nennen ist *Walter Kasper* ebenso wie *Leo Scheffczyk, Gisbert Greshake* und natürlich *Joseph Ratzinger* mit seinen Ideen zur Communio-Ekklesiologie.

Heute sind die großen Theologen der Konzils- und Nachkonzilszeit abgetreten, entweder gestorben oder emeritiert. Die Ausnahme ist *Joseph Ratzinger*, der Papst geworden ist. Die Kirche hat scheinbar andere Probleme als die Dreifaltigkeit. Es ist *Johannes Paul II.* als große Ehre anzurechnen, dass er so etwas wie ein trinitarisches Konzept mit seinen ersten Enzykliken verfolgt hat[14]: Redemptor hominis [Sohn], Dives in misericordia [Vater], Dominum et vivificantem [Geist]). Vor allem aber, dass er das Christus-Jubiläums-Jahr 2000 mit einem trinitarischen Triduum (1997/98 = Geist; 1998/99 = Vater; 1999/2000 = Sohn/Eucharistie) hat einleiten lassen. Tatsächlich nützten damals viele Theologen das kirchliche Jubiläum, um der trinitarischen Gottesrede bewussteres Gehör zu verschaffen. Doch diese trinitarische Renaissance ist mittlerweile verblasst. Und der Effekt unter den Theologen ist gering, im Volk Gottes leider noch geringer, da wir dem massivsten Säkularisationsschub ausgesetzt sind.

---

[12] DH 1300–1302.
[13] K. RAHNER, Bemerkungen 103. Es ist interessant, dass das 2. Vatikanum hier dennoch fruchtbare Impulse gegeben hat in Richtung einer trinitarischen Communio-Ekklesiologie (Courth 245 f.).
[14] Die ersten theologischen Enzykliken von Johannes Paul II. bilden eine Art Trilogie: 1979 Redemptor hominis (Sohn), 1980 Dives in misericordia (Vater), 1986 Dominum et vivificantem (Geist).

Die Realität ist doch, dass die Gläubigen über Gott und das »Wie« Gottes nie nachdenken. Wir bezeichnen uns mit dem Kreuzzeichen, wir sprechen die trinitarischen Bekenntnisse wie etwa das Apostolicum und das Nizänokonstantinopolitanum in unseren Gottesdiensten und unsere offiziellen Gebete sind trinitarisch strukturiert. Aber die kappadokische Formel »Ein Gott in drei Personen« ist blutleer geworden. Für die Gebets- und Glaubenspraxis ist sie faktisch bedeutungslos. *Karl Rahner* hatte ja schon 1967 resignierend angemerkt, dass für die meisten Gläubigen die »Dreifaltigkeit« eine Art »Zusatzinformation« zum Begriff »Gott« ist, die man auch weglassen könnte.[15] Und der frühere Wiener Dogmatiker *Gisbert Greshake*, der im Alter noch ein dickes Buch über Trinität geschrieben hat, formuliert spitz: Es »scheint erst recht für die meisten Christen irrelevant zu sein, ob Gott ein-, drei- oder *(sit venia verbo!)* zehnfaltig ist.«[16]

Tatsächlich ist die durchschnittliche christliche Gläubigkeit mehr deistisch als trinitarisch, mehr diffus als explizit. Wenn sie über Gott reden, so bleiben sie gerne im Unbestimmten. Für die Wiener z. B. gilt Folgendes: Gott ist für sie der »Irgendetwas-wird-es-schon-geben!« Der »Herrgott« ist ein irgendwas, über das sie eigentlich gar nichts Genaueres wissen wollen, denn dann könnte es ihnen ja passieren, dass Gott sie aus ihrer Bequemlichkeit reißt und an sie moralische oder religiöse Forderungen stellt.

3. Die Aktualität der Frage nach dem »Wie Gottes«

Meine zweite Beobachtung besteht darin, dass wir es uns nicht länger leisten können, in unserem Bewusstsein des Glaubens an Gott, und zwar an den dreifaltigen Gott, so lau zu sein. Denn es gibt zunächst so etwas wie eine Renaissance der Gottesfrage. Gott ist wieder ein Thema. Der Grund dafür ist einfach: Wir sind nämlich schon mitten in einer großen Konfrontation. Ich habe es oben schon angedeutet. Während unser westlicher kirchlicher Apparat, der bei uns zum Großteil durch die Strukturmentalität der 68er blockiert ist, auf Themen wie »Frauenpriestertum«, »geschiedene Wiederverheiratete«, »Mädchen als Ministranten«, »Fragen der Ehemoral« usw. fixiert ist, sind die Fragen, die die Menschen »draußen« bewegen, schon viel substantieller geworden. Unsere Gesellschaft ist nicht halb säkularisiert, sie ist total säkularisiert. Gott, Glaube, Ewigkeit, Himmel, Gnade usw. kommt in der veröffentlichten Öffentlichkeit nicht vor.

---

[15] K. RAHNER, Bemerkungen, 105.
[16] G. GRESHAKE, Der dreieine Gott. Eine trinitarische Theologie, Freiburg – Basel – Wien 1997, 16.

Sehr wohl ist aber Gott ein Thema in den Herzen der Menschen. Die Kirche ist ja klug. Sie weiß mit dogmatischer Gewissheit, dass der Mensch unrettbar religiös ist. Das *1. Vatikanum* hat 1870 jedem Menschen die Fähigkeit zugesprochen, mit »dem Licht der natürlichen Vernunft« Gott zu erkennen. *Thomas von Aquin* spricht schon von einer »naturhaften Sehnsucht« nach Gott; *Karl Rahner* hatte die Menschlichkeit des Menschen gerade in seiner Disposition auf Gott hin, die er »Transzendentalität« nennt, festgemacht. Und darum habe ich heute das Gefühl, dass die Situation gerade am Kippen ist. Zwar hatte die Esoterik in den letzten 20 Jahren viele Menschen gleichsam eingeschläfert in einer wohligen selbsterfundenen Religiosität, doch das scheint sich zu ändern. Die Seifenblase des Materialismus ist zerplatzt, die Ratlosigkeit der Manager und die wirtschaftliche Rezession, in die wir gehen, werden viele Menschen nachdenklich machen gegenüber den Götzen eines reinen Säkularismus. Das heißt zunächst einmal für uns, dass wir wieder von Gott reden müssen.

Ich muss hier eine kirchenkritische Bemerkung machen: Wir wurden zwar durch das *2. Vatikanische Konzil* aufgefordert, eine Kirche in der Welt von heute zu werden, aber ich habe das Gefühl, dass die Kirche (im Westen) in ihren 2000 Jahren noch nie so wenig die Zeichen der Zeit gesehen hat wie heute. Und dass sie sich noch nie so feig versteckt hat vor den Sehnsüchten der Menschen. Kurz: Wir sprechen viel zu wenig über Gott. Es ist mir schon bewusst, dass es zu wenig ist, über Gott »nur« zu reden. Es ist richtig, dass Gott auch durch das karitative und diakonische Engagement usw. bezeugt und in der Welt anwesend gemacht wird. Trotzdem braucht es die verbale Verkündigung, die ausdrückliche Lehre über ihn. Der Name Gottes muss durch uns wieder anwesend gemacht werden im gesellschaftlichen Diskurs. Tatsache ist, dass wir nach außen hin den Anschein erwecken, dass es in unserem kirchlichen Tun nur um Werte, um Soziales, um – meist innerkirchliche – Strukturen und sonstiges Zweit- und Drittrangiges geht. Wenn wir aber nicht Gott thematisieren, dann kommen andere und tun dies auf eine Weise, wie es der Offenbarung Gottes nicht entspricht.

Wir müssen erkennen, dass wir uns schon mitten in der Situation des religiösen Wettbewerbs befinden: Auf der einen Seite ist in Amerika der fundamentalistische Atheismus auferstanden. *Richard Dawkins* ist mit seinen neodarwinistischen Büchern wie etwa »The God Delusion – Der Gotteswahn« erfolgreich, er führt im angloamerikanischen Raum, aber auch in Deutschland die Bestsellerlisten. Die von *Dawkins* inszenierte Kampagne, wonach Autobusse in England und dann auch in Spanien mit seinen Parolen: »Imagine, there is no God! Vielleicht gibt es keinen Gott. Genießen Sie das Leben!« beklebt wurden, hat für Aufsehen gesorgt. Dass die Frage nach Gott ein Thema ist, zeigt uns im deutschen Sprachraum auch der Mega-Erfolg des lustigen Buches von *Manfred Lütz* mit dem Titel »Gott. Eine kleine Geschichte des Größten.« In kürzester Zeit waren 120.000 Stück von dem Buch verkauft!

Ich möchte hier persönlich anmerken, wie mir bewusst geworden ist, wie sehr wir in der Kirche blind geworden sind gegenüber den religiösen Sehnsüchten der Menschen: Im Zusammenhang mit unserer CD »Chant – Music for Paradise«, die weltweit erfolgreich war, fielen hunderte Journalisten bei uns im Stift Heiligenkreuz ein. Mir fiel auf, dass die kirchlich-geprägten Journalisten vor allem Fragen nach dem »Äußerlichen« stellten: »Wie viel Geld verdienen Sie damit? Wieso beten Sie Latein?« So mancher weltlicher Journalist fragte mich: »Welche Religion haben Sie eigentlich?« Aber gerade diese Ahnungslosen fragten dann nach dem Substantiellen: »Kann man Gott spüren, wenn man betet? Was empfinden Sie beim Singen? Wieso sind Sie sicher, dass es Gott gibt?«

Die meisten Menschen sind heute sehr offen gegenüber der Gottesfrage. Und wir müssen auch sehen, dass wir in unserem christlichen Bekenntnis ja schon seit Jahren mächtige Konkurrenz durch die Esoterik und all den New-Age-Aberglauben haben. Der Gott des New-Age ist apersonal, er ist eine Art alles durchdringende Kraft, die ihre Epiphanie in mir hat, wenn ich es zulasse. Man muss nur einmal die Bücher des brasilianischen Erfolgsautors *Paulo Coelho* lesen, das ist »Esoterik pur«. Es ist kein Zufall, dass gerade in zutiefst säkularisierten westlichen »christlichen« Gesellschaften wie in England oder in den Niederlanden der *Dalai Lama* populärer ist als der Papst. Weil er für eine Religion steht, die keinen Begriff für Gott hat, die das Erlöschen des Ich lehrt (Nirwana heißt Erlöschen), die so gut wie keine moralischen Lehren verkündet und die sich auch nur in ihrer bei uns importierten Form als friedliebend gebärdet. Die Gottheit der östlichen Religiosität und der westlichen Neugnosis ist apersonal, neutrisch und wertneutral. Schon der Frühidealist *Johann Gottlieb Fichte* (†1814) hatte Anfang des 19. Jahrhunderts angemahnt, dass Gott nicht Person sein kann, weil er dann begrenzt sein müsse[17]. Wir haben heute eine »grün-esoterische« Mystik, in der die Naturkräfte vergöttlicht werden. Alte Gnosis neu aufgegossen, ist für viele Postsäkularisierte zum Faszinosum geworden.

Und schließlich liegt der wichtigste Grund, warum wir über Gott, und zwar über den dreifaltigen Gott, nachdenken müssen, darin, dass eine mächtige monotheistische Religion bei uns immer präsenter wird, der Islam. Eine geistige Auseinandersetzung mit dem Islam wird schon deshalb notwendig sein, weil in Europa bereits 42 Millionen Muslime leben, davon in Deutschland über drei Millionen. Die meisten werden im Lande bleiben, ja es werden noch mehr werden, da dort Kinder als Segen angesehen wer-

---

[17] Vgl. W. JANKE, in: TRE XI, 157–171.

den. Der Islam wurzelt wesentlich in einem aus dem Alttestamentlich-Jüdischen übernommenen Gottesverständnis; er lehnt deshalb den christlichen Trinitätsglauben explizit als Vielgötterei ab. *Mohammed* lehrt im Koran: »Wahrlich ungläubig sind, die da sprechen: ›Siehe allah ist ein dritter von drei.‹ Aber es gibt keinen Gott, denn einen einzigen Gott ... Nicht ist der Messias, der Sohn der Maria, etwas anderes als ein Gesandter.«[18]

Es ist eine Tatsache, dass der Islam heute gerade mit seiner Einheit und Eindeutigkeit im Gottesbild eine große Faszination ausübt: ein absoluter, souveräner Gott-Allah, herrlich erhaben in seiner Totalität und Weltregierung. Kein Kreuz, keine komplizierte Dreifaltigkeit, deshalb auch eine klare strenge Moral und Sittlichkeit usw. – Viele empfinden wie der junge *Charles de Foucauld* (1858–1916): Charles war ausdrücklicher Atheist; bei seinen Aufenthalten in Nordafrika faszinierte ihn aber die öffentlich praktizierte Religiosität der Muslime[19], sodass er zu beten begann: »Mein Gott, wenn es dich gibt, dann zeige es mir!« Charles kam dann sehr wunderbar zum christlichen Glauben und hat nicht zufällig das Herz als Symbol auf sein Mönchsgewand gesteckt: Er wollte bewusst das Wesentliche des christlichen Gottes zeigen: Unser Gott ist ein Gott der barmherzigen Liebe im Unterschied zu dem bloß erhabenen und weltfernen Allah. Faktum ist aber, dass zur Zeit in Deutschland pro Jahr 10.000 Christen (also säkularisiert aufgewachsene Protestanten oder Katholiken) zum Islam übertreten; dem stehen nur 1000 Muslime gegenüber, die jährlich getauft werden.

Schließlich muss ich hier auch noch erwähnen, dass eine ähnliche Faszination von dem mythologischen und simplifizierten Gottesbegriff der *Zeugen Jehovas* ausgeht. Diese lehnen die Gottessohnschaft Christi vehement ab. Die Zeugen Jehovas polemisieren in allen ihren Schriften heftig gegen die Trinität; durch Charles Taze Russel ist Anfang des 20. Jahrhunderts ein explizit antinizänischer Arianismus wiedererstanden. Tatsächlich sind die Zeugen Jehovas jederzeit bereit, in eine heftige Debatte über das Konzil von Nizäa zu treten, also über Themen, von denen ein normaler Katholik keine Ahnung hat, weil ihm die Grundlinien seines Gottglaubens unbekannt sind. Und Ähnliches ist zu berichten vom Dialog mit dem Islam. In Wien musste eine der vielen »Dialogforen« zwischen katholischen Pfarrgemeinden und den ansässigen Muslimen abgebrochen werden, weil die Muslime über die Dreifaltigkeit reden wollten, die Katholiken davon aber keine Ahnung hatten.

Es gibt also maßgebliche Herausforderungen an das Christentum, sich von der Substanz her zu legitimieren, mehr noch: von der Substanz

---

[18] Koran, Sure V, 76.77.79.
[19] C. de Foucauld, Lettres à Henry de Castries, Paris 1938, 94–96; zitiert nach F. Courth, Der Gott der dreifaltigen Liebe, Paderborn 1993, 17.

her den dreifaltigen Gott als den Wahren zu erweisen. Freilich bekennt die Kirche mit dem 2. Vatikanum, dass in allen Religionen »Wahres und Heiliges«[20] enthalten ist. Und es ist ohne Zweifel, dass sich Lichtstrahlen der Wahrheit, *logoi spermatikoi,* überall finden, und doch ist in der christlichen Botschaft das Helle der anderen Erkenntnisse nochmals vom Glanz der göttlichen Selbstoffenbarung überstrahlt und übertroffen, so das Konzil.[21] Balthasar hat im »Epilog« auf seine große Trilogie daher als Kriterium der Wahrheitserkenntnis formuliert: Wer mehr sieht, hat mehr recht! Wo mehr Wahrheit ist, ist mehr Licht![22] Ich meine also, dass wir uns theologisch den Blick auf dieses »Mehr« zurückerobern müssen, weil wir in Zukunft für eine fruchtbare Konfrontation mit den Mitbewerbern auf dem postmodernen Markt der Religiositäten gerüstet sein müssen. Weil ich denke, dass in der Zukunft das Christentum apologetischer, missionarischer und selbst-bewusster werden muss, möchte ich in einigen Punkten aufzeigen, welche denkerischen »Vorsprünge« uns die Trinitätsoffenbarung gegenüber dem sonstigen Marktangebot an Religiösem gibt.

4. Fünf Qualitätsmerkmale des trinitarischen Gottesbegriffs

Der trinitarische Gott ist universal

Wir müssen uns also die Gottesrede zurück erobern und wir müssen die Trinität in unser theologisches und spirituelles Bewusstsein stärker integrieren. Zum Schluss muss ich noch auf das Inhaltliche kommen. Ich habe vom Wettbewerb der Gottesbilder gesprochen, und da meine ich, dass unser trinitarisches Gottesbild den anderen Gottesbildern überlegen ist. Trinität besagt nämlich im Kern, dass Gott *universal* ist, im wahrsten Sinne »umfassend«, er ist in sich »das Ganze der Wirklichkeit«, weil er »das Ganze der Liebe« ist.

Wir müssen festhalten, dass wir Monotheisten sind; die Einzigkeit Gottes ist uns nicht nur philosophisch heilig, sondern auch biblisch, denn auch für uns gilt der Satz des »Schema Israel«: »Höre, Israel! Jahwe, unser Gott, Jahwe ist einzig.« (Dtn 6,4) Durch die Menschwerdung des Logos offenbart sich dieser eine einzige Gott aber als in sich differenziert: Wir glauben, dass Gott von Ewigkeit her in dreifacher Weise die Liebe ist: schenkend in dem, was wir Vater nennen; empfangend und verdankend in dem, was wir Logos oder Sohn nennen; einigend in dem, was wir Geist

---

[20] 2. Vatikanisches Konzil, Nostra Aetate 2,2.
[21] 2. Vatikanisches Konzil, Lumen Gentium 14–16; Ad Gentes 2–9.
[22] H. U. v. Balthasar, Epilog, Einsiedeln-Trier 1987, 11.

nennen: ein Gott, in dreifacher Weise die Liebe. Der Begriff »drei Personen« ist heute, hier hat *Karl Rahner* recht, ungeeignet, weil er die Vorstellung von »drei Individuen« gibt, von drei Aktzentren[23]. Es ist aber nur ein Gott, eine Liebe, freilich in dreifacher Weise. Gott ist von Ewigkeit Differenz und Identität.

Dass Gott von Ewigkeit in sich erfüllte, dreifaltige Liebe ist, nennen wir »immanente Trinität«, wo Gott an der Welt handelt, sprechen wir von »ökonomischer Trinität« oder »Heilstrinität«. Da jede der göttlichen »Personen« Gott ist, können wir davon sprechen, dass Gott Mensch geworden ist. Wir meinen damit aber genau genommen nur die zweite göttliche Person, denn der Vater bleibt in seiner Ewigkeit, und der Geist wird erst vom Auferstandenen her in die Geschichte hinausgehaucht, um Christus in die Herzen aller zu tragen. Das Faszinierende an der ökonomischen Trinität ist, dass sie alle Bereiche des Denkbaren in einem »Zugleich« abdeckt. Gott ist ewig unfassbar (im Vater) und doch zugleich in der Zeit fassbar (im Sohn) und wiederum zugleich im Glauben allezeit erfassbar (im Heiligen Geist). Dreifaltigkeit ist der maximale Begriff von Gott, Trinität ist das Synonym für absolute Fülle.

Ein Beispiel: Der Gott des *New Age* ist apersonal und abstrakt. Gott ist ein neutrisches Etwas jenseits von hier und da, draußen und drinnen, Gott als die Abstreifung aller Polarität. Der Gedanke ist faszinierend, weil er gleichsam suggeriert, dass hier ein »größerer« und »universalerer« Gottesbegriff gedacht wird als im Christentum mit seiner Fixierung auf einen persönlichen Gott. Dagegen müssen wir sagen, dass es sich hier um eine wahrlich »schlechte Universalität« handelt, eine »schlechte Unendlichkeit«, um mit Hegel zu sprechen. Der abstrakte Gott des New Age hat ja seine Begrenzung und Fixierung, und zwar eben gerade darin, dass dieser Gott an einem Ort nicht sein kann: in der Partikularität, im Endlichen, in der Polarität, in der Differenz. Das Konkrete ist diesem Gott fern. (Und auch seinen Jüngern! Denn wer sich auf den Gott der Yin-Yang-Einheit einlässt, der muss die Endlichkeit und ihre Konkretionen durch Meditation als Schein durchschauen.)

Und für den *Islam* wiederum ist Gott nur draußen; er ist der Welt – übrigens extrem unphilosophisch – gegenüber; die Kluft der Erhabenheit trennt Allah radikal von uns Endlichen; wir können ihm gegenüber nur die Haltung der Unterwerfung annehmen, Unterwerfung heißt »Islam«. Gott ist dort zwar sehr groß, sehr maximal gedacht, aber es gibt einen Ort, wo er nie sein kann: das ist in der Welt, in unserem Leben, ja in uns. Im Islam ist selbst das Paradies nicht von Gott bewohnt.

---

[23] K. Rahner, Der dreifaltige Gott als transzendenter Urgrund der Heilsgeschichte, in: MySal 2, 317–401; Ders., Grundkurs des Glaubens, Freiburg – Basel – Wien 1976, 140.

Das Christentum sieht hier tiefer, denn unser Gott umfasst »alles«: Ewigkeit und Zeitlichkeit, Unendlichkeit und Endlichkeit: Erstens ist unser Gott im *Vater* bleibend verborgener Urgrund, niemals-vorstellbares und niemals-erfassbares Jenseits, allesdurchdringender Urgrund. Doch darüber hinaus bekennt das Christentum zweitens die Anwesenheit eben dieses selben Gottes auch im Endlichen durch die Menschwerdung der zweiten göttlichen Person. In *Jesus Christus* begegnet Gott in der Form der Endlichkeit, der Universale in der Gestalt des Konkreten. Jesus ist der Gott in der Gestalt des Anschaubaren, Angreifbaren, Hörbaren. Gott in der Gestalt des Bruders und Nächsten. Mehr noch: In der Menschwerdung ist Gott sogar an jenen tiefsten Punkt »hinabgestiegen«, wo der gnostische Gedanke Gott nie vermuten könnte: nämlich in den Tod. Er stirbt unseren Tod, ohne als Gott zu sterben, im Gegenteil, sein Tod erweist seine Lebendigkeit und schenkt uns Leben. Wenn wir in der eucharistischen Anbetung vor einem Stück Materie knien, dass dann der wirklich gegenwärtige Sohn ist, dann ist das etwas, an das keine andere Religion heranreicht: *Finitum capax infiniti:* Das Endliche ist fähig, das Unendliche zu tragen. Und das ist nicht weltfremde Theologie, sondern wirkt sich konkret in unserer Gesinnung aus, in unserer ethischen Einstellung: Die selige *Mutter Teresa* sagte: »Wir knien täglich in der früh eine Stunde vor dem Tabernakel und beten Jesus in der Hostie an, damit wir fähig werden, ihm dann in den Ärmsten der Armen zu dienen.« Drittens gilt: Gott ist im Sohn nicht nur »im Anderen«, sondern er gießt sich im *Heiligen Geist* sogar in unsere Herzen ein, er macht uns selbst zum »Tempel« seiner Gegenwart. Er zieht in uns ein so wie das Salböl der Firmung osmotisch in unseren Leib eindringt.

Gott ist also im Abstrakten, er ist im Konkreten und er ist in uns. Unser Gott ist daher viel universaler, weil ihm nichts fremd ist. Er ist nicht die platte Abstraktheit des Yin-Yang-Nebels, nicht die schlechte Unendlichkeit (im hegelschen Sinn), sondern die wahre Fülle, die er in seiner trinitarischen Offenbarung erwiesen hat. Und er ist nicht das »Nur-Andere«, sondern er ist, wie *Nikolaus Cusanus* das eindrucksvoll formuliert hat, deshalb ganz anders, weil er nicht ganz anders ist: *Aliud, quia non aliud.*

Der trinitarische Gott ist in sich frei zur Schöpfung

Dass Gott die Welt erschaffen hat, ist noch keine religiöse Erkenntnis, sondern eine Schlussfolgerung der Vernunft; die Vernunft erlaubt auch, einen Schöpfungsbegriff zu entwickeln, wonach Gott die Welt *ex nihilo,* aus dem Nichts hervorgebracht hat. Das *ex nihilo* bedeutet aber nicht ein absolutes Nichts, sondern bloß das Nichtsein des Endlichen, des Geschöpflichen: zugleich existiert ja schon von Ewigkeit Gott. Und jetzt sind wir im innersten

Kern des christlichen Glaubens, denn Gott ist von Ewigkeit erfülltes Wesen, lebt in einer dreifaltigen Lebendigkeit. Vater, Sohn (Logos) und Geist leben seit Ewigkeit ein göttliches Leben der Liebe. Daher erlaubt uns die »immanente Trinität«, den Schöpfungsakt als absolut freies Handeln Gottes zu denken.

Wäre Gott ein monistischer Monolith, ließe sich die Frage nach dem Warum der Schöpfung nur so beantworten: Schöpfung erfolgt aus einem Bedürfnis heraus, oder weil der einsame Gott sich langweilt. So hat Schiller gedichtet, Hegel hat es zitiert: »Freundlos war der große Weltenmeister / fühlte Mangel – darum schuf er Geister, / sel'ge Spiegel seiner Seligkeit.«[24] Hegel meinte, dass Gott die Negation seiner Selbst, also das Endliche, brauche, um überhaupt er selbst zu sein. In der Philosophie der Religion formuliert er: »Das, was Gott erschafft, indem er die Welt bildet, ist er selbst.«[25] Auch in der Gnosis, im Neuplatonismus und im östlichen Denken fließt die göttliche Substanz gleichsam notwendig aus sich aus. Christlich hingegen ist Gott immer schon erfüllt im Gegenüber der Liebe; er braucht nichts außer sich, da er schon alles in sich hat: Einheit und Geschiedenheit, Hingabe und Annahme, Dank und gegenseitige Verherrlichung. Deshalb können wir sagen: Er schöpft aus dem Überschwang der innergöttlichen Liebe heraus, und aus keinem anderen Grund.

Der trinitarische Gott ermöglicht wahre endliche Freiheit

Trinität erlaubt uns, das Urbild von endlicher Freiheit schon in Gott selbst zu erkennen: Freie Liebe des Vaters zum Sohn, freie Liebe vom Sohn zum Vater, in der Freiheit des Heiligen Geistes zu einem Gottwesen der Liebe geeint. Vor der Hervorbringung der Schöpfung existiert Gott immer schon als ewige Erfülltheit des einen Wesens als ewig-freie Hingabe von Vater und Sohn aneinander. Wäre Gott nicht von Ewigkeit dreifaltig, so gäbe es keine wahre Freiheit des Endlichen, denn dann wäre ein Neben- oder Miteinander von Gott und Mensch nicht denkbar. Wie sollte ein solches Nebeneinander von freiem Gott und freiem Geschöpf ausschauen? Das freie Absolute müsste das freie Endliche doch immer überwältigen, entmächtigen, weil es ja das Absolute ist. Eine wahre Freiheit im Endlichen ist dann nicht möglich. Tatsächlich müssen alle religiösen Vorstellungen, die ein einziges, monistisches göttliches Prinzip vertreten, die Freiheit abschwä-

---

[24] G. W. F. HEGEL, Vorlesungen über die Geschichte der Philosophie (= Theorie Werkausgabe) XVIII,96; zitiert nach G. GRESHAKE, Der dreieine Gott, 225.
[25] G. W. F. HEGEL, Philosophie der Religion, ed. Lasson, 200.

chen: zugunsten der Übermacht Gottes und damit zuungunsten des Menschen. In der Stoa war es die unentrinnbare Pronoia, das Schicksal; im östlichen Denken durchwaltet die eine Weltseele das Ganze, dem gegenüber der Mensch nur Karma produzieren kann: eine Vergeltungskausalität, die man sich bestenfalls in stoischer Ataraxia einfügen kann. Am Ende steht der Fatalismus.

Der dreifaltige Gott hingegen kann den Menschen in eine wirkliche Freiheit entlassen, er kann dem Menschen echten Selbststand geben, die ihn nicht bloß Marionette sein lässt. Dieser Selbststand freilich liegt im Sohn. Menschliche Freiheit ist bleibend partizipativ an der innergöttlichen Freiheit des Sohnes, denn »durch ihn wurde alles erschaffen im Himmel und auf Erden« (Eph 1,16). Endliche Freiheit ist Teilhabe an der wahren Freiheit des Sohnes. Die Erlösung aus der Verkehrung dieser Freiheit geschieht deshalb eben gerade durch den Sohn. Erlösung bedeutet für uns, dass Gott sich in Sohn und Geist zum Heil der Welt engagiert, und die 2. göttliche Person steigt ab in die Endlichkeit und lebt innerhalb des Freiheitsraumes eines Menschen. Gott will den Menschen innerhalb von dessen eigener Freiheit, die er durch die Sünde pervertiert hat, erlösen. Das ist der Grund, warum Erlösung so »kompliziert« geschieht, indem die 2. göttliche Person, also das innergöttliche Gegenüber zum Vater, Mensch wird, also zum außergöttlichen Gegenüber absteigt. Die Freiheit des Menschen soll in die ursprüngliche Hinordnung auf Gott zurückgeführt werden. So liegt der freie Gott im Ringen mit dem freien Menschen, der zwar sein Geschöpf ist, dessen Freiheit er aber niemals tyrannisch überspielen will. Wichtig ist, daß Erlösung Handeln Gottes ist.

Anders verhält es sich in der New-Age-Religiosität, die ja vielfach ein Aufguss der antiken Gnosis ist, hier ist Sünde das Herausfallen aus der Einheit des Seins, an dem unser Erkennen schuld trägt. Der Mensch vergisst seine Einheit mit dem Ursprung und fällt in die »Polarität«, in ein Denken und Fühlen in Gegensätzen. Die Lösung besteht dann in der Rückkehr: durch Meditation und Askese. Rückkehr in eine Alleinheit erfolgt aus eigenen Kräften. Ohne Trinität bleibt Erlösung immer Selbsterlösung. Der Verdacht bleibt jedenfalls bestehen, dass es doch nicht Gott ist, der entsündigt, verzeiht und versöhnt, sondern der Mensch es durch sein eigenes Tun leisten muss. Die beiden anderen großen monotheistischen Religionen können die Verzeihensbereitschaft Gottes zwar behaupten, das Christentum aber schaut im Gekreuzigten den Erweis einer zuvorkommenden und bedingungslosen göttlichen Barmherzigkeit. Nicht der Sünder muss die Sünde ableisten, sondern Gott leistet sie in sich selbst ab.

Allen anderen religiösen Vorstellungen sind potentielle Formen der Selbsterlösung. Besonders deutlich greifbar ist dies in der New-Age-Religiosität, die vielleicht auch deshalb immer noch so stark ist, weil sie der westlichen »Macher-Mentalität« entgegenkommt: eigenes Tun, eigene Meditation, eigene Askese, eigene Technik sollen Heil schaffen. Und man wird auch vermuten dürfen, dass der fanatische und missionierende Eifer vieler Sekten daher rührt, dass die Mitglieder unter Druck stehen: unter dem Druck, sich das Heil selbst erwirken zu müssen.

Der trinitarische Gott ist hingebende Liebe

Die Theodizeefrage ist bleibend die drängendste religiöse Frage der Menschen: Woher das Leid? Wie ist ein gütiger Gott mit dem Elend der Welt zu vereinbaren? Der 1947 verstorbene Dichter Wolfgang Borchert hat die Theodizeefrage eindrucksvoll formuliert: »Warst du in Stalingrad lieb, lieber Gott, warst du da lieb, wie? Ja, wann warst du eigentlich lieb, Gott, wann? Wann hast du dich jemals um uns gekümmert.«[26]

Viele neue Theologen haben die Trinität in den Mittelpunkt gestellt, um Antwort auf eben diese Frage zu geben: Wie ist ein Gott der Liebe mit dem Leiden in der Welt vereinbar. Vor allem Jürgen Moltmann, der Anfang der 70er Jahre mit seinem Wechsel von der politischen Theologie zur Kreuzestheologie einen heilsamen Schock in der evangelischen Kirche auslöste, ist hier zu nennen; auf katholischer Seite natürlich Hans Urs von Balthasar: Nur wenn Gott trinitarisch ist, dann kann er – unbeschadet seiner inneren göttlichen Absolutheit und Glückseligkeit – das Leiden mit dem Menschen teilen, ohne im Leiden oder Sterben seiner Gottheit verlustig zu gehen. Indem der Sohn im Gegenüber zum Vater stirbt und im Geist der gehorsame Sohn bleibt, hat unser Tod seinen Stachel verloren. Er ist nicht mehr der Tod ohne Gott, sondern der Tod in Gott.

Den Traurigen und Depressiven, den Verlassenen und Sterbenden können wir im Symbol des Kreuzes die Wahrheit des Gottes entgegenhalten, der in der tiefsten Tiefe und fernsten Ferne uns Endlichen auch noch nahe ist. Trinität ermöglicht zu bejahen, dass Gott den Tod kennt, das Leid kennt, die menschliche Ohnmacht kennt usw. Mit Recht steht deshalb als Zusammenfassung der christlichen Offenbarung in 1 Joh 4,8.16 der Satz, dass »Gott die Liebe ist«. In einer nichttrinitarischen Religiosität, die das Kreuz Gottes nicht kennt, ist ein solcher Satz zwar denkbar, aber ist er nicht bleibend eine inhaltsleere Floskel, weil er durch nichts gedeckt ist? Wir dürfen Papst Benedikt XVI. sehr dankbar sein, dass er in seiner ersten Enzyklika »Deus Caritas est« den Blick auf das zentrale Mysterium des Kreu-

---

[26] W. BORCHERT, Draußen vor der Tür, Hamburg 1958, 42.

zes richtet, an dem sich durch das geöffnete Herz Jesu die konkrete Selbstdefinition Gottes als »die Liebe« ereignet[27].

Tatsächlich steht der Begriff der Liebe Gottes auch nicht im Mittelpunkt anderer Religionsformen. Die Religiosität des New Age ist pantheistisch. Gott und Naturkräfte werden ineins gesetzt. Bei dem meditativen Einswerden mit der Weltseele geht es um gnostische Glückserfahrungen, aber nicht um personale Liebe. Und im Islam, wo sich Allah und Welt schroff gegenüberstehen, ist Gott vor allem dominant, erhaben, weil er eben »ganz anders« ist, »ganz draußen« steht. Vom Menschen fordert er nicht Liebe, sondern »Islam«, das man mit »Unterwerfung« übersetzen muss.

Der trinitarische Gott ermöglicht uns Einigung

Ein Charakterzug der Postmoderne ist die Sehnsucht nach Einigung mit Gott. Rahner hat vom Christen der Zukunft gefordert, dass er »Mystiker« sei. Doch »Mystik« ist nicht »Mystik«, »Spiritualität« ist nicht »Spiritualität«. In manchen östlichen Techniken geht es um das innere Leerwerden, um das Sich-Entleeren, ja um das Sich-Vernichtigen. Gerade dort wo das Göttliche so abstrakt und übermächtig als undifferenzierte »Einheit« vorgestellt wird, muss das Nicht-Eine, das *andere,* also auch das Ich als Abfall gegenüber dieser göttlichen Einheit gesehen werden. Folglich muss dann der Meditierende sich selbst als »Schein« durchschauen. Meditation ist die Vernichtigung von Wirklichkeit. Am schärfsten hat hier Hans Urs von Balthasar protestiert: Bei dieser »Entwerdung«[28] und »Ent-Ichung«[29] handle es sich schlicht um eine »Reduktion des Menschen«[30].

Anders beim dem, der christlich betet und meditiert: Bei uns ist Gebet »Begegnung«, »Dialog«, »Gespräch«. Wir werden nicht in eine polaritätslos abstrakte Einheit hineinverschlungen. Warum? Der Grund dafür liegt wieder in der Dreifaltigkeit Gottes selbst: Denn es gibt in der Dreifaltigkeit das Urbild des Gebetes, das Gegenüber. Es gehört zum Wesen der Trinität, »Einheit in Geschiedenheit« zu sein: Der Sohn betet den Vater an in absoluter göttlicher Einheit des Geistes. Einheit ist da, Einheit aber, die das Gegenüber nicht auflöst, sondern voraussetzt.

---

[27] R. Feulner, Herz Jesu-Verehrung als christozentrischen Frömmigkeitsform des Mysteriums der Liebe Gottes, in: Sancta Crux 67 (2006) 82–95.
[28] H. U. v. Balthasar, Verbum Caro. Skizzen zur Theologie I, Einsiedeln, 2. Auflage 1965 (1960), 188.
[29] H. U. v. Balthasar, Christen sind einfältig, Einsiedeln 1983, 17; ders., Theologik, Band 2: Wahrheit Gottes, Einsiedeln 1985, 85.
[30] H. U. v. Balthasar, Das betrachtende Gebet, Einsiedeln ⁴1976 (1955), 212.

Christliche Meditation zielt deshalb sehr wohl auf Einigung mit Gott ab, aber diese Einigung ist nicht ein Abheben in ein abstraktes Nirvana, sondern Begegnung mit dem unendlichen Du. Gebet ist Dialog und nicht Selbstauflösung. In uns, die wir als »Christen« im Sohn sind, betet der Geist mit unaussprechlichem Seufzen.

5. Der trinitarische Gott will »verschmeckt« werden

Es ist dringlich, das christliche Gottesbild deutlich zu thematisieren. Es ist dringlich, die Universalität des Gottes, der sich als schon ewig dreifaltig geoffenbart hat, zur Rede zu bringen. Weil Gott Vater, Sohn und Geist ist, umfasst er mit seiner Liebe alles: »Du umschließt mich von allen Seiten und legst deine Hand auf mich.« (Ps 139, 5) Wenn ich eine Rückbesinnung auf Trinität einmahne, dann heißt das natürlich, dass wir die Arbeit des Begriffes und Denkens brauchen. Aber noch mehr meine ich, dass wir zuvor die Freude des gläubigen Blickes auf das Faszinosum der christlichen Offenbarung brauchen. Vor luftleeren Trinitätsspekulationen muss man warnen, denn waren nicht eben sie es, die in der Vergangenheit selbst Theologen die Freude an der Trinität, vor allem aber den Blick auf ihre grundlegende Bedeutung verstellt haben? Wir brauchen also weniger eine komplizierte Spekulation über das Innere Gottes, da vor der Theologik die Theoästhetik kommt, das gläubige Staunen über die offenbare Herrlichkeit.

Wenn wir in einen »Qualitätsvergleich« mit den anderen Religionen und religiösen Anschauungen eintreten, und dies wird in der Zukunft unverzichtbar sein, müssen wir uns gläubig bewusst werden, was Trinität ist. Das leuchtende Geheimnis der Dreifaltigkeit erschließt sich nur dem Weisen. Das lateinische Wort für Weisheit, *sapientia*, kommt von *sapere*, »schmecken«. Zum geistigen Verschmecken der Trinität empfehle ich die Werke der großen Mystiker, besonders der Adrienne von Speyr. Und natürlich empfehle ich meinen Lieblingstheologen, den genialen Hans Urs von Balthasar. Das Verschmecken der Trinität kann aber auch schlicht mit einer erhöhten Achtsamkeit gegenüber der Liturgie beginnen, denn diese ist von ihrem Wesen her trinitarische Dramatik! Im anbetenden Einstimmen in das ewige Lob der Dreifaltigkeit sagt sich uns am tiefsten zu, dass unser Gott der ist, »über den hinaus nichts größeres gedacht werden kann«, wie Anselm es so eindrucksvoll formuliert hat: *id, quo majus cogitari nequit.*

Ernst Christoph Suttner

Das Bekenntnis der Kirche für den Glauben an den dreifaltigen Gott

Wo Christi Kreuzesopfer in vollgültigem eucharistischem Gottesdienst gefeiert wird, lebt laut *Lumen gentium,* Art. 3, die Kirche; Gottes Reich ist dort zugegen und der Heilige Geist ist in den Gläubigen am Wirken. Laut Art. 4 wohnt er in solchen Gemeinden und in den Herzen der Gläubigen wie in einem Tempel, betet in ihnen, bezeugt ihre Annahme an Sohnes statt, führt sie in alle Wahrheit ein, eint die Gemeinden, bereitet sie, lenkt sie durch verschiedene hierarchische und charismatische Gaben und schmückt sie mit seinen Früchten.

Die alte Kirche, die auf die Führung durch den Heiligen Geist vertraute, hielt alle Kirchen für gleichrangig und für befähigt, die göttlichen Gnadengaben in Anpassung an die jeweilige Mentalität und die Lebensverhältnisse der Gläubigen ihres kulturell-soziologischen Umkreises (ihres *ethnos,* wie der 34. Apostolische Kanon sich ausdrückt) zu verwalten. Angeleitet durch den Heiligen Geist suchten die Ortskirchen von Anfang an nach den für ihre Gläubigen geeigneten Formulierungen in der Glaubenspredigt sowie nach den angemessenen Formen des spirituellen Lebens, der Sakramentenspendung und der kirchlichen Rechtsordnung, und für den Hirtendienst stand ihnen jenes Vorgehen frei, das dem Auftrag des Herrn, den jeweiligen Gläubigen und den Zeichen der Zeit entsprach.

Denn die Einheit der Kirchen erwies sich weder an Einheitlichkeit der Gottesdienstfeiern oder der Redeweisen beim Verkünden der Glaubensbotschaft, noch an voller Übereinstimmung in der Kirchenordnung und in der Pastoral, auch nicht (was für unseren Zusammenhang besonders wichtig erscheint) an einem Gleichlaut der Glaubensbekenntnisse, die bei der Taufe abgelegt wurden.[1] Von der Kircheneinheit zeugte vielmehr, dass sich alle

---

[1] Im Dokument »Glaube, Sakramente und Einheit der Kirche« (Bari 1987), Nr. 18–20, nahm die Kommission für den offiziellen theologischen Dialog zwischen der katholischen und der orthodoxen Kirche ausdrücklichen Bezug auf die große Verschiedenheit der Eucharistiegebete und der Taufbekenntnisse in der alten Kirche trotz ihrer Einheit. (Eine deutsche Übersetzung des Dokuments von 1987 findet sich in: Una Sancta 42 [1987] 262–270.) Zur Verschiedenheit der Taufbekenntnisse vgl. auch die Abschnitte von H.-J. Vogt zum Stichwort Glaubensbekenntnis in LThK 1995, IV, 703–706, sowie P. Hünermann, Kompendium der Glaubensbekenntnisse, Freiburg 1991, 21–52.

Kirchen trotz großer Verschiedenheit auf ein und dasselbe Evangelium bezogen wussten und dass diese Bezogenheit voneinander anerkannt war. Denn im Vertrauen auf den Gottesgeist, der die Kirchen leitet, hatte man erkannt, dass es die Gesamtkirche bereichert, wenn durch Gottes Hilfe da und dort besondere Einsichten erlangt werden durften.[2]

Doch im Lauf der Zeit verfielen manche Kirchen auf die Meinung, es sei für die übrigen Kirchen besser, nicht weiter auf das zu vertrauen, was der Geist ihnen selber ermöglichte, und »größere Kirchen« verlangten von anderen Kirchen, dass sie übernehmen, was bei ihnen ausgearbeitet worden war. Nicht mehr nur das sollten sie in freier Auswahl von der »größeren« Schwesterkirche übernehmen, was sie in Dankbarkeit als für sich förderlich erkannten. Vielmehr begannen Versuche, die für »schwächer« gehaltenen Kirchen in ihrer Freiheit zu beschneiden, und sie auf das hin zu »vereinheitlichen«, was der vermeintlich bedeutenderen Kirche vom Geist Gottes geschenkt worden war. Hätte sich dieses Verfahren in der Christenheit allgemein durchgesetzt, wäre die Gesamtkirche verarmt. Doch Früchte, die mit Gottes Hilfe heranwuchsen, lassen sich nicht niederhalten; schon in den Tagen der Apostel hatte Gamaliel vor dem Hohen Rat ausgeführt, dass nichts vernichtet werden kann, wenn es von Gott stammt (Apg 5, 39). Die Wünsche auf Einheitlichkeit erbrachten keine Steigerung der Einheit, vielmehr zahlreiche Schismen. Denn wie Paulus in 1 Kor 11, 19 schrieb, mussten Parteiungen und Spaltungen kommen, damit sichtbar wird, wer treu und zuverlässig ist.

Das Bekenntnis der Kirche für ihren Glauben an den dreifaltigen Gott zu alter Zeit – in Achtung vor der kulturellen Vielfalt der Schöpfung

In Kürze und ohne weiteren Zusatz fügte im Jahr 325 das Konzil von Nizäia in sein Glaubensbekenntnis die Aussage ein: »wir glauben ... an den

---

[2] Vgl. *Unitatis redintegratio,* Art. 14: »Das von den Aposteln überkommene Erbe ist in verschiedenen Formen und auf verschiedene Weise übernommen und daher schon von Anfang an in der Kirche hier und dort verschieden ausgelegt worden, wobei auch die Verschiedenheit der Mentalität und der Lebensverhältnisse eine Rolle spielten.« Vom Segen, welcher der Kirche erwuchs, weil »bei der Erklärung der Offenbarungswahrheit im Orient und im Abendland verschiedene Methoden und Arten des Vorgehens zur Erkenntnis und zum Bekenntnis der göttlichen Dinge angewendet wurden«, spricht Art. 17 desselben Dekrets und legt dar, »dass von der einen und von der anderen Seite bestimmte Aspekte des geoffenbarten Mysteriums manchmal besser verstanden und deutlicher ins Licht gestellt wurden«, dass daher »oft mehr von einer gegenseitigen Ergänzung als einer Gegensätzlichkeit« zu sprechen ist. Hinweise auf das Ausmaß der »Verschiedenheit des kirchlichen Lebens von Anfang an« sind zusammengestellt in einem Beitrag in: Rappert (Hg.), Kirche in einer zueinander rückenden Welt, Würzburg 2003, 106–112.

Heiligen Geist«, und 381 berief Kaiser Theodosius die Bischöfe aus dem Gebiet um Konstantinopel zu einer Synode, denn er wollte Maßnahmen einleiten lassen, damit in seinem Herrschaftsbereich die nizänische Lehre von der Gottheit des Logos und von seiner Wesensgleichheit mit dem Vater Geltung erlange. Das von ihm berufene Konzil, welches die Glaubensverkündigung rings um Konstantinopel nizänisch ordnen und zu einer Lösung der damaligen Querelen um die Besetzung der Bischofsstühle in der Hauptstadt Konstantinopel und in Antiochien, der Metropole des Orients, beitragen sollte, wurde zunächst als lokale Kirchenversammlung abgehalten. Trotzdem nahm es eine Erweiterung des Textes des nizänischen Glaubensbekenntnisses vor.

Die aus dem Gebiet um Konstantinopel versammelten Bischöfe standen in ihrer Heimat einer Vielzahl von Hellenen – von hochgebildeten Polytheisten mit hoher literarischer Kultur – gegenüber. Sie bedienten sich bei der Rede über den Heiligen Geist des Wortlauts von *Joh 15, 26*, denn dieser hebt den Ein-Gott-Glauben der Christen hervor, weil er den Vater als das eine Prinzip der Gottheit bezeichnet. Die Konzilsväter formulierten, als sie das nizänische Bekenntnis erweiterten, bezüglich des Heiligen Geistes: »Wir glauben ... an den Heiligen Geist, den Herrn und Lebensspender, der aus dem Vater hervorgeht, der mit dem Vater und dem Sohn angebetet und verherrlicht wird«.

Widerspruch erregte die Eigenmächtigkeit einer regionalen Bischofsversammlung, die sich nicht scheute, zu gesamtkirchlichen Fragen zu sprechen, bei Bischof Ambrosius von Mailand und bei anderen Bischöfen Italiens. In einem Brief an Kaiser Theodosius verlangten Ambrosius und seine Bischofskollegen mehr Achtsamkeit auf den gesamtkirchlichen Zusammenhalt; Ambrosius schloss den Brief mit den Worten: »postulamus ut ubi una communio est, commune velit esse iudicium concordantemque consensum« (»wir fordern, dass das Urteil gemeinsam und der Konsens einträchtig sei, wo eine einzige Communio ist«)[3].

Die Erweiterung des nizänischen Bekenntnisses wurde 451 in der Tat ein *commune iudicium concordansque consensus*, denn die Väter von Chalkedon, welche die Kirchen aller Reichsprovinzen vertraten und für sie alle sprechen durften, nahmen das Glaubensbekenntnis von Konstantinopel an und setzten es an die Spitze ihrer Konzilsentscheidung. Durch ihr Hinzutreten erlangte das Konzil von 381 nachträglich den Rang eines ökumenischen Konzils, und der Text von 381 wurde zum Glaubensbekenntnis der ganzen Reichskirche.

Im Westen, wo man die Heiden *pagani* (= »im pagus«, also fern von den Kulturzentren lebende Menschen, sozusagen »Hinterwäldler«) nann-

---

[3] Ambrosius, ep. 9, CSEL 82/3, 204.

te, die keine hohe literarische Bildung besaßen und ihren Polytheismus nicht beeindruckend verkünden konnten, war es schon vor dem Konzil von Chalkedon üblich geworden, zu predigen, dass der Heilige Geistes aus dem Vater und dem Sohn hervorgeht. Dort hatte man es mehr als mit einem Vielgötterglauben der *pagani* mit Priszillianern zu tun, welche die Gestalten der Trinität zu einer einzigen Person vermengten, und mit Germanenvölkern, die christlich waren, aber den Logos nicht für ranggleich mit dem Vater hielten.[4] Besonders den Letzteren gegenüber war zu betonen, dass der Vater dem Sohn bei der Zeugung außer der Vaterschaft seine gesamte Vollkommenheit mitteilte, dass der Sohn es darum von Ewigkeit her vom Vater erhalten hat, mit ihm zusammen eine ewige Beziehung zum Heiligen Geist zu haben. Ganz besonders an Augustinus, der 449 (noch vor dem Zusammentritt des Konzils von Chalkedon) starb, zeigt sich, dass die lateinische Christenheit vom Hervorgehen des Heiligen Geistes aus dem Vater und dem Sohn zu sprechen pflegte, noch ehe der Text von 381 allgemein rezipiert worden war. Die betreffende Lehrtradition lässt sich bei den Lateinern bis zu Tertullian zurück verfolgen.

Die griechische Fassung des Glaubensbekenntnisses, die einem Schriftwort folgt und den Polytheismus ausdrücklich abwehrt, und die abendländische Predigtweise über das Mysterium der heiligsten Dreifaltigkeit, welche die Ranggleichheit des Logos mit dem Vater hervorhebt, koexistierten also bereits, ehe das nizäno-konstantinopolitanische Glaubensbekenntnis *concordans consensus* geworden war.

In der 2. Hälfte des 1. Jahrtausends sickerte die den Lateinern wohlbekannte katechetische Formel vom Ausgang des Heiligen Geistes vom Vater und vom Sohn auch ein in die beim Gottesdienst gebräuchliche lateinischen Übersetzung des Glaubensbekenntnisses von Nizäa-Konstantinopel. Dieser Prozess begann, nachdem im Jahr 589 die 3. Synode von Toledo Einheit hatte erlangen können zwischen der alten nizänischen Landeskirche Spaniens und der dorthin eingewanderten nichtnizänischen Kirche

---

[4] D. Ramos-Lissón, Die synodalen Ursprünge des »filioque« im römisch-westgotischen Spanien, in: Ann. Hist. Conc. 16 (1984) 286–299, handelt auf den S. 289 ff. von jenen Irrlehren, die es herbeiführten, dass die Rede *und vom Sohn* in die hispanischen *regulae fidei* Eingang fand und dass deswegen Priszillianismus und Arianismus als die »Verursacher der Formulierung des *filioque* in den hispanischen Symbolen« zu bezeichnen sind. In seiner *Zusammenfassung*, S. 299, formuliert er: »Es scheint uns auch interessant, die auslösende Rolle des Priszillianismus und des Arianismus hervorzuheben ... Auf Grund der Daten, die wir den untersuchten Quellen entnehmen, scheint es, dass die Formulierung des *filioque* in verschiedenen Symbolen ein Werk des bischöflichen Lehramtes ist, entweder auf persönlicher Ebene auf dem Gebiet der Diözese, oder auf kollegialer Ebene bei der Versammlung einer regionalen oder nationalen Synode, wenn es galt den Ansätzen des Priszillianismus und des Arianismus entgegenzutreten.«

einer westgotischen Oberschicht.⁵ In der Freude über die Rekonziliation und zum Siegel der erlangten Glaubenseinheit begann man in Spanien, das nunmehr beiden Seiten gemeinsame Glaubensbekenntnis von Nizäa-Konstantinopel bei der sonntäglichen Eucharistiefeier zu singen.⁶ Unter Umständen, die nicht restlos geklärt sind, und zu einem nicht präzise feststellbaren Zeitpunkt ereignete sich das Einsickern der *filioque*-Formel in die liturgisch gebräuchliche lateinische Übersetzung des nizäno-konstantinopolitanischen Bekenntnisses.⁷

Mit Bedacht ist von »einsickern« zu sprechen. Denn die Textlage macht klar, dass nie die Absicht bestanden hatte, das Glaubensbekenntnis förmlich zu erweitern. Wäre der liturgischen Verwendung des *filioque* nämlich ein ausdrücklicher Abänderungsbeschluss vorangegangen, wie in der Zeit der hitzigsten Kontroversen manche orthodoxe Autoren annahmen,⁸ hätte dieser zumindest soviel Niederschlag in den Quellen finden müssen, dass die Forschung, die sich seit Jahrzehnten darum bemühte, genau hätte ermitteln können, wann man tatsächlich verfügte, das *filioque* in die liturgische Praxis einzuführen. Genau dies ist aber trotz aller Mühe nicht gelungen. Nicht nur kein Hinweis auf einen Synodalbeschluss lässt sich finden; auch über längere Zeit gab es nebeneinander Handschriften mit und solche ohne *filioque*, und dies beweist, dass das »Einsickern« in einem langsamen Prozess erfolgte. Überhaupt kein Indiz liegt vor, dass man in Spanien die Absicht gehabt hätte, von dem in Konstantinopel verabschiedeten Text des Glaubensbekenntnisses abzurücken, als sich bei der liturgischen Verwendung die *filioque*-Formel einbürgerte.⁹ Man sang eine

---

⁵ Zur Kircheneinigung und zum dadurch veranlassten *filioque*-Problem zwischen lateinischer und griechischer Christenheit vgl. Suttner, Die Christenheit aus Ost und West auf der Suche nach dem sichtbaren Ausdruck für ihre Einheit, Würzburg 1999, 32–36; sowie Ders., Ist das »*filioque*« kirchentrennend? in: Theol.-prakt. Quartalschrift 137 (1989) 248–258.

⁶ Wie die Liturgiewissenschaft weiß, war es vorher nicht üblich gewesen, beim Sonntagsgottesdienst ein Glaubensbekenntnis vorzutragen. Das Rezitieren eines solchen war nur bei der Tauffeier üblich gewesen und wurde überall in einer lokalen Fassung der einzelnen Ortskirche vorgenommen.

⁷ Ramos-Lissón, Die synodalen Ursprünge, S. 295 schreibt: »Die Behauptung, dass das 3. Toledanische Konzil (589) als erstes das *filioque* in das Symbol von Nizäa und Konstantinopel aufgenommen habe, wurde friedlich hingenommen, bis zu dem Zeitpunkt, an dem Burn ... ausführte, dass diese Aufnahme nur durch einige Manuskripte der *Hispanica* bezeugt sei.« (In einer zugehörigen Anmerkung verweist der Verfasser auf A. E. Burns Untersuchung aus dem Jahr 1908 und auf Anmerkungen G. L. Dossettis von 1967.) Erst die kritische Edition der *Hispanica* könne genauere Aussagen erlauben, meint Ramos-Lissón.

⁸ Am Kulminationspunkt der einschlägigen Eskalation stehen sogar Ausführungen A. S. Chomjakovs von einem »moralischen Brudermord« der Lateiner an den Griechen. Sein »Beweisgang« ist skizziert bei Suttner, Offenbarung, Gnade und Kirche bei A. S. Chomjakov, Würzburg 1967, 114–121.

⁹ In diesem Zusammenhang sei nochmals verwiesen auf das 1987 verabschiedete Dokument »Glaube, Sakramente und Einheit der Kirche« der gemischten Kommission für den offiziellen

alte, der Kirche vertraute Formulierung für den Dreifaltigkeitsglauben, und niemand in Spanien (und später auch nicht in anderen westlichen Kirchen) argwöhnte, sie stehe in Spannung zu den Beschlüssen der alten Konzilien.[10] Man bemerkte nicht, dass man ins Glaubensbekenntnis hat einfließen lassen, was die lateinischen Väter als Glaubenslehre, aber nicht als Bestandteil der Bekenntnisformel überlieferten, und man meinte, das Glaubensbekenntnis von Nizäa-Konstantinopel getreu zu bewahren.

Wenn die einen mit, die anderen ohne das *filioque* über ihren Glauben an den dreifaltigen Gott sprechen und dabei zueinander in Communio stehen, lassen sie sich vergleichen mit Wanderern, die aus verschiedenen Himmelsrichtungen auf einen hohen Berg zukommen und von ihm aufgrund ihres jeweiligen geographischen Standpunkts einen besonderen Anblick erlangen. Es ist dann nötig, alle ihre Anblicke zusammenzunehmen, um eine gute Kenntnis des Berges zu gewinnen. Ähnlich ist es, wenn unter Anleitung durch den Heiligen Geist verschiedene Einzelkirchen von den verschiedenen kulturell-soziologischen Gegebenheiten ihrer Gläubigen her auf die Frohbotschaft Gottes blicken. Dann ergeben sich ebenfalls vielerlei Gesichtspunkte, die einander ergänzen, wie dies von den unterschiedlichen Anblicken des Berges gilt, der für die Wanderer das gemeinsame Ziel ist.

Eine Kontroverse wegen der Hinzufügung des *filioque* zum Bekenntnis des Konzils brach zwischen Griechen und Lateinern erst später aus – ein erstes Mal zur Zeit Karls des Großen, als wegen des Bruchs der Reichseinheit die Gemüter in Ost und West heftig gegeneinander gerichtet waren und die rivalisierenden Teile bereitwillig jeden sich bietenden Anknüpfungspunkt für Polemik aufgriffen. Die Polemik wurde jedes Mal wieder heftig, wenn Spannungen bestanden und man sich aneinander rieb.[11] Dann war die Ursache dafür mit Vorzug nicht-theologischer Natur.

---

theologischen Dialog zwischen der katholischen und der orthodoxen Kirche, das für zwischenkirchliche Gespräche in Nr. 33 ausdrücklich fordert: »man muss sich Mühe geben, jede Formulierung gemäß der Absicht ihrer Urheber zu verstehen, um weder fremde Elemente hineinzubringen noch andere Elemente beiseite zu lassen, welche für die Denkweise ihrer Urheber selbstverständlich waren.«

[10] Yves Congar, Der Heilige Geist, Freiburg 1986, 366, schreibt hierzu: »Die Geschichte [der Hinzufügung zum Symbol] ist sehr bekannt ... Die Lehre war weithin verbreitet und rezipiert, aber am Text des Credo wurde nichts geändert, wie es scheint nicht einmal auf dem Konzil von 589 in Toledo ... Dort war das *filioque* im letzten Jahrzehnt des 6. Jahrhunderts eingeführt worden im guten Glauben, dass es von Nizäa-Konstantinopel kommt, so dass die *Libri carolini* um 790 die Griechen beschuldigen konnten, sie hätten es getilgt.« (In den Fußnoten gibt Congar hierzu reichliche Lit.-Verweise).

[11] Yves Congar, Der Heilige Geist, berichtet davon auf den S. 366–370.

Ernst Christoph Suttner

Das Bekenntnis der Kirche für ihren Glauben an den dreifaltigen Gott beim Florentiner Konzil – in Ehrfurcht vor der Führung der Ortskirchen durch den Heiligen Geist

Griechen und Lateiner fuhren nach der Jahrtausendwende zunächst fort, die je andere Gemeinschaft, die wie sie selber die heiligen Sakramente spendete, als Kirche Christi zu respektieren. Sie anerkannten einander trotz ihrer Spannungen, die sogar Schismen verursacht hatten, als aufeinander bezogen. Darum konnten sich Normannen und Kreuzfahrer im 11. bis 13. Jahrhundert, wenn sie von griechischen Gläubigen besiedelte Ländereien eroberten, griechischen Bischöfen unterstellen und Bischöfe aus ihren Reihen auch über die Griechen amtieren lassen.[12] Aber man hegte auch Vorbehalte. Bernhard von Clairvaux z. B. schrieb über das Verhältnis zwischen Griechen und Lateinern, dass die Griechen »mit uns sind und nicht mit uns sind, im Glauben (mit uns) vereint, im Frieden (von uns) getrennt, obgleich sie auch im Glauben von den rechten Wegen wegstolperten«[13] und unter den Griechen wurden mit der Zeit mehr und mehr Stimmen laut, die nicht nur die Kirchenführung für gebrochen hielten. Sie meinten nicht mehr, dass sich der Bruch durch gemeinsame Hierarchen hätte heilen lassen, weil sie wähnten, auch Gegensätze im heiligen Glauben entdeckt zu haben.

Zwar billigte 1214 das 4. Laterankonzil (= eins von den ökumenischen Konzilien der lateinischen Kirche) noch den Vorgang, durch den Normannen und Kreuzfahrer die Kircheneinheit zu erreichen trachteten und erließ dafür sogar kirchenrechtliche Normen.[14] Doch die Entfremdung, zu der es wegen der unbeliebten Herrschaft von Normannen und Kreuzfahrern über griechische Kirchen[15] und ganz besonders wegen der

---

[12] Vgl. Suttner, Kircheneinheit im 11. bis 13. Jahrhundert durch einen gemeinsamen Patriarchen und gemeinsame Bischöfe für Griechen und Lateiner, in: Ostk. Studien 49 (2000) 314–324.

[13] »Ego addo de pertinacia Graecorum, qui nobiscum sunt et nobiscum non sunt, iuncti fide, pace divisi, quamquam et in fide claudicaverint a semitis rectis.« Zitat nach G. Avvakumov, Die Entstehung des Unionsgedankens, Berlin 2002, 246. Avvakumov zitiert, ebenda, auch einen griechischen Zeitgenossen Bernhards, den Erzbischof Basilios von Achrida, der 1135 an Papst Hadrian IV. schrieb: »Wir, ich und alle [Bischöfe], die dem großen und apostolischen Stuhl von Konstantinopel angehören, verkünden und predigen das Gleiche wie Du [Papst]. Dasselbe ist auch das Wort des Glaubens, das in beiden Kirchen gesprochen wird, das gleiche Lamm wird dargebracht ... obwohl einige unbedeutende Steine des Anstoßes, die in unsere Mitte geworfen wurden, uns getrennt haben und aus uns, die wir ja aus demselben Geist stammen, eine Vielheit machten.«

[14] Was das Konzil einschlägig beschloss, ist skizziert und durch Zitate aus dem Konzilsbeschlüssen untermauert bei Suttner, Der Wandel im Verständnis der Lateiner von Schismen und von deren Überwindung, in: OCP 74 (2008) 9–11.

[15] Zweifellos hatte die Lateinerherrschaft Unzufriedenheit verursacht. Doch übersehe man

Eroberung Konstantinopels im Jahr 1204 gekommen war, erwies die Versuche, das Schisma nur durch das Einsetzen gemeinsamer Bischöfe zu beenden, als illusorisch. Man vermutete jetzt, dass dogmatische Gründe dem Schisma zugrunde lägen, und es begann eine Zeit, in der man die doktrinären Unterschiede intensiv studierte; die einen taten es, um aufzuzeigen, dass diese eine Kircheneinheit verbieten, die anderen, um nachzuweisen, dass die Lehrtraditionen beider Seiten mit dem heiligen Erbe harmonieren.[16]

Neben der Frage nach dem Amt des Papstes erlangte dabei das *filioque* das meiste Gewicht. Unter griechischen Polemikern war die Vermutung geäußert worden, die Lateiner sprächen, indem sie das *filioque* bekennen, von zwei Prinzipien der Gottheit, würden also den Ein-Gott-Glauben gefährden. Auf solche Verdächtigungen antwortete 1274 das 2. Konzil von Lyon (ebenfalls eins von jenen Konzilien, welche die abendländische Kirche zu ihren Ökumenischen Konzilien zählt)[17]:

»In treuem und andächtigem Bekenntnis bekennen Wir, dass der Heilige Geist von Ewigkeit her aus dem Vater und dem Sohne, nicht als aus zwei Prinzipien, sondern als aus einem Prinzip, nicht durch zwei Hauchungen, sondern durch eine einzige Hauchung hervorgeht; dies hat die hochheilige Römische Kirche, die Mutter und Lehrerin aller Gläubigen, bis heute bekannt, verkündet und gelehrt, dies hält sie unerschütterlich fest, verkündet, bekennt und lehrt sie; dies enthält die unveränderliche

---

nicht, was jüngste Forschungen zur christlichen Bildkunst in den Gotteshäusern des Kreuzfahrerstaates Jerusalem erbrachten. Sie machen deutlich, dass sich das damalige Zusammenspiel zwischen Lateinern und Griechen nicht allein auf Zwang zurückführen lässt. Es gab nämlich mehr wechselseitiges Einvernehmen im geistlichen Leben, als man üblicherweise vermutet. Beispielsweise zeigt G. Kühnel, Wall Painting in the Latin Kingdom of Jerusalem, Berlin 1988, auf, dass es im Königreich Jerusalem zu schöpferischer Zusammenarbeit zwischen einheimischen christlichen Kreisen (besonders Mönchen), Lateinern und Künstlern aus Byzanz gekommen sein muss; denn er kann ein gegenseitiges Sich-Beeinflussen zwischen Griechen und Lateinern beim Erstellen von Bildprogrammen für das Ausgestalten von Kirchen nachweisen. Bei der hohen Zeugniskraft für das geistliche Leben, die im christlichen Osten der Ikonographie eignet, haben Kühnels Forschungsergebnisse viel Gewicht. Offenbar waren nicht allein die Kreuzfahrer überzeugt, dass wegen der gemeinsamen Bischöfe die Spaltung zwischen ihnen und den Griechen ein Ende gefunden habe; zumindest ein Teil der Griechen muss dieser Ansicht beigepflichtet haben, damit die geistliche Gemeinsamkeit möglich wurde.

[16] Für die Studien auf griechischer Seite vgl. H. G. Beck, Kirche und theologische Literatur im byzantinischen Reich, München 1959, S. 663 ff., für die Studien der Lateiner die einschlägigen Ausführungen in der eben zitierten Arbeit: G. Avvakumov, Die Entstehung des Unionsgedankens.

[17] Zur Arbeitsweise dieses Konzils und zu seinen Beschlüssen vgl. B. Roberg, Das Zweite Konzil von Lyon (= Konziliengeschichte, Reihe A: Darstellungen) Paderborn 1990, samt der dort verzeichneten Lit., desgleichen die kritischen Bemerkungen zu Roberg bei Suttner, Schismen, die von der Kirche trennen, und Schismen, die von ihr nicht trennen, Fribourg 2003, S. 60–64.

und wahre Auffassung der rechtgläubigen Väter und Lehrer, der lateinischen ebenso wie der griechischen. Weil aber einige aus Unkenntnis der eben genannten unverbrüchlichen Wahrheit in mannigfaltige Irrtümer geraten sind, wollen Wir solchen Irrtümern den Weg versperren und verurteilen und verwerfen mit Zustimmung des heiligen Konzils diejenigen, die sich unterstehen zu leugnen, der Heilige Geist gehe von Ewigkeit her aus dem Vater und dem Sohne hervor, oder auch in leichtfertigem Unterfangen zu behaupten, dass der Heilige Geist aus dem Vater und dem Sohne als aus zwei Prinzipien und nicht als aus einem hervorgehe.« (Denzinger-Hünermann, Nr. 850)

Es half nichts. Die Vorwürfe verstummten nicht. Als im 15. Jahrhundert der Kaiser von Konstantinopel wegen der Türken und der Papst wegen des noch nicht endgültig überwundenen mittelalterlichen Papstschismas geschwächt waren und sowohl die lateinische wie auch die griechische Christenheit der Hilfe bedurften, verständigte man sich auf eine theologisch-konziliäre Prüfung der Angelegenheit und traf sich 1438 in Ferrara zu einem Einigungskonzil (das wegen einer Seuche, die in Ferrara ausbrach, nach Florenz verlegt wurde und darum meist »Florentinum« genannt wird).

Als lateinische und griechische Bischöfe zu diesem Konzil zusammenkamen, standen ihre Kirchen nach gemeinsamer Überzeugung beider Seiten zueinander im Schisma. Dennoch ging man davon aus, dass die Hierarchen beider Seiten Mitbrüder sind im Episkopat und den Auftrag haben, miteinander die Glaubenslehren und die Glaubenspraxis beider Seiten zu prüfen. In der Tat untersuchten sie gemeinsam, ob die Unterschiede, die es zwischen ihnen im kirchlichen Leben gab, innerhalb des Rahmens der Rechtgläubigkeit zulässig sind, oder ob vielleicht die vier Punkte, die damals als die hauptsächlichen Streitfragen galten, auf einer der beiden Seiten den rechten Glauben in Frage stellten.[18]

Nach langen Gesprächen stellten die Florentiner Väter fest, dass die Zwietracht, die herrschte, nicht die Glaubensgrundlagen betraf, sondern auf Starrsinn in der Verwendung bzw. Ablehnung bestimmter theologischer Ausdrucksweisen zurückging, mit denen man auf der einen bzw. auf

---

[18] Bedeutsam erscheint das gemeinsam vorgenommene Prüfen bei einem Vergleich mit dem 2. Vatikanischen Konzil. Denn beim Vaticanum hielten die Griechen und die Lateiner das Mittun von »Schismatikern« als Konzilsväter nicht mehr für möglich, sondern meinten, dass orthodoxe Bischöfe und Theologen an einem vom Papst einberufenen Konzil nur als Beobachter teilnehmen könnten. Ihnen galt als unvollziehbar, was beide Seiten beim Florentinum als richtig empfanden. Die Grenze zwischen Lateinern und Griechen nannte man zur Zeit des Florentinums ebenso »Schisma« wie heutzutage die Grenze zwischen Katholiken und Orthodoxen, doch man hielt die damalige Grenze für weniger grundsätzlich, als man die heutzutage bestehende einschätzt.

der anderen Seite von alters her unter Führung durch den Heiligen Geist in menschlicher Unzulänglichkeit bemüht war, ein und dasselbe apostolische Glaubenserbe auszusprechen, und sie anerkannten die Rechtgläubigkeit beider Seiten. Sie stellten fest, dass Die Lehre von der heiligsten Dreifaltigkeit mit und ohne *filioque* rechtgläubig ist, und sie kamen zu dieser Einsicht, weil sich in ihren Diskussionen ergeben hatte, dass sich bereits die heiligen Väter, deren Rechtgläubigkeit wegen der ihnen gewährten Führung durch den Heiligen Geist unbestreitbar ist, beim Reden über den Ausgang des Heiligen Geistes unterschiedlicher Formulierungen bedienten.[19] Desgleichen stellten sie fest, dass bei der Eucharistie gesäuertes und ungesäuertes Brot verwendet werden kann und die Priester diesbezüglich der Überlieferung ihrer jeweiligen Kirche folgen sollen; dass man nicht unbedingt vom *Purgatorium* reden muss, wenn man über die Verstorbenen spricht und für sie betet; dass der römische Bischof so, wie es von jeher »in den Akten der ökumenischen Konzilien und in den heiligen Kanones enthalten ist«, als erster Bischof der Christenheit anzuerkennen ist, dass aber auch die griechische Tradition Gültigkeit hat und dass der Papst seine primatialen Funktionen deswegen in einer Weise ausüben muss, die den herkömmlichen Rechten der übrigen Patriarchen keine Einbuße bringt.

Die Väter von Florenz sahen keine Veranlassung, zu verlangen, dass die jeweils »anderen« von dem abrückten, was bei ihnen als heiliges Erbe ausgebildet wurde. Sie verlangten von den Griechen nicht, dass sie das *filioque* oder das ungesäuerte Brot übernähmen; dass sie beim Reden über die Verstorbenen den Ausdruck *Purgatorium* verwendeten; dass sie den jüngeren westlichen Entwicklungen der Modalitäten in der Ausübung des Papstamtes zustimmten. Auch stellten sie an die Lateiner nicht das Ansin-

---

[19] J. Gill, Konstanz und Basel-Florenz, Mainz 1967, S. 300f., führt aus, dass nach langen Verhandlungen eine Verständigung möglich wurde, als man »die klare Überzeugung gewonnen (hatte), dass ... beide (Seiten) recht hatten, da sie im Wesentlichen das Gleiche meinten, es aber in verschiedener Form ausdrückten. Diese Überzeugung beruhte auf einem Axiom, das ... keiner der in Florenz anwesenden Griechen zu leugnen gewagt hätte, so selbstverständlich war es ihnen: dass alle Heiligen als Heilige vom Heiligen Geist inspiriert sind und in Sachen des Glaubens miteinander übereinstimmen müssen. Die Vorstellung des Gegenteils hätte bedeutet, den Heiligen Geist zu sich selbst in Widerspruch setzen. Die Heiligen können ihren Glauben zwar in verschiedener Form ausdrücken, einander aber niemals widersprechen.« Yves Congar, Der Heilige Geist, S. 445, führt aus: »Man nahm den Brief Maximus des Bekenners an Marinos ... zur Unionsgrundlage. Die heiligen Väter hätten nie ausdrücklich geleugnet, dass der Sohn zum ewigen Dasein des Heiligen Geistes eine Beziehung habe. Die griechischen Väter – man führte auch den Patriarchen Tarasios an – hätten die Formel *durch den Sohn* gehabt, und einzelne sogar Formulierungen, die dem *filioque* ganz nahe kämen. Man dürfe sie nicht als Häretiker ansehen. Die Formulierung *durch den Sohn* könne nur besagen, dass der Sohn den vom Vater ihm gewährten Beitrag zum Hervorgang des Geistes leiste. Damit sei sie einem *ex filio* gleichwertig, wenn dieses, wie die Lateiner dies täten, durch *tanquam ab uno principio* näher bestimmt werde.«

nen, künftig wegzulassen, was auf griechischer Seite Anstoß erregt hatte. Gemäß dem Beschlussdokument des Konzils durften beide Kirchen die Lehrtradition beibehalten, die sie unter Anleitung durch den Heiligen Geist im Lauf ihrer Geschichte erlangt hatten; die lateinische und die griechische Kirche durften die Einheit aufnehmen, ohne Abstriche bei ihren Überlieferungen oder Hinzufügungen an sie vornehmen zu müssen, nur durften sie die jeweils anderen nicht mehr irrgläubig nennen. Wichtig ist zudem, dass das Konzil bereits in der Einleitung seines Beschlusses die Christen beider Seiten auch für die Zeit, in der sie uneins waren, ausdrücklich Kinder derselben Mutter Kirche nannte, die auch im Schisma dieselben Gaben des Heiligen Geistes empfangen hatten.

Ein großer Fehler der Konzilsväter aber war es, dass sie nur im geschlossenen Kreis berieten. Bedauerlicherweise bedachten sie nicht, dass die Aussöhnung zwischen ihren Kommunitäten die beiderseitige öffentliche und kommunitäre Annahme der Einigung voraussetzt, und sie übersahen den großen Wandel, der seit dem 7. ökumenischen Konzil vor sich gegangen war, weil es keinen Kaiser mehr gab, der über die Kirchen lateinischer und griechischer Tradition gemeinsam herrschte und durch seine Machtmittel dafür Sorge hätte tragen können, dass die Konzilsbeschlüsse überall Annahme fanden, wie es die Kaiser bei den alten ökumenischen Konzilien de facto taten. Weil es unter den Gegebenheiten des 15. Jahrhunderts keine staatliche Hinführung zur Annahme der Resultate der Konzilsberatungen mehr geben konnte – der Kaiser im Osten verlor sein Amt bald nach dem Konzil, und neben dem Kaiser im Westen gab es längst schon weitere souveräne Herrscher – wäre auf beiden Seiten in den Gemeinden ein pastorales Mühen der Hierarchen um breite Zustimmung notwendig gewesen. Die zahlreichen Vorurteile über die jeweils »anderen« und die verbreiteten Missverständnisse hätten in Predigt und Katechese bekämpft werden müssen, damit der lange, in vielen Kreisen sehr ausgiebig kolportierte Verdacht, die Verschiedenheit zeuge von unüberbrückbaren Gegensätzen, abgelöst worden wäre durch eine Zustimmung zu dem, was der Heilige Geist in den beiden Kirchen hatte heranreifen lassen, zu jener besseren Einsicht also, die von den Konzilsvätern mühsam erarbeitet worden war. Auf beide Seiten versäumten es die Konzilsväter, sich um ein Verbreiten korrekter Kenntnisse bei der Mehrheit von Klerus und Volk zu kümmern, und so blieb ihr Beschluss Papier.

Das Bekenntnis der Kirche für ihren Glauben an den dreifaltigen Gott – in Vorliebe für Einheitlichkeit nach dem Tridentinum

Die Väter des Florentinums hatten es mit Traditionen zu tun, die von Anfang an in den Kirchen unterschiedlich waren und, wie *Unitatis redintegratio* darlegt, einander ergänzen. Der »Mangel an Verständnis und Liebe füreinander«, der eine Hauptursache war für den Bruch zwischen den Kirchen mit verschiedenen Überlieferungen,[20] musste überwunden werde und jene Einheit sollte wieder aufleben, in der Platz gewesen war für alles Segensreiche, das in den einzelnen Kirchen unter Beistand durch den Heiligen Geist ausgearbeitet worden war.

Eine ganz andere Aufgabe lag vor den Vätern des Tridentinums. In der lateinischen Kirche hatten sich im 16. Jahrhundert, als diese Kirche wegen vieler Missbräuche dringlichst der Reformen bedurfte, Reformatoren nicht nur um das Abstellen der Missstände bemüht, sondern darüber hinaus einen Streit entfacht über die eigene Tradition. Mehr als ein Jahrtausend lang hatte die lateinische Kirche eine gemeinsame Tradition besessen. Über sie ist Streit ausgebrochen und hat die Kirche auseinander gerissen. Denn die einen, die man »Neuerer« nannte, verurteilten manches von dem, was auch ihren Vätern – zusammen mit den Vätern der sogenannten »Papisten« – als heiliges Erbe gegolten hatte, und nannten es menschliche Hinzufügungen zum Evangelium Christi. Sie verwarfen diese heftig, die »Papisten« hingegen hielten daran weiterhin als an einem Bestandteil der heiligen Tradition fest.[21] Klare Widersprüche zerrissen im 16. Jahrhundert also die Kirche lateinischer Tradition, und es ging nicht mehr um verschiedene Sichtweisen vom nämlichen Evangelium. Nicht mehr das Wiederbeleben eines früheren wechselseitigen Wohlwollens für die Sichtweise der jeweils anderen war jetzt erforderlich, denn diesmal konnte nur eine von den beiden Positionen berechtigt sein. Der Konflikt des 16. Jahrhunderts war nur zu lösen, wenn man beide Seiten zu einer gemeinsamen Antwort für den Widerspruch führte. Zu den Themen des Tridentinums war daher bei den Konfliktparteien Einheitlichkeit der theologischen Gedankenführung zu erstreben.

Hubert Jedin stellt heraus, dass infolge des Tridentinums auf der ganzen Linie für das kirchliche Leben der lateinischen Christenheit Einheitlichkeit kennzeichnend wurde; er schreibt: »... *eine* Bibel, die Vulgata,

---

[20] Vgl. *Unitatis redintegratio*, Art. 14.
[21] Dass auf beiden Seiten außer der Auseinandersetzung um die Kernfragen auch Rechthaberei verbreitet war, auf welche die eben gemachte Aussage nicht bezogen werden darf, weil man vorschnell zur »heiligen Tradition« erklärte, was man wollte, dass es Tradition sei oder eben nicht sei, kann nicht bestritten werden. Doch der Grundsätzlichkeit der Zentralfragen in der Angelegenheit tut dies keinen Eintrag.

eine Liturgie, die römische, *ein* Gesetzbuch garantierten [von nun an] die Einheit, ja schufen eine weit größere Einheitlichkeit des kirchlichen Lebens, als sie je in der vortridentinischen Kirche bestanden hatte«[22]. Vergessen war in Rom die Offenheit der alten Kirche für andere Sichtweisen, und niemand dachte an das, was das 2. Vatikanische Konzil niederschreiben wird: dass »das ganze geistliche und liturgische, disziplinäre und theologische Erbe [der orientalischen Kirchen] mit seinen verschiedenen Traditionen zur vollen Katholizität und Apostolizität der Kirche gehört«[23].

Die nachtridentinischen Lateiner, die um der von ihnen heiß ersehnten Einheitlichkeit der Kirche willen nur mehr ihre eigene Sichtweise zulassen wollten und ihre eigenen Frömmigkeitswege für allgemein gültig hielten, sahen nur mehr »Häretiker« in jenen Christen, die anders über das Glaubenserbe redeten und ein anderes Kirchenleben pflegten als sie selber. Nur mehr das, was die Theologen ihrer eigenen Seite zu sehen vermochten, wollten sie gelten lassen, und wenn andere etwas anderes sagten oder taten, meinten sie, das geschähe deswegen, weil sie der auf lateinischer Seite erkannten Wahrheit nicht zustimmen wollten. Sie verwechselten ihre herkömmlichen theologischen Lehrsätze mit dem heiligen Glauben, für den diese vor langer Zeit geschaffen worden waren, und sie meinten, nur die Bekehrung der anderen zu der ihnen vertrauten Theologie könne die Glaubenseinheit retten. Jene Aspekte des geoffenbarten Mysteriums, die von den anderen besser verstanden und deutlicher ins Licht gestellt werden konnten, wollte man einfach »unter den Teppich kehren«.

Das nachtridentinische Rom rückte also ab von den Maßstäben der alten Kirche und von jenen der Väter von Florenz. In Vorliebe für Einheitlichkeit war Rom jetzt sogar bereit, auf die volle Katholizität und Apostolizität der Kirche zu verzichten.

Alsbald verhielten sich die Griechen ähnlich. Denn bei ihnen reformierte Patriarch Dositheos von Jerusalem gegen Ende des 17. Jahrhunderts den theologischen Unterricht[24] und verschaffte auch bei ihnen dem Wunsch auf Einheitlichkeit der Theologie Geltung. Ein Vergleich der Auf-

---

[22] Das Zitat ist entnommen aus Jedins Beitrag »Persönlichkeiten und Werk der Reformpäpste von Pius V. bis Clemens VIII.« in dem von ihm herausgegebenen »Handbuch der Kirchengeschichte«, Freiburg 1985, Bd. IV, S. 522 ff.
[23] *Unitatis redintegratio*, Art. 17.
[24] Vgl. Suttner, Die Erneuerung eines orthodoxen Schulwesens in Metochien des hl. Grabes im letzten Drittel des 17. Jahrhunderts, in: OstkStud 34 (1985)281–299; den Abschnitt »Die Rumänen und die Reform der theologischen Studien durch Patriarch Dositheos von Jerusalem« in: Rappert (Hg.), Kirche in einer zueinander rückenden Welt, Würzburg 2003, S. 479–493; das Kapitel »Aggiornamento in den griechischen Kirchen« bei Suttner, Staaten und Kirchen in der Völkerwelt des östlichen Europa, Fribourg 2007, S. 154–175.

fassungen Petr Mogilas und des Patriarchen Dositheos von den theologischen Verschiedenheiten zwischen Griechen und Lateinern beleuchtet den Wandel bei den Griechen im Lauf des 17. Jahrhunderts. Noch 1644 hatte Petr Mogila in einem Memorandum, das er nach Rom sandte, geschrieben, dass die Unterschiede im kirchlichen Leben zwischen der römischen Kirche und seiner nichtunierten Kirche keine Differenz im Glauben ausmachen.[25] Im Gegensatz dazu befanden Patriarch Dositheos und seine theologischen Freunde am Ende desselben Jahrhunderts, dass die Unterschiede in den Lehrbüchern der Griechen und der Lateiner sehr wohl Glaubensgegensätze seien.

Dies alles ereignete sich in jener Zeit, in der es auf die Unionsberatungen zwischen Rom und den Ruthenen und ein Jahrhundert später zwischen Rom und den Siebenbürger Rumänen zuging. Bei ihrer Vorliebe für Einheitlichkeit konnten sich die Theologen und Kirchenführer der Lateiner bei diesen Vorgängen nicht mehr an der alten Kirche und am Florentinum orientieren[26] (und viele können es bis heute noch nicht).

Zusammenfassend ist zu sagen: Lateiner und Griechen verfielen in nachtridentinischer Zeit auf die Forderung, dass man überall in der Kirche bezüglich der Glaubensbotschaft in der von ihnen bevorzugten Art und Weise nachdenke, rede und handle. Alles andere hielten sie für verurteilenswert. Die Zeit hatte begonnen, in der man das Anrecht der geistgeführten Ortskirchen auf selbständiges Verfassen von Glaubensaussagen, die den kulturell-soziologischen Bedingungen der Gläubigen gerecht werden, und auf das eigenständige Ausgestaltung des geistlichen Lebens abwürgen wollte. Im 18. Jahrhundert verfielen die Lateiner in Engherzigkeit sogar

---

[25] Eine deutsche Übersetzung des Memorandums von Petr Mogila samt Kommentar ist zu finden in: OstkStud 55 (2006) 66–83. In diesem Memorandum empörte sich Petr Mogila darüber, dass man in Rom die Übereinstimmung im Glauben zwischen Ruthenen und Römern bestritt, und er schrieb, dass »die Schöpfer der jüngsten Union [= der Union von Brest] über die Natur einer Union hinaus[-gingen], da sie ... im Glauben, sich der Union zu nähern, sich selbst von ihr entfernten und in gewisser Weise die Ruthenen für immer von den Lateinern trennten, [indem sie] die heilige, mit der apostolischen und römischen übereinstimmende Lehre der Ruthenen verdammten als nicht übereinstimmend, ja sogar als häretisch, als gleichsam unnütz und unpassend für die Kirche dar[-stellten]«. Und er führte aus: »Es war aber so, dass der Summus Pontifex immer für den Ersten und Obersten in der Kirche Gottes gehalten wurde, als Stellvertreter Christi und als Vorsteher, dasselbe möge jetzt bewahrt bleiben; aber nirgends steht geschrieben, dass der lateinische Vorsteher unmittelbar über den griechischen Ritus gesetzt wäre, weil dieser immer seinen eigenen Vorsteher hatte, der zwar den Primat anerkannte, aber abhing vom Patriarchen des eigenen Ritus.« Nicht weil bei Römern und Ruthenen Glaube und Ekklesiologie nicht übereinstimmten, sondern lediglich wegen der Modalitäten in der römischen Primatsausübung hielt Petr Mogila die Brester Union für verfehlt.
[26] Dies gilt, obgleich sie damals das Florentinum laufend im Mund führten und sich, wie aus ihrem Schrifttum hervor geht, sogar zu der Meinung verstiegen, sie würden die vom Florentium erstrebte Einigung nach langer Zeit endlich vollziehen.

darauf, von den Griechen zu behaupten, sie dürften wegen ihrer Verweigerung der Gefolgschaft gegenüber dem Papst die heiligen Sakramente nicht mehr legitim verwalten, und in Antwort darauf stellten die griechischen Patriarchen 1755 synodal fest, dass die gottesdienstlichen Vollzüge der Lateiner nur leere Riten seien, die keine sakramentalen Gnadengaben vermitteln.[27]

In der Bulle *Magnus Dominus*, mit der Papst Klemens VIII. 1595 die Union der Ruthenen mit Rom ermöglichte,[28] widersprach er den Florentiner Beschlüssen, indem er die Behauptung aufstellte, Papst Eugen IV. habe die Griechen in Florenz in die Kirche aufgenommen,[29] und er verlangte die »Korrektur der dogmatischen Irrtümer«, welche zusammen mit den Griechen die Ruthenen in der Zeit ihres Schismas zu Rom vertreten hätten – ohne freilich in der Bulle angeben zu können, um welche Irrtümer es sich handle.[30] Den Rumänen Siebenbürgens war von Jesuitenpatres, die mit ihnen die Gespräche aufnahmen, zunächst in römischem Auftrag eine Union im Geist des Florentiner Einigungsdekrets angeboten worden, bei der ihnen ihr kirchliches Erbe ungeschmälert hätte erhalten bleiben sollen.[31] Doch der ungarische Primas Leopold Kard. Kollonitz, vor dem der letzte Schritt zur Union zu vollziehen war, wollte die Rumänen voll und ganz vereinheitlichen mit der nachtridentinischen lateinischen Kirche des anbrechenden 18. Jahrhunderts, denn er gehörte zu jenen Theologen, die nur gelten lassen wollten, was zu ihrer Zeit von den Lehrern der eigenen Kirche erkannt und anerkannt wurde. Er übersah vollständig, dass das Florentinum, auf das er sich berief, zu den sogenannten Florentiner Punkten die herkömmlichen Lehraussagen der Lateiner und der Griechen für gleichermaßen rechtgläubig erklärt hatte; er meinte, eine Union von Griechen mit der römischen Kirche könne nur dann eine Glaubensunion sein, wenn die Griechen, deren Väter in Florenz die Rechtgläubigkeit der lateinischen Formulierungen anerkannten, diese nun auch übernähmen, um zu bekun-

---

[27] Auf die entsprechenden Lehrdokumente beider Seiten ist verwiesen bei Suttner, Das wechselvolle Verhältnis zwischen den Kirchen des Ostens und des Westens im Lauf der Kirchengeschichte, Fribourg 2002, S. 73–76.

[28] Eine deutsche Übersetzung der Bulle ist zu finden bei Dokumente der Brester Union, übersetzt von Klaus und Michaela Zelzer mit Erläuterungen von Ernst C. Suttner, in: OstkStud 56 (2007) 275–321.

[29] Er tat dies, obgleich das Florentinum schon in der Einleitung des Einigunsbeschlusses hinsichtlich der Zeit vor der Vereinigung beide Seiten ausdrücklich für die Kirche hielt.

[30] Vgl. Suttner, Das Abrücken von der Ekklesiologie des Florentiner Konzils bei der ruthenischen Union von 1595/96 und bei der rumänischen Union von 1701, in: Trier Theologische Zeitschrift 114(2005) 28–45.

[31] Für ihre Absichten und für die Umgestaltung der Angelegenheit durch Kard. Kollonitz vgl. den Abschnitt »Vielerlei Verständnis von Union« bei Suttner, Die Siebenbürger Kirchenunion an der Wende zum 18. Jahrhundert, Würzburg 2009, S. 9–27.

den, dass sie mit den Lateinern eins sind im Glauben.[32] Er trug sogar Sorge dafür, dass das Habsburgerreich, welches damals in eine Phase von Staatskirchentum eintrat, den Unierten die Übernahme der lateinischen Formulierungen durch ein staatliches Gesetz ausdrücklich auferlegte.[33]

Die Glaubenspredigt im 3. Jahrtausend

In *Unitatis redintegratio* trat das 2. Vatikanische Konzil – wie bereits mehrfach hervorgehoben wurde – beredt für die unterschiedlichen, vom Heiligen Geist der Kirche gewährten Sichtweisen vom Glaubenserbe des Evangeliums ein. Wie nach dem Tridentinum 1566 ein »*Catechismus ex decreto Concilii Tridentini ad parochos, Pii V. Pont. Max. iussu editus*« veröffentlicht wurde und, weil er breiteste Verbreitung erlangte, zur weltweiten Vereinheitlichung der Glaubenspredigt der Katholiken beitrug, wurde auch nach dem 2. Vaticanum ein Katechismus sorgfältig für die Gläubigen des mitteleuropäischen kulturell-soziologischen Umkreises erarbeitet und 1992 als *Katechismus der Katholischen Kirche* herausgegeben. Dass er gleich bei der Publikation zum *Weltkatechismus* hochstilisiert wurde, könnte bedeuten, dass man in der katholischen Weltkirche neuerdings Einheitlichkeit in der Glaubenspredigt erstrebt.

So lässt sich fragen: Wird die Ekklesiologie der alten Kirche und der Florentiner Väter, die auf Einheit in Vielfalt bedacht war, in nachtridentinischer Zeit aber vernachlässigt wurde, nach dem Neuaufbruch durch das 2. Vatikanische Konzil tatsächlich zur Geltung gebracht werden können?

---

[32] Dabei entging es ihm, dass seine Position auch umgekehrt hätte werden können. Denn die Griechen hätten fordern können, die Lateiner, deren Väter in Florenz auch das Nicht-Verwenden der lateinischen Lehrformeln als rechtgläubig anerkannten, sollten im Fall einer Union auf ihre herkömmlichen Formeln Verzicht leisten, um ihre Glaubenseinheit mit den Griechen unter Beweis zu stellen.

[33] Hierzu vgl. Dokumente der Siebenbürger Kirchenunion übersetzt von Klaus und Michaela Zelzer mit Erläuterungen von Ernst Christoph Suttner, in OstkStud 57(2008), besonders den letzten Abschnitt. Die gesetzlich verfügte Auflage dürfte damals auch jenseits der Grenzen der Habsburgermonarchie nicht wenigen lateinischen Theologen angemessen erschienen sein. Verbindliche Gültigkeit erlangte sie aber nur in der Habsburgermonarchie. Die Begrenzung der Gültigkeit der Verordnung auf das Herrschaftsgebiet der Habsburger zeigt sich unter anderem an der Tatsache, dass es im eigenen Bistum des Papstes, in der Stadt Rom, mehrere Gotteshäuser von Unierten byzantinischer Tradition gibt, in denen das Glaubensbekenntnis bis auf den heutigen Tag ohne das *filioque* gesungen wird. Solange die Päpste ihre Hochämter in lateinischer Sprache feierten, konnte das Glaubensbekenntnis zweimal hintereinander gesungen werden: auf Latein mit und auf Griechisch ohne das *filioque*.

II. Christologie und Schöpfungslehre

Walter Kardinal Kasper

Jesus Christus – das Licht der Welt.
Die Weisheitschristologie als Auslegungsschlüssel der Weltweisheit

Das lange Zeit vernachlässigte Thema des Verhältnisses Schöpfung und Christologie, das dem Theologen, Bischof und Kardinal Christoph Schönborn so am Herzen liegt, lässt sich von verschiedenen Gesichtspunkten aus angehen. Für die meisten Zeitgenossen dürfte dabei das naturwissenschaftliche Problem des Verhältnisses von Schöpfung und Evolution im Vordergrund des Interesses stehen. Aus dieser Perspektive hat Pierre Teilhard de Chardin in den 50er Jahren den Versuch einer Synthese vorgelegt. Er wurde zwar kontrovers diskutiert, bedeutete aber bei allen Vorbehalten, die man im Einzelnen haben kann, einen wichtigen Durchbruch, weil er zeigen konnte, dass die Theorie von der Evolution und der Glaube an die Schöpfung, sofern die ganz unterschiedliche Ebene beider Aussagen beachtet wird, sich nicht widersprechen müssen.

Innertheologisch kann man das Verhältnis von Schöpfung und Christologie sowohl ausgehend von der Schöpfungslehre bestimmen und zeigen, wie die Schöpfung auf die neue Schöpfung in Jesus Christus ausgerichtet ist, wie man umgekehrt ausgehend von der Christologie zeigen kann, dass diese in einem universalen Rahmen, der Schöpfung aller Wirklichkeit in Christus und auf ihn hin zu denken ist. Beide Ansätze sind legitim und ergänzen sich. Man kann das Verhältnis von Schöpfung und Christologie einschließlich der Ekklesiologie aber auch von einem gemeinsamen und beide verbindenden Standpunkt aus, nämlich der biblischen Weisheitslehre, zu bestimmen versuchen. Wie zu zeigen sein wird, ist dieser Versuch nicht nur von theoretischem, sondern auch von pastoralem, insbesondere von kerygmatischem Interesse.[1]

---

[1] Im Folgenden greife ich auf frühere Veröffentlichungen zurück: Gottes Gegenwart in Jesus Christus. Vorüberlegungen zu einer weisheitlichen Christologie, in: Weisheit Gottes-Weisheit der Welt (FS J. Kardinal Ratzinger), hg. von W. Baier u.a., Bd. 1, St. Ottilien 1987, 311–328; Die Kirche auf dem Weg zu einer Communio-Ekklesiologie, in: Die Kirche Jesu Christi (= WKGS 11) Freiburg i. Br. 2008, 49–53. Eine kritisch-konstruktive Auseinandersetzung mit der bei uns leider viel zu wenig beachteten russische Sophiologie (V. Solowjew, S. Bulgakow u.a.) ist in diesem Zusammenhang nicht möglich. Sie könnte zeigen, welches Potential dieser Ausgangspunkt für die Begegnung mit der neu-zeitlichen Philosophie birgt.

Dieser Versuch setzt eine biblische Besinnung auf die Weisheitslehre und ihre großen Auswirkungen in der patristischen Theologie voraus. Denn die stark heilsgeschichtlich orientierte Theologie im Gefolge des Zweiten Vatikanischen Konzils hat mit der Schöpfungslehre längere Zeit auch die biblische Weisheitslehre vernachlässigt. Längere Zeit war man der Meinung, die Weisheitslehre sei nur eine relativ späte Literaturgattung im Alten Testament. Deshalb trat sie neben den geschichtlichen und prophetischen Büchern in den Hintergrund. Es war vor allem Gerhard von Rad, der wieder auf sie aufmerksam machte, und es war vor allem Hartmut Gese, der ihre Bedeutung für die Christologie herausgestellt hat.[2]

Die biblische Weisheitstradition ist, sowohl als praktische Lebensweisheit wie mehr spekulativ verstanden, von der altorientalischen, besonders von der ägyptischen Weisheitstradition beeinflusst und doch aufgrund des verschiedenen Gottesverständnisses von ihr auch wieder verschieden. Sie zieht sich durch das ganze Alte Testament und auch durch das Neue Testament hindurch. So finden sich bereits im ersten (priesterschriftlichen) Schöpfungsbericht weisheitliche Aussagen über die Ordnung in der Schöpfung. Der ägyptische Joseph (Gen 41, 39), Moses (Ex 2, 10; Apg 7, 22) und vor allem Salomo (1 Kön 5, 9–14; 10, 6 f. 23 f.) werden als mit göttlicher Weisheit begabt beschrieben. Weisheitstradition findet sich auch in den Psalmen (Ps 51, 8; 111, 10). Die Propheten kritisieren Ratgeber, die alles allein nach menschlicher Weisheit beurteilen und so das Gesetz Jahves in Lüge verwandeln (Jer 8, 8; vgl. Jes 5, 21; 29, 14). Weisheit wird vor allem dem erwarteten Messias verheißen (Jes 11, 2) und dann im Neuen Testament von der über Jesu Worte und Taten staunenden Menge Jesus zugesprochen (Mk 6, 2). Jesus selbst beansprucht für sich: »Hier ist einer, der mehr ist als Salomo.« (Mt 12, 42)

Dass die Weisheitslehre für die Schöpfungslehre bestimmend ist, lässt sich aus der alttestamentlichen Weisheitsliteratur leicht aufzeigen. Nach der Bibel hat Gott alles gemäß seiner Weisheit wunderbar geordnet. Dabei steht die Weisheit in den späteren Schriften des Alten Testaments als eine Art Hypostase gleichsam neben Gott (Spr 8, 22–31; Sir 24, 3–12). Die Kirchenväter haben diese Weisheitsspekulationen mit Hilfe der stoischen Logoslehre weiterentwickelt und in dem quasi hypostatischen Verständnis der Weisheit schon früh eine Art Vorausahnung des ewigen Logos gesehen, der in der Fülle der Zeit in Jesus Christus Mensch geworden ist. Die Weis-

---

[2] G. von Rad, Weisheit in Israel, Neukirchen 1970; H. Gese, Natus ex virgine, in: Vom Sinai zum Zion, München 1974, 130–146; Der Johannesprolog, in: Zur biblischen Theologie, München 1977, 152–201. Vgl. außerdem M. Hengel, Judentum und Hellenismus, Tübingen 1973, 291–318.

heitsspekulation wurde so mit entscheidend für die Entwicklung der Trinitätslehre.[3]

Der Zusammenhang zwischen Schöpfungslehre und Christologie aus der Perspektive der Weisheitslehre reicht jedoch wesentlich tiefer. Der Schlüsseltext, auf den besonders Hartmut Gese hingewiesen hat, findet sich im 24. Kapitel bei Jesus Sirach. Dort legt der Prediger eindringlich dar, dass die Weisheit in der Welt nach einer Wohnung sucht und keine findet. Die Menschen haben die Weisheit Gottes mit ihrer eigenen Weisheit vertauscht. Sie wollten selber unterscheiden, was gut und böse (Gen 3, 5 f.). So haben sie Gottes Weisheit durch ihre eigene Weisheit ersetzt und sind dadurch ins Unheil geraten. Damit ist die Weisheit Gottes in der Welt sozusagen ortlos und heimatlos geworden. Nur in Jakob, in Israel, auf dem Zion, in Jerusalem hat sie schließlich eine Wohnung und eine Ruhestätte gefunden (V. 8–11). Das Bundesbuch, das Gesetz des Moses ist nämlich voll von Weisheit, es strömt über von Einsicht und es fließt von Belehrung (V. 23–27). Im Gesetz kommt Gottes in der Schöpfung verborgene Weisheit wieder zur Geltung. Darum ist es für Israel keine Last, sondern eine Leuchte am Fuß auf dem Weg des Lebens (Ps 119, 105).

Ausgehend von Jesus Sirach fällt Licht auf den Prolog des Johannesevangeliums. Der dort maßgebende Begriff Logos lässt sich leicht im Sinn der alttestamentlichen Weisheit verstehen. Wie in der Weisheitsliteratur Gott alles gemäß der quasi hypostatisch verstandenen Weisheit geschaffen hat, so ist nach dem Johannesprolog alles im ewigen Logos geschaffen. In ihm war Leben und Licht der Menschen. Doch das Licht leuchtete in der Finsternis, die es nicht begriffen hat (Joh 1, 3–5). In Jesus Christus, in dem der ewige Logos in der Fülle der Zeit Mensch gewordenen ist, hat der Logos endgültig Wohnung genommen (1, 14). Das Johannesevangelium selbst stellt die Parallele zu mosaischen Gesetz her: »Denn das Gesetz wurde durch Moses gegeben, die Gnade und die Wahrheit kamen durch Jesus Christus (1, 17).

So ist in Jesus Christus das Licht, das allen Menschen leuchtet, die in die Welt kommen und die es doch abgelehnt haben, neu und definitiv in die Welt gekommen. Er ist das Licht der Welt. Wer ihm nachfolgt wandelt nicht in der Finsternis, sondern hat das Licht der Welt und des Lebens (Joh 8, 12). So lässt sich von Jesus Christus her die Welt und das Leben neu verstehen. Im Licht der Christologie lässt sich die Schöpfung entziffern. Jesus Christus ist der Auslegungsschlüssel aller Wirklichkeit.

---

[3] W. Kasper, Der Gott Jesu Christi (1982) (WKGS 4), Freiburg i. Br. 2008, 273 f.; 283 f.; 290–294; 377.

Dieser Gedanke findet sich auch bei Paulus und dort in kreuzestheologisch zugespitzter Form.[4] Nach Paulus ist die Weisheit Gottes im Logos vom Kreuz, welches der Welt Torheit ist, in paradoxer Gestalt erschienen; so hat Gott durch das Kreuz die Weisheit der Welt als Torheit erscheinen lassen (1 Kor 1, 24.30). Die Weisheit, welche die gesamte Schöpfung ordnet und ihr Sinn verleiht, die die Welt aber niedergehalten hat (Röm 1, 18), ist durch das Kreuz Jesu Christi auf eine paradoxe Weise endgültig erschienen. Das Kreuz ist also Lesehilfe für die Schöpfungswirklichkeit.

Paulus und die deuteropaulinischen Schriften weiten diesen Gedanken auf die Kirche aus. Die Kirche, welche den Logos des Kreuzes verkündet, verkündet die am Kreuz offenbare Weisheit (1 Kor 2, 6–9). Die in Jesus Christus erschienene Weisheit ist die wahre Weisheit, die der Apostel der gegenüber der Gottes Weisheit verschlossenen Weltweisheit gegenüber stellt. Durch die Kirche soll alle Welt Kenntnis erhalten von der in Jesus Christus erschienen »vielfältigen Weisheit Gottes« (Eph 3, 10).[5] Durch sie werden wir mit aller Weisheit und Einsicht erfüllt (Eph 1, 8; Kol 1, 9). Indem die Kirche die Weisheit Gottes enthüllt, enthüllt sie zugleich die wahre Weisheit der Welt. Durch ihre Botschaft von Jesus Christus soll sie Licht in das Dunkel der Welt bringen.

In dieselbe Richtung weist die Vorstellung von der Kirche als Tempel und Haus Gottes. Denn nach der Weisheitstheologie hat sich die Weisheit ein Haus gebaut (Spr 9, 1). Diese Aussage verweist auf die Theologie des Tempels, der nach jüdischer Vorstellung nach kosmischen Maßen und als Mittelpunkt des Kosmos errichtet wurde. Das Neue Testament nimmt diese Theologie des Tempels auf und bezeichnet die Kirche als Tempel und Haus Gottes, erbaut aus lebendigen Steinen (1 Kor 3, 16 f.; 2 Kor 6, 16; Eph 2, 19–22; 1 Petr 2, 5). So unterstreicht die Bezeichnung der Kirche als Tempel und Haus Gottes nochmals die kosmische und universalgeschichtliche Dimension der Kirche.[6] Denselben Gedanken finden wir im Neuen Testament nochmals in anderer Gestalt in der Aussage, dass in der Kirche und in ihrer Verkündigung das ewige Heilsgeheimnis Gottes laut wird (Röm 16, 25; 1 Kor 1, 9; Eph 1, 9 f.; 3, 9 f.; Kol 1, 26 f.; 4, 3 u. a.).

Die Kirchenväter haben diese Sicht aufgegriffen. Sie sehen die Kirche nicht nur heilsgeschichtlich und in einer eschatologischen Perspektive sondern bereits protologisch in der Schöpfung grundgelegt und so in einer universalen Perspektive. Nach einigen Kirchenvätern ist die Kirche schon

---

[4] Vgl. U. Wilckens, Weisheit und Torheit. Eine exegetische Untersuchung zu 1 Kor 1 und 2, Tübingen 1959.
[5] Zum judenchristlichen Hintergrund vgl. F. Manns, Le Judéo-Christianisme. Mémoire ou Prophétie? Paris 2000, 225–236.
[6] Vgl. Y. Congar, Das Mysterium des Tempels, Salzburg 1960.

vor aller Schöpfung grundgelegt.⁷ Nach Athanasius sind alle Menschen durch die Menschwerdung des Logos in Jesus Christus ein Leib in Christus (σύσσωμοι).⁸ Thomas von Aquin hat diese Gedanken aufgegriffen und die kühne These aufgestellt, Jesus Christus sei nicht nur das Haupt der Kirche, sondern das Haupt aller Menschen.⁹

Diese universalgeschichtliche Sicht der Kirche ist von Bedeutung für die Frage des Heils der Nichtchristen. Seit sich unser Blickwinkel weit über den abendländischen Raum hinaus geweitet hat, stellt sich die Frage nach dem Heil der vielen Generationen vor und nach Jesus Christus, denen das Evangelium nie verkündet worden ist. Die universale weisheitliche Ekklesiologie ermöglicht eine Antwort. Schon die frühchristlichen Apologeten sagten: Der Logos wohnt in jedem;¹⁰ er ist in Sokrates wie in den Barbaren.¹¹ Da dieser allen einwohnende Logos in seiner Fülle in Jesus Christus erschienen ist, sind alle, die nach dem Logos leben, eigentlich Christen.¹²

Das II. Vatikanische Konzil hat diese universalistische Sicht der Christologie an vielen Stellen zum Ausdruck gebracht. Es ging davon aus, dass alles auf Jesus Christus hin und in ihm erschaffen ist, dass er das Haupt seines Leibes der Kirche ist und in allem den Vorrang hat und dass in ihm alles versöhnt wurde (Kol 1, 15–20; vgl. 1 Kor 8, 6; Joh 1, 3–5; Hebr 1, 34). Deshalb ist Jesus Christus für das Konzil der Meister, der Schlüssel und der Mittelpunkt und das Ziel der ganzen Menschheitsgeschichte.¹³ Aus diesem Grund konnte das Konzil sagen, dass auch die, welche die Botschaft von Jesus Christus ohne ihre Schuld nicht kennen, die aber den Willen Gottes in der Weise tun, wie sie ihn in ihrer Situation in ihrem Gewissen aus der objektiv auf Christus hingeordneten Schöpfung zu erkennen vermögen, mit Hilfe der Gnade das Heil erlangen können.¹⁴

Diese Aussage darf kein Vorwand sein, um auf die Mission zu verzichten, durch welche Nichtchristen zur ausdrücklichen Erkenntnis Jesu Christi gelangen. Sie besagt auch nicht, dass es einen Heilsweg neben oder außer Christus und außerhalb der Kirche gibt. Sie setzt das Axiom »extra ecclesiam nulla salus«¹⁵ nicht außer Kraft, nimmt ihm aber seinen auf in-

---

[7] Clemens von Rom, Ad Cor. 14,1; Hirt des Hermas, Vis. 2,4,1; Epiphanius, Panarion I,1,5; Cyprian, De ecclesiae unitate, 7; Augustinus, Retractationes 1, 12, 13
[8] Contra Arianos I, 42; II, 61; 74
[9] S.th. III 8,3. Dazu M. Seckler, Das Haupt aller Menschen, in: Die schiefen Wände des Lehrhauses, Freiburg i. Br. 1988, 26–39. Zur Grundlegung bei den Kirchenvätern vgl. H. de Lubac, a.a.O. 34–36.
[10] Vgl. Justin, 2 Apol 10.
[11] 1 Apol 5.
[12] 1 Apol 46.
[13] GS 10; vgl. 22; 45 u. a.
[14] LG 16.
[15] DH 802; 875; 1381.

stitutionelle Abgrenzungen verengten Sinn. Sie sieht die frommen Heiden in ihrer objektiven Hinordnung auf Jesus Christus und in potentieller Zuordnung zur Kirche. In diesem Sinn kennt schon die Bibel fromme Heiden; man denke etwa an Noah, Melchisedek, Henoch, Job. Augustinus kann so von der ecclesia ab Abel sprechen.[16]

Versucht man so ausgehend vom biblischen Verständnis der Weisheit den inneren Zusammenhang von Schöpfungslehre und Christologie zu verstehen, dann fällt neues Licht auf die Verkündigungsaufgabe der Kirche. Oft wird darüber geklagt, die Verkündigung gehe am Leben vorbei, hole die Menschen nicht ab und erreiche sie nicht. In der Tat ist das oft der Fall. Aus dem Gesagten ergibt sich kein Rezept, wie man es besser machen kann. Aber es ergibt sich doch, dass die Verkündigung nicht eine den Menschen und ihren weltlichen Erfahrzungen übergestülpte Ideologie, nicht eine abstrakte Doktrin oder Moral ist, welche mit dem Leben nichts zu tun hat. Aufgabe der Verkündigung ist es vielmehr, von der Mitte des christlichen Glaubens, das heißt von Jesus Christus, seiner Menschwerdung, seinem Kreuz und seiner Auferstehung her Licht in die Finsternis der Welt und des Lebens zu bringen, Lebenserfahrungen zu deuten und in ihrem wahren Sinn zu erschließen. So kommt Gottes Wort nicht als etwas Fremdes von außen auf den Menschen zu, es wird den Menschen und den Dingen nicht einfach übergestülpt. Es kommt »in sein Eigentum«, es ist das Licht, das jeden Menschen von je her erleuchtet; es ist Licht und Leben zugleich. Dies ist ein pastoraler Dienst am Leben, damit die Menschen das Leben haben und es in Fülle haben (Joh 10,10). So verstanden ist das Evangelium Freuden-Botschaft, die das Leben hell und froh macht.

Man darf diese Aufgabe nicht naiv optimistisch verstehen. Die Heilige Schrift weiß, dass dieses Licht von den Menschen sehr oft nicht aufgenommen, sondern unterdrückt wird. Die Auseinandersetzung zwischen Licht und Finsternis, Wahrheit und Lüge durchzieht die ganze Geschichte, sie durchzieht auch unsere Gegenwart. Auch heute ist Jesus Christus oft Stein des Anstoßes, an dem viele zu Fall kommen (Apg 4,11; 1 Petr 2,7f.). Wir dürfen uns darum nicht irre machen lassen, wenn wir auf Widerstand, oft harten und brutalen Widerstand stoßen. Die Verkündigung darf die Auseinandersetzung, welche die ganze Menschheitsgeschichte durchzieht, nicht scheuen. Gerade so kann sie den Bann eingefahrener Vorurteile und von ideologischer Verblendung aufbrechen und eine wirklich befreiende Botschaft bringen. Gerade so kann die Botschaft von Jesus Christus dem Menschen den Menschen neu erschließen und ihm Licht sein auf dem Weg des Lebens.

---

[16] Sermo 341, 9, 11; En. in Ps 90, 1. Vgl. dazu Y. Congar, Ecclesia ab Abel, in: M. Reding (Hg.), Abhandlungen über Theologie und Kirche (FS K. Adam), Düsseldorf 1952, 79–108.

Das Neue Testament und die kirchliche Überlieferung stellen uns in Maria, die ganz Hörerin des Worts Gottes war, das Urbild des im Sinn der ursprünglichen Weisheit Gottes wiederhergestellten und erneuerten Menschen vor.[17] Maria ist Bild und Zeichen der Treue Gottes zur Welt. In ihr leuchtet der Glanz und die Schönheit der ursprünglichen wie der neuen Schöpfung auf. Sie ist gleichsam der Morgenstern der neuen Schöpfung, der uns in der Nacht der Welt den neuen Morgen anzeigt und uns die ganze Schönheit der in Jesus Christus erschienenen Weisheit aufscheinen lässt. In ihr ist die Kirche als Tempel der Weisheit auf vollkommenste Weise vorgebildet; sie hat die Weisheit Gottes ganz in ihrem Herzen aufgenommen, sie in ihrem Leib und auf ihrem Schoß getragen. So kann die Liturgie die Texte, welche von der vorweltlichen Weisheit sprechen (Spr 8, 22–36; Jes Sir 24, 3–22), auf Maria beziehen und Maria als Sitz der Weisheit (Sedes sapientiae, Lauretanische Litanei) bezeichnet werden.

Als solche ist Maria Urbild, Patronin und Fürsprecherin einer neuen Evangelisierung. Diese soll die Weisheit Gottes als Licht der Welt und des Lebens gegenüber einer entgleisenden Menschenweisheit wieder zur Geltung bringen. Cum grano salis kann man sagen: Die Boten des Evangeliums sind keine Dunkelmänner; sie bringen in der Auseinandersetzung mit der gottvergessenen Weltweisheit die wahre Aufklärung.

---

[17] Vgl. W. Kasper, Die Kirche auf dem Weg zu einer Communio-Ekklesiologie, 78–80.

Dorothea Sattler

»Ohne das Wort wurde nichts, was geworden ist.« (Joh 1, 3).
Sprachphilosophisch erschlossene Zugänge zur Schöpfungs-Christologie

1. Hinführung zum Thema

Worte schaffen eine neue Beziehungswirklichkeit. Tag für Tag lässt sich dies erleben: Freundliche Worte von einem Menschen zu hören, lässt das Vertrauen in ihn wachsen. Verbale Zurückweisungen eines Anliegens hinterlassen Unmut. Fragen eröffnen die Möglichkeit, von Begebenheiten zu erzählen, die wichtig erscheinen. Befehle können befolgt oder missachtet werden, sie stehen gleichwohl im Raum und gehen lange noch im Gedächtnis nach. Versprechen hinterlassen Erwartungen. Auch Behauptungen bleiben nicht ohne Wirkung; Enthüllungen können als berechtigte oder auch als unberechtigte die Beziehungen zwischen den am Gespräch teilnehmenden Menschen erheblich belasten.

Der Tatcharakter menschlicher Worthandlungen ist in sprachphilosophischen Entwürfen seit der zweiten Hälfte des 20. Jahrhunderts vielfach besprochen worden.[1] In der systematisch-theologischen Hermeneutik ist in einzelnen Bereichen eine intensive Rezeption dieser Erkenntnisse erfolgt.[2] Wenn ich all diese Bemühungen recht überblicke, fehlt jedoch bisher ein Versuch, gerade jenen Bereich, der sich der Analogie des wirk-

---

[1] Vgl. den Überblick über die Anfänge und die nachfolgenden Konzeptionen der Sprechakttheorie bei Sven Staffeldt, Einführung in die Sprechakttheorie. Ein Leitfaden für den akademischen Unterricht, Tübingen 2008. Vgl. auch als mehrfach neu aufgelegte Grundlagenliteratur die Studie von Götz Hindelang, Einführung in die Sprechakttheorie, Tübingen ⁴2004.

[2] In der evangelischen Systematischen Theologie geschah eine solche Rezeption früher: Vgl. die wegbereitenden Studien von Gerhard Ebeling, Einführung in die theologische Sprachlehre, Tübingen 1971, und Ingolf U. Dalferth, Religiöse Rede von Gott, München 1981. Es ist naheliegend, in diesem Zusammenhang an die große Bedeutung der Worttheologie in der reformatorischen Tradition zu erinnern. In der römisch-katholischen Dogmatik erfolgte insbesondere in der Sakramentenlehre eine Aufnahme der sprachphilosophischen Erkenntnisse: Vgl. dazu früh und grundlegend Hermann Josef Weber, Wort und Sakrament. Diskussionsstand und Anregung zu einer Neuinterpretation, in: Münchener Theologische Zeitschrift 23 (1972) 241–274; vgl. auch den Überblick bei Dorothea Sattler, Wandeln Worte Wirklichkeit? Nachdenkliches über die Rezeption der Sprechakttheorie in der (Sakramenten-)Theologie, in: Catholica 51 (1997) 125–138. Im Kontext der Ekklesiologie wurden vor allem die institutionellen »Bedingungen des Gelingens« lehramtlicher Äußerungen in den Blick genommen: Vgl. Peter

»Ohne das Wort wurde nichts, was geworden ist.« (Joh 1,3)

samen Wortes ausdrücklich bedient, nämlich die biblisch orientierte Schöpfungs-Christologie, in eine gedankliche Verbindung mit sprachphilosophischen Erkenntnissen zu bringen. Dazu mag es gute Gründe geben – etwa das Wissen um die Herkunft der Logos-Theologie aus der Tradition der alttestamentlichen Weisheitslehre und der platonischen Philosophie der zwischentestamentarischen Zeiten.[3] Diese beiden Wurzeln der Rede von der Erschaffung von allem, was ist, durch den Logos legen es im ersten Hinblick nicht nahe, anders zu verfahren als bisher: durch eine immer weiter und tiefer reichende Analyse der Voraussetzungen, unter denen die biblischen Texte zu verstehen sind, der damals gemeinten Intention auf die Spur zu kommen. Eine historische Rekonstruktion der Aussageabsichten wird angezielt – und dies völlig zu Recht.

Ist es jedoch nicht auch legitim anzunehmen, dass die biblischen Autoren mit ihren Anleihen an die erfahrungsbezogene, metaphorische menschliche Rede von der Schöpfung durch das Wort Gottes, das in Jesus Christus Mensch geworden ist, geistgeleitet eine Begriffswahl vornahmen, deren Bedeutung sich nicht allein auf die historische Erschließung des Verständnisses zur Entstehungszeit der Äußerungen beschränken lässt? Ist es nicht auch angemessen zu überlegen, ob neuere Erkenntnisse über die Wirksamkeit des Wortes hilfreich sein könnten bei dem Verstehen der biblisch bezeugten Schöpfungs-Christologie?

In diesem Beitrag möchte ich eine Antwort auf die gestellte Frage geben. Mich leitet dabei ein Gedanke, den Christoph Kardinal Schönborn so formuliert hat: »Gottes Spuren in der Schöpfung sind die Spuren des Logos, des Christus, in dem und durch den und auf den hin alles geschaffen ist«[4]. Ich versuche, dieser These nachzudenken. Die zitierte Äußerung steht in der Tradition jener neutestamentlichen Autoren, die ihre Logos-Christologie mit schöpfungstheologischen Überlegungen verbinden: Paulus, Johannes, die deutero-paulinischen Schriften und der Hebräerbrief. Ich werde zunächst die Ergebnisse der exegetischen Forschungen unter systematisch-theologischen Gesichtspunkten sichten (Abschnitt 2). Ich erinnere dann an wesentliche Erkenntnisse der Sprachhandlungstheorie, die das Nachdenken über das Wirken des Wortes in den Mittelpunkt ihrer Betrachtungen rückt (Abschnitt 3). Dabei behalte ich das theologische Inte-

---

Hünermann / Richard Schaeffler (Hg.), Theorie der Sprachhandlungen und heutige Ekklesiologie. Ein philosophisch-theologisches Gespräch, Freiburg–Basel–Wien 1987.
[3] Einen guten Überblick über die Forschungsgeschichte vermittelt: Jutta Leonhardt-Balzer, Der Logos und die Schöpfung: Streiflichter bei Philo (Op 20–25) und im Johannesprolog (Joh 1,1–18), in: Jörg Frey / Udo Schnelle (Hg.), Kontexte des Johannesevangeliums. Das vierte Evangelium in religions- und traditionsgeschichtlicher Perspektive, Tübingen 2004, 295–319.
[4] Christoph Kardinal Schönborn, Ziel oder Zufall?. Schöpfung und Evolution aus der Sicht eines vernünftigen Glaubens, Freiburg–Basel–Wien 2007, 145.

resse im Blick. Ich werde schließlich die Rede von der Schöpfungsmittlerschaft durch den Logos, das Wort Jesus Christus, vor den aufgezeigten Hintergründen soteriologisch deuten (Abschnitt 4). Fragen der pneumatologischen Ausrichtung der Schöpfungslehre habe ich an dieser Stelle nicht aufgenommen. Es ist mir jedoch sehr wichtig, an diese Tradition zu erinnern.

Als Vorahnung auf das hin, was ich in diesem Beitrag gedanklich erschließen möchte, stelle ich die Deutung eines Gedichts von Rose Ausländer[5] voran. »Vielleicht III« ist der Titel dieses Textzeugnisses:

»Wenn die Zeit sich versteckt
hinter dem Himmel
die Sterne
verraten sie nicht

Es ist still
erstarrte Menschen
erwarten ein Zeichen

Vielleicht steht es
im Orion geschrieben
und keiner kann lesen«.

Die Fragen der Menschen werden groß, wenn sie die Sterne betrachten und an die Weiten des Alls denken. Menschen empfinden, dass der Fortlauf der Zeiten in den Sternen steht, für das erkennende Bemühen unzugänglich ist. Zweifel bestehen, ob es möglich ist, die an unbekanntem Ort verwahrte Deutung des Daseins zu entziffern. Vielleicht gibt es einen Ort, an dem das Geschick der Lebenden verzeichnet ist. Menschen harren aus und hoffen auf die Lichtung des Dunkels. Sie erwarten ein Zeichen, das die Ungewissheit lindert. Vielleicht gibt es ein solches Zeichen schon, nur niemand entziffert es, oder niemand sucht nach ihm.

Eine soteriologische Betrachtung der Schöpfungs-Christologie beschreibt das Wort Gottes, das von allem Anfang an bis zu allem Ende hin über der Schöpfung steht. Es ist eine lichtende Botschaft, eine erhellende Erkenntnis: Erlösung geschieht durch die Erkenntnis des wahren Gottes. Für wahre menschliche Gotteserkenntnis lebte Jesus, für sie starb er, mit ihr will er allen im Gedächtnis sein. Jedes Nachdenken über die Schöpfung kommt ohne die Hoffnung auf eine universale Vollendung nicht aus. Der Schöpfer Gott gibt uns sein Wort und löst es in Menschengestalt ein. Lässt sich dieses Zeugnis durch biblische und nachbiblische Traditionsbezüge unter Einbezug sprachwissenschaftlicher Aspekte vertiefen? Wer eine Ant-

---

[5] Vgl. Rose Ausländer, Vielleicht III, in: Dies., Und preise die kühlende Liebe der Luft. Gedichte 1983–1987, Frankfurt 1988, 141.

»Ohne das Wort wurde nichts, was geworden ist.« (Joh 1, 3)

wort auf diese Frage geben möchte, weiß um das Vorzeichen, unter das nicht nur ich meine Überlegungen stelle: »Der Logosbegriff hat eine lange Geschichte in Philosophie und Theologie«[6]. Sie nachzuerzählen kann nicht das Ziel dieses Beitrags sein.

2. Bibeltheologische Aspekte der soteriologischen Deutung der Schöpfungs-Christologie

a. Schöpfungstheologische Bezüge in der Verkündigung Jesu

Bibeltheologische Überlegungen zur Schöpfungs-Christologie setzen zumeist entweder staurologisch-paschatisch oder inkarnatorisch an: Sie denken den neutestamentlichen Zeugnissen über den Beginn der neuen Schöpfung im gekreuzigten und auferweckten Christus nach oder sie besprechen die Menschwerdung des göttlichen Weisheitswortes in der Lebensexistenz Jesu Christi. Sendung, Geburt und Tod Jesu sind – vermittelt vor allem durch die paulinische Soteriologie und bis heute nachwirkend in der Traditionsgeschichte – die vorrangigen thematischen Kontexte der Erlösungslehre. Bekannt ist die Klage über die Vernachlässigung des Blicks auf das Leben Jesu als Ort der erlösenden Erkenntnis selbst in den überlieferten Glaubensbekenntnissen, die das Wirken des irdischen Jesus zwischen seiner Geburt und seinem Tod übergehen. Dies soll hier nicht wieder geschehen, denn es liegt sehr nahe, eine Verbindung zwischen der Gottesverkündigung des irdischen Jesus und der Schöpfungstheologie herzustellen, die in der Forschung auch auf die Vertrautheit Jesu mit dem Propheten Deuterojesaia[7] zurückgeführt wird. Ein Gedicht von Werner Bergengruen[8] kann das Gemeinte zunächst anschaulicher zum Ausdruck bringen als andere Zugänge:

»Um Verborgnes zu bedeuten,
sprach der Herr – entsinnt ihr euch? –
gern von Hirten, Ackersleuten,
Feigenbaum und Dorngesträuch,

von der Henne Flügelheben,
Stein und Schlange und Skorpion.
Ich der Weinstock, ihr die Reben,
und ich bin des Winzers Sohn.

---

[6] Jutta Leonhardt-Balzer, Der Logos und die Schöpfung (s. Anm. 3) 295.
[7] Vgl. Werner Grimm, Weil ich dich liebe. Die Verkündigung Jesu und Deuterojesaja, Frankfurt 1976.
[8] Vgl. Werner Bergengruen, Christus in der Schöpfung, in: ders., Die heile Welt. Gedichte, Zürich 1950, 115 f.

Dorothea Sattler

Dem Gebornen quoll entgegen
warmer Tiergeruch im Stall,
und es stand an seinen Wegen
Lamm und Fisch allüberall.

Fische strömten in die Netze,
und das Senfkorn wurde groß.
In den Äckern lagen Schätze,
Perlen still im Muschelschoß.

Vor das Volk der Synagogen
hat er offne Flur gestellt,
Vögel unterm Himmelsbogen,
Lilien im Blütenfeld.

Eselsfüllen, Geistestaube,
Salz und Distel fehlte nicht.
Und mit feuchtem Erdenstaube
gab er Blinden das Gesicht.

Brunnen, Seen, Flüssen, Teichen
war er innig im Verein
und erhob zum höchsten Zeichen
unser Brot und unsern Wein.

Nichts, das aus der Erde Mitten
nicht sein rechtes Bild empfing!
Und von rechtem Holz geschnitten,
war das Kreuz, daran er hing.

Am verlassnen Sarkophage
vor Marie von Magdala
früh am ersten Ostertage
stand er als ein Gärtner da.

Und zuletzt, den Erdengleisen
fast entrückter Pilgersmann,
sich den Jüngern zu erweisen,
nahm er Fisch und Honig an.

Selig, selig, die da glauben,
selig, denn sie werden sehn.
Einst wird sich das Kreuz belauben
und die Schöpfung auferstehn.«

Die Verkündigung Jesu ist durch zahlreiche Bezugnahmen auf die Schöpfungswirklichkeit charakterisiert.[9] Jesus spricht von Gottes Königreich, das

---

[9] Vgl. Marius Reiser, Der »grüne« Christus. Natur im Leben und Lehren Jesu, in: Erbe und Auftrag 72 (1996) 9–22; Paul Hoffmann, Zukunftserwartung und Schöpfungsglaube in der Basilaeia-Verkündigung Jesu, in: Religionsunterricht an höheren Schulen 31 (1988) 374–384;

»Ohne das Wort wurde nichts, was geworden ist.« (Joh 1,3)

hier und heute bereits angebrochen und unter dem Aspekt der Nähe zu betrachten ist. Das Reich Gottes steht auch umkehrbereiten Sündern und Sünderinnen bereits offen und muss von den Menschen nicht erst mühsam erarbeitet werden. Es ist Gottes Geschenk, ein Geschehen der Gnade. Es fällt auf, dass Jesus in seinen (Gleichnis-)Reden (vgl. bes. Mt 13) oft auf Vorgänge in der Natur zu sprechen kommt. Seine Bildwelt ist durch Bezugnahmen auf den Ackerbau, die Viehzucht, das Hirtenleben, den Fischfang und den Weinbau geprägt. Offenbar hat er in einem engen emotionalen Bezug auch zur nicht-menschlichen Schöpfung gelebt.

Jesus greift in seinen Predigten den aus der Weisheitsliteratur und den Psalmen vertrauten Gedanken der Sorge Gottes für seine Geschöpfe auf (vgl. Mt 6,25–34). In Jesu Nachfolge soll das vorrangige Mühen der Menschen eine Sorge um mitmenschliche Gerechtigkeit und um Gemeinschaftstreue sein. Auch das Gebot der Feindesliebe begründet Jesus schöpfungstheologisch (vgl. Mt 5,43–48): So wie der Schöpfer geduldig ist mit all seinen Geschöpfen, die Sonne aufgehen lässt über Gute und Böse, es regnen lässt für Gerechte und Ungerechte, so sollen auch die Menschen nicht nur die lieben, von denen sie selbst geliebt werden. Menschen sollen einander nie aufgeben, ihnen vielmehr jederzeit zutrauen, eine Hinkehr zum Guten zu vollziehen. Die Ethik Jesu ist als sein Bemühen um die Wiederherstellung der ursprünglichen Schöpfungsordnung zu verstehen. Das Sabbatgebot erhält so seinen ursprünglichen Sinn zurück. In der Reaktion auf sein heilendes Handeln sagen die Menschen von ihm: »Er hat alles gut gemacht« (Mk 7,37). In seinem Handeln wird das ursprüngliche Gutsein wiedergewonnen.

Die Frage, ob der irdische Jesus über seine Sendung an das Volk Israel hinaus an die Möglichkeit einer universalen Adressatenschaft seiner Gottesbotschaft gedacht hat, wird in der Literatur kontrovers besprochen.[10] Unbestritten ist dabei, dass die Öffnung der soteriologischen Perspektive über Israel hinaus insbesondere von Paulus schöpfungstheologisch begründet wird. Nicht ausgeschlossen erscheint dabei, dass Erinnerungen an die Verkündigung des irdischen Jesus durch Vermittlung der frühkirchlichen Zeugengemeinschaften dabei nachhaltig wirksam waren. Paulus selbst wird es angesichts seiner jüdischen Herkunftstradition nicht fern gelegen haben, seine Hoffnung auf die universale Vollendung der Schöpfung – durch das Wirken einer messianischen Gestalt vermittelt – zum Ausdruck zu bringen.

Daniel Kosch, Vom galiläischen Wanderprediger zum göttlichen Logos. Jesus, der Johannesprolog und unser Christusbekenntnis, in: Max Küchler / Peter Reini (Hg.) Randfiguren in der Mitte. Hermann-Josef Venetz zu Ehren, Luzern 2003, 289–306.

[10] Vgl. Gerd Theißen / Annette Merz, Der historische Jesus. Ein Lehrbuch, Göttingen ³2001, bes. 221–255.

b. Schöpfungs-christologische Aussagen in einzelnen neutestamentlichen Schriften

Die frühen paulinischen Zeugnisse für die Schöpfungsmittlerschaft Jesu Christi schließen stärker an die Sophia-Tradition als an die Logos-Tradition an: Die Gestalt einer personifizierten (Frau) Weisheit (vgl. Spr 3, 19; 8, 22–31; Sir 1, 4; 24, 1–22; Weish 7, 12.21)[11], die bei Gottes schöpferischem Wirken gegenwärtig war und unter der ein lebensfrohes (etwa die Mahlgemeinschaft wünschendes), spielerisch leicht wirkendes Gegenüber zum Schöpfergott vorstellbar ist, kann mitgedacht werden, wenn Paulus im christologischen Kontext von »Gottes Kraft und Gottes Weisheit« (1 Kor 1, 24) spricht. Paulus bemüht sich um eine Unterscheidung zwischen der Torheit der Menschen und der Weisheit Gottes. Dabei ist er herausgefordert durch das Todesgeschick Jesu, das sich unter den zeitgenössisch vorausgesetzten Annahmen theologisch nur schwer in Verbindung bringen ließ mit messianischen Erwartungen. Gottes Weisheit ist eine andere als die menschliche Weisheit. Insbesondere die alttestamentliche Vorstellungen von der Präexistenz der Weisheit und von ihrer Gegenwart beim schöpferischen Wirken Gottes lassen in der Übertragung auf Jesus Christus die soteriologische Zielsetzung der biblischen Rede erkennen: In der Mensch gewordenen Weisheit Gottes kommt die Freude Gottes an seiner Schöpfung zum Ausdruck, der alles so geordnet hat, dass die Geschöpfe das wahre Leben erlangen können, wenn sie sich der Weisheit Gottes anvertrauen.

In der exegetischen Literatur ist das Verhältnis zwischen der Rede von der präexistenten Weisheit und dem Wort Gottes, das in Jesus Christus Mensch geworden ist, vielfach besprochen worden.[12] Insbesondere die Frage, ob dem Prolog des Johannesevangeliums (vgl. Joh 1, 1–18) ein Weisheitshymnus als Vorlage diente (eine These, die heute kaum noch vertreten wird[13]), hat das Interesse befördert, diese beiden Interpretamente des durch eine weitere Wirklichkeit vermittelten schöpferischen Handelns Gottes in

---

[11] Vgl. Claudia Sticher, »Frau Weisheit hat ihr Haus gebaut.« Alttestamentliche Anknüpfungspunkte der Johanneischen Logos-Christologie, in: Günter Kruck (Hg.), Der Johannesprolog, Darmstadt 2009, 27–47 (Lit.).

[12] Demnach »verkörpert die Weisheit eher die alles gut ordnende Menschenfreundlichkeit des Schöpfers, das Wort eher seinen herrschlich gebietenden Willen« (Medard Kehl, Und Gott sah, dass es gut war. Eine Theologie der Schöpfung, Freiburg–Basel–Wien 2006, 148).

[13] Angenommen wird in der Regel, dass Joh 1, 1–18 ein vorchristlicher, von der Logos-Vorstellung des jüdisch-hellenistischen Gelehrten Philo von Alexandrien inspirierter Hymnus zugrunde lag: Vgl. Folker Siegert, Der Logos, »älterer Sohn« des Schöpfers und »zweiter Gott«. Philons Logos und der Johannesprolog, in: Jörg Frey / Udo Schnelle (Hg.), Kontexte des Johannesevangeliums (s. Anm. 3) 277–293. Vgl. vor allem auch: Masanobu Endo, Creation and Christology. A Study on the Johannine Prologue in the Light of Early Jewish Creation Accounts, Tübingen 2002.

»Ohne das Wort wurde nichts, was geworden ist.« (Joh 1, 3)

einen Vergleich miteinander zu bringen. Dabei wurde auch dem Aspekt Bedeutung geschenkt, dass das Geschlecht der hebräischen (chokmah und dabar) und griechischen (sophia und logos) Begrifflichkeit unterschiedlich ist, die Redeformen für »Weisheit« (wie auch im Deutschen) weiblich, jene für das Wort männlich sind. Möglicherweise lag es eher nahe, bei der Übertragung der Vorstellung von der Schöpfungsmittlerschaft auf Jesus Christus dem grammatikalisch männlich strukturierten Begriff den Vorzug zu geben. Die dabei verloren gegangenen inhaltlichen Aspekte werden heute in der exegetisch gut erforschten Sophia-Christologie erinnert.[14]

Es ist an dieser Stelle nicht möglich, einen Überblick über die neueren exegetischen Auslegungen des Johannesprologs zu geben.[15] Aus systematisch-theologischer Sicht ist es wichtig festzuhalten, dass sich die Erschaffung der gesamten Wirklichkeit durch das göttliche Wort an die priesterliche Schöpfungserzählung mit ihrer wiederholt eingebrachten Rede vom schöpferischen Sprechen Gottes rückbinden lässt. Die willentliche göttliche Zustimmung zu allen Schöpfungswerken kommt so zum Ausdruck: »Alles ist durch das Wort geworden, und ohne das Wort wurde nichts, was geworden ist« (Joh 1, 3). Das universale Dabeisein des Wortes beim schöpferischen Handeln Gottes gewährleistet der gesamten Schöpfung eine Sinnprägung, die Spuren hinterlässt, deren Rückverfolgung zur

---

[14] Vgl. Felix Christ, Jesus Sophia. Die Sophia-Christologie bei den Synoptikern, Zürich 1970; Hans-Josef Klauck, »Christus, Gottes Kraft und Gottes Weisheit« (1 Kor 1, 24). Jüdische Weisheitsüberlieferungen im Neuen Testament, in: Wissenschaft und Weisheit 55 (1992) 3–22; Hermann von Lips, Christus als Sophia? Weisheitliche Traditionen in der urchristlichen Christologie, in: Cilliers Breytenbach / Henning Paulsen (Hg.), Anfänge der Christologie. FS Ferdinand Hahn, Göttingen 1991, 75–95; William Gray, Wisdom Christology in the New Testament. Its Scope and Relevance, in: Theology 89 (1986) 448–459. Aus systematisch-theologischer Sicht hat Walter Kasper bereits sehr früh diese bibeltheologischen Aspekte aufgegriffen: Vgl. Walter Kasper, Gottes Gegenwart in Jesus Christus. Vorüberlegungen zu einer weisheitlichen Christologie, in: Walter Baier u. a. (Hg.), Weisheit Gottes – Weisheit der Welt. FS Joseph Kardinal Ratzinger, Bd. I und II, St. Ottilien 1987, Bd. I, 311–328.
[15] Vgl. Michael Theobald, Die Fleischwerdung des Logos. Studien zum Verhältnis des Johannesprologs zum Corpus des Evangeliums und zu Joh 1, Münster 1988; ders., Im Anfang war das Wort. Textlinguistische Studie zum Johannesprolog, Stuttgart 1983; Hans Weder, Ursprung im Unvordenklichen. Eine theologische Auslegung des Johannesprologs, Neukirchen-Vluyn 2008; Craig A. Evans, Word and Glory. On the Exegetical and Theological Background of John's Prologue, Sheffield 1993; Peter M. Philipps, The Prologue of the Fourth Gospel. A Sequential Reading, London 2006; Jürgen Habermann, Präexistenzchristologische Aussagen im Johannesevangelium. Annotationes zu einer angeblich »verwegenen Synthese«, in: Rudolf Laufen (Hg.), Gottes ewiger Sohn. Die Präexistenz Christi, Paderborn 1997, 115–141; Vgl. auch einen Sammelband aus jüngster Zeit, in dem auch traditionsgeschichtliche Bezüge bedacht werden: Günter Kruck (Hg.), Der Johannesprolog (s. Anm. 11). Die Kommentare zum Johannesevangelium behandeln allesamt gewiss ausführlich den Prolog. Die vorausgehende Forschung ist in Auszügen referiert in: Das Evangelium nach Johannes. Kapitel 1–12. Übersetzt und erklärt von Michael Theobald, Regensburg 2009, 100–143.

Erkenntnis und Anerkenntnis Gottes führen kann. Durch die Teilhabe des Wortes am Schöpfungshandeln wird die gesamte Schöpfung zu einem Offenbarungswort Gottes.

Es gibt weitere neutestamentliche Texttraditionen, in denen die Schöpfungsmittlerschaft Jesu Christi thematisch beansprucht wird: Insbesondere im deuteropaulinischen Kolosserbrief (vgl. Kol 1, 15–20) und in der Apokalypse (vgl. Offb 1, 17; 2, 8; 22, 13): Jesus Christus ist der »Erstgeborene der ganzen Schöpfung« (Kol 1, 15) und auch der »Erstgeborene der Toten« (Kol 1, 18). Jesus Christus »ist vor aller Schöpfung, in ihm hat alles Bestand« (Kol 1, 17). Die Zielperspektive des Kolosserhymnus ist es, das versöhnende Wirken Jesu Christi in der gesamten Schöpfung zu beschreiben (vgl. Kol 1, 20). Der Epheserhymnus greift dieses soteriologische Anliegen auf. Er nimmt dabei Bezug auf die Erwählung der Schöpfung in ihm, in Jesus Christus, »vor der Erschaffung der Welt« (Eph 1, 4). Anfang und Ende, Alpha und Omega, sind in Jesus Christus personifiziert. Die Zielausrichtung der Aussagen ist die Verheißung der Vollendung der gesamten Schöpfung. Nicht Spekulationen über den zeitlichen Beginn (initium) motivieren die biblischen Autoren, sondern die Verkündigung des göttlichen Grundes (principium) der Hoffnung, dass Gott sein Werk vollenden wird. Mit dieser Kunde ist insbesondere in den späteren Schriften des Neuen Testaments auch eine Verpflichtung der Geschöpfe zu einem Leben gemäß der göttlichen Verheißung verbunden: Die begnadeten Geschöpfe sollen »heilig und untadelig leben vor Gott« (Eph 1, 4; vgl. auch Eph 2, 10).

c. Zusammenfassung der Bedeutung der biblischen Zeugnisse aus systematisch-theologischer Sicht

Die gesamte Schöpfung ist »in Christus«, »durch Christus« und »auf Christus hin« erschaffen. Auf diese Weise fasst Medard Kehl[16] die Anliegen der neutestamentlichen Zeugnisse aus systematisch-theologischer Perspektive zusammen. Jesus Christus ist demnach zum einen die »Exemplarursache« der Schöpfung, ihr Urbild, indem sich die gottgewollte gute Grundgestalt der Schöpfung spiegelt. »In Christus« geschaffen sein, bedeutet dann, nicht ohne ein Leitbild für das gottgewollte Leben der Schöpfung zu leben. Zum anderen ist die Schöpfung »durch Christus« geschaffen. Als »Instrumentalursache« ist Jesus Christus als Mensch gewordenes Wort Gottes eine personifizierte Zusage der Gutheit der Schöpfung in ihrer ursprünglichen, gottgewollten Ordnung. Schließlich ist Jesus Christus die »Zielursache« der Schöpfung, da das von ihm erworbene Leben der sündi-

---

[16] Vgl. Medard Kehl, Und Gott sah, dass es gut war (s. Anm. 12), 152 f.

»Ohne das Wort wurde nichts, was geworden ist.« (Joh 1,3)

gen Schöpfung die verheißene Aussicht ist, auf die hin die gesamte Schöpfung ausgerichtet bleibt.

Alle drei genannten Betrachtungsweisen der Schöpfungsmittlerschaft stehen auf eigene Weise in einem soteriologischen Kontext. Sie besprechen die durch das Christusgeschehen eingetretene Wende zum Guten, die durch die präexistente Gestalt des schöpferisch wirkenden Wortes von allem Anfang an verheißen ist. Dabei meint die Rede vom »Anfang« die jenseits aller Zeitmomente in Gott begründete Beziehung zur Schöpfung, die in der Zeit durch das Wort Gottes offenbar wird.

3. Sprachwissenschaftliche Aspekte zur Deutung des schöpferischen Wortes

Könnte es eine Verstehenshilfe bei der Deutung des schöpferisch wirkenden Wortes Gottes sein, unter Bezugnahme auf sprachphilosophische Überlegungen Differenzierungen vorzunehmen, durch die sich die Vielfalt der verwandelnden Kraft des Wortes erschließt? Die hier getroffene Wahl einer solchen Bemühung beruht auf der Vorannahme, dass ein solcher Erkenntnisgewinn möglich ist. In der gebotenen Kürze fasse ich in diesem Abschnitt wichtige Aspekte der Sprachhandlungstheorie (meist Sprechakttheorie genannt)[17] zusammen und nehme im letzten Abschnitt die schöpfungstheologische Fragestellung wieder auf.

a. Erinnerung an die Geschichte der Sprechakttheorie

»What I shall have to say here is neither difficult nor contentious«[18]. Mit diesen Worten beruhigte John L. Austin 1955 seine Hörer an der Harvard University zu Beginn einer Vorlesungsreihe, in der er die Ergebnisse seiner Forschungen zur Thematik »Words and Deeds« zusammenfasste. 1960 starb Austin 49jährig. Das Manuskript dieser Vorlesungen wurde 1962 posthum unter dem Titel »How to do Things with Words«[19] herausgegeben. Diese Studie gilt als der wichtigste Anstoß zur Entwicklung der

---

[17] Vgl. als einführende Literatur die hier in Anm. 1 genannten Titel. In der jüngst erschienenen Einführung von Staffeldt ist die weiterführende Literatur verzeichnet: Vgl. Sven Staffeldt, Einführung in die Sprechakttheorie (s. Anm. 1) 172–180; in diesem Buch ist auch ein sehr hilfreiches Glossar enthalten: Vgl. ebd., 158–169.
[18] John L. Austin, How to do Things with Words, Oxford / New York ²1975, 1.
[19] Ebd. Eine deutsche Bearbeitung, der die englischen Ausgaben von 1962 und 1975 zugrunde liegen, besorgte Eike von Savigny: Vgl. John L. Austin, Zur Theorie der Sprechakte (How to do Things with Words), Stuttgart 1979.

Sprechakttheorie. Austin selbst sah den Wert seiner Ausführungen vor allem darin, dass sie »wahr« sind, wie er in seiner Einleitungsrede sagt, »at least in parts«[20]. Um eine Differenzierung zwischen den überzeugenden, in der Kritik bewährten Teilen und den der wissenschaftlichen Diskussion nicht standhaltenden Partien seiner Argumentation bemühen sich Sprachphilosophen, Linguisten, Sozialwissenschaftler und Vertreter anderer Disziplinen bis heute.

In seinem methodischen Ansatz und in seiner Zielsetzung ist John L. Austin ein früher Vertreter der linguistischen Pragmatik. Die Pragmatik fragt nach dem Gebrauch der Sprache innerhalb eines situativ bestimmten Handlungskontextes. Der Ausgangspunkt der Überlegungen ist der Widerspruch von Austin zu der These, Aussagesätze konstatierten immer bereits Bestehendes. Austin wird aufmerksam auf sprachliche Äußerungen, durch die nicht etwas festgestellt, sondern etwas hergestellt wird. Durch die Äußerung zum Beispiel des Satzes »Ich vermache dir meine Uhr« geschieht etwas, es ereignet sich Neues: Die Besitzverhältnisse ändern sich. Austin bezeichnet jene Sätze, durch deren Äußerung eine Handlung vollzogen wird, als performative Äußerungen, die sich von den beschreibenden, feststellenden, konstatierenden Äußerungen dadurch unterscheiden, dass sie nicht wahr oder falsch sind, sondern gelingen oder missglücken können.

Die Annahme, alle Äußerungen ließen sich als konstative *oder* performative erfassen, hat für Austin zu Beginn seiner Vorlesungsreihe Hypothesencharakter. Die von ihm in den ersten sieben von insgesamt zwölf Vorlesungen durchgeführte Überprüfung seiner Hypothese überzeugt ihn schließlich von der Unhaltbarkeit der von ihm zunächst angenommenen Alternative, da zum einen auch konstatierende Äußerungen Wirkungen erzielen, und zum anderen auch performative Äußerungen sich auf außersprachliche Sachverhalte beziehen. Der »propositionale Gehalt« der Aussage wird in der Bezugnahme auf »Welt« (Referenz) und in der Aussage über »Welt« (Prädikation) erkennbar.

Die Theorie der Sprechakte, die Austin in seinen letzten fünf Vorlesungen entfaltet, versucht der Erkenntnis Rechnung zu tragen, dass jede Äußerung performativen Charakter hat, somit eine Äußerung immer auch eine spezifische Form der Handlung ist. Genauerhin unterscheidet Austin drei Arten einer Handlung, die bei jedem Sprechakt miteinander verbunden sind: (1) »the act *of* saying« – den lokutionären Akt (die Tat des Sprechenden, durch Lautbildung Worte zu artikulieren, die auf eine außersprachliche Wirklichkeit verweisen); (2) »the act *in* saying« – den illokutionären Akt (die vom Sprechenden gemeinte Art seines Handelns, der Handlungssinn der Äußerung) und (3) »the act *by* saying« – den per-

---

[20] John L. Austin, How to do Things with Words (s. Anm. 18) 1.

»Ohne das Wort wurde nichts, was geworden ist.« (Joh 1,3)

lokutionären Akt (die vom Sprechenden intendierte oder auch nicht-intendierte Wirkung seiner Äußerung auf den Hörenden).

b. Differenzierungen zwischen den Wirkweisen der Worte (Illokutionstypen)

John R. Searle hat eine Verfeinerung der im Ansatz auch schon bei Austin zu findenden Klassifikation der illokutionären Akte vorgenommen. Er legte eine an Kriterien orientierte Einteilung der Illokutionen in Gruppen vor. Daneben hat Searle auch eine präzisere Bestimmung der Voraussetzungen vorgenommen, die erfüllt sein müssen, soll eine Sprachhandlung gelingen.[21]

John R. Searle benennt insgesamt zwölf Kriterien, nach denen Sprachhandlungen unterschieden werden können.[22] Durch die Kombination einzelner Kriterien kommt Searle zu fünf Klassen illokutionärer Akte, in die sich nach seiner Meinung die weitaus meisten der Illokutionen einordnen lassen: Repräsentativa (heute in der Regel als Assertiva bezeichnet), Direktiva, Kommissiva, Expressiva und Deklarativa. Von den Kriterien, die eine Unterscheidung dieser Illokutionsklassen ermöglichen, erscheint mir eines im schöpfungstheologischen Zusammenhang sehr bedeutsam: die »Entsprechungsrichtung von Welt und Worten«, das heißt die

---

[21] Diese sogenannten Gelingensbedingungen sind teils regulativer, teils konstitutiver Natur. Die Einhaltung der Sprechaktregeln stellt sicher, dass der Sprechakt sich ereignen kann. Da diese sich schwerlich allgemein für alle illokutionären Akte in gleicher Weise bestimmen lassen, arbeitet Searle zunächst exemplarisch und beschreibt die Gelingensbedingungen des Sprechaktes eines Versprechens: Vgl. John R. Searle, Sprechakte, München 1971, 88–113. Die Systematisierung der einzelnen Bedingungen, die erfüllt sein müssen, soll der Akt des Versprechens mittels der Äußerung des gegebenen Satzes erfolgreich und vollständig vollzogen sein, führt Searle zur Angabe von vier Grundregeln, die das Gelingen einer Sprachhandlung gewährleisten: (1) die Regel der Proposition (eine außersprachliche Wirklichkeit muss gegeben sein: etwa bei einem Glückwunsch ein dazu passendes Ereignis); (2) die Regel der Einleitung (ein situativer Anlass muss vorliegen: bei einem Glückwunsch muss der Sprecher meinen, der Hörer sei über das Ereignis erfreut); (3) die Regel der Aufrichtigkeit (thematisiert die Sprecher-Hörer-Beziehung: Der Sprecher ist selbst erfreut über das Ereignis, zu dem er beglückwünscht); (4) die Regel des Wesensgehalts (das illokutionäre Ziel wird angestrebt: der Sprecher will mit seinem Glückwunsch seine Freude zum Ausdruck bringen).
[22] Vgl. John R. Searle, Eine Klassifikation von Illokutionsakten, in: Paul Kussmaul (Hg.), Sprechakttheorie. Ein Reader, Wiesbaden 1980, 82–108. Searle nennt folgende Unterschiede: (1) im Zweck/Ziel des Sprechakts; (2) in der Entsprechungsrichtung von Welt und Worten; (3) in der psychischen Einstellung; (4) in der Ausdrucksstärke, mit der ein Illokutionszweck dargeboten wird; (5) im sozialen Status des Sprechers/Hörers; (6) in der Nutzanwendung für Sprecher/Hörer; (7) im Bezug auf den übrigen Diskurs; (8) im propositionalen Gehalt; (9) in der Notwendigkeit eines sprachlich vermittelten Handelns; (10) im Erfordernis eines institutionellen Rahmens; (11) zwischen Sprechakten, deren zugehöriges Illokutionsverb performativ gebraucht werden kann, und solchen, bei denen dies nicht möglich ist; (12) im Vollzugsstil eines Illokutionsaktes.

unterschiedliche Weise, wie bei einzelnen Illokutionen Welt und Worte sich zueinander verhalten. Repräsentativa (wie etwa eine Behauptung) wollen mit den Worten der Welt entsprechen. Einfach gesagt: Die Welt ist bereits gegeben, die Worte wollen sie in Erscheinung bringen, öffentlich machen. Dagegen intendieren Direktiva und Kommissiva eine (zukünftige) Angleichung der Welt an die bereits gesprochenen Worte; Direktiva appellieren (in Gestalt einer Bitte oder eines Befehls) an den Hörer, diese Entsprechung herzustellen; Kommissiva (ein Versprechen oder eine Drohung) sind als eine Selbstverpflichtung des Sprechers zu verstehen, diese Angleichung vorzunehmen. Bei Expressiva wird vorausgesetzt, dass eine Entsprechung von Worten und Welt vorliegt, dass zum Beispiel der Dank begründet ist und für einen Glückwunsch ein Anlass besteht. Die Eigenart der Deklarativa schließlich ist es, in ihrem aktuellen Vollzug die Entsprechung von Worten und Welt bzw. von Welt und Worten herzustellen: Mit »ich kündige« kündige ich; wird vor Gericht ein Urteil gesprochen, dann ist der Beschuldigte freigesprochen oder für schuldig befunden.

c. Kritische Rezeption in der Linguistik

Die Sprechakttheorie ist in der Linguistik seit einiger Zeit Anfragen ausgesetzt, die bei einer theologischen Rezeption dieser Theorie Beachtung finden sollten. Weithin unbestritten ist in der gegenwärtigen linguistischen Forschung die Leistung von Austin und seiner Schule, auf die Komplexität der Handlungsformen im Sprechgeschehen aufmerksam gemacht und einen hilfreichen Apparat von Begriffen bereitgestellt zu haben, der es ermöglicht, die einzelnen sprachlichen Äußerungen zu analysieren. Zugleich wird in linguistischen Beiträgen aber die nur begrenzte Leistungsfähigkeit dieser Theorie betont: Sie bezieht sich weithin nur auf die vom Sprecher vollzogenen Handlungen; längere Redepassagen oder schriftliche Texte sind weniger im Blick; die Kommunikationssituation wird in sehr kleine Teile zerlegt, so dass das dialogische Wechselspiel menschlicher Rede aus dem Blick geraten kann. Dieter Wunderlich hat vor diesem Hintergrund den Begriff »Sprechaktsequenzen« geprägt und unterscheidet zwischen initiativen und reaktiven Sprechakten.[23] Searle war besonders interessiert, die institutionellen Gelingensbedingungen von Sprechakten zu beschreiben. Die neuere Linguistik achtet demgegenüber in hohem Maße auf die personalen Anteile, die zum Gelingen oder Misslingen eines Rede-Ereignisses beitragen, wie etwa Rollenerwartungen, situativ wirksame Stimmungen,

---

[23] Vgl. Dieter Wunderlich, Was ist ein Sprechakt?, in: Günther Grewendorf (Hg.), Sprechakttheorie und Semantik, Frankfurt 1979, 275–324.

»Ohne das Wort wurde nichts, was geworden ist.« (Joh 1,3)

psychische Vorprägungen von Sprechenden und Hörenden oder auch Artikulationsdefizite.

4. Gottes schöpferisches Wirken in seinem Wort Jesus Christus

Die hier versuchte Interpretation der worthaften Schöpfungsmittlerschaft Jesu Christi unter Bezugnahme auf die Sprechakttheorie ist ohne Vorbild.[24] Vielleicht regt sie zu einem kritisch-konstruktiven Weiterdenken an. Ich gehe zunächst auf das schöpferische Wirken Gottes in seinem Wort ein und nehme dann die christologisch-soteriologische Perspektive nochmals eigens auf.

a. Sichtung der Illokutionstypen in schöpfungs-christologischer Perspektive

Wie auch in anderen systematisch-theologischen Bereichen ist es naheliegend, das schöpferische Wirken Gottes zunächst unter dem Gesichtspunkt der *Wirksamkeit einer deklarativen Sprachhandlung* zu betrachten: Eine neue Wirklichkeit ersteht aus biblischer Perspektive durch die Aussprache der beiden göttlichen Worte »Es werde!«. Ein wichtiger Unterschied ist dabei zu beachten: Im menschlichen Bereich setzen die deklarativen Sprachhandlungen das Bestehen der Wirklichkeiten bereits voraus, die mittels einer Sprachhandlung in eine neue Beziehung zueinander gesetzt werden, eine neue Ordnung erfahren. Wenn etwa die Besitzverhältnisse einem Testament gemäß wechseln, dann gibt es die Sachwerte bereits, die vermittelt durch Worte neu verteilt werden. Anders ist es in der schöpferischen Rede Gottes: Sie verwandelt vom Nichtssein ins Dasein und gestaltet so eine soteriologische Wende. Dabei ist der Begriff des Soteriologischen hier weit gefasst: Errettet zu werden aus der Nichtexistenz, ist die Voraussetzung für jedes heilende Handeln.

Noch recht leicht lassen sich die *Aspekte einer kommissiven Sprachhandlung* mit der schöpfungstheologischen Tradition verbinden. Das schöpferische Sprachwerk Gottes impliziert ein Versprechen, das er allein nur einlösen kann: die Vollendung der in das Dasein gesetzten Geschöpfe. Gut vertraut ist in der biblischen und in der nachbiblischen Reflexion die enge

---

[24] Einen hilfreichen Versuch, einen Brückenschlag zwischen der Traditionsgeschichte und modernen Sprachtheorien zu erreichen, macht Josef Blank bereits sehr früh: Vgl. Josef Blank, Im Anfang war das Wort. Die Interpretation des Johannes-Prologs bei Thomas von Aquin als Grundlegung einer theologischen Sprachtheorie, in: Karl-Heinz Bender / Klaus Berger / Mario Wandruszka (Hg.), Imago Linguae. Beiträge zu Sprache, Deutung und Übersetzen. FS Fritz Paepcke, München 1977, 81–94.

Bezugnahme der Protologie auf die Eschatologie. Hans Urs von Balthasar hat vom »Aug' in Aug' von Protologie und Eschatologie«[25] gesprochen. Die Hoffnung auf eine universale Versöhnung am Ende der Zeiten gründet in der Glaubensgewissheit von der Zustimmung Gottes am Anfang der Zeiten zum Dasein aller Geschöpfe. Nicht zuletzt mit ihrem Bezug auf das Alpha und das Omega – ja Buchstaben einer Sprachwirklichkeit – greifen die neutestamentlichen Schriften (vgl. Offb 1, 8) diesen Zusammenhang auf.

In jüngerer Zeit sind *Anliegen der direktiven Dimension des schöpferischen Wirkens Gottes* vielfach bedacht worden. Die Sorge um die Bewahrung der Schöpfung treibt insbesondere die weltweite Ökumenische Bewegung lange schon um. Angesichts der unverkennbaren Aktualität der Thematik verstärken sich derzeit auf sehr vielen Ebenen entsprechende Bemühungen. Nicht immer ist dabei erkennbar, dass es dabei nicht nur um das berechtigte Anliegen der Erhaltung der eigenen Lebensgrundlagen geht, vielmehr um die Einlösung des universalen Anspruchs der Rede Gottes: Wen Gott in das Dasein setzt, den will er bewahren. Daraus erwächst eine Verpflichtung, die nicht nur auf das Überleben im eigenen personalen und regionalen Raum ausgerichtet sein kann. Die Schöpfungsethik übersteigt die Bereiche der individuellen Fürsorge. Ihre universale Ausrichtung ist nur auf institutioneller und struktureller Ebene einzulösen.

Im Blick auf *die expressiven Aspekte der schöpferischen Worthandlung* fällt eine nähere Bestimmung des Gemeinten zunächst schwer. Recht vertraut ist es, die Gemeinschaft der Geschöpfe daran zu erinnern, dass ihr Lobpreis auf Gottes Handeln antwortet. Möchte jedoch auch Gott mit der Schöpfung etwas sagen? Sieht er einen Anlass für seine schöpferischen Worte? Möchte er im Handeln etwas aus seinem Inneren äußern? Die jüdisch-christliche schöpfungstheologische Tradition hält daran fest, dass Gott nicht aus Eigeninteresse zum Schöpfer wird. Selbstlos sind seine Wortwerke. Allein aus reiner Liebe zu Gebilden, die ohne ihn nicht in das Dasein kommen können, bestimmt Gott sich zu einem Schöpfer. Damit bringt er sich selbst zum Ausdruck, spricht expressiv. Gottes schöpferisches Handeln ist eine Selbstoffenbarung, eine Selbstkunde. Niemand kann eindeutiger handeln als im offenen Wort. Dabei sind sowohl die Laute, »the act of saying« (die Redehandlung überhaupt), als auch »the act in saying« (der intendierte Gehalt der Rede) von Bedeutung. Die Glaubenswahrheit, dass Gott sich selbst zum Schöpfersein bestimmt hat, lässt sich durch ein Nachdenken über »the act of saying« erschließen. Beide Sprachhandlungen haben einen Adressaten im Blick, sie intendieren eine verstehende Aufnahme: »the act by saying«.

---

[25] Hans Urs von Balthasar, Eschatologie, in: Johannes Feiner u. a. (Hg.), Fragen der Theologie heute, Einsiedeln–Zürich–Köln 1958, 403–421, hier 403.

»Ohne das Wort wurde nichts, was geworden ist.« (Joh 1,3)

In welcher Weise lässt sich *die repräsentative Dimension der schöpferischen Worthandlung* beschreiben? Könnte Gott je in seinem schöpferischen Sprechen auf eine Wirklichkeit verweisen, die es bereits gibt? Diese Annahme ist unsinnig, da ja gerade erst durch das Wort Gottes alles wird, was ist. Die einzige Möglichkeit, von einer repräsentativen Worthandlung des schöpferischen Gottes zu sprechen, ist die Besprechung der Annahme, dass Gott seine eigenen inneren Beweggründe bei seinem schöpferischen Handeln darlegt. Die expressiven und die repräsentativen Aspekte des schöpferischen Worthandelns Gottes rücken somit sehr nahe zusammen und wirken fast identisch. »Behaupten« – eine oft besprochene repräsentative Sprachhandlung – »behaupten« kann Gott nur, dass er in sich genau der ist, als der er sich in seinem schöpferischen Handeln zeigt. Vor diesem Hintergrund ist die Tradition der natürlichen Gotteserkenntnis zu verstehen, die in der römisch-katholischen Tradition noch immer von hoher Bedeutung ist. Genau an dieser Stelle eröffnen sich aus meiner Sicht mögliche Bezüge zur Schöpfungs-Christologie. Im Hintergrund sind dann Überlegungen zum Verhältnis zwischen der immanenten und der ökonomischen Trinität anzustellen, die auf der ökonomischen Ebene der Trinität in der Regel auf die Zeit der Offenbarung in Jesus Christus konzentriert werden, aus meiner Sicht jedoch durchaus auf die Betrachtung von Gottes Handeln bereits in der vorjesuanischen Schöpfung hin erweitert werden können, da auch dieses Geschehen in Raum und Zeit auf der immanenten Ebene der Trinität mit der Entlassung des Logos aus dem einen ursprungslosen göttlichen Ursprung in Verbindung zu bringen ist.

b. Das Mensch gewordene schöpferische Wort Jesus Christus

In einem christologisch-soteriologischen Kontext nehme ich nun abschließend die im Anschluss an linguistische Überlegungen unterschiedenen fünf Aspekte einer wirksamen Worthandlung nochmals auf und verbinde sie in rückläufiger Reihenfolge mit den soeben angesprochenen Überlegungen zum Verständnis des schöpferischen Handelns Gottes.

Jesus Christus ist das *repräsentierend* wirkende Wort Gottes in der Schöpfung. Jesus Christus ist »das Ebenbild des unsichtbaren Gottes« (Kol 1,15). Schöpfungsmittlerschaft durch Jesus Christus bedeutet in diesem Zusammenhang, in seiner gesamten Person und in seinem Handeln Gottes Wesen zu erkennen. Die Menschwerdung Gottes ist dazu die not-wendige Voraussetzung.

In seinem Leben in der Schöpfung bringt Jesus *expressiv* zum Ausdruck, was Gottes Anliegen ist: eine durchgetragene Beziehung zur Schöpfung auch angesichts von Widerspruch und Ablehnung. Die Tatsache, dass

Gott überhaupt eine schöpferische Beziehung leben will, findet in der Lebensweise Jesu vielfache Bestätigung – insbesondere in seinem Gedächtnis der marginalisierten Randgruppen der Gesellschaft, auch in seiner Zuwendung zu den Tieren und in seiner Wertschätzung der Pflanzen als Sinnbild für einzelne Lebenserfahrungen.

Das Leben Jesu ist *direktiv* eine Weisung für eine gottgewollte Beziehung unter den Geschöpfen. Die Verkündigungshandlungen Jesu – nicht zuletzt in der Bergpredigt (vgl. Mt 5–7) und insbesondere in den Gerichtsreden Jesu – bringen die mit dem Glaubenswissen um Gottes Schöpfungshandeln verbundenen ethischen Implikationen deutlich zu Bewusstsein.

Das von Jesus als sein Geschick betrachtete Sterben für die Anderen ist – *kommissiv* betrachtet – ein Lebensversprechen für die gesamte Schöpfung. Selbst die Sünder, die ihm das Leben nehmen, stehen unter der Verheißung des Erbarmens Gottes. Mit seiner Entscheidung für das Nichtnichts hat Gott sein Wort der Erlösung bereits im Sinn. Hätte Gott je überrascht werden können von der Sünde, als er sich entschied, Schöpfer zu sein? Ist eine solche Annahme nicht widersinnig angesichts der Rede von der Allwissenheit Gottes? Die theologische Kunst ist es, die Annahme einer bereits bei seinem schöpferischen Wirken gegebenen Entschiedenheit Gottes für das Leben auch der Sünder in ein angemessenes Verhältnis mit der Gnadenhaftigkeit dieses Geschehens zu bringen.

Was geschieht *deklarativ* im Christusgeschehen (allein) durch die Teilhabe des Logos am schöpferischen Handeln Gottes? Wäre die Schöpfung sonst nicht – ohne die Selbstbestimmung Gottes zu einem trinitarischen Wesen? Lässt sich diese Frage überhaupt beantworten? Zurückhaltung ist dem Menschen auferlegt bei der Beantwortung der Frage, welche Möglichkeiten Gott offen gestanden hätten. Menschen können nur dem sich selbst offenbarenden Gott nachdenken. Und Zögerlichkeit ist bei der Beantwortung der Frage nach der Notwendigkeit einer Vermittlung der Schöpfung durch Jesus Christus allein auch deshalb geboten, weil andere monotheistische Religionen – Judentum und Islam – Gott ebenfalls als Schöpfer bekennen. Das strikte Gegenüber zwischen Gott und der Schöpfung darf nicht durch eine geschaffene Vermittlungsinstanz eingeschränkt werden. Gott ist der ganz Andere. Er allein kann aus dem Nichts in das Dasein »berufen« – auch dies eine Metaphorik aus dem Bereich der Sprache. Gemäß dem christlichen Bekenntnis legt der schöpferische Logos in sein Werk bereits die Kunde des göttlichen Erbarmens mit der Gesamtheit der sündigen Schöpfung hinein. Mit dieser Gottesverkündigung steht die christliche Tradition allein in der Gemeinschaft der Religionen. Das Christentum ist eine Religion mit einer soteriologischen Perspektive für die Gesamtheit der Schöpfung. Mit dieser Verheißung ist Gott im Wort.

Michael Schneider

»Christus – Gottes schöpferisches Wort« nach orthodoxer Theologie

Die Heilige Synode der orthodoxen Patriarchate legte den 1. September, also den Neubeginn eines jeden liturgischen Jahres, als Gebetstag für die »Umwelt« fest; es wurde auch eigens ein »Bittgottesdienst zu unserem menschenliebenden Gott und Retter Jesus Christus für unsere Umwelt und den Wohlbestand der ganzen Schöpfung« geschaffen.[1] In der Orthodoxie ist die Schöpfungstheologie und -spiritualität ein fester Bestandteil des Glaubensverständnisses wie auch alltäglicher geistlicher und liturgischer Praxis. Die kosmische Liturgie, wie sie in der Weihe des Wassers und des Hauses und der Segnung der Tiere zum Ausdruck kommt, die besondere Verehrung des Heiligen Geistes, »der alles beseelt«, Heilige, die mit Bären und Vögeln sprechen – all das ist ein Zeichen, dass in der orthodoxen Tradition Natur und Gnade, Welt und Glaube niemals durch eine unüberwindbare Kluft getrennt gesehen werden. Der ganze Kosmos wird christozentrisch (bzw. pneumatologisch) verstanden: Auf den Logos, das Urbild aller Dinge hin wurde »alles geschaffen«, wie offenbar wird in der Inkarnation, durch die Christus die ganze menschliche Existenz, vor allem aber den Kosmos geheiligt hat. So wird das Universum zu seiner letzten Vollendung geführt, das nach der Lehre der Kirchenväter selber eine einzige Eucharistie werden soll. Indem während der Liturgie die Gestalten von Brot und Wein durch die Kraft des Heiligen Geistes in den Leib und das Blut des Herrn verwandelt werden, sind in ihnen auch alle Naturgewalten geweiht und auf ihre letzte Vollendung hin ausgerichtet.

1. Tempel des lebendigen Gottes

Die Eucharistie erfüllt die ganze Welt, aber unter einem besonderen Zeichen. Gott zeigt sich nämlich in der Welt in der Gestalt der Armut und des Kreuzes. Dumitru Staniloae weist darauf hin, dass Gott in seiner Zuwendung zum Menschen der Ganz-Andere bleibt; die göttliche Wirklichkeit lässt sich nicht auf den Begriff bringen. Dies bedeutet nicht, Gott sei abso-

---

[1] Vgl. die Webseite: http://www.andreas-bote.de/download/download.html.

lut unnahbar. Die orthodoxe Theologie von den Energien will vielmehr besagen: Am Anfang des Universums steht die Beziehung, nicht ein Gegenstand.[2] Yannaras betont, Martin Heidegger zitierend: Zu einem Gott, der causa sui ist, »kann der Mensch weder beten, noch kann er ihm opfern. Vor der causa sui kann der Mensch weder aus Scheu auf die Knie fallen, noch kann er vor diesem Gott musizieren und tanzen«[3]. Wird die Beziehung zwischen Gott und Kosmos statt personal nur im Kontext von Ursache und Wirkung verstanden, bleibt Gott letztlich getrennt von der Welt.

Die Beziehung des Menschen zu Gott ist nicht die von Subjekt zu Objekt.[4] Im Alten Testament weist das hebräische Verb »schekan« auf den souveränen Willen Gottes hin, in allem Wohnung zu nehmen. Der Mensch ist aufgefordert, Tempel des lebendigen Gottes zu werden (2 Kor 6, 16): »Dann werden wir zu ihm kommen und Wohnung bei ihm nehmen« (Joh 14, 23). Nach dem Zeugnis der biblischen Offenbarung ist es nicht nur Gottes Wille, die Menschen zu erlösen, sein Verlangen ist, bei ihnen zu wohnen. Gott benutzt seine erlöste Schöpfung nicht dazu, daß sie ihn bloß bezeugt, sie wird zum Raum der realen Gegenwart seines Logos, der seine Schöpfung im Heiligen Geist erhält und erneuert, aber in einem ganz spezifischen Sinn: Der Heilige Geist erneuert diese Welt, ohne sie zu ersetzen und restlos in eine neue auszutauschen, er macht »alle Dinge neu«, aber nicht »neue Dinge«.[5] So heißt es bei Alexander Schmemann, dem bekannten amerikanischen Theologen der Orthodoxie: »Der Herr bemächtigt sich des Brotes und des Weins, er hebt sie gleichsam aus den Angeln ihres gewöhnlichen Seins in eine neue Ordnung hinein; auch wenn sie rein physikalisch gleichbleiben, sind sie zutiefst Anderes geworden.«[6] Erneuerung bzw. Wandlung dieser Welt meint keine Verwandlung der »Natur« in die »Übernatur«, sondern des Alten ins Neue. Das Sakrament, speziell die Eucharistie, bewirkt kein »Wunder«, durch das Gott die »Gesetze der Natur« aufhebt, vielmehr wird durch die Verwandlung der eucharistischen Gaben die letztgültige Wahrheit ausgesagt über die Welt und das Leben, den Menschen und die Natur, die Wahrheit, welche Christus selber ist.[7] Demnach können die Erde und die Produkte, die der Mensch aus ihr gewinnt,

---

[2] Aus der universalen Bezogenheit erklärt sich auch, dass jedes Detail das Ganze in sich trägt.
[3] Zit. nach K. C. Felmy, Die orthodoxe Theologie der Gegenwart. Eine Einführung, Darmstadt 1990, 36.
[4] Auch Gotteserkenntnis kann es nicht anders geben als eine Vereinigung mit Gott.
[5] A. Schmemann, Worship in a Secular Age, in: SVTQ (1972) 7.
[6] Vgl. auch J. Ratzinger, Eucharistie – Mitte der Kirche. Vier Predigten, München 1978, 59 f.; ders., Das Problem der Transsubstantiation und die Frage nach dem Sinn der Eucharistie, in: TthQ 147 (1967) 129–158, hier 153 f.
[7] A. Schmemann, Aus der Freude leben. Ein Glaubensbuch der orthodoxen Christen, Olten 1974, 127 f.

keineswegs als »chemische Aggregate« angesehen werden, sie sind »lebendiges Geschenk, das teilnimmt am liturgischen Mysterium«[8].

Ein solches Weltverständnis wendet sich gegen einen rein säkularen Umgang mit den Dingen der Welt, die – selbst wenn es geheiligte sind – nur zu einem Zweck gebraucht und, wenn dieser erfüllt ist, weggeworfen werden. Vor aller Diskussion um das Verhaltnis des modernen Menschen zur Umwelt und bevor Theologen im Westen die ökologische Problematik deutlich wurde, haben schon orthodoxe Theologen aufgrund ihrer Pneumatologie und »eucharistischen Schau der Welt« auf das Unnatürliche in manchem Umgang mit der Umwelt hingewiesen und den kosmisch-theophanen Charakter der Schöpfung hervorgehoben: Alles in der Schöpfung ist geheiligt in und durch die Feier der Eucharistie. Deshalb gibt Kardinal Kasper mit Recht zu bedenken: »Vor allen Dingen müßte man sich von der Fixierung auf die sieben Sakramente lösen und die sakramentale Zeichenhaftigkeit des ganzen christlichen Lebens wieder mehr betonen; das würde eine schöpferische und zeitgerechte Erneuerung der Sakramentalien erfordern. Nur wenn das ganze menschliche und christliche Leben zeichenhaften Charakter hat, haben die eigentlichen sakramentalen Vollformen einen Sinn.«[9] Worin kann die von Kardinal Kasper vorgestellte sakramentale Zeichenhaftigkeit des christlichen Lebens wie auch des ganzen Kosmos genauer bestehen?

2. Eucharistische Schau

Die universale Sicht des Kosmos und der Liturgie lässt sich mit einem wichtigen Charakteristikum der östlichen Sakramententheologie genauer erfassen. Während der Abendländer eher kausal und begrifflich denkt, geht

---

[8] P. Evdokimov, La Prière de l'Eglise d'Orient. Mulhouse 1983, 11 f.
[9] W. Kasper, Wort und Sakrament, in: Theologisches Jahrbuch 1976 (Gespräch über den Menschen). Leipzig 1976, 445 f. R. Hotz schreibt hierzu: »Denn es steht außer Zweifel, daß in der byzantinischen Tradition sämtliche ›heilige Handlungen‹ eine epikletische, deprekative Struktur aufweisen, so daß nicht einsichtig ist, weshalb die einen von ihnen ›ex opere operato‹, die andern aber ›ex opere operantis‹ wirken sollen. Wie kann eine ›heilige Handlung‹ einem Menschen zugeschrieben werden, wo doch Gott alles in allem wirkt (1 Kor 12, 6)? Kurz, geht man von der traditionellen Form der ›heiligen Handlungen‹ in den östlichen Riten aus und betrachtet man diese auch noch unter der alten platonischen Sicht des Bild-Abbild-Verständnisses, so ist eine Trennung in ›mysteria‹ und ›Sakramentalien‹ kaum mehr vollziehbar oder zumindest eine Beschränkung auf sieben und nur sieben Sakramente schwerlich mehr vorzustellen. Und deshalb hat sich die sakramentale Siebenzahl sowohl in der Orthodoxie als auch in den orientalischen Kirchen nie richtig durchzusetzen vermocht. Weil eine Grenze innerhalb der ›heiligen Handlungen‹ nur schwer zu ziehen war, flüchteten sich gewisse orthodoxe Theologen in die Formel: ›Sieben mysteria und noch mehr‹« (R. Hotz, Sakramente im Wechselspiel zwischen Ost und West. Zürich-Köln 1979, 243).

Michael Schneider

das östliche Denken organisch vor und sieht den Kosmos in das Licht der Verklärung gestellt. So wundert es nicht, dass im Osten trotz und mit der Anerkennung der Siebenzahl der Sakramente diese kaum von den Sakramentalien getrennt werden: »Alles erscheint als Mysterium. Sakramente, Sakramentalien, Ikonen, liturgische Ausdrucksformen, Gebet, Doxologie, Glaubensanschauung – alles dient dem großen Geheimnis der Vergöttlichung [...]. Das Mysterium besagt nicht nur ein intellektuelles Geheimnis, das dem natürlichen Verstand undurchdringlich bleibt, sondern beinhaltet vor allem die Gegenwärtigkeit einer göttlichen Heilstat. Durch die Bildhaftigkeit des sakramentalen Vorgangs geschieht das Zusammenwachsen der Mysten mit der Realität des heiligen Geschehens. Hier ist die Theologie von Röm 6 lebendig, wo Paulus die Taufe als ein Zusammenwachsen mit dem Gleichbild des Todes Christi versteht.«[10] Aufgrund der ihm eigenen sakramentalen Sicht der Schöpfung kommt der Osten zu einer für ihn wesentlichen Ausdeutung der Sakramentalien (Wasser, Licht, Öl, Feuer, Gotteshaus, Patene, Kelche, Gewänder, Töne, Häuser, Felder und Äcker).[11] Gottes Segen über die irdischen Dinge macht aus ihnen heilige Gegenstände, durch deren rechten Gebrauch der Mensch innerlich vervollkommnet wird. Deshalb bittet ein Segensgebet der armenischen Liturgie darum, »daß die gesegneten Dinge uns zum ›Heil der Seele und des Leibes‹ dienen möchten. Nun ist die Welt wahrhaft wieder eine Wohnung Gottes [...], denn durch das Kommen Deines Eingeborenen hast Du, o Herr, alle Dinge neugemacht, die Erde wandelnd zum Himmel«[12]. Durch die kirchliche Fürbitte haben die sakramentalen Gegenstände zwar eine objektive Wirksam-

---

[10] J. Tyciak, Theologische Denkstile im Morgenland und Abendland, in: Handbuch der Ostkirchenkunde. Hrsg. von E. von Ivánka, J. Tyciak und P. Wiertz. Düsseldorf 1971, 287 f.
[11] »Während die Sakramente in erster Linie den Menschen ansprechen, haben die Sakramentalien eine stärkere Ausrichtung auf die geschaffenen Dinge. In den Sakramentalien wächst eine neue Welt, in ihnen wird ein Gottesreich auf Erden, sie sind die Aufbaukräfte einer gottnahen Wirklichkeit ... Ihre Segensfülle umfaßt alle Kreatur, den Menschen und die gesamte Schöpfung ... Durch den Segen der Kirche empfangen die Dinge jene Schönheit, die sie von Ewigkeit her in den Gedanken Gottes besitzen ... Schon durch die Menschwerdung Gottes haben alle Kreaturen eine gewisse sakramentale Bedeutung erhalten. Dennoch können die Kreaturen nicht aus sich wirkende Träger der Gnade, des göttlichen Lebens sein. Ihre Wirksamkeit liegt darin, daß sie dem in der Liebe lebenden gläubigen Menschen die göttlichen Gedanken zu enthüllen vermögen, daß ihre durch die Inkarnation des ›Wortes‹ geheiligte, rein gewordene Sprache vom göttlichen Herzen verstanden wird. Die von der Kirche aus der Welt herausgehobenen und durch ihren Segen zu Sakramentalen geweihten Schöpfungsgegenstände aber werden als sakramentale Symbole mitwirkende Organe der göttlichen Liebesbewegung. Sie haben einen Bildcharakter, der die geistliche Wirklichkeit nicht bloß ausdrückt, sondern irgendwie enthält. Die Sakramentale sind auch – von der Kirche eingesegnet und gesegnet – das Sichtbarwerden des Gebets der Gemeinschaft der Heiligen, das Leibwerden der Fürbitte der Ecclesia« (J. Tyciak, Erlöste Schöpfung. Regensburg 1938, 67–69).
[12] Ebd., 78 f.

keit, doch diese wird aktiv durch den andächtigen und frommen Gebrauch und durch die subjektive Mitwirkung des Empfängers. Die gesegneten und geheiligten Gegenstände sind ein Zeichen der neuen Welt, die bloß der äußeren Ordnung nach als »Materie« erscheint, aber längst schon in die neue Schöpfung hineingenommen ist: »Die Kirche nimmt in ihren Sakramentalien die kommende Verherrlichung der Kreatur voraus und gibt den Dingen jene wahre, echte Gestalt, die sie nach dem Willen Gottes haben sollen. Die Kirche stellt sie wieder in den Liebesblick Gottes, der das Geheimnis allen Seins umschließt. So sind die Sakramentalien der Kirche ein Weg zu einer tieferen Erkenntnis des Gedankenreichtums Gottes in der Welt.«[13] Die sakramentale Sicht des Kosmos, in der ein letztes Wissen um das Mysterium der Kreatur ruht, bestimmt das Verständnis des Herrenjahres und der Stundenliturgie: Sie sind mehr als eine Rückerinnerung, sie führen in die Begehung und Erneuerung der sakramentalen Kraft des Mysteriums im Ablauf der Zeiten. Liturgie meint die universale Zusammenfassung gläubiger Existenz auf Gott hin, der das Alpha, aber auch das Omega aller Zeit ist; so heißt es bei Origenes: »Christus ... setzt im Kreislauf des Jahres die Wirklichkeitsfülle der Aeonen gegenwärtig.«[14] Der Christ gehört zu jenem wandernden Volk, das seine Heimat im Reich Gottes weiß, in der Stadt Gottes. Dies bringt der griechische Begriff »Pfarrei« zum Ausdruck. »Paroikia« müssten wir übersetzen mit »Fremdsein in der heutigen Welt«. Auf dem Weg der irdischen Pilgerschaft wird die Feier der Eucharistie zu jenem »Viaticum«, das als Wegzehrung den Vorgeschmack der künftigen Herrlichkeit und des verheißenen himmlischen Hochzeitsmahles schenkt. Das Viaticum gibt an keiner rein transzendenten, geistigen Wirklichkeit Anteil, sondern an der erdhaften, auf geheimnisvolle Weise gewandelten Realität, die erfüllt ist von den Verheißungen der künftigen Vollendung der Schöpfung in Gott.

Indem die Liturgie gefeiert wird mit den Gaben der Schöpfung, mit Brot und Wein, die in den Leib und das Blut des Herrn verwandelt werden, vollzieht sich an diesen Gaben vorausnehmend (antizipatorisch), was am Ende der Zeiten der ganzen Schöpfung verheißen ist, wenn Christus alles in allem ist. Im physikalischen Sinn bleiben die Gaben, was sie sind: Brot und Wein, aber sie werden durch das Wirken des Heiligen Geistes der Neuen Schöpfung zugeführt. Was an den Gaben von Brot und Wein, den »Früchten der Erde und der menschlichen Arbeit« im eucharistischen Mysterium der liturgischen Feier geschieht, wird am Ende der Zeiten der ganzen Welt und Menschheit, die der Leib Christi ist, zuteil. Die »Eucharistisation«, von der Teilhard de Chardin spricht, meint die universale

---

[13] Ebd., 70 f.
[14] Vgl. Origenes, In Canticum canticorum lib. III.

kosmische Transsubstantiation des ganzen Kosmos in den Leib Christi. Die Verklärung der Schöpfung, die sich ansatzweise in der Eucharistie vollzieht und die der zweiten Ankunft des Erlösers entspricht, ereignet sich in der physischen Gegenwärtigkeit der eucharistischen Materie, aber mysterienhaft, d. h. offenkundig nur für die Augen des Glaubens.[15]

Mit dem dargelegten Verständnis der Eucharistie als Vorausnahme der eschatologischen Vollendung ist auch eine Grundhaltung geistlichen Lebens angegeben. In der Teilnahme an der Eucharistie ist dem Glaubenden das Vermächtnis der rettenden und Heil schenkenden Liebe anvertraut. Sie fordert ihn auf, statt an die Übermacht der Verhältnisse fortan an die den Tod überwindende Kraft der Hingabe Jesu zu glauben und in allen Problemen des Lebens und der Welt das Danken zu lernen, d. h. Eucharistie zu feiern, ja, Eucharistie zu sein. Die Danksagung des Lebens geschieht nicht mit irgendwelchen Kostbarkeiten des Lebens, diese würden den Blick von der Armut und Armseligkeit dieser Erde abwenden, vielmehr vollzieht sich der Dank vor Gott recht einfach, nämlich mit Brot und Wein, dem Alltäglichen, Unbeachteten, weil Selbstverständlichen. Ein einfaches Stück Wirklichkeit kann Träger des Lebensgeheimnisses sein, Ort der Offenbarung der Liebe Gottes. Diese Einfachheit der Zeichen ist ein wichtiger Hinweis für christliches Welt- und Lebensverständnis: Es gibt kein Lebensereignis, nichts Alltägliches, das nicht zum Träger der Liebe Gottes werden kann. Gott kündet sich mit Sturm an, wird aber dem Propheten im Säuseln des Windes spürbar. Er erscheint nicht über den Zedern des Libanon, sondern vor einem Dornbusch legt Mose die Sandalen zum Gebet ab. Die »Materie« der Begegnung mit Gott ist so einfach wie Brot und Wein. Jede Begegnung, jedes Erlebnis, jedes Wort, jedes Gefühl, jeder Gedanke, jede Geste – all das gehört in den »göttlichen Bereich«; »in allen Dingen« kann Gott gesucht und gefunden werden. Das Kleine lebt von einer großen Verheißung, es steht in der Spannung des »schon« und »noch nicht«. Geschenkte Gegenwart Gottes und noch ausstehende Nähe des Herrn gehören zusammen. Eucharistie im Alltag ereignet sich in der Spannung

---

[15] Diese lassen Gott in allen Dingen erkennen, wovon es zahlreiche Zeugnisse gerade in den Biographien der Heiligen gibt. Reinhold Schneider verweist hier auf Franziskus. Wenn dieser »über Felsen schreiten mußte, so ging er mit großer Vorsicht und Ehrfurcht vor dem, welcher ›der Fels‹ genannt wird. Er liebte die Steine, weil der Herr über sie geschritten war, und es bereitete ihm Schmerz, wenn Bäume geschlagen wurden, weil der Herr am Kreuze gehangen. Unter den Elementen liebte er das Feuer am meisten, und vielleicht hat er der Worte des Heilands gedacht, daß er gekommen sei, ein Feuer auf die Erde zu werfen ... Es ist, als sei mit dem Leben des Heiligen von Assisi erst das volle Licht der Offenbarung und des Heils auf die Erde gefallen; alles Seiende weist auf Christus zurück, und der Mensch wird die Größe des Geschaffenen erst erfahren, wenn er von einer jeden Stelle der Erde aus den zu erblicken vermag, in dem alles geschaffen ist« (R. Schneider, Die Stunde des heiligen Franz von Assisi. Kolmar 1943, 57 f.).

zwischen Dankbarkeit und Geduld: Dankbarkeit, weil wir »schon empfangen haben, worum wir bitten«; Geduld, bis die Gabe zu ihrer vollen Reife, ihrer himmlischen Gestalt und ihrer eschatologischen Süße herangewachsen ist.

Die Eucharistie ist die zentrale Feier des Glaubens, sie »buchstabiert« auf unüberbietbare Weise das christliche Verständnis von Welt und Leben aus, indem sie nicht nur alle Zeitdimensionen, sondern auch alle Bereiche und alltäglichen Erfahrungen christlichen Lebens umfasst. Zugleich bedeutet sie eine Zusammenfassung aller geistlichen Vollzüge, sie erweist sich als eine Synthese christlicher Spiritualität. An erster Stelle dadurch, dass sie den Blick auf Gottes Liebe lenkt, wie sie uns in Jesus nahegekommen ist. Dann dadurch, dass in ihr alle wichtigen geistlichen Vollzüge ausgeübt werden: Die Eucharistie versteht sich als Dankopfer, sie fordert im Bußritus zur Gewissenserforschung und zum Sündenbekenntnis auf, sie ist Schriftlesung und Hören auf das Wort, sie schließt in der Fürbitte alle Nöte der Menschen mit ein, sie verkündet den lebensschaffenden Tod als Gesetz des Lebens, feiert in der Verwandlung den Wegcharakter allen Lebens, fordert zu Vereinigung und Kommunion auf und sendet schließlich aus, das Evangelium durch Wort und Werk an andere weiterzugeben. Wer die Eucharistie bewusst mitfeiert, hat alle Vollzüge des geistlichen Lebens »in nuce« gelebt. So erweist sich die Feier in vielfacher Hinsicht als »Sakrament des Alltags«, als »Höhepunkt und Quelle« christlichen Lebens. In all dem zeigt sich, dass nach orthodoxer Lehre Schöpfungstheologie und sakramentale Schau der Welt aufs engste zusammengehören. Die Grundlage hierfür findet sich in der Inkarnation des Menschensohnes, die es nun eigens zu bedenken gilt.

3. Neuschöpfung

Gott offenbart sich nicht nur in der Geschichte als heilsmächtig, sondern zunächst und vor allem in den Werken seiner Schöpfung. Der Mensch hat die Schöpfung wie ein Buch Gottes zu lesen[16] und sie als solche auf seinen Glaubensweg zu Gott mitzunehmen.[17] Während die stoische oder neupla-

---

[16] M. Wehrli, Formen mittelalterlicher Erzählung. Aufsätze, Zürich 1969, 52; W. Rauch, Das Buch Gottes. Eine systematische Untersuchung des Buchbegriffes bei Bonaventura, München 1961; L. Scheffczyk, Von der Heilsmacht des Wortes. Grundzüge einer Theologie des Wortes, München 1966.
[17] Vgl. E. Kobel, Untersuchungen zum gelebten Raum in der mittelhochdeutschen Dichtung (= Zürcher Beiträge zur deutschen Sprach- und Stilgeschichte 4). Zürich o. J. Er zeigt, dass diese neue Welt- und Selbstschau in der deutschen Mystik aufgekommen ist, besonders bei Eckhart. Es bahnt sich ein Perspektivenwechsel an. Im Prozess zunehmender Interiorisierung

tonische Deutung[18] die Welt als eine Erscheinungsform des Göttlichen ansieht, besteht die christliche Korrektur dieser Sicht vor allem darin, dass der Weg von der Welt zu Gott gerade im Verhältnis von »Buchstaben« und »geistlichem Sinn« der Heiligen Schrift dargestellt wird. Der Abbild-Urbild-Bezug hat worthaften, dialogischen Charakter und kann durch kein Gefühl des Eins-Werdens, wie zur Auflösung der eigenen irdischen Wirklichkeit, überboten werden. Vielmehr erhält die sichtbare Schöpfungsordnung, in die sich der Mensch gestellt sieht, ihre Konkretion und endgültige Ausdeutung im Wort der Heiligen Schrift.

Der Erfahrungsweg ist im christlichen Glauben wesensmäßig bestimmt vom Fleisch- und Wortcharakter der göttlichen Offenbarung.[19] Es würde dem Prinzip der Inkarnation widersprechen, wenn alle Inhalte der Sinne, der Einbildungskraft und der Vernunft überstiegen oder gar verneint oder rein geistlich verstanden und ausgelegt werden müssten. Die dialogische Verfasstheit der Schöpfung, welche sich in allem ihrem Schöpfer verdankt, bringt es nun mit sich, dass der Christ die Deutung der Welt und allen Seins nur empfangen kann. Sie wird ihm jedoch nicht aufgesetzt, er kann sie mitvollziehen in und mit seinen Sinnen, wie die griechischen Philosophen, die Kirchenväter und die Mönchsväter betonen. Erfahrung im Glauben ist zu verstehen als »experimentelles«, d. h. »leibliches«, nicht nur geistiges, Innewerden der Wirklichkeit Gottes.[20]

Dieser neue Mensch wird in den Gleichnissen Jesu beschrieben, wie sie in den Evangelien überliefert werden. Sie sind mehr als eine Erzählform und literarische Gattung, sie stellen eine theologische Ausdeutung der

---

aller Welt- und Ichgehalte zeigt sich unter religiösen Vorzeichen ein umfassender Wechsel der Perspektive schlechthin, der ganz auf die menschliche Persönlichkeit ausgerichtet ist: »Mit Eckhart setzt sich unter neuplatonischer Inspiration eine konsequent auf die menschliche Persönlichkeit gerichtete Zentralperspektive durch, deren ideologische Rechtfertigung dann erst in der Renaissance nachgeliefert wird. Die Ichreflexion der Renaissance stellt ja tatsächlich eine Art säkularisierter Form der Mystik dar, in der die dignitas des selbsterkennenden Ich auch theoretisch reflektiert wird« (A. M. Haas, Nim din selbes war. Studien zur Lehre von der Selbsterkenntnis bei Meister Eckhart, Johannes Tauler und Heinrich Seuse [= Dokimion 3], Fribourg 1971, 71 f.).

[18] Das Corpus Dionysiacum ist der Versuch einer Christianisierung des Neuplatonismus; vgl. R. Roques, L'univers dionysien. Paris 1954.

[19] Zwischen dem menschlichen Wort und dem Offenbarungswort steht, wie noch eigens darzulegen ist, das Bild, dem gegenüber dem Wort meist ein geringerer Wert zugesprochen wird oder das zugunsten einer rein geistigen Erfahrung in seiner Bedeutung eher heruntergespielt wird. Einen wesentlich anderen Weg schlägt hier die Theologie der Ikone ein; vgl. P. Florenskij, Die Ikonostase. Urbild und Grenzerlebnis im revolutionären Rußland, Stuttgart 1988; ders., Die umgekehrte Perspektive. München 1989.

[20] H. U. von Balthasar, Erster Blick auf Adrienne von Speyer. Einsiedeln ³1968, 82. Nur so lässt sich die »verhängnisvolle Vorentscheidung« revidieren, »die seit der Väterzeit ... alles Sinnen- und Phantasiehafte in den mystischen Erfahrungen mit einem grundsätzlichen großen Fragezeichen versieht« (H. U. von Balthasar, Herrlichkeit. Bd. I, Einsiedeln 1961, 396).

Schöpfung dar: »Nur weil die Schöpfung Gleichnis ist, kann sie Wort des Gleichnisses werden.«²¹ So sprechen die Gleichnisse in Bildern, die authentischer Ausdruck der Wirklichkeit sind, die nie aufgehört hat, Schöpfung Gottes zu sein. So zeigen die Gleichnisse den Daseinsgrund der Schöpfung an. Die Heilige Schrift schafft in den Gleichnissen nicht bloß »Bilder« von Gott, »sondern sie kann die leiblichen Dinge als Bilder gebrauchen, Gott in Gleichnissen erzählen, weil dies alles wahrhaft Bilder sind. Die Schrift verfremdet also mit solcher Gleichnisrede nicht die leibliche Welt, sondern benennt darin ihr Eigentliches, den Kern dessen, was sie ist. Indem sie sie als Vorrat an Bildern für die Geschichte Gottes mit dem Menschen deutet, zeigt sie ihr wahres Wesen auf und macht Gott in dem sichtbar, worin er sich wirklich ausdrückt. In diesem Kontext versteht die Bibel auch die Inkarnation.«²² Die Aufnahme der menschlichen Welt, der im Leib sich ausdrückenden menschlichen Person in das biblische Wort, ihre Umwandlung in Gleichnis und Bild Gottes durch die biblische Verkündigung, ist gleichsam schon eine vorweggenommene Inkarnation: Gott drückt sich selbst in der Schöpfung aus und kann in ihr erkannt werden. Gott hat sich selbst kundgetan, und sein unsichtbares Wesen, seine ewige Macht und Göttlichkeit sind seit der Erschaffung der Welt an seinen Werken zu erkennen (vgl. Röm 1, 19 f.). In der Inkarnation des Logos vollendet sich, was von Anfang an schon unterwegs ist, denn das Wort macht alles zu seinem Fleisch, zum Lebensraum seiner selbst. Einerseits kann Inkarnation nur geschehen, weil das Fleisch immer schon Ausdrucksgestalt des Wortes ist, und andererseits schenkt die Inkarnation des Sohnes dem Menschen und der sichtbaren Welt ihre eigentliche Bedeutung. Die Schöpfung ist ein großes und unauslotbares Geheimnis, das der Größe Gottes entspricht, denn er kann in sie eintreten und in ihr »Fleisch« annehmen: »Weil der Leib Sichtbarkeit der Person, die Person aber Bild Gottes ist, daher ist der Leib in seinem ganzen Beziehungsbereich zugleich der Raum, in dem sich das Göttliche abbildet, aussagbar und anschaubar wird.«²³ In der Menschwerdung wird der Gottessohn selbst zu einem Gleichnis, das sich selbst noch einmal überbietet in der Auferstehung: Gott tritt in die menschliche Realität ein, bis in ihr Leid und den Tod, doch er überbietet alles mit sich selber im Geheimnis von Ostern. Indem Gott in seine Schöpfung eintritt und sich im Menschen inkarniert, offenbart sich, dass das Fleisch immer schon Ausdrucksgestalt des Geistes ist, »anderseits gibt damit die Inkarnation des Sohnes dem

---

[21] J. Ratzinger, Theologische Prinzipienlehre. Bausteine zur Fundamentaltheologie, Donauwört 2005, 362.
[22] Ebd.
[23] J. Ratzinger, Schauen auf den Durchbohrten. Versuche einer spirituellen Christologie, Einsiedeln 1990, 45.

Menschen und der sichtbaren Welt erst endgültig ihre eigentliche Bedeutung«[24], und zwar in der Auferstehung des Menschensohnes.

Was Christus in seinen »Gleichnissen« zum Ausdruck bringt, ist also mehr als eine schöne Erzählung, enthalten sie doch eine Theologie der Schöpfung und des menschlichen Daseins. Im Gleichnis zeigt sich die Tiefendimension aller Schöpfungswirklichkeit, die für den Menschen zur Aufforderung wird, Gott in allen Dingen zu suchen und die »vestigia Dei« auszubuchstabieren: »Das Gleichnis tritt nicht von außen her an die Welterfahrung heran, sondern es gibt ihr erst ihre eigentliche Tiefe, es sagt erst, was in den Dingen selbst steckt. Die Gleichnisse sind somit eine präzise Erfahrung der Wirklichkeit, ihre authentische Erkenntnis.«[25] Eine solche Theologie der Schöpfung, die in den Gleichnissen Jesu enthalten ist, ist für das Verständnis der sakramentalen Vollzüge von grundlegender Bedeutung. Die Sakramente »inkarnieren« gleichsam das christliche Weltbild in die Wirklichkeit als Schöpfung. In diesem sakramentalen Verständnis der Schöpfung liegt die christliche Antwort auf die Neuzeit, es bedarf nämlich einer sakramentalen Wiedergewinnung der Wahrheitsidee. Der Mensch muss aus der Sekundärwelt des Gemachten zurückkehren auf die Spur der Schöpfung, nur so wird er wahrheitsfähig werden. Noch ehe wir Sinn machen, ist er schon da, denn all unser Erkennen ist ein »Nach-Denken« und darin ein tieferes Entsprechen gemäß dem wahren Daseinsgrund der Schöpfung, so dass sich der Mensch in eine kosmische Liturgie gestellt sieht.

4. Kosmische Liturgie

Im Laufe der Theologiegeschichte kam es zu einer Konzentration auf das Thema der Heilsgeschichte unter weitestgehender Ausblendung des Schöpfungsgedankens. Ja, Schöpfung und Kosmos traten derart an den Rand theologischen Mühens und allgemeiner Frömmigkeit, dass der Glaube in die Falle der bloßen Innerlichkeit und Subjektivität zu geraten drohte. Eine fast dualistische Unterscheidung von Gott und Schöpfung führte auf die Wege des Deismus oder gar zum Konzept einer gottlosen bzw. gottverlassenen Welt. Auch in der Schöpfungslehre kam es zu Verkürzungen, letztlich begnügte man sich mit dem Satz, dass alles in Gott seine erste Ursache hat. In der Auseinandersetzung mit der Evolutionstheorie wurde die Protologie auf die Schöpfung im Anfang (creatio originalis) und auf den

---

[24] Ebd., 45.
[25] J. Ratzinger, Theologische Prinzipienlehre, 361 f.

Aspekt des göttlichen »Schaffens« verengt.[26] Hingegen blieb die Lehre vom göttlichen »Machen« bzw. die Lehre von der fortgehenden Schöpfung (creatio nova) kaum thematisiert. Vielmehr galt die Schöpfung im Anfang als eine fertige und vollkommene Schöpfung, die keiner weiteren Entfaltung und Evolution bedarf, wie schon das Wort »Schöpfung« mit seiner Endsilbe eher einen abgeschlossenen Prozess des Schaffens als einen Vorgang am Anfang insinuiert. Vom Menschen schien dasselbe zu gelten: Als einmal fertig geschaffenes Wesen ist er keiner weiteren Evolution unterworfen. Kurz gesagt, in der Schultheologie blieb es nicht aus, dass das Verhältnis Gottes zu seiner Schöpfung zu einseitig auf die Frage der Kausalität beschränkt wurde.

Ganz anders die ursprüngliche Sicht der Schöpfung. Für die Heilige Schrift ist nicht der kausale Begründungszusammenhang entscheidend, sondern die Einwohnung Gottes, wie sie durch sein Ausruhen in der Schöpfung zum Ausdruck kommt. Der siebte Tag des vollendeten Schöpfungswerkes (Gen 2,2f.) ist zugleich der Tag der Offenbarung der Herrlichkeit Gottes am Sinai (Ex 24,16): »Erst vom Sinai her wird ... erkennbar, was mit Gottes Schöpfungshandeln ›am Anfang‹ intendiert war und d.h.: wozu Gott die Welt erschaffen hat: nämlich dazu, Gemeinschaft mit dem Menschen/Israel zu haben«[27]. Schließlich kennt die Priesterschrift »eine dynamische, sich selbst übersteigende und auf ein ungeahntes Eschaton hinsteuernde Geschichte«[28], deren Ziel das »Wohnen« des Schöpfergottes inmitten des ihm zugehörigen Volkes ist.

Zuweilen ist man gewohnt, vorschnell das Sakrament im Gegensatz zur Welt zu sehen. Alltag und Eucharistie, Leben und Religion, Aktion und Kontemplation, Welt und Gott stehen dann einander gegenüber. Eine solche Sicht steht nicht im Einklang mit der Heiligen Schrift, für die der Mensch und die Welt eine Gabe Gottes sind. Gottes Schöpfung ist nicht bloß handwerklich (ex nihilo) als materielles Objekt ins Dasein gerufen. Vielmehr weisen die Kirchenväter darauf hin, dass Gott zuerst das »Licht« schafft, nicht das Sonnenlicht, sondern das Licht seines »Wortes«, das den Kosmos durchdringt. In diesem Licht wird der ganze Kosmos zu einem »Sakrament« der Gegenwart Gottes. Die Anaphora der syrischen Klemensliturgie betet: »Wer hat diese Welt mit Flüssen und Strömen umgürtet, jene Welt, die du durch Christus geschaffen hast?«[29] Christus ist das wahre Licht der Welt und damit das Ziel, die Höhe und der Inbegriff allen kos-

---

[26] Vgl. zum Folgenden auch J. Moltmann, Gott in der Schöpfung. München 1985, 281–298.
[27] Ebd.
[28] B. Janowski, Tempel und Schöpfung. Schöpfungstheologische Aspekte der priesterlichen Heiligtumskonzeption, in: JBTh 5 (1990) 37–69, hier 66.
[29] Apostolische Konstitutionen VIII,12 (Didascalia et Constitutiones Apostolorum. Ed. F. X. Funk, Paderborn 1905/6, 499).

mischen Lichts. In diesem Licht erhält alles in der Schöpfung seinen Sinn und wird zur letzten Vollendung geführt.

Die Welt, in der der Mensch lebt, ist nicht etwas Zusätzliches zu ihm und seinem Dasein, er braucht die Welt und findet sich wahrhaft selber nur inmitten der Welt.[30] Diese aber ist Gabe Gottes wie auch ein Vehikel der göttlichen Liebe und wird dadurch zu einem Ort der Begegnung mit Gott. Dumitru Staniloae gibt zu bedenken: »Die ganze Welt sollte eigentlich als der sichtbare Teil eines universalen und fortwährenden Sakraments betrachtet werden und alle menschliche Aktivität als sakramentale, göttliche Kommunion.«[31] In ähnlichem Sinne formuliert Ioannis Zizioulas: »Das ganze Universum ist eine Liturgie, eine kosmische Liturgie, welche vor dem Throne Gottes die ganze Schöpfung aufopfert.«[32] Ganz offensichtlich sind solche Aussagen von den (meist griechischen) Kirchenvätern inspiriert, nach welchen alle geschaffenen Wesen zur Vereinigung mit Gott berufen sind.[33]

Aus dem schöpfungstheologischen Ansatz folgt für das Verständnis der Liturgie, dass sie mehr ist als eine gottesdienstliche Feier, vollzieht sich doch in ihr die universale Hineinnahme der Schöpfung in eine letzte Verwandlung: Der Kosmos wie auch die Geschichte gehen einer unüberbietbaren Vollendung entgegen. Statt einer vorschnellen Trennung zwischen Natur und Übernatur lautet die Grundaussage einer eucharistischen Ausdeutung der Schöpfung bzw. einer liturgischen Schau des Kosmos: Was existiert, ist wirklich und wahr einzig in der Einheit von himmlischer und irdischer Realität. Die Heilsgeschichte kann als katabatischer Prozess der »Durchlöcherung« der Welt von Gott her betrachtet werden, bis dass der Menschensohn durch sein Eintreten in die gefallene Welt den Kosmos für immer heilt und in den göttlichen Bereich hinein nimmt. Den anhebenden Verwandlungsprozess der Schöpfung in ihre vollendete Gestalt beschreibt der Seher von Patmos als ein Geschehen, das die Welt und ihre Geschichte in all ihren Fasern betrifft. Dieses Geschehen ist als »Liturgie« zu deuten, und zwar im umfassenden Sinn: als Bereitung der Schöpfung und der Geschichte zur himmlischen Liturgie der Endzeit.[34]

---

[30] Vgl. D. Staniloae, The world as gift and sacrament of God's love, in: Sobornost' Series V: No. 9 (1969) 662.
[31] Ebd.
[32] I. Zizioulas, La vision eucharistique du monde et l'homme contemporain, in: Contacts No. 57 (1967) 83.
[33] Der Ort dieser Vereinigung ist letztlich die Kirche.
[34] Auszugehen ist vom Pascha, mit den vierzig Tagen vorher und den fünfzig Tagen danach. Die nachpfingstliche Zeit ist eine Einübung und zugleich Ausschau nach dem Herrn. Die Wiederkunft kommt ab dem 18. Sonntag nach Pfingsten in den Blick.

»Christus – Gottes schöpferisches Wort« nach orthodoxer Theologie

Gerade aus ihrem grundlegenden Bezug zum Kosmos ergibt sich nochmals die unüberbietbare und einzigartige Bedeutung der Eucharistie. In ihrer Feier hebt die große Verwandlung der Welt an, die niemals aufgehört hat, Gottes Kosmos zu sein. So wird die Liturgie mit den Schöpfungsgaben von Brot und Wein gefeiert, die in den Leib und das Blut des Herrn verwandelt werden. An diesen Gaben vollzieht sich antizipatorisch, was am Ende der Zeiten der ganzen Schöpfung verheißen ist, wenn Christus alles in allem sein wird. In der Feier der Liturgie bleiben die Gaben der Schöpfung, was sie immer schon waren, was ihnen aber nach dem Sündenfall verlorenging, bringt der Heilige Geist in ihnen zur Vollendung. Die Verwandlung der Gaben bedeutet nicht, dass sie aufhören zu sein, was sie sind, also Brot und Wein, doch sie werden der Neuen Schöpfung zugeführt: »Nicht, dass es so bleiben soll, wie es ist, es soll aber auch nicht aufhören, das zu sein, was es im Grunde ist, sondern das werden, was es eigentlich ist und was die Sünde entstellt hat.«[35] So führt der Heilige Geist die neue Schöpfung herbei, indem er alles neu macht und vollendet.

Für Sergij Bulgakov ist unter Berufung auf Irenäus von Lyon entscheidend, dass die eucharistische Wandlung im theologischen Denken der Väter den Charakter des Brotes als Brot und des Weines als Wein nicht auflöst. Das ist wichtig, weil es im Mysterium der Wandlung, wie schon deutlich gemacht wurde, nicht um die Auflösung der Kreatur, sondern um deren kosmisch-eschatologische Verklärung geht, die sich als solche in der Eucharistie antizipatorisch vollzieht: Diese Verklärung der Schöpfung, die der zweiten Ankunft des Erlösers entspricht, vollzieht sich in der Eucharistie mysterienhaft, d. h. offenkundig nur für die Augen des Glaubens. Was sich aber im Mysterium vollzieht, wird am Ende der Zeiten dem ganzen Leib Christi, der die Menschheit ist, zuteil. Der Unterschied zwischen der leiblichen Gegenwart Christi auf Erden vor Himmelfahrt und der eucharistischen besagt »nicht, daß der aufgefahrene Leib vom Himmel herabkommt, sondern dass eben das Brot und der Wein selbst in Leib und Blut Gottes verwandelt werden«[36]. Denn, so bemerkt Robert Hotz, »es handelt sich nicht um die Verwandlung der ›Natur‹ in die ›Übernatur‹, sondern des Alten ins Neue. Ein Sakrament (mysterion) ist so nicht ein ›Wunder‹, durch das Gott die ›Gesetze der Natur‹ aufhebt, sondern in ihm wird die letzte Wahrheit ausgesagt über die Welt und das Leben, den Menschen und die Natur, die Wahrheit, die Christus selber ist.«[37]

---

[35] Deshalb wird von vielen orthodoxen Theologen heute die kosmische Dimension der Eucharistie hervorgehoben. Hierzu K. C. Felmy, Orthodoxe Theologie der Gegenwart, 188–218, und J. Zizioulas, Die Welt in eucharistischer Schau und der Mensch von heute, in: US 25 (1970) 342–349.

[36] Johannes von Damaskus, De fide orthod. IV 13 (PG 94, 1144 f.).

[37] A. Schmemann, Aus der Freude leben, 127 f.

Die geschichtlichen und kosmischen Dimensionen der liturgischen Feier reichen bis in das Innerste des Menschen. Durch das Geschenk des göttlichen Lebens nimmt der Mensch schon in der Weltzeit teil an der Liturgie der Ewigkeit. Indem er sich durch die Feier der Eucharistie in die trinitarische Versiegelung hinein nehmen lässt, wird er durch die Teilhabe am Leben des dreieinigen Gottes und im Wissen um die Verwandlung der Erdenzeit Tag für Tag erneuert und gestärkt. Paul Evdokimov unterstreicht die kosmische Bedeutung der eucharistischen Gaben, wenn er schreibt: »Die Eucharistie in dieser Welt ist bereits etwas ganz anderes als die Welt.« Sie verweist – wie die Kirchenväter darlegen – auf die ewige Eucharistie im Reich Gottes, bei der alle Menschen geeint sein werden. Das Leben in Einheit ist das große Zeichen der eschatologischen Ankündigung: »Menschwerdung, Sühne, Auferstehung und Verherrlichung werden mittels des gleichen Kelches angekündigt. Das ist das Wesen des Christentums: Das Mysterium des göttlichen Lebens stellt sich als Mysterium des menschlichen Lebens dar, ›damit alle Eins seien: so wie du, Vater, in mir bist und ich in dir bin‹ (Joh 17,21). Deshalb wird die Gründung der Kirche am Pfingsttage unmittelbar von der Offenbarung ihrer Natur gefolgt: ›Täglich verharrten sie einmütig im Tempel und brachen das Brot in den einzelnen Häusern‹ (Apg 2,46). Dieser Ausdruck wird der eucharistische Stil des Lebens selbst: ›Alle Gläubigen hielten zusammen und betrachteten all ihre Habe als gemeinsames Eigentum‹ (Apg 2,44). Durch das Christusbrot werden die Gläubigen das gleiche Brot, die gleiche eine und dreifaltige Liebe, das durch den Menschen gelebte priesterliche Gebet.«[38] Der Prozess der kosmischen Verwandlung erhält seine zeichenhaft konkrete Gestalt in der Einheit der Kirche.

In der Feier der Liturgie geht es nicht nur um die Rechtfertigung des Sünders durch das Heilsgeschehen in Christus, die Erlösungsbotschaft ist vielmehr in ihren kosmischen Dimensionen auszudeuten.[39] Die Liturgie ist kein gottesdienstlicher Vollzug in weltferner Innerlichkeit, sie vollzieht sich als Gottesdienst mitten in der Welt, unter Hineinnahme der ganzen Schöpfung und Heilsgeschichte, ja, sie ist nicht nur Gottesdienst in der Welt, sondern Gottesdienst der Welt. Bei Karl Rahner heißt es hierzu: »Der

---

[38] »Der christliche Orient besaß von seinen Ursprüngen an einen kosmischeren Sinn, was nicht ohne Zusammenhang mit den griechischen Quellen ist. Bei Origenes, Gregor von Nyssa und Maximos dem Bekenner ist die kosmische Gnosis weit stärker als in der lateinischen Patristik. Dies fand seinen Ausdruck sowohl in der Liturgie als auch im Leben der Heiligen. Nicht die Rechtfertigung, sondern die Verklärung des Menschen und der gesamten Schöpfung mit ihm ist hier zentral« (P. Evdokimov, L'Orthodoxie, 244 f.; zitiert nach R. Hotz, Sakramente, 193).
[39] T. Strotmann, Karl Barth et l'Orient chrétien, in: Irénikon 42 (1969) 40 f.; vgl. auch N. Berdjaev, Die Krisis des Protestantismus und die russische Orthodoxie, in: Orient und Occident No. 1 (1929) 11–25.

Gottesdienst der christlichen Kirche ist nicht ›eine seltsame ausgesparte neue Sonderregion im profanen Leben‹ und damit nicht nur ›göttliche Liturgie in der Welt‹, sondern ›göttliche Liturgie der Welt‹ und damit Erscheinung der göttlichen Liturgie, die mit der Heilsgeschichte identisch ist.«[40] Nicht anders heißt es bei Irenäus von Lyon: »Wir bringen in den heiligen Gaben die ganze sichtbare Natur dar, damit sie zur Eucharistie werde.«[41] In diesem Sinn existiert kein Dualismus von Gottesdienst und Welt, von Heiligem und Profanem. Die Unterscheidung von (erlöstem) Sakralem und (von Gott angewandtem) Profanem ist letztlich »ethischer« Natur, denn sie vollzieht sich zwischen dem »neuen Menschen« und dem »alten Menschen«, wie nun ausgeführt werden soll.[42]

5. Trinitarische Ausdeutung der Protologie und Eschatologie

Die Protologie ist trinitarisch grundgelegt. Wäre Gott einpersonal, bliebe dem Menschen nur die Geste der absoluten Unterwerfung und Prostratio unter den, der er selber nicht ist. Wäre Gott zweipersonal, gäbe es für eine Schöpfung keine Möglichkeit, denn die Liebesbeziehung zwischen den beiden göttlichen Personen würde nur noch den Blick füreinander gestatten. Einzig bei einem dreipersönlichen Gott lässt sich ein völliges Einswerden der drei Personen mit gleichzeitiger Zuwendung zur geschaffenen Wirklichkeit denken: »Der Heilige Geist stellt die Kraft dar, durch die die Liebe, die zwischen Vater und Sohn vorhanden ist, auch auf andere Subjekte ausgedehnt wird. Er verleiht einem Dritten das Recht zur Teilnahme an dem Dialog der Liebe zwischen den beiden, ein Recht, das er den geschaffenen Subjekten eröffnet.«[43] In der göttlichen Dreieinigkeit bestätigt die jeweils dritte Person die Liebesbeziehung zwischen den beiden anderen und lässt dabei Raum für etwas, das von Gott unterschieden ist, nämlich die Schöpfung:[44] Die Schöpfung ist ein freier Akt des Vaters, der »im Sohn auch die Möglichkeit und das Dasein einer von ihm unterschiedenen Schöpfung bejaht, sowie auch des Geistes, der beide in freier Übereinstimmung verbindet«[45]. Der innere Zusammenhang von Schöpfung und Trinität findet

---

[40] K. Rahner, Zur Theologie des Gottesdienstes, in: Schriften zur Theologie. Bd. XIV, Zürich 1980, 227–237, hier 237.
[41] Irenäus von Lyon, Adv. haer. V,18,5.
[42] P. Evdokimov, La culture à la lumière de l'orthodoxie, in Contacts No. 57 (1967) 17.
[43] D. Staniloae, Orthodoxe Dogmatik. Zürich-Einsiedeln-Köln 1985, 280.
[44] Vgl. M. Kunzler, Die Liturgie der Kirche (Amateca X). Paderborn 1995, 41 f.; unter Berufung auf H. U. von Balthasar, Die Würde des Gottesdienstes, in: IKaZ 7 (1978) 481–487.
[45] W. Pannenberg, Systematische Theologie. Bd. II, 45. Bei Basilius heißt es: »Sieh bei der Erschaffung dieser Wesen den Vater als den vorausliegenden Grund, den Sohn als den schaf-

sich beispielhaft dargelegt bei Bonaventura. Für ihn ist die Dreieinigkeit das tiefste Geheimnis der Schöpfung. Weil alles auf den Logos hin geschaffen ist, versteht Bonaventura die Schöpfung als das »Ursakrament« des Glaubens, gemäß der Intention Gottes, sich in den Dingen zu offenbaren. Was der Mensch durch den Sündenfall verloren hat, erkennt er durch die Offenbarung wieder neu, nämlich jenes erste Buch Gottes, das die Schöpfung ist.[46] Gewiss, der Kosmos ist nicht die Offenbarung Gottes, auch nicht Gottes Ebenbild, wohl aber trägt er die »vestigia Dei« in sich. Um diese Spuren Gottes in der Natur weiß, wer Gottes Offenbarung kennt.

Die alles erneuernde Kraft, die unentwegt die ganze Schöpfung ihrer vollendeten und verklärten Vollgestalt entgegenführt, ist der Heilige Geist.[47] Eine im Osten sehr bekannte und beliebte Sammlung asketischer Schriften trägt den Titel »Philokalie«, was soviel bedeutet wie: »Liebe zum Schönen«. Damit soll ausgedrückt werden, dass ein geistlicher Mensch, ein »Gottgelehrter«, nicht nur gut, sondern auch schön ist. Während die christologische Tradition von Antiochien den Nachdruck auf die Offenbarung des Logos in seiner Menschheit legt, betont die pneumatologische Tradition von Alexandrien gerade die Schönheit des Göttlichen. Diese strahlt im Wirken des Heiligen Geistes auf, der das Antlitz der Erde mit seiner göttlichen Schönheit erneuert. Für Kyrill von Alexandrien ist es das Spezifische des Pneumas, Geist der Schönheit zu sein und dem ganzen Kosmos Anteil an der Schönheit der göttlichen Natur zu geben.[48] Der Heilige Geist erneuert den Erdkreis mit göttlicher Schönheit (vgl. Weish 1, 7).

Am Ende der Zeiten wird die allumfassende Gegenwart Gottes »alles in allem« erfüllen (1 Kor 15, 28); diese Vollendung wirkt der Heilige Geist, der schon jetzt das Unterpfand des Verheißenen ist (2 Kor 1, 22; 5, 5). So vollendet der Heilige Geist das Werk Christi. Paul Evdokimov schreibt:

---

fenden, als den vollendenden Geist, so daß die dienenden Geister im Willen des Vaters ihren Anfang haben, durch die Wirksamkeit des Sohnes in das Sein geführt werden und durch den Beistand des Geistes vollendet werden« (Basilius, Über den Heiligen Geist, 31d [PG 32, 136 B]).

[46] Augustinus, Enarr. in psalm. VIII,8 (PL 66, 112).

[47] »Im Gegensatz zur lateinischen Theologie haben die orientalischen Theologen stets die Bedeutung des Heiligen Geistes im sakramentalen Geschehen hervorgehoben. Dieser Gegensatz wird besonders augenfällig, wenn man bei der Lektüre der Konzilstexte von Florenz (Dekret für die Armenier) und insbesondere von Trient (7. Sitzung) feststellt, daß diese Texte – mit Ausnahme der Firmung – von den Sakramenten sprechen, ohne den Heiligen Geist auch nur zu erwähnen. Und selbst noch auf dem Zweiten Vatikanischen Konzil klagte der maronitische Erzbischof von Beirut, Ignace Ziade, daß die lateinische Theologie ein wenig vergessen habe, daß ›die Zeit der Kirche in der Heilsgeschichte von den Vätern als Oikonomia des Geistes bezeichnet wurde‹. Derselbe sagte am 16. September 1964 anläßlich der dritten Konzilssession: Die lateinische Kirche, die ihre Christologie sehr weit entwickelt hat, ist, was die Pneumatologie anbelangt, noch im Alter der Adoleszenz« (R. Hotz, Sakramente, 226; Zitate nach H. de Lubac, Geheimnis aus dem wir leben. Einsiedeln 1967, 90 und Anm.).

[48] Kyrill von Alexandrien, Über St. Johannes, 16, 25 (PG 73, 464 B).

»Christus – Gottes schöpferisches Wort« nach orthodoxer Theologie

»Die Väter sehen, indem sie von der Beziehung zwischen dem Wort und dem Heiligen Geist während deren irdische Mission sprechen, in gewissem Sinne in Christus den großen Vorläufer des Heiligen Geistes.«[49] Ähnlich heißt es bei Nikolaos Kabasilas: »Was ist die Wirkung und das Resultat der Handlungen Christi? ... Es ist nichts anderes als die Herabkunft des Heiligen Geistes auf die Kirche.«[50] Der Heilige Geist teilt jedem die Fülle Christi mit, wie Irenäus betont: »In der Kirche ist das Anteilhaben an Christus verfügt worden, und das ist der Heilige Geist.«[51] Er wohnt tief in uns, indem er in uns betet und so unser persönlichstes und innerstes Tun bewirkt (Röm 8, 26). Gott selber ist das Gebet des Menschen, nicht der Mensch handelt, sondern Gott allein. Vladimir Lossky bemerkt hierzu, dass die Kirche auf eine doppelte göttliche Ökonomie gegründet ist, »auf das Werk Christi und auf das Werk des Heiligen Geistes, zwei Personen der Dreifaltigkeit, die in die Welt gesandt wurden. Beide Werke bilden die Grundlage der Kirche, beide sind notwendig, damit wir zur Vereinigung mit Gott gelangen.«[52]

Die größte und schönste Gabe des Heiligen Geistes ist die volle Erkenntnis Jesu Christi. »Vom Geist betaut, trinken wir Christus«, sagt der heilige Athanasius.[53] Der Geist lässt uns den tiefen Sinn der Offenbarung des Menschensohnes begreifen, indem er durch sein heiligendes Wirken, die Voraussetzung für jedes Werk, alles zu einer Christophanie, zur Erscheinung Christi, werden lässt. Schon am Anfang der Zeiten »brütete« der Geist über dem Abgrund, um daraus die Erde erstehen zu lassen, den Ort der Inkarnation. Das ganze Alte Testament ist ein Vor-Pentekoste, es weist auf den verheißenen Messias hin. Der Geist steigt auf Maria herab, bildet aus ihr die Theotokos und offenbart Jesus als den Christus, den Gesalbten. Aus den Feuerzungen des Heiligen Geistes wird die Kirche geboren, der Leib Christi, und durch das Geschenk des Heiligen Geistes wird der Getaufte zu einem Glied Christi. Alles wird im Heiligen Geist vollendet: »Der Ankunft Christi geht der Heilige Geist voraus. Bei der Menschwerdung ist er da. Die Wundertaten Christi, seine Gnaden und Krankenheilungen geschehen durch den Heiligen Geist. Die bösen Geister werden durch den Geist Gottes ausgetrieben. Wenn der Teufel angekettet wird, ist

---

[49] P. Evdokimov, L'Orthodoxie. Paris 1959, 75. Bei Athanasius heißt es dazu: »Das Wort ist Fleisch geworden, damit wir den Heiligen Geist empfangen können«, und: »Gott hat sich zum Träger des Fleisches gemacht, damit der Mensch Träger des Geistes werden kann« (PG 26, 996C).
[50] Nikolaos Kabasilas, Erklärung der Heiligen Liturgie, Kap. 37.
[51] Irenaeus von Lyon, Adv. Haer. III 24, 1.
[52] V. Lossky, Die mystische Theologie der morgenländischen Kirche. Graz-Wien-Köln 1961, 198.
[53] Athanasius, Brief an Serapion (PG 26, 576 A).

der Heilige Geist zugegen. Die Vergebung der Sünden geschieht durch die Gnade des Heiligen Geistes. Die Vereinigung mit Gott wird durch den Heiligen Geist bewirkt. Die Auferstehung von den Toten geschieht durch die Kraft des Heiligen Geistes.«[54]

Der Heilige Geist, der göttliche Ikonograph, erneuert das Angesicht der Erde, indem er allen Dingen einwohnt. »Das unsagbare und wunderbare Feuer, das im Wesen der Dinge wie in einem Dornbusch verborgen ist«, sagt Maximus, »ist das Feuer der göttlichen Liebe und der strahlende Glanz seiner Schönheit im Innern aller Dinge«[55]. Der Heilige Geist baut die Schöpfung zu einem »Tempel« auf, der von der Schönheit Gottes Zeugnis ablegt.[56] Alle Werke Gottes enden in der Präsenz des Heiligen Geistes, in ihm kommt das Werk des dreieinen Gottes zum Ziel.

Die theologische Tradition hat lange nur Gott den Vater als Schöpfer betrachtet oder aus der Schöpfung durch das Wort eine christologische Schöpfungslehre entfaltet. Aber die Schöpfung ist pneumatisch auszulegen: Durch das Wirken des Heiligen Geistes bleibt der Schöpfer in seiner Schöpfung gegenwärtig und erneuert das Antlitz der Erde. Indem der Heilige Geist die ganze Schöpfung und das Leben des Glaubenden trägt und mit sich erfüllt, ist er nicht offenkundig, vielmehr verbirgt er im Gegensatz zu Vater und Sohn sein persönliches Antlitz: »Er ist in uns, ohne unsere Stelle einzunehmen; er glaubt, betet, hofft und liebt in uns so, daß er es uns ›vormacht‹ und ›vorsagt‹, es uns überhaupt erst ermöglicht; aber zugleich sind wir es, die glauben, beten, hoffen und lieben.«[57] Er führt unmittelbar in das göttliche Leben in Christus ein. Alles in der Neuschöpfung trägt die »Handschrift« der dritten Person, aber der Heilige Geist selbst bleibt hinter seiner Gabe verborgen, er kann mit ihr sogar verwechselt werden. Die Offenbarung seines Antlitzes erfolgt am Ende der Zeiten, wenn das Werk des Heiligen Geistes vollendet ist, nämlich die Schöpfung in Christus zur Lebensfülle göttlicher Schönheit zu führen. Die erneuerte, vollendete Schöpfung ist das »Antlitz« des Heiligen Geistes.

---

[54] Basilius, De Spiritu Sancto XIX, 49 (PG 32, 157 AB).
[55] Maximus Confessor, Amb. (PG 91, 1148 C).
[56] In der byzantinischen Liturgie wird der Schutzengel als Wächter und Behüter von Seele und Leib bezeichnet, denn in ihrer gegenseitigen Transparenz erweist er sich als Wächter der Schönheit.
[57] Vgl. hierzu M. Kunzler, Die Liturgie der Kirche, 87.

III. Christologie und Erlösungslehre

Gilles Emery

Le Christ médiateur: l'unicité et l'universalité de la médiation salvifique du Christ Jésus suivant Thomas d'Aquin

Le caractère unique, universel et définitif de la médiation salvifique du Christ Jésus compte parmi les questions centrales de la christologie et de la sotériologie aujourd'hui. Sans aborder cette question sous l'aspect de la théologie chrétienne des religions, la présente étude invite à considérer l'enseignement de saint Thomas d'Aquin sur le Christ médiateur, en prêtant une attention spéciale à l'unicité et à l'universalité de la médiation du Christ Jésus. Cet enseignement offre en effet d'importantes ressources pour la réflexion théologique. Après un exposé de la pensée de Thomas d'Aquin sur le Christ comme médiateur (I), je propose d'en examiner les fondements dans sa doctrine sur la plénitude de grâce du Christ (II) et dans sa conception théologique de l'instrumentalité de l'agir humain du Christ (III), afin de mettre en lumière l'accueil intérieur du don de l'Esprit Saint par la médiation du Christ Jésus (IV).

I. Le Christ Médiateur

La réflexion de Thomas d'Aquin sur la notion de « médiateur » est profondément liée aux principaux thèmes de sa christologie. D'une part, Thomas présente une notion générale de « médiateur » qui, de soi, s'applique à toute médiation. De fait, cette notion de médiateur vise en particulier à rendre compte de la médiation du Christ: lorsque Thomas d'Aquin examine de façon détaillée la notion de *mediator*, c'est à la lumière du Christ et de son œuvre, afin de manifester la manière unique et propre suivant laquelle le Christ est médiateur. D'autre part, la pensée de Thomas d'Aquin s'inscrit dans le prolongement de saint Augustin, qui avait lui-même développé l'héritage grec en le prolongeant dans une direction particulière. Observons donc tout d'abord ces éléments de théologie patristique.

Face au subordinatianisme « arien », les Pères grecs ont principalement souligné la figure *théandrique* du médiateur[1]. Le subordinatianisme

---

[1] Voir Gérard Remy, « Du Logos intermédiaire au Christ médiateur chez les Pères grecs », *Revue Thomiste* 96 (1996) 397–452.

de type homéen et anoméen tendait en effet à concevoir le Fils comme un être dont la nature originelle est «intermédiaire» entre Dieu et les créatures. En réponse, les Pères de langue grecque, aussi bien alexandrins (saint Athanase, saint Cyrille) qu'antiochiens (saint Jean Chrysostome) ou cappadociens (saint Grégoire de Nysse par exemple), ont fermement exclu que le Logos soit une réalité intermédiaire entre Dieu et le monde. Le Christ, le Logos incarné, est médiateur non pas en sa nature divine, mais en tant que, étant Dieu *et* homme, il réunit dans sa personne la divinité et l'humanité : le Christ est « médiateur de Dieu et des hommes, selon les Écritures, uni au Père par nature et né de lui en tant que Dieu, uni aux hommes en tant qu'homme[2] ». « Le propre du médiateur est que, possédant chacun des termes dont il est le médiateur, il les réunit : s'il tenait l'un des termes en étant séparé de l'autre, il ne serait plus médiateur. ... Il lui faut être proche des deux natures[3] ». Le Christ est donc médiateur en tant qu'il accomplit en lui-même la jonction des deux parties qu'il réconcilie : l'homme et Dieu. Les Pères post-nicéens ont ici repris, avec une note anti-arienne, la réflexion déjà posée par les Pères anténicéens, notamment par saint Irénée : « Il fallait que le ‹Médiateur de Dieu et des hommes› (1 Tim 2, 5), par sa parenté avec chacune des deux parties, les ramenât l'une et l'autre à l'amitié et à la concorde, en sorte que tout à la fois Dieu accueillît l'homme et que l'homme s'offrît à Dieu[4] ».

Saint Augustin a recueilli cet héritage grec en lui ajoutant une note anthropologique plus marquée[5]. D'une part, avec les Pères grecs, Augustin souligne le théandrisme du médiateur : « Il [le Christ] est médiateur de Dieu et des hommes parce qu'il est Dieu avec le Père et homme avec les hommes. L'homme n'est pas médiateur séparément de la divinité ; Dieu n'est pas médiateur séparément de l'humanité. Voici le médiateur : la divinité sans l'humanité n'est pas médiatrice, l'humanité sans la divinité n'est pas médiatrice ; mais entre la divinité seule et l'humanité seule se présente, comme médiatrice, la divinité humaine et l'humanité divine du Christ *(mediatrix est humana divinitas et divina humanitas Christi)*[6] ». En tant que Fils incarné, le Christ est le seul qui réalise pleinement les conditions d'une authentique médiation. Il est donc le seul qui assure la vérité et l'ef-

---

[2] Saint Cyrille d'Alexandrie, *Sur l'évangile de Jean*, lib. IX (*PG* 74, col. 280). Le Christ est médiateur parce que «il a le Père en lui» et «il nous possède en lui» (ibid.).
[3] Saint Jean Chrysostome, *Sur la première épître à Timothée*, cap. 2, hom. 7 (*PG* 62, col. 536–537).
[4] Saint Irénée de Lyon, *Adversus haereses* III,18, 7 (*Sources chrétiennes* 211, Paris, Cerf, 1974, p. 364–367).
[5] Gérard Remy, « La théologie de la médiation selon saint Augustin. Son actualité », *Revue Thomiste* 91 (1991) 580–623.
[6] Saint Augustin, *Sermo* 47,XII,21 (*PL* 38, col. 310).

ficacité du salut, par rapport à toutes les autres voies religieuses ou philosophiques (envers lesquelles Augustin se montre particulièrement critique)[7]. D'autre part, Augustin spécifie que le Christ est médiateur en vertu de son humanité : immortel et bienheureux selon sa nature divine, le Christ exerce sa médiation *par son humanité sainte, juste et mortelle*. Cette précision intervient notamment dans la polémique contre la médiation attribuée aux démons, et face à laquelle Augustin montre que le Christ est le seul médiateur parfait : « Ce n'est pas en tant que Verbe qu'il est médiateur, car le Verbe, souverainement immortel et souverainement bienheureux, est loin des misérables mortels. Mais il est médiateur en tant qu'homme *(mediator, per quod homo)*[8] ». En résumé, saint Augustin explique la médiation du Christ tantôt selon le théandrisme de l'incarnation (Dieu et homme) qu'aucun autre médiateur ne peut reproduire, tantôt par des expressions selon lesquelles le Christ est médiateur en tant qu'homme, par sa Pâque et surtout par sa Croix[9].

Au XIIe siècle, Pierre Lombard offre un exposé de la pensée de saint Augustin qui recevra toute l'attention de saint Thomas. En premier lieu, en référence à 1 Tim 2, 5 (« unique est le médiateur entre Dieu et les hommes, le Christ Jésus homme »), le Lombard réserve la médiation au Christ, à l'exclusion du Père et de l'Esprit Saint. À la suite de Ga 3, 20, Pierre Lombard exclut que Dieu soit médiateur. Deuxièmement, le Lombard suit saint Augustin en affirmant que le Christ est médiateur selon son humanité. Il complète cependant cette thèse en soulignant l'union de la nature humaine à la nature divine dans la personne du Fils incarné. Troisièmement, Pierre Lombard énonce la finalité de la médiation, et son acte central, avec les mots de Rm 5, 10 : « Nous avons été *réconciliés avec Dieu* par la *mort de son Fils*[10] ».

La réflexion de Thomas d'Aquin prolonge et organise cette pensée augustinienne. Saint Thomas tient en effet que le Christ est médiateur en tant qu'homme, en vertu de son humanité pleine de grâce. Il rattache cependant expressément cette thèse à l'incarnation (union hypostatique, théandrisme) qui en fournit le fondement. Voyons cela avec quelque détail[11].

---

[7] Gérard Remy, « La théologie de la médiation ... », p. 581.
[8] Saint Augustin, *De civitate Dei* IX,15 (*Corpus Christianorum, Series Latina*, vol. 47, Turnhout, Brepols, 1955, p. 263). Thomas d'Aquin se réfère directement à ce passage (voir *Summa theologiae* III, q. 26, a. 2, sed contra).
[9] Voir Jean-Pierre Jossua, *Le salut, Incarnation ou mystère pascal chez les Pères de l'Église de saint Irénée à saint Léon le Grand*, Paris, Cerf, 1968, p. 187–192. Dans le même sens, Gérard Remy trouve chez saint Augustin « deux schèmes, incarnationnel et pascal, de la médiation » (« La théologie de la médiation ... », p. 591–592).
[10] Pierre Lombard, III *Sent.*, dist. 19, cap. 6–7. Petrus Lombardus, *Sententiae in IV libris distinctae*, Tomus secundus, Grottaferrata, Editiones Collegii S. Bonaventurae, 1981, p. 122–125.
[11] Nos références et citations des œuvres de Thomas d'Aquin sont tirées des éditions latines

Dans la *Summa theologiae*, l'examen du titre christologique de « médiateur » *(mediator Dei et hominum)* trouve place au terme de l'étude du mystère de l'Incarnation, dans la section consacrée aux « conséquences de l'union » *(de his quae consequuntur unionem)*[12]. Par l'expression « conséquences de l'union », il faut entendre, au sens fort, les propriétés du Christ virtuellement incluses dans l'affirmation de l'union selon l'hypostase. La dimension sotériologique est clairement marquée : la propriété de « médiateur » revient au Christ considéré « par rapport à nous » *(in comparatione ad nos)*[13]. Cette question du médiateur *(Summa theologiae* III, q. 26) conclut l'étude de l'incarnation elle-même (q. 1–26) et elle prépare directement la longue section qui étudie les mystères du Christ en sa chair, c'est-à-dire ce que le Christ accomplit dans sa nature humaine, depuis sa conception dans le sein de la Vierge Marie jusqu'à son retour glorieux pour le jugement *(acta et passa Christi*: q. 27–59). Thomas procède en deux étapes : il montre d'abord qu'être le parfait médiateur est propre au Christ *(proprium Christo)*, puis il établit que le Christ est médiateur selon sa nature humaine *(secundum quod homo)*.

Le médiateur se définit par deux éléments : la notion d'« intermédiaire » *(ratio medii)*, et sa fonction de liaison *(officium coniungendi)*. Regardons d'abord le premier élément. La « raison d'intermédiaire » *(ratio medii)* consiste dans le fait de se trouver « entre les extrêmes » *(inter extrema)*, en participant des deux extrêmes suivant un ordre[14]. Cela implique

---

suivantes. *Scriptum super libros Sententiarum* (abrégé : *Sent.*) : Lib. I, éd. Pierre Mandonnet, Paris, Lethielleux, 1929 ; Lib. III, éd. Marie-Fabien Moos, Paris, Lethielleux, 1933 ; Lib. IV, dist. 23–50, éd. Stanislas E. Fretté, Paris, Vivès, 1882. *Summa theologiae*: Cura et studio Instituti Studiorum Medievalium Ottaviensis, 5 t., Ottawa, Collège Dominicain d'Ottawa, 1941–1945. *Summa contra Gentiles*, Lib. III–IV : éd. C. Pera, P. Marc et P. Caramello, Torino-Roma, Marietti, 1961. *Lectura in Iohannis evangelium* : éd. R. Cai, Editio V revisa, Torino-Roma, Marietti, 1952. *Lectura in Matthaei evangelium* : éd. R. Cai, Editio V revisa, Torino-Roma, Marietti, 1951. *Super Epistolas S. Pauli lectura* : éd. R. Cai, Editio VIII revisa, 2 vol., Torino-Roma, Marietti, 1953. *Quaestiones disputatae de veritate* : éd. Antoine Dondaine, Editio Leonina, t. 22/3, Roma, Editori di San Tommaso, 1976. *Compendium theologiae* : éd. Hyacinthe Dondaine et Gilles de Grandpré, Editio Leonina, t. 42, Roma, Editori di San Tommaso, 1979. Lorsque les références sont accompagnées d'un numéro (n°), elles renvoient à la numérotation de l'édition Marietti.

[12] Thomas d'Aquin, *Summa theologiae* III, q. 16, Prologus.

[13] *Summa theologiae* III, q. 25, Prologus. Dans son commentaire des *Sentences*, Thomas traitait déjà la médiation du Christ (III *Sent.*, dist. 19) parmi les « conséquences » de l'union, en précisant qu'il s'agit des conséquences qui concernent spécialement sa nature humaine. La dimension sotériologique était aussi clairement marquée : « de his quae per naturam humanam operatus est » (III *Sent.*, dist. 13, *divisio textus*).

[14] III *Sent.*, dist. 19, a. 5, qla 2 (nous indiquons la « quaestiuncula » avec l'abréviation « qla »). Voir Gérard Remy, « Le Christ médiateur dans l'œuvre de saint Thomas d'Aquin », *Revue Thomiste* 93 (1993) 183–233 ; Id., « Sacerdoce et médiation chez saint Thomas », *Revue Thomiste* 99 (1999) 101–118. Pour le rapport entre le sacerdoce du Christ et son œuvre de média-

que, d'un côté, le médiateur doit posséder quelque chose *en commun* avec les deux parties, et que, de l'autre côté, le médiateur se *distingue* ou « se trouve à distance » *(distat)* de chacun de ces deux extrêmes. Dans le Christ médiateur, le premier aspect (la proximité avec les deux parties qu'il réconcilie) réside dans le fait que le Christ, *en tant qu'homme*, se trouve en communion avec Dieu et avec les hommes. Il communie avec Dieu par la *béatitude* dont jouit son âme humaine, par sa *justice*, c'est-à-dire par sa *plénitude de grâce*. Et le Christ homme communie avec les autres hommes en tant qu'il partage avec eux la *mortalité*, la *passibilité* ou la faiblesse *(infirmitas)*[15]. Le second aspect, celui de la distinction ou de la « distance », consiste dans le fait que le Christ homme diffère de Dieu par *nature*, et qu'il se trouve au-dessus des autres hommes par la *plénitude de grâce* et par la gloire dont son humanité est comblée[16]. Ce second aspect permet spécialement d'exclure que le Christ soit médiateur selon sa nature divine. En effet, quant à sa nature divine, le Christ est parfaitement un avec le Père et l'Esprit Saint, et il ne saurait donc être médiateur. Pour la même raison, le Père et l'Esprit Saint ne sont pas médiateurs. Dieu n'est pas médiateur : il est Dieu. La réflexion sur le Christ médiateur se concentre donc sur les propriétés de son humanité qui, d'une part, vérifient sa *communion* avec Dieu (béatitude, plénitude de grâce) et avec la condition des hommes qu'il réconcilie (passibilité, mortalité), et qui, d'autre part, vérifient aussi sa *différence* par rapport à Dieu (nature humaine) et par rapport aux autres hommes (plénitude de grâce, gloire).

Le Christ Jésus est formellement médiateur selon son humanité, mais sa médiation ne se réduit pas à cette dimension anthropologique. En effet, saint Thomas précise que la plénitude de grâce dont jouit le Christ découle de l'union hypostatique : « Si l'on enlève au Christ sa nature divine, on lui enlève par conséquent la plénitude de grâce qui lui revient en tant qu'il est *le Fils unique du Père*, selon Jean 1, 14. C'est de cette plénitude de grâce qu'il tient d'être établi au-dessus de tous les hommes et d'être ainsi plus proche pour accéder à Dieu[17] ». Le fondement de la médiation du Christ réside donc dans l'union de sa nature humaine à sa nature divine, c'est-à-dire dans l'union hypostatique : « C'est par le mystère de son incarnation qu'il a été fait médiateur de Dieu et des hommes[18] ». De cette man-

---

teur (les deux notions sont très proches), voir aussi Jean-Pierre Torrell, « Le sacerdoce du Christ dans la *Somme de théologie* », *Revue Thomiste* 99 (1999) 75–100, spécialement p. 97–100.

[15] III *Sent.*, dist. 19, a. 5, qla 2 et qla 3 ; *Summa theologiae* III, q. 26, a. 1, ad 2 ; q. 26, a. 2 ; *De veritate*, q. 29, a. 5, ad 5 ; *In Epist. I ad Timotheum*, cap. 2, lect. 1 (n° 64). À la suite de saint Augustin, saint Thomas se sert aussi de ces éléments pour montrer que les anges et les démons ne vérifient pas parfaitement la condition de médiateur.

[16] III *Sent.*, dist. 19, q. 5, qla 2 ; *Summa theologiae* III, q. 26, a. 1 et 2.

[17] *Summa theologiae* III, q. 26, a. 2, ad 1.

[18] *De veritate*, q. 28, a. 4.

ière, Thomas d'Aquin offre une synthèse des deux approches de saint Augustin : il montre que la valeur médiatrice de *l'humanité* du Christ se fonde dans le *théandrisme* de l'incarnation. Saint Thomas observe ici un ordre : l'approche qui regarde l'humanité du Christ dépend de celle qui envisage l'union hypostatique. L'homme que saint Thomas contemple dans le Christ médiateur, c'est l'homme divinisé par suite de l'union selon l'hypostase. C'est probablement la raison pour laquelle, en certains textes plus brefs, Thomas se contente de référer la médiation du Christ à sa consubstantialité avec le Père et avec les hommes[19].

Voyons maintenant le second élément de la notion de médiateur. Thomas définit l'office du médiateur par l'action de réunir *(coniungere)* ceux dont il est le médiateur, c'est-à-dire : unir les hommes à Dieu[20], ou unir les hommes au Père[21]. Ce deuxième aspect se fonde sur le premier : « L'office de médiateur *(mediatoris officium)* exigeait que le Christ eût en commun avec nous une chair passible et mortelle *(passibilis caro et mortalis)*, et en commun avec Dieu la puissance et la gloire *(virtus et gloria)*, afin que, nous délivrant de ce qu'il avait en commun avec nous, à savoir la souffrance et la mort, il nous conduisît à ce qu'il avait en commun avec Dieu. Il était en effet médiateur pour nous unir à Dieu[22] ». Cette action de médiation concerne en particulier (mais non pas exclusivement) la satisfaction *(satisfactio)* offerte par le Christ[23], c'est-à-dire sa mort rédemptrice[24]. Suivant Romains 5,10, la finalité de la médiation est constamment définie par la réconciliation *(reconciliare, conciliare)* avec Dieu[25]. Il s'agit, plus précisément, de « réconcilier ceux qui étaient séparés » *(officium mediatoris est reconciliare discordes)*[26]. Le fruit de la médiation réconciliatrice n'est pas seulement la restauration temporaire d'un fragile équilibre, mais c'est

---

[19] Voir par exemple *Lectura in Iohannis evangelium*, cap. 13, lect. 3 (n° 1794).
[20] III *Sent.*, dist. 19, a. 5, qla 2 ; *Summa contra Gentiles* IV, cap. 55 (n° 3944) ; *In Epist. I ad Timotheum*, cap. 2, lect. 1 (n° 64) ; *Summa theologiae* III, q. 26, a. 1 et 2 ; etc. Dans la *Summa theologiae* (III, q. 26), la fonction du médiateur (« coniungere eos inter quos est mediator »), que nous décrivons ici comme le second élément de la notion de médiateur, intervient en réalité à la première place, dès le début de la réponse du premier article.
[21] *Lectura in Iohannis evangelium*, cap. 16, lect. 6 (n° 2138). Thomas y précise : « Coniungit ergo nos Patri. Eadem autem est coniunctio ad Deum Patrem et ad Christum secundum divinam naturam » (ibid.).
[22] *Summa contra Gentiles* IV, ch. 55 (n° 3944).
[23] III *Sent.*, dist. 19, a. 5, qla 1 ; IV *Sent.*, dist. 48, q. 1, a. 2 ; *Summa theologiae* III, q. 26, a. 2, corp. et ad 3.
[24] *In Epist. I ad Timotheum*, cap. 2, lect. 1 (n° 64), en référence à 1 Tim 2,5–6 et 1 Jn 2,2 (et, implicitement, à Rm 5,10).
[25] III *Sent.*, dist. 19, a. 5, qla 2, ad 3 ; *In Epist. ad Hebraeos*, cap. 8, lect. 2 (n° 392) ; *Summa theologiae* III, q. 26, a. 1.
[26] III *Sent.*, dist. 19, a. 5, qla 3, sed contra.

la justification[27], la paix, l'accès à la grâce et à la gloire[28], l'élévation et le retour vers Dieu[29], la concorde entre Dieu et son peuple[30], la participation des hommes à la nature divine (divinisation)[31], la vision bienheureuse de l'essence de Dieu, l'amitié avec Dieu dans la béatitude éternelle[32]. La perspective eschatologique est clairement mise en évidence.

Dans ce contexte, saint Thomas souligne très clairement l'*universalité* de la médiation du Christ. Jésus n'est pas seulement le médiateur en faveur de quelques personnes, mais il est le médiateur de « tout le genre humain », de « tous les hommes », de « toute la nature humaine »[33]. Le caractère *exclusif* de la médiation salvifique du Christ se comprend tout particulièrement en référence au péché originel dont le Christ nous libère : « Après la chute de la nature humaine *(post lapsum humanae naturae)*, l'homme ne peut être réparé que par le Médiateur entre Dieu et les hommes qui est Jésus-Christ[34] ».

Nous trouvons ici deux motifs qui rendent compte de l'unicité et de l'universalité de la médiation salvifique du Christ Jésus. Premièrement, le Christ Jésus est le seul qui exerce l'« office » de réconciliation de manière complète, parfaite et définitive pour tous les hommes, en vertu de la nature même de sa médiation (guérison de la nature humaine, et don de la vie divine). Deuxièmement, si le Christ est le médiateur pour tous les hommes, c'est parce que lui-même est non seulement homme mais aussi *Dieu*, et c'est pourquoi il est le médiateur adéquat, le médiateur *« sufficiens ad omnes reconciliandos Deo*[35] ». Le fondement ultime de l'unicité et de l'universalité de la médiation du Christ se trouve donc dans l'union hypostatique. Les saints, qui sont de simples humains, peuvent certes contribuer à réunir *(coniungere)* d'autres hommes avec Dieu en les amenant au bien, en particulier par leurs mérites, mais ce ne peut être que par un mérite « *de congruo* »[36]. Seul le Christ peut mériter « *de condigno* » la grâce de la justi-

---

[27] *De veritate*, q. 29, a. 4, ad 9.
[28] *Lectura in Iohannis evangelium*, cap. 20, lect. 3 (n° 2521).
[29] *Lectura in Iohannis evangelium*, cap. 14, lect. 4 (n° 1910) : « elevat nos, et reducit ad Deum ».
[30] *In Epist. ad Hebraeos*, cap. 7, lect. 4 (n° 366).
[31] *In Epist. ad Hebraeos*, cap. 8, lect. 2 (n° 392) : « Mediatoris enim est extrema conciliare. Iste vero ad nos divina attulit, quia per ipsum facti sumus *divinae consortes naturae*, ut dicitur II Pet. I, 4 ».
[32] III *Sent.*, dist. 19, a. 5, qla 1. Thomas y mentionne expressément le don de l'Esprit Saint en vue de la vision béatifique.
[33] III *Sent.*, dist. 19, a. 5, qla 3, ad 5 et *expositio textus*; *In Epist. ad Galatas*, cap. 3, lect. 7 (n° 169); *In Epist. I ad Timotheum*, cap. 2, lect. 1 (n° 64); *Summa theologiae* III, q. 26, a. 1.
[34] *De veritate*, q. 28, a. 4, ad 7. C'est pourquoi la foi explicite ou implicite au Christ médiateur est requise pour la justification. Nous y reviendrons plus bas.
[35] *In Epist. ad Galatas*, cap. 3, lect. 7 (n° 169).
[36] III *Sent.*, dist. 19, a. 5, qla 3, ad 5.

fication pour autrui³⁷. Et encore, un simple homme *(purus homo)* peut exercer une médiation en faveur de quelques personnes en particulier, mais seul le Christ, parce qu'il est homme et Dieu, peut satisfaire pour *toute la nature humaine*: c'est pourquoi seul le Christ remplit les conditions d'un médiateur adéquat *(« sufficiens mediator »)*³⁸. Dans ces explications, le thème de la *nature humaine* signifie non seulement que la médiation du Christ s'étend à tous les hommes, mais il souligne que le Christ Jésus a le pouvoir de renouveler *l'être* même de l'homme, en le guérissant du péché originel et en lui procurant la vie des enfants de Dieu (divinisation).

Dans la *Summa theologiae*, saint Thomas résume son enseignement en expliquant que, bien que la médiation puisse être participée, seul le Christ Jésus est le vrai *(« verus »)*, parfait *(« perfectus »*, *« perfective »)* et principal *(« principaliter »)* médiateur de Dieu et des hommes³⁹. Le qualificatif « vrai » indique une plénitude et un accomplissement total, en référence à la médiation dans l'Ancienne Alliance, en particulier à celle de Moïse mais aussi des prêtres et des prophètes qui « annonçaient et préfiguraient » le médiateur parfait qui est le Christ Jésus⁴⁰. Les qualificatifs « vrai » et « parfait » signifient que le Christ n'est pas médiateur en participant d'une réalité médiatrice plus haute, mais qu'il est le médiateur souverain (à la manière dont le symbole de Nicée-Constantinople affirme du Fils qu'il est « vrai » Dieu). Enfin, le qualificatif « principal » précise que la médiation du Christ Jésus suscite d'autres médiateurs qui participent de lui ; ces médiateurs agissent d'une *autre façon* que le Christ et *en dépendance* du Christ : tandis que le Christ agit au titre de médiateur principal, « suffisant » et « perfectif », les autres médiateurs qui contribuent à l'union des hommes avec Dieu exercent leur activité médiatrice à titre « dispositif ou ministériel » en référence au Christ⁴¹.

Pour achever cet aperçu du Christ Médiateur, il faut encore ajouter deux précisions. La première précision concerne le double « mouvement » de la médiation. Saint Thomas présente la médiation du Christ comme un « échange » que l'on peut décrire en termes de « médiation descendante » et de « médiation ascendante »⁴².

Selon le premier mouvement, celui de la médiation descendante, le

---

³⁷ *Summa theologiae* I–II, q. 114, a. 6.
³⁸ III *Sent.*, dist. 19, *expositio textus*.
³⁹ *Summa theologiae* III, q. 26, a. 1, corp., ad 1 et ad 2.
⁴⁰ *Summa theologiae* III, q. 26, a. 1, ad 1. En ce sens, le « vrai » se distingue de la « figure ».
⁴¹ *Summa theologiae* III, q. 26, a. 1, corp.: « dispositive vel ministerialiter » ; cf. ibid., ad 1 et ad 2.
⁴² Sur ce double mouvement, voir Serge-Thomas Bonino, « Le sacerdoce comme institution naturelle selon saint Thomas d'Aquin », *Revue Thomiste* 99 (1999) 33–57, en particulier p. 47–52. S.-Th. Bonino indique les passages dans lesquels saint Thomas se sert de la notion de médiateur *(mediator, medius, sequester)* pour définir le sacerdoce. En effet : « Proprium offi-

Christ *en tant que médiateur* « communique aux hommes les biens du Père », il « transmet aux hommes les dons du Père[43] », il « transmet aux disciples ce qu'il a reçu de son Père[44] », il « nous apporte ce qui appartient à Dieu[45] », il « nous a apporté les biens divins[46] ». Cette médiation descendante procure le don de la grâce, en vue de la gloire de la béatitude éternelle, par l'enseignement du Christ et par toute son œuvre de salut, depuis son incarnation jusqu'à son retour dans la gloire. Ce don de la grâce est communiqué à l'Église qui le transmet par l'enseignement des Apôtres et par les sacrements[47]. Son fruit est la divinisation. Rappelons que le Christ exerce cette médiation descendante par son humanité : « C'est en tant qu'homme qu'il lui revient d'unir les hommes à Dieu, en transmettant aux hommes les préceptes et les dons de Dieu[48] ». Le second mouvement, celui de la médiation ascendante, va de l'homme à Dieu : le Christ médiateur « offre à Dieu ce qui vient de nous[49] », « il intervient au nom des hommes auprès du Père[50] », « il obtient pour nous les dons célestes[51] », « il offre à Dieu satisfaction et intercession pour les hommes[52] ». Dans son mouvement ascendant, l'action du Christ médiateur concerne principalement la satisfaction, le mérite, le sacrifice, la prière du Christ et son intercession pour les hommes. La passion du Christ se trouve au centre de la médiation ascendante. Il faut cependant noter que Thomas d'Aquin n'isole

---

cium sacerdotis est esse mediatorem inter Deum et populum » (*Summa theologiae* III, q. 22, a. 1).
[43] *IV Sent.*, dist. 48, q. 1, a. 2 : « ea quae sunt Patris hominibus communicat ... dona Patris transmittit ad homines ».
[44] *Lectura in Iohannis evangelium*, cap. 17, lect. 2 (n° 2201) : « quod accepit a Patre, transfundit in discipulos ». Il s'agit ici du don de l'enseignement *(doctrina)* qui vient du Père.
[45] *In Epist. ad Hebraeos*, cap. 2, lect. 3 (n° 131) : « ea, quae Dei sunt, in nos refert ».
[46] *In Epist. ad Hebraeos*, cap. 8, lect. 2 (n° 392) : « ad nos divina attulit ». Thomas se réfère ici à 2 P 1, 4 : « quia per ipsum facti sumus divinae naturae consortes » (ibid.).
[47] Sur les paroles de Jésus « Qui accueille celui que j'aurai envoyé m'accueille ; et qui m'accueille, accueille celui qui m'a envoyé » (Jn 13, 20), Thomas observe : « Ces paroles indiquent comme la médiation du Christ entre Dieu et l'homme » *(quasi mediatio Christi inter Deum et hominem)* », avec une référence à 1 Tim 2, 5 (*Lectura in Iohannis evangelium*, cap. 13, lect. 3 ; n° 1794).
[48] *Summa theologiae* III, q. 26, a. 2, corp.
[49] *In Epist. ad Hebraeos*, cap. 8, lect. 2 (n° 392) : « Ipse etiam nostra offert Deo ».
[50] *IV Sent.*, dist. 48, q. 1, a. 2 : « Inquantum enim cum hominibus communicat, vices hominum gerit apud Patrem ».
[51] *Lectura in Iohannis evangelium*, cap. 14, lect. 4 (n° 1910) : « Inquantum est homo, accedens ad Deum, impetrat nobis dona caelestia ».
[52] *Summa theologiae* III, q. 26 a. 2, corp. : « pro hominibus ad Deum satisfaciendo et interpellando » ; cf. ibid., ad 3 ; *In Epist. ad Hebraeos*, cap. 2, lect. 4 (n° 152). Le double mouvement de la médiation, ascendant et descendant, est formulé en plusieurs endroits, par exemple en *IV Sent.*, dist. 48, q. 1, a. 2 : « Christus dicitur Dei et hominum mediator, inquantum pro hominibus satisfacit, et interpellat apud Patrem, et ea quae sunt Patris hominibus communicat ».

pas la passion du Christ par rapport aux autres événements de sa vie. Concernant la révélation, saint Thomas explique que « toutes les actions du Christ sont pour nous un enseignement *(omnis Christi actio nostra est instructio)*[53] ». Et concernant la rédemption, « tout ce que le Christ a fait et souffert *(omnes actiones et passiones Christi)* agit instrumentalement, par la puissance de la divinité, pour procurer le salut des hommes[54] ». La passion du Christ est distinguée mais elle n'est pas séparée de sa résurrection : « La mort du Christ fut cause de croissance et d'exaltation *(exaltativa)* et non pas destructrice[55] ». Nous sommes sauvés par la passion glorieuse du Christ Médiateur.

La seconde précision concerne le rapport du Christ et de l'Église. Pour Thomas d'Aquin, comme nous l'avons vu, le Christ est proprement médiateur en tant qu'homme. Thomas ajoute : le Christ est la « Tête de l'Église » *(Caput Ecclesiae)* selon qu'il est le médiateur entre Dieu et les hommes[56]. Or, précisément, le Christ est la Tête de l'Église en vertu de sa plénitude de grâce (« grâce capitale »). Par cette plénitude de grâce, le Christ est la Tête de *tous les hommes*[57]. « Le Christ est le médiateur de Dieu et des hommes selon sa nature humaine, en tant qu'il a en commun avec les hommes la passibilité, et en commun avec Dieu la justice qui se trouve en lui par la grâce. C'est pourquoi, pour qu'il soit le Médiateur et la Tête *(mediator et caput)*, il est requis que, outre l'union [hypostatique], il y ait en lui la grâce habituelle[58] ». Nous retrouvons ici le rapport entre l'union hypostatique et la plénitude de grâce du Christ. C'est par sa plénitude de grâce que l'humanité du Christ est formellement médiatrice. Cette plénitude de grâce est distincte de l'union hypostatique de laquelle elle découle. Autrement dit, Jésus est médiateur en raison de *l'onction de l'Esprit Saint* qui résulte de l'assomption de la nature humaine par la personne divine du Verbe[59]. En s'incarnant, le Fils, dans un acte qu'il tient du Père et qu'il exerce avec le Père, envoie l'Esprit Saint à l'humanité qu'il assume[60]. La participation des hommes aux bienfaits de la médiation du Christ consiste, précisément, en une participation à l'onction de l'Esprit Saint dont l'humanité du Christ fut gratifiée dès sa conception : c'est l'Église.

Dans la réflexion actuelle, l'affirmation tenant que le Christ Jésus est

---

[53] *Lectura in Iohannis evangelium*, cap. 11, lect. 6 (n° 1555).
[54] *Summa theologiae* III, q. 48, a. 6.
[55] *Lectura in Iohannis evangelium*, cap. 13, lect. 1 (n° 1734) : « Promotiva fuit passio Christi et exaltativa, et non oppressiva ».
[56] *De veritate*, q. 29, a. 5, arg. 5 ; cf. q. 29, a. 4, ad 9.
[57] *Summa theologiae* III, q. 8, a 3.
[58] *De veritate*, q. 29, a. 5, ad 5.
[59] *In Epist. ad Hebraeos*, cap. 1, lect. 4 (n° 66).
[60] *Summa theologiae* III, q. 7, a. 13.

le médiateur unique et universel du salut rencontre souvent la difficulté suivante. Cette difficulté n'est pas nouvelle mais elle se trouve aujourd'hui vivement perçue: la particularité historique de Jésus n'impose-t-elle pas à son action humaine d'inévitables limites ? Un événement contingent et singulier (la révélation et l'agir rédempteur du Christ) n'est-il pas irrémédiablement marqué par de radicales limites spatio-temporelles qui en réduisent l'influence ? Autrement dit: pour rendre compte de l'universalité du salut, ne faudrait-il pas invoquer une action exclusivement divine du Fils et de l'Esprit Saint, *au-delà de l'agir humain du Fils incarné*[61] ?

Pour répondre à cette question avec Thomas d'Aquin, il convient de regarder en particulier deux aspects de son enseignement: la plénitude de grâce du Christ (ce par quoi l'humanité du Christ est divinisée et « proche de Dieu ») ainsi que l'efficience instrumentale de son agir humain (qui éclaire en particulier l'aspect « descendant » de sa médiation). Ces deux aspects permettront de mieux saisir la raison pour laquelle l'action *humaine* du Christ possède une étendue et une profondeur proprement uniques et universelles. Ils nous aideront également à mieux saisir la place de l'Église du Christ dans le don du salut.

II. L'humanité sainte du Christ et le don de l'Esprit Saint

Dès sa conception, l'humanité du Christ a bénéficié d'une plénitude de grâce sans mesure. Thomas d'Aquin l'explique souvent en référence à Jean 1, 16 (« De sa plénitude nous avons tous reçu, et grâce sur grâce ») et à Jean 3, 34 (« Dieu donne l'Esprit sans mesure »). Bien que la grâce du Christ soit finie dans son essence de grâce créée sanctifiante, elle possède cependant une intensité et une extension que saint Thomas qualifie d'« infinies », non seulement quant au mode sur lequel le Christ possède la grâce pour lui-même (« grâce personnelle ») mais aussi sous l'aspect où il communique cette grâce à autrui (« grâce capitale »)[62]. Fondée sur l'union de l'humanité à la divinité dans la personne du Verbe, mais formellement distincte de

---

[61] Pour la formulation de cette difficulté, voir Jacques Dupuis, « Le Verbe de Dieu comme tel et comme incarné », dans: *Was den Glauben in Bewegung bringt,* Fundamentaltheologie in der Spur Jesu Christi, Festschrift für Karl Heinz Neufeld, s.j., Hrsg. von Andreas R. Batlogg, Mariano Delgado und Roman A. Siebenrock, Freiburg i. B., Herder, 2004, p. 500–516, spécialement p. 513.

[62] La grâce habituelle *(gratia habitualis)* du Christ est créée: cette grâce est finie sous l'aspect de son être *(ens)*, mais elle est infinie *(infinita)* sous la raison propre de grâce *(secundum propriam rationem gratiae)*, aussi bien en intensité qu'en extension. Voir *Summa theologiae* III, q. 7, a. 11. Sur la grâce « capitale » du Christ Jésus, c'est-à-dire sa grâce personnelle sous l'aspect où il est la « Tête » de l'Église, voir *Summa theologiae* III, q. 8.

cette union hypostatique, l'onction de l'Esprit Saint répand dans l'humanité de Jésus une abondance de vie divine telle qu'elle fait de lui non seulement le plus éminent bénéficiaire de la grâce mais aussi son donateur. Le Christ a reçu la grâce, c'est-à-dire le principe de la vie avec Dieu, ainsi que les dons de l'Esprit Saint (dons de la connaissance et de l'amour de Dieu), non seulement à titre individuel mais aussi en sa qualité de Premier-né d'une multitude de frères, c'est-à-dire au titre de l'*archegos* («*auctor*», «*princeps*») qui entraîne à sa suite, vers son Père, tous ceux qu'il s'associe.

C'est précisément cette plénitude de grâce qui situe la médiation du Christ Jésus dans son humanité. «Dans le Christ, Dieu répandit non seulement ‹une part de l'Esprit› *(de Spiritu)*, mais l'Esprit tout entier *(totum Spiritum)* ...; et cela en tant que le Christ possède la condition de serviteur[63]». *L'Esprit tout entier*! Voilà le don exceptionnel fait à l'humanité du Christ pour le salut des hommes. Thomas d'Aquin reprend à ce sujet les paroles de la *Glose* sur Jean 3,34: «De même que Dieu a engendré tout entier de lui-même son Fils, il a aussi donné à son Fils incarné *son Esprit tout entier*, non pas de manière particulière ni partielle, mais de façon universelle et générale[64]». C'est pourquoi la grâce du Christ Jésus «ne suffit pas seulement au salut de quelques hommes, mais des hommes du monde entier ...; et l'on peut même ajouter: *de plusieurs mondes, s'ils existaient!*[65]».

Pour Thomas d'Aquin, la grâce dont vit aujourd'hui *tout homme* en communion avec Dieu, participe de cette plénitude de grâce qui fut donnée à l'humanité du Christ pour qu'il la communique à tout homme: «La plénitude de grâce qui est dans le Christ est la cause de toutes les grâces qui sont dans toutes les créatures intellectuelles[66]». L'unicité médiatrice du Christ Jésus apparaît ici de façon manifeste, au centre de toute l'économie.

---

[63] *Lectura in Matthaei evangelium*, cap. 12, lect. 1 (n° 1000): «Sed in Christo non solum de Spiritu, sed totum Spiritum effudit, ut habetur Io. III,34: *Non ad mensuram datus est ei Spiritus*; et Is. XI,2: *Requiescet super eum Spiritus Domini*. Et hoc inquantum habet formam servi».

[64] *De veritate*, q. 29, a. 3: «Ad mensuram dat Deus Spiritum hominibus, Filio non ad mensuram; sed sicut totum ex se ipso genuit Filium suum, ita incarnato Filio suo totum Spiritum suum dedit, non particulariter, non per subdivisionem, sed universaliter et generaliter».

[65] *Compendium theologiae*, Pars I, cap. 215: «Quia absque mensura Spiritus dona accepit, habet virtutem absque mensura ipsa effundendi, quod ad gratiam capitis pertinet: ut scilicet sua gratia non solum sufficiat ad salutem hominum aliquorum, sed hominum totius mundi, secundum illud I Io. II,2: *Ipse est propitiatio pro peccatis nostris, et non solum pro nostris, sed etiam pro totius mundi*. Addi autem potest et plurium mundorum, si essent». La même affirmation apparaît dans la *Lectura in Iohannis evangelium*, cap. 3, lect. 6 (n° 544): «... Ut scilicet gratia Christi non solum sufficiat ad salutem hominum aliquorum, sed hominum totius mundi, secundum illud I Io. II,2 ...; ac etiam plurium mundorum, si essent».

[66] *Lectura in Iohannis evangelium*, cap. 1, lect. 10 (n° 202): «Plenitudo gratiae, quae est in Christo, est causa omnium gratiarum quae sunt in omnibus intellectualibus creaturis».

L'abondance du salut est procurée aux hommes par un homme, le Christ Jésus qui, en vertu de l'exceptionnelle sainteté de son humanité unie personnellement à la divinité, a reçu la plénitude de la vie divine pour communiquer cette vie à tous. La communication de cette vie divine s'accomplit par toute l'existence de Jésus et, à son sommet, par sa Pâque.

Dans ses explications, Thomas d'Aquin entend bien signifier l'extension tout à fait universelle de la communication de la grâce (la communion avec Dieu) par l'agir humain du Christ. Le Christ Jésus possède une plénitude de grâce qui fait de lui la source de vie divine pour tous ceux qui reçoivent le salut[67]. C'est pourquoi il est la Tête de *tous les hommes*, suivant divers degrés d'actualisation[68]. « Puisque le Christ a répandu les effets des grâces en quelque façon dans toutes les créatures raisonnables, il est donc lui-même d'une certaine manière le principe de toute grâce selon son humanité, tout comme Dieu est le principe de toute existence[69] ». Le Christ, c'est-à-dire le Verbe *en tant qu'incarné*, est « la source de toutes les grâces », « l'*auctor* de la grâce »[70]. En résumé: « L'Esprit Saint dérive du Christ sur tous les autres, selon Jean 1, 16 : *De sa plénitude nous avons tous reçu*[71] ». En raison de l'union hypostatique et en raison de l'action de l'Esprit Saint (le rôle déterminant de l'Esprit Saint permet d'écarter ici le soupçon de christomonisme), Thomas d'Aquin considère tout l'ordre surnaturel sous la régulation du Christ Jésus.

III. La communication active du salut par le Christ : l'efficience instrumentale

Les explications de saint Thomas sur l'étendue universelle de la communication de la vie divine par le Christ reposent en particulier sur la doctrine de l'« efficience instrumentale » de l'humanité du Christ. Suivant ce thème issu des Pères alexandrins, l'humanité de Jésus, en l'occurrence son agir humain, est l'organe *(organon, instrumentum)* de sa divinité, un organe

---

[67] *Summa theologiae* III, q. 8, a. 1.
[68] *Summa theologiae* III q. 8, a. 3.
[69] *De veritate*, q. 29, a. 5 : « Et quia Christus in omnes creaturas rationales quodam modo effectus gratiarum influit, inde est quod ipse est principium quodam modo omnis gratiae secundum humanitatem, sicut Deus est principium omnis esse ». Voir aussi *De veritate*, q. 18, a. 4, ad sed contra 3 : « Ipse [Christus] est nobis principium gratiae sicut Adam principium naturae ... ».
[70] *Summa theologiae* III, q. 7, a. 9, ad 1 ; cf. q. 22, a. 1, ad 3 ; q. 27, a. 5, ad 1 ; *Lectura in Iohannis evangelium*, cap. 1, lect. 10 (n° 201-202) et cap. 15, lect. 1 (n° 1993) ; *In Epist. ad Galatas*, cap. 1, lect. 1 (n° 13) ; *In Epist. ad Hebraeos*, cap. 2, lect. 3 (n° 124).
[71] *Summa theologiae* III, q. 39, a. 6, arg. 4 : « Spiritus Sanctus a Christo in omnes alios derivatur : secundum illud Io. I,16 : *De plenitudine eius nos omnes accepimus* ».

propre, doué d'intelligence et de liberté, et uni à sa personne divine. « Donner la grâce ou donner l'Esprit Saint, cela appartient avec autorité *(auctoritative)* au Christ selon qu'il est Dieu ; mais cela lui appartient de façon instrumentale *(instrumentaliter)* selon qu'il est homme, c'est-à-dire en tant que son humanité était l'instrument de sa divinité[72] ». L'agir humain de Jésus, par sa force propre (« selon sa forme propre »), possède une consistance déterminée, circonscrite, limitée comme toute action d'une créature. Mais en tant que cet agir humain participe de son agir divin à la manière de son organe propre, conjoint et vivant, il reçoit de procurer des dons *aussi étendus et universels que ceux de son agir divin*. Cette action « instrumentale » (le mot doit être pris par analogie et débarrassé de toute connotation mécanique ou dépersonnalisante) repose non seulement sur l'union hypostatique mais aussi sur le don perfectif de l'Esprit Saint qui fut fait au Christ Jésus[73]. L'Esprit Saint se trouve au cœur de l'action humaine de Jésus. On peut résumer cela de la façon suivante : l'humanité de Jésus est *constituée* comme « instrument de la divinité » par l'union hypostatique, et elle est *perfectionnée* par l'Esprit Saint pour accomplir son action instrumentale de salut.

Ce n'est pas ici le lieu de développer cette conception de « l'instrumentalité » de l'humanité du Christ mais, pour notre propos, il faut au moins en souligner quatre aspects. Premièrement, l'instrument n'accomplit son action instrumentale qu'en exerçant son action propre[74]. C'est bien l'action propre de l'humanité de Jésus, dans sa réalité humaine la plus concrète, qui se trouve élevée à la dignité de source « universelle » du salut. Deuxièmement, Thomas d'Aquin affirme l'existence de deux opérations dans le Christ, suivant l'enseignement du concile de Constantinople III : une opération divine, en vertu de sa nature divine ; et une opération humaine, en vertu de sa nature humaine. Cependant, lorsque Thomas d'Aquin considère l'agir divino-humain du Christ Jésus, il note que l'opération de l'humanité du Christ *en tant qu'elle est mue par sa divinité* (c'est-à-dire en tant qu'instrument, et non pas seulement selon sa « forme » propre créée) n'est pas une autre opération que celle de l'agent principal lui-même[75]. Autrement dit, l'action humaine du Christ peut être considérée de deux manières : (1) soit selon sa forme propre, et elle diffère alors

---

[72] *Summa theologiae* III, q. 8, a. 1, ad 1 ; cf. q. 27, a. 5 ; q. 64, a. 3 ; *Summa theologiae* I–II, q. 112, a. 1, ad 1.
[73] *Summa theologiae* III, q. 7, a. 1, ad 3 ; III *Sent.*, dist. 13, q. 1, a. 1, ad 4 ; *De veritate*, q. 29, a. 5, ad 2. Voir encore *In Epist. I ad Corinthios*, cap. 15, lect. 7 (n° 993) : « Christus perfectionem sui esse, inquantum homo, [consecutus est] per Spiritum Sanctum ».
[74] *Summa theologiae* III, q. 62, a. 1, ad 2.
[75] *Summa theologiae* III, q. 19, a. 1, corp. Thomas d'Aquin interprète ici l'enseignement du troisième Concile de Constantinople.

essentiellement de son action divine ; (2) soit en tant qu'elle est l'instrument de la divinité, et sous ce second aspect l'opération humaine du Christ participe de la puissance *(virtus)* de l'opération divine elle-même, au titre d'instrument. « L'action de l'instrument *en tant qu'il est instrument* n'est donc pas autre que l'action de l'agent principal. ... Ainsi, l'opération de la nature humaine du Christ, *en tant qu'elle est l'instrument de sa divinité*, n'est pas différente de l'opération de la divinité : le salut par lequel l'humanité du Christ sauve n'est pas différent du salut procuré par sa divinité[76] ». En tant que l'on considère l'action humaine du Christ dans son « efficience instrumentale » (c'est-à-dire dans la mesure où elle participe instrumentalement de la puissance de l'action divine), l'action humaine du Christ répandant l'Esprit Saint n'est pas différente de l'opération salvifique de sa divinité. Dans le mystère pascal, l'envoi de l'Esprit Saint procuré par l'humanité du Christ n'est pas différent de l'envoi de l'Esprit Saint procuré par sa divinité. Troisièmement, l'effet procuré conserve la marque de l'instrument qui a apporté sa collaboration à l'œuvre ainsi accomplie : la grâce répandue par le Christ porte la marque du Christ. Toute grâce sanctifiante, toute communion avec Dieu est christique, quels qu'en soient les bénéficiaires ; et toute grâce sanctifiante incorpore ses bénéficiaires au Christ, c'est-à-dire à l'Église qui est le Corps du Christ. Et quatrièmement, l'étendue de cette action « instrumentale » est universelle : elle procure le salut en participant de la vertu de la divinité « qui atteint par sa présence *tous les lieux et tous les temps*[77] ».

L'agir humain du Christ Jésus possède donc un champ d'activité salvifique aussi étendu et profond que celui de sa divinité. L'humanité du Christ collabore à son agir salvifique divin d'une manière universelle, car il s'agit du propre agir humain du Verbe divin, de telle sorte que la grâce atteignant aujourd'hui tout homme sauvé provient de l'humanité historique et concrète du Christ, une humanité déterminée, c'est-à-dire l'humanité née de la Vierge Marie et glorifiée dans le mystère de Pâques. En élevant son agir humain, en le faisant participer à sa puissance divine à la manière d'une « cause efficiente instrumentale », le Verbe incarné donne à l'action de son humanité, en elle-même naturellement limitée, de produire des effets qui dépassent la portée propre de cette humanité, qui la débordent par la vertu même de la divinité ; de telle sorte que l'activité humaine

---

[76] *Summa theologiae* III, q. 19, a. 1, ad 2 : « Sicut igitur actio instrumenti inquantum est instrumentum, non est alia ab actione principalis agentis, potest tamen habere aliam operationem prout est res quaedam. Sic igitur operatio quae est humanae naturae in Christo, inquantum est instrumentum divinitatis, non est alia ab operatione divinitatis : non enim est alia salvatio qua salvat humanitas Christi, et divinitas eius ».
[77] *Summa theologiae* III, q. 56, a. 1, ad 3 : « Quae quidem virtus praesentialiter attingit omnia loca et tempora ».

de Jésus possède une efficacité de salut qui s'étend aussi loin que l'activité de la divinité avec laquelle elle collabore.

IV. Le don intérieur du salut, et la foi au Christ médiateur

Suivant les explications précédentes, la profondeur et l'étendue universelles du don de l'Esprit Saint par le Fils en tant qu'incarné reposent sur deux fondements : la plénitude de l'Esprit Saint lui-même dans le Fils incarné, ainsi que l'activité instrumentale de l'humanité du Fils incarné. À ces deux fondements, il faut ajouter une troisième note fondamentale : le Christ Jésus sauve les hommes en se les associant « de l'intérieur », c'est-à-dire en les unissant à sa propre personne. « Le Christ et ses membres sont une seule personne mystique, et c'est pourquoi les œuvres de la Tête appartiennent en quelque manière à ses membres[78] ».

Les explications de saint Thomas concernant les deux premiers fondements peuvent être illustrées par son commentaire de l'Épître à Tite 3, 6 où il montre que l'Esprit est donné par le Père et par le Christ Jésus : « Dans le Christ, nous trouvons deux natures. Et que le Christ donne l'Esprit Saint, cela concerne l'une et l'autre de ses natures. Cela lui revient quant à la nature divine, parce qu'il est le Verbe : du Verbe, et en même temps du Père, l'Esprit procède comme Amour. ... Et cela lui revient aussi quant à la nature humaine, parce que le Christ a reçu toute la plénitude de l'Esprit, de telle sorte qu'elle dérive de lui vers tous, suivant Jean 1, 14 : *Plein de grâce et de vérité* ; et un peu plus loin (v. 16) : *De sa plénitude nous avons tous reçu, et grâce sur grâce* ; et en Jean 3, 34 : *Dieu donne l'Esprit sans mesure*[79] ». Cet extrait contient en miniature la structure de l'intelligence théologique du don de l'Esprit Saint. Dans le Père réside l'*auctoritas* (la source originelle) de l'envoi de l'Esprit Saint. Le Christ Jésus, selon sa nature divine, envoie l'Esprit Saint en vertu de sa propriété de Verbe du Père. Le Christ Jésus envoie également l'Esprit Saint selon sa nature humaine, en vertu de la plénitude de l'Esprit remplissant surabondamment cette humanité. Le

---

[78] *De veritate*, q. 29, a. 7, ad 11 : « Christus et membra eius sunt una persona mystica, unde opera capitis sunt aliquo modo membrorum ». Voir Martin Morard, « Les expressions *corpus mysticum* et *persona mystica* dans l'œuvre de saint Thomas d'Aquin », *Revue Thomiste* 95 (1995) 653–664.

[79] *In Epist. ad Titum*, cap. 3, lect. 1 (n° 93) : « In Christo enim duas naturas invenimus, et ad utramque pertinet, quod Christus det Spiritum Sanctum. Quantum quidem ad divinam, quia est Verbum, ex quo simul et a Patre procedit ut Amor. Amor autem in nobis procedit ex conceptione cordis, cuius conceptio est verbum. Quantum vero ad humanam, quia Christus accepit summam plenitudinem eius, ita quod per eum ad omnes derivatur. Io. I,14 : *Plenum gratiae et veritatis*. Et paulo post [v. 16] : *Et de plenitudine eius omnes nos accepimus gratiam pro gratia*. Et III,14 : *Non enim ad mensuram dat Deus Spiritum*, etc. ».

Christ est, tout à la fois, le plus haut *bénéficiaire* de la grâce de l'Esprit Saint en son humanité, et le *donateur* de cette grâce par son action humaine qui participe de sa puissance divine. La grâce dérive du Christ, et par le Christ, vers tous ceux qui la reçoivent.

Cet enseignement peut être résumé dans l'affirmation suivante : le Christ procure la communion avec Dieu et la communion fraternelle en donnant l'Esprit Saint dont il est comblé[80]. Cette conception des rapports du Fils et de l'Esprit Saint se fonde dans la doctrine trinitaire des « missions » divines (l'envoi du Fils et de l'Esprit Saint). Dans son incarnation, le Fils est envoyé comme « Auteur de la sanctification » *(sanctificationis auctor)*, tandis que l'Esprit Saint est envoyé comme « Don de la sanctification » *(sanctificationis donum)*[81]. L'Esprit Saint est *donné intérieurement* aux hommes : l'action de sanctification est ainsi attribuée à l'Esprit Saint en tant que, par son effusion dans les cœurs, il procure intérieurement la sainteté (« Je crois en l'Esprit Saint qui donne la vie »). Cette action de sanctification revient également au Fils incarné en tant que, *par son action humaine* qui participe de sa divinité, le Christ répand l'Esprit Saint sanctifiant. L'action du Christ Jésus et celle de l'Esprit Saint possèdent ainsi la même étendue et la même profondeur : « Tout ce qui est fait par l'Esprit Saint est aussi fait par le Christ[82] ».

L'unité de l'œuvre du Christ et de l'Esprit Saint apparaît en particulier dans l'accueil de la grâce. Dans son commentaire de l'Épître aux Romains 8,9, Thomas d'Aquin explique que seul l'accueil de l'Esprit Saint donne aux hommes de devenir membres du Christ : « *Celui qui n'a pas l'Esprit du Christ ne lui appartient pas.* De même que ce qui n'est pas vivifié par l'esprit du corps n'est pas membre de ce corps, celui qui n'a pas l'Esprit du Christ n'est pas membre du Christ[83] ». Et dans le commentaire de ce même chapitre de l'Épître aux Romains, Thomas d'Aquin explique également : « L'Esprit [divin qui procure la vie de la grâce] n'est donné *qu'à ceux qui sont dans le Christ Jésus*. De même que le souffle naturel ne parvient pas au membre qui n'est pas connecté à la tête, ainsi l'Esprit Saint ne parvient pas à l'homme qui n'est pas uni au Christ Tête[84] ». D'un côté,

---

[80] *In Epist. ad Romanos*, cap. 12, lect. 2 (n° 974) : « Per Spiritum suum, quem dat nobis, nos invicem unit et Deo ».
[81] *Summa theologiae* I, q. 43, a. 7.
[82] *In Epist. ad Ephesios*, cap. 2, lect. 5 (n° 121) : « Et ideo quidquid fit per Spiritum Sanctum, etiam fit per Christum ».
[83] *In Epist. ad Romanos*, cap. 8, lect. 2 (n° 627) : « *Si quis Spiritum Christi non habet, hic non est eius.* Sicut non est membrum corporis quod per spiritum corporis non vivificatur, ita non est membrum Christi, qui Spiritum Christi non habet ».
[84] *In Epist. ad Romanos*, cap. 8, lect. 1 (n° 605) : « Sicut spiritus naturalis facit vitam naturae, sic Spiritus divinus facit vitam gratiae. ... Iste Spiritus non datur nisi his qui sunt in Christo

l'Esprit Saint donne la grâce qui, parce qu'elle est la grâce du Christ, incorpore au Christ. Mais de l'autre côté, c'est en vertu de leur union au Christ que les hommes bénéficient de la grâce de l'Esprit Saint: l'Esprit Saint n'est accordé qu'à ceux qui sont dans le Christ Jésus. Le fruit du salut accompli par le Christ, c'est-à-dire le don de l'Esprit Saint lui-même, parvient aux hommes dans la mesure où ils constituent « une seule personne mystique » avec le Christ[85]. La communication du salut par le Christ médiateur implique donc trois éléments constitutifs: (1) la plénitude de grâce qui remplit l'humanité du Christ, (2) la causalité instrumentale de l'humanité du Christ, (3) l'union mystique de la Tête avec ses membres. Le salut est reçu *du* Christ, *par* le Christ et *dans* le Christ lui-même.

Même avant l'incarnation, le don de l'Esprit Saint était intrinsèquement lié au mystère de la chair du Christ et à l'unique Église du Christ. En effet, c'est « par la foi au Médiateur » *(per fidem Mediatoris)* que les saints de l'Ancienne Alliance ont reçu la grâce, dans l'envoi sanctifiant de l'Esprit Saint qui leur a été fait. Ces saints ont eu part à la plénitude du Christ en tant qu'ils ont été sauvés « dans la foi au Médiateur » *(in fide Mediatoris)*[86]. Dans la *Summa theologiae*, saint Thomas précise: « Les anciens Pères, en observant les sacrements de la Loi, étaient portés vers le Christ par la même foi et par le même amour qui nous portent nous-mêmes vers lui; et c'est ainsi que les anciens Pères appartenaient au même corps de l'Église auquel nous appartenons[87] ». Implicite ou explicite, la foi au Christ médiateur est constitutive du salut, car « sans la foi, il est impossible de plaire à Dieu » (He 11, 6). Saint Thomas poursuit: « Personne n'a jamais eu la grâce de l'Esprit Saint autrement que par la foi au Christ, explicite ou implicite[88] ». Par son action de salut, le Christ agit à la profondeur de la *nature* humaine qu'il

---

Iesu. Sicut enim spiritus naturalis non pervenit ad membrum quod non habet connexionem ad caput, ita Spiritus Sanctus non pervenit ad hominem qui non est capiti Christo coniunctus ».

[85] Voir notamment *Summa theologiae* III, q. 19, a. 4: « mystice una persona »; q. 48, a. 2, ad 1: « Caput et membra sunt quasi una persona mystica ». C'est de cette manière que la satisfaction du Christ est communiquée aux hommes: non pas par un transfert extérieur, mais par le lien mystique intérieur que le Christ établit avec ses membres et qu'il crée en eux.

[86] I *Sent.*, dist. 15, q. 5, a. 2, corp. et ad 2.

[87] *Summa theologiae* III, q. 8, a. 3, ad 3: « Et ideo antiqui patres, servando legalia sacramenta, ferebantur in Christum per fidem et dilectionem eandem qua et nos in ipsum ferimur. Et ita patres antiqui pertinebant ad idem corpus Ecclesiae ad quod nos pertinemus ». Voir encore *Summa theologiae* III, q. 49, a. 5, ad 1: « per fidem passionis Christi ». Ajoutons que l'accès eschatologique à la vision de Dieu n'est ouvert que par l'agir rédempteur du Christ. C'est en effet par sa descente aux enfers que le Christ libère du séjour des morts, et conduit à la vision de Dieu, les justes qui ont vécu avant sa passion. Voir *Summa theologiae* III, q. 52, a. 5, corp. et ad 2; cf. q. 49, a. 2, ad 2.

[88] *Summa theologiae* I-II, q. 106, a. 1, ad 3: « Nullus unquam habuit gratiam Spiritus Sancti nisi per fidem Christi explicitam vel implicitam ». Sur ce thème, voir Benoît-Dominique de La Soujeole, « Foi implicite et religions non chrétiennes », *Revue Thomiste* 106 (2006) 315–334.

restaure. Le salut procuré par le Christ est une recréation pour la vie éternelle. L'unicité et l'universalité de la médiation du Christ Jésus sont intimement liées à la compréhension du salut comme une *nouvelle création* que l'on reçoit par la foi animée par la charité. « Après la chute de la nature humaine, l'homme ne peut être restauré que par le médiateur de Dieu et des hommes, Jésus Christ. Ce sacrement de la médiation du Christ est tenu par la foi seule; c'est pourquoi, pour la justification de l'impie, la connaissance naturelle ne suffit pas, mais il faut la foi en Jésus Christ, soit explicite, soit implicite, selon les temps divers et les diverses personnes[89] ».

En conclusion, le don salvifique de l'Esprit Saint provient de la médiation du Christ Jésus de manière *unique* et *universelle*, et il associe ses bénéficiaires aux mystères de la chair du Christ (et donc à son Église). L'Esprit Saint atteint tous ses bénéficiaires, quels qu'ils soient, *à travers le lien que le Christ médiateur a instauré en son humanité avec les hommes*, pour les unir à Dieu et les conduire à la vision bienheureuse de Dieu Trinité. Tous les hommes sauvés reçoivent le salut du Christ Jésus, par le Christ Jésus et dans le Christ Jésus, « l'unique médiateur parfait » de Dieu et des hommes.

---

[89] *De veritate*, q. 28, a. 4, ad 7 : « Post lapsum humanae naturae, homo non potest reparari nisi per mediatorem Dei et hominum Iesum Christum, quod quidem sacramentum, scilicet mediationis Christi, sola fide tenetur; ideo ad iustificationem impii non sufficit cognitio naturalis, sed requiritur fides Iesu Christi vel explicite vel implicite, secundum diversa tempora et diversas personas ». Voir aussi *In Epist. ad Hebraeos*, cap. 11, lect. 2 (n° 575–577) : le mode de la foi *(modus credendi)* diffère selon les temps de l'économie *(tempora)* et selon les états des personnes *(status)*. Tandis que le *tempus* est une donnée objective de l'histoire, le *status* concerne les personnes dans leur situation concrète. C'est pourquoi saint Thomas peut affirmer : « Omni tempore fuerint aliqui ad novum testamentum pertinentes » (*Summa theologiae* I–II, q. 106, a. 3, ad 2).

Markus Walser

Christus und die Gnade in der Theologie Kardinal Charles Journets

Vor gut zwanzig Jahren hat der Jubilar C. Schönborn, damals noch Professor für Dogmatik an der Theologischen Fakultät der Universität Fribourg, angeregt, eine Lizentiatsarbeit im Fachbereich seines Lehrstuhls über das Werk des Schweizer Theologen Charles Journet zu verfassen.

Der »runde Geburtstag« des verehrten Lehrers ist ein willkommener Anlass, den im deutschen Sprachraum weniger bekannten Theologen und Kardinal Charles Journet in Erinnerung zu bringen und sein Werk unter dem Aspekt des Themas dieser Festschrift kurz zu skizzieren.

Leben und Werk von Charles Journet

Charles Journet wurde am 26. Januar 1891 in Genf geboren, trat 1913 in Fribourg ins Priesterseminar ein und wurde am 15. Juli 1917 zum Priester geweiht. Er wirkte als Vikar in Carouge, Fribourg und Genf. Von 1924 bis 1970 war er Dogmatikprofessor am großen Seminar in Fribourg. 1926 gründete er mit Abbé François Carrière die Zeitschrift *Nova et Vetera*. Er war Ehrendoktor der Universität Fribourg und der St. Thomas-Universität in Rom. Am 22. Februar 1965 ernannte ihn Papst Paul VI. zum Kardinal. Als solcher nahm er am Zweiten Vatikanischen Konzil teil, an dessen Vorbereitungsakten er bereits mitgearbeitet hatte. Am 15. April 1975 starb er. Sein Leichnam ruht – vor der Öffentlichkeit verborgen – auf dem Friedhof der Kartause La Valsainte (Kanton Fribourg, Schweiz). Das entspricht ganz seinem Lebensstil der Armut und Kontemplation. In einem einer Kartause ähnlichen Klima der Zurückgezogenheit und der Stille entwickelte sich sein theologisches Werk.

Als junger Theologe war er, getrieben von der Liebe zu Gott und zur Kirche, eher apologetisch ausgerichtet. Dem anfänglich bisweilen etwas polemischen Ton wich bald das Bestreben, alle in den theologischen Auseinandersetzungen vertretenen Positionen mit größtmöglicher Fairness und Klarheit darzustellen. Es war ihm dabei aber immer ein Anliegen, die Lehre der Kirche Christi unverfälscht und unverkürzt weiterzugeben. Das versuchte er in all seinen Werken zu tun.

Mit der Zeitschrift *Nova et Vetera. Revue catholique pour la Suisse romande*[1] wollte er die Katholiken der Romandie aus dem Abseitsstehen vom kulturellen, politischen und sozialen Leben herausführen. Dabei sollten keine faulen Kompromisse geschlossen werden, sondern es war das erklärte Ziel, den Weg des Christen in Kirche und Welt aufzuzeigen, wie er, Altes und Neues in richtiger Weise verbindend, sicher ans Ziel gelangt: durch eine innere Erneuerung des Glaubens und des Lebens. *Nova et Vetera* befasste sich deswegen nicht nur mit theologischen Fragen, sondern auch mit Fragen der Kunst oder der Literatur und mit vielen anderen Themen, die im Leben eines Christen von Belang sind.

Journet wollte das, was Vergangenheit, Gegenwart und Zukunft verbindet, entdecken und aufzeigen: diese Hierarchie der geistigen Güter, die immer gleichzeitig bekannt und unbekannt, alt und neu, *nova et vetera* sind. Er bemühte sich, das, was immer gültig ist, von dem zu unterscheiden, was dauernd ändern kann oder sogar muss, um beides in rechter Weise zu verbinden. So geht es nie um eine einfache Rückkehr zu alten Werten oder alter Theologie, sondern darum, auf organische und homogene Weise das intellektuelle Wissen zu vertiefen, um der Wahrheit immer näher zu kommen. Genau in diesem Sinn muss man auch das Verhältnis von Kardinal Journet zu Thomas von Aquin sehen.

Thomas von Aquin verfasste keinen eigenen Kirchentraktat. In der *Summa Theologiae* folgt auf die Christologie der Sakramententraktat. Ekklesiologietraktate wurden dann vor allem in der Zeit der Gegenreformation geschrieben, um in apologetischer und folglich bisweilen eher polemischer Weise die Sichtbarkeit und Authentizität der Kirche zu verteidigen. Sie sind daher manchmal einseitig. Journet bemühte sich, mit *L'Église du Verbe Incarné* einen unpolemischen Kirchentraktat zu schreiben, in dem er auch das innere Wesen der Kirche, das, was sie am Leben erhält, bewegt und leitet, darstellt: das Haupt, die ewige und die zeitliche Seele der Kirche. Besondere Beachtung findet der Aspekt der Heiligkeit und der Makellosigkeit der Kirche. Journet behandelt die verschiedenen Arten der Kirchenzugehörigkeit mit einem großen Interesse und Respekt für alle nichtkatholischen Konfessionen und Religionen.

---

[1] Vgl. L'Église du Verbe Incarné, I. La hiérarchie apostolique, Paris ³1962, XI–XII; Définitions, in: Nova et Vetera 1/1929 1–14.

Der Theologie der Heilsgeschichte[2] als der Geschichte der Erlösung, und den letzten Dingen gilt neben der systematischen Theologie das Hauptinteresse Kardinal Journets, wobei für ihn diese beiden Aspekte der Theologie eine untrennbare Einheit bilden. In seinem Hauptwerk *L'Église du Verbe Incarné* bildet die Theologie der Heilsgeschichte einen der drei Bände dieses ekklesiologischen Gesamtwerks. Ihre Prinzipien sind in der Heiligen Schrift, vor allem im Buch Daniel, in den Evangelien, in den Paulusbriefen und in der Apokalypse offenbart. Sie ist eine Erklärung der Geschichte im Lichte der Offenbarung unter dem Aspekt der Ewigkeit. Eine christliche Theologie der Geschichte hat in ihrem Zentrum die Kirche, die ohne Blick auf Vergangenheit und Zukunft nicht verstanden werden kann. Sie kommentiert das Reich Gottes in seiner gegenwärtigen Verwirklichung durch seine vergangenen Ausfaltungen (auch vor dem Kommen Christi) und die zukünftigen und vergangenen Verwirklichungen durch die gegenwärtige. Kardinal Journet schrieb diese Heilsgeschichte unter verschiedenen Aspekten oder Schwerpunkten: Kirche[3], Gnade[4], Sakramente[5] und das Böse[6].

Ähnlich wie der Aquinate kein Ekklesiologietraktat schrieb, findet sich bei Journet kein eigener Christologietraktat. Doch bedeutet dies nicht, dass sein Werk ohne Ausführungen über »Christus, Gottes schöpferisches Wort« auskäme. Denn »jedes theologische Traktat ist mit allen anderen verbunden, in alle anderen hineingezogen, ohne dass das davon dispensieren würde, es gesondert zu behandeln.«[7] Das trifft für die Gnaden- und Kirchentraktate genauso wie für die Christologie zu.

---

[2] Vgl. L'Église du Verbe Incarné, III. Essai de Théologie de l'histoire du salut, Paris 1969, 13–63; Introduction à la théologie, Paris 1947, 157–259; L'Église dans sa préparation et dans sa consommation, in Revue Thomiste, 51 (1951) 246–256; L'Actualité historique du Révérend Père Gaston Fessard, in: Nova et Vetera 3/1960 218–239.
[3] Vgl. L'Église du Verbe Incarné, I, 2–23, III, 114–694; Théologie de l'Église, Paris 1987, 25–37; Les régimes divins de l'Église, in: Nova et Vetera 2/1936 198–213.
[4] Vgl. Entretiens sur la grâce, Saint-Maurice ²1985, 125–219; Le Christ, personnalité mystique efficiente de l'Église (II), in: Nova et Vetera, 2/1942 164–215.
[5] Vgl. Le mystère de la sacramentalité. Le Christ, l'Église, les sept sacraments, in: Nova et Vetera 3/1974 208–210.
[6] Vgl. Le Mal, Paris 1961, 277–304.
[7] Le Mal, 11.

Die Vermittlung der Gnade durch Christus, dargestellt unter dem Aspekt der Heilsgeschichte

Die irdische Gegenwart Christi[8]

Zum Zeitpunkt des Scheiterns des Naturgesetzes[9] und des mosaischen Gesetzes[10], zur Zeit des Höhepunktes der prophetischen Verkündigung[11] mit Johannes dem Täufer und zur Fülle der Zeit[12] vermenschlichte sich Gott, um den Menschen zu vergöttlichen durch die Mitteilung der göttlichen Würde. Christus wurde Brücke und Mittler (aber nicht Mittelding) zwischen Gott und der Welt. Die Zeit des unmittelbaren Kontaktes mit Christus ist angebrochen.

Geistig gesehen ist die Inkarnation (verstanden als ein Ganzes von der Geburt bis zur Auferstehung) das Zentrum der Geschichte zwischen Sündenfall und Parusie. Die heiligmachende Gnade erreichte ihr volles Aufblühen erst mit dem Kommen Christi, mit den Sakramenten. Freilich besitzt die Christusgnade nicht die gleiche, unmittelbare und verklärende Wirkung wie die Paradiesesgnade, obwohl sie bei Heiligen größer als letztere sein kann; denn sie müssen leiden, um zur Herrlichkeit zu gelangen[13].

Die Vereinigung oder Erneuerung in Christus[14]

Nach dem Sündenfall und somit nach Verlust des Gnadenstandes Adams entzog Gott den Menschen seine Liebe nicht, sondern sandte seinen Sohn,

---

[8] Vgl. L'Église du Verbe Incarné, I, 9–11; L'Église du Verbe Incarné, II. La structure interne et son unité catholique, Paris ²1962, 284–290; III, 519–602; Entretiens sur la grâce, 165–191; Introduction à la théologie, 234–238; La messe. Présence du sacrifice de la croix, Paris 1957, 21–44; Théologie de l'Église, 31–35, 49–53, 362–364; Les régimes divins de l'Eglise, in: Nova et Vetera 2/1936 203–205; L'Église, prémices de l'univers rassemblé dans le Christ, in: Nova et Vetera 2/1941 187–222; Le Christ, personnalité mystique efficiente de l'Église (II), in: Nova et Vetera 2/1942 169–173; Le temps de la venue du Christ, in Nova et Vetera 3/1962 201–216; Le temps de l'Église entre l'annonciation et l'asscension, in: Nova et Vetera 3/1963 191–215; L'entrée du Christ dans son Église pérégrinante ou l'age de la présence visible du Christ, in: Nova et Vetera 1/1964 39–70; La Rédemption, drame de l'amour de Dieu, in: Nova et Vetera 1/1973 46–75; II. La Rédemption, drame de l'amour de Dieu, in: Nova et Vetera 2/1973 81–92; Le mystère de la sacramentalité. Le Christ, l'Église, les sept sacraments, in: Nova et Vetera 3/1974 174–176.
[9] Vgl. Röm 1, 18–30.
[10] Vgl. Röm 2, 1; 3, 8.10; 5, 20–21.
[11] Vgl. Hebr 1, 1–2.
[12] Vgl. Eph 1, 10.
[13] Vgl. Les destinées du royaume de Dieu, in: Nova et Vetera 1/1935 73.
[14] Vgl. auch L'Église du Verbe Incarné, II, 141–154, 173–175; Entretiens sur la grâce, 143; L'Église, prémices de l'univers rassemblé dans le Christ (II), in: Nova et Vetera 3/1941 296–

um Himmel und Erde zu versöhnen, das heißt die ganze Schöpfung in ihm zu »rekapitulieren«[15], wie es der heilige Paulus ausdrückt: Alles wird in einem Haupt, in Christus, zusammengefasst, unter ihm geordnet, und erhält darum eine bis anhin unerreichte Perfektion. Denn durch die hypostatische Union mit dem Wort bindet Jesus wegen seiner menschlichen Natur die ganze Schöpfung an die Gottheit. Deswegen hat das Leiden Jesu universalen (genugtuenden[16]) Wert. Die Erlösung durch das Kreuz ist der höchste Effekt der Liebe Gottes gegenüber dem Menschen.

Das Gesetz des Neuen Bundes ist das Gesetz Mose, das aber neu als zentrales Element die Gnade Christi erhält. Das ergibt das Gesetz der Gnade.

Das Mittlertum Christi[17]

Christus wird Mensch, um die Menschen zu vergöttlichen. Er ist aber nur als Mensch Mittler, nicht als Wort. Das Mittlertum Christi ist ein zweifaches. Es entspricht den zwei Wegen, auf denen Christus den Menschen die Heilsgnade anbietet:
– Das aufsteigende Mittlertum: Als Haupt der Kirche verdiente Christus Gnaden für sie und leistete für sie Genugtuung. Durch sein Gebet, seine Anbetung und seinen Opfertod, die von der Erde zum Himmel stiegen, erwarb er, weil er wahrer Gott und wahrer Mensch ist und sein Opfer deswegen unbegrenzten Wert hat, ein für alle Mal die Erlösung der Menschheit: Er ist die Hauptursache ihres Heils. Der Mensch erhält die Gnade in absoluter Ungeschuldetheit. Christus hat sie für ihn verdient. Das erlösende Flehen Christi vereinte in sich das allgemeine Flehen der betenden Menschheit, die so in Einheit mit Christus tritt und mit ihm eine mystische Person bildet, die in ihrem Haupt erlösend und in ihrem Leib miterlösend ist.
– Das absteigende Mittlertum: Als Haupt der Kirche vermittelt ihr Christus Gnaden und übernatürliche Güter. Das Gebet Christi ist erhört worden: Die Gnade breitete sich auf die Erde aus. In der absteigenden Linie ist Christus durch das Herabsteigen der Gnaden Instrumentalursache

---

299; L'entrée du Christ dans son Eglise pérégrinante ou l'age de la présence visible du Christ, in: Nova et Vetera 1/1964, 66–67.
[15] Eph 1, 10, griech.: ἀνακεφαλαιώσασθαι.
[16] Vgl. L'Église du Verbe Incarné, II, 213–223.
[17] Vgl. auch L'Église du Verbe Incarné, II, 104–106, 183–184, 186–340; Théologie de l'Église, 24–25, 59–61; L'Église, prémices de l'univers rassemblé dans le Christ (II), in: Nova et Vetera 3/1941 329; La Rédemption, drame de l'amour de Dieu, in: Nova et Vetera 1/1973 68–71.

des Heils, mit der Gottheit verbundenes Organ der Gnade, ihre allgemeine Quelle für die Menschheit.
Christus ist wahrer Gott und wahrer Mensch. Als Mensch (*principium quod* des Mittlertums) brachte er ein Opfer mit unendlich genugtuendem Wert dar, während er als Gott *(principium quo)* seine Menschheit als Organ zur Ausbreitung der Gnade benützt. Erst mit der Inkarnation wurde Christus Instrumentalursache der Gnade. Vorher war er ihre moralische Ursache.

Der Gnadenfluss nach der Menschwerdung Christi

Bis zur Inkarnation kamen die Gnaden unmittelbar von Gott; sie waren christusförmige Gnaden durch Vorausstrahlung. Vom Augenblick der Verkündigung an, seitdem Maria ja gesagt hat und die Menschwerdung vollzogen wurde, ist Christus als Mittler aller Gnaden, auch der Gnaden für die Engel[18], eingesetzt. Es sind jetzt durch Christus vermittelte Gnaden[19]. Durch die Inkarnation wird die Gnade zur Christusgnade, nicht nur *meritorie*, wegen des künftigen Verdienstes Christi, sondern *efficienter*, wirksam.

Die Christusgnade wird den Menschen von Gott vor der Menschwerdung Christi wegen Christus als Mittler und Instrumentalursache verliehen aufgrund des grossen Bittgebets Jesu am Kreuz: »Als er auf Erden lebte, hat er mit lautem Schreien und unter Tränen Gebete und Bitten vor den gebracht, der ihn aus dem Tod retten könnte, und er ist erhört und aus seiner Angst befreit worden. Obwohl er der Sohn war, hat er durch Leiden den Gehorsam gelernt; zur Vollendung gelangt, ist er für alle, die ihm gehorchen, der Urheber des ewigen Heils geworden und wurde von Gott angeredet als Hoherpriester nach der Ordnung Melchisedeks.«[20] Das Leiden Jesu verdiente uns die Heilsgnade, die der Gnade, wie sie in Christus selber war, ähnlich ist, vor der Menschwerdung auf schwache, beginnende Weise, nach der Menschwerdung auf vollendete Weise. Daher der Ausdruck »christusförmige Gnade«.

---

[18] Vgl. Thoma von Aquin, s. th. III, qu. 8, a. 4; Eph 1, 20–22.
[19] »La grâce christique par dérivation« (Entretiens sur la gâce, 163).
[20] Hebr 5, 7–10.

Markus Walser

Die christusförmige und die Christus gleichförmig machende Gnade

Jetzt ist die durch Christus vermittelte Gnade völlig christusförmig und völlig Christus gleichförmig machend. Das Ziel, das die Wirkung der Gnade im Menschen anstrebt, ist seine Gleichförmigkeit mit Christus,[21] seine Gleichgestaltung mit Christus. Die Christus gleichförmig machende Gnade verleiht einen neuen Zugang zu den göttlichen Personen[22]. Erst durch das Kommen des Herrn, genauer nach Pfingsten, wenn er, das »neue« Haupt der Menschheit, im Himmel verherrlicht ist,[23] erhalten die Menschen eine viel innigere Einwohnung des Geistes. Der Retter gießt eine neue Gnade aus, eine neue Liebe, die einen neuen Zustand der Einwohnung bewirkt: »Wenn jemand mich liebt, so wird er an meinem Wort festhalten; mein Vater wird ihn lieben, und wir werden zu ihm kommen und bei ihm wohnen.«[24]

Seit dem Sündenfall bedürfen die Menschen des Mittlertums, das mit der Inkarnation des Wortes die Fülle erreicht hat. Die Gnade, welche die Menschen zur Zeit des Wartens auf Jesu erreichte, konnte intensiver sein als heute bei manchem Christen, aber sie hatte nicht die Fülle der Entfaltung, die sie im Neuen Bund hat:[25] Die Quelle der Vergebung ist eingetreten in Raum und Zeit. Das meint Matthäus, wenn er sagt: »Amen, das sage ich euch: Unter allen Menschen hat es keinen größeren gegeben als Johannes den Täufer; doch der Kleinste im Himmelreich ist größer als er.«[26] Die von Christus vermittelte Gnade gewährt erstmals den Erlass der Erbschuld, den die Gerechten des alten Bundes noch nicht erhielten.[27] Die Gnade Christi ist insofern »besser« als die Adamsgnade, wirkt aber nicht sofort, sondern erst im Jenseits verklärend.[28]

Die unmittelbare Wirkung der Christusgnade, wie die Menschen sie auf Erden empfangen, ist die Teilhabe an der göttlichen Natur, eine Verklärung der Seele, indem ihr Gott sein Leben, das ewige Leben, mitteilt. Als ihre mittelbare und der menschlichen Natur entsprechende Folge wird der Seele die Herrschaft über den Leib, dem Verstand die Herrschaft über die Sinne und dem Menschen die Herrschaft über die Natur geschenkt. So wird die vom Schöpfer in die Natur eingeschriebene, aber von der Sünde

---

[21] Vgl. Röm 8, 29; Gal 2, 20.
[22] Vgl. Eph 2, 18.
[23] Vgl. Joh 7, 39.
[24] Joh 14, 23.
[25] Vgl. Hebr 11, besonders 11, 39.40.
[26] Mt 11, 11; Vgl. Mt 13, 16–17 par., Lk 10, 21.
[27] Vgl. Thomas von Aquin, s. th. III, q. 49, a. 5, ad 1; III, q. 52, a. 5, ad 2; III, q. 52, a. 8, ad 3.
[28] Vgl. Théologie de l'Église, 79; L'Église prémices de l'univers rasssemblé dans le Christ (II), in: Nova et Vetera 3/1941 296–299.

zerstörte Ordnung dort, wo die Gnade wirken kann, wieder errichtet. Die normale Wirkweise der Gnade beinhaltet also auch eine Verklärung der Natur im weitesten Sinne,[29] die jedoch nicht mehr so wirksam ist, wie sie im Paradies war.

Die Christusgnade nach der Inkarnation öffnet den Gerechten des Neuen Bundes direkt den Weg zum Himmel, im Gegensatz zur Christusgnade durch Vorausstrahlung der Gerechten des Alten Bundes, die bis zur Auferstehung Jesu warten mussten, um in den Himmel einzutreten. Als Jesus in das Reich des Todes hinabstieg, wurden die Gerechten direkt von der Gnade Christi berührt und traten so in die Kirche der Herrlichkeit ein.

Gnaden durch Berührung, Gnaden aus der Ferne[30]

Durch direkte, körperliche Berührung mit Jesus, die der Natur der physischen Handlung entspricht,[31] flossen Gnaden. Das ist der Grund, warum er zur Frau, die an unheilbaren Blutungen litt, sagte: »Es hat mich jemand berührt; denn ich fühlte, wie eine Kraft von mir ausströmte.«[32]

Die Menschheit Christi ist räumlich und zeitlich begrenzt. Weil sie jedoch mit der Gottheit verbunden ist, hat sie eine geistige Kraft: sie handelt durch geistigen Kontakt.[33] Außerhalb der direkten Umgebung Jesu gehen die Gnaden Gottes durch das Herz Jesu, um die Menschen aus der Ferne zu berühren.

Der Unterschied zwischen den durch Berührung und den aus der Ferne verliehenen Gnaden ließ sich schon in Jesu Nähe erkennen: Oft heilte er durch Berührung,[34] manchmal heilte er aus der Ferne.[35] Das gilt für die Heilung des Körpers wie für die Heilung der Seele, die noch größer ist als die erste. Die Gnade trifft die Herzen und will sie alle erfüllen.[36]

---

[29] Vgl. Les destinées du royaume de Dieu, in: Nova et Vetera, 1/1935 72.
[30] Vgl. auch L'Église du Verbe Incarné, I, 11–20; Théologie de l'Eglise, 77–78, 123–125; Les régimes divins de l'Eglise, in: Nova et Vetera 2/1936 205–206.
[31] Vgl. Thomas von Aquin, s. th. III, q. 1, a. 2; III, q. 61, a. 1.
[32] Lk 8, 46; Vgl. auch Lk 6, 49: »Alle Leute versuchten ihn zu berühren; denn es ging eine Kraft von ihm aus, die alle heilte.«
[33] Vgl. Thomas von Aquin, s. th. III, q. 48, a. 6, ad 2.
[34] Vgl. u.a. Mk 1, 41; 7, 32–33; 8, 23–25; Mt 9, 29; 20, 34; Lk 7, 14; 8, 54; Joh 9, 6; 11, 21.32.39.43.
[35] Vgl. Mt 8, 5–13; Mk 3, 29–30; Lk 17, 12–14; Joh 4, 46–54.
[36] Die Gnade ist durstlöschend (Vgl. Joh 1, 48–50), tröstend (Vgl. Joh 4, 23; 7, 37; 10, 16), vergebend (Vgl. Mt 11, 28; Lk 7, 46–47), sie bringt zur Reue (Vgl. Lk 22, 61), entzündet die Liebe (Vgl. Lk 24, 32) und wirkt durch Worte (Vgl. Mk 1, 25; 5, 8;11, 5; Joh 7, 2).

Markus Walser

Die Einsetzung der Sakramente

Christus kam als Gnadenmittler. Er lehrte und vermittelte die Gnade durch die Sakramente, die er als Ursachen und Kanäle der Gnade einsetzte, damit sein Wirken fortdauert. Sie sind jetzt Mittel der Erlösung[37] und des ewigen Lebens[38].

Die Kirche zur Zeit der irdischen Gegenwart Christi[39]

Zu dieser Zeit lag die »Hierarchie« noch ganz in den Händen Christi: Er leitete, lehrte und heiligte die Menschen persönlich. Aber es gab schon eine Kirche. Gegenüber Christus, dem Bräutigam, stand die Braut: Die ganze Kirche war qualitativ gesehen vereinigt in der Jungfrau Maria. Das ist der Grund der marianischen Färbung der Kirche.

Chronologisch gesehen gehört die Jungfrau zu den Zeitaltern des Wartens auf Christus, der Gegenwart Christi und des Heilgen Geistes. Qualitativ gesehen gehört sie alleine zur Zeit der Gegenwart Christi, weil sie die Gnade vor allem durch den unmittelbaren Kontakt mit Jesus erhielt, während sie Christus das Aussehen gab. Zacharias, Johannes der Täufer, Elisabeth, Simeon und all jene, die Jesus zwar gekannt, seine Verherrlichung aber nicht auf Erden miterlebt haben, gehören qualitativ gesehen noch zur Zeit des Wartens auf Christus; die Apostel und Heiligen des Evangeliums hingegen, welche die Gnade schon großenteils durch die Sakramente erhalten haben, schon zur Zeit des Geistes.

Die vier sichtbaren und die unsichtbaren Sendungen des Heiligen Geistes[40]

Von der Sendung einer göttlichen Person spricht man, wenn der Heilige Geist oder der Sohn aus den andern zur Schöpfung hin hervorgeht. Neben der Sendung des Sohnes durch seine Menschwerdung gibt es Sendungen des Heiligen Geistes, deren wichtigste das Pfingstereignis ist.

---

[37] Vgl. Joh 3, 5; Röm 6, 2.3; Tit 3, 5.6; L'Église du Verbe Incarné, I, p. 87.
[38] Vgl. L'Église mystérieuse et visible, in Nova et Vetera 3/1940 391–392.
[39] Vgl. auch L'Église du Verbe Incarné, II, 437–453; La Vierge est au coeur de l'Église, in: Nova et Vetera 1/1950 84–95; L'Église et la femme, in: Nova et Vetera 4/1957 300–302.
[40] Vgl. auch L'Église du Verbe Incarné, II, 456–472; L'entrée du Christ dans son Église pérégrinante ou l'âge de la présence visible du Christ, in: Nova et Vetera 1/1964 42–44.

Die Einsetzung der neuen Heilsökonomie durch Christus wurde begleitet von vier sichtbaren Sendungen des Heiligen Geistes: Die ersten zwei mündeten in Christus, waren aber für die Kirche bestimmt, die anderen zwei waren direkt an die Kirche gerichtet. Jede der vier Sendungen zeigte eine innere Gabe, die der Kirche gegeben wird, eine Gabe der Gnade und des Geistes selbst.

Die erste sichtbare Sendung war das Herabsteigen des Heiligen Geistes in der Gestalt einer Taube bei der Taufe Jesu: »Zusammen mit dem ganzen Volk ließ sich auch Jesus taufen. Und während er betete, öffnete sich der Himmel und der Heilige Geist kam sichtbar in der Gestalt einer Taube auf ihn herab, und eine Stimme aus dem Himmel sprach: Du bist mein geliebter Sohn, an dir habe ich Gefallen gefunden.«[41] Das ist die Einsetzung der Taufe des Heiligen Geistes.

Bei der zweiten sichtbaren Sendung des Heiligen Geistes, bei der Transfiguration, »rief eine Stimme aus der Wolke: Das ist mein geliebter Sohn, an dem ich Gefallen gefunden habe; auf ihn sollt ihr hören.«[42] Durch den Gehorsam dem Herrn gegenüber und durch seine Lehre der Wahrheit wird die Taufgnade ausgerichtet.

Am Osterabend, bei der dritten Sendung, hauchte Jesus die Jünger an mit den Worten: »Empfangt den Heiligen Geist! Wem ihr die Sünden vergebt, dem sind sie vergeben; wem ihr die Vergebung verweigert, dem ist sie verweigert.«[43] Er hauchte die Jünger an, um zu zeigen, dass sie bei der Sakramentenspendung die Vollmacht Gottes besitzen.

Am Pfingsttag, bei der letzten sichtbaren Sendung des Heiligen Geistes, wurde die Gnadenfülle, die sich in Christus dem Haupt der Kirche befindet, auf den Leib ausgebreitet. Ein neuer Gnadenzustand, eine neue Epoche der Kirche begann.

Daneben gab es und gibt es unzählige unsichtbare Sendungen der göttlichen Personen in der Kirche, unter anderem bei der Taufe von Kindern, bei Bekehrungen, bei der Zunahme der Tugend in den Seelen der Heiligen, wenn die heiligmachende Gnade in der Kirche zunimmt.

---

[41] Lk 3, 21–22.
[42] Mt 17, 5.
[43] Joh 20, 22–23.

Markus Walser

Pfingsten[44]

Die Menschwerdung endet in Christus, der das Heil aus eigener Kraft erwirkt. Deswegen ist in ihm die Gnadenfülle.[45] Die Inkarnation ist das Mittel, mit dem die Gottheit die Welt, alle Menschen und Engel mit Gnade erfüllt.[46] An Pfingsten ließ der Heilige Geist diese Gnade Christi, »von deren Fülle wir alle empfangen haben«[47], sich über die Erde ergießen, um alle Menschen in der Kirche zu sammeln, die der Leib Christi ist.

An diesem Tag wurde die Kirche, die seit der Menschwerdung in ihrem Haupt, Christus, endgültig begründet war, in ihrem Leib vollendet durch eine Art Druck des Heiligen Geistes auf die Gnade Christi, auf die Gnade, die vom Haupt der Kirche ausgeht. Und bis ans Ende der Zeiten wird der Heilige Geist fortfahren, die Gnade Christi in dessen Kirche einzugießen. Er gibt sich der Kirche durch die Ausbreitung der Gnaden, die aus ihr einen Ort seines Bleibens und seiner Einwohnung macht.

Das neue Gesetz besteht vor allem in der Gnade des Heiligen Geistes, die den Gläubigen durch Christus gegeben wird, und folglich auch in dem, was auf diese Gnade vorbereitet und daraus hervorgeht.[48]

Die Vermittlung der Gnade durch Christus, das Haupt der Kirche, in systematischer Sicht[49]

Der Einfluss des Hauptes auf den Leib[50]

Die Heiligste Dreifaltigkeit wirkt durch Christus auf die Kirche. Christus wurde die Gnadenfülle nicht als Einzelperson verliehen, sondern in seiner Funktion als Haupt der Kirche, mit deren Leib er auf mystische Weise zu

---

[44] Vgl. auch L'Église du Verbe Incarné, II, 290–300; III, 603–636; Le Christ, personnalité mystique efficiente de l'Église (II), in: Nova et Vetera 2/1942 173–187; La mission visible de l'Esprit Saint, in: Revue Thomiste 65 (1965) 357–397; Le mystère de la sacramentalité. Le Christ, l'Église, les sept sacraments, in: Nova et Vetera 3/1974 178–179; Entretiens sur le Saint-Esprit, in: Nova et Vetera 2/1975 82–130.
[45] Vgl. Joh 1, 14.
[46] Vgl. Thomas von Aquin, s. th. III, q. 43, a. 2.
[47] Joh 1, 16.
[48] Vgl. Thomas von Aquin, s. th. I–II, q. 106, a. 1.
[49] Vgl. L'Église du Verbe Incarné, I, 152–157; II, 92–340, 604–612; Théologie de l'Eglise, 46–47, 63–64, 66–68; Le Christ, personnalité mystique rédemptrice de l'Eglise, in: Nova et Vetera 4/1941 425; Le Christ, personnalité mystique efficiente de l'Eglise, in: Nova et Vetera 1/1942 74–80; L'âme créée de l'Eglise, in: Nova et Vetera 2/1946 166–174.
[50] Vgl. L'Église du Verbe Incarné, I, 31–32; Rome et Stockholm, in: Nova et Vetera 2/1926 132; Le pouvoir de juridiction, in: Nova et Vetera 1/1937 93–121.

einer einzigen Person wird.[51] Er ist als Mensch und auf noch viel tiefere Weise als Gott das Haupt der Kirche und beeinflusst den Leib auf zwei Weisen: durch direkte äußere und durch ihr Inneres bewegende Handlungen.

Äußerlich lehrte Jesus seine Jünger wie ein König. Innerlich ging durch seine menschliche Natur die Gnade wie durch ein Werkzeug oder Instrument hindurch zu den Menschen. Das ist das Priestertum Christi. Beides wird durch die Hierarchie fortgesetzt: durch das Lehramt und die Jurisdiktion als äußerliche Mittel der Lehre und Leitung sowie durch die Sakramente, welche die Gnade bis in die Herzen bringen. Denn durch die Verherrlichung zur Rechten seines Vaters hat sich Christus nicht von seiner Kirche getrennt. Er ist nach wie vor ihr Haupt und lebendig mit ihr verbunden.

Der Ursprung der Gnade des Hauptes

Das Bittgebet Jesu und sein Opfer am Kreuz ziehen die Bitten aller Menschen der Vergangenheit, Gegenwart und Zukunft an sich, um sie gereinigt und erleuchtet dem Vater im Himmel darzubringen. Die Menschheit Christi ist dabei Zweitursache. Erstursache ist das Wort, welches das Haupt der Kirche ist. So stellt sich das aufsteigende Mittlertum Christi dar.

Als Antwort darauf gießt Gott durch das von der Lanze geöffnete Herz Christi die Frucht der Erlösung aus. Das ist das absteigende Mittlertum Christi. Dabei bedient sich Gott der Menschheit Christi wie eines Werkzeugs oder Instruments[52], das freilich das freieste, sensibelste und liebendste je erschaffene Instrument ist, um die Reichtümer der Gnade des Hauptes auszubreiten. In dieser Linie ist Christus Wirkursache *(causa efficiens)* aller Gnaden, welche die Menschen empfangen können.

Christus war und ist wirklich das Haupt des Leibes, das heißt der Kirche.[53] Die habituelle Gnade, die sich in Christus nicht als Einzelperson, sondern als Haupt der Kirche befindet, ergießt sich aufgrund der hypostatischen Union, welche die Menschheit und die Gottheit Christi verbindet, über die Menschheit und bildet mitten in ihr die Kirche.[54] Diese Gnade, die sich von Christus als Haupt über die Kirche ausbreitet, um den gesamten Christus zu bilden und zu beleben, Haupt und Leib, wird *gratia capitis* oder

---

[51] Vgl. L'Eglise mystérieuse et visible, in: Nova et Vetera 3/1940 396.
[52] Vgl. auch Le Christ, personnalité mystique rédemptrice de l'Église, in: Nova et Vetera 4/1941 425.
[53] Vgl. Kol 1, 15–20.
[54] Vgl. Le Christ, personnalité mystique rédemptrice de l'Église, in: Nova et Vetera 4/1941 432–433.

gratia capitalis, Gnade des Hauptes genannt. Die Gnade des Hauptes ist also die Gesamtheit der Gaben, die der Geist zum Zeitpunkt der Inkarnation in Christus eingießt. Sie ist die Quelle, von wo aus sich die Gnade und Wahrheit auf alle Menschen ausbreitet. Sie ist die vollkommenste erschaffene göttliche Gabe.

Die Eigenschaften der Gnade des Hauptes

Die wesentlichen und die zeitlichen Merkmale der Gnade des Hauptes[55]

Die Gnade des Hauptes ist in ihrer definitiven Form jene Gnade, welche die Kirche nach dem Leiden Jesu erhält. Durch den Übergang vom Haupt zu den Gliedern, bzw. von Christus zur Kirche, verliert die Gnade nicht ihre Eigenschaften, die sie in Christus hatte. Auch in dieser Hinsicht ist Christus Vorbild der Glieder. Man kann in einem weiteren Sinn von einer Idiomenkommunikation zwischen Christus und der Kirche sprechen. In Christus ist die Gnade *voll entfaltet*: Sie enthält alles, was das Wort »Gnade« beinhaltet und ist unendlich in ihrer Intensität und Ausdehnungsmöglichkeit. Sie ist *sohnhaft*: Sie ist die Gnade des einzigen Sohnes des Vaters. Und sie ist *seiner Natur entsprechend*: Sie befindet sich wie zu Hause und nicht wie im Exil. Das sind die drei wesentlichen Merkmale der Christusgnade, an denen der Mensch Anteil erhält: Er wird zum Kind Gottes, Adoptivsohn des Vaters sowie Bruder und Miterben Christi.

Auch die drei zeitlichen Merkmale der Christusgnade gehen auf die Kirche und ihre Glieder über:
- Die Christusgnade *heiligt* Prüfungen und Leiden, schließt aber für die Christen die Möglichkeit zu sündigen nicht aus, weil keine hypostatische Union wie bei Christus besteht und die Christusgnade nur mittelbar verklärend wirkt.
- Die Christusgnade *führt den Christen zur Nachfolge Christi*. Durch diese Gnade wird die *ecclesia militans*, die streitende oder pilgernde Kirche, innerlich in zwei Richtungen gezogen: zur Herrlichkeit und zum Kreuz, wobei auf Erden das Kreuz die Herrlichkeit vorübergehend verhüllen kann.
- Die Christusgnade *lädt ein, die Welt mit Christus zu erlösen*, mit ihm freizukaufen. Die Kirche hat Anteil an der Liebe Christi und kann mit ihr die Welt erleuchten. Das ist das miterlösende Werk der Kirche.

---

[55] Vgl. auch Le Christ, personnalité mystique efficiente de l'Église (II), in: Nova et Vetera 2/1941 187–207; Le Christ, personnalité mystique et efficiente de l'Eglise, in: Nova et Vetera 1/1942 82–101.

Die Privilegien der Gnade des Hauptes[56]

Die Gnade des Hauptes hat drei hauptsächliche Privilegien, die sie im ganzen Leib verteilt: das Privileg des Priestertums Christi, das Privileg des Königtums Christi und das Privileg der Heiligkeit Christi, wobei die Heiligkeit die Gnade des Hauptes im engeren Sinne ist. Christus rettet seine Kirche durch diese Privilegien, die konstitutive Elemente des Leibes der Kirche sind.

Das Priestertum Christi

Christus ist Priester oder Pontifex, um durch sein Opfer und seine Sakramente einen neuen Kult zu errichten, durch den der Mensch die Gnade erhält und weitergibt. Dieser Kult zeichnet sich aus durch moralische Heiligkeit – er dient zur Ehre Gottes – und durch rituelle Gültigkeit – er ist gemäß der christlichen Offenbarung eingesetzter äußerer Kult, der den Menschen nach dem Fall wieder rehabilitiert.[57] Durch sein Priestertum weiht also Christus die Kirche hinsichtlich der Feier des Kultes des Neuen Bundes. Die Kultgewalt ist der Hierarchie durch die Weihe und den Gläubigen durch die sakramentalen Charaktere von Taufe und Firmung gegeben, die sich aus dem Priestertum Christi ableiten.

Das Königtum oder das Prophetenamt Christi

Gott bewegt nach Thomas von Aquin[58] die Kirche nicht nur durch innere Anregungen, sondern lehrt sie auch äußerlich und mit Autorität, was in seinem Reich zu glauben und zu tun ist. Durch seine Offenbarung und Verkündigung ist Christus König, Lehrer und Prophet der Menschheit, um der Gnade die Wege zu öffnen, in die sie eindringen muss. Aus seinem Königtum leitet sich die Autorität der Kirche ab, aus seiner Prophetie der göttliche Beistand für das Lehramt und aus seiner Lehre die Verpflichtung zur Weitergabe der Offenbarung. Er lenkt die Kirche durch Erleuchtungen verschiedenster Formen: durch die Lehr- und Leitungsgewalt (Jurisdiktion)

---

[56] Vgl. auch L'Église du Verbe Incarné, II, 879–934; Théologie de l'Église, 74, 432–434; Le Christ, personnalité mystique et efficiente de l'Église, in: Nova et Vetera 1/1942 74–80; L'âme créée de l'Église, in: Nova et Vetera 2/1946 169–200; Regard rétrospectif. À propos du dernier livre du R. P. Congar sur l'Église, in: Nova et Vetera 4/1963 298–299; L'entrée du Christ dans son Église pérégrinante ou l'age de la présence visible du Christ, in: Nova et Vetera 1/1964 51–70; Le mystère de l'Église selon le deuxième concile du Vatican, in: Revue Thomiste 65 (1965) 18–22.
[57] Vgl. Hebr 5, 7–10.
[58] Vgl. s. th., III, q. 8, a. 6. Christus bewegt die Kirche »interiori influxu« und »exteriori gubernatione«.

der Hierarchie, die sich aus dem Königtum Christi ableitet und im Evangelium verankert ist,[59] und durch Privatoffenbarungen, Wunder und Eingebungen verschiedenster Art an einzelne Gläubige, die zu prüfen wiederum Aufgabe der Hierarchie ist.

Das Heiligungsamt Christi

Weil die habituelle Gnade in Christus die Quelle aller Gnade und Heiligkeit aller Christen ist, erfüllt Christus durch seine Heiligkeit die Kirche mit seiner Gnade, Liebe, Weisheit, Reinheit, Großherzigkeit sowie Heiligkeit und bereitet sie damit für die vollständige Einwohnung des Geistes vor.

Die Heiligkeit Christi geht vor allem durch die sakramentalen Gnaden auf die Kirche über. Diese Gnaden des Neuen Bundes sind die wirksamsten sowie die, welche Christus am ähnlichsten sind und ihm am ähnlichsten machen.

Durch dieses absteigende Mittlertum Christi erhält die Kirche ihre Form. Letztlich sind das Priestertum und das Königtum Christi auf die Liebe ausgerichtet, die durch ihre Christusförmigkeit eine sakramentale und durch die Kirche auf Gott hin ausgerichtete Liebe ist. In diesem Sinn definiert Journet Kirche auch als ein »In-Gott-Sein gemäß der Liebe«[60]. Diese durch Christus geformte Liebe ist die Seele der Kirche, ihr Lebensprinzip und der Grund ihrer wesensmäßigen Heiligkeit.

---

[59] Vgl. Lk 24, 32; Mt 28, 29.
[60] L'Église du Verbe Incarné, II, S. 554.

Kurt Koch

In Liebe erlöste Freiheit.
Besinnung auf das anthropologische Geheimnis des Christusglaubens

Gleichsam wie der verlorene Sohn kehre die säkularisierte Kultur heute zu ihrem Vater zurück: Mit diesen Worten beschreibt Wolfram Weimer die religionspolitische Situation der Gegenwart, die er als Übergang vom postmodernen in ein neoreligiöses Zeitalter charakterisiert und in der das zunehmende Heimweh der Menschen nach Gott zu einer »inneren Zuneigung der Gesellschaft zum Glauben« führe.[1] Wenn die für die mit der europäischen Aufklärung anhebende Neuzeit kennzeichnenden Leitwörter Freiheit und Emanzipation heißen, die sich nicht nur auf die traditionalen Bestände der Gesellschaft, sondern auch und gerade auf den christlichen Glauben beziehen, dann bedeutet die Kulturdiagnose Weimers zugleich eine neue Versöhnung zwischen der menschlichen Freiheit und dem christlichen Glauben. Eine solche Versöhnung drängt sich aber nicht nur von der heutigen Gesellschaft her auf, sondern auch von der Tradition des christlichen Glaubens selbst her, in der das Verhältnis von Glaube und Freiheit das große Thema neuzeitlicher Theologie gewesen ist. Während der Reformator Jean Calvin diese Frage mit der Lehre von der Prädestination und Martin Luther mit der forcierten Betonung der Trennung von Glauben und Werken beantwortet haben, versuchte demgegenüber die katholische Theologie beide Wirklichkeiten zusammenzuhalten; sie hat aber angesichts des dazu notwendigen Kraftaufwandes unter anderem in einen Parteienstreit zwischen den Jesuiten und Dominikanern geführt. Trotz der Divergenz dieser verschiedenen Ansätze sind sie aber darin übereingekommen, dass der Glaube irgendwie eine Einschränkung der menschlichen Freiheit nach sich zieht, und sie standen damit mitten im Drama der neuzeitlichen Emanzipation des Menschen, für den die Liebe des göttlichen Vaters nicht mehr selbstverständliche Voraussetzung seines Lebens ist, sondern eher »das Bleigewicht der Fremdbestimmung«, der gegenüber »man den Raum des eigenen Seins sichern muss«[2]. Von daher kann man

---

[1] W. Weimer, Credo. Warum die Rückkehr der Religion gut ist (München 2006) 78.
[2] J. Kardinal Ratzinger, Geleitwort, in: L. Weimer, Die Lust an Gott und seiner Sache, oder: Lassen sich Gnade und Freiheit, Glaube und Vernunft, Erlösung und Befreiung vereinbaren? (Freiburg i. Br. 1981) 5.

in der Tat im biblischen Gleichnis vom verlorenen Sohn die neuzeitliche Emanzipationsgeschichte und die neue Sehnsucht nach Erlösung zur wahren Freiheit vorweg dargestellt sehen; und es legt sich nahe, dieses Gleichnis als Leitfaden für die Erörterung des Zusammenhanges zwischen menschlicher Freiheit und göttlicher Erlösung zu nehmen. Damit wird zugleich deutlich, dass diese Frage nicht nur für die Neuzeit typisch ist, sondern sich als eine anthropologische Grundfrage herausstellt, die sich durch die ganze Geschichte hindurch zieht und den Menschen aller Zeiten bewegt hat und auch in Zukunft bewegen wird.[3] Von dieser Grundfrage ist auch und vor allem das theologische Denken von Papst Benedikt XVI. geleitet, weshalb ich bei den folgenden Gedankengängen immer wieder auf seine Darlegungen zurückgreifen werde[4], um auf diesem Weg auch Kardinal Christoph Schönborn zu ehren, der als ehemaliger Schüler Ratzingers in seinem Ingenius theologisch arbeitet und als Erzbischof im Dienst der Kirchenleitung steht.

I. Freiheit als Selbstbesitz und das Streben nach Emanzipation

Wie der Vater und seine beiden Söhne im Gleichnis zusammenleben, so gehören für Paulus Glaube und Freiheit unlösbar zusammen. Sie konkurrenzieren sich nicht und sind schon gar nicht einander entgegengesetzt; sie fordern und fördern sich vielmehr wechselseitig. Deshalb kann Paulus den Galatern die Würde ihres Christseins mit einfachen Worten in Erinnerung rufen: »Ihr seid zur Freiheit berufen, Brüder« (Gal 5, 13a). Paulus bringt damit seine Grundüberzeugung zum Ausdruck, dass die Freiheit des Menschen nirgendwo so gut aufgehoben ist wie im Glauben an Jesus Christus, der selbst die Freiheit in Person ist. Paulus rechnet freilich auch damit, dass der Christ immer wieder hinter seine Berufung zurückfallen kann, wenn er die Galater mit eindringlichen Worten mahnt: »Nur nehmt die Freiheit nicht zum Vorwand für das Fleisch, sondern dient einander in Liebe« (Gal 5, 13b). Was dies für eine Freiheit ist, die ihr elementares Kriterium und ihre Bewährung im gegenseitigen Dienst der Liebe findet, darauf wird zurückzukommen sein. Zunächst aber gilt es zu bedenken, dass Paulus offensichtlich davon ausgeht, dass man die Freiheit nicht einfach ein für allemal hat, sondern dass wir zur Freiheit berufen sind, aber immer wieder der

---

[3] Vgl. G. Greshake, Geschenkte Freiheit. Einführung in die Gnadenlehre (Freiburg i. Br. 1977); O. H. Pesch, Frei sein aus Gnade. Theologische Anthropologie (Freiburg i. Br. 1983); T. Pröpper, Erlösungsglaube und Freiheitsgeschichte. Eine Skizze zur Soteriologie (München 1988).
[4] Vgl. die kleine Anthologie einschlägiger Texte: Benedikt XVI., Freiheit und Glaube (Augsburg 2009).

Versuchung ausgesetzt sind, sie als »Vorwand für das Fleisch« zu nehmen und sie in fleischlicher Weise zu missbrauchen.

1. Größe und Tragik der Freiheit

Das Gleichnis vom verlorenen Sohn dürfte den heutigen Menschen vor allem deshalb unmittelbar ansprechen, weil in ihm ein Loblied auf die menschliche Freiheit gesungen wird und weil die Freiheit zu den größten Lebensheiligtümern des heutigen Menschen gehört, und zwar selbst dann, wenn es sich um eine sehr riskante Freiheit handelt.[5] Als Freiheitskünstler wird es dem Menschen heute leicht fallen, sich im jüngeren Sohn im Gleichnis wieder zu erkennen. Dieser lebt zwar mit seinem Bruder und seinem Vater in Frieden. Sie scheinen erfolgreiche Landwirte zu sein und ein gutes Leben zu führen. Dieses Leben aber erscheint dem jüngeren Sohn stets als langweiliger und unbefriedigender. Deshalb beschließt er, sein Vaterhaus zu verlassen, um fort zu ziehen in ein fernes Land. Dazu verlangt er vom Vater den Anteil des Erbes, der ihm in seiner Sicht zusteht. Damit tritt bereits die abgrundtiefe Radikalität jener Freiheit vor Augen, die er anstrebt. Denn in dieser nüchternen und einfachen Feststellung liegt letztlich etwas Unerhörtes verborgen: Wer bereits zu Lebzeiten des eigenen Vaters das Erbteil für sich beansprucht, der wünscht im Grunde seines Herzens nichts anderes als dies, dass der Vater tot sei. Das Weggehen des Sohnes in ein fernes Land haben deshalb die Kirchenväter mit Recht als innere Entfernung und Entfremdung des Sohnes von der Lebenswelt des Vaters interpretiert. Indem der Sohn in der Ferne sein Erbe verprasst, sein neues Leben genießt und bis zum Letzten ausschöpft, scheint er endlich jene Freiheit gefunden zu haben, die er sich gewünscht hat. Sehr bald muss er freilich die Erfahrung machen, dass auf seinen verschlungenen Wegen von der ursprünglichen Sehn-Sucht nach Freiheit in der Ferne nur noch die Sucht, die Freiheit ganz auszuleben, übrig bleibt. Erst im Elend, auf dem Lebensniveau sogar noch unter dem der Schweine angelangt, das so groß geworden ist, dass selbst die Süchte nicht mehr befriedigt werden können, meldet sich die ursprüngliche Sehn-Sucht nach dem Haus des Vaters wieder. Damit zeigt sich die Hypothek der Freiheit an, die der jüngere Sohn angestrebt hat und die gar nicht größer sein könnte.

Größer könnte freilich auch der Schmerz der Liebe nicht sein, den der Vater bei diesem Ansinnen seines Sohnes ertragen muss. In diesem Schmerz der Liebe lässt er aber seinem Sohn die Freiheit, von Zuhause

---

[5] Vgl. P. M. Zulehner – H. Denz, Wie Europa lebt und glaubt. Europäische Wertestudie (Düsseldorf 1993).

wegzugehen. Er respektiert großzügig die Freiheit seines Sohnes, der offensichtlich seinen eigenen Lebensentwurf selbst finden muss. Auf dieses großzügige Verhalten des Vaters wird zurückzukommen sein. Zunächst müssen wir uns aber den zweiten Sohn vor Augen führen, der zwar zu Hause bei seinem Vater bleibt, insgeheim aber auch von einem anderen Leben träumt, wie seine Reaktion des Neides bei der Heimkehr des jüngeren Sohnes überdeutlich anzeigt. Auch der ältere Sohn, der ebenfalls im Stillen von einer Freiheit ohne Grenzen träumt und deshalb die wirkliche Freiheit, nämlich die Gnade des Daheimseins beim Vater, nicht mehr zu schätzen weiß, erweist sich im Grunde ebenfalls als ein verlorener Sohn. Seine Verlorenheit besteht freilich darin, dass er im eigenen Vaterhaus ein Fremder geworden ist, dass er weder die tägliche Liebe seines Vaters zu ihm wahrnehmen noch nach der Heimkehr des ersten Sohnes in die Freude des Vaters einstimmen kann. Dies ist die Erfahrung eines wegen der großherzigen Liebe des Vaters verbitterten und verhärteten Herzens. Auch der daheim gebliebene Sohn muss deshalb innerlich nach Hause zurückkehren, um neu zu verstehen, dass beim Vater die wahre Freiheit lebt. Diesbezüglich hat Henri J. M. Nouwen sensibel beobachtet, dass die am schwersten zu vollziehende Umkehr die Umkehr desjenigen ist, der zuhause geblieben ist. Denn vom leichtsinnigen Leben der Süchte umzukehren dürfte leichter sein, »als sich von der Kälte der Verbitterung zu lösen, die sich in den tiefsten Fasern meines Wesens eingewurzelt hat«[6].

Das Gleichnis Jesu vom verlorenen Sohn muss man als Gleichnis von den verlorenen Söhnen lesen; und als solches bringt es an den Tag, was wirklich Freiheit und was nur der Schein von Freiheit ist. Die Freiheit ist ein Integral der Würde des Menschen, der als Bild und Gleichnis Gottes geschaffen ist. Der Mensch ist aber auch ein schwaches Geschöpf und wird immer wieder von der Schwerkraft des Bösen angezogen, so dass er seine Freiheit missbraucht und zum Gegenteil seiner Würde macht. In dieser Spannung zwischen Größe und Elend der menschlichen Freiheit zeigt sich jene Ambivalenz an, die bereits Paulus analysiert und die Papst Benedikt XVI. meisterhaft ins Wort gebracht hat: Die Freiheit ist »ein Sprungbrett, um in das unendliche Meer der göttlichen Güte hineinzuspringen; sie kann aber auch zu einer schiefen Ebene werden, auf der wir zum Abgrund der Sünde und des Bösen hin abrutschen und damit auch die Freiheit und unsere Würde verlieren.«[7]

---

[6] H. J. M. Nouwen, Nimm sein Bild in dein Herz. Geistliche Deutung eines Gemäldes von Rembrandt (Freiburg i. Br. 1998) 94.
[7] Benedikt XVI., Homilie in der Kapelle »Padre Misericordioso« im Römischen Jugendgefängnis »Casal del Marmo« am 18. März 2007, in: Insegnamenti di Benedetto XVI, III, 1 2007 (Città del Vaticano 2008) 520–524.

2. Ambivalenz der europäischen Freiheitsgeschichte

Kann und muss man in diesem biblischen Gleichnis nicht auch die Geschichte Europas vor allem in der Neuzeit seit der Aufklärung dargestellt finden? Die europäische Neuzeit zeichnet sich dadurch aus, dass sie zwar den Weg aus der Geborgenheit im Vaterhaus in die Freiheit in der Ferne durchaus mit ihrem christlichen Erbteil angetreten ist, dieses Erbe aber in ganz weltliche Bahnen gelenkt hat und mit ihm ihre eigenen Wege gegangen ist. Auf diesem Weg ist zwar viel Positives erreicht worden, bei dem das christliche Evangelium als Salz gewirkt hat und das dankbar zu anerkennen die Kirche allen Grund hat. Sie darf sich deshalb mit gutem Gewissen darüber freuen, dass das Christentum im neuzeitlichen Europa auch »in weltlicher Gestalt existiert« und kostbare Früchte des Evangeliums der gesamten Gesellschaft vermitteln konnte.[8] Zu denken ist dabei vor allem an die weltliche Hochschätzung der Freiheit des menschlichen Gewissens, das der große Philosoph Fichte zu einem »Heiligtum« erklärt hat, »das anzutasten Frevel wäre«, aber auch an die säkulare Betonung der unverletzlichen Würde jeder Person, ferner die weltliche Einführung der allgemeinen Schulpflicht und viele andere Errungenschaften des modernen demokratischen Rechtsstaates, die als säkularisierte Schätze der christlichen Tradition identifiziert werden können.

a) Freiheit ohne verbindliche Wahrheit

Mit der zunehmenden Säkularisierung hat sich die europäische Neuzeit aber immer mehr von der christlichen Tradition abgekoppelt, sich von ihren Wurzeln abgeschnitten und das Erbe, das sie vom Vaterhaus mit in die Ferne genommen hat, weithin verausgabt, und zwar bis dahin, dass der Name Gottes in der europäischen Konstitution nicht einmal mehr erscheinen sollte.[9] Die Diskussionen über die so genannte Charta der Europäischen Union haben es jedenfalls an den Tag gebracht, dass die öffentliche Erwähnung Gottes in Europa nicht mehr mehrheitsfähig ist. Muss man daraus nicht den Schluss ziehen, dass das neue Europa auf einer atheistischen Basis errichtet werden soll, wobei sich dieser neuartige Atheismus dadurch auszeichnet, dass er weder anklagt noch polemisiert, dass er die Rede von Gott vielmehr aus der Öffentlichkeit in die Privatsphäre oder

---

[8] E. Jüngel, Das Evangelium und die evangelischen Kirchen Europas, in: Ders., Indikative der Gnade – Imperative der Freiheit. Theologische Erörterungen IV (Tübingen 2000) 279–295, zit. 286.
[9] Vgl. K. Koch, Hat das Christentum noch Zukunft? Zur Präsenz der Kirche in den säkularisierten Gesellschaften Europas, in: Communio. Internationale katholische Zeitschrift 32 (2003) 116–136.

gar Tabuzone verbannt und von Gott in gesellschaftlichen Belangen einfach absieht? Wohin aber wird ein solches Europa führen? Tritt nicht immer deutlicher zu Tage, dass ein Europa, das sich bloß auf einer gemeinsamen Wirtschaft und auf vereinheitlichten Finanzen aufbauen will, auf einem sehr wackligen Fundament stehen wird? Hat nicht auch Europa sein Erbe zu einem großen Teil verprasst, so dass die vielen Freiheitsmöglichkeiten, die realisiert werden konnten, zugleich neue Unfreiheiten und Zwänge hervorgebracht haben, und dass der ganz frei sein wollende Mensch wieder als Knecht dasteht, gleichsam als Schweinehüter, der bereits froh wäre, wenn er wenigstens Schweinefutter sein eigen nennen dürfte?

Um die Reise dieses europäischen Sohnes in die Ferne verstehen zu können, drängt es sich auf, sich den Start dieser Reise zu vergegenwärtigen. Dann zeigt sich, dass am Beginn der neuzeitlichen Freiheitssehnsucht und der mit ihr einhergehenden Alleinherrschaft der technischen Vernunft die Verabschiedung von jeder Gestalt von Tradition steht. Denn das neuzeitliche Programm der Freiheit versteht sich bewusst als »radikale Antithese zur Idee der Überlieferung«[10]. Demgemäß werden in konsequenter Anwendung der technischen Rationalität alle traditionellen Wertsysteme für prinzipiell durchschaubar erklärt, konstruiert der Mensch die gesamte Wirklichkeit neu und wird er zum Schöpfer seiner selbst. Diese Loslösung des Menschen von jeder Tradition zeigt sich heute am deutlichsten einerseits in der prinzipiellen Verfügbarkeit über das menschliche Leben, vor allem an seinem Beginn und an seinem Ende[11], und andererseits in der Auflösung jedes Wesen-tlichen Unterschiedes zwischen Mann und Frau. Indem als Freiheit ausgegeben wird, dass der Mensch auch mit seinem geschlechtlich geprägten Leib machen kann, was er will, kommt es zu einer »Banalisierung des Körpers, die unvermeidlich die Banalisierung des Menschen einschliesst«[12]. Diese Freiheit, die jedes dem Menschen vorgezeichnete »Wesen« des Menschseins leugnet, stellt sich aber letztlich als Pseudofreiheit heraus, die in der Zerstörung der Familie als Urzelle der Gesellschaft endet, wie wir sie heute erleben. Hier bewahrheitet sich, dass im Gleichnis des verlorenen Sohnes jenes Wort, das für das verprasste Erbe steht, in der griechischen Sprache »Wesen« bedeutet.[13] Damit tritt die Tra-

---

[10] J. Ratzinger, Tradition und Fortschritt, in: A. Paus (Hrsg.), Freiheit des Menschen (Graz 1974) 9–30, zit. 18.
[11] Vgl. K. Koch, Wähle das Leben! Herausforderungen der Biowissenschaften im Licht des christlichen Glaubens (Solothurn 2007).
[12] Papst Benedikt XVI., Schreiben zur Eröffnung der Pastoraltagung der Diözese Rom zum Thema Familie am 6. Juni 2005, in: Insegnamenti di Benedetto XVI, I 2005 (Città del Vaticano 2006) 200–208.
[13] J. Ratzinger / Benedikt XVI., Jesus von Nazareth (Freiburg i. Br. 2007) 244.

gik des europäischen Sohnes vollends ans Tageslicht: Der verlorene Sohn verprasst sein »Wesen« und damit sich selbst.

Mit dieser fundamentalen Traditionskrise engstens zusammen hängt die neuzeitliche Verabschiedung der Frage nach der Wahrheit. Denn wenn die Tradition als Gefängnis der menschlichen Freiheit betrachtet wird und wenn die Frage nach dem Wesen einer Wirklichkeit als eine unwesentliche Frage beurteilt wird, dann entfallen auch die objektiven Kriterien dessen, was als Wahrheit gelten darf. Diese radikalisierte Freiheitskonzeption hat ihre letztmögliche Verabsolutierung bei Jean-Paul Sartre gefunden, bei dem der Mensch überhaupt kein Wesen mehr hat, sondern nur noch Freiheit ist, weshalb der Mensch zur Freiheit verdammt ist. Im Konzept einer derart verabsolutierten anarchischen Freiheit hat Wahrheit keinen Ort mehr, verliert freilich auch die Freiheit jedes Maß und jede Ausrichtung.[14] Wenn zudem die technische Rationalität, die in den Naturwissenschaften grundlegend geworden ist, nur das als »wahr« gelten lässt, was experimentell belegbar und exakt erklärbar ist, dann kann es »Wahrheit« nur noch in der Gestalt von entweder empirisch verifizierbaren Aussagen oder subjektiven Wertungen geben, die aber keine allgemeingültige Verbindlichkeit mehr beanspruchen können. Verbindliche Annahmen, ausgenommen freilich die naturwissenschaftlich exakt belegbaren, stehen überhaupt dem neuzeitlichen Lebensgefühl entgegen: Die Geschichtswissenschaft zeigt den immerwährenden Wandel alles Menschlichen auf und stößt damit die Idee des Bleibenden um. Psychologie und Soziologie raten uns Menschen, vom Endgültigen abzusehen und das menschliche Leben als einen fließenden Strom des Werdens und der sich einander ablösenden Entscheidungen wahrzunehmen. Und die Evolutionslehre löst die Stabilität der Welt in sich überholende Entwicklungen auf und sieht auch im Menschen bloß noch eine Etappe in der Geschichte des Werdens. Angesichts dieser modernen Mentalitätslage scheinen nur noch der Relativismus und der Subjektivismus modernitätsverträgliche Einstellungen zu sein, die sich freilich vermehrt absolut setzen und damit selbst ad absurdum führen, wie an den so genannt neuen europäischen Werten abgelesen werden kann, nämlich an der Dogmatisierung des Relativismus und an der intoleranten Durchsetzung der Toleranz. Vor allem letztere wird bereits heute derart überstrapaziert, dass sie intolerant zu werden beginnt und demjenigen, der sich der Selbstzensur, die sich unter dem Deckmantel der »political correctness« verbirgt, nicht unterwirft, gleichsam »sprachliche Handschellen« anlegt.[15]

---

[14] Vgl. J. Pieper, Kreatürlichkeit und menschliche Natur. Anmerkungen zum philosophischen Ansatz von J.-P. Sartre, in: Ders., Über die Schwierigkeit, heute zu glauben (München 1974) 304–321.
[15] M. Pera, Der Relativismus, das Christentum und der Westen, in: Ders. / J. Ratzinger, Ohne

Der neuzeitliche Relativismus und Subjektivismus führt schließlich von selbst in den Individualismus, der als größtes Hindernis bei der Entwicklung einer tragfähigen Kultur verbindlicher Solidarität diagnostiziert werden muss.[16] In der Gestalt des Wunsches ist zwar auch in der heutigen Gesellschaft Solidarität stark, sie ist aber relativ schwach in der Art ihrer Realisierung. Die Menschen wünschen sich durchaus mehr Solidarität, aber sie bringen sie doch allzu oft nicht zustande. Was bereits Paulus von sich beklagt hat – »Das Wollen ist bei mir vorhanden, aber ich vermag das Gute nicht zu verwirklichen« (Röm 7, 18b) –, gilt auch für die Solidarität, deren Wunsch auf dem Weg zur Praxis oft genug auf der Strecke bleibt. Der heute weit verbreitete Individualismus korreliert jedenfalls mit Desolidarisierung, also mit einem katastrophalen Mangel an belastbarer Solidarität. Die moderne Freiheit ist deshalb der großen Gefahr ausgesetzt, unsolidarisch gelebt zu werden. Für die Lebensart des heutigen Menschen ist – mit dem Züricher Paardynamiker Jürg Willi gesprochen – die »unbezogene Selbstverwirklichung« charakteristisch.[17] Und amerikanische Soziologen wie Robert N. Bellah reden sogar von einem »expressiven Individualismus« als der dominierenden Haltung vornehmlich derjenigen Menschen, die heute zu den jüngeren Generationen gehören.[18] Das eigentliche Kernproblem des heutigen Menschen ist folglich daran festzumachen, dass sein Freiheitsanspruch im Kontext mangelnder Solidarität aufkommt und nicht selten darin umkommt und die hoch eingeschätzte Freiheit des einzelnen Menschen sich nicht mehr mit solidarischer Gerechtigkeit verschwistern will.

b) Emanzipation als Kern neuzeitlicher Freiheit

Die Charakterisierung des neuzeitlichen Freiheitsverständnisses könnte leicht den Eindruck erwecken, dieses stehe in einem völligen Gegensatz zur Tradition des christlichen Glaubens. In dieser Pauschalität trifft ein solches Urteil aber nicht zu. Denn der christliche Glaube trifft sich mit dem neuzeitlichen Grundempfinden des heutigen Menschen durchaus darin, dass er sich als unfrei erfährt, an seiner Unfreiheit leidet und sich nach mehr Freiheit sehnt. Die christliche Tradition unterscheidet sich aber maß-

---

Wurzeln. Der Relativismus und die Krise der europäischen Kultur (Augsburg 2005) 9- 60, zit. 14.
[16] Vgl. K. Koch, Solidarität: Lebenselixier christlichen Glaubens (Freiburg / Schweiz 1998).
[17] J. Willi, Was hält Paare zusammen? Der Prozess des Zusammenlebens in psycho-ökologischer Sicht (Reinbek bei Hamburg 1991).
[18] R. N. Bellah u. a., Gewohnheiten des Herzens. Individualismus und Gemeinsinn in der amerikanischen Gesellschaft (Köln 1987).

geblich bei der detektivischen Suche nach den eigentlichen Wurzeln der menschlichen Unfreiheit.

Der neuzeitliche Mensch pflegt diese Wurzeln zumeist gerade nicht bei sich selbst zu suchen, sondern außerhalb seiner. Bereits Jean Jacques Rousseau vertrat die Überzeugung, der Mensch sei von Haus aus eigentlich gut und frei; unfrei und böse werde er vielmehr allein aufgrund von äußeren Verhältnissen und Einflüssen. Folglich müsse man den jungen Menschen, damit er gut und frei bleiben könne, von seiner Umwelt abschirmen. In den Fußstapfen dieses Philosophen sucht auch der moderne Mensch die Ursachen seiner Unfreiheit nicht in seinem Innern, sondern gleichsam im »Außerorts« seiner eigenen Existenz: sei dies in den sozialen Bedingungen, sei dies in den gesellschaftlichen Verhältnissen oder sei dies in den hierarchischen Strukturen der katholischen Kirche. Getreu dem Motto von Bertold Brechts »Gutem Menschen von Sezuan« – »Ich wär ja gern ein guter Mensch, nur leider sind die Verhältnisse nicht so« – pflegt auch der moderne Mensch die Schuld für seine Unfreiheit so oft allein bei den andern zu suchen. Denn er ist weithin überzeugt, von Haus aus eigentlich frei zu sein, in seiner Freiheit aber von der gesellschaftlichen Umwelt behindert zu werden.

Das elektrisierende Stichwort des modernen Menschen heißt deshalb nicht zufälligerweise Emanzipation, und zwar im ursprünglichen Sinn des Wortes: e manu capere – aus der Hand dessen fallen, der einen in Verwahrung hält. Im römischen Recht war Emanzipation der juristische Sachbegriff für das Mündigwerden des jungen Römers. In einem übertragenen Sinn wird unter Emanzipation heute die Selbstbefreiung des Menschen von allen versklavenden, unfrei machenden und unmündig haltenden äußeren Bedingungen verstanden, um die uns von Haus aus eigene Freiheit zurückgewinnen zu können. Darin besteht im Kern die moderne Emanzipationsthese, die den charakteristischen Freiheitsgedanken der europäischen Neuzeit enthält, der davon ausgeht, dass das, was von außen in den Menschen hinein wirkt, seine Freiheit unrein macht. Diese These ist nicht nur wirksam geworden im liberalistischen Menschenbild, sondern auch in der marxistischen Sicht des Menschen, die die unrealistische und letztlich absurde Hoffnung geweckt hat, die Veränderung der gesellschaftlichen Strukturen werde von selbst den neuen und freien Menschen hervorbringen[19].

Diese weltanschaulichen Tendenzen haben in den vergangenen Jahrzehnten auch einen großen Einfluss auf verschiedene Strömungen des theologischen Denkens gehabt, in denen entweder Emanzipation als der

---

[19] Vgl. dazu die frühen Analysen bei J. Ratzinger, Die christliche Brüderlichkeit (München 1960), bes. 26–32; Ders., Einführung in das Christentum (München 1968), bes. 43–48.

neue Name für Erlösung ausgegeben[20] oder Erlösung mit einem praxisorientierten, so genannt befreienden Handeln der Menschen identifiziert wurde.[21] Vor allem in jenen Tendenzen der Befreiungstheologie, die in einer unkritischen Weise auf die marxistische Ideologie zurückgegriffen und diese leichtfertig auf den christlichen Hoffnungsbegriff übertragen haben, wurde Erlösung selbst als politischer Prozess verstanden, so dass die Erlösung des Menschen nicht mehr von Gott, sondern vom Menschen und seinen geschichtlichen Erfahrungen her gedacht wird, diese zum Maßstab und Kriterium dessen angesetzt werden, was Erlösung genannt wird, und damit die christliche Botschaft vom Kommen des Reiches Gottes in eine innergeschichtliche Eschatologie umgewandelt wird.[22]

Dieser Traum vom neuen Menschen und der neuen Gesellschaft ist freilich im vergangenen Jahrhundert gehörig ausgeträumt worden. Denn überall dort, wo man sich anschickte, den neuen Menschen zu produzieren und das Reich Gottes zu errichten, ist das Gegenteil bewerkstelligt worden: Das Tausendjährige Reich des Nationalsozialismus hat mitnichten das Reich der Freiheit gebracht, sondern das schiere Gegenwerk davon. Auch die marxistische Gesellschaft hat nicht das Reich Gottes errichtet, sondern uns bloß mit einer neuen Diktatur der Partei und ihrer Klasse versehen. Dort, wo im vergangenen Jahrhundert viel vom »neuen Menschen« geträumt worden ist, ist der alte Mensch besonders wirksam geblieben. Denn der Traum vom »neuen Menschen« ist gerade im vergangenen Jahrhundert für Millionen von Menschen zum Alptraum geworden. Nach dem Zusammenbruch der marxistisch inspirierten Regierungssysteme, die zusammen mit der nationalsozialistischen Terrorherrschaft zu den größten Sklavensystemen der neuzeitlichen Gesellschaft zu zählen sind, ist vollends deutlich geworden, dass eine innergeschichtliche Eschatologie nicht befreit, sondern in neuer Weise versklavt. Diese Einsicht hat Joseph Ratzinger, der als Papst Benedikt XVI. in seiner zweiten Enzyklika über die christliche Hoffnung die Umwandlung des christlichen Hoffnungsglaubens in der Neuzeit nochmals hellsichtig analysiert hat[23], mit den klaren Worten ausgesprochen: »Wo Politik Erlösung sein will, verspricht sie zuviel. Wo sie das Werk Gottes tun möchte, wird sie nicht göttlich, sondern dämonisch.«[24]

---

[20] Vgl. L. Scheffczyk, Erlösung und Emanzipation (Freiburg i. Br. 1973).
[21] Vgl. H. Kessler, Erlösung als Befreiung (Düsseldorf 1972).
[22] Vgl. Internationale Theologenkommission (Hrsg.), Theologie der Befreiung (Einsiedeln 1977).
[23] Benedikt XVI, Spe salvi, Nr. 16–23.
[24] J. Kardinal Ratzinger, Die in den 1990er Jahren aufgebrochenen neuen Fragestellungen. Zur Lage von Glaube und Theologie heute, in: Ders., Glaube – Wahrheit – Toleranz. Das Christentum und die Weltreligionen (Freiburg i. Br. 2003), 93–111, zit. 94.

II. Christliche Erlösung zur Freiheit

Von dieser neuzeitlichen Freiheitsgeschichte unterscheidet sich das biblische Freiheitsverständnis darin, dass der neue Mensch und die neue Gesellschaft gerade nicht das Produkt von politisch-revolutionären Anstrengungen allein sein können, sondern ein neues Herz voraussetzt, das freilich nur Gott dem Menschen einpflanzen kann. In aller Deutlichkeit kommt diese Sicht zum Ausdruck in der Botschaft des Propheten Ezechiel von der göttlichen Transplantation des menschlichen Herzens: »Ich schenke euch ein neues Herz und lege einen neuen Geist in euch. Ich nehme das Herz von Stein aus eurer Brust und gebe euch ein Herz aus Fleisch« (Ez 36, 26). In der Auseinandersetzung mit den Pharisäern über Reinheit und Unreinheit betont Jesus: »Nichts, was von außen in den Menschen hineinkommt, kann ihn unrein machen, sondern was aus dem Menschen herauskommt, macht ihn unrein« (Mk 7, 15); und er begründet dies mit der weiteren Feststellung: »Von innen, aus dem Herzen der Menschen kommen die bösen Gedanken, Unzucht, Diebstahl, Mord, Ehebruch, Habgier, Bosheit, Hinterlist, Ausschweifung, Neid, Verleumdung, Hochmut und Unvernunft. All dieses Böse kommt von innen und macht den Menschen unrein« (Mk 7, 21–23).

1. Hamartiologisch vergiftete Freiheit

Die Freiheitsbotschaft des biblischen Glaubens geht also von einem durchaus weniger optimistischen, dafür aber realistischeren Menschenbild als demjenigen aus, das der modernen Emanzipations- und Befreiungsthese zugrunde liegt. Selbstverständlich leugnet auch der Glaube nicht, dass es äußere Verhältnisse und Bedingungen gibt, die die menschliche Freiheit behindern. Aber dieses »Außerorts« macht in seiner Sicht noch nicht die eigentliche Wurzel der menschlichen Unfreiheit aus. Diese liegt vielmehr im »Innerorts« des Menschen selbst. Der biblische Glaube versteht den Menschen deshalb nicht als von Haus aus frei und gut, sondern gerade als unfrei, wiewohl er zur Freiheit bestimmt und berufen ist, wie Paulus explizit hervorhebt, für den Freiheit ein zentraler Begriff seiner Verkündigung gewesen ist.[25] Der Glaube weiß darum, dass der Mensch elementar darauf angewiesen ist, allererst zu seiner Freiheit befreit zu werden, um von seiner befreiten Freiheit auch wirklich befreienden Gebrauch machen zu können. Das entscheidende Stichwort des christlichen Freiheitsver-

---

[25] Vgl. M. Hüttner, Zur Freiheit befreit (Gal 5, 1). Die moralisch-praktische Relevanz der Rechtfertigungslehre = Bamberger Theologische Studien 25 (Frankfurt a. M. 2004).

ständnisses heißt deshalb nicht Emanzipation, jedenfalls nicht in erster Linie, sondern Erlösung. Dabei handelt es sich um eine Wirklichkeit, die wir nicht selbst machen, die wir uns vielmehr nur schenken lassen können.

In der biblischen Sicht der menschlichen Freiheit wird zunächst deutlich, was gerade nicht der Inbegriff, sondern das Gegenteil der Freiheit ist, nämlich der tiefere Sinn dessen, was der christliche Glaube als Sünde bezeichnet, also jener Wirklichkeit, die das neuzeitliche Freiheitsverständnis gerne verschweigt oder gar leugnet. Das christliche Freiheitsverständnis kann aber auf Begriff und Wirklichkeit der Sünde nicht verzichten, sondern stellt sie vielmehr klar vor Augen, wie dies beim verlorenen Sohn im biblischen Gleichnis zu Tage tritt. Denn seine Einsicht in die Sünde beginnt präzis damit, dass er sich im buchstäblichen Sinn als verloren erfährt. In dieser Situation geht ihm auf, dass er zuhause bei seinem Vater ein Freier gewesen ist und dass selbst dessen Knechte freier sind als er jetzt, der meinte, dadurch frei werden zu können, dass er in die Fremde gehen wollte. In der Fremde aber entdeckt er, dass er auch innerlich fremd gegangen ist und nun nicht als freier Mensch, sondern als Entfremdeter dasteht. Damit bahnt sich der Weg der Umkehr an, die die Unfreiheit als Folge der Sünde erkennen lässt.

Der verlorene Sohn macht die Erfahrung, dass Sünde nicht mehr Freiheit gewährt, sondern erst recht in die Unfreiheit führt. Diese Erkenntnis steht freilich quer zur Freiheitssehnsucht des modernen Menschen, der sich nur dann als frei empfindet, wenn er von nichts und von niemandem abhängig ist und wenn er tun kann, was er will. Doch solche Absolutsetzung des eigenen Ich, das gleichsam alles sein und alles haben will, macht den Menschen gerade nicht frei, sondern macht ihn zum Sklaven seiner selbst; und der aus dieser Absolutsetzung des eigenen Ich folgende Libertinismus ist nicht Freiheit, sondern ihr Scheitern. Denn der Mensch ist kein Absolutum, das wähnen könnte, es könne sich in sich selbst einigeln und nur seinem eigenen Wollen gemäß handeln. Der Mensch ist vielmehr ein Wesen, das in Beziehungen lebt und deshalb sich selbst verrät, wenn es gegen seine eigene Wahrheit lebt und beziehungslos sein Leben gestalten will.

Der innerste Kern der Sünde ist folglich die Leugnung des geschöpflichen Seins des Menschen und damit Selbstentfremdung, die gerade dann eintritt, wenn der Mensch um sich selbst kreist und sich zum Mittelpunkt der Welt erklärt. Denn das Wort Sünde leitet sich her von »absondern« und bezeichnet die Negierung und Zerstörung der menschlichen Beziehungen und Verhältnisse, die vom Innen des Menschen ausgeht und ihre Wurzel im Herzen hat[26]. Die Sünde ist genauerhin die Destruktion der für das

---

[26] Vgl. E. Jüngel, Das Evangelium von der Rechtfertigung des Gottlosen als Zentrum des christlichen Glaubens (Tübingen 1999), bes. 75–125: Die Unwahrheit der Sünde.

menschliche Leben notwendigen und es tragenden Verhältnisse und Beziehungen: der Beziehung zu den Mitmenschen, der Beziehung zur Gemeinschaft, der Beziehung zur ganzen Schöpfung, der Beziehung des Menschen zu sich selbst und – in diesen elementaren Beziehungen – die Beziehung des Menschen mit Gott. Sünde ist jenes Phänomen, das in der Sprache der heutigen Jugendlichen als »Beziehungskiste« treffend benannt wird. Präzis hat bereits der Reformator Martin Luther den Sünder als »homo incurvatus in se ipsum« bezeichnet, als den in sich selbst verkrümmten Menschen, was wörtlich zu verstehen ist: Der in sich selbst verkrümmte Mensch vermag von der ganzen Welt nichts mehr wahrzunehmen außer seinen eigenen Bauchnabel, den er denn auch zum »Hochaltar« seiner Privatreligion erhebt, die zumeist auch eine Religion des Bauches ist, wie nochmals Jesu Wort über Reinheit und Unreinheit veranschaulicht.

Wenn der Mensch ein Wesen ist, das in Beziehung lebt, und wenn er an einen Gott glauben darf, der in sich selbst Beziehung in der Gemeinschaft der drei Personen ist, dann bedeutet Sünde Beziehungen zu stören und zu zerstören und damit gegen die Wahrheit des eigenen Seins zu leben. Diese Beschreibung der Sünde als Selbstentfremdung des Menschen ruft die weitere Frage hervor, weshalb der Mensch es offensichtlich immer wieder vorzieht, nicht der Wahrheit seines eigenen Wesens zu folgen, sondern der Lüge, und weshalb er das Gegenteil von dem, was er wesensgemäß wollen sollte, bewerkstelligt, wie dies Paulus in seinem Brief an die Römer meisterhaft beschrieben hat: »Das Wollen ist bei mir vorhanden, aber ich vermag das Gute nicht zu verwirklichen. Denn ich tue nicht das Gute, das ich will, sondern das Böse, das ich nicht will. Wenn ich aber das tue, was ich nicht will, dann bin nicht mehr ich es, der so handelt, sondern die in mir wohnende Sünde« (7, 18–20).

Die Rede vom Wohnen der Sünde im Menschen verweist auf einen Widerspruch, der offensichtlich im Inneren des Menschen west und gleichsam sein Un-Wesen treibt. Dabei handelt es sich keineswegs bloß um eine Theorie, die sich möglicherweise aus einem pessimistischen Menschenbild nährt, sondern um eine Tatsache, die jeder Mensch immer wieder erfahren kann, wenn er mit offenen Augen in die Welt blickt. Weil aus Bösem immer wieder Böses entsteht und Sünde immer wieder Sünde hervorbringt und somit alle Sünden der Geschichte untereinander zusammenhängen, spricht die christliche Tradition von Ursünde oder Erbsünde, die sich im Menschen auswirkt. Papst Benedikt XVI. vergleicht die Erbsünde mit einem »Gifttropfen« in uns Menschen und spricht von einem schmutzigen Fluss, der die Gestaltung der menschlichen und menschheitlichen Geschichte vergiftet hat und weiterhin vergiftet.[27]

---

[27] Benedikt XVI., Predigt am Hochfest der Unbefleckten Empfängnis der Jungfrau und Gottes-

Dieser Gifttropfen mischt sich vor allem in die Beziehung des Menschen mit Gott, indem er Gott als Konkurrenten des Menschen erscheinen lässt, auf den man nicht vertrauen kann, sondern umgekehrt den Verdacht hegen muss, dass er die menschliche Freiheit einschränkt, so dass sich der Mensch von Gott befreien muss, um seine Freiheit zurückgewinnen zu können. Darin besteht jene Grundversuchung, die bereits im Paradies von der Schlange an den Menschen heran getragen worden ist und sich nach der Vergiftung der Gottesbeziehung auch auf die anderen menschlichen Beziehungen augewirkt hat, wie dies in den ersten Kapiteln der Genesis geschildert wird: angefangen von der Vertreibung aus dem Paradies über die Störung der Mann-Frau-Beziehung über den Brudermord bis zur Sintflut. Wer die Geschicke der heutigen Welt aufmerksam beobachtet, für den ist die Erbsünde auch als empirische Realität mit Händen zu greifen, zumal die Sünde nicht Freiheit ermöglicht, sondern Freiheit bedroht. Von daher erklärt sich nicht nur das neue Interesse, das – nach einem langen Verschweigen oder gar Verleugnen – der Erbsünde in der Theologie wieder entgegengebracht wird[28], sondern auch das immer wieder neue Erwachen der Sehnsucht nach Erlösung der vergifteten Beziehungen und der vergifteten Herzen.

2. Befreiung zu kommunikativ-solidarischer Freiheit

Der Gifttropfen der Erbsünde ist das Streben nach einer solipsistischen Freiheit, die sich in erster Linie als Freiheit *von* versteht, die sich selbst isoliert und sich unabhängig machen will, und nicht als Freiheit *zu*, die sich in der Praxis der Liebe bewährt. So verstandene Freiheit strebt nach völliger Unabhängigkeit selbst von Gott und seiner Liebe, die die Verabsolutierung des eigenen Ich nach sich zieht und zur Selbstvergottung führt. Gegenüber dieser angestrengten Borniertheit der Sünde und der mit ihr verbundenen Götterdämmerung stellt sich als alternative Lebensart des Glaubens die Gelassenheit heraus. In ihr kann man den tiefsten Wurzelgrund jener Freiheit des Menschen erblicken, die sich im christlichen Glauben eröffnet. Denn Glauben im Sinne des Vertrauens auf Gott ist die Befreiung des Menschen aus dem Kerker des Kreisens um sich selbst und Befreiung zu menschlichen Beziehungen und menschengerechten Verhältnissen. Wer glaubt und vertraut, vollzieht damit das eine Notwendige, das

---

mutter Maria am 8. Dezember 2005, in: Insegnamenti di Benedetto XVI, I 2005 (Città del Vaticano 2006), 942–947.
[28] H. Hoping / M. Schulz (Hrsg.), Unheilvolles Erbe? Zur Theologie der Erbsünde (Freiburg i. Br. 2009).

Papst Benedikt XVI. in einer sehr frühen Publikation die »kopernikanische Wende des eigenen Lebens« genannt hat, nämlich dass wir uns selbst nicht mehr als den Weltmittelpunkt betrachten, um den sich die anderen zu drehen haben, sondern dass wir stattdessen beginnen, mit vollem Ernst zu bejahen, »dass wir eins von vielen Geschöpfen Gottes sind, die sich gemeinsam um Gott als die Mitte bewegen«[29].

Wenn wir diesen hohen Anspruch des Glaubens in seiner ganzen Tragweite ernst nehmen, spüren wir erst recht, wie resistent die Sünde, genauerhin die vorkopernikanische Illusion in uns lebt und wirkt. Nicht nur meinen wir noch immer dem Augenschein nach, dass die Sonne auf- und untergeht und sich um die Erde dreht, sondern auch in einem viel tieferen Sinn leben wir noch immer existentiell vor Kopernikus, wenn wir illusionär meinen, das eigene Ich für den Mittelpunkt halten zu dürfen und zu sollen, um den herum sich die Menschen und die ganze Welt zu drehen haben. Demgegenüber mutet uns der christliche Glaube zu, dass wir die kopernikanische Wende auch in unserem Leben vollziehen und den Egoismus, die Selbstzufriedenheit und das Zurückschauen auf uns selbst überschreiten.

Von daher gilt es neu zu buchstabieren, was Freiheit bedeutet und welcher Mensch denn frei ist: Ist es der Playboy, der nicht nur beziehungssüchtig, sondern auch beziehungsflüchtig ist, der deshalb von einer flüchtigen Beziehung in eine andere flüchtet und dabei gar keine Zeit hat, einem konkreten und einmaligen Du wirklich zu begegnen? Oder ist nicht vielmehr derjenige Mensch frei, der das einmal gesprochene Ja zu einem konkreten Menschen auch in schwierigen Situationen durchträgt, gemeinsam mit ihm vorwärts geht und in seinem Ja keiner Erstarrung verfällt, sondern im Leben mit ihm auch immer tiefer erlernt, sich an das Du freizugeben und darin selbst frei zu werden? Entgegen dem heute weit verbreiteten Vagabundentum der so genannten freien Liebe weiß der christliche Glaube darum, dass Freiheit kein Gegensatz zu Bindung, Treue und Liebe sein muss und auch nicht ist, dass sich Freiheit und Treue vielmehr gegenseitig fordern und fördern: Nur derjenige kann wirklich frei sein, der auch treu sein kann; und nur derjenige kann wirklich treu sein, der selbst frei ist. Die Freiheit ist der Preis, den die Treue gewinnt; und Treue ist der Preis, den die Freiheit kostet. Der wahre Ausdruck der Freiheit besteht deshalb in der Fähigkeit, sich für eine endgültige Hingabe zu entscheiden, in der sich die Freiheit dadurch, dass sie sich weggibt und verschenkt, selbst ganz wieder findet. Der christliche Glaube will, wie Kardinal Carlo M. Martini mit Recht betont, die »Verschmelzung der beiden Gegebenheiten, der Freiheit

---

[29] J. Ratzinger, Vom Sinn des Christseins. Drei Predigten (München 1966), 58.

nämlich und der Gemeinschaft«[30]. Denn Freiheit ist entweder kommunikativ und solidarisch oder sie ist nicht wirklich Freiheit.

Das christliche Konzept einer treuen Freiheit und einer freien Treue hat seinen anthropologischen Grund darin, dass der Mensch von Haus aus ein Wesen der Beziehung und deshalb menschliche Freiheit immer in dem Sinn begrenzt ist, dass die Freiheit des einen die Freiheit des anderen begrenzt. Freiheit kann es deshalb nur als geteilte Freiheit geben und nur in der Gemeinschaft der Freiheiten gelebt werden. Es kann prinzipiell keine Freiheit des einen gegen den anderen geben. Wenn ein Mensch sein eigenes Ich verabsolutiert, wird er zum Konkurrenten des anderen; und wer sich selbst zu Gott erklärt, muss notwendigerweise den anderen Menschen zum Anti-Gott und Feind erklären. Dann können Menschen nicht mehr zusammenleben, weil dann Feindschaft und Gewalt das Leben dominieren. Demgegenüber kann Freiheit nur gedeihen und sich entfalten, wenn die Menschen lernen, in rechter Weise miteinander und füreinander zu leben. Nur eine gemeinsame Freiheit ist eine wirklich menschliche Freiheit; und menschliches Zusammenleben kann nur gelingen, wenn Freiheiten symphonisch zusammenklingen.

Das musikalische Bildwort der Symphonie verweist auf Wahrheit, wie Hans Urs von Balthasar in Erinnerung gerufen hat, dass die Wahrheit symphonisch ist und umgekehrt Symphonie Anwesenheit von Wahrheit anzeigt.[31] Menschen können nur dann in Freiheit zusammenleben, wenn sie sich an der Wahrheit ihres Seins orientieren und dabei erkennen, dass die Wahrheit ihres Seins eine allen Menschen gemeinsame Wahrheit ist. Freiheit kann es deshalb nicht ohne Wahrheit geben; und umgekehrt schafft nichts mehr Freiheit als Wahrheit. Wenn der Kern der Sünde in der Selbstentfremdung des Menschen liegt, dann vermag der Mensch seine Freiheit nur wiederzugewinnen, wenn er sich der Wahrheit seines Seins stellt und sich der Bekundung dieser Seinswahrheit in seinem Gewissen öffnet. Denn recht verstanden ist das Gewissen das vornehmste Organ der Freiheit, insofern in ihm die Stimme der objektiven Wahrheit im konkreten Menschen wahrgenommen und es nicht als subjektivistischer Widerstand gegen die Wahrheit des Seins missverstanden und missbraucht wird.

---

[30] M. Garzonio, Nahaufnahme. Carlo Maria Martini (Trier 1997), 36.
[31] H. U. von Balthasar, Die Wahrheit ist symphonisch. Aspekte des christlichen Pluralismus (Einsiedeln 1972).

3. Befreiung zu einem mündigen Gewissen

Beim menschlichen Gewissen handelt es sich ohne Zweifel um ein äußerst komplexes Phänomen, das es um der Rettung der Freiheit des Menschen willen genauer zu analysieren gilt.[32] Es sind vor allem zwei wesentliche Ebenen des Gewissensbegriffs zu unterscheiden und zugleich einander zuzuordnen. Diese beiden Ebenen hat die christliche Tradition mit den Begriffen »Conscientia« und »Anamnesis« zum Ausdruck gebracht: Während mit Conscientia der Gewissensakt auf der Ebene des konkreten Urteilens umschrieben wird, bezeichnet Anamnesis die ontologische Schicht des Gewissensphänomens im Sinne der Urerinnerung des Menschen an das Gute und Wahre, wie dies Augustinus mit den Worten ausgedrückt hat: »Wir könnten nicht urteilend sagen, dass das eine besser sei als das andere, wenn uns nicht ein Grundverständnis des Guten eingeprägt wäre.«[33] Wenn man beide Ebenen zusammen sieht, dann geht es im Gewissensakt im Sinne der Conscientia um die Anwendung der Urerinnerung an das Gute und Wahre im Sinne der Anamnesis in den einzelnen Lebenssituationen. Blendet man hingegen die ontologische Ebene der Anamnesis, nämlich der vernehmlichen und gebieterischen Gegenwart der Stimme des Wahren und Guten im Menschen aus, dann bleibt vom Gewissen nur noch der Gewissensakt, nämlich das Gewissen als Geschehen im Vollzug, das die Anamnesis nicht mehr wirken lässt. Damit aber wird das Gewissen auf die subjektive Überzeugung des einzelnen reduziert, so dass der Mensch riskiert, bloß noch aus gewissen Gründen, aber nicht mehr aus Gewissensgründen zu entscheiden und zu handeln.

    Diesen grundlegenden Unterschied im Gewissensverständnis kann man sich am besten am Begriff des irrenden Gewissens veranschaulichen. Dass auch das irrige Gewissen den Menschen bindet, dieser Grundsatz ist einerseits auf der Ebene des Gewissensurteils im Sinne der Conscientia in der Tat gültig und unerlässlich. Es kann deshalb nie Schuld sein, wenn ein Mensch seiner – auch irrigen – Überzeugung folgt; er muss es vielmehr. Dass auch das irrige Gewissen verpflichtet, dieser Grundsatz trifft andererseits aber in keiner Weise auf der ontologischen Ebene der Anamnesis zu. Hier muss vielmehr von Schuld gesprochen werden, die darin besteht, dass man deshalb zu verkehrten und irrigen Überzeugungen gelangt ist, weil man die Anamnesis, die Urerinnerung an das Gute und Wahre, in sich zum Verstummen gebracht hat. Die eigentliche Schuld liegt dann nicht im jeweiligen Gewissensurteil, sondern in der »Verwahrlosung meines Seins, die mich stumpf gemacht hat für die Stimme der Wahrheit und

---

[32] Vgl. D. V. Twomey, Benedikt XVI. Das Gewissen unserer Zeit (Augsburg 2006).
[33] Augustinus, De trinitate VIII 3, 4.

deren Zuspruch in meinem Innern«[34]. Hier liegt der tiefste Grund, dass Überzeugungstäter wie beispielsweise Hitler und Stalin schuldig geworden sind, selbst wenn sie sich auf ihr – freilich irriges – Gewissen berufen haben.

Der Begriff des irrigen Gewissens kann verdeutlichen, dass die eigentliche Problematik bei der heute üblich gewordenen Berufung auf das Gewissen nicht selten darin besteht, dass man von den zwei wesentlichen Ebenen des Gewissensbegriffs die ontologische Ebene der Anamnesis ausblendet und die andere Ebene der Conscientia beinahe ausschließlich zum Tragen bringt. Mit einer solchen Subjektivierung des Gewissensverständnisses aber wird das komplexe Phänomen des Gewissens auf die subjektive Gewissheit des einzelnen Menschen reduziert, die dann freilich oft kaum mehr von bloß persönlichen Meinungen unterschieden werden kann, wie Papst Benedikt XVI. messerscharf analysiert hat: »Die Identifikation des Gewissens mit dem Oberflächenbewusstsein und die Reduktion des Menschen auf seine Subjektivität befreit nicht, sondern versklavt; sie macht uns erst vollends abhängig von den herrschenden Meinungen und erniedrigt das Niveau der herrschenden Meinungen selbst von Tag zu Tag.«[35] Auf diesem Weg verkommt das Gewissen leicht zum Entschuldigungsmechanismus für eine maßlose und unbeschränkte Freiheit und vermag nicht mehr als Transparenz des menschlichen Subjekts für das Göttliche und damit als Garant der Würde und Größe des Menschen und seiner wahren Freiheit zu wirken.

Angesichts dieses neuzeitlichen Schrumpfungsprozesses im Gewissensverständnis wird sichtbar, wie aktuell die Warnung des Paulus auch heute ist, bei der befreiten Freiheit zu bleiben und sich nicht wiederum das »Joch der Knechtschaft« aufzuerlegen (Gal 5, 1). In unserem gedanklichen Zusammenhang bedeutet dies konkret, dass jenes Gewissen noch nicht als mündig zu bezeichnen ist, das sich allein am persönlichen Gewissensurteil des einzelnen Menschen im Sinne der Conscientia orientiert und darauf den Grundsatz von der Bindung auch des irrigen Gewissens auf das subjektivistisch reduziert verstandene Gewissen anwendet. Als mündig ist vielmehr erst jenes Gewissen zu bezeichnen, das sich so gebildet hat, dass sich in seinen Vollzügen auf der Ebene des konkreten Urteilens im Sinne der Conscientia vor allem die Anamnesis, die Urerinnerung daran, was wahr und gut ist, wirksam zu Wort zu melden und das konkrete Gewissensurteil zu leiten vermag. So verstanden können sich beispielsweise die

---

[34] J. Kardinal Ratzinger, Wenn du den Frieden willst, achte das Gewissen jedes Menschen. Gewissen und Wahrheit, in: Ders., Wahrheit, Werte, Macht. Pluralistische Gesellschaft im Kreuzverhör (Frankfurt a. M. 1999), 25–62, zit. 58.
[35] Ebda. 38–39.

dogmatischen Glaubensbekenntnisse und die ethischen Normen der Kirche auf der einen und das Gewissen des einzelnen Christen auf der anderen Seite nicht frontal gegenüberstehen. Die dogmatischen Glaubensbekenntnisse und die ethischen Normen der Kirche sind vielmehr Orientierungshilfen für das Gewissen des Einzelnen, die vor allem die ontologische Ebene der Anamnesis wach halten. In diesem elementaren Sinn erweist sich das Gewissen als Hort der menschlichen Freiheit, die die Wahrheit des menschlichen Seins zugunsten der wahren Freiheit des Menschen zur Geltung bringt.

4. Gott als Grund der Freiheit

Ein derart anspruchsvolles Gewissen hat bereits Paulus den Christen in Ephesus zugemutet. In seinem Brief beurteilt er einen Glauben, der vor allem den Wellen der Mode und der letzten Neuheiten folgt, gerade nicht als mündig. Er fordert die Epheser vielmehr auf, nicht mehr unmündige Kinder zu sein, die von den Wellen hin und her geworfen werden. Erwachsen, reif und frei ist für ihn vielmehr ein Glaube, der in der Freundschaft mit Jesus Christus so tief verwurzelt ist, dass er offen wird für alles, was gut ist, zwischen wahr und falsch, zwischen Wahrheit und Trug zu unterscheiden lernt und sich vor allem in der Liebe verwirklicht, wie Paulus schreibt: »Wir wollen uns, von der Liebe geleitet, an die Wahrheit halten und in allem wachsen, bis wir ihn erreicht haben. Er, Christus, ist das Haupt. Durch ihn wird der ganze Leib zusammengefügt und gefestigt in jedem einzelnen Gelenk. Jedes trägt mit der Kraft, die ihm zugemessen ist. So wächst der Leib und wird in Liebe aufgebaut.« (Eph 4, 15–16)

Einen erwachsenen Glauben reifen zu lassen und, von der Liebe geleitet, die Wahrheit zu leben, um so Christus, dem Haupt der Kirche, immer näher zu kommen: Darin besteht die wahre Freiheit des Christen, die er nur in Gemeinschaft mit Gott finden kann. Während menschliche Emanzipation und zwischenmenschliche Befreiung letztlich nur Fragmente von Freiheit ermöglichen, aber nicht inhaltsvolle und wahre Freiheit schenken und garantieren können, kann christlich verstandene Freiheit nur aus Freiheit entstehen, und zwar aus jener absoluten Freiheit Gottes, die gerade nicht Konkurrenz, sondern Garant der menschlichen Freiheit ist.

Diese christliche Grundüberzeugung lässt sich auch philosophisch erhärten: Wenn menschliche Freiheit nur als gemeinsame und zwischen Menschen geteilte Freiheit möglich ist, kann noch nicht der Mitmensch der letzte Grund meiner Freiheit sein, weil auch dieser wie ich auf das Geschenk der Freiheit angewiesen ist. Freiheit als gemeinsame begründen kann vielmehr nur »eine personhafte Wirklichkeit übermenschlicher Art«,

»die im Unterschied zur menschlichen reiner Akt der Freiheit« ist[36]. Der Mensch ist zudem nur dann wirklich das weltoffene Wesen, wie ihn die moderne Anthropologie beschrieben hat[37], wenn er nicht im innerweltlichen Raum verharrt, sondern den Horizont der Welt überschreitet, so dass er als das gottoffene Wesen charakterisiert werden muss. Wenn deshalb menschliche Freiheit nur in Bezug auf die vollkommene Freiheit Gottes sein kann, was sie ist, ist im Urteil des Transzendentalphilosophen Hermann Krings der Gottesgedanke im Horizont der die transzendentale Freiheit erfüllenden vollkommenen Freiheit »nicht nur möglich, sondern notwendig«[38]. Und Krings hat mit Recht hervorgehoben, dass ein so gedachter Gott weitgehend der biblischen Gottesvorstellung entspricht: »Christlich realisiert sich die Freiheit als der unbedingte Ent-schluss für den Menschen im Hinblick auf den unbedingten Entschluss Gottes für den Menschen; jener Ent-schluss, als welcher Jesus existiert hat.«[39] Damit ist die Grundintuition des christlichen Glaubens angesprochen, die davon ausgeht, dass der Mensch elementar darauf angewiesen ist, allererst zu seiner Freiheit befreit zu werden, und zwar in der persönlichen Begegnung mit jener Freiheit, die diesen Namen wirklich verdient, nämlich mit der absoluten Freiheit Gottes, wie Alfred Delp diese tiefste Glaubenswahrheit ausgesprochen hat: »Die Geburtsstunde der christlichen Freiheit ist die Begegnung mit Gott.«

Darin besteht auch die Erfahrung des verlorenen Sohnes, bei dem bereits in der Fremde in seinem Innern die Er-Inner-ung an die Freiheit im Vaterhaus wach wird und der sie vollends bewahrheitet findet, wenn er nach Hause zurückkehrt und der Vater ihm entgegenläuft. Die Großzügigkeit des Vaters hat sich bereits darin gezeigt, dass er den Sohn hat seinen Weg gehen und ihn gewähren lassen, auch wenn es sich in seinen Augen um eine sehr riskante und deshalb missbrauchbare Freiheit handelt. Wenn dann der Ausgeflippte mit zerknirschtem Herzen nach Hause kommt, rechnet der Vater keineswegs mit ihm ab und wartet nicht einmal auf Vorleistungen, sondern läuft ihm entgegen. Dies muss nach dem damals herrschenden Verhaltenskodex als etwas Unerhörtes empfunden worden sein. Doch genau dieses unerhörte Vaterverhalten zeigt, von welchem Gott Jesus redet, wenn er ihn Vater nennt. Dies ist ein Gott, der jedem Menschen, und sei er noch so tief gefallen, immer wieder einen neuen Anfang schenkt: »Gott ist nicht der Patriarch, der zu Hause sitzt, sich nicht

---

[36] W. Pannenberg, Gottesgedanke und menschliche Freiheit (Göttingen 1972), 45.
[37] W. Pannenberg, Anthroplogie in theologischer Perspektive (Göttingen 1983), bes. 25–150: Der Mensch in der Natur und die Natur des Menschen.
[38] Hermann Krings, Freiheit. Ein Versuch Gott zu denken, in: Ders., System und Freiheit. Gesammelte Aufsätze (Freiburg i. Br. / München 1980), 161–184, zit. 177–178.
[39] Ebda. 181.

von der Stelle rührt und erwartet, dass seine Kinder zu ihm kommen, sich für ihr Fehlverhalten entschuldigen, um Verzeihung bitten und versprechen, es besser zu machen. Im Gegenteil, er verlässt das Haus, er achtet nicht auf seine Würde, sondern rennt ihnen entgegen, hält sich nicht bei Entschuldigungen und Beteuerungen der Besserung auf und bringt sie an den reich für sie gedeckten Tisch.«[40]

Warum verhält sich Gott so? Darauf gibt das Gleichnis eigentlich nur eine Antwort: Weil Gott Gott ist und gar nicht wie ein Mensch handeln könnte. Der verlorene Sohn darf deshalb die wunderschöne Erfahrung machen, dass der Vater ihn zwar frei-gegeben, aber nie auf-gegeben hat, und dass er auf die Rückkehr des Sohnes gar nicht anders antworten kann als dadurch, dass er ein Fest feiern lässt und den verlorenen Sohn bekleidet, und zwar mit den Insignien der wahren Freiheit: mit dem Kleid der Ehre, mit dem Ring des Erbes und dem Schuhwerk des Ansehens. All dies ist schließlich verdichtet in der schönen Geste des Vaters, der seinem Sohn um den Hals fällt und ihn küsst. Damit bringt der Vater zum Ausdruck, dass er keine andere Autorität hat als die Autorität seines grenzenlosen Erbarmens und dass es seine Liebe ist, die den verlorenen Sohn rettet und ihm seine Freiheit zurück schenkt. Diesem Gleichnis gemäß ist der Mensch nur frei, »wenn er sich Gott zuwendet, so dass ihn Gottes Herrlichkeit erfasst und durchströmt. Nur in der Verbundenheit mit Gott wird der Mensch frei, nur dann, wenn der Geist Gottes ihn erfüllt«[41].

5. *Erlösung allein durch Liebe*

Damit wird der Blick frei auf die höchste Würde des Menschen, die in seinem Geschöpfsein besteht. Geschöpf sein bedeutet zwar immer abhängig sein. Der christliche Glaube verkündet aber nicht eine Abhängigkeit von einem allmächtigen Tyrannen, der nur Unfreiheit bewerkstelligen kann, sondern Abhängigkeit von einer grenzenlosen Liebe, die die Freiheit des Menschen nicht nur respektiert, sondern geradezu hervorlockt. Die Heilige Edith Stein geht sogar so weit, dass sie Gott zumutet, die Freiheit des Menschen, ohne sie zu schmälern, überlisten zu können: »Die menschliche Freiheit kann von der göttlichen nicht gebrochen und nicht ausgeschaltet, wohl aber gleichsam überlistet werden.«[42] Geschöpf sein bedeutet demnach im christlichen Glauben, vom Schöpfer selbst geliebt, von ihm

---

[40] H. J. M. Nouwen, Nimm sein Bild in dein Herz. Geistliche Deutung eines Gemäldes von Rembrandt (Freiburg i. Br. 1998), 127.
[41] W. Pannenberg, Freude des Glaubens (München 2001), bes. 9–15: Die Berufung zur Freiheit, zit. 9.
[42] Edith Stein, Welt und Person (Freiburg i. Br. 1962), 158 ff., zitiert nach C. Kardinal Schön-

in eine Liebesbeziehung hinein gerufen zu sein und damit im Lebensraum einer grenzenlosen Liebe stehen und gedeihen zu dürfen und selbst zur Liebe berufen zu sein. Wie der Vater im Gleichnis dem verlorenen Sohn entgegengeht, so geht Gott im Menschen Jesus auf uns Menschen zu und schenkt in seiner Liebe Erlösung. Denn erlöst werden kann der Mensch nur durch die Liebe, wie dies Papst Benedikt XVI. in seiner Enzyklika über die christliche Hoffnung mit den tiefen Worten ausgesprochen hat: »Wenn es diese unbedingte Liebe gibt mit ihrer unbedingten Gewissheit, dann – erst dann – ist der Mensch ›erlöst‹, was immer ihm im einzelnen auch zustoßen mag. Das ist gemeint, wenn wir sagen: Jesus Christus hat uns ›erlöst‹.«[43]

Doch warum kann letztlich nur Liebe erlösen, und warum ist Geliebt-Werden zugleich Erlöst-Werden? Dabei ist zuerst zu bedenken, dass wir Menschen nur erlöst *werden* und uns nicht selbst erlösen können. Wie bereits dem menschlichen Lieben-Können immer das Passiv des Geliebt-Werdens vorausgeht und zugrunde liegt, so ist erst recht die Liebe Gottes zu den Menschen das Fundament des christlichen Lebens. Erst und nur wenn wir bereit sind, dieses passivum divinum anzuerkennen und anzunehmen, erreichen wir die Region, in der von Freiheit und Wahrheit und damit von Erlösung gesprochen werden kann. Denn wahr und frei können wir nur werden, wenn wir unsere Autarkiesucht aufgeben und aufhören, Gott sein zu wollen. Dies bedeutet konkret, dass wir unsere Freiheit nur zurückgewinnen können, wenn wir unsere Sünde eingestehen und sie uns vergeben lassen. Da aber tragfähige Absolution nur vom Absoluten her möglich ist[44], und da die Sünde, wie wir bereits gesehen haben, das geschöpfliche Sein des Menschen lädiert und die Schöpfungsbeziehung stört, kann nur der Schöpfer der Erlöser sein: »Erlöst werden können wir nur, wenn der, von dem wir uns abgeschnitten haben, neu auf uns zugeht und uns die Hand reicht. Nur das Geliebt-werden ist Erlöst-werden, und nur die Liebe Gottes kann die gestörte menschliche Liebe reinigen, das von seinem Grund her verfremdete Beziehungsgefüge wiederherstellen.«[45]

Damit ist zweitens evident, dass Erlösung dem Menschen nicht einfach von außen verfügt werden kann, weil auf diesem Weg die Freiheit des Menschen gerade nicht befreit, sondern niedergedrückt würde. Erlösung ist vielmehr nur dadurch möglich, dass sie dem Menschen von innen her begegnet. In seiner Freiheit von innen her berührt wird der Mensch aber in

---

born, Wir haben Barmherzigkeit gefunden. Das Geheimnis des göttlichen Erbarmens (Freiburg i. Br. 2009), 178.

[43] Benedikt XVI., Spe salvi, Nr. 26.

[44] H.-B. Gerl-Falkovitz, Verzeihung des Unverzeihlichen? Ausflüge in Landschaften der Schuld und der Vergebung (Wien 2008), bes. 215–223: Nur im Absoluten gibt es Absolution.

[45] J. Kardinal Ratzinger, Im Anfang schuf Gott. Vier Predigten über Schöpfung und Fall (München 1986), 56–57.

der Liebe. Das anthropologische Grundwesen und die theologische Tiefe der Liebe besteht dabei in der Anerkennung der anderen Person in ihrem gottgewollten Anderssein, in der Zustimmung zum Anderen, dass er da ist und dass es gut ist, dass er ist, oder mit den Worten des Philosophen Josef Pieper: »In jedem denkbaren Fall besagt Liebe soviel wie Gutheissen.«[46] Liebe als Gutheißung des Seins können wir uns aber nicht selbst zusprechen. Damit der Mensch sich selbst so annehmen kann, wie er ist, muss er zunächst von einem Du angenommen sein, das ihm die Worte zuspricht: »Es ist gut, dass es dich gibt.« Bereits in diesem grundlegenden anthropologischen Sinn ist es die Liebe, die den Menschen erlöst und ihn gleichsam zu einer neuen Schöpfung macht.

»Es ist gut, dass es dich gibt«: So zu mir zu sprechen, dass es wirklich wahr ist und mich froh macht, dies kann freilich letztlich nur Gott, der Schöpfer meines Lebens, der zugleich mein Erlöser ist. Diese endgültige Gutheißung hat Gott in seinem eigenen Sohn allen Menschen zugesprochen, und zwar mit letztem Ernst am Kreuz seines Sohnes. Das Kreuz Jesu offenbart den Heilswillen Gottes, dass Gott uns Menschen so wichtig findet, dass er um unseretwillen Mensch geworden ist und am Kreuz gelitten hat. Das Kreuz Jesu ist die göttliche Gutheißung unseres Lebens, und zwar nicht einfach mit verbalen Liebesbeteuerungen, sondern in einem Akt von solcher Radikalität, dass Gott selbst Mensch wird und dass der Mensch ihm das Leiden und Sterben seines Mensch gewordenen Sohnes wert ist: »Der gekreuzigte Christus ist die konkrete Zusage Gottes, die einem jeden Menschen gilt und die ihn gewiss macht, dass er, der Mensch, so sehr für Gott ein Ernstfall ist, dass er ihn sich sein eigenes Todesschicksal kosten lässt.« Und weil zur Gutheißung auch das Ernstgenommenwerden gehört, ist der gekreuzigte Jesus sogar der »Ernstfall der Gutheißung des siebten Schöpfungstages«.[47]

Das Kreuz Jesu schenkt die trostvolle Zusage: Wer bis in den Tod Jesu Christi hinein geliebt ist, der darf sich wirklich geliebt und erlöst wissen. Die christliche Botschaft vom Kreuz ist eindeutig eine Botschaft von Erlösung und Liebe, ja das Kreuz ist die Erscheinung der größten Liebe Gottes. Das Kreuz Jesu ist keine ausgleichende Gabe, damit sich Gottes Rache wieder in Liebe wandelt. Das Kreuz Jesu offenbart vielmehr das konsequente Handeln eines grenzenlos liebenden Gottes, der gleichsam keine andere »Rache« kennt als das kompromisslose Nein zur Gewalt und Liebe bis zum Ende und den Menschen bis in die tiefsten Abgründe und verborgensten Katakomben eines durch-Kreuz-ten Lebens hinein nahe sein will. Das

---

[46] J. Pieper, Über die Liebe (München 1972).
[47] J. Ratzinger, Vorfragen zu einer Theologie der Erlösung, in: L. Scheffczyk (Hrsg.), Erlösung und Emanzipation (Freiburg i. Br. 1973), 141–155, zit. 153.

Kreuz ist »Liebe in ihrer radikalsten Form«, wie Papst Benedikt XVI. in seiner ersten Enzyklika über die Liebe Gottes schreibt: »In seinem Tod am Kreuz vollzieht sich jene Wende Gottes gegen sich selbst, indem er sich schenkt, um den Menschen wieder aufzuheben und zu retten«[48]. Vom Kreuz her stellt Christus der geschichtlichen Flut des Bösen, die von der Erbsünde vergiftet ist, gleichsam seine »Flut« der Liebe entgegen.

Wer auf den gekreuzigten Jesus als auf den schaut, den sie durchbohrt haben, dem geht auf, dass Freiheit nicht nur ein großartiges Geschenk ist, sondern auch eine ernste Aufforderung zu persönlicher Verantwortung, der erkennt auch die Verantwortung, die er für die Welt zu übernehmen hat[49], und der lernt, was »aggiornamento« zumindest gemäß dem Urheber dieses Wortes bedeutet. Als Papst Johannes XXIII. einmal gefragt wurde, worin für ihn der eigentliche Sinn des »aggiornamento« bestehe, soll er einfach auf das Kreuz gezeigt und gesagt haben: »Der Gekreuzigte, der seine Arme zum Heil der Welt ausspannt und sie nicht verschließt, ist das Symbol des recht verstandenen aggiornamento.«[50] Diese kreuzestheologische Interpretation des viel strapazierten Wortes zeigt an, dass die ausgespannten Arme des Gekreuzigten die Kirche in die Welt von heute verweisen und ihr eine missionarische Öffnung auf die Welt hin zumuten. Denn christliche Mission ist letztlich nichts anderes als die sichtbare Darstellung des »Für andere« des gekreuzigten Herrn und damit Nachfolge in der erlösenden Liebe Jesu Christi.

III. Vollendet freier Mensch und erlöstes Christsein

Liebe erlöst und schenkt erlöste Freiheit. Diese Quintessenz des voraufgehenden Gedankengangs führt auch zu einer erneuerten Sicht des Menschen. Da für den christlichen Glauben der Primat des Empfangens vor dem Tun konstitutiv ist und folglich der kategorische Indikativ der Liebe Gottes zu uns Menschen dem kategorischen Imperativ der Gottes- und Nächstenliebe immer vorausgeht, hat der christliche Glaube sogar die Kraft und den Mut, das neuzeitliche Selbstverständnis des Menschen, das René Descartes in der klassischen Formel ausgedrückt hat: »Cogito ergo sum«, auf den Kopf zu stellen und mit der barmherzigen Verheißung zu überbieten: »Cogitor ergo sum«, oder noch besser: »Amor ergo sum.« Erst der von Gott geliebte Mensch ist der erlöste und deshalb freie Mensch, der

---

[48] Benedikt XVI., Deus caritas est, Nr. 12.
[49] Dass die Verantwortung der Ernstfall der Freiheit ist, bringt Benedikt XVI. in seiner Sozialenzyklika »Caritas in veritate« konsequent zur Geltung.
[50] Zit. in: Zukunft aus der Kraft des Konzils. Die ausserordentliche Bischofssynode '85. Die Dokumente mit einem Kommentar von Walter Kasper (Freiburg i. Br. 1986), 100.

in Christus bereits erschienen ist und zu dem wir Menschen berufen sind. Diesem christologisch-soteriologischen Fundament einer christlichen Anthropologie der Freiheit sollen die abschließenden Überlegungen gewidmet sein.

1. Christus als der vollendet freie Mensch

Das neue Menschsein Jesu Christi hat vor allem Paulus mit seiner Adam-Christus-Typologie im Römerbrief zum Ausdruck gebracht, mit der er nicht einfach die bereits alttestamentliche Zwei-Adam-Lehre (Abel und Kain, Esau und Jakob) aufgenommen, sondern die neue und wahre Humanität beschrieben hat, die im gekreuzigten und auferstandenen Christus aufgeschienen ist. Mit dem wiederholten »erst recht« im Blick auf Jesus Christus und im Vergleich zu Adam führt uns Paulus mit Christus einen Menschen vor Augen, der ganz Mensch ist wie wir, der aber so wahrhaft Mensch ist, dass wir Menschen gleichsam erst noch werdende Wesen sind. Da in der Sicht des Paulus nicht mehr einfach der Mensch, sondern erst Christus das wahre Ebenbild Gottes ist und wir Menschen Ebenbilder Gottes nur durch Teilhabe an Christus werden, ist der Mensch vor allem dadurch definiert, dass er ein Wesen ist, das noch aussteht, das aber in Christus bereits begonnen hat, in seine Zukunft einzutreten.[51] Insofern ist der eigentliche anthropologische Gegensatz, der sich durch die ganze Heilige Schrift hindurch zieht, derjenige »zwischen erstem und zweitem Adam, zwischen dem rückwärts und dem vorwärts gewendeten Wesen, zwischen Grundeinstellung des Egoismus und Grundeinstellung der Hingabe.«[52] Von dieser anthropologischen Grundalternative her stellt sich erst recht die Frage, worin denn die Neuheit des neuen Adam genauerhin besteht.

Das Konzil von Chalkedon (451) hat diese Neuheit darin gesehen, dass Jesus Christus wahrer Mensch und wahrer Gott und somit eine Person in zwei Naturen ist. Diese Formel konnte allerdings missverstanden werden entweder im Sinne einer naturalistischen Verschmelzung der beiden Wesenheiten oder im Sinne von zwei nicht nur verschiedenen, sondern auch getrennten Naturen in Christus. Der der chalkedonensischen Formel inhärente Parallelismus der beiden Naturen in Christus war jedenfalls eine wesentliche Ursache der Spaltungen nach dem Konzil von Chalkedon. Von daher drängte sich die weitere Aufgabe auf, die Weise der Einheit zu klä-

---

[51] W. Pannenberg, Das christologische Fundament christlicher Anthropologie, in: Concilium 9 (1973) 425–434.
[52] J. Ratzinger, Was ist der Mensch? (1966/69), in: R. Vorderholzer u. a. (Hrsg.), Mitteilungen des Institut-Papst-Benedikt XVI. 1 (Regensburg 2008), 28–49, zit. 49.

ren, die zwischen dem wahren Menschsein und dem wahren Gottsein in Christus besteht. Dieser denkerischen Aufgabe hat sich vor allem der große Theologe Maximus Confessor im siebten Jahrhundert gewidmet, dessen Theologie Hans Urs von Balthasar mit Recht ins christologische Gespräch der jüngeren Vergangenheit eingebracht hat[53]. Maximus Confessor hat gegenüber den beiden von Chalkedon her gegebenen Missverständnissen sowohl die monistische Konzeption einer naturalistischen Einheit in dem Sinne, dass in Christus das Menschsein und Gottsein zu einem Mischwesen verschmolzen wären, als auch die dualistische Konzeption einer Art Schizophrenie in dem Sinne, dass man in Jesus Christus von zwei verschiedenen Ichs ausgehen müsse, als inadäquate Interpretationen der christologischen Formel von Chalkedon in Frage gestellt und die vollkommene Vereinigung, die sich auf der personalen Ebene vollzieht, in der lebendigen und personalen Synthese von zwei Freiheiten in Jesus Christus gesehen und mit den Worten zum Ausdruck gebracht: »Die menschliche Natur des Sohnes kannte und bekundete in sich – nicht von sich aus, sondern aufgrund ihrer Vereinigung mit dem Wort – alles, was Gott zukommt.«[54]

Maximus Confessor ist denn auch der große theologische Interpret des Dritten Konzils von Konstantinopel (680/81) gewesen, über das Joseph Ratzinger mit Recht geurteilt hat, dass die christologische Formel von Chalkedon nur verstanden werden könne, wenn man sie im Licht der späteren Tradition, und zwar vor allem des Dritten Konzils von Konstantinopel, betrachtet. Dieses ist nämlich davon ausgegangen, »dass zur Vollständigkeit der menschlichen Natur auch die denkbar höchste Vollkommenheit der Aktuierung dieser Natur gehört«, und es hat deshalb Christus auch »ein wirkliches menschliches Wollen« zugesprochen[55]. Damit hat es die chalkedonensiche Aussage, dass Christus eine Person in zwei Naturen ist, wesentlich auf ihre existentiellen und personalen Implikationen hin vertieft, indem es der Frage nachging, wie in Christus zwei Willen miteinander leben und wirken können, und indem es diese Frage anhand eines zentralen Wortes des johanneischen Christus dargelegt hat: »Ich bin vom Himmel herabgestiegen, nicht um meinen Willen zu tun, sondern den des Vaters, der mich gesandt hat« (Joh 6, 38). In diesem Wort scheint eine elementare Subjekteinheit in Jesus in dem Sinne durch, dass der menschliche Wille Jesu mit dem Willen des Logos ganz eins und damit reines Ja zum Willen des Vaters ist. Weil das Konzil gelehrt hat, dass die Einheit von Gott und Mensch keine Beeinträchtigung des Menschseins Jesu bedeuten

---

[53] H. U. von Balthasar, Kosmische Liturgie. Das Weltbild Maximus' des Bekenners (Freiburg i. Br. 1941).
[54] Maximus Confessor, qu. dub., q. I. 67.
[55] K.-H. Menke, Jesus ist Gott der Sohn. Denkformen und Brennpunkte der Christologie (Regensburg 2008), 272.

kann, und somit eine »Synthese der Freiheiten« anvisiert hat, »aus der eine nicht naturale, aber personale Einheit entsteht«[56], hat das Konzil hervorgehoben, dass der menschliche Wille Jesu auf keinen Fall geleugnet werden darf, dass aber auch nicht zwei verschiedene Willenskräfte nebeneinander stehen, sondern dass die beiden Willen Jesu wirklich geeint sind, nämlich im Ja-Wort des menschlichen Willens Jesu zum göttlichen Willen des Logos. Da die beiden Willen ein einziger Wille sind und doch ontologisch zwei selbständige Wirklichkeiten bleiben, kann es sich nicht um eine Einheit des Ununterschiedenen handeln, sondern um eine »Einheit in der Weise der Kommunion«, genauerhin um eine »Einheit, die die Liebe schafft und ist«[57]. Weil somit der Wille des Menschen Jesus nicht vom göttlichen Willen absorbiert wird, sondern in Freiheit ein einziger Wille in ihm bleibt, kann in dieser Ontologie der Freiheit die Einheit des Menschen Jesus mit Gott keine Minderung des Menschseins bedeuten, sondern bringt diese Einheit das Menschsein und seine Freiheit vielmehr zur Vollendung. In der Sicht des Konzils von Konstantinopel schließt die Einheit von Gott und Mensch in Jesus folglich »keinerlei Amputation und Reduktion des Menschseins« ein: »Wenn Gott sich seinem Geschöpf Mensch verbindet, so verletzt und verringert er es nicht; er bringt es erst zu seiner vollen Ganzheit«[58].

Diese personale Synthese der Freiheiten kommt am dramatischsten in der Stunde von Gethsemani im Gebet Jesu zum Ausdruck: »Nicht wie ich will, sondern wie du willst« (Mk 14, 36). In diesem Gebet erfüllt Jesus nicht seinen Willen, sondern den des Vaters; er vollzieht dies aber als Mensch, der in allem auf den Willen des Vaters hört. In der Stunde von Gethsemani begegnen sich auf der eine Seite die völlige Unterordnung des Sohnes unter den Auftrag und Willen des Vaters und auf der anderen Seite die absolute Freiheit der Liebe des Sohnes, der sogar das eigene Leben hinzugeben bereit ist. Der vordergründige Widerspruch zwischen Unterordnung und Freiheit löst sich nur von der vollkommenen Gemeinschaft zwischen Vater und Sohn her auf: »In seinem Sterben verwirklicht Jesus das Werk des Vaters – und gerade das ist Jesu persönlichste Tat.«[59] Das Passiv des von Menschen Getötetwerdens wird von Jesus am Kreuz umgewandelt in das Aktiv seiner Liebe in Freiheit; und der Kreuzestod als Werk des Vaters wird umgewandelt in die liebende Hingabe Jesu an seinen Vater

---

[56] J. Kardinal Ratzinger, Ein neues Lied für den Herrn. Christusglaube und Liturgie in der Gegenwart (Freiburg i. Br. 1995), 22.
[57] M. Schneider, Einführung in die Theologie Joseph Ratzingers (Köln 2008), 121.
[58] J. Kardinal Ratzinger, Schauen auf den Durchbohrten. Versuche zu einer spirituellen Christologie (Einsiedeln 1984), 34.
[59] G. Rossé, Christsein in Gemeinschaft. Bibeltheologische Reflexionen zu den johanneischen Schriften (München 1998), 31.

für uns Menschen. Dies wird noch deutlicher, wenn man die Bewegung von der anderen Seite her beschreibt, dass nämlich der Logos selbst sich erniedrigt, den Willen eines Menschen als seinen eigenen annimmt und mit dem Ich dieses Menschen zu seinem Vater spricht. Damit wird nicht nur das Reden eines Menschen in das innertrinitarische Wort »Ja, Vater« umgewandelt, sondern der Sohn wandelt auch die abgrundtiefe Angst eines Menschen in seinen Sohnesgehorsam um, so dass Jesus Christus, der neue Adam gerade in Gethsemani als der vollendet Freie im Gehorsam gegen den Vater ist, nämlich »die lebendige und persönliche Synthese der vollkommenen Freiheit im völligen Gehorsam gegenüber dem Willen Gottes«[60].

2. Erlöste Freiheit in der marianischen Existenz

Das Konzil von Konstantinopel bekennt eindeutig einen freien menschlichen Willen in Jesus, aber gerade nicht in Entgegensetzung zum göttlichen Willen, sondern in höchster Zustimmung und Einheit mit diesem. Damit hat es nicht nur christologisch vertieft, dass Gottesbeziehung und menschliche Freiheit sich gegenseitig fordern und fördern; die konziliare Lehre von den zwei Willen Jesu hat vielmehr auch eine eminent soteriologische Bedeutung, auf die Kardinal Christoph Schönborn mit Recht hingewiesen hat: Durch die Art, wie Jesus menschlich will, führt er auch den Menschen dahin, so wollen zu können wie er. Da Jesus aber uns Menschen mehr geliebt hat als sich selbst, indem er an Stelle seiner Herrlichkeit den Platz der Menschen und damit Feindschaft, Passion und Tod auf sich genommen hat, hat er auch dem Menschen den Weg eröffnet, Gott und den Nächsten mehr zu lieben als sich selbst.[61]

Diese neue christologische Existenzweise muss in erster Linie von Maria prädiziert werden, die für den Willen Gottes in Freiheit ebenso empfänglich gewesen ist wie Jesus. Dass auch Maria in erlöster Freiheit gelebt und gehandelt hat, zeigt die innere Einheit zwischen Jesus und Maria: Wie Christus bei seinem Eintritt in die Welt gesprochen hat: »Ja, ich komme, um deinen Willen, Gott, zu tun« (Hebr 10, 7), so hat Maria als Antwort auf den Anruf des Engels Gabriel ihren eigenen Willen in Freiheit in den Willen Gottes hineingebeugt: »Siehe, ich bin die Magd des Herrn, mir geschehe nach deinem Wort« (Lk 1, 38). Das Ja des Sohnes und das Ja Mariens, die zunächst als zwei Ja erscheinen, werden aber zu einem einzigen Ja, damit

---

[60] Benedikt XVI., Ansprache an die päpstliche Bibelkommission am 27. April 2006, in: Insegnamenti di Benedetto XVI, II, 1 2006 (Città del Vaticano 2007), 506–509.
[61] C. Schönborn, Gott sandte seinen Sohn. Christologie (Paderborn 2002), bes. 185–188.

das Wort in Maria Fleisch werden kann. Mit dieser Grundhaltung der Demut und Großherzigkeit, den Willen Gottes in Freiheit anzunehmen, ihm zu vertrauen und ihm alles zu überlassen, nimmt Maria im Grunde die dritte Bitte des Vaterunser vorweg: »Dein Wille geschehe.« Diese Grundhaltung hat ihre Wurzel im Geheimnis der erlösten Freiheit Mariens, das in seinem zentralen Kern bedeutet, dass derjenige den Weg der wahren Freiheit finden wird, der sich und sein Leben ganz Gott übereignet und überlässt – wie Maria es exemplarisch bereits bei der Hochzeit zu Kana getan hat. Dort hat sie Jesus nicht um irgendetwas Bestimmtes gebeten; sie hat ihn gerade nicht darum gebeten, dass er Wein produziere und damit ein Mirakel wirke. Sie hat Jesus vielmehr nur die Sorge der Hochzeitsgäste anvertraut und es ihm überlassen, was er daraufhin tun will.

Was auf den ersten Blick den gläubigen Leser der Heiligen Schrift irritieren mag, dass Jesus nämlich bei der Hochzeit von Kana seine eigene Mutter mit »Frau« anspricht, hat bei näherem Zusehen eine tiefe Bedeutung. Mit dieser Anrede drückt der Evangelist Johannes nicht nur die Stellung Mariens in der Heilsgeschichte aus, sondern er weist vor allem darauf hin, dass Jesus der menschlichen Verwandtschaft die geistliche Verbindung voranstellt, der gemäß Maria die geliebte Braut des Herrn verkörpert und Christus als der Bräutigam des neuen Israel erscheint, der den Neuen Bund in die Welt bringt, der im »guten Wein« symbolisiert ist. Von daher versteht man auch, dass im Johannesevangelium Jesus seine Mutter unter dem Kreuz nochmals als »Frau« anspricht. Denn am Kreuz ist die »Stunde«, von der Jesus bei der Hochzeit zu Kana gesagt hat, dass sie noch nicht gekommen ist, da, nämlich als Stunde der endgültigen Hochzeit zwischen Gott und Mensch. Diese Hochzeitssymbolik zeigt vollends, dass mit Maria, dem vornehmsten Geschöpf, das Bild und der Beginn jener neuen Menschheit vor uns steht, die in erlöster Freiheit lebt: »Indem sich Maria so in ihrer totalen Abhängigkeit zeigt, bringt sie in Wirklichkeit eine Haltung völliger Freiheit zum Ausdruck, die darin gründet, dass sie ihre wahre Würde ganz erkennt.«[62]

In solcher erlöster Freiheit zu leben macht auch die Berufung der Kirche aus, die in Maria ihr Urbild und ihren Ursprung sehen und ihr personales Zentrum und die volle Verwirklichung der kirchlichen Idee finden kann. Weil Christus seine Kirche als seiner würdige Braut ansieht, leuchtet in Maria die personifizierte Entsprechung zwischen dem göttlichen Wort und der menschlich-geschöpflichen Antwort auf. In dieser reinen Entsprechung spiegelt das Ja-Wort Mariens das Wort der Liebe Gottes ungetrübt, nämlich in unbefleckter Empfängnis, wider und macht es in seiner verklär-

---

[62] Benedikt XVI., Predigt bei der Feier des 150. Jahrestages der Erscheinungen in Lourdes am 14. September 2008.

ten Schönheit transparent.⁶³ Denn Maria ist »nicht das Wort, aber sie ist die adäquate Antwort, wie sie von Gott aus dem geschöpflichen Raum erwartet und in seiner Gnade durch sein Wort darin hervorgebracht wird.«⁶⁴ Die Kirche und der einzelne Christ leben umso mehr in erlöster Freiheit, je marianischer sie sind und dabei erkennen, dass ihre Berufung darin besteht, in das bräutliche Verhältnis zwischen Christus und Maria hinein genommen zu werden.

Paulus hat diesen existentiellen Vorgang mit den unüberbietbaren Worten ausgesprochen: »Ich bin mit Christus gekreuzigt worden; nicht mehr ich lebe, sondern Christus lebt in mir. Soweit ich jetzt aber noch in dieser Welt lebe, lebe ich im Glauben an den Sohn Gottes, der mich geliebt und sich für mich hingegeben hat« (Gal 2, 19b-20). Darin besteht die neue Ausrichtung des Lebens und die neue Freiheit, die uns von Christus im Glauben geschenkt wird: Wer sich Christi grenzenlose Liebe, die er am Kreuz bewiesen hat, schenken lässt, der lebt nicht mehr für sich selbst und hört im Grunde genommen auf, ein autonomes, in sich selbst stehendes und gründendes Subjekt zu sein. Er lebt vielmehr mit Christus, indem er am Geschehen Jesu Christi Anteil gewinnt und sich selbst hingibt. Das »Ich, doch nicht mehr ich« verweist auf einen eigentlichen Subjektwechsel, der sich im Glauben an Christus vollzieht und der zugleich ein Todesvorgang ist, nämlich Beteiligung am Kreuzesgeschehen. Denn es ist das Kreuz, der höchste Ausdruck der Selbsthingabe Jesu Christi in Freiheit, der es nicht mehr erlaubt, sich selbst und seine eigene Gerechtigkeit zu rühmen. In den Augen des Paulus gilt vielmehr: »Wer sich also rühmen will, der rühme sich des Herrn« (1 Kor 1, 31).

Was Paulus hier beschreibt, ist freilich nicht eine »private mystische Erfahrung«, sondern das »Wesen der Taufe«⁶⁵, die einen radikalen Existenzwechsel von der »fleischlichen«, der Sünde und dem Tod ausgelieferten Existenz, zur »geistlichen«, von Gottes Geist geleiteten Existenz im Sinne der Befreiung zum wahren Sein impliziert. Diese muss Gestalt gewinnen in einer radikalen Änderung der Lebensweise, die vor allem einschließt, in Übereinstimmung mit Christus zu leben. Für Paulus genügt es deshalb nicht, dass Christen einfach Getaufte sind; für ihn ist es viel ent-

---

⁶³ Vgl. G. Lohfink / L. Weimer, Maria – nicht ohne Israel. Eine neue Sicht der Lehre von der Unbefleckten Empfängnis (Freiburg i. Br. 2008).
⁶⁴ H. U. von Balthasar, Wer ist die Kirche?, in: Ders., Sponsa Verbi. Skizzen zur Theologie II (Einsiedeln 1961) 148–202, zit. 169. Vgl. K. Koch, Kirche als bräutliche Ikone der Trinität. Unverwelkte Perspektiven der Ekklesiologie Hans Urs von Baltasars, in: Hans Urs von Balthasar-Stiftung (Hrsg.), »Wer ist die Kirche?« Symposon zum 10. Todesjahr von Hans Urs von Balthasar (Einsiedeln 1999) 9–31.
⁶⁵ J. Kardinal Ratzinger, Theologie und Kirche, in: Communio. Internationale katholische Zeitschrift 15 (1986) 515–533, zit. 520.

scheidender, dass sie durch die Taufe in Christus Jesus sind und in erlöster Freiheit leben. Die Taufe erweist sich so als Sakrament der christlichen Freiheit.

3. Anbetung als Laboratorium der Freiheit

Was in der Taufe ein für allemal geschehen ist, will aber jeden Tag neu ratifiziert werden im Gebet, in dem der glaubende Mensch in die Intimität des Dialoges Jesu mit dem Vater und damit in die Einheit der Willen Jesu und seines Vaters eintritt. Weil der Glaubende auf diesem Weg Anteil an der vollendeten Freiheit Jesu Christi gewinnt und damit selbst in der Freiheit der Kindschaft Gottes leben darf, erweist sich das Gebet als »Laboratorium der Freiheit«[66]. Im Gebet bringen wir zum Ausdruck, dass wir Freiheit nicht selbst erwirken, sondern sie uns nur schenken lassen können, und zwar in der persönlichen Begegnung mit Christus, der uns zur Freiheit befreit. Christliche Freiheit erwächst nur in einer tiefen Freundschaftsbeziehung mit Christus und mündet – im Doppelsinn dieses Wortes – in die Anbetung.

Auf den ersten Blick erscheint Anbetung freilich nicht als Weg zur Freiheit, zumal in der heutigen Welt – und teilweise auch in der Kirche – dieses Wort zu einem arg unmodernen Wort oder sogar zu einem Fremdwort geworden ist, das sich jedenfalls nicht auf Freiheit zu reimen scheint. Zunächst ist dies durchaus verständlich. Denn Anbetung bedeutet, dass wir Menschen vor Gott in die Knie gehen, und zwar im buchstäblichen Sinn. In die Knie zu gehen, dies empfindet der heutige Mensch aber weithin als Entwürdigung oder gar als Demütigung, gleichsam als Sabotage seines eigenen Ich. Der heutige Mensch hat vielmehr gelernt, den aufrechten Gang zu lieben, und er hat Angst, sein Rückgrat zu verlieren. Mit dieser Empfindung ist er durchaus im Recht; denn in der Welt muss man »den Mann« und »die Frau« stellen, in der Welt darf man in der Tat vor niemandem in die Knie gehen, und in der Welt ist nichts und niemand anzubeten.

Die Anbetung Gottes aber schenkt die umgekehrte heilsame Erfahrung: Nur wer ein starkes Rückgrat hat, kann sich tief bücken, weil er dankbar erspürt, dass er seinen aufrechten Gang gerade Dem verdankt, vor Dem er in die Knie geht und Den er anbetet. Den aufrechten Gang in der Welt lernt der glaubende Mensch nur im Kniefall vor Gott. Denn er weiß, dass, wenn er die Größe Gottes bestaunt und preist, der Mensch gerade nicht klein, sondern ebenfalls groß gemacht wird. Die Anbetung

---

[66] J. Kardinal Ratzinger, Schauen auf den Durchbohrten. Versuche zu einer spirituellen Christologie (Einsiedeln 1984), 37.

Gottes führt den Menschen deshalb zu seiner wahren Größe und Freiheit, wie Papst Johannes XXIII. zu sagen pflegte: »Der Mensch ist nie so groß, wie wenn er kniet.«

Vor allem das Matthäusevangelium verweist auf diese grundlegende Dimension der Anbetung als Befreiung zur Freiheit: Seine Weihnachtsgeschichte läuft auf die Anbetung des Kindes in der Krippe durch die Sterndeuter aus dem Osten hinaus, die nach dem Kniefall vor der Krippe nicht mehr zu Herodes zurückkehren, sondern auf einem anderen Weg – befreit – nach Hause gehen. Und das ganze Matthäusevangelium zielt schließlich auf die Anbetung des Auferstandenen auf dem Berg durch die Jünger, die ihre Befreiung erfahren mit der Zusage des Herrn: »Ich bin bei euch alle Tage bis zum Ende der Welt« (Mt 28, 20). Das Matthäusevangelium beginnt mit Anbetung und endet mit Anbetung und bestätigt damit die Glaubensüberzeugung, die Alfred Delp mit den Worten ausgedrückt hat: »Brot ist wichtig, die Freiheit ist wichtiger, am wichtigsten aber ist die ungebrochene Treue und die unverratene Anbetung.«

Die Anbetung Gottes ist die Atmosphäre, in der die Freiheit der Kinder Gottes gedeihen kann, zu der wir in Christus befreit worden sind. Er ist der Grund und Garant der menschlichen Freiheit, nach der wir uns sehnen, und er verhilft auch zu einem freien Umgang mit der Welt, der uns nicht wieder zu einer neuen Knechtschaft verführt, sondern uns in den Dienst der Liebe hinein führt, ohne die die Freiheit nicht wirklich zu sich selbst kommen kann und die für Paulus das Kriterium wahrhafter Freiheit ist. Damit kommt schließlich an den Tag, dass im Gleichnis vom verlorenen Sohn Christus selbst spricht und seine Güte zu den Sündern mit der Güte des Vaters im Gleichnis identifiziert. Denn in ihm, dem Sohn schlechthin, wird das Antlitz Gottes sichtbar, der nicht nur ein liebender Gott, sondern selbst Liebe ist, die allein erlöst und uns den Weg zeigt, in erlöster Freiheit zu leben.

Im leuchtenden Widerschein dieses Vaters erscheint auch das ganze Wesen Jesu Christi als »Liebe und Wahrheit, Güte und Schönheit« und ist er die »fleischgewordene Schönheit Gottes«, wie Kardinal Christoph Schönborn sensibel formuliert.[67] Ihm, der in seinem theologischen Denken und in seinem hirtlichen Wirken immer wieder um die Schönheit des christlichen Glaubens und der Kirche wirbt, seien diese Überlegungen zum anthropologisch-christologischen Fundament des Glaubens herzlich und dankbar zugeeignet.

---

[67] C. Kardinal Schönborn, Der Mensch als Abbild Gottes (Augsburg 2008), 23.

Richard Schenk

Factus in agonia.
Zur Todesangst Christi und der Christen

I. Zur nachkonziliaren Situierung der theologischen Frage

Je näher der 50. Jahrestag der Eröffnung des II. Vatikanums heranrückt, umso öfter und dringlicher stellt sich die Frage nach der angemessenen Hermeneutik konziliarer Aussagen. Wenn die jüngsten historischen Forschungen es uns auch erleichtern, zwischen Mehrheits- und Minderheitspositionen bei der Genese und in der promulgierten Gestalt der Texte zu unterscheiden[1], so wird doch zugleich die Unangemessenheit jeder Interpretation immer deutlicher, welche die Zukunft einer dem Erbe des Konzils verpflichteten Theologie entweder fast nur noch in Kontinuität oder beinahe ausschließlich in einem Bruch mit der vorkonziliaren Vergangenheit sucht. Die absichtlich komplexen, weil aus Kompromiss hervorgegangenen Texte des Konzils verlangen vielmehr auch heute unsere Aufmerksamkeit auf diese duale Bewegung von Neuerung und Bewahrung. Die wachsende zeitliche Distanz zum Konzil gibt die wachsende Aussicht auf eine Rezeption der konziliaren Texte frei, die den genuinen Beitrag des Konzils jenseits einer schlichten Weiterführung damaliger Parteinahme sucht. Die auf Erneuerung zielende Erinnerung setzt hier wie immer eine bestimmte Art des Vergessens voraus.[2] Die wachsende Distanz von der tagespolitischen Wirklichkeit der damaligen Debatten ermöglicht somit eine neue Nähe zu der noch nicht ausgeschöpften Wahrheit ihrer vielschichtigen Ergebnisse.

Die seit dem Konzil vergangene Zeit hat inzwischen die Möglichkeiten solcher theologischen Synthesen allmählich unterstrichen: so zum Bei-

---

[1] Vgl. das fünfbändige Werk von G. Alberigo et al. (Hrsg.), *Geschichte des Zweiten Vatikanischen Konzils (1959–1965)*, Mainz, Grünewald/Leuven, Peeters 1997 ff.
[2] Das trifft sogar in größerem Umfang zu als zunächst von M. Heidegger intendiert, *Sein und Zeit*, (Tübingen, M. Niemeyer, Nachdruck der 15. Edition, 2006, 339): »... so ist die *Erinnerung* auf dem Grund des Vergessens *und nicht umgekehrt*«; vgl. dazu H. G. Gadamer, *Wahrheit und Methode*, Tübingen, Mohr 1. Aufl., 1960, hier 4. Aufl., 1975, 13; sowie P. Ricœur, La marque du passé, zuerst in: *Revue de Métaphysique et de Morale* (Nr. 1, 1998), hier nach ders., *Das Rätsel der Vergangenheit. Erinnern – Vergessen – Verzeihen* (Göttingen, Wallstein 1998). Gadamer und Ricœur verweisen hier auf F. Nietzsches zweite, 1874 erschienene *Unzeitgemäße Betrachtung*.

spiel in Bezug auf *Lumen gentium* die Synthese zwischen einer Stärkung der Sendung des einzelnen Bischofs und der Stärkung von Papsttum, Synoden und Bischofskonferenzen einerseits wie auch von Presbyterium, Laien und Ordensstand andererseits; in Bezug auf *Dei Verbum* eine Synthese zwischen der Geschichtlichkeit und dem inhaltlich gefüllten Charakter der Offenbarung; hinsichtlich *Nostra aetate* eine Synthese zwischen der universalen Mittlerschaft Christi und der gesteigerten Hochschätzung nichtchristlicher Religionen; eher direkt vom Text *Dignitatis humanae* her die Komplementarität zwischen der Gewährung der Religionsfreiheit von Andersgläubigen und dem Anspruch auf die freie Ausübung der eigenen Religion; oder wie in Bezug auf *Perfectae caritatis* die Synthese zwischen der ekklesiologischen Zentralität der Ortskirchen und derer Angewiesensein auf überpfarrliche und überdiözesane Institute geweihten Lebens für die Erfüllung der vom Bistum erwarteten Teilnahme an den drei *munera Christi*.

Nicht zuletzt infolge der intensiv reflektierten Krise der Moderne zählt heute zu den meist umstrittenen Dokumenten die Pastoralkonstitution *Gaudium et spes* (GS).[3] In gewichtigen Aussagen ließ GS neben aus heutiger Sicht naiv klingenden Fortschrittsprognosen[4] doch öfter auch so etwas wie die Suche nach einer »Zukunft aus dem Gedächtnis des Leidens« erkennen.[5] Die Frage nach der grundsätzlichen Möglichkeit einer neuen Synthese zwischen kulturfreudigen und kulturkritischen Ebenen des Textes wird bereits durch seinen Eröffnungssatz aufgeworfen:

»Freude und Hoffnung, Trauer und Angst der Menschen dieser Zeit, besonders der Armen und Bedrängten aller Art, sind Freude und Hoffnung, Trauer und Angst auch der Jünger Christi, und es findet sich nichts wahrhaft Menschliches, das nicht in ihrem Herzen widerhallte.«[6]

---

[3] Vgl. Johan Verstraeten (Hrsg.) *Scrutinizing the Signs of the Times in Light of the Gospel* (Bibliotheca Ephemeridum Theologicarum Lovaniensium, CCVIII), Leuven, University Press und Leuven/Paris/Dudley, Peeters 2007, 167–203.

[4] Etwa in GS 55: »Immer größer wird die Zahl der Männer und Frauen jeder gesellschaftlichen Gruppe und Nation, die sich dessen bewußt sind, selbst Gestalter und Schöpfer der Kultur ihrer Gemeinschaft zu sein. Immer mehr wächst in der ganzen Welt der Sinn für Autonomie und zugleich für Verantwortlichkeit, was ohne Zweifel für die geistige und sittliche Reifung der Menschheit von größter Bedeutung ist. Diese tritt noch deutlicher in Erscheinung, wenn wir uns die Einwerdung der Welt und die uns auferlegte Aufgabe vor Augen stellen, eine bessere Welt in Wahrheit und Gerechtigkeit aufzubauen. So sind wir Zeugen der Geburt eines neuen Humanismus, in dem der Mensch sich vor allem von der Verantwortung für seine Brüder und die Geschichte her versteht.«

[5] Vgl. beispielsweise das Gespür für die Spannung von Hoffnung und Angst in der Fortsetzung des eben zitierten Textes: GS 56: »… der Mensch, der seine Verantwortung für den Fortschritt der Kultur erkennt, einerseits Größeres als je hofft, andererseits aber auch mit Angst auf die vielfältigen Antinomien blickt, die er selbst auflösen muß …«

[6] P. Hünermann (Hrsg.), *Die Dokumente des Zweiten Vatikanischen Konzils, Konstitutionen,*

Der mehrschichtige Charakter der Pastoralkonstitution lässt sich an der Entstehungsgeschichte dieses ersten programmatischen Satzes erkennen[7]. Die Veränderung der in ersten Entwürfen vorgesehenen Reihenfolge »Freude und Trauer« auf die nun optimistischer klingende Endgestalt des verabschiedeten Textes spiegelte zwar den Mehrheitswillen auf dem Konzil und das verbreitete Interesse an kultureller Akkommodation wider, ließ aber zugleich die im Dokument doch ebenfalls festgehaltene Zweideutigkeit der Zeitsituation und der Menschheitsgeschichte spürbar zurücktreten.[8] Nicht die »Freude und Trauer« unserer Epoche, sondern deren Freude und Hoffnung standen nunmehr im Vordergrund.[9] Vor lauter »Gaudium et spes«, wie sie in den technologisch entwickelten Konsumländern der frühen 60er Jahre charakteristisch waren, schien nun der wiederholte Hinweis der Pastoralkonstitution auf die solidarische Teilnahme an den zeitgenössischen Formen von »luctus et angor«, die im sonstigen Verlauf des Jahrhunderts stark – manchmal wohl etwas zu stark – im Vordergrund standen, gerade bei der vorgeblich kulturfreudigeren Rezeption nachkonziliarer Theologie unterzugehen. Die gesuchte Annäherung an die Welt unserer Zeit drohte damit an gerade dieser Welt vorbeizugehen, die zumeist nicht und bald nicht mehr eine wie in den frühen sechziger Jahren optimistische Welt war. Andererseits entsprangen die Bedenken der Konzilsminderheit gegen die späte Welle moderner Fortschrittseuphorie keineswegs nur der Teilnahme am Selbstzweifel der Zeit und an jener Verängstigung, die spätestens seit dem Ende des Ersten Weltkrieges den Grundton des 20. Jahrhunderts bestimmt hatte. Sowohl die genuine Nähe zum tieferen Zeitgefühl als auch die Kritik eines kontraproduktiven Machbarkeitswahns lassen die Frage nach der gebotenen Solidarität mit der »Angst der Menschen dieser Zeit« als eine noch nicht erledigte Aufgabe erkennen. Zur Vorbedingung einer »vierten Phase« der Konzilsgeschich-

---

Dekrete, Erklärungen (Herders Theologischer Kommentar zum Zweiten Vatikanischen Konzil, Bd. 1) Freiburg i. Br. et al, Herder 2004) 593.

[7] Zum oft »unsicheren und gewundenen Weg« der Genese des Dokuments insgesamt vgl. G. Turbanti, *Un concilio per il mondo moderno. La redazione della costituzione pastorale »Gaudium et spes« del Vatican II* (Bologna, Società editrice Il Mulino 2000).

[8] Zur präzisen Verwendung von »Signa temporum« vgl. R. Schenk, *Officium signa temporum perscrutandi. New Encounters of Gospel and Culture in the Context of the New Evangelisation*, in: J. Verstraeten (Hrsg.) *Scrutinizing the Signs*, a. a. O., 167–203.

[9] Vgl. Charles Moeller, Die Geschichte der Pastoralkonstitution, in: *Lexikon für Theologie und Kirche* (2. Aufl., Freiburg – Basel – Wien, Herder 1968) Band 14, 242–279; und Xavier Quinzá Lleó, Signa temporum. La semiótica de lo temporal en el proceso de redacción de la »Gaudium et spes«, in: *Miscelanea Comillas. Revista de teología y Ciencias humanas* (Band 48, 1990, 323–369), 330 f.

te[10] wäre zu fragen: Wie ist die »Angst auch der Jünger Christi« im Vergleich mit der »Angst der Menschen dieser Zeit« heute noch zu verstehen?

Die Frage nach der Kompatibilität von Mehrheits- und Minderheitspositionen der Pastoralkonstitution und damit auch von der Diskontinuität und Kontinuität zwischen dem früheren Nachdenken über so etwas wie Furcht und der theologisch gebotenen Teilnahme an der angstvollen Kultur von heute trifft sehr bald auf S. Kierkegaards *Begrebet Angest*. Hier wurde bekanntlich im Jahre 1844 die scharfe Unterscheidung von Angst und Furcht in die Diskussion eingeführt, wonach die Furcht auf handfeste, konkrete Drohungen reagiere, während die Angst weniger einen bestimmten Gegenstand vor Augen habe, als vielmehr sich durch die Nichtfestlegung oder gar die empfundene Beliebigkeit der eigenen Freiheit – also durch »Nichts« – beunruhigen lasse.[11] Im Folgenden soll danach gefragt werden, ob so etwas wie Angst in Kontinuität mit der älteren Theologiegeschichte vorstellbar sei.

Ein solches Gespräch scheint noch dringlicher, wenn man jene Transformationen des Angstbegriffs bedenkt, die seit der Zwischenkriegszeit und der ersten großen Phase der frühen Kierkegaard-Rezeption zu beobachten sind. Bereits zwei Jahre vor dem Beginn des Konzils war beispielsweise mit der Benennung der Todesangst-Christi-Kapelle in Dachau die Suche nach einer Verbindung von Erinnerungskultur und solidarischer Hoffnung sichtbar geworden, welche der Erfahrung von Furcht größere Aufmerksamkeit widmen konnte. Dieser Patroziniumstitel wurde bereits der 1924 geweihten Basilika »Agoniae Domini« in Getsemani gegeben, 1960 aber von der jüngsten Geschichte in einem früher kaum vorstellbaren Kontext verstanden. Die Erinnerung an die je singulären Formen der Todesangst in Getsemani und in der Geschichte der jüngeren Zeit hatte zur Voraussetzung, dass neben der Realität gegenstandsleerer Angst auch die nur allzu konkreten Gestalten furchtbarer Realität nicht verschwiegen werden dürfen. Die Zuspitzung der Kuba-Krise wenige Tage nach dem Beginn des II. Vatikanums im Oktober 1962 und während der ersten Wochen des Konzils bescherte der Kirchenversammlung eine Befürchtung atomarer Kriegsführung, welche nun die Epoche technologischer Zuversicht und

---

[10] Karl Kardinal Lehmann, Hermeneutik für einen künftigen Umgang mit dem Konzil, in: Günther Wassilowsky (Hrsg.), *Zweites Vatikanum – vergessene Anstöße, gegenwärtige Fortschreibungen* (QD 207) Freiburg et al., Herder, 2004, 71–89, hier 86.

[11] Vgl. S. Kierkegaard, *Der Begriff Angst*, Kap. I, § 5, IV 313 f. (übersetzt von Emanuel Hirsch, Gesammelte Werke, Abt. 11/12, hrsg. von E. Hirsch und Hayo Gerdes, 2. Aufl., Gütersloh, Gütersloher Verlagshaus Mohn 1983, 39 ff.), mit der Feststellung, dass der Begriff Angst »... ganz und gar verschieden ist von Furcht und ähnlichen Begriffen, die sich auf etwas Bestimmtes beziehen, wohingegen Angst die Wirklichkeit der Freiheit als Möglichkeit für die Möglichkeit ist«.

des atomaren Staatsmonopols überdauert hat. Das seit der Ölkrise der 1970er Jahre stets wachsende Bewusstsein von der Endlichkeit natürlicher Ressourcen und der Gefährdung der Umwelt hat in freilich ambivalenter Weise eine Art Weltangst um das mögliche Ende der Menschheit und damit einen Kontext für das Nachdenken über Angst und Furcht geschaffen, der auf dem Konzil gerade erst in Ansätzen absehbar war. Diese in manchem neuartige Weltangst soll im letzten Abschnitt dieser Überlegungen zur Sprache kommen.

II. Der mögliche Ort der Angst in der Lehre von der Furcht bei Thomas von Aquin

Als Teil einer breiten Neuorientierung, die man als »Auferstehung der Leidenschaften« beschrieben hat[12], ist auch die jüngere Thomas-Forschung darum bemüht, programmatische und innovative Momente an der thomanischen Lehre von der Furcht zu identifizieren, ohne zu verkennen, wie sehr sein Denken sich noch im traditionellen Rahmen bewegt hatte. Obwohl Thomas durchaus Termini und Begriffe wie *angustia* und *anxietas* (beide als Unterarten der Traurigkeit) kennt[13], bestätigt sich die ältere An-

---

[12] Vgl. die Sammelrezension von Luc-Thomas Somme, La résurrection des passions, in: *Revue thomiste* (CXII/104, 4, 2004) 657–666; weitere Literatur bei Stephen Loughlin, The Complexity and Importance of *timor* in Aquinas's *Summa Theologiae*, in: Ann Scott und Cynthia Kossa (Hrsg.), *Fear and Its Representations in the Middle Ages and Renaissance* (Turnhout, Brepols 2002) 1–16, bes. S. 3, n. 3–4.

[13] Robert Busas *Index Thomisticus* (Bad Cannstatt-Stuttgart, Frommann-Holzboog 1974) verweist in den echten Werken des hl. Thomas auf 181 Verwendungen von Formen des *angustia*-Begriffs, aber nur in knapp zehn Fällen ohne direkten Bezug zum Wortlaut eines besprochenen Textes, der zudem recht oft nicht so etwas wie Emotionen, sondern örtliche Engpässe oder interpersonale Schwierigkeiten bezeichnen will. Näher mit dem Angstbegriff verbunden sind bei Thomas Formen der durch Busa in 44 Fällen belegten Vokabel *anxietas*. Als Quelle und Beleg für die Zuordnung zur Traurigkeit nennt Thomas das für seine Anthropologie bedeutende Werk des Nemesius von Emesa, den er mit Gregor von Nyssa verwechselt, und Johannes Damascenus, der Nemesius an dieser Stelle exzerpierte; vgl. *Sth* I–II 35, 8 obi. 1: »Videtur quod Damascenus inconvenienter quatuor tristitiae species assignet, quae sunt acedia, achthos (vel anxietas secundum Gregorium Nyssenum), misericordia et invidia …«: E. Dobler führt diese Einteilung der Traurigkeit, wie die unten zu besprechende Einteilung der Furcht auf stoische Quellen zurück: Emil Dobler, *Zwei syrische Quellen der theologischen Summa des Thomas von Aquin. Nemesius von Emesa und Johannes von Damaskus. Ihr Einfluß auf die anthropologischen Grundlagen der Moraltheologie (S. Th. I–II, qq. 16–17; 22–48)*, Dokimion 25 (Universitätsverlag Freiburg Schweiz 2000) 285–416, bes. 356 ff., 376 ff.; ders., *Falsche Väterzitate bei Thomas von Aquin* (Dokimion 27) Universitätsverlag Freiburg Schweiz 2001, 75–77; ders., *Indirekte Nemesiuszitate bei Thomas von Aquin. Johannes von Damaskus als Vermittler von Nemesiustexten* (Dokimion 28) Universitätsverlag Freiburg Schweiz 2002, 117–122; vgl. Johannes Damascenus, *De fide orthodoxa. Versions of Burgundio and Cerbanus*, cap. 28 f.,

nahme, dass der potentielle Beitrag patristischer und scholastischer Denker zur heutigen Angstproblematik in erster Linie in der Bearbeitung ihrer Ausführungen zum *timor*-Begriff liegt.[14]

1. Biblische und patristische Fundamente

Vom Neuen Testament an orientierte sich solches Nachdenken über genuine christliche Existenz stets an der Darstellung der Todesangst Christi in der Getsemani-Erzählung der Evangelien. Hier wurde immer schon mehr als »nur« Paränetisches angesprochen. Wenn auch die Ansichten neuerer Exegeten über die Identifizierung vormarkinischer Schichten des Evangeliums auseinandergehen, scheinen sie doch darüber einig zu sein, dass die Darstellung der Erschütterung Jesu zu der frühesten feststellbaren Schicht des Markusevangeliums gehört.[15] In der Getsemani-Erzählung der Synoptiker sollte die Kirche bleibende Ansätze der Christologie und der Soteriologie finden:

»Zu Recht hat man in diesen Regungen Jesu schon in der altkirchlichen Exegese einen Ausdruck der Menschlichkeit Jesu gesehen – die Vv. 33 f. waren *dictum probans* gegen den Doketismus.«[16]

»Der sich ängstigende Christus ist ein Ja zum Leben, denn er zeigt, daß das Todeslos der Bestimmung und dem Willen des Menschen zum Leben widerstreitet. Das Todeslos hat mit der Sünde zu tun, die der Sohn

---

hrsg. von Eligius M. Buytaert (St. Bonaventure, New York, Franciscan Institute 1955), 121 f., mit Zitaten aus Nemesius, *De natura hominis*, 19 f. (PG 688A-689A).

[14] Das gilt auch für die Arbeit von Ivana Zimmermann, *Die Lehre des Thomas von Aquin von der Angst* (Diss. Dr. phil. [Univ. Köln]: Köln, Kleikamp Druck, 1989). Die Studie untersucht den *timor*- (und *metus*-) Begriff im Rahmen der Theologie von Leidenschaften, Sünden und Geistesgaben. Zur Begründung ihrer Übersetzung von *timor* mit »Angst« vgl. ebd., 8 f. Vgl. auch Riccardo Quinto, »Timor e timiditas: note de lessicografia tomista«, in: *Rivista di Filosofia Neo-scolastica* 77 (1985) 387–410. Zum deutschen Vokabular vgl. auch Gottfried Roth, Das Verhältnis von Angst und Freiheit nach Thomas von Aquin, in: Leo J. Elders und Klaus Hedwig (Hrsg.), *The Ethics of St. Thomas Aquinas* (Studi tomistici, 25) Città del Vaticano, Pontifica Accademia di S. Tommaso e di Religione Cattolica, Libreria Editrice Vaticana 1984, 216–225. Zum Angstbegriff bei den Thomasverweisen in Hans Urs von Balthasar, *Der Christ und die Angst* (Einsiedeln, Johannes-Verlag 1951) vgl. John R. Cihak, *Balthasar and Anxiety* (New York/London, T & T Clark 2009) 129 f., n. 2.

[15] Vgl. etwa Rudolf Pesch, *Das Markusevangelium. II. Teil (Kommentar zu Kap. 8, 27–16, 20* (Herders theologischer Kommentar zum Neuen Testament, Bd. II, 2) Freiburg i. Br. et al., Herder 1977, bes. 385–396; Joachim Gnilka, *Das Evangelium nach Markus (Mk 8, 27–16, 20)* (EKK II/2) Zürich et al., Benziger/ Neukirchen-Vluyn, Neukirchener 1979, bes. 255–266; und Reinhard Feldmeier, *Die Krisis des Gottessohnes. Die Gethsemaneerzählung als Schlüssel der Markuspassion* (Tübingen, Mohr 1987).

[16] R. Feldmeier, *Die Krisis des Gottessohnes*, a. a. O., 145.

stellvertretend auf sich nimmt. In seiner Annahme soll der Christ sich im Heilswillen Gottes geborgen wissen.«[17]

»Der in seine Leiden gehende Jesus wird nicht als Held gezeichnet. Ein falscher Heroismus liegt der Passionsgeschichte fern. Auch fehlt das Bild des freudigen Martyrers, wie es in der jüdischen Literatur dargeboten werden kann.«[18]

Allerdings ist in anderer Hinsicht eine Nähe zum Ersten Testament gegeben, die es abwegig erscheinen lässt, das Verbindende von Neuem und Altem Testament im »strikten Verbot« der Furcht bzw. im »strikten Gebot der Angstlosigkeit« zu sehen, gar mit dem Unterschied, dass im Alten Bund jene Einhaltung dieses angeblichen Doppelgesetzes nur verheißen war, die dann erst im Neuen Bund realmöglich geworden sei.[19] Die Präsenz der Psalmen und des angstvollen Gebets des Gerechten, wie etwa nach Ps 55,5 f., wird hier aufgegriffen und vertieft: »Mein Herz ängstigt sich in meinem Leibe, und Todesfurcht ist auf mich gefallen. Furcht und Zittern sind über mich gekommen, und Grauen hat mich überfallen.«[20]

Der alttestamentliche Hintergrund der Passionsgeschichte deutet zugleich auf die Einbettung der Schilderung Jesu in den Kontext letzten Vertrauens und leitet das Motiv der Paränese auch für die christlichen Hörer ein; bei aller exemplarischen Furcht ist hier von einer selbstverlorenen Panik nicht die Rede, wohl aber von der Verflechtung von Angst und Trauer angesichts des Todes. Die Angst des Erlösers scheint hier die alttestamentliche Erfahrung der Angst keineswegs »unwichtig« zu machen, etwa als Ausdruck einer »Angst Gottes selbst«, die nunmehr die altbekannte, bloß menschliche Angst verbiete, sondern sie verbindet das menschliche Ideal des Gebets in beiden Testamenten. Charakteristisch für Mk ist seine Unterstreichung des Paränetischen durch den Kontrast zwischen dem Wachen Christi inmitten seiner »Furcht und Angst« (Mk 14, 33) und dem Schlafen der Jünger inmitten der herannahenden Gefahr. Während bei Mt und Lk die Aufmerksamkeit auf das »Dreiecksverhältnis Vater-Jesus-Jünger« gerichtet bleibt, mildert sich bei ihnen der markinische Kontrast zwischen

---

[17] Joachim Gnilka, *Das Matthäusevangelium*. II. Teil (Herders theologischer Kommentar zum Neuen Testament, Bd. I, 2) Freiburg i. Br. et al., Herder 1986, 414.

[18] Gnilka, J., *Das Matthäusevangelium*, a. a. O., 411.

[19] In der Tradition des starken Kontrastes *timor/amor* zur Unterscheidung der beiden Testamente vgl. H. U. von Balthasar, *Der Christ und die Angst*, a. a. O., besonders Kap. 1, besonders 22–33. Zum problematischen Verhältnis der Testamente nach H. U. von Balthasar vgl. R. Schenk, What does Trinity »Add« to the Reality of the Covenants?, in: David L. Schindler (ed.), *Love Alone is Credible. Hans Urs von Balthasar as Interpreter of the Catholic Tradition*. Volume 1 (Ressourcement. Retrieval and Renewal in Catholic Theology) Grand Rapids, Michigan/Cambridge, U.K., Eerdmans 2008, 105–112.

[20] Feldmeier, R., *Die Krisis des Gottessohnes*, a. a. O., 239, mit leichter Einschränkung 161 f.; vgl. Gnilka, J., *Das Evangelium nach Markus*, a. a. O., 259.

den Jüngern und Jesus (Lk 22, 45 führt ja den Kummer der Jünger als Entlastung für ihr Einschlafen an, Mt 26 schwächt die Schelte für Petrus ab). Mt und Lk behalten jedoch die bei Mk bereits anklingenden Parallelen zum Vaterunsergebet: die (vereinfachte) Anrede Gottes als Vater, die Bitte um Schonung vor schwerer Versuchung, und vor allem die Nähe zur dritten Bitte des Gebets, die Jesus hier geradezu »in den Mund gelegt wird«[21]. Die Getsemani-Dimension als Brennpunkt dieses alltäglichen Gebets und umgekehrt die Schlüsselstellung des Gebets zur Deutung des christlichen Selbstverständnisses werden dadurch gegenseitig verdeutlicht.

Bereits im Begriff des Paränetischen liegt allerdings etwas Paradoxes, das bis heute die Theologie nicht ganz zur Ruhe kommen lässt. Exemplarisch wirkt nur der Besondere, dessen Modellhaftigkeit deshalb Gemeinsamkeiten und Anderssein in sich vereint. Das »Zagen und Zittern« von Getsemani dürfte wohl zu Recht die Menschlichkeit Jesu unterstreichen, fällt aber erst dort auf, wo von einer ungewöhnlichen Existenz ausgegangen wird. »Zu Unrecht hat man sich jedoch damit zufriedengegeben und sich so über die mit dieser Schilderung verbundenen Probleme hinweggesetzt.«[22] Feldmeier identifiziert hier drei Problemkreise: Da bei Mk die Affekte Jesu sonst nur geschildert werden, um Aspekte der Sendung zu unterstreichen, muss gefragt werden, was die Todesangst Christi positiv über seine Mission aussage. Büßt Jesus durch sein sichtliches Zagen seine Exemplarität gleich wieder ein? Da Jesus die Souveränität selbst menschlichen Heldentums hier zu fehlen scheint, entsteht der Eindruck, dass sein Verhalten »auf keine höhere weltüberlegene, göttliche Wirklichkeit« verweisen könnte.[23]

Das Interesse daran, die Spannung auszuhalten, die dann nötig ist, um jene Dimensionen der Wirklichkeit Christi nicht zu verkürzen, ohne welche alle Christologie, Soteriologie und Exemplarität verlorengingen, meldet sich bereits an Stellen der Evangelien an, die für die genannten Problemkreise am meisten Gespür zeigen. Trotz der Verkürzung der Getsemani-Szene im Johannesevangelium ist wiederholt von der »Aufwühlung« Jesu vor dem eigenen Tod wie vor dem des Lazarus und der Jünger die Rede[24]. Und man fügte dem wohl früheren Text des Lukasevangeliums

---

[21] Vgl. Gnilka, J., *Das Matthäusevangelium*, a.a.O., 409.
[22] Feldmeier, R., *Die Krisis des Gottessohnes*, a.a.O., 144.
[23] A.a.O.
[24] Mit Formen von *tarassein*, welche die Vulgata mit Varianten von *turbare* übersetzt: Joh 11, 33; 12, 27; 13, 21; 14, 1.27. Vgl. dazu Raymond E. Brown, *The Gospel according to John I-XII* (Garden City, New York: Doubleday 1966) 470: »*John* XII 27, ›My soul is troubled *(tarassein)*‹, is parallel to *Mark* XIV 34, ›My soul is sorrowful *(perilypos)*‹. Both reflect *Ps.* XLII 5 ›Why are you so sorrowful *(perilypos)*, my soul, and why do you trouble *(syntarassein)* me?‹« Das wäre im Vergleich zum Psalmtext der *Vulgata* noch deutlicher: »Quare tristis es anima

in den Versen 22, 43 f. das an die anderen Synoptiker erinnernde Wort hinzu: »Und er betete in seiner Angst noch inständiger ...«[25]

Die allmählich akzeptierte Bandbreite der patristischen und mittelalterlichen Entwicklung dieses dialektischen Ansatzes in der Christologie hat vor kurzem Christoph Schönborn treffend mit den Begriffen »Integritätsprinzip« und »Perfektionsprinzip« markiert[26]. Die nie ganz zur Ruhe kommende, kontrovers oszillierende Suche nach der vollständigen und doch zugleich vollkommenen Menschheit Jesu nimmt Maß daran, beiden dieser Strähnen einer christologischen »Doppelhelix« gerecht zu werden. Leugnungen des einen oder des anderen Prinzips, wie Schwingungen außerhalb des lebensfähigen Wellenbereichs ineinander verwobener Spiralen, rufen wieder (und sei es bei ein und demselben Theologen) Gegenbewegungen zur Korrektur und Ergänzung hervor.[27] Die Schmerzgrenze bei der Infragestellung der vollständigen Menschheit Jesu sah eine breite Strömung der Theologie seit dem 12. Jahrhundert im überlieferten Werk des sonst geschätzten Hilarius von Portiers erreicht. Hilarius hatte im Zuge antiarianischer Überlegungen bei seiner Deutung des Getsemani-Gebets dem betenden Christus so etwas wie Trauer, Todesangst und den reflektierten Wunsch um Schonung vor dem eigenen Tod abgesprochen; allenfalls eine gewisse Sorge um den Tod seiner Jünger wird Jesus eingeräumt. Petrus Lombardus, der diese Texte des Hilarius (dem er hier Ambrosius und dessen Betonung der menschlichen Affekte Christi schroff gegenüberstellt) seinen Lesern nicht vorenthalten will, warnt aber ausdrücklich, ihre unkritische Lektüre sei doch tödlich (»vasa mortis«).[28] Als Kontrapunkt hatten schon vor den monotheletischen Kontroversen Ambrosius und Augustinus die Beachtung des »Integritätsprinzips« und der vollständigen Menschheit Christi angemahnt.

---

mea et quare conturbaris in me?«. Für abweichende Deutungen namhafter Exegeten, die – anders als in der thomanischen Interpretation – im johanneischen Jesus allenfalls Zorn, nicht aber Trauer oder Angst/Furcht anerkennen wollen, vgl. R. Schenk, *And Jesus Wept. Notes Towards a Theology of Mourning*, in: Michael Dauphinais and Matthew Levering (Hrsg.), *Reading John with St. Thomas Aquinas. Theological Exegesis and Speculative Theology* (Washington, D.C., Catholic University of America Press 2005) 212–237.

[25] Vgl. Feldmeier, R., *Die Krisis des Gottessohnes*, a. a. O. 12–18.
[26] Christoph Schönborn, *Gott sandte seinen Sohn. Christologie.* (AMATECA. Lehrbücher zur katholischen Theologie, Bd. 7) Paderborn, Bonifatius 2002, 162.
[27] Für die wichtigsten Problemkreise vgl. Kevin Madigan, *The Passions of Christ in High-Medieval Thought: An Essay on Christological Development* (Oxford University Press 2007). Die leicht zu übersehende Kontinuität zwischen Patristik und Scholastik, die mancher gewaltsamen Umdeutung patristischer Überlieferungen durch mittelalterliche *relecture* zugrunde liegt, besteht nicht zuletzt in der intendierten Fortentwicklung dieser Spannungseinheit.
[28] Petrus Lombardus, *Sententiae in IV Libris Distinctae*, lib. III, dist. 17, cap. 3 (Spicilegium Bonaventurianum V, cura PP. Collegii S. Bonaventurae, Grottaferrata 1981, T. II, 110 f.) Grottaferrata, ad Claras Aquas, Rom 1981.

Dieses Gegengewicht zugunsten des Integritätsprinzips wurde im Mittelalter aber – ähnlich wie heute[29] – ebenfalls aus der Erinnerung an die patristische Zurückdrängung des Monenergetismus und des Monotheletismus gewonnen. Maximus Confessor, »der eigentliche ›Inspirator‹ des Konzils von 681 (wie auch schon zuvor und noch direkter der Lateransynode von 647,«[30] hat die Verschiedenheit des göttlichen und des menschlichen Willens Christi als Bedingung der Möglichkeit des Gehorsams der Getsemani-Szene erkannt. Dadurch trat aber auch die vollständige Menschheit Christi deutlicher hervor.

»Die Agonie-Worte, ›nicht mein Wille geschehe, sondern der deine‹ (Mt 26, 39), sind von den Monotheleten als biblisches Fundament für die Leugnung eines menschlichen Willens Jesu gebraucht worden. Maximus zeigt nun, dass diese Worte gerade Ausdruck von Jesu menschlichem Willen sind: ›In diesem Vers des Evangeliums betrachtet Maximus den höchsten Akt des menschlichen Willens Christi, und dieser Akt ist *höchste Zustimmung*, ist *vollkommener Einklang* mit *dem göttlichen Willen, der zugleich sein Wille und der des Vaters ist*‹.«[31]

Für die westliche Rezeption der Kritik des Monotheletismus und der Entfaltung der nicht-kontradiktorischen Unterscheidung menschlicher Leidenschaften vom vernünftigen Willen war *De fide orthodoxa* des Johannes von Damaskus von herausragender Bedeutung, besonders für Thomas von Aquin. Johannes hat seinerseits die Anthropologie des Nemesius von Emesa aus *De natura hominis* mit dem christologischen und anthropologi-

---

[29] Die Bedeutung der Einsicht in die zwei Wirkweisen und die zwei Willen Christi, wie sie u. a. von Maximus Confessor, dem III. Constantinopolitanum (681) und Thomas von Aquin vertreten wurde, zählt zu den Kernanliegen der Christologie des mit diesem Band Geehrten; vgl. Christoph Schönborn, *Gott sandte seinen Sohn*, a. a. O., besonders 14, 176–189, 267–281; ders. *Sophrone de Jérusalem. Vie monastique et confession dogmatique* (ThH 20) Paris, Beauchesne 1972, 199–224; ders., *Die Christus-Ikone. Eine theologische Hinführung* (Schaffhausen, Novalis 1984) 121–129; ders., Plaisir et douleur dans l'analyse de S. Maxime, d'après les Quaestiones ad Thalassium, in: Felix Heinzer und Christoph Schönborn (Hrsg.). *Maximus Confessor. Actes du Symposium sur Maxime le Confesseur, Fribourg, 2–5 septembre, 1980* (Paradosis XXVII) Fribourg, Universitätsverlag 1982) 273–284; ders., 681–1981: Ein vergessenes Konzilsjubiläum – eine versäumte ökumenische Chance, in: *FZPhTh* 29 (1982) 157–174.
[30] Christoph Schönborn, *Gott sandte seinen Sohn*, a. a. O., 181.
[31] Christoph Schönborn, a. a. O., 181 f., mit Zitaten aus: François Marie Léthel, *Théologie de l'Agonie du Christ. La liberté humaine du fils de Dieu et son importance sotériologique mises en lumière par saint Maxime le Confesseur* (ThH 52) Paris, Beauchesne 1979, 92. Zur Unterscheidung naturgemäßer von naturwidriger Furcht vgl. Maximus' Disputation mit Pyrrhos, übersetzt in: Guido Bausenhart, »*In allem uns gleich außer der Sünde*«. *Studien zum Beitrag Maximos' des Bekenners zur altkirchlichen Christologie* (Tübinger Studien zur Theologie und Philosophie, Bd. 5) Mainz, Matthias-Grünewald 1992, 196–235, bes. 203. Wie noch zu zeigen ist, zitiert Thomas von Aquin diese Stelle (via Johannes Damascenus) im III. Buch seines Sentenzenkommentars und in der Tertia Pars der *Sth*, um das Wesen des *timor filialis* zu verdeutlichen.

schen Erbe des Maximus zu einer Einheit verbunden, die später zu den Hauptquellen des Thomas von Aquin gerade für das Verständnis der Furcht zählen sollte. Von besonderem Belang war die Unterscheidung des Damascenus von *thelesis* und *boulesis*, die seit der *Summa fratris Alexandri* etwa irreführend als *voluntas ut natura* und *voluntas rationis* in die christologische Diskussion eingingen.

2. Die Todesangst Christi bei Thomas von Aquin

Die jüngere Thomas-Forschung hat bereits viel dazu beigetragen, die Bedeutung des Lebens Jesu[32] sowie seines menschlichen Willens und seiner Leidenschaften für die thomanische Christologie im theologiegeschichtlichen Kontext des 12. und 13. Jahrhunderts zu verstehen.[33] Dabei wird mehr denn je erkennbar, wie sehr Thomas' Beitrag zur mittelalterlichen Lehrentwicklung im Dienst der Herausarbeitung des »Integritätsprinzips« stand, ohne sich je gegenüber dem »Perfektionsprinzip« zu verselbständigen.

Corey Ladd Barnes hat jüngst der Entwicklung der Lehre von den zwei Willen Christi eine umfassende Dissertation gewidmet. Während die Lehrentwicklung, die von Petrus Lombardus über Wilhelm von Auxerre und die *Summa fratris Alexandri* und weiter von Albertus Magnus und Bonaventura zum Früh- und Spätwerk des Thomas von Aquin nachgezeichnet wird, in ihrer Sorge um das Perfektionsprinzip verhältnismäßig

---

[32] Zu Genese, Sinn, Umfang und Tragweite einer Theologie der *acta et passa Christi* vgl. Jean-Pierre Torrell, *Le Christ en ses mystères: la vie et l'œuvre de Jésus selon saint Thomas d'Aquin (Paris, Desclée 1999)*; Leo Scheffczyk (Hrsg.), *Die Mysterien des Lebens Jesu und die christliche Existenz* (Aschaffenburg, P. Pattloch 1984); Leo Scheffczyk, Die Stellung des Thomas von Aquin in der Entwicklung der Lehre von den *Mysteria Vitae Christi*, in: Manfred Gerwing und Godehard Ruppert (Hrsg.), Renovatio et reformatio. *Wider das Bild vom »finsteren Mittelalter«: Festschrift für Ludwig Hödl zum 60. Geburtstag* (Münster, Aschendorff 1985) 44–70; Gerd Lohaus, *Die Geheimnisse des Lebens Jesu in der Summa theologiae des heiligen Thomas von Aquin* (FThSt 131) Freiburg im Breisgau, Herder 1985; Richard Schenk, *Omnis Christi actio nostra est instructio*. The Deeds and Sayings of Jesus as Revelation in the view of Thomas Aquinas, in: L. Elders (Hrsg.), *La doctrine de la révélation divine de saint Thomas d'Aquin (Studi Tomistici 37)* Vatikanstadt 1990, 104–131; und Michael J. Dodds, The Teaching of Thomas Aquinas on the Mysteries of the Life of Christ, in: Thomas G. Weinandy, Daniel A. Keating und J. P. Yocum (Hrsg.), *Aquinas on Doctrine: A Critical Introduction* (T. & T. Clarke – Continuum, London – New York 2004) 91–116.
[33] Es sei hier vor allem auf zwei sorgfältig erarbeitete Dissertationen hingewiesen: Paul Gondreau, *The Passions of Christ's Soul in the Theology of St. Thomas Aquinas* (BGPhThMA 61) Münster, Aschendorff 2002; und jüngst Corey Ladd Barnes, *Christ's Two Wills in Scholastic Theology: Thirteenth-Century Debates and the Christology of Thomas Aquinas* (Diss. Ph.D.) University of Notre Dame, 2007.

konstant bleibt, zeichnet sich die Entwicklung vor allem auf der Ebene des Integritätsprinzips ab, um Christus soviel an menschlichem Willen und an Emotionen zuzugestehen, wie mit seiner Sendung und Exemplarität vereinbar. Freilich bedeutet dies zugleich eine gewisse Nuancierung des Perfektionsbegriffs, der zunehmend auch gewisse – freilich nicht jeder Art – Defekte mit einschließt.

Schaut man auch nur auf den Anfang und das Ende der von Barnes untersuchten Lehrentwicklung, kann man die in etwas mehr als einem Jahrhundert durchmessene Distanz bereits in etwa abschätzen. Petrus Lombardus hält vor allem dank Ambrosius und Augustinus bereits eine gewisse Zweiheit in den affektiven Vermögen Christi fest, reduziert diese aber wegen seiner Sorge um Christi Vollkommenheit auf eine kaum signifikante Spannung zwischen triebhafter Abscheu vor Schmerz und Tod und der vernunftgemäßen Bejahung derselben. Hingegen konnte Thomas – durch den Verlauf der Diskussionen seit Petrus (vor allem durch die Kenntnis der Unterscheidung *thelesis/boulesis*) und durch den neuen Zugang zu patristischen und konziliaren Quellen, einschließlich des III. Constantinopolitanum[34], bereichert – die Abneigung Christi gegen den Tod als Ausdruck seiner Vernunft und als Voraussetzung seiner Wahlfreiheit begreifen, die sich entscheidet, aus weiteren Überlegungen diesen Tod doch auf sich zu nehmen. Thomas stellt die vernunftgemäße Auflehnung gegen den Tod nicht nur als dem Schöpfungswillen Gottes gemäß und als Ausdruck einer unverkürzten Menschheit dar, sondern auch als Bedingung der »bloßen« Akzeptanz des Todes wegen eines weiteren Sachverhalts (jene *ratio* der *voluntas rationis*): also mit Rücksicht auf seine vorgesehene Stellung im Heilsplan Gottes. Der vollmenschliche, weil vom Grundwillen zum Leben getragene Vollzug der Wahlfreiheit dient in der reifen Soteriologie des Thomas als »instrumentum divinitatis«[35] und als Offenbarung des göttlichen Willens, der sich »in terra« – anders als »in caelo« – erst durch die Verschiedenheit von göttlicher Zulassung und des von Gott unbedingt Gewollten manifestiert.[36]

Die Verlagerung des Schwerpunktes der Resistenz Christi gegen den

---

[34] Für die von Thomas verwendeten Quellen aus Ambrosius, Augustinus und dem 1. Brief des Papst Agathos vgl. Barnes, a. a. O., Kap. 3 (186 ff.).
[35] So bereits bei Theophil Tschipke, *Die Menschheit Christi als Heilsorgan der Gottheit, unter besonderer Berücksichtigung der Lehre des hl. Thomas von Aquin* (Freiburg i. Br., Herder 1940); vgl. zu den Quellen griechischer wie lateinischer Patristik 20–86.
[36] Vgl. die Hinweise auf die dritte Bitte des Vaterunsers (nach Mt 6,10) zur Verdeutlichung der Gründe für die Beschränkung des Vollsinns vom Willen auf die *voluntas beneplaciti* in *Sth* I 19, 11 co. mit der Folgerung: »Et ideo in Deo distinguitur voluntas proprie, et metaphorice dicta. Voluntas enim proprie dicta, vocatur *voluntas beneplaciti*; voluntas autem metaphorice dicta, est *voluntas signi*, in eo quod ipsum signum voluntatis voluntas dicitur.«

Tod weg von seinen Leidenschaften in seinen rationalen Willen hinein (*thelesis, voluntas ut natura* als Vernunft) hing auch mit einer generellen Umwertung der Leidenschaften im Kontext der Anthropologie zusammen, die weiter unten noch genauer zu bedenken ist. Die Frage aber, wie Thomas von Aquin in der *Summa theologiae* gerade die leidenschaftliche Todesangst Christi sich vorstellte, wird innerhalb der Quaestio III 15 über die seelischen »Unvollkommenheiten« Jesu beantwortet. Dort werden noch einmal – nicht zuletzt an der Behandlung der Todesangst Christi – die Schwierigkeiten sichtbar, denen Thomas bei der Spannung zwischen dem Integritäts- und dem Perfektionsprinzip begegnet.

Die Frage nach den seelischen Unvollkommenheiten Christi lässt sich am besten vom letzten, dem 10. Artikel her lesen, der sich zur Zweiheit realisierter und künftiger Eschatologie offen bekennt: Jesus sei »simul viator et comprehensor«: Dabei ist allerdings die Vollkommenheit so zu denken, dass sie in wichtigen, auch geistigen Bereichen noch fehlte (»deerat ei beatitudo«, »... ei de beatitudine deerat«), so dass Jesus noch Verlangen nach seiner Vollendung empfinden konnte und musste; seine Vollkommenheit unterschied sich insofern wesentlich von der *visio beatifica* der Seligen, da seine Seele noch leidenfähig war.[37] Für diese Sicht, mit der Thomas seine direkte Behandlung der *unio hypostatica* abschließt, wurde bereits im vierten Artikel über die Leidensfähigkeit der Seele plädiert. Thomas hält jene »Einschränkung« der Seligkeit, welche die Leidenschaften ermöglicht, für soteriologisch zentral und so von Christus gewollt[38]. Prinzipiell eingeschlossen in diese gewollte Leidensfähigkeit sei also auch die Wirkweise der Leidenschaften, insofern diese mit der relativen Vollkommenheit eines vernunftgemäßen Lebens nicht unvereinbar seien[39]. Für seine Analyse wählt Thomas fünf Leidenschaften aus, darunter auch die zwei, die infolge ihres selbstzerstörerischen Potentials am meisten den Namen »Leidenschaft« verdienen: Traurigkeit und Furcht.[40] In diesem Sinne bejaht Thomas im irdischen Leben Christi auch die noch unvollkommenen Erfahrungen von Zorn und solchen leiblichen Leiden, die nach Thomas – im offenen Gegensatz hier zu Hilarius – durchaus seelisch empfunden wurden[41], insofern diese mit dem Vollzug der *caritas* vereinbar seien[42].

---

[37] Vgl. *Sth* III 15, 10 co. et ad 3.
[38] Vgl. bereits *Sth* III 14 und noch *Sth* III 15, 5 ad 2.
[39] Vgl. *Sth* III 15, 4, co. zur Deutung von Hieronymus und seinem Begriff der »propassio«.
[40] Vgl. z. B. *Sth* I–II 41, 1, co.: »... inter ceteros animae motus, post tristitiam, timor magis rationem obtinet passionis.« Zu den fünf einzelnen Leidenschaften vgl. besonders Gondreau, *The Passions of Christ's Soul*, a. a. O. 375–455.
[41] Vgl. *Sth* III 15, 4–5.
[42] Vgl. *Sth* III 14; und dazu Leo Scheffczyk, »Satisfactio non efficax nisi ex caritate«. Zur Frage nach dem Grund der Erlösung in Tod und Auferstehung Christi, in: *Annales theologici* 1 (1987) 73–94.

Die notwendige Frage nach der Richtung oder (im Sinne J. H. Newmans) der »logischen Sequenz« der Entwicklung thomanischer Christologie wird auf das doppelte *Novum* im achten Artikel zu achten haben. Erst und einzig hier ist Thomas in seinem Gesamtwerk bereit, Jesus auch »admiratio« zuzuschreiben: eine Leidenschaft, die Bewunderung und Verwunderung umfasst und seit Nemesius und Johannes Damascenus als Unterart der Furcht klassifiziert wurde. Die Herausforderung an das Perfektionsprinzip liegt darin, dass die *admiratio* unüberhörbar die Überraschung und damit ein Moment vorausgegangener Unwissenheit impliziert. Thomas verteidigt diese Entwicklung in seinem Denken mit dem Hinweis auf eine zweite Veränderung: Jesus habe über ein Erfahrungswissen verfügt, das doch erst allmählich erworben worden sei. Neben seiner Entwicklung in der Frage nach der Wirksamkeit des Initiationssakraments des Alten Bundes[43] ist dies die einzige Frage, wo Thomas zweimal ausdrücklich feststellt, dass er seine Meinung geändert hat.[44] Bereits in *Sth* III 12, 2 hat er seinen Wandel in dieser Frage festgehalten und begründet: Das volle Menschsein Christi (gemäß dem Integritätsprinzip) verlangt einen *intellectus agens*, der nur dann sinnvoll ist, wenn er zum allmählichen Erwerb von Erfahrungswissen beiträgt. Die Vollkommenheit des Menschseins im Pilgerstand schließt eine gewisse Unvollkommenheit der Erkenntnis mit ein und modifiziert dadurch das Bild des Perfektionsprinzips.[45]

Dass Thomas nicht mehr dazu kam, diese späte Entdeckung in allen Implikationen zu entfalten, zeigt nicht nur Artikel 3 dieser Quaestio (die Frage nach der Unwissenheit Christi), sondern auch gerade der 7. Artikel zur Todesangst Christi. Unmittelbar zuvor hatte Thomas, hier im Gegensatz zur Stoa (und zu Petrus Lombardus), die Wahrheit der (freilich maß-

---

[43] Zum Wandel in der Frage des älteren Kults vgl. R. Schenk, Covenant Initiation. Thomas Aquinas and Robert Kilwardby on the Sacrament of Circumcision, in: Carlos-Josaphat Pinto de Oliveira (Hrsg.), *Ordo sapientiae et amoris. Hommage au Professeur J.-P. Torrell*, Fribourg (Éditions Universitaires Fribourg Switzerland) 1993, 555–593. Die Feststellung der Entwicklung hinsichtlich der wachsenden Erkenntnis Christi findet sich in *Sth* III 9, 4 co. (»... quamvis aliter alibi scripserim ...«); und 12, 2 co. (»... ut quibusdam videtur, et mihi aliquando visum est ...«).

[44] Zur Aufmerksamkeit der frühen Thomasrezeption auf so etwas wie Retractationes vgl. Martin Grabmann, *Hilfsmittel des Thomasstudiums aus alter Zeit (Abbreviationes, Concordantiae, Tabulae)* 2. Auflage, Fribourg, St. Paulus Druckerei 1923; und R. A. Gauthier, Les *Articuli in quibus frater Thomas melius in Summa quam in Scriptis*, in: Recherches de Théologie Ancienne et Médiévale 19 (1952) 271–326.

[45] Seit 2002 und der Veröffentlichung der Fribourger Dissertation von Paul Gondreau, *The Passions of Christ's Soul*, a. a. O., ist es leichter geworden, Aporien auf diesem Gebiet zu identifizieren, die zu lösen Thomas noch nicht imstande war: allen voran die, welche mit der Frage nach der Vollkommenheit des Wissens Christi zusammenhingen. Zum heutigen Stand der *quaestio disputata* vgl. auch Thomas Joseph White, The Voluntary Action of the Earthly Christ and the Necessity of the Beatific Vision, in: *The Thomist* 69 (2005) 497–534.

vollen) Traurigkeit angesichts des Todes unterstrichen.[46] Der christologische Beitrag zur thomanischen Theologie des Todes lässt sich an der programmatischen Feststellung und Legitimierung der Traurigkeit Christi vor dem Tod erkennen. Wie Thomas im Kommentar zur »Aufgewühltheit« Christi im Johannesevangelium verdeutlicht, bezeugt die Trauer bzw. die tristitia Christi vor dem Tod die Wahrheit über den Tod, das volle Menschsein Christi, seinen Willen zur Todesüberwindung, seine Pietät gegenüber Freunden und das Vorbild christlicher Existenz.[47] Thomas schließt hier seine Analyse der Furcht Christi vor dem Tod unmittelbar an die Betrachtung der Traurigkeit Christi vor dem Tode an. Zur Begründung der Traurigkeit kommt der Gehorsam gegenüber dem Vater hinzu. Thomas hält an der Furcht Christi vor dem Tode fest, fast als eine Vorwegnahme von Trauer und Traurigkeit, sieht aber von einem Aspekt ab, der seit der *Rhetorik* des Aristoteles die Furcht von der Traurigkeit unterscheidet: die ungewisse, freilich auch als eher unwahrscheinlich wahrgenommene Möglichkeit, der Gefahr doch noch zu entkommen. Die Texte »sed contra« der Artikel über *tristitia und timor Christi* sind hier auf die Getsemani-Szene bei Mt und Mk bezogen.

Zusätzlich aufschlussreich ist Thomas' Erörterung der *electio Christi*. Obwohl im alltäglichen, uns vertrauten Modus unsere Wahlfreiheit durch das mangelnde Wissen des in jeder Hinsicht Guten ermöglicht wird (so dass die Seligen zwar Freiheit, nicht aber Wahlfreiheit im strengen Sinn besitzen), ist Jesus die soteriologisch so zentrale Wahlfreiheit allein in dem Sinne zuzusprechen, dass er vor einer Wahl unter mehreren Mitteln zum Ziel stand; die gewöhnlich miterfahrene Unwissenheit gehöre also – laut Thomas – nicht zum Wesen der Wahlfreiheit.[48] Die Parallele zu Christi Furcht ist eindeutig: Hier genügt die zu Recht abgeneigte Leidenschaft angesichts des Bevorstehenden für die berechtigte Rede von der Todesangst

---

[46] Vgl. besonders die Antwort auf den letzten Einwand, der die Konvenienz der Leidenschaft zum zweifachen Willen Christi zeigt: *Sth* III 15, 6 ad 4: »Ad quartum dicendum quod nihil prohibet aliquid esse contrarium voluntati secundum se quod tamen est volitum ratione finis ad quem ordinatur, sicut medicina amara non est secundum se volita, sed solum secundum quod ordinatur ad sanitatem. Et hoc modo mors Christi et eius passio fuit, secundum se considerata, involuntaria et tristitiam causans, licet fuerit voluntaria in ordine ad finem, qui est redemptio humani generis.«

[47] Vgl. R. Schenk, *And Jesus Wept*, a.a.O.; und Paul Gondreau, Anti-Docetism in Aquinas's *Super Ioannem*: St. Thomas as Defender of the Full Humanity of Christ, in: M. A. Dauphinais und M. W. Levering (Hrsg.), *Reading John*, a.a.O. 254–276; sowie ders., The Humanity of Christ, the Incarnate Word, in: R. Van Nieuwenhove und J. P. Wawrykow (Hrsg.), *The Theology of Thomas Aquinas* (University of Notre Dame Press, 2005) 252–276.

[48] Vgl. Barnes, *Christ's Two Wills*, a.a.O., Kap. 3 (143), vor allem zur Analyse von *Sth* III 18 über die Zweiheit der Willen Christi und auch ihrer Objekte.

Christi. Damit wurde aber auch die Vergewisserung der Berechtigung einer gewissen Todesangst auch in anderen Menschen beabsichtigt.

3. Anthropologie und Furcht nach Thomas von Aquin

Das Verhältnis zwischen den verschiedenen thomanischen Darstellungen der Furcht in den Bereichen der Leidenschaften, der Tugenden und Geistesgaben sowie der Christologie lässt sich als Muster eines hermeneutischen Zirkels begreifen. Zwar räumt Thomas die qualitativen Unterschiede zwischen den Leidenschaften in Christus und den Christen ein[49]; an einen moralistischen oder spirituellen Reduktionismus ist daher nicht zu denken. Die gegenseitige Erhellung dieser drei Themenbereiche (Furcht als *passio*, als *donum*, und als *timor Christi*) scheint aber durchaus programmatisch zu sein und lässt uns denken, wie die Engführungen zu vermeiden sind, die man oft als Extreme von Christozentrik oder (auch thomistischer) Anthropozentrik beklagt. Die positive Möglichkeit von Furcht scheint hier weder erst dem Gläubigen zugänglich noch im letzten »rein philosophisch« begreiflich zu sein. Allen thomanischen Behandlungen des Themas gemeinsam ist aber die auffallende Tendenz, die oft sehr unterschiedlichen Arten der Furcht als grundsätzlich berechtigt anzusehen, ohne zu verkennen, wie zerstörerisch (Fehl-) Formen von Furcht und Angst auch wirken können. Weder als »Leidenschaft« noch als »Geistesgabe« noch als »Todesangst Christi« wird die Furcht in erster Linie als *pudendum* betrachtet.

Thomas' ursprüngliche Einsicht war wohl die prinzipielle Erkenntnis der damals zunehmend unwahrscheinlichen Verträglichkeit von naturphilosophischem und christlichem Weltbild. Noch im thomanischen Spätwerk wirkt diese Einsicht bei der Deutung der Leidenschaften nach, deren sinnvolle Verflechtung mit Leiblichkeit wie auch Geistigkeit explizit und in eine umfassende philosophische und theologische Anthropologie sowie eine Christologie eingeschrieben wurde[50]. Durch die Aneignung wesentlicher Aspekte der aristotelischen Mesoteslehre traf Thomas bereits eine

---

[49] Vgl. etwa *Sth* III 15, 4 co.: »Sciendum tamen quod huiusmodi passiones aliter fuerunt in Christo quam in nobis ...«.

[50] Die neuere Literatur dazu ist kaum zu überblicken. Als repräsentative Beispiele vgl. Kevin White, The Passions of the Soul (I^a IIae qq. 22–48), in: S. J. Pope (Hrsg.), *The Ethics of Aquinas* (Moral Traditions Series) Washington, D.C., Georgetown University Press 2002) 103–115; Giuseppe Busiello, Le passioni in Tommaso d'Aquino tra etica, antropologia e metafisica, in: *Angelicum* 83 (2006) 95–120; Paul Gondreau, The Passions and the Moral Life: Appreciating the Originality of Aquinas, in: *The Thomist* 71/3 (2007) 419–450; Robert C. Miner, *Thomas Aquinas on the Passions. A Study of Summa theologiae 1a2ae 22–48* (Cambridge, UK/New York, Cambridge University Press 2009); Eberhard Schockenhoff, Die Lehre von den *passiones animae* in der Anthropologie des Thomas von Aquin, in: Christian Schäfer und Martin Thur-

gewisse Vorentscheidung für die positive Möglichkeit der Leidenschaften, deren potentielle Mangelformen oder Exzesse zu identifizieren und zu vermeiden waren.[51] So nähert sich Thomas dem Phänomen Furcht zunächst durch deren Einordnung in das Schema der irasciblen Leidenschaften.[52] Die besondere Bedeutung der Furcht im Geflecht der Leidenschaften wird an der Größe und der Gefahr einer Leidenschaft prinzipiell herausgestellt, wenngleich die Originalität des Thomas wohl eher in der Kontextualisierung der Leidenschaften im Lichte der betont leibseelischen Einheit des Menschen besteht als in der Phänomenologie einzelner Emotionen. Seine Faszination durch die überlieferte stoische Katalogisierung der Leidenschaften steht im starken Kontrast zu seinen systematischen Intentionen, die sich zunehmend Stoa-kritisch verstehen.[53] Wenngleich Thomas in der *Summa theologiae* I–II 41–44 der Furcht 16 Artikel widmet (mit vier weiteren über *audacia*), bleibt seine Analyse noch auffallend formal.

Mit einem Hinweis auf *De fide orthodoxa* erinnert Thomas jedoch an die Todesangst als »timor naturalis« als eine menschliche Konstante, eine Art Existential.[54] Wie seine Zeitgenossen rezipiert Thomas aus Nemesius und seinen stoischen Quellen nicht zuletzt durch die Vermittlung von Jo-

---

ner (Hrsg.), Passiones animae. Die »Leidenschaften der Seele« in der mittelalterlichen Theologie und Philosophie (Berlin, Akademie Verlag 2009) 151–170.

[51] Zur neueren Diskussion über Geltung und Grenze dieses Kernstücks aristotelischer Ethik vgl. Ursula Wolf, Über den Sinn der Aristotelischen Mesotheslehre (II), in: Otfried Höffe (Hrsg.) *Aristoteles. Nikomachische Ethik* (Klassiker Auslegen, Bd. 2, 2. Auflage) Berlin, Akademieverlag 2006, 83–108. Die Autorin argumentiert, dass diese Lehre besonders auf den Umgang mit Furcht (S. 101) zur Kultivierung von Standhaftigkeit, weniger auf die Beschreibung der Gerechtigkeit passt: eine Unterscheidung, die Thomas »treffsicher formuliert« habe (S. 107).

[52] Zu Thomas' Begriff des *timor* als Leidenschaft vgl. Albert Zimmermann, Gedanken des Thomas von Aquin über *defectus naturalis und timor*, in: ders. und Clemens Kopp (Hrsg.), *Thomas von Aquin. Werk und Wirkung im Licht neuerer Forschungen* (Miscellanea Mediaevalia 19) Berlin/New York, Walter de Gruyter 1988) 43–52; dazu die Rezension von R. Quinto, in: *Bulletin de Théologie ancienne et médiévale*, 14 (1989) 732, n. 1539; Ivana Zimmermann, Die Lehre des Thomas von Aquin von der Angst, a. a. O.; R. Quinto, *Per la storia del trattato tomistico de* passionibus animi. *Il timor nella letteratura teologica fra il 1200 e il 1230ca*, in: E. Manning (Hrsg.), *Thomistica*, Leuven Peeters 1995 (Recherches de Théologie ancienne et médiévale. Supplementa, 1), 35–87, mit Lit.: 65–67.

Loughlin, S., The Complexity and Importance of *timor*, a. a. O.; J. R. Cihak, *Balthasar and Anxiety*, a. a. O. 127–155.

[53] Für Augustinus' *De civitate Dei* IX 4 und XIV 8 f. als eine wahrscheinliche Quelle für Thomas' Kritik der Stoa vgl. Loughlin, S., The Complexity and Importance of *timor*, a. a. O. 1 f., n. 1.

[54] Vgl. den Verweis auf Aristoteles in *Sth* I–II 41, 3, co.: »Et distinguitur a timore non naturali, secundum diversitatem obiecti. Est enim, ut philosophus dicit in *II Rhetoric.*, timor de malo corruptivo, quod natura refugit propter naturale desiderium essendi, et talis timor dicitur naturalis. Est iterum de malo contristativo, quod non repugnat naturae, sed desiderio appetitus, et talis timor non est naturalis.«

hannes Damascenus auch die Aufzählung von Unterarten der variablen (quasi »existentiellen«) Formen der Furcht. Dabei interessiert sich Thomas vor allem für die Beziehung zwischen den sechs Unterarten des *timor non naturalis*: Scheu, Erröten, Scham, Staunen, Schrecken und Angst[55]. Während alle in irgendeiner Liebe wurzeln, unterscheiden sie sich in je eigener Weise gegenüber einem Gegenstand, welcher sich der menschlichen Vorstellungskraft irgendwie als eine in naher Zukunft drohende, nur schwer bzw. wohl kaum mehr zu vermeidende Gefahr zeigt. Ihnen in verschiedenem Grad gemeinsam ist auch der Hang zur körperlichen Kontraktion (wie mitklingt in den verwandten Worten Angst, Enge und ›via‹ *arctior*) und infolge davon auch zur Unterkühlung. Die Beziehung dieser variablen Formen der Furcht zu der eher strukturellen Todesangst wird nicht eingehend thematisiert, wenngleich an eine Art »Reduplikation« gedacht ist, welche das Strukturelle (das »Existential«) nun doch kontingent (»existentiell«) konkretisiert und vereinzelt, insofern in je individueller Weise auf die gemeinsame Begrenztheit des Lebens reagiert wird.[56] Wie einzelne mit ihrer Sterblichkeit umgehen, variiert stark. Die Bedeutung der Vorstellungskraft wird hier zwar von der unmittelbaren Wahrnehmung des bloß Gegenwärtigen abgehoben, an dieser Stelle aber überraschender Weise nicht mit der *vis cogitativa* in Verbindung gebracht.[57] Beispiele von Verbindungen mit anderen Leidenschaften wie *tristitia*, *ira*, *fuga* und *amor* werden verstreut angedeutet, aber nicht weiter systematisiert. Gemäß der Mesotheslehre wird aber auch keine dieser Leidenschaften als böse verworfen; ihr Vollzug gehört vielmehr in einer bereits gefährlichen und gefährdeten Welt zur Bedingung des gelungenen Lebens. Gleichwohl wird aber auf die konstitutiven Gefahren für Leib und Seele hingewiesen, die mit dem »Zuviel« und dem »Zuwenig« der Furcht gegeben sind: »Unter den Sünden, die der Tugend der Tapferkeit (man kann das nicht zu deutlich sagen: der Tapferkeit!) entgegengesetzt sind, zählt der heilige Thomas nicht nur die ungeordnete Furchtsamkeit auf, sondern auch die seinswidrige Furchtlosigkeit *(intimiditas).*«[58]

---

[55] So lautet der einleitende Einwand von *Sth* I–II 41, 4: »Videtur quod inconvenienter Damascenus assignet species timoris scilicet segnitiem, erubescentiam, verecundiam, admirationem, stuporem, agoniam.«
[56] Vgl. dazu den Hinweis auf J. Maritain bei Loughlin, S., The Complexity and Importance of *timor*, a. a. O. 8. Maritain spricht von einer Übertragung des Universalen auf das Konkrete.
[57] Vgl. Jörg Alejandro Tellkamp, *Sinne, Gegenstände und Sensibilia. Zur Wahrnehmungslehre des Thomas von Aquin* (Studien und Texte zur Geistesgeschichte des Mittelalters, 66) Leiden/Boston, Brill 1999) 271–289.
[58] Josef Pieper, *Über die Hoffnung* (1935, München Kösel 1977, 7. Auflage) 82. Für drei Arten der Sünde gegen die Tapferkeit, *timor inordinatus, intimiditas* und *audacia inordinata* vgl. Thomas von Aquin, *Sth* II–II 125–127. Zum größeren Anwendungsbereich von *timor* (Leidenschaft, Akt, Tugend, Laster, Gabe, dazu noch gelegentlich als Objekt derselben) gegenüber den

Die bei Thomas zu beobachtende Tendenz, die unterschiedlichen Arten der Furcht als grundsätzlich berechtigt anzusehen, ohne die zersetzende Macht der verwandten Fehlformen zu verschweigen, setzt sich mit der thomanischen Deutung der Geistesgabe des *timor filialis (castus/amicabilis)* und der anderen Formen von »Furcht« fort, die irgendwie Gott quasi zum »Gegenstand« haben: also Furcht bzw. Ehrfurcht vor Gott.[59] Dabei folgen die thomanische Rezeption und Behandlung der vierfachen Unterscheidung der Gottesfurcht und der ewigen Stellung des timor filialis wohl noch mehr den theologischen Gewohnheiten als in der Frage der Leidenschaften. Im Zug seiner Augustinusrezeption hat Petrus Lombardus »quatuor timores« (je unter mehreren Titeln) identifiziert und der theologischen Nachwelt zur Diskussion vorgelegt.[60]

Während Petrus im Anschluss an den Augustinusschüler Cassiodorus »timor mundanus« oder »timor humanus« knapp definiert als eine Verfehlung infolge »der Furcht, die Gefahren des Fleisches zu erleiden oder die Weltgüter zu verlieren«[61], will Thomas das Gute daran anerkennen, leibliche Verletzungen am Leib und den Verlust von Gütern zu vermeiden, was aber die Verleugnung Gottes nie rechtfertigen könne.[62]

Petrus folgt Augustinus im Zugeständnis, dass »timor servilis« – der

---

pejorativ bewerteten Gewohnheiten *timiditas* und *intimiditas* vgl. Riccardo Quinto, »Timor« e »timiditas«. Note di lessicografia tomista, in: *Rivista di Filosofia neoscolastica* 77 (1985) 387–410.

[59] Vgl. die zu beachtenden Einschränkungen Karl Rahners hinsichtlich des univoken Gebrauchs gegenstandsbezogener Furcht, wenn von einem Stehen vor Gott die Rede sein sollte; denn Gott sei nur sehr unzulänglich als Objekt vorzustellen: Angst und christliches Vertrauen in theologischer Perspektive, in: ders. *Schriften zur Theologie* XV (Zürich et al., Benziger 1983) 267–279. Gleichwohl ist die Behauptung notwendiger Idolatrie bei jeder Vergegenständlichung Gottes (»Fürchten im strengen Sinn des Wortes kann man sich eigentlich nur vor einem Götzen«, S. 268) durch die Hinweise des Autors auf S. 269 gleich zu ergänzen, die an die notwendige Konkretisierung menschlicher Erkenntnis erinnert. Einerseits ist das Objekt der Furcht ein Vorgestelltes. Andererseits kann auch die gegenstandslose Leere – und sei sie der eigene Denkhorizont – zum Idol werden. Jedoch ist dem Autor hier so zu folgen, dass die Einheit unter den sogenannten »Spezies« der Gottesfurcht nicht weniger analog sei als bei den Leidenschaften der »Furcht«. Deswegen darf auch in der eingeschränkten Gegenständlichkeit des Glaubens ein Ort genuin christlicher Angst vermutet werden.

[60] Petrus Lombardus, *Sententiae in IV Libris Distinctae*, lib. III, dist. 34, cap. 3–9 (Spicilegium Bonaventurianum V, cura PP. Collegii S. Bonaventurae, Grottaferrata 1981, T. II, 191–198 f.) Grottaferrata, ad Claras Aquas, Rom 1981. Vgl. dazu die Texte von knapp 30 Theologen zwischen Petrus Lombardus und Thomas von Aquin, die sich zur Frage der Gottesfurcht geäußert haben: Georgio M. Csertö, *De timore Dei iuxta doctrinam scholasticorum a Petro Lombardo usque ad S. Thomam: Disquisitio historica-theologica* (Rom 1940).

[61] Petrus Lombardus, *Sententiae*, a.a.O., 193.

[62] Sth II–II 19, 3 ad 3. Dabei gilt als Exempel des *timor mundanus* die Verleugnung Jesu durch den Apostel Petrus (*Sth* II–II 19, 9 co.). Eine Parallele zur Bejahung natürlicher Güter findet sich bei Petrus Lombardus, a.a.O., cap. 9, 198, allerdings nur unter der Voraussetzung superlapsarischer Unschuld.

manchmal auch als »timor gehennae« bezeichnet wird – den Fürchtenden von weiteren Sünden zurückhalten und so doch nützlich – wenn auch unzureichend – sein kann.[63] Mit einer etwas gewundenen Logik, die aber den programmatischen Fluchtpunkt seiner Argumentation verdeutlicht, will Thomas zwischen der Servilität und der Substanz des timor servilis unterscheiden. Erstere sei in der Tat sündhaft, letztere sei aber nicht nur nützlich, sondern auch an sich gut und mit der Gottesliebe zwar nicht identisch, aber kompatibel. Sie könne sogar der Anfang einer höheren Weisheit sein[64]: etwas, was Petrus ausdrücklich bestreitet.[65]

Petrus erwähnt den *timor initialis*, wo die Servilität des *timor servilis* zu schwinden und die Gottesliebe aufzukommen beginnt. Hier erst sei der Anfang der Weisheit.[66] Thomas beschreibt diese Art heuristischer Gottesfurcht sogar als eines Wesens mit der vollkommenen Gottesliebe, wenn auch noch in einem anfänglichen Stadium, dem die Servilität nur noch äußerlich nachhänge.

Schon an diesen »Stichproben« aus der Diskussion um jene drei Formen der Gottesfurcht, die noch nicht als Geistesgaben anzusehen sind[67], wird deutlich, wie weit man in dieser Zeit zwischen Petrus Lombardus und Thomas von Aquin davon entfernt war, eine scharfe Trennlinie zwischen Sündern und Gerechten ziehen zu wollen, um ein Gesetz wie das folgende aufzustellen:

»Gott schenkt keinem Glaubenden die (mystische oder auch gewöhnliche) Teilnahme an der Kreuzesangst seines Sohnes, dem er nicht zuvor die ganze Kraft der christlichen Sendung und Freude und das ganze Licht von Glaube, Liebe und Hoffnung geschenkt, dem er also nicht zuvor die Sündenangst weggenommen hat. Eine ›Synthese‹ von beidem für möglich zu halten oder gar anzustreben, entspricht nicht der gesunden christlichen Lehre.«[68]

Dabei hat auch der sich allmählich läuternde *timor filialis* nicht erst für Thomas, sondern bereits bei Petrus, so wenig von der Sündhaftigkeit an

---

[63] Petrus Lombardus, ebd. Zu den weniger nützlichen Formen des *timor servilis* zählt jene Furcht vor den Folgen der eigenen Sünden, die in der Ängstlichkeit von Kain und Lamech (Gen 4, 16.23) sichtbar ist.
[64] *Sth* II–II 19, 4–7.
[65] Petrus Lombardus, a. a. O., cap. 7, 197.
[66] Ebd.
[67] Vgl. *Sth* II–II 19, 9.
[68] H. U. von Balthasar, *Der Christ und die Angst*, a. a. O., 66; vgl. dazu auch J. R. Chihak, *Balthasar und Anxiety*, a. a. O., 186 f.; und das hilfreiche, kommentierte Florilegium von Jörg Splett, Der Christ und seine Angst erwogen mit Hans Urs von Balthasar, in: Peter Reiffenberg und Anton van Hooff (Hrsg.), *Gott für die Welt: Henri de Lubac, Gustav Siewerth und Hans Urs von Balthasar in ihren Grundanliegen. Festschrift für Walter Seidel* (Mainz, Matthias-Grünewald 2001) 315–331.

sich, dass diese Art der Gottesfurcht als Geistesgabe gilt, die mit der caritas stets mitwächst.[69] Anders als die Tugenden der Hoffnung und des Glaubens bleibt nach der *sententia communis* der Theologen dieser Zeit der *timor filialis* bzw. *castus* oder *amicabilis* noch »in patria« ein wichtiger Bestandteil menschlicher Vollendung. Thomas weiß sich mit der großen theologischen Mehrheit seit Petrus Lombardus hier einig in der Kritik einiger patristischer Quellen, wie z. B. Beda Venerabilis.[70] Petrus und Thomas gemeinsam ist nicht nur die Feststellung der Ewigkeit des *timor filialis*, sondern auch so etwas wie dessen regulative Idee, die sich herausstellt, wenn man sich diese Gabe in der Vollendung vorstellt. Weggefallen sind dann jene Sorgen, Gott zu verlieren oder ihm zu missfallen, die ansonsten zur irdischen Gestalt des *timor filialis* noch gezählt werden. Das Moment der *reverentia* (»Ehrfurcht«) vor der Größe Gottes in Einheit mit dem seinsmäßigen (nicht erst sündhaften) Mangel des eigenen Wesens stellt sich als der Kern oder die Idee des *timor castus* heraus[71]. Diese Verbindung von Selbstreflexion und Anerkennung des Anderen kommt hier zur Sprache[72] und lässt die sonst dünne analoge Einheit mit der Leidenschaft der Furcht etwas dicker werden: wie zuvor die körperliche Kontraktion zur leibseelischen Wirklichkeit der Furcht als Leidenschaft zugerechnet wurde, so findet sich *in patria* noch eine geistige Parallele dazu: die Ehrfurcht vor Gott geht einher mit der *resilitio in parvitatem propriam*.[73]

---

[69] Petrus Lombardus, a. a. O., cap. 6, 195 ff.; Thomas von Aquin, *Sth* II–II 19, 10.

[70] Petrus Lombardus, a. a. O., cap. 3, 5, 8, 191–197.

[71] Zum Bewusstsein des eigenen »defectus naturalis« als bleibender Bedingung der Ehrfurcht vgl. *Sth* II^a-II 19, 11 ad 3: »Ad tertium dicendum quod spes importat quendam defectum, scilicet futuritionem beatitudinis, quae tollitur per eius praesentiam. Sed timor importat defectum naturalem creaturae, secundum quod in infinitum distat a Deo, quod etiam in patria remanebit. Et ideo timor non evacuabitur totaliter.« Wie weiter unten noch näher zu erörtern ist, hat Albert Zimmermann, Gedanken des Thomas von Aquin über *defectus naturalis und timor*, a. a. O., diesen Text in die Mitte seiner Überlegungen zu diesem Thema gestellt und das diesseitige Bewusstsein des eigenen »defectus naturalis« als bleibende Bedingung der Angst gedeutet.

[72] Vgl. Bonaventura, *In III Sent.*, 34, P. II, art. III, q. III ad 1 (Omnia opera, cura PP. Collegii S. Bonaventurae, Quaracchi, ad Claras Aquas 1887, T. III, 767A), wo er vom einzig verbleibenden Sinn vollendeter Gottesfurcht spricht, »… qui est revereri summam Maiestatem resiliendo in propriam parvitatem; et quantum ad hunc timor non ita opponitur statui gloriae, sicut spes; et ideo non oportet quod evacuetur in patria …«; und Thomas von Aquin, *Quaestiones disputata De virtutibus*, q. 4 a. 4 ad 2: »Neutro autem modo erit timor in patria, sublata potestate culpae et poenae; secundum illud *Prov.* I, 33: *abundantia perfruetur, malorum timore sublato*. Est autem tertius defectus naturalis, secundum quod quaelibet creatura in infinitum distat a Deo; qui defectus nunquam tolletur; et hunc defectum respicit timor reverentialis qui erit in patria: qui reverentiam exhibebit suo creatori ex consideratione maiestatis eius, in propriam desiliens parvitatem. Sed obiectum spei, quod est beatitudinem esse futuram, tolletur, ea superveniente, et ideo spes non remanebit.«

[73] Vgl. Thomas von Aquin, In III Sent. d. 26 q. 2 a. 1 ad 4: »… timor vero dicit resilitionem ex

4. Zur Verortung der Angst im thomanischen Denken

Mit seiner Übernahme sowohl der sechs »species« der Leidenschaft des *timor* als auch der vier Formen der im rationalen Bereich beheimateten Gottesfurcht hatte sich Thomas gegenüber der analogen Ausdehnung des Begriffs tolerant gezeigt. Die gleiche Neigung zeigte sich auch bei den Versuchen, berechtigte Dimensionen der Furcht selbst an deren Fehlformen zu identifizieren. Freilich wurde der Begriff Angst erst mit Kierkegaard explizit. In seinem bereits zitierten Aufsatz hat Albert Zimmermann in überzeugender Weise auf die im Kontext des *timor filialis* gemachte Selbsterfahrung des bleibenden »defectus naturalis« als Bedingung der Möglichkeit hingewiesen, im Rahmen der thomanischen Anthropologie so etwas wie Angst als eine noch implizite Möglichkeit zu identifizieren.[74] Dabei wäre ergänzend ebenfalls auf das Moment der *reverentia* zu achten, mit der die Scholastik dem heutigen Sinn für »Alterität« nahe kommt; die Adjektivformen *filialis, castus, amicabilis* lassen auch an nicht-göttliche Adressaten der Ehrfurcht denken.[75] »In patria« befähigt uns der *timor filialis* zur bleibenden Einsicht in unsere *beatitudo* als freies Geschenk eines Anderen. Diese Art der Gottesfurcht nimmt uns den Schein der Selbst-

---

consideratione propriae parvitatis«. Thomas zitiert dann ein Bildwort von Maximus Confessor, das Johannes Damascenus überlieferte: In III Sent. d. 34 q. 2 a. 1 qc. 1 co.: »Quod autem dixit, *secundum systolem movens*, differentiam propriam assignavit, quae a causa materiali eius sumitur. Et per hanc similitudinem dicitur etiam timor in spiritualibus, dum motus voluntatis ab aliquo resilit et in seipso consistit.« Der Hinweis auf die weiter oben zitierte Stelle für die natürliche Furcht vor dem Tod nach Maximus, *Disputatio cum Pyrrho* (PG 91, 297D), findet sich bei Johannes Damascenus, *De fide orthodoxa. Versions of Burgundio et Cerbanus*, hrsg. von Eligius M. Buytaert (St. Bonaventure, New York, The Franciscan Institute, et al., 1955) cap. 67, S. 265, l. 7–9. Vgl. auch Thomas von Aquin, In III Sent., d. 34 q. 2, a. 1 qc. 1, obi. 1, 4; ad 1, 4; sowie ders., In III Sent., d. 23 q. 1 a. 5 ad 1: »Ad primum ergo dicendum, quod timor non dicit motum in Deum, sed magis fugam ab ipso, inquantum homo ex ipsius maiestatis consideratione per reverentiam resilit in propriam parvitatem: et ideo non dicit aliquid quod praeexigatur ad motum in finem«; und Riccardo Quinto, »Timor reverentialis« nella lingua della scolastica, in: *Archivum Latinitatis Medii Aevi* (Bulletin Du Cange, Union Académique Internationale, Bruxelles), 48–49 (1990) 103–143.

[74] Albert Zimmermann, Gedanken des Thomas von Aquin über *defectus naturalis* und *timor*, a. a. O.

[75] Thomas hat in der bleibenden Defizienzerfahrung ein Merkmal der menschlichen Natur erkannt, das von der Gnade nicht aufgehoben, sondern erhöht wird. Damit unterstreicht er die Kontinuität der Menschheit vor und nach Christus; vgl. etwa Thomas von Aquin, In IV Sent., 49, 2, 3 ad 8: »Ad octavum dicendum, quod gloria perficit naturam, et non destruit; et ideo imperfectionem, quae est de ratione naturae, lumen gloriae non tollit, sicut hoc quod est ex nihilo esse; ex hoc autem ipso intellectus creatus deficit a possibilitate comprehensionis; et ideo nec per lumen gloriae ad comprehensionem pervenire potest.« Zur gnadentheologischen Bedeutung dieser bleibenden Erfahrung des »naturhaften Mangels des Kreatürlichen« vgl. Richard Schenk, *Die Gnade vollendeter Endlichkeit. Zur transzendentaltheologischen Auslegung der thomanischen Anthropologie* (FThSt 135) Herder, Freiburg 1989, 349f.

genügsamkeit. Sie lässt uns die Gnade als Gnade erkennen. Diese Einsicht unterbricht zwar die Einheitsmetaphysik; sie ermöglicht aber durch ihre dialogische Struktur die Fülle des Glücks in der Erkenntnis und der Anerkennung geschenkter Liebe.

Es war gerade dieser Sinn für die »fremde« Quelle immer schon erfahrener Vollkommenheit, der nach Kierkegaards Deutung den Stammeltern der Paradieserzählung gefehlt hatte, bis ein ungewohnter Befehl dazu kam, zu dessen Erfüllung sie nicht ohnehin bereits von sich aus geneigt waren. Die Entdeckung nicht festgelegter Freiheit im Gegenübersein zum Anderen ist ein Moment der Angst, das Kierkegaard noch mit dem Schamgefühl in Verbindung bringt[76]. Der erfüllende oder zerstörende Ausgang der Freiheit liegt demnach nicht allein in eigener Hand. Weil das Schamgefühl aber ein Gegenüber voraussetzt, das dem noch gefährdeten Sich-Schämenden weder ganz nahe noch ganz ferne gegenübersteht (man schämt sich ja weder vor dem ganz Fremden noch vor dem ganz Vertrauten)[77], passt dieser Modus der Furcht zwar nicht mehr zur Vorstellung der Erfüllung des *timor in patria*. Dort müsste das Schamgefühl im strengen Sinn zusammen mit der Sorge um Beleidigung und Verlust wegfallen, anders als noch in der diesseitigen Erfahrung des *timor castus*. Auch wenn M. Heideggers synthetische Rezeption des augustinischen *timor*-Begriffs[78] und des Angstbegriffs Kierkegaards[79] weitgehend von den zwischenper-

---

[76] Vgl. S. Kierkegaard, *Der Begriff Angst*, Kap. II, §2, IV 338 ff., a. a. O., 68 ff.

[77] Vgl. Max Scheler, Über Scham und Schamgefühl, in: ders., *Schriften aus dem Nachlaß*, Bd. 1: Zur Ethik und Erkenntnislehre, 2. Auflage, hrsg. von Maria Scheler, (Bern, Francke 1957) 65–154. Zur Nähe und Distanz von Angst und Furcht, Ehrfurcht und Scham vgl. besonders 77–90.

[78] Vgl. M. Heidegger, *Sein und Zeit* (19. Auflage, Tübingen, Niemeyer 2006) 190, n. 1. Bereits 1921 in seiner Vorlesung »Augustinus und der Neuplatonismus« (M. Heidegger, *Phänomenologie des religiösen Lebens*. Gesamtausgabe Band 60, Frankfurt, Klostermann 1995, 157–351) hat Heidegger versucht, die Lehre Augustins von *timor castus* und *timor servilis* in Beziehung zu Angst und Ängstlichkeit zu setzen. Die Ängstlichkeit, die im *timor servilis* zum Ausdruck kommt, ist (wie im aristotelischen Furchtbegriff der *Rhetorik*) etwas »von der man erfasst wird, die einen überfällt. – Dagegen der *timor castus* ist die ›selbstliche Furcht‹« (297), die mit der Selbsterfahrung und dem ausdrücklicheren Selbstbezug eher verträglich sei. »T[erminus]: Angst nicht besser die direktionslose Bedeutsamkeitsfurcht! ›Furcht‹ die echte Angst: Ehrfurcht« (268). Bei seiner Auslegung der Lehre Augustins von der Furcht kommt Heidegger auf das Thema der Alterität am deutlichsten zu sprechen im Rahmen der menschlichen Sehnsucht, sowohl gefürchtet, als auch geliebt zu werden (a. a. O. 228–237). Vgl. Theodore Kisiel, *The Genesis of Heidegger's Being and Time* (Berkeley et al., University of California Press 1993) 214–217.

[79] Vgl. M. Heidegger, *Sein und Zeit*, a. a. O. 190, n. 1; 235. Die Bedeutung von Heideggers Augustinusforschung für seine Hervorhebung der Angstproblematik bei Kierkegaard wird durch die auffällige Vernachlässigung des Themas bei Heideggers sonst leitendem Zugang zu Kierkegaard noch unterstrichen: Karl Jaspers, *Psychologie der Weltanschauungen* (5. Auflage,

sonalen Dimensionen beider abgesehen hat[80], so lässt sich bei Thomas und Kierkegaard der Sinn für Alterität als konstitutives Moment des Angstbegriffs ausmachen. Geht man über Thomas noch weiter hinaus und fragt nach den Verbindungslinien der geistigen Gottesfurcht zu den aufgegliederten Leidenschaften, die man seit Nemesius unter dem Oberbegriff Furcht artikuliert hatte, so käme man wohl wieder auf die betont interpersonalen Formen von *verecundia und erubescentia* (Scham und Schamgefühl bzw. Scham und Erröten) zurück. Der sachliche wie ideengeschichtliche Zusammenhang des Schambegriffs mit Reue[81] und Bedauern[82], aber auch mit dem Streit über *attritio/contritio*[83] liegt auf der Hand.

Weil aber Kierkegaard und Thomas gemeinsam ist, dass ihre Fragen nach der Angst bzw. der Furcht weder nur auf rein geistige noch auf rein sinnliche Vorkommnisse zielen, ist von vornherein auch nicht zu vermuten, dass die Möglichkeit der Angst bei Thomas nur im Bereich des *timor* als artikulierter Leidenschaft zu finden wäre. Die von A. Zimmermann anhand der Idee des vollendeten *timor filialis* herausgestellte Erfahrung des *defectus naturalis* identifiziert ein erstes konstitutives Moment begnadeter Angsterfahrung.[84] Hans Urs von Balthasars eigenständiger Rückgriff auf Thomas und Rahner (und dadurch implizit auch auf Avicenna und Heidegger), der in der ontologischen Differenz einen Grund der Angst sieht, erweitert dieses erste Moment der Angst um ein zweites.[85] Die metaphysische Tradition der ontologischen Differenz, wie sie etwa im thomanischen Frühwerk *De ente et essentia* greifbar wird, thematisiert mittels der Erfahrung eigener Defektibilität die Kontingenz alles Seienden,

---

Berlin et al., Springer 1960); vgl. dementsprechend auch Heideggers im Jahre 1920 verfasste Rezension dazu in: Hans Saner (Hrsg.), *Karl Jaspers in der Diskussion* (München, Piper 1973).
[80] Obwohl Heidegger im vierten Kapitel des ersten Abschnitts von *Sein und Zeit* (§§ 25–27, a.a.O. 114–139) die Strukturen der Mitweltlichkeit nach dem Muster der handwerklichen Umweltlichkeit (Kap. 3) skizzierte, blieben sie bekanntlich vergleichsweise blass. Das von Kierkegaard betonte Moment der Scham fehlt daher bei Heideggers Begriff der Angst. Die Kritik etwa von E. Levinas oder Th. W. Adorno – mag sie in beiden Fällen polemisch überspitzt sein – hat hier ihr *fundamentum in re*. Die starke Auswirkung des Anderen im *timor*-Begriff, die in diesem zentralen Dokument des spätmodernen Angstbegriffs eher zur Privilegierung der Angst vor der Furcht geführt hat, hätte bei stärkerer Berücksichtigung auch die Möglichkeit geboten, genuine Momente der Alterität stärker zu betonen.
[81] Vgl. vor allem im Kontext der Theodizee: Die Sünde werde wegen der Reue *(contritio)* zugelassen, die Reue wegen der Vergebung: in beiden Fällen die Distanz als die Bedingung größerer Nähe.
[82] Vgl. *remordere* als eine Stimme des Gewissens, etwa *Sth* I, 79, 13 co.
[83] Zur Lehrfreiheit im Bereich konkurrierender Lehren von der Furcht vgl. das Dekret des Hl. Offiziums vom 5. Mai 1667 zur contritio und attritio: DH 2070.
[84] Albert Zimmermann, Gedanken des Thomas von Aquin, a.a.O.
[85] Hans Urs von Balthasar, *Der Christ und die Angst*, a.a.O., Kap. 3, besonders 73 ff.

das nicht mit seinem Sein identisch ist. Dadurch ist allem außer Gott wesentlich, dass es nicht hätte sein müssen.

Von seiner ersten, an mehreren Stellen betont programmatischen Disputationsreihe an hat Thomas von Aquin einen Begriff des christlichen Glaubens entwickelt, der diese beiden Ansätze eigener und fremder Defizienzerfahrung um ein weiteres Moment bereichert. Bei aller Suche nach der wachsenden Plausibilität und Verständlichkeit des Glaubens (worin sich Thomas' Erwartungen freilich von denen Kierkegaards bekanntermaßen unterscheiden) steht der Glaubende auch nach Thomas ständig vor einer Freiheitsentscheidung, die in der begrenzten Evidenz des Geglaubten *quoad nos* begründet ist. Die Erfahrung des *defectus naturalis* an Selbst und Welt reicht nach Thomas dazu aus, sich der Existenz Gottes, nicht aber der Existenz eines uns in Christus gnädigen Gottes sicher zu werden[86]. Die Gnade hebt die Natur und deren Schwächen nicht auf, sondern setzt sie voraus, bewahrt sie und webt sie in wertvolleres Tuch. Im Glauben vertraut man in Freiheit auf das freie Geschenk eines Anderen; denn das Lebensziel des Menschen ist ohne göttliche Hilfe nicht zu erreichen. Doch bleibt es auch dem an Christus Glaubenden alles andere als evident, dass Gott uns tatsächlich zu diesem Ziel befähigt hat. Der Glaube wird nie selbstevident, sondern erfordert nach wie vor unseren Mut.

Von daher kommt es auch, dass im Glaubenden eine Gegenbewegung zu dem, was er doch ganz fest hält, aufkommen kann. Das unterscheidet den Glaubenden von dem Einsichtigen und auch von dem erst in fundierter Weise Wissenden. Gerade dadurch aber zeichnet sich das Glauben aus. Durch seine Zustimmung unterscheidet sich das Glauben von jenem Akt, wodurch die Einsicht die einfachen Washeiten formt und erfasst, als auch vom Zweifel und von bloßer Meinung. Von Einsicht unterscheidet sich das Glauben durch seine Überlegung, während es sich vom fundierten Wissen dadurch unterscheidet, dass es Zustimmung und Überlegung *quasi* im gleichen Maße und gleichzeitig hat.[87]

Dieser Freiraum zwischen Selbstevidenz und Verzweiflung steht an der Stelle zwischen dem Zuviel und dem Zuwenig an Furcht. Das »Zuviel«, das infolge eigener Defizienzerfahrung nur noch mit der letzten Vergeblichkeit aller Hoffnung rechnen will, verliert paradoxer Weise das Moment des Ungewissen, das seit Aristoteles als eine notwendige Bedingung der

---

[86] Hier wäre der Ort begnadeter *segnities* zu suchen, jene Scheu oder gar Trägheit, die Thomas noch im Leidenschaftskatalog von Nemesius und Johannes Damascenus vorfand.
[87] *Quaestiones disputatae De ver* 14, 1 co.: »Inde est etiam quod in credente potest insurgere motus de contrario eius quod firmissime tenet, quamvis non in intelligente vel sciente. Sic igitur per assensum separatur credere ab operatione qua intellectus inspicit formans simplices quidditates, et a dubitatione, et opinione; per cogitationem vero ab intellectu; sed per hoc quod habet assensum et cogitationem quasi ex aequo et simul a scientia.«

Angst gilt. So versteckt sich hinter manchem Aufruf zur Aneignung der Angst eine verborgene Flucht vor ihr, die zugleich eine Art Flucht nach vorne in sie hinein ist. Man will sich dabei zumindest die unerwartete Enttäuschung sparen. Das Zuwenig aber, auf das im letzten Abschnitt noch zurückzukommen sein wird, überspielt die noch ausstehende Evidenz und Vorausschau, die den Glaubenden die Hilfe eines Anderen immer noch suchen lassen, wie im Gebet: *Und führe uns nicht in Versuchung.*

Der Glaube hat in sich Vollkommenes und Unvollkommenes. Vollkommen ist jene Festigkeit, die zur Zustimmung hinzugehört. Unvollkommen ist hingegen jener Mangel am Sehen, infolgedessen eine Bewegung der Überlegung immer noch im Geist des Glaubenden zurückbleibt. Vom einfachen Licht, das der Glaube ist, wird das vollkommene Moment verursacht, nämlich die Zustimmung. Aber insofern die Anteilnahme an diesem Licht unvollkommen ist, wird die Unvollkommenheit des Verstandes nicht gänzlich aufgehoben. So bleibt noch unbefriedet die Bewegung der Überlegung im Verstand.[88]

III. Zum Fazit: Zwischen »Panikkultur« und »Intimiditas«

Seit Ende des Konzils beobachtet man in der »Angst der Menschen dieser Zeit« den wachsenden Anteil der Furcht, sogar im Modus des *stupor* oder »Schreckens«. In Erinnerung an vergangene Brutalität und im Bewusstsein erstmals realer Möglichkeiten einer globalen Selbstzerstörung entsteht in Zuspitzung der Furcht so etwas wie eine »Panikkultur«.[89] Wie die »Angst auch der Jünger Christi« im genuinen Sinn des Konzils heute aussehen müsste, um die Beweggründe für diese Welle der Furcht in unserer Zeit angemessen zu würdigen, bleibt für die zeitgenössische christliche Theo-

---

[88] *Quaestiones disputatae De ver* 14, 1 ad 5: »Ad quintum dicendum, quod fides habet aliquid perfectionis, et aliquid imperfectionis. Perfectionis quidem est ipsa firmitas, quae pertinet ad assensum; sed imperfectionis est carentia visionis, ex qua remanet adhuc motus cogitationis in mente credentis. Ex lumine igitur simplici, quod est fides, causatur id quod perfectionis est, scilicet assentire; sed in quantum illud lumen non perfecte participatur, non totaliter tollitur imperfectio intellectus: et sic motus cogitationis in ipso remanet inquietus.«

[89] Das thematisiert zutreffend Peter Sloterdijk, ohne allerdings die Konsequenzen für eine dringliche Zurückhaltung in Fragen der Technik zu ziehen: *Eurotaoismus. Zur Kritik der politischen Kinetik* (Frankfurt, Suhrkamp 1989), 102–103: »Beginnen wir mit einer lapidaren These: die Alternativen von heute sind bereits die Kinder der Katastrophe. Was sie von früheren Generationen unterscheidet und als erste Kandidaten für eine Panikkultur empfiehlt, ist ihre expertenhafte Einstellung zu den Katastrophenpotentialen, von denen sie umgeben sind. In geschichtlicher Perspektive sind die Alternativen vermutlich die ersten Menschen, die ein nicht-hysterisches Verhältnis zur möglichen Apokalypse entwickeln. Zum ersten Mal geschieht es, daß man den Teufel nicht selber an die Wand malen muß, um die Flammenschrift auf ihr zu lesen. Dafür ist durch die Verhältnisse als solche schon ausreichend gesorgt.«

logie schwierig zu bestimmen, solange eine differenzierte Würdigung der apokalyptischen Tradition eher eine Seltenheit ist.[90] Die Apokalyptik erfährt mehr oder auch weniger gelungene, säkulare Umformungen in dem Maße, als sie zuvor von der Theologie vernachlässigt wurde. Wenn nach Karlheinz Müller »das apokalyptische Grundwissen« darin bestehe, »... daß also Heil kein Ergebnis innerweltlicher Entwicklungen und menschlicher Perspektivpläne ... ist, sondern Prärogative Gottes bleibt«[91], dann liegen Größe und Grenze der apokalyptischen Grundfigur nahe beieinander. Denn einerseits: »In der strengen Theozentrik des apokalyptischen Modells von der Erlösung war auch kaum Platz für einen Erlöser. Was hätte er tun sollen, wenn Gott alles im Griff behielt?«[92] Andererseits: In einer weniger ausschließlichen Aufnahme »apokalyptischen Grundwissens« liegt zugleich das Salz, ohne das die katholische Theologie schal werden müsste. Bei der Herausforderung der zeitgenössischen katholischen Theologie, in der Wahrnehmung verbleibender Alterität das *discrimen gratiae et naturae* zu erkennen, bedarf es gerade dieses Salzes. Der immer schon gegebenen Selbsterfahrung eines übernatürlichen Existenzials, wie auch dem bereits vollzogenen Gehorsam gegenüber einem neuartigen

---

[90] Einen dieser seltenen Versuche unternimmt Ulrich H. J. Körtner, *Weltangst und Weltende. Eine theologische Interpretation der Apokalyptik* (Göttingen, Vandenhoeck & Ruprecht 1988); und ders., Die Entdeckung der Endlichkeit. Zur theologischen Herausforderung apokalyptischen Denkens an der Jahrtausendwende, in: Wolfgang Vögele und Richard Schenk (Hrsg.), *Aktuelle Apokalyptik!* (Loccumer Protokolle, 20/99) Rehburg-Loccum, Evangelische Akademie Loccum, 2000, 223–239. Wenn auch die »Aufhebung« der Apokalyptik auf einen ambivalenten Angstbegriff zielt, der den Glauben an Gottes Vorsehung von aller erkennbaren Teleologie abkoppeln will, so bietet diese Neuaufnahme des Angstthemas auch neue Gelegenheit zu ökumenischer Diskussion. Schwieriger nachzuvollziehen ist allerdings, wie hier gesagt werden konnte, dass das Gebot der Angstlosigkeit, das H. U. von Balthasar mit genuin christlicher Existenz identifiziert, »letztlich auf einem thomistischen Verständnis von Natur und Gnade« basiere, »welches die Gnade als Umwandlung und Vollendung der menschlichen Natur begreift und sich entschieden von Luthers Auffassung der Existenz des Christen als *simul peccator et iustus* distanziert« *(Weltangst und Weltende, 349)*. Weder in der Konsequenz eines anfänglichen »Angstverbots« noch im gnadentheologisch motivierten Bruch mit vorchristlicher Angsterfahrung ist die hier unterstellte Basis gegeben. Ist die Kritik an Luther und Kierkegaard in Balthasars Angstbuch explizit (54 f.), so dürfen hier weniger thomistische, als eher reformierte Anleihen vermutet werden. Thomas hatte vielmehr die Einsicht christlicher Furcht in den *defectus naturalis creaturae* als Schlüssel zum Verhältnis von Natur und Gnade verstanden. Zur andersgearteten Grundlage auch der Trilogie Balthasars als einer Art Traktat »Adversus Kierkegaardianos« vgl. Peter Henrici, Hans Urs von Balthasar – ein katholischer Kierkegaard? in: Peter Reiffenberg und Anton van Hooff (Hrsg.), *Gott für die Welt*, a.a.O. 304–314, bes. 313.

[91] Karlheinz Müller, Apokalytik, in: *LThK* I (3. Auflage), Herder, Freiburg i. Br. et al. 1993, Sp. 814–817.

[92] Ders., Apokalyptik/Apokalypsen. III. Die jüdische Apokalyptik. Anfänge und Merkmale, in: *TRE* 3 (De Gruyter, Berlin 1978/1993) 202–251.

Angstverbot verbleibt für jenen Selbstzweifel schwerlich Raum, der zum Vollzug gläubigen Vertrauens auf einen Anderen nötig ist.

Die Tendenz der thomanischen Überlegungen zum *timor*-Begriff lag offenkundig darin, bei konsequenter Entfaltung der Mesotheslehre nicht nur vor den mit den Exzessen von Furchtsamkeit und Aggressivität verbundenen Lastern, sondern auch und vor allem vor dem mit dem Mangel an Furcht verbundenen Laster der »intimiditas« zu warnen. Dem Konzil in der Frage kritischer Solidarität zu entsprechen, hieße, auch im Umkreis der Kirche auf die Gefahren der »intimiditas« aufmerksamer zu werden. Dieses seit Aristoteles bekannte Laster defizitärer Furcht wirkt zunächst weit weniger vertraut als seine Wurzeln: Lieblosigkeit, Überheblichkeit und die Verkennung realer Gefahr.[93] Obwohl solche Sorglosigkeit in verschiedenartigen pastoralen Kontexten allzu bekannt sein dürfte, liegen die Folgen für einige zentrale Ängste unserer Zeit auf der Hand. Anerkennende Liebe zum Mitmenschen und zur Mitkreatur, das Bewusstsein der Grenzen unserer Ressourcen und der vertiefte Sinn für die Gefahren technologischen Abenteuerertums[94] könnten dazu beitragen, den Verlust angebrachter Furcht einzudämmen. Nur eine Kirche, die an der Trauer und Angst der Welt ihrer Zeit teilnimmt, kann auch ihre Freude und Hoffnung beherzigen.

---

[93] Vgl. *Sth* II–II 126, 1 co.: »Unde patet quod esse impavidum est vitiosum, sive causetur ex defectu amoris, sive causetur ex elatione animi, sive causetur ex stoliditate; quae tamen excusat a peccato si sit invincibilis.«

[94] Vgl. bereits Hans Jonas, *Das Prinzip Verantwortung* (Frankfurt, Insel 1982).

Erwin Keller

Der Priester als Ikone Christi.
Betrachtung zur sakramentalen Christus-Repräsentanz des apostolischen Amtes

Ein bekanntes Buch des Wiener Erzbischofs Christoph Kardinal Schönborn, zu dessen 65. Geburtstag diese Arbeit ein bescheidener Glückwunsch und Dankesgruß sein möchte, trägt den Titel: »Die Christus-Ikone«.[1] Darin geht es nicht um ästhetische, kunstgeschichtliche oder maltechnische Fragen, sondern um die christologischen Grundlagen der bildlichen Darstellung des menschgewordenen Gottes. In Jesus Christus hat Gott ein menschliches Antlitz angenommen. Die Geschichte der Ikonen-Kunst ist die immer neue Geschichte der Begegnung mit diesem Antlitz.

Um das fortdauernde Gegenwärtigwerden und Wirken des menschgewordenen Gottes geht es auch, wenn der Priester als Ikone Christi bezeichnet wird – eine Bezeichnung, die in der Ostkirche häufig verwendet wird, aber auch in der katholischen Kirche nicht unbekannt ist; eine Bezeichnung, die eine uralte Tradition hat und bis in die Zeit der ersten Väter zurückreicht. So bezeichnet bereits der heilige Ignatius von Antiochien den Bischof als »Abbild des Vaters«: »Desgleichen sollen alle die Diakone achten wie Jesus Christus, ebenso den Bischof als Abbild des Vaters, die Presbyter aber wie eine Ratsversammlung Gottes und wie eine Vereinigung von Aposteln.«[2] Ist die Bezeichnung des Bischofs als Abbild des Vaters – nicht Christi – ungewohnt, finden wir bei andern Vätern klare Zeugnisse für das Verständnis des Priesters als Ikone Christi, so zum Beispiel in den Katechetischen Homilien Theodors von Mopsuestia: »Da unser Herr Christus sich selber für uns als Opfer darbringt und so für uns tatsächlich zum Hohenpriester geworden ist, müssen wir von dem Priester, der jetzt am Altar steht, denken, dass er Bild (eikon) jenes Hohenpriesters ist, den er repräsentiert. Es ist nicht sein eigenes Opfer, das er darbringt, wie er ja

---

[1] C. Schönborn, L'Icône du Christ. Fondements théologiques élaborés entre le Ier et le IIe Concile de Nicée (325–787), Fribourg 1976, 1978. – Vom Verfasser besorgte deutsche Übersetzung und Neubearbeitung: Ders., Die Christus-Ikone. Eine theologische Hinführung, Schaffhausen 1984.
[2] Ignatius v. A., Brief an die Trallianer 3,1. – Die Presbyter erscheinen hier noch als bloße Ratsversammlung um den Bischof; wenn sie später liturgisch-sakramentale Aufgaben des Bischofs übernehmen, gilt das, was Ignatius über den Bischof als Ikone sagt, mutatis mutandis auch vom Priester.

auch nicht wirklich der Hohepriester ist, sondern er vollzieht gleichsam im Bild (eikon) jenen unaussprechlichen Opferdienst, wodurch er ein Abbild jener unaussprechlichen himmlischen Wirklichkeiten und auch jener geistlichen unkörperlichen Mächte dir gleichsam in der Vorstellungskraft einprägt ...«[3] Der Priester ist Bild des Hohenpriesters Christus. Christus selbst handelt durch den sichtbaren Priester. Wie der Priester Bild Christi ist, so sind die liturgischen Handlungen Bilder des Erlösungswerkes Christi. Als Bild Christi erscheint der Priester auch in der Mystagogie des heiligen Maximus Confessor, in dessen Deutung alles – Gotteshaus und Gottesdienst – zum Zeichen und Bild wird für das, was Christus an der Menschheit allgemein und in der Seele des einzelnen Menschen wirkt. So enthält beispielsweise »der erste Einzug des Hohenpriesters in die Heilige Kirche zur Feier der Heiligen Synaxe das Bild und das Gleichnis der ersten Ankunft des Sohnes Gottes«[4].

Wie bei den Vätern finden wir die Bezeichnung des Priesters als Ikone Christi auch in zeitgenössischen Texten. Gemäß dem Zweiten Vatikanischen Konzil werden »die Priester ... nach dem Bild Christi (ad imaginem Christi), des höchsten und ewigen Priester zur Verkündigung der Frohbotschaft, zum Hirtendienst an den Gläubigen und zur Feier des Gottesdienstes geweiht und sind so wirkliche Priester des Neuen Bundes«[5]. Im nachsynodalen Schreiben »Pastores vobis dabo« schreibt Papst Johannes Paul II.: »Der Priester findet die volle Wahrheit seiner Identität darin, sich von Christus herzuleiten, in besonderer Weise an Christus teilzuhaben und eine Weiterführung Christi, des einzigen Hohenpriesters des neuen und ewigen Bundes zu sein: Er ist ein lebendiges und transparentes Abbild des Priesters Christus.«[6] »Der Priester ist berufen, lebendiges Abbild Jesu Christi, des Bräutigams der Kirche zu sein.«[7] Schließlich finden wir das Wort vom Priester als Ikone Christi auch bei Bischöfen und Theologen. So erklärt Bischof Kurt Koch bei der Priesterweihe seinen Weihekandidaten: Der Priester ist »die Ikone Jesu Christi, ... sakramental ordiniert und gesandt, um sichtbar darzustellen, dass nämlich Christus selbst seine Kirche führt, die Kirche von Christus abhängt und in Ihm den wahren Bezugspunkt ihrer Einheit hat«[8]. Und eine allgemeine Information zu kirchlichen Berufen erklärt, der Dienst des Priesters bestehe wesentlich in der »repraesentatio Christi« in und für die Gemeinde, und fasst dann diese Erklärung

---

[3] THEODOR von Mopsuestia, Homilie 15, 21: Fontes Christiani 17/2, 405.
[4] MAXIMUS CONFESSOR, Mystagogie 8: PG 91, 688 CD.
[5] Lumen Gentium 28; vgl. auch Presbyterorum Ordinis 2.
[6] JOHANNES PAUL II., Pastores dabo vobis 13.
[7] ebd. 22.
[8] K. KOCH, Priesterweihe im Bistum Basel: SKZ 23 (1999) 408. Vgl. auch ders., Fenster sein für Gott. Unzeitgemäße Gedanken zum Dienst in der Kirche, Fribourg 2002, 257–263.

zusammen: »Der Priester ist in all seinen Diensten in und für die Gemeinde Ikone Jesu Christi und hält so für die Gemeinde durch die Generationen gegenwärtig, dass Kirche aus Gnade hervorgeht und lebt.«[9]

Die Bezeichnung des Priesters als Ikone Christi steht also der Aussage von der »repraesentatio Christi« als einer Kernaussage der Amtstheologie nahe. Auf dem Hintergrund der erwähnten Zeugnisse über den Priester als Ikone Christi und in Anlehnung an den Buchtitel von Christoph Kardinal Schönborn wollen wir uns im Folgenden – im »Jahr der Priester«[10] – ein wenig befassen mit der sakramentalen Christus-Repräsentanz des apostolischen Amtes.[11] Angesichts der Tatsache, dass der mit diesem Buch geehrte Jubilar sich als Bischof nicht nur mit theologischen, sondern auch mit pastoral-praktischen Fragen zu befassen hat, wollen auch wir hier über die biblisch-theologische Fragestellung hinaus in einen mehr pastoral-pragmatischen Bereich ausgreifen – dies auch im Zusammenhang mit der Frage, wie beim aktuellen Priestermangel der Schwerpunkt des Einsatzes der Priester zu sehen und setzen ist.

»Wer euch hört, hört mich« (Lk 10,16)

Auch wenn es über die neutestamentliche Grundlegung des apostolischen Amtes und über dessen Entwicklung von der apostolischen in die nachapostolische und frühkirchliche Zeit hinein kaum mehr Neues zu sagen gibt – trotzdem: wer das apostolisch-sakramentale Amt der Kirche verstehen will oder wer selber in diesem Amt steht und seinen Dienst recht leben und erfüllen will, muss je neu in die Aussagen der Heiligen Schrift hineinhorchen, um immer tiefer zu erfassen, was hier für das Amt bleibend gültig gesagt ist.[12]

---

[9] www.priesterseminar.ch.
[10] Anlässlich des 150. Todestages des heiligen Pfarrers von Ars hat Papst Benedikt XVI. die Zeit vom 19. Juni 2009 bis 11. Juni 2010 zum »Jahr der Priester« erklärt.
[11] Bei dieser Themenstellung schauen wir auf das priesterlich-apostolische Amt allgemein, ungeachtet der Differenzierung von (Diakon) – Priester – Bischof. Außerdem geht es uns vornehmlich um die Repräsentation Christi, ungeachtet der Tatsache, dass der Priester auch geweiht und gesandt ist zur Repräsentation der Kirche.
[12] Aus der immensen Literatur vgl. zum Folgenden: J. RATZINGER, Vom Wesen des Priestertums, in: Ders., Zur Gemeinschaft gerufen. Kirche heute verstehen, Freiburg 1991, 98–123. – Ders., Der Priester als Mittler und Diener Christi im Licht der neutestamentlichen Botschaft, in: Ders., Theologische Prinzipienlehre. Bausteine zur Fundamentaltheologie, München 1982, 281–299. – Ders., Zur Frage nach dem Sinn des priesterlichen Dienstes, in: Geist und Leben 41 (1968) 347–376. – H. U. von BALTHASAR, Priester des Neuen Bundes, in: Ders., Pneuma und Institution, Einsiedeln 1974, 340–368. – K. KOCH, Fenster sein für Gott. Unzeitgemäße Gedanken zum Dienst in der Kirche, Fribourg 2002. – K. LEHMANN, Der Auftrag des Amtes in der heutigen Kirche, in: Communio 10 (1981) 446–457. – G. GRESHAKE, Priester sein. Zur Theo-

Bleibend gültig und bestimmend dürfte die Tatsache sein, dass Jesus selber neben seiner Verkündigung an das ganze Volk die Zwölf in besonderer Weise berief und an seiner eigenen Sendung teilhaben ließ. Von grundlegender Bedeutung ist der Berufungstext Mk 3, 13–19: »Jesus stieg auf einen Berg und rief die zu sich, die er erwählt hatte, und sie kamen zu ihm. Und er setzte die zwölf ein, die er bei sich haben und die er dann aussenden wollte, damit sie predigten und mit seiner Vollmacht Dämonen austrieben ...« Diese wenigen Worten enthalten wesentliche Aussagen über Herkunft und Wesen des apostolischen Amtes. Zunächst wird in aller Klarheit herausgestellt, dass die Zwölf ihr Amt vom Herrn und seinem Ruf her haben, von nirgends sonst. Denn Er ist es, der ruft. Und Er ruft nicht die, die selber sich melden; Er ruft die, »die Er selbst will«. Er ist es auch, der die Zwölf bestimmt und einsetzt. Was sie sind und haben, sind und haben sie nicht von sich aus und nicht von irgendwoher, sondern der Herr ist es, der sie dazu macht. Und dann wird die Existenz und Aufgabe der so Berufenen näher umschrieben: »Dass sie bei ihm seien und damit er sie sende, zu verkündigen und Vollmacht zu haben.« Die Absicht Jesu ist ihre Sendung zu den Menschen, die Voraussetzung dazu ist ihr Sein-mit-Ihm. Dieses Paradox erklärt sich aus der Art ihrer Sendung. Diese besteht ja nicht in irgendeinem Detail, sondern Jesus sendet sie, das Reich Gottes zu verkünden und mit seiner Vollmacht Dämonen auszutreiben. Mit andern Worten, sie sind berufen und gesandt, Seine Sendung fortzuführen und Jesus selber vor den Menschen zu vertreten; sie sind berufen, »Ikone Christi« zu sein. Dafür aber müssen sie zuerst Ihn selber kennen und aus dem Sein-mit-Ihm leben lernen. Diese Teilhabe an seiner eigenen Sendung und Vollmacht bringt Jesus auch ins Wort, wenn Er nach Joh 20, 21 sagt: »Wie mich der Vater gesandt hat, so sende ich euch.« Oder nach Lk 10, 16: »Wer euch hört, der hört mich, und wer euch ablehnt, der lehnt mich ab; wer aber mich ablehnt, der lehnt den ab, der mich gesandt hat.«

Damit dürfte bereits aus dem so grundlegenden Berufungstext bei Mk 3, 13–19 ansichtig werden, was für das apostolische Amt konstitutiv ist und bleibt: gerufen von Christus und gesandt für die Menschen. Wer in dieser Sendung steht, steht für einen andern. Er gehört eigentlich nicht mehr sich selbst. Papst Benedikt XVI. sagt es so: »Er ist sich enteignet zugunsten dessen, den er vertritt, und zugunsten derer, vor denen er ihn vertritt.«[13] Daraus ergibt sich, dass der kirchliche Amtsträger letztlich nie Chef ist, sondern immer nur Stellvertreter, Vikar; dass er nicht für sich selbst sprechen und handeln kann, sondern stets für einen andern da zu

---

logie und Spiritualität des priesterlichen Amtes, Freiburg ⁵1991. – W. KASPER, Die Kirche und ihre Ämter. Schriften zur Ekklesiologie II, Freiburg 2009.

[13] J. RATZINGER, Zur Frage nach dem Sinn des priesterlichen Dienstes, a. a. O., 357.

sein hat. Das ist seine Armut, die Armut des Amtes. Aber diese Armut ist zugleich sein Reichtum: zu wissen, dass trotz aller eigenen Unzulänglichkeit der Herr selber handelt durch den, den Er gesandt hat. Der Amtsträger kann und muss nicht in eigener Macht und Vollkommenheit sprechen und handeln, sondern im Namen Christi.[14]

»Gesandte an Christi Statt« (2 Kor 5, 20)

Als neutestamentliche Grundlage des kirchlichen Amtes dürfte also bereits die vorösterliche Berufung und Sendung der Zwölf betrachtet werden. Diese Sendung besteht in nichts weniger als in der Teilhabe an der Sendung Christi selber. Nicht weniger bedeutsam ist die Tatsache, dass die Apostel offensichtlich ihre Aufgabe von Anfang an in großer Selbstverständlichkeit wahrgenommen haben und den auf ihre Verkündigung hin entstandenen Gemeinden gegenüber mit Autorität und Vollmacht auftreten konnten.

Das lässt sich ganz besonders an Paulus feststellen, dem zwar oft eine charismatisch freie Führung der Gemeinde nachgesagt wird, der aber sehr wohl um seine Autorität als Apostel weiß und diese auch einzubringen wagt.[15] Als Beispiel hierfür sei als besonders intensiver Text 2 Kor 5, 14–6, 1 zitiert:

»14 Die Liebe Christi drängt uns, da wir erkannt haben: Einer ist für alle gestorben, also sind alle gestorben. 15 Er ist aber für alle gestorben, damit die Lebenden nicht mehr für sich leben, sondern für den, der für sie starb und auferweckt wurde ... 17 Wenn also jemand in Christus ist, dann ist er eine neue Schöpfung. Das Alte ist vergangen, Neues ist geworden. 18 Aber das alles kommt von Gott, der uns durch Christus mit sich versöhnt und uns den Dienst der Versöhnung aufgetragen hat. 19 Ja, Gott war es, der in Christus die Welt mit sich versöhnt hat, indem er den Menschen ihre Verfehlungen nicht anrechnete und uns das Wort von der Versöhnung (zur Verkündigung) anvertraute. 20 Wir sind also Gesandte an Christi Statt, und Gott ist es, der durch uns mahnt. Wir bitten an Christi Statt: lasst euch mit Gott versöhnen! ... 1 Als Mitarbeiter Gottes ermahnen wir euch, dass ihr seine Gnade nicht vergebens empfangt.«

Der zentrale Begriff dieses Abschnittes lautet: Versöhnung. Gemeint ist die Wiederherstellung der Gemeinschaft zwischen Menschen und Gott. Dies geschieht nicht von den Menschen aus, sondern »das alles kommt von Gott, der durch Christus uns – und die Welt – mit sich versöhnt hat«. Die

---

[14] Bei allem, was hier über die Christus-Repräsentanz des Amtes und über den Priester als Ikone gesagt wird, darf die dem Bild eigene Differenz zum Abgebildeten nicht aus den Augen verloren werden. Wir werden später darauf zurückkommen.
[15] Vgl. zum Folgenden besonders G. GRESHAKE, Priester sein, 33–43. – Vgl. auch H. U. von BALTHASAR, Paulus ringt mit seiner Gemeinde, Einsiedeln 1988.

Initiative geht von Gott aus; die Versöhnung ist sein Werk, sein Geschenk, nicht menschliches Verdienst. Gott ist es, der versöhnt durch Christus. Nun fällt auf, dass Paulus mit dieser Aussage – sozusagen im gleichen Atemzug – vom Dienst der Versöhnung spricht, der den Aposteln – ebenfalls von Gott – übertragen ist. So heißt es in Vers 18: »Alles kommt von Gott, der uns durch Christus mit sich versöhnt und uns den Dienst der Versöhnung aufgetragen hat.« Beides erscheint als Handlungseinheit Gottes: das Werk der Versöhnung und die Stiftung des Dienstes der Versöhnung. Und wie der Apostel in Vers 19 die Aussage vom Werk der Versöhnung wiederholt, repetiert er auch den Zusammenhang zwischen dem Erlösungswerk Christi und der Begründung des Amtes: »Ja, Gott war es, der in Christus die Welt mit sich versöhnt ... und uns das Wort von der Versöhnung aufgetragen hat.« Mit der entscheidenden Heilstat der Versöhnung hat Gott zugleich das Amt der Versöhnung eingesetzt und mitgesetzt.[16]

Auch vom apostolischen Amt gilt, was in Vers 18 steht: »Alles das kommt von Gott.« Dass sein Amt und seine Autorität nicht bloß von Menschen kommt, sondern von Gott selber, betont Paulus auch sonst immer wieder, so fast in allen Brief-Einleitungen, besonders deutlich in Gal 1, 1: »Paulus, zum Apostel berufen, nicht von Menschen, sondern durch Jesus Christus und durch Gott, den Vater ...«

Dieses Amt, das von Gott kommt und im Werk der Versöhnung mitgesetzt ist, wird im vorliegenden Text inhaltlich bestimmt als *Dienst der Versöhnung* bzw. als *Wort von der Versöhnung*, das zur Verkündigung anvertraut ist. Im Dienst und Wort der Versöhnung wird das Werk der Versöhnung, das Gott durch Jesus Christus ein für allemal vollzogen hat, weitervermittelt und je neu gegenwärtig gesetzt.

Nun gilt nicht nur von der Beauftragung zum Dienst, sondern auch vom Dienst selber wieder der Vers 18: »All das kommt von Gott.« Da handeln nicht Menschen aus eigenem Wollen und Können heraus, sondern im Handeln des von Gott Beauftragten handelt Gott selber. Das streicht nun Paulus in den wenigen Sätzen des vorliegenden Textes in einer Deutlichkeit hervor, die nicht mehr zu überbieten ist. »Wir sind also Gesandte an Christi Statt!« Was das heißt, folgt sogleich: »Gott ist es, der durch uns mahnt.« Und als ob es nicht genug gesagt werden könnte, wiederholt er nochmals: »Als Mitarbeiter Gottes ermahnen wir euch ...« Auf engstem

---

[16] Man könnte einwenden und fragen, ob das »uns« (er hat »uns den Dienst der Versöhnung aufgetragen«) nicht alle Christen und die ganze Kirche meint. Doch im zweiten Korintherbrief geht es ja gerade darum, dass Paulus sein Apostelamt gegenüber der Gemeinde rechtfertigen muss. Aber auch sonst zeigen seine Briefe, dass Paulus sehr wohl um sein besonderes apostolisches Amt weiß und deutlich davon spricht. Nicht alle sind Apostel. Es gibt ein apostolisches Amt, das mit der Autorität Christi den Gemeinden gegenübertritt und dem auch andere Dienste und Charismen zugeordnet sind.

Raum wird hier also mehrmals hervorgehoben, dass im apostolischen Dienst der Versöhnung Gott bzw. Christus ruft, einlädt, ermahnt und handelt. Der Apostel handelt nicht aus eigener Tüchtigkeit heraus, sondern er hat die Stelle Christi zu vertreten. Dieser stellvertretende Charakter des apostolischen Amtes ist aber nicht so zu verstehen: weil Christus abwesend ist, gibt es nun einen Stellvertreter. Das Amt steht nicht an Stelle des abwesenden Herrn, sondern stellt vielmehr die Gegenwart des Herrn dar und macht sie sichtbar. Der Priester ist Ikone Christi.

»Das alles kommt von Gott« (2 Kor 5,18)

Die wesentliche Aufgabe des apostolischen Amtes besteht also – sowohl nach den Evangelien als auch nach Paulus – darin, inmitten des Volkes Gottes die wirksame Gegenwart Christi darzustellen. So sagt auch das Zweite Vatikanische Konzil: »In den Bischöfen, denen die Priester zur Seite stehen, ist inmitten der Gläubigen der Herr Jesus Christus, der Hohepriester, anwesend.«[17] Dem Volk Gottes gegenüber repräsentiert der Amtsträger Christus; er ist Ikone und Symbol Christi und handelt an dessen Statt. Nicht dass das Amt das Handeln Christi selbst ersetzen würde, sondern es setzt dieses sakramental gegenwärtig, so dass im tiefsten Christus es ist, der sein Wort verkündet, der die Taufe spendet, der seinen Leib zur Speise reicht und der seine Herde leitet und führt.

Mit dem, was wir jetzt von der vorösterlichen Berufung und Sendung der Apostel und vom Text des heiligen Paulus her über das Amt bedacht haben, haben wir immer schon davon gesprochen, dass das kirchliche Amt in seiner Grundgestalt und Vollgestalt ein sakramentaler Dienst ist und im Weihesakrament übertragen wird. Mit dem Begriff *Sakrament* werden alle diese Überlegungen gleichsam zusammengefasst – sowohl was die Herkunft als auch was den wesentlichen Inhalt des Amtes betrifft. Die sakramentale Gestalt der Amtsübertragung im Weihesakrament ist immer wieder Ausdruck dafür, dass niemand diese Sendung und Bevollmächtigung sich selber nehmen oder bloß von unten dazu delegiert werden kann, sondern dass vielmehr Christus selber sich des Menschen, den Er berufen und senden will, bemächtigt in seinem Geist, um durch ihn das Werk zu tun, das nur Er tun kann. Im kirchlichen Amt sind Menschen von Christus bestellt zum Dienst am Volk Gottes, zum Dienst, den der Herr selber seinem Volk erweist.

Aber nicht nur die Einsetzung ins Amt ist ein Sakrament, sondern auch das Amt selber, die Verwirklichung des Dienstes der Versöhnung ist

---

[17] Lumen Gentium 21.

in seinen konstitutiven Elementen ein sakramentales Geschehen. Dass das Amt selber ein Sakrament ist, macht deutlich, dass das Amt eine Weise der Gegenwart Christi in der Zeit der Kirche ist, eine Weise, auf welche Jesus seinen Dienst am Volk verwirklicht, dass die Kirche ihr Sein und Leben und alles, was sie den Menschen zu sagen und zu geben hat, nicht aus sich hat, sondern je neu von Gott geschenkt bekommt. Nach Worten von Papst Benedikt XVI. bedeutet Amt als Sakrament für den Amtsträger: »Ich gebe, was ich selbst nicht geben kann; ich tue, was nicht aus mir kommt; ich stehe in einer Sendung und bin zum Träger dessen geworden, was der Andere mir übergeben hat.«[18] Und für den einzelnen Christen bedeutet die Sakramentalität des Amtes: Mein Christsein ist zutiefst ein Geschenk, eine Gnade, mir von Christus verliehen. Wenn ich in den wichtigsten Grundvollzügen des christlichen Daseins auf das sakramentale Amt verwiesen bin, zeigt sich darin eben auch dieser Geschenkcharakter des Christ- und Kircheseins. Die Gemeinschaft mit Gott kann ich mir nicht selbst nehmen; sie wird mir geschenkt. Niemand kann sich selber taufen; niemand kann sich selber lossprechen (auch der Amtsträger sich selber nicht) usw.

Amt als Sakrament bedeutet aber auch: Für mein Heil, das mir nur geschenkt werden kann, bin ich letztlich nicht auf die Persönlichkeit des Amtsträgers angewiesen, nicht auf seine menschlichen Fähigkeiten und nicht auf seine eigene Heiligkeit und Vollkommenheit (auch wenn natürlich das objektive Amt an den Amtsträger durchaus den existentiellen Anspruch eines subjektiv heiligen Lebens stellt). Amt als Sakrament bedeutet eben, dass zuerst und zuletzt Christus selber es ist, der an mir handelt; und Er ist mächtig genug, sein Werk zu vollbringen, auch durch unvollkommene Werkzeuge. Hören wir dazu nochmals Papst Benedikt: »Welche Gewissheit bedeutet es für den Empfänger wie für den Spender solcher Dienste, zu wissen, dass mitten in unserem Handeln und Versagen Christus der eigentlich Handelnde bleibt, der wahre Spender der Sakramente, der seine Kirche letztlich selber führt, auch durch unzulängliche Werkzeuge.«[19]

Indem der Herr sich im Amt repräsentieren lässt und konstitutive kirchliche Heilsvollzüge an das sakramentale Amt bindet, halten die Amtsträger der Gemeinschaft der Glaubenden ganz konkret vor Augen, dass die Kirche auf Christus verwiesen und nicht Eigentümerin, geschweige denn Herrin der Heilsgaben ist. Norbert Lohfink formuliert sehr schön: »Priester sein heißt Zeuge des Wunders sein, dass Kirche ständige Stiftung, Geschenk und Gabe Gottes ist.«[20] Durch die sakramentale Amtsstruktur ist

---

[18] J. RATZINGER, Zur Gemeinschaft gerufen, 108.
[19] J. RATZINGER, Zur Frage nach dem Sinn des priesterlichen Dienstes, a. a. O., 359.
[20] N. LOHFINK, Der Priester und die Gerechtigkeit in der Welt, in: Geist und Leben 54 (1981) 387.

der Kirche gleichsam eingeschrieben, dass die Gemeinschaft der Glaubenden niemals sich selbst genügen kann: sie ist vielmehr gebunden an ihre Mitte, an ihren Quellgrund und Ursprung, den sie nicht in sich selbst hat, sondern in Jesus Christus, im Werk der Versöhnung, das Gott durch Ihn vollbracht hat – *dass das alles von Gott kommt*. Wie die Kirche hat auch das Amt seinen Ursprung im Kern des Versöhnungswerkes. Aber nicht nur das: das apostolisch-sakramentale Amt entspringt nicht nur aus diesem Geschehen, sondern hält umgekehrt diesen Ursprung der Kirche lebendig gegenwärtig. Damit kommt nun auch der eigentliche und theologische Sinn des oft missverstandenen Begriffes *Hierarchie* zum Vorschein. Dieser Begriff hat – theologisch – nichts zu tun mit einer Direktorenpyramide und mit Über- und Unterordnung, sondern bezeichnet den *heiligen Ursprung*. Das Amt selber entspringt dem heiligen Ursprung des Versöhnungswerkes Gottes, und im Amt, im sakramentalen Dienst der Versöhnung, wird dieser heilige Ursprung je neu gegenwärtig und zugänglich für die Menschen. Es geht in der hierarchisch-sakramentalen Struktur der Kirche darum, dass der heilige Ursprung – das Wirken Gottes im Werk der Versöhnung – für die Menschen zu jeder Zeit und allerorten lebendig gegenwärtig und zugänglich bleibt, aus welchem die Kirche immerfort entsteht und lebt.

»Damit sie predigen und Vollmacht haben« (Mk 3,14–15)

Wenn Paulus im oben zitierten Text vom »Dienst der Versöhnung« (2 Kor 5,18) und vom »Wort von der Versöhnung« (2 Kor 5,19) spricht, ist damit nicht bloß ein Detail des apostolischen Dienstes, etwa nur das Sakrament der Versöhnung, gemeint, sondern die umfassende apostolische Sendung, wie auch in der Aussage, Gott habe uns und die Welt mit sich versöhnt durch Christus (2 Kor 5,18–19), das umfassende Heilswerk Christi angesprochen ist. Es geht im Werk der Versöhnung um »die innigste Vereinigung mit Gott sowie um die Einheit der ganzen Menschheit«.[21] Wenn Paulus vom Dienst und vom Wort der Versöhnung als Inhalt des apostolischen Amtes schreibt, geht es um die umfassende Teilhabe des Apostels an der Sendung Christi, die sonst inhaltlich gerne umschrieben wird mit Hilfe des Schemas von den drei Ämtern. So auch in den Texten des Zweiten Vatikanischen Konzils.[22] Das apostolische Amt ist Teilhabe am Prophetenamt, am Priesteramt und am Hirtenamt Jesu Christi. Wurde das Amtspriestertum über lange Zeit vorwiegend vom Kultischen her definiert, von der Darbringung der Eucharistie und der Spendung der übrigen Sakramente, so fällt

---

[21] Lumen Gentium 1.
[22] Vgl. Lumen Gentium 21; Presbyterorum Ordinis 4–6.

auf, dass das Konzil dem sakramentalen Bereich zwar nach wie vor viel Platz einräumt, die Aussage über den Verkündigungsauftrag aber an die erste Stelle rückt. So ist im Dekret über »Leben und Dienst der Priester« zu lesen: »Das Volk Gottes wird an erster Stelle geeint durch das Wort des lebendigen Gottes, das man mit Recht vom Priester verlangt. Da niemand ohne Glauben gerettet werden kann, ist die erste Aufgabe der Priester als Mitarbeiter der Bischöfe, allen die Frohe Botschaft zu verkünden.«[23] – Die Kirche ist ja die Ekklesia, die Heraus- und Zusammengerufene, gerufen durch den Ruf des Logos, der durch die Geschichte hindurch erschallt; sie ist das Volk, das erst zum Volk Gottes wird, indem es sich stets neu um den Ruf Gottes versammelt. Das Wort des Herrn muss darum stets neu verkündet werden. Denn der Glaube kommt vom Hören, schreibt Paulus. »Wie sollen sie hören, wenn niemand verkündigt? Wie soll aber jemand verkündigen, wenn er nicht gesandt ist?« (Röm 10, 14–15). Dass es zur Verkündigung der Sendung bedarf, hängt damit zusammen, dass es in ihr nicht bloß um Information und Belehrung geht, sondern um die bevollmächtigte »Gegenwärtigsetzung der Heilswirklichkeit des Evangeliums durch das Wirken des Wortes Gottes«.[24] Dies kommt ganz besonders zum Tragen in der Feier der Sakramente, in höchster Weise in der Eucharistie. In den Sakramenten ergeht das Wort des Herrn auch sichtbar im Zeichen und es wirkt, was bezeichnet wird. Die Eucharistie, in welcher der Priester *in persona Christi* spricht und handelt, ist die höchste Form der Verkündigung des Evangeliums von Tod und Auferstehung des Herrn, dergestalt, dass jenes Geheimnis wirksame Gegenwart wird und der Herr selber da ist in seinem Leib, der hingegeben, und in seinem Blut, das vergossen wird, und dass die Menschen durch die Teilnahme an den eucharistischen Gaben selber zum Leib Christi aufgebaut werden. Wort und Sakrament sind darum nicht zwei Wirklichkeiten, die bloß nebeneinander oder gar gegeneinander stehen würden. Wort und Sakrament gehen ineinander über. Die Eucharistiefeier ist »deshalb das Zentrum des priesterlichen Dienstes, weil sie das Zentrum der Evangelisierung, Realvollzug des Evangeliums ist«.[25] Schließlich ist auch das Hirtenamt eng mit dem Dienst am Wort und dem Dienst am Sakrament verbunden, geht es doch im Hirtendienst darum, dass die, die durch das Wort zu Christus hin gerufen und durch die Sakramente seinem Leib eingegliedert sind, in der Einheit mit Christus und untereinander erhalten bleiben.

In diesem ganzen dreifachen Dienst des apostolischen Amtes – im Dienst am Wort, am Sakrament und an der Einheit – wirkt Christus selber.

---

[23] Presbyterorum Ordinis 4.
[24] K. LEHMANN, a. a. O., 452.
[25] J. RATZINGER, Zur Frage nach dem Sinn des priesterlichen Dienstes, a. a. O., 366.

Nochmals geht es um die Sakramentalität des Amtes, welche bedeutet, dass das Amt eine Weise der Gegenwart Christi in der Zeit der Kirche ist, eine Weise, auf welche Christus selber seinen Dienst am Volk Gottes vollzieht.

Auch wenn wir hier nicht näher auf das Verhältnis des Amtspriestertums zum allgemeinen Priestertum aller Christen eingehen, dürfte klar sein, dass das apostolische Amt der Kirche im Dienst des allgemeinen Priestertums steht. Dieses beinhaltet, dass jeder Christ berufen und gesandt ist, Christus in der Welt präsent zu halten, seine Botschaft zu bezeugen, an der Heiligung der Welt mitzuwirken und die liebende Fürsorge Jesu fortzusetzen. Im Verwiesensein des Christen auf das apostolisch-sakramentale Priestertum wird sichtbar, dass der einzelne Christ diese Würde, Berufung und Sendung zum allgemeinen Priestertum nicht aus sich selber und nicht aufgrund eigener Fähigkeiten und Leistungen hat, sondern als Gnade und Geschenk von Christus selber empfangen hat.

»Verwalter von Gottes Mysterien« (1 Kor 4,1)

Bevor wir nun einen pastoral-praktischen Aspekt des Priesteramtes aufgreifen, halten wir nochmals fest: Das Spezifische des sakramentalen Amtes besteht darin, dass der Priester der Gemeinde gegenüber die Gegenwart und das Wirken Christi sakramental repräsentiert, wie dies Papst Johannes Paul II. formuliert hat: »So erscheint der Priester in seinem eigentlichen Wesen und in seiner sakramentalen Sendung innerhalb der Struktur der Kirche als Zeichen für den absoluten Vorrang und die Unentgeltlichkeit der Gnade, die der Kirche vom auferstandenen Christus als Geschenk zuteil wird. Durch das Weihepriestertum wird sich die Kirche im Glauben bewusst, dass sie ihr Sein nicht sich selbst, sondern der Gnade Christi im Heiligen Geist verdankt. Die Apostel und ihre Nachfolger stehen als Inhaber einer Vollmacht, die ihnen von Christus, dem Haupt und Hirten, zukommt, mit ihrem Dienst der Kirche gegenüber, als sichtbare Fortsetzung und sakramentales Zeichen Christi, der der Kirche und der Welt als ewige und immer neue Heilsquelle gegenübersteht.«[26]

Der Priester ist Symbol und Ikone Christi. Dieses Verständnis darf aber nicht zu einer quasi-mystischen Identifizierung von Christus und kirchlichem Amt führen. Die strikte Beachtung des sakramentalen Charakter des Amtes will eben gerade auch die dem Bild eigene Differenz zum Abgebildeten festhalten. Der Priester steht nicht an der Stelle Christi, sondern er verweist auf Christus und macht Ihn sichtbar. Wie es bei der Ikone nicht darum geht, nur an der Ikone hängen zu bleiben, aber auch nicht eine

---

[26] JOHANNES PAUL II., Pastores dabo vobis 16.

völlig bildlose, rein geistige Schau anzustreben, so steht nicht die Person des Priesters im Vordergrund, sondern er verweist auf Christus und macht seine Gegenwart und sein Wirken sakramental, im Zeichen sichtbar – nicht kraft seiner eigenen Persönlichkeit, seiner Begabungen und Tüchtigkeit, sondern kraft des Amtes, das ihm sakramental übertragen worden ist – und nimmt darum sich selber ganz zurück. Gerade diese sakramentale Sicht verbietet jeden Amtsdünkel und jegliche Selbstherrlichkeit und darf nicht im Sinne des Klerikalismus missverstanden und missbraucht werden. Gerade wer das Amt richtig bedenkt, wird erst recht demütig, weil er sich dann bewusst ist: Was ich tue, tue ich nicht aus eigenem Können, sondern im Auftrag des Andern.

Wenn man nun nach dieser theologischen Betrachtung in unsere Pfarreien schaut und den konkreten Einsatz der Priester bedenkt, stellt sich da und dort die Frage, wie weit das skizzierte sakramentale Verständnis des kirchlichen Amtes an der Basis noch vorhanden ist. Wenn bei Pfarrvakanzen in den Pfarreien die Wünsche an einen kommenden Pfarrer – so überhaupt noch einer erwartet werden kann – formuliert werden, soll er primär ein Mann des Dialogs sein, fähig, auf verschiedenste Menschen einzugehen, fähig zur Arbeit im Team; er soll animieren und delegieren, koordinieren und moderieren können; er soll die gesellschaftlichen Probleme kennen; er soll offen sein für die unterschiedlichen Meinungen und Auffassungen, für neue Wege und Formen von Religiosität usw. Aspekte, die nach katholischer Auffassung den Priester eigentlich kennzeichnen wie die sakramentale Befähigung zur Eucharistie, zur Lossprechung usw. werden kaum erwähnt. Was am Priester zählt, sind mehr die persönlichen Qualitäten, Eigenschaften und Talente als die sakramentale Qualifikation.

Dass das Sensorium der Gläubigen für das sakramentale Verständnis des kirchlichen Amtes am Schwinden ist, mag auch damit zusammenhängen, dass viele den Pfarrer/Priester in seinem umfassenden Dienst kaum mehr wahrnehmen und erleben können. Wenn der einzelne Priester für immer größere Seelsorgeräume zuständig ist und neben dem Priester Laien faktisch bis auf wenige Ausnahmen alle Seelsorgeaufgaben übernehmen, wird er oft nur noch punktuell als herumreisender Liturge wahrgenommen, während er sonst mehr und mehr als Koordinator und Manager der Seelsorge in den Hintergrund tritt. Viele Pfarrer brauchen soviel Zeit für die Organisation von Seelsorge und pfarreiliche Aktivitäten, dass keine mehr übrig bleibt, selbst pastoral tätig zu sein. Wie viel Zeit und Kraft geht doch drauf für die »Heiligen Bürokratius und Formularius« und wie wenig bleibt übrig, um sich mit den großen Formen und Gestalten des Glaubens zu befassen und daraus zu schöpfen und weiterzugeben! Diese Entwicklung trägt gewiss nicht bei zur Attraktivität des Priesterberufes und macht auch verständlich, warum allenthalben Priester auf ihre (eventuell sogar vorzeitige) Pensionierung warten, um dann – frei von der Verantwortung für immer größere Seelsorgeeinheiten und frei überbordenden Strukturen und Organigrammen, Gremien und Arbeitsgruppen – noch ein paar Jahre wirklich Priester sein zu können!

Solche Phänomene und Entwicklungen in unseren Pfarreien und Diözesen drängen dazu, den Einsatz der (wenigen) Priester zu überprüfen und nach Schwerpunktsetzungen zu fragen. Greifen wir bei dieser Frage nochmals die »drei Ämter« Christi auf. Wir haben gesehen, der Priester ist Repräsentant Christi sowohl in der Verkündigung des Wortes als auch in der Feier der Sakramente als auch im Dienst der Leitung. Diese drei Dimensionen des einen Amtes dürfen nicht auseinander gerissen werden. Gleichwohl ist die Frage berechtigt, ob diese drei Dimensionen unter einem höheren Gesichtspunkt ihre innere Einheit finden oder auch ob es unter den drei voneinander untrennbaren Elementen des einen Amtes eines gibt, welches die beiden andern in sich enthält und deshalb zu integrieren vermag.[27] Wenn das Zweite Vatikanische Konzil die »Verkündigung des Wortes« als erste Aufgabe des priesterlichen Amtes nennt, erscheint der Dienst am Wort, der in der Feier der Sakramente seinen Höhepunkt erreicht und in der Seelsorge an den Menschen sich konkretisiert, als das alles andere umgreifende Zentrum des priesterlichen Dienstes. Es gibt aber genauso Argumente für eine Integration im Hirtendienst wie auch im »sazerdotalen« Tun. Da ohnehin die drei Dimensionen untrennbar sind, handelt es sich nach Greshake in der Beantwortung der genannten Fragestellung nur um »verschiedenartige Ansätze und Akzentuierungen, die ... von der persönlichen Berufung und Befähigung des einzelnen Priesters sowie von seinem besonderen Tätigkeitsfeld und der jeweiligen Zeitsituation abhängen«.[28]

Wenn wir Letzteres aufgreifen und die heutige Situation bedenken, ist zu überlegen, ob der Schwerpunkt der priesterlichen Tätigkeit nicht von neuem und ganz klar im sakramentalen Dienst zu sehen und zu setzen ist. Medard Kehl hat diese Anregung schon vor etlichen Jahren gemacht. Sein Rat geht dahin, dass der Priester einerseits seinen Dienst auch in den andern Bereichen (Verkündigung und Leitung) wenigstens exemplarisch leisten, anderseits aber die Schwerpunktsetzung im sakramentalen Bereich positiv als Herausforderung und Chance annehmen soll.[29] Eva-Maria Faber hat diesen Gedanken vor Kurzem neu aufgegriffen[30], und er müsste viel

---

[27] Vgl. G. GRESHAKE, Priester sein, 75–80.
[28] Ebd. 78–79.
[29] M. KEHL, Perspektiven für den priesterlichen Dienst in der gegenwärtigen Glaubenssituation, in: W. SCHEER / G. STEINS (Hrsg.), Auf neue Art Kirche sein. Festschrift für Dr. Josef Homeyer, München 1999, 167–177.
[30] E. M. FABER, Ambivalente Konstellationen aushalten. Dogmatische Amtstheologie in ge-

mehr ins Gespräch gebracht werden im Zusammenhang der kooperativen Seelsorge von Priestern und Laien.

Es geht hier nicht darum, die frühere einseitig kultische Sicht des priesterlichen Dienstes zurückzuholen; niemand will das. Aber dass innerhalb des umfassenden dreifächerigen Amtes in unserer Zeit der liturgisch-sakramentale Bereich als *das* Proprium des priesterlichen Dienstes sehr dominant hervortreten wird, darf nicht weiterhin als zu befürchtendes Schreckgespenst des »bloß eingeflogenen Zelebranten« oder des »Messetäters« an die Wand gemalt werden, der nur noch von einer Kirche zur andern rast, um »die Messe zu halten«, ohne noch mit den Menschen in Kontakt zu kommen. Dass der Priester von der aktuellen Situation und den Erfordernissen der Zeit her schwergewichtig als Spender der Sakramente tätig zu sein hat und damit gerade als »Verwalter von Gottes Mysterien« (1 Kor 4,1) in Erscheinung tritt, sollte positiv so angegangen und gepflegt und gestaltet werden, dass es den Gläubigen und den Pfarreien zum Segen gereicht und zugleich den Priestern Erfüllung bringen kann, oder wie Kardinal Schönborn einmal sagt: »Die Konzentration auf die Sakramentenspendung (die von der Wortverkündigung in keiner Weise zu trennen ist) ist nicht eine ›Entwürdigung‹ des Priesters zum ›Kultdiener‹, sondern hilft, den priesterlichen Dienst in seiner wesentlichen Dimension zu leben: als Dienst am Leben und Wachsen des Glaubens der andern«[31]

Diese Schwerpunktsetzung im liturgisch-sakramentalen Bereich innerhalb des umfassenden Dienstes des Priesters gilt es zu bedenken sowohl im Hinblick auf die Kerngemeinde (ad intra) wie auch (ad extra) auf die vielen Christen, die nicht zum Kern der Gemeinden gehören, für die der Priester aber auch da sein soll. Letztere suchen im Priester nicht den Gemeindeleiter und auch nicht primär den Seelsorger, mit dem sie ihre Probleme besprechen können oder von dem sie eine geistliche Begleitung erwarten. Vielmehr suchen diese Christen im Priester am ehesten noch die sakrale und mystagogische Kompetenz der Kirche. In der Erfahrung der eigenen Endlichkeit an den Grenz-, Wende- und Höhepunkten des Lebens wenden sie sich noch immer an die Kirche und möchten sich »des Segens Gottes für ihr Leben vergewissern, eines Gottes, der ihnen weithin fremd ist, von dem sie aber doch vage hoffen, dass es ihn als irgendwie schützende Macht über ihrem Leben und dem ihrer Kinder geben möge. Und für die Berechtigung dieser Hoffnung stehen in ihrem Bewusstsein noch immer

---

schichtlichem Kontext, veröffentlicht im Sonderheft der Herder Korrespondenz zum Thema: Arbeiten in der Kirche. Ämter und Dienste in Diskussion: Herder Korrespondenz Spezial 1–2009, 2–5.

[31] C. Schönborn, Auf die Zeichen der Zeit hören. Das Konzil über Kirche und Priester, in: Leben und Dienst der Priester. Studientagung der Österreichischen Bischofskonferenz 1985, Wien (Canisiuswerk) 1985, 9–36, hier 31.

Der Priester als Ikone Christi

die Kirche und gerade auch ihre Priester ein.«[32] Auch solchen Erwartungen, mögen sie manchmal auch recht diffus erscheinen, gilt es positiv zu begegnen und daraus etwas Gutes zu machen. Die Antwort darauf müsste nicht immer gleich in der Hochform der Sakramente erfolgen, sondern könnte auch in vielfältig differenzierten Segensriten geschehen. Aber auch solche Menschen dürfen in ihren Erwartungen die Zuwendung Christi erfahren, die zu repräsentieren der Priester geweiht und gesandt ist. Auch wenn der priesterliche Dienst gewiss nicht auf seine sakral-kultische Rolle reduziert werden darf, ist doch die Erwartung von sakraler Kompetenz auch nicht unberechtigt. So stellt Medard Kehl zurecht die Frage: »Gehört nicht eine richtig verstandene sakrale Kompetenz wesentlich zum sakramentalen Heiligungsdienst des Priesters, für den er schließlich auch und sehr zentral geweiht wird?«[33]

Diese Schwerpunktsetzung im liturgisch-sakramentalen Bereich und vor allem in der Eucharistie hat aber auch ihre Berechtigung und Bedeutung ad intra, in Bezug auf die Kerngemeinde, insofern die Eucharistie wirklich »Quelle und Höhepunkt des ganzen christlichen Lebens«[34] ist und als höchste Weise der Verkündigung des Todes und der Auferstehung des Herrn und als einheitsstiftender Grundvollzug der Kirche neben dem Heiligungsdienst auch den Propheten- und Hirtendienst des Priesters mit einschließt.

Damit diese Schwerpunktsetzung im liturgisch-sakramentalen Bereich zum Dienst am allgemeinen Priestertum aller Gläubigen, zum Dienst am Leben und Wachsen des Glaubens der Menschen und als solcher erkennbar und erfahrbar wird und so sowohl der Gemeinde zum Segen als auch dem Priester zur Erfüllung gereicht, muss allerdings in der Praxis unserer Pfarreien und Diözesen manches neu überlegt und bedacht werden. Dazu nur einige wenige Hinweise.

Als erstes muss die Eucharistie wieder ganz klar – auch an der Basis – als »Quelle und Höhepunkt des ganzen christlichen Lebens« (siehe Anm. 34) und als Grundvollzug der Kirche verkündet und bewusst gemacht und so auch praktiziert werden. So unbestritten der hohe Eigenwert von Wort-Gottes-Feiern ist, soll diese nicht vorschnell mit der Eucharistie gleichgesetzt werden. Auch die regelmäßige Verbindung von Wort-Gottes-Feiern mit Kommunionspendung müsste theologisch und pastoral nochmals hinterfragt werden; sie wird nämlich sowohl der Wort-Gottes-Feier wie der Eucharistie nicht gerecht: der Wort-Gottes-Feier nicht, insofern die Kommunionspendung doch indirekt den Eindruck erweckt, dass die Wort-

---

[32] M. Kehl, Perspektiven für den priesterlichen Dienst ..., a.a.O., 170.
[33] Ebd. 171.
[34] Lumen Gentium 11.

Gottes-Feier allein halt doch nicht so viel wert ist; der Eucharistie nicht, insofern es bei der Kommunion nicht nur um den Empfang einer (noch so) heiligen Sache geht, sondern um die umfassende Feier des Todes und der Auferstehung und die Kommunionspendung deshalb integrierender Bestandteil der gesamten Feier ist. Damit soll nicht bestritten werden, dass es außerordentliche Situationen gibt, in denen eine Kommunionfeier außerhalb der Eucharistiefeier sinnvoll ist; das klassische Beispiel dafür ist die Krankenkommunion. Gewiss kann es auch sinnvoll sein, gelegentlich einen sonntäglichen Wortgottesdienst mit der Spendung der Kommunion zu verbinden. Aber es sollte doch nicht so sein, dass die vorkonziliäre – wer möchte schon vorkonziliär sein? –, inzwischen überwundene Praxis der Kommunionspendung außerhalb der Messfeier wieder allgemein üblich wird, ohne dass genügend überlegt wird, welche Folgen sich daraus für das Gemeinde-, für das Amts- und vor allem für das Eucharistieverständnis ergeben können.[35]

Dass die Eucharistie wieder klar als Mitte und Höhepunkt jedes christlichen Lebens und jeder Gemeinde und der Kirche insgesamt erscheinen soll und darum gerade auch der priesterliche Dienst hier seine Mitte und seinen Schwerpunkt haben darf, besagt nicht, dass der Priester nun möglichst viele Messen feiern und darum von einem Ort zum andern rasen soll. Vielmehr müsste man in großen Seelsorgeräumen den Mut haben, in einer oder in zwei Zentrumskirchen gemeinsam die eine Eucharistie zu feiern. In diesem Zusammenhang ist nochmals die Problematik zu erwähnen, in Pfarreien, in denen am Sonntag aufgrund des Priestermangels keine Eucharistie möglich ist, diese mit Wortgottesdiensten zu ersetzen. Mit dieser Lösung versucht man, die bestehenden Gemeindestrukturen zu bewahren und die einzelne Gemeinde als solche zu erhalten und beraubt sie doch gerade so ihrer Mitte – eben der sonntäglichen Eucharistie – und höhlt sie innerlich aus. Wo diese Praxis über längere Zeit zur Regel wird, verliert die Eucharistie ihre zentrale Bedeutung und wird austauschbar. Natürlich muss die Kirche gerade heute vor Ort in Hör- und Sichtweite bleiben und sie könnte ihr Leben in den bisherigen Pfarreien entfalten in möglichst vielen und vielfältigen Hauskreisen, Gebetskreisen, Bibelkreisen, Familienkreisen, Jugendgruppen, Gesprächsgruppen usw., die alle ihrerseits offen sind auf die größere Einheit und Gemeinschaft hin. Nach Kardinal Walter Kasper sollte »eine Seelsorgeeinheit neuen Stils ... eine Gemeinschaft von Gemeinschaften unterschiedlichster Art sein, die sich an Sonn- und kirchlichen Festtagen zu der einen gemeinsamen Eucharistie versammeln und von dort wieder neu ausgesandt werden«.[36]

---

[35] Vgl. dazu W. Kasper, Die Kirche und ihre Ämter, 249–251.
[36] Ebd. 417; vgl. zum Ganzen ebd. 413–418.

Die Schwerpunktsetzung im sakramentalen Bereich muss auch in der konkreten Feier der Eucharistie selber zum Tragen kommen. Sie soll die Feier der ganzen Gemeinde sein, in welcher gemäß dem Zweiten Vatikanischen Konzil jeder »all das und nur das tun soll, was ihm aus der Natur der Sache und gemäß den liturgischen Regeln zukommt«.[37] Die verschiedenen liturgischen Dienste wie Lektoren, Kantoren, Chöre, Ministranten usw. sollen alle ihre Aufgaben wahrnehmen. Auch Gestaltungselemente von Seiten der Kinder und Jugendlichen und Familien sollen Platz haben, sofern sie zum eigentlichen Geheimnis hinführen, das gefeiert wird. In dieser gemeinschaftlichen Feier soll aber auch der Priester *all das tun* (dürfen), *was ihm zukommt*. Negativ gesagt: Der Dienst des Priesters darf nicht auf die Wandlungsworte und den Schlusssegen reduziert werden, während alles übrige von Laien gemacht wird und er auf die Sedes verbannt ist. Das gilt auch dann, wenn der Priester als Aushilfe von außen kommt. Oder positiv gewendet: Der Priester soll der Feier so vorstehen (können), dass deutlich wird, dass er kraft seines Amtes Christus repräsentiert, der den Seinen die Schrift deutet und das Brot bricht (vgl. Lk 24, 13–35). Darum ist auch die Verkündigung des Evangeliums und die Predigt (in der Eucharistiefeier) Sache des sakramentalen Amtes. Damit zeigt sich auch, dass der Priester der erstberufene Verkünder des Evangeliums ist und dass seine Teilhabe an der prophetischen Sendung Christi nicht zu trennen ist von seinem Dienst an den Sakramenten, sondern darin gerade ihre Vollendung findet. Und wenn die Eucharistie so gefeiert und gestaltet wird, dass darin auch die Einigung und Einheit der Gemeinde sichtbar und spürbar wird, wird sein Dienst an der Eucharistie auch zu einer ganz besonderen Weise seines Leitungs- und Hirtendienstes, ohne dass dieser darauf allein reduziert werden darf.

So soll also gerade in der Eucharistie klar erkennbar sein, dass der Priester Symbol und Ikone Christi ist und dessen Gegenwart und Handeln repräsentiert. Aber gerade als Ikone, die auf den Anderen verweist, wird der Priester in seiner herausragenden Aufgabe in der Liturgie nicht sich selber als der souveräne »Gemeindevorsteher« in den Mittelpunkt stellen, sondern sich so zurücknehmen und so verhalten und objektiv zelebrieren, dass die Gläubigen ihre Aufmerksamkeit nicht auf die Person des Priesters richten, sondern auf das Geheimnis, das er auf dem Altar vollzieht als »Diener Christi und als Verwalter von Geheimnissen Gottes« (1 Kor 4, 1), die nicht ihm gehören und die er auch nicht selber produziert, sondern ihm anvertraut sind – damit er vollzieht und weitergibt, was auch er empfangen hat.

Wenn die Schwerpunktsetzung auf den sakramentalen Dienst auch die übrigen Sakramente umfassen soll, ohne dass die beiden andern Di-

---

[37] Sacrosanctum Concilium 28.

mensionen vernachlässigt werden, müsste der Priester von den allzu vielen organisatorischen und administrativen Leitungsaufgaben befreit werden (und sich auch befreien lassen), so dass er eben nicht isoliert nur gerade für die Spendung der Sakramente in Erscheinung tritt, sondern auch an der Hinführung zu den Sakramenten und in der nachwirkenden Sakramentenpastoral mitwirken kann. Dann kann der sakramentale Bereich das eigentliche Proprium des priesterlichen Dienstes ausmachen und zugleich die Aufgabe der Verkündigung und den Hirtendienst integrieren.

Wenn der liturgische und vor allem der sakramentale Dienst wieder klar in die Hände der ordinierten Seelsorger gelegt wird, dient das schließlich auch einer besseren Profilbestimmung der kirchlichen Ämter, sowohl des sakramentalen Amtes als auch desjenigen der Laien-Seelsorger. Wenn theologisch ausgebildete Laien mehrheitlich als Ersatz für fehlende Priester fungieren und Aufgaben wahrnehmen müssen, in welchen sie ihre eigene Beauftragung permanent als unzureichend erfahren und ihnen die amtlich-sakramentale Kompetenz fehlt, ist das nicht nur menschlich und geistlich ungesund, sondern behindert auch die Entwicklung eines eigenen Berufsprofils. Während das sakramentale Amt die geschenkhafte Zuwendung Gottes und sein gnadenhaftes Wirken an den Menschen repräsentiert und sakramental verwirklicht, wäre auf der menschlichen Seite – so votiert Eva-Maria Faber – ein kirchliches Amt zu entwickeln, »in dem Menschen für das Sich-Auswirken des Geschenkten im Leben der Einzelnen, der Kirche und in gesellschaftlichen Zusammenhängen Sorge tragen«.[38] Im Bild des Gleichnisses vom Sämann ist hier zu denken an die vielfältigen Aufgaben in der Bereitung des Bodens wie auch in der Hege und Pflege dessen, was aus dem Saatgut Gottes keimt und wächst und reift. Zu denken ist an die Förderung und Begleitung von vielen kleinen Gemeinschaft vor Ort, wie sie oben kurz angesprochen worden sind. Zur oft zitierten Vielfalt von Diensten und Ämtern gehört eben auch, dass nicht alle das Gleiche tun und nicht jeder für alles allein zuständig ist, dass nicht alle Apostel sind, dass es Aufgaben, Kompetenzen und Vollmachten gibt, die den einen übertragen und den andern vorenthalten sind, ohne dass der Dienst der letzteren deshalb weniger wichtig wäre. Zu einem solchen Einsatz von Laienseelsorgern, der nicht einfach Ersatz für fehlende Priester ist, sondern sein eigenes und weites Arbeitsfeld hat, schreibt Eva-Maria Faber: »Für den hier umschriebenen Aufgabenbereich bedarf es keiner Ordination. Basis dieses Dienstes ist die Verantwortlichkeit, in die alle Getauften füreinander und für das Leben der Kirche berufen sind. Für die berufliche und damit sowohl komplexere wie auch öffentliche Übernahme solcher Verantwortung bedarf es einer theologischen Ausbildung und einer amtlichen Beauftragung,

---

[38] E. M. FABER, a. a. O., 4.

kraft derer die betreffenden Personen nicht in ihrem eigenen Namen, sondern im Namen der Kirche handeln. Gottes Wirken an den Menschen will menschliches Wirken inspirieren, und die Gaben seines Geistes befähigen zur Wahrnehmung von Diensten, die zum Wohl des kirchlichen Lebens auch strukturell vielfältiger gestaltet sein könnten, als es immer noch der Fall ist.«[39]

»… einen Weg zu bereiten« (vgl. Mk 1,3)

Wenn wir nochmals auf die Konzentration des priesterlichen Dienstes auf den Bereich der Sakramente zurückkommen, können wir zusammenfassend und diese Gedanken weiterführend sagen: Der Priester muss Mystagoge sein und dem Herrn und den Menschen den Weg bereiten. Neben den vielfältigen Möglichkeiten mystagogischen Wirkens durch gelegentliche Hinweise auf liturgische Zusammenhänge, durch ein wirklich geistliches, geisterfülltes Wort zu Beginn als Hinlenkung auf das Mysterium, durch einen zur Eucharistie überleitenden Schluss der Predigt und anderes mehr sollte auch die eigentliche Form der mystagogischen Predigt wieder vermehrt gewagt und gepflegt werden, die aus der liturgischen Feier herauswächst und tiefer in sie hineinführt, die zum inneren Verstehen und Erleben der Liturgie und ihrer Mysterien und zu einem von ihnen geprägten Leben führt. Die Aufgabe der Mystagogie besteht aber nicht nur im Reden und Predigen und in vielen Worten. Im Gegenteil: diese Aufgabe wäre gründlich missverstanden, wo sie dazu führen würde, dass die Liturgie noch mehr zerredet würde. Die mystagogische Aufgabe ist dann am besten erfüllt, wenn es gar nicht mehr vieler Worte bedarf, sondern die Liturgie aus sich selber spricht und verstanden und lebendig vollzogen wird. Mit andern Worten: die Liturgie selber will und soll Mystagogie – Weg ins Mysterium – sein. Dass sie das sein kann, hängt zu einem nicht geringen Teil davon ab, wie sie gefeiert wird: ob zum Beispiel ihre Symbole, ihre Gesten und Gebärden zum Tragen und Sprechen gebracht werden, so dass sie die Dimension des Heiligen und des Geheimnisses Christi in der Welt »sichtbar« machen und zum Leuchten bringen, ob die liturgische Feier vom Geist der Ehrfurcht, der Anbetung und der Verherrlichung Gottes wie auch vom Geist der Freude, der Versöhnung und der Gemeinschaft erfüllt ist, ob auch eine gediegene Vorbereitung vorausging, ob auch Sammlung und Schweigen Platz haben usw. Auch was etwa bei Spezialgottesdiensten an Gestaltungselementen in die Liturgie eingebracht wird, muss sich immer wieder an der Frage messen lassen, ob es zur Mitte, zum Mysterium, hin-

---

[39] Ebd. 5.

führt oder ob es nur interessant und gerade modern ist und in sich selber stehen bleibt.

Auch die Art und Weise, wie der Priester seine Aufgabe erfüllt, soll mystagogisch wirken, kann sich aber auch leicht ins Gegenteil wenden. Wenn seit dem Konzil das kirchliche Amt vornehmlich als Dienst gesehen wird, muss dieser Dienstcharakter nicht zuletzt im liturgischen Bereich des Amtes zum Tragen kommen. Wir haben oben die Gedanken über die Schwerpunktsetzung im sakramentalen Dienst unter das Wort des heiligen Paulus gestellt: »Als Diener Christi soll man uns betrachten und als Verwalter von Geheimnissen Gottes« (1 Kor 4, 1). Diesen Satz führt dann Paulus weiter: »Von Verwaltern aber verlangt man, dass sie sich treu erweisen« (1 Kor 4, 2). Der Priester ist nicht Herr der Liturgie; die Mysterien gehören nicht ihm; sie sind ihm anvertraut, dass er sie als Diener Christi und als Diener der Kirche treu verwalte und im Heiligen Geist, geistlich, vollziehe.

Dieser Dienstcharakter des priesterlichen Amtes wird sich gerade in der Liturgie darin erweisen, dass der Zelebrant sich als Person ganz zurücknimmt und sich restlos in die liturgische Aufgabe hineinstellt und nicht sich selbst oder sonst etwas verkündet, sondern einzig und allein Jesus Christus. Romano Guardini verlangt, »dass die priesterliche Gestalt streng liturgisch werde ... Träger der heiligen Handlung ist der Liturge nicht als diese Persönlichkeit, nicht aus Kraft irgendwelcher besonderer Befähigung des Nacherlebens und der Darstellung, sondern ausschließlich kraft seines Amtes, als Organ der Kirche.«[40] In diesem Zusammenhang hat auch die liturgische Gewandung eine tiefsinnige Bedeutung: Der Priester soll als Person gleichsam darin verschwinden, damit deutlich wird, dass er hier nicht im eigenen Namen handelt, sondern *in nomine et in persona Christi* das tut, was nur Er, der Herr, tun kann.

Gleichwohl ist die Persönlichkeit des Priesters im Vollzug der Liturgie wie in seinem ganzen Dienst gefordert. Das Mysterium will nicht nur symbolisch, sondern auch persönlich-personal sichtbar werden. Dies allerdings nicht subjektivistisch gemeint, sondern in dem Sinn, dass der Priester das Geschehen mit dem Einsatz seiner selbst vollzieht. Es gilt auch für den liturgischen Dienst des Priesters, was Hans Urs von Balthasar einmal für den existentiellen Anspruch des Amtes allgemein so treffend formuliert hat: »Drangabe des Eigenen zur Durchgabe des Göttlichen, aber Durchgabe des Göttlichen mitsamt dem preisgegebenen neugewordenen Eigenen.«[41]

---

[40] R. GUARDINI, Vom liturgischen Mysterium, in: Ders., Liturgie und liturgische Bildung, Mainz/Paderborn 1992, 111–155, hier 152.
[41] H. U. von BALTHASAR, Nachfolge und Amt, in: Ders., Sponsa Verbi, Einsiedeln 1961, 80–147, hier 122.

Die sakramentale und liturgische Handlung wirkt zwar aus sich selbst (ex opere operato), was sie bezeichnet. Aber im Sinne der Mystagogie ist der Zelebrant dazu gehalten, die heilige Handlung so zu vollziehen, dass sie als Symbolhandlung aufleuchtet und durchlässig wird für das Heilige, für die Epiphanie des Mysteriums, das hier gefeiert wird. Auch wenn heute oft vom »Vorsteher« der Eucharistie gesprochen wird, sollte doch bewusst bleiben, dass dies wesentlich mehr und anderes bedeutet als das Präsidium oder die Moderation bei andern Anlässen. Die »Ars celebrandi« sollte wieder mehr gefördert und eingeübt werden. Nicht nur durch erklärende und wegweisende Worte, sondern auch durch die Art und Weise seines liturgischen Handelns sollte der Priester seines mystagogischen Amtes walten.

Ja, der Priester muss Mystagoge sein, Führer und Gefährte ins Geheimnis, ins Innere des Geschehens, durch geisterfülltes liturgisches Handeln und durch wegweisende Worte. Mehr noch aber muss er selber ins Mysterium eintreten und aus dem Mysterium leben, um die Mitfeiernden voll Glauben und Ehrfurcht hinführen zu können. Priester und Mystagoge kann er nur sein, wenn er selber aus dem Mysterium kommt, um in das Mysterium hineinzuführen. Gerade in einer Zeit, in der die Menschen, auch viele getaufte Christen, geistlich immer mehr »erblinden«, muss der Priester kraft seines Amtes und möglichst auch persönlich-existentiell Zeuge sein für die Gegenwart des verborgenen Geheimnisses im Geschehen, das vor den Augen und Ohren der Mitfeiernden vollzogen wird.

»Ich habe euch Freunde genannt« (Joh 15,15)

Damit kommen wir zu einem letzten Punkt: zum existentiellen Anspruch des Amtes an den Amtsträger. Der Priester ist Symbol und Ikone Christi; er ist es in der Verkündigung von Gottes Wort; er ist es in seinem Leitungs- und Hirtendienst; er ist es in intensivster und höchster Weise in der Feier der Eucharistie und der andern Sakramente, wo er »in persona Christi« spricht und handelt und das tut, was nur Christus selber tun kann. Gerade da zeigt sich, dass er Symbol und Ikone Christi ist nicht aufgrund eigener subjektiver Eigenschaften, Vollkommenheit und Tüchtigkeit, sondern allein aufgrund seiner Weihe, in welcher Christus selber Menschen bevollmächtigt und sendet, das zu tun, was nur Er tun kann und sichtbar durch die von Ihm gesandten Menschen tun will. Diese sakramentale Identität des Priesters wird umso klarer wahrgenommen, je mehr es ihm gelingt, seine eigene Subjektivität zurückzunehmen, nicht seine eigene Person in den Mittelpunkt zu stellen und zu zelebrieren und doch alles, was er ist und was er hat und kann, ganz selbstlos in den Dienst seiner objektiven Aufgabe zu stellen. Der Priester ist objektiv Symbol und Ikone Christi, aber was ihm objektiv gegeben ist, entbindet nicht von der persönlich-existentiellen Verpflichtung, auch subjektiv nach einem christusförmigen Leben zu streben und in eine ganz persönliche Freundschaft mit Christus hineinzuwachsen.[42] Wohl ist und bleibt es so, dass im Amt der Kirche Jesus Christus selber handelt und dass Er sein Werk auch durch unvollkommene Werkzeuge zu bewerkstelligen weiß. Die Forderung nach einer, dem Auftrag entsprechenden Lebensform ändert daran nichts. Wo aber das Amt vom persönlichen Leben getrennt wird, droht die Gefahr eines leeren, leblosen Funktionalismus. Umgekehrt wird die der Sendung adäquate Lebensform selber zu einem wesentlichen und auch besonders effizienten Teil der Verwirklichung des apostolischen Dienstes.

Es zeigt sich damit, dass Christus bei der Ordination sich des ganzen Menschen bemächtigt und dass der »Gesandte an Christi Statt« in seiner ganzen Existenz in sein Amt hinein enteignet ist, dabei aber nicht entpersönlicht wird, sondern damit gerade auch die höchste Entfaltung und Verwirklichung seiner selbst erfährt, wie wir das exemplarisch an Paulus feststellen können, der sich restlos in seinen Auftrag hineingelegt hat und dabei sich aufreiben ließ, aber dabei doch die höchste Freiheit und Souveränität und Freude bewahrte und immer neu geschenkt bekam (vgl. 2 Kor 4 u. ö.). Schließlich dürfen wir nicht übersehen, dass die möglichst große, je neu anzustrebende Übereinstimmung von objektivem Amt und subjektiver Lebensform in einer Zeit wie der unseren um so dringlicher wird, als die Menschen heute skeptisch sind gegenüber objektiven, allein in formaler Amtsautorität, allein in vorgegebenen Institutionen begründeten Ansprüchen und Normen. Das »Objektive« wird jedoch am ehesten als bedeutsam und sinnerfüllend erfahren und auch anerkannt, wenn darin auch die Gestalt der Freiheit zu entdecken ist, wenn im Buchstaben der Geist, im amtlich-objektiven Zeichen der personale Vollzug, in der Amtsautorität der selbstlose Dienst, im amtlich-institutionellen Vorgang das existentielle Engagement zu spüren ist. Der Priester hat nicht nur eine amtliche Sendung, die er auch ohne inneres Engagement ausführen könnte, sondern er ist auch persönlich berufen, das Reich Gottes zur Mitte seines Lebens zu machen und den Weg Jesu in existentieller Nachfolge zu gehen, damit er nicht nur durch sein objektives Amt Ikone Christi ist, sondern auch durch sein persönliches Leben auf Christus verweist.

---

[42] Wenn diese letzten Gedanken unter das Wort aus Joh 15, 15 (»Ich habe euch Freunde genannt«) gestellt werden, soll abschließend nochmals an das Wirken von Christoph Kardinal Schönborn erinnert werden, der seinen bischöflichen Dienst unter das Motto »Vos autem dixi amicos« gestellt hat.

Libero Gerosa

Die Sakramentalität der christlichen Ehe zwischen Ekklesiologie, Naturrecht und Kirchenrecht

Während des gesamten ersten Jahrtausends betrachtete die Kirche die Ehe stets als eine auf dem Schöpfungsmysterium gründende Wirklichkeit und folglich als etwas an und für sich Heiliges, schon bevor sie von Jesus Christus zur Würde eines Sakraments erhoben wurde. Da aber die Kirchenväter das *Naturrecht* und das *positive göttliche Recht* noch nicht klar voneinander unterschieden haben, konnten sie in dieser heiligen Institution der Ehe noch nicht ein natürliches Vertragselement und ein göttlich-sakramentales Element ermitteln.

Erst in der ersten Hälfte des zweiten Jahrtausends begann dann die scholastische Theologie auf der rein begrifflichen Ebene diese Unterscheidung vorzunehmen, ohne jedoch die Einheit der Ehe zu beeinträchtigen. Für sie galt nämlich das Prinzip »Gratia perficit, non destruit naturam«[1].

Doch mit Martin Luther, für den die Ehe nur ein »weltlich Ding« war, und in Folge der Reformation, vor allem aber nach der laizistischen Entwicklung des Staates im 18. und 19. Jahrhundert, wurde aus dieser Unterscheidung in der Neuzeit eine radikale Trennung. Zum einen beschränkte man den heiligen Charakter der Ehe auf das sakramentale Element, das zudem gegenüber dem Vertrag zu einem bloß nebensächlichen Aspekt verkürzt wurde; zum anderen sprach man schließlich der Ehe jeglichen heiligen und religiösen Charakter ab.[2] Deshalb war es vom Ende des 18. Jahrhunderts an für das päpstliche Lehramt nicht leicht, die Lehre des ersten Jahrtausends über die Heiligkeit der Ehe wieder zur Geltung zu bringen.

Ein erster Schritt in diese Richtung erfolgte durch Papst Leo XIII. mit der Enzyklika »Arcanum divinae« vom 10. Februar 1880. Es glückte jedoch erst Papst Pius XI., den Gedanken genauer zu erfassen, indem er in der Enzyklika »Casti connubii« ausdrücklich betonte, dass sich der heilige, re-

---

[1] Vgl. E. Corecco, *Die Lehre von der Untrennbarkeit des Ehevertrages vom Sakrament im Lichte des scholastischen Prinzips »Gratia perficit, non destruit naturam«*, in: Ders., *Ordinatio fidei. Schriften zum kanonischen Recht*, hrsg. von L. Gerosa – L. Müller, Paderborn 1994, 429–485 (Der Aufsatz wurde auf Deutsch zuerst veröffentlicht in: AfkKR 143 [1974] 379–442).
[2] Vgl. J. Basdevant, *Des rapports de l'Eglise et de l'Etat dans la legislation du mariage, du Concile de Trente au Code Civil*, Paris 1900; H. Dombois, *Kirche und Eherecht, Studium und Abhandlungen 1953–1972*, Stuttgart 1974.

ligiöse Charakter der Ehe nicht erst daraus ergibt, dass sie von Jesus Christus zu einem Sakrament erhoben wurde, sondern schon aus ihrer Natur, die gleich von Anfang an als *quaedam incarnationis Verbi Dei obumbratio* anzusehen ist[3]. Dass so der innere heilige Charakter der Ehe wieder zur Geltung gebracht wurde und ihre Vollendung durch die Erhebung zu einem Sakrament ausdrücklich gelehrt wurde, ermöglicht es dem Zweiten Vatikanischen Konzil, im Begriff des Bundes *(foedus)* und in der kirchlichen Bedeutsamkeit dieses Sakramentes zwei Grundelemente der gesamten katholischen Ehetheologie wahrzunehmen. Welche Folgen ergeben sich daraus für die kirchliche Rechtsprechungspraxis, insbesondere für die nachkonziliare? Welche Lösungsmöglichkeiten ergeben sich für die Schwierigkeiten bei der Interpretation des can. 1117 im Falle des sogenannten *actus formalis defectionis ab Ecclesia catholica* auf der Ebene des kirchlichen Eherechts? Die Komplexität der Fragen zwingt an dieser Stelle, einige Grundlinien zu ermitteln, anhand derer es zu Beginn des dritten Jahrtausends nach Christus möglich sein sollte, eine treffende Antwort zu finden.

1. Die Sakramentalität der Ehe im Licht des Zweiten Vatikanischen Konzils

1.1. Die Ehe als Bund und ihre religiöse Dimension

Das Zweite Vatikanische Konzil geht zunächst von der Beobachtung aus, dass in der heutigen Gesellschaft die Ehe als Institution beständig in Frage gestellt wird durch »Polygamie, um sich greifende Ehescheidung, sogenannte freie Liebe und andere Entartungen« und dass zudem »die eheliche Liebe öfters durch Egoismus, bloße Genusssucht und durch unerlaubte Praktiken gegen die Fruchtbarkeit der Ehe entweiht« wird (GS 47,2). Darum legt es in verschiedenen Texten von neuem einige wesentliche Punkte der katholischen Lehre über die Ehe vor.[4] Insbesondere in der pastoralen Konstitution über die Kirche in der Welt von heute betonen die Konzilsväter den personalen Charakter dieser Institution, die jeder menschlichen Gesellschaft zugrunde liegt, und werfen auch auf ihre traditionellen Elemente einen anderen Blick. Diese Akzentsetzung ist in ihrem Kern gänzlich im Begriff des Ehebundes *(foedus coniugii)* enthalten, den die Konzilsväter dem herkömmlichen lateinischen Begriff *contractus matrimonialis*

---

[3] Pius XI., *Casti connubii*, in: AAS 22 (1930), 539–592, hier 570.
[4] Vgl. z. B. LG 11, 2; 35, 3 und 41, 4; AA 11 und 29; GS 12, 4; 61, 2; 67, 3; 87 und vor allem 47–52.

vorziehen.⁵ Zwar lässt eine eingehende Analyse der Konzilstexte erkennen, dass die Begriffsänderung nicht eine gänzliche Aufgabe des Vertragsgedankens bedeutet, aber es lässt sich nicht leugnen, dass der Bundesbegriff sich theologisch besser eignet, den personalen und religiösen Charakter der Ehe zum Ausdruck zu bringen. Er schließt darüber hinaus auch die Elemente in sich ein, welche die Institution Ehe zu einem Vertrag *sui generis* machen, nämlich zu einem Vertrag, dessen Dauer und wesentliche Rechtswirkungen der Willkür der Vertragspartner entzogen sind⁶. Dass nach dem Konzilstext das, was die Brautleute schließen, nicht als Ehevertrag, sondern als Ehebund bezeichnet wird, besagt, dass die Besonderheit dessen, was im lateinischen Eherecht als *contractus sui generis* bezeichnet wird, besser im umfassenderen Begriff des Bundes zum Ausdruck gebracht wird. Durch seinen biblischen Ursprung wird stärker verdeutlicht, dass Gott selbst der Schöpfer und Gründer des Eheinstitutes ist: »Ipse vero Deus est auctor matrimonii, variis bonis ac finibus praediti«⁷. Mit der Einführung des neuen Ausdrucks *foedus matrimoniale* bringt das Zweite Vatikanische Konzil nicht nur den heiligen Charakter der Institution Ehe wieder voll zum Ausdruck, sondern ermittelt auch das Proprium, das die Ehe von jedem anderen Vertrag unterscheidet, und öffnet damit den Weg zu einem richtigen Verständnis der Ehe als Sakrament. Letzteres ist nicht eine nebensächliche Zugabe zur Ehe als *institutum naturae*, sondern die Entwicklung dieses Propriums zu einer im Vergleich zur Schöpfungsordnung von Grund auf neuen und tieferen Dimension.⁸ Treffend wurde bemerkt: »Wenn die Ehe nicht zum Sakrament erhoben worden wäre, würde die Beziehung Mann – Frau von der spezifischen Erneuerung durch die Gnade ausgeschlossen: Sie wäre zu verdorben, um noch fähig zu sein, den kulturellen Auftrag, den Gott ihr im Dienst der Menschheit gegeben hat, ausführen zu können. Ohne das Sakrament der Ehe könnte sich auch die Kirche nicht inkarnieren und bliebe in einer Außenseiterposition gegenüber der Geschichte der Menschheit, in der die Ehe, wenn auch nicht auf ausschließliche Weise, die zentrale Bedeutung be-

---

⁵ Unter den verschiedenen veröffentlichten Studien zu dieser Thematik vgl. J. EDER, *Der Begriff des »foedus matrimoniale« im Eherecht des CIC*, St. Ottilien 1989; N. Lüdecke, *Eheschließung als Bund. Genese und Exegese der Ehelehre der Konzilskonstitution »Gaudium et spes« in kanonistischer Auswertung*, Würzburg 1989.
⁶ Vgl. dazu P. Krämer, *Kirchenrecht I. Wort – Sakrament – Charisma*, Stuttgart – Berlin – Köln 1992, 102–104, vor allem 103; H. Zapp, *Kanonisches Eherecht*, Freiburg ⁷1988, 22 ff.; D. Baudot, *L'inséparabilité entre le contrat et le sacrement de mariage. La discussion après le Concile Vatican II*, Roma 1987, 322–333.
⁷ GS 48,1; vgl. den Kommentar von W. Aymans, *Die Sakramentalität christlicher Ehe in ekklesiologisch-kanonistischer Sicht. Thesenhafte Erwägungen zu einer Neuorientierung*, in: TThZ 83 (1974) 321–333, hier 332–338.
⁸ Vgl, J. Auer – J. Ratzinger, *Kleine Katholische Dogmatik*, Bd. 7, Regensburg 1972, 249.

wahrt hat, die sie in der Schöpfungsordnung erhielt. Die Kirche würde auf diese Art zu einem reinen Überbau gegenüber der realen Geschichte der Menschheit, da sie eines ihrer unabdingbaren konstitutiven Elemente nicht mit der Wirksamkeit ihrer Gnade durchdringen würde«[9].

Das Proprium des Sakraments der Ehe, des primären Objekts des kirchlichen Eherechts, lässt sich somit nicht trennen von seiner Bedeutung für die Verfassung der Kirche, die vom Zweiten Vatikanischen Konzil in der dogmatischen Konstitution über die Kirche sowie im Dekret über das Laienapostolat ans Licht gehoben worden ist.

1.2. Das Sakrament der Ehe und seine kirchliche Dimension

Während das Zweite Vatikanische Konzil im Text über das Laienapostolat von der Familie als *tamquam domesticum sanctuarium Ecclesiae* (AA 11, 4) spricht, wird diese bei der Schilderung der konstitutionellen Struktur des Gottesvolkes sogar als *velut Ecclesia domestica* (LG 11, 2) bezeichnet. Obwohl es weder leicht ist, den theologischen Sinn dieser beiden Konzilsformulierungen zu bestimmen, noch die sich daraus für das kanonische Recht ergebenden Folgerungen zu ermessen, scheint die Absicht der Konzilsväter doch klar auf der Hand zu liegen: Es soll die kirchliche Dimension der ehelichen Gemeinschaft und damit die konstitutionelle Rolle des Ehesakraments hervorgehoben werden.

Diese Wiederentdeckung der kirchlichen Dimension des Ehesakraments verhindert ganz allgemein die verschiedenen oberflächlichen Verkürzungen auf den intimen Kreis, die heute auch in der Kirche anzutreffen sind. Auf der streng kanonistischen Ebene verdeutlicht die kirchliche Dimension der Ehe zudem, dass sich die Bewertung der Sakramentalität der Ehe nicht von der Zugehörigkeit zur kirchlichen Gemeinschaft trennen lässt, die vom Zweiten Vatikanischen Konzil mit dem Prinzip der *gradualitas in communione* geregelt worden ist.

Was das letztere, nämlich die kirchliche Dimension des Ehesakraments betrifft, scheint ihre Umsetzung in Normen jedoch problematisch zu sein. Aus der herkömmlichen Auffassung von der Beziehung zwischen Vertrag und Sakrament, die in can. 1055 §2 wiederum vorgelegt wird, scheint man schließen zu müssen, dass »die Sakramentalität der vollchristlichen Ehe gleichsam in einer sakramentalen Kausalität ausschließlich aus

---

[9] E. Corecco, *Das Sakrament der Ehe: Eckstein der Kirchenverfassung*, in: Ders., *Ordinatio Fidei* (Anm. 981) 405–428, hier 415 (Der Aufsatz wurde auf Deutsch zuerst veröffentlicht in AfkKR 148 [1979] 353–379).

der Tatsache der Taufe der Ehepartner« erwächst.[10] Das würde dadurch bestätigt, dass »ein Irrtum ... über die sakramentale Würde der Ehe den Ehekonsens nicht beeinträchtigt, sofern er nicht den Willen bestimmt« (can. 1099). Daraus ergibt sich wohl zwangsläufig der Schluss, dass für das kanonische Eherecht die Sakramentalität dieses Bundes völlig unabhängig vom Glauben der Eheschließenden ist und ausschließlich vom Glauben der katholischen Kirche abhängt. Dieser Auffassung wurde nicht ganz unbegründet von mehreren Seiten ein übertriebener Automatismus vorgeworfen.[11] Jedenfalls steht sie im Widerspruch zu einigen Anordnungen des Codex Iuris Canonici und vor allem zur Communio-Ekklesiologie und zur wiederentdeckten kirchlichen Dimension der Sakramente, die beide vom Zweiten Vatikanischen Konzil entwickelt wurden.

Für die katholische Sakramententheologie ist es gewiss nichts Neues, dass der persönliche Glaube des einzelnen Christen beim Zustandekommen eines Sakramentes beispielsweise bei der Kindertaufe eine gegenüber der Rolle der Christengemeinde relativ untergeordnete Rolle spielt. Das besagt jedoch nicht, dass der Glaube des einzelnen Getauften zur gültigen Spendung der Sakramente ganz allgemein bedeutungslos sei und dass das insbesondere in den kanonischen Normen über das Sakrament der Ehe betont werden müsse, die natürlich zur Vermeidung ungültiger Ehen die Rechtssicherheit möglichst gut gewährleisten sollen. Sowohl der Irrtum über die Sakramentalität, sofern er den Willen eines der beiden Brautleute bestimmt (can. 1099), als auch der positive Willensakt, mit dem ein oder beide Partner die Sakramentalität ausschließt (can. 1101 § 2), verstößt von Grund auf gegen den Ehekonsens und verhindert das gültige Zustandekommen der Ehe. Folglich trägt mindestens auf negativer Ebene, der Glaube des einzelnen Partners, falls er den Willen zur Ehe bestimmt, zum gültigen Zustandekommen des Sakraments bedeutsam bei.[12]

Im Licht der stark vom Prinzip der gestuften *Communio* bestimmten konziliaren Ekklesiologie lässt sich der Glaube des einzelnen Gläubigen auch in bezug auf die Sakramentalität der Ehe nicht mehr ganz von seiner konkreten Kirchengliedschaft trennen. Die einzelnen nichtkatholischen Christen können also nicht mehr als Gläubige ohne jeglichen eigenen

---

[10] W. Aymans, *Die sakramentale Ehe – Gottgestifteter Bund und Vollzugsgestalt kirchlicher Existenz*, in: Ders., *Kirchenrechtliche Beiträge zur Ekklesiologie*, Berlin 1995, 273–302, hier 284.
[11] Vgl. z. B. L. M. Groghan, *Ist die Taufe der entscheidende Faktor?*, in: *Wie unauflöslich ist die Ehe?*, hrsg. von J. David u. a., Aschaffenburg 1969, 238–248; P. Huizing, *Kirchenrecht und zerrüttete Ehe*, in: Concilium 9 (1973) 458.
[12] Dies wird auch durch die Rechtsprechung der Römischen Rota bekräftigt; vgl. M. Weber, *Die Totalsimulation. Eine Untersuchung der Rechtsprechung der Römischen Rota*, St. Ottilien 1994, 164–179.

kirchlichen Rahmen angesehen werden, als ob sie rechtlich behinderte Katholiken wären.[13] Der Umstand, dass sie von der *communio plena* der katholischen Kirche getrennt sind, bedeutet nicht, dass sie zu keiner kirchlichen Gemeinschaft gehören, in der die konstitutiven Elemente der Kirche Christi mehr oder weniger vorhanden sind. Die Tatsache, dass das Zweite Vatikanische Konzil anerkennt, dass sie in getrennten Kirchen oder kirchlichen Gemeinschaften leben, darf auf der Ebene des Rechts,[14] auch im kanonischen Eherecht, nicht unberücksichtigt bleiben.

Folglich muss man bei der Beurteilung der Sakramentalität einer Ehe nichtkatholischer Christen sich vor Augen halten, dass diese Ehe nicht beurteilt werden kann ohne Rücksicht auf das Glaubensbekenntnis, aus dem sie hervorgeht und in das sie eingefügt wird. »In dieser Hinsicht ist die Ehe mit der Taufe selbst vergleichbar. Es käme niemand auf den Gedanken, die Taufe einer Glaubensgemeinschaft anzuerkennen, nach deren dezidiertem Bekenntnis die Taufe nur ein menschlicher Bußakt, nicht aber Handeln Gottes unter sichtbaren Zeichen wäre. Auch die Ehe als Gestaltform kirchlicher Existenz kann zu sakramentaler Zeichenhaftigkeit nur dann erwachsen, wenn dies zu dem Inhalt eines Bekenntnisses gehört, um das sich die konkrete christliche Existenz sammelt.«[15] Falls dann diese Beurteilung zum Schluss führen sollte, dass es sich um eine gültige, aber nicht sakramentale Ehe handelt, wäre das nichts wirklich Neues, denn das kanonische Recht kennt von jeher einen solchen Sachverhalt, wie das Beispiel der Ehen zeigt, die mit der Dispens vom Hindernis der *disparitas cultus* (can. 1086 §2) geschlossen werden. Wenn man außer in diesem Fall noch weitere Ausnahmen vom Prinzip der Untrennbarkeit von Vertrag und Sakrament in der christlichen Ehe (can. 1055 §2) zulässt, wird diese herkömmliche, nie zu einem Dogma erhobene Lehre, die aber zu einem integrierenden Bestandteil der kirchlichen Ehelehre geworden ist, keineswegs geleugnet. Diese Aussage wird durch wenigstens drei Gründe bekräftigt.

Erstens hält zwar die Internationale Theologenkommission am Prinzip der Untrennbarkeit von Vertrag und Sakrament in der christlichen Ehe fest, spricht aber in ihrem Dokument vom Dezember 1977 den Getauften, die den Glauben völlig verloren haben und keineswegs beabsichtigen, ihre

---

[13] Dies ist die Auffassung von der Kirchengliedschaft, die can. 87 des CIC/1917 zugrunde liegt; vgl. K. Mörsdorf, *Persona in Ecclesia Christi*, in: Ders., *Schriften zum Kanonischen Recht*, hrsg. v. W. Aymans – K.-Th. Geringer, H. Schmitz, Paderborn – München – Wien – Zürich 1989, 99–147.
[14] Dazu vgl. O. Saier, *»Communio« in der Lehre des Zweiten Vatikanischen Konzils. Eine rechtsbegriffliche Untersuchung*, München 1973, 103–132.
[15] W. Aymans, *Die Sakramentalität christlicher Ehe* (Anm. 987), 336.

Ehe in der Kirche zu schließen, nicht das »natürliche Recht« auf eine Ehe ab.[16]

Zweitens respektiert can. 1059 CIC/1983 – der sich im Unterschied zu can. 1016 CIC/1917 darauf beschränkt, die Ehe von Katholiken und nicht aller Getauften zu regeln – das Eherecht anderer kirchlicher Konfessionen stärker. Can. 780 CCEO sagt in § 2 sogar ausdrücklich, dass »die Ehe zwischen einem katholischen Partner und einem getauften nichtkatholischen Partner, unter Wahrung des göttlichen Rechts auch durch das eigene Recht der Kirche oder der kirchlichen Gemeinschaft, welcher der nichtkatholische Partner angehört, zu regeln ist«[17].

Drittens wird mit der Aussage, die Sakramentalität der Ehe sei auch vom Glauben der Kirche oder der kirchlichen Gemeinschaft des Ehepartners her zu beurteilen, das Prinzip der Untrennbarkeit von Vertrag und Sakrament nicht zurückgewiesen, sondern entsprechend dem Zweiten Vatikanischen Konzil präzisiert in dem Sinn, dass der in der *plena communio* stehende Gläubige nicht zwischen einer sakramentalen und einer nichtsakramentalen Ehe wählen kann. In der »vollen kirchlichen Gemeinschaft ist die Ehe von sich aus und nicht durch den Willen der Brautleute ein Sakrament, aber dieses *Von-sich-Aus* ist ohne jeglichen Automatismus möglich, weil eben die Gemeinschaft *plena* ist und deshalb natürlich wenigstens die Minimalintention vorausgesetzt ist, zu tun, was die Kirche tut«.[18]

Bei den nichtkatholischen Christen, die als solche nicht in der vollen Gemeinschaft mit der katholischen Kirche stehen, kann jedoch diese minimale Intention nicht vorausgesetzt werden, denn sie »steht in unlöslicher Abhängigkeit von dem Glauben der Kirche; sie muss notwendig in ihrem ekklesiologischen Zusammenhang verstanden werden. Die tridentinische Minimalformel, nach der für den Sakramentenspender die Intention verlangt ist, *saltem faciendi quod facit Ecclesia*, muss nach dem Zweiten Vatikanischen Konzil im Hinblick auf den ihm zugrunde liegenden Kirchenbegriff anders verstanden werden. *Ecclesia* kann in diesem Zusammenhang nicht im Sinne der Kirche Jesu Christi gedeutet werden, der unabhängig vom Glaubensbekenntnis und sogar von der persönlichen Heilssituation alle Getauften angehören; sonst würde das Tun der Kirche

---

[16] Vgl. Internationale Theologenkommission, *Propositiones de quibusdam quaestionibus doctrinalibus ad matrimonium christianum pertinentibus*, in: Z. Grocholewski, *Documenta recentiora circa rem matrimonialem et processualem*, Bd. II, Roma 1980, 22–32.

[17] Für einen Kommentar vgl. D. Salachas, *Il sacramento del matrimonio nel Nuovo Diritto Canonico delle Chiese Orientali*, Roma – Bologna 1994, 52–60.

[18] Das Konzil von Trient hat dieses Prinzip der Sakramententheologie in bezug auf den Spender eines Sakraments formuliert in can. 11 der Sessio VII »*De sacramentis in genere*«; vgl. DS 1611.

vollends relativiert. Das heißt andererseits aber nicht, dass es eine solche Intention nur in der *plena communio* der katholischen Kirche gibt oder geben kann. Die entlastende Funktion der Intention für den Glauben des einzelnen besteht in der verfassungsrechtlichen Zuordnung des einzelnen Christen zu seiner Glaubensgemeinschaft und damit zu einem bestimmten Glaubensbekenntnis.«[19]

Dieses Neuverständnis der tridentinischen Lehre über die Minimalintention im Licht der kirchlichen Dimension des Sakraments der Ehe könnte es schließlich ermöglichen, über jeden Automatismus und jeden Subjektivismus in der schwierigen Einschätzung der Sakramentalität der Ehe jener Gläubigen hinauszukommen, die durch einen formellen Akt aus der katholischen Kirche ausgetreten sind und die deshalb nach der Norm von can. 1117 von der kanonischen Form dispensiert sind. Auch in dieser Frage vertreten nicht wenige Autoren die Ansicht, dass die bloße Zivilehe von der Kirche als gültig anerkannt werden kann, auch wenn sie nicht sakramental ist.[20]

Auf dieses Thema ist jedoch zurückzukommen nach der Analyse der Rechtsprechung der Römischen Rota sowie der Folgerungen, die sich für das kanonische Eherecht aus dem Rundschreiben ergeben, das vom Päpstlichen Rat für die Interpretation von Gesetzestexten am 13. März 2006 den Bischofskonferenzen zugestellt worden ist.

2. Bund (foedus), Vertrag und Sakrament in der Rechtsprechung der Römischen Rota[21]

2.1. Das herkömmliche Prinzip solus consensus facit nuptias

Die Frage, ob der Wille des Eheschließenden in Bezug auf die Sakramentalität der Ehe für deren Gültigkeit bzw. Ungültigkeit von Bedeutung ist, ist in der gesamten Rechtsprechung sehr umstritten.

---

[19] W. Aymans, *Die sakramentale Ehe* (Anm. 990), 218–219; hierzu auch H. Maritz, *Erwägungen zum aktuellen und virtuellen Ehewillen, insbesondere hinsichtlich der Sakramentalität der Ehe,* in: AfkKR 151 (1982) 395–409.
[20] Zahlreiche Autoren stimmen in diesem Punkt überein; vgl. für alle: P. Krämer, *Kirchenrecht I* (Anm. 986), 108; R. Puza, *Katholisches Kirchenrecht,* Heidelberg 1986, 274. Wie in den von can. 1086 § 2 vorgesehenen Fällen fehlt zur Einheit und Unauflöslichkeit dieser gültigen, aber nicht sakramentalen Ehen natürlich jene *peculiaris firmitas,* die sie kraft des Sakraments in der christlichen Ehe erhalten (can. 1056).
[21] Bei der Abfassung dieses zweiten Teils des Aufsatzes bediente ich mich der überaus wertvollen Mitarbeit von Paola Barbero, Professorin des Eherechts und des kanonischen Prozessrechts am Institut für kanonisches Recht und vergleichendes Recht der Religionen (DiReCom) der Theologischen Fakultät von Lugano (FTL). Für eine Vorstellung der Studienprogramme

Mit dieser Thematik verbunden ist noch eine weitere, komplexe Reflexion: die über die direkte Interaktion zwischen einer rechtlichen Komponente (dem *contractus* oder *foedus*, der die beiden Personen, die Ehepartner, miteinander verbindet) und einer sakramentalen Komponente. Dies lässt die beständige Spannung zwischen den beiden Dimensionen hervortreten, die ausschließlich die christliche Ehe charakterisieren, und verweist zwangsläufig auf die umstrittene Frage nach der wahren Natur der Ehe.[22]

Im Licht dieser beiden ersten Hinweise hat man sich, wie schon Kardinal Pompedda bemerkte, zu fragen, ob es erlaubt und denkbar ist, »zwischen zwei Willen zu unterscheiden, dem, der beabsichtigt, eine dem Naturrecht entsprechende gültige Ehe zu gründen, und dem gegenteiligen, der bestrebt ist, dabei ihre Sakramentalität auszuschließen, d. h. die Ehe ohne die dem göttlichen Naturrecht entsprechende Bedeutung zu schließen«[23].

Unumstrittener Ausgangspunkt der diesbezüglichen Reflexion ist das herkömmliche Prinzip, wonach nicht der Glaube der Eheschließenden, sondern der Konsens die Ehe begründet.[24] »Falls der Konsens in der vor-

---

und Forschungen des Instituts DiReCom sei auf den folgenden Artikel verwiesen: L. Gerosa, *Glaube und Menschenrechte. Zum universitären Institut DiReCom in Lugano*, in: SKZ 25 (2008) 436–437.

[22] Es handelt sich um eine auf dem Feld der Doktrin sehr umstrittene Frage, die sich gewiss nicht lösen lässt durch eine sterile dialektische Entgegensetzung, welche darauf abzielt, nur die bloße Bündniskomponente oder allein die sakramentale Komponente der christlichen Ehe hervorzuheben. Die kanonische Ehe weist eine ganz besondere Struktur auf, die sich aus einem irdischen Element (dem *foedus*) und einem übernatürlichen Element (dem Sakrament) zusammensetzt. Das rechtfertigt die Verwendung der Kategorie eines Vertrages *sui generis*. Von dieser strukturellen Besonderheit überzeugt sind z. B.: J. F. Castano, *Il matrimonio e contratto? (Quaestio disputata)*, in: Periodica 82 (1993), 474–475; G. Lo Castro, *Il foedus matrimoniale come consortium totius vitae*, in: DERS., *Tre studi sul matrimonio*, Milano 1992, 20: »Jedenfalls haben die Gesetzgeber des Codex des kanonischen Rechtes von 1917 (vgl. can. 1012 § 1) sowie der Gesetzgeber des neuen Codex des kanonischen Rechtes (vgl. can. 1055 § 1) und jener des Codex für die katholischen Ostkirchen (vgl. can. 776 §§ 1 und 2) die beiden Momente nicht durcheinandergebracht, sondern sie haben auf theologisch und juristisch einwandfreie Weise unterschieden zwischen der *operatio naturalis* (Vertrag oder *foedus*), die dem Menschen zuzuschreiben ist, und der *operatio spiritualis*, die Christus zuzuschreiben ist: kurz, sie haben den Vertrag vom Sakrament unterschieden«. Zur verwendeten Terminologie (Vertrag / *foedus*), die in seiner Sicht sich bei der Ermittlung der wahren Natur der kanonischen Ehe negativ auswirken könnte, nimmt hingegen sehr kritisch Stellung J. M. Serrano Ruiz, *Il carattere peronale ed interpersonale del matrimonio: alcune riflessioni su questioni di terminologia e di merito come preambolo per una rilettura delle cause canoniche di nullità*, in: Quaderni dello Studio Rotale 14 (2004), 52.

[23] M. F. Pompedda, *Intenzionalità sacramentale*, in: *Matrimonio e sacramento*, Città del Vaticano 2004, 41.

[24] *coram* Stankiewicz, decisio diei 29 aprilis a. 1982, in: SRRDec.74 (1987), n. 4: »Es lässt sich nicht leugnen, dass die Rechtsprechung unseres Gerichtes nicht nur einmal erklärt hat, dass zur gültigen Eheschließung nicht der Glaube, sondern einzig der Konsens erforderlich ist, denn

geschriebenen Form geäußert wird, kommt unter Getauften das Sakrament eo ipso zustande, weil der Daseinsgrund des Sakraments zwischen den Eheschließenden dabei nicht von ihnen, sondern vom Willen Christi abhängt.«[25]

Wegen der Besonderheit der katholischen Ehe, die der Erlöser zur Würde eines Sakramentes erhoben hat, darf es deshalb beim getauften Eheschließenden keine von der Vertragsabsicht abgelöste oder verschiedene sakramentale Intention geben: »Zwischen Christen kann es den Vertrag nicht geben, ohne dass eo ipso das Sakrament zustande kommt«[26], sagt ein weiteres Urteil der Rota.

Die Ehe als einen einheitlichen, unauflöslichen und fruchtbaren natürlichen Bund zwischen Mann und Frau zu wollen kann für Getaufte nichts anderes besagen, als sie als Sakrament zu wollen, abgesehen davon, ob ein ernsthafter und starker Wille vorliegt, der sich auch im Verständnis für die Aspekte der übernatürlichen Folgen der Eheschließung selbst äußert.[27]

Unter Respektierung dieser theologischen und juristischen Voraussetzungen hatte sich während der Geltung des von Pius X. und Benedikt XV. promulgierten CIC von 1917[28] die Rechtsprechung der Rota Ro-

---

wenn die getauften Brautleute alles, was nach dem Naturrecht erfordert ist, in legitimer Form verwirklichen, wird jeweils das unauflösliche Band und das Sakrament, was jedenfalls weder vom Glauben der Vertragspartner noch von ihrem Willen, sondern vom Willen Christi abhängt.«

Analog *coram* Doney, decisio diei 18 februarii a. 1959, in SRRDec, 51 (sine anno), 59, n. 2: »Bekanntlich geht nach der katholischen Lehre die Wirkung der Sakramente des Neuen Bundes ›ex opere operato‹ und nicht ›ex opere operantis‹ hervor: Christus hat mit der Einsetzung des Sakraments der Ehe nicht ein besonderes, völlig neues Institut ins Dasein zu rufen beschlossen, sondern er hat den natürlichen Vertrag, der nach Gottes Vorsehung zu Beginn des Menschengeschlechtes geschaffen wurde, so wie er in der Welt schon existierte und von den Menschen gefeiert wurde, zur hohen Würde eines Sakraments erhoben, sodass von den Anhängern Christi zum Zustandekommen des Sakramentes nichts anderes und nichts mehr getan werden muss, als das, was zum natürlichen Wesen des Vertrags durchaus gehört.« (can. 1012 C.I.C.) Cfr. M. Zalba, *Num aliqualis fides sit necessaria ad matrimonium inter baptizatos celebrandum*, in: Periodica 80 (1991), 97–98.

[25] *coram* Staffa, decisio diei 5 augusti a. 1949, in: SRRDec., 41 (1954), S. 468–469, n. 2. Vgl. auch *coram* de Jorio, decisio diei 23 aprilis a. 1975, in: SRRDec. 67 (1986), 186, n. 4.

[26] *coram* Pompedda, decisio diei 9 maii a. 1970, in: SRRDec. 62 (1980), 476, n. 3.

[27] Vgl. M. F. Pompedda, *Intenzionalità sacramentale*, in: *Matrimonio e sacramento*, Città del Vaticano 2004, 31; vgl. C. J. Errazuriz MacKenna, *Contratto e sacramento: il matrimonio, un sacramento che è un contratto. Riflessioni attorno ad alcuni testi di San Tommaso D'Aquino*, ebd., 43.

[28] Can. 1012 CIC/1917 verfügte:
§ 1. Christus der Herr hat den Ehevertrag zwischen Getauften zur Würde eines Sakraments erhoben.
§ 2. Deswegen kann zwischen Getauften kein gültiger Ehevertrag bestehen, ohne dass er eo ipso Sakrament wäre.

mana auf die von Kardinal Gasparri[29] geäußerte bekannte Position festgelegt, wonach man dem positiven Willen der Eheschließenden, die sakramentale Würde der Ehe auszuschließen, nur dann ungültig machende Bedeutung beimessen könne, wenn er konkret auf eine Ablehnung der Ehe selbst hinauslaufen würde: »Ich will die Ehe, lehne aber das Sakrament ab, und falls die Ehe auch Sakrament wäre, will ich die Ehe nicht«.[30]

In einer solchen theoretischen Rekonstruktion mit einem klar objektivistischen Ansatz kann der Ausschluss des sakramentalen Charakters der christlichen Ehe nur dann den vom Eheschließenden geleisteten Ehekonsens ungültig machen, wenn er die Form einer Totalsimulation annimmt.

Wie im ersten Abschnitt gesehen, sind die Kritiken, auf die diese traditionelle verabsolutierende Rekonstruktion stieß, bekannt. Die ergiebige Reflexion über die Ehe, die vom Lehramt des Zweiten Vatikanischen Konzils ausging[31] und vom Anbruch der personalistischen Sicht der christlichen Ehe (vgl. can. 1055, §1) und von der Anerkennung des Konsensprinzips (vgl. can. 1057) geprägt war, brachte eine Aufwertung der Person mit sich und führte zur möglichen Bildung einer subjektiveren Auffassung der Rechtskonstruktion der Ehe sowie ihrer Ziele und Wesenseigenschaften.

Die analytische Untersuchung des Ehekonsenses, die vom Verständnis seiner tiefsten psychologischen und intentionalen Komponenten geprägt war, wirkte sich natürlich aus auf die theologische und juristische Reflexion über eine Möglichkeit, das eigentliche rechtliche Element aus dem übernatürlich-sakramentalen Element der christlichen Ehe »auszugliedern«[32].

In diesem Zusammenhang der Möglichkeit einer Spaltung zwischen dem Bund/Vertrag und dem sakramentalen Moment[33] ist zu fragen, ob man auch internen Situationen der Sakramentsempfänger irgendwelche Bedeutung beimessen kann,[34] das heißt, ob der Glaubensmangel des Ehe-

---

[29] P. Gasparri, *Tractatus canonicus de Matrimonio*, Città del Vaticano 1932, 46, Nr. 827: »Falls ein Partner in positiver Absicht einzig die sakramentale Dimension ausschließt, indem er in seinem Geist positiv sagt: ›Ich will die Ehe, aber lehne das Sakrament ab‹, ist die Ehe gültig und ein wahres Sakrament«.
[30] *coram* Staffa, decisio diei 5 Augusti a. 1949, in: SRRDec. 41 (1954), 468–469, n. 2.
[31] Vgl. Concilium Oecumenicum Vaticanum II, Constitutio Pastoralis »*Gaudium et Spes*«, 1. Dezember 1965, in: AAS 58 (1966), S. 1067, Nr. 48.
[32] E. Corecco, *Das Sakrament der Ehe: Eckstein der Kirchenverfassung*, a.a.O., 535. Diesbezüglich vgl. auch V. De Paolis, *L'errore che determina la volontà (can. 1099)*, in: Monitor Ecclesiasticus 114 (1995), S. 95.
[33] Contra E. Corecco, *Il matrimonio nel nuovo Codex Iuris Canonici: osservazioni critiche*, in: Ius et Communio, Bd. II, a.a.O. 1997, 603: »Eine Spaltung zwischen Vertrag (oder ›foedus‹) und Sakrament würde nicht nur das kanonische System aus den Angeln heben, sondern auch die Stellung der Kirche in der Welt kompromittieren, denn die Ehe ist der Kontaktpunkt zwischen der übernatürlichen und der natürlichen Wirklichkeit«.
[34] Vgl. P. Lo Iacono, *Considerazioni sull'attitudine della mancanza di fede ad integrare un*

463

schließenden die *intentio generalis*, das zu tun, was die Kirche tut, wovon die wirkungsvolle Bekundung des Ehekonsenses abhängt, nicht aufkommen lassen kann, und zuletzt, ob eine spezifisch *sacramentalis intentio* zum gültigen Eheabschluss notwendig ist.[35]

2.2. Die ersten Risse in der Rechtsprechung der Rota

Die ersten Risse an der verfestigten objektivistischen Lehr- und Rechtsinterpretation sind schon in einem Entscheid *coram* Pinto von 1971 zu finden.[36]

Die subtilen Intuitionen der von Pinto erarbeiteten rechtlichen Argumentation begannen, einen anderen, neuen Wert der subjektiven Intentionalität des Eheschließenden und besonders seiner spezifischen Ablehnung allein der übernatürlichen Dimension der Ehe beizumessen.

Die Reflexion geht von der Feststellung aus, dass das Sakrament der Ehe ein Sakrament der christlichen Reife ist und deswegen eine stärkere persönliche Beteiligung der Eheschließenden verlangt: »Der Einsatz der Brautleute hat, erst recht wegen ihrer doppelten persönlichen Einbezogenheit als wechselseitig Subjekte und Spender ein und desselben Ritus, voller

---

atto positivo di volontà, in: Il Diritto Ecclesiastico 106 (1995/1), 230; P. Pellegrino, *L'esclusione della sacramentalità del matrimonio*, Bd. II, Città del Vaticano 2003. Pellegrino sagt auf S. 370: »Bis zu den 70er Jahren hatte die kanonistische Lehrtätigkeit das Thema des Ausschlusses der sakramentalen Würde durch einen positiven Willensakt nicht ausdrücklich erwogen, da sie von der Voraussetzung ausging, dass das Sakrament im Grunde die zwischen Getauften eingegangene Ehe selbst ist, sodass die Vertragsintentionalität, d. h. der Wille, den Ehevertrag zu veranlassen, den man mit der Feier *coram* Ecclesia vollzieht, auch zur sakramentalen Intentionalität wird, d. h. zum Willen, das Sakrament zu veranlassen.«

[35] Vgl. D. Faltin, *L'esclusione della sacramentalità del matrimonio con particolare riferimento al matrimonio dei battezzati non credenti*, in: *La simulazione del consenso matrimoniale canonico*, Città del Vaticano 1990. Faltin sagt auf S. 82: »Bei der Bewertung des Ehekonsenses ist nicht von der effektiven und realen Intention der Kontrahenten abzusehen, sonst verfällt man einem Automatismus. Die Intention und der Glaube sind zwar zwei verschiedene Dinge. Aber es gilt auch ... dass die Absicht, zu tun, was Christus und die Kirche tun, aus lebendigem und persönlichem Glauben entsteht und sich von ihm nährt, und diese Intention ist das Mindeste, was erfordert ist, damit der Konsens auf der Ebene der sakramentalen Wirklichkeit zu einem realen menschlichen Akt wird. Auch wenn die sakramentale Intention und der persönliche Glaube der Kontrahenten nicht miteinander zu verwechseln sind, lassen sie sich deshalb doch nicht ganz voneinander trennen.« In dieselbe Richtung geht M. F. Pompedda, *Mancanza di fede e consenso matrimoniale*, in: Ders., *Studi di diritto matrimoniale canonico*, Milano 1993, 440–441: »Der persönliche Glaube der Kontrahenten macht an und für sich nicht die Sakramentalität der Ehe aus, doch wenn der persönliche Glaube gänzlich fehlen würde, bliebe die Gültigkeit des Sakrament entkräftet ... Deshalb sagt die Doktrin mit Recht, dass [wenigstens] eine Spur des Glaubens notwendig ist, nicht nur zu einem fruchtbaren Empfang des Sakraments, sondern auch zur Gültigkeit seines Empfangs«.

[36] Vgl. *coram* Pinto, decisio diei 28 iunii a. 1971, in: SRRDec. 63 (1980), 591–603.

Die Sakramentalität der christlichen Ehe

und be wusster zu sein als bei anderen christlichen Sakramenten, beispielsweise der Taufe und der Eucharistie.«[37] Gleichzeitig bekräftigte Pinto das allgemeine Prinzip, wonach im Eheschließenden wenigstens eine Spur des Glaubens vorhanden sein muss, um die Gültigkeit des Sakraments anerkennen zu können, denn »wer das Sakrament ablehnt, weil er es für einen sinnlosen Ritus hält, ist des Willens zum Sakrament unfähig«[38].

Dieser innovative subjektive Ansatz aus der Rechtsprechung[39] scheint sich auf einige der 16 Propositionen zur Ehe stützen zu können, die 1977 von der Internationalen Theologischen Kommission formuliert wurden.[40] Obwohl diesen keine lehramtliche Geltung zukommt, ist ihnen doch das Verdienst zuzuerkennen, die diesbezügliche lehr- und rechtswissenschaftliche Debatte beeinflusst und verlebendigt zu haben.[41] Zwar

---

[37] Ebd. 596, n. 14. Die Argumentationen des Entscheides *coram* Pinto vom 28. Juni 1971 werden übernommen vom Entscheid *coram* Pinto vom 1. Juni 1990.
[38] *coram* Pinto, decisio diei 28 iunii a. 1971, in: SRRDec. 63 (1980), 596, n. 14.
[39] G. Bertolini, *Fede, intenzione sacramentale e dimensione naturale del matrimonio. A proposito della Allocuzione di Giovanni Paolo II alle Rota Romana per l'Anno Giudiziario 2001,* in: Il Diritto Ecclesiastico 112 (2001/1), 1420–1421: Auf der einen Seite gibt es die Autoren, welche mehr Sinn haben für theologische Reflexionen und die über die vom Schöpfer begründete objektive Ordnung nachforschen; auf der anderen Seite stehen solche, die für eine zuweilen auch radikale Lehrrevision eintreten, indem sie ihre Argumentationen vom subjektiven Standpunkt der Eheschließenden aus abwickeln, von deren Glauben, ihrer Absicht aus, und letztlich nachforschen über die Fähigkeit, ein gültiges sakramentales Band herzustellen oder nicht. Diese letzteren Autoren haben mehr Sinn für Reflexionen von ekklesiologischem und pastoralem Charakter.
[40] Vgl. Commissio Theologica Internationalis, *La sacramentalité du mariage chrétien. Seize thèses de christologie sur le sacrament de mariage,* 1.–6. Dezember 1977, in: Enchiridion Vaticanum 6 (1980), S. 352–397.
[41] E. Corecco bemerkt dazu: »Sicher gedachte die ITK die Substanz der traditionellen Lehre, welche im Can. 1012 festgehalten ist, zu retten, indem sie behauptet: ›... die Ehe als eine von Gott dem Schöpfer gewollte Einrichtung ist von der Ehe als Sakrament nicht zu trennen. Die Sakramentalität ... bezieht sich auf das Wesen (der Ehe) dergestalt, daß sie von ihr nicht getrennt werden kann‹ ... oder wenn sie festhält: ›In der Tat besteht für die Kirche zwischen zwei Getauften keine vom Sakrament getrennte Naturehe, sondern einzig eine Naturehe, welche zur Würde eines Sakraments erhoben wurde.‹ ... Trotz dieser Behauptung gibt die ITK Anlaß zur Zweifel, indem sie einräumt, daß den Getauften, ›die ihren Glauben verleugnen oder die nicht beabsichtigen, das zu tun, was die Kirche tut ... das Naturrecht, eine Ehe zu schließen, nicht abzusprechen sein‹ ... Es ist in der Tat unmöglich, die Existenz des Naturrechtes der Christen zur Eheschließung zu akzeptieren, wenn man die Existenz des Gegenstandes dieses Rechtes selbst leugnet, d. h. wenn man zuvor die Existenz des Instituts der Naturehe abgelehnt hat. Im Text der ITK neigt der Begriff ›Naturehe‹ dazu, eine doppelte Bedeutung anzunehmen: einerseits eine metaphysisch-abstrakte, welche einzig durch die menschliche Vernunft erkennbar ist ... und andererseits eine soteriologische, welche auf die an den verschiedenen Phasen der Schöpfungs- und Erlösungsordnung teilhabende Ehe anwendbar ist (auf die sich die Theologie und das Kirchenrecht berufen) ... Anstatt weiterhin die ›Naturehe‹ als Ansatzpunkt der Ehetheologie zu betrachten, wäre es theologisch richtiger, einfach festzuhalten, in der Erlösungsordnung stimme das Wesen der christlichen Ehe mit der Sakramentalität überein. Damit würde klargestellt, daß bei Nichtanerkennung der Sakramentalität

kommt die Ehe nur durch den Konsens der beiden Eheschließenden zustande (und nicht kraft des Glaubens), doch wenn nicht der geringste Glaube vorhanden wäre, bestünde ein Zweifel daran, ob wirklich eine wahre sakramentale Intention des Heiratenden besteht, beim Empfang des Ehesakraments das zu tun, was die Kirche tut.[42]

Aus diesen Gründen hatte im Lauf der 70er und 80er Jahre ein Teil der Rechtsprechung der Römischen Rota[43] angefangen, sich zu fragen, ob es praktisch machbar sei, den unmittelbaren Ausschluß der sakramentalen Würde durch einen positiven Willensakt des Eheschließenden in der Praxis als Partialsimulation des Ehekonsenses aufzufassen, die diesen ungültig mache.[44] Die Reflexion über diese innovative Interpretationsrichtung – die in der Rechtsprechung *coram* Serrano am klarsten zum Ausdruck kommt[45] – verläuft zwischen zwei verschiedenen korrelativen Begriffskoordinaten.

Erstens suchte die Rechtsprechung der Rota zu beschreiben, welche Art von Beziehung zwischen dem Ehekonsens und der sakramentalen Intentionalität des Eheschließenden bestehen könnte. Durch die Übernahme der Argumentationen der Teile *in iure* der Entscheide *coram* Pinto vom 28. Juni 1971 und *coram* Serrano vom 18. April 1986 bekräftigt sie die Notwendigkeit einer *intentio vere sacramentalis*, denn das bloße Bestehen einer *intentio naturalis* beim Eheschließenden wird nicht für zureichend zum gültigen Zustandekommen der Ehe gehalten.

Als Sakrament der christlichen Reife erfordert die Ehe einen vollen und bewussten Konsens im Vergleich zu den anderen Sakramenten.[46]

---

durch zwei getaufte Christen deren Ehe nichtig ist«, wenigstens so, wie die Christen es verstehen (E. Corecco, *Das Sakrament der Ehe*, a. a. O., 368–370).

[42] Commissio Theologica Internationalis, *La sacramentalité du mariage chrétien. Seize thèses de christologie sur le sacrament de mariage*, a. a. O., 382, n. 492.

[43] Vgl. *coram* Serrano, decisio diei 18 aprilis a. 1986, in: RRDec. 78 (1991), 287–298; *coram* Huot, decisio diei 10 novembris a. 1987, in: RRDec. 79 (1992), 622–636; coram Serrano, decisio diei 1 iunii a. 1990, in: RRDec, 82 (1994), 431–445. Die andere Rechtsprechungsrichtung bleibt auf der Spur der verfestigten Interpretationstradition, wonach das Nichtvorhandensein des Glaubens nicht ein Fehlen des Ehewillens des Eheschließenden mit sich bringt; z. B.: *coram* Pompedda, decisio diei 16 ianuarii a. 1995, in: RRDec. 87 (1998), 4, n 6; *coram* Fiore, decisio diei 17 iulii a. 1973, in: SRRDec. 65 (1982), 592–593, n. 4; *coram* Burke, decisio diei 26 martii a. 1987, in: RRDec. 79 (1992), 394–396, n. 2–4 und n. 7; coram Boccafola, decisio diei 15 februarii a. 1988, in: RRDec. 80 (1993), S. 89, n. 4. Zum Thema vgl. auch M. Gas I Aixendri, *Essenza del matrimonio cristiano e rifiuto della dignità sacramentale. Riflessioni alle luce del recente discorso del Papa alla Rota*, in: Ius Ecclesiae 13 (2001), 139.

[44] *coram* Serrano, decisio diei 18 aprilis a. 1986, in: RRDec. 78 (1991), 290, n. 5: »In der heutigen Zeit wurde, und zwar wiederholt, die Frage nach der Möglichkeit einer Trennung zwischen dem natürlichen Vertrag – oder Institut – und dem Sakrament gestellt«.

[45] Vgl. *coram* Serrano, decisio 18 aprilis a. 1986, in: RRDec. 78 (1991), 287–298; *coram* Serrano, decisio diei 1 iunii 1990, in: RRDec. 82 (1994), 431–445.

[46] *coram* Serrano, decisio diei 18 aprilis a. 1986, in: RRDec. 78 (1991), 291, n. 5.

Da der CIC das Konsensprinzip anerkennt (vgl. can. 1057), erweist es sich als notwendig, die Prävalenz der Intention abzuschätzen, um für die Beweisführung die Festigkeit einer mutmaßlichen direkten Ausschließung der sakramentalen Würde durch den Eheschließenden zu verifizieren.[47]

Aus den Argumentationen der Teile *in iure* der beiden Entscheide *coram* Serrano ergeben sich einige klare Folgerungen:
a) Der sakramentale Automatismus wird überwunden;
b) Der unmittelbare Ausschluß allein der sakramentalen Würde der Ehe durch einen positiven Willensakt des Eheschließenden wird als möglich erachtet;
c) Die sakramentale Würde wird den Wesenseigenschaften der christlichen Ehe gleichgestellt, den beiden Bestimmungen von can. 1099 und can. 1101 § 2 entsprechend.

2.3. Die intentio vere sacramentalis im Dienst der intentio naturalis?

Diese Erwägungen laden ein, über einen weiteren, anderen, bei der Prozess- und Beweisführung nicht weniger problematischen Aspekt nachzudenken, der mögliche Ehenichtigkeitsmerkmale betrifft: Wie kann sich bei den Ehenichtigkeitsfällen das Fehlen des Glaubens beim Eheschließenden auf die sakramentale Struktur der christlichen Ehe konkret auswirken, und insbesondere auf welche den Konsens ungültig machenden Tatbestände kann er sich beziehen? Anders gefragt: Kann der Glaubensmangel des Eheschließenden beim Sakrament der christlichen Ehe ein konkretes Element nicht nur der Simulation, sondern auch des den Willen bestimmenden Rechtsirrtums[48] darstellen, was einen anderen, dritten Sachverhalt neben dem Phänomen des gänzlichen oder teilweisen Ausschlusses der Sakramentalität bilden würde?

Was die selbständige Anerkennung der Ehenichtigkeit der Partial-

---

[47] *coram* Serrano, decisio diei 1 iunii a. 1990, in: RRDec. 82 (1994), 437, n. 9 und n. 10.
[48] *coram* Stankiewicz, decisio diei 25 aprilis a. 1991, in: RRDec. 83 (1994), 155, n. 8; vgl. *coram* Defilippi, decisio diei 22 novembris a. 1996, in: RRDec. / 88 (1999), 750, n. 7; G. Versaldi, *Exclusio sacramentalitatis matrimonii ex parte baptizatorum non credentium: error vel totius simulatio?*, in: Periodica 74 (1990), 430, und M. F. Pompedda, *Mancanza di fede e consenso matrimoniale*, in: Ders., *Studi di diritto marimoniale canonico*, Milano 1993. Pompedda sagt ausdrücklich: »Das Fehlen des Glaubens kann, ja muss auf der rechtlichen Ebene als ›error personam pervadens‹ aufgefasst werden, d. h. als Irrtum, der – um sich der Terminologie, ja auch der positiven Norm des kirchlichen Gesetzbuchs anzuschließen – so beschaffen ist, dass er den Willen bestimmt. Ich füge aber hinzu und präzisiere sogleich, dass es nicht darum geht, die Straße wieder zurückzugehen, um zur Hypothese eines positiven Ausschlusses zu gelangen, sondern darum, einen selbständigen oder, wenn man lieber will, von ihr formell verschiedenen Sachverhalt zu bestimmen (427)«.

oder Totalsimulation durch unmittelbaren Ausschluss der sakramentalen Würde der Ehe betrifft, so beruht die Argumentation, die als Grundlage dieses Ansatzes genommen wird und die in der größeren Dynamik der Verstandes- und Willenskomponenten des Konsenses des Eheschließenden und in der möglichen psychologisch/intentionalen Trennung zwischen dem vertraglichen und dem sakramentalen Element erkennbar ist, auf der Formulierung des can. 1099, der die sakramentale Würde der Ehe ihren Wesenseigenschaften gleichzusetzen scheint:[49] »Ein Irrtum über die Einheit oder die Unauflöslichkeit oder die sakramentale Würde der Ehe beeinträchtigt den Ehekonsens nicht, sofern er nicht den Willen bestimmt«. Die Aussage des can. 1099 wird in Zusammenhang gebracht und ergänzt mit der positiven Wendung in can. 1101 §2, der ausdrücklich auf das *aliquod elementum essentiale* Bezug nimmt, das auch die sakramentale Würde der Ehe einschließt, der die gerechte Autonomie zuzuerkennen ist.[50]

Diese theoretische Rekonstruktion, so verfänglich sie auch ist, lässt Kritik in unterschiedlicher Weise zu.

Erstens scheint es methodologisch nicht korrekt zu sein, eine substantielle Gleichstellung zwischen der sakramentalen Würde und den Wesenseigenschaften der christlichen Ehe vorzunehmen[51] denn die dem *foedus* innewohnende sakramentale Würde stammt aus dem positiven göttlichen Recht, während die Wesenseigenschaften der Ehe vom natürlichen göttlichen Recht herkommen.

---

[49] Z. Grocholewski, *Crisis doctrinae et iurisprudentiae rotalis circa exclusionem dignitatis sacramentalis in contractu matrimoniali*, in: Periodica 67 (1978), 292: »Meines Erachtens kann der Ausschluss der Sakramentalität der Ehe auf die selbe Weise und mit denselben Wirkungen erfolgen wie der Ausschluss der Einheit oder der Unauflöslichkeit ... Man versteht nicht, aus welchem Grund ein wirklich gültiger Ehekonsens vorliegen kann, wenn ein Element ausgeschlossen wird, ohne das eine Ehe nicht bestehen kann. Es ist ein Widerspruch, zu behaupten, es könne zwischen Getauften keine gültige Ehe bestehen, ohne dass sie Sakrament sei, und zugleich zu sagen, ein positiver Ausschluss der Sakramentalität mache den Konsens nicht ungültig«.

[50] Vgl. A. Stankiewicz, *De errore voluntatem determinante (can. 1099) iuxta rotalem iurisprudentiam*, in: Periodica 79 (1990), 487–488.

[51] Dazu vgl. E. Corecco, *Il matrimonio nel nuovo Codex Iuris Canonici: osservazioni critiche*, in: Ius et Communio, Bd. II, Casale Monferrato 1997.
Auf S. 605 wird gesagt: »Die Sakramentalität sollte ... schon in can. 1057 §2 enthalten sein, der in systematischer Hinsicht dem can. 1056 vorangehen sollte, denn zuvor ist von der Natur der Ehe und erst dann von den Eigenschaften zu handeln«. Ähnlich C. Burke, *La sacramentalità del matrimonio: riflessioni canoniche*, im Sammelband *Sacramentalità e validità del matrimonio nella giurisprudenza del Tribunale della Rota Romana*, Città del Vaticano 1995, wo auf S. 146 gesagt wird: »Die Sakramentalität ist kein übernatürlicher Überbau, welcher der natürlichen Wirklichkeit der Ehe hinzugefügt wird. Es ist ein Irrtum, sie als eine ›Wesenseigenschaft‹ oder als ein konstitutives ›Element‹ der christlichen Ehe anzusehen. Eine Eigenschaft wie die Unauflöslichkeit oder Einheit umreißt einen Wesensaspekt, während das Sakrament das ganze Wesen der Ehe umgestaltet«.

Zweitens deutet die Prüfung der Rechtsprechung der Rota nicht auf eine wechselseitige Autonomie hin, sondern geradezu auf eine gegenseitige substantielle Abflachung der beiden Ehenichtigkeitsgründe (can. 1099 und can. 1101 §2), denn für gewöhnlich bildet ein Rechtsirrtum eine *optima causa simulandi remota* des behaupteten gänzlichen oder teilweisen Ausschlusses der sakramentalen Würde.[52]

Der gleiche *modus operandi* lässt sich auch bei der (Teil-)Simulation in der Interaktion der sakramentalen Würde mit den Wesenseigenschaften der christlichen Ehe feststellen.[53] Das führt zu der Annahme, dass der unmittelbare Ausschluss der sakramentalen Würde der christlichen Ehe sich nur dann als Motiv für die Ungültigkeit der Ehe qualifizieren lasse, wenn er sich zum Extremfall der Totalsimulation auswachse, während in den anderen Fällen die Sakramentalität der christlichen Ehe mit den Wesenseigenschaften der Ehe zu interagieren oder in ihnen aufzugehen habe.[54]

Diese Feststellung würde so etwas wie einen inneren Widerspruch schaffen in der Argumentationsweise derjenigen, die für die praktische Möglichkeit eintreten, dass der Ehekonsens allein schon durch den direkten Ausschluß der Sakramentalität der Ehe ungültig wird.

Die neueste Rechtsprechung der Rota nimmt die Schwierigkeiten und Widersprüche, die in einem solchen Interpretationsansatz liegen,[55] wahr und scheint (nun) mehr geneigt zu sein, die ungültig machende Wirkung der gegen den sakramentalen Wert der christlichen Ehe gerichteten Intention des Eheschließenden wiederum auf den herkömmlichen und verfestigten Tatbestand der Totalsimulation zu beschränken: »Aus den angeführten Lehr- und Rechtsprechungsprinzipien scheint man logisch schließen zu können: Wenn es sich so verhält, dass es zwischen Getauften keinen gültigen Ehevertrag geben kann, der nicht auch Sakrament ist (can. 1055 §2), ergibt sich aus dieser Feststellung: Wer [bei der Heirat] zwischen Getauften durch einen positiven Willensakt das Sakrament oder vielmehr die sakramentale Würde der Ehe ausschließt, schließt eo ipso den Vertrag und damit die Ehe selbst aus«[56].

Nach der Feststellung dieser Interpretationsschwierigkeiten kam auch Papst Johannes Paul II. in seinen Ansprachen von 2001 und 2002 an

---

[52] Vgl. *coram* Sabattani, decisio diei 11 decembris a. 1964, in: SRRDec. 56 (1974), 928, n. 4, b).
[53] Vgl. *coram* Boccafola, decisio diei 15 februarii a. 1988, in: RRDec. 80 (1993), 90–91; vgl. *coram* Giannecchini, decisio diei 14 iunii a. 1988, in: RRDec. 80 (1993), 398–399.
[54] Vgl. *coram* Bruno, decisio diei 26 februarii a. 1988, in: RRDec. (1993), 168, n. 3; *coram* Serrano, decisio diei iunii a. 1990, in: RRDec. 82 (1994), 437, n. 10; und schließlich vgl. *coram* Caberletti, decisio diei 27 novembris a. 1998, in: RRDec. 90 (2003), 815, n. 4.
[55] Vgl. *coram* Corso, decisio diei 30 maii a. 1990, in: RRDec. 82 (1994), 416, n. 15.
[56] *coram* Faltin, decisio diei 16 aprilis a. 1997, in: RRDec. 89 (2002), 306, n. 10.

die Rota Romana[57] auf das Thema zu sprechen. Seine Reden bieten wirklich neue Anstöße zur Reflexion und bilden ein entscheidendes Moment für die darauf folgenden Lehrerarbeitungen und jurisdiktionellen Aussagen.

Die Worte des Papstes haben einerseits die herkömmliche Lehre über die natürliche Dimension der Ehe und der Familie bekräftigt[58] und andererseits den engen Zusammenhang betont, der zwischen dem natürlichen Wesen der kanonischen Ehe und ihrer Sakramentalität besteht.[59] In Bezug auf diesen engen Zusammenhang zwischen der natürlichen Ehe und dem Ehesakrament sagt Johannes Paul II. sogar: »Die Bedeutung der Sakramentalität der Ehe und der Notwendigkeit des Glaubens, um diese Dimension voll zu erkennen und zu leben, könnte auch zu manchen Missverständnissen führen sowohl hinsichtlich der Zulassung zur Eheschließung als auch des Urteils über ihre Gültigkeit. Die Kirche verweigert die Feier der Eheschließung demjenigen nicht, der, wenn auch vom übernatürlichen Standpunkt aus ungenügend vorbereitet, ›bene dispositus‹ ist, vorausgesetzt, er hat die rechte Absicht, entsprechend der natürlichen Wirklichkeit des Angelegtseins auf die Ehe zu heiraten. Denn man kann nicht neben der natürlichen Ehe ein anderes christliches Ehemodell mit besonderen übernatürlichen Eigenschaften gestalten. Diese Wahrheit darf nicht vergessen werden, wenn der Ausschluß der Sakramentalität (vgl. can. 1101 §3) und der die sakramentale Würde bestimmende Irrtum (vgl. can. 1099) als eventuelle Nichtigkeitsgründe umschrieben werden. Für die beiden Sachverhalte ist es wichtig, sich zu vergegenwärtigen, dass eine Haltung der Eheschließenden, die nicht der übernatürlichen Dimension der Ehe Rechnung trägt, diese nur ungültig machen kann, wenn sie deren Gültigkeit auf der natür-

---

[57] Nach der von einigen Autoren geäußerten Meinung bilden die Ansprachen des Papstes an die Rota Romana entsprechend can. 16 eine authentische Auslegung des Gesetzes oder entsprechend can. 17 eine deutliche Darlegung der *mens legislatoris*. Vgl. A. Stankiewicz, *Acta Tribunalium S. Sedis. Romanae Rotae Tribunal*, in: Periodica 82 (1993), 544; J. T. Martin De Agar, *Magisterio de Juan Pablo II sobre incapacidad consensual*, in: *Incapacidad consensual para las obligaciones matrimoniales*, Pamplona, 88. Nach der von anderen Autoren geäußerten Meinung bieten die Ansprachen des Papstes eine allgemeine Interpretationsorientierung für die Richter und die Fachleute der Gerichte, da das formell Erforderte fehle, um behaupten zu können, dass es sich um eine authentische Interpretation handle; vgl. J. J. Garcia Failde, *La nulidad matrimonial, hoy. Doctrina y jurisprudencia*, Barcelona 1994, 205–207; S. Panizo Orallo, *La capacidad psiquica necesaria para el matrimonio*, in: Revista Española de Derecho Canonico 44 (1987), 441–442.

[58] M. Gas I Aixendri, *Essenza del matrimonio cristiano e rifiuto della dignità sacramentale*, a.a.O., 123.

[59] Joannes Paulus II, P.P., *Allocutio ad Romanae Rotae iudices*, diei 30 januarii a. 2003 habita, in: AAS 95 (2003/1), 395, Nr. 4–5.

lichen Ebene berührt, in die das sakramentale Zeichen eingegossen ist«[60]. Daraus ergibt sich, dass das Sakrament der Ehe »nicht etwas zum Eheinstitut Hinzugefügtes (und deshalb von ihm abtrennbar) ist; das Sakrament ist die zwischen Getauften geschlossene Ehe selbst; *ipse contractus, ipsa institutio matrimonialis, ipsum coniugium*. Das besagt, dass die Ehe selbst, zum Zeichen der Vereinigung Christi mit der Kirche gemacht ist, weil sie dank der Einsetzung durch Christus eine übernatürliche Gnadendimension erhalten hat. Diese übernatürliche Erhöhung ist nicht etwas, das kraft von Umständen und Fakten, die auf die einzelnen Ehen einwirken (Feier vor dem Priester, Segnung, liturgische Riten) zu jeder Ehe hinzukommt, sondern ein Sachverhalt, der die Institution selbst betrifft«[61]. Dass das *foedus coniugale* und das Sakrament sich nicht voneinander trennen lassen, was vom Wortlaut des can. 1055 §2 klar ausgesagt wird, ist das Grundprinzip der katholischen Lehre über die Ehe; »es will zum Ausdruck bringen ..., dass zwischen Getauften Ehe und Sakrament ein und dieselbe Wirklichkeit sind«[62]. Wenn somit, auch abgesehen, von der *praevalens intentio sacramentalis*, das Sakrament jedesmal zustande kommt, wenn zwischen zwei Getauften die Ehe geschlossen wird, ist anzunehmen, dass »zwischen den beiden Dimensionen der Eheinstitution: der irdischen – die des foedus – und der übernatürlichen – die des Sakraments – eine beständige, immanente Beziehung besteht«[63].

Die Sakramentalität ist ja nichts anderes als »die Aufnahme des Vertrages in die übernatürliche Ordnung und hängt nicht von der Intention des Vertragspartners ab, sondern von der göttlichen Einsetzung«[64].

»Für das Sakrament Absichts- oder Glaubenserfordernisse einzuführen, die über das Erfordernis hinausgingen, sich nach dem göttlichen Plan des ›Anfangs‹ zu vermählen«, würde deshalb »unvermeidlich dazu veranlassen, die Ehe der Christen von der der anderen Personen trennen zu wollen. Dies widerspräche tief dem wahren Sinn des göttlichen Plans, wonach gerade die Schöpfungswirklichkeit ein ›großes Mysterium‹ ist in Bezug auf Christus und die Kirche«[65]. Mit anderen Worten: Die allgemeine Intention, zu tun, was die Kirche tut, die in den Brautleuten vorhanden

---

[60] Ebd., 397, n. 8, hier wiedergegeben nach der Übersetzung in der Wochenausgabe des »Osservatore Romano« in deutscher Sprache, Nr. 9, 22.2.2003, 9.
[61] J. Hervada, *Studi sull'essenza del matrimonio*, Milano 2000, 349–350. Vgl. auch G. Versaldi, *Exclusio sacramentalitatis matrimonii ex parte baptizatorum non credentium: error vel totius simulatio?*, in: Periodica 74 (1990), 427.
[62] J. Hervada, *Studi sull'essenza del matrimonio*, a.a.O., 350.
[63] Vgl. M. Mingardi, *L'esclusione della dignità sacramentale dal consenso matrimoniale nella dottrina e nella giurisprudenza recenti*, Roma 2001, 27.
[64] P. Moneta, *Il matrimonio nel nuovo diritto canonico*, Genova 1994, 141.
[65] Joannes Paulus II, P.P., *Allocutio ad Romanae Rotae tribunal*, diei 1 februarii a. 2001 habita, in: AAS 93 (2001/1), 364, n. 8.

sein muss, bewirkt, dass diese »den Plan Gottes für die Ehe erkennen und somit wenigstens implizit dem zustimmen, was die Kirche zu tun gedenkt, wenn sie eine Eheschließung vornimmt«[66].

Nur dann also, »wenn dieses Minimalste im konkreten Fall nicht vorhanden ist ..., wird das Sakrament der Ehe theologisch und kirchenrechtlich unmöglich«[67].

3. Die Bedeutung des Rundschreibens über den actus formalis defectionis ab Ecclesia catholica in Bezug auf die Sakramentalität der Ehe

Das am 13. März 2006 vom Päpstlichen Rat für die Interpretation von Gesetzestexten veröffentlichte Rundschreiben[68] hat der Diskussion über die korrekte Anwendung des can. 1117 kein Ende gesetzt, sondern sie neu entfacht. Can. 1117 bestimmt: »Die oben vorgeschriebene Eheschließungsform[69] muss unbeschadet der Vorschriften des can. 1127, §2 eingehalten werden, wenn wenigstens einer der Eheschließenden in der katholischen Kirche getauft ist oder in sie aufgenommen wurde und nicht durch einen formellen Akt von ihr abgefallen ist«[70]. Die ausführlichste Untersuchung der Inhalte dieses Rundschreibens und ihrer Bedeutungen für die korrekte Anwendung des kanonischen Eherechts ist die von Ludger Müller,[71] die zu den folgenden überzeugenden Schlussfolgerungen gelangt:

---

[66] Joannes Paulus II, P.P., *Apostolisches Mahnschreiben »Familiaris consortio«*, 22.11.1982, in: AAS 74 (1982), 165, n. 68, 4.

[67] P. A. Bonnet, *Essenza, proprietà essenziali, fini e sacramentalità*, im Sammelband: *Diritto matrimoniale canonico*, Bd. I, Città del Vaticano 2002, 144.

[68] Vgl. Communicationes 38 (2006), 175–177.

[69] Vgl. die cann. 1108–1116; von diesen sind vor allem zu beachten der can. 1108 über den verpflichtenden Charakter der normalen kanonischen Form (ein Mann und eine Frau als Brautpaar, zwei Zeugen, ein Assistent) und der can. 1116 über die außerordentliche kanonische Form (Konsensaustausch »allein vor den Zeugen«); nicht zu vergessen sind zudem die Canones über die Dispens von der kanonischen Form (cann. 1079 §§1 und 2; 1121 §3 und 1127 §1) und über die Erlaubnis zur Assistenz bei Mischehen (can. 1127 §2).

[70] Zur neuen Debatte über die Anwendung dieser Norm vgl. H. J. F. Reinhardt, *Das Konzept des »actus formalis« in c. 1117 CIC und die Anwendungsprobleme dieser Neuregelung*, in: *Im Dienst von Kirche und Wissenschaft. Festschrift für Alfred E. Hierold zur Vollendung des 65. Lebensjahres*, hrsg. von Wilhelm Rees, Sabine Demel und Ludger Müller, Berlin 2007, 610–614, hier: 613. Vgl. auch Ders., *Religionsfreiheit aus kanonistischer Sicht*, in: *Neue Positionen des Kirchenrechts*, hrsg. von Klaus Lüdicke, Hans Paarhammer und Dieter A. Binder, Graz 1994, 181–201, hier: 198 f.; H. Schmitz, *Kirchenaustritt als »actus formalis«. Zum Rundschreiben des Päpstlichen Rates für die Gesetzestexte vom 13. März 2006 und zur Erklärung der Deutschen Bischofskonferenz vom 24. April 2006*, in: AfkKR 175 (2006) 502–509, hier: 505.

[71] L. Müller, *Die Defektionsklauseln im kanonischen Eherecht. Zum Schreiben des Päpstlichen Rates für Gesetzestexte an die Vorsitzenden der Bischofskonferenzen vom 13. März 2006*, in: AfkKR 175 (2006) 374–395.

a) Das erwähnte Rundschreiben handelt weder von der Frage, wie der kirchlichen Gemeinschaft entgegengesetzte Haltungen zu sanktionieren sind, noch von Problemen in Bezug auf die öffentlichen Finanzierungssysteme der Kirche, sondern einfach von einer Frage des kanonischen Eherechts;
b) Diese dreht sich darum, »was« unter dem Begriff *actus formalis* zu verstehen ist, der vom Gesetzgeber von 1983 in den cann. 1086 §1, 1117 und 1124 verwendet wird, die alle zum Titel VII »Ehe« des Buches IV über den Heiligungsdienst der Kirche gehören. Dieser Akt konkretisiert sich in einem inneren Beschluss, aus der katholischen Kirche auszutreten, der nach außen der zuständigen kirchlichen Obrigkeit mitgeteilt wird. Als solcher lässt er sich keineswegs *eo ipso* dem kirchlichen oder staatlichen Institut des »Kirchenaustritts« gleichstellen, das von den Rechtsordnungen einiger Schweizer Kantone, Deutschlands und Österreichs geregelt wird.

Auf der Ebene des kanonischen Eherechts und insbesondere in Bezug auf die Frage der Sakramentalität der Ehe bedeutet das:
a) Die Klauseln in den cann. 1086 §1, 1117 und 1124 des CIC betreffend den Abfall von der katholischen Kirche haben konkret eine sehr begrenzte Bedeutung;[72]
b) Die katholischen Getauften, die den staatlichen Behörden beispielsweise aus Steuergründen ihren »Kirchenaustritt« erklärt haben, sind, wenn sie heiraten, nicht automatisch von der kanonischen Form dispensiert und deswegen ist, falls sie nicht die zuständige kirchliche Autorität um die Dispens von der vorgeschriebenen Eheschließungsform ersucht haben, ihre Ehe ungültig.

Diese letzte Konsequenz entspricht der tiefen pastoralen Sorge der Kirche um alle Katholiken, die einen nichtkatholischen Gläubigen zu heiraten beabsichtigen oder einen Gläubigen, der faktisch nicht mehr in der vollen Gemeinschaft mit der katholischen Kirche lebt. Die theologisch-kulturelle Voraussetzung, die der nicht mehr mit der katholischen Kirche in voller Gemeinschaft stehende katholische Partner – insbesondere in Bezug auf das, was die sakramentale Dimension der christlichen Ehe betrifft – vertritt, könnte ein mögliches Risiko nicht nur für die Stabilität, sondern auch für die Gültigkeit der mit dem katholischen Partner geschlossenen christlichen Ehe darstellen. Aus diesem Grund ist der Codex des kanonischen Rechtes darauf bedacht, »von der Ehe zwischen einem noch gläubigen Partner und einem Partner, der nie gläubig war oder es nicht mehr ist, *abzura-*

---

[72] Vgl. K. Lüdicke, in: MK CIC 1086/5, Rd.-Nr. 4a (Stand vom April 2007) und die Schlussfolgerung von L. Müller.

ten«⁷³. Wie in allen Mischehen ist die Gewährung der Genehmigung von Seiten des Ordinarius gerade dazu notwendig, um die kanonische Ehe gültig schließen zu können, sofern nur zuvor alle in can. 1125, n. 3 vorgeschriebenen Bedingungen erfüllt sind: »Beiden Partnern sind die Zwecke und Wesenseigenschaften der Ehe darzulegen, die von keinem der beiden Eheschließenden ausgeschlossen werden dürfen«⁷⁴.

Die *ratio* der sogenannten *cautiones* ist nicht einfach jene, »... die Risiken in Bezug auf den Glauben des katholischen Partners und der Kinder, welche jede Mischehe mit sich bringt, in annehmbaren Grenzen zu halten«⁷⁵, sondern auch und vor allem die, die Gültigkeit der Ehe zu gewährleisten. Darum darf der nicht mehr katholische Partner bei der Formung des ganzheitlichen Ehekonsenses nichts Wesentliches ausschließen, sondern muß die Wesenseigenschaften und Ziele der natürlichen Ehe (Einheit, Unauflöslichkeit und Fruchtbarkeit), die zu ihrer sakramentalen Wertigkeit vorausgesetzt werden, annehmen. Damit wird vom nicht mehr katholischen Partner nicht verlangt, auch den sakramentalen Wert der Ehe anzuerkennen (und folglich anzunehmen), sondern lediglich, dass auch er der Norm von can. 1125 n. 3 entsprechend die wesentlichen Eigenschaften der natürlichen Ehe nicht ausschließt.

Jedenfalls ist es bezüglich der Gewährung der Dispens von der kanonischen Form und auch bezüglich der Gewährung der Erlaubnis, eine Mischehe zu schließen, – wenigstens indirekt – klar, dass es auch der kirchliche Gesetzgeber von 1983 für notwendig hält, durch das Eingreifen der zuständigen kirchlichen Autorität zu prüfen, ob bei beiden Eheschließenden wenigstens die Intention vorhanden ist, das zu tun, was die Kirche unter dem Ehevertrag versteht. Und das ist gewiss sehr wichtig in einer Kulturepoche wie jener zu Beginn des dritten Jahrtausends, in der nicht nur allgemein auch von Ehen zwischen Homosexuellen die Rede ist, sondern auch in sehr vielen staatlichen Rechtsordnungen in Bezug auf das Ehe- und Familienrecht die Tendenz vorherrscht, die Gatten selbst nicht nur über die Dauer, sondern auch über die Inhalte und Wirkungen des Ehevertrags absolut frei befinden zu lassen. Heute ist es nicht mehr möglich, wie noch in den 70er Jahren des letzten Jahrhunderts zu sagen, dass für das gültige Zustandekommen des Sakraments der Ehe die Taufe und

---

[73] S. Villeggiante, *Dispensibilità dalla forma di celebrazione del matrimonio e problematica inerente all'abbandono della fede con atto formale*, in: *I matrimoni misti*, Città del Vaticano 1998, 160.
[74] Ebd., 142. Vgl. auch D. Faltin, *L'esclusione della sacramenalità del matrimonio con particolare riferimento al matrimonio dei battezzati non credenti*, a.a.O., 80.
[75] Vgl. J. T. Martin De Agar, *Le competenze delle Conferenze Episcopali: cc. 1126 e 1127 § 2*, in: *I matrimoni misti*, Città del Vaticano 1998, 139.

der Ehewille der Heiratenden genügen[76], sondern ist es mehr als je notwendig, dass die Kirche mit geeigneten juristischen Instrumenten das Objekt dieses Willens, seine Übereinstimmung mit dem, was die katholische Lehre als natürliche Ehe definiert, zu kontrollieren. Die Ostkirchen tun das durch die Rechtsnormen, die den Ehesegen des Presbyters zu einem konstitutiven Element des Ehekonsenses machen; die lateinische katholische Kirche ist frei, auf andere Weisen ihre vermittelnde und instrumentale Funktion beim Zustandekommen des Ehesakraments zu verdeutlichen, kann sich aber nicht darauf beschränken, die Prinzipien *Consensus facit nuptias* und der absoluten Identität zwischen Sakrament und Ehevertrag nur abstrakt geltend zu machen.

4. Schluss: Das heilsmittlerische Wirken der Kirche ist auch für die Naturehe wichtig

Die Analyse der Diskussion in Lehre und Rechtsprechung über die Sakramentalität der christlichen Ehe unter besonderer Beachtung derjenigen Beiträge, die auf die Promulgation des CIC/1983 und die Veröffentlichung des angeführten Rundschreibens über den *actus formalis defectionis ab Ecclesia catholica* folgten, bestätigen die Richtigkeit einiger Schlussfolgerungen, die Eugenio Corecco in seinem weitblickenden und ökumenischen Aufsatz »Der Priester als Spender des Ehesakramentes?« zog und gerade zu Beginn der 70er Jahre des letzten Jahrhunderts veröffentlichte. Der Schweizer Kanonist schrieb damals:

»Dass die Rolle des Priesters eine eheschaffende, konstitutive Kraft neben dem Ehekonsens haben kann, steht mit der Lehre vom *solus consensus* und der *Untrennbarkeit von Ehevertrag und Sakrament* nicht in Widerspruch.
a) Nach der scholastischen Lehre ist der Ehekonsens *causa* des Ehevertrages und damit des Ehesakramentes. Das bedeutet noch nicht, dass der Ehekonsens die einzige *causa* der Ehe sein muss. Der juridische Grundsatz *consensus facit nuptias* bezieht sich offensichtlich auf die *causa efficiens* des Vertrages, nicht auf die *causa instrumentalis* des Sakramentes. Infolgedessen ist es durchaus möglich, dass die *causa instrumentalis* von anderen als den Ehepartnern gesetzt wird.
b) Seinerseits schließt der Grundsatz der Identität und daher der absoluten Untrennbarkeit nicht aus, dass die vermittelnde Rolle des Priesters für

---

[76] Dieses Binom wird noch vertreten von U. Navarrete, *De notione et effectus consummationis matrimonii*, in: Ders., *Quaedam problemata actualia de matrimonio*, Roma 1979, 136, und von D. Baudot, *L'inséparablité entre le contrat et le sacrement de mariage*, a. a. O., 349.

das Zustandekommen des Sakramentes konstitutiv ist. Nach der katholischen Lehre, wie sie auch von der IThK formuliert worden ist, sind diese Grundsätze nur in bezug auf die Ansicht der Regalisten zu verstehen, für welche das Sakrament nur ein von außen kommendes und ohne wesentliche innere Beziehung gesetztes Zubehör des Sakramentes ist. Identität bedeutet nämlich nicht adäquate Gleichheit zwischen Ehevertrag und Sakrament. In bestimmten staatlichen Rechtsordnungen – so in der italienischen – hat der Spruch des Standesbeamten zusammen mit dem Willen der Ehepartner konstitutive Kraft für das Zustandekommen des Ehevertrages. Es besteht darüber kein Zweifel, dass grundsätzlich eine solche juridische Lösung auch im kanonischen Recht möglich wäre«[77].

Dieser instrumentelle Einsatz der Kirche ist weder etwas Äußerliches noch etwas Nebensächliches. Er ist nicht äußerlich, denn der Segen, der den Brautleuten von dem die Kirche repräsentierenden Priester erteilt wird (wie auch die Gewährung der Dispens oder der Erlaubnis!), schließt in der sakramentalen Struktur der *communio Ecclesiae* an die Taufe der Brautleute an; und er ist nicht nebensächlich, denn er bezeugt, dass der Ehewille der Heiratenden objektiv dem entspricht, was die Kirche unter der Ehe versteht, auch in natürlicher Hinsicht. Diesbezüglich bemerkte auch wieder Eugenio Corecco: »Um die Problematik richtig zu erfassen, muss man sich darüber im klaren sein, dass die Gültigkeit des Ehevertrages als Sakrament stets vom heilsmittlerischen Tun der Kirche abhängig ist, gleich in welcher kirchlich anerkannten Form die Ehe zustande kommt«[78]. Mit anderen Worten: Die Ehe ist in dem Maße gültig, in dem sie als solche von der Kirche angesehen wird, die sowohl an das *positive göttliche Recht* als auch an das *Naturrecht* gebunden ist und die Funktion hat, diese korrekt zu deuten.

Abschließend ist zu sagen: Im heutigen kulturellen Kontext, der tief vom Relativismus beeinflusst ist, ist das instrumentale Zutun der Kirche absolut notwendig, um »die rechte Absicht, entsprechend der natürlichen Wirklichkeit des Angelegtseins auf die Ehe zu heiraten«[79], zu verifizieren und folglich auch das Zustandekommen der Ehe als Sakrament. Zwar kommt die sakramental-ekklesiologische Symbolik erst dann vollständig zur Geltung, wenn auch in der lateinischen katholischen Kirche das Zutun

---

[77] E. Corecco, *Der Priester als Spender des Ehesakramentes im Lichte der Lehre von der Untrennbarkeit von Ehevertrag und Ehesakrament*, in: Ders., Ordinatio fidei, a.a.O., 486–520, hier 517 (Der Aufsatz wurde auf Deutsch zuerst veröffentlicht in: *Ius Sacrum. Klaus Mörsdorf zum 60. Geburtstag*, hrsg. von A. Scheuermann, G. May, Paderborn – München – Wien 1969, 521–557).
[78] Ebd., 518.
[79] Joannes Paulus II., *Allocutio ad Romanae Rotae iudices*, 30.1.2003, a.a.O., Nr. 4.

des die Kirche repräsentierenden Priesters voll und ganz wieder aufgewertet wird[80] dank einer wirklichen Vereinigung der kanonischen mit der liturgischen Form. Das aber setzt eine weitere theologische und juristische Vertiefung der wechselseitigen inneren Beziehungen voraus, die zwischen dem positiven göttlichen Recht und dem göttlichen Naturrecht bestehen, sowie vom rationalen Charakter des letzteren, das für die Universalisierung der Menschenrechte so grundlegend wichtig ist.[81] Auch wenn es voll und ganz stimmt, dass diese »nur dann verständlich sind, wenn man davon ausgeht, dass der Mensch in seinem ureigensten Wesen Träger von Werten und Normen ist, die es wieder zu entdecken und zu bekräftigen gilt«[82], stimmt es doch ebenfalls, dass das erst recht gilt für das Institut der Ehe, wo das Sakrale und das Profane sich völlig miteinander verbinden. Mehr als anderswo muss der christliche Glaube auf diesem Feld beweisen, dass er die beste Verteidigung der Rationalität des Lebens ist.

---

[80] Das ist der Wunsch nicht nur von E. Corecco, sondern auch von M. Schmaus, *Katholische Dogmatik IV/I: Die Lehre von den Sakramenten*, München 1964, 806 ff.
[81] Zu diesem Argument, das Papst Benedikt XVI. so sehr am Herzen liegt, vgl. L. Gerosa, *Politica senza religione? Laicità dello Stato, appartenenze religiose e ordinamento giuridico. Relazione finale*, in: Annuario DiReCom VII (2008), 85–110.
[82] Papst Benedikt XVI., *Ansprache an die Mitglieder der Internationalen Theologenkommission*, 1. Dezember 2005, in: AAS 97 (2005), 1039–1041, hier 1040; zitiert nach der deutschsprachigen Wochenausgabe des »Osservatore Romano«, Nr. 51 vom 16. Dezember 2005, 9.

IV. Christologie und Spiritualität

Michaela Hohmann

»Unsere Frömmigkeit muss vor allem dogmatisch richtig sein.«[1]
Spiritualität und Christologie bei Maximus Confessor

Für die alte Kirche war es selbstverständlich, dass geistliches Leben und Theologie untrennbar zusammengehören, dass echtes geistliches Leben im Tiefsten gelebtes Dogma ist oder Dogma im Vollzug, dogma in actu, wie Henri de Lubac einmal sagte.[2] Dabei hat die Aussage, dass geistliches Leben, dass Spiritualität gelebtes Dogma ist, zwei Aspekte, zum einen, dass die Spiritualität vom ganzen, vom *vollständigen* Dogma abhängt, und zum anderen, dass die *ganze* Spiritualität vom Dogma abhängt. Es gibt keine christliche Spiritualität außerhalb des Dogmas. Dieses Miteinander und Verflochtensein von geistlicher Lebenslehre und dogmatischer Theologie wurde besonders in der monastischen Tradition gewahrt, was auch Leben und Lehre des heiligen Maximus Confessor bezeugen. Im Prolog zu den *Sprüchen über die Liebe*[3] schreibt Maximus, man solle sie »ohne Neugier, mit der Furcht Gottes und mit der Liebe« lesen, aber nicht »nach Aussprüchen jagen, um den Autor zu belangen«, vielmehr sollten sie um der geistlichen Förderung willen gelesen werden. Dies lässt erahnen, dass Maximus in theologischen Auseinandersetzungen stand, besagt aber auch, in welcher Gesinnung die geistliche Lesung zu halten ist, nämlich um im Glauben und in der Liebe voranzuschreiten, um des geistlichen Fortschritts willen auf einem theologischen Fundament. In dieser Absicht werden die Werke des heiligen Maximus bis heute gelesen.[4]

---

[1] Protokoll des Prozesses gegen Maximus, Grch.-Dtsch., in: Hugo Rahner, Kirche und Staat im frühen Christentum, München 1961, 392–435, hier 407, im Folgenden zitiert unter Rahner.
[2] Vgl. Hans Urs von Balthasar, Katholisch. Aspekte des Mysteriums, Einsiedeln 1975, 38.
[3] Sprüche über die Liebe, Prolog; der Text der Sprüche über die Liebe findet sich in: Hans Urs von Balthasar, Kosmische Liturgie. Das Weltbild Maximus des Bekenners, 2., völlig veränderte Auflage, Einsiedeln 1961, 408–481, hier 415.
[4] In den orthodoxen Klöstern vornehmlich in der Fassung der Philokalie: Philocalie des Pères neptiques fasc.6, Maxime le Confesseur, Centuries sur l'amour. Centuries sur la théologie et l'économie de l'incarnation. Brève interprétation de la prière du »Notre Père«, Introduction et traduction par J. Touraille, Abbaye de Bellefontaine 1985; Philokalie der heiligen Väter der Nüchternheit, Bd. 2, Würzburg 2004, Maximos der Bekenner 55–392.

Michaela Hohmann

1. Leben und Bekenntnis des heiligen Maximus[5]

Maximus war Mönch und Theologe. Über seine Herkunft, seine Jugendzeit und seine frühen Klosterjahre ist wenig bekannt. Wann er geboren wurde, kann aus der mitprotokollierten Gerichtsverhandlung gegen ihn im Jahre 654 oder 655 erschlossen werden.[6] Auf die Frage »Wie viele Jahre zählst du schon?« antwortete er »75 Jahre«[7]. Demnach wurde er um 580 geboren. Eine griechische Vita aus dem 10. Jahrhundert und eine syrische Vita aus dem 8. Jahrhundert, die aber erst im 20. Jahrhundert wieder entdeckt wurde, berichten von einander abweichend über das Leben des heiligen Maximus.

Der griechischen Vita zufolge entstammte Maximus einer angesehenen Familie aus Konstantinopel und hätte eine Verwaltungslaufbahn am Hof des Kaisers Heraklius (610–641) für einen Klostereintritt aufgegeben.

In der syrischen Vita, monophysitischen Ursprungs, jedoch heißt es, Maximus sei in Palästina als Sohn eines samaritanischen Kaufmanns und einer persischen Sklavin geboren worden. Die Eltern, die ihre Heimat hatten verlassen müssen, hätten in Hesfin (auf den Golanhöhen) bei einem Priester Aufnahme gefunden, der sie getauft habe. Nach dem Tod der Eltern habe dieser Priester Maximus im Alter von neun Jahren einem Kloster übergeben.

Sicher ist, dass Maximus 626 aus Konstantinopel geflohen war und nach Nordafrika kam. Dort lebte er dann in dem Kloster, dem Sophronius, der spätere Patriarch von Jerusalem, als Abt vorstand.

Die politische Situation im ganzen byzantinischen Reich war explosiv. Zudem wurde die Reichseinheit durch die konfessionellen Unstimmigkeiten, die seit den Konzilien von Ephesus (431) und Chalkedon (451) die Christenheit spalteten, gefährdet. Denn ein großer Teil der Bevölkerung einiger Provinzen hing der monophysitischen Lehre an. Durch eine kirchliche Union, durch einen religionspolitischen Kompromiss wollte der Kaiser die Reichseinheit erhalten. Hilfe fand er dazu bei den byzantinischen Patriarchen Sergius (610–638) und Pyrrhus (638–641). Die Offenbarung Jesu Christi, das Mysterium seiner Menschwerdung sollte dabei politischen Interessen untergeordnet, sogar geopfert werden.

Es ging um die Frage, wie man an den zwei Naturen in Christus, d. h. an der Lehrentscheidung des Konzils von Chalkedon, wenigstens dem

---

[5] Vgl. Juan Miguel Garrigues, Maxime le Confesseur. La charité – avenir divin de l'homme, (ThH 38) Paris 1976, 35–75; vgl. Irénée-Henri Dalmais, Maxime le Confesseur, in: Dict.de Spir. X (1980) 836–847, 836–838; Maria Luisa Gatti, Maximus Confessor, in: LThK (3. Aufl.) 7 (1998) 9–10.
[6] Vgl. Garrigues (Anm. 5) 68.
[7] Rahner 411.

Wortlaut nach festhalten und gleichzeitig die Monophysiten, die das Chalkedonense ablehnten, gewinnen könne. Dies sollte geschehen durch die Lehre von der einen Energie in Christus (Monoenergismus, 633/634) und dann durch die Lehre von dem einen Willen in Christus (Monotheletismus, 638). Beide Lehren untergraben jedoch den Glauben an die wahre göttliche und die wahre menschliche Natur Jesu Christi.

Sophronius, der gegen die Unionsformel von 633 protestierte, konnte als Patriarch von Jerusalem (634–638) mit noch stärkerer Autorität den Glauben der Kirche verkünden. Der Einfluss des hl. Sophronius scheint von entscheidender Bedeutung für Maximus und seine geistliche Lehre gewesen zu sein. Als Sophronius Ende 638 / Anfang 639 in Jerusalem starb, war für Maximus der Zeitpunkt gekommen, sich mit seinem ganzen theologischen Wissen in den Dienst des wahren Glaubens zu stellen. Er wusste »sämtliche Patriarchalsitze des christlichen Ostens in den Händen von servilen Vollstreckern des kaiserlichen Willens. Dem Wunsch seines Lehrers (Sophronius) entsprechend«, in innerer Übereinstimmung mit ihm, wandte »sich Maximus nun Rom als dem unerschütterlichen Felsen der Rechtgläubigkeit und dem apostolischen Zentrum einer Katholizität, die das christliche Imperium zu überleben vermag, zu«[8].

Maximus traf sich 645 in Nordafrika mit Pyrrhus, der als Patriarch von Konstantinopel den kaiserlichen Monotheletismus verfolgt hatte, 641 aber aufgrund von Hofintrigen als Patriarch abgesetzt worden war. In einer öffentlichen Disputation gelang es Maximus, Pyrrhus seinen christologischen Irrtum einsichtig zu machen – so schien es wenigstens – und ihn zu bewegen, in Rom der Häresie abzuschwören. Doch bald darauf schon ließ sich Pyrrhus aus Opportunitätsgründen wieder umstimmen. Spätestens 646 hatte Maximus Nordafrika verlassen und sich nach Rom begeben.

Da die beiden religionspolitischen Formeln von 633/34 und 638 keine Ruhe in die theologischen Auseinandersetzungen gebracht hatten, erschien 648 ein weiterer kaiserlicher Erlass – von Kaiser Konstans II., der 641 den Thron bestiegen hatte (–668). Dieser neue Erlass, *Typos* genannt, verbot aus Gründen der inneren Reichseinheit unter Strafe jegliche Diskussion über eine oder zwei Energien und einen oder zwei Willen in Christus. Dies konnte jedoch weder Maximus noch den neuen Papst Martin I. (649–653) davon abhalten, den wahren Glauben an Christus zu verkünden.

Im Oktober 649 wurde in Rom eine Lateransynode abgehalten. Auf ihr wurde der *Typos* verworfen, der Monotheletismus verurteilt und die Lehre von den zwei Willen in Christus proklamiert. Obwohl Maximus

---

[8] Juan Miguel Garrigues, Maximus Confessor und das Ende des christlichen Imperium Romanum, in: IKZ Communio 16 (1987) 495–497, 496.

nicht zu den Konzilsvätern gehörte, hatte er entscheidenden Anteil an der Redaktion der dogmatischen Texte. Zusammen mit Papst Martin war er die Seele der Synode, deren Entscheidungen er in Konstantinopel bekannt machen wollte.

Kaiser Konstans, zornentbrannt über die Lateransynode, versuchte, sich des Papstes und des Maximus zu bemächtigen. 653 wurde Papst Martin verhaftet und nach Konstantinopel gebracht, wo ihm ein politischer Prozess, ein Hochverratsprozess gemacht wurde, obwohl es einzig um den Glauben ging und um die Freiheit der Kirche, den Glauben zu verteidigen. Zum Tode verurteilt, aber begnadigt, wurde er auf die Halbinsel Krim verbannt und starb dort 655.

Auch Maximus wurde in Gewahrsam genommen und wie Papst Martin des Hochverrates angeklagt. Ihm wurde vorgeworfen, sich gegen den Kaiser und die Reichspolitik gestellt zu haben: »Aus dem, was du getan hast, wird jedermann klar, dass du den Kaiser und seine Politik hassest. Du allein hast Ägypten und Alexandrien, die Pentapolis und Tripolis, ja ganz Afrika an die Sarazenen verraten« – so in dem Protokoll der Gerichtsverhandlung.[9] Die Anklage heißt demnach: Weil Maximus sich der von Konstantinopel, der vom Kaiser gewollten Union auf Grundlage des *Typos* widersetzt hatte, schien er das Reich zu zersetzen, zu schwächen und so den Arabern zu ihren Siegen verholfen zu haben. Maximus jedoch zeigte in der Verhandlung auf, dass es letztlich nicht um eine politische, sondern um eine Glaubensfrage ging. Die von Gott gelehrten Glaubenssätze verschweigen, wie es der *Typos* gebiete, bedeute, diese auszumerzen, sagte er; auf dieser Grundlage könne es keinen Frieden geben.[10]

Maximus kann die Glaubenswahrheit nicht verschweigen. Auch für ihn gilt, was Leo der Große einmal sagte, dass nämlich genau das, was ihn am Geheimnis Gottes zu reden hindere, ihm auch zu schweigen verbiete. Gott ist zu groß, als dass wir ihn in Worte fassen könnten. Aber er ist zu wirklich, als dass wir von ihm schweigen könnten und dürften.

»Wenn jemand die Kirche entzweit, weil er die Worte der Hl. Schrift und die Lehrsätze der Kirchenväter anführt (wie es die Häretiker immer auch getan haben) – was meint ihr wohl, tut dann der Kirche der an, der Lehrsätze der Kirche verschweigen will, ohne welche die Kirche nicht mehr Kirche ist?«[11]

Maximus ist ein Sohn der apostolischen Kirche und bekennt dies: »Ich halte kein privates Dogma, sondern das Dogma der katholischen Kir-

---

[9] Rahner 393.
[10] Vgl. Rahner 399 f.
[11] Rahner 403.

»Unsere Frömmigkeit muss vor allem dogmatisch richtig sein.«

che. Kein einziges Wort habe ich ins Feld geführt, das man als meine private Sondermeinung bezeichnen müsste«[12].

Und als man ihm Überheblichkeit vorwirft, sich als einziger der allgemeinen Meinung entgegenzustellen, antwortete er: »Die drei Jünglinge im Feuerofen haben über niemand ein Urteil gefällt, als sie die Kaiserstatue nicht anbeteten, vor der alle anderen niederfielen. Sie haben nicht darauf geschaut, was andere tun, sondern nur dies war ihre Sorge, wie sie sich selbst hüten könnten vor Abfall vom wahren Gottglauben. Als Daniel in die Löwengrube geworfen wurde, hat er keinen verdammt ... Er wollte lieber den Tod erleiden, als von Gott ab zu fallen ... So bewahre mich Gott davor, irgendjemand zu verdammen oder gar zu behaupten, ich allein würde gerettet. Aber auch ich ziehe es vor zu sterben, als die Schrecken des bösen Vorwurfs zu ertragen, dass ich vielleicht auch nur um Haaresbreite von meinem Glauben an Gott abgewichen sei.«[13]

Maximus lebt aus dem Glauben und im Glauben der Kirche. Bei ihm zeigt sich in überzeugender Klarheit die Einheit von Gebet und Lehre, von geistlichem Leben und Glaubenslehre, die wir heute oft mühsam wieder finden müssen.

Auf die Frage der Ankläger: »Ist es denn so notwendig, in Christus zwei Willen und zwei Energien anzunehmen?«, erklärte Maximus: »Das ist unumgänglich notwendig! Denn unsere Frömmigkeit muss vor allem dogmatisch richtig sein«[14].

Da Maximus sich nicht der kaiserlichen Politik beugte, sondern dem Glauben, wie ihn die erwähnte Lateransynode bekräftigt hatte, treu blieb, wurde er nach Bizya in Thrakien verbannt. Doch Wahrheit, Recht und geistig-geistliche Autorität lassen sich nicht einfach durch Verbannung auslöschen. Maximus hatte die Wahrheit des Christus-Mysteriums mit aller theologischen Geistesschärfe dargelegt und verteidigt und gab für sie nun mit seinem ganzen Leben Zeugnis.

Die Verbannung allein brachte dem Kaiser keine Ruhe. Auch nach über einem Jahr noch musste der Kaiser eingestehen: »Das ganze Abendland und alle verwirrten Geister des Ostens richten die Augen auf Euch, (Maximus).«[15]

Deshalb hatte der Kaiser im August 656 eine Abordnung zu Maximus gesandt, um ihn doch noch zur Gemeinschaft mit dem Patriarchat von Konstantinopel, das der kaiserlichen Politik ergeben war, zu bewegen. Denn er war überzeugt: »Wenn Ihr mit dem hiesigen heiligen Bischofs-

---

[12] Ebd. 405.
[13] Ebd. 405.407.
[14] Ebd. 407.
[15] Ebd. 427.

thron wieder vereint seid, dann wird sich alle Welt uns anschließen, wer immer bislang durch Eure Lehre sich von unserer Gemeinschaft glaubte trennen zu müssen.«[16]

Für Maximus aber ist Gemeinschaft mit der Kirche von Konstantinopel nur möglich, wenn diese sich auf Grundlage der Beschlüsse der Lateransynode mit der Kirche von Rom versöhnt hat. So rät er den Abgesandten: »Es mögen der Kaiser und der Patriarch geruhen, die Selbstentäußerung Gottes nachzuahmen, d. h. der Kaiser möge ein bittendes Reskript und der Patriarch ein bittendes Synodalschreiben an den Papst nach Rom schicken: und ohne Zweifel wird man von dort aus, soweit immer das kirchliche Gesetz es zulässt, ob Eures rechtgläubigen Bekenntnisses willen mit Euch darüber ins reine kommen«[17]. Auf die Rückfrage der Abgesandten, ob der Kaiser sich wohl herablasse, das Bittreskript nach Rom zu schicken, antwortet er: »Er wird es sicher tun, wenn er nur ein wahrer Nachahmer Gottes sein will, indem er sich klein macht, wie Gott sich klein machte um unser aller Heiles willen. Wenn er bedenkt, wie Gott, der von Natur aus Retter ist, uns tatsächlich nur gerettet hat, indem er menschlich wollend sich verdemütigte; wie sollte der Mensch, dessen Natur nach Rettung ruft, erlöst werden oder selbst erlösen ohne Verdemütigung?«[18]

Maximus hat diese Verdemütigung im treuen Glaubensbekenntnis zu gelegener und ungelegener Zeit samt dessen Folgen auf sich genommen, um Anteil zu haben am Erlösungswerk Jesu Christi. Die zitierten Sätze des heiligen Maximus sind eine prägnante Zusammenfassung seiner voll entfalteten Lehre über das Heil und die Vergöttlichung durch die Kenosis des Erlösers und der Erlösten[19].

Doch wer in solcher Verdemütigung nur einen Misserfolg der staatlichen, kaiserlichen Autorität zu sehen vermag, für den müssen die Worte des Heiligen völlig unverständlich bleiben. Der Kaiser wollte nicht darauf eingehen[20] – und konnte letztlich nur mit brutaler Gewalt antworten. Maximus jedoch weiß sich in Gott geborgen: »Wie Gott es von Ewigkeit her in seiner Vorsehung für mein Leben vorausbestimmt hat, so geht es mir.«[21] Er weiß seine Verdemütigung einbezogen in die des Lammes »geschlachtet vor Grundlegung der Welt« (Apk 13, 8), weiß sie umfangen vom Mysterium Jesu Christi. Jedem Menschen ist eine ganz persönliche, unvergleichliche Teilhabe an der Kenosis Christi geschenkt, der in Freiheit zuzustimmen, er gerufen ist. Für Maximus war darin auch die erneute Verbannung,

---

[16] Ebd. 427.
[17] Ebd. 423.
[18] Ebd. 423.
[19] Vgl. Garrigues (Anm. 5) 72.
[20] Vgl. Rahner 429.
[21] Ebd. 415.

nun nach Perberis am Schwarzen Meer, und schließlich der Tod im Exil eingeschlossen. Sechs Jahre später, 662, wurde nochmals versucht, Maximus umzustimmen. Seine bloße Existenz ließ seinen Gegnern einfach keine Ruhe. Aber ihre Versuche blieben vergeblich. Maximus, 82jährig, wurde wiederum verurteilt. Er wurde gegeißelt, die Zunge wurde ihm herausgerissen und die rechte Hand abgehackt. So verstümmelt wurde er nach Lazika – auf einen der Berge des Kaukasus – gebracht. Dort starb er am 13. August 662.

Maximus starb als Martyrer, als wahrer Zeuge der Auferstehung, als einer, der nicht ums pure Überleben kämpft und dabei seinen Glauben preisgibt, sondern als einer, der sich schon in diesem Leben für das Leben der Auferstehung entschieden hat und treu bleibt bis in den Tod.

In einer seiner Schriften, im *liber asceticus*, hatte Maximus von den Heiligen geschrieben, was auch für ihn selbst gilt: »Durch die Kampfart des Erlösers« – »durch die eigene Niederlage besiegten sie – besiegte er – diejenigen, die damit gerechnet hatten, selbst zu siegen«[22].

2. Das Dogma als Fundament des geistlichen Lebens

Das Dogma bedarf des Lebens, um seine Wahrheit zu zeigen, das Dogma bedarf des Lebens, damit seine Wahrheit aufleuchten kann. Das hat sich im Leben des heiligen Maximus bewahrheitet. Wenn Maximus während der Gerichtsverhandlung sagte: »Unsere Frömmigkeit muss vor allem dogmatisch richtig sein«[23], muss der Wahrheit entsprechen – κατὰ ἀλήθειαν, so reicht dieses Wort des hl. Maximus weiter und tiefer als der religionspolitisch ausgetragene monotheletische Streit, auf Grund dessen es zu dem Prozess gekommen war.

Maximus hatte erkannt, dass es bei der monotheletischen Lehre nicht um eine intellektuelle theologische Spekulation, sondern um das Ganze der göttlichen Offenbarung in Christus ging. So wurde Dogma zuallererst bei den Vätern verstanden, es meinte nicht nur einzelne Glaubenssätze.[24] Ursprünglich gibt es nur ein Dogma – Jesus Christus selbst. Alle folgenden Dogmen entfalten dies eine und schützen es.

Mit der Irrlehre des Monotheletismus stand die wirkliche Mensch-

---

[22] Lib.asc. 15; der Text des liber asceticus findet sich in: Maximus der Bekenner, Drei geistliche Schriften, Einsiedeln-Freiburg 1996, aus dem Griechischen übertragen von Guido Bausenhart, 55–100, hier 67, im Folgenden zitiert unter Lib.asc. mit der Seitenzahl dieser Ausgabe in Klammern.
[23] Rahner 407.
[24] Vgl. Henri de Lubac, Katholizismus als Gemeinschaft, Einsiedeln/Köln 1943, 1. Kapitel: Das Dogma, S. 23–43.

heit Jesu Christi, die Realität des ganzen Heilswerkes Jesu Christi auf dem Spiel.[25]

Wenn Christus nicht als Mensch mit einem menschlichen Willen über die Herrschaft des Bösen gesiegt hat, kann der Mensch auch nicht wirklich teilhaben an diesem Sieg. »Wenn Christus nicht auferweckt worden ist, dann ist euer Glaube nutzlos, und ihr seid noch immer in euren Sünden« (1 Kor 15,17). Unser Glaube, unser Glaubensleben hängt an der rechten Lehre, hängt an der Realität der Auferstehung Jesu, an der Realität von Menschwerdung, Tod und Auferstehung Jesu Christi. Die Wahrheit dieses Mysteriums ist das Fundament des geistlichen Lebens und des ganzen christlichen Lebens. Es bildet sein Strukturprinzip, formt seine spirituelle Dynamik und ist Kriterium geistlicher Unterscheidung.

Der Auferstandene ist der geheimnisvoll Gegenwärtige, in dem wir Gemeinschaft haben mit Gott.

Maximus zeigt in seinen Schriften, wie die gesamte Schöpfung auf Gott, ihren Schöpfer, hin ausgerichtet ist und die Vollendung ihres geschöpflichen Strebens in der communio mit Gott findet.[26] Diese communio wird aber letztlich nur aus Gnade, durch die Herabneigung Gottes zu seinem Geschöpf verwirklicht.[27] Christus ist Sinn und Ziel des ganzen Kosmos, allen Seins. Die Inkarnation des Ewigen Wortes Gottes des Vaters lässt erst den Heilsplan Gottes in seinem eigentlichen Licht erscheinen; und in diesem Licht, im Licht des Christus-Mysteriums, vermag der Mensch auch sein eigenes Ziel, die Vergöttlichung, zu erkennen.

»Weil unser Herr Jesus Christus Anfang, Mitte und Ende aller Äonen ist, der vergangenen, der gegenwärtigen sowie der künftigen, ist er uns kraft des Glaubens durch die Energie und gemäß der Gnade künftiges Ziel zur Vergöttlichung der würdigen Äonen.«[28]

Mit dieser Überzeugung steht Maximus nicht allein, sondern kann sich auf eine alte Tradition stützen. Schon Irenäus hatte auf die Frage, warum Gott Mensch geworden sei, die Antwort gegeben: »Wie könnte der Mensch eingehen in Gott, wenn nicht Gott eingingen in den Menschen?«[29] Und: »Er, der wegen seiner unermesslichen Liebe sich zu dem machte, was

---

[25] Vgl. Christoph Schönborn, Gott sandte seinen Sohn. Christologie, Paderborn 2002, 178–188.
[26] Vgl. die Studie von Hans Urs von Balthasar, Kosmische Liturgie. Das Weltbild Maximus des Bekenners, 2., völlig veränderte Auflage, Einsiedeln 1961, im Folgenden zitiert unter Balthasar.
[27] Vgl. Maximus der Bekenner, All-Eins in Christus, Textauswahl und Einleitung von Endre von Ivánka, Einsiedeln 1961, 13; vgl. Kyriakos Savvidis, Die Lehre von der Vergöttlichung des Menschen bei Maximus dem Bekenner und ihre Rezeption durch Gregor Palamas, St.Ottilien 1997, 94f.
[28] Maximus, zit. Savvidis (Anm. 27) 71.
[29] Adv.haer. 4,33,4, zit. Savvidis (Anm. 27) 72.

wir sind, wollte uns zu dem hin vollenden, was Er selbst ist.«[30] Damit ist der Bogen weiter gespannt, als wenn man die Inkarnation nur als »Korrektur des menschlichen Falles« betrachten wollte.

Hans Urs von Balthasar schreibt in seiner Studie über Maximus: »Nicht die Erlösung von der Sünde, sondern die Einigung der Welt in sich selbst und mit Gott ist der letzte Beweggrund der Menschwerdung und als solcher der erste, aller Schöpfung noch voraus liegende Urgedanke des Schöpfers.«[31]

Die zentrale Stellung Christi im Welt- und Menschenbild des heiligen Maximus lässt uns verstehen, dass die monotheletischen christologischen Auseinandersetzungen für ihn keine Frage am Rande waren. Er setzte sein Leben nicht für eine theologische Formel ein, sondern für Jesus Christus selbst, dem er begegnet war, den er liebte, den er als die Mitte der Welt erkannt hatte, in dem uns allen das Ziel unseres Lebens, die Vergöttlichung, die ewige Liebesgemeinschaft mit Gott, verheißen ist und zuteil werden soll.

Es ging um die Realität dessen, was in Chalkedon im Dogma von der hypostatischen Union der göttlichen und der menschlichen Natur in Jesus Christus auf einzigartige Weise ausgedrückt worden war. Die zentrale Formulierung lautet: »Er wird erkannt als ein- und derselbe Christus, Sohn, Herr, Einziggeborene in zwei Naturen ohne Vermischung, ohne Veränderung, ohne Teilung, ohne Trennung. In keiner Weise wird die Unterschiedenheit der Naturen durch die Einigung aufgehoben; vielmehr wird die Eigenart jeder Natur bewahrt und kommt zusammen zu einer Person und Hypostase.«[32] Was diese Formel im Tiefsten bedeutete, war noch längst nicht ausgelotet, wie die auf das Konzil folgenden Auseinandersetzungen zeigten.

Obwohl die Menschwerdung Offenbarung Gottes ist, ist sie dennoch noch »unfassbarer als jedes Mysterium ... In dem genauen Maße wurde er (Christus) in ihr fassbar, als er durch sie um so mehr als der Unfassbare erschien. ›Der Verborgene blieb er auch nach dieser Epiphanie‹, sagt der Lehrer (Gregor von Nazianz), ›oder, um göttlicher zu sprechen, auch in dieser Epiphanie ...‹ Auch ausgesagt bleibt er unsagbar, auch eingesehen unerkannt«[33].

Das Dogma schützt das Mysterium, das selbst in der Offenbarung noch verborgen bleibt. Der wahre Sinn des Dogmas aber liegt jenseits der Worte im Unsagbaren, das Staunen und Bewunderung hervorruft. Maxi-

---

[30] Adv.haer. 5 praef.
[31] Balthasar 270.
[32] DS 301–302; J. Alberigo u.a., Conciliorum oecumenicorum decreta (= COD), Bologna ed. tertia 1973, 86.
[33] Maximus, zit. Balthasar 90.

mus sagt einmal: »Wie muss ich, o Christus, Dich bestaunen ob Deiner Güte, denn ich wage nicht zu sagen: Dir zu lobsingen, da ich ja selbst zum Staunen nicht Kräfte genug besitze.«[34]

Wurde das Mysterium Christi in Chalkedon vornehmlich unter dem Aspekt des Seins betrachtet, so ging es nun um die Konsequenz für die konkrete geschichtliche Existenz Jesu Christi, um die Frage nach dem Verhältnis von göttlichem und menschlichem Willen, von göttlicher und menschlicher Freiheit und damit auch um die Frage, ob der Mensch frei sein kann, wenn der Wille Gottes geschieht.

Der Monotheletismus vertritt eine Form der Vereinigung von göttlicher und menschlicher Natur in Christus, bei der letztlich der menschliche Wille vom göttlichen Willen absorbiert wird. Eine solche Sicht aber beeinträchtigt die biblische Auffassung einer freien Beziehung zwischen Gott und Mensch.

Chalkedon hatte festgehalten, dass die beiden Naturen, die göttliche und die menschliche, in einer Person, in der Person des Ewigen Logos, zusammenkommen. Wesentlich ist auch hier die Erkenntnis aus der Trinitätslehre der griechischen Väter, dass nämlich Natur und Person nicht aufeinander zurückzuführen bzw. nicht voneinander abzuleiten sind. Es ist die Unterscheidung von Natur und Person, die es Gott erlaubt, »die Mauer seiner Transzendenz zu übersteigen und den Tod im Fleisch zu erleiden«[35].

3. Das Gebet Jesu in Gethsemani und die Christologie

Der Wille ist ein Grundvermögen der Natur, welches aber von der Person in Freiheit gesteuert wird. Die Person wirkt in der Natur. Maximus hat dies am Ölberggebet Jesu aufgezeigt. Dies war ihm gleichsam vorgegeben, denn Patriarch Sergius hatte sich in seiner Formulierung des Monotheletismus gerade auf diesen Text des Evangeliums gestützt:

»Mein Vater, wenn es möglich ist, so gehe dieser Kelch an mir vorüber. Doch nicht wie ich will, sondern wie du willst« (Mt 26,39; Mk 14,36; Lk 22,42). Dabei wurde der erste Teil des Gebetes, die Bitte um das Vorübergehen des Kelches, als spontanes Zurückschrecken vor dem Tod angesehen, die Annahme des Kelches dagegen als Ausdruck des einen, und zwar göttlichen Willens Jesu Christi. Dass Christus als eine Person der Dreifaltigkeit einen gemeinsamen göttlichen Willen zusammen mit dem Vater und dem Heiligen Geist hat, war seit dem 2. Ökumenischen Konzil von

---

[34] Myst. 5; der Text der Mystagogie findet sich in: Balthasar 363–407, hier: 381 f.
[35] Vgl. Olivier Clément, L'autre soleil. Quelques notes d'autobiographie spirituelle, Paris 1975, 163.

381 mit Beendigung der großen trinitarischen Kontroversen klar bezeugt und stand im 7. Jahrhundert, z. Zt. des hl. Maximus, außer Zweifel. In Frage aber stand die Realität des menschlichen Willens Christi. Um diese Frage zu klären, betrachtete Maximus das ganze Gebet, gerade auch den zweiten Teil des Gebetes als Ausdruck des menschlichen Willens Jesu Christi.

»Mein Vater, wenn es möglich ist, so gehe dieser Kelch an mir vorüber. Doch nicht wie ich will, sondern wie du willst« (Mt 26, 39 par).

Dieses Gebet Jesu ist Ausdruck seines einzigartigen Gottesverhältnisses, ist Ausdruck seiner Beziehung zu Gott dem Vater, seinem Abba. Beide Teile des Gebetes, sowohl die Bitte um das Vorübergehen des Kelches wie auch das Einwilligen in den Kelch des Leidens, sind ein Akt des menschlichen Willens Jesu.

Ist die Todesangst Jesu Zeichen für seinen natürlichen menschlichen Willen, der spontan vor dem Tod zurückschreckt, so sind seine Worte »nicht wie ich will, sondern wie du willst« Zeichen für die Umprägung eben dieses natürlichen menschlichen Willens aus seiner freien persönlichen Entscheidung heraus. Die ganze Existenzweise Jesu ist durchformt von seiner Abba-Beziehung. Er lebt als Mensch das, was er als Gott ist – nämlich die Sohnschaft, das Sohn-Sein. Er will als Mensch das, was er als Gott will – nämlich den Willen des Vaters erfüllen (vgl. Joh 6, 38). Der Wille des Vaters aber ist unser Heil. Der menschliche Wille Jesu stimmt dem Vater zu, er wird nicht vom göttlichen Willen absorbiert.

In Gethsemani offenbart sich die menschliche Freiheit Jesu, in der er dem Willen des Vaters zustimmt um unseres Heiles willen. Christus will kraft seiner beiden naturhaften Willensvermögen unser Heil, sagt Maximus. »Er, der von Natur Gott war, wollte auch als Mensch den Willen des Vaters erfüllen«[36] – nämlich »das Heil, das er einerseits zusammen mit dem Vater und dem Heiligen Geist wollte und für das er andererseits dem Vater gehorsam wurde bis zum Tod, zum Tod am Kreuz«[37].

»Dem Vater gehorsam« – das ist das Entscheidende: freie Zustimmung! Die Ölbergstunde, in der Jesus dem Vater sein fiat sagt, ist die alles Heil entscheidende Stunde. Das *fiat* hat Christus am Kreuz erhöht. Die Menschwerdung des ewigen Wortes des Vaters, Ausdruck »seiner irrsinnigen und unendlichen Liebe zu den Menschen«[38], zielt hin auf diese Ölbergstunde, da sich in der Symphonie, im Zusammenklang des göttlichen und

---

[36] Maximus, zit. Garrigues (Anm. 5) 161.
[37] Maximus, zit. François-Marie Léthel, Théologie de l'agonie du Christ. La liberté humaine du Fils de Dieu et son importance sotériologique mises en lumière par saint Maxime le Confesseur, (ThH 52) Paris 1979, 98.
[38] Maximus, zit. Garrigues (Anm. 5) 162.

menschlichen Willens durch den freien Sohnesgehorsam die Einigung von Gottheit und Menschheit erfüllte, die Gott vorgesehen hat.

»Einen anderen Grund kann niemand legen als den, der gelegt ist: Jesus Christus« (1 Kor 3,11). Indem Christus als Mensch den freien Sohnesgehorsam lebte, hat er dem Menschen, hat er uns den Weg der Sohnschaft, den Weg der Gotteskindschaft und Vergöttlichung eröffnet, auf die hin der Mensch geschaffen wurde. So lehrt die Christologie die Wege des wahren Menschseins, des geistlichen Lebens, der Spiritualität, der Frömmigkeit.

Das von Jesus Christus geoffenbarte Mysterium heißt: Gott ist communio, Gott ist Liebe, ein Mysterium der Liebe, und der Mensch ist berufen, an dieser Liebes- und Lebensgemeinschaft teilzuhaben, in dieser communio zu leben, ohne darin aufzugehen und als Person zu verschwinden. In Christus geschieht wahre Begegnung von Gott und Mensch, ungetrennt und unvermischt.

Die seinshafte gegenseitige Durchdringung (Perichorese) von göttlicher und menschlicher Natur in der Person Jesu Christi wahrt das Eigensein beider. Und dies ist das Kennzeichen wahrer Liebe. Denn »Liebe, die höchste Einigung, baut sich nur in der wachsenden Selbständigkeit der Liebenden auf«[39]. Begegnung von Gott und Mensch in Christus ist für Maximus kein Erkenntnisproblem, sondern eine Frage der Liebe.[40] Das gilt für die Person Jesu Christi, und das gilt ebenso für uns.

Das Dogma von der hypostatischen Union in Christus, das den menschlichen Willen und die menschliche Freiheit Christi einschließt, erweist sich damit als die Basis des christlichen sakramentalen, mystischen Lebens und gleichzeitig als Ziel, zu dem dieses Leben hinführen will, nämlich zu unserer Vergöttlichung, zu wahrer Begegnung von Gott und Mensch. In Christus, »dem Lamm ohne Fehl und Makel, ausersehen vor Grundlegung der Welt« (1 Petr 1,19–20), haben wir schon vor aller Zeit unsere persönliche Berufung als Kinder Gottes empfangen. Er, Christus, hat uns den Weg der Gotteskindschaft eröffnet. Er hat uns »die Wege des Lebens gelehrt«, sagt Maximus, »und durch sein Handeln gezeigt, wie man als Bürger des Himmels lebt«[41].

Dieses Leben »als Bürger des Himmels« ist geprägt durch die Gotteskindschaft und die Liebe.

---

[39] Balthasar 55.
[40] Vgl. ebd. 45.
[41] Lib.asc. 11 (64).

4. Gelebte Gotteskindschaft

Die Kirche ist der Ort, wo sich diese neue Art zu leben, als Kind Gottes zu leben, entfalten kann. Die Liturgie und die Sakramente wollen uns immer tiefer in der Lebensweise Gottes verwurzeln. Ausgehend von der Symbolik des Kirchenbaus und der Riten der heiligen Liturgie spricht Maximus in der Schrift *Mystagogie* von diesem Weg der Gläubigen.[42]

Er schreibt: »Während es der Männer, Frauen und Kinder viele sind, ja eine fast unendliche Zahl, an Stamm und Art, an Volk und Zunge, an Sitten, Altersstufen, an Meinungen und Berufen, an Bräuchen und Gewohnheiten, an Geschäften, Einsichten und Würden, an Schicksalen, Eigenarten und Sitten voneinander getrennt und weit geschieden – so gibt und schenkt die Kirche denen, die zu ihr kommen und durch sie aufs neue geboren und im Geist einer Neuschöpfung unterzogen werden, unterschiedslos eine einzige gotthafte Gestalt und Benamung, nämlich von Christus her sowohl zu sein als benannt zu werden: sie gibt ihnen ein einziges und einfaches und teilloses Gehaben des Glaubens, das die unzählig vielen Unterschiede des Einzelnen kaum noch erkennbar sein lässt«[43].

Diese alle, mögen sie noch so verschieden sein, sind doch eins im Glauben. Das macht ihre grundsätzliche Gleichheit aus. Als Glaubende sind sie alle gleichermaßen zur Unmittelbarkeit Gott gegenüber gerufen als seine geliebten Kinder. Deshalb werden sie aufgerufen, sich nicht von der Gemeinschaft der Glaubenden, nicht von der Heiligen Kirche Gottes zu entfernen, »die so gewaltige Geheimnisse unserer Erlösung in sich befaßt, durch die sie einen jeden von uns, der sein Leben rechtschaffen hinbringt, seiner Fassungskraft gemäß nach Christus umschafft, wenn er die durch die heilige Taufe im Heiligen Geist geschenkte Gnade der Annahme an Kindesstatt durch einen christusförmigen Wandel auch zur äußeren Darstellung bringt«[44].

Die Geheimnisse unserer Erlösung, die in der Kirche gegenwärtig sind und gefeiert werden, vermögen uns umzuwandeln. Deshalb sollen die Gläubigen häufig in die Kirche kommen und an der heiligen Liturgie teilnehmen. Die Kirche ist Bild Gottes, Typos und Ikone Gottes, weil »sie dieselbe Einigung wie Gott an den Gläubigen wirkt, auch wenn die im Glauben Geeinten an Eigenschaften verschieden sein mögen und getrennt durch Länder und Sitten; dieselbe Einigung, die Gott an den Wesenheiten der Dinge wirkt, ohne sie zu vermischen, indem er ... was an ihnen ver-

---

[42] Vgl. Iréné-Henri Dalmais, Mystère liturgique et divinisation dans la Mystagogie de saint Maxime le Confesseur, in: Epektasis (mélanges Daniélou) Paris 1972, 55–62.
[43] Myst. 1, Balthasar 371.
[44] Myst. 24, Balthasar 403.

schieden ist, durch die Emporbewegung zu Ihm als Ursache und Ende und durch Einigung sänftigt und selbigt«[45]. Maximus wiederholt diesen Gedanken im letzten Kapitel dieser Schrift. »Wie Er durch Seine unendliche Macht und Weisheit die unterschiedenen Wesenheiten der Dinge unvermischt zur Einheit führt und als ihr Schöpfer sie in die innigste Gemeinschaft mit sich selbst bringt, so verbindet die Kirche durch den einen Glauben, sowohl als Gnade wie als Berufung, die Gläubigen einsförmig miteinander ...«[46]. Die Gläubigen werden geeint, indem sie sich immer mehr der Mitte – Christus – nähern,[47] letztlich durch immer tiefere Gleichgestaltung mit Christus. Dies gilt für die Kirche im Großen wie im Kleinen.

Durch die Mitfeier der heiligen Liturgie in der Kirche Gottes, durch den Empfang der heiligen Geheimnisse ist uns bedeutet, was unser Ziel ist: nämlich die volle »Annahme an Kindesstatt, Einigung und vertrauliche Verwandtschaft und göttliche Ähnlichkeit und Vergöttlichung, kraft welcher Gott für die Erlösten alles in allen sein wird«[48]. Diese Vollendung ist Geschenk der Gnade Gottes.

Unser Leben ist uns als Frist, als »rechte Zeit« geschenkt, um der Gnade Gottes zuzustimmen und auf sie einzugehen. Auf diesem geistlichen Lebensweg stehen die Gläubigen an unterschiedlicher Stelle. Demgemäß unterscheidet Maximus »drei Ordnungen der Erlösten« – nämlich »die Anfänger, die Fortschreitenden und die Vollkommenen, oder auch die Knechte, die Lohndiener und die Söhne«[49].

Maximus nennt »Knechte die Gläubigen dann, wenn sie die Gebote des Herrn aus Furcht vor den angedrohten Strafen halten und gutwillig das Aufgetragene erledigen«[50]. Das sind die geistlich noch Unreifen. Nicht aus Einsicht, sondern aus Furcht vor der Strafe fliehen solche die Sünde und halten die Gebote Gottes. Doch diese Furcht sollte der Gläubige überwinden. Denn wir sollen uns in unserem Leben nicht an der Furcht vor Strafe orientieren, sondern an der Liebe Gottes.

Diejenigen, die die Stufe der Furcht überschritten haben und die Gebote Gottes um des verheißenen Lohnes willen halten, nennt Maximus Lohndiener. Er sagt: »Lohndiener sind solche, die aus Begier nach den verheißenen Gütern mit Geduld die Last und die Hitze des Tages aushalten, nämlich die aus der Verurteilung des ersten Menschen erwachsene und mit dem gegenwärtigen Leben innerlich verbundene, von ihm untrennbare Drangsal, sowie die darin begegnenden Anfechtungen um der Tugend wil-

---

[45] Myst. 1, Balthasar 372, vgl. ebd. 370 und 321.
[46] Myst. 24, Balthasar 399.
[47] Vgl. Myst. 1, 370–372.
[48] Myst. 24, Balthasar 402.
[49] Ebd.
[50] Ebd.

len, solche also, die aus freiem Entschluß weise Leben mit Leben, das jetzige mit dem künftigen, vertauschen.«[51]

Die dritte Ordnung der Gläubigen, die den Willen Gottes nicht aus Furcht vor Strafe und auch nicht aus eigennützigem Verlangen nach Lohn erfüllen, werden die Vollkommenen genannt oder Söhne oder Freie. Sie haben sich den Willen Gottes einzig aus Liebe zu Ihm zu eigen gemacht und trennen sich nicht von Ihm.

»Söhne«, so sagt Maximus, »sind jene, die nicht mehr aus Furcht vor Strafe, auch nicht mehr aus Begier nach den verheißenen Gütern, sondern in der Art und Haltung einer freiwillig zum Guten jasagenden Seele sich nie von Gott trennen, jenem Sohne gleich, zu dem das Wort gesprochen ward: ›Kind, du bist immer bei mir, und all das Meinige ist dein‹ (Lk 15, 31), durch gnadenhafte Setzung, soweit dies verstattet ist, zu dem geworden, was Gott durch Natur und ursächlich sowohl ist wie geglaubt wird.«[52]

Die vollendete Sohnschaft aus Gnade beheimatet den Menschen mitten im Herzen des dreifaltigen Gottes: »Kind, du bist immer bei mir, und all das Meinige ist dein!« Dann hat der Mensch sein Ziel erreicht, die Vergöttlichung, aber es ist nicht sein Werk, – es ist »gnadenhafte Setzung«, wie Maximus sagt, es ist Geschenk seiner Gnade. An anderer Stelle schreibt er: »Die Gnade der Vergöttlichung ist relationslos.«[53] Und nochmals: »Nicht wir bewirken die Vergöttlichung, sondern wir erleiden sie als etwas Übernatürliches aus Gnade; denn wir haben von Natur aus keine geeignete Kraft zur Vergöttlichung.«[54] Auch wenn wir die Vergöttlichung, wie Maximus sagt, erleiden, so ist sie kein Zwang, keine »Fremdbestimmung«, keine »Fremderfahrung«, die sich gegen den menschlichen Willen ereignet. Sie ist »die Begegnung von zwei Formen des Eros, des herabsteigenden göttlichen Eros und des aufsteigenden menschlichen Eros: ›Der Geist zeugt keinen Willen, der sich ihm widersetzt. Er vergöttlicht nur den, der es will‹, (so Maximus).«[55] Die Vergöttlichung kann sich nur mit Zustimmung des Menschen verwirklichen. Dies entspricht letztlich der Überzeugung, Gnade sei die tiefste, innerste Entfaltung der Freiheit. Da vollzieht sich wahrhaft gottgeschenkte Begegnung!

Gott schenkt die Gnade der Vergöttlichung frei. Er ist nicht daran gebunden, wieweit einer auf seinem geistlichen Weg vorangeschritten sein mag oder nicht. Wesentlich ist, ob einer empfänglich ist für Gott. Dennoch ist es sinnvoll, den geistlichen Weg in Stufen zu beschreiben, weil es ein Wachsen und Reifen im geistlichen Leben gibt.

---

[51] Ebd.
[52] Ebd., 402 f.
[53] Maximus, zit. Savvidis (Anm. 27) 125.
[54] Ebd. 132.
[55] Paul Evdokimov, Christus im russischen Denken, Trier 1977, 25; vgl. Balthasar 324.

5. Vergöttlichende Kraft der Liturgie

In der *Mystagogie* wird dieser Aufstieg des Menschen zu Gott mit der Kirche und insbesondere mit dem Ablauf der Liturgie verglichen. Die Gnade des Heiligen Geistes, die zwar stets unsichtbar, aber eben in vorzüglicherer Weise in der Liturgie gegenwärtig ist, geleitet uns »in jene Erlösungs-Gnade, die in jedem der begangenen göttlichen Gleichnisse sich offenbart und im Beiwohnenden wirkt, indem sie ihn der Abfolgeordnung gemäß vom Handgreiflich-Äußerlichen bis zur letzten Höhe geleitet«[56]. Im Fortgang der Liturgie, zur Zeit des Dreimal-Heilig, des Vater unser, der Kommunion spricht Maximus von dieser letzten Höhe, auf der die Seele »im Gebete Gott aus Gnade zum mystischen und einzigen Vater erhaltend, hingerissen aus allem hinaus in das Eins seiner Abgründigkeit gesammelt wird, um dabei in dem Maße Gott zu erleiden oder zu erkennen, als sie nicht mehr sich selber gehören will und weder aus sich selbst durch sich selbst noch von irgendwem fürder erkannt werden kann, als einzig von dem einen, ganzen, sie gütig als ganze aufnehmenden Gott, der sich selber der ganzen (Seele) als ganzer gottgemäß und begierdelos zu eigen schenkt und sie als ganze vergöttlicht«[57].

Diese mystische Einigung ist nicht nur den Fortgeschrittenen im geistlichen Leben vorbehalten, sondern, wie Maximus im Anschluss an dieses Kapitel in der *Mystagogie* sagt, vermag die Gnade des Heiligen Geistes jeden Gläubigen in der Kirche, in der Liturgie zu dieser Höhe zu führen, sofern er nur empfänglich ist und sich ihr überlässt.

Das aber heißt, Mystik ist nicht etwas Besonderes, sondern gehört zum Wesentlichen unseres Glaubens. Ohne die Inkarnation und ohne die Kirche ist Mystik nicht denkbar.[58] An einer anderen Stelle in der *Mystagogie* spricht Maximus von der »schauererregenden Geheimnis-Weihe der Einigung«, »wodurch Gott mit der Kirche-Seele und die Seele mit Gott ein Leib und ein Geist werden soll«. Und er zitiert dazu Eph 5,32: »Es werden zwei zu einem Fleische werden« und 1 Kor 6,17: »Wer sich dem Herrn anschmelzt,[59] der ist *ein* Geist.«[60] Dieser Begriff der mystischen Liebe »Dass zwei eins seien«, ist vor allem Ausdruck des christologischen Dogmas: Einheit ohne Vermischung. Dies zeigt nochmals, dass Einigung von Gott und Mensch nur insofern möglich ist, als Gott Gott bleibt und der Mensch Mensch bleibt, also insofern als Gott seine Transzendenz und

---

[56] Myst. 24, Balthasar 397.
[57] Myst. 23, Balthasar 396 f.
[58] Vgl. Savvidis (Anm. 27) 73.
[59] Κολλώμενος (PG 91, 681 A; 1 Kor 6,17) wird auch mit »wer dem Herrn anhängt, wer sich an den Herrn bindet« übersetzt.
[60] Vgl. Myst 5, Balthasar 381 f.

der Mensch seine Geschöpflichkeit nicht verlieren. Die ganze Existenz, das ganze Wesen des Mystikers, eigentlich jedes Christen, ist geprägt und strukturiert vom Dogma, d. h. von der Christologie, von Jesus Christus selbst.

Paulus erwähnt im 2. Korintherbrief seine Entrückung und spricht dabei, fast wie nebenbei, das Wesentliche des christlichen Lebens aus: »Ich kenne einen Menschen in Christus.« (2 Kor 12, 2) Ein Mensch *in Christus* (ἐν Χριστῷ): Dieser Ausdruck wird gebraucht, um den Zustand des Mystikers zu bezeichnen. Zugleich gilt: Jeder Getaufte ist ein solcher Mensch in Christus. Somit auch ein Mystiker. Sofern er nur die Gnade des Glaubens und der Sakramente in Fülle lebt.

Die Annahme an Kindesstatt, das Leben Christi in uns, das uns in der Taufe geschenkt ist, die Einigung mit Gott, die uns je neu in der Eucharistie geschenkt ist, – das will die Länge der Zeit hindurch gelebt werden. Liturgie und Leben gehören zusammen.

Maximus betont in seiner *Mystagogie* besonders die verwandelnde Kraft der Liturgie,[61] die den Kommunizierenden in Christus und seinen Geist verwandelt.[62] Mystiker ist dann letztlich der, der sich glaubend vermittels der Sakramente in Gott verwandeln lässt, der, in dem sich Gott offenbart. Es geht darum, das Mysterium des Heiles zu verinnerlichen, und zwar, indem wir unser Leben dem Leben Christi angleichen, Seinem erlösenden Leiden angeglichen werden, diesem Leiden, dem Seine Kirche bis ans Ende der Zeiten verbunden sein wird.

Barmherzige Liebe, die verzeiht, die das Leid des anderen auf sich nimmt, die erträgt, die ihr eigenes Leben gibt, ist die Erfüllung dessen, was wir im Mysterium der Liturgie feiern, wozu wir in der Feier des Mysteriums befähigt werden. Barmherzige Liebe – sie gleicht uns der göttlichen Menschenliebe an, sie gleicht uns Gott an!

6. Gelebte Liebe im Heiligen Geist

Christus hat uns den Weg, als Kind Gottes zu leben, die Art und Weise göttlich zu leben, gezeigt und ermöglicht. In der Taufe haben wir den Heiligen Geist, den Geist der Liebe, den Geist der Kindschaft empfangen (vgl. Röm 5, 5; 8, 15), in dem wir nun als freie Personen angesprochen und gerufen sind, die Lebensweise des Gottessohnes in unserem Leben zu verwirklichen.

Das geschieht, indem der Getaufte Christus gegenüber sein ganz per-

---

[61] Vgl. Myst. 24, Balthasar 397.
[62] Vgl. Balthasar 323.

sönliches, vorbehaltloses Ja ausspricht und sich so mit Ihm vereinigt. Dann steigt der göttliche Wille in diesem Menschen empor und wird zu dem seinen; und er spricht mit Paulus: »So aber lebe nicht mehr ich, sondern Christus lebt in mir.« (Gal 2,20) Durch den Heiligen Geist ist der Wille Gottes nicht mehr etwas Fremdes, Äußeres, sondern verleiht uns die Gnade von innen her. Der Wille Gottes »gibt sich unserem Ich kund, solange unser menschlicher Wille mit dem göttlichen in Einklang bleibt und mit ihm mitwirkt«[63].

»Sieh«, sagt Maximus, »der Herr hat uns gnädig den Weg zum Heil in die Hand gelegt und uns ewige Macht gegeben, Kinder Gottes zu werden (vgl. Joh 1,12). An unserem Willen liegt also unser Heil.«[64] Maximus spricht hier von dem erneuerten Willen des im Heiligen Geist aus Gnade Wiedergeborenen, der nun befähigt ist, in personaler Freiheit auf Gott einzugehen. Wenn der Mensch fähig wird, mit Gott zusammenzuarbeiten, dann lebt er schon jetzt in der Endzeit.[65]

Mitwirken, Zusammenarbeiten mit Gott, das meint freie, liebende Zustimmung, freie, liebende Hingabe. Und dies, selbstlose Hingabe, gehört zum Wesentlichen der Person. Hingabe als Übereignung der ganzen Person zeigt sich in ihrem Eingehen auf Gott, in unserer Empfänglichkeit und Aufnahmebereitschaft. Gott schenkt uns seine Liebe, auf dass diese in unserem Leben wirksam werde.

Das geschieht dann, wenn wir »gottgefällig« leben. Um uns, um den Menschen zu zeigen, »wie man ein gottgefälliges Leben führt«, dazu ist Gottes Sohn Mensch geworden, so schreibt Maximus in seinem *liber asceticus*.[66]

Im Paradies hatte der Mensch das Gebot Gottes übertreten, die Beziehung zu Gott und dessen Liebe verletzt und war so der Vergänglichkeit und dem Tod verfallen. Obwohl er von Gott auf vielerlei Weise geführt wurde, verfing er sich immer mehr im Gestrüpp seiner Leidenschaften und Begierden, Sehnsüchte und Wünsche, »bis dahin, dass er am Leben verzweifelte«[67] – und das könnte von vielen Menschen heute gesagt sein!

Diesem Menschen nun hat der Sohn Gottes einen neuen Weg gezeigt, den Weg der göttlichen Gebote im Glauben an den dreifaltigen Gott. Die Inkarnation erscheint hier als Antwort auf die Angst des an sich selbst verzweifelnden Menschen:

»Der Herr hat mit dem rechten Glauben die Erfüllung aller Gebote verknüpft; er wusste nämlich, dass das eine, vom anderen getrennt, den

---

[63] Vladimir Lossky, Die mystische Theologie der morgenländischen Kirche, Graz 1961, 219.
[64] Lib.asc. 42 (97).
[65] Vgl. Vladimir Lossky, A l'image et à la ressemblance, Paris 1967, 221.
[66] Vgl. Lib.asc. 1 (55 f.).
[67] Ebd.

Menschen nicht zu retten vermag.«[68] Wer sich müht, das Gebot der Gottes- und Nächstenliebe (Mk 12,30.31) mit allen Kräften zu erfüllen, hat alle Gebote erfüllt. Um aber wirklich lieben zu können, muss der Mensch von sich selbst und von allem Irdischen frei sein. »Weil wir am Irdischen festhalten«, sagt Maximus, »geraten wir mit den Menschen in Streit. Dabei müssten wir die Liebe zu jedem Menschen über alles Sichtbare stellen, selbst über unser Leben. An dieser Liebe erkennt man die Liebe zu Gott.«[69]

Prüfstein dieser Liebe ist die Feindesliebe, die nur möglich ist, wenn einer »die Absicht des Herrn« erkannt hat.[70] Maximus zeigt Christus als Vorbild der Feindesliebe, der in seiner großen Liebe zu den Menschen »als Mensch das Gebot erfüllen und den alten Fluch Adams hinweg nehmen (wollte). Weil der Herr wusste, dass das ganze Gesetz und die Propheten an den beiden Geboten des Gesetzes hängen, nämlich ›Du sollst den Herrn, deinen Gott, lieben mit ganzem Herzen und den Nächsten wie dich selbst‹ (Mk 12,30.31), war er bemüht, dies wie ein Mensch von Anfang bis zum Ende zu befolgen.«[71] Dagegen aber bot der Teufel seine ganze Macht auf und versuchte, ob er Christus nicht dazu bringen könnte, »die Dinge der Welt der Gottesliebe vorzuziehen. Da nun der Teufel wusste, dass es drei Dinge gibt, um die sich alles Menschliche dreht: Essen, Reichtum und Ruhm, durch die es ihm von jeher gelungen war, den Menschen in den Abgrund des Verderbens zu führen, versuchte er ihn in der Wüste in diesen drei Dingen. Doch der Herr erwies sich als ihnen überlegen und hieß den Teufel weichen.«[72] Weil Jesus sich durch die teuflichen Versprechungen nicht hatte dazu verführen lassen, seine Liebesbeziehung zum Vater, das Gebot der Gottesliebe zu verletzen, legte es der Teufel nun darauf an, »dass Jesus, in die Städte und Dörfer zurückgekehrt, das Gebot der Nächstenliebe übertrete«[73]. Er wiegelte jüdische Widersacher gegen Christus auf, ob der Herr sich nicht zum Hass gegen seine Verfolger verleiten ließe.

Man hat den Eindruck, dass für Maximus mit dieser Versuchung etwas Neues in der Menschheitsgeschichte passiert.[74] Bisher war es dem Teufel gelungen, die Menschen durch die Verfallenheit an die elementarsten Bedürfnisse von Gott abzubringen. Nun da ihm dies bei Christus nicht geglückt war, zielte er auf die verborgenste Liebeskraft der Seele, die der Schöpfer von Anfang an in das Herz des Menschen gelegt hatte, um diese

---

[68] Lib.asc. 2 (57); vgl. auch 34 (83).
[69] Lib.asc. 7 (60).
[70] Vgl. ebd. 9 (62 f.).
[71] Lib.asc. 10 (63).
[72] Lib.asc. 11 (63 f.).
[73] Lib.asc. 11 (64).
[74] Vgl. Irénée Henri Dalmais, La doctrine ascétique de Saint Maxime le Confesseur d'après le liber asceticus, in: Irénikon 26 (1953) 17–39, 31.

Fähigkeit des Menschen zu lieben in ihr Gegenteil zu kehren und so zu zerstören.

In den *Sprüchen über die Liebe* schreibt Maximus: »Die vollkommene Liebe zertrennt nicht die eine Natur aller Menschen auf Grund ihrer verschiedenen Meinungen und Verfasstheiten. Sie blickt immerfort auf diese Einheit und liebt deshalb alle Menschen gleicher Weise; die Eifrigen liebt sie als Freunde, die Verkehrten als Feinde, indem sie ihnen Gutes erweist und in Langmut ihre Nachstellungen erträgt, in keiner Weise das angetane Schlimme bedenkt, ja sogar für sie leidet, wenn sich Gelegenheit dazu bietet. Sie macht sie sich so vielleicht zu Freunden; wenn nicht, fällt sie wenigstens nicht von sich selber ab, trägt vielmehr immer die Früchte der Liebe in gleicher Weise zu allen Menschen.«[75]

Christus ist nicht von sich selber abgefallen. Er ließ sich nicht zum Hass verleiten, sondern erwies allen seine Liebe. Maximus schreibt: »An dem Verführer aber rächt er, Christus, sich durch seine Liebe zu den Verführten. Welch unerhörter Kampf! Statt des Hasses zeigt er Liebe, und seine Güte bezwang den Vater des Bösen. Darum ertrug er so viel Böses von ihnen, richtiger gesagt: um ihretwillen, und kämpfte als Mensch bis zum Tod für das Gebot der Liebe. Und als er den vollkommenen Sieg über den Teufel errungen hatte, erlangte er für uns den Kranz der Auferstehung. So erneuerte der neue Adam den alten.«[76]

Bevor Maximus nun auf die Konsequenzen für uns eingeht, fasst er noch einmal zusammen: »Das also war die Absicht des Herrn: dem Vater als Mensch für uns gehorsam zu sein bis zum Tod, indem er das Liebesgebot erfüllte, und den Teufel abzuwehren, indem er sich dem Leiden unterwarf, das er ihm durch die von ihm angestifteten Schriftgelehrten und Pharisäer zufügte. Und so besiegte er, indem er sich freiwillig besiegen ließ, den, der zu siegen hoffte, und befreite die Welt von seiner Herrschaft.«[77]

Damit hat Christus uns einen neuen Weg eröffnet, den Weg der Liebe bis ans Ende. Diesen Weg der Nachfolge Christi gingen auch die Apostel und die Heiligen. Sie ließen sich nicht von der Liebe abbringen. Sie wehrten allem Widrigen »durch die Kampfart des Erlösers, der das Böse durch das Gute besiegte«[78]. Und »so haben sie ... die ganze Welt von den bösen Geistern befreit und sie für Gott gewonnen, indem sie durch ihre eigene Niederlage diejenigen besiegten, die damit gerechnet hatten, selbst zu siegen«[79]. Alles, was ihnen widerfuhr, nahmen sie als Chance und Einladung zur Liebe an. Auch wir sind gerufen, den von Christus neu eröffneten Weg

---

[75] Sprüche über die Liebe I,71, Balthasar 323.324.
[76] Lib.asc. 12 (65).
[77] Lib.asc. 13 (65).
[78] Lib.asc. 15 (67).
[79] Ebd.

der Liebe zu wählen, – und das ist ein Martyrium, ein Martyrium der Liebe!

Denn was diesen Weg kennzeichnet, ist für Maximus, »die nicht zu verabscheuen, die einen kränken, und die zu lieben, von denen man gehasst wird. Wenn darum der Herr sagt: ›Liebt eure Feinde, tut Gutes denen, die euch hassen‹ (Mt 5, 44; Lk 6, 27), dann verlangt er damit nichts Unmögliches, sondern gibt ein offenbar erfüllbares Gebot.«[80] Doch nur für den, der »die Absicht des Herrn ... durch die Gnade des Herrn hat erkennen dürfen«[81], ist es erfüllbar, in Freiheit erfüllbar.

Einzig Liebe und Freiheit können Liebe und Freiheit ansprechen. Nur eine sich selbst entäußernde Freiheit, nur eine sich selbst entäußernde Liebe kann den Menschen zu ebensolcher Liebe einladen. Einzig kraft seiner sich selbst entäußernden, irrsinnigen Liebe zu uns Menschen bittet Gott um unsere Liebe. In Christus und nur von Ihm her ist es dem Menschen möglich zu lieben, einfach hin zu lieben, sich der äußersten Liebe zu überlassen, einer Liebe, die jeder Dialektik von Denken und Tun, Aktion und Reaktion voraus liegt.

Der Weg der Liebe ist ein Weg der Entäußerung, der Läuterung von den Leidenschaften, der Selbstbeherrschung, der Hingabe und des Gebetes. So zeigt ihn uns Maximus im zweiten Teil des *Liber asceticus*, dem eigentlich asketischen Teil der Schrift. Sinn aller Askese und aller Übung der Tugenden ist für Maximus nur die Liebe. Alle Askese soll uns zur Liebe befreien, denn einzig mit Liebe können wir in Wahrheit auf die Liebe Gottes zu uns antworten. »Jede fromme Übung hat, wenn ihr die Liebe fehlt, mit Gott nichts zu tun.«[82]

Alle Kräfte des Menschen sollen in die Liebe hinein verwandelt werden. So sagt Maximus in den *Sprüchen über die Liebe*: »Wessen Geist immerdar zu Gott gewendet ist, dessen Begierlichkeit ist über sich hinausgewachsen in den Eros zu Gott hinein, und sein Zorn ist hinein verwandelt in die göttliche Agape.«[83] »Die Liebe verbindet in dem, der sie besitzt, Gott und den Menschen.«[84]

---

[80] Lib.asc. 8 (61 f.).
[81] Lib.asc. 9 (62 f.).
[82] Lib.asc. 36 (86).
[83] Sprüche über die Liebe II, 48, Balthasar 438.
[84] Epistula 2, der Text der epistula 2 findet sich in: Maximus der Bekenner, Drei geistliche Schriften (Anm. 22) 101–116, hier 110.

7. Unser Ziel – Vergöttlichung

»Es gibt kein tieferes Geheimnis, nichts, was die Menschen mehr vergöttlicht, als die göttliche Liebe.«[85] Wenn wir ganz göttlich sind, dann werden wir ganz menschlich sein.

Am Ende der *Mystagogie* hat sich Maximus auf die Erzählung vom Jüngsten Gericht im Matthäus-Evangelium (25, 31–44) berufen, um uns die Bedeutung der Liebe auf dem Weg der Vergöttlichung vor Augen zu stellen. Die ganze Erzählung besticht durch ihre Einfachheit und Eindeutigkeit. Dabei sind zwei Aspekte wesentlich, zum einen der entscheidende Charakter des gegenwärtigen Augenblicks und zum anderen die Gegenwart Christi in den Armen und Bedrängten.

Wir sollen in der Gegenwart leben und uns nicht in Träumereien über die Vergangenheit oder die Zukunft verlieren. Das Heute, die Wirklichkeit des jetzigen Augenblicks fordert uns, wie ein Sprichwort der Väterzeit sagt: »Die Stunde, die du gerade lebst, ist die wichtigste deines Lebens.« Es gibt das »Mysterium des göttlichen Jetzt«![86] Nur in der Gegenwart kann der Mensch lieben. Da geht es dann letztlich nicht um Lebensregeln, Bräuche oder sonstige Vorschriften, sondern um einen gewissen Lebensstil, nämlich um geistliche Aufmerksamkeit für die geheimnisvolle und vielfältige Gegenwart des auferstandenen Christus. Er will uns in den Menschen und Ereignissen unseres Lebens begegnen und erwartet von uns, dass wir ihn dort erkennen, ihm dort folgen und dienen.

Die einzige Anklage im Jüngsten Gericht ist die, dass einer unaufmerksam, unsensibel für die Gegenwart Christi in den Leidenden, in jedem Menschen, der einem begegnete, war. Nicht nur, dass einer Böses getan hat, sondern, wie Maximus im *liber asceticus* sagt, »dass wir das Gute vernachlässigt und den Nächsten nicht geliebt haben«[87] – das wird uns vorgehalten werden.

Wir sind gerufen, wie Gott zu lieben, ihm durch Liebe ähnlich zu werden. Das zeigt Maximus in eindrücklichen Worten im letzten Kapitel der *Mystagogie*: »Nichts verhilft leichter zur Gerechtigkeit, nichts macht geeigneter, wenn ich so sagen darf, zur Vergöttlichung und zum freundschaftlichen Umgang mit Gott als das Erbarmen, das mit Freude und Lust aus voller Seele den Bedürftigen entgegengebracht wird. Wenn nämlich die Schrift den der Wohltat Bedürftigen als Gott hinstellt (›Was immer ihr einem dieser Geringsten getan habt‹, sagt sie, ›das habt ihr mir getan‹

---

[85] Epistula 2, ebd. 102.
[86] Offizium der Passion des Herrn am Gründonnerstagabend, vgl. Griechische Ostern. Das Drama Jesu Christi nach den Texten der Byzantinischen Karwoche, übersetzt von Lorenz Gyömörey, o. J., 71.
[87] Lib.asc. 30 (79).

»Unsere Frömmigkeit muss vor allem dogmatisch richtig sein.«

(Mt 25, 40) und Gott ist es, der spricht), so wird sie noch viel mehr den, der Wohltat spenden kann und auch spendet, wahrhaft durch Gnade und Teilnahme als Gott erweisen, da er sich die Macht und Besonderheit Seines Wohltuns in schöner Nachahmung angeeignet hat. Denn wenn Gott jener Arme ist, durch Seine verarmende Herablassung um unseretwillen, mit der Er eines jeden Leid mitleidend auf Sich nahm und geheimnishaft bis ans Ende der Welt nach dem Maße des Leides eines jeden immerdar auf Grund Seiner Güte leidet, so ist mit Fug derjenige noch viel mehr Gott, der in Seiner Nachfolge durch Menschenliebe die Leiden der Duldenden gottförmig durch sich selber heilt und nach dem Maße der ihm zugestandenen Teilnahme an der erlösenden Vorsehung sich von gleicher innerer Gesinnung wie Gott erweist.«[88] Die Liebe zu leben ist ein göttliches Abenteuer – für Maximus ebenso wie für uns.

8. Epilog

Dieser Weg der göttlichen Liebe ist eine Gratwanderung, bei der wir auch am Abgrund des (ewigen) Verderbens stehen. Denn »die furchtbaren Strafgerichte Gottes« sind keine »bloße Erfindung«, sagt Maximus.[89] Die »verrückte, irrsinnige« Liebe Gottes zu uns Menschen kann auch die Form der Gerichtsdrohung annehmen, – auf dass wir umkehren hin zu ihm. Gerade weil unser Weg am Abgrund entlang führt, ist es umso notwendiger, immer »den Geist in großer Ehrfurcht und Sehnsucht zu Gott hinzuwenden, stets in der Hoffnung auf ihn zu brennen und in allem auf ihn zu vertrauen«[90]. Dabei dürfen wir wissen: letzter Grund unseres Vertrauens und Quelle unserer Hoffnung ist der gekreuzigte und auferstandene Christus. Der Vater hat das ganze Gericht in die Hände seines Sohnes gelegt, dessen Kreuzestod »Gericht über jedes Gericht« ist, wie Maximus einmal geschrieben hat.[91] Durch das Kreuz haben wir abgrundtiefes Vertrauen auf die göttliche Barmherzigkeit.

»Wer versteht die Erbarmungen des Herrn?« (Ps 106, 43 Septuginta).

Doch Maximus sagt auch, das Mysterium der Barmherzigkeit Gottes solle im Schweigen geehrt werden. Ein vorzeitiger Blick in den Abgrund der göttlichen Barmherzigkeit ist uns nicht gestattet: »Gott allein kennt das letzte Ziel seiner Vorsehung.«[92]

Die Heimholung aller in Gott ist nicht Lehre der Kirche, aber ihre

---

[88] Myst. 24, Balthasar 404.
[89] Lib.asc. 27 (75); vgl. Balthasar 358.
[90] Lib.asc. 25 (74).
[91] zit. Lossky (Anm. 61) 192.
[92] Maximus, zit. Balthasar 359 in Anm. 1.

und unsere Hoffnung. Und vielleicht erwartet Gott sie von der Liebe der Heiligen und von unserem Gebet?

Wir müssten viel mehr beten und uns so der Liebe Gottes zu allen Menschen angleichen; gerade für die beten, die wir anders gar nicht oder gar nicht mehr erreichen können. Deutlich wird dies in einer Geschichte, die über den heiligen Paisius erzählt wird. Er betete für seinen Schüler, der Christus verleugnet hatte. Und während er betete, erschien ihm der Herr und fragte ihn: »Paisius, für wen betest du? Weißt du nicht, dass er mich verleugnet hat?« Aber der Heilige hörte nicht auf, voller Erbarmen für seinen Schüler zu beten. Da sprach der Herr zu ihm: »Paisius, du hast dich mir ganz gleich gemacht durch deine Liebe.«[93]

---

[93] Vgl. Paul Evdokimov, L'amour fou de Dieu, Paris 1973, 36 f.

Maria Brun

Geist und Seele der Orthodoxie

I.

Im Feuilleton der »Neuen Zürcher Zeitung« ist im Zeitraum von März 2006 bis Mai 2007 eine Publikationsserie erschienen, wobei zwanzig Autoren, die meisten Theologen, Philosophen, Kleriker, Laien, Universitätsprofessoren auf die Frage antworteten: »Was ist eine gute Religion?«[1] Um es gleich vorwegzunehmen: die Antworten fielen sehr vielfältig aus. Da wird Religion in Anspruch genommen, um den Weltfrieden zu garantieren, indem von Toleranz gesprochen wird. Oder sie soll mithelfen, die Ideale Freiheit, Gerechtigkeit, Solidarität und Wahrheit zu verkörpern. Etwas ethischer formuliert soll sie aus einem Grundbedürfnis des Menschen hervorgehen und zu einem guten Leben anleiten, indem sie Lebenssinn vermittelt und hilft, den Blick über die irdische Sphäre hinaus zu lenken. Wenige Autoren formulieren ihre Ansicht sehr ehrlich und finden Religion nichts anderes als eine »grosse Kinderei«[2], und Gott vielleicht sogar nur ein »Konstrukt« eines menschlichen Bedürfnisses.[3]

Und mitten in diesem Autorenkreis findet sich ein Vertreter des Islam, der mit Verwunderung feststellt, dass unter diesen vielen Stimmen nirgends vom *Gebet* die Rede ist, Religion sei doch »vor allem anderen zunächst einmal Praxis: Nächstenliebe, Barmherzigkeit«, letztendlich sogar Heiligkeit, »die unser gewöhnliches Menschsein überragt und damit unsere Welt transzendiert«[4]. Und wen erstaunt's? Ihm schließt sich alsbald eine Stimme an, die die Lehre Christi als »eine Lehre des Herzens« bezeichnet – eben weil auf Liebe und Barmherzigkeit gründend,[5] und so müsse die Religion den Menschen »radikal transformieren und ihn damit in die Gegenwart des Höchsten heben«[6]. Als Leser ist man doch erstaunt, fast auf

---

[1] Was ist eine gute Religion? Zwanzig Antworten (hg. von Uwe Justus Wenzel). – München 2007.
[2] Christoph Türcke, *(Philosoph)*, ebd. 26–30.
[3] Ernst Tugendhat, *(Philosoph)*, ebd. 99.
[4] Navid Kermani, *(Orientalist, Regisseur)*, ebd. 58, 60.
[5] Erich Kahler, *(Historiker)*, in: Arno Gruen, *(Psychologe, Psychoanalytiker)*, ebd. 70.
[6] Karen Armstrong, *(ehem. Nonne, Religionswissenschaftlerin)*, ebd. 88.

den letzten Seiten der gesammelten Artikelreihe noch folgende Aussage zu lesen: »Die bestmögliche Religion wäre der Glaube ..., dass das Absolute, der Schöpfer der Welt, selbst in diese Welt eingetreten ist und sich mit dem Menschen in einer unauflöslichen Einheit verbunden hat.«[7] – womit man sich ins *Herzstück* des christlichen Glaubens versetzt findet!

Dieser Facettenreichtum dessen, was Religion, letztlich auch Glaube, sein kann, ist doch bedenkenswert, denn es ist dem heutigen Menschen alles andere als klar, *was* und *wozu* Religion überhaupt gut ist. In der aktuellen wirren Landschaft von Angeboten, die alle Erfüllung verheißen, stehen die großen Religionen wie Monolithen da, befindet sich die Orthodoxie wie ein ruhender Anker. Und um das Glaubensgut dieser Religion geht es in diesem Artikel.

II.

Bekanntlich ist die Orthodoxie der dritte große Zweig des Christentums, teilt in vielem das Glaubensgut der römisch-katholischen Kirche, steht ihr also sehr nahe. Dennoch kennzeichnet sie ein reicher Traditionsschatz, der das Spezifikum der orthodoxen Kirche ausmacht und ihr das eigene, unverkennbare Gepräge gibt.

Um »den Geist und die Seele der Orthodoxie« zu beschreiben, erlauben wir uns – ohne weitere Prämissen und Umschweife – in *medias res* zu gehen und Kernstücke dieses Glaubens darzustellen.

Um den richtigen Zugang zur Orthodoxie zu erhalten, müsste man einleitend anbringen, dass die orthodoxe Kirche und Theologie *wortscheu* sind. Diese Aussage ist keine Kontradiktion zu den oft mehrstündigen Gottesdiensten. Hier sind ja der Worte genug, doch geht es dabei um etwas Tieferes: nämlich, um die im Glauben gemachte Erfahrung, dass das Lob Gottes kein Ende hat. Mit *wortscheu* sei auf ein ganz bestimmtes Problematikum hingewiesen: *Wie* kann das Göttliche erfasst, das Heilige erkannt, das Vollkommene in Worte gefasst werden? Ist dies überhaupt mit dem Verstand erkennbar, in Worten *fassbar*? Die Orthodoxie ist der Ansicht, dass das Reden von und vor Gott nur ein Stammeln ist; mit vielen Worten wird versucht das auszudrücken, was letztlich nie in Worte gefasst werden kann.

Der Apostel Paulus benennt dies vor der Gemeinde in Korinth, indem er sagt: »Wir verkündigen das Geheimnis der verborgenen Weisheit Gottes ..., was kein Auge gesehen, kein Ohr gehört, was in keines Menschen Herz gedrungen ist.«[8] Ferner präzisiert er, dass »nicht glänzende

---

[7] Robert Spaemann, *(Philosoph)*, ebd. 110.
[8] 1 Kor 2,7. 9; cf. Jes 64,3.

Reden oder gelehrte Weisheit«, sondern allein sein Glaubenszeugnis aus »Geist und Kraft« ausreichen müsse, um seine Botschaft überzeugend zu überbringen.[9] Er verweist auch darauf, dass nur wer »aus Gott stammt«, d. h. den Geist Gottes erhalten hat, »erkennen (kann), was uns von Gott geschenkt worden ist«[10]. Der Glaube an Christus ist eine »wirksame Kraft«, die das Leben verändert, erneuert, ein »Wachstum im Geist« bewirkt. Menschen des Glaubens – und damit untrennbar verbunden Menschen des Gebetes – haben eine bewusst oder unbewusst wahrgenommene Auswirkung auf ihr Umfeld. Menschen des Glaubens überzeugen durch ihr gelebtes Zeugnis, nicht durch viele Worte und theologische Streitgespräche. »Die Menschen (des Glaubens und) des Gebetes sind sichere Leuchtfeuer, die den Weg bis zum Ende erhellen.«[11] Dazu lesen wir beim Evangelisten Matthäus Jesu Worte aus der Bergpredigt: »So soll euer Licht vor den Menschen leuchten, damit sie eure guten Werke sehen und euren Vater im Himmel preisen.«[12]

Der große Kirchenvater *Gregor von Nazianz* versuchte die menschliche Begrenztheit und Unzulänglichkeit im verbalen Ausdruck Gottes Erhabenheit gegenüber in einem sogenannten »negativen« *Hymnus an Gott* zu beschreiben:

»Oh, all Jenseitiger! Wie anders dürfte man Dich nennen?
Wie soll Dich preisen ein Wort? Keinem Wort bist Du sagbar.
Wie soll Vernunft dich betrachten? Keiner Vernunft bist Du fassbar.
Du allein bist ohne Namen: denn durch Dich erst ist aller Name.
Du allein bist unerkannt durch Gedanken:
    Denn durch Dich erst ist Gedanke und Erkenntnis.
Alles was sprechen kann, preist Dich, und alles was nicht sprechen kann.
Alles was denken kann, ehrt dich, und alles was nicht denken kann.
Sehnsucht des Alls zielt nach Dir, nach Dir gehen all seine Wehen.
Dich betet an das All: Beständig bedenkend Deines Sinnbilds,
Stammelt das ganze All Dir stumm eine schweigende Hymne.
Alles harrt auf Dich, drängt hin auf das Ziel aller Dinge.
Und aller Ziel bist Du: und Einer und Alles und Keiner,
    Du, nicht Eines, nicht Alles.
Allnamiger, wie benenne ich dich, Den einzig Ungenannten?
Welcher himmlische Bote hat je gelichtet, was jenseits der Wolken?
Sei mir gnädig, oh, all Jenseitiger!
Denn wie anders dürfte man Dich nennen!«[13]

---

[9] Cf. 1 Kor 2, 1–5.
[10] 1 Kor 2, 12.
[11] Mattâ Al-Maskîn, Die Erfahrung Gottes im Leben des Gebets. In: Der christliche Osten 62 (2007) 5, 293–297, hier 297.
[12] Mt 5, 16.
[13] Gregor von Nazianz, Ὕμνος εἰς Θεόν (PG 37, 507). – Vgl. in: Rudolf Otto, Das Heilige.

Dieser »negative« Weg, der der Tatsache Rechnung trägt, dass Gott letztlich nicht in positiver Weise beschrieben werden kann, diese *apophatische*, ausschließende Theologie, kennzeichnet vor allem die Tradition der Kirchenväter[14] und ist der Orthodoxie eigen – ganz im Gegensatz zur westlichen Theologie, die mehrheitlich den *kataphatischen* Weg beschritten hat. »Wir können über Gott nicht sagen, was er *ist*, sondern wir können nur sagen, was er *nicht ist*.«[15] »Gott ist kein ›Gegenstand‹ des Wissens ... Gott wird nicht von fern erkannt, nicht durch Nachdenken über ihn, sondern durch die unbegreifliche Vereinigung mit ihm.«[16]

Das Reden von und über Gott kann mit der Liebe verglichen werden, denn – die Glaubenserfahrung des Apostels und Evangelisten Johannes[17] – bezeugt, dass Gott selbst die Liebe ist. Und wer jemals die Liebe erfahren hat oder in der Liebe lebt, weiß, dass die besten und schönsten Worte nicht ausreichen, um das auszudrücken, was man empfindet, wenn man von Liebe ergriffen ist. Hier hören die Worte auf, und man sucht nach einer anderen Ausdrucksweise: nach Gesten, Liebkosungen, nach Blicken, Zeichen der Verbundenheit, Austausch von Gefühlen, einer inneren gemeinsamen nonverbalen Sprache. Und so empfindet auch die Orthodoxie. Ihre Rede über Gott ist ein Lobpreis, ein Bittgebet, Gesang, Ikonendarstellungen, Wohlgeruch, himmlische Atmosphäre, göttliche Liturgie – wenn sie nicht das Schweigen in der mystischen Begegnung mit Gott vorzieht. »Gott ist die Liebe« – und dieser Zentralpunkt durchwirkt das Leben und das Bewusstsein des orthodoxen Gläubigen:

– Gottes Liebe steht am Anfang der Schöpfung;
– Gottes Liebe hat sich in der Menschwerdung Gottes geoffenbart;
– Gottes Liebe hat sich durch den Sühnetod seines Sohnes Jesus Christus den Menschen gnadenhaft erwiesen und ihnen den Weg der Versöhnung geebnet;
– Gottes Liebe hat durch das Auferstehungsgeschehen den Menschen wieder auf Gott hin orientiert.
– Gottes Liebe steht am Ende der Zeiten, wenn er die ganze Schöpfung »an sich zieht« und den Menschen ins Himmlische Jerusalem aufnimmt.

Über das Irrationale in der Idee des Göttlichen und sein Verhältnis zum Rationalen. – München 1963, 218.

[14] Vor allem *Dionysios Areopagita*, Über die mystische Theologie (eingeleitet und übersetzt von Adolf Martin Ritter). – Stuttgart 1994 (Bibliothek der griechischen Literatur 40), 75 f.; sowie *Johannes Damascenus*, Genaue Auslegung des orthodoxen Glaubens (übersetzt und eingeleitet von Dionys Stiefenhofer). – Kempten–München 1923 (BKV 44), 6–8.

[15] Hilarion Alfejev, Geheimnis des Glaubens. Einführung in die orthodoxe dogmatische Theologie. – Freiburg i. Üe. 2003 (Ökumenische Beihefte 43), 37.

[16] Georgij Florovskij, Die byzantinischen Väter des 5.–8. Jahrhunderts. – Paris 1937, 102 f.

[17] 1 Joh 4.

Es ist diese unermessliche Liebe, die »das Bild von einem Gott, der dem Menschen in eine unerreichbare Ferne entrückt ist, auf den Kopf (stellt)«[18]. Mit anderen Worten ist dies der Unterschied zwischen dem Gott des Alten Testaments und dem Gott der Christen. »Gott ist die Liebe, und wer in der Liebe bleibt, der bleibt in Gott, und Gott bleibt in ihm.«[19] »Und jeder, der liebt, stammt von Gott und erkennt Gott.«[20] Diese johanneischen Worte sind das Herzstück der Orthodoxie. Aber wie und wo sind sie einem gläubigen Menschen, einem orthodoxen Christen, erfahrbar?

Insofern die Orthodoxie nicht das Schweigen vor dem Göttlichen vorzieht, findet man seinen bewussten Ausdruck in der *Ikone* – als *Abbild* des Göttlichen – und in der *Liturgie* – als *Vergegenwärtigung* des göttlichen Heilsgeschehens und als *Vorahnung* des Lebens in der kommenden Welt, bei Gott. Diese beiden Aspekte – Liturgie und Ikonen – sind Schwerpunkte der Orthodoxie und beinhalten im Kernstück die ganze orthodoxe Theologie.

Im Unterschied zu anderen Glaubensrichtungen ist es für einen orthodoxen Gläubigen völlig normal – soweit es ihm möglich ist und die verbalen Unzulänglichkeiten es erlauben –, das Göttliche zu benennen und über es zu sprechen. Das Göttliche ist in der Orthodoxie nicht so weit entfernt wie etwa im *Judentum*, wo man – aus Ehrfurcht – den Namen Gottes gar nicht mehr ausspricht, oder wie im *Protestantismus,* wo das Göttliche so erhaben ist, da die Unvollkommenheit und Sündhaftigkeit des Menschen und die Frage nach der Rechtfertigung vor Gott unentwegt präsent sind. Der orthodoxe Gläubige ist spontan und lebt sein Christsein in Anbetracht des Ziels seines Glaubens – und damit auch des Ziels seines Lebens: sich auf dem Weg zu Gott zu wissen. Der orthodoxe Gläubige hungert nach Gott – so sehr – dass er versucht, in einer bestimmten Weise, Gott in sein Leben hinein zu ziehen. Er oder sie möchten etwas von diesem Göttlichen im irdischen Leben spüren; es ist die Vorahnung des himmlischen Mahles, des Reiches Gottes, die er oder sie konkret in ihrem Leben jetzt, heute schon, wahrnehmen möchten.

III.

Unter diesem Gesichtspunkt sei nun die *Liturgie* betrachtet. Um die orthodoxe Liturgie besser zu verstehen, würden westliche Menschen wohl ein Buch zur Hand nehmen, in dem sie Informationen, Antworten auf Fragen,

---

[18] Michael Theunissen, *(Philosoph)*, in: Was ist eine gute Religion? 120.
[19] 1 Joh 4, 16b.
[20] 1 Joh 4, 7.

Erklärungen finden: dieser Zugang ist typisch für den westlich-kopflastigen Menschen. Damit verfehlt er aber mit Sicherheit den Zugang zum Wesen der Orthodoxie. Die Orthodoxie kann man nicht mit dem Kopf verstehen, sondern man muss sie im Herzen zu begreifen suchen. Die orthodoxe Liturgie ist genuin gelebtes Glaubenszeugnis. Ganz im Unterschied zur westlichen Mentalität, wo das Kirchliche je länger je abstrakter und bescheidener wird, sich immer mehr am Menschen orientiert, ist für den orthodoxen Gläubigen nichts gut genug und nichts schön genug für Gott: der Raum, die Ausstattung, die Gefäße, die Gewänder, die Farben, die Klänge, die Hymnen, der Weihrauch – einfach alles.

Der orthodoxe Gottesdienst wird auch »göttliche Liturgie« genannt. Er symbolisiert in gewissem Sinne »den Himmel auf Erden« und ist Abbild der himmlischen Liturgie. Die Kirche als Gotteshaus bietet den Raum, wo der gläubige Mensch einen Vorgeschmack über »die Schönheit der geistigen Welt«[21], d. h. der Welt bei Gott erhält. Denn für den orthodoxen Menschen gibt es »keine Trennwand zwischen oben und unten, weder räumlich noch zeitlich«. Das heißt, es gibt auch keine Aufteilung zwischen der »diachronischen« und der »synchronischen« Gemeinschaft der Kirche.[22] So kommt es auch, dass sich »die Schau der geistigen Schönheit mit der Schau der Schönheit dieser Welt (verbindet)«[23]. Sehr ergreifend kommt dies – besonders auch musikalisch – zum Ausdruck, wenn vor dem »Grossen Einzug« der *Cherubim-Hymnus* gesungen wird:

»Im Mysterium bilden wir die Cherubim dar
Und singen der Leben schaffenden Dreieinigkeit
Den Hymnus des dreifachen Heilig.
Lasset uns ablegen alle Sorgen dieser Welt,
Um zu empfangen den König des Alls,
Den unsichtbar geleiten die Heerscharen der Engel.
Alleluja, Alleluja, Alleluja.«

Die Teilnahme an einem orthodoxen Gottesdienst beruht auf der Annahme, dass man zu einem Fest geladen ist, bei dem Gott der Gastgeber und real anwesend ist – und dementsprechend kleidet man sich. Es wäre nicht nur unangebracht, im Alltagskleid einem Gottesdienst beizuwohnen, sondern vielmehr ist es für einen Orthodoxen undenkbar, dass sich ein Mensch in seinem »Alltagszustand«, der in einem ungepflegten Erscheinungsbild zum Ausdruck kommt, dem Heiligtum nähert, gleichsam vor Gott tritt.

Wie bei jeder Einladung zu einem Fest, trifft man seine Vorkehrun-

---

[21] Sergij Bulgakov, Die Orthodoxie. Die Lehre der orthodoxen Kirche. – Trier 2004, 198.
[22] Vgl. Grigorios Larentzakis, Die orthodoxe Kirche. Ihr Leben und ihr Glaube. – Graz–Wien–Köln 2000, 97.
[23] Sergij Bulgakov, op. cit. 197.

gen, bereitet man sich auf den Gottesdienstbesuch vor. Der orthodoxe Gläubige ist sich der Heiligkeit des Moments bewusst – um so mehr wenn es sich um eine eucharistische Liturgie handelt: Während zwei Wochen nimmt sich ein orthodoxer Gläubiger vor, durch Verzicht und Fasten, durch Werke der Nächstenliebe, spirituelle Vertiefung und Umkehr, sich bestmöglichst auf die Begegnung mit Gott im eucharistischen Mahl vorzubereiten. Dieser Tag ist ein Festtag: für ihn, für sie, für ihre Familien und für ihre Freunde, die sich mit ihm oder ihr zusammen freuen, dass er oder sie zum Tisch des Herrn getreten und am eucharistischen Mahl teilgenommen haben.

Hier gibt es keine Routine, keine Verflachung vor der Begegnung mit dem Heiligsten, aber auch keine Furcht oder Angst vor Gottes gestrengem Richterspruch. Wohl Gottesfurcht, aber stets in der Gewissheit, einem barmherzigen und menschenfreundlichen Gott gegenüber zu sein. Dies ist keine Verniedlichung der anspruchsvollen Realität, dass kein Mensch unvorbereitet oder schuldhaft vor Gott treten soll, um nicht das eigene Gericht über sich zu ziehen.[24] Es ist vielmehr die Haltung eines Menschen, der sich als Kind Gottes weiß und im Vertrauen auf das Wohlwollen seinem Vater entgegen geht – ähnlich dem Gleichnis »vom verlorenen Sohn«[25], der einsichtig wird, reumütig umkehrt, um Verzeihung bittet und von seinem Vater, der schon jahrelang auf seine Um- und Rückkehr gewartet hat, aufgenommen wird, der ihm ein Zuhause bietet und ihm in der Versöhnung die Lebensfreude zurück schenkt. Das Gleichnis könnte auch »vom barmherzigen Vater« heißen.[26]

Der Gottesdienst, im besondern die *eucharistische Liturgie*, die heilige Eucharistie, ist die Quelle, die den Gott suchenden Menschen zu seinem Schöpfer führt und ihn am Erlösungsgeschehen teilhaftig werden lässt. »Das Leben der Kirche im Gottesdienst ist die sich geheimnisvoll vollziehende Inkarnation. Der Herr lebt in der Kirche weiter.«[27] Hier vernimmt man nicht nur das Wort Gottes, lobpreisen die Anwesenden nicht nur Gott und tragen ihm ihre Anliegen und Fürbitten vor, hier dürfen nicht nur Freude gelebt und Trauer beklagt werden: hier ist der »Kulminationspunkt« des gelebten und praktizierten christlichen Glaubens, des spirituellen Lebens der Christen. Zudem ist die Liturgie der »ideale Weg zur göttlichen Herrlichkeit«.[28]

Eigentlich gibt es in diesem Punkt keinen Unterschied zu den übri-

---

[24] Cf. 1 Kor 11, 29.
[25] Lk 15, 11–32.
[26] In Anlehnung an die orthodoxen Kirchenväter, vgl. Michael Staikos, Auferstehung. Von erlebter orthodoxer Spiritualität. – Wien 2000, 124.
[27] Sergij Bulgakov, op. cit. 198, cf. 203.
[28] Michael Staikos, op. cit. 44.

gen christlichen Kirchen und kirchlichen Gemeinschaften, doch kommt dies wohl in der Orthodoxie am deutlichsten zum Ausdruck. Vom theologischen Standpunkt aus gibt es für orthodoxe Christen keine »Abtrennung des liturgischen Lebens vom Alltagsleben«[29]. Wenn das stimmt, so ist es offensichtlich, dass sich die beiden Lebensformen stets gegenseitig befruchten und inspirieren müssen. Nach orthodoxer Auffassung kann und darf sich ein Glaubensleben nie nur auf den Gottesdienst allein beschränken. Der Gottesdienst muss zum Dienst am Nächsten führen, sonst ist er eine Heuchelei. Und umgekehrt wird der einseitige Dienst am Menschen, so großzügig er auch gemeint und gelebt sein kann, dem christlichen Anspruch ebenso wenig gerecht, denn die soziale Haltung allein genügt nicht.[30] Auch sie soll letztlich aus dem Glauben motiviert sein und zur Quelle des Glaubens, zu Gott zurück führen; denn Gott ist die Quelle aller Liebe und Güte.[31]

Nach orthodoxer Auffassung führt die Liturgie den gläubigen Menschen auf einen *Weg*. Die Liturgie ist ein *Einstieg* der Seele in eine bestimmte Lebenshaltung; hier nämlich erfährt sie eine mystische *Gemeinschaft* (κοινωνία – *communio*) zwischen Gott und Mensch, aus der der Einzelne dann auch zur Gemeinschaft von Mensch zu Mensch fähig wird. Liturgie ist nichts anderes als eine Feier der Gemeinschaft zwischen Mensch und Gott, die sich am intimsten in der Teilnahme und Teilhabe (συμμετοχή – *participatio*) an den eucharistischen Gaben von Brot und Wein verdichtet. Hierin erfährt der gläubige Mensch die ganze Bedeutung von Gottes Barmherzigkeit und Liebe, die sich auf ihn oder sie übertragen – und durch ihn und sie auf ihr ganzes Umfeld auswirken. Ein Gottesdienst hilft dem Menschen, sich nie einsam zu fühlen; hier kann man Gottes Nähe spüren, finden, erleben; hier kann man mit Gott sprechen *oder* hadern, ihn loben *und* bitten, ihm Fragen stellen *und* Antworten erhalten. Vor Gott darf der Mensch aber auch *schweigen*. Er muss nichts, darf ausruhen. Es wird ihm keine Pflicht abverlangt; er darf sich selbst sein. Der Mensch darf sein, bei Gott sein.

Und so kann der Gottesdienst zu einem Ort der Kraft, zu einer Quelle des Lebens, zu einer »spirituellen Schule« werden. Die Liturgie bietet zeitlichen Raum für das *Gebet*. Dieses soll »den Verstand auf Gott hin

---

[29] Ebd. 43.
[30] Sergij Bulgakov sagt es sehr prägnant: »Der Westen ist praktischer, der Osten betrachtender.« (op. cit. 228).
[31] Vgl. dazu Damaskinos Papandreou: »Wenn wir also tiefer ›theologisch‹ werden in dem Sinne, dass der Dienst am Menschen nicht vom Gottesdienst abzutrennen ist, dann wird uns unsere Liebe zu Gott zu unseren Mitbrüdern führen und die Liebe zu unseren Mitbrüdern zu Gott.« (Der Stand der Ökumene aus orthodoxer Sicht. In: Aspekte der Ökumene. Anregungen für Theorie und Praxis. – Hamburg 1984, 17–38, hier 27.)

lenken« und »Gespräch mit Gott« werden; es soll schließlich je länger je mehr »das innere Wesen des Menschen (durchziehen)«[32]. Das Gebet als »spiritueller Kontakt mit Gott ... bedeutet die Öffnung unser selbst für die unsichtbare und unfassbare aktive Energie Gottes«. Wenn sich die Seele ganz »mit Gott ›imprägniert‹«, bis ins Innerste ihres Seins, und der Mensch die Gegenwart Gottes spürt, dann bewirkt dies »in der Seele eine Erweiterung ihrer Fähigkeit, die göttlichen Wahrheiten wahrzunehmen, eine Entfaltung der Unterscheidungsgabe und der Schau«. Sie nimmt mit der Zeit wahr, wie in ihr »eine neue Welt auftaucht ... die von Gott herrührt«.[33] »Die Erfahrung des Schweigens« ist allerdings »notwendig« für den Menschen, der »das Beten erlernen möchte ... Das Leben mit Gott aber beginnt dann, wenn Worte und Gedanken verstummen.«[34] Und so wird das Gebet »eine *Brücke* zu Gott«[35], um den Weg für die Gemeinschaft mit Gott zu bereiten.

IV.

In der Einleitung zu diesem Artikel wurden einige Antworten auf die Frage »Was ist eine gute Religion?« zitiert. Man könnte die Frage auch anders stellen: Wozu eine Religion? Was bringt eine Religion? Oder nach heutiger Gesinnung: Welchen Profit hat man von Religion? Eine Autorin[36] aus der eingangs erwähnten Publikumsserie stellt fest, dass Religion »kein Konsumartikel« ist, sondern »die Folge eines menschlichen Grundbedürfnisses«. Religion stelle das Leben jedes einzelnen Menschen in einen »umfassenden Zusammenhang«, gebe dem Leben *Sinn* und habe zum Ziel, »das Leben in seinen Begrenzungen gelingen zu lassen.« Spricht diese Autorin nicht einen Punkt an, der im menschlichen Leben vielleicht die grundlegendste Frage ist und bleibt? Welchen Sinn hat das Leben? Wozu sind wir auf Erden? Wir möchten noch weiter fragen: Welches ist der Sinn eines christlichen Lebens? Und – welche Antwort gibt hierauf die orthodoxe Kirche?

Die orthodoxe Kirche und Theologie gibt eine sehr klare Antwort: Das Ziel des irdischen Lebens ist *der Weg zu Gott,* um eines Tages *bei Gott*

---

[32] Sergij Bulgakov, op. cit. 225, 223.
[33] Mattâ Al-Maskîn, op. cit. 294.
[34] Hilarion Alfejev, op. cit. 198. – Es kann »nicht ausgesagt oder begrifflich gemacht, sondern nur erlebt werden, worin denn eigentlich diese Beseligung besteht«, d. h. die Begegnung mit dem Heiligen, mit Gott. (Rudolf Otto, op. cit. 45.)
[35] Michael Staikos, op. cit. 196.
[36] Susanne Heine, *(Theologin und Religionspsychologin),* in: Was ist eine gute Religion? 61 ff.

zu sein; und die Verwirklichung dieses Ziels ist der *Sinn* des Lebens. Wie also begründet die Orthodoxie diese Annahme, die ihren Glauben so tief beseelt? Den Weg zu Gott zu finden meint nichts anderes, als wieder dahin zu kommen, von wo der Mensch ausgegangen ist, konkret: das Paradies, das Leben in Gottes Nähe, das Leben eines Menschen nach Gottes ursprünglicher Bestimmung. Dazu gibt sie folgende Begründungen:

– Aus der Schöpfungsgeschichte kann man entnehmen, dass Gott den Menschen nach seinem Bild und Gleichnis, als sein Abbild geschaffen hat. Wörtlich heißt es »uns ähnlich«[37]. Mit anderen Worten ist der Mensch *Ikone Gottes*.
– Durch den Sündenfall, der auf das erste Menschenpaar zurückgeht,[38] wurde das Antlitz des Menschen entstellt, verloren die Menschen ihr gnadenvolles Sein in Gottes Nähe. Seither hat der Mensch Mühe, seine ursprüngliche Bestimmung in der Welt wahrzunehmen.
– Durch den Sühnetod am Kreuz hat Jesus Christus die Welt wieder mit sich versöhnt, den Gnadenzustand wiederhergestellt und die Gotteskindschaft dem Menschen zurück gegeben.[39]
– In der Auferstehung hat Jesus Christus den neuen Weg vorgezeigt, hat ihn selbst beschritten und ihn für alle Menschen bestätigt.

Wie nun aber kann der Mensch den Weg zu Gott finden? Der einzelne Gläubige wird dabei einen Weg über mehrere *Stationen* gehen. Folgende seien genannt:

1. Der Weg zu Gott führt über *Jesus Christus*, in dessen Nachfolge alle Christen stehen und der den Menschen einen neuen Weg zu Gott eröffnet hat.
2. Durch Taufe und Eucharistie wird der Mensch in das gnadenhafte Heilsgeschehen Gottes miteinbezogen, so dass er oder sie ein Kind Gottes[40] werden und dabei mehr und mehr wieder dem ursprünglichen, wahren »Angesicht« näher kommen: *Ikone Gottes* zu sein.
3. In jeder eucharistischen *Liturgie* wird dieses Heilsereignis aufs Neue gefeiert: Speziell an Ostern, aber auch an jedem Sonntag, dem Tag des Herrn, dem Gedenktag an die Auferstehung Jesu Christi.
4. Alle verschiedenen *Gottesdienst- und Frömmigkeitsformen* stehen in Zusammenhang mit dem Auferstehungsgeschehen an Ostern, welches den Sieg des Lebens über den Tod feiert, und als solche sind sie alle –

---

[37] Gen 1, 26a. 27.
[38] Gen 3.
[39] Als zweiter Adam hat Jesus das Erbe des ersten Adam angetreten und der gesamten Schöpfung die Möglichkeit wieder gegeben – bereits jetzt – der Gnade teilhaftig zu werden. Cf. Röm 5, 12–21.
[40] Cf. Joh 1, 12; Röm 8, 16f.

insbesondere das Gebet – »Quellen des Lebens«, »Quellen der Auferstehung«[41].
5. In der Feier der *göttlichen* Liturgie – wie sie offiziell genannt wird – berühren sich gleichsam Himmel und Erde. Die irdische Liturgie ist nicht nur die Verbindung, sondern auch das Abbild der himmlischen Liturgie, d. h. des himmlischen Hochzeitsmahls im Reich Gottes.[42]
6. Durch die Teilnahme und die Teilhabe (συμμετοχή – *participatio*) an der *Eucharistie* erlebt der Mensch in der innigsten Begegnung mit Gott (κοινωνία und περιχόρησις, *communio* und *interpenetratio*) einen Vorgeschmack auf den Himmel.
7. Durch die Menschwerdung Gottes hat der Mensch im Gott-Menschen[43] Jesus Christus direkten Einblick und Zugang zum Göttlichen erhalten. Denn Christus selbst ist die *Ikone Gottes*.[44]
8. Auch die gemalten *Ikonen* sind wie Fenster zum Himmel. Über die Ikone kann der gläubige Betrachter – im Abbild der Heiligen Personen, die ebenso Ikonen Gottes sind – einen Blick auf das Urbild im Himmel werfen und sich ihm anvertrauen.

V.

Wie bereits gesagt, ist der Weg zu Gott das Ziel des orthodoxen Gläubigen. Dieser Weg ist charakterisiert durch die *Sehnsucht* nach Gott, nach Gottes Liebe, nach dem Sein bei Gott, dem Leben in Ewigkeit. Aber wie ist dies konkret möglich – nach dem Sündenfall? Nachdem das ursprüngliche Antlitz des Menschen durch die Sünde entstellt worden ist? Diese Frage steht dem ganzen Heilsgeschehen zugrunde, das sich zur Zeitenwende in und mit der Menschwerdung des Gottessohnes realisiert hat. Der Johannes-Prolog verdeutlicht, dass mit dem inkarnierten Logos Gottes das göttliche Licht wieder sichtbar in der Welt aufscheint, dass jeder Mensch »guten Willens« dieses Licht erkennen und ihm folgen, sich von ihm leiten lassen kann. Wem der Geist Gottes die Augen öffnet, kann den Glanz Gottes, die göttliche Ausstrahlung erkennen: dafür steht Christus als Ikone Gottes, dafür steht aber auch die Seele des Menschen in ihrer unangetasteten Unsterblichkeit – demzufolge als Träger des göttlichen Elements. »Die ›Erin-

---

[41] Michael Staikos, op. cit. 196.
[42] Cf. Off 19, 9.
[43] Vgl. die Beschlüsse des III. und IV. Ökumenischen Konzils von Ephesus 431 und Chalzedon 451.
[44] Joh 14, 9: »Wer mich sieht, der sieht den Vater.« – Kol 1, 15: »Er ist das Ebenbild des unsichtbaren Gottes.« – 2 Kor 4, 4: »… der Botschaft von der Herrlichkeit Christi, der Gottes Ebenbild ist.«

nerung an Gott‹ ist unauslöschlich im Gedächtnis des Menschen eingeprägt«; sie ist »unvergesslich«[45]. Damit ist und bleibt der Mensch im Tiefsten immer »Ikone Gottes«.

Die Erlösungstat Jesu Christi hat kosmische Auswirkung; nicht nur der Mensch, sondern die ganze Schöpfung soll zu ihrer Urbestimmung zurück geführt und von den Makeln des Stolzes und Hochmuts, der Auflehnung, der Überheblichkeit und des Egoismus, der Sünde befreit werden (ἀποκατάστασις πάντων) – trotz des Sündenfalls, trotz der Versuchung noch mehr und noch Besseres zu erlangen als der paradiesische Zustand, trotz der Verleitung die freie Willensentscheidung gegen Gott zu richten und dadurch die schmerzliche Erfahrung im Unterschied zwischen »gutem Gehorsam und bösem Ungehorsam«[46] zu erkennen. Die verheerenden Langzeitfolgen der »Ursünde« brachten das Körperliche zu Beschränktheit, zu Vergänglichkeit, zur sterblichen Erdhaftigkeit zurück, nicht jedoch so die Seele.[47] Als Träger des göttlichen Elementes sind zwar »die Augen seiner Seele erblindet«[48], und der Mensch wird auf seine leiblichen Augen reduziert, die zwar sehen, aber nicht erkennen. Und trotzdem schreibt der Evangelist Johannes, dass man mit den Augen des Glaubens,[49] der das geistige Auge des Menschen erhellt, die Herrlichkeit Gottes – durch die Herrlichkeit seines Sohnes Jesus Christus – sehen kann.[50] Wer vermag, auf Grund seines Glaubens, in Jesus den Vater zu sehen, dem wird auch die Gnade und Wahrheit offenbart, und vom Geist Gottes geleitet, erkennt er Gottes präsentes Angesicht – allerdings wie Paulus es festhält, erst »unvollkommen«[51].

Die Menschwerdung des Logos Gottes, dieser demütige Herabstieg Gottes in Menschengestalt, die Erniedrigung und Entäußerung seines Sohnes Jesus Christus bis zum Tod am Kreuz (κένωσις) ist letztlich nichts anderes als die Zuwendung Gottes in seiner unendlichen Liebe dem der Sünde verfallenen Menschen und der gefallenen Schöpfung gegenüber. »Die Menschwerdung Gottes (ist) mit der ›Menschwerdung‹ des Menschen untrennbar verbunden ... Die Christologie (ist) im wesentlichen Soterio-

---

[45] Das griechische Wort für ›Wahrheit‹ – ἀ-λήθεια – bedeutet etymologisch »das was nicht vergessen werden kann« und meint »das göttliche Gedächtnis« beziehungsweise die Erinnerung an Gott. (Vgl. Vasilios Karayiannis, Le concept de l'icône dans l'Eglise orthodoxe. – Katerini 1987, 22.)
[46] *Augustinus*, PL 34, 384.
[47] »Denn nur zum Leib wurde gesagt: ›bis du zurückkehrst zum Ackerboden; von ihm bist du ja genommen. Denn Staub bist du, zum Staub musst du zurück.‹ (Gen 3, 19) – wie *Origenes* es präzisiert. (In Joa 1, 14; PG 73, 160 BC).
[48] *Symeon der Neue Theologe*, Ethik 13, 63 ff. In: SC 129 (1967) Bd. 2, 404.
[49] Vgl. dazu *Cyrill von Alexandrien*, Gl in Ex II; PG 69, 468 B.
[50] Cf. Joh 14, 9 f.
[51] Cf. 1 Kor 13, 12b.

logie ... Gott (wurde) in Christus Mensch, damit das Menschsein von der ›Menschlichkeit‹ Gottes bestimmt wird.«[52] Gott selbst ging in seinem Sohn – als »der Liebende«[53] – »einen Weg zum Menschen, auf dem der Mensch zu ihm gehen sollte«[54]. Denn der Tod – als Folge der Sünde – kann die Gemeinschaft der Liebe nicht zerstören: »Liebe bedeutet Leben und hat göttlichen Ursprung.«[55] Auch Johannes verweist auf diese unbegrenzt grenzenlose Gottesliebe: »Denn Gott hat die Welt sosehr geliebt, dass er seinen einzigen Sohn hingab, damit jeder, der an ihn glaubt, nicht zugrunde geht, sondern das ewige Leben hat.«[56] Die Wiederherstellung der Welt und des Menschen in den Urzustand, d. h. zur ursprünglichen Bestimmung – Gottes Ratschluss entsprechend[57] –, beabsichtigt letztlich nichts anderes, als den Menschen »in die Liebe Gottes zurück zu führen«[58], auch zum übergroßen, und das heißt auch menschlich fast unzumutbaren, Preis der Selbsthingabe und Passion Jesu Christi.

Diese *Apokatastasis* ist keine mit Zwang auferlegte Rückführung der Schöpfung in ihre ursprüngliche Bestimmung. Auch hier bleibt Gott seinem Wesen treu, das in der Liebe wesend der Schöpfung und seinem Geschöpf weiterhin die volle Freiheit belässt. Künftig soll auch die Liebe der Leitsatz für die Selbstbestimmung des Menschen sein; der sich an der göttlichen Liebe orientierende freie Wille soll – fernab von Willkür, Beliebigkeit, Wahllosigkeit – die »Ikone Christi«, Abbild der Liebe Gottes, vor seinem inneren Auge haben.[59] Der Mensch, der dem zweiten, neuen Adam folgt,[60] der in der Taufe der Sünde gestorben ist,[61] den »neuen Menschen« angezogen hat, »der nach dem Bild Gottes geschaffen ist«[62], lebt nicht mehr für sich, »sondern Christus lebt in (ihm)«[63]. Und dies alles hat zum Ziel, dass der »wiederhergestellte« Mensch – in Entsprechung seines paradiesischen Zustandes – sich Gott freiwillig zuwendet und, als wieder erkanntes und würdiges »Abbild Gottes«[64], von neuem fähig wird zur wah-

---

[52] Damaskinos Papandreou, op. cit. 26.
[53] Grigorios Larentzakis, op. cit. 102.
[54] Hilarion Alfejev, op. cit. 95.
[55] Grigorios Larentzakis, op. cit. 97, cf. 96.
[56] Joh 3, 16.
[57] Cf. Gen 1, 26.
[58] Christoph Schönborn, L'Icône du Christ. Fondements théologiques élaborés entre le Ier et le IIe Concile de Nicée (325–787). – Fribourg 1976, 130.
[59] Denn der Herr »ist der Geist, und wo der Geist des Herrn wirkt, da ist Freiheit«. (2 Kor 3, 17)
[60] Cf. 1 Kor 15, 45 ff.
[61] Cf. Röm 6, 6–11.
[62] Eph 4, 24.
[63] Gal 2, 20.
[64] Gen 2, 26. 27.

ren *Synergie*, zur echten »*communio*« (κοινωνία), in der gegenseitigen Durchdringung zur befruchtenden *Perichorese*, zur letztmöglichen *Interpenetratio*. Denn Christus ist der *Prototyp* dieser einzigartigen Kommunion zwischen Gott und Mensch, zwischen Mensch und Gott. Der Mensch aber, der sich mit »Christus bekleidet«[65], wird zum Christusträger, zum Χριστοφόρος, und erhält die Gnade des göttlichen Siegels, wie es der eingeborene Menschensohn trägt[66].

VI.

Der innige Gemeinschaftsgedanke (κοινωνία und περιχώρησις, *communio* und *interpenetratio*) zwischen Gott und Mensch, der die gesamte Orthodoxie beseelt, wird mit dem Begriff *Theosis* – Vergöttlichung (θέωσις – *deificatio*) bezeichnet. Den Schöpfungsakt interpretiert die orthodoxe Kirche dahingehend, dass Gott den Menschen als sein Bild und Gleichnis gewollt und »ihm gleich« geschaffen hat. Als »Ikone Gottes« ist es dem Menschen vorbestimmt, bei Gott zu sein und in Gott zu bleiben. Wäre dies allerdings möglich, wenn Gott nicht selbst Mensch geworden wäre? Musste nicht der Gottessohn geboren werden, damit in Christus, dem Messias, alles was durch die Sünde verloren war, zusammengefasst und vereint (ἀνακεφαλαίωσις – recapitulatio)[67], die ganze Schöpfung wieder hergestellt werde (ἀποκατάστασις)?[68] Dazu sagt *Athanasius der Große* mit eindeutigen Worten: »Gott wurde Mensch, auf dass der Mensch vergöttlicht werde.«[69] »In Christus wird das Ziel der Existenz des Menschen erreicht«: die Rückführung des Menschen zu Gott, die letztlich »die Teilhabe an Gott, die Vereinigung mit Gott, die Vergöttlichung«[70] bedeutet und den Menschen zur »Gottesschau« (θεωρία[71]) empor führt. Johannes schreibt in seinem 1. Brief voller Überzeugung: »Liebe Brüder, jetzt sind wir Kinder Gottes. Aber was wir sein werden, ist noch nicht offenbar geworden. Wir wissen, dass wir *ihm ähnlich* sein werden, wenn er offenbar wird; denn wir werden ihn sehen, wie er ist.«[72] Auch Petrus bezeugt, dass der tugendhaft Glaubende »an der göttlichen Natur Anteil (erhält)«[73]. »Die Vergött-

---

[65] Gal 3, 27.
[66] Vgl. Christoph Schönborn, op. cit. 132.
[67] Cf. Eph 1, 10.
[68] Cf. Apg 1, 6; 3, 21.
[69] PG 7, 873.
[70] Hilarion Alfejev, op. cit. 109.
[71] Vgl. Dionysios Areopagita, Eccl. Hier. I,2; PG 3, 374. – Vgl. dazu Friedrich Heiler, Die Ostkirchen. – München-Basel 1971, 277–287.
[72] 1 Joh 3, 2.
[73] 2 Pet 1, 4.

lichung ist der höchste geistliche Zustand, zu dem alle Menschen berufen sind«; sie ist »der zentrale Punkt« im Leben der orthodoxen Kirche.[74] Doch wie muss man sich diese »Theosis« vorstellen?

Das ist die »Theosis«, dass Gott und Mensch in »einen einzigartigen Austausch« eintreten,[75] diese innige »*communio*«, jene vollkommene *Durchdringung* (συμπεριχόρησις), wo die menschliche Natur auf übernatürliche Weise zu ihrer Vollendung geführt wird, wo die Erkenntnis – in Gottes Gegenwart – von Angesicht zu Angesicht sein wird, wo das makellose Licht des Himmels (Φῶς Ἱλαρόν[76] – *das Taborlicht*[77]) den Menschen umfängt, so dass er im Abglanz des göttlichen Lichtes seiner selbst entrückt, im Angesicht Gottes verklärt nur noch sich selbst ist, völlig bei sich, ins göttliche Gegenüber eingeht, in ihm aufgeht, Licht vom Licht, eins wird, wo sein wahres Sein im ewigen Sein aufgehoben wird, wo er erkennt, was er schon immer war, ist und sein wird: Abbild Gottes, Gottes Ebenbild, Gott ähnlich,[78] Krone der Schöpfung.[79] Genau das besingt das beseelte Troparion nach dem Kommunionempfang, dem »Moment der innigsten Verbindung mit dem Herrn«[80]:

»Geschaut haben wir das wahre Licht,
Empfangen himmlischen Geist,
Gefunden wahren Glauben,
Die unteilbare Dreieinigkeit anbetend;
Denn sie hat uns erlöst.«[81]

In diesem »Licht der Auferstehung, wo alles verwandelt wird«[82], in dem

---

[74] Hilarion Alfejev, op. cit. 228.
[75] Christoph von Schönborn, op. cit. 132.
[76] Das »Phos Hilaron« ist ein Abendhymnus, wahrscheinlich aus dem 2. Jh., seit dem 4. Jh. dokumentiert, und besingt das göttliche Licht der Heiligen Dreifaltigkeit.
[77] Mit »Taborlicht« ist das »unerschaffene Licht Gottes« gemeint, »das Christus auf dem Berg Tabor umstrahlte« (cf. Mt 17, 1–9). Es »ist eine göttliche ἐνέργεια, die vergöttlichende Gnade«. (In: LThK (1986) 5, 307 f.: »Hesychasmus«.)
[78] Cf. Gen 1, 26.27.
[79] »Durch die Erschaffung des Menschen nach Gottes Ebenbild, das letzte Schöpfungswerk, wird der Mensch als Krone und Herr der Schöpfung herausgehoben.« (Einleitung und Fußnote zum jüngeren Schöpfungsbericht. In: Die Bibel. Einheitsübersetzung der Heiligen Schrift. – Stuttgart 1980, 17.) Vgl. auch den Krönungsritus bei der orthodoxen Trauung, der »gleichsam die Vorwegnahme eines eschatologischen Aktes« ist und bei dem wie folgt gebetet wird: »kröne sie in Liebe ... Herr, unser Gott, mit Herrlichkeit und Ehre kröne sie« und aus Ps 21, 4–5 rezitiert wird. (Sergius Heitz [Hg.], Mysterium der Anbetung, Bd. 3. – Köln 1988, 181. 194 f.)
[80] Athanasios Vletsis, Die immanente Trinität ist die »doxologische Trinität«. Die Entsprechung von »Theologia« und »Oikonomia« als Voraussetzung einer Annäherung der Trinitätsmodelle von Ost und West. In: US 64 (2009) 1, 8–28, hier 27.
[81] Dt. in: Sergius Heitz (Hg.), Der orthodoxe Gottesdienst, Bd. 1: Göttliche Liturgie und Sakramente. – Mainz 1965, 255.
[82] Athanasios Vletsis, op. cit. 27.

die personale Einheit mit dem Herrn geschaffen wird, konstituiert sich die Einheit in der Gemeinschaft der ganzen Kirche, die mystische Vereinigung der irdischen und der himmlischen Welt,[83] der Lebenden und der Verstorbenen, als »Einheit im Geheimnis des Dreieinen Gottes«. Dieses göttliche Licht, das das Herz, die Sinne und den Geist des gläubigen Christen-Menschen erhellt, ergreift, durchdringt und umwandelt, wird »das Erkennen« des ewigen Gottes in einen »unendlichen Lobpreis« münden lassen. Alsdann wird sich diese »doxologische Trinität«[84] offenbaren und die transzendente Trinität sich als immanente erweisen, »damit alles in allem Gott sei«.[85]

Dann geschieht *Transfiguration*, ereignet sich *Metamorphosis*, wird *Theosis*. Erkenntnis aus dem Glauben, richtet heute schon im irdischen Dasein, den Blick des Menschen auf sein wahres Sein, das verborgen nur bruchstückhaft zu erkennen ist[86] – indem er auf Christus schaut. Durch die Mensch-Werdung (ἐνανθρώπησις) des Gottessohnes ist Gott den Menschen in leibhafter Form nahe gekommen: er hat sich sichtbar gemacht; er ist erkennbar geworden[87].

Christus ist das Licht der Welt, das die gefallene Natur erhellt, sie durch Gottes Gnade heiligt und heilt, den schöpferischen Segen erneuert und sie mit neuem Leben erfüllt. Christus – der präsente Logos Gottes – vor aller Zeit, jetzt und immerdar: bei seiner Taufe im Jordan durch Gottes Stimme vor der ganzen Welt als Sohn Gottes geoffenbart,[88] und vor den Aposteln Petrus, Jakobus und Johannes vom Himmel her bestätigt, werden diese alsdann Zeugen seines wahren Angesichts, seiner göttlichen Natur, dessen Licht die ganze Welt in Schatten hüllt, dessen verklärter Strahl sie umwirft und erschrecken lässt.[89] Der Auferstandene selbst bestätigt seine wahre Natur, seine Gott-menschliche Wesensart, seine eigentliche Person: Wer ihm begegnet, wer ihm nachfolgt, wer in seinem Licht wandelt, wer aus der Finsternis heraustritt, der wird dem Leben begegnen, dem »wahren Leben«, das »das Licht der Menschen« ist.[90] So wird im Licht Christi ein-

---

[83] Vgl. Grigorios Larentzakis, op. cit. 98.
[84] Der Begriff geht auf Jürgen Moltmann zurück: Trinität und Reich Gottes. Zur Gotteslehre. – München 1980, 168 f. – Vgl. dazu: Athanasios Vletsis, op. cit. 28, A 58.
[85] Vgl. Athanasios Vletsis, op. cit. 27–28.
[86] Cf. 1 Kor 13, 12. – Dazu bemerkt Hilarion Alfejev: »Die Vereinigung mit Gott (ist) so eng und die Teilhabe so vollkommen, dass der ganze Mensch völlig verändert und umgestaltet wird.« (op. cit. 232).
[87] Cf. Joh 1, 14.
[88] Cf. Mk 1, 9–11.
[89] Cf. Mk 9, 2–8.
[90] Joh 1, 4.

hergehen, wer selbst das wahre Licht erkennt. Diese »αὐτοψία«[91] macht ihn zu einem »Lichtträger« (φῶς–φέρων[92]), wird ihn durch Gottes Geist und Gnade in Christi Bild, in Gottes Ebenbild wandeln: Christus – die Ikone Gottes, denn »wir alle spiegeln mit enthülltem Angesicht die Herrlichkeit des Herrn wider und werden so in sein eigenes Bild verwandelt, von Herrlichkeit zu Herrlichkeit, durch den Geist des Herrn«[93].

Dieses Ziel bestimmt das Leben und den Tod eines jeden gläubigen orthodoxen Menschen. Und in der *Theosis* ist gleichzeitig Geist und Seele der Orthodoxie ausgesprochen. Doch diese ist und bleibt ein Geheimnis des Glaubens.

Φῶς Ἱλαρόν – »Phos Hilaron«

»Heiteres Licht heiliger Herrlichkeit
Des unsterblichen Vaters,
Des himmlischen,
Des heiligen,
Des seligen:
Jesus Christus.

Gekommen zum Sinken der Sonne
Schauen wir das Abendlicht
Und singen in Hymnen Gott,
Dem Vater
Und dem Sohn
Und dem Heiligen Geist.

Würdig bist Du zu allen Zeiten
Mit geziemenden Rufen
Gefeiert zu werden:
Gottessohn,
Lebensspender;
Dich verherrlicht das All.«

---

[91] »αὐτοψία« – »Selbst-Sicht«: Ausdruck, den *Dionysios Areopagita* verwendet, in: Ep I, 36; PG 3, 1220A.
[92] Die eigentliche Bezeichnung für »Lichtträger« – ἑωσφόρος – wurde mit Satan, dem gefallenen Engel – *Luzifer* – identifiziert (cf. Jes 14,12; Lk 10,18). – Vgl. dazu *Symeon der Neue Theologe*, Ethik 1, 357–359. In: SC 122 (1966) Bd. 1, 122.
[93] Cf. 2 Kor 3,18; cf. 3,4–6.

Peter Henrici

Ein Überblick über die Christologie Hans Urs von Balthasars mit einem Seitenblick auf die ignatianische Spiritualität[1]

1. Die Themenstellung

Aus zwei Gründen soll hier ein Überblick über die Christologie Hans Urs von Balthasars gegeben werden. In der Kirche und in der Verkündigung tut uns eine Rückbesinnung auf die Christologie not. Wenn Balthasar seinerzeit zu Recht auf die »Gottvergessenheit« der Christen hingewiesen hat,[2] so wäre heute noch zuvor von einer Christusvergessenheit in der Verkündigung zu sprechen. In der religiösen Unterweisung wird viel von Religion und von Gott gesprochen, aber wenig von Christus und nicht viel mehr von Jesus. In den Predigten kommt Jesus zwar hin und wieder vor, aber meistens nur in seiner menschlichen Dimension, als mitfühlender, leidender, allenfalls vorbildhafter und, wenn es hoch kommt, bewundernswerter Mensch. Seine Kreuzigung ist noch gegenwärtig, dank einem Film und dank der leidenden Menschheit; von seiner Auferstehung, Verherrlichung und Himmelfahrt zu sprechen ist fast schon ein Tabu. Dementsprechend liegt auch seine reale Gegenwart in der Eucharistie heute für viele Katholiken in weiter Ferne. Und doch kann es ein christliches Leben und eine christliche Verkündigung nur geben, wenn Jesus als der Christus, als Messias und gottgesandter Sohn des Vaters in der Mitte steht und alles weitere bestimmt. Gerade heute wäre eine Rückbesinnung auf den »Dominus Jesus«, auf den erhöhten »Kyrios Jesus Christos« für alle christlichen Konfessionen besonders dringlich; denn das interreligiöse Gespräch, namentlich mit dem Islam und mit den Judentum, muss sich in erster Linie und in seiner letzten Konsequenz immer um das wahre Wesen und um die Sendung von Jesus, dem Christus drehen. Deshalb soll hier kurz dargelegt werden, was Hans Urs von Balthasar über Jesus Christus und seine Sendung zu sagen hat.

---

[1] Eine erste Fassung dieses Textes wurde beim Jahresgedächtnis Hans Urs von Balthasars am 20. Juni 2009 in Basel vorgetragen. Dort war als Titel vorgegeben: »Das Ignatianische in der Theologie Hans Urs von Balthasars«.
[2] Die Gottvergessenheit und die Christen, in: Hochland 57 (1964) 1–11, und in: Spiritus Creator. Skizzen zur Theologie III. Einsiedeln: Johannes Verlag, 1967, 280–295. Wo nicht anders vermerkt, sind alle aufgeführten Werke im Johannes Verlag Einsiedeln erschienen,

Ein zweiter Grund für die Darstellung gerade der Christologie Balthasars ist darin zu suchen, dass die Christologie in der nachgerade überbordenden Balthasar-Literatur bisher nur wenig Beachtung gefunden hat. Das ist umso erstaunlicher, als seinerzeit, im Nachgang zu Balthasars Barthbuch, das Karl Barth eine »christologische Engführung« vorwarf,[3] der gleiche Vorwurf auch gegen Balthasar erhoben wurde. Von Engführung kann bei Balthasar gewiss keine Rede sein, wenn man den schier unabsehbar weiten Horizont seiner späteren Werke überblickt; eines aber scheint sicher: Auf dem Hintergrund dieses weiten Horizonts zeichnen sich Balthasars christologische Schriften wie ein gewaltiges, vielgipfliges Massiv ab – vielleicht gar das Zentralmassiv seines Denkens. In einer Darstellung der Theologie Balthasars geht man heute gerne von seiner Trinitätslehre aus; diese Trinitätslehre stützt sich jedoch, wie jede Trinititätstheologie, zuvörderst auf die Christologie. Ohne eine ausgebaute Christologie keine Trinitätslehre, das lehrt schon die Dogmengeschichte, die Balthasar in seinen Vorüberlegungen zur Christologie im 2. Teil des II. Bandes der »Theodramatik« zielgerichtet nachgezeichnet hat.[4]

Damit ist der Hauptgipfel in Balthasars christologischem Massiv genannt. Es ist kaum ein Zufall, dass sich dieser Gipfel in der Mitte der Theodramatik findet, die ihrerseits den beherrschenden Mittelteil in Balthasars theologischem Triptychon bildet.[5] Aus dieser zentralen Stellung seiner Christologie lässt sich erahnen, dass diese den Höhepunkt seiner Theologie bildet, auf den alles hinzielt und von dem alles herströmt. Schon Jahrzehnte vor der Theodramatik löste eine andere Schrift christologischen Inhalts nicht wenig Begeisterung aus: die »dreizehn Christushymnen *Das Herz der Welt*«.[6] Hier finden sich in lyrischer Prosa schon alle Hauptthemen der Christologie Balthasars versammelt. Diese beiden Hauptgipfel wurden dann von einer Vielzahl anderer Schriften umrahmt, welche jeweils den einen oder andern Aspekt seiner Christologie ins Licht hoben. Neben dem schon genannten Barthbuch zunächst vor allem die »Theologie der Geschichte«[7] und der Aufsatz »Fides Christi«,[8] die wie theologische Paukenschläge wirkten. Dann, etwas zurückhaltender, unter der johanneischen

---

[3] Karl Barth. Darstellung und Deutung seiner Theologie (1951), ⁴1976, 253.
[4] Theodramatik. Band II. Die Personen des Spiels, 2. Teil: Die Personen in Christus (1978), ²1998, 53–135.
[5] Balthasar selbst scheint den Ausdruck »Triptychon«, der die Bedeutung des Hauptbildes hervorhebt, der einebnenden Benennung »Trilogie« vorgezogen zu haben, vgl. Zu seinem Werk ²2000, 82 (1975) und 108 (1976).
[6] Das Herz der Welt. Zürich: Arche, 1944. Neuausgabe 2002. Die Kennzeichnung als »dreizehn Christushymnen« in: Zu seinem Werk, 22 (1955) und schon ebd. 14 (145): »eine Folge von Hymnen an Christus in gebundener Prosa«.
[7] Theologie der Geschichte. Ein Grundriss, 1950. Neue Fassung 1959.
[8] Fides Christi, in: Sponsa Verbi. Skizzen zur Theologie II, 1961, ²1971, 45–79.

Bezeichnung als »Wort« (ein christologischer Titel, der schon in der Origenes-Auswahl prominent zutage trat[9]), in den Titeln der »Skizzen zur Theologie«: »Verbum Caro« und »Sponsa Verbi«[10], und im vierten Teil von »Das Ganze im Fragment«.[11] Fast gleichzeitig erschienen dann, gleichsam als Aufstieg zum Hauptgipfel, die »Theologie der drei Tage«[12] und der letzte Band der Theologischen Ästhetik »Neuer Bund«.[13] Dort ging es um die geschichtlich erscheinende Gestalt Jesu. Als Abgesang sind dann mindestens noch zwei kleinere Bändchen zu erwähnen, die leichter zugänglich sind als das teilweise etwas steile Hauptmassiv: »Kennt uns Jesus – kennen wir ihn?«[14] und das bereits postume Weihnachtsgeschenk für seine Freunde: »Wenn ihr nicht werdet wie dieses Kind«[15] – ein sehr persönliches Testament Balthasars, in dem mehr als sonst der Mensch hinter seinem Werk hervorleuchtet.

Auf diesen wenigen Seiten ist es nicht möglich, das ganze christologische Massiv Balthasars abzuschreiten oder gar auszumessen. Nur ein paar Orientierungspunkte können angezeigt werden. Balthasars Christologie ist eine ausgeprägte Sendungschristologie. Aus der Sendung Jesu Christi erhellt nicht nur sein Verhältnis zum Vater, aus ihr ergibt sich auch die Beziehung Christi zur Welt und zur Kirche. In allen drei Bereichen wird eine Nähe dieser Christologie zur ignatianischen Spiritualität deutlich.

2. Balthasars Sendungschristologie

Der Begriff »Sendung« gehörte zu den Urworten Balthasars. In den vierziger Jahren galt er unter uns Studierenden als ein Schibboleth, neben der »leeren Hölle« und der ungeschlechtlichen Zeugung im Paradies das dritte idiosynkratische Kennzeichen der Balthasarschen Theologie. Von diesen dreien war jedoch nur die »Sendung« für uns bedeutsam; mit diesem Wort und dieser Forderung lag Balthasar den von ihm betreuten Studierenden

---

[9] Origenes, Geist und Feuer. Ein Aufbau aus seinen Schriften, Salzburg: Otto Müller, 1938; ³1991, 93–216: II. Wort.
[10] Verbum Caro. Skizzen zur Theologie I, 1960, ³1990; Sponsa Verbi. Skizzen zur Theologie II, 1961, ²1971.
[11] Das Ganze im Fragment. Aspekte der Geschichtstheologie. Einsiedeln. Benziger, 1965, ²1990, 245–354: IV. Sammlung im Wort.
[12] Das Geheimnis der drei Tage. Separatdruck aus: Mysterium Salutis. Grundriss heilsgeschichtlicher Dogmatik. Band III/2: Das Christusereignis. Einsiedeln: Benziger, 1969, 133–326. Neuausgabe 1990.
[13] Herrlichkeit. Eine theologische Ästhetik. Band III/2, 2. Teil: Neuer Bund, 1969, ²1988.
[14] Kennt uns Jesus – kennen wir ihn? Freiburg – Basel – Wien: Herder, 1980. Neuausgabe 1995.
[15] Wenn ihr nicht werdet wie dieses Kind. Ostfildern: Schwabenverlag, 1988. Neuausgabe 1998.

ständig in den Ohren, am nachdrücklichsten in den Exerzitien, wo jeder in der »Wahl« seine ganz persönliche, ihm von Gott zugedachte Sendung erkennen sollte. Auch im »Herz der Welt«, dem vielleicht genialsten Werk Balthasars, wendet sich die lyrische Prosa zunächst an den berufenen Menschen[16] und macht sich Schritt für Schritt dessen Sicht, dessen Fragen und auch seine Widerstände zu eigen. Erst so wird nach und nach sichtbar, dass im Hintergrund dieser Sendungs-Emphase die Sendung Jesu Christi zum Erlöser, zum »Herz der Welt« steht. Einige Zitate können diesen Übergang sichtbar machen:

Zuerst und ausführlich unsere Sendung: »Aber wir sind nicht Gott, und dass er uns mächtiger zeige die Kraft seiner Mitte stösst er uns herrisch hinaus – nicht einsam, nicht kraftlos, sondern beschenkt mit eigener Mitte und in der Kraft seiner Sendung. Gott fordert uns eifersüchtig an, er will uns für sich und seine alleinige Ehre. Aber mit seiner Liebe beladen, und lebend von seiner Ehre, sendet er uns zurück in die Welt ... Und göttlicher noch vielleicht als die Heimkehr zu Gott ist der Ausgang von Gott, denn dies ist das Grösste, nicht dass wir Gott erkennen rückstrahlend wie blinkende Spiegel, sondern dass wir ihn künden, wie brennende Fackeln das Licht. Ich bin das Licht der Welt, spricht Gott, und ohne mich könnt ihr nichts tun.«[17]

Dann kürzer, aber nun ausdrücklich vom Wort Gottes: Das Wort kam in die Welt, »die Vergeblichkeit der Welt zu erweisen in der Vergeblichkeit seiner eigenen Sendung. Die Ohnmacht des Aufruhrs darzustellen in der Ohnmacht seines Gehorsams gegenüber dem Vater ... Denn nicht die Extase erlöst, sondern der Gehorsam.«[18]

Schließlich abschließend und zusammenfassend: »Und wenn [das Herz] dich abdrängt, fort von sich, dann wisse: das ist die Sendung, und hinweggesandt vom Sohne vollziehst du selbst des Sohnes Weg, hinweg vom Vater zum Welt, und dein Weg in die Ferne, wo Gott nicht ist, ist der Weg Gottes selber, der von sich ausgeht, der sich selber verlässt, der sich fallen lässt, der sich selber im Stich lässt.« So kann sich bruchlos der Ausblick auf die künftige Vollendung anschließen – in einer fast ebenso hegelianisch als johanneisch klingenden Formulierung: »Aber dieser Ausgang des Sohnes ist auch der Ausgang des Geistes von Vater und Sohn, und der Geist ist die Rückkehr des Sohnes zum Vater. Am äussersten Rande, am fernsten Ufer, wo der Vater unsichtbar und gänzlich verborgen ist, dort haucht der Sohn seinen Geist aus, flüstert ihn im Chaos und in der Fins-

---

[16] Schon die dem Werk in seiner Urfassung vorangestellte Widmung: »Electis dilectis« unterstrich dies. Sie hat Balthasar, nicht ganz zu Unrecht, den Vorwurf des Elitarismus eingetragen.
[17] Das Herz der Welt. Neudruck, 20.
[18] Ebd., 27, 37.

ternis, und der Geist Gottes schwebt über den Wassern. Und schwebend im Geiste verherrlicht biegt der Sohn zum Vater zurück« – eine Verherrlichung, in die auch der berufene und gesendete Mensch miteinbezogen ist: »und du mit ihm und in ihm, und Ausgang und Eingang sind eins, nichts ist mehr ausser dem einzigen, strömenden Leben.«[19]

Damit ist der Weg der Christologie Balthasars in der Vielfalt und Einheit ihrer Themen vorgezeichnet. An erster Stelle das Thema des *Sohnesgehorsams*, das den Hintergrund der »Theologie der Geschichte« bildet, und das Balthasars ganze Christologie wie ein Orgelpunkt untermalt. Die »Theologie der Geschichte« verknüpft dann das Thema des Gehorsams mit dem Thema der *Zeit*. Im »Herz der Welt« wurde die Zeit einleitend als unser menschliches Schicksal angesprochen; in der »Theologie der Geschichte« lässt Balthasar sie aus dem Sohnesgehorsam generiert sein. Noch weiter trägt das dritte Thema, das Thema des Herausgetretenseins, der *Kenose* Gottes in die gottferne Menschenwelt. Die verschiedenen Aspekte dieses Themas wurden in »Fides Christi«, in »Das Ganze im Fragment« und schließlich in »Neuer Bund« weiter ausgefaltet. Ihre endgültige Vertiefung und zugleich ihre Vollendung hat die christologische Kenose im »Geheimnis der drei Tage« erhalten, in der Passion, der Gottverlassenheit, dem Höllenabstieg Christi und in seiner Auferstehung. »Das Herz der Welt« hatte die Passion nur aus der Perspektive des betenden sündigen Menschen anzugehen gewagt, und aus ähnlich menschlicher Perspektive blickte man dort auch auf die Verherrlichung Christi. Die Verherrlichung des Gekreuzigten wird stets eine verborgene, nur dem Glauben sichtbar erscheinende Herrlichkeit bleiben – so lautet die Quintessenz der Theologischen Ästhetik.

Damit nähern wir uns dem Höhepunkt der balthasarschen Christologie, der Theodramatik. Dort wird das trinitarische Verhältnis des Sohnes zum Vater am Begriff der Sendung festgemacht, und dieser Begriff erlaubt es dann auch, das Gott-Welt-Geschehen als eine Theodramatik zu lesen. Denn, so betont Balthasar immer wieder, Christologie und Soteriologie lassen sich nicht voneinander ablösen – so wenig wie Christologie und Trinitätslehre.

Das erste und bedeutsamste an dieser Christologie ist ihr Ort im Gesamtwerk Balthasars. Sie steht in der Theodramatik zwischen einer Anthropologie der menschlichen Freiheit angesichts der göttlichen Freiheit und der eigentlichen »Handlung« des Theodramas, der Soteriologie, die schließlich zur eschatologischen Vollendung, dem »Endspiel« führt. Beides, das Vorangehende wie das Nachfolgende wird jedoch erst durch die Person Jesu Christi und seine Sendung in die Welt und in der Welt ermög-

---

[19] Ebd., 170.

licht. »Das Eingegründetsein des Dramas in Christus ist sowenig seine Verhinderung, dass es im Gegenteil seine allseitige Voraussetzung bildet«, so beschließt Balthasar seine »Einleitung« in den christologischen Band der Theodramatik.[20] Wenn er in bemerkenswerter Überbietung der heute üblichen heilsgeschichtlichen Theologie als Herzstück seiner Theologie eine Theo-Dramatik vorlegt, dann zeigt das nicht zuletzt, dass die Christologie in Form einer Sendungschristologie die Herzmitte seines ganzen theologischen Denkens bildet – wie schon »Das Herz der Welt« gezeigt hatte.

In dieser Sendungschristologie wird Jesus Christus nicht zuerst statisch-ontologisch als gott-menschliche Person beschrieben, um von da aus sein In-der-Welt-Sein zu erhellen. Balthasar stellt vielmehr dynamisch zunächst den Ausgang Jesu von seinem Vater und seinen Sendungsauftrag in die Welt dar, um dann zu zeigen, wie dieser Sendungsauftrag teleologisch auch seine Rückkehr zum Vater im Heiligen Geist einschließt. Diese Sichtweise kommt einem doppelten Anliegen heutiger Theologie entgegen. Einerseits bietet sie eine Christologie »von unten« an, die vom Wortlaut und Zeugnis der Evangelien ausgeht, vom Johannesevangelium noch vor den Synoptikern, weshalb sie die Gestalt Jesu von Nazareth nicht auf seine menschlich-historisch fassbaren Aspekte reduziert. Sie nimmt vielmehr das in den Selbstaussagen Jesu und in seiner Geschichte zutage tretende Selbstverständnis Jesu ernst, mit seinem ständigen Verweis auf seine Sendung, auf seinen Vater und auf den Geist. So lässt sich Balthasar von der ökonomischen Trinität zu der nur im Geheimnis zu erahnenden immanenten Trinität führen – wohl überhaupt der einzig gangbare Weg für eine theologische Trinitätslehre.

Auf diesem Weg gesteht Balthasar der Funktion Christi gegenüber seinem Sein den Primat zu – allerdings ohne dies je ausdrücklich zu sagen und ohne in eine funktionalistische Christologie abzugleiten. Denn die Funktion Christi in allen ihren Dimensionen – von der Weltschöpfung über die Menschwerdung und das Paschamysterium bis zum Weltgericht – kann einzig und allein in seinem göttlichen Sohnsein gründen und ist nur aus diesem erklärlich. In dieser seiner gott-menschlichen, der Welt zugewandten Funktion ist Christus, wie Balthasar wiederholt betont, das Alpha und das Omega der Welt und der Geschichte und sozusagen die Ur-Person, in der, von der her und auf die hin sich das Theodrama abspielt. Das erklärt die zentrale Stellung der Christologie in der Theodramatik.

Das Sendungsbewusstsein Jesu entnimmt Balthasar sozusagen empirisch seinem Sohnesgehorsam, den er (schon in der »Theologie der Geschichte«) in die immanente Trinität rückprojiziert. Dafür kann oder könn-

---

[20] Theodramatik. Zweiter Band. Die Personen des Spiels. Teil 2: Die Personen in Christus, 1978, 20.

te er sich auf den im Hebräerbrief zitierten Psalm 40 berufen, der jedoch im Band »Neuer Bund« nur einmal kurz erwähnt wird: »Darum spricht Christus bei seinem Eintritt in die Welt: ... Ja, ich komme – so steht es über mich in der Schriftrolle –, um deinen Willen, Gott zu tun«.[21] Ein näheres Eingehen auf dies Psalmwort hätte vielleicht auch eine ausführlichere Auseinandersetzung mit dem andern Text aus dem Hebräerbrief erfordert, Jesus habe, »obwohl er der Sohn war, durch Leiden den Gehorsam *gelernt*«.[22] Balthasar hat in dieser, eigentlich erstaunlichen Aussage offenbar keinen Widerspruch zum vorinkarnatorischen Sohnesgehorsam gesehen.[23]

Mit zwei anderen, grundlegenderen Schwierigkeiten, die sich in seiner Sendungschristologie ergeben, hat sich Balthasar dagegen ausdrücklich und ausführlich auseinandergesetzt: Mit dem menschlichen, begrenzten Selbstbewusstsein Jesu und mit seiner geschöpflichen Freiheit. Auf die erste Frage hat schon der Aufsatz »Fides Christi« mit dem Hinweis auf die echte Kenose in der Menschwerdung eine grundsätzliche Antwort gegeben. Für die zweite Frage weist Balthasar namentlich in der »Theodramatik« darauf hin, dass das Gehorsamsverhältnis zum unendlichen Gott die menschliche Freiheit allererst entgrenzt. Das gilt auch für jede menschliche Freiheit und ist entscheidend für das Zustandekommen einer Theodramatik.[24]

Balthasars Sendungschristologie, das Herzstück seiner Theodramatik, kann, wie man sieht, Anstoß zu vielfältigem theologischem Weiterdenken und Weiterfragen geben. Wie kaum ein anderes Stück seines Triptychons hat Balthasar deshalb gerade seine christologischen Ausführungen mehr als andere methodologisch und theologiegeschichtlich abgesichert. Hier soll nur noch auf zwei wesentliche Weiterungen hingewiesen werden, die sich aus der Sendungschristologie ergeben.

3. Der Weltbezug Jesu Christi

Schon der Titel »Das Herz der Welt« wies auf den engen Bezug der Christologie zur »Welt« hin. Dort fand sich im Kontext der wissenschaftlichen

---

[21] Hebr. 10, 5–7; vgl. Neuer Bund, 347.
[22] Hebr. 5, 7.
[23] vgl. Neuer Bund, 65, 207, 345; Theodramatik III/2, 171.
[24] Die Kenose im menschlichen Selbstbewusstsein könnte durch einen Gedanken Maurice Blondels noch anschaulicher gemacht werden: Jesus habe in seiner Menschwerdung mit unserer Menschennatur auch alle Begrenzungen und Verdunkelungen allen menschlichen Bewusstseins auf sich genommen – ein Gedanke, den Xavier Tilliette gerne hervorgehoben hat Xavier Tilliette, Philosophische Christologie. Eine Hinführung. Übers. von Jörg Disse. Freiburg: Johannes Verlag Einsiedeln, 1998, 143–146.

Unbegreiflichkeit der Schöpfung auch der Balthasar später verdächtige Ausdruck »kosmischer Christus«:

»Denn siehe, alles wird aufgelöst in das Element und abgetragen bis zum Atom, um sich neu zu kristallisieren um den einzigen Kristall der schlechthinnigen Mitte. Alles stirbt in den Todeskämpfen des Nichtmehrwissens, denn allein aus dem Stoff der vollendeten Ohnmacht wird das Königsgewand des Weltsiegers gewoben. Alles gerät in Fluss, wie die Eisschollen krachend bersten unter der Sonne, und wälzt sich formlos dem Meere zu, übereinander kollernd. Aber die Bewegung ist erzeugt vom Plusschlag der Mitte, und was chaotischer Drang schien, ist der Kreislauf des Bluts im Leib des kosmischen Christus.«[25]

In den fast gleichzeitigen Aphorismen des »Weizenkorns« wird dieser Weltbezug Christi in etwas zugänglicherer Form und zugleich umgreifender dargestellt:

»Christus als Rekapitulation der Schöpfung: als neuer Adam alles Menschliche einfassend, aber auch das Tierische in sich umfangend: Lamm, Sündenbock, Opferrind und Widder, Löwe aus Juda. In Brot und Weinstock das Vegetative. Zuletzt ist er Sache geworden und damit auf dem Boden des Weltbaus angelangt. Diese Versachlichung (im Sakramentalen, zumal im Quantitativen der Hostie, der Multilokation, Christus im Prägstock, als Gattungsware) liegt gerade nicht in einer nachträglichen Entweihung des Heiligen durch die Kirche, sondern im höchst persönlichen Entschluss des Erlösers und in der stärksten Wirkung der Erlösung selber, in der sich der Herr unwiderruflich wie eine Sache jedem zur Verfügung stellt, der ihn anfordert.«[26]

In diesen 1944 erstmals veröffentlichten Aphorismen findet sich bereits die ganze spätere Christologie *in nuce*, ja sogar ein Hinweis auf die Rolle Christi in der Theodramatik:

»Wie wenn der riesige rote Vorhang sich in der Mitte teilt und an der Rampe erscheint der Ansager: unsichtbar im Rücken das Geheimnis der Bühne, er selbst wie ein Inbegriff des Dramas, das sich entwickeln soll: so erschien der Herr in der Welt.«[27]

Wenige Seiten später findet sich auch ein erster Hinweis auf die Theologische Ästhetik:

»An den Parabeln des Herrn lässt sich das Problem der ästhetischen Form in höchster Reinheit betrachten: Symbolwerdung eines unendlichen

---

[25] Das Herz der Welt, 169. Vom »kosmischen Christus« spricht Balthasar auch noch 1965: »Aus dem Betrachten des kosmischen Christus erwuchsen die Hymnen *Das Herz der Welt* und die Apohorismen *Das Weizenkorn*.« (Aus seinem Werk, 42).
[26] Das Weizenkorn. Aphorismen. Luzern: Räber, 1944. Neuausgabe ⁴1989, 56.
[27] Ebd., 55.

Gehalts in eine endliche Form, wobei diese dem »inspirierten« Hörer immer neue Perspektiven bis ins Unendliche eröffnet, ohne dabei aus ihrer Endlichkeit herauszutreten, sich in Geist zu verflüchtigen.«[28]

In seiner Auseinandersetzung mit Karl Barth musste Balthasar dem weltbegründenden Weltbezug Christi näher nachgehen, und er konnte sich dafür auch auf die »Kosmische Liturgie« Maximus' des Bekenners[29] stützen. Entscheidender noch bildet dieser Weltbezug den christologischen Hintergrund für Balthasars eigenen Einsatz in der Welt und für die Welt – noch verhalten in der »Apokalypse«,[30] mit Fanfarenstössen angekündigt in der »Schleifung der Bastionen«[31] und in »Der Laie und der Ordensstand«,[32] praktisch verwirklicht in seiner Verleger-, Herausgeber- und Übersetzertätigkeit,[33] über allem aber in der Gründung der Johannesgemeinschaft. Theologisch hat sich dieser Weltbezug in der literarisch-kulturellen Anlage seines Triptychons ausgeprägt. Eine Auslegung dieser theologischen Summe, nicht zuletzt auch ihrer christologischen Aussagen, stellt an jeden Theologen den Anspruch, sich mit der europäischen Philosophie- und Literaturgeschichte auseinanderzusetzen.

4. Von der Sendung Christi zur Kirche der Gesendeten

Ebenerdiger zugänglich als der Weltbezug Christi ist sein Bezug zur Kirche. Schon im »Herz der Welt« ließ Balthasar Jesus Christus erklären, sein Sieg und seine Verherrlichung werde allem voran in seiner Kirche und in deren Gliedern sichtbar:

»Unsichtbar ist mein Reich, aber dich, meine Braut, will ich aufrichten vor den Blicken der Menschen, so sichtbar, dass keiner dich übersehen kann. Ich will dich erhöhen wie die eherne Schlange in der Wüste, wie den Fels, dawider die Hölle zerschellt, wie den Berg Tabor, auf dessen Kulm die leuchtende Wolke steht, und wie das Kreuz, das über die Länder schattet, das Wappen meines Sieges im Versagen ... Du wirst mir Zeuge sein bis an

---

[28] Ebd., 60.
[29] Kosmische Liturgie. Maximus der Bekenner: Höhe und Krise des griechischen Weltbilds. Freiburg: Herder, 1941. Neuausgabe 1961.
[30] Apokalypse der deutschen Seele. Studien zu einer Lehre von letzten Haltungen. 3 Bände. Salzburg: Pustet, 1937–1939. Neuausgabe 1998, »worin das schicksalhafte deutsche Denken unter dem Strahlenlicht Christi gezeigt werden sollte«. (Zu seinem Werk, 43).
[31] Schleifung der Bastionen. Von der Kirche in dieser Zeit, 1952, ⁵1989.
[32] Der Laie und der Ordensstand, 1948. Jetzt verändert in: Gottbereites Leben. Der Laie und der Rätestand. Nachfolge Christi in der heutigen Welt, 1993.
[33] Vgl. dazu Manfred Lochbrunner, Hans Urs von Balthasar als Autor, Herausgeber und Verleger. Fünf Studien zu seinen Sammlungen (1942–1967). Würzburg: Echter, 2002.

die Grenzen der Welt, dass ich da war, und ich werde dich nicht verlassen bis ans Ende der Zeiten.«[34]

Diese Einheit von Christus und Kirche, das »Haupt und Leib ein Christus«, hatte Balthasar schon in seiner Augustinus-Auswahl »Das Antlitz der Kirche« unüberhörbar eingehämmert.[35] Wenn er dann in seinen ekklesiologischen Skizzen »Sponsa Verbi« fragt: »Wer ist die Kirche?«, dann lautet die Antwort: »die Ergiessung und Elongatur der Gottmenschheit Christi«, »eine Ausdehnung, Mitteilung, Teilgabe der Personalität Christi«, seine »Ausstrahlung ... in die zu erlösende Welt« hinein.[36] Deshalb hieß es einleitend im gleichen Band, »Es gibt keine Ekklesiologie, die im Kern nicht Christologie wäre«.[37]

Dieser Christusbezug der Kirche wurde in der Balthasar-Literatur etwas in den Hintergrund gedrängt durch die »christologische Konstellation«, die Balthasar im »Antirömischen Affekt« plakativ und ausführlich dargestellt hat:[38]

»Petrus, auf dessen Felsen Jesus seine Kirche bauen will, Paulus, dem das weite Feld des Heidenapostolats anvertraut wird, der Liebesjünger, der mit Jesus und Petrus so eng verbunden ein weiteres personales Prinzip der kommenden Kirche darstellt, und (freilich nur ergänzend) der Herrenbruder Jakobus, der, als Gegenspieler Pauli, das Prinzip »Tradition« in der beginnenden Kirche verkörpert. Diesen vier theologischen Personen, die als die eigentlichen »Säulen« der Kirche ... gelten, liegt eine andere, fundamentalere voraus, ... von der Jesus Christus mit seiner universalen Sendung zur Welt gebracht wird: seine Mutter Maria. Diese personale Sendung, die an der Quelle aller innerkirchlichen Universalität steht, ist einzigartig und umgreift die genannten ekklesialen Sendungen.«[39]

In der »Theodramatik«, der dieser Text entnommen ist, wird auch deutlich, wie eine mögliche Spannung zwischen einer unmittelbar christologischen Ekklesiologie und einer Ekklesiologie der »christologischen Konstellation« aufzulösen ist. In Fortführung der Sendung Jesu Christi (und schon der alttestamentlichen Erwählungen und Sendungen) versteht Balthasar die Kirche als eine Gemeinschaft von Berufenen und Gesendeten – eine »Sendungsekklesiologie«, könnte man sagen, die der Sendungschris-

---

[34] Das Herz der Welt, 151.
[35] Aurelius Augustinus, Das Antlitz der Kirche. Auswahl und Übertragung von Hans Urs von Balthasar (Menschen der Kirche 1). Einsiedeln-Köln: Benziger, 1942, namentlich 105–130: III. Christus und die Kirche. Neuausgabe 1991.
[36] Sponsa Verbi, 154, 151, 36.
[37] Ebd., 22.
[38] Der antirömische Affekt. Wie lässt sich das Papsttum in der Gesamtkirche integrieren? (Herderbücherei 492). Freiburg: Herder, 1974, 11–187. Neuausgabe 1989.
[39] Theodramatik Bd. II, Teil 2, 216.

tologie entspricht. Das ist gut johanneisch: »Wie mich der Vater gesandt hat, so sende ich euch ... Empfangt den Heiligen Geist.«[40] Es ist aber auch der Ort, wo Balthasars Christologie der ignatianischen Spiritualität am nächsten steht. Dazu abschließend noch einige Bemerkungen.

6. Das Verhältnis der Christologie Balthasars zu Ignatius von Loyola

Dass Balthasars Denken, gleich wie seine Gründungen, von einer ignatianischen Spiritualität mitgeprägt ist, bleibt unbestritten. Anderswo habe ich nachzuzeichnen versucht, wie Balthasar uns Jesuitennovizen die Grundlinien einer ignatianischen Theologie vorgestellt hat[41] – und das in einer Phase seines Lebens, wo er selbst um seinen Ordensaustritt rang. Jene Darstellung bezog sich vor allem auf die ignatianische Mystik; hier habe ich umgekehrt zuerst ein zentrales Theologumenon Balthasars vorgestellt, das nun nachträglich mit der ignatianischen Spiritualität verglichen werden soll.

Die entscheidenden Vergleichspunkte sind zweifellos die Christozentrik und der Begriff der Sendung. Wenn hier unterstrichen wurde, wie zentral die Christologie im Denken Balthasars war, so deshalb, weil auch die ignatianische Spiritualität ganz zentral um die Person Jesu Christi kreist. Drei kurze Hinweise mögen genügen: Der Name des von Ignatius gegründeten Ordens als »Compañía de Jesús«, Gefährtenschaft Jesu; die Gründungsvision von La Storta, wo Gottvater Ignatius seinem kreuztragenden Sohn als Gefährten zugesellt,[42] und schließlich, grundlegend für alles, die Anlage der ignatianischen Exerzitien mit vollen drei Wochen Betrachtungen über das Leben, das Leiden und die Auferstehung Jesu. Im Exerzitienbuch wird Jesus allerdings nicht wie bei Balthasar und Johannes ausdrücklich als der von seinem Vater in die Welt Gesendete vorgestellt – außer im trinitarischen Vorspiel der Betrachtung über die Menschwerdung.[43] In den großen Rahmenbetrachtungen vom »Ruf des Königs« und von den »Zwei Bannern« erscheint »Christus unser Herr« vielmehr als sozusagen aus eigener Initiative gewillt, »die gesamte Welt und sämtliche Feinde zu unterwerfen und so in die Glorie meines Vaters einzugehen«[44], bzw. »seine heilige Lehre durch alle Stände und alle Lebenslagen hindurch

---

[40] Joh. 20, 21–22.
[41] Hans Urs von Balthasars Verständnis der ignatianischen Mystik, in: Peter Henrici, Hans Urs von Balthasar. Aspekte seiner Sendung. Freiburg: Johannes Verlag Einsiedeln, 2008, 61–73.
[42] Ignatius von Loyola, Der Bericht des Pilgers. Übersetzt und erläutert von Burkhart Schneider. Freiburg: Herder, 1977, Nr. 96, S: 122–123, 164–186.
[43] Ignatius von Loyola, Die Exerzitien. Übertragen von Hans Urs von Balthasar. 1954, nr. 102.
[44] Ebd. nr. 95.

auszustreuen.«⁴⁵ Für die Ausführung dieses seines Planes sucht und erwählt er sich zunächst Gefährten und Mitstreiter und dann »viele Personen, Apostel, Jünger usf.«, die er »durch die ganze Welt« aussenden kann.⁴⁶ Hier ist der Balthasarsche Weltbezug Christi und die Verknüpfung der Sendung der Christen mit der Sendung Jesu Christi in einer etwas anderen Perspektive bereits vorgezeichnet. Die Verschiedenheit der Perspektiven zeigt sich vor allem darin, dass Christus in den Exerzitien nicht so sehr als der vom Vater Herkommende, sondern umgekehrt als unser Vermittler zum Vater hin gesehen wird – so wie jedes christliche Gebet »Per Christum Dominum nostrum« geschieht.

Dem gleichen Perspektivenwechsel ist es wohl auch zuzuschreiben, dass in Balthasars Theologie weitgehend fehlt, was in den Exerzitien breit ausgeführt ist und ihr eigentliches Zentrum bildet: die Mysterien des Lebens Jesu.⁴⁷ Wenn Jesus schlicht so hingenommen werden soll, wie er sich in der Welt gezeigt hat, dann bilden diese Mysterien den eigentlichen Zugang zu seiner Person, zu seiner Sendung und zu seiner Nachfolge. Wenn Christus dagegen, johanneisch, zunächst als das Wort und der Gesendete des Vaters gesehen wird, dann stellt sich die umgekehrte Frage, wie er denn ganz und unverstellt Mensch sein könne – eine Frage, um deren Beantwortung Balthasar sich eingehend bemüht hat.

Schließlich muss noch ein anderer Punkt erwähnt werden, in dem Balthasar und Ignatius etwas andere Akzente setzen. Beide betonen die grundlegende Bedeutung des Gehorsams, Balthasar in erster Linie bei Jesus Christus selbst, Ignatius vor allem in der Aussendung der Jünger. Bei Ignatius spielt deshalb die menschliche Vermittlung dieses Gehorsams, vor allem im Papstgehorsam,⁴⁸ eine größere Rolle als bei Balthasar. Zwar hat sich auch dieser in seinen alten Tagen allen Aufträgen, die der Papst ihm erteilte, getreulich unterzogen – bis hin zur Annahme des ungeliebten Kardinalats. Dennoch bleibt die Johannesgemeinschaft wohl eher dem johanneischen als dem petrinischen Prinzip verpflichtet – ein schönes Beispiel für die innerhalb der Kirche, ja sogar innerhalb einer gleichen Spiritualität immer noch mögliche Vielfalt.

Als schlichter Exeget des Ignatius oder gar als ignatianischer Epigone kann und darf Balthasar deshalb in seiner Christologie nicht verstanden

---

⁴⁵ Ebd. nr. 145.
⁴⁶ Ebd.
⁴⁷ Die Zeitschrift COMMUNIO hat in den letzten Jahren versucht, mit einer Reihe von Heften über die Mysterien des Lebens Jesu diese Lücke in der Theologie Balthasars in etwa auszufüllen.
⁴⁸ Peter Faber, Memoriale. Das geistliche Tagebuch des ersten Jesuiten in Deutschland. Nach den Manuskripten übersetzt von Peter Henrici. Einsiedeln: Johannes Verlag, 1963, nr.18, S. 46: »... was doch eine über jeden Zweifel erhabene Berufung ist.«

werden, genau so wenig wie in seiner ganzen Theologie und in seinem apostolischen Lebenswerk. Balthasars Christologie kann jedoch zeigen, zu welcher Ausfaltung ursprünglich ignatianische Ansätze Anlass geben können. Vor allem ist sich Balthasar mit Ignatius über die Jahrhunderte hinweg einig im Bemühen um die Einholung der ganzen, auch der profansten Welt in das zentrale Geheimnis und in den Weltauftrag Jesu Christi. Wenn eingangs von der Christusvergessenheit im heutigen Katholizismus die Rede war, so wird jetzt vielleicht deutlich, wie viel auch die Welt durch diese Christusvergessenheit verliert. Wo der »Mittler« (ein Lieblingswort des Ignatius) zwischen Gott und der Welt ausfällt, steht die Welt in heilloser Sinnlosigkeit verlassen da, und der Mensch Jesus von Nazareth findet sich in dieser gottfernen Welt wie ein geschichtlicher Zufall, eine »quantité négligeable«, die bald einmal vergessen wird. Um dieses Vergessen zu verhindern, braucht es eine theologisch tiefgründige Christologie, die Gott und Welt unlöslich miteinander verbindet. Die Sendungschristologie Hans Urs von Balthasars hat dies in vorbildlicher Weise getan.

V. Christologie und Geistesgeschichte

Karl-Heinz Menke

Marcion redivivus? Marcionitische Christologie und ihre Folgen in der Geistesgeschichte des 20. Jahrhunderts

Mehr als fünfzig Jahre hat Adolf von Harnack (1851–1930) Fragmente zusammengetragen, die uns die rätselhafte Gestalt eines Theologen erschließen, der sich im 2. Jahrhundert von der römischen Gemeinde getrennt und eine eigene Kirche gegründet hat. Weil Harnack in Marcion so etwas wie einen Vorläufer Luthers sieht,[1] ist seine Forschung getragen von einer geradezu apologetischen Sympathie für den antirömischen Rebell. Dessen ungeachtet hat er Ergebnisse erzielt, die bis heute untermauert und bestätigt werden; besonders seine Grundthese, dass Marcions Denken klar unterschieden werden muss von dem der Gnostiker. Was er selbst nicht voraussehen konnte, ist die erstaunliche Wirkungsgeschichte seiner Marcion-Monographie. Denn sie hat Theorien evoziert, die das Verhältnis von Christentum und Politik, von Kirche und Staat, von Christentum und Judentum, von Protestantismus und Katholizismus bis in die Gegenwart beeinflussen.

Die folgenden Ausführungen verstehen sich nicht als Beitrag zur Marcion-Forschung, sondern zur Marcion-Rezeption des 20. Jahrhunderts. Allerdings ist diese Rezeption ohne die von Harnack und weiteren Historikern geleistete Vorarbeit unverständlich. Deshalb soll in einem ersten Schritt versucht werden, die Ergebnisse der historischen Marcion-Forschung[2] zu skizzieren, die der dann geschilderten Rezeption als Anknüpfungs- oder Bezugspunkte dienen.

---

[1] »Es wird für immer denkwürdig bleiben, dass auf der ersten römischen Synode, von der wir wissen, ein Mann vor den Presbytern gestanden hat, der ihnen den Unterschied von Gesetz und Evangelium darlegte und ihr Christentum für ein judaistisches erklärte. Wer denkt hier nicht an Luther!« (A. v. Harnack, Marcion. Das Evangelium vom fremden Gott. Eine Monographie zur Geschichte der Grundlegung der katholischen Kirche, reprogr. Nachdr. der zweiten Aufl. von 1924, Darmstadt 1996, 26f.). – Dazu: G. May, Marcions Bruch mit der römischen Gemeinde, in: Ders., Marcion. Gesammelte Aufsätze, hg. v. K. Greschat u. M. Meiser, Mainz 2005, 75–83.
[2] Neben der alles überragenden Monographie von Harnack (Anm. 1) sind zu nennen: J. B. Higgins, The Latin Text of Marcion and Tertullian, in: VigChr 5 [1951] 1–42; P. G. Verweijs, Evangelium und neues Gesetz in der ältesten Christenheit bis auf Marcion (STL 5), Utrecht 1960; E. P. Meijering, Tertullian contra Marcion. Gotteslehre in der Polemik. Adversus Marcionem I–II, Leiden 1977; R. J. Hoffmann, Marcion: On the Restitution of Christianity. An

1. Ergebnisse der Marcion-Forschung

(a) Marcion spricht von zwei Göttern, von dem Schöpfer, dessen Grundeigenschaft die dem Gesetz entsprechende Gerechtigkeit ist, und von dem Erlösergott, dessen Grundeigenschaft die das Gesetz sprengende Liebe ist. Man würde ihn aber missverstehen, wollte man der Darstellung Tertullians folgen[3] und ihn unter den religionsgeschichtlichen Begriff »Dualismus« subsumieren. Schon Adolf von Harnack betont, dass Marcion mit den beiden Göttern, von denen er spricht, nicht zwei Ursprünge meint.[4] Und Barbara Aland sekundiert ihm mit der These, es gehe nicht um zwei metaphysische Prinzipien, sondern um zwei Weisen, in denen sich der Mensch zu Gott verhält.[5] Entweder ist Gott identisch mit der Ordnung der Schöpfung und der jüdischen Tora. Oder Gott ist der allem Innerweltlichen gegenüber ganz Andere, weshalb Marcion vom »fremden Gott« des Evangeliums spricht.[6]

(b) Marcion ist der erste Theologe, der dem Alten ein Neues Testa-

---

Essay on the Development of Radical Paulinist Theology in the Second Century, Oxford 1984; U. Schmid, Marcion und sein Apostolos. Rekonstruktion und historische Einordnung der marcionitischen Paulusbriefausgabe (ANTT 25), Berlin / New York 1995. – Ein auf Vollständigkeit bedachtes Literaturverzeichnis bietet: B. Aland, Marcion (ca. 85–160) / Marcionismus, in: TRE XXII (1992) 89–101.

[3] »Tertullian stellt es [...] so dar, als sei der Dualismus Marcions von Lk 6,43 sowie Jes 45,7 her inspiriert; von seiner ›enormitas curiositatis‹ getrieben, habe er anhand dieser Bibelstellen die Frage ›unde malum‹ meditiert. Jes 45,7 habe ihn gelehrt, dass der Schöpfer der Ursprung des Bösen sei; dann aber müsse ein anderer Gott (wie der gute Baum in Lk 6,43) existieren. So habe Marcion – mit Hilfe seines Lehrers Kerdon – eine dualistische Lehre gefunden.« (W. A. Löhr, Die Auslegung des Gesetzes bei Marcion, den Gnostikern und den Manichäern, in: Stimuli. Exegese und ihre Hermeneutik in Antike und Christentum [FS E. Dassmann. JAC.E 23], hg. v. G. Schöllgen u. C. Scholten, Münster 1996, 77–95; 78).

[4] Vgl. Harnack (Anm. 1) 97–120; Verweijs (Anm. 2) 292–346; E. U. Schüle, Der Ursprung des Bösen bei Marcion, in: ZRGG 16 (1964) 23–42; J. Woltmann, Der geschichtliche Hintergrund der Lehre Marcions vom »fremden Gott«, in: Wegzeichen (FS H. M. Biedermann), hg. v. E. C. Suttner u. C. Patock, Würzburg 1971, 15–42. – Apelles, der bedeutendste Schüler Marcions, versucht das Denkens seines Meisters mit den Kategorien der griechischen Philosophie zu vermitteln und dürfte deshalb entscheidend zu dem Missverständnis beigetragen haben, Marcion spreche von einem guten und einem bösen Prinzip. – Dazu auch: G. May, Apelles und die Entwicklung der marcionitischen Theologie, in: s. Anm. 1, 93–110; ders., Marcions Genesisauslegung und die »Antithesen«, in: s. Anm. 1, 43–50; ders., Marcion und der Gnostiker Kerdon, in: s. Anm. 1, 63–73.

[5] Vgl. B. Aland, Sünde und Erlösung bei Marcion und die Konsequenz für die sogenannten beiden Götter Marcions, in: Marcion und seine kirchengeschichtliche Wirkung. Vorträge der Internationalen Fachkonferenz zu Marcion gehalten vom 15.–18.8.2001 in Mainz (TU 150), hg. v. G. May u. K. Greschat, Berlin 2002, 147–157. – Dazu auch: G. May, Der Streit zwischen Petrus und Paulus in Antiochien bei Marcion, in: s. Anm. 1, 35–41.

[6] Enrico Norelli (Marcion: ein christlicher Philosoph oder ein Christ gegen die Philosophie?, in: s. Anm. 5, 113–130) macht darauf aufmerksam, dass es trotz der Aversion Marcions gegen die griechische Philosophie eine Gemeinsamkeit von Marcions »fremdem Gott« mit der mit-

ment gegenübergestellt. Er will das Alte Testament nicht ersetzen. Er hält es vielmehr für die Urkunde von Schöpfung und Tora, die sich in gar keiner Weise für die Predigt des Evangeliums eignet. Er polemisiert gegen die christlich-allegorische Septuaginta-Rezeption und plädiert für die jüdische Auslegung der hebräischen Bibel. Anders als die Juden das Alte Testament auslegen ist es – so betont er – von seinen Verfassern nicht verstanden worden. Es ist deshalb ganz und gar von der Botschaft Jesu zu trennen. Aus Marcions Sicht haben selbst die Zwölf, die Jesus auserwählt und zu seinen Boten bestimmt hat, das Evangelium judaistisch verfälscht. Vor allem Petrus entpuppt sich als »Gesetzesmensch«. Die Urapostel waren zwar nicht Irrlehrer, aber doch in faulen Kompromissen befangen. Deshalb musste Paulus das Evangelium durch eine Entrückung statt durch menschliche Vermittlung empfangen und für die Ersetzung des Alten Testamentes durch das Neue Testament sorgen.[7] Das »Neue Testament« des Marcion besteht aus dem »Apostolikon« (10 Paulusbriefe) und dem »Evangelium« (restituierter Proto-Lukas). Mit Berufung auf Paulus – insbesondere dessen Galaterbrief – erklärt er den Glauben an den von Jesus verkündeten Gott als das Gegenteil des Lebens aus der Tora. Zwar ist das Gesetz ebenso wenig wie die Schöpfung identisch mit dem Bösen oder der Sünde. Aber im Lichte des Glaubens an den ganz anderen Gott des Evangeliums erkennt der Mensch Schöpfung und Tora als Versuchungen zur Selbstrechtfertigung. Durch Tertullian wissen wir, dass Marcion auf Grund von Röm 7,12 dem Gesetz eine heilsgeschichtlich positive Funktion zuspricht. Denn die Tora hat die mäeutische Funktion der Aufdeckung der Sünde. Sobald einer der bedingungslos vergebenden Liebe »des fremden Gottes« glaubt, erkennt er im Gesetz die Negativfolie der Liebe. Der von Jesus verkündete Gott – so lehrt Marcion – ist das Gegenteil des in Mt 25 beschriebenen Richters.

(c) Nicht weil er zur Schöpfung gehört, ist der Mensch Sünder, sondern weil er autark sein will. Barbara Aland bemerkt: »Der Mensch als Sünder will sich nicht beschenken lassen, sondern will sich selbst erwerben, was Gott schenken will. Er kann sich das Gute aber nur erwerben, indem er Gesetzesbeobachtung übt. Damit kommt er, selbst wenn ihm die Gesetzesbeobachtung gelingt, von vornherein auf einen falschen Weg, weil er den schenkenden Gott, das heißt Gott in seiner Fülle, gar nicht in den Blick zu bekommen vermag. Er raubt Gott, dem guten Gott, damit das Vorrecht zu schenken. Denn eben das und nichts anderes will ja der gute Gott Mar-

---

tel- und neuplatonischen These gibt, dass »das Eine« bzw. »das Göttliche« das gegenüber allem Innerweltlichen schlechthin Andere, Transzendente und also »Fremde« ist.
[7] Vgl. Harnack (Anm. 1) 37–39. – Dazu auch: G. May, In welchem Sinn kann Marcion als der Begründer des neutestamentlichen Kanons angesehen werden?, in: s. Anm. 1, 85–91.

cions.«⁸ Wo der Mensch meint, er könne Gott etwas geben und sich damit gerecht machen, gehört er nach Marcion zu denen, die von den Juden »gerecht« genannt werden. Es handelt sich um die Nachkommen Abels im Unterschied zu den Nachkommen Kains. Doch während letztere demütig genug waren, um die bedingungslose Liebe des Erlösers zu glauben, waren die »Gerechten« außerstande, das ihnen vom auferstandenen und in die Hölle abgestiegenen Christus gepredigte Evangelium anzunehmen.

(d) Der für alle Gnostizismen charakteristische Dualismus zwischen einem guten und einem bösen Gott, zwischen dem guten Geist und der bösen Materie (verbunden mit der Lehre von der Konsubstantialiät des göttlichen und des menschlichen Geistes), zwischen Licht und Finsternis, ist Marcion fremd. Dennoch ist auch sein Denken tendenziell dualistisch. Das beweist seine Christologie. Denn »der fremde Gott« kann sich nicht *in* der Schöpfung und deren Gesetz, sondern nur *gegen* Schöpfung und Gesetz offenbaren. Marcion lehnt die Geburt Jesu aus Maria ab, weil die Schöpfung nicht den Leib des Erlösers hervorbringen kann. Er spricht in seinem Lukasevangelium zweimal vom Erscheinen des Erlösers: am Anfang vom Erscheinen des Sohnes des fremden Gottes im 15. Jahr des Kaisers Tiberius und am Ende von dem Erscheinen des Auferstandenen. Aus den von Tertullian und Origenes gegen Marcion vorgetragenen Argumenten darf man schließen, dass dieser den Leib Jesu Christi als einen nicht von dieser Welt stammenden betrachtet. Dafür spricht auch die Ausklammerung der Himmelfahrt. Denn eine physisch-örtlich lokalisierbare Himmelfahrt macht für einen vom Himmel stammenden Leib keinen Sinn.⁹ Die Offenbarung des fremden Gottes bedient sich nur insoweit eines Menschen, als sein Sohn nicht substantialiter, sondern lediglich formaliter als Mensch erscheint. Und selbst unter dieser Voraussetzung klagt Marcion über das Nichterkennen des fremden Gottes in Jesus selbst auf Seiten derer, die ihn drei Jahre lang begleiten. Erst da, wo Jesus die, die ihn mit Berufung auf das Gesetz anklagen, verurteilen und hinrichten, nicht seinerseits anklagt, sondern bedingungslos liebt, steht die Unvereinbarkeit des Gesetzes mit der Liebe, steht das ganz Andere »des fremden Gottes« außer Zweifel.

(e) Wie Jesu menschliche Gestalt in keiner Weise aus der Schöpfung stammt, so auch der Auferstehungsleib der Erlösten nicht. Tertullian stellt der eigenen These »Sicut in Adam omnes *carne* moriuntur, ita et in Christo omnes *carne* vivificabuntur.« die marcionitische Antithese entgegen: »Sicut in Adam omnes *carne* moriuntur, ita et in Christo omnes *corpore caelesti* vivificabuntur.« Marcion kann als Vorläufer der in der jüngeren deut-

---

⁸ Aland (Anm. 5) 150.
⁹ Dazu: M. Vinzent, Christ's Resurrection. The Pauline Basis of Marcion's Teaching, in: StPatr 31 (1997) 225–233; Ders., Der Schluss des Lukasevangeliums bei Marcion, in: s. Anm. 5, 79–94.

schen Theologie viel diskutierten These von der Ersetzung des alten durch einen neuen Menschen im Tod gelten.[10] Jedenfalls darf es und kann es aus seiner Sicht keine ontische Brücke zwischen dem aus der Schöpfung stammenden und dem erlösten Menschen geben.[11] Vor diesem Hintergrund lässt sich mühelos erklären, was in der Literatur oft als paradox bezeichnet wird: dass ausgerechnet Marcion, der das Leben nach dem Gesetz als Weg in die Sünde brandmarkt, zum Lehrer einer rigorosen Askese wurde. Denn die Loslösung von den Gesetzen der Schöpfung (Überwindung von Hunger, Durst und Schlaf und Verzicht auf Sexualität) und des Gerichtes (Schuld und Sühne, »Do ut des«) ist für ihn der Ausweis des Glaubens an den ganz anderen, die Gesetze transzendierenden und also »fremden« Gott. Der Gläubige ist – wie Marcion im Anschluss an Paulus betont – zwar noch *in* dieser Welt, aber nicht mehr *von* dieser Welt.

2. Harnack und Barth oder: Marcionitische und antimarcionitische Christologie

In demselben Jahr, in dem Adolf von Harnack seine große Marcion-Monographie veröffentlicht hat, erschien aus der Feder des noch jungen Karl Barth (1886–1968) eine Schrift mit dem Titel »Grundlagen der christlichen Sozialethik«. Obwohl beide Theologen sich als Anwälte des anderen, des von Marcion als fremd bezeichneten Gottes verstehen, haben sie doch kaum etwas gemeinsam. Harnack bezieht die Andersheit des »fremden Gottes« auf den nach seiner Ansicht gut paulinischen und zugleich gut lutherischen Gegensatz des Evangeliums zum Gesetz, fordert die Ein-

---

[10] »Seit dem zweiten Abendmahlsstreit und durch die Theologie Johann Gerhards begründet hieß es […] in der lutherischen Orthodoxie für hundert Jahre lang unisono: Nicht Verwandlung, sondern Vernichtung ist das letzte Schicksal der Welt.« (J. Moltmann, Das Kommen Gottes. Christliche Eschatologie, Gütersloh 1995, 295). Paul Althaus (Die letzten Dinge, Gütersloh [10]1977, 350) stellt dieser Tradition das von Irenäus über Augustinus bis zu Thomas von Aquin einhellig vertretene Motto »Verwandlung statt Vernichtung« entgegen, beschreibt aber gleichzeitig die Auferweckung Jesu und die Vollendung des Einzelnen als Neuschöpfung, ohne hinreichend zu erklären, worin die Kontinuität zwischen dem irdischen und dem zukünftigen Leben besteht (vgl. G. Greshake, Theologiegeschichtliche und systematische Untersuchungen zum Verständnis der Auferstehung, in: Ders. / Jacob Kremer, Resurrectio mortuorum. Zum theologischen Verständnis der leiblichen Auferstehung, Darmstadt 1986, bes. 247–251). Es wäre – so meinen Christoph Hinz (»Feuer und Wolke im Exodus«. Kritisch-assistierende Bemerkungen zu Jürgen Moltmanns Theologie der Hoffnung, in: EvTh 27 [1967] 76–109) und Augustin Schmied (Erlösung vom Schöpfergott, oder: Wiederkehr Marcions?, in: ThG[B] 16 [1973] 47–53) – eine lohnende Aufgabe, einmal der Frage nachzugehen, wie weit die marcionitische Dissoziation von Schöpfung und Erlösung jüngere Entwürfe der christlichen Eschatologie bestimmt.
[11] Dazu: A. Orbe, Marcionitica, in: Aug. 31 (1991) 195–244; bes. 239–241.

lösung der von Marcion geforderten Eliminierung des Alten Testaments aus der christlichen Bibel und plädiert für die Unterscheidung zwischen dem unsichtbaren, auf den Rechtfertigungsglauben gegründeten Reich Gottes und den sichtbaren Institutionen einer vom Staat bestimmten kirchlichen Ordnung. Karl Barth hingegen bezieht die Andersheit des biblisch bezeugten Gottes nicht auf den Gegensatz des Evangeliums zum Gesetz, sondern zu allen Erwartungen, Interessen und Intentionen des Menschen, der seit Adam immer schon ein Sünder ist. Wo Harnack von einer Entsprechung des innersten Menschen zu der Botschaft von der bedingungslosen Liebe des Erlösers spricht, beschreibt Barth den kreuzigenden Hass des Sünders gegen Christus. Wo Harnack – ganz marcionitisch – vom Gegensatz zwischen Evangelium und Gesetz spricht, beschreibt Barth das Gesetz als Außenseite der Gnade. In einer 1935 entstandenen Abhandlung zu dem Thema »Evangelium und Gnade« subsumiert er beide Begriffe, den des Evangeliums und den des Gesetzes unter den Terminus »Wort Gottes« und schreibt:

»Das Gesetz ist nicht das Evangelium, wie das Evangelium nicht das Gesetz ist [...]. Wir müssten der ganzen heiligen Schrift widersprechen, wenn wir hier nicht unterscheiden wollten. Wir können aber [...] auch nicht vom Evangelium zum Gesetz hinüberblicken als zu einem Zweiten neben und außer dem Evangelium. Wir müssten wieder der ganzen heiligen Schrift widersprechen, wenn wir hier trennen wollten. Wenn wir den einen und den andern Fehler vermeiden wollen, werden wir [...] ausgehen müssen von dem unzweifelhaften Zeugnis der Schrift, dass *Jesus Christus* (von dem wir hörten: er ist die Gnade, er ist der Inhalt des Evangeliums) dem Gesetz genug getan, das Gesetz erfüllt, das heißt durch Gehorsam gegen seine Gebote gehalten hat. Von dieser Tatsache, dass Jesus Christus, indem er die ›erschienene Gnade Gottes‹ (Tit 2, 11) war, zugleich die Gebote des Gesetzes gehalten hat, werden wir, wenn es um die Definition des Gesetzes geht, auf keinen Fall abstrahieren dürfen; wir werden vielmehr von ihr auszugehen haben. Sie wird nicht nur das Kriterium bilden, an dem wir alle von uns selbst gebildeten Gesetzes- und Normbegriffe zu messen haben. Sie wird auch der Kanon sein müssen zur Interpretation alles dessen, was uns im Alten und Neuen Testament als Gesetz begegnet: das Entscheidende, das eigentlich Gemeinte in jedem großen oder kleinen, inneren oder äußeren Gebot haben wir abzulesen aus der Erfüllung, die jedes von ihnen in Jesus Christus gefunden hat.«[12]

In diesem Zitat wird deutlich, warum der Marcionismus Harnacks

---

[12] K. Barth, Evangelium und Gesetz (Erstaufl. in: Theologische Existenz heute, Heft 32, München 1935), in: Gesetz und Evangelium. Beiträge zur gegenwärtigen theologischen Diskussion (WdF 142), hg. v. E. Kinder u. K. Haendler, Darmstadt 1968, 1–29; 6 f.

und der Antimarcionismus Barths in der jeweiligen Christologie ihre Erklärung finden. Bekanntlich hat Harnack die Trinitätslehre als hellenistische Verfälschung des biblischen Ursprungs verworfen und die These aufgestellt, Jesus sei zwar der Mittler des Evangeliums von der Rechtfertigung; doch gehöre nur der rechtfertigende Vater, nicht der Mittler, ins christliche Glaubensbekenntnis. Diese Position ist mit der des Marcion identisch. Denn der Sohn des »fremden Gottes« ist nicht selber Gott, sondern nur dessen Mittler. Er ist auch nicht ein aus der Schöpfung stammender Mensch, sondern nur der in Menschengestalt erscheinende Bote. Sein Menschsein ist ebenso irrelevant für die Annahme des Evangeliums wie das Gesetz, von dem die Juden sprechen. Die exakte Gegenposition zu Harnack und Marcion vertritt Karl Barth: Er beschreibt das wahre Menschsein Jesu als Offenbarkeit Gottes selbst. Deshalb gibt es keine Gemeinschaft mit dem Vater außerhalb oder unabhängig von dem Menschsein Jesu. Und zu diesem Menschsein des Juden Jesus gehört die Erfüllung der Tora. Deshalb – so betont Karl Barth durchgängig – erfolgt die Annahme des Evangeliums von der Gnade bzw. Rechtfertigung nicht unsichtbar, privat oder rein innerlich, sondern im Modus der Verähnlichung mit dem die Tora erfüllenden Jesus.

Wenn man die Christologien von Harnack und Barth vergleicht, wird deutlich, dass die im Kontext des jüdisch-christlichen Dialogs immer wieder erhobene Forderung nach einer Deabsolutierung der Christologie mit dem Ziel der Annäherung an das Judentum ein Irrweg ist. In dem Maße, in dem Jesus zum bloßen Mittler oder Boten degradiert wird, spielt sein Menschsein für die Offenbarung Gottes keine Rolle mehr. Und – was dabei oft vergessen wird – in dem Maße, in dem Jesus nur noch Medium oder Werkzeug ist, wird auch die von Jesus gelebte Tora depotenziert zu einem austauschbaren Interpretament des göttlichen Willens.[13] Barth hat den logischen Zusammenhang zwischen Harnacks Mittler-Jesulogie, der Forderung nach der Eliminierung des Alten Testamentes aus der christlichen Bibel und seinem marcionitischen Antijudaismus erkannt. Die Leugnung der Einzigkeit und Heilsuniversalität Christi bedeutet zugleich eine Leugnung der Einzigkeit und Heilsuniversalität Israels. Christlicher Antijudaismus – so lässt sich durchgängig zeigen – ist im 20. Jahrhundert immer dann manifest, wenn Jesu Menschsein nicht als Offenbarung Gottes, sondern als Medium zur Vermittlung des je Einzelnen in die unsichtbare Gemeinschaft mit Gott missverstanden wurde. Mit Marcion sieht Harnack die Trennlinie zwischen dem Gott der Juden und dem von Jesus verkündeten Gott darin, dass der Erstere dem Menschen nach seinen Taten vergilt, und

---

[13] Vgl. R. Buchholz, »Zu diesem Kanon darf das AT nicht gestellt werden«. Marginalien zu einer These Harnacks, in: ZKTh 131 (2009) 26–46.

dass der Letztere dem allen innerweltlichen Maßstäben widersprechenden Glauben die bedingungslose Rechtfertigung zuspricht. Es gibt eine ganze Reihe jüdischer Analysen zu Harnacks »Vorlesungen über das Wesen des Christentums«[14]. Durch diese Rezensionen zieht sich wie ein roter Faden die Feststellung, dass Harnack das Proprium des Christentums, nämlich die für Juden unannehmbaren Dogmen der Trinitätslehre und Christologie, aufgibt und *gerade deshalb* zu einer Ablehnung des Judentums gelangt, wie sie in ähnlicher Schärfe zuvor nur von Marcion formuliert wurde.[15] Weil er Jesus von den alttestamentlichen Propheten nicht im Sinne der christologischen Konzilien *ontologisch* unterscheidet, muss er seine Besonderheit ausschließlich in *Wort und Werk* suchen. Also bezeichnet er das Evangelium Jesu als das Gegenteil dessen, was die Juden die Tora nennen. Es geht um den Gegensatz zwischen »Außen« und »Innen«, zwischen »Werk« und »Glauben«, zwischen »Diesseits« und Jenseits«. Übrigens lassen sich die antijudaistischen Konsequenzen dieser »Antithesen« nicht nur bei Harnack selbst, sondern ebenso bei seinem Bewunderer Rudolf Bultmann beobachten.[16]

Insofern Harnack den Gott, den Jesus verkündet hat, auch als Schöpfergott versteht, unterscheidet er sich von Marcion. Dennoch wird auch er zum Verfechter einer Zwei-Reiche-Lehre, die mit ihrem Dualismus weit über das hinaus geht, was Augustinus mit seiner Unterscheidung zwischen »civitas Dei« und »civitas terrena« gelehrt und was Martin Luther mit seiner Lehre von den »Zwei Regimenten« intendiert hat. In seinen Vorlesungen von 1899/1900 lesen wir: »Das Reich Gottes ist Gottes*herrschaft*,

---

[14] L. Baeck, Harnacks Vorlesungen über das Wesen des Christentums. Sonderabdruck aus der »Monatsschrift für Geschichte und Wissenschaft des Judentums«, Breslau ²1902; F. Perles, Was lehrt uns Harnack?, Frankfurt 1902; Ders., Bousset's Religion des Judentums im neutestamentlichen Zeitalter kritisch untersucht, Berlin 1903; J. Eschelbacher, Das Judentum und das Wesen des Christentums. Vergleichende Studien, Berlin 1905.

[15] »Harnacks Argumentation, wonach Jesus das Wertvolle der israelitischen Religion vollendete, das Judentum aber in Ritualismus erstarrte und seine Lebensberechtigung verlor, fand ihren Höhepunkt darin, dass er ›die ganze jüdische Bedingtheit der Predigt Jesu‹ als bald schon überwundene geschichtliche ›Schale‹ wertete, die den Kern seiner Botschaft nicht berührte. Als endgültiger Überwinder des Judentums erschien ihm Paulus, der mit seiner Interpretation Christi als ›des Gesetzes Ende‹ einen radikalen Bruch vollzogen habe und dessen weltgeschichtliche Leistung in der ›Befreiung von dem historischen Judentum und seinen überlebten Religionsgesetzen‹ bestehe. Mit diesem Geschichtsbild – der Herauslösung der Gestalt Jesu aus seinen jüdischen Ursprüngen und der ›Antijudaisierung‹ des Paulus – präsentierte Harnack ein klassisches Stück antijudaistischer Enterbungstheologie, das für eine vorurteilsfreie Wahrnehmung des Judentums seiner Zeit und für einen Dialog mit den jüdischen Interpreten der neutestamentlichen Zeitgeschichte keinen Raum ließ.« (C. Wiese, Wissenschaft des Judentums und protestantische Theologie im wilhelminischen Deutschland. Ein Schrei ins Leere?, Tübingen 1999, 134f.).

[16] Dazu: P. von der Osten-Sacken, Rückzug ins Wesen und aus der Geschichte. Antijudaismus bei Adolf von Harnack und Rudolf Bultmann, in: WPKG 67 (1998) 106–122.

gewiss – aber es ist die Herrschaft des heiligen Gottes in den einzelnen Herzen, *es ist Gott selbst mit seiner Kraft*. Alles Dramatische im äußeren, weltgeschichtlichen Sinn ist hier verschwunden, versunken ist auch die ganze äußerliche Zukunftshoffnung. [...] Er selbst ist das Reich, und nicht um [...] Throne und Fürstentümer handelt es sich, sondern um Gott und die Seele, um die Seele und ihren Gott.«[17] Augustinus und Luther stellen die »civitas terrena« bzw. das »weltliche Regiment« in eine eschatologische Perspektive.[18] Augustinus tröstet die von inneren und äußeren Anfechtungen bedrängten Christen seiner Zeit mit der Unterscheidung zwischen der zerbrechenden »civitas terrena« und der kommenden »civitas Dei«. Und Luther bezeichnet das weltliche Regiment als ein notwendiges Übel, dessen sich Gott in dieser Welt bedient, damit verborgen unter seinem Gegenteil das geistliche Reich kommen kann.[19] Auf die Frage, »ob Kriegsleute auch in seligem Stande sein können«, antwortet der Reformator 1526: »Gott hat zweierlei Regimente unter den Menschen aufgerichtet. Eines ist geistlich, ausgeübt durchs Wort und ohne Schwert; dadurch sollen die Menschen rechtschaffen und gerecht werden, so dass sie mit dieser Gerechtigkeit das ewige Leben erlangen; und zwar bewirkt Gott diese Gerechtigkeit durchs Wort, welches er den Predigern befohlen hat. Das andere ist ein weltliches Regiment, ausgeübt durchs Schwert, damit diejenigen, die durchs Wort nicht rechtschaffen und gerecht werden wollen zum ewigen Leben, trotzdem durch ein solches weltliches Regiment gezwungen werden, rechtschaffen und gerecht zu sein vor der Welt; und zwar bewirkt Gott diese Gerechtigkeit durchs Schwert, und obwohl er diese Gerechtigkeit nicht mit dem ewigen Leben lohnen will, so will er sie dennoch haben, damit Frieden unter den Menschen gehalten wird.«[20] Luther will das weltliche Regiment

---

[17] A. v. Harnack, Das Wesen des Christentums, neu hg. mit einem Geleitwort von R. Bultmann, München / Hamburg 1964, 45.
[18] Dazu: E. Kinder, Gottesreich und Weltreich bei Augustin und bei Luther. Erwägungen zu einer Vergleichung der »Zwei-Reiche«-Lehre Augustins und Luthers, in: Reich Gottes und Welt. Die Lehre Luthers von den zwei Reichen (WdF 107), hg. v. H.-H. Schrey, Darmstadt 1969, 40–69.
[19] In einer Predigt über den ersten Timotheusbrief vom 25.3.1525 sagt Luther: »Das ist das Nötigste in der Welt, dass man ein streng weltliches Regiment hat. Denn die Welt kann nicht regiert werden nach dem Evangelium, denn das Wort ist zu gering geachtet, reicht nicht weit und ergreift wenige. Zu Tausenden nimmt man es nicht an. Darum kann man mit ihm kein äußerlich Regiment aufrichten. Der Hl. Geist hat einen kleinen Haufen. Die anderen sind alle Huren und Buben, die müssen ein weltlich Schwert haben. Wo ein weltlich Regiment sein Amt nicht streng ausübt [...], folgt Aufruhr, Morden, Krieg, Weib und Kinder schänden, da niemand sicher zu leben vermag. Herr Omnes ist nicht Christ. Könige, Fürsten und Herren müssen das Schwert brauchen und Köpfe abschlagen. Die Strafe muss bleiben, dass die anderen in Furcht gehalten werden und die Frommen das Evangelium hören und ihrer Arbeit nachgehen können.« (WA 17/I, 149).
[20] WA 19, 629f.

unterschieden wissen von der sichtbaren Kirche, die Wort und Sakrament verwaltet. Er kritisiert mehrfach die mittelalterliche Symbiose von Kirche und Staat, insbesondere, dass die Bischöfe zugleich Fürsten sind. Trotzdem hat er schließlich selbst das landesherrliche Kirchenregiment zugelassen. So kommt es im Protestantismus zu einer denkbar radikalen Trennung der unsichtbaren Kirche (der im Glauben an das Evangelium Gerechtfertigten) vom sichtbaren »Kirchenregiment«[21]. Die katholischen Fürstbischöfe haben in der Regel Priester- und Bischofsweihe empfangen; die protestantischen Fürsten sind Oberhäupter ihrer Landeskirchen, ohne ordiniert zu sein. Der Unterschied liegt in der Ekklesiologie: Während die katholischen Fürstbischöfe die von ihnen geleitete Kirche mit der wahren Kirche Jesu Christi identifizieren, erklären die protestantischen Oberhäupter der Landeskirchen ihr sichtbares Regiment als das weltliche, das den Leib betrifft, und das eigentliche Regiment der Seelen als das Regiment Christi. Luther hat die Ausübung der Kirchenleitung durch die protestantischen Fürsten nicht gewollt und doch durch seine Inkonsequenz zur Überführung seiner Lehre von den zwei Regimenten Gottes in eine Zwei-Reiche-Lehre[22] beigetragen. Jedenfalls muss man unterscheiden zwischen der ursprünglichen Intention des Reformators und der Wirkungsgeschichte seiner Lehre von den beiden Regimenten.

Karl Barth allerdings sieht einen logischen Zusammenhang zwischen der extrem alexandrinischen Christologie Luthers und der Zwei-Reiche-Lehre. Denn Luther lehrt, dass das Leben, Leiden und Sterben Jesu nicht die Offenbarkeit Gottes, sondern ein Sichverbergen Gottes unter dem Gegenteil seiner selbst war.[23] Analog gesehen ist das geistliche Regiment

---

[21] »Den Schlüssel für das Verhältnis des ›geistlichen‹ und des ›weltlichen‹ Regimentes Gottes nach Luther bildet Luthers eigentümliche Unterscheidung des ›Deus revelatus‹ und des ›Deus absconditus‹. Nur von dem ›Deus revelatus‹ her, nur wenn man bereits unter dem ›geistlichen Regiment‹ Gottes steht, also nur im Glauben und predigend, kann man nach ihm überhaupt von dem ›Deus absconditus‹ hinter dem scheinbar widergöttlichen ›Reich der Welt‹ und von dem ›weltlichen Regiment‹ Gottes sprechen [...]; denn in seinem ›weltlichen Regiment‹ handelt Gott als der verborgene, und sein Handeln hier hat keine offenbarende Wirkung.« (Kinder [Anm. 18] 54[30]).

[22] Mit Blick auf die nach seiner Meinung verhehrende Wirkungsgeschichte der entsprechenden Lehre Luthers ersetzt Karl Barth 1922 in seiner Schrift »Grundfragen der christlichen Sozialethik« den Ausdruck »Zwei-Regimente-Lehre« durch den Ausdruck »Zwei-Reiche-Lehre«.

[23] Luther versteht den von den griechischen Vätern entwickelten Gedanken der Idiomenkommunikation nicht so, dass dem Erlöser als der einen Person die Eigenschaften beider Naturen zugesprochen werden dürfen, sondern so, dass der menschlichen Natur Christi nach der Inkarnation auch die Eigenschaften des göttlichen Logos zukommen. Dies wird besonders deutlich, wo er der menschlichen Natur die Ubiquität der göttlichen Natur zuspricht. Luthers Lehre von dem sich unter dem Gegenteil *(sub contrario)* seines eigentlichen Wesens verbergenden Gott *(Deus absconditus)* ist verbunden mit der fast schon doketischen Erklärung, als der göttliche

Christi verborgen unter dem Gegenteil seiner selbst, nämlich dem landesherrlichen Kirchenregiment. Dieser, wie Barth meint, marcionitische Dualismus ist die Ursache für ein Luthertum, das den Bereich des Glaubens von dem der Öffentlichkeit, den der Moral von dem der Politik, den des christlichen Handelns von dem des weltlichen Handelns getrennt hat.[24] Karl Barth und Reinhold Niebuhr ziehen eine Linie von Luther über Friedrich den Großen und Bismarck zu Adolf Hitler. Niebuhr spricht von der »kranken Sozialethik« Luthers.[25] Und Barth schreibt schon im Dezember 1939 in seinem berühmt gewordenen »Brief nach Frankreich«: Das deutsche Volk leidet an der marcionitischen Erbschaft »des größten christlichen Deutschen: an dem Irrtum Martin Luthers hinsichtlich des Verhältnisses von Gesetz und Evangelium, von weltlicher und geistlicher Ordnung und Macht, durch den sein natürliches Heidentum nicht sowohl begrenzt und bestärkt als vielmehr ideologisch verklärt, bestätigt und bestärkt worden ist. [...] Es wird [...] nötig sein, weitere Entwicklungen auf der fatalen Linie von Friedrich dem Großen über Bismarck zu Hitler physisch unmöglich zu machen.«[26] Barth hat sich nach dem Krieg durch die Fakten bestätigt gesehen. In seiner 1945 publizierten Rede mit dem Titel »Die evangelische Kirche in Deutschland nach dem Zusammenbruch des Dritten Reiches« lesen wir: »Nun hat das Unheil des Dritten Reiches sicher einen seiner Gründe darin, dass gerade die Evangelische Kirche Deutschlands es bis jetzt nicht verstanden hat, das Evangelium und das Gesetz und darum auch die Kirche und den Staat in ihrem Zusammenhang zu sehen und zu erklären und also die politische in die christliche Verantwortung einzubeziehen.«[27]

Was Barth prophetisch analysiert hat, wird mittlerweile durch Unter-

---

Logos bleibe Christus jederzeit – auch in der scheinbaren (!) Ohnmacht am Kreuz – der Herr des Geschehens, der z. B. seine Kreuzigung zulassen oder nicht zulassen konnte. Dazu: M. Lienhard, Martin Luthers christologisches Zeugnis. Entwicklung und Grundzüge seiner Christologie, aus dem Französischen übers. v. R. Wolff, Göttingen 1980, 172–175.

[24] Wenn man Luther-Zitate aus ihrem Kontext reißt, kann man einige Passagen anführen, die den besagten Dualismus stützen: »Christlich und brüderlich Handeln gehört nicht ins weltliche Regiment. Christlich und evangelisch Wesen gehören allein zum Regieren der Gewissen.« (WA 24, 677). – »Zwei Personen und zweierlei Amt sind so auf einen Menschen geraten. Er ist zugleich ein Christ und ein Fürst, Richter, Herr, Knecht, Magd. Diese heißen eitel Weltpersonen, denn sie gehören zum weltlichen Regiment. [...] Ein Christ bist du für deine Person, aber gegen deinen Knecht bist du eine andere Person.« (WA 32, 390).

[25] »The weakness of the Lutheran position in the field of social ethics is accentuated to a further degree by its inability to define consistent criteria for the achievement of relative justice.« (R. Niebuhr, The Nature and Destiny of Man, Bd. II. Human Destiny, New York 1943, 197).

[26] K. Barth, Ein Brief nach Frankreich, in: Ders., Eine Schweizer Stimme 1938–1945, Zollikon / Zürich 1945, 108–117; 113 f.

[27] K. Barth, Die evangelische Kirche in Deutschland nach dem Zusammenbruch des Dritten Reiches, Stuttgart 1946, 26 f.

suchungen zur marcionitischen und antisemitischen Ideologie des nicht erst unter dem Druck des Nationalsozialismus, sondern schon 1921 gegründeten »Bundes für deutsche Kirche« belegt.[28] Auch wenn man die Zwei-Regimente-Lehre Luthers durchaus antidualistisch bzw. antimarcionitisch interpretieren kann,[29] gibt ihre Wirkungsgeschichte allen Anlass zur Kritik. Das gilt auch für ihr Fortwirken nach 1945. Noch am 9.10.1970 erklärte die Synode der Vereinigten Evangelisch-Lutherischen Kirche Deutschlands, dass es dem einzelnen Christen »geboten sein kann, das Recht des Nächsten notfalls auch mit Gewalt zu verteidigen oder zu erkämpfen«; dass aber die geistliche Kirche der wahrhaft Glaubenden »durch Anwendung von Gewalt [...] ihre Bemühung um Versöhnung und Frieden unglaubwürdig machen«[30] würde.

---

[28] Eine einflussreiche Gruppe protestantischer Pfarrer (Friedrich Andersen; Adolf Bartels; Ernst Katzer; Hans von Wolzogen) steuerte schon 1917 zur Vierhundertjahrfeier der Reformation eine Programmschrift bei mit dem Titel »Deutschchristentum auf rein evangelischer Grundlage. 95 Leitsätze zum Reformationsfest 1917«. »Darin wurde der Versuch gemacht, das Christentumsverständnis durch Eliminierung judaistischer Bestandteile und deutschvölkischer Interpretation der völkisch-antisemitischen Ideologie anzupassen. Das Alte Testament galt als ›nicht zur Erklärung der christlichen Religion und zum Verständnis der Person Jesu erforderlich und verwendbar‹ (These 32).« (K. Meier, Der »Bund für deutsche Kirche« und seine völkisch-antijudaistische Theologie, in: K. Nowak / G. Raulet [Hgg]., Protestantismus und Antisemitismus in der Weimarer Republik, Frankfurt / New York 1994, 177–198; 180). – Zum ständigen Mitarbeiterkreis der Deutschkirche gehörte auch Richard Wagners Schwiegersohn Houston Stewart Chamberlain (1857–1927), dessen Briefwechsel mit Adolf von Harnack (vgl. W. Kinzig, Harnack, Marcion und das Judentum. Nebst einer kommentierten Edition des Briefwechsels Adolf von Harnacks mit Houston Stewart Chamberlain [Arbeiten zur Kirchen- und Theologiegeschichte 13], Leipzig 2004) den Zusammenhang zwischen dem Marcionismus Harnacks und dem Antijudaismus der evangelischen Deutschchristen dokumentiert. – Zur Entstehung und Geschichte des »Deutschchristentums«: K. Nowak, Evangelische Kirche und Weimarer Republik. Zum politischen Weg des deutschen Protestantismus zwischen 1918 und 1932, Weimar 1981; K. Meier, Die Deutschen Christen. Das Bild einer Bewegung im Kirchenkampf des Dritten Reiches, Halle / Göttingen ³1967.
[29] Vgl. dazu die Beiträge von Heinz-Horst Schrey, Ernst Wolf, Heinrich Bornkamm, Wilfried Joest, Klaus Haendler, Ragnar Bring und Gustaf Wingren in dem Sammelband: Reich Gottes und Welt. Die Lehre Luthers von den zwei Reichen (WdF 107), hg. v. H.-H. Schrey, Darmstadt 1969. Zudem besonders aufschlussreich: G. Ebeling, Leitsätze zur Zweireichelehre, in: Ders., Wort und Glaube, Bd. III. Beiträge zur Fundamentaltheologie, Soteriologie und Ekklesiologie, Tübingen 1975, 574–592.
[30] Die Ambivalenz der Zweireichelehre in lutherischen Kirchen des 20. Jahrhunderts (Texte zur Kirchen- und Theologiegeschichte 22), hg. v. U. Duchrow u. W. Huber, Gütersloh 1976, 98.

3. Die katholische Spielart des Marcionismus oder Die »Politische Christologie« Carl Schmitts

Wenn man so will, kann man von einer protestantischen und einer katholischen Spielart des Marcionismus im 20. Jahrhundert sprechen. Das Haupt der ersteren heißt Adolf von Harnack, das Haupt der letzteren Carl Schmitt (1888–1985). Richard Faber hat Schmitt in seiner Monographie mit dem bezeichnenden Titel »Politische Dämonologie. Über modernen Marcionismus« ein eigenes Kapitel gewidmet[31] und in einem weiteren Werk »Über Carl Schmitt den Römer und Katholiken« unterstrichen,[32] dass man ihn von vornherein missversteht, wenn man seine Politologie von seiner Theologie trennt. Er ist »der Theologe der Jurisprudenz und der Jurist der Theologie«. Und sein Marcionismus ist im Unterschied zu dem der Reformation antirevolutionär. Jacob Taubes, dessen Gespräch mit Schmitt zu den faszinierendsten Kapiteln der Geistesgeschichte des 20. Jahrhunderts gehört, charakterisiert das antirevolutionäre Grundinteresse seines Gegenübers wie folgt: »Das Interesse von Schmitt war nur eines: dass die Partei, dass das Chaos nicht nach oben kommt, dass Staat bleibt. Um welchen Preis auch immer. Das ist für Theologen und Philosophen schwer nachzuvollziehen; für den Juristen aber gilt: solange auch nur eine juristische Form gefunden werden kann, mit welcher Spitzfindigkeit auch immer, ist es unbedingt zu tun, denn sonst regiert das Chaos. Das ist das, was er später den Kat-echon nennt: den Aufhalter, der das Chaos, das von unten drängt, niederhält.«[33]

Schmitt stellt sich mit dem ersten Entwurf seiner »Politischen Theologie« (1922) ausdrücklich in eine Reihe mit Joseph Marie Comte de Maistre (1753–1821), Louis Gabriel Ambroise Comte de Bonald (1754–1840) und Juan Donoso Cortés (1809–1853). Allerdings verändert sich seine »Politische Theologie« durch deren fortschreitende Verselbständigung gegenüber der kirchlichen Autorität.

Von Joseph de Maistre übernimmt Schmitt den antirevolutionären Grundgedanken, dass Gottes Souveränität sichtbar werden muss in einer sie auf Erden repräsentierenden Autorität; und dass zu dieser Repräsentation die Unfehlbarkeit eines inappellablen Entscheidungsträgers gehört.[34]

---

[31] R. Faber, Politische Dämonologie. Über modernen Marcionismus, Würzburg 2007, 93–137.
[32] R. Faber, Lateinischer Faschismus. Über Carl Schmitt den Römer und Katholiken (Kulturwissenschaftliche Studien 6), Berlin / Wien 2001.
[33] J. Taubes, Die politische Theologie des Paulus, hg. v. A. u. J. Assmann, München 1993, 139. – Vgl. auch: J. Taubes, Ad Carl Schmitt. Gegenstrebige Fügung, Berlin 1987.
[34] Aus der Maistres Sicht ist die Unfehlbarkeit des Papstes überhaupt nichts Besonderes. Jeder souveräne Herrscher ist unfehlbar, weil es über ihm keine Instanz gibt, an die man gegen ihn appellieren kann. Wörtlich bemerkt de Maistre: »Il ne peut y avoir de société humaine sans

Doch er folgt de Maistre nicht bis in die These, dass nur die staatliche Autorität den göttlichen Willen repräsentiert, die sich der kirchlichen Autorität beugt.[35] Ganz allgemein ist die Anlehnung Schmitts an die Werke der französischen Traditionalisten von dem Prinzip bestimmt, dass er die eigenen Optionen durch selektive Rezeption untermauert. Bei de Bonald findet er eine sprachphilosophische Begründung[36] seiner These, dass jede innerweltliche Ordnung auf dem Prinzip der Vermittlung bzw. Repräsentation beruht. Das Christentum ist aus der Sicht von de Bonald die einzig wahre Religion, weil nur das Christentum von Gott sagt, dass er sich selbst in dieser Welt durch Jesus Christus vermittelt bzw. repräsentiert hat.[37] Entsprechend erscheint der römische Katholizismus als die politische Form, die durch personale Repräsentation des Papstes aus der Selbstrepräsentation Gottes in Jesus Christus entsteht.[38]

---

gouvernement, ni de gouvernement sans souveraineté, ni de souveraineté sans infaillibilité.« (J. de Maistre, Du Pape. Édition critique avec une Introduction par J. Lovie et J. Chetail [Les classiques de la pensée politique 2], Genf 1966, 123).

[35] »Le christianisme repose entièrement sur le Souverain Pontife, si bien qu'on peut établir comme principe de l'ordre politique et social auquel la France, par un décret providentiel, est chargée de présider, cette chaîne de raisonnements: Point de morale publique ni de caractère national sans religion, point de religion européenne sans le christianisme, point de christianisme sans le catholicisme, point de chatholicisme sans le Pape, point de Pape sans la suprématie qui lui appartient.« (J. de Maistre, Lettre au Comte de Blacas, 22.5.1814, in: Correspondance V [= Oeuvres complètes XII], Lyon 1886, 428).

[36] Ein Schlüsselbegriff aller von de Bonald verfassten Werke ist der Terminus »Vermittlung«. Gegen Descartes, Malebranche und Leibniz betont er: Was der Philosoph Wahrheit nennt, ist dem Menschen nicht apriori zugänglich, sondern *vermittelt* durch die Gesellschaft bzw. durch die Sprache. Da es keine Idee ohne Sprache gibt und die Sprache dem Bewusstsein aller menschlichen Gedanken *vermittelnd* vorausliegt, spricht de Bonald (Oeuvres complètes, III, Paris 1864, 45.72) von einer Uroffenbarung. Gemeint ist, dass der Mensch die Sprache nicht erfunden hat wie ein Zeichensystem, mit dem er nachträglich seine Gedanken mitteilt; dass vielmehr die Sprache dem Menschwerden des Menschen vorausliegt. In der Sprache – so lehrt de Bonald (ebd. III, 200) – wird das Denken des Einzelnen klar und objektiv. Er vergleicht den Verstand mit einem Papier, das mit einer farblosen Flüssigkeit beschrieben wurde; und die Sprache mit dem chemischen Mittel, das diese unsichtbare Schrift sichtbar macht. Dabei beruft er sich auf den Johannesprolog und betont, dass Analoges von Gott selbst gilt; auch sein Denken ist untrennbar vom Logos, von dem Wort, in dem er sich selbst objektiv ist.

[37] Robert Spaemann bemerkt zusammenfassend: »In Christus ist das Band zwischen Gott und Menschen real geworden. Die Leugnung der Gottheit Christi ist deshalb die Leugnung der realen Anwesenheit Gottes in der Gesellschaft […]. Die Form […], in der die daraus resultierende gott-menschliche Gesellschaft sich in absoluter Weise realisiert, ist die katholische Kirche.« (Der Ursprung der Soziologie aus dem Geist der Restauration. Studien über L. G. A. de Bonald, Stuttgart ²1998, 122).

[38] Die Kirche ist »eine konkrete, persönliche Repräsentation konkreter Persönlichkeit. Dass sie im größten Stil die Trägerin juristischen Geistes und die wahre Erbin der römischen Jurisprudenz ist, hat ihr noch jeder zugegeben, der sie kannte. Darin, dass sie die Fähigkeit zur juristischen Form hat, liegt eines ihrer soziologischen Geheimnisse. Aber sie hat die Kraft zu dieser wie zu jeder Form nur, weil sie die Kraft zur Repräsentation hat. Sie repräsentiert die

Schon gegen Ende der zwanziger Jahre gelangt Schmitt zu der Überzeugung, dass die kirchliche Autorität einen zum radikalen Kampf gegen die revolutionären Mächte der Unordnung berufenen Staat auch in seiner Entschlossenheit behindern oder gar lähmen kann. Nicht wenige Schmitt-Interpreten sprechen von einer fortschreitenden Enttheologisierung der staatlichen Autorität zur Beförderung einer von nichts und niemandem beeinträchtigten Entscheidungsinstanz. Jedenfalls häufen sich in Schmitts Werk applaudierende Bemerkungen[39] zu Louis Veuillot (1813–1883), Georges Sorel (1847–1922), Ernest Hello (1828–1885) und Charles Maurras (1868–1952), die mit besonderer Radikalität einen Dezisionismus jenseits von Legalität und Legitimität vertreten.[40] Besonders Juan Donoso Cortés wird für Schmitt zum Kronzeugen eines Weltbildes, das im marcionitischen Sinne gespalten ist und Erlösung von einer durch nichts und niemanden kontrollierten Diktatur erwartet.[41] Schon in der »Politischen Theologie« von 1922 bemerkt Schmitt: »Diktatur ist der Gegensatz zu Diskussion.«[42] Und mit »Diskussion« ist nicht nur der Parlamentarismus, sondern auch der interreligiöse und interkonfessionelle Diskurs gemeint. Schmitt bedauert den Zerfall einer alle verbindenden Konfession, weiß aber auch, dass man die konfessionelle Spaltung nicht beseitigen kann. Er betrachtet den weltanschaulich neutralen Staat als notwendiges Ergebnis der neueren Geschichte, zieht aber daraus nicht die Konsequenz der parlamentarischen Demokratie, sondern fordert im Gegenteil eine von Wahrheitsfragen unbehelligte staatliche Autorität. Mit Donoso Cortés plädiert er für den reinen Dezisionismus der den Chaosdrachen bekämpfenden Ordnungsmacht. 1950 widmet er dem bewunderten Spanier eine aus vier

---

civitas humana, sie stellt in jedem Augenblick den geschichtlichen Zusammenhang mit der Menschwerdung und dem Kreuzesopfer Christi dar, sie repräsentiert Christus selbst, persönlich, den in geschichtlicher Wirklichkeit Mensch gewordenen Gott. Im Repräsentativen liegt ihre Überlegenheit über ein Zeitalter ökonomischen Denkens.« (C. Schmitt, Römischer Katholizismus und politische Form, Erstaufl. 1923, Stuttgart 5.2008, 31 f.).

[39] Dazu: M. Dahlheimer, Carl Schmitt und der deutsche Katholizismus 1888–1936 (VKZG B 83), Paderborn 1998, 149–163.

[40] »Ein schwacher Staat sucht [...] nach Legalisierungen, Legitimierungen und Sanktionen und bedient sich ihrer, wie er sie findet. In einem Staatswesen, das [...] als pluralistischer Parteienstaat zerteilt ist, stehen die Machtklumpen [...] sämtlich unter dem gleichen Zwang: den Augenblick ihrer Macht auszunutzen, dem innerpolitischen Gegner zuvorzukommen und jede Art von Rechtfertigung als Waffe des innerpolitischen Kampfes zu betrachten. Legalität und Legitimität werden dann taktische Instrumente, deren sich jeder bedient, wie es im Augenblick vorteilhaft ist.« (C. Schmitt, Legalität und Legitimität, Erstaufl. 1932, Berlin 7.2005, 89 f.).

[41] »Genügt die Gesetzlichkeit, um die Gesellschaft zu retten, dann die Gesetzlichkeit – genügt sie nicht, dann die Diktatur!« (J. Donoso Cortés, Der Abfall vom Abendland, Wien 1948, 32).

[42] C. Schmitt, Politische Theologie. Vier Kapitel zur Lehre von der Souveränität. Erstaufl. 1922, Berlin 9.2009, 67.

Teilen bestehende Monographie. Darin heißt es: Für Donoso Cortés »ist der Mensch ein widerliches, lächerliches, von der Sünde völlig zerstörtes Wesen, das, wenn nicht Gott selbst es erlöst hätte, verächtlicher wäre als das Reptil, das mein Fuß zertritt. Für ihn ist die Weltgeschichte nur das taumelnde Dahintreiben eines Schiffes mit einer Mannschaft betrunkener Matrosen, die gröhlen und tanzen, bis Gott das Schiff ins Meer stößt, damit wieder Schweigen herrscht.«[43] Was der Spanier als Alternative zwischen der bösen Diktatur von unten und der gegenteiligen Diktatur von oben beschreibt, schildert Schmitt in seinem 1938 publizierten Werk »Der Leviathan in der Staatslehre des Thomas Hobbes (1588–1679)« als Kampf zwischen den beiden mythischen Gestalten des Leviathan und Behemoth, d. h. zwischen den katechontischen Mächten der staatlichen Autorität und den anarchischen Mächten der Revolution. Mit dem Terminus »Katechon« bezieht sich Schmitt auf die paulinische (2 Thess 2) Vorstellung von dem Niederhalten des Feindes.[44] Er spricht in seiner berühmt-berüchtigten Abhandlung mit dem bezeichnenden Titel »Totaler Feind, totaler Krieg, totaler Staat« (1937) von einer »absoluten Feindschaft«, ohne deshalb den Feind als Verbrecher bezeichnen zu wollen.[45] Aber wer der totale Feind ist,

---

[43] C. Schmitt, Donoso Cortés in gesamteuropäischer Interpretation. Vier Aufsätze, Erstaufl. 1950, Berlin ²2009, 71.

[44] Bei Paulus findet sich die Rede vom Katechon sowohl im Genus masculinum (ho katéchôn) als auch im Genus neutrum (tò katéchon). Dass Schmitt ausschließlich die Maskulinform verwendet, erklärt sich durch sein personalistisches Repräsentationsdenken. In der »Auslegungsgeschichte haben sich im Wesentlichen drei exegetische Varianten herausgebildet, von denen Schmitt [...] die erste favorisiert: In der alten Kirche, genauer gesagt seit Tertullian [...], sah man im vorerst noch heidnischen Römischen Reich und seit seinem Untergang in seinem Nachfolger, dem Heiligen Römischen Reich Deutscher Nation, das von Gottes Heilsplan auserwählte Bollwerk gegen das Eintreten des endzeitlichen Chaos. Dies war eine Vorstellung, die im Mittelalter als lebendiger Glaube fortwirkte, geschichtstheologisch eine geradezu ungeheure Bedeutung gewann und im 19. Jahrhundert eine Wiederbelebung im Interesse der rigoros antirevolutionär-konservativen Abstützung eines obrigkeitsstaatlichen Denkens erfuhr [...]. Einige neuere Interpretationen [...] vermuten hingegen hinter dem Katechon die Mission, die vor dem Ende nach Gottes Willen alle Heiden (bzw. bei Erik Peterson: die Juden) erreicht haben soll. Hierin sieht Schmitt eine fundamentale calvinistische Umdeutung des Katechon [...]. Eine dritte Auslegungsmöglichkeit schließlich erwägt, dass mit dem Katechon keine irdisch-menschliche, sondern eine überirdisch-mythische Größe, die den Chaosdrachen niederhält, gemeint sei.« (G. Meuter, Der Katechon. Zu Carl Schmitts fundamentalistischer Kritik der Zeit [Philosophische Schriften 11], Berlin 1994, 255 f.[220]).

[45] »Von der Art des totalen Krieges her bestimmen sich Art und Gestalt der Totalität des Staates [...]. Der totale Krieg aber erhält seinen Sinn durch den totalen Feind.« (C. Schmitt, Totaler Feind, totaler Krieg, totaler Staat, in: Ders., Positionen und Begriffe im Kampf um Weimar – Genf – Versailles 1923–1939, Hamburg 1940, 236). – Noch nach dem Zweiten Weltkrieg schreibt Schmitt: »Das Kriterium des Politischen [...] ist heute der Intensitätsgrad einer Assoziation oder einer Dissoziation, das heißt: die Unterscheidung von Freund und Feind.« (C. Schmitt, Politische Theologie II. Die Legende von der Erledigung jeder Politischen Theologie, Erstaufl. 1970, Berlin ⁵2008, 21 f.).

darüber ist er so wenig im Zweifel wie Donoso Cortés. Es handelt sich stets um Juden, Liberale und Kommunisten.[46]

Schmitt hat Harnacks Marcion-Monographie mit Begeisterung gelesen und seine Analysen zunehmend häufig mit den zentralen Vorstellungen und Begriffen der marcionitischen Antithetik garniert. Besonders aufschlussreich ist seine Marcion-Rezeption in der »Politischen Theologie II«. Dieses Spätwerk richtet sich mit dem Untertitel »Die Legende von der Erledigung jeder politischen Theologie« gegen die von seinem früheren Bonner Kollegen und Freund Erik Peterson[47] vertretene These, dass die Lehre von der göttlichen Monarchie am trinitarischen Dogma scheitern müsse, und dass deshalb eine Politische Theologie auf dem Boden des Christentums schlechthin unmöglich sei.[48] Die von Peterson ausgelöste Debatte war im Wesentlichen ein Streit um den von Schmitt 1922 kreierten Begriff der »Politischen Theologie«[49]. Schmitt selbst liegt nichts ferner als die Gestal-

---

[46] Für den Katholizismus des 19. Jahrhunderts ist die These typisch, dass Liberalismus und Judentum zwei Seiten derselben Medaille sind (vgl. O. Blaschke, Katholizismus und Antisemitismus im Deutschen Kaiserreich [KSGW 122], Göttingen 1997, bes. 48–52). Carl Schmitt teilt diese These, macht sich aber außerdem mit seiner Ideologie des Dezisionismus und der Feindbestimmung, mit seiner Rechtfertigung der Diktatur und der Wiederholung des von Thomas Hobbes geprägten Leitsatzes »Auctoritas, non veritas facit legem« (Anm. 42, 39) zum Komplizen der nationalsozialistischen Judenverfolgung. Dazu: M. Brumlik, Carl Schmitts theologisch-politischer Antijudaismus, in: B. Wacker (Hg.), Die eigentlich katholische Verschärfung. Konfession, Theologie und Politik im Werk Carl Schmitts, München 1994, 247–256.

[47] Dazu: B. Nichtweiß, Apokalyptische Verfassungslehren Carl Schmitts im Horizont der Theologie Erik Petersons, in: B. Wacker (Anm. 46) 37–64.

[48] Vgl. E. Peterson, Der Monotheismus als politisches Problem. Ein Beitrag zur Geschichte der politischen Theologie im Imperium Romanum, Leipzig 1935. – Manfred Dahlheimer kommentiert: »1934 rechtfertigte Carl Schmitt in seinem berühmt-berüchtigten Aufsatz ›Der Führer schützt das Recht‹ das Morden vom 30. Juni 1934. Da machte es Sinn, dass Peterson unter dem Eindruck dieser erschütternden Parteinahme seine Polemik gegen Schmitt noch verschärfte und 1935 jede politische Theologie, die ›zur Rechtfertigung einer politischen Situation missbraucht‹ wird, für theologisch erledigt erklärte. In diesem zeitgeschichtlichen Kontext erweist sich Petersons auf den ersten Blick streng wissenschaftliche, patristische Studie als eine hochpolitische Kampfschrift, ›als eine gut getarnte, intelligent verfremdete Anspielung auf Führerkult, Ein-Parteien-System und Totalitarismus‹, wie Carl Schmitt 1970 selbst einräumte. Peterson gebrauchte oder missbrauchte, je nach politischem Standpunkt, die Theologie für politische Zwecke und betrieb damit ebenfalls politische Theologie.« (Anm. 39, 220).

[49] Ernst-Wolfgang Böckenförde (Theorie und politische Theologie. Bemerkungen zu ihrem gegenseitigen Verhältnis, in: J. Taubes [Hg.], Religionstheorie und Politische Theologie, Bd. I. Der Fürst dieser Welt. Carl Schmitt und die Folgen, Paderborn 1983, 16–25) unterstreicht zu Recht, dass Carl Schmitt unter politischer Theologie die mit theologischen Begriffen arbeitende Verankerung einer politischen Ordnung, Institution oder Autorität im Absoluten versteht. Der Begriff »politische Theologie« kann aber auch auf die Verhältnisbestimmung der politischen Ordnung zur Religion angewandt werden. Beispiele sind die Lehre Augustins über das Verhältnis von civitas Dei und civitas terrena oder die gelasianische Zwei-Schwerter-Lehre. Und schließlich kann der Begriff »politische Theologie« im Sinne von Johann Baptist Metz

tung von Politik auf der Basis des theologischen Selbstverständnisses einer Religion. Ihm geht es nicht um die Kongruenz zwischen einem theologischen Dogma und einer politischen Institution und schon gar nicht um die Beteiligung an theologischen Diskussionen. Als Jurist stellt er einfach fest, dass jeder Politik die Idee eines Absoluten zugrunde liegt; und nur deshalb will er von Politischer Theologie sprechen. Vor diesem Hintergrund leuchtet ein, warum er Karl Kautsky als den Theologen des Erfurter Programms der SPD bezeichnet, Benjamin Constant den »Kirchenvater der gesamten liberalen Geistigkeit«, Karl Marx den »Kleriker des ökonomischen Denkens«, Bakunin den »Theologen des Anti-Theologischen« und die eigene Zunft der Juristen die »Theologen der bestehenden Ordnung« nennt.[50] Schmitt ist überhaupt nicht interessiert an der akademischen Frage, ob das Christentum an sich mit irgendeiner Form von Monarchie oder absoluter staatlicher Autorität vereinbar ist. Aus seiner Sicht ist der sogenannte Cäsaropapismus[51] ein Faktum der antiken und mittelalterlichen Geschichte des Christentums; und deshalb hat das Christentum de facto Politische Theologie geschrieben.

Weithin unbeachtet geblieben ist der programmatische Schlusssatz in der Einleitung von Schmitts »Zweiter Politischer Theologie«. Er lautet: »Die sach-thematische Weiterführung meiner Schrift Politische Theologie von 1922 verläuft in einer Gesamtrichtung [...] von der Politischen Theologie zur Politischen Christologie.«[52] Nur wenn man die oben referierten Beobachtungen außer Acht lässt, kann man hinter diesem Satz so etwas wie die Ableitung politischer Konsequenzen aus dem christologischen Dogma vermuten. Schmitt geht umgekehrt vor. Er sucht für den oben beschriebenen Kampf zwischen Ordnung und Unordnung eine theologische Idee und findet sie in der Christologie des Marcion. Denn dieser spricht von einem Christus, der den einen und einzigen Erlösergott repräsentiert und jenseits von Legalität und Legitimität, ja gegen Naturrecht und Gesetz in

---

appellativ zur Beförderung eines glaubensmotivierten politischen Engagements der Christen verwandt werden.
[50] Vgl. Dahlheimer (Anm. 39) 212.
[51] »Christus ist ›Führer‹, ›Feldherr‹, ›Papst‹, ›König‹ und ›Weltheiland‹: Alle vergangenen, gegenwärtig und zukünftig relevanten Mon-archen-Titulaturen werden zusammengetragen und auf den einen gehäuft, der [...] jenen ›Führer‹ antizipiert, nach dem ›der Ruf ... das nationalgesinnte Volk durchzittert‹, wie Eugen Rosenstock-Huessy [...] schreibt. – Schmitt ist der letzte, der die cäsaristische Stimmung nicht bemerkt hätte; er hat sie ›rationalisierend‹ gefördert und seine Propheziung der ›neuen Ordnung‹ im ›Neuen Reich‹ des ›Augustus‹ Hitler erfüllt gesehen, jenes – im de Maistre-Schmittschen Sinn – politischen ›Papstes‹, als – im Weberschen Sinn – ›charismatischen Führers‹.« (Faber [Anm. 31] 117) – Dazu: Ders. (Anm. 32) 39–75.
[52] C. Schmitt, Politische Theologie II. Die Legende von der Erledigung jeder Politischen Theologie, Erstaufl. 1970, Berlin ⁵2008, 10 f.

den Kampf zieht. Man darf vermuten, dass Schmitt in keiner Weise bestreiten würde, dass die Christologie des Marcion der eines Erik Peterson diametral widerspricht. Denn in einer trinitätstheologisch fundierten Christologie geht es ja gerade darum, dass Jesus als Geschöpf – als wahrer Mensch! – die Offenbarkeit Gottes ist. Im Anderen seiner selbst, in einem Geschöpf, kann Gott selbst nur sein, wenn er der trinitarische ist; wenn er selbst Beziehung ist, genauerhin, wenn die Beziehung Jesu zu seinem Vater identisch ist mit der Beziehung, die Gott selbst als Vater zum Sohn und als Sohn zum Vater ist. Der marcionitische Christus ist nicht die Offenbarkeit Gottes in einem Geschöpf, sondern im Gegenteil der gegenüber der Schöpfung und ihren Gesetzen ganz und gar Fremde. Nur so eignet er sich für Schmitts theologische Fundierung der Diktatur von oben gegen den Chaosdrachen von unten. Schmitt beschließt seine »Zweite Politische Theologie« mit dem folgenden Entwurf einer durchgängig marcionitisch reformulierten *Politischen Christologie*: »Der gnostische Dualismus setzt einen Gott der Liebe, einen welt-fremden Gott, als den Erlöser-Gott gegen den gerechten Gott, den Herrn und Schöpfer dieser bösen Welt. Beide verhalten sich, wenn nicht in beiderseitig aktiv kämpfender Feindschaft, so doch in unüberbrückbarer Fremdheit, einer Art gefährlichen Kalten Krieges, dessen Feindschaft intensiver sein kann als eine Feindschaft, die sich in der Naivität einer offenen Feldschlacht bekundet und betätigt. [...] Das strukturelle Kernproblem des gnostischen Dualismus von Schöpfergott und Erlösergott beherrscht [...] nicht nur jede Heils- und Erlösungsreligion. Es ist in jeder änderungs- und erneuerungsbedürftigen Welt unentrinnbar und unausrottbar immanent gegeben. [...] Der Herr einer zu ändernden, d. h. verfehlten Welt (dem die Änderungsbedürftigkeit zugerechnet wird, weil er sich der Änderung nicht fügen will, sondern sich ihr widersetzt), und der Befreier, der Bewirker einer veränderten, neuen Welt können nicht gut Freunde sein. Sie sind sozusagen *von selbst* Feinde.«[53]

Beide Gestalten der marcionitischen Christologie des 20. Jahrhunderts, die revolutionäre einer bestimmten Zwei-Reiche-Lehre und die antirevolutionäre der Identifikation von göttlicher und weltlicher bzw. kirchlicher Macht, verletzen das christologische Grunddogma von Chalcedon: Christus ist entweder der bloße Mittler in die Unmittelbarkeit des Einzelnen zum Vater (Harnack) oder der bloß irdische Repräsentant der absoluten Macht (Schmitt). Aus der marcionitischen Christologie folgert Harnack politisch die Trennung der irdischen (staatlichen wie kirchlichen) Autorität von der göttlichen (Zwei-Reiche-Lehre), Schmitt hingegen die Identifikation der irdischen (staatlichen wie kirchlichen) mit der göttlichen Macht (Cäsaropapismus). Im ersteren Fall wird das chalcedonische »unge-

---

[53] Schmitt (Anm. 52) 93 f.

trennt«, im zweiten Fall das chalcedonische »unvermischt« ausgeklammert. Christoph Kardinal Schönborn hat diesen Zusammenhang in seiner Christologie zur Sprache gebracht und an die hellsichtige Kritik des russischen Philosophen Wladimir Solowjew (1853–1900)[54] erinnert. Er bemerkt: Auch im Politischen kann »man das zentrale christologische Dogma von der unvermischten und ungetrennten Einigung göttlicher und menschlicher Natur feststellen. Für die Vermischung stehen der Cäsaropapismus oder der politische Messianismus, wenn eine geschichtliche Realität mit dem Reich Gottes gleichgesetzt wird. Hier wird das Menschliche verschlungen. Die Trennung führt dazu, die Inkarnation nicht ernst zu nehmen, wann immer zwischen Kirche und Welt zu sehr getrennt wird, wenn etwa der Glaube nicht mehr sozial, politisch, kulturell ›inkarniert‹, nicht mehr in der Welt auch institutionell präsent ist.«[55]

---

[54] »Das wahrhaft zentrale Dogma des Christentums ist die innerliche und vollkommene Einung des Göttlichen und Menschlichen ohne Vermischung und ohne Trennung. Die notwendige Folge dieser Wahrheit (um uns auf die praktische Sphäre des menschlichen Daseins zu beschränken) ist die Umwandlung des sozialen und politischen Lebens durch den Geist des Evangeliums, es ist der christlich gewordene Staat und die christlich gewordene Gesellschaft. Anstelle dieser synthetischen und organischen Einung des Göttlichen und des Menschlichen ging man den Weg der Vermischung dieser beiden Elemente [...] Zuerst *vermischte* man das Göttliche und Menschliche in der geheiligten Majestät des Kaisers. Ebenso wie Christus in der verworrenen Idee der Arianer ein hybrides Wesen, mehr als ein Mensch und weniger als ein Gott gewesen war, so vermischte auch der Cäsaropapismus – dieses politische Arianertum – die weltliche und die geistliche Macht, ohne sie zu vereinigen und machte aus dem Selbstherrscher mehr als ein Staatsoberhaupt, ohne aus ihm das wahre Haupt der Kirche machen zu können. [...] Was das moralische Leben betrifft, so nahm man ihm seine aktive Kraft, indem man ihm als oberstes Ideal die blinde Unterwerfung unter die Macht, den passiven Gehorsam, den Quietismus, das heißt die Verneinung des menschlichen Willens und der menschlichen Energie – die monotheletische Häresie – auferlegte. Endlich versuchte man, in einem übertriebenen Asketismus die leibhafte Natur zu unterdrücken, das lebendige *Bild* der göttlichen Inkarnation zu *zerbrechen* – eine unbewusste, aber logische Anwendung der Häresie der Bilderstürmer. Dieser tiefgehende Gegensatz zwischen der Rechtgläubigkeit, zu der man sich bekannte, und der Häresie war ein Prinzip des Todes für das byzantinische Reich. Darin liegt die wahre Ursache seines Untergangs. Es war gerecht, dass das Reich zugrunde ging und es war ebenfalls gerecht, dass es durch den Islam zugrunde ging. Der Islam ist der folgerichtige und aufrichtige Byzantinismus, befreit von jedem inneren Widerspruch. Er ist eine offene und vollkommene Reaktion des orientalischen Geistes gegen das Christentum, er ist ein System, in dem das Dogma eng mit den Lebensgesetzen verbunden ist, in dem der Glaube des einzelnen sich in einer völligen Übereinstimmung mit der politischen und sozialen Ordnung befindet.« (W. Solowjew, Russland und die universale Kirche, in: Werke, Bd. III, hg. v. W. Szylkarski, Freiburg 1954, 145–419; 173 f.).

[55] C. Schönborn, Gott sandte seinen Sohn. Christologie (Amateca 7), Paderborn 2002, 148 f.

4. Atheistische Christologie oder: Blochs messianischer Marcionismus

Es mag ja noch hingehen, wider alle »ecumenical correctness« von einem tendenziell protestantisch und einem tendenziell katholisch gepolten Marcionismus zu sprechen. Aber die These, es gebe auch eine jüdisch perspektivierte Spielart, scheint auf den ersten Blick schon deshalb abwegig, weil ein Jude keine Christologie treibt und geradezu »contra Marcionem« die Tora als heilig und das Alte Testament als die einzige heilige Schrift betrachtet. Und dennoch: Nach den furchtbaren Zerstörungen des Ersten Weltkrieges entstand im assimilierten Judentum eine Rückbesinnung auf bestimmte Grundsäulen der jüdischen Religion, die in einem deabsolutierten Christus das genuin Jüdische entdeckt und mit Marcions Rede von einem absoluten Novum verbindet. Gemeint sind Ernst Bloch (1885–1977) und Franz Rosenzweig (1886–1929), Walter Benjamin (1892–1940) und Theodor W. Adorno (1903–1969), Gershom Scholem (1897–1982) und Jacob Taubes (1923–1987). Sie alle wenden sich gegen das hegelianische Fortschrittsdenken des 19. Jahrhunderts, gegen den linearen Geschichtsoptimismus der Aufklärung und den wilhelminischen Machbarkeitswahn. Sie alle entdecken die teils vergessenen, teils verdrängten Wurzeln ihres Judentums in der Wiederentdeckung des Messianismus mit seiner Hoffnung auf das Kommen des nicht Machbaren und nicht Erzwingbaren. Ernst Bloch beschwört 1918 in seiner berühmt gewordenen Denkschrift mit dem bezeichnenden Titel »Geist der Utopie« die Erwartung des radikal Anderen.[56] Allerdings identifiziert er seine Utopie mit der Oktoberrevolution von 1917, was Franz Rosenzweig zu einer kritischen Unterscheidung zwischen der dem Bereich des Intentionalen verhafteten Kategorie »Utopie« und der dem Bereich der Erwartung zugehörigen Kategorie »Erlösung« veranlasst. Die Erlösung steht »im Gegensatz zur Utopie wie ein aktuelles Ereignis zu einem idealen, immer weiter verschobenen Grenzpunkt, wie ein Stillstehen der Zeit zu einer unendlich verlängerten Linie, wie eine plötzliche Illumination zu einer endlosen Reihenfolge der Augenblicke«[57]. Rosenzweig beschreibt den jüdischen Sabbat als Unterbrechung des Aufgehens in der Zeit durch das ganz Andere. Das jüdische Fest ist aus seiner Sicht eine Art Vorwegnahme der Erlösung wenigstens in einem Augenblick der

---

[56] In die erste Aufl. von 1918 nimmt Bloch eine 1912 unter dem Einfluss Martin Bubers verfasste Abhandlung mit dem Titel »Symbol: Juden« auf, um so den Zusammenhang zwischen der von ihm ausgesprochenen Erwartung und dem jüdischen Messianismus zu bezeichnen. In der zweiten Fassung von »Geist der Utopie« (1923) ist diese Abhandlung eliminiert worden, aber in den Aufsatzband »Durch die Wüste« (1964) wieder aufgenommen worden.
[57] S. Mosès, Der Engel der Geschichte. Franz Rosenzweig – Walter Benjamin – Gershom Scholem, Frankfurt 1992, 70.

Zeit[58]. Für unsere Thematik interessant ist die Kritik, die der 1923 von Berlin nach Jerusalem emigrierte Zionist Gershom Scholem gegen Rosenzweig vorträgt.[59] Was ihn stört, ist die Kategorie der Vorwegnahme des Messianischen. Denn diese Antizipation kann ja nur rein gedanklich oder innerlich erfolgen. Sie ist aus seiner Sicht die Fiktion eines präsentisch vorgestellten Messias und deshalb Christologie. Scholem wendet sich in fast allen seinen Büchern gegen die christliche Spiritualisierung einer platonisch vorgestellten Erlösung und betont demgegenüber die jüdische Alternative einer empirisch fassbaren Theokratie.[60] Auch sein bedeutendster Schüler Jacob Taubes – von 1951 bis 1953 in Jerusalem sein Assistent – wendet sich gegen den aus seiner Sicht typisch marcionitischen Dualismus von Außen und Innen, von Schöpfung und Erlösung, von irdischem und göttlichem Reich. Taubes ist es, der zumindest dem atheistischen Juden Ernst Bloch und dem marxistischen Juden Walter Benjamin »marcionitisches Christologisieren« vorwirft.

Denn mit Berufung auf Marcion beschreibt Bloch Christus als den Boten eines radikal fremden Gottes, der aber als der ganz Andere auch der Erlösende ist. Wörtlich bemerkt er: »Marcion stellt [...] den stärksten [...] Anti-Jahwe dar, zugunsten Christi als des totalen Novum oder Paradoxes in Jahwes Welt.«[61] Trotzdem bleibt Bloch seinen jüdischen Wurzeln insoweit verhaftet, dass er Marcions globale Ablehnung des Alten Testamentes widerspricht. Er schreibt: »Marcion kommt nicht nur von Paulus, er kommt ebenso von Moses her, der wahre oder fremde Gott dämmert im Exodusgott, zwischen Ägypten und Kanaan. Allerdings dämmert er mitnichten im Weltschöpfer, in dieser opulenten Vergangenheits-Mythologie [...]; dazu steht nicht nur Jesus, sondern die Utopie des Messianismus insgesamt in Opposition. Wie erinnerlich, hatten schon die Propheten Jahwe als Weltschöpfer selten erwähnt, desto entschiedener beriefen sie sich auf einen neuen Himmel, eine neue Erde. Gänzlich gegen Jahwe, als Weltregierer, waren die Anklagen Hiobs gerichtet, zugleich mit der Hoffnung, dass [...] ein Exodus sei. Der Apokalyptiker Jesus [...] steht von oben bis unten in dieser Exodus-Idee.«[62] Bloch hat Harnacks Marcion-Monographie mehrmals gelesen und dem Propheten eines radikalen Novum eine Abhandlung mit der Überschrift »Botschaft von einem fremden Gott ohne diese Welt«

---

[58] Vgl. F. Rosenzweig, Der Stern der Erlösung, eingel. v. R. Mayer u. um eine Gedenkrede erw. v. G. Scholem, Teil III/1, Erstausg. 1921, Frankfurt 1988, 359 f.
[59] Vgl. G. Scholem, Zur Neuauflage des »Stern der Erlösung«, in: Ders., Judaica, Bd. I, Frankfurt 1963, 226–232.
[60] Vgl. G. Scholem, Zum Verständnis der messianischen Idee im Judentum, in: Ders., Judaica, Bd. I, Frankfurt 1963, 25.
[61] E. Bloch, Das Prinzip Hoffnung III (Kapitel 43–55), Erstaufl. 1959, Frankfurt 1985, 1499.
[62] Bloch (Anm. 61) 1500.

gewidmet.⁶³ Darin lobt er Marcion als den genialen Theologen, der die Antithetik des Apostels Paulus zwischen Gesetz und Evangelium, Gerechtigkeit und Gnade durch die These vollendet hat, dass der in Christus offenbare Gott nicht identisch ist mit dem Weltschöpfer. Die Verwerfung des theistischen Gottesbildes – so versucht er zu zeigen – ist die entscheidende Voraussetzung für ein Exodusverständnis, das Gott nicht als »Außen«, als »Vor« oder »Oben« betrachtet, sondern als den, der in dem Maße in uns selbst erscheint, in dem wir alles Vorgegebene überschreiten. Blochs zweites großes Werk trägt den Titel »Atheismus im Christentum«; darin enthalten ist das besagte Marcion-Kapitel; und das Buch insgesamt will die These erklären: »Nur ein Atheist kann ein guter Christ sein, nur ein Christ kann ein guter Atheist sein.«⁶⁴ Bloch erinnert daran, dass Sokrates als Atheist angeklagt wurde, weil er das Göttliche nicht im theistischen oder polytheistischen Sinn verstehen will; und dass die ersten Christen von Nero als Atheisten angeklagt werden, weil sie für ein Transzendieren ohne Transzendenz, für die Identität von Gottesverehrung und Nächstenliebe, stehen. So erklärt sich der Satz: Nur ein Atheist, d. h. nur ein Mensch, der die raumzeitlich lokalisierten Götter des Anfangs oder des Jenseits, leugnet, ist ein guter Christ. Und umgekehrt: »Nur ein Christ kann ein guter Atheist sein.« Das heißt: Nur wenn ein Atheist über die Verneinung der Religionen hinaus den im Menschen offenbaren Gott bejaht, ist er ein guter Atheist.

Bloch hat im Unterschied zu vielen anderen Marcion-Interpreten verstanden, dass die radikale Askese, die der Prophet des Evangeliums vom liebenden Gott seinen Anhängern empfiehlt, nicht gegen den Menschen und nicht gegen die Schöpfung gerichtet ist.⁶⁵ Vielmehr geht es um ein radikales Offensein für das ganz Andere, für den alles Gewohnte transzendierenden Exodus in die Fremde, die die wahre Heimat ist. Wörtlich

---

⁶³ In: E. Bloch, Atheismus im Christentum. Zur Religion des Exodus und des Reichs, Frankfurt 1968, 237–243.
⁶⁴ Bloch (Anm. 63) 24.
⁶⁵ »Keinen Zweifel allerdings lässt auch Marcion, dass diese so jubelnd entführend gemeinte Botschaft, dieser extremste Exodus weltfeindlich schlechthin anschlägt, also empirisch selber finster ist. Bringt sie doch nicht nur, wie der von Marcion ausgeschiedene, der große Archetyp Exodus im Alten Testament, aus der Gefangenschaft weg, sondern dazu noch aus Fleisch wie aus jedem Diesseits und in keinerlei besseres. Dies rein pneumatische, rein logos-mythische Weltvalet schlechthin hat in seiner Askese kein Land vor sich, worin auch nur vergleichsweise Milch und Honig fließt; und am wenigstens soll Christus gemäß diesem rein pneumatischen Doketismus der Marcioniten im Fleisch auferstanden sein. Ja, der wahre Christus war ihnen nicht einmal im Fleisch geboren; damit behaftet hätte nach Marcion die Botschaft vom völlig neuen, völlig fremden Gott gerade ihre *Reinheit* des Impulses nicht geben können. Indes, auch hier, auch mit diesem abstrakt und so oft banalisierten Asketischen, auch mit dieser Kehrseite der totalen Fremdheitsbestimmung an Marcions Gott zeigt sich keine Abkehr vom *Menschen* in dieser Welt; konträr: gedacht war ja desto vollere Zukehr zu ihm.« (Bloch [Anm. 63] 240).

bemerkt Bloch: »Dies *empfangend Fremde*, Niegehörte, erst durch Christus überhaupt Ahnbare gibt für Marcions Anti-›Gesetz‹, Anti-›Gerechtigkeit‹, Anti-›Weltschöpfer und Weltregierer‹ den gemeinten ›Freiheits‹-, ›Gnade‹-, ›Heimkehr‹-Sinn.«[66] Blochs »Exodus-Christologie« will dem apokalyptischen Grundsatz entsprechen, dass es zwischen dem Geschöpflichen und dem Messianischen keine Vermittlung oder Kontinuität gibt. Bei Marcion findet er den Gedanken, dass Jesus nicht aus der Schöpfung hervorgeht, dass die Geschichte ihn nicht vermittelt, dass sein Erscheinen das Jahr Null markiert, dass er aber gerade so, als der dieser Welt radikal Fremde, die Kraft der Hoffnung, des Transzendierens, des Exodus schenkt.[67] Bloch betont, dass der jüdische »Glaube an den erschienenen Messias [...] wiederum den Glauben an den noch nicht erschienenen Messias«[68] enthält; und dass der in Christus angekommene Gott erst durch die Sendung des Parakleten der Gott in uns selbst wird.[69]

Taubes hat Bloch, wie gesagt, eine typisch marcionitische bzw. gnostische Verinnerlichung und Verjenseitigung des Messianischen vorgeworfen. Er schreibt: »Ernst Bloch [...] kann [...] diesen Weg nach innen antreten, weil er sich von der klassisch jüdischen Tradition gelöst hat. Der ›Atheist‹ Ernst Bloch lebte nicht wie der bewusste Jude Gershom Scholem, der ›an Gott‹ glaubte, im Staate Israel, wo Theokratie einen blutig ernsten, konkret-historischen Sinn erhält, den zu überspielen nur Illusionisten sich erlauben können.«[70] Und damit nicht genug: Taubes wirft Bloch vor, sich mit seiner Marcion-Rezeption auch dessen Antisemitismus eingefangen zu haben.[71]

---

[66] Bloch (Anm. 63) 241.
[67] »Der fremde Gott, der nicht nur an der Welt unschuldige, von ihr unbefleckte, sondern ihrer sich erbarmende, berührte einzig in Christus, auch in ihm noch verhüllt, die Erde. Verhüllt auch noch in seinem Evangelium, und gerade dieses transzendente Absconditum soll in seiner Ferne das einzig Einleuchtende sein; denn bereits Sagbares kann hier nur entstellen. So beginnt Marcion seine Antithesis: ›O Wunder über Wunder, Verzückung, Macht und Staunen ist, dass man gar nichts außerhalb seiner Freude über das Evangelium sagen noch darüber denken noch es mit irgendetwas vergleichen kann‹ (vgl. Harnack [Anm. 1] 118f.).« (Bloch [Anm. 63] 242).
[68] Bloch (Anm. 61) 1502.
[69] »Die Auferstehung Christi von den Toten ist in der Religionsgeschichte analogielos, aber die apokalyptische Weltverwandlung zu einem noch völlig Unvorhandenen findet außerhalb der Bibel nicht einmal eine Andeutung. [...] *Eritis sicut Deus* ist die Frohbotschaft des christlichen Heils.« (Bloch [Anm. 61] 1504).
[70] J. Taubes, Walter Benjamin – ein moderner Marcionit? Scholems Benjamin-Interpretation religionsgeschichtlich überprüft, in: Antike und Moderne. Zu Walter Benjamins »Passagen«, hg. v. N. W. Bolz u. R. Faber, Würzburg 1986, 138–147; 139.
[71] »Wenn Ernst Bloch den Geist Marcions durch die Geschichte der Ketzerei bis hin zu Karl Marx wirksam sieht, so nimmt er auch den metaphysischen Antisemitismus in Kauf, der dieser Opposition eignet. Dass aber Theokratie keinen ›politischen‹, sondern ›allein religiösen Sinn‹ habe, steht bei Ernst Bloch in der Konsequenz seiner ›revolutionären Gnosis‹ im Geiste Mar-

Marcion redivivus?

Ohne auf Karl Barth Bezug zu nehmen, bestätigt Taubes dessen These, dass die Dissoziation von Schöpfung und Erlösung zugleich antijudaistisch und antichristlich ist.[72] Die atheistische Christologie Blochs richtet sich ja nicht nur gegen das Gesetz Jahwes, sondern auch gegen die Offenbarung Gottes im Fleisch. Wo Gott zur Utopie wird, ist er nicht mehr der biblisch bezeugte Gott. Das – so betont Taubes – kann man nicht nur an Bloch, sondern auch an Walter Benjamin ablesen. In dem zum Frühwerk Benjamins gehörenden »Theologisch-politischen Fragment« heißt es: »Darum kann nichts Historisches von sich aus sich auf Messianisches beziehen wollen. Darum ist das Reich Gottes nicht das Telos der historischen Dynamis; es kann nicht zum Ziel gesetzt werden.«[73] Mit anderen Worten: Es gibt keinen Anknüpfungspunkt des Messianischen in der real existierenden Geschichte; das apokalyptisch hereinbrechende Messianische ist das radikal Fremde. Taubes kommentiert: Der »letztlich marcionitische Sinn dieser Sätze [ist ...] fast mit Händen zu greifen.«[74] Und auch darauf macht Taubes aufmerksam: Der Einfluss des Vordenkers Benjamin auf die Philosophen der sogenannten Frankfurter Schule kann gar nicht überschätzt werden. Vor allem Theodor W. Adorno beschreibt – mit explizitem Lob auf Marcion[75] – das »messianische Licht« als Offenlegung des »Bannes«[76], der fortwährend Katastrophen anhäuft und deshalb nicht durch Anknüpfung, sondern nur durch Negation und Abbruch Erlösung verheißt.

Blochs Christologie ist genuin marcionitisch, weil sie in Jesus nur

---

cions und des Joachim di Fiore (der neben und *mit* seiner Drei-Stadien-Lehre ein scharfes *adversus Iudaeos* verbindet), deren ›irdische‹ Exekution bei Karl Marx im Aufsatz ›Zur Judenfrage‹ sich findet, wo er den Sabbatjuden und weltlichen Juden unter ›ein Prinzip‹ stellt; keine Gelegenheitsschrift, kein ›Ausrutscher‹, sondern systematisch konsequent in der Linie von Marcion und Joachim di Fiore ins Weltliche gewendet (darum eine sozial-ökonomische Schrift des Antisemitismus höchsten Ranges [...]).« (Taubes [Anm. 70] 139 f.).

[72] Taubes bemerkt, dass sich alle Christen, »vor Marcions Lehre bekreuzigten – wüssten sie etwas von ihm«. Und er fährt fort: »Während die Juden auf einer politischen Theokratie mit irdischem Ziel als Ende der geschichtlichen Entwicklung beharren, die als ›Vorgeschichte‹ hinter sich gelassen wird, um in ein geschichtliches Reich der Freiheit endlich einzutreten, wissen sich Marcions Christen als ›Fremdlinge‹ auf dieser Erde, als Gemeinde eines ›Fremden‹ Gottes, der nichts mit ›Dieser Welt‹, wie sie ist, etwas zu tun hat.« (Taubes [Anm. 70] 139).

[73] W. Benjamin, Theologisch-politisches Fragment, in: Ders., Gesammelte Schriften, Bd. II/1, hg. v. R. Tiedemann u. H. Schweppenhäuser, Frankfurt 1977, 203–204; 203.

[74] Taubes (Anm. 70) 142.

[75] Zur Marcion-Rezeption von Theodor W. Adorno: Faber (Anm. 31) 32–44.

[76] »Nach wie vor stehen die Menschen, die Einzelsubjekte unter einem Bann. Er ist die subjektive Gestalt des Weltgeists, die dessen Primat über den auswendigen Lebensprozess inwendig verstärkt. Wogegen sie nicht ankönnen, und was sie selber negiert, dazu werden sie selber. [...] Von sich aus, gleichsam a priori, verhalten sie sich dem Unausweichlichen gemäß. [...] Die Hegelsche Lehre von der Substantialität des Allgemeinen im Individuellen eignet den subjektiven Bann sich zu.« (T. W. Adorno, Negative Dialektik, in: Gesammelte Schriften, Bd. VI, hg. v. R. Tiedemann, Darmstadt 1997, 337 f.).

den durch Schöpfung und Geschichte unvermittelten Boten sieht. Der Gott seiner Utopie ist »im Werden«; und er »wird« in demselben Maße, in dem die Menschheit alles Bisherige transzendiert, um an und in sich selbst zu erfahren: »Wir selbst sind Gott geworden.«

5. Gegenwärtige Beispiele einer tendenziell marcionitischen Christologie

Marcions Christologie erscheint wie eine ständige Versuchung der Theologie bis in deren jüngste Entwürfe. Ich nenne exemplarisch die von dem französischen Religionssoziologen René Girard inspirierte Soteriologie des verstorbenen Innsbrucker Dogmatikers Raymund Schwager,[77] die zweibändige Dogmatik von Eugen Drewermann[78] und die von dem Dortmunder Systematiker Thomas Ruster entwickelte Alternative zum »verwechselbaren Gott«[79].

(a) René Girard/Raymund Schwager

In jedem Menschen – so erklärt Schwager im Anschluss an Girard – steckt von Anfang an die Versuchung, nachzuahmen und sich zu vergleichen. Aus dem Sich-Vergleichen aber erwächst Rivalität, aus der Rivalität Aggression, aus der Aggression Gewalt und aus Gewalt Zerstörung. Was sich im Kleinen am Beispiel der feindlichen Brüder erklären lässt, kann man mutatis mutandis ebenso auf der Ebene der Sippe, des Stammes, der Polis oder Volksgemeinschaft beobachten. Um sich nicht selbst zu zerstören, entwickelt jede von Gewalt beherrschte Gesellschaft geradezu instinktiv einen Ausweg: die Vereinigung der gegeneinander gerichteten Aggressio-

---

[77] R. Schwager, Der Gott des Alten Testaments und der Gott des Gekreuzigten. Eine Untersuchung zur Erlösungslehre bei Marcion und Irenäus, in: Ders., Der wunderbare Tausch. Zur Geschichte und Deutung der Erlösungslehre, München 1986, 7–31; Ders., Erbsünde und Heilsdrama. Im Kontext von Evolution, Gentechnologie und Apokalyptik, Münster 1997; zum Vergleich zwischen Carl Schmitt und René Girard: W. Palaver, A Girardian Reading of Schmitt's Political Theology, in: Telos (New York) 93 (1992) 43–68; Ders., Order out of Chaos in the Theories of Carl Schmitt and René Girard, in: P. Brady (Hg.), Chaos in the Humanities, Knoxville (USA) 1995, 87–106.

[78] E. Drewermann, Die Problematik der Gnosis, vornehmlich am Beispiel Marcions, in: Ders., Glauben in Freiheit, Bd. I. Dogma, Angst und Symbolismus, Düsseldorf / Solothurn 1993, 227–244.

[79] T. Ruster, Erlösergott und Schöpfergott. Zwei Konstellationen der Gottesfrage im 20. Jahrhundert, in: Der verwechselbare Gott. Theologie nach der Entflechtung von Christentum und Religion (QD 181), Freiburg ⁴2000, 86–123.

nen und deren Entladung auf ein einziges Objekt, den Sündenbock. Indem die zuvor gegeneinander gerichteten Aggressionen vereint werden, entsteht auf einmal Frieden. Von daher ist es nicht verwunderlich, dass derselbe Sündenbock, der verflucht und ausgestoßen oder vernichtet wird, zugleich als Erlöser identifiziert wird. Jesus Christus – so bekennt Schwager – hat den satanischen Charakter dieses Mechanismus entlarvt. Indem sich das ans Kreuz geschlagene Opfer bzw. der zum »Sündenbock« gemachte Jesus als das Gegenteil der Sünde, als absolute Liebe, offenbart, wird das Tun der ihn kreuzigenden Sünder als das entlarvt, was es ist: kein dem Willen Gottes entsprechendes Opfer, sondern das hässliche Gesicht des Vaters der Lüge.[80]

Marcionitisch ist an dieser Theorie die Dissoziation von Schöpfung und Erlösung. Die Schöpfung bzw. Natur ist durch und durch geprägt von dem durch Girard und Schwager als satanisch deklarierten Sündenbockmechanismus. Deshalb gelingt es der Natur auch in dem Stadium ihrer Entwicklung, in dem sie sich reflektierend objektivieren kann, kaum, ihr eigenes Wesen zu durchschauen. Dazu bedarf es nach Girard der Offenbarung des Gottes, der in Jesus Christus als er selbst ansichtig wird. Die Offenbarung hat keinen Anknüpfungspunkt in der Natur; im Gegenteil, sie muss die Natur demaskieren als das Widergöttliche, ja Satanische.

(b) Eugen Drewermann

Eine anders begründete, aber mindestens ebenso marcionitische Dissoziation von Schöpfung und Erlösung vertritt Eugen Drewermann. Er wendet sich gegen die dogmatische Verbegrifflichung des historischen Jesus und mithin auch gegen die Terminologie des christologischen Dogmas von Chalcedon. Einzig ist Christus nicht an sich, sondern dann, wenn er für mich Weg, Wahrheit und Leben wird. Drewermann nennt nicht nur Gott, sondern auch Jesus »eine absolute Person«[81]. Aber er will damit nicht sagen: ›Jesus *ist* die Wahrheit‹, sondern nur: ›Jesus vertraut seinem Gott ohne Bedingung und in diesem Sinne absolut‹[82]. In Bezug auf Mk 13,32, wo Jesus sich selbst als Gottes Sohn bezeichnet, bemerkt er: Diese Stelle zeigt, »worin Gottessohnschaft beruht: in einem Totalvertrauen gegenüber der Macht, [...] die Jesus ›Vater‹ zu nennen wagt«[83]. Drewermann spricht zwar

---

[80] Belege dazu in: K.-H. Menke, Jesus ist Gott der Sohn. Denkformen und Brennpunkte der Christologie, Regensburg 2008, 134–140.
[81] Vgl. Drewermann (Anm. 78) 368.374.
[82] Vgl. ebd. 185 f.
[83] E. Drewermann, Wort des Heils und Wort der Heilung. Von der befreienden Kraft des Glaubens. Gespräche und Interviews, Bd. II, Düsseldorf 1989, 196.

wiederholt von der Einzigartigkeit und sogar Exklusivität Jesu Christi, begründet diese Einzigartigkeit aber nicht mit der einmaligen Selbstmitteilung des Absoluten (also inkarnatorisch), sondern mit dem Hinweis auf die gänzliche Angstfreiheit des Menschen Jesus (also anthropologisch)[84]. Wie Jesus für jeden Gläubigen einzigartig ist, der durch ihn zur Überwindung aller Angst bis hin zur Angst vor dem Sterben gelangt, so ist Buddha für jeden Menschen einzigartig, der durch ihn zu demselben Vertrauen gelangt.[85]

Marcionitisch ist Drewermanns Christologie, weil er Jesus nur als Erscheinung unbedingter Liebe versteht und einen unüberbrückbaren Hiatus zwischen Schöpfung und Erlösung aufreißt. Gewiss, er leitet aus der Gegenüberstellung von Schöpfergott und Erlösergott keinen metaphysischen Dualismus ab; nach seiner Meinung hat man den Vorwurf einer gnostischen Metaphysik schon gegenüber Marcion zu Unrecht erhoben. »Marcion«, so schreibt er, »leugnete nicht, dass ein Gott die Welt erschaffen habe; er lehnte sich ›nur‹ mit aller Kraft gegen diesen Gott auf, den er identisch sah mit dem Gott des Alten Testamentes, dessen Werk und Ordnung ihm durch die Botschaft der Liebe in Jesus Christus ein für allemal als widerlegt galt.«[86] Denn – so Drewermann weiter – »die Welt, wie wir sie sehen, die Ordnung der Natur, die sich uns darbietet, ist alles andere als liebend und gütig, sie ist ganz im Gegenteil gleichgültig, grausam und roh. [...] Anders als bis in die Gegenwart die kirchlichen Apologeten, erkannte Marcion, dass die Übel dieser Welt nicht durch nachträgliche Verderbnis (infolge des Sturzes der ›gefallenen Engel‹ oder durch den Sündenfall Adams) in die Schöpfung hineingeraten sein können, sondern dass sie wesensnotwendig zu der Eigenart einer *materiellen* Welt gehören; es gehört zu dem *Gesetz* einer materiellen Welt, dass das eine Lebewesen das andere verdrängen und bekämpfen muss, dass das eine sich am Leben erhält durch Tötung des anderen, dass dort, wo das eine ist, das andere nicht sein kann.«[87] Christus erklärt diese Tragik nicht; er löst sie auch nicht auf; er ist der dieser Welt gegenüber ganz Andere, ganz Fremde. Weil er die bedingungslose, an kein Gesetz der Schöpfung und des Menschen gebundene Liebe des Vatergottes offenbart, darf man mit Marcion von der »Auf-

---

[84] Vgl. E. Drewermann, Tiefenpsychologie und Exegese, Bd. II, Olten ²1991, 768 f.; ders., Das Markusevangelium, Bd. II. Bilder von Erlösung, Olten ⁴1991, 710; ders. (Anm. 83) 138 f.

[85] Jesus ist eine Person, »die uns die eigene Person so nahe bringt, dass, wer sie anredet mit ›Du‹, gar nicht anders kann, als dahinter das ewige Du Gottes selbst anzusprechen, dem sie selbst sich verdankt. Wir begreifen auch, warum ein ähnliches in anderen Religionen geschieht und geschehen muss, wenn zum Beispiel Prinz Gautama angeredet wird als ›der Buddha‹ oder als der ›Bodhisattva‹« (Drewermann [Anm. 78] 380).

[86] Drewermann (Anm. 78) 232.

[87] Ebd. 231 f.

hebung des Gesetzes durch die Liebe«[88] sprechen. Drewermann versetzt sich in die große Entdeckung Marcions. »Es muss«, so schreibt er, »ein Tag voll Lichts für ihn gewesen sein, aber auch voll Schauderns über die Dunkelheit, die dieses Licht in der Christenheit wieder geschwärzt hat, als er erkannte, dass Christus einen ganz neuen Gott darstellt und verkündet, ferner dass die Religion schlechthin nichts anderes ist als der hingebende Glaube an diesen Erlöser-Gott«[89].

(c) Thomas Ruster

Die chalcedonische Christologie ist das Kriterium, an dem sich die Verhältnisbestimmung von Schöpfung und Erlösung entscheidet. Das lässt sich auch an der Marcion-Apologie von Thomas Ruster ablesen. Um sich selbst von Carl Schmitt distanzieren und zu Marcions Intentionen bekennen zu können, deklariert er den »Kronjuristen des Dritten Reiches« zum dezidierten Anti-Marcioniten[90] und Walter Benjamin zum wegweisenden Marcioniten. Ruster macht sich die Benjamin-These zueigen, dass die gesamte Welt durch den Kapitalismus verdorben ist. Er bezieht sich vor allem auf das 1921 entstandene Fragment »Kapitalismus als Religion«: Dieses »Fragment kreist um zwei Behauptungen: 1., dass ›im Kapitalismus eine Religion zu erblicken‹ sei, und 2., dass sich ›das Christentum [...] in den Kapitalismus umgewandelt‹ habe.«[91] Mit Benjamin beschreibt Ruster einen unüberbrückbaren Graben zwischen dem Gott des biblisch bezeugten Glaubens und dem Gott der Religionen. Und dieser Graben entspricht exakt dem von Marcion beschworenen Hiatus zwischen dem Gott Jesu Christi und dem Schöpfergott. Was Ruster an Marcion kritisiert, ist die Gleichsetzung der Schöpfung mit dem Gesetz. Die Tora, so meint er, hat das Judentum bis heute davor bewahrt, den Glauben an Gott mit irgendeiner Religion zu verwechseln. Deshalb gilt nach seiner Ansicht ganz allgemein: »Nur die Tora schützt Gott vor der Verwechslung mit den Götzen; ohne Tora ist Gott immer Götze.«[92] Ob Jesus Christus als Erscheinung des

---

[88] Ebd. 235.
[89] Ebd. 236.
[90] Angesichts der von Richard Faber gebotenen Arbeiten über den Marcionismus Carl Schmitts (Anm. 31 f.) und vor allem im Blick auf die explizite Marcion-Rezeption in Schmitts »Politischer Theologie II« sind die folgenden Sätze von Ruster absurd: Verteidigung ist Marcion, »so weit ich sehe, außer von Harnack überhaupt nur von jüdischer Seite zuteil geworden.« (Ruster [Anm. 79] 98). – »Schmitt ist also, wie gesagt, der reinste Anti-Marcion.« (Ebd. 104).
[91] Ruster (Anm. 79) 127.
[92] Ebd. 192.

ganz anderen, des gegenüber jeder Religion fremden und also des biblisch bezeugten Gottes verstanden wird, entscheidet sich für ihn an der »Frage, wie Christus als die Tora für die Heiden verstanden und gelebt werden kann«[93]. Ruster definiert Christus als »das Sakrament Israels unter den Völkern«[94] und das Christentum als Teilhabe von Nichtjuden an der Berufung der Juden, die in der heidnischen Religiosität befangenen Menschen »an der klärenden Kraft der Unterscheidung zwischen Gott und den Götzen teilhaben zu lassen«[95]. Immer wieder unterstreicht er, dass sich »die Bibelgemäßheit des Christentums und seine von der Macht der Götzen befreiende Kraft«[96] allein an der Tora-Treue entscheidet. Jesus ist als die personifizierte Tora der Bote eben des »fremden Gottes«, den Marcion als Widerspruch zu dem von unten, aus den Religionen kommenden Gott beschrieben hat.

Abgesehen von der Transferierung der Tora vom Zustandsbereich des Gottes der Natur in den Zustandsbereich des von Christus verkündeten Gottes, ist Thomas Rusters Christologie marcionitisch. Denn er reduziert Christus auf die personale Erscheinung des fremden Gottes. Er vergisst, dass die Tora Auslegung des ewigen Logos und nicht umgekehrt der Fleisch gewordene Logos Auslegung der Tora ist. Die Frage, was Christus für alle Menschen aller Zeiten – also auch für das auserwählte Volk – getan hat, wird von Ruster nicht einmal erwähnt, geschweige denn beantwortet. Christliche Soteriologie aber verkündet zuerst und zunächst, dass die Auferstehung Christi den physischen Tod, den das Alte Testament als Realsymbol der Trennung von JHWH beschreibt, für alle Menschen aller Zeiten in das Realsymbol des Zugangs zu JHWH verwandelt hat. Erlösung ist seit Ostern Teilnahme am Weg des Erlösers zum Vater. Und diese Teilnahme ist, wie das Neue Testament durchgängig bezeugt, keine bloß mentale oder platonische Angelegenheit. Eingestaltung des einzelnen Gläubigen in Christus ist gleichbedeutend mit einer der Torafrömmigkeit analogen Durchdringung aller Lebensbereiche. Und »Durchdringung« ist das Gegenteil von Verwerfung und Verneinung. Gemeint ist die christifizierende Transformierung aller Kulturen und Religionen einschließlich der Religion des Geldes. Die Vervollkommnung der Natur durch die Gnade mag im Modus des Kreuzes geschehen; aber auch da, wo die Gnade die Gestalt des Kreuzes annimmt, ist sie nicht Verneinung, sondern Bejahung der Natur. Ruster jedoch macht sich zum Apologeten eines unüberbrückbaren Grabens zwischen dem Gott der Tora und dem Gott der Religionen. Folgerich-

---

[93] Ebd.
[94] Ebd. 201.
[95] Ebd. 198.
[96] Ebd. 192.

tig beschließt er seine »Quaestio disputanda« mit der Empfehlung,[97] dem Mystiker Johannes vom Kreuz in die dunkle Nacht der Sinne und des Geistes zu folgen, um jenseits alles sinnlich Wahrnehmbaren und geistig Erdenklichen den wahren, weil fremden Gott zu erfahren.

6. Epilog

Marcionitische Christologie ist in allen geschilderten Formen antichalcedonisch. Die geschöpfliche Endlichkeit des Menschen Jesus wird entweder geleugnet oder als Verbergung statt Offenbarkeit Gottes verstanden. Marcioniten stehen in der Tradition jener Ikonoklasten, gegen die sich das zweite Konzil von Nicäa mit dem Bekenntnis gewandt hat, dass Jesus als wahrer Mensch von sich sagen durfte: »Wer mich gesehen hat, hat den Vater gesehen.« (Joh 14, 9). Diesem Bekenntnis hat Christoph Kardinal Schönborn seine Dissertation zur Christus-Ikone[98] und seine christologischen Meditationen[99] gewidmet. Sein jüngstes Werk fasst das Credo der Kirche in den einen Satz: »Das gottmenschliche Geheimnis Christi vertieft die Ordnung der Schöpfung und verleiht ihr die endgültige Gestalt.«[100]

---

[97] Vgl. ebd. 205–214.
[98] Vgl. C. Schönborn, Die Christus-Ikone. Eine theologische Hinführung, Schaffhausen 1984, bes. 139–225.
[99] Vgl. C. Schönborn, Weihnacht. Mythos wird Wirklichkeit. Meditationen zur Menschwerdung (Kriterien 89), Einsiedeln / Freiburg ²1992; ders., Jesus als Christus erkennen. Impulse zur Vertiefung des Glaubens, hg. v. H. P. Weber, Freiburg 2002.
[100] C. Schönborn, Der Mensch als Abbild Gottes, Augsburg 2008, 21.

Alois Haas

›Freudige‹ Sprünge des göttlichen Logos

Ein konkreter physischer Sprung ist eine Distanzbewältigung, die in kürzester Zeit – im Augenblick! – den größten Raum durchmisst, so dass deren Geschwindigkeit den Springenden in die Illusion des Fliegens und Schwebens versetzt, eine begleitende Emotion, die – bei härtester körperlicher Anforderung – auch die Verheißung von höchstem Glück vermittelt. Das Glücksgefühl des Fliegens ist dabei eine synästhetische Erfahrung, die in der Kulturgeschichte der Menschheit immer mehr zu einer eigenständigen Erfahrungsweise führt, die ihre paradoxe Systematisierung seit der Aufklärung in der sog. Ästhetik erfährt.[1] So ließe sich mit einem gewissen Recht von einer Philosophie des Sprungs reden, in deren Kraftfeld das Bild des physischen Sprungs auf geistige Bewegungen übertragen wird. Da der Sprung verschiedene Seinsbereiche – in Zeit *und* Raum – betrifft, bewegt sich die Sprung-Metapher auf verschiedenen Ebenen. Eines aber kann man von allem Anfang an behaupten: Die Sprungmetapher ist nahezu per definitionem – der Sprung stellt die rascheste, d. h. fliegende Bewegungsart von einem Ort zum andern dar – hochgradig geeignet, ins Geistige übertragen zu werden – als eine Denkform der Diskontinuität und der Differenz.[2] Was im Körperlichen nahezu wunderbar und nur dank höheren Fähigkeiten Möglichkeiten einer Verlagerung im Raum erlaubt, ist höchlichst geeignet, im Geistigen vergleichbar rasante Bewegungen sinnlich wahrnehmbar zu machen. Es ist ganz klar, dass der Sprung von oben nach unten oder von unten nach oben in seiner geistig-metaphorischen Deutung in erster Linie jenen Sachverhalt betrifft, der seit der christlichen Antike als ›Transzendenz‹ bezeichnet wird. Das lateinische Wort *transcendere* bedeutet in einem umfassenden Sinn von seiner wörtlichen Semantik her: ›hinübersteigen‹, ›hinüberspringen‹, ›überschreiten‹. Es ist dies der Terminus technicus für das Hinausgehen über die Grenzen der sinnlichen Erfahrung, des Bewusstseins oder – schon mythisch, aber auch christlich –

---

[1] Vgl. dazu Walter Schulz, Metaphysik des Schwebens. Untersuchungen zur Geschichte der Ästhetik, Pfullingen 1985.
[2] Günther Buck, »Die Freudigkeit jenes Sprungs …«. Negativität, Diskontinuität und Stetigkeit des Bios, in: Harald Weinrich (Hg.), Positionen der Negativität, München 1975 (Poetik und Hermeneutik VI), 156–176.

›Freudige‹ Sprünge des göttlichen Logos

über die Welt des Diesseits in Richtung auf das Übersinnliche, das Absolute oder die Jenseitigkeit des Göttlichen (beispielsweise aufgrund von Offenbarungen). Der ›Sprung‹ in seiner metaphorischen Applikation steht natürlich von allem Anfang an in dieser Tradition und meint dann den raschen Übergang von einem dieser Bereiche zum andern. Dass bei der Deutung der Sprungmetapher gerade dieser offensichtliche Transzendenzcharakter ihrer Bildlichkeit geleugnet oder geschwächt wird,[3] macht seine Problematik heute aus. Es ist daher gut, die geschichtlichen Wandlungen des Begriffs zu verfolgen; mindestens zeigen sich in dieser Geschichte die Deutungsabläufe als Deutungsvarianten, die viel über eine dauernd im Wechsel begriffene Zeitmentalität zu sagen erlauben.

Es gehört zu den Topoi kultur-, ja schon geistesgeschichtlicher Forschung anzunehmen, dass die Denkfigur des ›Sprungs‹ eine vor der Moderne eher vernachlässigbare Argumentationsmetapher darstellt. G. Scholtz, der eine kurze Geschichte des Begriffs ›Sprung‹ geschrieben hat,[4] vermeldet es deutlich:

»Erst in der Neuzeit wird ›S.‹ in der Philosophie zu einer wichtigen Metapher und dann zum Terminus, und zwar dadurch, dass das Denken Sprünge mit neuer Radikalität ausschließt: Sie gelten als Irrationalitäten, die zu meiden und abzuwehren sind,

---

[3] Gerade ein begnadeter Interpret einer Ästhetik des Augenblicks (die mit dem ›Sprung‹ viel zu tun hat) ist explizit darauf bedacht, die Bezüge einer (post-)modernen philosophischen Bildlichkeit zur Vergangenheit zu unterdrücken, dass man sich ihm denn doch fragen muss, was denn – bei schlicht offen liegenden thematisch-motivlichen Bezügen! – hier unter den Teppich des Vergessens gekehrt werden müsste. Vgl. Karl Heinz Bohrer, Plötzlichkeit. Zum Augenblick des ästhetischen Scheins. Mit einem Nachwort von 1998, Frankfurt a. M. 1998, 263: Bohrer verbietet darin kategorisch ein denkbares ›Missverständnis‹ seiner Texte. Denn: »Ihre aktuelle Relevanz ist allerdings von einer Bedingung abhängig: dass sie nicht, metaphysisch aufgeladen, als Substanzbegriffe missverstanden werden. Sie waren a priori nachdrücklich als transzendentale Wahrnehmungskategorien gedacht. Deshalb ist die Empfehlung, in einem zweiten, historisch orientierten Band der Vorgeschichte dieser Begriffe in der mystischen Tradition nachzugehen, auch nicht aufgenommen worden. Das ›Plötzliche‹ ist nur über eine rhetorische, nicht über eine spiritualistische Tradition angemessen verstanden, so sehr diese wieder en vogue sein mag.« Mein kleines Unternehmen hier versucht das exakt Umgekehrte: den intensiven Hinweis auf Bedeutungswandel im semantischen Begriffsraum als einen Abtausch geistiger Entitäten darzustellen! Bohrers prätentiöses Verharren auf einer vorchristlichen Transzendenzunfähigkeit wird denn neuerdings auch kritisiert; vgl. Anna Czajka, Poetik und Ästhetik des Augenblicks. Studien zu einer neuen Literaturauffassung auf der Grundlage von Ernst Blochs literarischem und literaturästhetischem Werk, Berlin 2006, 286–290. Anstatt mit dem perhorreszierenden Suggestivwort ›Substanzbegriff‹ die Abwehr semantischer Traditionen zu begründen, drängt sich heute eher auf, die von Walter Benjamin ins Spiel gebrachte Formel vom »Wind des Absoluten in den Segeln des Begriffs« wieder aufzunehmen (W. Benjamin, GS V/591; dazu vgl. Ulrich Welbers, Sprachpassagen. Walter Benjamins verborgene Sprachwissenschaft, München 2009, 332 ff.). Sie entspricht den Gegebenheiten weit deutlicher!

[4] Vgl. die vorzügliche Pionierarbeit von G. Scholtz, Sprung. Zur Geschichte eines philosophischen Begriffs, Archiv für Begriffsgeschichte 11 (1967) 206–237.

im Denken wie in dessen Gegenstand. Deshalb erteilen die Begründer des neuzeitlichen Wissenschaftsverständnisses S. -Verbot.«

»Gerade diese Welt der lückenlosen Natur und des rationalen Denkens bildet den Boden für den spezifisch modernen S. -Begriff: S. als Akt der Freiheit und als Grenzüberschreitung; denn jene Welt schließt Bereiche aus, die jetzt nur im S. erreichbar sind. Der Übergang in den religiösen Glauben konnte schon früher S. genannt werden ... Im Zeichen der Aufklärung stellt sich dieser aber als Aporie dar.«[5]

Ich habe mich bei meinem Vorhaben gefragt, ob diese in der Aufklärung scheinbar schicksalhaft eintretende ›Aporie‹ religiöser Themenbereiche und damit ihre Ausschaltung aus den diskutierbaren Traditionsbezügen wirklich einer denkerischen Notwendigkeit entsprechen. Ich meine mit aller Deutlichkeit: Nein! Ein Ja würde bedeuten, dass jene, die sich mit einer solchen Metapher befassen, über das Stadium einer möglicherweise fürs 18. Jahrhundert sinnvollen Distanzierung vom Religiösen nicht hinausgekommen sind. Schon für eine nicht streng auf das Fach ›Philosophie‹, sondern für eine auf die ganze Breite einer Geschichte der Entfaltung von Denken und Wissen eingestellte Erforschung der tragenden Sprachbilder ist eine solche auf Logik fokussierte Sicht zu eng und ungenügend! Meiner Meinung nach ist es unerlaubt, begriffsgeschichtliche Analysen erst in der Neuzeit beginnen zu lassen, in der Ansicht, erst von hier an zähle die Anstrengung des Begriffs in angemessenem Umfang. Auch wenn ich den heute obligaten (und damit trivialen) Verweis auf die Kulturgeschichte und ihre Breite zu vermeiden versuche, haben immerhin Ralf Konersmann[6] und Bernhard H. F. Taureck[7] – in Anknüpfung an die Leistungen vieler anderer (Ernst Robert Curtius, Friedrich Ohlys, Hans Blumenbergs und der Heerscharen von Motivforschern) – derart eindrücklich die Fruchtbarkeit von Begriffs- und Motivgeschichte für denkerische Vollzüge nachgewiesen, dass dieser Bereich inzwischen zum spannendsten der Geschichte der menschlichen Ideengeschichte (›histoire des idées‹) gehört.[8] Und dies

---

[5] G. Scholtz, Sprung (lat. saltus, hiatus; franz. sault [bond]), HWP 9 (1995) 1541–1550, hier 1541 f.

[6] Ralf Konersmann (Hg.), Lebendige Spiegel. Die Metapher des Subjekts, Frankfurt a. M. 1991; Kulturphilosophie, Leipzig 1998; Ders., Komödien des Geistes. Historische Semantik als philosophische Bedeutungsgeschichte, Frankfurt a. M. 1999; Ders., Kulturphilosophie zur Einführung, Hamburg 2003; Ders., Der Schleier des Timanthes. Perspektiven der Historischen Semantik, Berlin 2006; Ders. (Hg.), Wörterbuch der philosophischen Metaphern, Darmstadt 2007; Ders., Kulturkritik, Frankfurt a. M. 2008.

[7] Bernhard H. F. Taureck, Metaphern und Gleichnisse in der Philosophie. Versuch einer kritischen Ikonologie der Philosophie, Frankfurt a. M. 2004.

[8] Hans Ulrich Gumbrecht, Dimensionen und Grenzen der Begriffsgeschichte, München 2006, redet zwar schon wieder, bevor noch alles so richtig ins Rollen gekommen ist, vom Ende der Begriffsgeschichte, nicht ohne seine eigenen Beiträge ins Licht zu rücken! Interessanter sind die Versuche von Jacqueline Russ (La marche des idées contemporaines. Un panorama de la modernité, Paris 1994; Dies., L'aventure de la pensée européenne, Une histoire des idées occi-

nur unter denkbar weit greifendem Einschluss auch von Denkformen und Ideenkonstellationen aus den Zeiten vor der Aufklärung. Eine solche historische Ausweitung des Sprungbegriffs mag im Folgenden Thema und Absicht meines bloß als Ergänzung schon bestehender Untersuchungen gedachten, aber letztlich doch auf einen im Denken europaweit konzipierten Traditionszusammenhang abzielenden Unternehmens darstellen.

Ich versuche im Folgenden – angeregt von den Forschungen einer jüngeren Kollegin, *Dagmara Kraus* (Paris)[9], die sich mit der mystischen Sprung-Metaphorik Ciorans befasst –, meinem frühen Aufsatz mit dem Titel: Wolfram von Eschenbach – Der Lichtsprung der Gottheit (Parzival 466)[10] ein paar von der Väter- bis zur Barockzeit reichende Ergänzungen zum Topos ›Sprung des Gotteswortes in die Welt‹ beizufügen. Die Absicht ist, zu zeigen, dass die Metapher des ›qualitativen‹ Sprungs nicht bloß als Befreiungsakt des Menschen für sich selbst, sondern am Anfang seines Gebrauchs als Erlösungsmetapher für den göttlichen Befreiungsakt am Menschen fungiert. Mein Beitrag möchte die von der Antike und dem Mittelalter her datierende Ideen- und Begriffsgeschichte an deren moderne und postmoderne Nachfolge anbinden, in der Meinung, dass die sog. ›Aufklärung‹ keinesfalls vom Himmel gefallen ist, sondern mit tausend Fäden an ihre religiösen Wurzeln gebunden ist. Gerade hier – in der Wahrnehmung der intentional aufklärerischen Denkformen der Geschichte des Christentums – können uralte und simplistische Vorurteile ausgemerzt werden. Verschleierungstaktik und Umdeutungsversuche aus angemaßter Deutungshoheit nützen nichts.

Homerische Hymnen (7.–5. Jh. v. Chr.)

Schon der Mythos der griechischen Antike kennt – insbesondere in den ›homerischen Hymnen‹ – auffällige, die Göttlichkeit des Springenden signalisierende Sprünge. Die sog. ›Homerischen Hymnen‹ werden folgendermaßen bestimmt; sie

---

dentales Paris 1995) und Barbara Cassin (Ed., Vocabulaire Européen des philosophies, Paris 2004) oder schon Richard Broxton Onians (The Origins of European Thought about the Body, the Mind, the Soul, the World, Time and Fate, Cambridge 1951).

[9] Frau cand. phil. Dagmara Kraus (Paris) hat am 13. Februar 2009 einen von den ›Marie Curie Actions‹ unterstützten Workshop zum Thema ›Leaps in Literature‹ an der Rijksuniversiteit Groningen NL abgehalten, das allen Teilnehmern (Dagmara Kraus [Paris], Paulo Borges [Lissabon], Nicolas Cavaillès [Lyon], Aurélien Demars [Lyon]) in bester Erinnerung bleiben wird! Ich danke ihr nachträglich für das eindrückliche Erlebnis einer société spirituelle, die sich hier zusammenfinden durfte!

[10] Alois Maria Haas, Sermo mysticus. Studien zu Theologie und Sprache der deutschen Mystik, Freiburg/Schweiz, jetzt: Wald ²1989 (dokimion 4), 37–66.

»sind alte Kompositionen verschiedenen Umfangs im altepischen Stil; sie stammen wohl aus dem 7.–5. Jh. v. Chr.; die Autorschaft ›Homers‹, d. h. des Iliasdichters, wird heute allenfalls für einen dieser ›Hymnen‹, den an Aphrodite, noch diskutiert. Jedenfalls handelt es sich bei diesen Gedichten evidentermaßen um Einleitungen (*proioimiai*) zu altepischen Rezitationen, situationsgebundenen ›Vorsprüchen‹, mit denen der Rhapsode sich je an eine Gottheit wendet, um sich ihres Wohlwollens zu versichern, ehe er dann mit einem stereotypen Übergangsvers zu einem ›anderen Gesang‹, eben einem epischen, ›homerischen‹ Vortrag übergeht.«[11]

Zwei dieser nach rhapsodischen Regeln gebauten Epen betreffen den Gott *Apollon*; das erste bezieht sich auf den ›*Delischen*‹ Apollon (in *Delos* verehrt), die Fortsetzung auf den ›*Pythischen*‹ Apollon (weil Apollon die Schlange Pytho in Krisa getötet hat; Apollontempel in *Delphi*). In beiden Epen spielt Apollons Sprung in verschiedenen bedeutungsvollen Varianten eine entscheidende Rolle.

Im ersten Text wird die Geburt Apollons geschildert. Die Göttin Leto hat ihren Sohn Apollon von Zeus empfangen; Zeus' Gemahlin Hera ist darüber wütend und will Apollons Geburt verhindern. Nach langer im Kreise verlaufender Flucht über ganz Griechenland findet Leto auf der Insel Delos Zuflucht und kann gebären. Bei aller Detailfreudigkeit in der Schilderung der Geburtsumstände geschieht nach neuntägigen Wehen doch Wunderbares. In fraulicher Solidarität versuchen alle andern Göttinnen (außer natürlich Hera) Leto zu helfen. Es gibt ein Problem: Die »schmerzliche Eileithyia« (97) ist im Olymp zurückgeblieben:

»Ränkeschmiedend hielt sie dort die blendende Here / eifersüchtig fest, weil Leto der herrlichgelockten, Stunde gekommen, den starken, den mächtigen Sohn zu gebären« (99–101).

Iris wird zum Olymp gesandt, um Eileithyia am entscheidenden Augenblick der Geburt teilnehmen zu lassen. Die »windbeflügelte« Iris holt Eileithyia herbei – »beide gingen und eilten dahin wie schüchterne Tauben« (104).

»Als nun nach Delos gelangte die schmerzliche Eileithyia,
wirkten auch schon die Wehen, und Leto wollte gebären.
Um die Palme schlang sie die Arme und stützte die Knie
Auf den lockeren Anger, und unter ihr lachte die Erde.
Er aber *sprang ans Licht:* da jauchzten die Göttinnen alle.« (115–119)

Dass eine Geburt ein erfreuliches Ereignis ist, dürfte allgemein bekannt sein; der Hinweis auf das Lachen des Neugeborenen oder der Mutter oder

---

[11] Walter Burkert, Hymnen der Alten Welt im Kulturvergleich. Hg. von W. Burkert und Fritz Stolz, Freiburg/Schweiz 1994, 9–17, hier 10. – Zur Geburt Apollons vgl. Jacques Laager, Geburt und Kindheit eines Gottes in der griechischen Mythologie, Diss. Zürich, Winterthur 1957, 54–67.

›Freudige‹ Sprünge des göttlichen Logos

der Erde, wie hier, ist topisch.¹² Hier aber partizipiert der ganze Erdkreis an der Geburt des ›bogenbewehrten‹ Gottes.

Ganz anders Apollons Sprung oder besser: Sprünge im Pythischen Apollon. Der junge Apollon besucht den Olymp und zieht dann durch die Lande, um einen Ort zu suchen, da er verehrt werden kann; er tötet die Drachin, die sich des von Hera geborenen Ungeheuers Typhaon – zum Unheil der Menschen – angenommen hatte. Ohne dass gesagt würde warum, springt Apollon in Tiergestalt auf ein vorbeifahrendes Schiff und lässt sich so nach Krisa transportieren:

»Aber nun eilte ihnen [den Schiffern auf dem Schiff] entgegen Phoibos Apollon,
und in Delphingestalt sprang er im Meere aufs schnelle
Schiff und lag nun da, ein großes, schreckliches Untier.« (221–223)

Von den Schiffern als »großes Wunder« angestaunt lässt sich Apollon in dieser Weise bequem nach Krisa transportieren; dort will er aussteigen:

»… und es fuhr aufs Ufer das eilende Seeschiff.
Da sprang von Bord der Herrscher und Schütze Apollon,
und er glich einem Stern am hellen Mittag, gar viele
Funken sprühten von ihm, und Glanz erfüllte den Himmel,
und durch der Dreifüße Pracht betrat er das heilige Innre,
zündete eine Flamme und ließ seine Pfeile erstrahlen.
Glanz umfing ganz Krisa, und lautes Jauchzen erhoben
Krisas Frauen mitsamt den schöngegürteten Töchtern
Über Apollons Schwung; und alle packte ein Schauder.
Wie ein Gedanke schwang er im Fluge sich wieder zum Schiffe,
und er glich an Gestalt einem starken, rüstigen Jüngling,
eben erblüht, von Locken die breiten Schultern umflogen …«. (261–272)

›Springen‹/›Fliegen‹ bedeutet für den Gott Apollon – und das in Tiergestalt – eine Möglichkeit der Epiphanie oder Theophanie mit allen dazugehörenden Momenten: Plötzlichkeit, vom Schwergewicht aller Geschöpflichkeit erlöste Leichtigkeit, Glanz- und Lichterscheinung, kurzum er ist höchster Gott neben Zeus »das Erhabenste, Sieghafteste und zugleich Lichteste«.¹³

---

[12] Eduard Norden, Die Geburt des Kindes. Geschichte einer religiösen Idee, Berlin ²1931, 59–72.
[13] Walter F. Otto, Die Götter Griechenlands. Das Bild des Göttlichen im Spiegel des griechischen Geistes, Frankfurt a. M. ⁸1987, 78, Ders., Theophania. Der Geist der altgriechischen Religion, Frankfurt a. M. 1975, 94–104.

Alois Haas

Sappho von Lesbos (ca. 640–580 v. Chr.) und Empedokles von Akragas (um 485–425 v. Chr.)

Aber auch für herausragende Menschen der Antike vermögen Sprünge einen Bezug zum Göttlichen herzustellen. Die Dichterin *Sappho*, von deren Leben wir nicht allzu viel wissen, steht nach Auskunft der attischen Komödie (3./4. Jh.) für einen beispielhaft vorgestellten Liebestod, den sie aus Sehnsucht nach dem Frühlingsheros Phaon begeht.

»Hier erscheint in Stücken des vierten und dritten Jahrhunderts (von denen leider nur noch die Titel erhalten sind) Sappho in Verbindung mit ihrem angeblichen Geliebten, dem schönen Jüngling Phaon. Von Vasenbildern wissen wir, dass Phaon, ebenso wie Adonis, gerade auf Lesbos im Gefolge der Aphrodite verehrt wurde, als ein Frühlingsheros. Sappho hat Hymnen zu Ehren des Adonis geschrieben, dessen Fest im Frühling noch in der Römerzeit besonders von den Frauen begangen wurde. Ein Fragment eines Hymnus auf Adonis ist noch erhalten, eine antike Notiz bezeugt auch Hymnen auf Phaon. Die Komödie bezog nun ihren Witz daraus, dass die gefühlvollen Hymnen ernst genommen wurden: Sappho ist verliebt in den göttlich schönen Jüngling. Und eine solche Liebe muss natürlich tragisch ausgehen, selbst Aphrodite kann sich ja nicht ewig ihres Adonis erfreuen, sondern muss den toten Liebling beklagen. Also begeht Sappho Selbstmord aus Liebeskummer: Sie stürzt sich vom Leukadischen Felsen, ursprünglich einem mythisch-symbolischen Ort, nahe der Unterwelt. Wer sich vom Leukadischen Felsen herabstürzte, der wollte eintauchen in einen rauschhaften Zustand, sei es vom Wein oder der Liebe, wie es mehrere Dichter ausgedrückt haben.«[14]

Aber auch das Frauen- und Mädchenideal, das in ihren Gedichten zum Ausdruck kommt, vermittelt den Eindruck leichtfüßiger und dem Tänzerisch-Springenden verpflichteter Existenz.

»Es fällt auf, dass bei Alkman wie bei Sappho die weibliche Schönheit zwar ausgiebig gepriesen wird, aber immer unter einem bestimmten Aspekt, dem der ›Tauglichkeit‹ (Areté) zum Auftreten im Kult, zu Reigentanz und Gesang. Das leuchtende Antlitz, das glänzende Haar, die schlanken Fußgelenke (Alkman), *flink im Lauf* (62 D), *schöner Wuchs* (63 D), *eine süße Stimme* (91 D), *ein leichter Schritt* (27a D) bei Sappho.«

Die Mädchen leben wortwörtlich eine Ästhetik des Schwebens vor, wie sie weit vor der Postmoderne in archaischen Kulturen üblich gewesen zu sein scheinen, in denen dem Tanz noch kultischer Wert zugesprochen wurde. Eine so intensive Ästhetik weiblicher Erscheinungsweise korrespondiert

---

[14] Marion Giebel in: Sappho, Liebesgedichte. Ausgewählt von M. G. Ins Deutsche übertragen von Joachim Schenkel, Frankfurt a. M. 2007, 66 f. Dass dieser Sprung mit einiger Wahrscheinlichkeit Sage ist, bezeugt die zwiespältige Auskunft, dass das eine Mal Sappho gerettet wurde, das andere Mal nicht. Wichtig ist natürlich auch hier die Sinnbildlichkeit des Vorgangs einer erotischen Selbstauflösung im Kosmischen! Vgl. Karl Otfried Müller, Zum Leben der Sappho, in: Sappho, Strophen und Verse. Übersetzt und hg. von Joachim Schickel, Frankfurt a. M. 1978, 76.

letztlich nicht schlecht mit der Konzeption eines freiwilligen Liebestods jener, die sie geschaffen hat.[15]

Der Vorsokratiker *Empedokles* – ein eigenwilliger Arzt und Naturphilosoph, aber auch tiefsinniger Ethiker – soll sein Leben durch einen Sprung in den Krater des Ätna beendet haben. Diogenes Laërtius berichtet davon Folgendes:

»Von seinem Tod gehen verschiedene Erzählungen. Herakleides nämlich, nachdem er die Geschichte von der Atemlosen vorgetragen, wie Empedokles sich einen großen Namen machte dadurch, dass er die für tot Gehaltene lebend entließ, erzählt, er sei mit seinem Opfer beschäftigt gewesen bei dem Landgut bei Peisianax. Es waren dazu mehrere Freunde gebeten, unter ihnen auch Pausanias. Nach dem Opferschmause entfernten sich die anderen, um der Ruhe zu pflegen, die einen unter den Bäumen, die neben dem Landgut standen, die anderen wo es ihnen gerade behagte; er selbst aber blieb an der Stelle, wo er bei Tische gelegen. Als man nun bei Anbruch des Tages sich wieder erhob, war er der einzige, den man nicht fand. Als man denn nach ihm suchte und auch die Sklaven, wenn auch im übrigen vergeblich, befragte, erklärte einer, um Mitternacht habe er eine mächtige Stimme vernommen, die nach Empedokles rief; da sei er aufgestanden und habe ein himmlisches Licht und Fackelschein gesehen, sonst aber nichts. Noch waren alle voll Schrecken über das Geschehene, als Pausanias herunterkam und einige Leute zur Aufsuchung entsandte. Bald darauf aber ließ er alle weiteren Veranstaltungen einstellen, indem er erklärte, sein (des Empedokles) Gebet sei erhört worden und man müsse ihm opfern als einem zu göttlicher Würde Erhobenen. Hermippos erzählt, er habe eine gewisse Panthea aus Akragas, die von den Ärzten aufgegeben, geheilt und deshalb das Opfer vollzogen; der dazu Geladenen seien es an die achtzig gewesen. Hippobotos aber berichtet, er sei, nachdem er sich erhoben, in der Richtung auf den Ätna zu gewandert und bei den Feuerschlünden angelangt, sei er hineingesprungen und verschwunden, in der Absicht, den über ihn verbreiteten Glauben, er sei zum Gott geworden, zu bestärken; weiterhin aber sei die Wahrheit zutage gekommen, als eine seiner Sandalen aus dem Krater herausgeschleudert worden sei; denn erpflegte eherne zu tragen. Dagegen erhob Pausanias Einspruch«.[16]

Vor allem *Friedrich Hölderlin* (1770–1843) hat diese Geschichte tief betroffen, und er hat ihr in seinem Drama ›Der Tod des Empedokles‹ einen tiefen Sinn zu verleihen versucht, indem er dessen Helden zum Märtyrer eines Dichterschicksals im Dienst einer Berufung zu einem Dichterisches und Heldisches in eins fassenden Schicksal stilisierte, in dem alles im Interesse »einer inneren Unendlichkeit, der das beschränkte Dasein nicht genügt«,

---

[15] Marion Giebel, Sappho mit Selbstzeugnissen und Bilddokumenten, Reinbek 1980, 97.
[16] Diogenes Laërtius, Leben und Meinungen berühmter Philosophen, Hamburg 1998, Zweiter Band, VIII, 68–70; 143 f. Vgl. vor allem Walther Kranz, Empedokles. Antike Gestalt und romantische Neuschöpfung, Zürich 1949, ›Tod und Fortleben‹, 72–112; Werner Jaeger, Die Theologie der frühen griechischen Denker, Darmstadt 1964, 147–176; Jean Bollack, Empédocle, I–III, Paris 1965; Empédocle, Les purifications. Un projet de paix universelle. Ed., traduit et commenté par Jean Bollack, Paris 2003.

»zur Opferung der individuellen Gestalt« drängte, »um sich in das ihr allein adäquate Grenzenlose zu befreien«[17] und sich so als Menetekel eines Umbruchs vom Alten zum Neuen zu einer neuen Epoche wahrnehmen zu lassen.[18] In einer Ode – betitelt ›Empedokles‹ von 1800[19] – reflektiert sich das Schicksal Empedokles so:

Das Leben suchst du, suchst, und es quillt und glänzt
Ein göttlich Feuer tief aus der Erde dir,
Und du in schauderndem Verlangen
Wirfst dich hinab, in des Ätna Flammen.

So schmelzt' im Weine Perlen der Übermut
Der Königin; und mochte sie doch! Hättst du
Nur deinen Reichtum nicht, o Dichter
Hin in den gärenden Kelch geopfert!

Doch heilig bist du mir, wie der Erde Macht,
die dich hinweg nahm, kühner Getöteter!
Und folgen möchte ich in die Tiefe,
Hielte die Liebe mich nicht, dem Helden.[20]

Wenn denn im rätselhaften Tod des Empedokles nicht bloß eine erbaulich gemeinte Geschichte steckt, dann ist es sicher die in der Hölderlinschen Deutung sichtbar werdende Entgrenzungstendenz des Dichters, der in seinem suizidalen Sprung in den Ätna eine der antiken Weltauffassung entsprechende kosmisch umfassende Dimension für die Menschheit wieder gewinnen will.

Auch Friedrich Nietzsche hat sich vom Mythus des Empedokles angesprochen gefühlt: In seinen zur Entstehungszeit der ›Geburt der Tragödie‹ entstandenen Plänen für ein Sokratesdrama,[21] in dem das Umschlagen der Wissenschaft in Kunst thematisiert werden sollte (was aber über einige Skizzen nicht hinauskam), spielt die Selbstopferung des Empedokles eine entscheidende Rolle: Des Empedokles

---

[17] Friedrich Hölderlin, Sämtliche Werke und Briefe in drei Bänden, hg. von Jochen Schmidt, Frankfurt 1994, I, 668.
[18] Friedrich Hölderlin, ebd., II, 279–445. Siehe dazu Theresia Birkenhauers umfassende Deutung: Legende und Dichtung. Der Tod des Philosophen und Hölderlins Empedokles, Berlin 1996.
[19] Hölderlin, ebd., I, 241 f. Dazu vgl. Birkenhauer, wie Anm. 18, 101–119.
[20] Siehe den Text auch in: Friedrich Hölderlin, Sämtliche Werke und Briefe, hg. von Michael Knaupp, Darmstadt 1992, Bd. 1, 185 f. (und ebd., Bd. 3, 58).
[21] Vgl. dazu die Ausführungen von Sören Reuter, An der ›Begräbnisstätte der Anschauung‹. Nietzsches Bild- und Wahrnehmungstheorie in *Über Wahrheit und Lüge im aussermenschlichen Sinne*, Basel 2009 = (Beiträge zur F. N., Bd. 12), 191 f.

»Sprung in den Ätna [soll] dem Zuschauer als ein Akt grundlegender Verwandlung dargestellt werden ... Der folgende Eintrag Nietzsches aus dem Zeitraum zwischen September 1870 und Januar 1871 verdeutlicht die Symbolik, die diesem Sprung zukommt: ›Stürzen wir uns immer von neuem in den Aetna, in immer neuen Geburten wird uns der Trieb des Wissens als eine Daseinsform erscheinen: und nur in dem rastlosen apollinischen Triebe nach Wahrheit wird die Natur **gezwungen**, auch immer höhere Ergänzungswelten der Kunst und der Religion zu bauen. ‹ (5 [109], KSA 7, 123).«[22]

Damit ist ziemlich klar, dass die Wende, die Nietzsche im Sinn hat, jene ästhetische von der Beschäftigung mit Wissenschaft zur Kunst ist; es geht um einen

»Sprung in die ›Metaphysik der Kunst‹, mit dem eine Sehnsucht nach Leben, Ruhm und Unsterblichkeit verbunden ist. Diese Sehnsucht wird jedoch nicht ausgelebt, sondern durch eine Kritik an den Grundfesten der Wissenschaft vermittelt und dadurch dramatisiert.«[23]

Zudem soll Empedokles kurz »vor seinem Verschwinden die Wahrheit der Wiedergeburt« verkündet haben (5 [118], KSA 7, 126).

Hohes Lied (7. Jh. v. Chr. – Hellenist. Zeit)

Das Alte Testament kennt die metaphorischen Sprünge des jugendlich dargestellten Gottes. Berühmt für die Nomenklatur des Springens ist *Hohelied 2,8*, wo – im Rahmen eines suggerierten Liebesgeschehens zwischen Liebender (Seele) und Geliebtem (Gott) – vom Geliebten berichtet wird:

»Horch! Mein Liebster,
sieh, da kommt er.
Springt über die Berge,
hüpft über die Hügel.
Mein Liebster gleicht einer Gazelle
Oder dem Jungen der Hirsche.«[24]

Dies ist der Text, wie ihn das Mittelalter bis zur Reformation und dem Barock in der lateinischen ›Vulgata‹-Fassung kennen und schätzen gelernt hat:

Vox dilecti mei, ecce iste veniet
saliens in montibus, transiliens colles:

---

[22] Zitiert und kommentiert ebd., 191 f.
[23] Ebd., 192.
[24] Das Hohelied. Lied der Lieder von Schelomo. Aus dem Hebräischen übersetzt, nachgedichtet und hg. von Stefan Schreiner, Frankfurt a. M. 2007, VII, 19.

similis est dilectus meus, capreae,
hinnuloque cervorum. (Cant. 2, 8 f.)

Die Indienstnahme dieser und ähnlicher Stellen mit ihrer erotischen Kraft und Direktheit für die Liebe Gottes zu den Menschen wird hier als ein intensives Sehnsuchts- und Liebesgeschehen zwischen Gewährung und Entzug, Suchen und Finden anschaulich und deutlich. Rhetorisch stellt der Vorgang der Umdeutung eine *katáchresis* dar, wie sie in allen denkenden Religionen möglich und geläufig war und noch ist.

Chaldäische Orakel (2./3. Jh.)

Die Chaldäischen Orakel[25] weisen unter anderen rudimentär erhaltenen Sätzen einen Spruch auf, der eine kleine Tradition begründet hat; er lautet: *hyperbáthmion póda riptôn* (fr. 176)[26]. Des Places übersetzt: »(Et non) en sautant par-dessus le seuil« (und nicht, indem der Initiand [beim Eintreten ins Heiligtum] über die Schwelle *springt*)[27]. Ein wenig Licht fällt vom Fragment 136[28] her auf den hier gemeinten Vorgang des Eintritts in den heiligen Bereich der Mysterien, der nicht allzu schnell und unüberlegt, unvorbereitet und in unreiner Verfassung vorgenommen werden soll. Das würde den Dämonen, welche zu verhindern versuchen, dass die Initianden die heiligen Orte ohne Schwierigkeiten betreten können,[29] nur zu sehr entgegen kommen. Der Gott bestraft denn auch solche mit den Theurgien unvertraute Menschen, indem er deren Eintritt in die Mysterien verhindert und sie in die Irre führt.[30] Des Places fr. 136, das unsere Stelle ergänzt, lautet:

---

[25] Ich benütze folgende Ausgaben, Übersetzungen und ältere Literatur: Wilhelm Kroll, De Oraculis Chaldaicis. Mit einem Nachtrag, Hildesheim 1962 (= Breslau 1894); Oracles Chaldaïques, avec un choix de Commentaires Anciens. Texte établi et traduit par Édouard des Places, Paris 1971; Oracoli Caldaici. A cura di Angelo Tonelli, Milano 1990; Hans Lewy, Chaldaean Oracles and Theurgy. Nouvelle édition par Michel Tardieu, Paris 1978 (Le Caire 1956); Willy Theiler, Die chaldäischen Orakel und die Hymnen des Synesios, in: ders., Forschungen zum Neuplatonismus, Berlin 1966 (= Schr. d. Königsb. Gel. Ges., Geistesw. Kl. 10, 1933), 252–301; La Sagesse des Chaldéens. Les Oracles chaldaïques. Traduit du grec par Édouard des Places, S.J., Paris 2007.
[26] Des Places, 1971, 108; Tonelli, 1990, fr. 175, 201: »e non balzando al di là della soglia«.
[27] Dies ist ein früher Beleg für die abgrenzende Funktion der ›Schwelle‹ (auch und vor allem im Geistigen). Vgl. Rüdiger Görner, Grenzen, Schwellen, Übergänge. Zur Poetik des Transitorischen, Göttingen 2001.
[28] Des Places, 1971, 100.
[29] Lewy, 1978, 262.
[30] Tonelli, 1990, 321: »In base al contesto di Damasio si può ricavare un *oudé*, che traduco con: ›e non‹. Si tratta di un'esortazione a non scavalcare precipitosamente la soglia dei misteri, nel corso dell'agire iniziatico, ma a operare con riflessività e metodo.«

»Ce n'est pas pour une autre raison que Dieu détourne l'homme et, par sa puissance vivante, le conduit vers des voies stériles.«

Der Sprung ist im Zusammenhang in seiner Plötzlichkeit Zeichen spiritueller Unbedachtheit. Aber es gibt Stellen in den Chaldäischen Orakeln, die auf andere Weise vom Springen reden. Erwähnenswert ist deren Ideenlehre, in welcher der Ursprung der Ideen im väterlichen Willen grundgelegt wird, der von allem Einzelnen, d. h. Monadischen verlangt, dass es sich in Triaden präsentiert. In diesem Sinn zeigt sich auch der Vater als Intellekt, Wille und Macht, drei Einheiten, deren Kooperation die Aufteilung der Welt in Triaden vorprägt. Fragment 37, das längste der Chaldäischen Orakel, beschreibt den Hervorgang der Welt so:

»Der Intellekt des Vaters[31] hat in einer kraftvollen Absicht [wie ein Wasserfall] zu dröhnen begonnen, als er sich in einer kraftvollen Absicht die Ideen aller Formen ausdachte, und aus einer einzigen Quelle alle Ideen *hervorsprangen*. Denn mit einem Mal kamen vom Vater Absicht und Vollendung. Aber durch das intelligente Feuer getrennt teilten sich die Ideen in andere intelligente Ideen. Denn der Herr hat der vielfältigen Welt ein intelligentes und unverderbliches Modell präexistieren lassen, dessen Spur zu folgen sich die Welt in ihrer Unordnung eiligst bemüht hat und so in dieser Form, ausgefeilt durch die Ideen aller Art, erschienen ist. Die Quelle von all dem ist eine einzige, aus der andere Ideen *entspringen* und *hervorsurren* – geteilte, unnahbare und sich brechend an den kosmischen Körpern. Sie sind ähnlich den Schwärmen und sammeln sich um eine schreckliche Brust [Hekates] und – von allen Seiten glänzend und ganz nah, in allen Weisen sind es intelligente Gedanken, die sich in Mengen sammeln zur väterlichen Quelle, an dieser Blume des Feuers, ohne Ruhe am höchsten Punkt der Zeit. Diese primordialen Ideen entstammen der ursprünglichen Quelle des Vaters, der – vollkommen in sich selbst – sie hat *entspringen* lassen.«[32]

Es ist hier wohl zum ersten Mal feststellbar, dass der ›Sprung‹ die väterlichen Ideen Gottvaters zum Subjekt hat – und dies unter dem Symbol der Hekate, die – zwischen dem ersten und zweiten Gott[33] (Vater/Nous und demiurgischem Intellekt) stehend – eine Art Syzygie[34] zum ersten Gott hin darstellt.[35]

---

[31] An sich ist der ›Vatergott‹ nicht intelligibel, also auch nicht Intellekt; er ist nur ›Vater‹, der in sich selber verborgene Gott. Gleichwohl nennen ihn die Orakel bisweilen ›Intellekt‹, so dass im Ausdruck ›der Intellekt des Vaters‹ eine Doppeldeutung wahrnehmbar ist, die sich zum einen auf den zweiten Gott, der in sich ›Nous‹ (Vernunft) ist, aber auch hin und wieder auf den ›ersten‹ Gott und ›Vater‹ beziehen kann. Vgl. André-Jean Festugière, La Révélation d'Hermès Trismégiste. Vier Bände, Paris 1986, III: Les doctrines de l'âme, 54.
[32] Vgl. Lewy, 1978, 109–112; Festugière, III, wie Anm. 31, 55–57; vgl. ebd., 56, Festugières deutende Übersetzung, die dem schwierigen Text eine nachvollziehbare Erläuterung gibt.
[33] Festugière, III, wie Anm. 31, 55.
[34] ›Zusammenfügung‹ (Terminologie aus der antiken Astronomie und Metrik). Siehe oben Festugière, III, wie Anm. 31, 57.
[35] Kroll, wie Anm. 25, 27.

In einem ähnlichen Zusammenhang kommt die Sprungmetapher nochmals zum Zug in fr. 42 der Chaldäischen Orakel. Es lautet:

»[Die Teile der Welt werden zusammengehalten] durch das Band bewundernswürdiger Liebe, die als erste aus dem Intellekt *springt*, ihr vereinigendes Feuer mit dem Feuer des Intellekts bekleidend, um die Quellgründe zu vermischen und so die Blume ihres Feuers verströmend.«[36]

Was man aus beiden Stellen entnehmen kann, ist das Folgende: Das Bild der einheitlichen Quelle des Vaters, aus der alles im Wortsinn wie ein Katarakt ent*springt*, wird wegleitend für die Welterklärung im Gesamten. Die Welt entsteht aus einem *Sprung* der intelligiblen Ideen des Vaters in die Welt und damit in ihre Verwirklichung.[37] All dies ist natürlich für eine kommende christliche Theogonie christlicher Gotteswissenschaft im Kontext einer sich artikulierenden Dreifaltigkeit leicht rezipierbar!

Oden Salomos (um 130 n. Chr.)

Die ›Oden Salomos‹, in Syrisch (zum kleinsten Teil auch in Koptisch und Griechisch) überliefert, weisen ein theologisches Niveau auf, das sie zu Traditionsvermittlern werden lässt. Fiktionaler Sprecher der Oden ist ursprünglich Jesus Christus selbst, der so als »Offenbarungsvermittler« fungiert.[38] Ode 12 vermittelt eine eigentliche und tiefsinnige Wort-Gottes-Theologie, indem ›Wahrheit, Wort und Äonen‹ zueinander in eine Erkenntnis *(gnôsis)* fördernde Beziehung gesetzt werden:

»Er (sc. der Herr) füllte mich mit Worten der Wahrheit,
damit ich sie (sc. die Wahrheit) redete.
Und wie das Fließen des Wassers
Floss die Wahrheit aus meinem Mund,
und meine Lippen zeigten ihre (sc. der Wahrheit) Früchte auf.
Und er vermehrte in mir seine Gnosis,
weil der Mund des Herrn das wahre Wort ist
und das Tor seines Lichts.

---

[36] Fr. 42, bei des Places, wie Anm. 25, 77 f.; vgl. Lewy, wie Anm. 25, 127 f.
[37] Auf den Zusammenhang dieser noch nicht christlichen Metaphorik mit der christlichen (des Bischofs Synesios) hat Samuel Vollenweider in seinem wertvollen Werk: Neuplatonische und christliche Theologie bei Synesios von Kyrene, Göttingen 1985, 81 f., Anm. 55, entscheidend hingewiesen.
[38] Klaus Berger und Christiane Nord, Das Neue Testament und frühchristliche Schriften, Frankfurt a. M. 1999, 933 f.

›Freudige‹ Sprünge des göttlichen Logos

Und der Höchste gab es seinen Äonen,
den Dolmetschern seiner eigenen Majestät
und Erzählern seiner Herrlichkeit
und Bekennern seines Denkens
und Verkündern seines Gedankens
und Verehrern seiner Werke.

Denn die Schnelligkeit des Wortes ist unerzählbar,
und wie seine Erzählung, so auch seine Schnelligkeit und Plötzlichkeit,
und unbegrenzt ist sein Lauf.
Und niemals fällt es, sondern es bleibt stehen,
und es kennt weder seinen Abstieg noch seinen Weg.
Denn wie sein Werk, so (ist) seine Erwartung,
denn Licht und Aufgang des Denkens ist es.[39]

Und die Äonen redeten durch es (sc. das Wort), einer zum andern,
und im Wort waren jene, die schweigend waren.
Und vor ihm her war Freundschaft und Gleichheit,
und sie redeten, einer zum andern, was sie hatten.
Und angespornt wurden sie vom Wort
Und erkannten den, der sie gemacht hat, da sie in der Gleichheit waren.
Weil geredet hat zu ihnen der Mund des Höchsten,
lief auch durch ihn seine Interpretation.

Denn die Zeltwohnung des Wortes ist der Mensch(ensohn),
und seine (sc. des Wortes) Wahrheit ist die Liebe.

Glückseligkeit denen, die dadurch alles verstanden haben
Und den Herrn erkannten in seiner Wahrheit.
Halleluja!

Der Heidenchrist, der hier zu Heidenchristen redet, versucht im Rückgriff auf WORTspekulationen des Neuen Testaments, insbesondere des Prologs zum Johannesevangelium, einerseits die Versatilität des Gottesworts im Bild seiner alle Grenzen überschreitenden Schnelligkeit und sprunghaften Plötzlichkeit, andererseits seiner standhaften Beharrlichkeit darzustellen. Dieses Paradox ist noch nicht durchsichtig auf seine mythische Herkunft, die als ein rätselhaftes Geheimnis dargestellt wird. Immerhin wird gerade darin die Möglichkeit gesehen, »Gott in seiner Wirklichkeit erfahren«[40] zu können.

---

[39] Für unseren Zusammenhang ist die Übersetzung von Berger/Nord, wie oben Anm. 38, 947, wohl noch aussagekräftiger: »Denn das Wort ist unfassbar schnell. / Rasch ist es gesagt, blitzschnell ist es da und *überspringt jede Grenze*. / Gottes Wort wankt nicht, sondern bleibt für immer stehen. / Keiner weiß, wie es von Gott herabgekommen ist und wie es sich ausbreitet. / Doch soweit Gottes Wort reicht, soweit erstreckt sich sein Herrschaftsgebiet. / Denn Gott gibt allem Begreifen Licht und Helligkeit.«
[40] Nach Berger/Nord, wie Anm. 38, V. 14, 947.

Alois Haas

Marius Victorinus (um 280–363)

Der neuplatonisch orientierte Christ Marius Victorinus hat sich nicht nur bei den Neuplatonikern, sondern auch bei den Chaldäischen Orakeln orientiert.[41] Das griech. Verb θορεῖν und seine Komposita aus den Chaldäischen Orakeln werden gewöhnlich mit: *salire/exsilire/prosilire/emicare* latinisiert. Marius Victorinus gebraucht mindestens *exsilire*, wenn er die Beschreibung der Hervorgänge der Dreifaltigkeit von Vater, Sohn und Hl. Geist in Nachfolge der chaldäischen *ars saltandi* vornimmt:

> Isto igitur uno exsistente, unum proexsiluit, unum unum, in substantia unum, in motu unum, et motus enim exsistentia, quoniam et exsistentia motus.

»Dieses Eine, einmal in die Existenz gesetzt, ist das Eine hervor gesprungen, aber dieses Mal das Eine-Eine, das Eine in Substanz, denn auch die Substanz ist Bewegung.«[42]

Ganz ähnlich verfährt er, wenn er den Hervorgang des Sohnes aus dem Vater beschreibt:

> Quod quidem tò ón a sua potentia in suo patre exsiluit, ipsum tò ón manifestationem accipiens, quod fuisset occultum. Et ista divina et ineffabilis generatio est.

---

[41] Siehe Theiler, wie Anm. 25, 275; Pierre Hadot, Porphyre et Victorinus, I–II, Paris 1968, L 275, Anm. 1. Zur Deutung von Marius Victorinus als einem neuplatonisch orientierten Christen vgl. vor allem Werner Beierwaltes, Trinität. Christliche Transformation des Bezugs von Identität und Differenz durch Marius Victorinus, in: ders., Identität und Differenz, Frankfurt a. M. 1980, 57–74, zur griechischen Tradition der Sprung-Metaphorik ebd. 65, Anm. 26 (Verweise auf Porph. in Parm. XII 32 und auf Synesios); ders., Trinitarisches Denken. Substantia und Subsistentia bei Marius Victorinus, in: ders., Platonismus im Christentum, Frankfurt a. M. 1998, 25–43.

[42] Marius Victorinus, Traités Théologiques sur la Trinité, I–II, Paris 1960, I: Adversus Arium I 50, 22–24 (1079b), p. 346 f. Beierwaltes, Identität, wie Anm 41, 65 f., interpretiert sensibel und zutreffend wie immer: »Unum prosiluit – das Eine ist ›hervorgesprungen‹. Dieser Satz zeigt trotz seiner temporalen Formulierung die nicht in Zeit sich vollziehende ›zweite‹ Phase an Victorinus nennt dieses Stadium der Einheit oder praesumptiven Dreiheit ›Ein-Eines‹, unum unum: nicht die Verdoppelung des Ersten, sondern dessen Explikation, spezifische Realisierung oder potentia, der nun all die Wesenszüge in eigentlichem Sinne zukommen, die vom reinen Einen negiert werden – gemäß der neuplatonischen ›Parmenides‹-Interpretation das ›seiende Eine‹, existentialiter unum. Die potentia des Vaters richtet sich also auf eine Quasi-Zukunft hin, sie ist eine potentia, durch die deren eigene Wirklichkeit als solche wirklich oder tätig wird (qua actio actuosa fit). Die so von einer selbst Wirklichkeit seienden potentia her gedachte Explikation des Ersten in das ›Zweite‹ bleibt allerdings in der Einheit oder Identität: unalitas igitur ista. – Leben ist das Ein-eine als eine ›unendliche Bewegung‹, begreifende und aussprechende Verursacherin alles anderen Seienden. Intentionalität und Bewegung des Logos geht also auf ›das hin, was das Sein derer ist, die sind‹. Die Bewegung ist, wie angedeutet, eine Explikation des Anfangs, eine Form von dessen Äußerung, Erscheinung, Offenbarung: die potentia als in sich unbewegte praeexistentia geht von sich aus sich heraus (próodos), ›erscheint‹ ›von sich selbst her aufbrechend‹ als seiende Einheit, unendlich bewegter Logos und Leben.«

Und in Wahrheit ist dieses Seiende aus eigenem Vermögen in seinem Vater auf- und herausgesprungen, indem es, was bisher verborgen war, öffentlich machte. Und so verläuft die göttliche und unaussagbare Zeugung.[43]

Und auch dann, wenn er den Willen Gottes bezeugt, nicht allein der Eine sein zu wollen, versichert er:

> Exsiluit igitur dei voluntate actio – die entscheidende Tat ist aus dem Willen Gottes hervorgesprungen![44]

Die Häufung der Bildlichkeit des Sprungs bezeugt einerseits Marius' »Konzentration ... auf den Gottesgedanken«,[45] in dem die göttliche Aktivität zur natürlich-geistigen Zeugung[46] gedeiht, andererseits recht deutlich die Abhängigkeit von Marius' Theologie vom Vokabular der Chaldäischen Orakel.

Synesios von Kyrene (um 370–413)

Der Bischof Synesios steht auch – wie Marius Victorinus – in der Tradition der Chaldäischen Orakel.[47] Er ist ein hochgebildeter Edelmann, der in der gefährlichen Zeit des vierten Jahrhunderts einen Ausgleich zwischen *vita activa* und *contemplativa* herzustellen vermochte; selbst als (verheirateter) Bischof blieb er der redliche Edelmann, der sich letztlich einer ›spiritualité philosophique‹[48] verpflichtet wusste, wie sie für viele dem Neuplatonismus verbundene Denker sprichwörtlich war. Auch er zeigt sich immer wieder in einer schwer aufklärbaren Weise dem *rationalen* Anteil (nicht den Theur-

---

[43] Ebd., I: Ad Candidum 16, 23–26 (1029b); ebd., p. 154f.
[44] Ebd. 22, 8f. (1032b); ebd., p. 160f.
[45] Ernst Benz, Marius Victorinus und die Entwicklung der abendländischen Willensmetaphysik, Stuttgart 1932, 61.
[46] Ebd., 75. – Zu diesem Zusammenhang zwischen Marius Victorinus und den Chald. Or. vgl. auch Pierre Hadot, Marius Victorinus. Recherches sur sa vie et ses oeuvres, Paris 1972, 220, 222, 226f.; Anton Ziegenaus, Die trinitarische Ausprägung der göttlichen Seinsfülle nach Marius Victorinus, München 1972; Werner Steinmann, Die Seelenmetaphysik des Marius Victorinus, Hamburg 1990.
[47] Das Werk des Synesios von Kyrene ist inzwischen vorbildlich ediert: Synésius de Cyrène. Six tomes, Paris 1978–2006. Die Hymnen zitiere ich meistens nach der deutschen Übersetzung von Joachim Gruber und Hans Strohm, Synesios von Kyrene, Hymnen. Eingeleitet, übersetzt und kommentiert von J. G. und H. S., Heidelberg 1991. Entscheidend wichtig ist die souveräne Studie von Samuel Vollenweider, Neuplatonische und christliche Theologie bei Synesios von Kyrene, Göttingen 1985; dazu die Studie von Theiler, wie Anm. 25, und von Günther Zuntz, Griechische philosophische Hymnen. Hg. Von H. Cancik und L. Käppel, Tübingen 2005, 157–193.
[48] André-Jean Festugière, L'enfant d'Agrigente. Nouvelle édition revue et augmentée, Paris 2006.

gien und den vielen Göttern) der *lógia chaldáïca* verpflichtet, die ja die ›Bibel‹ der Neuplatoniker dargestellt haben soll.[49] Bedeutsam in unserem Zusammenhang sind seine Hymnen,[50] in denen er mehrfach die Sprungmetapher recht eindrücklich benützt.

Beierwaltes hat schon auf die wichtige Rolle von Synesios' Sprung-Metaphorik – mit Blick auf die Hymne 2 – hingewiesen.[51] Synesios geht es um das Gottesbild, das er in einer eigenartigen Weise theogonisch bestimmen oder umschreiben möchte. Er ist hierin sicherlich neuplatonisch orientiert, da hier die Grundfrage immer auf die Weise bezogen bleibt, wie das Eine überhaupt zum ›Vielen‹ werden konnte. Diese Voraussetzung lässt sich durchaus auf eine christliche Problematik um die dreifaltige Einheit Gottes übertragen. Gott ist Eine ›Monade‹ und doch eine ›Dreiheit‹:

»Die Monade ist Dreiheit,
sie bleibt Monade
und ist dabei sogleich Triade.
Aber die geistige Scheidung
hält fernerhin ungeschieden
das Geteilte zusammen;
obwohl *entsprungen*, ruht doch
der Sohn beim Erzeuger;
und wiederum außerhalb
besorgt er des Vaters Werk,
indem er den Welten hernieder bringt
den Segen des Lebens
von dort, wo er selbst ihn erhält,
der Logos, den ich mit dem großen
Vater zugleich preise.
Der Geist des unnennbaren
Vaters erzeugte Dich,
und von ihm geboren,
bist Du Logos des Erzeugers,
als erster der ersten
Wurzel *entsprungen*,
und Wurzel von allem,
was Deiner erhabenen
Geburt folgt.« (2, 117–140)

---

[49] Zuntz, wie Anm. 47, 158f.; Vollenweider, wie Anm. 47, öfter. Vgl. Henri D. Saffrey, Le Néoplatoniciens et les Oracles Chaldaïques, in: Ders., Recherches sur le Néoplatonisme après Platon, Paris 1990, 209–72; Pierre Hadot, Bilan et perspectives sur les *Oracles Chaldaïques*, in: Ders., Plotin, Porphyre. Études Néoplatoniciennes, Paris 1999, 89–114.
[50] Ich zitiere nach der deutschen Übersetzung von Gruber/Strohm (wie Anm. 47), indem ich die Sprung-Stellen kursiv setze; vgl. den Text aber mit Christian Lacombrade, Synésios de Cyrène. Tome I: Hymnes, Paris 1978.
[51] Beierwaltes, Identität, wie Anm. 41, 65

›Freudige‹ Sprünge des göttlichen Logos

Im griech. Verb προθορεῖν ist das semantische Moment des Springens eindeutig gegenwärtig. Es bezeugt sich auch in andern Texten Synesios' als wesentlicher Anteil des Vorstellungsbereichs um die Theogonie des christlichen ein-dreifaltigen Gottesbilds. Wichtig dabei ist, dass der aus dem Vater entsprungene Sohn seine habituelle Präsenz im Vater auch als Entsprungener (›Entsprossener‹, ›Erzeugter‹ usw.) nicht aufgibt. Der in seiner Hymne den Vorgang preisende Dichter sagt es deutlich: Mein Lobpreis gilt dem Vater

»und dem Sohn, der weise ist
durch Deine Weisheit,
den Du aus unnennbarem
Schoß *entströmen* ließest.
In Dir jedoch ruht er,
obwohl von Dir *entsprossen*,
damit er alles mit weisem
Geisthauch durchwalte,
regiere die Tiefe
altersgrauer Äonen,
regiere die Sphären
des steil aufragenden Kosmos
und hernieder bis zu den Wesenheiten
des untersten Grundes,
des irdischen Bereichs,
indem in heiligen Herzen
sein Glanz aufleuchtet,
und vertreibe die Mühen«. (1, 402–419)

Eine ähnliche doppelte Seinsweise von Ausspringen und Innebleiben aus und in dem Vater signalisiert auch der Anfang des vierten Hymnus (4, 1–10):

»Mit dem heiligen Quell, der sich selbst erzeugte,
jenseits der unnennbaren Einheiten,
wollen wir den unsterblichen Gott, Gottes ruhmvollen Sohn,
den einzigen Sohn, aus dem einzigen Vater *entsprungen*,
bekränzen mit tiefsinnigen Blüten meiner Hymnen,
den des väterlichen Willens unsagbares Gebären
aus dem verborgenen Schoß als Sohn offenbart hat,
das Gebären, das die vom Vater geborene Frucht erscheinen ließ,
und obwohl Ursache dieser Erscheinung, als Geisteskraft erschien, festgefügt in der Mitte;
in der Quelle bleiben sie, auch wenn sie *vergossen* werden.

Im Kontext der Metaphorik von Sap. 18, 14 f. wird mit dem mythisch geschilderten – mitternächtlichen – Ausgang des göttlichen Worts vom Thron des Vaters hinunter in den Schoß der Jungfrau Maria angezeigt:

Cum enim quietum silentium contineret omnia, et nox in suo cursu medium iter haberet, omnipotens sermo tuus de caelo, a regalibus sedibus, durus debellator in mediam exterminii terram prosilivit.

Dieser auch im Introitus am Sonntag nach Weihnachten gesungene Text steht neben den von mir schon in der früheren Arbeit nachgewiesenen Stellen aus Hippolyt (†235) und anderen Vätern.[52] Synesios zieht hierbei die eher platonisch gehaltene Metaphorik des Fließens[53] vor:

»Als Du zur Erde *gegossen* wurdest
aus sterblichem Mutterleib,
da staunte der Magier viel verständige Kunst
bei dem Aufgang eines Sterns,
des Rates bar:
Wer ist das Kind, das geboren wird?
Wer ist der Gott, der sich verbirgt,
König, Leichnam oder Gott?« (6, 18–25)

Es ist bekannt, wie sehr neben den λόγικα χαλδάικα es vor allem die Metaphysik des Iamblichos von Chalkis (um 240/45–320/25 n. Chr.) war, die den Hymnen des Synesios den neuplatonischen Duktus verlieh. Theologen lassen allenfalls vier seiner Hymnen als christlich gelten.[54] Wichtig ist aber vor allem die großartige Gestik dieser Texte, welche die weiträumige Betrachtung des Kosmos in eine ursprüngliche christliche Sicht einzubeziehen versucht. Der 8. Hymnus ist ein Musterbeispiel dafür, wie Christus den Weltraum nach oben und unten durchspringt. In Christi ›Samen‹ ist die Welt grundgelegt, in der Welt leuchtet er allenthalben hervor (4, 13). Wenn Christus durch die Geburtswehen der Jungfrau zu den Menschen kommt, dann kommt er zu den Sterblichen »als Offenbarer des Lichts vom Urquell« (3, 9). Christus ist Erlöser und der »Weltdurchwaltende«. »Alles Leben im Kosmos ist von ihm gewirkt und wiederum auf ihn zurückgewandt.«[55] Du (Christus)

»belebst ... die Schwingen des Kosmos,
aus Deinem Schoße sprossen
Licht und Geist und Seele.« (3, 28–30)

Der springende Christus durchmisst – in die Welt gekommen – in gewaltigen Sprüngen die Welt von Unten nach Oben. Im 8. Hymnus wird das

---

[52] Haas, wie Anm. 10, 60–64.
[53] Vgl. Jean Pépin, ›Ex Platonicorum Persona‹. Études sur les lectures philosophiques de Saint Augstin, Amsterdam 1977, 269–315.
[54] Vgl. Zuntz, wie Anm. 47, 161 ff. Allenfalls vier der Hymnen (3, 6, 7, 8) gelten ursprünglich christlich, die andern sind vor der Christianisierung Synesios' geschrieben.
[55] Vollenweider, wie Anm. 47, 144. Bei Vollenweider sind diese Zusammenhänge vorbildlich dargestellt.

offenkundig als eine Signatur einer den Kosmos durchschütternden Bewegung. Zunächst führt die Katábasis auf die Erde und dann in die Hölle:

»Du stiegst auch hinab zur Erde,
weiltest unter den Eintagswesen
in sterblichem Leib;
Du stiegst hinab in den Tartaros,
wo der Seelen unzählige
Scharen der Tod beherrschte;
Da erschauderte vor Dir der Alte,
Hades, der Urzeit entstammend,
und der Hund, der die Völker frisst,
der riesenstarke Dämon, wich von der Schwelle.« (8, 13–23)

Danach erfolgt die Himmelfahrt, die ebenso einer Triumphfahrt gleicht:

»Als Du aufstiegst, Herr,
erzitterten vor Dir in den Lüften
die unermesslichen Scharen der Dämonen;
es staunte der reinen
Sterne unsterbliche Chor;
Lachend der Äther,
der weise Vater der Harmonie,
aus der siebensaitigen Leier
mischte er die Klänge
zu einem Siegeslied.« (8, 31–40)

Der Weg Christi führt auch durch die Sphären zu Titan, zur Sonne, die in ihm den Gottessohn als »den Gottessohn, den guten Schöpfergeist, ihres eigenen Feuers Quelle« (8, 52–54) grüßt und berichtet:

»Du aber schwangst Deinen Fuß
und sprangst über des blaugerundeten
Himmels Wölbungen,
auf den Sphären machst Du halt,
den geistigen, reinen,
wo des Guten Quelle,
der Himmel des Schweigens.« (8, 55–61)

Der göttliche Aufschwung korrespondiert mit dem menschlichen Aufstieg. Dem entsprechend kommentiert Vollenweider diese und ähnliche Stellen im neuplatonischen Sinn, wenn er eine Analogie zwischen göttlicher Emanation (Próodos) und menschlicher Epistrophé feststellt:

»Das Motiv des ›Sprungs‹ in die geistige Welt verwendet Synesios sonst gern von der aufsteigenden Seele, die derart das Untere hinter sich lässt. Wiederum sind Seelenaufstieg und Christi Auffahrt in gleichen Bildern gezeichnet, der ›Sprung‹, traditionell der Seele, selten auch Christus zugeeignet, erinnert ferner an die umgekehrte Bewegung, den als Sprung aus dem Einen ins Viele geschauten Emanationsabstieg. So führt der Aufstieg wieder in die Regionen zurück, woraus einst der Hervorgang seinen Anfang nahm, in den ›schweigenden Himmel‹.«[56]

Man darf abschließend festhalten, dass Synesios, der theologisch gerne als eng neuplatonischer Denker abgewertet wird, von der ganzen Sprungmetaphorik her eine eminent wichtige Funktion als Vermittler zwischen Philosophie/Dichtung und Theologie im frühen Christentum zukommt.

Heinrich Seuse O.P. (um 1295–1366)

Der Dominikaner Heinrich Seuse gebraucht den Begriff ›springen‹ im Sinn und Gehalt christlicher Metánoia und intendiert mithin eine »Revolution der Denkungsart«, wie sie »das Christentum sowohl vom Ritual der Taufe als auch vom Erlebnis der Bekehrung *(epistrophé, conversio)* behauptet hatte«.[57] Im 4. Brief des ›Briefbüchleins‹ schreibt er einer ›unbeständigen‹ und ›weichen‹ geistlichen Tochter das Folgende:

Nu will aber ich zuo dir noch eins sprechen, und hab es nit für übel. Ich han gemerket an dir, daz du noch unganzlich in got mit dinen sinnen stast, daz du dich noh nit verwegenlich aller dingen hast ab getan. Gewerlich, du muost eintweder haben oder lassen, anders dir geshiht niemer kein selde. Mag ieman zwein herren dienen? Nein es, werlich! Tuo einen frien sprung, so macht du beliben. Lass von grunde den menschen, – du merkst mich wol, – und la alles daz gewerbe, daz in soelicher zergenklicher minne mag sin an gegenwürtikeit und an botschaft, und lass dar ab nit wisser, weder mit troewene noch mit liebkosene. (371, 33–372, 7)[58]

»Noch eines aber will ich dir sagen, du darfst es mir nicht übel nehmen: Ich habe an dir wahrgenommen, dass du mit deinen Sinnen nur unvollkommen in Gott stehst, dass dich noch nicht frisch entschlossen aller äußeren Dinge entschlagen hast. Wahrlich, du musst entweder besitzen oder fahren lassen, anders erlangst du von Gott kein Glück. Kann jemand zwei Herren dienen? Nein, wahrhaftig nicht! Tu einen kühnen Sprung, so kannst du gerettet werden. Trenne dich endgültig von jenen Menschen – du verstehst mich wohl – und lass all das, was solch vergängliche Liebe mit sich bringt, sei es Umgang oder Botschaft, und lass dich von deinem entschiedenen Vorsatz nicht abbringen, nicht durch Drohungen und nicht durch Schmeicheleien.« (377)[59]

Der ›Sprung‹ ins kompromisslose, d. h. der Welt eine Absage erteilende Ordensleben, der hier (und auch im Großen Briefbuch)[60] empfohlen wird,

---

[56] Vollenweider, wie Anm. 47, 150.
[57] Manfred Fuhrmann, ›Sprung‹ und ›Bekehrung‹, in: Weinrich (Hg.), Positionen der Negativität, wie Anm. 2, 486 f., hier 486.
[58] Heinrich Seuse, Deutsche Schriften hg. Von Karl Bihlmeyer, Stuttgart 1907, Neudruck: Frankfurt a. M. 1961 (mit Seiten- und Zeilenzahl).
[59] Hochdeutsche Übersetzung von Georg Hofmann: Heinrich Seuse, Deutsche mystische Schriften, Düsseldorf 1966, 377.
[60] Bihlmeyer, wie Anm. 58, 461, 7 f. *(Tuo einen frien sprung).*

ist dem ›Sprung‹ von der ethischen in die religiöse Existenz, wie ihn Kierkegaard konzipiert, schon recht nahe.[61] Übrigens – wem *dieser* Sprung nicht gelingt, der läuft Gefahr, – *an dez túvels sail ... gebunden* (369, 28) oder mit einem *sidin vaden umb die kelen ... gebunden* (369, 19 f.) – *in des tufels sprung ... gegeben* (458, 3) zu werden. Um diese Vorstellung zu verstehen, ist es wichtig, den Einwirkungsmöglichkeiten des Teufels angemessen Rechnung zu tragen. Nach christlicher Lehre ist die Schöpfung einbezogen in den von den Ureltern bewirkten Fall der gesamten menschlichen Natur.

»Da die bösen Geister einerseits weiterhin, ihrer Natur nach unversehrt, den Engeln zugehören, andererseits mit diesen aber der ganzen Schöpfung, die als eine echte und funktionelle Einheit zu betrachten ist, zugeordnet sind, so haben sie auch Einfluss auf die Schöpfung. Sie üben diesen Einfluss aus in der Kraft ihrer machtvollen Natur je nach der Art der geschaffenen Wesen, denen sie sich zuwenden. Sie ›bewegen‹ die rein stoffliche und körperliche Welt anders als die vernunftlose Schöpfung. Sie vermögen nach der Lehre des hl. Thomas die körperlichen Dinge zu lenken, weil sie als unstoffliche Wesen größere und umfassendere Formen sind als die stärker besonderten Körperwesen. Diese Verfügungsgewalt über stoffliche Wesen aber ist nach Thomas keine absolute. Der körperliche Stoff gehorcht den Engeln nicht auf einen Wink ... Es handelt sich nach allem um eine Einflussnahme auf die Körper von innen her. Eine äußere Einflussnahme im Sinn einer örtlichen Bewegung aber nimmt er (= Thomas) mit Augustinus wohl an. Durch solche lokale Bewegungen können sie große Wirkungen erzielen«.[62]

Die Johannes-Apokalypse ist voll von Auskünften über die Bewegbarkeit über lebendigen Stoff, d. h. das Leben als solches, durch Engel und Teufel.[63] Über diesen Vorstellungsbereich ist auch der Teufelssprung mit seinen Opfern zurück in die Hölle zu situieren.

---

[61] Den Ordens- und Lebenskontext, der hierin zum Tragen kommt, hat Michael Schneider – mit Akzent auf Johannes Cassian, Johannes Tauler, Juan de la Cruz und Thérèse de Lisieux – souverän beschrieben: Michael Schneider, Krisis. Zur theologischen Deutung von Glaubens- und Lebenskrisen. Ein Beitrag der theologischen Anthropologie, Frankfurt a. M. 1993, 59, 129, 287 (Kierkegaard). Lebens- und Glaubenskrisen sind in dieser Sicht als existentielle Grundkrisen zu betrachten, die von einem ›alten‹ in einen ›neuen‹ Lebensstand initiieren. Auch dieser ist seit dem frühesten Christentum als ein radikal neuer Status zu verstehen. Vgl. Karl Prümm S.J., Christentum als Neuheitserlebnis. Durchblick durch die christlich-antike Begegnung, Freiburg i. Br. 1939; dazu Günter Bader (mit Bezug auf Galater 6, 15; 2. Korinther 5, 17 und Apokalypse 21, 5): Alles neu – Eine poetisch-theologische Reflexion über Schöpfung und Neuschöpfung, in: Maria Moog-Grünewald, Das Neue. Eine Denkfigur der Moderne, Heidelberg 2002, 159–171; dazu die spärlichen Hinweise in: Peter Seele und Till Wagner, Eine kleine Geschichte des Neuen, in: Peter Seele (Hg.), Philosophie des Neuen, Darmstadt 2008, 38–63, und in Gottfried Küenzlen, Der Neue Mensch. Zur säkularen Religionsgeschichte der Moderne, München 1994.
[62] Alois Winklhofer, Traktat über den Teufel, Frankfurt a. M. 1961, 114 f.
[63] Ebd., 116 ff.

Alois Haas

Nikolaus von Kues (1400/01–1464)

Nikolaus von Kues Sprungmetaphorik ist eingebettet in einen Traktat mit dem Titel ›De visione Dei‹ vom 8. November aus dem Jahre 1453.[64] Es geht in diesem Traktat um eine im 15. Jahrhundert alle spirituell-mystisch Interessierten bewegende Frage, ob im Kern der mystischen Erfahrung *(cognitio Dei experimentalis)*[65] affektiv sich artikulierende Liebe oder diskursiv, kognitiv und intuitiv vorgehender Intellekt dominant sei. In seiner Antwort zeigt Nikolaus von Kues nachdrücklich auf, dass der Zugang zur mystischen Erfahrung an einen intellektuellen Grundakt gebunden ist, dessen Tragweite über den absoluten Wert der *unio mystica*[66] entscheidet. Die für den Menschen gegebene Voraussetzung für eine Einigung mit dem Absoluten (Gott) ist der Wille zu einer spekulativen Selbsterkundung, in der sich als deren Ergebnis die Wahrnehmung einer Grenze absehen lässt, jenseits derer mindestens »der Blick ins Unüberdenkliche«[67] und Unsagbare des Göttlichen freigegeben wird und so eine Einigung mit ihm möglich scheint. Nikolaus von Kues ist der große Entdecker solcher religiöser Sprachbarrieren, wenn er vom »Ergebnis seiner spekulativen ›Grenzerkundung‹« folgendermaßen in seiner tiefsinnigen Meditation ›De visione Dei‹[68] Kenntnis gibt. Der einzige Zugangsweg zu Gott ist jener, der

»gänzlich unzugänglich und unmöglich erscheint. Du hast mir ja gezeigt, dass Du nur dort gesehen werden kannst, wo Unmöglichkeit begegnet und entgegentritt; und Du, Herr, Du Speise der Starken, hast mich ermutigt, mir selbst Gewalt anzutun, weil die Unmöglichkeit mit der Notwendigkeit ineinsfällt. So habe ich den Ort gefunden, an dem Du unverhüllt gefunden werden kannst. Er ist vom Ineinsfall der Gegensätze umgeben. Er ist **die Mauer des Paradieses**, in dem Du wohnst. Seine Pforte bewacht der höchste Geist des Verstandes. Wird dieser nicht besiegt, wird der Zugang nicht

---

[64] Vgl. Alois M. Haas, DEUM MISTICE VIDERE ... INCALIGINE COINCIDENCIE. Vom Verhältnis Nikolaus von Kues zur Mystik, Basel/Frankfurt a. M. 1989; Ders., »... das Letzte unserer Sehnsüchte erlangen.« Nikolaus von Kues als Mystiker, Trier 2008 (Trierer Cusanus Lecture, Heft 14); dazu die zahlreichen Hinweise in meinen Mystik-Studien: Haas, Geistliches Mittelalter, Freiburg/Schweiz, jetzt Wald 1984 (dokimion 8); Ders., Gott Leiden Gott Lieben Zur volkssprachlichen Mystik im Mittelalter, Frankfurt a. M. 1989; Mystik als Aussage. Erfahrungs-, Denk- und Redeformen christlicher Mystik, Frankfurt a. M. ³2007; Ders., Mystik im Kontext, München 2004, 248–291.

[65] Vgl. dazu die diversen Vorarbeiten von William J. Hoye zu einer Begriffsgeschichte bei Haas, »... das Letzte«, wie Anm. 64, 24 f. mit Anm.

[66] Zum Begriff siehe Haas, Unio mystica. Geschichte eines Begriffs, in: Ders., Mystik im Kontext, wie Anm. 64, 48–63.

[67] Eugen Biser, Religiöse Sprachbarrieren. Aufbau einer Logaporetik, München 1980, 32 f.

[68] Nicolai de Cusa Opera Omnia, VI: De visione Dei, ed. Adelaida Dorothea Riemann, Hamburg 2000; deutsche Übersetzung von Helmut Pfeiffer: Nikolaus von Kues, De visione Dei. Das Sehen Gottes, Trier ²2002. Ich zitiere den Kusaner nach diesen Ausgaben mit Kapitel- und Abschnittnummer. Damit sind die Stellen leicht auch in andern Ausgaben nachweisbar.

offen sein. Jenseits also des Ineinsfalls der Gegensätze wirst Du gesehen werden können, keineswegs diesseits. Wenn also Unmöglichkeit Notwendigkeit ist in Deinem Blick, so gibt es nichts, was Dein Blick nicht sieht.«

... quae ... videtur penitus inaccessibilis et impossiblis,quoniam tu mihi ostendisti te non posse alibi videri quam ubi impossibilitas occurrit et obviat. Et animasti me, domine, qui es cibus grandium, ut vim mihi ipsi faciam, quia impossibilitas coincidet cum necessitate. Et repperi locum in quo revelate reperieris, cinctum contradictoriorum coincidentia. Et iste est **murus paradisi**, *in quo habitas, cuius portam custodit spiritus altissimus rationis, qui nisi vincatur, non patebit ingressus. Ultra igitur coincidentiam contradictoriorum videri poteris et nequaquam citr. Si igitur impossibilitas est necessitas in visu tuo, domine, nihil est, quod visus tuus non videat.*[69]

Eugen Biser hat immer wieder mit Recht darauf hingewiesen, »dass seine [Nikolaus] Entdeckung, so sehr sie dem unüberdenklich Größten galt, einem Akt der kognitiven – und existentiellen – Selbstaneignung gleichkam«.[70] Schlüssel ist der Imperativ, den Gott dem in die Betrachtung versunkenen Kardinal zuspricht:

»Während ich im Schweigen der Betrachtung verharre, antwortest Du, Herr, in meinem Inneren, indem Du sagst: ›Sei du dein und Ich werde dein sein.‹«

Et cum sic in silentio contemplationis quiesco, tu, domine, intra praecordia mea respondes dicens: Sis tu tuus et ego ero tuus.[71]

Wie immer sich heute ein solcher Satz nur schwer mit der allgemeinen skeptisch-resignativen Einschätzung metaphysischer Denkkraft vereinbaren lässt – er prägt Denkmöglichkeiten vor, die erst bei Feuerbach und Nietzsche zum Tragen kommen werden, dann aber schon nicht mehr im Optimismus, der des Kusaners Sprung über die Paradiesesmauer beflügelt. Dem mit der *contemplatio* Befassten wird ein grundlegendes Paradox abgenötigt: die Einsicht, dass die Unmöglichkeit der Gotteserkenntnis die einzige Notwendigkeit ist, dass die Unerkennbarkeit Gottes mit den Mitteln der *ratio* dessen einzige Erkennbarkeit ist, dass die Selbstergreifung des Menschen dessen einzige Möglichkeit einer Ergriffenheit durch das Göttliche sein kann. Mit andern Worten: Es geht fundamental um die *coincidentia oppositorum* – um den Ineinsfall der Gegensätze. Diese ist aber nur denkbar über das Medium einer radikal apophatischen Theologie, die von Gott *nicht* zu sagen wagt, *was* er ist, sondern nur, dass das, was über ihn gesagt werden kann, exakt nicht ist, was er ist. Damit der Gedanke über ihn einen Weg zu ihm darstellen kann, muss dieser sich selbst übersteigen. Nikolaus macht in Verfolg dieser Verdeutlichung einen genauen Unterschied zwischen *ratio* und *intellectus*. Den Eingang des Ineinsfalls der Ge-

---

[69] De vis., c. 9, n. 37.
[70] Biser, wie Anm. 67, 33.
[71] De vis., c. 7, 25.

gensätze, den Zugang zum Paradies, bewacht ein Engel, so dass die diskursiv vorgehende, schlussfolgernde *ratio* keine Chance hat, ins Paradies einzutreten. Bedingung der Möglichkeit eintreten zu können ist ein *Sprung*, der den Denkenden in den Raum katapultiert, wo

»Reden, Sehen, Hören, Verkosten, Berühren, Überlegen, Wissen und Einsehen dasselbe sind, und wo Sehen mit Gesehenwerden, Hören mit Gehörtwerden, Verkosten mit Verkostetwerden, Berühren mit Berührtwerden, Reden mit Hören und Schaffen mit Reden ineinsfällt.«

... ubi loqui, videre, audire, gustare, tangere, ratiocinari, scire et intelligere sunt idem et ubi videre coincidit cum videri et audire cum audiri et gustare cum gustari et tangere cum tangi et loqui cum audire et creare cum loqui.[72]

Cusanus nennt die Mauer, die sich hier auftürmt, wegen der äußersten Beschwerlichkeit, sie überspringen zu können, auch »die Mauer des Widersinns« *(murus absurditatis)*.[73] So erweist sich der ›Widersinn‹ (des Ineinsfalls der Gegensätze) als der einzige Letztsinn der menschlichen Existenz. Gott zeigt sich als der Unbegreifbare als begreifbar und als der Unsichtbare als sichtbar. Die Gottwerdung in diesem Prozess vollzieht sich so, dass

»wo der Unsichtbare gesehen wird, der Ungeschaffene geschaffen wird« – *Quod ubi invisibilis videtur, increatus creatur.*[74]

Und so folgt recht konsequent die nahezu gebetsartige Beschwörung der neuen, den diskursiven Verstand überspringenden Vernunft *(intellectus)*:

»Du, mein unsichtbarer Gott, wirst also von allen gesehen; und in jedem Blick wirst Du gesehen. Von einem jeden, der sieht, wirst Du in jedem Sichtbaren und in jedem Akt des Sehens gesehen, der Du unsichtbar und von allem solchen völlig gelöst und hocherhoben ins Unendliche bist.

Ich muss also, Herr, jene Mauer des unsichtbaren Sehens dorthin *überspringen*, wo Du gefunden werden wirst. Die Mauer ist aber alles und nichts zugleich. Denn Du, der Du entgegentrittst, als seist Du alles und nichts von allem zugleich, wohnst innerhalb jener hochragenden Mauer, die kein Erfindungsgeist mit eigener Kraft ersteigen kann.«

Tu igitur, Deus meus invisibilis, ab omnibus videris et in omni visu videris; per omnem videntem in omni visibili et omni actu visionis videris, qui es invisibilis et absolutus ab omni tali et superexaltatus in infinitum.

Oportet igitur me, domine, murum illum invisibilis visionis transilire, ubi tu reperieris. Est autem murus omnia et nihil simul. Tu enim, qui occurris, quasi sis omnia et nihil omnium simul, habitas intra murum illum excelsum, quem nullum ingenium sua virtute scandere potest.[75]

---

[72] De vis., c. 10, n. 40.
[73] De vis., c. 12, n. 49.
[74] De vis., Titel von c. 12.
[75] De vis., c. 12, n. 47 und 48.

›Freudige‹ Sprünge des göttlichen Logos

Der Begriff *transilire* = ›überspringen‹, ›übersteigen‹ wird mindestens 7 Mal benützt, um diesen Übersprung vom rational-schlussfolgernden Denken zum intuitiven Denkakt jenseits aller Differenzen im Bannbereich einer alles umfassenden *coincidentia oppositorum* – natürlich unter äußerster Anspannung und Strapazierung dieses rationalen Denkens – angemessen zu benennen. Alle Formen und Denkbilder sind zu überspringen zugunsten des Einen Urbilds.[76] Vom Wissen *(scientia)* und Begriffen *(conceptus)* gilt es hinüberzuspringen in »eine Art geheimes und verborgenes Schweigen«, ins Dunkel *(caligo)*, in Nebel, Finsternis und Unwissenheit, und damit ist Wissen und Begriff im Sprung überwunden hin zum Angesicht, das sich nur verhüllt im Diesseits finden lässt. Auch jedes sichtbare Licht ist zu überspringen, denn solange der Mensch noch irgend etwas sieht, ist es nicht das, was er sehen möchte.[77] Auch alle wahrnehmbare Samenkraft aller Dinge ist zu überspringen hin zu jener Unwissenheit, »in der ganz und gar nichts mehr von Kraft und Stärke des Samens bleibt« *(in qua nihil penitus maneat virtutis aut vigoris seminalis)*.[78] Mit andern Worten: Nur eine *ignorantia* absoluter Art, die aber gleichzeitig mit jeder denkbaren Anstrengung des Verstands sich verschwistert hat, vermag den Übersprung. Deswegen redet Cusanus immer wieder von einer *docta ignorantia*. Dass der *docta ignorantia* im System des Kusaners einen so entscheidenden Rang einnimmt, hängt an der von ihm mit besonderer Hartnäckigkeit vertretenen Ansicht der *Inkommensurabilität* des Absoluten zum Kontingenten, des Unendlichen zum Endlichen. Mit allem Nachdruck hat er immer wieder vertreten: *Infiniti ad infinitum proportio non est.*[79] Er übernimmt damit ein Dictum des Neuplatonismus,[80] dessen Relevanz bis heute – trotz einer erklärten aufklärerischen Verdachtskultur gegen alle Metaphysik – nicht wegdiskutiert werden konnte. Was wäre mit der Menschheit, wenn sie die Fähigkeit, vom Finiten aufs Infinite (Absolute) hinzudenken, völlig preisgegeben hätte?!

Juan de la Cruz (1542–1591)

Johannes vom Kreuz, der spanische Reform-Karmelit und Mystiker des 16. Jahrhunderts, bietet keine bloß rhetorisch-theoretische Anwendung der Sprungmetapher, sondern er erzählt von einem Sprung, den er selber

---

[76] De vis., c. 6, n. 20.
[77] De vis., c. 6, n. 21.
[78] De vis., c. 7, n. 23.
[79] Docta ignorantia I, 3.
[80] Johannes Hirschberger, Das Prinzip der Inkommensurabilität bei Nikolaus von Kues, MFCG 11 (1975) 39–54.

tun musste und der ihm das Leben gerettet hat. Die Situation ist die, dass er, von seinen Mitbrüdern der älteren Observanz im Karmeliterkloster von Toledo[81] gefangen gehalten und mehrmals – in der sog. »Reigendisziplin« (Abstrafung durch Ruten vor der ganzen Klostergemeinde) – gepeinigt wurde. Eingekerkert wurde er im monumentalsten Kloster der Karmeliterprovinz Kastilien, das »wegen seiner Lage oberhalb der Stadtmauer, über den abschüssigen Felsen zum Tajo hin, nahe der Alcántarabrücke«[82] berühmt war. Wenn er nicht im Kloster sterben wollte – was deren Bewohner erhofften – musste er nächtlicherweile die Flucht antreten. Sein Bericht über die Flucht ist in den ›Conciones del alma‹ seines Werks ›Noche Oscura‹ enthalten und initiiert anhand eines Ereignisses in die *theologia mystica*:[33]

En una noche oscura,	In einer Nacht, dunkel,
con ansías, en amores inflamada,	in brennender Liebessehnsucht entflammt,
oh dichosa ventura!,	o glückliches Geschick! –
salí sin ser notada	ging ich hinaus, ohne bemerkt zu sein;
estando ya[84] mi casa sosegada.	mein Haus war schon zur Ruh gekommen.
A oscuras y segura,	Im Dunkeln und sicher,
por la secreta escala, disfrazada,	über die geheime Treppe, vermummt,
oh dichosa ventura!,	glückliches Geschick! –
a oscuras y en celada,	im Dunkeln und verstohlen;
estando ya mi casa sosegada.	mein Haus war schon zur Ruhe gekommen.
En la noche dichosa,	In der Nacht, glücklich,
en secreto, que nadie me veía,	insgeheim, dass niemand mich sah
ni yo miraba cosa,	und ich auf nichts schaute,
sin otra luz y guía	ohn' anderes Licht und Führen,
sino la que en el corazón ardía.	als das im Herzen brannte.

---

[81] Siehe die hinreißende Ansicht Toledos von El Greco (der da lebte) bei P. F. Bruno de J. M. Saint Jean de la Croix, Paris 1929, 168b, ebd., 173–190 über Verliess und Flucht.

[82] Ulrich Dobhan/Reinhard Körner, Johannes vom Kreuz. Die Biographie, Freiburg 1992, 80. Das Kloster wurde 1806 leider von den Truppen Napoleons zerstört. Ein Bild davon siehe bei Walter Repges, Nach Spanien reisen, um Gott zu finden. Auf den Spuren der Mystiker, Frankfurt a. M. 1996, 134.

[83] Ich zitiere den spanischen Text nach San Juan de la Cruz, Obras Completas. Revisión textual, introducciones y notas al texto: José Vicente Rodríguez. Introducciones y notas doctrinales Federico Ruiz Salvador, Madrid [4]1992, 437 f.; die deutsche Übersetzung nach Johannes vom Kreuz, Die Dunkle Nacht. Vollständige Neuübersetzung. Hg. Und übersetzt von Ulrich Dobhan, Elisabeth Hense, Elisabeth Peeters. Mit einer Einleitung von Ulrich Dobhan und Reinhard Körner, Freiburg u. a. 1995, 27 f.

[84] Juan redet hier in der weibliche Ich-Form: ya salí – ich [die Seele als Braut] entwich! Vgl. Repges, wie Anm. 82, 139.

›Freudige‹ Sprünge des göttlichen Logos

Aquésta mi guiaba	Dies führte mich
Más cierto que la luz de mediodía	Sicherer als das Licht des Mittags,
Adonde me esparaba	wo auf mich wartet,
Quien yo bien me sabía,	den ich gut kannte,
en parte donde nadie parecía.	dorthin, wo niemand sich zeigte.
Oh noche que guiaste!	O Nacht, die führtest!
Oh noche amable más que el alborada!	O Nacht, liebenswerter als das Morgengrauen!
Oh noche que juntaste	O Nacht, die zusammenführtest
Amado con Amada,	Geliebten mit Geliebter,
Amada en el Amado transformado!	Geliebte in Geliebten überformtest!
En mi pecho florido,	An meiner Brust, blühend,
que entero para él solo se guardaba,	die ganz für ihn allein sich aufbewahrte,
allí quedó dormido,	dort war er eingeschlafen,
y yo le regalaba,	und als ich ihn liebkoste,
y en el ventalle de cedros aire daba.	gab Hauch der Zedern Wehen.
El aire de la almena.	Der Hauch der Zinne,
Cuando yo sus cabellos esparcía,	als ich sein Haar durchstrich,
con su mano serena	mit seiner linden Hand
en mi cuello hería	verletzt' er meinen Hals
y todos mi sentídos suspendía.	und ließ all meine Sinne schwinden.
Quedéme y olvidéme,	Ich blieb zurück und selbstvergessen
el rostro recliné sobre el Amado,	Neigt' ich das Gesicht über den Geliebten;
cesó todo y dejéme,	Es hörte alles auf, ich ließ mich,
dejando mi cuidado	gelassen mein Sorgen,
entre las azucenas olvidado.	unter den Lilien vergessen.

Die Realität der Flucht stellte sich so dar:

»Während des August [des Jahres 1578; seit dem 3./4. Dez. 1577 ist Juan entführt und gefangen] taucht in ihm [Juan] immer wieder der Gedanke an Flucht auf. Er weist ihn zunächst als unmöglich zurück, denn er ist geradezu bis auf das Skelett abgemagert, kann sich gerade so auf den Beinen halten und wäre wohl kaum in der Lage, sich in ein Abenteuer zu werfen, das von ihm verlangen würde, aus dem Fester zu springen, über die Dächer und Mauern zu jonglieren – ohne zu wissen, wo er überhaupt landete. Auch ringt er mit dem Gedanken, es könnte eine Versuchung sein, Feigheit, Flucht vor dem Kreuz. Mit niemandem kann er darüber sprechen, niemand um Rat fragen, noch weniger um Hilfe bitten. Er entscheidet sich für den weg nach vorn – es gibt nur einen Ausgang: das Fenster des angrenzenden Saales, hoch über der Stadtmauer und den Felsen zum Tajo hin. Und es gibt nur eine günstige Zeit: die Nacht. Zwei Hauptschwierigkeiten sieht Juan vor sich: die Tür der Gefängniszelle in der Nacht aufzubrechen und aus dem Fenster auf die Mauer zu springen, die sehr schmal ist und steil abwärts fällt. Die Lösung des ersten Problems scheint ihm relativ leicht; er könnte während der Stunde, die ihm der Gefängniswärter im Saal auf und ab zu gehen gewährt, die Schrauben des Schlosses lockern, so dass sie nachgeben und herausspringen, sobald er von innen dagegen stieße. Komplizierter und schwieriger würde der Sprung aus dem Fenster werden. Mehrere Male schätzt er heimlich die Tiefe ab. Wenn er die zwei Decken aneinander knüpfte, dazu noch die Länge seines Körpers rechnete, blieben noch fast zwei Meter, die er durch einen Sprung überwinden müsste.«[85]

Während der Oktav von Mariä Himmelfahrt führt er seinen Plan aus. Am Tag darauf erklärt der Gefängniswärter, dass es ihm unvorstellbar sei, wie es dem Geschwächten möglich war, den Sprung heil zu überstehen. Er ist jedenfalls gelungen, und er hat poetische und spirituelle Folgen gehabt: das Gedicht und den es *mystice* interpretierenden Traktat!

Die mystische Ausdeutung dieses Liebeslieds baut auf den Momenten des Selbstentzugs auf, der die Liebe zwischen Geliebtem (Gott) und Geliebter (Seele) definiert. Das historische Geschehen der nächtlichen Flucht ist allerdings mitzudenken. Juan ist seiner Gefangenschaft entflohen – mitten in der Nacht; und er musste mit Blick auf den Abgrund der Schlucht des Flusses Tejo einen wagemutigen Sprung in die neugewonnene Freiheit tun. Rückblickend er appliziert das Geschehen auf den seelischen Befreiungsvorgang, in den einbefasst sich sein ganzes monastisches Leben ihm sich zeigt. Seine ›Erklärung‹ (declaración) ist eine Transposition des tatsächlichen Verlaufs des Ereignisses ins Seelische:

»Bevor wir in die Erklärung dieser Liedstrophen einsteigen, sollte man wissen, dass der Mensch diese Worte spricht, wenn er bereits in der Vollkommenheit, d. h. in der Liebeseinung mit Gott lebt. Er ist durch geistliches Einüben des schmalen Weges zum ewigen Leben, von dem unser Retter im Evangelium spricht (Mt 7, 13), bereits durch die beengenden Mühsale und Bedrängnisse hindurchgegangen. Diesen Weg muss ein Mensch für gewöhnlich durchschreiten, um zu dieser tiefen und beglückenden Gotteinung (unión con dios) zu gelangen. Weil dieser Weg so schmal ist und weil nur so wenig Menschen auf diesem Weg in die Gotteinung eintreten – wie auch der Herr selbst sagt (Mt 7, 14) –, betrachtet es der Mensch als großes Glück und gutes Geschick, dass er ihn bis zur erwähnten Vollkommenheit der Liebe durchschritten hat. Dies besingt er in der ersten Strophe. Dort nennt er diesen schmalen Weg sehr zutreffend eine dunkle Nacht«.[86]

An der Episode von Juans Flucht lässt sich ausgezeichnet ablesen, wie der *sensus mysticus* plötzlich zum eigentlichen *sensus historialis* zu werden vermag. Für die Spirituellen aller Zeiten gehört es zu den Anfangsgründen einer unabsehbaren Weisheit, dass einer weisheitlich gebotenen Epoché (Urteils- und Beurteilungsverweigerung)[87] die Verhältnisse zwischen den

---

[85] Dobhan/Körner, wie Anm. 82, 90 f.
[86] Deutscher Text, wie Anm. 83, 28 f.; span. Text, ebd., 438 f.
[87] Beachte dazu die einzigartige Erschließungsarbeit, die Hans Peter Sturm zu dieser mystisch-weisheitlichen Konzeption vorgelegt hat: Weder Sein noch Nichtsein. Der Urteilsvierkant (Catuskoti) und seine Korollarien im östlichen und westlichen Denken, Würzburg 1996;

verschiedenen Sinnebenen einer Existenz zu- und ineinander verschoben werden können. Was ›real‹ ist, kann ›spirituell‹ werden, und umgekehrt!

Jacob Böhme (1575–1624)

Für Jacob Böhme hat die Metapher des Sprungs einen Platz als ›Vhrsprung‹ in seinem auf die Herkunft Gottes gerichteten Nachdenken. So erklärt er, dass »die Natur und Begreifligkeit ihren *Vhrsprung* in dem gantzen Leibe Gottes« habe.[88] Die »Geburt-geister« (430, 2), ihre Kraft aus dem Leibe der Natur nehmend, nehmen sich dann der Geburt des Leibs an, die, sich unendlich repetierend, so auch selber zu erhalten wissen. Die »Kräffte« werden mitgeboren und es ergibt sich deren Neuanfang, »wan das Wasser des Lebens in die Gebuhrt kömpt / als ein *Freuden-sprung der Gebuhrt*« (430, 31 f.). Das Feuer wird so zum »*Vhrsprung*« (431, 7) des Lichts. Im Systemganzen von Böhmes Theogonie gehört dieser Freudensprung seiner Qualitäten- und Prinzipienlehre an; er ist darin ein wichtiger Antrieb an entscheidender Stelle. Um ein klein wenig Klarheit in dieser Lehre herzustellen, ist auf die bisher gründlichste Analyse von Sibylle Rusterholz hinzuweisen, welcher aufs Beste gelungen ist, Böhmes Qualitätenlehre in nachvollziehbarer Form darzustellen: Die erste Phase der Theogonie entfaltet sich in Gottes eigener »Schiedlichkeit«, die zu einer Differenzierung von zwei Willenszentren in Gott führt. Die zweite Phase besteht in der Ausfaltung der aus dem Leib Gottes entstandenen »Natur«. Rusterholz verdeutlicht diesen von Böhme öfter in verschiedensten Formulierungen skizzierten Vorgang folgendermaßen:

»Diese zweite Phase der Theogonie hat Böhme wiederholt anhand seiner Qualitäten- und Prinzipienlehre dargestellt. Danach konkretisiert sich Gottes ewige Natur, die als rein geistige, im Wortsinn un-begreifliche nicht mit der zeitlich-materiellen Natur zu verwechseln, dennoch aber nur im Horizont temporaler Sukzession darzustellen sei, in sieben ›Phasen‹, repräsentiert durch sieben Naturgestalten oder Qualitäten, wobei Böhme ›Qualität‹ nicht von lat. qualitas, sondern – und das zeigt den dynamischen Charakter seines Gottesbegriffs – von Quelle, Quallen (Treiben) und Qual (Pein) herleitet ... Die Selbstoffenbarung Gottes vollzieht sich entsprechend in dialektischen Entgegensetzungen. Mit der zusammenziehenden Kraft (›Scienz‹ oder ›Begierde‹) der ersten Qualität (das ›*Herbe*‹ oder die Fasslichkeit seiner selber ...) kontrastiert eine zweite, als *Bitter-Stachel* bezeichnete Gegenkraft ... welche die in der Kontraktion entstandene Härte wieder zu zerbrechen sucht. Die daraus resultierende Gegensatzspannung von Anziehungs- und Fliehkraft, symbolisiert im Bild des sich drehen-

---

ders., Urteilsenthaltung oder Weisheitsliebe zwischen Welterklärung und Lebenskunst, Freiburg 2002.
[88] Jacob Böhme, Werke, Frankfurt a. M. 1997 (Bibliothek Deutscher Klassiker, Frühe Neuzeit, Bd. 6), 429, 29 f.

den Rades ... wird – aufs höchste gesteigert – in der dritten Qualität als *Angst* ›empfindlich‹ und entlädt sich im *Feuer-Schrack* (Blitz) der vierten Qualität, die das ›Scheide-Ziel‹, jenen zentralen Punkt in Böhmes System bezeichnet, wo erstes und zweites Prinzip – *Feuer* und *Licht* – sich scheiden. Mit der fünften Gestalt, in der sich die Einheit Gottes als *Liebe (Licht)* offenbart, um mit der sechsten *(Hall, Schall)* in der Mannigfaltigkeit ihrer Kräfte ›lautbar‹ zu werden (das geoffenbarte ›Wort‹), setzt sich, spiegelbildlich zur ersten bis dritten Gestalt ... die Leibwerdung Gottes in einer ins Licht gewandelten Feuerwelt fort bis hin zu der in der siebten Gestalt als *wesentliche Weisheit* sich vollendenden Geistleiblichkeit. Während der Weisheit im innertrinitarischen Bereich eine rein geistige Spiegelfunktion zukommt, erscheint sie im Bereich der ewigen Natur als ›Leib Gottes‹ oder ›Gehäuse‹ ›darinnen alle anderen Gestalten offenbar werden‹ ... Das Gegeneinander von Qualitäten und Prinzipien fungiert als Mittel der Offenbarung, ja im ›Gegenwurf‹ (als ›contrarium‹) liegt die Bedingung der Möglichkeit von Erkenntnis und Offenbarung überhaupt.«

Der Freudensprung – dies das kurze Fazit – findet an jenem neuralgischen Punkt der Selbstwerdung Gottes statt, da das Feuer sich in Licht verwandelt!

Fazit

Im Sprung des göttlichen Worts in die Welt ist dem Christen im Konzept der Menschwerdung ein religiöses Apriori vorgegeben, das im größeren Rahmen einer Christologie, wie sie uns der Jubilar geschenkt hat, zu erörtern ist.[89] Gerade aber dieses Apriori ist eines, dem eine postmoderne Menschheit von der ihr eignenden natürlichen Religiosität her gar nicht unbedingt Folge leisten möchte. Zwar ist das ›lebendige Wort‹ weltweit in den Religionen von entscheidender Wichtigkeit. Auch Religionen – wie der Vedantismus oder der Buddhismus –, die keine spezielle Rücksicht auf überlieferte Worte ihrer Gründer nehmen möchten, können nicht umhin, diese – mündlich[90] oder schriftlich – sorglichst zu bewahren und als Heiligen Schatz zu überliefern.[91] Aber sicher kommt innerhalb dieser Klammer

---

[89] Die folgenden beiden Werke geben dazu erschöpfende Auskünfte: Christoph Kardinal Schönborn, Die Christus-Ikone. Eine theologische Hinführung, Wien 1998; Christoph Schönborn, Gott sandte seinen Sohn. Christologie, Paderborn 2002, besonders 98–150.
[90] Die Literatur über die Oralität von Überlieferungen ist groß; ich verweise nur auf Walter J. Ong, The Presence of the Word. Some Prolegomena for Cultural and Religious History, New Haven and London 1967; Ders., Oralität und Literalität. Die Technologisierung des Wortes, Opladen 1987; Corrado Bologna, Flatus vocis. Metafisica e antropologia della voce, Bologna 1992.
[91] Vgl. die eindrücklichen Belege bei Gustav Mensching, Das Lebendige Wort. Texte aus den Religionen der Welt, Darmstadt ³1961.

dem Christentum in der Art, wie Gott selber zum Logos wird, eine außerordentliche Rolle zu.[92]

Dagegen ist die platonisch-neuplatonisch orientierten Antike stimmungsmäßig anders gelagert: Der griechische Christ ist engagiert, sich dem Göttlichen anzugleichen, sich ihm mimetisch zu nähern,[93] am Aufstieg zur göttlichen Ideenwelt teilzunehmen und den Weg der Selbstaufhebung zu gehen, indem er dem plotinischen Imperativ Folge leistet, der da heißt: ἄφελε πάντα (Nimm alles weg!). Hans Urs von Balthasar hat hier von einer hellenischen Spiritualität her einen Einbruch ins Leben des Christen signalisiert, welcher der christlichen Neuorientierung einen völlig neuen Sinn eingab:

> »Aber die Offenbarung setzt nun gerade nicht dort ein, wo der suchende Mensch sie erwartet hätte. Nicht dort, wo er seine ganze Relativität durchgestrichen hat, um zum Absoluten zu gelangen, wo er in der Anstrengung der äußersten Transzendenz seine Menschheit hinter sich zu lassen sucht, um jenseits seiner selbst das Göttliche zu erspüren. Denn jede weltliche Mystik und Philosophie muss notwendig diesen Weg der Selbstverneinung und Selbstaufhebung gehen; sie kennt ja nur das abstrakte Gegenüber von Relativ und Absolut, und sie kann zum Absoluten nur gelangen, indem sie, durch alles Relative hindurch, das Relative immer mehr übersteigt. Jede weltliche Mystik und Philosophie muss den Weg des ›Aufstiegs‹ gehen, den Weg des platonischen Eros: durch sukzessive Abstreifung der endlichen Schranken sich selbst zu entschränken suchen und das Haus ihrer Endlichkeit in dunkler Nacht wie ein Dieb verlassend, eindringen in das Haus der Unendlichkeit. Das Kennzeichen aller mystischen Bewegung und aller religiösen Philosophie außerhalb des Christentums ist – bei noch so großer Sinnenfreudigkeit – eine unbedingte Tendenz zur Entwerdung, zum Eingehen aller Endlichkeit in den Abgrund des unendlichen Gottes, zum Untergehen alles sinnlichen und geformten Wortes und Begriffs in den Urgrund der σιγή, des Schweigens. Chinesen und Inder, Griechen und Araber, Plotin, Eriugena und Böhme, Schelling und Rilke begegnen sich hier. Dem allem steht das Christliche einsam gegenüber. Das Wort ist Fleisch geworden. Nicht an der äußersten Grenze der Welt, sondern in ihrer Mitte, ja in ihren untern Stockwerken hat Gott sich gezeigt.«[94]

---

[92] Vgl. Johann Baptist Kotz (1823–1885), Lehre der Kirchenväter über das Wort Gottes und dessen Interpretation mit Beylagen, Sulzbach 1830 (eine reiche und wunderbare Stellenkompilation aus den Vätern!); Engelbert Krebs, Der Logos als Heiland im ersten Jahrhundert. Ein religions- und dogmengeschichtlicher Beitrag zur Erlösungslehre, Freiburg i. Br. 1910; Bernard Lonergan, La notion de Verbe dans les écrits de Saint Thomas d'Aquin, Paris (englisch: 1946) 1966; Leo Scheffczyk, Von der Heilsmacht des Wortes. Grundzüge einer Theologie des Wortes, München 1966; David Robertson, Word and Meaning in Ancient Alexandria. Theories of Language from Philo to Plotinos, Burlington 2007; Paul-Werner Scheele, Wort des Lebens. Eine Theologie des Wortes, Würzburg 2007.
[93] Hubert Merki, ΟΜΟΙΩΣΙΣ ΘΕΟ. Von der platonischen Angleichung an Gott zur Gottebenbildlichkeit bei Gregor von Nyssa, Freiburg/Schweiz 1952; Salvatore Lavecchia, Una via che conduce als divino. La ›homoiosis theo‹ nella filosofia di Platone, Milano 2006; J. Follion, Ἀκολουθεῖν τῷ θεῷ (Suivre la Divinité). Introduction à l'esprit de la philosophie ancienne, Louvain-Paris 1997.
[94] Hans Urs von Balthasar, Merkmale des Christlichen, in: ders., Verbum Caro. Skizzen zur

Es ist somit klar, dass dem Sprung des Gotteswortes in die Welt zur Zeit, als die Nacht »ihre Mitte« erreicht hatte, der Charakter einer Überholung aller menschlichen Bemühungen um das Absolute eignet: ein eigentliches christliches Apriori, das damit die vorangehenden Anstrengungen um einen Aufstieg zu ihm keinesfalls entwertet, hingegen relativiert:

> »Nicht durch Verneinung der Schranken nähert man sich ihm, der sich inmitten der Endlichkeit einen Leib bereitet hat. Der Aufstieg zu Gott, der die Welt hinter sich ließ, war solange berechtigt, als Gott sich nicht absteigend in menschlichem Leib, in menschlichem Wort geoffenbart hatte. (Das war aber nie.) Durch den Abstieg Gottes ist jener Aufstiegsversuch nicht nur relativiert, sondern beinahe überholt. Der Mensch hatte sich – begreiflich und berechtigt genug! – einen Weg zu bahnen versucht. Und der Mensch sollte nicht versuchen, eine Synthese zwischen den beiden Wegen zu bauen oder gar den Weg Gottes in seinen Weg umzudeuten und einzubeziehen. Er braucht deswegen, auch wenn er ihn nicht gehen kann, jenen Versuch einer Wegbahnung zu Gott nicht zu verketzern. Solange nichts Besseres da zu sein scheint, muss der Mensch mit dem vorlieb nehmen, was er hat. Solange ihm Gott die Hand nicht reicht, muss er sich selber dazu benützen, um sich zu Gott hin auszustrecken. Das ist in Ordnung, oder besser gesagt: es wäre in Ordnung, *wenn* Gott sich nicht von Anfang an geoffenbart hätte.«[95]

Diese voll aus dem Kontext des christlichen Glaubens heraus geäußerten Worte verlangen natürlich nochmals eine gehaltliche Umsetzung, wenn man der postmodernen Situation Rechnung zu tragen versucht, in welcher der bare Zustand der Unbestimmtheit solche religiöse Festlegungen seinerseits relativiert und in Frage stellt.[96] Sicher dürften jedoch im Rahmen einer Freiheitsgeschichte der Menschheit Versicherungen, die Sprung-Metapher sei ein Vehikel emanzipierter Freiheit und Selbstbestimmung des Menschen, relativiert werden müssen. Christlich und geschichtlich geht dieser Möglichkeit menschlicher Autonomie die im souveränen Sprung Gottes in die Welt sich verwirklichende ›Erlösung‹ als ein Akt nicht durchschaubarer göttlicher Autonomie voraus. Es ist allemal eines Nachdenkens wert, darüber zu befinden, wer als erster die ›rosenfingrige Eos‹ (die Morgenröte) hat hochsteigen lassen.[97]

Theologie I, Einsiedeln 1960, 172–194, 187 f.; vgl. dazu Fergus Kerr, Immortal Longings. Versions of Transcending Humanity, London 1997, 159.
[95] Von Balthasar, wie Anm. 94, 188.
[96] Vgl. Alois M. Haas, Wind des Absoluten. Mystik in der Postmoderne?, Johannes Verlag, Freiburg (Herbst) 2009.
[97] Im Rahmen dieser Überlegungen sind Joseph Ratzingers Insinuationen über ein aufklärerisch gestimmtes, vernunftorientiertes Christentum sehr zu beherzigen und noch breiter zu belegen: Joseph Ratzinger, Der angezweifelte Wahrheitsanspruch. Die Krise des Christentums am Beginn des dritten Jahrtausendsd, in: Joseph Ratzinger/Paolo Flores d'Arcais, Gibt es Gott? Wahrheit, Glaube, Atheismus, Berlin 2006, 7–18.

Jan-Heiner Tück

Beispiel, Vorbild, Lehrer?
Zu Kants moralphilosophischer Transformation der Christologie

> »Alle Religion muß apriori aus der Vernunft entwickelt werden und das Historische dient nur zur Illustration, nicht zur Demonstration.«
> Immanuel Kant

Es ist längst zu einer Selbstverständlichkeit geworden, dass der Glaube an Jesus Christus hierzulande an Selbstverständlichkeit eingebüßt hat. Dafür gibt es viele Gründe. Im Blick auf die Christologie lässt sich die Vielfalt an Rückfragen auf drei Problemstränge zusammenfassen: (1) Da ist zunächst die Frage nach dem Persongeheimnis Jesu Christi: Kann der Mensch Jesus von Nazareth wirklich – wie der Glaube der Kirche sagt – das menschgewordene Wort Gottes gewesen sein? Hat sich hier nicht ein mythologischer Rest über die Epochenschwelle der Aufklärung gehalten, von dem man sich endlich verabschieden sollte? (2) Weiter stellt sich die soteriologische Rückfrage nach der erlösenden und versöhnenden Kraft der Passion Jesu: Wie lässt sich die neutestamentliche Aussage, dass Jesus für unsere Sünden gestorben ist, heute noch verstehen? Ist sie durch die kirchliche Verkündigung nicht so lange wiederholt worden, dass ihre Wahrheit schal geworden ist? Widerspricht die Lehre vom stellvertretenden Sühnetod nicht dem Grundsatz der sittlichen Unvertretbarkeit des autonomen Subjekts? (3) Da ist schließlich die Rückfrage, die das Gespräch zwischen den Religionen betrifft: Ist das Festhalten an der Singularität des Christusereignisses angesichts des faktischen Religionspluralismus nicht obsolet geworden? Wie soll einer Person, die zu einer bestimmten Zeit in einer bestimmten Region gelebt und gewirkt hat, Heilsbedeutung für alle Menschen aller Zeiten und Zonen zukommen?

Alle drei Rückfragen reichen von der Genese her in die Epoche der Aufklärung zurück.[1] Hier bereits geraten kirchliche Christologie und Erlösungslehre in eine fundamentale Krise. Gleichsam als Vorläufer dieser Krise kann Fausto Sozzini genannt werden, der in seinem Werk *De Jesu Christo Servatore* (1579) die Gottheit Christi leugnet und die These vertritt,

---

[1] Vgl. Christoph Schönborn, Gott sandte seinen Sohn. Christologie (AMATECA VII), Paderborn 2002, 33–39.

Jan-Heiner Tück

Jesus sei nicht durch seinen Kreuzestod, sondern durch sein sittliches Vorbild und seine Lehre zum Erlöser geworden. Die englischen Deisten des 17. und 18. Jahrhunderts gehen davon aus, dass Gott die Welt wie ein Uhrwerk in Gang gesetzt und seither den Naturgesetzen überlassen hat. Von einem Handeln Gottes in Natur und Geschichte, von Wundern oder einer göttlichen Selbstoffenbarung in der Person und Geschichte Jesu könne nicht die Rede sein. Die positive Offenbarung wird kritisch betrachtet und auf eine natürliche Vernunftreligion hin zurückgenommen, für die die Unsterblichkeit der Seele und der Grundsatz der postmortalen Vergeltung leitend sind. Die radikale Bibelkritik eines Reimarus fragt hinter die Evangelien zurück, weil bereits hier die verfälschende Tradition der Kirche, genauer: das Herrschaftsinteresse der Apostel am Werk gewesen sei. Soteriologische Vorstellungsmodelle wie Verdienst *(meritum)*, Opfer *(sacrificium)*, Genugtuung *(satisfactio)*, Erlösung *(redemptio)*, die noch für die Erlösungslehre des Thomas von Aquin zentral gewesen sind,[2] werden durch solche ersetzt, die mit dem Verstehenshorizont von Humanismus und Aufklärung besser in Einklang zu bringen sind. Dabei wird Jesus als Beispiel, Vorbild und Lehrer der Menschlichkeit hervorgehoben.

In diesem Kontext der Aufklärung ist auch die moralphilosophische Transformation der Christologie zu lesen, die Immanuel Kant (1724–1804) in seiner Religionsschrift (1793) vorgenommen hat. Im Folgenden sollen zunächst (1) Anliegen und Aufriss der Schrift »Die Religion innerhalb der Grenzen der bloßen Vernunft« kurz skizziert werden. Danach wende ich mich (2) Kants Lehre vom radikal Bösen zu, welche gewissermaßen die Kontrastfolie für die dann folgenden christologischen Überlegungen darstellt. Schließlich werde ich (3) die moralphilosophische Transformation der Christologie bei Kant beleuchten. Dabei soll einerseits deutlich werden, dass der Rekurs auf christologische Aussagen des Neuen Testaments die Funktion hat, das Ideal des Gott wohlgefälligen Menschen zu illustrieren (a). Andererseits wird Kants Problematisierung der Stellvertretungskategorie zur Sprache kommen. Wenn keiner die Schuld eines anderen tragen kann, weil dies gegen die sittlichen Unvertretbarkeit verstößt, was kann dann Stellvertretung noch bedeuten (b)? Abschließend werden in einem Epilog Verschiebungen und Rückfragen notiert.

Eine erneute Auseinandersetzung mit Kants moralphilosophischer Transformation der Christologie erscheint auch deshalb lohnend, weil in den Sammelbänden, die anlässlich des Kant-Jubiläums 2004 eine theologische Würdigung des Königsberger Philosophen vorgenommen haben, eine

---

[2] Vgl. S. th. III, q. 46. Vgl. dazu Jan-Heiner Tück, Gabe der Gegenwart. Theologie und Dichtung der Eucharistie bei Thomas von Aquin, Freiburg 2009, 132–145.

christologische Leerstelle zu verzeichnen ist.[3] Natürlich ließen sich gute Gründe dafür anführen, warum es sinnvoll ist, auf einen eigenen Beitrag zur Christologie Kants zu verzichten. Lektüren, die nach Spuren dogmatischer Christologie in der Religionsschrift suchen, um dann Kants moralischen Reduktionismus herauszustellen, drohen die methodische Prämisse zu verkennen, dass es dem Königsberger Denker um die Religion »innerhalb der Grenzen der bloßen Vernunft« zu tun ist. Wer innerhalb der Grenzen der bloßen Vernunft sucht, was nur jenseits der Grenzen der bloßen Vernunft zu finden ist, darf sich nicht wundern, wenn seine Suche nach einem dogmatischen Christus leer ausgeht. Allerdings hat Kant selbst ein Interesse an dogmatischer Theologie gehabt,[4] weshalb die dogmatische Theologie nicht desinteressiert an Kants Denken vorübergehen sollte. Überdies hat der Pfarrerssohn Nietzsche den Denker des kategorischen Imperativs einmal als »hinterlistigen Christen« und seinen Erfolg »als bloßen Theologenerfolg«[5] bezeichnet. Diese maliziöse Bemerkung gibt Anlass danach zu fragen, welche Rolle die Christologie in Kants Denken tatsächlich spielt und welche Verschiebungen mit der moralphilosophischen Transposition der positiven Offenbarungsreligion verbunden sind.

1. Zu Anliegen und Aufbau der Religionsschrift

In seiner *Kritik der reinen Vernunft* hat Kant die Möglichkeitsbedingungen menschlicher Erkenntnis untersucht (Was kann ich wissen?) und die klassischen Gottesbeweise einer scharfen Kritik unterzogen. Daraus zu folgern, Kant sei ein atheistischer Philosoph oder gar ein »Alleszermalmer«[6], wäre

---

[3] Vgl. Georg Essen – Magnus Striet (Hg.), Kant und die Theologie, Darmstadt 2005; Norbert Fischer (Hg.), Kant und der Katholizismus. Stationen einer wechselhaften Geschichte, Freiburg – Basel – Wien 2005.

[4] Vgl. Josef Bohatec, Die Religionsphilosophie Kants in der »Religion innerhalb der Grenzen der bloßen Vernunft«. Mit besonderer Berücksichtigung ihrer theologisch-dogmatischen Quellen (1938), Hildesheim 1966; Alois Winter, Theologische Hintergründe der Philosophie Kants, in: ThPh 51 (1976) 1–51; Ders., Theologiegeschichtliche und literarische Hintergründe der Religionsphilosophie Kants, in: Friedo Ricken – François Marty (Hg.), Kant über Religion, Stuttgart 1992, 17–51. Neben der religiösen Sozialisation Kants (der Einfluss des Pietismus im Elternhaus und im Collegium Fridericianum) wird der Besuch der theologischen Vorlesungen des Dogmatikprofessors F. A. Schultz aufgeführt. Insbesondere Bohatec hat nachgewiesen, dass Kant über den in der Religionsschrift ausdrücklich erwähnten J. D. Michaelis hinaus auch Bücher zeitgenössischer Theologen wie J. F. Stapfer, C. F. Stäudlin, J. S. Semler und J. D. Heilmann rezipiert hat.

[5] Friedrich Nietzsche, Werke in drei Bänden, hg. v. Karl Schlechta, Darmstadt 1997, Bd. 2, 961 sowie 1171.

[6] Vgl. zur Rede vom »alles zermalmenden Kant«: Moses Mendelssohn, Morgenstunden oder Vorlesungen über das Dasein Gottes. Vorbericht, in: Ders., Schriften über Religion und Aufklärung, hg. und eingel. von M. Thomas, Darmstadt 1989, 467–471, hier 469.

allerdings verfehlt. Vielmehr führt er in der zweiten Vorrede der *Kritik der reinen Vernunft* an, dass er das Wissen habe aufheben müssen, um für den Glauben Platz zu bekommen (vgl. KrV B XXX). Die Existenz Gottes kann mit den Mitteln der theoretischen Vernunft nicht erwiesen werden, da Gott in den Anschauungsformen von Raum und Zeit und in den Verstandeskategorien nicht vorkommt. Das heißt nun nicht, dass damit die Nicht-Existenz Gottes bewiesen sei. Vielmehr muss aus Gründen der Moralität die Denkmöglichkeit Gottes offengehalten werden. In der *Kritik der praktischen Vernunft*, in der Fragen der Moral behandelt werden (Was soll ich tun?), postuliert Kant eine Instanz, die garantieren kann, dass Sittlichkeit und Glückseligkeit am Ende zusammenstimmen. Das moralische Gesetz gilt unbedingt, das Gute muss um des Guten willen getan werden, die Aussicht auf postmortale Vergeltung soll bei der sittlichen Lebensführung keine Rolle spielen. Die Evidenz des »Du sollst«, die Kant am berühmten Galgenbeispiel[7] verdeutlicht hat, droht allerdings vereitelt zu werden, wenn sie empirisch nur Nachteile bringt. Diese Antinomie kann nur gelöst werden, wenn Gott als moralischer Weltherrscher postuliert wird, der die Harmonie zwischen der *Glückswürdigkeit* eines tugendhaften Lebens und der *Glückseligkeit* zu garantieren vermag – ein Gedanke, den Heine zu der kecken Bemerkung veranlasst hat, mit der praktischen Vernunft habe Kant »wie mit einem Zauberstäbchen […] den Leichnam des Deismus, den die theoretische Vernunft getötet«[8], wieder belebt. Allerdings hat Kant seinem Argument in der *Kritik der Urteilskraft* eine vertiefte Fassung gegeben. Hier macht er geltend, dass die Pflicht, das Sittengesetz zu befolgen, den ernsten Willen einschließt, die Welt nach diesem Gesetz zu gestalten. »Das führt letztlich auf den Endzweck einer dem Sittengesetz völlig entsprechenden Ordnung der Welt, die der Mensch, soviel an ihm liegt, voran-

---

[7] Vgl. KpV A 54: »Setzet, daß jemand von seiner wollüstigen Neigung vorgiebt, sie sei, wenn ihm der beliebte Gegenstand und die Gelegenheit dazu vorkämen, für ihn ganz unwiderstehlich; ob, wenn ein Galgen vor dem Hause, da er diese Gelegenheit trifft, aufgerichtet wäre, um ihn sogleich nach genossener Wollust daran zu knüpfen, er alsdann nicht seine Neigung bezwingen würde. Man darf nicht lange rathen, was er antworten würde. Fragt ihn aber, ob, wenn sein Fürst ihm unter Androhung derselben unverzögerten Todesstrafe zumuthete, ein falsches Zeugniß wider einen ehrlichen Mann, den er gerne unter scheinbaren Vorwänden verderben möchte, abzulegen, ob er da, so groß auch seine Liebe zum Leben sein mag, sie wohl zu überwinden für möglich halte. Ob er es thun würde, oder nicht, wird er vielleicht sich nicht getrauen zu versichern; daß es ihm aber möglich sei, muß er ohne Bedenken einräumen. Er urtheilt also, *daß er etwas kann*, darum weil er sich bewußt ist, *daß er es soll*, und erkennt in sich die Freiheit, die ihm sonst ohne das moralische Gesetz unbekannt geblieben wäre.«

[8] Heinrich Heine, Zur Geschichte der Religion und Philosophie in Deutschland, in: Sämtliche Werke, Bd. 7, hg. von O. Walzel, Leipzig 1910, 309. – Heine scheint entgangen zu sein, dass bereits in der Kritik der reinen Vernunft von Gott als einem »weisen Urheber und Regierer« die Rede ist, welcher als Garant der Übereinstimmung von Moralität und Glückseligkeit fungiert (KrV B 839).

treiben muss. Die endgültige Durchsetzung dieses Ziels steht aber nicht in seiner Macht, da die Wirksamkeit der Naturgesetze und die des freien sittlichen Handelns auf verschiedenen Bahnen verlaufen.«[9] Wäre nun eine Harmonie von Freiheits- und Naturkausalität definitiv unmöglich, hätte dies negative Rückwirkungen auf die Achtung vor dem Sittengesetz und den moralischen Lebenswandel. Um dies auszuschließen, postuliert Kant in praktischer Absicht eine Instanz, welche den moralisch vorgeschriebenen Endzweck, mithin die Versöhnung von Freiheits- und Naturordnung, ins Werk setzen kann (Was darf ich hoffen?).[10]

In seiner Spätschrift *Religion innerhalb der Grenzen der bloßen Vernunft* (1793) kommt Kant noch einmal auf die Moralität des Menschen zurück. Er diagnostiziert einen natürlichen Hang des Menschen zum Bösen, der nur durch eine »Revolution der Denkungsart« überwunden werden kann. Bei dieser Überwindung des Hangs zum Bösen spielt das »Ideal eines Gott wohlgefälligen Menschen« eine wichtige Rolle, das durch den »Lehrer des Evangeliums« (Rel. B 191) symbolisch veranschaulicht wird. Kants Schrift ist von der Fragestellung geleitet, wie die Inhalte der historischen Offenbarungsreligion durch den moralischen Vernunftglauben kritisch angeeignet werden können. Nicht zufällig wählt er den Titel »Religion innerhalb der Grenzen der bloßen Vernunft«. Religion soll nicht einfach *aus* bloßer Vernunft konstruiert werden; vielmehr soll dargelegt werden, was aus der Sicht der bloßen Vernunft zur positiven Religion des Christentums gesagt werden kann.[11] Um das Verhältnis zwischen positiver Offenbarungsreligion und moralischem Vernunftglauben zu bestimmen, bemüht Kant das Bild zweier konzentrischer Kreise. Die positive Religion enthält in sich den moralischen Vernunftglauben; während umgekehrt die historische Offenbarung manches umfasst, was über die reine Vernunftreligion hinausgeht. Letztere ist daher der engere Kreis, dessen Umrisslinie Kant in der *Religion innerhalb der Grenzen der bloßen Vernunft* zu umschreiben versucht, nicht ohne gewisse Auswüchse der positiven Religion kritisch zu beschneiden.

Was den Aufriss der Schrift betrifft, so bearbeitet Kant die Lehre von der Erbsünde und der Rechtfertigung im ersten Stück, die von Person und

---

[9] Hansjürgen Verweyen, Kants Gottespostulat und das Problem sinnlosen Leidens, in: ThPh (1987) 580–587, hier 583.

[10] Vgl. Immanuel Kant, Kritik der Urteilskraft, § 87 (KdU B 428 f.).

[11] Ausdrücklich erläutert Kant in der Vorrede zum *Streit der Fakultäten* den Titel der Religionsschrift: »Diese Betitelung war absichtlich so gestellt, damit man jene Abhandlung nicht dahin deutete: als sollte sie die Religion *aus* bloßer Vernunft (ohne Offenbarung) bedeuten. Denn das wäre zuviel Anmaßung gewesen; weil es doch sein konnte, dass die Lehren derselben von übernatürlich inspirierten Männern herrührten: sondern dass ich nur dasjenige, was im Text der für geoffenbart geglaubten Religion, der Bibel, auch durch bloße Vernunft erkannt werden kann, hier in einem Zusammenhange vorstellig machen wollte« (A VIIIf.).

Jan-Heiner Tück

Werk Jesu Christi im zweiten Stück, die von der Kirche als einem ethischen Gemeinwesen im dritten Stück und die vom geistlichen Amt und den Gnadenmitteln im vierten Stück. Das Interesse an der moralphilosophischen Transformation der Christologie motiviert die vornehmliche Auseinandersetzung mit dem zweiten Stück. Allerdings kann dieses angemessen nur verstanden werden, wenn es vor der Folie des ersten Stückes erläutert wird, welches die Lehre vom radikal Bösen enthält.

2. Kants Lehre vom radikal Bösen[12]

Schon Pascal hat in seinen *Pensées* bemerkt, das Dogma von der Erbsünde und die Theologie des Kreuzes seien die beiden Grundpfeiler, auf denen das Christentum aufruht.[13] Auch Kants Religionsschrift ist in den ersten beiden Stücken von der Spannung zwischen Erbsünden- und Erlösungslehre bestimmt. So findet sich im ersten Stück Kants Lehre vom radikal Bösen. Dass Kant sich von den optimistischen Anthropologien der Aufklärungsepoche unterscheidet und für die scheinbar am meisten unaufgeklärte Lehre des Christentums, das Dogma von der Erbsünde, ein gewisses Verständnis entwickelt, hat er bereits in seinem Beitrag *Idee zu einer allgemeinen Geschichte in weltbürgerlicher Absicht* (1784) in dem Satz zum Ausdruck gebracht: »[...] aus so krummem Holze, als woraus der Mensch gemacht ist, kann nichts ganz Gerades gezimmert werden.«[14] Auch in der Religionsschrift macht Kant geltend, dass das Handeln des Menschen nicht so ist, wie es sein sollte; es verstößt faktisch immer schon gegen das moralische Gesetz, was den Rückschluss erlaubt, dass er die gelegentliche Abweichung vom Sittengesetz in die Maxime seines Handelns aufgenommen hat.

Kant legt Wert darauf, zwischen der empirischen und transzendentalen Ebene des Handelns zu unterscheiden. Empirisch kann man gesetzwidriges Handeln als solches identifizieren; man kann aber nicht sagen, ob die Gesetzwidrigkeit *mit Bewusstsein* geschieht, weil die Maximen, die dem Handeln zugrunde liegen, auf eine intelligible Freiheitstat zurück-

---

[12] Vgl. Karl Jaspers, Das radikal Böse bei Kant, in: Ders., Rechenschaft und Ausblick. Reden und Aufsätze, München 1951, 90–114; Helmut Hoping, Freiheit im Widerspruch. Eine Untersuchung zur Erbsündenlehre im Ausgang von Immanuel Kant, Innsbruck 1990, bes. 197–208; Knut Wenzel, Die Erbsündenlehre nach Kant, in: Essen – Striet (Hg.), Kant und die Theologie (s. Anm. 3), 224–250.
[13] Vgl. Blaise Pascal, Über die Religion und über einige andere Gegenstände, übers. u. hrsg. von E. Wasmuth, Frankfurt/M. 1987, Fragment 556, 250 ff.
[14] Immanuel Kant, Idee zu einer allgemeinen Geschichte in weltbürgerlicher Absicht (A 398), in: Ders., Schriften zur Anthropologie (Werke in sechs Bänden, hg. von W. Weischedel, Bd. 6), Darmstadt 1964, 41. Als Frage aufgenommen in Rel. B 142: »Wie kann man aber erwarten, dass aus so krummen Holze etwas Gerades gezimmert werde?«.

gehen, die sich empirischer Beobachtung gerade entzieht. Daher ist auch die Sinnlichkeit des Menschen, also die Tatsache, dass er sich durch bestimmte Objekte affizieren lässt, zunächst weder gut noch böse; erst dort, wo die Maximen ins Spiel kommen, die das menschliche Handeln bestimmen, sind moralische Qualifikationen sinnvoll. Für die menschliche Willkür gibt es nur zwei Triebfedern, die Triebfeder des Sittengesetzes oder die Triebfeder der Selbstliebe. Ob nun ein Mensch gut oder böse ist, hängt davon ab, »welche von beiden er zur obersten Bedingung der andern macht« (Rel. B XXX). Wie aber kann der Mensch, der ursprünglich die Anlage zum Guten in sich trägt, zugleich von einen »natürlichen Hang zum Bösen« geprägt sein?

Von der Anlage zum Guten unterscheidet sich der Hang zum Bösen dadurch, dass er – wie Kant sagt – »zwar angeboren sein kann, aber doch nicht als solcher vorgestellt werden darf« (Rel. B 21). Der Mensch muss sich den Hang zum Bösen selbst zugezogen haben, auch wenn er sich faktisch immer schon von ihm bestimmt sieht. Wäre der Hang zum Bösen eine bloße Naturbestimmung, dann würde sich die Rede vom moralisch Bösen, welche die Zurechnungsfähigkeit des Subjekts voraussetzt, erübrigen. Von einem *physischen* Hang, der sich auf sinnliche Antriebe bezieht, hebt sich der *moralische* Hang zum Bösen dadurch ab, dass er eine transzendentale Freiheitsbestimmung ist. Als Bestimmungsgrund der Willkür geht er jeder Tat voraus. In Analogie zur Theologie der Erbsünde ließe sich sagen: Wie die Ursünde Adams *(peccatum originarium)* den Einzelsünden aller Menschen *(peccatum actuale* oder *derivativum)* vorausliegt und diese mit konditioniert, so bestimmt der »Hang zum Bösen« die gesetzwidrigen Taten. Während aber der Hang zum Bösen auf eine intelligible Tat des transzendentalen Subjekts zurückgeht, die »durch Vernunft ohne alle Zeitbedingung erkennbar« ist (Rel. B 26), so sind die einzelnen gesetzwidrigen Taten des empirischen Subjekts in der Zeit gegeben.

Kant versucht die Universalität und Radikalität des Bösen zu denken. Die paradoxe Rede vom »angeborenen« Hang zum Bösen (vgl. Rel. B 28) unterstellt eine Maximenverkehrung, die faktisch das Handeln aller Menschen bestimmt. Indem sie sich auf die Gattung bezieht, zeigt sie die universale Dimension des Bösen an. Dennoch muss der Hang zum Bösen dem Menschen selbst zugerechnet werden, wenn es sich um eine moralische Bestimmung seiner Willkür handeln soll. Zugleich ist das Böse »radikal«, da es sich um eine wurzelhafte Pervertierung der Bestimmung zum Guten handelt. Die Lehre vom radikal Bösen steht quer zum optimistischen Fortschrittsdenken der Aufklärung und hat Goethe zu der spöttischen Bemerkung veranlasst, Kant habe »seinen philosophischen Mantel, nachdem er ein langes Menschenleben gebraucht, ihn von mancherlei sudelhaften Vorurteilen zu reinigen, freventlich mit dem Schandfleck des radikal Bösen beschlabbert, damit doch auch Christen herbeigelockt werden, den Saum zu küssen.«[15] Die Bemerkung mag böswillig sein, sie registriert allerdings genau, dass Kants Lehre vom radikal Bösen als moralphilosophische Aneignung der klassischen Erbsündenlehre gelesen werden muss. Auch wenn Kant den theologischen Begriff der Sünde nicht erreicht, weil er das Böse nicht als Widerspruch gegen Gott, sondern als Maximenverkehrung begreift, so bestimmt er es doch als einen Hang, der das sittliche Handeln aller Menschen von Anfang an beherrscht. Damit aber steht die Frage im Raum, wie der Mensch, der einen »natürlichen Hang zum Bösen« aufweist, zum Guten zurückfinden kann.

Statt gegen das Böse in den Neigungen anzugehen, richtet Kant die Aufmerksamkeit auf die Ebene der Maximen: »So früh wir auch auf unsern sittlichen Zustand unsere Aufmerksamkeit richten mögen«, schreibt er, »so finden wir: daß mit ihm es nicht mehr res integra ist, sondern wir davon anfangen müssen, das Böse, was schon Platz genommen hat (es aber ohne dass wir es in unsere Maxime aufgenommen hätten, nicht würde haben tun können), es aus seinem Besitz zu vertreiben: d. i. das wahre Gute, was der Mensch tun kann, sei, vom Bösen auszugehen, welches nicht in den Neigungen, sondern in der verkehrten Maxime, und also in der Freiheit selbst zu suchen ist« (Rel. B 69). Der moralische Kampf gegen Neigungen, die zur Unterlassung des Guten anstiften, bleibt auf der Oberfläche und tangiert die Wurzel des Problems des Bösen nicht. Denn die Neigungen erschweren nur die Ausführung des Guten. Die Tatsache aber, dass man den Neigungen eigentlich gar nicht widerstehen will, ist auf die wurzelhafte Verkehrung der Maximen zurückzuführen, welche das Böse zum subjektiven Bestimmungsgrund des Willens macht. Daher besteht die Aufgabe des sittlichen Subjekts darin, durch eine »Revolution in der Gesinnung« die rechte Ordnung der Maximen wiederherzustellen und »Untertan« im Reich des Guten zu werden (vgl. Rel. B 73).

3. Kants moralphilosophische Transformation der Christologie[16]

Die Frage, wie der radikal böse Mensch gut werden kann, bestimmt das zweite Stück der Religionsschrift, das überschrieben ist: »Von dem Rechtsanspruche des guten Prinzips auf die Herrschaft über den Menschen«. Kant

---

[15] Vgl. Johann Wolfang von Goethe, Brief an Herder vom 7. Juni 1793, in: Hamburger Ausgabe in sechs Bänden, hg. von Karl Robert Mandelkow, München 1988, Bd. 2, 166.
[16] Vgl. zum Folgenden: Heinrich Vogel, Die Umdeutung der Christologie in der Religionsphilosophie Kants, in: EvTh 14 (1954) 399–413; Wulf Metz, Christologie bei Immanuel Kant?, in: ThZ 1971, 325–346; Peter Hünermann, Jesus Christus – Gottes Wort in der Zeit. Eine systematische Christologie, Münster 1994, 302–313; Xavier Tilliette, Philosophische Christologie.

geht davon aus, dass jeder Mensch weiß, was er soll, und auch kann, was er soll: »Ungeachtet jenes Abfalls [vom Prinzip des Guten] erschallt doch das Gebot: wir sollen bessere Menschen werden, unvermindert in unserer Seele; folglich müssen wir es auch können« (Rel. B 50). Die menschliche Freiheit scheint also trotz des »angeborenen Hanges zum Bösen« selbst in der Lage, diese Besserung zu erreichen. Die moralisch gebotene Wiederherstellung des Guten stünde damit unter dem Vorzeichen der Selbstbesserung, was Kants Überlegungen eine pelagianische Note geben würde. Zu fragen ist daher, ob seine in den Horizont des Vernunftglaubens überführte Christologie für die moralische Selbstbesserung des Menschen funktionalisiert (a) und der christliche Glaube an die Erlösung des Sünders durch Christus durch das Motiv der Selbsterlösung des Menschen transformiert wird (b).

a) Der »Sohn Gottes« als personifizierte Idee des guten Prinzips

Das Prinzip des Guten hat einen Rechtsanspruch auf die Herrschaft über den Menschen, denn der Zweck der Schöpfung ist, wie Kant sagt, »die Menschheit in ihrer ganzen moralischen Vollkommenheit« (Rel. B 73). Soll dieser Schöpfungszweck nicht vereitelt werden, muss die Verkehrung der Maximen rückgängig gemacht und der Hang zum Bösen durch eine Revolution der Gesinnung überwunden werden. Das Prinzip des Guten, das der Mensch unauslöschlich als Anlage in sich vorfindet, wird auch als Idee des Gott wohlgefälligen Menschen vorgestellt. Dieses Urbild, das eine reine Vernunftbestimmung ist, soll der Mensch zur obersten Maxime seines Handelns machen: »Wir haben kein anderes Richtmaß unserer Handlungen als das Verhalten dieses göttlichen Menschen in uns, womit wir uns vergleichen, beurteilen, und dadurch uns bessern, obgleich wir es niemals erreichen können« (KrV B 597). Der Mensch soll den Hang zum Bösen dadurch überwinden, dass er eine Revolution der Gesinnung vollzieht und tut, was er soll; denn er muss, was er soll, auch können. Im zweiten Stück der Religionsschrift heißt es:

»Dieser allein Gott wohlgefällige Mensch ›ist in ihm *von Ewigkeit her*‹; die Idee desselben geht von seinem Wesen aus; er ist sofern kein erschaffenes Ding, sondern *sein eingeborner Sohn,* ›das Wort (das Werde!), durch welches alle andren Dinge sind, und ohne das nichts existiert, was gemacht ist‹ (denn um seinet, d.i. des vernünftigen Wesens in der Welt, willen, sowie es seiner moralischen Bestimmung nach gedacht werden kann, ist alles gemacht). – ›Er ist der Abglanz seiner Herrlichkeit.‹ – ›In ihm hat Gott die Welt geliebt‹, und nur in ihm und durch Annehmung seiner Gesinnungen können wir hoffen, ›Kinder Gottes zu werden‹; usw.«

Freiburg 1998, 105–110; Giovanni B. Sala, Die Christologie in Kants »Religion innerhalb der Grenzen der bloßen Vernunft«, Weilheim-Bierbronnen 2000.

Jan-Heiner Tück

> Zu diesem Ideal der moralischen Vollkommenheit, d. i. dem Urbilde der sittlichen Gesinnung in ihrer ganzen Lauterkeit uns zu erheben, ist nun allgemeine Menschenpflicht, wozu uns auch die Idee selbst, welche von der Vernunft uns zur Nachstrebung vorgelegt wird, Kraft geben kann. Eben darum aber, weil wir von ihr nicht die Urheber sind, sondern sie *in dem Menschen Platz genommen* hat, ohne dass wir begreifen, wie die menschliche Natur für sie auch nur habe empfänglich sein können, kann man besser sagen: *dass jenes Urbild vom Himmel zu uns hergekommen sei, dass es die Menschheit angenommen* habe (denn es ist nicht eben sowohl möglich sich vorzustellen, wie der von Natur böse Mensch, das Böse sonst selbst ablege und sich zum Ideal der Heiligkeit erhebe, als dass das letztere die Menschheit (die für sich nicht böse ist) annehmen und *sich zu ihr herablasse*). Diese Vereinigung mit uns kann also als ein Stand der *Erniedrigung des Sohnes Gottes* angesehen werden.« (Rel. B 73 f. – Hervorhebungen: J.-H. T.)

In diesem Passus ist von Präexistenz, Menschwerdung, Deszendenz und Erniedrigung die Rede, so dass man auf den ersten Blick meinen könnte, wichtige Themen der Christologie seien von Kant rezipiert und eingeholt worden. Allerdings stellt sich sofort die Frage, in welchem Sinn diese Rezeption erfolgt. Der präexistente Logos, der im Johannes-Prolog zugleich als Schöpfungsmittler vorgestellt wird (Joh 1, 1–3, vgl. Kol 1, 16 f.), figuriert bei Kant nicht als *Prinzip (causa instrumentalis)*, sondern als *Zweck* der Schöpfung *(causa finalis)*: »*um seinetwillen* […] *ist alles gemacht.*« Der Logos aber wird mit der Idee des moralisch vollkommenen Menschen identifiziert – und nicht das sichtbare Ebenbild des unsichtbaren Gottes, der menschgewordene Sohn wird als »Abglanz seiner Herrlichkeit« (Hebr. 1, 3) bezeichnet, sondern die Idee »des Gott wohlgefälligen Menschen« – eine Bezeichnung, die Kant aus der Dogmatik Stapfers übernommen hat.[17] Die Umdeutung der Präexistenz hat Folgen für das Verständnis der

---

[17] Bohatec, Die Religionsphilosophie Kants (s. Anm. 4), 353, hat darauf hingewiesen, dass Kant hier auf die Dogmatik Stapfers zurückgreift: »Nun sieht der von Kant vielfach benutzte Stapfer ›die Absicht des göttlichen Ratschlusses‹ darin, daß ›in der sichtbaren Welt Geschöpfe sein müssen‹, an denen Gott sein Wohlgefallen haben kann, d. h., die sein Ebenbild sind. ›Der Urheber dieses Ebenbildes‹ ist der Sohn Gottes ›nicht nur, weil alle Dinge durch ihn gemacht sind und weil ohne ihn nichts gemacht ist von dem, was gemachet ist, sondern auch darum, weil er selbst der Glanz der Herrlichkeit des Vaters und das Ebenbild seines Wesens oder sein wesentliches Ebenbild ist. Christus ist Urbild und Exemplar der Tugend und Gottseligkeit. Gott hat sein Wohlgefallen an ihm bezeuget, darum […] hat er uns durch seinen vollkommenen Wandel ein Fürbild hinterlassen, daß wir sollen nachfolgen seinen Fußstapfen.‹ ›Christus wird derowegen der ausgegossene Glanz der Herrlichkeit Gottes genannt, weil durch ihn die allgemeine Absicht der Schöpfung der Welt, die Verklärung der göttlichen Eigenschaften und die Glückseligkeit der Geschöpfe auf die vollkommenste Weise erreicht ist.‹« Ein Dreifaches fällt an diesen Auszügen aus Stapfers Dogmatik ins Auge: 1. werden dieselben biblischen Referenzstellen (Joh 1, Hebr 1,3) später von Kant herangezogen; 2. wird bereits hier das Motiv des göttlichen Wohlgefallens auf Christus appliziert; 3. wird Christus als sittliches Vorbild bestimmt und in der Verbindung von sittlicher Vollkommenheit und Glückseligkeit der eigentliche Schöpfungszweck angesetzt.

Menschwerdung. Die Aussage: »Und das Wort ist Fleisch geworden und hat unter uns gewohnt« (Joh 1, 14) wird von Kant transformiert, wenn er schreibt, das Urbild sei vom Himmel zu uns herabgekommen und habe *die Menschheit* (nicht eine konkrete Menschennatur!) angenommen.[18] Der Glaube an einen menschgewordenen Gott *außer uns* wird umgedeutet in eine Lehre von der personifizierten Idee des Gott wohlgefälligen Menschen *in uns*. Das Geheimnis der hypostatischen Vereinigung der beiden Naturen in Christus aber wird auf das unbegreifliche Faktum bezogen, dass der Mensch, der unter dem Hang zum Bösen steht, überhaupt für die Idee des Guten empfänglich werden kann. Kant bedient sich hier deszendenzchristologischer Aussagen, um die Einwohnung des himmlischen Urbildes in der Menschheit zum Ausdruck zu bringen. In Anlehnung an den Philipperhymnus spricht er vom »Stand der Erniedrigung des Sohnes Gottes« (Rel. B 75) in uns, wobei es sich auch hier um eine rein moralische Allegorese handelt, welche biblische Aussagen in den Horizont des Vernunftglaubens überführt.

An diesem Passus, der christologische Aussagen des Neuen Testamentes zitiert, wird eine eigentümliche Spannung sichtbar, die Kants Rückgriff auf christologische Motive insgesamt auszeichnet: Einerseits ist vom sittlichen »Ideal des Gott wohlgefälligen Menschen« die Rede, das seinen Sitz ausschließlich in der Vernunft hat und keiner Belehrung durch positive Offenbarung bedarf. Dieses Ideal wird durch Begriffe der religiösen Sprache wie »Sohn Gottes«, »ewiges Wort«, »Abglanz der Herrlichkeit« (Rel. B 73 f.) symbolisiert, wobei bemerkenswert ist, dass Kant gerade auch Aussagen der hohen Christologie heranzieht.

Andererseits finden sich bei Kant Hinweise, welche das Urbild der Vernunft auf ein Vorbild in der Erfahrung hin extrapolieren. So gibt es Aussagen, die auf ein historisches Beispiel abheben und »*diesen* allein Gott wohlgefälligen Menschen« (Rel. B 110), den »weisen Lehrer« (B 116; B 241), den »Lehrer des Evangeliums« anvisieren. Dennoch wird der Primat der moralischen Vernunftbestimmung vor jeder Erfahrung festgehalten, das Urbild der Vernunft ist von keinem Vorbild in der Geschichte abhängig. Das Ideal des Gott wohlgefälligen Menschen muss vielmehr dem Beispiel in der Erfahrung unterlegt werden, damit letzteres entsprechend gewürdigt werden kann. Die Historie liefert demnach allenfalls einen nachträglichen Illustrationsbehelf für die Vernunftbestimmung, die aller Erfahrung vorausliegt. Kant achtet genau darauf, dass das Vernunftideal nicht durch Historie »kontaminiert« wird und geht auf die Konkretion des Vernunft-

---

[18] Vgl. auch Rel. B 113: »Das gute Prinzip ist nicht bloß zu einer gewissen Zeit, sondern von dem Ursprunge des menschlichen Geschlechts an *unsichtbarerweise vom Himmel in die Menschheit herabgekommen.*«

ideals lediglich im Modus des Hypothetischen ein: »Wir können uns das Ideal der Gott wohlgefälligen Menschheit nicht anders denken als unter der Idee eines Menschen, der bereitwillig *wäre*, nicht allein alle Menschenpflicht auszuüben, zugleich auch durch Lehre und Beispiel das Gute in größtmöglichem Umgang um sich auszubreiten, sondern auch, obgleich durch die größten Anlockungen versucht, dennoch alle Leiden bis zum schmählichsten Tode um des Weltbesten willen, und selbst für seine Feinde zu übernehmen bereitwillig *wäre*« (Rel. B 76; Hervorhebung: J.-H. T.) Kant spricht nicht im Indikativ der Vergangenheit – wie die Zeugnisse der positiven Offenbarungsreligion –, sondern im Konjunktiv, weil er von der Idee der moralisch gesetzgebenden Vernunft her eine mögliche Konkretion lediglich *hypothetisch* anvisiert. Im Übrigen hält er fest: »Es bedarf keines Beispiels der Erfahrung, um die Idee eines Gott moralisch wohlgefälligen Menschen für uns zum Vorbilde zu machen; sie liegt als solche schon in unserer Vernunft« (Rel. B 77). Um aber die Idee zu veranschaulichen, kann ein Beispiel der Erfahrung doch nützlich sein. Denn auch wenn Kant mit Lessing übereingeht, dass zufällige Geschichtswahrheiten nie der Beweis notwendiger Vernunftwahrheiten sein können, so konzediert er doch, dass sie das Ideal der moralischen Vollkommenheit illustrieren können. Das Urbild der sittlichen Bestimmung der Menschheit erscheint geradezu als Reflex des historischen Christusbildes.

Um nun den Vorbild- und Beispielcharakter des »Sohnes Gottes« nicht zu beeinträchtigen, ist Kant bestrebt, die übernatürlichen Züge des überlieferten Christusbildes zu neutralisieren. Er kritisiert nicht nur die *Wunder*, die von manchen zur Beglaubigung eines Beispiels der Nachahmung gefordert werden (B 116–122), sondern auch die Lehre von der *übernatürlichen Zeugung*. Wiederum äußert er sich vom Primat des moralischen Vernunftglaubens her hypothetisch über ein historisches Beispiel der Erfahrung:

> »Wäre nun ein solcher wahrhaftig göttlich gesinnter Mensch zu einer gewissen Zeit gleichsam vom Himmel auf die Erde herabgekommen, der durch Lehre, Lebenswandel und Leiden das *Beispiel* eines Gott wohlgefälligen Menschen an sich gegeben hätte [...]: so würden wir doch nicht Ursache haben, an ihm etwas anders, als einen natürlich gezeugten Menschen anzunehmen (weil dieser sich doch auch verbunden fühlt, selbst ein solches Beispiel an sich abzugeben), obzwar dadurch eben nicht schlechthin verneinet würde, daß er nicht auch wohl ein übernatürlich erzeugter Mensch sein könne. Denn in praktischer Absicht kann die Voraussetzung des letztern uns doch nichts vorteilen; weil das Urbild, welches wir dieser Erscheinung unterlegen, doch immer in uns (obwohl natürlichen Menschen) selbst gesucht werden muß, dessen Dasein in der menschlichen Seele schon für sich selbst unbegreiflich genug ist, daß man nicht eben nötig hat, außer seinem übernatürlichen Ursprunge ihn noch in einem besondern Menschen hypostasiert anzunehmen. Vielmehr würde die Erhebung eines solchen Heiligen über alle Gebrechlichkeit der menschlichen Natur der praktischen

Anwendung der Idee desselben auf unsere Nachfolge, nach allem, was wir einzusehen vermögen, eher im Wege sein. Denn, wenn gleich jenes Gott wohlgefälligen Natur in so weit, als menschlich, gedacht würde: daß er mit eben denselben Bedürfnissen, folglich auch denselben Leiden, mit eben denselben Naturneigungen, folglich auch eben solchen Versuchungen zur Übertretung, wie wir behaftet, aber doch so ferne als übermenschlich gedacht würde, daß nicht etwa errungene, sondern angeborne unveränderliche Reinigkeit des Willens ihm schlechterdings keine Übertretung möglich sein ließe: so würde diese Distanz vom natürlichen Menschen dadurch wiederum so unendlich groß werden, dass jener göttliche Mensch für diesen nicht mehr zum *Beispiel* aufgestellt werden könnte.« (Rel. B 79 f.; vgl. auch B 110)

Auch in diesem Passus ist die christologische Verschiebung augenfällig. Nicht vom menschgewordenen Sohn Gottes, sondern von einem »göttlich gesinnten Menschen« ist die Rede. Eine übernatürliche Herkunft wird abgewiesen, weil sie den moralischen Vorbild-Charakter beeinträchtigen würde. Allerdings fügt Kant etwas gewunden hinzu, er würde »nicht eben schlechthin verneinen, daß er nicht auch wohl ein übernatürlich gezeugter Mensch sein könne«. Abgesehen vom Interesse, mögliche Zensurprobleme abzuwenden, kann Kant eine übernatürliche Herkunft auch *aus methodischen Gründen* nicht prinzipiell ausschließen – es überschreitet die Grenzen der bloßen Vernunft, verbindliche Aussagen im Blick auf eine übernatürliche Zeugung treffen zu wollen. Allerdings äußert er *aus moralischen Gründen* Reserven: das Beispiel eines Gottmenschen wäre als Vorbild der Nachahmung nur bedingt geeignet. Man solle vielmehr darauf abheben, dass der moralisch vollkommene Lehrer das tut, was jedermanns Pflicht ist. Statt auf eine göttliche Herkunft zu verweisen, solle man das untadelhafte Beispiel auf die lautere Gesinnung zurückführen. »Eine solche Gesinnung [...] ist für *alle Menschen zu allen Zeiten und in allen Welten*, vor der obersten Gerechtigkeit vollgültig« (Rel. B 84). Im *Streit der Fakultäten* hat Kant ebenfalls angemerkt, dass aus dem Dogma der Menschwerdung für das Praktische nichts zu machen sei, dort heißt es: »Wenn dieser Gottmensch nicht als die in Gott von Ewigkeit her liegende Idee der Menschheit in ihrer ganzen, ihm wohlgefälligen moralischen Vollkommenheit, sondern als die in einem wirklichen Menschen ›leibhaftig wohnende‹ und als zweite Natur in ihm wirkende Gottheit vorgestellt wird: so ist aus diesem Geheimnisse gar nichts Praktisches für uns zu machen, weil wir doch von uns nicht verlangen können, daß wir es einem Gotte gleich tun sollen, er also insofern kein Beispiel für uns werden kann« (A 50 f.). Anders als die dogmatische Lehre von der Menschwerdung, die einem *geschichtlich-kontingenten* Ereignis universale Bedeutung zuschreibt, weil Gott selbst sich im Leben und Sterben eines Menschen mitgeteilt hat, setzt Kant das Ideal des göttlich gesinnten Menschen als *allgemeine Vernunftbestimmung* an. Dieses Ideal hat universalen Charakter, insofern es allen Menschen aller Zeiten als Bestimmung mitgegeben ist. Allerdings widerspricht der faktische Lebenswandel der Menschen dieser Bestimmung, so dass sich die Frage stellt, wie die Idee des Gott wohlgefälligen Menschen dennoch für sie erreichbar ist.

b) Kritik und Aneignung der Stellvertretungskategorie[19]

Kant diskutiert drei Schwierigkeiten, die sich auf die Erreichbarkeit der Idee der Gott wohlgefälligen Menschheit beziehen: (1) Da ist zunächst die *Heiligkeit* des Gesetzes als Bestimmung des Menschen. Faktisch aber muss er zunächst von seinem »Hang zum Bösen« wegkommen und den Widerspruch gegen das Heilige überwinden. Auch wenn er sich in einer Revolution der Gesinnung das Prinzip des Guten zu eigen macht, ist ihm eine vollständige Angleichung an das Gesetz der Heiligkeit nicht erreichbar, so dass sich die Frage stellt, ob die gute »Gesinnung für die Tat, welche jederzeit (nicht überhaupt, sondern in jedem Zeitpunkte) mangelhaft ist, gelten könne« (Rel. B 86). Kant löst die Schwierigkeit, indem er einen Herzenskündiger postuliert, der die gute Gesinnung »als ein vollendetes Ganzes auch der Tat (dem Lebenswandel) nach beurteilt« (Rel B 85). Auch wenn der Mensch in seiner Lebenszeit hinter dem Ideal des Gott wohlgefälligen Menschen immer zurückbleibt, ja selbst bei einer unendlichen Verlängerung das Ideal nur approximativ erreichen kann, so darf er doch hoffen, dass ein »Herzenskündiger« ihn als Gott wohlgefällig einstuft.[20]

(2) Eine weitere Schwierigkeit betrifft die Heilsgewissheit des moralisch erneuerten Menschen. Kein Mensch, der meint, sich das Ideal des Gott wohlgefälligen Menschen zu eigen gemacht zu haben, kann sich sicher sein, nun ein für alle mal moralisch gut zu sein. Er kann zwar die Legalität, nicht aber die Moralität seiner Handlungen feststellen, da der sittliche Bestimmungsgrund des Willens empirisch nicht wahrnehmbar ist. Darüber hinaus kann er nicht wissen, wie beständig er in der Gesinnung des Guten verharrt. Allerdings würde – wie Kant sagt – »ohne alles Ver-

---

[19] Vgl. Hoping, Freiheit im Widerspruch (s. Anm. 12), 217–224; Karl-Heinz Menke, Stellvertretung. Schlüsselbegriff christlichen Lebens, Freiburg ²1997, 94–98; Stephan Schaede, Stellvertretung. Begriffsgeschichtliche Studien zur Soteriologie, Tübingen 2004, 602–624.
[20] Vgl. bereits KpV A 58: »Diese Heiligkeit des Willens ist eine praktische Idee, welche notwendig zum Urbilde dienen muß, welchem sich ins Unendliche zu nähern das einzige ist, was allen endlichen vernünftigen Wesen zusteht, und welche das reine Sittengesetz, das darum selbst heilig heißt, ihnen beständig und richtig vor Augen hält, von welchem ins Unendliche gehenden Progressus seiner Maximen und Unwandelbarkeit derselben zum beständigen Fortschreiten sicher zu sein, d. i. Tugend, das Höchste ist, was endliche praktische Vernunft bewirken kann, die selbst wiederum als natürlich erworbenes Vermögen nie vollendet sein kann, weil die Sicherheit in solchem Falle niemals apodiktische Gewißheit wird.«

trauen zu seiner einmal angenommenen Gesinnung kaum eine Beharrlichkeit, in derselben fortzufahren, möglich sein« (Rel. B 87). Ein Vergleich zwischen Lebenswandel und Vorsatz führt hier weiter: Wirkt sich die Annahme des guten Prinzips auf die Taten aus und lässt sich ein Fortschritt zum Besseren feststellen, lässt sich auf eine verbesserte moralische Gesinnung rückschließen. Dies bestärkt das Vertrauen in die Standhaftigkeit, auch künftig auf dem eingeschlagenen guten Weg voranzuschreiten. Als unendliche Prolongation sittlicher Praxis kann Kant vom ewigen Geschick des Menschen sprechen, ohne darum Himmel und Hölle im Sinne dogmatischer Eschatologie zu behaupten. Die Aussicht auf ewige Seligkeit oder Verdammnis steht im Dienst der Moralität; sie soll die Sittlichkeit befestigen oder das Gewissen wachrütteln.

(3) Die letzte Schwierigkeit ist soteriologisch von besonderem Interesse, weil sie die Totalität einer sittlichen Freiheitsgeschichte auf die göttliche *Gerechtigkeit* bezieht. Es ist für den Menschen, der seine Gesinnung zum Guten geändert hat, ein bleibendes Problem, dass er sein Leben mit Schuld begonnen hat und dass er die anfänglichen Verfehlungen nicht auslöschen kann. Das Geschehene ist geschehen, es kann nicht ungeschehen gemacht werden. Die moralische Hypothek der Vergangenheit bleibt – wie kann er da hoffen, vor der göttlichen Gerechtigkeit bestehen zu können? Das moralische Subjekt kann sich *nicht selbst* von dieser Schuld exkulpieren. Der Weg einer *Selbsterlösung* scheint ungangbar, denn auch durch spätere Besserung kann keiner rückgängig machen, was er einst begangen hat, zumal die Pflicht zum Guten moralisch immer bestanden hat. Die ursprüngliche Schuld[21] kann darüber hinaus auch nicht *von einem anderen* getilgt werden. Der Weg einer *Fremderlösung* scheint ebenfalls ungangbar, denn Schuld ist – wie Kant in Anlehnung an die Sozinianer schreibt – »keine *transmissible* Verbindlichkeit, die etwa wie eine Geldschuld (bei der es dem Gläubigen einerlei ist, ob der Schuldner selbst oder ein anderer für ihn bezahlt) auf einen andern übertragen werden kann, sondern die *allerpersönlichste*, nämlich eine Sündenschuld, die nur der Strafbare, nicht der Unschuldige, er mag auch noch so großmütig sein, sie für jenen übernehmen zu wollen, tragen kann« (Rel. B 95). Kant betont die sittliche Unvertretbarkeit des Einzelnen und lehnt die kirchliche Lehre von der stellvertretenden Sühne ab, ja sieht in ihr eine »Beleidigung der Vernunft« (Rel. B 169).

Dennoch versucht er den semantischen Gehalt der Stellvertretungskategorie im Horizont des Vernunftglaubens anzueignen. Umstritten ist, ob er die Satisfaktionslehre als »Zentraldogma der lutherischen Ortho-

---

[21] Kant versteht hier unter ›Schuld‹ die ursprüngliche Maximenverkehrung, die er unter dem Titel des ›radikal Bösen‹ im ersten Stück erläutert hat (vgl. Rel. B 95).

doxie« (Ernst Troeltsch) würdigen wollte[22] oder die Lehre deshalb aufgreift, um pädagogische Straftheorien abzuweisen. Denn anders als viele Denker der Aufklärung ist Kant der Auffassung, dass sittliche Verfehlungen aus Gründen der Gerechtigkeit strafwürdig bzw. satisfaktionsbedürftig sind.[23] Während etwa Anselm von Canterbury die Schwere der Schuld an der Würde des Geschädigten abliest und im Blick auf Gott von einer unendlichen Ehrverletzung spricht,[24] macht Kant geltend, dass die ursprünglich böse Gesinnung eine potentiell unendliche Serie böser Taten aus sich entlässt, die der Übeltäter um seiner eigenen Würde willen sühnen muss. Er kann nun nicht damit rechnen, vor der göttlichen Gerechtigkeit bestehen zu können (vgl. Rel. B 96). Die sichere Aussicht auf ein Scheitern aber würde das moralische Handeln von Grund auf problematisieren.

Auch diese Schwierigkeit löst Kant mit Blick auf den »Richterausspruch eines Herzenskündigers« (Rel. B 96). Dieser müsse nämlich so gedacht werden, dass er auf die intelligible Gesinnung des Angeklagten, nicht aber auf dessen empirische Einzeltaten schaue. Nimmt man nun die Totalität einer sittlichen Freiheitsgeschichte in den Blick, drängt sich die Frage auf, ob die Strafe, die sich der Mensch aufgrund seiner anfänglich bösen Gesinnung zugezogen hat, auch auf den sittlich gebesserten Menschen bezogen werden könne. Der Mensch der guten Gesinnung ist nach Kant Gegenstand des göttlichen Wohlgefallens, ihm darf die Strafe nicht gelten. Dennoch muss der göttlichen Gerechtigkeit im Blick auf strafwürdige Handlungen der Vergangenheit Genüge getan werden. Daher deutet Kant den Akt der Gesinnungsänderung als Absterben des alten und Anziehen des neuen Menschen: »Der Ausgang aus der verderbten Gesinnung in die gute ist (als das ›Absterben am alten Menschen‹ [Röm 6,6f.; 7,5f.], ›Kreuzigung des Fleisches‹ [Gal 5,24]) an sich schon Aufopferung und Antretung einer langen Reihe von Übeln des Lebens, die der neue Mensch *in der Gesinnung des Sohnes Gottes,* nämlich bloß um des Guten willen übernimmt; die aber doch eigentlich einem andern, nämlich dem alten (denn dieser ist moralisch ein anderer), als Strafe gebührten« (Rel. B 99). Die Lehre von der stellvertretenden Genugtuung wird hier umgeschrieben in

---

[22] So Bohatec, Die Religionsphilosophie Kants (s. Anm. 4), 375–381.
[23] Rel. B 97: »[...] gleichwohl aber muß der höchsten Gerechtigkeit, vor der ein Strafbarer nie straflos sein kann, ein Genüge geschehen.« Vgl. auch die Aussage: »Das Strafgesetz ist ein kategorischer Imperativ, und, wehe dem! welcher die Schlangenwindungen der Glückseligkeitslehre durchkriecht, um etwas aufzufinden, was durch den Vorteil, den es verspricht, ihn von der Strafe, oder auch nur einem Grade derselben entbinde, nach dem pharisäischen Wahlspruch: ›es ist besser, dass ein Mensch sterbe, als dass das ganze Volk verderbe‹; denn wenn die Gerechtigkeit untergeht, so hat es keinen Wert mehr, dass Menschen auf Erden leben« (Metaphysik der Sitten, B 226f.).
[24] Vgl. Anselm von Canterbury, Cur Deus homo – Warum Gott Mensch geworden. Lt.-dt., besorgt und übersetzt von F. S. Schmitt, Darmstadt 1956, I, 21–22.

eine Lehre von der eigenen, selbstgewirkten Genugtuung. Das soteriologische Problem, wie einer für die Sünde des anderen eintreten könne, wird von Kant moralphilosophisch so gewendet, dass es *ein und dasselbe Subjekt* ist, das zwei moralisch unterschiedliche Stadien durchläuft: Die Schuld, die es im ersten Stadium auf sich lädt, wird im zweiten moralisch geläuterten Stadium »in der Gesinnung des Sohnes Gottes« abgetragen. Es ist diese Gesinnung, die an die Stelle der Sündenschuld tritt und als »Erlöser« durch Leiden und Tod der Gerechtigkeit Genüge tut.

Dennoch bleiben auch in dieser rationalen Satisfaktionstheorie Problemüberhänge, die Kant einen »Urteilsspruch aus Gnade« (Rel. B 102) postulieren lassen. Das moralische Subjekt bleibt auch nach der Revolution der Gesinnung darauf angewiesen, dass ihm über seine moralischen Verdienste hinaus das Fehlende durch Gnade ergänzt wird. Denn zum einen hätte es das Gute immer tun sollen; zum anderen kann es die Strafen für die moralische Hypothek der Vergangenheit durch Leiden wohl abbüßen, aber die gesetzwidrigen Akte rückgängig oder gar ungeschehen machen, das kann es nicht. Mit der Übernahme der Gesinnung des »Sohnes Gottes« darf es gleichwohl hoffen, Wohlgefallen vor Gott zu erlangen. Voraussetzung aber für die Lossprechung der Schuld ist die »gänzliche Herzensänderung« (Rel. B 102). *Der Primat der Moral vor der Gnade* durchzieht Kants Religionsschrift wie ein Leitmotiv: »Was der Mensch im moralischen Sinne ist, oder werden soll, gut oder böse, dazu muß er sich selbst machen, oder gemacht haben. [...] Gesetzt, zum Gut- oder Besserwerden sei noch eine übernatürliche Mitwirkung nötig, der Mensch muß sich doch vorher würdig machen, sie zu empfangen« (Rel. B 49). Auf Gnade darf also erst gehofft werden, wenn die Imperative der Freiheit erfüllt sind und eine entsprechende sittliche Qualifikation erworben wurde (vgl. Rel. B 104). Der gute Lebenswandel ist Bedingung der Gnade, nicht umgekehrt (B 172–174). Erst »im praktischen Glauben an diesen Sohn Gottes kann der Mensch hoffen, Gott wohlgefällig (dadurch auch selig) zu werden« (Rel. B 76). Dennoch darf nicht übersehen werden, dass Kants rationale Reformulierung der Satisfaktionstheorie an ihren Grenzen durchaus Einbruchstellen für das Motiv der Gnade aufweist, ja dass die Lehre von der eigenen, selbst gewirkten Genugtuung am Ende nicht zu genügen scheint, wenn auch das moralisch erneuerte Subjekt noch angewiesen bleibt auf eine Instanz, die das Fehlende der Sittlichkeit aus Gnade ergänzt. Die Kritik, Kant vertrete eine Theorie der Selbsterlösung, erscheint mir vor diesem Hintergrund modifizierungsbedürftig.

Jan-Heiner Tück

Epilog: Verschiebungen und Rückfragen

Nach der kursorischen Relecture der ersten beiden Stücke der Religionsschrift seien einige Verschiebungen und Rückfragen, die mit der moralphilosophischen Transformation der Christologie zusammenhängen, festgehalten:

a) Moralische Funktionalisierung der Christologie

In Kants Religionsschrift treten Person und Geschichte des historischen Jesus gegenüber dem Ideal des Gott wohlgefälligen Menschen deutlich zurück. Das Ideal der moralischen Vollkommenheit ist eine *allgemeine Vernunftbestimmung*, die jeder Mensch in sich trägt. Die Einwohnung dieses guten Prinzips im Menschen wird von Kant unter Rekurs auf deszendenzchristologische Aussagen zum Ausdruck gebracht. Der »Sohn Gottes«, der auf die Erde herabkommt, ist das gute Prinzip, das als moralische Bestimmung in die Menschheit gelegt wird. Die moralische Verschiebung, welche die neutestamentlichen Aussagen über Präexistenz, Menschwerdung und Erniedrigung in Kants Religionsschrift erfahren, ist offenkundig. Sein Auslegungsverfahren ist das der moralischen Allegorese; unter der »Hülle« symbolischer Aussagen soll der moralische Sinn freigelegt werden.[25] Zufällige Geschichtswahrheiten werden herangezogen, um allgemeine moralische Vernunftwahrheiten zu illustrieren, sie fungieren als volkspädagogische »Vehikel«, wobei Christus als Beispiel der Erfahrung auch die Realisierbarkeit der sittlichen Bestimmung vor Augen führt. Aber die Schwäche der positiven Religion besteht nach Kant darin, dass sie »zufällig« ist und »nicht an jeden Menschen gekommen ist, oder kommen kann, mithin nicht als den Menschen überhaupt verbindend betrachtet werden« (Rel. B 148) kann. Die biblischen Schriften bleiben an die historische Kontingenz der Ereignisse gebunden, die sie bezeugen. Die Stärke des reinen Vernunftglaubens besteht demgegenüber darin, dass er den Universalitätsanspruch, den die Offenbarungszeugnisse erheben, einholen kann. Allerdings ist diese Stärke nicht nur um den Preis einer Enthistorisierung erkauft – Tilliette hat von einer »Christologie ohne Christus«[26] gesprochen –, sondern auch an die Schwäche gebunden, einigermaßen abstrakt und farblos zu sein. Das Ideal des Gott wohlgefälligen Menschen mag jedem Menschen evident sein, es mag »für alle Menschen aller Zeiten« Gültigkeit haben, aber es bedarf der Plastizität, um als Beispiel der Nachahmung vorgestellt zu wer-

---

[25] Vgl. Rel. B 157–167; Streit der Fakultäten, A 50–71.
[26] Tilliette, Philosophische Christologie (s. Anm. 16), 32.

den. Hans Blumenberg hat gerade in der Sprödigkeit gegen das Physiognomische ein Defizit des Kantschen Vernunftglaubens gesehen: »Die Liebe bedarf zutiefst des Gesichts [...] Die Kraft der Religion liegt gerade in dem Anthropomorphismus Gottes, der doch auch der Inhalt der Inkarnation ist und dem der reine Religionsglaube gerade widerstehen will.«[27] Der historische »Jesus« – der Name wird in der Religionsschrift ebenso ausgespart wie der Christustitel[28] – hat in Kants Religionsschrift die Funktion, das historische Beispiel zum allgemeinen Urbild der Vernunft zu sein. Ja, man könnte die Rückfrage aufwerfen, ob das Urbild der Vernunft nicht nur deshalb so gezeichnet werden kann, wie Kant es tut, weil es das historische Vorbild Jesu gegeben hat. In jedem Fall vermag die moralische Transformation der Christologie den überlieferten Glauben der Kirche nicht einzuholen, für den Jesus Christus nicht nur ein *exemplum* der Moral, sondern zugleich das *sacramentum* des Heils ist. »In aller Religion geht es um die *Präsenz* und *Präsentation* des Göttlichen, um eine Form gegenwärtiger Gewißheit.«[29] *Christusnachfolge* ist daher nie nur eine moralische Angelegenheit, sie ist verankert in Gebet, Kontemplation und Liturgie als Formen realer Christusbegegnung. Hier besteht die Möglichkeit, in die Gleichzeitigkeit mit Christus einzutreten und aus der eucharistischen Communio mit dem auferweckten Gekreuzigten heraus Impulse für einen evangeliumsgemäßen Lebensstil zu empfangen.[30] Die Imperative der Freiheit gehen zurück auf einen Indikativ der Gnade, der an keine Vorleistung gebunden ist und allem Handeln vorausliegt.[31]

b) Verschiebung der Soteriologie

Mit der Reduktion Jesu auf ein Exempel, welches das Ideal des Gott wohlgefälligen Menschen symbolisch illustriert, hängt zugleich eine Verschiebung der Soteriologie zusammen: Christus ist nicht der Erlöser, der für den Sünder eintritt, um diesen zu sich selbst zu befreien, vielmehr muss der

---

[27] Hans Blumenberg, Kant und die Frage nach dem »gnädigen Gott«, in: Studium Generale 7 (1954) 554–570, hier 570.
[28] Dies dürfte eher »auf ehrfürchtige und vielleicht sogar verletzlich-scheue Zurückhaltung als auf distanzierte Verlegenheit zurückzuführen« sein – so Alois Winter, Theologische Hintergründe (s. Anm. 4), 28.
[29] Blumenberg, Kant und die Frage nach dem »gnädigen Gott«, 570.
[30] Vgl. Christoph Kardinal Schönborn, Wovon wir leben. Das Geheimnis der Eucharistie, hg. von Hubert Philipp Weber, Freiburg 2005.
[31] Vgl. Magnus Striet, »Erkenntnis aller Pflichten als göttlicher Gebote«. Bleibende Relevanz und Grenzen von Kants Religionsphilosophie, in: Essen – Ders. (Hg.), Kant und die Theologie (s. Anm. 3), 162–186, bes. 180 f., der dem kategorischen Imperativ Kants den kategorischen Indikativ des Glaubens: *Du darfst sein* gegenüberstellt.

Mensch selbst alles ihm Mögliche tun, um der guten Gesinnung zu entsprechen und sich gewissermaßen selbst zu erlösen. Kant hat dies klar ausgesprochen:

> »Der Satz: Man muß glauben, daß es einmal einen Menschen, der durch seine Heiligkeit und Verdienst sowohl für sich (in Ansehung seiner Pflicht) als auch für alle andren (und deren Ermangelung in Ansehung ihrer Pflicht) genug getan, gegeben habe (wovon uns die Vernunft nichts sagt), um zu hoffen, daß wir selbst in einem guten Lebenswandel, doch nur kraft jenes Glaubens, selig werden können, dieser Satz sagt ganz etwas anders, als folgender: man muß mit allen Kräften der heiligen Gesinnung eines Gott wohlgefälligen Lebenswandels nachstreben, um glauben zu können, daß die (uns schon durch die Vernunft versicherte) Liebe desselben zur Menschheit, sofern sie seinem Willen nach allem ihrem Vermögen nachstrebt, in Rücksicht auf die redliche Gesinnung, den Mangel der Tat, auf welche Art es auch sei, ergänzen werde« (Rel. B 176 f.).

Kant optiert, wie gesehen, für die zweite Option. Dabei ist es der Grundsatz der sittlichen Unvertretbarkeit des moralischen Subjekts, welcher die Kritik an der überlieferten Lehre von der stellvertretenden Genugtuung begründet. Dennoch wird Kant nur zur Hälfte rezipiert, wenn man seine Rede von der Schuld als »nicht transmissibler Verbindlichkeit« (Rel. B 95) zitiert, ohne zu würdigen, dass er selbst eine moralischphilosophische Aneignung des Stellvertretungsmotivs vornimmt. Der moralisch erneuerte Mensch trägt stellvertretend die Strafe, die der alte Mensch aufgrund sittlicher Verfehlungen verdient hätte. Es ist also ein und dasselbe Subjekt, das durch die Revolution der Gesinnung die moralische Hypothek der Vergangenheit abzutragen sucht, auch wenn es diese nicht ungeschehen machen kann. Gerade dieses Eintreten des neuen für den alten Menschen aber berechtigt zu der Hoffnung, dass das Fehlende aus Gnade dazu gegeben wird, wenn nur die Imperative der Freiheit erfüllt sind.

c) Theologische Rückfragen

Kants Umdeutung der Lehre vom stellvertretenden Leiden Jesu Christi wirft die Rückfrage auf, ob die *Akzentuierung der sittlichen Unvertretbarkeit* nicht darauf hinausläuft, dass das Subjekt Gefangener einer moralischen Vergangenheit bleibt, deren negative Folgen es vielleicht abtragen kann, die es aber am Ende nicht kompensieren, geschweige denn ungeschehen machen kann. Wenn Schuld das »Allerpersönlichste« ist, das durch niemanden abgenommen werden kann, wenn die Moralität eine Art *sanctissimum* des autonomen Subjekts darstellt, das dem anderen, ja selbst dem Absoluten entzogen ist, dann scheint das Subjekt unentrinnbar an seine moralische Hypothek gebunden zu bleiben. Wäre demgegenüber der theologische Sinn von Stellvertretung nicht so zu verdeutlichen, dass mit Christus jemand an den Ort der sündigen Gottverlorenheit tritt, der dem erlösungsbedürftigen Subjekt die Absolution von der drückenden Last der Schuld zu geben vermag?

Auch die *intersubjektive Dimension* der sittlichen Verfehlungen ist bei Kant eigentümlich unterbestimmt. Ist das schuldig gewordene Subjekt nicht zutiefst darauf angewiesen, dass ihm das Opfer seiner Schuld Verzeihung gewährt? Wäre nicht gerade die Verzeihung als »Heilmittel gegen die Unwiderruflichkeit«[32] des Vergangenen ins Spiel zu bringen? Indem das geschädigte Subjekt bereit ist, zwischen der Person des Täters und seiner Tat einen Unterschied zu setzen, gewährt es ihm die Möglichkeit, neu anzufangen und fortan so zu leben, als ob das Geschehene nicht geschehen wäre.

Schließlich ist Kants Problematisierung der Stellvertretungskategorie für die dogmatische Soteriologie eine echte Herausforderung. Schuld ist keine dingliche Größe, die durch materielle Äquivalente aufgerechnet werden könnte, sondern eine Kategorie der Freiheit, die das Zentrum einer Person betrifft. Der christliche Erlösungsglaube ist daher angewiesen auf eine Explikation in Freiheitskategorien. Wenn »Erlösung heißt: Er für mich; Er an meiner Statt«[33], dann kann dies nur bedeuten, dass die Freiheit des Menschen durch Christus nicht aufgehoben oder ersetzt, sondern zu sich selbst befreit wird. Erzwungene Befreiung wäre keine. Daher gilt: Ohne Einstimmung der Vertretenen kann die Stellvertretung durch Jesus Christus nicht ans Ziel gelangen. Die Frage aber, wie *einer* für die Sünden *aller* sterben könne, berührt das Persongeheimnis Jesu Christi, das die Grenzen der bloßen Vernunft überschreitet und nur in der Binnenperspektive des Glaubens erschwinglich ist. Nur wenn der Gekreuzigte nicht allein Mensch, sondern zugleich der mit dem ewigen Wort des Vaters geeinte Sohn gewesen ist, kann sein Sterben die rettende und versöhnende Kraft gehabt haben, die ihm die Kirche von Anfang an zuerkannt hat. Dann aber ist Christus nicht nur moralisches Vorbild, Beispiel und Lehrer, wie die Christologien der Aufklärung ganz selbstverständlich sagen, sondern zugleich der Retter und Erlöser aller Menschen.[34]

---

[32] Hannah Arendt, Vita activa oder: Vom tätigen Leben, München [10]1998, 301.
[33] Christoph Schönborn, Gott sandte seinen Sohn (s. Anm. 1), 281.
[34] Vgl. zum Universalitätsanspruch der Christologie neuerdings das *opus magnum* von Karl-Heinz Menke, Jesus ist Gott der Sohn. Denkformen und Brennpunkte der Christologie, Regensburg 2008.

Paul-Werner Scheele

Das Christuszeugnis Johann Adam Möhlers

Zwei Jahre nach Beginn seiner Vorlesungstätigkeit an der Katholisch-theologischen Fakultät der Universität Tübingen übersendet der neunundzwanzigjährige Johann Adam Möhler seinem Freund Josef Lipp, dem späteren Bischof von Rottenburg, sein Erstlingswerk »Die Einheit in der Kirche oder das Prinzip des Katholizismus.«[1] Er schreibt dazu: »Schon lange hast Du nichts mehr von mir erhalten; nun gebe ich mich Dir selbst, das Bild meines innersten und eigentlichsten Seins; die getreue Darstellung meiner Anschauungen vom Christentum, Christus und unserer Kirche.«[2] Der junge Dozent, der erst ein Jahr später zum außerordentlichen Professor ernannt wird, hat nicht nur grundlegende Erkenntnisse gewonnen, er hat ein neues Leben begonnen. So lässt er seinen Freund wissen: »Du wirst in vielem eine in mir vorgegangene Veränderung finden; vieles gewahrtest Du ehedem in mir schwankend, anderes in unbestimmten Zügen nur gezeichnet. Könntest Du aber in mein Inneres schauen, durchaus umgestaltet würdest Du es in seinen religiös-christlichen Anschauungen entdecken. Ich hatte früher nur das Wort, nur den Begriff von Christus, wenigstens habe ich jetzt einen ganz andern und ein inneres Zeugnis sagt es mir, dass es der wahre sei, wenigst[ens] dass der wahre in mir werden will.«[3]

Die neue Christuserkenntnis hat ihn gedrängt, ein bewegendes Bekenntnisbuch zu verfassen. Dabei steht die vom Heiligen Geist beseelte Kirche im Zentrum der Darstellung. Die Interpretationen, die Kritik und die spätere Forschung haben sich weithin auf die pneumatologischen und ekklesiologischen Aussagen konzentriert und dabei das Christuszeugnis außer Acht gelassen, das uns hier begegnet. Ähnlich ist es den späteren Schriften Möhlers ergangen, bei denen zusätzlich konfessionskundliche und kontroverstheologische Darlegungen die Aufmerksamkeit auf sich zogen. Um so mehr ist es geboten, dem Christuszeugnis, das der gesamten

---

[1] J. A. Möhler, Die Einheit in der Kirche oder das Prinzip des Katholizismus. Dargestellt im Geiste der Kirchenväter der drei ersten Jahrhunderte (Tübingen 1825), hg. v. J. R. Geiselmann, Köln u. Alten 1957; zit.: E.
[2] S. Lösch, Johann Adam Möhler, Gesammelte Aktenstücke und Briefe, Bd. I, München 1928, 251; zit.: Lösch I.
[3] A. a. O., 251 f.

Theologie Möhlers zugrunde liegt, die ihm gebührende Aufmerksamkeit zu widmen. Innerhalb seiner relativ kurzen theologischen Tätigkeit, die bereits 1838 durch seinen frühen Tod beendigt wurde, wechseln die Perspektiven, in denen das Christusmysterium gesehen wird, und vermitteln so neue Erkenntnisse und Impulse.

Als erstes sagt uns Möhler in seiner Schrift über die Einheit in der Kirche: »Christus ist unser Leben, er ist in uns und wir in ihm.«[4]

Jesus Christus unser Leben

In der Vorrede zu seinem Erstlingswerk kennzeichnet Möhler seine Intention und zugleich seine Methode mit den Worten: »Der Vater sendet den Sohn, und dieser den Geist: so kam Gott zu uns; umgekehrt gelangen wir zu ihm: der Heilige Geist führt uns zum Sohn und dieser zum Vater.«[5] Im letzten »Zusatz« zu seinem Werk schreibt Möhler: Christus »führt uns zur Kirchengemeinschaft und in dieser zu sich und zum Vater. Er ist es also, der Alles in Allem wirkt; er ist der einzige und wahre Mittler; nur durch ihn haben wir Vertrauen zum Vater, und er vereinigt uns mit ihm.«[6] Um die Tiefe und Tragweite dieses Geschehens zu unterstreichen, lehrt Möhler: Christus »verbindet sich lebendig, reell und substantiell mit uns.«[7] Er erinnert dabei an die Heilige Messe.[8] Kirche und Eucharistie erhellen einander, mehr noch: »Die Kirche lebt von der Eucharistie ... Seitdem die Kirche, das Volk des Neuen Bundes, am Pfingsttag ihren Pilgerweg zur himmlischen Heimat begonnen hat, prägt das Allerheiligste Sakrament unaufhörlich ihre Tage und erfüllt sie mit vertrauensvoller Hoffnung.«[9] Johannes Paul II., der diesem Mysterium die Enzyklika »Ecclesia de Eucharistia« gewidmet hat, lehrt im Anschluss an das Zweite Vatikanische Konzil, »dass die Feier der Eucharistie die Mitte des Wachstumsprozesses der Kirche ist. Nach der Aussage: ›Die Kirche, das heißt das im Mysterium schon gegenwärtige Reich Gottes, wächst durch die Kraft Gottes sichtbar in der Welt‹,[10] fügt das Konzil – so als ob es auf die Frage: ›Wie wächst sie?‹ antworten wollte – hinzu: ›Sooft das Kreuzesopfer, in dem Christus, unser Osterlamm, dahingegeben wurde (1 Kor 5,7), auf dem Altar gefeiert wird, voll-

---

[4] E 243 f.
[5] E 3, vgl. den Entwurf zur Vorrede E 329.
[6] E 314 f.
[7] E 244.
[8] Ebd., vgl. E 490.
[9] Johannes Paul II., Enzyklika Ecclesia de Eucharistia über die Eucharistie in ihrem Verhältnis zur Kirche, Vatikan 2003, n. 1; zit.: EdE.
[10] II. Vatikanisches Konzil, Kirchenkonstitution n. 3.

zieht sich das Werk unserer Erlösung. Zugleich wird durch das Sakrament des eucharistischen Brotes die Einheit der Gläubigen, die einen Leib in Christus bilden, dargestellt und verwirklicht (1 Kor 10, 17)‹[11].«[12] Wer in der heiligen Kommunion den eucharistischen Leib Christi empfängt, wird tiefer und fester in den einen Leib der Kirche eingegliedert. Das wiederum kommt der gesamten Kirche zugute. »Mit der eucharistischen Kommunion wird die Kirche zugleich in ihrer Einheit als Leib Christi gefestigt.«[13]

Jesus Christus ist das *Lebensprinzip* der Kirche wie der Eucharistie. Er ist es in Beziehung zu deren Ursprung wie zu deren Konkretgestalt. Er bleibt es bis zum Ende der Zeit. Er ist »das innere, vereinigende und belebende Prinzip *aller* Gläubigen« und damit »der unsichtbare Grund der Einheit und das Haupt aller.«[14] Auf ihn gehen die Kirche und die Eucharistie zurück; er ist ihr Ursprung und ist und bleibt ihre innere und prägende Kraft, »das beseelende und bleibende Prinzip«[15]. Er verhält sich zu seinen wahren Jüngern »wie der Geist im Menschen zu seinem Leib, seinem Gebilde, seinem Aus- und Abdruck.«[16] Das gilt insbesondere für die Einheit der Kirche. Von ihr lehrt Möhler im ersten Paragraphen seines Werkes: »Alle Gläubigen bilden also den Körper Christi, und unter sich selbst eine geistige Einheit, wie das höhere Prinzip, von welchem sie erzeugt und gebildet wird, selbst nur ein und dasselbe ist.«[17] Die Präsenz und Potenz des Lebensprinzips der Kirche ist von solcher Qualität, dass die Erkenntnis der Kirche der gerade Weg zur Erkenntnis Christi ist, dass man zur Erkenntnis Christi geführt wird, wenn man seine Kirche realistisch wahrnimmt: »die Vereinigung Aller ist sein großes Werk, seine Offenbarung; in ihr und durch sie will er erkannt sein.«[18]

Möhler hat den *Voraussetzungen der Christuserkenntnis* besondere Aufmerksamkeit geschenkt. Was er dazu festgehalten hat wirft weiteres Licht auf den Herrn. Apodiktisch kann er erklären: »Wie wir historisch von Christus ohne die Kirche nichts erfahren, so erfahren wir ihn auch in uns nur aus und in der Kirche. Und je mehr wir das in ihr strömende göttliche Leben in uns aufnehmen, je lebendiger die Gemeinschaft der Gläubigen in uns wird, je inniger wir in ihr und sie in uns lebt, desto lebendiger erweist sich die Überzeugung von Christus in uns, und von dem, was er uns

---

[11] Ebd.
[12] EdE n. 21.
[13] EdE n. 23.
[14] E 254.
[15] E 6.
[16] Ebd.
[17] E 7.
[18] E 99.

ist und sein soll.«[19] Während hundertfach beklagt wird, dass die Kirche, so wie sie ist, den Menschen den Weg zu Jesus Christus versperre, sieht Möhler sie als unverzichtbare Brücke, die hin zu Christus führt. Wahrhaft mit der Kirche leben bedeutet für ihn, wahrhaft mit Christus leben und ihn so immer besser erkennen. Möhler argumentiert: »Durch ihn ist die Gemeinschaft gestiftet worden, durch ihn wurde die Scheidewand, die zwischen den Menschen war, aufgehoben, durch ihn die Liebe in dem Heiligen Geist in unsere Herzen ausgegossen; wie könnten wir mehr zum Bewusstsein seiner Kraft und Würde gelangen als durch die bewussteste Aufnahme der Gemeinschaft der Gläubigen in uns, seinem eigentümlichsten Werke.«[20] Wir nehmen nur teil am Leben Christi »und empfangen nur die Wahrheit, die uns also wie jenes gegeben sein muss, und wir können sie nicht, wenn sie uns nicht von außen durch die Kirche gegeben wird, aus uns selbst entwickeln.«[21] Christus teilt sich uns durch die mit, die er berufen und zur Einheit verbunden hat. »Er gibt sich uns nur durch die Seinigen, um schon dadurch zu zeigen, dass sie zusammengehören und in ihm eins seien.«[22] Er bedient sich seiner Gläubigen, um andere zum Glauben zu führen und bezieht sie damit in seine Sendung hinein; »alle wahrhaft Gläubigen nehmen darum an seinem Amt Anteil durch ihn.«[23] Andererseits bedeutet die Gefährdung der Einheit eine Gefährdung des Verhältnisses zu Christus. Geht die Einheit verloren, dann verschwindet »die lebendige Gottheit Christi; die kirchliche Einheit trennen ist darum auch gleichbedeutend mit: den lebendigen Glauben an die eigentümliche Würde Christi nehmen. Christus ist den Gläubigen unmittelbar aus dem Leben gegeben und darum auch zu ihrem Leben geworden und unzertrennlich von diesem; ihr christliches Leben ist aber eins mit dem Leben der Kirche und unzertrennlich von diesem.«[24] Summa summarum: »wir finden Christus und bleiben in der Wahrheit, wenn wir in der Liebe, in der Einheit, in der Gemeinschaft bleiben.«[25] Noch kürzer gesagt: »Christus ist die Liebe, liebend also wirst du Christus finden.«[26]

---

[19] E 21.
[20] E 21 f.
[21] E 23 f.
[22] E 314.
[23] E 315.
[24] E 351.
[25] E 218.
[26] E 13.

Paul-Werner Scheele

Der ganze Christus und die ganze Welt

Während im September 1825 die »Einheit« erschien und bekämpft und gefeiert wurde, arbeitete Möhler schon auf ein neues Ziel hin, das er trotz großer Überlastung in anderthalb Jahren erreichte: seine Studie über Athanasius den Großen.[27] Dem hohen Geistesflug der »Einheit« folgte die Geschichtsmonographie und bald darauf im Herbst des gleichen Jahres 1827 seine Schrift über Anselm.[28]

Möhlers Theologie erschließt sich fortan mehr vom *Geheimnis des Gottmenschen* her als vom Geheimnis des Heiligen Geistes. Er folgt damit Athanasius, von dem er sagt, dass er alles von Christus her und auf ihn hin sehe: »Alles ist ihm ungewiss und schwebend, ja nichtig, wenn Christus nicht wahrer Gott ist. So haben auch zu allen Zeiten alle wahren Christen gedacht; mit Christus war ihnen Alles gegeben und gewiss, ohne ihn nichts.«[29] Möhler meint von allen Kirchenvätern sagen zu können: Ihre Brust »war voll von Christus; sie fanden ihn daher überall: sie wollten nichts als ihn, daher begegnete er ihnen aller Orten.«[30]

Möhlers Ermittlung und Deutung der historischen Fakten vollzieht sich im Wissen um *die entgegen gesetzten Positionen*, die sich in der Vergangenheit fanden und wiederum in der Gegenwart anzutreffen sind. Er bezeichnet sie auf unterschiedliche Weise. Im handschriftlichen Nachlass Möhlers findet sich ein Entwurf zum Anfang des ersten Buches des »Athanasius«.[31] Auch wenn er selber ihn durchgestrichen hat kennzeichnet dieser doch seine Sichtweise, die in der einen oder anderen Form immer wieder bei ihm begegnet. Einerseits beobachtet er einen falschen Mystizismus, andererseits einen rationalistischen Naturalismus. Beide verkennen Christus und sein Werk. In seiner Anselmstudie fällt Möhler das Urteil: Die neuere Zeit beschäftigt sich »schon lange mit dem Gegensatze des Rationalismus und Supernaturalismus: der dürftigste und armseligste Streit, der auf dem christlichen Gebiete möglich ist; denn er hat eigentlich die Bedeutung, ob das Christentum Christentum sei, oder nicht; und zeigt an, dass die Zeit, die in demselben verfangen ist, zwischen Christlichsein und es nicht sein schwebe, dass es zweifelhaft sei, ob sie sich in Folge der Lösung

---

[27] J. A. Möhler, Athanasius der Große und die Kirche seiner Zeit, besonders im Kampf mit dem Arianismus (Mainz 1827) Mainz ²1844; zit.: A.
[28] J. A. Möhler, Anselm, Erzbischof von Canterbury. Ein Beitrag zur Kenntnis des religiös-sittlichen, öffentlich-kirchlichen und wissenschaftlichen Lebens im XI. und XII. Jahrhundert, in: Dr. J. A. Möhlers gesammelte Schriften und Aufsätze, hg. v. J. J. I. Döllinger, Bd. I, Regensburg 1839, 32–176; zit.: GS I.
[29] A 226.
[30] A 119.
[31] Theologische Quartalschrift, Tübingen (= ThQ) 119 (1938) 114–117.

dieses Gegensatzes für das Christentum entscheiden, oder demselben entsagen werde.«[32] Analoge, entgegen gesetzte Positionen, die gleichwohl in vielem miteinander verbunden sind, findet Möhler in der Vergangenheit im Monophysitismus, der Christus und die Kirche letztlich vergöttlicht, und im Nestorianismus, der die Gottheit Christi verkennt und die Kirche von Gott entfernt und radikal vermenschlicht. Besondere Aufmerksamkeit widmet Möhler der Front zwischen dem Arianismus und dem Sabellianismus. Stichwortartig kennzeichnet er beide auf diese Weise: Nach dem Arianismus »ist Gott von der Welt getrennt, nach diesem fällt Gott und die Welt zusammen.«[33] Im Ersteren ist Christus ein Mittelwesen, das als Kreatur des Vaters zwischen diesem und der Schöpfung steht; im Zweiten ist Christus eine Erscheinungsweise des einen Gottes. »Sohn und Geist und mit ihnen auch die wahre Geistigkeit des Menschen (sind) spätere Offenbarungen Gottes.«[34] »Der Sohn und der Heilige Geist (des Neuen Testaments) waren also nach Sabellius bei der Schöpfung, überhaupt vor der Erlösung nicht tätig.«[35] Ihr Erscheinen löst nicht nur eine gewisse Entwicklung der Menschheit aus, sie bedeutet eine Evolution der Gottheit. Das lässt Möhler kritisch fragen, »ob nicht noch eine Evolution der Gottheit erfolge, oder wohl gar noch mehrere; denn wenn es Sitte der Gottheit ist, sich allmählich zu entfalten, und der Grund nur in ihr, nicht im Menschen liegt, dass sie sich im Christentum später offenbare, so ist es in der Tat nicht gewiss, ob wir nicht noch höher hinaufgetrieben und mit noch einer Evolution erfreuet werden.«[36]

Zusammenfassend stellt Möhler dem Arianismus wie dem Sabellianismus gegenüber heraus, dass die katholische Trinitätslehre dem Arianismus entgegentritt, »indem sie an den Sohn Gottes als wahren Gott glaubt; und indem dieser zugleich der Weltschöpfer ist und uns mit dem Vater vereinigt, steht die Welt in reeller inniger Verbindung mit Gott. Die Kirchenväter lehren durchweg, dass die innigste Vereinigung der Gottheit und den Erlösten stattfinde; im Heiligen Geist, der mitgeteilt wird, ist Vater und Sohn, wegen ihrer untrennbaren Einheit. So leben die Erlösten wahrhaft in Gott, Gott ist uns unendlich nahe, er ist in uns: wir rufen im Geiste des Sohnes: Abba, Vater ... Welche Verbindung mit Gott kann näher, kann erfreulicher, kann trostreicher sein? Aber Gott ist deswegen doch nicht Wir. Er hat uns die ganze Welt geschaffen; der Sohn ... durch welchen der Vater alles erschaffen hat, ist verschieden vom All, verschiedenen Wesens; der Heilige Geist ebenso ... er selbst wirkt in uns, die wir ihn mit Freiheit

---

[32] GS I 132.
[33] A 280.
[34] A 283.
[35] A 284.
[36] A 287.

aufnehmen, die wir ihn durch die mit Freiheit begangene Sünde wieder vertreiben können; er ist also verschieden von uns, obschon alles Gute in uns aus ihm, durch ihn und in ihm ist. Eben das gilt vom Sohne ... denn in dem Grade ist er von uns, die wir in ihm vergöttlicht werden, verschieden, dass nicht einmal die von ihm angenommene Menschheit, mit der er sich zu einer Person verbunden, eines Wesens mit ihm geworden, in ihm aufgegangen ist, sondern stets verschieden bleibt ... Gott ist in sich Vater, Sohn und Geist; und nicht erst mit der Welt, mit der Menschwerdung, mit der Kirche ist er es geworden. Was er nun so in sich ist, ist er ewig und unveränderlich, eben weil er es in sich ist. So ist Gott außerweltlich und in der Welt, er ist stets verschieden vom Einzelnen wie vom Ganzen, und doch nicht getrennt.«[37]

Damit sind die Grundlinien des sich neu abzeichnenden Christusbildes gegeben. Allen Halbheiten, Verkürzungen und Verfälschungen setzt Möhler das *Bekenntnis zum ganzen Christus* entgegen: zu dem, der Gott und Mensch ist sowie Schöpfer und Erlöser, der erst ganz erfasst wird, wenn man ihn mit seinem Leib, der Kirche, verbunden sieht. Im Blick auf das Verhältnis Christi zum Vater kann man abgekürzt sagen: Das Leben des Vaters ist im *Sohn* »und das Leben des Sohnes im Vater, der Ganze im Ganzen. Daher ein Gott, weil der Eine im Einen ist: eine Gottheit in beiden.«[38] Gottes Sohn ist eines Wesens mit dem Vater; »es ist ein Gott, und Jesus Christus, sein Sohn, ist sein ewiger Logos.«[39] Was Clemens von Rom den Korinthern schreibt, kann sich Möhler bewusst zu Eigen machen: Er sieht in Christus unser Heil, »den Hohenpriester unserer Opfer, den Sachwalter und Gehilfen unserer Schwäche.«[40] Er bekennt: »Durch ihn schauen wir die Höhen der Himmel, durch ihn erblicken wir sein heiliges höchstes Antlitz, durch ihn wurden die Augen unseres Herzens geöffnet, durch ihn blühet unser unverständiger, verfinsterter Sinn zu seinem wunderbaren Lichte auf; der Herr wollte, dass wir durch ihn seine unsterbliche Kenntnis schmecken, durch ihn, der der Abglanz seiner Majestät ist.«[41] Der wahre Gottessohn, der »wahrhafter Gott und Eins mit dem Vater«[42] ist, ist zu unserem Heil wahrer Mensch geworden. Im Anschluss an Irenäus von Lyon hält Möhler fest: »Denn deshalb ist das Wort Gottes Mensch, und Gottessohn Menschensohn geworden, dass der Mensch, vereinigt mit dem Logos Gottes, die Sohnschaft empfange und Gottes Sohn werde. Denn anders konnten wir nicht die Unverweslichkeit und Unsterblichkeit emp-

---

[37] A 289f.
[38] A 474.
[39] A 18.
[40] A 4.
[41] Ebd.
[42] A 50.

fangen als durch die Vereinigung mit der Unverweslichkeit und Unsterblichkeit.«[43] Deshalb musste die Unverweslichkeit und Unsterblichkeit werden, was wir sind, »auf dass verschlungen werde das Verwesliche von dem Unverweslichen und das Sterbliche von dem Unsterblichen, damit wir die Kindschaft Gottes erhielten.«[44] Unsere Erlösung bedarf des göttlichen und des menschlichen Wirkens Christi: »Gott musste der Erlöser sein, um die Menschen mit Gott zu verbinden, wahrer Mensch, um in Wahrheit das Vorbild der Menschen sein zu können; im Leiden, Kämpfen und Siegen gegen alle Unnatur. Von Christus als Gott erhielt der Mensch die göttliche Kraft zum Siege, von ihm als Mensch die Form, in welcher sich die göttliche Kraft bewegen müsse.«[45] Das Wort Gottes ist Mensch geworden, »damit durch den Mensch gewordenen Gott der Mensch zu dem Worte, das Gott ist, hinanwachse.«[46] Mit seinem Kronzeugen Athanasius hält Möhler fest: »Er, der Logos des Vaters, der über Alle ist, konnte Alle umschaffen, für Alle leiden und uns beim Vater vertreten. So wurde er Mensch und gab seine Menschheit für Alle als Opfer hin ... und erfüllte das Gesetz durch seinen Tod. Da er aber, der unsterbliche Sohn Gottes, Mensch wurde, wie wir Alle, so zog er Alle mit Unsterblichkeit an.«[47] Wer im Glauben mit Christus eins wird, gewinnt Anteil an seinem Sieg über Sünde und Tod. Alle Christgläubigen siegen in ihm und er siegt für Alle: »seine Lebenskraft, die unvergängliche, teilt sich Allen mit: er vernichtete den Tod.«[48]

In den Glaubenden, die das Wort Christi aufnehmen, nimmt auch das ewige Wort »Fleisch und Blut an, wie das ewige Wort selbst die ewige Wahrheit in Christus Fleisch ward.«[49] Das lässt Möhler in seinen Kirchengeschichtsvorlesungen von 1826/27 als leitende »Idee«, als prägendes Lebensprinzip der Kirche herausstellen: »Christus in dem Heiligen Geiste wirkt in den Gläubigen und verbindet sie zur Einheit. Die christliche Lebenseinheit also, dass alle Gläubigen in Christus ein Gesamtleben bilden, das scheint uns die einzig wahre Idee zu sein.«[50] Das entspricht der augustinischen Kurzformel »Totus Christus – caput et membra«; »der ganze Christus ist Haupt und Leib.«[51] Die Konsequenz des Kirchenlehrers lautet: »Alle sind wir in ihm sowohl Christi wie Christus, weil gleichsam der gan-

---

[43] A 24 f.
[44] A 25.
[45] Ebd.
[46] A 451.
[47] A 142.
[48] A 143.
[49] Möhler in: J. R. Geiselmann (Hg.), Geist des Christentums und des Katholizismus, Mainz 1940, 412.
[50] A.a.O. 393.
[51] Augustinus, in Ps 56, 1.

ze Christus Haupt und Leib ist.«[52] Mit Athanasius sieht Möhler das Geheimnis der Kirche im Licht der Menschwerdung des Gottessohnes: Christus hat sich »innigst mit der Kirche verbunden, ähnlich wie mit der Menschheit, mit welcher er eine Person ausmacht, so dass sie Christus Selbst gleichsam sei.«[53] In der Kirche wird die Bitte des hohepriesterlichen Gebetes erfüllt: »Wie du, Vater, in mir bist und ich in dir bin, sollen auch sie in uns sein ... ich in ihnen und du in mir« *(Joh 17, 21.23)*. Im Anschluss an Athanasius wagt Möhler die Aussage: »die gesamte Kirche ist in ihm, in seiner Kraft, er ist der Anfangspunkt, und gleichwie im Anfang Alles enthalten ist, so die gesamte Kirche in ihm. Die Kirche ist gleichsam, wenn man sich an dem Ausdruck, der gröblich missverstanden werden kann, nicht stoßen will, die Entwicklung Christi in der Zeit.«[54]

Nur wenn man Christus in allen Weisen seiner Ganzheit sieht, zeigt sich sein wesenhaftes *Verhältnis zur ganzen Welt*. Das Wort des Vaters, durch das alles geworden ist *(Joh 1, 3)*, ist essentiell mit der ganzen Schöpfung und mit jedem Geschöpf verbunden. Da Gott »alles durch sich selbst schafft, so ist eben dieser Gedanke, dieses Wort, durch welches und nach welchem Alles geschaffen wurde, gleich dem höchsten Geiste selbst.«[55] Wiederum gilt: »Die Wahrheit aller Existenz ist in der Wahrheit des Wortes zu begreifen.«[56]

Der menschgewordene Gottessohn, »der im Anfang bei Gott und Gott war, durch den die Welt geschaffen wurde«, erleuchtet jeden Menschen, »der in die Welt kommt.« Er hat sich deshalb bereits geoffenbart, »ehe er im Fleisch zur Erlösung erschienen ist.«[57] Das muss gesehen und bedacht werden, wenn man nach dem Heil der Heiden fragt, wie es heutzutage dringend geboten ist. Christus ist der Erlöser aller Geschlechter[58]. Möhler macht sich die Überzeugung des Hilarius zu Eigen, der von Christus lehrt: Er »nahm die Natur des Fleisches an, auf dass durch diese Vereinigung ... der Leib des ganzen menschlichen Geschlechtes in ihm geheiligt sich befinde.«[59] Durch die Annahme eines Menschen bewohnt Christus »das Innerste der ganzen Menschheit.«[60] Der ganze Christus ist das Alpha und Omega der ganzen Welt.

---

[52] Augustinus, in Ps 26, II. 2.
[53] A 110.
[54] A 266.
[55] GS I 158.
[56] Ebd.
[57] A 282.
[58] A 20.
[59] A 465.
[60] Ebd.

Der ewige Hohepriester

Im Sommersemester 1830 kündet das Vorlesungsverzeichnis der Universität Tübingen an, dass Professor Möhler dreimal in der Woche »Über symbolische Theologie« liest.[61] Damit kommt erstmals in die öffentliche Diskussion, was ihn schon lange bewegt hat. Die Spaltung der Christenheit seit der Reformation lässt ihm keine Ruhe. Sie drängt ihn, deren Ursachen und Auswirkungen so gründlich wie möglich zu erfassen, um so der Einheit zu dienen, die dem Willen des Herrn entspricht. Er sieht es als einen unerlässlichen Schritt an, das Selbstverständnis der getrennten Kirchen und Konfessionen so zu erfassen, wie es in ihren jeweiligen offiziellen Bekenntnisschriften, ihren »Symbolen«[62], zum Ausdruck gebracht wird. Das ist das erklärte Ziel der »Symbolik«, die Möhler im Anschluss an seine Vorlesungen 1832 publiziert. Bis zu seinem Tod widmet er sich dieser Aufgabe, wie es die fünf Vorreden zu den jeweiligen Auflagen zeigen und Josef Rupert Geiselmann minutiös belegt und ausgiebig interpretiert hat.

Möhlers Symbolik löst bald nach ihrem Erscheinen ein starkes Echo aus. Für viele Katholiken wird sie *das* Handbuch ihres Glaubens. Gleichzeitig findet sie im evangelischen Raum starke Beachtung. Unter den Schriften, die sich mit ihr befassen, gewinnt die des Tübinger Kollegen Ferdinand Christian *Baur* besondere Bedeutung. Sie erscheint 1833 in der Tübinger Theologischen Zeitschrift und im Jahr darauf als Buch unter dem Titel »Der Gegensatz des Katholizismus und Protestantismus nach den Prinzipien und Hauptdogmen der beiden Lehrbegriffe. Mit besonderer Berücksichtigung von Herrn Dr. Möhlers Symbolik«. Auf diese Schrift glaubt Möhler besonders eingehen zu sollen. Er tut es mit schneidender Schärfe. Während er in der »Symbolik« bei allem Willen zur Klarheit und Entschiedenheit den Glaubensbrüdern vornehm und verstehend begegnet, nimmt er jetzt einen harten Kampf auf. In einem Brief an die Gräfin Sophie von Stolberg beklagt er, dass seine Verteidigung »nicht in einem ruhigen Ton abgefasst ist,« und fügt hinzu: »ich fand Gelegenheit, mich von einer dunklen Seite kennenzulernen.«[63] Gewiss liegt das zum Teil an Attacken, die Möhler als unqualifiziert empfindet; mehr noch geht die Schärfe der Auseinandersetzung darauf zurück, dass nunmehr nicht das Gespräch unter Christen ansteht, sondern die Abwehr eines Systems, das »der innersten Wurzel nach heidnisch« erscheint.[64] Baur, wie Möhler Kirchengeschichtler,

---

[61] Lösch I 186².
[62] Symbolik oder Darstellung der dogmatischen Gegensätze der Katholiken und Protestanten nach ihren öffentlichen Bekenntnisschriften, Mainz 1832; historisch-kritische Ausgabe hg. von J. R. Geiselmann, Köln 1960 und 1961; letztere zit.: S I bzw. S II:
[63] Lösch I 295.
[64] J. A. Möhler, Neue Untersuchungen der Lehrgegensätze zwischen den Katholiken und Pro-

ist gleich diesem durch die Begegnung mit Schleiermacher und später mit Hegel geprägt. Während Möhler von beiden wichtige Anregungen empfängt, ohne von einer aufmerksamen Kritik abzulassen, macht sich Baur zunehmend die Weltschau des Letztgenannten zu Eigen und wird zum Dogmengeschichtler des Hegelianismus. In seinem idealistisch-evolutionistischen System ist Christus naturgemäß »keine schlechthin übernatürliche Erscheinung, sondern nach Schleiermachers treffender Formulierung die vollendete Schöpfung der menschlichen Natur.«[65] Das Christentum ist dementsprechend eine gewisse höhere Entwicklungsstufe der Menschheit. Mit den Worten Möhlers gesagt: »Der Christ unterscheidet sich hiernach vom Heiden wie ein Schüler, der sich bereits in der höheren Analysis versucht, von einem anderen, der nur erst die Species erlernt hat.«[66] Das Schlimmste ist, dass dieser aus eigenen Gnaden avancierte Schüler sich am Ende selbst vergöttert. Mit Kierkegaardscher Ironie lässt Möhler die Anhänger solcher Thesen sprechen: »Kleine Götter, die wir alle sind, und in Christus nur unser eigenes göttliches Wesen verehrend und vor ihm auf die Knie niederfallend, befriedigt der Gott in uns selbst alle Bedürfnisse und jegliche Sehnsucht.«[67]

Bei allem Bemühen, das Trennende wie das Verbindende deutlich zu machen, ist Möhler sich der Gefahr bewusst, einseitig zu urteilen und nicht die göttliche Wahrheit als solche anzustreben, »und zwar in ihrer lebendigen Erscheinung in Christo Jesu, der doch einzig geliebt werden soll, und alles andere nur insofern, als es näher oder entfernter mit dieser Liebe in Verbindung steht.«[68] Zwei Jahre zuvor hat Möhler in einem Artikel »Über die Lehre Swedenborgs«[69], den er in die »Symbolik« aufgenommen hat,[70] auf die Mitte des Glaubens und damit auch der Theologie hingewiesen. Er wusste sich in hohem Maß mit dem »nordischen Propheten« verbunden, als er herausstellte: »Man kann das *eine* große Werk der göttlichen Barmherzigkeit von vielen Seiten aus betrachten, und je umfassender die Betrachtung ist, desto tiefer wird unsere Verehrung und Anbetung: aber das so wichtige Moment in demselben, so klar in der Heiligen Schrift ausgesprochen, so bestimmt durch alle Jahrhunderte der Kirche hindurch festgehalten und im Kultus gleichsam plastisch ausgeprägt, das Moment: dass

---

testanten. Eine Verteidigung meiner Symbolik gegen die Kritik des Herrn Professors Dr. Baur in Tübingen, Mainz 1834; Regensburg ⁵1900, 38; letztere zit.: NU.
[65] F. C. Baur, Der Gegensatz des Katholizismus und Protestantismus, Tübingen 1834, 57.
[66] NU 39.
[67] NU 183.
[68] S 10.
[69] ThQ 12 (1830) 648–697.
[70] S 638–679.

der Tod des Herrn unser Leben ist, darf niemals in den Hintergrund gestellt, geschweige denn geradezu verworfen werden.«[71]

Für Möhler ist klar: Letztlich muss alles um Christus gehen. Aus welcher Perspektive er zu sehen ist, hängt nicht zuletzt von denen ab, mit denen man das theologische Gespräch sucht. So kommt es dazu, dass für den Symboliker Möhler der ganze Christus, der für die ganze Welt da ist, speziell als *ewiger Hohepriester* in den Blick rückt. Dabei vergisst Möhler nicht, dass der Priesterdienst Christi wesentlich mit seinem Propheten- und Hirtenamt verbunden ist. Was dieses untrennbare Miteinander für unseren Herrn, für die Lehre und Praxis der Kirche und für das Leben der Christen bedeutet, bringt Möhler in dem Abschnitt über die guten Werke treffend zum Ausdruck. Er schreibt: »Das Leben des Heilandes bildet nach allen Beziehungen hin eine organische Einheit, und alles in demselben, sein Leiden und Wirken, sein Lehren, sein Handeln, sein Kreuzestod war in gleicher Weise auf unsere Erlösung berechnet; es ist das Verdienst des ganzen und ungeteilten Gottmenschen, des Sohnes Gottes, durch welches wir Gott wieder gewonnen werden; seine drei Ämter, sein prophetisches, sein hohepriesterliches und sein königliches Amt, sind gleich notwendig; nehme man eines hinweg, und die übrigbleibenden erscheinen sogleich ebenso unverständlich als haltungslos. Durch den Eintritt des Sohnes Gottes in die Menschenwelt wurde also *notwendig*, nicht zufällig, die höchste religiös-sittliche Erkenntnis, das Ideal eines gottgefälligen Lebens, Sündenvergebung und heiligende Kraft zugleich dargeboten, und wie alles dieses in dem einen Leben des Heilandes innigst vereinigt uns entgegenkommt, so soll es auch von uns aufgenommen werden.«[72]

Christus ist *Hoherpriester und Opfer* zugleich.[73] Beides gehört zusammen, beides gehört zu seinem gesamten Leben und Wirken. Es ist nicht so, dass der Hohepriester Christus erst am Ende seines Lebens in seiner Passion sein Lebensopfer darbringt; »sein ganzes Leben auf Erden, sein Wirken und Leiden, sowie seine immerwährende Herablassung zu unserer Dürftigkeit in der Eucharistie bildet einen großen Opferakt, eine große aus Liebe zu uns unternommene, für unsere Sünden genugtuende Handlung, die zwar aus verschiedenen einzelnen Teilen besteht, aber so, dass keiner von demselben für sich allein, streng genommen, das Opfer ist; in jedem besonderen Teile kehrt das Ganze wieder, sowie das Ganze hinwiederum ohne seine Teile nicht gedacht werden kann.«[74] Immerzu lebt und handelt Jesus als Hoherpriester, immerzu opfert er sich dem Vater für das Heil der

---

[71] S 657.
[72] S 277.
[73] S 364.
[74] S 357–359.

Menschen. Jede einzelne seiner Taten ist vom Geist der Ganzhingabe beseelt, jede ist mit allen anderen zusammen zu sehen. Das gilt auch für sein Handeln in der Eucharistie. Er ist in ihr »anwesend als das, was er schlechthin ist, und in dem ganzen Umfang seiner Leistungen, mit einem Wort: als wirkliches Opfer;«[75] »er bezeugt selbst seine Liebe, seine Menschenfreundlichkeit, seine Hingebung für uns, er ist immer in unserer Mitte voll von Gnade und Wahrheit.«[76]

Das hohepriesterliche Wirken Christi geschieht bis zum Ende der Welt. »Der Erlöser lebte nicht bloß vor achtzehnhundert Jahren, so dass er seitdem verschwunden wäre, und wir uns nur noch seiner geschichtlich erinnern könnten, wie irgendeines verstorbenen Menschen; vielmehr ist er ewig lebendig in seiner Kirche ... Er ist in der Verkündigung seines Wortes der bleibende Lehrer«[77] und als der eigentliche Spender der Sakramente der bleibende Hohepriester. »Entwickelt nun Christus, unter irdischem Schleier verborgen, seine gesamte auf der Erde begonnene Tätigkeit bis zum Ende der Welt fort, so bringt er sich notwendig auch ewig dem Vater als Opfer dar für die Menschen.«[78]

Christus ist und bleibt Hoherpriester in *Zeit und Ewigkeit*. Das ist der tiefere Grund dafür, dass in seinem Opfer die Lebenden und die Verstorbenen miteinander verbunden sind. »Die Gläubigen, die durch ihre Abberufung von hier aus der sichtbaren Gemeinschaft mit uns heraustreten, und in ein jenseitiges Leben übergehen, brechen dadurch ... ihre Verbindung mit uns nicht ab.«[79] In der Eucharistie wird vor allem »die Gemeinschaft mit den in Christo selig gewordenen und vollendeten Geistern ... erneuert, da sie mit Christo eins sind und sein Werk ohne seine Wirkung nicht angeschaut werden kann.«[80] Sie sind hineingenommen in das Wirken des ewigen Hohenpriesters. »Je reiner ihre Liebe ist und je voller der Genuss einer unaussprechlichen Seligkeit, der sie in Christo teilhaftig geworden sind, desto mehr sind sie auch uns in Liebe zugewendet und bei unserm Ringen und Kämpfen nicht gleichgültig. Sie flehen zu Gott für ihre Brüder, und wir hinwiederum bitten sie im Bewusstsein, dass das Gebet des Gerechten viel bei Gott vermag, um ihre Fürbitte.«[81]

Alles, was die Heiligen sind und tun verdanken sie dem ewigen Hohenpriester Jesus Christus. »Der Glanz derselben ist nichts anderes als eine Ausstrahlung der Herrlichkeit Christi und ein Beweis seiner unendlichen

---

[75] S 364.
[76] S 365.
[77] S 354.
[78] S 355.
[79] S 509.
[80] S 366.
[81] S 512 f.

Macht, die aus Staub und Sünde ewige, lichtdurchdrungene Geister hervorzurufen vermag. Wer darum Heilige verehrt, verherrlicht Christum, aus dessen Kraft sie hervorgegangen sind und dessen wahrhafte Gottheit sie bezeugen.«[82]

Die Auseinandersetzung mit Ferdinand Christian Baur bringt es mit sich, dass Möhler der Aufenthalt in Tübingen verleidet wird. Dank Döllingers Bemühungen erhält er 1835 einen Ruf nach München. Sein Wirken dort wird zunehmend durch Krankheiten beeinträchtigt. Die Cholera, die im Winter 1836/37 München heimsucht, verschont den ohnehin geschwächten Möhler nicht. Am 10. April 1838 empfängt er die Sterbesakramente. Sein Kollege Alois Buchner, der sie ihm spendet, berichtet später den Geschwistern des Verstorbenen die Worte, die dieser auf dem Sterbebett gesprochen hat: »Christo will ich leben, Christo sterben, ihm angehören – tot und lebendig!«[83] Am Gründonnerstag, dem 12. April, erwacht Möhler gegen ein Uhr mittags. Anderthalb Stunde vor seinem Tod sagt er: »Ach, jetzt hab ichs gesehen – jetzt weiß ichs; jetzt wollte ich ein Buch schreiben, das müsste ein Buch werden, aber jetzt ists vorbei!«[84] Nicht vorbei ist das Christuszeugnis, das Möhler uns hinterlassen hat.

---

[82] S 513 f.
[83] Lösch I 469.
[84] B. Wörner, J. A. Möhler. Ein Lebensbild. Mit Briefen und kleineren Schriften Möhlers, hg. von P. B. Gams, Regensburg 1866, 40.

Autorenregister

Agazzi, Evandro
Dr. phil., vormals Professor für Philosophie an der Universität Fribourg (Schweiz), Präsident der Internationalen Akademie für Philosophie der Wissenschaften, Bruxelles, Professor für Philosophie an der Universität Genua (Italien).

Augustin SAC, George
Dr. theol., Direktor des Kardinal Walter Kasper Instituts und Professor für Dogmatik und Fundamentaltheologie an der Philosophisch-Theologischen Hochschule Vallendar, Priesterseelsorger in der Diözese Rottenburg-Stuttgart (Deutschland).

Azpiroz Costa OP, Carlos A.
Dr. jur. can., Generalmeister des Dominikanerordens, Rom (Italien).

Brantschen OP, Johannes Baptist
Dr. theol., Professor em. für Fundamentaldogmatik der Theologischen Fakultät der Universität Fribourg (Schweiz).

Brun, Maria
Dr. theol., langjährige theologische Mitarbeiterin am Orthodoxen Zentrum des Ökumenischen Patriarchats in Chambésy/Genf, in verschiedenen Ausbildungsprogrammen tätig, Luzern (Schweiz).

Cottier OP, Georges Cardinal
Dr. theol., Professor em. für Systematische Philosophie der Universität Fribourg (Schweiz), unter Johannes Paul II. päpstlicher Haustheologe, Rom (Vatikan).

Emery OP, Gilles
Dr. theol., Professor für Dogmatische Theologie an der Universität Fribourg (Schweiz).

Gerosa, Libero
Dr. theol., lic. iur. can., Professor für Kirchenrecht an der Theologischen Fakultät Lugano (Schweiz).

Haas, Alois
Dr. phil., Dr. h.c., Professor em. für Ältere Deutsche Literatur der Universität Zürich (Schweiz).

Hallensleben, Barbara
Dr. theol., Professorin für Dogmatik und Theologie der Ökumene an der Universität Fribourg (Schweiz).

Hattrup, Dieter
Dr. rer. nat, Dr. theol., Professor für Dogmatik und Dogmengeschichte an der Theologischen Fakultät Paderborn (Deutschland).

Henrici SJ, Peter
Dr. phil., lic. theol., vormals Professor für Philosophiegeschichte der Päpstlichen Universität Gregoriana, Rom (Italien), Weihbischof em. der Diözese Chur (Schweiz).

Hohmann OSB, Michaela
lic. theol., Äbtissin der Abtei Maria Heimsuchung, Kall-Steinfeld (Deutschland).

Kapellari, Egon
Dr. jur., Dr. theol. h.c., Bischof der Diözese Graz-Seckau (Österreich).

Kasper, Walter Kardinal
Dr. theol., vormals Professor für Dogmatik an der Universität Tübingen und Bischof der Diözese Rottenburg-Stuttgart (Deutschland), Präsident des Päpstlichen Rates zur Förderung der Einheit der Christen, Rom (Vatikan/Italien).

Keller, Erwin
Dr. theol., Leiter der Schweizerischen Sakristanenschule, Pfarrer der Pfarrei Bruder Klaus St. Gallen/Winkeln (Schweiz).

Koch, Kurt
Dr. theol., vormals Professor für Dogmatik und Liturgiewissenschaften der Universität Luzern, Bischof von Basel (Schweiz).

Autorenregister

Körner, Bernhard
Dr. theol., Professor für Dogmatik an der Universität Graz (Österreich).

Menke, Karl-Heinz
Dr. theol., Professor für Dogmatik und Theologische Propädeutik an der Universität Bonn (Deutschland).

Meurer, Thomas
Dr. theol., Professor für Religionspädagogik an der Pädagogischen Hochschule Karlsruhe (Deutschland).

Müller, Gerhard-Ludwig
Dr. theol., vormals Professor für Dogmatik und Dogmengeschichte der Universität München, Bischof der Diözese Regensburg (Deutschland).

Niewiadomski, Józef
Dr. theol., Dekan der Katholisch-Theologischen Fakultät und Professor für Systematische Theologie an der Universität Innsbruck (Österreich).

Prokschi, Rudolf
Dr. theol., Professor für Patrologie und Ostkirchenkunde an der Universität Wien (Österreich).

Sattler, Dorothea
Dr. theol., Professorin für Ökumenische Theologie und Dogmatik und Direktorin des Ökumenischen Instituts an der Universität Münster (Deutschland).

Scheele, Paul-Werner
Dr. theol., vormals Professor für Dogmatik an den Universitäten Marburg, Bochum und Würzburg, Bischof em. von Würzburg (Deutschland).

Schenk OP, Richard
Dr. theol., Professor für Philosophie und Theologie an der Hochschule der Dominikaner für Philosophie und Theologie in Berkeley (USA).

Schneider SJ, Michael
Dr. theol., Professor für Dogmatik und Liturgiewissenschaft an der Philosophisch-Theologischen Hochschule Sankt Georgen, Frankfurt a. M. (Deutschland).

Schulze SAC, Markus
Dr. theol., Professor für Dogmatik und Fundamentaltheologie an der Philosophisch-Theologischen Hochschule Vallendar (Deutschland).

Scola, Angelo Cardinale
Dr. theol., Dr. phil., vormals Professor für Theologische Anthropologie an der Päpstlichen Lateranuniversität Rom, Erzbischof und Patriarch von Venedig (Italien).

Stubenrauch, Bertram
Dr. theol., Professor für Dogmatik und Ökumenische Theologie an der Universität München (Deutschland).

Suttner, Ernst Christoph
Dr. theol., Professor em. für Patrologie und Ostkirchenkunde der Universität Wien (Österreich).

Tück, Jan-Heiner
Dr. theol., Schriftleiter der Internationalen katholischen Zeitschrift Communio und Privatdozent an der Universität Freiburg i. Br. (Deutschland).

Vergauwen OP, Guido
Dr. theol., Universitätsrektor, Direktor des Instituts für Ökumenische Studien und Professor für Fundamentaltheologie an der Universität Fribourg (Schweiz).

Wallner OCist, Karl
Dr. theol., Hochschulrektor, Professor für Dogmatik und Dogmatische Sakramententheologie an der Philosophisch-Theologischen Hochschule Benedikt XVI. Heiligenkreuz (Österreich).

Walser, Markus
Dr. iur. can., lic. theol., Prälat, Dozent für Kirchenrecht an der Theologischen Hochschule Chur (Schweiz), General- und Gerichtsvikar des Erzbistums Vaduz (Fürstentum Liechtenstein).

Weber, Hubert
Dr. theol., Habilitand in Dogmatik an der Universität Wien (Österreich).